Maria Obenaus

Für die Nation gesichert?

Maria Obenaus

FÜR DIE NATION GESICHERT?

Das „Verzeichnis der national wertvollen Kunstwerke“:
Entstehung, Etablierung und Instrumentalisierung 1919–1945

DE GRUYTER

Publiziert mit großzügiger Unterstützung der International Music and Art Foundation, Vaduz.

I M
A F
INTERNATIONAL MUSIC & ART FOUNDATION

ISBN 978-3-11-044055-3

Library of Congress Cataloging-in-Publication Data
A CIP catalog record for this book has been applied for at the Library of Congress.

Bibliografische Information der Deutschen Nationalbibliothek
Die Deutsche Nationalbibliothek verzeichnet diese Publikation in der Deutschen Nationalbibliografie; detaillierte bibliografische Daten sind im Internet über http://dnb.dnb.de abrufbar.

Einbandabbildung: Karikatur von Erich Schilling, Simplicissimus, 26. Jg., Nr. 47, 15.2.1922
Satz: SatzBild GbR, Sabine Taube
Druck und Bindung: Hubert & Co. GmbH & Co. KG, Göttingen

♾ Gedruckt auf säurefreiem Papier
Printed in Germany

FSC www.fsc.org MIX Papier aus verantwortungsvollen Quellen FSC® C016439

www.degruyter.com

INHALT

VORWORT

Bénédicte Savoy

Unmittelbar nach dem Ersten Weltkrieg mobilisierten sich in Deutschland Beamte, Museumsleute und Juristen, um den als Ausverkauf der eigenen Kultur empfundenen Export ganzer Kunstsammlungen ins Ausland zu verhindern oder zumindest zu regulieren. Deutschland hatte den Krieg verloren. Die Fürstenhäuser waren abgeschafft. Man befürchtete in Museums- und Regierungskreisen die Abwanderung Tausender von Kunstwerken vor allem aus ehemaligen fürstlichen Sammlungen ins Ausland, an erster Stelle in die reichen USA. Aufgrund einer *Verordnung über die Ausfuhr von Kunstwerken* vom 11. Dezember 1919 wurde ein erstes Verzeichnis für „national wertvolle Kunstwerke" angelegt und 1922 veröffentlicht. Darauf standen Hunderte von Objekten unterschiedlichster Gattungen und Epochen, von mittelalterlichen Handschriften bis hin zu italienischen, spanischen, niederländischen oder französischen Gemälden. Die gelisteten Kunstwerke befanden sich zum damaligen Zeitpunkt meist in privaten Sammlungen. Ihre Aufnahme in die Liste sollte ihren Verbleib auf deutschem Boden garantieren: „Die Ausfuhr eines Kunstwerkes bedarf der Genehmigung, sobald es in das Verzeichnis der Werke eingetragen ist, deren Verbringung in das Ausland einen wesentlichen Verlust für den nationalen Kunstbesitz bedeuten würde", hieß es in aller Unschärfe zur Geburtsstunde des Gesetzes. In dieser Unschärfe blieb das Verzeichnis bis heute bestehen. Jeder, der sich mit der Geschichte des Kunstmarkts, der Museen und des Sammelns im 20. Jahrhundert in Deutschland beschäftigt, sieht sich mit dem *Verzeichnis der national wertvollen Kunstwerke* konfrontiert. Besonders im Zusammenhang mit der Provenienzforschung, mit Fragen der rassistisch bedingten Beschlagnahmung von Kunstsammlungen in der NS-Zeit spielte das Gesetz eine zentrale Rolle. Seine Urväter waren einflussreiche Kunsthistoriker und Museumsleute der Weimarer Republik, darunter der gewiefte, mittlerweile zur Ikone der deutschen Museumslandschaft avancierte Wilhelm von Bode, der mit seiner Expertise, aber auch mit seiner eigenen wissenschaftlichen und institutionellen Agenda ein „nationales" Kunsterbe konstruierte.

Dass auch in den Jahrzehnten nach Bodes Tod und nach den Abscheulichkeiten der NS-Zeit Juristen, Beamte, Denkmalpfleger, Museumsleute und Kunsthistoriker, die an der Weiterführung der Liste beteiligt sind, sich trotz wesentlicher historiographischer und theoretischer Fortschritte zum Thema der Nation im Verhältnis zur bildenden Kunst („Wie deutsch ist die deutsche Kunst?") der ursprünglichen Unschärfe treu geblieben sind und nicht einmal die Denomination der Liste in Frage gestellt haben, mag überraschend sein. Wie dem auch sei: Fast 100 Jahre nach seiner Geburt und nach zahlreichen Aktualisierungen ist das „Verzeichnis" heute Teil des sogenannten Kulturgutschutzgesetzes (KultgSchG). Dass das juristische Konstrukt eines „national wertvollen" Kulturerbes eine sehr empfindliche, hochpolitisch motivierte, leicht zu instrumentalisierende, wirtschaftlich explosive Angelegenheit ist, haben die heißen Diskussionen des Jahres 2015 um eine geplante Novellierung des Gesetzes durch die Bundesrepublik gezeigt. Sie haben auch gezeigt, wie unbedingt notwendig die Kenntnis der historischen Rahmenbedingungen seiner Geburt ist sowie der Diskurse und Funktionalisierungen, die es in den ersten Jahrzehnten nach seiner Erfindung begleiteten. Diesen notwendigen historischen Zugang schenkt uns Maria Obenaus mit diesem Buch. Sie rekonstruiert in kunst- und kulturhistorischer Perspektive die umstrittene Geburt dieses so zentralen Dokuments, seine Entwicklung im kulturpolitisch angespannten Kontext der NS-Zeit und seine Implikationen bis heute.

Die Aktualität der Fragen, die sie dabei beantwortet, liegt auf der Hand: Welchen Anteil hatten Kunsthistoriker und Museumsleute respektive Politiker an der Festlegung eines „national wertvollen" Kunstguts? Welche Kriterien für einen vermeintlich nationalen Wert gab es überhaupt? Welche Reaktionen rief ihre Initiative in der breiten Öffentlichkeit aus? Inwiefern veränderte die Einführung dieses Verzeichnisses das Koordinatensystem auf dem internationalen Kunstmarkt? Wie reagierten die großen Kunstbesitzer der Weimarer Republik auf die Einschränkung ihrer Sammlerfreiheit? Wie reagierten Kunsthändler und Künstler? Instrumentalisierten die Nationalsozialisten das Verzeichnis, um bestimmte Sammlungen zu konfiszieren, und wenn ja: wie? Profitierten die Museen von der neuen Regelung? Diese grundlegenden Fragen stehen nicht nur zu Beginn der Untersuchung. Sie bilden auch den Horizont vor dem sich unser aktueller und künftiger Umgang mit dem Kulturschutzgesetz abspielt. Um diese Fragen zu beantworten, fokussiert Obenaus zunächst das entscheidende Jahr 1919. Sie stellt die Akteure und Institutionen vor, die zur Formulierung des ersten Gesetzesentwurfs beitrugen. Sie rekonstruiert dabei die umfangreiche Debatte um den deutschen Kunstbesitz, wie sie in der Presse, in kunsthistorischen und politischen Kreisen geführt wurde. Dann geht es um die Entwicklung des *Verzeichnisses der national wertvollen Kunstwerke* im Spannungsgefüge zwischen institutionellem Handeln, staatlicher Steuerung und Geschmacksgeschichte während der Weimarer Republik. Schließlich beleuchtet Obenaus mit viel Feingefühl den Umgang der nationalsozialistischen Regierung mit der Liste, unter Berücksichtigung vier konkreter Fälle: der Sammlungen von Eduard Ludwig Behrens, Jakob Goldschmidt, Margarete Oppenheim und Georg Hirschland. Abschließend geht es um die Jahre unmittelbar nach 1945, in denen die Verordnung von 1919 in Bundesgesetz überführt wird. Nicht nur personelle und institutionelle Kontinuitäten prägen das Kulturgutschutzgesetz von 1955, auch das Verzeichnis von 1938 dient als Grundlage für die erneute Auswahl „national wertvoller" Kunstwerke.

Die intelligente Sachlichkeit, mit der sich Obenaus ihrem komplexen – und mitunter trockenen – Gegenstand nähert, ist das Ergebnis einer intensiven und umsichtigen Auseinandersetzung mit heterogenen Archivalien, historischer Literatur und den neuesten methodischen Ansätzen der kunstgeschichtlichen Forschung. Dabei beschränkt sich die Verfasserin nicht auf diejenigen archivalischen Bestände, die die Entstehung und Entwicklungsgeschichte der Liste streng beleuchten, sondern sie zieht mit Selbstverständlichkeit ein breites Spektrum anderer Quellen heran: Sie wertet über 300 Artikel aus Zeitungen und Zeitschriften v. a. der Jahre 1919 bis 1938 aus, Privatkorrespondenzen, alte Ausstellungskataloge und Monographien, ikonographische Zeugnisse wie Karikaturen etc., die sie durch sorgfältige, immer pointierte Analysen zum Sprechen bringt. Die Ernsthaftigkeit, mit der sich Obenaus mit diesen Quellen auseinandersetzt, besticht besonders da, wo keine sonstigen Informationen vorhanden zu sein scheinen, wenn es zum Beispiel um die unsichtbare bzw. „negative" Seite des Themas geht, um geheime Absprachen, Rivalitäten oder Zweifel. Überhaupt ist die Liste der von der Autorin benutzten Institutionen und der darin systematisch ausgewerteten Akten und Bestände beeindruckend. Von Berlin über Koblenz, Nürnberg, Freiburg, München, Wolfenbüttel, Bremen, Hamburg, Wiesbaden, Oldenburg, Frankfurt am Main, Dresden, Weimar, Stuttgart und sogar Moskau (Russisches Staatliches Militärarchiv/Sonderarchiv) hat Obenaus eine respekteinflößende Fülle von gedruckten, vor allem aber ungedruckten Quellen zusammengetragen. Indem sie schon bei der Konstituierung ihres Quellenkorpus alle regionale Räume Deutschlands gleichzeitig und gleichwertig behandelt, gelingt es der Verfasserin multiperspektivisch zu zeigen, welche Rolle in Deutschland (anders als in Frankreich etwa oder Großbritannien) das Lokale in der Definition des „nationalen" in kulturellen Angelegenheiten spielt, selbst (oder gerade wenn) das nationale unscharf bleibt. Die von der Verfasserin gewählte chronologische Herangehensweise und die Fallstudien, auf welche sie sich stützt, ermöglichen es ihr, selbst ganz subtile Veränderungen in der Handhabung des Gesetzes zu identifizieren. Durch die separierte Behandlung der jeweiligen Listen (1922, 1927, [1934], 1938, 1961) gelingt es, die ineinander verwobenen institutionellen, personellen, politischen, ästhetischen, wirtschaftlichen und pragmatischen Bedingungen für das permanente Verhandeln des „national wertvollen" plausibel und handhabbar zu rekonstruieren. Zumal die Auswertung der Listen nie zu einem Selbstzweck wird, sondern immer ein Mittel bleibt, um Brüche und Kontinuitäten, geschmacksgeschichtliche und politische Verschiebungen aufzuzeigen. Überzeugend ist die Arbeit auch deswegen, weil sie sich ihrer eigenen Grenzen bewusst ist und sich als Werkzeug für weitere Forschungen versteht. So leistet Maria Obenaus auch einen wichtigen Beitrag zu einer der immer wiederkehrenden Fragen der deutschen Kunsthistoriographie: „Wie deutsch ist die deutsche Kunst?".

EINLEITUNG

> „Die Zukunft haben wir den Deutschen genommen; jetzt wollen wir ihnen auch noch ihre Vergangenheit abkaufen."[1]

Mit dieser vermeintlichen Kampfansage untertitelte die Satirezeitschrift *Simplicissimus* im Februar 1922 eine Karikatur, die den „Kunstraubzug des Dollars" mit der Verschleppung der deutschen Renaissancekünstler Hans Holbein, Albrecht Dürer und Lucas Cranach über den Atlantik darstellte (Taf. I). Die seit der Jahrhundertwende wahrgenommene, wachsende „amerikanische Gefahr" auf dem deutschen Kunstmarkt, mit der sich das europäische Ohnmachtsgefühl gegenüber zahlungskräftigen amerikanischen Kunsthändlern und Sammlern ausdrückte, erreichte in Zeiten von Kriegsniederlage und Währungsverfall einen vorläufigen Höhepunkt wie auch eine verstärkt politische Aufladung. Das Deutsche Reich hatte seit der Einigung sowohl den integrativen Wert seines Kulturerbes erkannt als auch die Rolle der privaten Kunstsammler als „Hüter nationaler Schätze" und erlebte durch die wirtschaftliche Notlage infolge des Ersten Weltkriegs die Abwanderung dieser nationalen Schätze ins Ausland.[2] Die als Gefahr empfundene Übermacht des amerikanischen Dollars wurde nach dem Ende des deutschen Kaiserreichs durch ein weiteres Bedrohungsszenario ergänzt: Der mögliche Verlust der vormaligen fürstlichen Sammlungen schien ein zentrales Symbol der geeinten Kulturnation zu gefährden. Mit dem Ende des Ersten Weltkriegs zerbrach nicht nur das alte monarchische System, sondern ging auch ein kulturinstitutionelles Zeitalter zu Ende.

Zur Anknüpfung an die Vergangenheit nahm die Weimarer Republik die Verpflichtung in ihre Verfassung auf, „die Abwanderung deutschen Kunstbesitzes in das Ausland zu verhüten" und erließ im Dezember 1919 die *Verordnung über die Ausfuhr von Kunstwerken*.[3] Während die süd- und südosteuropäischen Staaten bereits im 19. Jahrhundert

1 Erich Schilling (Ill.): Der Kunstraubzug des Dollars, Simplicissimus, 26. Jg., Nr. 47, 15.2.1922, Titelblatt.

2 Alfred Lichtwark: Der Sammler, Zwei Teile, Kunst und Künstler, 10. Jg., 1912, S. 229–242, S. 281–291, hier S. 291.

3 Reichsverfassung der Weimarer Republik, 11.8.1919, Art. 150.

Gesetze zur Regulierung ihrer Kunstausfuhr erlassen hatten, brachte der Erste Weltkrieg mit seinen wirtschaftlichen, politischen und gesellschaftlichen Folgen dem nationalen Kulturgutschutz europaweit neue Impulse. Das Deutsche Reich schloss sich damit einer Entwicklung an, die zeitgleich in Ländern wie Frankreich, England und Österreich beobachtet werden konnte. Dabei wollte es sich jedoch nicht grundsätzlich gegen den internationalen Kunstmarkt abschotten, sodass die Reichsregierung im sogenannten *Verzeichnis der national wertvollen Kunstwerke* eine Auswahl an Einzelwerken erfasste, deren Ausfuhr infolge der Eintragung einer Genehmigung bedurfte.

Hier stellt sich die zentrale Frage: Welche Interessengruppen definierten zu welchem Zeitpunkt und mit welchem Ziel ein nationales Erbe im deutschen Privatbesitz und untersagten dessen Ausfuhr? Diese Frage ergibt sich gerade auch angesichts der komplexen Bewertungskriterien, die an Kunstwerke herangetragen werden können. Dabei gilt es, die Politisierung der Künste in Zeiten gesellschaftlicher und politischer Umbrüche und die Konstruktion eines an eine Nation gebundenen Erbes anhand des Kunstausfuhrschutzes in der Weimarer Republik und des Nationalsozialismus zu untersuchen. Mithilfe der publizierten Verzeichnisse geht die Arbeit der Frage nach, was „national wertvoll" in den jeweiligen Schutzlisten bedeutet. Eine dezidiert kunsthistorische Analyse der verzeichneten Kunstwerke, die sich im ersten gedruckten Verzeichnis von 1922 beispielsweise auf 990 Werke belief, soll aufzeigen, welche Künstler, Kunstgattungen und historischen Zeitspannen zum nationalen Erbe erklärt wurden. Inwieweit reflektierte oder prägte das *Verzeichnis der national wertvollen Kunstwerke* das Selbstbild der Nation sowie die ästhetische Positionierung des Staates? Aufgrund des gewählten Untersuchungszeitraumes von 1919 bis 1945 steht die Beantwortung dieser Frage zum einem im Kontext einer jungen, sich konstituierenden Republik, zum anderen in dem der nationalsozialistischen Diktatur. Neben der Erforschungen der Gründe für den inventarisierten Ausfuhrschutz stellt sich auch die Frage nach seiner Wirkung. Welche Möglichkeiten bot das *Verzeichnis der national wertvollen Kunstwerke* zum Schutz vor Abwanderung ins Ausland? An welche Grenzen stieß es? Mit Blick auf die Sammlungsherkunft sollen Unterschutzstellungen auf eine sowohl museumspolitisch als auch antisemitisch motivierte Instrumentalisierung überprüft werden.

Trotz der großen Aktualität der aufgeworfenen Fragen zur Geschichte des deutschen Ausfuhrschutzes werden die im Dezember 1919 erlassene *Verordnung über die Ausfuhr von Kunstwerken* und das *Verzeichnis der national wertvollen Kunstwerke* von der Forschung nur in Ansätzen und im übergeordneten Kontext berücksichtigt. Dabei fällt die weitgefächerte Herangehensweise an die Thematik auf, die sich zwischen Rechtsgeschichte und Kulturpolitik bewegt, sich jedoch bislang auf eine rechtshistorische Einordnung der Verordnung beschränkt und auf eine dezidiert kulturhistorischen Auseinandersetzung mit „national wertvollen Kunstwerken" und ihrer Verankerung in den kunsthistorischen und kulturpolitischen Bestrebungen und Wirkungen verzichtet. Der Kunstausfuhrschutz fand vor allem Eingang in die Veröffentlichung *Die Verwaltung der Geschichte. Denkmalpflege und Staat in Deutschland, 1871–1933* von Winfried Speitkamp aus dem Jahr 1996.[4] Auch Kerstin Odendahl ordnet in ihrer rechtswissenschaftlichen Habilitationsschrift den deutschen Kunstausfuhrschutz in die historische Entwicklung des Kulturgüterschutzes ein.[5] Mit besonderer Beachtung des preußischen Kultusministeriums nimmt Kristina Kratz-Kessemeier in ihrer 2007 erschienenen Publikation *Kunst für die Republik* im Kapitel *Kunst als Mittel nationaler Selbstbehauptung* Bezug auf die Verordnung von 1919.[6] Auch die Veröffentlichung von Gisbert Laube von 1997 zum Reichskunstwart Edwin Redslob, dem bedeutendsten Kulturfunktionär der Weimarer Republik, bespricht den deutschen Ausfuhrschutz; Annegret Heffen erwähnt diesen Zuständigkeitsbereich Redslobs in ihrer Dissertation nur in einem Halbsatz.[7] Eine Betrachtung rechts- sowie kunstwissenschaftlicher Diskurse strebt Thilo Franke in seiner Abhandlung an, die er der Frage widmete, „wie die Nationalität von Kunstwerken zu bestimmen" sei.[8] Dabei fasst er Kriterien zusammen, die eine eindeutige Beziehung von Kunstwerken zur nicht strikt definierbaren Nation ermöglichen sollen; er prüft in seinem historischen Abriss die nationale Verortung von Kunstwerken in Ausfuhrgesetzen jedoch nur in Ansätzen.[9] Die Provenienzforschung konzentriert sich in Einzelstudien auf eine antisemitisch motivierte Instrumentalisierung des Kunstausfuhrschutzes in der Zeit des Nationalsozialismus und muss vorerst auf eine Einordnung in Genese und rechtliche Bedeutung verzichten.

Aus rein rechtshistorischer Perspektive sind die Anfänge der gesetzlichen Kunstbewahrung Gegenstand von Publikationen zum (meist internationalen) Kulturgüterschutz, sofern eine historische Einordnung gegeben wird.[10] Anette Hipp eröffnet beispielsweise in ihrer Dissertation zum Thema *Schutz von Kulturgütern in Deutschland* einen kleinen Einblick in Entwicklungen der Weimarer Republik und der Zeit des Nationalsozialismus.[11] Darüber hinaus sind die Publikationen von Joachim Berndt, Frank

4 Winfried Speitkamp: Die Verwaltung der Geschichte. Denkmalpflege und Staat in Deutschland, 1871–1933, Göttingen 1996, vor allem S. 171–186.

5 Kerstin Odendahl: Kulturgüterschutz. Entwicklung, Struktur und Dogmatik eines ebenenübergreifenden Normensystems, Tübingen 2005.

6 Kristina Kratz-Kessemeier: Kunst für die Republik. Die Kunstpolitik des preußischen Kultusministeriums 1918 bis 1932, Berlin 2007, vor allem S. 207–214.

7 Vgl. Gisbert Laube: Der Reichskunstwart. Geschichte einer Kulturbehorde 1919–1933, Frankfurt a. M. 1997, S. 66–71; Annegret Heffen: Der Reichskunstwart, Kunstpolitik in den Jahren 1920–1933. Zu den Bemühungen um eine offizielle Reichskunstpolitik in der Weimarer Republik, Essen 1986, S. 269.

8 Thilo Franke: Die Nationalität von Kunstwerken, Berlin 2012, S. 101.

9 Vgl. ebd., v. a. Kap. 3.

10 Zur Annäherung an den deutschen Kunstausfuhrschutz aus Sicht der heutigen Rechtsprechung empfiehlt sich der Kommentar zum *Kulturgutschutz in Deutschland* von Norbert Bernsdorff und Andreas Klein-Tebbe. Vgl. Norbert Bernsdorff und Andreas Klein-Tebbe: Kulturgutschutz in Deutschland: ein Kommentar, Köln/Berlin/Bonn/München 1996.

11 Vgl. Anette Hipp: Schutz von Kulturgütern in Deutschland, Berlin 2000, S. 48–56.

Kohl und Jörn Radloff zu erwähnen.[12] Die Veröffentlichungen haben jedoch gemein, dass vorwiegend gesetzliche Bestimmungen paraphrasiert werden; eine nähere Berücksichtigung oder gar kunsthistorische Analyse des *Verzeichnisses der national wertvollen Kunstwerke* findet nicht statt. Die Untersuchungen offenbaren vor allem das Prinzip der Vagheit im Recht, das die Mehrdeutigkeit und Unbestimmbarkeit von Wertdefinitionen von Kunst zur verunsichernden Variable machte.

So bleibt zu konstatieren, dass der Forschungsstand keine umfassende und den Ansprüchen genügende kunsthistorische Analyse bietet. Die kulturhistorische Perspektive ist umso bedeutender, als eine juristische Dimension unzureichend erscheint, weil sie den Beitrag des deutschen Kunstausfuhrschutzes zur ästhetischen Positionierung des Staates sowie die verfahrenspraktische Umsetzung, etwa bei Eintragungen und Löschungen, vernachlässigt. Aufgrund des dargelegten Forschungsdesiderats sind die Darstellungen der vorliegenden Arbeit in besonderem Maße auf Aktenmaterial angewiesen.

Auch wenn der Beitrag der Forschung zum Themenbereich der Dissertation überschaubar ist, ist der Quellenbestand grundsätzlich sehr umfangreich. Die *Verordnung über die Ausfuhr von Kunstwerken* von 1919 und das aus ihr resultierende *Verzeichnis der national wertvollen Kunstwerke* entstanden unter Mitwirkung zahlreicher Akteure auf Ebene des Reiches und der Länder. Aber auch einzelne Institutionen und Fachverbände waren am deutschen Kunstausfuhrschutz beteiligt. Daraus resultiert eine vielfältige Überlieferung im Bundesarchiv sowie in den Staats- und Museumsarchiven. Über das kulturelle Engagement des Reiches in der Weimarer Republik gibt insbesondere der Bestand R32 des Reichskunstwartes Auskunft, der im Berliner Bundesarchiv aufbewahrt wird. Dieser verkleinert die Lücke, die der Verlust der Bestände des Reichsinnenministeriums aus den jüngeren Registraturschichten durch den Zweiten Weltkrieg gebracht hat. Leider konnte auch ein Forschungsaufenthalt am sogenannten Sonderarchiv in Moskau, wo ein umfangreicher Nachlass des Reichsinnenministeriums überliefert ist, die für das Thema relevanten Akten dieser federführenden Stelle nicht zu Tage fördern. Ebenfalls muss der Bestand des preußischen Kultusministeriums, der den Titel *Erlass eines Ausfuhrverbots für Kunstwerke aus Deutschland (Verzeichnis der national wertvollen Kunstwerke)* trug und sich aus elf Bänden zusammensetzte, zum Verlust gerechnet werden.[13] Die empfindlichen Lücken, die der Verlust der Akten der beiden maßgebenden Ministerien für die vorliegende Untersuchung brachte, können durch

12 Joachim Berndt: Internationaler Kulturgüterschutz. Abwanderungsschutz, Regelungen im innerstaatlichen Recht, im Europa- und Völkerrecht, Köln (u. a.) 1998; Frank Kohls: Kulturgüterschutz. Wirkungen von Verstößen gegen Ausfuhrverbote und Möglichkeiten der Rückführung illegal verbrachter Kulturgüter. Eine vergleichende Untersuchung mit den Rechten Dänemarks, Norwegens und Schwedens, Frankfurt a. M. 2001; Jörn Radloff: Kulturgüterrecht unter besonderer Berücksichtigung der Außenhandelsbeschränkungen und Mitnahmeverbote von Kunst- und Kulturgut in Privateigentum, Berlin 2013.

13 Es handelt sich um die Akte GStA PK, I. HA Rep. 76, Ve Sekt. 1 Abt. I Nr. 43.

die Überlieferung weiterer Ministerien und der Museen verringert werden. Die konsultierten Nachlässe der für den Kunstausfuhrschutz zuständigen Landesministerien in den Staatsarchiven in Bayern, Baden, Braunschweig, Bremen, Hamburg, Hessen, Thüringen, Oldenburg, Sachsen und Württemberg ermöglichen die gebotene Multiperspektivität sowie die Beachtung landesspezifischer Besonderheiten dieser reichsweit umgesetzten Kulturmaßnahme.[14]

Zur Erweiterung der ministerialinternen Untersuchung und zur Beschreibung der Rolle der Kunstsachverständigen, die nicht nur dem deutschen Kunstausfuhrschutz, sondern als Direktoren den großen Museen des Deutschen Reiches verpflichtet waren, ist die Sichtung der museumseigenen Überlieferungen unabdingbar. In erster Linie sind hier die Archivalien der Staatlichen Museen zu Berlin, der Staatlichen Kunstsammlungen Dresden, der Bayerischen Staatsgemäldesammlung München, des Bayerischen Nationalmuseums München, des Germanischen Nationalmuseums Nürnberg, der Hamburger Kunsthalle, der Kunsthalle Bremen, des Landesmuseums für Kunst und Kulturgeschichte Oldenburg, des Städel Museums in Frankfurt a. M., des Museums Folkwang in Essen und der Klassik-Stiftung Weimar von Interesse.

Die Untersuchung zum *Verzeichnis der national wertvollen Kunstwerke*, zu Fachdebatten und zur öffentlichen Rezeption wird zudem gestützt durch Berichte aus Kunstfachzeitschriften und der Tagespresse, außerdem durch veröffentlichte parlamentarische Berichte und Protokolle fachlicher Beratungen sowie der zeitgenössischen, kunsthistorischen Fachliteratur. Diese Quellen erlauben namentlich eine kulturhistorische Perspektive des Themas darzulegen und kontextualisieren das bedeutendste Dokument der vorliegenden Untersuchung: das Verzeichnis selbst, das in einer Zusammenstellung von 1922, 1927, 1934 und 1938 in den Archiven überliefert ist.

Den Ausführungen muss vorangestellt werden, dass die von Politik und Öffentlichkeit bis in die Gegenwart postulierte Annahme, der Kreis „national wertvoller Kunstwerke" lasse sich per Definition zweifelsfrei darlegen, sich in dem Moment als falsch erweist, in dem die regionalen Interessen der Kunstgeschichte zum Tragen kommen. Die fallspezifische Auslegung eines nationalen Wertes verhinderte die Festlegung von allgemeingültigen Wertkategorien, machte Kunstwerke stets zum Verhandlungsobjekt und stellte damit die Akteure der Zeit, aber auch die vorliegende Untersuchung vor Herausforderungen. Diesem Umstand ist es geschuldet, dass das Einzelwerk oder eine Sammlung zum Ausgangspunkt für die Analyse übergeordneter Zusammenhänge wird. Vom Objekt ausgehend können spannungsreiche Diskurse um die Bewahrung von Kunstwerken nachgezeichnet werden, die insbesondere die Bestrebungen der jungen Republik aufzeigen, wenn es darum ging, die eigene Existenz mithilfe des Kulturerbes zu

14 Die Staatsarchive weisen wiederum deutliche Bestandslücken auf: Vom sächsischen Innenministerium ist beispielsweise nur eine Akte zum Kunstausfuhrverbot überliefert, die 1921 endet; die relevanten Akten des bayerischen Kultusministeriums haben die Laufzeit 1923 bis 1938, tragen die Bandnummern vier bis sieben und lassen demzufolge die frühen Jahre missen.

manifestieren und die Geschichte einer noch nicht zur Selbstverständlichkeit gewordenen Nation zu präsentieren. Diese Diskurse beeinflussten wiederum die Konstituierung der neuen Staatsform, etwa bezogen auf eine staatliche Kulturhoheit oder das Allgemeinrecht an Privatbesitz.

Die vorliegende Arbeit geht zunächst auf die Ursachen und Umstände ein, die zu einer Ausfuhrbeschränkung führten und thematisiert öffentliche und fachliche Diskurse sowie Entscheidungsfindungen, die 1919 zur Verabschiedung der *Verordnung über die Ausfuhr von Kunstwerken* führten. Im weiteren Verlauf gliedert sich die Untersuchung in die zwei Zeitspannen der Weimarer Republik und des Nationalsozialismus; wiederkehrendes Element ist dabei das *Verzeichnis der national wertvollen Kunstwerke* selbst, mithilfe dessen eine durch meinungsbildende Kulturakteure beförderte kulturpolitische Konstruktion eines nationalen Erbes ergründet werden kann. Ausgehend von den verzeichneten Kunstsammlern und Werken geben die Wechselwirkungen zwischen fürstlichen oder bürgerlichen Sammlern und den politischen Entscheidungsträgern sowie den Museen einen bedeutenden Einblick in ein komplexes Beziehungsgeflecht der Zwischenkriegszeit. Bei der Untersuchung der Debatten während der Weimarer Republik stehen die Auseinandersetzungen mit den entthronten Fürstenhäusern, der Umgang mit den sich auflösenden bürgerlichen Kunstsammlungen der Kaiserzeit und der Einfluss der öffentlichen Meinungsbildung im Hinblick auf den Kulturgutschutzgedanken im Zentrum. Darauffolgend soll untersucht werden, wie die nationalsozialistische Regierung die Bestrebungen der Weimarer Republik aufnahm und veränderte. Hier sind insbesondere die Ergebnisse aus den 1920er Jahren dienlich, um Entwicklungen und Vergleiche nachzeichnen zu können. Grundlage für die Untersuchung bildet das Verzeichnis von 1938, gedruckt in einem Jahr, in dem die antisemitische Verfolgung einen Höhepunkt erreichte. Politische Diskussionen über die Nutzung des Ausfuhrschutzes zur Erfassung von Kunstwerken jüdischer Sammler und die verstärkte Instrumentalisierung von Kultur als Propagandamittel sind zentrale Punkte dieses Forschungsabschnittes. Aber nicht nur die politischen und kulturhistorischen Maßnahmen der nationalsozialistischen Regierung sollen untersucht werden, vor allem die Museen und ihre zentrale Rolle im Entscheidungsgefüge des Kulturgutschutzes lohnen eine nähere Betrachtung.

Die Notverordnung von 1919 erfuhr mit dem Ausgang des Zweiten Weltkriegs eine nur kurzzeitige Zäsur. In den westlichen Besatzungszonen wurde die Bestimmung der Zwischenkriegszeit wieder aufgegriffen und 1955 in die Gesetzgebung der Bundesrepublik überführt. Seitdem werden Kunstwerke – einschließlich Bibliotheksgut – und Archivalien von den Ländern in ein *Verzeichnis national wertvollen Kulturgutes* beziehungsweise in ein *Verzeichnis national wertvoller Archive* eingetragen. Die Bewahrung von Kunstwerken vor Ausfuhr blieb weiterhin in der Kompetenz des Bundes verankert. Wie die Verordnung von 1919 auf die Gesetzgebung und Umsetzung des Kulturgutschutzes der Bundesrepublik einwirkte, soll die vorliegende Arbeit in einem abschließenden Kapitel darlegen.

DIE *VERORDNUNG ÜBER DIE AUSFUHR VON KUNSTWERKEN* 1919

Niemals lief das Geschäft mit der Kunst so gut wie in der Geburtsstunde der Weimarer Republik; und niemals hatte der deutsche Kunsthandel es gleichzeitig so schwer.[1] Mit dem Erlass einer Notverordnung zum Schutz von „national wertvollen" Kunstwerken vor Ausfuhr im Dezember 1919 griff der Staat in den Kunstmarkt ein, der zu dieser Zeit Rekordzahlen verzeichnete. Nach militärischen, politischen und wirtschaftlichen Demütigungen infolge des Ersten Weltkriegs und des Versailler Vertrags sollte mit dem Erhalt des kulturellen Erbes die nationale Eigenständigkeit des Deutschen Reichs der Welt vor Augen geführt werden. Zugleich wirkte sowohl die tatsächliche als auch die empfundene Gefährdung des deutschen Kunsterbes der ohnehin fragilen nationalen Identität und Reichseinheit entgegen, die zur Überwindung der politischen und gesellschaftlichen Umbruchzeit von großer Bedeutung waren.

Das folgende Kapitel geht der Frage nach, welche konkreten Ursachen zu den staatlichen Maßnahmen führten, unter welchen Umständen sich die Reichs- und Landesregierungen für einen inventarisierten Kunstausfuhrschutz einsetzten, auf welche Widerstände sie stießen und mit welchen Grundsatzdebatten die Aufstellung des *Verzeichnisses der national wertvollen Kunstwerke* verbunden war. Die öffentlichen und fachlichen Diskurse sollen aufzeigen, dass weder zuvor noch in den folgenden Jahrzehnten die öffentlich geführte Debatte um den deutschen Kunstbesitz und seinen Erhalt innerhalb der Grenzen des Deutschen Reichs so erregt und umfassend war, wie in den Folgemonaten des Ersten Weltkriegs.

1 Vgl. Adolph Donath: Der deutsche Kunsthandel und die Valuta, Der Kunstwanderer, 2. Jg., 2. Februarheft, 1920, S. 243–244.

1. URSACHEN

1.1 „Bilder um jeden Preis, weil man jetzt doch nichts andres kaufen kann." – Veräußerungen bedeutender Privatsammlungen während des Ersten Weltkriegs

Der Deutsch-Französische Krieg 1870/71 ließ das Deutsche Reich als geeinigten und gestärkten Sieger hervortreten und markierte den Beginn der Gründerzeit, in der vor allem das Bürgertum seine Stellung innerhalb des Reichsgefüges aufwertete. Schnell wurde den Wirtschaftseliten bewusst, dass nicht nur der erworbene Reichtum eine gesellschaftliche Nobilitierung erwirkte, sondern dass in der sozialen und kulturellen Partizipation Möglichkeiten lagen, einen patriotischen Beitrag für die zusammengeführte Nation zu liefern, deren Schicksal es mitzubestimmen galt. Wie die Forschung vorwiegend mit regionalen oder gattungsbezogenen Schwerpunkten herausstellte, wurde das Sammeln und mäzenatische Stiften von Kunst zur gesellschaftlichen Kernaufgabe des Wirtschaftsbürgertums um 1900; Sammlungen wurden zu „Insignien sozialer Zugehörigkeit, wenn nicht gar Überlegenheit".[2] Keiner prägte diese Entwicklung bekanntlich so maßgeblich wie Wilhelm von Bode, der ab 1872 im Dienst der Königlichen Museen zu Berlin die Reichshauptstadt als ein Zentrum des privaten Sammelwesens und Kunstmarktes etablierte. Die Großindustriellen Oskar Huldschinsky, James und Eduard Simon, der Kaufmann Marcus Kappel, der Regierungsrat Richard von Kaufmann und der Bankier Eduard Arnhold können beispielhaft für eine Reihe von privaten

2 Krzysztof Pomian: Der Ursprung des Museums. Vom Sammeln, Berlin 1988, S. 63. An Forschungen zum bürgerlichen Sammeln in der Kaiserzeit können beispielhaft genannt werden: Hannelore Sachs: Sammler und Mäzene. Zur Entwicklung des Kunstsammelns von der Antike bis zur Gegenwart, Leipzig 1971; Ekkehard Mai/Peter Paret (Hg.): Sammler, Stifter und Museen. Kunstförderung in Deutschland im 19. und 20. Jahrhundert, Köln 1993; Manuel Frey: Macht und Moral des Schenkens. Staat und bürgerliche Mäzene vom späten 18. Jahrhundert bis zur Gegenwart, Berlin 1999; Andrea Pophanken und Felix Billeter (Hg.): Die Moderne und ihre Sammler. Französische Kunst in deutschem Privatbesitz vom Kaiserreich zur Weimarer Republik, Berlin 2001; Sven Kuhrau: Der Kunstsammler im Kaiserreich. Kunst und Repräsentation der Berliner Privatsammlerkultur, Kiel 2005.

Sammlern genannt werden, die dank ihrer ausgesprochenen Wirtschaftskraft und der fachlichen Beratung Bodes einen qualitativ hochwertigen Kunstbesitz aufbaute, der integraler Bestandteil ihrer Selbstpräsentation wurde. Die Villa als „wichtigstes Statussymbol einer Wilhelminischen Wirtschaftselite" bot den adäquaten Raum, in dem wirtschaftlicher und gesellschaftlicher Erfolg halböffentlich zur Schau gestellt werden konnten.[3] Der soziale Zusammenhalt des vermögenden Bildungsbürgertums nach innen sowie die Abgrenzung nach außen waren für jüdische Großunternehmer in besonderem Maße charakteristisch: Obgleich in Berlin im Jahr 1912 lediglich vier Prozent der Bevölkerung jüdischen Glaubens oder jüdischer Abstammung waren, stellten sie 67 der 111 finanzstärksten Unternehmer der Stadt und prägten demzufolge auch das Sammler- und Mäzenatentum der Kaiserzeit maßgeblich.[4] Die gesellschaftliche Integration sollte die junge nationale Einheit stärken und das Anlegen von Kunstsammlungen als eine Form des Erinnerns Eingang in die Gesellschaft finden, wie Alfred Lichtwark, Direktor der Hamburger Kunsthalle, konstatierte:

> „Über sich selbst hinauswirkend hat sich der Sammler als Hüter nationaler Schätze, als unentbehrlicher Untergrund alles künstlerischen Schaffens und als Anregungszentrum bewiesen, das die Kraft des Künstlers, die sich in tausend Kultur- und Wirtschaftswerte umsetzt, auf das ganze Volk überleiten hilft."[5]

Wie Einzelstudien bereits hervorhoben, beförderte das Sammeln von Kunstwerken der Moderne verstärkt das bürgerliche Selbstbewusstsein, da diese die Macht staatlicher, konservativer Kulturpolitik, bestimmt durch Akademismus und den Kaiser, hinterfragten.[6] Obgleich die Hauptstadt Berlin auch hier die meisten Sammler aufwies, folgte eine lange Liste der Reichsstädte, in denen sich Sammlungen moderner, oft impressionistischer Maler schrittweise etablierten: München, Dresden, Breslau, Frankfurt, Bremen und Hamburg zu nennen ist nur ein Anfang.[7]

Dementsprechend verfügte das Deutsche Reich vor dem Ersten Weltkrieg über eine Reihe von beachtlichen privaten Kunstsammlungen, und Kunstobjekte der internationalen Schulen, die in Friedenszeiten zum großen Teil im Ausland erworben wurden, gelangten beständig in deutsche Sammlungen. Im Zentrum der Erwerbungen des 19. Jahrhunderts standen alte Meister der italienischen, niederländischen und französischen Kunst. Im Zuge der allmählichen Anerkennung des Impressionismus traten deutsche Sammler und Händler verstärkt als bedeutende Abnehmer in Frankreich

3 Frey 1999, S. 109.
4 Vgl. ebd., S. 97.
5 Alfred Lichtwark: Der Sammler, Zwei Teile, Kunst und Künstler, 10. Jg., 1912, S. 229–242, S. 281–291, hier S. 291.
6 Vgl. u. a. Barbara Paul: Hugo von Tschudi und die moderne französische Kunst im Deutschen Kaiserreich, Mainz 1993; Pophanken/Billeter 2001.
7 In Breslau existierte kein nennenswerter Kunsthandel, so dass die Breslauer Sammler ihre Werke meist auf dem Berliner Kunstmarkt erwarben. Vgl. Anja Heuß: Die Sammlung Max Silberberg in Breslau, in: Pophanken/Billeter 2001, S. 311– 326, hier S. 312; vgl. auch Andrea Meyer: Ein Sammler „französischer Expressionisten". August von der Heydt, in: ebd., S. 235.

auf, wo Kunstwerke für den europäischen Markt in einem Umfang entstanden, wie in keinem zweiten Land; als Käufer war Deutschland neben Amerika dabei von größter Bedeutung.[8] Die Etablierung als historisches Kunstimportland war insbesondere der Tatsache geschuldet, dass die deutsche Kunst lange das „dunkelste Gebiet der Kunstgeschichte" darstellte.[9] Der zuvor zitierte Lichtwark stellte 1912 in einem Artikel in der Fachzeitschrift *Kunst und Künstler* die Frage: „Gibt es eigentlich Sammler deutscher Kunst?"[10] Denkt man an die bedeutenden Sammlungen mittelalterlicher, deutscher Kunst des 19. Jahrhunderts, etwa der Brüder Sulpiz und Melchior Boisserées sowie Alexander Schnütgens in Köln oder an die zahlreichen Fürstensammlungen, so lässt sich diese Frage durchaus mit einem ‚Ja' beantworten. Das Ansehen altdeutscher Meister war in Deutschland paradoxerweise mit Napoleons Konfiszierungen und der Rückkehr von deutschen Altmeistertafeln 1815 gewachsen.[11] Mit einem ganzheitlichen Blick auf die deutsche Privatsammelkultur spielte die deutsche Kunst jedoch eine zweitrangige Rolle. Dies zeigt auch die Jahrhundertausstellung, die 1906 in Berlin veranstaltet wurde und zahlreiche deutsche Künstler des 19. Jahrhunderts erst wieder schrittweise in das Bewusstsein der Sammler, Museen und des Kunsthandels brachte.

Bei der Charakterisierung des deutschen Marktes spielte neben der Geschmacksbildung die Kultur des Sammelns eine Rolle, wie der Kunstkritiker Julius Meier-Graefe anschaulich schilderte:

> „Nur sehr selten erscheint ein einmal in deutschen Privatbesitz gelangtes Hauptwerk binnen kurzer Zeit in verschiedenen Händen, während in Paris manches Werk in zehn Jahren zehnmal den Besitzer wechselt. Daher ist in Deutschland immer wenig einheimische gesuchte Ware auf dem Markt, und daher steigt der Import ausländischer Werte, auch der der geringsten Erzeugnisse des Auslands."[12]

Seit der Reichseinigung etablierte sich Berlin als Hauptstadt des deutschen Kunsthandels und bewies mit großen Versteigerungen die internationale Konkurrenzfähigkeit. Im Oktober 1914 sollte die Sammlung des Barons Albert von Oppenheim in der Reihe der Versteigerungsgroßereignisse folgen: Weder Köln, die Heimat der Sammlung, noch München wurden als Ort des Verkaufs gewählt. Dass Berlin „als Kunstmarkt unter den deutschen Städten an die erste Stelle rückt[e]"[13] und damit auch international stärker wahrgenommen wurde, wertete die Presse als „ein gutes Zeichen, [weil] die Sammlung

8 An dritter Stelle folgte England, vgl. Julius Meier-Graefe: Handel und Händler. Vier Teile, Kunst und Künstler, 11. Jg., 1913, S. 27–34, S. 104–109, S. 196–210, S. 306–3012, hier S. 206.

9 Alfred Lichtwark, Kunst und Künstler, 1912, S. 238.

10 Ebd., S. 238.

11 Die in Deutschland beschlagnahmten Kunstwerke wurden 1807/08 in einer Ausstellung in Paris der Öffentlichkeit präsentiert und auch in Deutschland rezipiert. Vgl. Bénédicte Savoy: Kunstraub. Napoleons Konfiszierungen in Deutschland und die europäischen Folgen, Wien/Köln/Weimar 2011, Kap. 10 und S. 409.

12 Ebd., S. 210.

13 Versteigerung der Sammlung des Barons Albert von Oppenheim, Der Kunstmarkt, 11. Jg., Nr. 18, 23.01.1914, S. 158.

nicht zur Versteigerung ins Ausland übergeführt wurde" und die Auktion damit versprach, das „Hauptereignis auf dem Berliner Kunstmarkt des kommenden Winters zu werden".[14] Der Beginn des Ersten Weltkriegs kam der geplanten Versteigerung zuvor; die Fachwelt rechnete mit einer „völligen Zerrüttung" oder „Stille des gesamten Kunsthandels".[15] Viele Pariser Kunsthandlungen schlossen; ihre nicht selten deutschen Besitzer wie Wilhelm Uhde oder Daniel-Henry Kahnweiler mussten Frankreich verlassen. Zudem blieben Käufer aus und „Angebote Privater erfolgen kaum, da jede Norm für die Bewertung von Kunstwerken" fehlte.[16] Bereits geplante Versteigerungen wurden abgesagt:

> „Die Privatsammler hatten wenig Mut und Stimmung in ihrer Thätigkeit fortzufahren, aus wirtschaftlichen Erwägungen sowohl wie wegen einer Art von Gewissensbedenken. Mancher fragte sich, ob er es verantworten könne, in einer Zeit, wo Millionen von Menschen Mangel und Not leiden, sich ein teures Bild an die Wand zu hängen."[17]

Der Kunstkritiker Franz Servaes mahnte, „der Kunst die Treue [zu] halten" und damit dem Patriotismus, weil nichts „schneller verloren [ginge] als guter Geschmack".[18] Jedoch nicht die Vaterlandsliebe oder Hingabe zur Kunst waren die Hauptursache für eine Belebung des kurzzeitig erstarrten Marktes, sondern die wirtschaftlichen Umstände, die zu einer vorher nicht dagewesenen Preissteigerung führten. Bereits im Dezember 1914, dem fünften Kriegsmonat, fand bei Lepke in Berlin die erste Versteigerung der Sammlung Karl Frenzel und Paul Henschel statt. Die Presse bezeichnete die Veranstaltung als „gewagtes Unternehmen", rühmte den Erfolg anschließend aber als einen „über Erwarten günstige[n]".[19] In der „Kauflust [zeigte sich] kaum der Einfluß der schwierigen Lage. Die Preise überstiegen nicht selten sogar die normale Höhe", war in den Zeitungen zu lesen.[20] Dass der Einbruch auf dem deutschen Kunstmarkt während des Ersten Weltkriegs nur von kurzer Dauer war, überraschte auch das Ausland, wie ein Artikel vom 27. Juli 1915 in der auflagenstarken französischen Tageszeitung *Le Temps* zeigt. In diesem berichtete der Kunstkritiker François Thiébault-Sisson über die Reise eines ungenannten Schweizer Museumsdirektors zu deutschen Auktionen im Juni des Jahres. Er führte vor Augen, dass mit dem Krieg auch Erwartungen ausbrachen, nun besonders günstig Kunstwerke in Deutschland erwerben zu können:

14 Der Katalog der Sammlung des Baron Albert von Oppenheim, Der Kunstmarkt, 11. Jg., Nr. 18, 3. 7. 1914, S. 338–342, hier S. 342.
15 Der Kunsthandel während des Krieges, Der Kunstmarkt, 30. 11. 1914, S. 29
16 Ebd. S. 29.
17 Emil Waldmann: Der Krieg und die Bilderpreise, Kunst und Künstler, 15. Jg., H. 8, 1917, S. 376–386, hier S. 376 f.
18 Franz Servaes: Der Krieg und der Kunstmarkt, Deutsche Kunst und Dekoration, Bd. 35, 1914, S. 343–350, hier S. 347 und 249.
19 Der Kunsthandel während des Krieges, Der Kunstmarkt, 30. 11. 1914, S. 29.
20 Ebd., S. 29.

„Ich stellte mir vor, [...] dass in den Reichszentren aufgrund des Krieges der Preis von Kunstwerken gesunken ist. Ich erhielt unter anderem aus Berlin und München Kataloge, die mir das Wasser im Mund zusammen laufen ließen."

Den Museumsdirektor interessierten in erster Linie Werke französischer Impressionisten und – für einen Schweizer verständlich – Werke von Arnold Böcklin und Ferdinand Hodler. Seinen Assistenten entsandte er nach Berlin, er selbst berichtete wiederum von einer nicht identifizierbaren Auktion aus München, auf der er erwartete, „Goldgeschäfte" zu machen:

Händler und Liebhaber konkurrierten ausgelassen. Ein Böcklin, der meine Blicke auf sich zog, wurde drei Mal über meinem geschätzten Maximalpreis gehandelt, die Hodler verkauften sich in spürbaren Höhen und hielten sich über den Preisen vor dem Krieg, die Impressionisten hielten sich triumphal, und bezüglich Forain, Willette und anderer Franzosen der aktuellen Stunde stritten wir uns so sehr um sie, dass ich nicht die geringste Summe in mein Scheckheft schrieb."[21]

Und so stiegen die Preise für Franzosen während des Ersten Weltkriegs tatsächlich auch auf dem deutschen Markt.[22] Die *American Art News* griff den Bericht Thiébault-Sissons auf und warnte ihre Leser vor einer überstürzten Euphorie.[23] Vor allem amerikanische Käufer spekulierten seit Kriegsbeginn auf niedrigere Preise, nachdem diese in den Jahren zuvor insbesondere durch die amerikanische Beteiligung in die Höhe getrieben worden waren.

Vor allem die Jahre 1915 und 1916 bewiesen, dass „die einstige Sorge der Händler und Sammler, ein langer Krieg würde ihre aufgespeicherten Schätze entwerten", grundlos war.[24] Das Gegenteil trat ein, das Angebot bei Auktionen war gering, die Nachfrage stieg hingegen und übertraf die Zahl der Kunstwerke auf dem Markt. Das wirkte sich auf die Preise aus, die wegen dieser Objektknappheit stiegen; für Kunsthändler wurde der Einkauf schwieriger als der Verkauf. In diesen Jahren traten neben deutschen Privatsammlern und den Museen auch Käufer aus den verbündeten Staaten – und damit vorwiegend beschränkt auf Österreich-Ungarn – und aus den neutralen Ländern Europas auf, vornehmlich aus der Schweiz, den Niederlanden und Skandinavien. Die politischen und wirtschaftlichen Restriktionen hebelten die Selbstregulierung des Marktes aus;

21 François Thiébault-Sisson: L'Allemagne et la peinture étrangère, Le Temps, 55. Jg., Nr. 19743, 27.7.1915, S. 2. Eigene Übersetzung.

22 Vgl. Emil Waldmann: Der Krieg und die Bilderpreise, Kunst und Künstler, 15. Jg., H. 8, 1917, S. 383.

23 Vgl. German Art Notes, American Art News, 14. Jg., Nr. 10, 11.12.1915; vgl. auch High art prices abroad, American Art News, 16. Jg., Nr. 16, 26.1.1918; London Letter. High art prices in Berlin, ebd. Auch vom Londoner und Pariser Kunstmarkt wurde berichtet, dass die Preise in fester Haltung verharrten, „während das Kaufangebot bemerkenswerte Zurückhaltung zeigt[e]". Vom deutschen Kunstmarkt im Kriege, Der Kunstmarkt, 12. Jg., Nr. 41, 3.9.1915, S. 166.

24 Frida Schottmüller: Der Nachlass Adolf von Beckerath. Zur Versteigerung in Lepkes Kunst-Auktions-Haus 23.–26. Mai, Der Kunstmarkt, 13. Jg., Nr. 33, 12.5.1916, S. 145–148, hier S. 145.

Händler begannen zu „hamstern", und nicht nur Meisterwerke, sondern auch Kunstwerke und Kunstgewerbe mittlerer Qualität erreichten „phantastische Preise".[25]

> „Der Respekt vor der Million ist endgültig geschwunden, seitdem jedermann weiß, wie viele Millionen ein jeder Tag dieses Krieges kostet. [...] Und mit alle dem ist endlich das Wesen des Geldes überhaupt ein anderes geworden. Es ist eine Unsicherheit entstanden gegenüber all dem Papier, das man sieht, und selbst gegenüber dem Golde, das sich verbirgt. Darum suchen die Menschen, die Geld übrig haben, nach anderen Werten, nach Werten, denen sie vertrauen zu können meinen, die die Gewähr der Dauer in sich tragen. Und sie verfallen auf die Kunst."[26]

Im August 1917 beschloss die Kunstzeitschrift *Kunst und Künstler*, Auktionsergebnisse nur noch auszugsweise zu veröffentlichen: Denn „schließlich ist eine Kunstzeitschrift ja am Ende kein Börsenblatt".[27] Und tatsächlich erlebte der deutsche Kunstmarkt in der zweiten Kriegshälfte eine Hochkonjunktur, gestaltete sich jedoch auch anormal. Der Kunstkritiker Adolph Donath prägte den Begriff „anormale Preissteigerung" in einer Zeit, in der es nicht nur um die Veräußerung von Meisterwerken ging, sondern in der vor allem Mittelware einen monetären Wertzuwachs erfuhr.[28]

> „Das tolle Treiben vergiftet alles echte Sammelwesen, zerrüttet die Preise, verwischt den Unterschied zwischen Trefflichem und Mittelmäßigem; vor allem werden die öffentlichen Sammlungen außerstande gesetzt, in Wettbewerb zu treten, zumal diese Käufer um jeden Preis die gute Anstandsregel vornehmer älterer Sammler, gegen öffentliche Museen nicht zu bieten, erst zu lernen haben."[29]

Der „ältere" Sammler des sich im Untergang befindenden Kaiserreiches wurde als „Inbegriff der bürgerlichen Solidarität" angesehen; ihm gegenüber stand der als Kriegsgewinner bezeichnete Kunstanleger.[30] Emil Waldmann, Direktor der Bremer Kunsthalle, erklärte sich das zunehmende Interesse an Kunst und die steigenden Preise mit dem Wunsch, den „Jammer des Krieges und den Wahnwitz dieser Zeit" zu vergessen:[31]

25 August L. Mayer: Zu der Versteigerung der Sammlung Georg Hirth bei Helbing, Kunst und Künstler, 15. Jg., H.5, 1917, S. 245.
26 Curt Glaser: Die Auktion Schmeil bei Paul Cassirer in Berlin, Der Kunstmarkt, 14. Jg., Nr. 5, 27.10.1916, S. 21–26, hier S. 22.
27 Kunst und Künstler, 15. Jg., H. 11, Juli 1917, S. 552.
28 Vgl. Adolph Donath: Der Kunstsammler, Psychologie des Kunstsammelns, Berlin 1923, S. 15; Adolph Donath: Die Aussichten des deutschen Kunstmarktes, Der Kunstwanderer, 1. Jg., 1. Septemberheft, 1919, S. 16
29 Hans Tietze: Die Sammlung Ludwig Lobmeyer-Wien, Der Kunstmarkt, 15. Jg., Nr. 7, 16.11.1917, S. 53–55, hier S. 55.
30 Ebd., S. 55.
31 Emil Waldmann: Der Krieg und die Bilderpreise, Kunst und Künstler, 15. Jg., H. 8, 1917, S. 378. Die Preissteigerung und das im Weltkrieg stetig anhaltende Interesse für die Kunst beeinflusste nicht zuletzt die heimische Produktion, die an Ansehen gewann. Diese Aufwertung der Gegenwartskunst konnte wohl während des Krieges auch in anderen Ländern, wie den Niederlanden, den skandinavischen Ländern und in Amerika beobachtet werden, wo „die Stärkung des nationalen Elements in der Kunstpflege und der Kunstliebhaberei" zu „überraschenden Bewertungen" bei Versteigerungen führte. Ebd., S. 382 f.

„Das heisst doch, dass man in der Kunst nicht an den Krieg erinnert sein will, dass die Kunst gerade als das Reich gilt, wo man den Frieden und das Glück sucht."[32]

Neben dieser ideellen Begründung führte Waldmann weiter die ökonomischen Rahmenbedingungen an:

„Man kann jetzt für Geld nicht viel andres kaufen, als Kunst, weder Automobile noch Nahrungsmittel, ins Ausland kann man nicht reisen – da kann man seine Überschüsse wohl nur für Bilder und Teppiche und Porzellan ausgeben."[33]

„Bilder um jeden Preis", lautete die Parole der Elite, „weil man jetzt doch nichts andres kaufen kann."[34] Begünstigt wurde das Interesse für den Kauf von Kunstwerken durch den Wertverlust der deutschen Währung; die Wertanlage in Sachgüter stellte das bewahrende Instrument in dieser ökonomisch unsicheren Zeit dar. Die Jahre 1917 und 1918 entwickelten sich daher auch zu einer Phase der Preisrekorde und großen Versteigerungen. Auch wenn in Kriegszeiten der Markt beschränkt war, nutzten vornehmlich Käufer aus den neutralen Ländern die Entwertung der Mark und wurden zu regen Teilnehmern auf deutschen Versteigerungen. Einen Höhepunkt der Preissteigerung stellte die Nachlassversteigerung der Sammlung Richard von Kaufmann dar, die am 4. Dezember 1917 in den Räumen der Secession am Kurfürstendamm unter Leitung von Paul Cassirer und Hugo Helbing stattfand und großes, öffentliches Aufsehen erregte:

„Alles trug das Zeichen eines großen Ereignisses; Achttägige Vorbesichtigung mit polizeilicher Schließung auf halbe Stunde wegen Überfüllung. Selten kann ein Museum eine solche Besucherzahl aufweisen. [...] Als dann der 4. Dezember da war und Auto um Auto heranrollte, und der Vorraum sich immer mehr füllte mit großen Namen, die im Getuschel und verstohlenen Fingerzeigen Erklärung fanden, spannte sich die Stimmung einer Opernhaus-Premiere von Strauß – der übrigens auch erschienen war – über die Teilnehmer. Für die Namen der Museumsleiter, Sammler und großen Händler mag der Hinweis auf irgend ein Kunsthandbuch genügen: es waren alle anwesend. Auch die Bundesgenossen und das neutrale Ausland."[35]

Die vor dem Krieg auf 2,5 Millionen Mark geschätzte Sammlung italienischer, altniederländischer und altdeutscher Werke erreichte unter den genannten Umständen fast 12 Millionen Mark und übertraf damit auch die Erwartungen zahlreicher Sachverständiger um das Vielfache.[36] Käufer waren große Namen deutscher Privatsammler und Kunsthändler, aber auch deutsche Museen erhielten mehr als 20 Objekte aus der Kaufmann'schen Sammlung, unter ihnen die Staatlichen Museen Berlin, die für die An-

32 Ebd., S. 378.
33 Ebd., S. 378 f.
34 Ebd., S. 384.
35 W. K.: Versteigerung der Sammlung von Kaufmann, Der Kunstmarkt, 15. Jg., Nr. 11, 14. 12. 1917.
36 Die Sammlung wurde 1917 mit 3,5 Millionen Mark garantiert und auf 7 Millionen Mark geschätzt. 12 Millionen Mark entsprechen 2,04 Millionen US$, vgl. Kauffmann Sale in Berlin, American Art News, 16. Jg., Nr. 16, 26. 1. 1918.

fertigung des umfangreichen, dreibändigen Katalogs eine böhmische Kreuzigung und ein Männerbildnis von Hans von Kulmbach als Geschenk entgegennahmen.[37]

Dieser größten Kunstmarkt-Attraktion während des Weltkriegs folgte nur eine Woche später, am 11. Dezember 1917, die Beratung eines Antrages im Preußischen Abgeordnetenhaus, der den Schutz von Kunstwerken in Privatbesitz vor der Ausfuhr ins Ausland thematisierte. Die Eindrücke der Auktion Kaufmann schlugen sich auch im Sitzungsprotokoll nieder: „Wie bei einem Wettrennen, auch was die äußere Aufmachung anging, ist es nun in den letzten Tagen hier in Berlin bei der Versteigerung der großen Sammlung von Kaufmann zugegangen."[38] Der Antrag erfolgte in Eilform, weil große Versteigerungen für die nachfolgenden Wochen angekündigt waren – die Sammlung des Barons Albert von Oppenheim oder Wilhelm Gumprechts etwa –, deren Durchführung man lieber politisch reglementieren wollte.[39] Die umfangreiche Sammlung Richard

37 Zitiert sei hier ein Ausschnitt aus Kurt Mühsams Beobachtungen zur Kaufmann-Versteigerung: „Bemerkenswert war auch damals die Tatsache, daß nicht weniger als 26 Stücke dieser Kollektionen trotz der hohen Preise von Museen ersteigert wurden. So konnte das Kaiser-Friedrich-Museum die Madonna eines niederländischen Meisters um 1440, die ‚Kreuzigung' eines böhmischen Meisters um 1360, das ‚Bildnis eines jungen Mannes' von Hans von Kulmbach sowie zwei aus dem Anfang des 16. Jahrhunderts stammende Leuchterengel erwerben. In den Besitz des Folkwang-Museums, Hagen, ging der Flügelaltar eines italienischen Meisters des 14. Jahrhunderts, sowie eine Hostienmonstranz des 15. Jahrhunderts über, das Museum der bildenden Künste in Budapest und das Knopfmuseum in Prag traten als Käufer mehrerer hervorragender Stücke auf, die Münchner Pinakothek ersteigerte das ‚Schlaraffenland' von Breughel, das Städel'sche Institut in Frankfurt a. M. neben einer kleinen Bronzefigur des 13. Jahrhunderts eine Christusdarstellung von Hieronymus Bosch, das Königliche Museum in Kopenhagen den Altarflügel eines spanischen Meisters um 1470, die Gemäldegalerie Dresden das ‚Martyrium des Heil. Bartholomäus' von Holbein d. Ä., von Cranach d. Ä. die ‚Geburt Christi' und das ‚Bildnis eines Mannes' sowie eine Limoges-Arbeit des 16. Jahrhunderts. Das Berliner Kunstgewerbemuseum setzte sich in den Besitz von fünf wertvollen Gegenständen dieser Sammlung." Kurt Mühsam: Die Kunstauktion. Licht- und Schattenseiten des Versteigerungswesens im Kunst- und Antiquitätenhandel für Käufer und Verkäufer, Berlin 1923, S. 171.

38 105. Sitzung am 11. Dezember 1917, Wörtliche Berichte über die Verhandlungen des Preußischen Abgeordnetenhauses, 22. Legislaturperiode, III. Tagung 1916/1918, 6.Bd., S. 6902. Aufgegriffen wurde die Versteigerung Kaufmann bei einer Sitzung des Reichstags am 8. Juni 1918, vgl. 170. Sitzung des Reichstags am 8. 6. 1918, S. 5309.

39 Die vorwiegend aus altniederländischer Kunst bestehende Sammlung Oppenheim kam am 19. März 1918 durch die Firmen Lepke und Helbing mit einem Gesamtergebnis von circa 4,25 Millionen Mark zur Versteigerung. Der Berliner Lokalanzeiger schrieb über die Auktion: „Ein großer Tag im Lepkeschen Auktionshause. Um 11 Uhr soll die Versteigerung der Sammlung des Barons Albert Oppenheim beginnen, und um 10 Uhr bereits drängen sich im Vestibül des Hauses die Einlaßbegehrenden, die zum Entsetzen und Bedauern der meisten vernehmen, daß ohne Karte, die schon Wochen vorher bestellt war, kein Einlaß gewährt wird. Man sucht auf Umwegen hereinzukommen, der jugendliche Baron Oppenheim wird bestürmt, die einflußreichen Museumsleiter und einflußreicheren Kommissionäre werden um Vermittlung gebeten, und schließlich gelingt es noch manchen, wenigstens ein Stehplätzchen zu dem Kriegsschauplatz zu erhalten, auf dem sich bald die Größen des Kunstsammelgebietes einfinden, die Museumsleiter und namenhaften Sammler." Versteigerung Oppenheim. Gesamtergebnis 4 ¼ Millionen Mark, Berliner Lokalanzeiger, Nr. 144, 19. März 1918. Die Versteigerung der Sammlung Wilhelm Gumprecht folgte zwei Tage nach der

von Kaufmann hatte sich auf zahlreiche in- und ausländische Besitzer zerstreut; im Zentrum der Verhandlungen im Preußischen Abgeordnetenhaus standen jedoch die Abwanderungen von Kunstwerken aus Deutschland. Beim Blick auf die Käuferliste stellt sich heraus, dass die Zahl der Neubesitzer aus dem neutralen Ausland zwar überschaubar war, diese jedoch vorrangig hochwertige Kunstwerke, vor allem Gemälde erworben, die jeweils Auktionserlöse von über 100.000 Mark erzielt hatten.[40] Der Rechtsanwalt und Kunstsammler Walter von Pannwitz bekräftigte auf der Titelseite der *Vossischen Zeitung*, dass 15 bis 20 Prozent des Auktionsergebnisses durch ausländische Käufer erzielt wurden.[41] Die parlamentarischen Verhandlungen stellten die zielgerichtete Ausfuhr von Kunstwerken am Beispiel der skandinavischen Länder heraus: In Stockholm war demnach die Gründung einer Gesellschaft von Kunstsammlern erfolgt, die unter der Beratung des Direktors des dortigen Nationalmuseums, Richard Bergh, „viele Millionen Kunstwerte und Kunstwerke hier aus Deutschland aufgekauft und in Ausstellungen dem Publikum in Stockholm vorgeführt hat".[42] Der Blick in die Jahresberichte des Nationalmuseums Stockholm aus den Jahren 1917 bis 1919 kann diese Behauptung nicht bestätigen, umfangreiche und systematische Ankäufe sind so nicht belegbar.[43]

Betont wurde während der Verhandlungen im Preußischen Abgeordnetenhaus vor allem, dass Kunstwerke mehr als eine einfache Handelsware seien, weil sie als Geschichtszeugnisse zur nationalen Integration beitrügen, was wiederum eine Restriktion des Marktes rechtfertigte. Der mit dem Münstermuseum Aachen verbundene Zentrumspolitiker Franz Kaufmann forderte mit seinen Mitantragstellern, dem Kultusminister Friedrich Schmidt-Ott und dem nationalliberalen Wilhelm von Bülow, auf, „baldige Maßregeln zu ergreifen, wodurch der Verkauf von Kunstwerken nicht mehr lebender Meister in das Ausland verboten oder durch entsprechende Ausfuhrabgaben erschwert wird".[44] Schließlich wurde der Antrag vom 11. Dezember 1917 von fast 250 der rund 430 preußischen Abgeordneten unterzeichnet. Eine tatsächliche Beschränkung der

Versteigerung Oppenheim bei Cassirer und Helbing, vgl. Versteigerung Gumprecht. Der Frans Hals für 310 000 M. nach Kopenhagen verkauft, Berliner Lokalanzeiger, Nr. 148, 23. 3. 1918.

40 Von den 166 angebotenen Gemälden gingen 16 nachweislich an ausländische Käufer und erzielten einen Gesamterlös von 2.195.500 Mark, das entspricht 18 Prozent des Gesamterlöses von fast 12 Millionen Mark.

41 Vgl. Walther von Pannwitz: Ein neues Kunstgesetz, Voss. Zeitung, Nr. 72, Abendausgabe, 8. 2. 1918.

42 Abgedruckt zudem in Arthur B. Schmidt: Schutz deutscher Kunstwerke und Altertümer, Deutsche Juristenzeitung, Nr. 3/4, 1. 2. 1918, S. 84–87, hier S. 85.

43 Vgl. Archiv Nationalmuseum Stockholm, Register till nämndprotokoll 1917–1919. Genannt wird lediglich der schwedische Gönner Axel Beskow, der vom Museum beauftragt wurde, den deutschen und österreichischen Kunstmarkt zu untersuchen. Erworben wurden laut diesem Bericht Kunstwerke für 650.000 Schwedische Kronen (entsprach ca. 314.000 RM), davon 10 Prozent für das Nationalmuseum. Vgl. Archiv Nationalmuseum Stockholm, Statens Konstsamlingars tillväxt och Förvaltning, 1917, S. 6. Axel Beskow selbst erwarb laut Zeitungsberichten auf der Versteigerung Kaufmann eine kleine Madonna Memlings, vgl. W. K.: Versteigerung der Sammlung von Kaufmann, Der Kunstmarkt, 15. Jg., Nr. 11, 14. 12. 1917, S. 78.

44 Laut Antragstext der 105. Sitzung am 11. Dezember 1917, Wörtliche Berichte 1916/1918, S. 6901.

Ausfuhr von Kunstwerken erfolgte auf den Tag genau zwei Jahre später in Form einer *Verordnung über die Ausfuhr von Kunstwerken*. Bis zu diesem Zeitpunkt war die Abwanderung des deutschen Kunstbesitzes und eine Verhinderung durch gesetzliche Maßnahmen vieldiskutierter Gegenstand in Fach- und Regierungskreisen sowie in der Presse. Dass es nicht schon während des Krieges zu einem Gesetzerlass kam, mag zum einen der Hoffnung geschuldet gewesen sein, dass Deutschland mit Friedensschluss wieder zu dem Kunstimportland würde, das es vor dem Ersten Weltkrieg einmal gewesen war.[45] Zum anderen äußerten die wirtschaftlichen Ressorts der Reichsregierung Bedenken gegen eine Einschränkung der Devisengewinnung.

Bode trat am 18. Januar 1918 – und damit kurz nach der Versteigerung der Sammlung Richard von Kaufmann – als einer der Ersten in der *Kunstchronik* mit der Frage an die Öffentlichkeit, ob ein Kunstausfuhrverbot wünschenswert sei. In diesem Artikel spekulierte er, dass mehr als ein Viertel aller zur Versteigerung gebrachten Kunstwerke ins Ausland abwanderten. Um dem zu entgegnen, schlug er eine Inventarisierung und damit Unterschutzstellung einzelner Kunstwerke vor, „denn schließlich sollen doch nur die künstlerisch und historisch wirklich bedeutenden Werke für unsere öffentlichen Sammlungen gerettet werden".[46] Mit einer konkreten Benennung der geschützten Kunstwerke sollte auch die Gefahr von Gegenmaßnahmen des Auslandes verringert werden.[47] Die öffentlichen Sammlungen, und damit die staatlichen und städtischen Museen, sah Bode mit den Bewegungen auf dem deutschen Kunstmarkt ganz besonders in eine Defensivstellung geraten. Wertvolle Kunstwerke aus Privatbesitz, die die Sammler zum Teil unter seiner Vermittlung erworben hatten, gingen nun für ein Vielfaches und zu für die öffentliche Hand unbezahlbaren Preisen an ausländische Käufer. Dabei hatte er selbst zur Preissteigerung ganzer Sammlungen beigetragen, indem er durch das Verfassen oft aufwendiger Kataloge den Kunstbesitz publik machte und seine Bedeutung wissenschaftlich untermauerte. Für ausgewählte Kunstwerke und gar ganze Sammlungen hatte er erhofft, sie in öffentlichen Besitz aufnehmen zu können; in einzelnen Fällen waren sie Bode bereits versprochen worden.

Dazu zählt beispielsweise die Sammlung des Berliner Kaufmanns Wilhelm Gumprecht, die im März 1918 bei Cassirer und Helbing zur Versteigerung kam. Bode hatte dem Sammler unter anderem ein Porträt von Frans Hals zum günstigen Preis überlassen – Bode selbst gab in seinen Lebenserinnerungen „ca. 2.650 Mark" an. Im Gegen-

45 Vgl. Nochmal der Colmarer Rembrandt, Kunstchronik, 29. Jg., Nr. 40, 30.8.1918, S. 443.

46 Wilhelm von Bode: Ist ein Kunstausfuhrverbot für Deutschland wünschenswert?, Kunstchronik, 29. Jg., Nr. 15, 18.1.1918, S. 162. Den Vorschlag der Inventarisierung brachte bereits das bayerische Kultusministerium infolge der 1909 verbreiteten italienischen Gesetzgebung auf. Vgl. Bay. KM an BNM, 21.2.1910, BNM Dokumentation, Dok 1637, Mappe 1. Der Vorschlag wurde mit dem Entwurf einer Bekanntmachung über die Ausfuhr von Kunstgegenständen vom 20.2.1918 konkretisiert. Vgl. StA Bremen, Senatsregistratur, 3-B.13. Nr. 66.a. Bd. 1, Bl. 25.

47 Vgl. Großherzogliche Oldenburgische Gesandtschaft an Großherzogliches Staatsministerium Oldenburg, 12.3.1918, StA Oldenburg, Best. 134, Nr. 4376, Bl. 38.

zug hatte Gumprecht die testamentarische Schenkung des Gemäldes zugesichert, das 1918 jedoch entgegen dieser Absprache für 310.000 Mark nach Kopenhagen verkauft wurde.[48] Vergleichbares traf auf den Berliner Bankier Marcus Kappel zu, der im Januar 1919 starb und testamentarisch den wertvollsten Teil seiner Sammlung dem Kaiser Friedrich-Museums vermachen wollte, was der *Cicerone* dementierte:

> „Wie sich jetzt herausstellt, hat Kappel noch ein Jahr vor seinem Tode das alte Testament umgestoßen und der Staat erhält nichts. Dagegen dürfen die Erben die kostbaren Bilder demnächst verkaufen, die wahrscheinlich den Weg über das große Wasser gehen werden. [...] Wie unfreiwillige Satire mag die Feststellung anmuten, daß der verstorbene Sammler sich noch bis zu seinem Tode in der Rolle des ‚Mäzens' sehr wohl gefallen hat und daß ihm in den Tagen der Unruhen die Reichsregierung sogar eine Ehrenwache in sein Haus gab, um die Schätze zu behüten, die angeblich bereits dem Staat gehörten."[49]

Aus Angst, Privatsammler würden ihre erklärten Vermächtnisse widerrufen, zögerte Bode, ein Ausfuhrverbot vorbehaltlos zu unterstützen. Enttäuschungen, wie sie die Verkäufe Gumprecht oder Kappel hervorriefen, stärkten allerdings den Gedanken einer Verbringungskontrolle. Der bereits prophezeite „Weg über das große Wasser" stellte sich für einen Großteil der Sammler der Kaiserzeit als einzig gangbaren heraus. Dieses Problem sollte sich durch die Umwälzungen der neuen Zeit verschärfen und ein Ausfuhrverbot immer attraktiver erscheinen lassen.

1.2 Die „amerikanische Gefahr" auf dem deutschen Kunstmarkt

Am Ende des Krieges wurde deutlich, dass Kunst als Anlageware nicht nur mobil war, sondern auch auf vielen Märkten ihre Käufer fand. Mit dem Waffenstillstand wurde der deutsche Markt wieder geöffnet und den schweizerischen, niederländischen und skandinavischen Käufern gesellten sich nun vor allem die amerikanischen hinzu.[50] Auf der anderen, der Verkäuferseite, bestand die Gefahr eines sprunghaften Angebotszuwachses: Der oftmals öffentlich ausgestellte Kunstbesitz der nun entthronten Fürstenhäuser drohte als Privateigentum an die finanzstärkeren Sammler und Händler ins Ausland zu wandern. Innerhalb weniger Monate änderte sich die Situation am deutschen Kunstmarkt grundlegend: Überstieg während des Krieges die Nachfrage das begrenzte Angebot, so stand nach dem Ersten Weltkrieg eine Überschwemmung des Marktes mit

48 Vgl. Versteigerung Gumprecht. Der Frans Hals für 310 000 M. nach Kopenhagen verkauft, Berliner Lokalanzeiger, Nr. 148, 23. 3. 1918; Auktionsnachrichten. Berlin, Versteigerung der Sammlungen Albert Baron Oppenheim (bei Lepke) und Gumprecht (bei Cassirer und Helbing), Kunst und Künstler, 16. Jg., H. 8, 1918, S. 322. Das Porträt befindet sich heute im Mauritshuis in Den Haag. Vgl. Wilhelm von Bode: Mein Leben, hg. von Thomas W. Gaehtgens und Barbara Paul, Berlin 1997, Bd. 2, S. 164 sowie Bd. 1, S. 163 und 405.

49 Markus Kappel und sein Vermächtnis, Der Cicerone, 12. Jg., H. 9, 1920, S. 380. Vgl. auch Donath 1923, S. 113 f.

50 In Kriegszeiten erwarben Amerikaner Kunstwerke hauptsächlich in französischen, italienischen und britischen Handelszentren, mit Friedensschluss wurde es amerikanischen Sammlern und Händlern ermöglicht, auf dem deutschen Markt tätig zu werden.

Kunstwerken aus ehemals fürstlichem Besitz bevor, für die eine Aufnahme nur im Ausland zu erwarten war.

Der 1917 gegründete Deutsche Museumsbund setzte sich mit einer der ersten Verbandshandlungen für den deutschen Ausfuhrschutz ein, und auch der Tag für Denkmalpflege forderte wiederholt politisches Handeln von den Reichs- und Landesregierungen. Dessen stellvertretender Vorsitzender Clemen veröffentlichte im November 1919 einen Artikel zum Thema in der *Täglichen Rundschau*, in dem er vor allem einen Blick ins Ausland warf:

> „Wenn Tschecho-Slowakien, wenn die russische Sowietrepublik ein Ausfuhrverbot als Notgesetz erlassen haben, wenn zu einem solchen Deutsch-Österreich sich im Moment des völligen Zusammenbruchs im letzten Frühjahr aufgerafft hat, sollte das Deutsche Reich nicht auch diese Verpflichtung empfinden? [...] Jede Woche Zögern bedeutet neue nicht wieder gut zu machende Verluste."[51]

Auch wenn ein Kunstausfuhrschutz im umsatzstärksten Jahr 1917 beim Tag für Denkmalpflege in Augsburg noch nicht auf der Tagesordnung gestanden hatte, wurde der Fachverband besonders 1919 bei der Forderung gesetzlicher Regelungen aktiv:

> „Gerade in den letzten Monaten von den in Aussicht stehenden großen Vermögensabgaben haben sich die Verkäufe einzelner Kunstwerke und ganzer Sammlungen in das Ausland in erschreckender Weise gehäuft. Zwar muß es in erster Linie die Aufgabe einer solchen Verordnung sein, alle Kunstwerke dem Vaterlande zu erhalten, die irgendwie für die Geschichte der deutschen Kunst und völkischen Kultur von Bedeutung sind; daneben sollte aber auch die Abwanderung der größeren Sammlungen, die bislang öffentlich zugänglich waren und als Gemeinbesitz des deutschen Volkes angesehen werden konnten, insbesondere auch der fürstlichen Kunstsammlungen, unter allen Umständen verhindert werden. In Bezug auf die Wahrung der Vermögenslage des Reichs glaubt der Tag für Denkmalpflege bei aller Würdigung unserer Notlage doch darauf hinweisen zu müssen, daß ein augenblicklicher Gewinn von einigen Millionen an Auslandwerten in gar keinem Verhältnis stehen würde zu der nie wieder gut zu machenden Beraubung und Verarmung Deutschlands an völkischem Kunstbesitz und zu der dadurch herbeigeführten dauernden Schädigung der geistigen Kraftquellen des deutschen Volkes."[52]

Im Dezember 1918 wurde in Deutsch-Österreich ein Gesetz erlassen, das die „Verschleppung der Kunstwerke verbietet", wie Hans Tietze in der Kunstchronik berichtete. Der Begriff „Verschleppung" trat auch vermehrt im Zusammenhang mit dem deutschen Kunstmarkt in der Presse auf.[53] Wie bereits einleitend zitiert, karikierte der *Simplicis-*

51 Paul Clemen: Die Gefährdung des deutschen Kunstbesitzes, Tägliche Rundschau, Unterhaltungsbeilage, 39. Jg., Nr. 263, 27.11.1919.

52 Das Notgesetz gegen die Abwanderung deutschen Kunstbesitzes ins Ausland, Die Denkmalpflege, 21. Jg., Nr. 14, 12.11.1919, S. 106–107; vgl. Eingabe des geschäftsführenden Ausschusses des Tages für Denkmalpflege (Oechelhaeuser, Clemen), 20.10.1919, vgl. SächsHStA, 10736, Nr. 17455, B. 195.

53 Vgl. auch Paul Schumann: Tag für Denkmalpflege, Kunstchronik und Kunstmarkt, 54. Jg., Nr. 40, 18.7.1919, S. 847–851; Schmidt, Deutsche Juristenzeitung, 1918, S. 85; auch das bayerische Kultusministerium bediente sich dieses Wortes, indem es 1910 feststellte, dass es an „gesetzlichen Bestimmungen auf Grund derer die Verschleppung von Kunstdenkmälern in Privatbesitz nach dem

simus im Februar 1922 die Übermacht des amerikanischen Dollars auf dem deutschen Kunstmarkt als Basis der Verschleppung. Die Furcht der seit der Jahrhundertwende wahrgenommenen „amerikanischen Gefahr" wurde wiederum von Veröffentlichungen Bodes entscheidend geprägt.[54] Schon 1902 überschrieb er einen Artikel in der Fachzeitschrift *Kunst und Künstler* mit dem Titel *Die amerikanische Konkurrenz im Kunsthandel und ihre Gefahr für Europa*. Bode billigte darin den „neuen" amerikanischen Sammlern mit ihrer Kaufkraft keine große Bedeutung zu, weil er kaum wirkliche Kunstkenner unter ihnen fand. Herablassend fügte er hinzu, dass zwar Millionenwerte an Kunstwerken über den Atlantik gingen, „aber herzlich weniges, dem wir wirklich nachweinen müssten".[55] Seine Annahme, die „Kaufwut der Amerikaner"[56] würde bald stark abnehmen, revidierte Bode vier Jahre später in einem Leitartikel der gleichen Fachzeitschrift mit der Überschrift *Die amerikanische Gefahr im Kunsthandel*.[57] Die Entstehung und qualitätsvolle Erweiterung zahlreicher amerikanischer Museen wurde von Privatsammlungen getragen, die laut Bode bewirkten, „dass der Kunsthandel schon seit einigen Jahren fast nur noch für Amerika arbeitet[e]".[58] An der Spitze amerikanischer Sammler stand der New Yorker Bankier John Piermont Morgan, der über 9.000 Objekte zusammenbrachte und nach einem Bericht des deutsch-amerikanischen Museumsdirektors Wilhelm Valentiner auch jeden Preis zahlte, wenn er sich erst einmal für ein Objekt entschieden hatte (Taf. II).[59] Morgan war beispielsweise der Hauptkäufer aus der Berliner Sammlung Oskar Hainauer, die 1906 unauffällig aus Deutschland ausgeführt wurde, als Bode, der bereits ein Angebot für die Sammlung vorgelegt hatte, auf Reisen war.[60]

Der „Heißhunger der großen amerikanischen Sammler" könne nur auf dem europäischen Markt gestillt werden.[61] Die Abschaffung des amerikanischen Einfuhrzolls für Kunstwerke in Höhe von 20 Prozent im Sommer 1909 beförderte zunehmend die

Auslande verhütet werden könnte", fehlte. Bay. KM an BNM, 21.2.1910, BNM Dokumentation, Dok 1637, Mappe 1.

54 Vgl. Wilhelm von Bode: Die amerikanische Gefahr im Kunsthandel, Kunst und Künstler, 5. Jg., H. 1, 1906, S. 1–6, hier S. 6; Lothar Brieger: Das Kunstsammeln. Eine kurze Einführung in seine Theorie und Praxis, München 1918, S. 22.

55 Wilhelm von Bode: Die amerikanische Konkurrenz im Kunsthandel und ihre Gefahr für Europa, Kunst und Künstler, 1. Jg., H. 1, 1902, S. 5–12., hier S. 11.

56 Ebd., S. 11.

57 Bode, Kunst und Künstler, 1906, S. 6.

58 Ebd., S. 5.

59 Vgl. Wilhelm R. Valentiner: Amerikanische Privatsammlungen, Kunst und Künstler, 18. Jg., H. 8, 1920, S. 347–372, hier S. 354.

60 Vermittler war der Kunsthändler Joseph Duveen, der für die Sammlung 1 Million Dollar auf ein Schweizer Konto überwies. Vgl. Peter Watson: From Manet to Manhattan. The Rise of the Modern Art Market, New York 1992, S. 140. Vgl. auch Meryle Secrest: Duveen. A Life in Art, Chicago 2005, S. 75 ff.

61 Wilhelm von Bode: Paris und London unter dem Gestirn der amerikanischen Kaufwut, Der Cicerone, 1. Jg., H. 14, 1909, S. 441–443, hier S. 441.

Kauflust der Sammler.[62] Infolge der zunehmenden Präsenz amerikanischer Millionäre auf dem europäischen Kunstmarkt griff auch Adolph Donath 1911 in der ersten Ausgabe seiner weit verbreiteten *Psychologie des Kunstsammelns* die „amerikanische Gefahr" als Kapitelüberschrift auf. Die von Donath geschilderte Bedrohung bestand konkret in amerikanischen Sammlern, die teure Kunst „zumeist als Luxus- und Modesache betrachten". Dem stellte er die „ernsten", deutschen Museums-, Sammler- und Händlerkreise gegenüber, die „nicht aus sportlicher Begeisterung", sondern aus „wissenschaftliche[m] und nicht zuletzt vaterländische[m] Bestreben" ihr Vermögen in hochwertige Kunstwerke investierten.[63] Desgleichen stellte der Kunsthistoriker Lothar Brieger in seiner publizierten Berliner Vorlesung vom Winter 1916 über *Das Kunstsammeln* den deutschen „Herzenssammler" als „leidenschaftlich anteilnehmend und leidend" dar.[64] Den Sammlern gab Brieger den Rat, „sich so wenig wie möglich zu amerikanisieren", weil auch er die Ursache für „Preissteigerungen und Preisschiebungen" in Amerika sah:

> „Ein Land, dass selbst gar keine oder nur eine geringe Kunsttradition, dafür aber viel Geld hat, besitzt eben keine andere Möglichkeit, als große Kunstwerte glücklicheren Völkern um jeden Preis abzukaufen. [...] Amerika besitzt heute außer seinen Rembrandts fast die Hälfte aller guten holländischen Kunst ersten Ranges."[65]

Die Fäden des Kunsthandels liefen vornehmlich in New York zusammen, wo sich ein kleiner, jedoch äußerst kaufstarker Kreis von Privatsammlern um Meisterwerke duelliere und damit die Preise in die Höhe treibe.[66] Jede Neuerwerbung eines Privatmannes werde in Amerika von der Öffentlichkeit begrüßt und besprochen, weil „diese Meisterwerke in den meisten Fällen bald in öffentlichen Besitz übergehen, ja man verlangte es bis zu einem gewissen Grade von dem Sammler, daß er dem Wunsche der Allgemeinheit nach Mitbesitz nachkommt; denn man ist an Freigiebigkeit in großem Stil gewöhnt".[67] Die Motivation amerikanischer Privatsammler war vergleichbar mit der der Sammler des deutschen Kaiserreichs: Sie erhofften ihren gesellschaftlichen Aufstieg durch den Erwerb von Kunst zu untermauern. Die bis zu diesem Zeitpunkt häufig abfälligen Urteile über die Sammeltätigkeit der Amerikaner – etwa „Amerika hat das große Kunststück fertig gebracht, 1200 Corots zu besitzen, wo Corot nicht mehr als 700 Bilder gemalt

62 Diese Zollbefreiung galt unter anderem für Gemälde und Skulpturen sowie Radierungen, Skizzen und Pastelle, die älter als 20 Jahre waren, sowie für Porzellan mit einem Alter von mindestens 100 Jahren. Auf Tapisserien wurde nach wie vor Zoll erhoben. Vgl. Das neue amerikanische Kunsteinfuhrgesetz, Der Cicerone, 1. Jg., H. 16, August, 1909, S. 522–523; Wilhelm von Bode: Die Berliner Museen und die amerikanische Konkurrenz, Der Cicerone, 2. Jg., H. 3, Februar, 1910, S. 81–84, hier S. 82.

63 Adolph Donath: Psychologie des Kunstsammelns, Berlin 1911, S. 118 f.

64 Brieger 1918, S. 24.

65 Ebd., S. 22 f.

66 „Philadelphia sucht vergeblich zu konkurrieren. Boston hat mehr Geschmack, aber weniger Geld. Bei den übrigen Städten kommt kaum eine bedeutende Kunstsammlung auf den einzelnen Staat." Die Zahl der Sammler war klein, der Einfluss des Einzelnen jedoch groß. Valentiner, Kunst und Künstler, 1920, S. 347.

67 Valentiner, Kunst und Künstler, 1920, S. 348 ff.

hat"[68] – wandelten sich in deutschen Fachkreisen zu einem wachsenden Respekt angesichts des umfangreichen, nationalen Kunstbesitzes des Landes und der als Gefahr empfundenen Übermacht auf dem europäischen Kunstmarkt.[69]

Die ersten, bereits vor dem Ersten Weltkrieg in den Kultusministerien nachweisbaren Überlegungen zum Schutz von Kunstwerken vor der Ausfuhr bezogen sich demzufolge auf die öffentlichen Darstellungen des Kunstmarktes und insbesondere auf Amerika, wie eine Anfrage des bayerischen Kultusministeriums an den Direktor des Bayerischen Nationalmuseums Hans Stegmann verdeutlicht:

> „Nachrichten der Tages- und Fachpresse lassen entnehmen, daß seit einigen Jahren von Amerika aus in immer steigendem Maße alte Kunstwerke aufgekauft werden, und daß auch der deutsche Kunstmarkt von dieser amerikanischen Nachfrage stark in Anspruch genommen wird. Da die bedeutende Kaufkraft der amerikanischen Kunstliebhaber die Bezahlung hoher Kaufpreise gestattet, so liegt hierin eine große Gefahr für die Erhaltung des einheimischen Denkmälerbestandes."[70]

Von gesetzlichen Regelungen nahm Stegmann jedoch Abstand, obgleich der Verkauf „alter Kunstwerke aus Bayern nach dem außerbayerischen Deutschland und insbesondere nach Amerika in den letzten Jahren eine wesentliche Steigerung erfahren hat".[71] Eine Wettbewerbsfähigkeit mit internationalen Preisen schien ihm illusorisch; ein Anfang könne es sein, wenn die Leihgaben in den Museen nicht mit einem Schild auf den privaten Besitzer hinweisen würden, die den Handel auf wertvolle Stücke im Privatbesitz aufmerksam machten.[72]

Auch Bode sprach sich trotz der skizzierten „amerikanischen Gefahr" vor dem Krieg öffentlich gegen eine Beschränkung des Kunstmarktes aus, weil sich der Abfluss von Kunstwerken aus Privatbesitz „nicht einmal durch drakonische Ausfuhrgesetze abstellen [lasse], die schließlich auch den eigenen Museen den größten Abbruch thun würden".[73] Gemeint waren hier die umfangreichen Kunsteinfuhren, die durch eine Regulierung des Grenzverkehrs abnehmen würden. So bat Bode – wohlgemerkt nach eigenen Aussagen – den Kaiser, „doch im Interesse der Museen zunächst davon abzusehen".[74] Auch gegen

68 Brieger 1918, S. 23.
69 Vgl. Karl Voll: Wilhelm Valentiner. Aus der niederländischen Kunst, Kunst und Künstler, 15. Jg., H. 3, 1917, S. 153.
70 Bay. KM an BNM, 21. 2. 1910, BNM Dokumentation, Dok 1637, Mappe 1.
71 BNM an Bay. KM, 14. 3. 1910, ebd.
72 Vgl. BNM an Bay. KM, 14. 3. 1910, ebd.
73 Bode, Kunst und Künstler, 1906, S. 6.
74 In Bodes Memoiren ist aus den Jahren um 1905 folgendes zu lesen: „Der Kaiser meinte, daß die Sammlung, welche die reichen Berliner mit meiner Hilfe billig hatten zusammenbringen können, auch zur Verfügung der Museen sein müßten, wenn sie einmal abgegeben werden sollten. Dächten die Besitzer nicht so vornehm, so müßte sofort ein Ausfuhrgesetz gemacht werden. Obgleich der Reichskanzler sich zu einer solchen Vorlage bereit erklärte und im Notfalle selbst sofort auf dem Verwaltungswege ein vorläufiges Verbot erlassen wolle, bat ich den Kaiser, doch im Interesse der Museen zunächst davon abzusehen. Noch wären wir nicht so reich an Kunstschätzen, daß wir nicht vom Auslande mehr einführen könnten als von Deutschland voraussichtlich ausgeführt

Kriegsende lehnte Bode ein generelles Ausfuhrverbot ab, um den Kunstmarkt nicht zusätzlich zu beunruhigen und vom Ausland abzuriegeln.[75] Mit der Auflösung der privaten Kunstsammlungen bangten vor allem die Museen um in Aussicht gestellte Kunstwerke; infolge der „verzweifelten politischen und wirtschaftlichen Lage" bekräftigte Bode, dass das „Verlangen nach Schutz des heimischen Kunstbesitzes vor der Abwanderung nach dem Ausland [...] zur Zeit in der Tat dringender als je" erscheine.[76] Mit diesem Vorgehen Bodes wird deutlich: Er war ein Museumsmann des Kaiserreiches. Seine Errungenschaft, die bürgerliche und öffentliche Sammlungstradition einander anzunähern, fiel in eine Zeit des wirtschaftlichen Wohlstandes. Somit waren seine Bemühungen von Erfolg gekrönt, solange die politische und wirtschaftliche Stabilität gesichert war. Diese günstigen Umstände, unter denen sich Bodes Museumspolitik entfalten konnte, änderten sich allerdings nach dem Ersten Weltkrieg. Das Vorantreiben eines Ausfuhrschutzes für Kunstwerke kann als Versuch Bodes gewertet werden, zu bewahren, was er in der untergegangenen Kaiserzeit erschaffen hatte.[77] Den Bedenken, ein Ausfuhrverbot könnte verhindern, dass Kunstwerke nach Deutschland eingeführt werden, begegnete er nun mit der kapitulierenden Aussage, dass Händler „gleich ein hohes amerikanisches Gebot dafür" finden würden.[78]

Es fehlte auch nicht an Gegenstimmen, die die beschworene „amerikanische Gefahr" öffentlich relativierten, in erster Linie wenn es um Werke deutscher Schulen ging. Der ausgezeichnete Kenner des amerikanischen Kunstbesitzes Wilhelm Valentiner wusste 1920 nicht viel über deutsche Kunstwerke in Amerika zu berichten: „Wer der deutschen Kunst Anerkennung im Ausland wünscht, muß bedauern, daß ihre Erzeugnisse nur einen ganz geringen Prozentsatz des Bestandes amerikanischer Sammlungen ausmachen".[79] Bestätigt wurde dieser Eindruck von Eberhard Hanfstaengl, der 1927 über eine Studienreise nach Amerika berichtete: „In der Musik sind [die Deutschen] überall zu spüren, in der bildenden Kunst nirgends, so gut wie nirgends. Es gibt keine deutschen Bilder in Amerika, keine Plastik – die paar vereinzelten Stücke zählen nicht."[80] Auch

würde. Auch würden in dem Augenblick, in dem Deutschland ein Ausfuhrverbot erließe, England und Frankreich nachfolgen und dann überall die Grenzen gegen uns abgesperrt sein. Der Kaiser erkannte dies an, erklärte aber, daß ein Ausfuhrgesetz sofort erlassen werden müsse, wenn Frankreich oder England ein solches machen würde." Bode 1997, Bd. 1, S. 331 f.

75 Vgl. Wilhelm von Bode: Zur ‚Inventarisierung des Kunstbesitzes', Voss. Zeitung, Morgenausgabe, 17.2.1918.

76 Bode in Niederschrift über die kommissarische Besprechung, betreffend den Erlass einer Verordnung über die Ausfuhr von Kunstgegenständen, Berlin, den 21.1.1919 im Reichsministerium des Innern, GStA PK, I. HA Rep. 76 Kultusministerium, Ve Sekt. 1 Abt. III Nr. 80.

77 Vgl. auch Maria Obenaus: Wilhelm von Bode und das „Verzeichnis der national wertvollen Kunstwerke" 1922, in: Jahrbuch Preußischer Kulturbesitz, Bd. 47/2011, Berlin 2012, S. 201–225.

78 Bode, Voss. Zeitung, 1918.

79 Valentiner, Kunst und Künstler, 1920, S. 366.

80 Eberhard Handstaengl: Reiseeindrücke aus Amerika, Februar 1933, S. 4, SMB-ZA, I/NG 1160.

Waldmann konnte die Frage „Kauft Amerika Europa auf?" klar verneinen.[81] Besonders die altdeutsche Kunst war zum Zeitpunkt des wachsenden amerikanischen Interesses für diese Werke bereits „von den deutschen Museen geborgen und in Sicherheit gebracht worden", so Waldmann.[82] Deutschnationale Stimmen luden die Schuld auf Amerikas Rücken und ignorierten gleichzeitig die Tatsache, dass auch die deutschen Privatsammler und Museen ihren Teil zur Preissteigerung beisteuerten. Bei der Auktion der Sammlung des Freiherrn Adalbert von Lanna 1910 „wirkte vor allem der Wettbewerb der deutschen und österreichischen Museen, die sich in seltener Vollzähligkeit und zum Teil mit reichlich aufgefüllten Kriegskassen auf dem Kampfplatz eingefunden hatten".[83] Das Partizipationsvermögen der Museen an großen Versteigerungen wurde aufgrund eingeschränkter Ankaufsetats und Fördermittel infolge des verlustreichen Ersten Weltkriegs auf ein Minimum reduziert. Sie konnten in nur „wenigen Fällen gegen das geldliche Übergewicht des Auslandes siegreich" hervorgehen.[84] Der Tag für Denkmalpflege und Heimatschutz sprach von einer „nie wieder gutzumachenden Beraubung und Verarmung Deutschlands an nationalem Kunstbesitz und [von einer] dadurch herbeigeführten dauernden Schädigung der geistigen Kraftquellen des deutschen Volkes".[85] Dem gegenüber stand das geldliche Übergewicht des Auslands in einer Zeit, in der die deutsche Mark rasant an Wert verlor und deutsche Privatsammlungen zum Verkauf gebracht wurden.[86]

Die daraus resultierende Unsicherheit in europäischen Fachkreisen steigerte sich angesichts des drohenden Verlustes bedeutender Werke an das Ausland zu einer empfundenen Gefahr. Clemen fasste die Zustände wie folgt zusammen:

> „Diese großen englischen und amerikanischen, französischen und holländischen Händler, zum Teil zu großen Trusts zusammengeschlossen, [...] arbeiten mit Hochdruck, unterstützt durch das unaufhaltsame Sinken unserer Währung, das selbst scheinbar außerordentliche in

81 „Zwei oder drei Werke von Dürer, nicht gerade sehr bedeutend oder nicht gerade sehr gut erhalten, ein Dutzend Bilder von Cranach, zum Teil sehr schön, ein Dutzend Bildnisse von Hans Holbein, ein bedeutender früher Altdorfer, hie und da einige Bildnisse aus dem Reformationszeitalter von Amberger, Faber, Hans Schwarz, ein großer Altar von dem Westfalen Ludger tom Ring, auf dem aber auch die Bildnisse die Hauptsache sind, ein Altar des kölnischen Sippenmeisters – das ist so ziemlich alles, was einem nach einer Rundreise durch zwanzig amerikanische Galerien im Gedächtnis bleibt." Emil Waldmann: Kauft Amerika Europa auf? Kunstschätze in zwanzig amerikanischen Museen, Deutsche Allgemeine Zeitung, 1.12.1935.

82 Ebd.

83 Otto von Falke: Die Auktion Lanna, Kunst und Künstler, 8. Jg., H. 4, 1910, S. 216–220, hier S. 217; vgl. auch Frey 1999, S. 108.

84 Max J. Friedländer: Der Kunstkenner, Berlin 1919, S. 67–68.

85 Clemen, Der Cicerone, 1920, S. 195. Zitiert nach einer dringlichen Vorstellung des Tages für Denkmalpflege und Heimatschutz bei der Reichsregierung und den Landesregierungen.

86 Eine Karikatur in der Satirezeitschrift *Kladderadatsch*, die im Dezember 1919, dem Monat des Erlasses der Kunstausfuhrverordnung erschien, verdeutlicht die Disparität auf dem deutschen Markt. Vgl. Abb. 1.

Deutschland gezahlte Preise in Gulden und Francs, in Pfund, Sterling und Dollars umgewandelt nur als sehr bescheidene Anlagen erscheinen lässt."[87]

Der Ausnahmezustand des Deutschen Reiches im Ersten Weltkrieg brachte den Staat zudem dazu, ab Anfang des Jahres 1916 neue Steuereinnahmen zu akquirieren, die bald zum „Boden für die Verkaufsstimmung" wurden.[88] So keimte beispielsweise die Idee auf, Kunstwerke, ebenso wie Möbel und Hausrat, als Vermögen geltend zu machen und damit der Reichsvermögenssteuer zu unterziehen.[89] Von dieser Abgabe waren auch die Kirchen betroffen, so dass es in zahlreichen Gemeinden daraufhin zur erstmaligen Schätzung kirchlichen Kunstgutes als Grundlage einer Besteuerung kam. Vielen Gemeinden wurde der Wert ihres Inventars erstmals bewusst. Die Trennung von Staat und Kirche, die mit der Gründung der Weimarer Republik vollzogen wurde, bestimmte zudem die Befugnisse der Kirche zum Verkauf ihrer Kunstwerte neu.

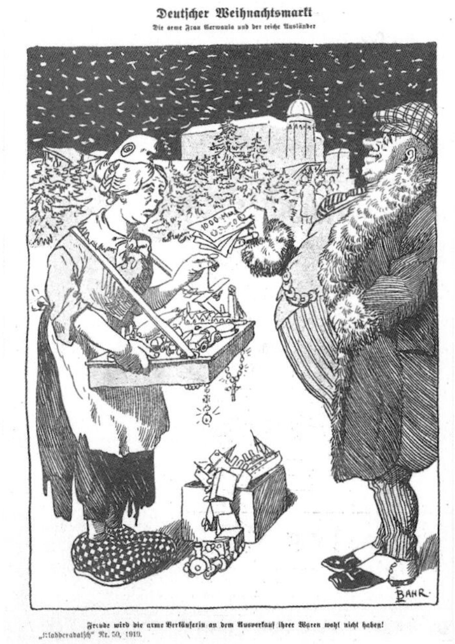

1 Deutscher Weihnachtsmarkt. Die arme Frau Germania und der reiche Ausländer – Freude wird die arme Verkäuferin an dem Ausverkauf ihrer Waren wohl nicht haben!

87 Paul Clemen: Die Abwanderung des deutschen Kunstbesitzes und die neue Kunstschutzverordnung, Der Cicerone, 12. Jg., 1920, H. 5, S. 193.

88 Paul Clemen: Die Gefährdung des deutsches Kunstbesitzes und gesetzliche Maßnahmen dagegen, in: Dritte gemeinsame Tagung für Denkmalpflege und Heimatschutz, Eisenach 23. und 24. September 1920, Stenographischer Bericht, S. 95–108, hier S. 98; vgl. auch Kratz-Kessemeier 2007, S. 112.

89 Der Kampf gegen die Besteuerung von Kunstwerken, Der Kunstmarkt, 13. Jg., Nr. 21, 18.2.1916, S. 88.

Die öffentlich debattierten Marktregulierungen verunsicherten die deutschen Sammler in den letzten beiden Kriegsjahren und der Nachkriegszeit zunehmend und brachten sie zu zahlreichen Angstverkäufen:

> „Wenn die Debatten über Kunststeuergesetze immer unklarer und zielloser werden, wenn mit einem Kunstausfuhrgesetz gedroht wird, von dem man nicht einmal erfahren kann, ob es sich nur auf Werke deutscher Meister beziehen soll, sondern schlechthin auf jeden Kunstbesitz, der sich in Deutschland befindet, dann darf man sich nicht wundern, dass den Sammlern die Freude an ihrem Besitz vergällt wird. Können sie doch nicht wissen, ob das, was ihnen heute gehört, ihnen morgen nicht am Ende nur ‚geliehen' ist und übermorgen ‚enteignet' werden kann."[90]

Folglich setzte sich der Verkauf privater Kunstsammlungen, die vorwiegend im ausgehenden 19. Jahrhundert entstanden waren und die sich seitdem dem Kunstmarkt entzogen hatten, fort. Große Auktionen, wie der Verkauf der Sammlung von James Simon, erregten in der Öffentlichkeit „ein ungewöhnliches Aufsehen".[91]

> „Es ist kein gutes Vorzeichen für das Schicksal des deutschen Privatbesitzes, wenn eine der solidesten Sammlungen Berlins mit solchem Beispiel voran geht, nachdem vor nicht langer Zeit zuerst Herr v. Hollitscher es für richtig hielt, sich seiner Kunstschätze zu entäußern."[92]

Spekulativ erschienen die Informationen über den Verbleib der Sammlung, die laut Bode „als Ganzes an einen Ausländer (um 5 Millionen Mark)" verkauft wurde.[93] Tatsächlich nahm ein Konsortium von zwei deutschen und einem Wiener Kunsthändler die Sammlung Hollitscher auf; für Pannwitz hatte es den Anschein „als ob das Meiste und Wichtigste in Deutschland [blieb]".[94] Für die Versteigerungen der Jahre 1917 und 1918 ist schwer nachvollziehbar, wie viele Kunstwerke tatsächlich das Land verließen, weil Zuschläge zumeist an diskrete Agenten und Händler gingen. Max J. Friedländer vermutete beispielsweise, dass auf der Auktion der Gemäldesammlung des Freiherrn Albert von Oppenheim bei Lepke im Frühjahr 1918 „Museen sowie die holländischen und skandinavischen Privatleute [...] anscheinend nichts [bekamen]". Ähnliche Beobachtungen konnten bereits bei der Auktion der Sammlung Richard von Kaufmann gemacht werden. Weiter betonte Friedländer daher:

> „Wenn also die Kaufmann-Auktion eine etwas unklare Agitation zugunsten einer Ausfuhrbeschränkung angeregt hat, lassen sich aus diesem Verkauf Argumente zur Begründung gesetzlicher Maßnahmen schwerlich gewinnen."[95]

90 Auktionsnachrichten. Berlin, Kunst und Künstler, 16. Jg., 1918, S. 322.

91 Der Verkauf der Sammlung James Simon, Zeitschrift für bildende Kunst, 54 Jg., Nr. 20, 28.2.1919, S. 427.

92 Die Sammlung James Simon in Berlin, Zeitschrift für bildende Künste, 54. Jg., Nr. 18, 14.2.1919. Die Rede ist hier außerdem von der Sammlung des jüdischen Kaufmanns Carl von Hollitscher, der seinen Kunstbesitz anlässlich seines Umzuges in die Schweiz veräußerte. Vgl. Kuhrau 2005, S. 276 f.

93 Bode, Kunstchronik, 1918, S. 162.

94 Pannwitz, Voss. Zeitung, 1918.

95 Max J. Friedländer: Die Versteigerung der Gemälde des Barons Albert von Oppenheim am 19. März 1918 im Kunstauktionshause R. Lepke, Berlin, Der Kunstmarkt, 15. Jg., Nr. 25, 29.3.1918,

Trotz aller Kritik am regen Treiben auf dem deutschen Kunstmarkt nutzten auch einzelne Museen den günstigen Stand der Valuta für den Verkauf aus ihren Beständen.[96] Im Jahr 1919, so wies Ute Haug nach, erwarb der Kunsthändler Karl Haberstock mindestens 34 Kunstwerke aus Museumsbesitz.[97] Gustav Pauli regte als Direktor der Hamburger Kunsthalle ab Juni 1918 den Verkauf von nicht museumswürdigen Kunstwerken aus der eigenen Sammlung an, um die Erlöse für Neuerwerbungen zu verwenden:[98]

> „Die weitere Aufbewahrung zahlreicher materiell gut zu verwertender Kunstwerke bedeutet unter allen Umständen eine Verschwendung, die zu keiner Zeit weniger gerechtfertigt wäre als gegenwärtig, wo grosse Werte, deren unsere Galerie dringendst bedarf, erworben werden können."[99]

Ein öffentliches Bekanntwerden dieses Verkaufs konnte Pauli trotz Bemühungen nicht verhindern und so begegnete die Presse diesem Schritt mit Kritik; erneut wurde das Wort „Ausverkauf" in Gebrauch genommen.[100] Eine angekündigte Dublettenversteigerung der Sächsischen Staatssammlungen in Dresden veranlasste den Deutschen Museumsbund dazu, auf seiner Lübecker Tagung im Mai 1920 die Gespräche über den Schutz deutschen Kunstbesitzes um Verkäufe aus Museen zu erweitern.[101]

Die Diskussionen um den Schutz deutschen Kulturgutes in Privatbesitz erfuhren durch die Verkäufe einzelner Kunstwerke, die bereits Teil einer öffentlichen Sammlung gewesen waren, eine neue Brisanz, aber auch Gegenwind. Prominentes Beispiel ist der

S. 153–154, hier S. 153. Etwa 40 Bilder, vorwiegend der niederländischen Schule, wurden am 19.3.1918 in knapp 1,5 Stunden verkauft. Vgl. Versteigerung Oppenheim. Gesamtergebnis 4¼ Millionen Mark, Berliner Lokalanzeiger, 19.8.1918, Nr. 44. Die Bedeutung der Sammlung Oppenheim wird auch im Katalog zur Kunsthistorischen Ausstellung in Düsseldorf 1902 deutlich. Die Leihgaben aus der Sammlung umfassten 185 Nummern, seine Werke wurden in einem gesonderten Raum aufgestellt. Vgl. Ausst.-Kat. Düsseldorf 1902.

96 Eine erste Zusammenstellung liefert Ute Haug: Deakzession und Provenienzforschung und das „Problem" der Abgrenzung der Provenienzrecherche von der Provenienzforschung, in: Eine Debatte ohne Ende? Raubkunst und Restitution im deutschsprachigen Raum, hg. von Julius H. Schoeps und Anna-Dorothea Ludewig, Berlin 2007, S. 83–100, hier S. 85 f.

97 Vgl. Ute Haug: „sucht ständig zu kaufen" – Karl Haberstock und die deutschen Kunstmuseen, in: Karl Haberstock. Umstrittener Kunsthändler und Mäzen, hg. von Horst Keßler und Christof Trepesch, München/Berlin 2008, S. 41–55, hier S. 46.

98 Pauli stellte im November 1919 eine Liste von 482 deponierten Werken zusammen, die Hamburger Museen und Kunsthändlern angeboten wurden. Vgl. Christian Ring: Gustav Pauli und die Hamburger Kunsthalle. Biographie und Sammlungspolitik, Bd. 2, Berlin/München 2010, S. 83 ff. Vgl. Stellungnahme Gustav Pauli: Der Bilderverkauf aus dem Magazin der Hamburger Kunsthalle, Der Kunstwanderer, 1. Februarheft, 1920, S. 221–222.

99 Pauli zitiert in Ring 2010, Bd. 2, S. 86.

100 Vgl. B.: Der Ausverkauf in der Hamburger Kunsthalle, Der Cicerone, 12. Jg., H. 4, 1920, S. 164–165; Ring 2010, Bd. 2, S. 87. Diese Bezeichnung bezog sich jedoch nicht nur auf den Verlust museal integrierter Kunstwerke, sondern auf die geringen Preise, die die Kunsthalle teilweise für die einzelnen Objekte erzielte. Vgl. Haug 2007, S. 87.

101 Vgl. SMB-ZA, III/DMB 260. Die Versteigerung fand vom 12. bis 14. Oktober 1920 unter Leitung von Rudolph Lepke's Kunstauktionshaus im Saal des Sächsischen Kunstvereins in Dresden statt. Vgl. Kunstchronik und Kunstmarkt, 55. Jg., Nr. 6, 5.11.1920, S. 116–120.

Verkauf eines Spätwerkes Rembrandts, das *Frauenbildnis mit dem Hunde*, das sich im Besitz des Colmarer Unterlinden-Museums befand und 1918 vom Münchner Kunsthändler Julius Böhler an den schwedischen Sammler Klas Fahraeus verkauft wurde.[102] Das Werk war ein Jahr zuvor gemeinsam mit dem Isenheimer Altar von Matthias Grünewald zur Sicherung vor Kriegseinwirkungen in die Kellerräume der Pinakothek München verlagert worden – zum Ärgernis Berlins, wo das von Bode anerkannte Rembrandt-Werk hätte ausgestellt werden[103] und überdies als Propagandamittel für ein deutsches Elsass hätte wirken können, wie in einem anonym veröffentlichten Artikel deutlich wird:

> „Wir bemühen uns, durch Worte unser gutes Recht auf das Elsaß zu erweisen. Hier hätten wir Gelegenheit, durch historische Denkmale von unanfechtbarer Beweiskraft unser historisches Anrecht zu bekräftigen."[104]

Der Verkauf des Werks erregte in der Fachwelt Aufsehen, weil einerseits Privatsammler durch „direktionslose[s] Gerede über ein Kunstausfuhrverbot" verunsichert und verärgert wurden, andererseits „ein Ausländer aus einem deutschen Museum ein Meisterwerk von Rembrandt" erworben hatte.[105] Dieses Beispiel galt als Zeichen der Schwäche der reichsdeutschen Kulturpolitik, die sich besonders an partikularen und lokalpatriotischen Interessen rieb.[106]

102 Mit dem Beginn des Ersten Weltkrieg übernahm der Colmarer Bürgermeister Friedrich Diefenbach die Aufsicht über die Kunstsammlungen, nachdem die Schongauer-Gesellschaft als Verein im Reichsland Versammlungsverbot erhalten hatte. Vgl. Hendrik Ziegler: Wilhelm von Bode und das Colmarer Museum. Zum Einfluss der deutschen Museologie im Reichsland Elsass-Lothringen, in: Jahrbuch der Berliner Museen, hg. von den Staatlichen Museen Berlin, 2003, S. 131–156, hier S. 148. Das Werk Rembrandts gelang kurz nach dem Verkauf über den New Yorker Kunstmarkt an den Kanadischen Sammler Frank P. Wood, der das Werk mit seinem Nachlass an die Art Gallery of Ontario, Kanada, vermachte, wo es sich auch heute noch unter dem Titel *Portrait of a Lady with a Lap Dog* befindet.

103 In München befand es sich zum Schutz vor Fliegerangriffen in den Kellerräumen. Vgl. Karl Scheffler: Der Kolmarer Rembrandt, Voss. Zeitung, Nr. 418, Morgenausgabe, 17.8.1918.

104 Nochmal der Colmarer Rembrandt, Kunstchronik, 29. Jg., Nr. 40, 30.8.1918, S. 443. Dies galt ebenso für den Isenheimer Altar von Matthias Grünewald, der bereits im Februar 1916 von der Kommission für die Große Berliner Kunstausstellung als Leihgabe nach Berlin erbeten wurde. Das Gesuch wurde offiziell aufgrund unzureichender Transportfähigkeit des Werkes zurückgewiesen. Dass der Altar sich genau ein Jahr später schließlich doch auf den Weg machte, nicht nach Berlin, sondern nach München, war der sich verschärfenden militärischen Lage und der „stille[n] Solidarität zwischen Elsässern und Bayern in ihrer unterschwelligen Ablehnung des politisch-kulturellen Führungsanspruches Preußens innerhalb des Reichsverbands" geschuldet. Ziegler 2003, S. 148 f.

105 Der Rembrandtverkauf, Kunst und Künstler, 16. Jg., 1918, S. 487–489, hier S. 487.

106 Die Überraschung über den Verkauf des Rembrandt-Bildes zeigt vor allem die fehlende Abstimmung der kulturpolitischen Ressorts der einzelnen Länder, die einen Verkauf an das Ausland verhindert hätten können. Karl Scheffler erhob Vorwürfe gegen die Münchner und Colmarer Museumsbeamten sowie den Statthalter von Elsass-Lothringen, die den Verkauf in aller Heimlichkeit vorbereitet hätten und, so äußert er sich im August 1918 in der *Vossischen Zeitung*, er war sich sicher: „Hätte Bode eine Ahnung gehabt, so würde er sicher das Geld in kurzer Zeit gesammelt und das Bild einem deutschen Museum oder wenigstens einem deutschen Sammler gesichert haben. Es hat aber den Anschein als hätte eben dieses vermieden werden sollen, als wäre von allen

„Wenn unsere Behörden mit solchem Beispiel vorangehen, wie konnten sie daran denken, ein Kunstausfuhrgesetz in Aussicht zu nehmen!“[107]

Hinzu kam, dass die Museen infolge der Friedensverträge zwischen Deutschland und den alliierten Mächten vom 28. Juni 1919 den Verlust wertvoller Kunstwerke aus ihren Beständen verzeichnen mussten. Für die Berliner Museen war die Herausgabe von zwölf Tafeln des Genter Altars der Brüder van Eyck, die sich im Kaiser-Friedrich-Museum Berlin befanden und zusammen mit Teilen des Triptychons *Das Abendmahl* von Dirk Bouts (jeweils zwei Tafeln im Berliner Museum und zwei in der Münchner Pinakothek) an Belgien übergeben werden mussten, besonders schmerzlich.[108] Der Herausgabe gingen mehrere Monate voraus, in denen der Strom an Forderungen nach Kriegsentschädigungen durch Kunstwerke nicht abriss.[109] Deutschland wurden vor allen Dingen Äußerungen des deutschen Kunsthistorikers Emil Schäffer zur Last gelegt, mit denen er sich unmittelbar nach der Besetzung Belgiens 1914 in der Zeitschrift *Kunst und Künstler* an die Öffentlichkeit gewandt und eine „Kriegsentschädigung in Kunstwerken“ sowie die Übergabe belgischer Kunstwerke in deutschen Museumsbesitz gefordert hatte.[110] Neben den daraus gespeisten Ansprüchen aus Belgien, Frankreich und Italien wurde laut deutschen Zeitungsberichten im Frühjahr 1919 auch im englischen Unterhaus angeregt, Kunstschätze der deutschen Museen zu verkaufen und zur Begleichung von Reparationsforderungen zu verwenden.[111]

In der öffentlichen Debatte verschmolzen die Bedrohungsszenarien des staatlichen und privaten Kunstbesitzes miteinander, wie ein Beitrag Waldmanns zeigt: „Der staatliche ist, wie das Beispiel des Genter Altars und der Tafeln von Dirck Bouts [sic!]

Beteiligten – nicht mit Worten, sondern empfindungsgemäß – die Parole ausgegeben worden: lieber Schweden als Berlin.“ Karl Scheffler, Voss. Zeitung, 1918. Vgl. auch Ziegler 2003, S. 152. Eine Schwäche der Kulturpolitik verdeutlicht auch der Verkauf von Adolph Menzels *Begegnung Friedrichs des Großen mit Joseph II. in Neiße*, der aus dem Besitz des Großherzogs von Sachsen für eine halbe Million Mark an Paul Cassirer und Hugo Helbing überging. Vgl. H. Fr.: Der Weimarer Menzel-Verkauf, Der Cicerone, 10. Jg., H.17/18, 1918, S. 278–279; Der Breslauer Menzelkauf, Kunstchronik, 29. Jg., Nr. 41, 6. 9. 1918, S. 458–459.

107 Der Verkauf eines Rembrandt an das Ausland durch die Stadt Colmar, Kunstchronik, 29. Jg., Nr. 38/39, 19. 7. 1918, S. 410–411, hier S. 411.

108 Vgl. Reichsrücklieferungskommission an Pr. KM, 12. 7. 1920, SMB-ZA, I/GG 18, Bl. 63 sowie Vertrag von Versailles vom 28. 6. 1919, Art. 247, Abs. 2.

109 Vgl. Max Osborn: Kunstraub, Voss. Zeitung, Nr. 88, 17. 2. 1919; Otto Grautoff: Die Kunstraubpolitik der Franzosen, Kunstchronik und Kunstmarkt, 54. Jg., Nr. 30, 9. 5. 1919, S. 629; Lex Pacca, Voss. Zeitung, Nr. 135, 14. 3. 1919; Frankreichs Kunstraub-Gelüste, Die Post, Nr. 89, 14. 2. 1919.

110 Emil Schäffer: Kriegsentschädigung in Kunstwerken, Kunst und Künstler, 13. Jg., 1914, S. 35–43, vgl. Wilhelm von Bode: Die Kunstraubgelüste unserer Feinde, Kunstchronik und Kunstmarkt, 54. Jg., Nr. 17, 7. 2. 1919, S. 337–340, hier S. 339. Empörten Widerspruch erfuhr Schäffer daraufhin von „maßgebenden Persönlichkeiten Deutschlands“, unter ihnen Wilhelm von Bode, Wilhelm Wundt, Karl Lamprecht, Franz von Liszt, Hans Thoma, Karl Ernst Osthaus, Johannes Gutmann und Paul Westheim. Vgl. A. K.: Schutz dem Kunstbesitz im Feindesland, Deutsche Kunst und Dekoration, Bd. 35, 1914, S. 179–181.

111 Vgl. Ein Angriff auf die deutschen Kunstschätze, Hamburger Fremdenblatt, Nr. 189, 12. 4. 1919.

zeigt, dem Zugriff unserer Feinde zur Verfügung und der private ist in einem geradezu beängstigenden Maßstabe der Abwanderung ins Ausland ausgesetzt."[112] Diese Bedrohungsszenarien führten dazu, dass der Kulturgutschutz weite Kreise des Staates und der Gesellschaft, bewegliche wie unbewegliche Kulturzeugnisse, historische wie lebende Künstler berührte und dem Staat bei der Stärkung seiner nationalen Einheit dienen sollte, um der empfundenen „Versklavung eines Volkes" entgegenzuwirken.[113] Der Reichsinnenminister Erich Koch, der den Bereich „Kunst" seinem Ressort unterstellte und auch die *Verordnung über die Ausfuhr von Kunstwerken* unterzeichnete, führte über die Bedeutung der Kultur beim Wiederaufbau in der Nachkriegszeit Folgendes aus:

> „Es sei die Gefahr, daß unter den harten und strengen Anforderungen des Wiederaufbaus die deutsche Kultur neben der deutschen Wirtschaft vernachlässigt werde. Es sei aber von größter Gefahr, wenn versucht werde, uns lediglich eine Zivilisation nach amerikanischem Muster aufzubürden. [...] Denn gegenüber Völkern, die sich mehr Land, Geld, Rohstoffe, Blut und Nervenkraft erhalten hätten, könnten wir nur durch Qualitätsarbeit und Veredelungsarbeit vorwärtskommen. Die aber könne nur ein Volk leisten, das sich den Blick für die Schätze seines Kultur- und Geisteslebens bewahre."[114]

Die Verhinderung einer kulturellen Verarmung sollte zur Überwindung der wirtschaftlichen Krise beitragen. Doch auch die politischen Neuordnungen in der jungen Republik eröffneten neue kulturelle Bedrohungsszenarien, wie das nachfolgende Kapitel verdeutlichen wird.

1.3 „Mit dem Lande untrennbar verbunden und unveräußerlich ..."[115] – Fürstlicher Kunstbesitz in Bewegung

Mit der Revolution von 1918 und den sich leerenden Thronen des Deutschen Reiches wurde deutlich, dass das Vermögen der Landesherren nicht klar vom Staatseigentum zu trennen war. Der größte Teil des öffentlich sichtbaren Kunstbesitzes gehörte bis 1918 zum Hausbesitz der regierenden Familiendynastien, deren Glanz, getragen von Kunst und Architektur, auch jenseits der eigenen Herrschaftsgrenzen strahlen sollte. Nach dem Sturz der Monarchie wurden diese Kunstsammlungen bekanntlich gleichermaßen von den entthronten Fürsten wie von den neuen Staaten als Eigentum einge-

112 Vgl. Emil Waldmann: Ein Schutzgesetz für den deutschen Kunstbesitz, Zeitschrift unbekannt, LMO-MW Nr. 85.

113 Ein Angriff auf die deutschen Kunstschätze, Hamburger Fremdenblatt, Nr. 189, 12.4.1919.

114 RMdI (Koch) zur Eröffnung des Bestelmeyer-Baus des GNM am 11.12.1920, Weiterentwicklung des Museums, in: Anzeiger GNM 1920, S. 3–19, hier S. 5 f. zitiert in Peter Burian: Das Germanische Nationalmuseum und die deutsche Nation, in: Das Germanische Nationalmuseum Nürnberg 1852–1977. Beiträge zu seiner Geschichte, hg. von Bernward Deneke und Rainer Kahsnitz, München/Berlin 1978, S. 127–262, hier S. 225.

115 Hans Posse: Der Kunstbesitz der deutschen Fürsten. Teil III. Der Kunstbesitz des sächsischen Königshauses, Der Cicerone, 11. Jg., H. 7, 1919, S. 181–184.

fordert.[116] Die enge Bindung des Kunstbesitzes an das herrschende Fürstenhaus auf der einen Seite und an die kulturelle Identität der Öffentlichkeit auf der anderen war aus der historischen Einheit von Staat und Monarch hervorgegangen und machte eine Einigung über die Vermögenswerte mit der Neudefinition staatlicher Strukturen schwierig. Der drohende Verlust fürstlicher Sammlungen brach in eine Zeit herein, in der Diskussionen um die Sicherung von Kunstwerten vor dem Verlust ins Ausland bereits in vollem Gange waren, wie Waldmanns Artikel *Ein Ausfuhrgesetz für deutsche Kunst* zeigt:

> „Die deutschen Fürsten, deren Galerien wir vor dem Kriege immer stillschweigend als öffentlichen, unantastbaren Besitz anzusehen uns gewöhnt hatten, stehen vor der Möglichkeit, manche vor der Notwendigkeit, zu verkaufen. [...] Jetzt also ist die Situation die, daß ein Ausfuhrgesetz nur noch nützlich sein kann. Ob heute noch alte deutsche Bilder eingeführt werden, ist jetzt nicht mehr so wichtig, wie die viel brennendere Frage, ob wir das, was uns bisher sozusagen gehörte, auch behalten können."[117]

Wie die meist fallbeispielbezogenen Forschungsansätze bereits aufzeigten, führte die „Inkonsequenz und Halbherzigkeit" der Revolution von 1918 und der Verzicht auf eine reichsdeutsche Einigung über den Umgang mit den abgedankten Landesherren, gar in Form von Enteignung, zu verschiedenartigen Lösungswegen bei der Vermögenszuweisung von Kunstbesitz in den einzelnen Nachfolgestaaten.[118] Das Spektrum der Kontroversen und Bewältigungsmuster, die auch den Diskurs um einen Kulturgutschutz und die Bewahrung des monarchischen Erbes ins Zentrum rückten, soll nachfolgend an zwei Beispielen veranschaulicht werden: dem österreichischen Staat und dem Hause Habsburg als Beispiel für Enteignung auf der einen Seite und dem Reichsland Oldenburg mit seinem abgedankten Großherzog als Beispiel der Privatisierung auf der anderen.

1.3.1 Österreich

In Österreich wurde das soeben beschriebene Dilemma mittels durchgreifenden Enteignungen gelöst: Mit dem sogenannten „Habsburgergesetz" vom 3. April 1919 wurde nicht nur das Privatfürstenrecht aufgehoben, es löschte auch die Eigentumsansprüche

116 Vgl. Cajetan von Aretin: Vom Umgang mit gestürzten Häuptern: Zur Zuordnung der Kunstsammlungen in deutschen Fürstenabfindungen 1918–1924, in: Das Erbe der Monarchie. Nachwirkungen einer deutschen Institution seit 1918, hg. von Thomas Biskup und Martin Kohlrausch, Frankfurt a. M. 2008, S. 161–183, hier S. 161.

117 Emil Waldmann: Ein Ausfuhrgesetz für deutsche Kunst, Deutsche Kunst und Dekoration, Bd. 45, Oktober 1919, S. 126–128, hier S. 126 f.

118 Ulrich Schüren: Der Volksentscheid zur Fürstenenteignung 1926. Die Vermögensauseinandersetzung mit den depossedierten Landesherren als Problem der deutschen Innenpolitik unter besonderer Berücksichtigung der Verhältnisse in Preußen, Düsseldorf 1978. Auch Cajetan von Aretin machte darauf aufmerksam, dass die Konflikte um die Eigentumsrechte an den Kunstsammlungen als unvollendetes Element der Revolution die Schwäche der politischen Umwälzung zeigt. Vgl. Aretin 2008, S. 183.

des regierenden Hauses Habsburg-Lothringen. Der kaiserliche Kunstbesitz wurde damit zum Eigentum des Staates erklärt:

> „Die Republik Österreich ist Eigentümerin des gesamten in ihrem Staatsgebiet befindlichen beweglichen und unbeweglichen hofärarischen sowie des für das früher regierende Haus oder für eine Zweiglinie desselben gebundenen Vermögens."[119]

Die österreichische Regierung schuf mit diesem Gesetz eine vermögensrechtliche Klarheit für Deutsch-Österreich; sie trat gleichzeitig „mit allen Rechten und kulturellen Pflichten ein gewaltiges, einzigartiges künstlerisches Erbe an".[120] Dieses Erbe erfuhr insbesondere seinen Wert im historischen Ganzen als Sammlung und als Spiegel der Geschichte einer Herrscherfamilie, die mit demselben Gesetz zugleich des Landes verwiesen wurde. Umgehend ging das Staatsdenkmalamt an die Inventarisierung der in Staatsbesitz übergegangenen Kunstwerke und konzipierte in Absprache mit den großen Kunstsammlungen die zukünftige Nutzbarmachung für die Öffentlichkeit.[121] Die uneingeschränkte Übernahme des Habsburger Kunstbesitzes durch den Staat Österreich erfolgte jedoch nicht ohne Einspruch: Die Nachfolgestaaten der österreichisch-ungarischen Monarchie forderten ein Miterbe am zugehörigen Kulturnachlass. Auch die Siegermächte, allen voran Italien, erhoben Ansprüche auf österreichische Kunstwerke, die nach langwierigen Verhandlungen und dem Vertrag von St. Germain 1920 für Österreich recht verlustarm abgegolten wurden.[122] Das Deutsche Reich meldete sich mit Ansprüchen auf die Reichskleinodien zu Wort, die seit dem Ende des Heiligen Römischen Reiches im Jahre 1806 immer wieder erhoben worden waren und mit dem Niedergang der Habsburgermonarchie neuen Aufwind erfuhren. Gustav E. Pazaurek, Leiter des Württem-

119 Staatsgesetzblatt Österreich 3.4.1919, Nr. 209, § 5; vgl. Paul Clemen: Die Gefährdung des deutschen Kunstbesitzes, Tägliche Rundschau, Unterhaltungsbeilage, 39. Jg., Nr. 262, 26.11.1919; Eva Frodl-Kraft: Gefährdetes Erbe. Österreichs Denkmalschutz und Denkmalpflege 1918–1945 im Prisma der Zeitgeschichte, Wien u. a. 1997, S. 19.

120 Dagobert Frey: Die Verstaatlichung und Inventarisierung des Habsburg-Lothringischen Kunstbesitzes, Mitteilungen des Staatsdenkmalamtes, Bd. 1, H. 1, 1919, S. 1–22, hier S. 1.

121 Damit gliederte sich das Vorhaben in die Inventarisierung des gesamten öffentlichen und privaten Kunstbesitzes Österreichs ein, der topographisch erfasst wurde und der Denkmalpflege als Grundlage diente. Vgl. Frey, Mitteilungen des Staatsdenkmalamtes, 1919, S. 3; Frodl-Kraft 1997, S. 20 und 83 ff.; Almut Krapf-Weiler: Zur Neuorganisation der Wiener Museen 1919–1925 unter der Leitung von Hans Tietze, in: Das Museum. Spiegel und Motor kulturpolitischer Visionen, hg. von Hadwig Kräutler und Gerbert Frodl, Wien 2004, S. 159–178, hier S. 167 ff.

122 Die italienische Regierung erwirkte „durch Androhung bewaffneter Gewalt und der Einstellung der Lebensmittelzufuhr" 1919 den Abtransport von Kunstwerken aus Wien. Hans Tietze: Der Abtransport von Kunstwerken aus Wien. Kunstchronik und Kunstmarkt, 54. Jg., Nr. 20, 28.11.1919, S. S. 408–415, hier S. 408; vgl. Frodl-Kraft 1997, S. 24 f; Krapf-Weiler 2004, S. 163. Auch die deutsche Regierung fürchtete mit Ansprüchen Italiens konfrontiert zu werden, nachdem der Botschaft aus Wien „von zuverlässiger Seite" bekannt geworden war, „daß die italienische Kommission, die in den letzten Tagen die Herausgabe von Kunstschätzen und Handschriften aus Wiener Museen und der dortigen Hofbibliothek verlangte, sich dahin geäußert hat, daß Italien beabsichtige, eine ähnliche Forderung auch an Deutschland zu stellen." Auswärtiges Amt (Eckardi) an den Staatssekretär des Innern, 18.2.1919, vertraulich, eine Abschrift ging allen Landesregierungen zu, HStA Stuttgart, E 130 b, Bü 1539.

bergischen Landesmuseums in Stuttgart, forderte im Februar 1919 die Übergabe der deutschen Kaiserkrone und weiterer Teile der Reichskleinodien an das Deutsche Reich, das sich als Rechtsnachfolger des Heiligen Römischen Reiches verstand. Aufbewahrt werden sollte der „Nationalbesitz" in Frankfurt am Main oder Nürnberg, denn „nur im Herzen des alten Deutschen Reiches ist der rechte Platz für sie".[123] In die Tat umgesetzt wurden diese Forderungen erst 1938 auf Weisung Adolf Hitlers, der die Reichsinsignien nach Nürnberg verbringen ließ.[124]

Um die Abwanderung von wertvollen Kunstwerken in öffentlichem, kirchlichem und privatem Besitz zu verhindern, erließ die neue österreichische Regierung am 5. Dezember 1918 ein Gesetz, das die Kunstausfuhr untersagte.[125] Wenig später wurde dem Staat die Möglichkeit eingeräumt, Kunstwerke aus eigenem Besitz gegen ausländische Währung zu veräußern, um Devisen „zum Zwecke des Lebensmittelankaufes" zu erhalten.[126] Die scheinbare Unverhältnismäßigkeit dieser Maßnahmen erregte die Gemüter; Pressemitteilungen postulierten „das Ende der östreichischen Kultur":

> „‚Ein Königreich für ein Pferd.' Nein – ein Van Dyck für einen Wagen mit Mehl. So geht Östreichs Sonne zur Neige."[127]

123 Des Weiteren argumentierte Pazaurek, dass „das österreichische Kaiserhaus niemals Eigentümer, ja bis auf das letzte Jahrhunderts nicht einmal Besitzer" war, weil eine Verbindung zum Hause der Habsburger fehlte, die Kaiserkrone vielmehr „eine prächtige Schöpfung wohl mitteldeutscher Goldschmiedekunst" darstellte. Seit 1423 wurden die Insignien in Nürnberg ausgestellt, wo sie „nach kaiserlichen und päpstlichen Erlässen ‚für ewige Zeiten' aufbewahrt werden sollten". Gustav E. Pazaurek: Was geschieht mit der alten Kaiserkrone? Eine Anregung, Voss. Zeitung, 5.2.1919; Über das Schicksal der Reichskleinodien, Der Cicerone, 11. Jg., H. 4, 1919, S. 100.

124 Vgl. Anne G. Kosfeld: Nürnberg, in: Deutscher Erinnerungsorte, Bd. 1, hg. von Etienne François und Hagen Schulze, München 2001, S. 68–85, hier S. 82.

125 *Gesetz vom 5. Dezember 1918, betreffend das Verbot der Ausfuhr und der Veräußerung von Gegenständen von geschichtlicher, künstlerischer oder kultureller Bedeutung,* § 1, Staatsgesetzblatt für den Staat Deutschösterreich, Jg. 1918, Nr. 20, S. 128–129. Teile der Bestimmung, die vor allem den staatlichen Besitz betrafen, wurden mit dem sogenannten „Ermächtigungsgesetz" vom Oktober 1919 aufgehoben.

126 Staatsgesetzblatt Österreich, 18.10.1919, Nr. 479, § 3, abgedruckt in Frodl-Kraft 1997, S. 452. Paul Clemen missbillige das Vorgehen der österreichischen Regierung wie folg: „Daß aber eine alte Familie – und ein Staat ist eine solche – dazu übergeht, seine Penaten, seine Standarten, seinen Hausschatz, seinen Hausschmuck auf den Markt zu werfen, das geschieht nur, wenn eine Familie sich selbst aufgibt, sich auch moralisch bankrott erklärt, – und um dieses Eingeständnis handelt es sich für Österreich bei diesem gefährlichen Schritt. [...], daß der Kunstbesitz ein unveräußerliches Gut einer Nation darstellt, derjenige Besitz, der zwar nicht ziffernmäßig zu buchende, aber Prozentual am höchsten stehende Zinsen trägt; daß die österreichischen Kunstwerke lebendige Kraftquellen darstellen, die immer erneut und jeder Generation in neuer Wandlung lebensspendend sich erweisen, vor allem, daß man ein Land, einen Staat, eine Stadt nach solchem Kunstbesitz und der Art, wie er ihn zu nutzen und zu hüten in der Lage ist, selbst wertet?" Paul Clemen: Der österreichische Kunstausverkauf, Kunstwart und Kulturwart, 33. Jg., Nr. 6, 1919, S. 249–252, hier S. 251.

127 Östreichs Ausverkauf, Der Cicerone, 11. Jg., H. 20, 1919, S. 663.

Dabei war das Beispiel Österreich auch für den deutschen Kulturgutschutz bedeutungsvoll, denn der einstige Hauptverbündete befand sich ja in vergleichbarer Situation, sodass die „Gefahr der Ansteckung" auch in der Revolutionszeit direkt vor Augen stand. Tietze referierte auf dem Denkmalpflegetag über die österreichischen Verhältnisse, „weil diese Gefahren vielleicht Schatten sind, die die Ereignisse auch für den deutschen Kunstbesitz vorauswerfen".[128] Sein deutscher Kollege Clemen berichtete besonders ausführlich über die Vorgänge im Nachbarland, um sogleich die Situation und Bedrohungen im Deutschen Reich zu dramatisieren:

> „Es handelt sich nicht nur um eine Wiener, nicht nur um eine österreichische Angelegenheit, es ist zum mindesten auch eine deutsche Angelegenheit und vielleicht eine europäische Frage. Denn es liegt in ihr eine Gefahr der Ansteckung ohnegleichen. Es würde der kunstfeindlichste Schritt sein, den je eine desperate Regierung begangen hat, und der selbstmörderischste dazu."[129]

Clemen nutzte seine Berichte über den österreichischen „Kunstausverkauf" als Argumentationsgrundlage für zwei Resolutionen, die er als Vorsitzender für den Tag für Denkmalpflege an die Reichsregierung richtete und in denen er eine Ausfuhrbegrenzung auch für deutsche Kunstwerke forderte. Seine öffentlichen Ausführungen sollten zum Appell an die „ganze Nation" werden, die „als Eigentümerin wie als Hüterin" hinter dem nationalen Kunstbesitz stehe.[130] Im Gegensatz zum österreichischen Vorgehen gestanden die neu gebildeten deutschen Landesregierungen den abgedankten Herrscherfamilien Eigentumsansprüche zu, was nicht nur inkonsequent anmutet, sondern sich im Verlauf als enormes Problem herauskristallisierte: Die junge Republik musste sich über Jahre mit vermögensrechtlichen Verhandlungen auseinandersetzen.

1.3.2 Oldenburg

Gegenbeispiel: Zwar hatte der Großherzog von Oldenburg wie die übrigen deutschen Bundesfürsten am 11. November 1918 abgedankt, anders als in Österreich wurde dem ehemaligen Herrscherhaus die Verfügung über die Kunstsammlung zugesprochen.[131] Der damit schnell hergestellte Rechtsfrieden brachte zwar umgehend Klarheit bei den Eigentumsverhältnissen eines Objektes, allerdings minderte sie nicht den Schmerz über den Verlust von Kunstwerken, den die Oldenburger Öffentlichkeit zu verspüren schien.

128 Tietze in: Dritte gemeinsame Tagung für Denkmalpflege und Heimatschutz, Eisenach 23. und 24. September 1920, Stenographischer Bericht, S. 111–118, hier S. 111.

129 Clemen, Kunstwart und Kulturwart, 1919, S. 252; vgl. Clemen, Täglichen Rundschau, 27. 11. 1919.

130 Clemen, Tägliche Rundschau, 27. 11. 1919.

131 Vgl. dazu Maria Obenaus: „Zerstieben der großherzoglichen Galerie in alle Winde" – Der Verkauf von Kunstwerken aus dem Besitz des ehemaligen Großherzogs von Oldenburg 1919, in: Oldenburger Jahrbuch, Bd. 113, Oldenburg 2013, S. 143–156. Dem Großherzog von Mecklenburg-Schwerin wurden mit dem Auseinandersetzungsvertrag im Dezember 1919 auch die Gemäldegalerie zugesprochen, jedoch mit einem Vorkaufsrecht des Staates auf 30 Jahre. Vgl. Josephi: Die Kunstschätze des Großherzogs von Mecklenburg-Schwerin, Der Cicerone, 12. Jg., H. 1, 1920, S. 27–29.

Umgehend entstand das Landesmuseum Oldenburg, das sich aus bereits bestehenden staatlichen Sammlungen zusammensetzte, jedoch vorerst auf die Großherzogliche Gemäldegalerie verzichten musste.[132] Diese hatte durch den Großherzog Nikolaus Friedrich Peter in der zweiten Hälfte des 19. Jahrhunderts eine umfangreiche und gezielte Erweiterung erfahren und war mit dem 1866 errichteten eigenen Galeriebau, dem Augusteum, der Öffentlichkeit zugänglich gemacht worden; 1888 folgte mit einem von Bode herausgegebenen, bebilderten Katalog über die *Grossherzogliche Gemälde-Galerie zu Oldenburg* eine deutschlandweite Beachtung.[133] „Sie ist nie anders als eine öffentliche Galerie angesehen worden, wenn auch nicht als eine im Eigentum des Staates stehende", so Clemen in einem umfangreichen Artikel in der *Unterhaltungsbeilage der Täglichen Rundschau*, in dem er den Fall Oldenburg dezidiert herausstellte.[134]

Mit dem drohenden Verlust dieser Großherzoglichen Galerie erreichten den Landtag des neu gegründeten Freistaats im Januar 1919 Eingaben, die den Erhalt der Sammlung für die Öffentlichkeit forderten. Lokale Interessenverbände drängten die Regierung, sich für die Bewahrung der Oldenburger Kunstschätze einzusetzen:

> „Je größer die Not unseres deutschen Volkes werden wird, um so mehr bedürfen wir geistiger Werte und Güter zur Aufrechterhaltung, zur Anregung und zum Maßstab unseres Wirkens und unserer Kultur für die werdende Zeit."[135]

Die Verhandlungen mit dem Großherzog über die Kunstsammlung begannen mit der Feststellung ihres Wertes, für die Gustav Pauli beauftragt wurde.[136]

Er nutzte die Sichtung der Kunstwerke, um Zuschreibungen zu präzisieren oder neu vorzunehmen. Hauptziel der einzigartigen Begutachtung war jedoch die Bestimmung des monetären Wertes der Großherzoglichen Sammlung, der als Grundlage für weitere Verhandlungen dienen sollte, verbunden mit einem Vorkaufsrecht mit einer Erwerbungssumme in Höhe von 5 Millionen Mark.[137] Die vertraglich ausgearbeitete Übernahme

132 Vgl. LMO an RKbK (Präsident), 29.5.1934, StA Oldenburg, Best. 134, Nr. 3651, Bl. 41; Herbert Wolfgang Keiser: Gemäldegalerie Oldenburg, München 1966, S. 20.

133 Den Grundstock bildete die 1804 erworbene Sammlung des Malers Johann Heinrich Wilhelm Tischbein, die 86 Gemälde verschiedener Schulen umfasste. Vgl. Wilhelm von Bode: Grossherzogliche Gemälde-Galerie zu Oldenburg, Wien 1888.

134 Clemen, Tägliche Rundschau, 1919.

135 Oldenburger Künstlerbund (Vorsitzender Bernhard Winter) an den Landtag Oldenburg, 25.1.1919; vgl. auch Rat der geistigen Arbeit (Busch) und Kommission für Kunst und Wissenschaft (Ritter) an ebd., 7.1.1919; Oldenburger Kunstverein (Klingenbarg) an ebd., 13.1.1919, StA Oldenburg, Best. 39, Nr. 7291, Bl. 2–8.

136 Vgl. Inventarliste mit geschätzten Preisangaben in: StA Oldenburg, Best. 270.47, Nr. 21.

137 Damit lag man unter der von Pauli vorgenommenen Taxation von insgesamt 7.119.000 Mark, wovon allein 6.210.000 Mark auf die Gemäldesammlung entfielen. Der Großherzog unterbreitete dem Staat in einem Vertragsentwurf ein unentgeltliches Nutzungsrecht der gesamten Sammlung, das sich nach dem Tode des Erbgroßherzoges als letzten Rentenberechtigten des Hauses in ein Ankaufsrecht für die Gemäldegalerie umwandeln sollte. Vgl. Vertragsentwurf zwischen Großherzog Friedrich August und dem Direktorium des Freistaats Oldenburg, undatiert, ebd., Bl. 6–12, § 6.

der Gemäldegalerie scheiterte jedoch im Herbst 1919 an den weiterhin politisch unsicheren Umständen: Bedenken des Landtages, „die Feinde könnten nach Ablehnung der uns auferlegten Friedensbedingungen das Land besetzen und die kostbare Galerie [...] beschlagnahmen", verzögerten den Vertragsabschluss erneut, und der Großherzog nahm daraufhin sein Einverständnis bezüglich der Überlassung der Galerie und der übrigen Sammlungen in jeglicher Form zurück.[138] Vermutlich lag ihm bereits ein alternatives, derart hohes Angebot für seine Kunstsammlung vor, dass er ohne Zögern auch auf die mit dem Staat ausgehandelte Rente verzichtete.[139] Das neu gegründete Landesmuseum, das gehofft hatte, mit einer fast lückenlosen Gemäldegalerie mit Meisterwerken den Ruf Oldenburgs als Kulturzentrum auch nach dem Ersten Weltkrieg verteidigen zu können, bekam vom Großherzog nach den gescheiterten Vertragsverhandlungen mit dem Freistaat eine Absage.[140]

Im Sommer 1919 gelangten 100 der bedeutendsten Gemälde der Sammlung an den Amsterdamer Händler Frederik Muller.[141] Über die Umstände des Verkaufs lagen in der Öffentlichkeit kaum Kenntnisse vor und so waren es vor allem Vermutungen, Gerüchte und Ansprüche, die durch die deutsche Presse jagten. Beklagt wurde besonders der Verlust des materiell wertvolleren Teils an Kunstwerken italienischer, holländischer und flämischer Meister. Die übrigen 236 Werke, vorwiegend der deutschen Schule, verblieben in Oldenburg, „und damit ist äußerlich scheinbar wenigstens jenem Grundsatz entsprochen [worden], daß die für die heimische Kunstgeschichte wichtigen Schöpfungen dem Lande zu erhalten sind".[142] Im Oktober 1919 unternahm das Reichsministerium des Innern einen Versuch, Werke der Sammlung, darunter von Rembrandt, Botticelli, Rubens und Veronese, unter Ausfuhrschutz zu stellen.[143] Jedoch wurden sie schneller verkauft als die Ausfuhrverordnung zustande kam. Hingegen wurden aus der großen

138 Staatsministerium an den Landtag des Freistaates Oldenburg, 23.10.1919, StA Oldenburg, Best. 39, Nr. 15330, Bl. 2. Die gescheiterte Einigung machte die Ausarbeitung eines Vertrages unmöglich und forderte den Erlass eines Gesetzes, in dem die Kunstsammlung nicht mehr Gegenstand war.

139 Emil Waldmann deutete an, dass sich im Juni „die Besuche von Berliner Händlern in der Nordwestecke Deutschlands in etwas auffallender Weise" häuften. Vgl. Emil Waldmann: Ein Schutzgesetz für den deutschen Kunstbesitz, Zeitschrift unbekannt, LMO-MW Nr. 85.

140 Großherzogliche Hausfideikommissdirektion an LMO (Riesebieter), 20.11.1919, LMO/A, Nr. 531, R 5.

141 Auch die Kunstbibliothek, das Kupferstichkabinett sowie das Schlossinventar gingen in das Eigentum des abgedankten Großherzogs Friedrich August über und wurden umgehend aus den Schlossräumen entfernt und größtenteils veräußert. Vgl. Walter Müller-Wulckow: Das Landesmuseum für Kunst und Kulturgeschichte in Oldenburg, Museumskunde, Bd. 17, H.3/4, 1923, S. 113–130, hier S. 113; Rainer Stamm: „Frische Luft in Oldenburg" Walter Müller-Wulckow und das Landesmuseum. Eine Sammlungsgeschichte der Moderne, in: Der zweite Aufbruch in der Moderne: Expressionismus – Bauhaus – Neue Sachlichkeit. Walter Müller-Wulckow und das Landesmuseum Oldenburg 1921–1937, hg. von ders., Bielefeld u. a. 2011, S. 9–29, hier S. 16.

142 Clemen, Tägliche Rundschau, 26.11.1919.

143 Vgl. Inventar der im Lande durch Ausfuhrverbot festzuhaltenden Kunstwerke, ausgearbeitet durch das Pr. KM und übermittelt durch das RMdI (Lewald) an Regierungen sämtlicher außerpreußischer Länder, 10.10.1919, StA Bremen, Senatsregistratur, 3-B.13. Nr. 66.a. Bd. 1, Bl. 48a/b.

Zahl an Kunstwerken, die in Oldenburg verblieben und deren Schicksal weiterhin ungewiss war, unter Ausfuhrschutz gestellt: zwei Bildnisse von Quentin Massys,[144] ein Hans von Kulmbach zugeschriebenes *Männliches Bildnis*,[145] das Flügelgemälde *Die Heilige Anna Selbdritt*, geschaffen vom Meister des Hausbuches,[146] und das *Porträt des Grafen von Edzart* von Lucas van Leyden, das zugleich Jacob Cornelisz von Amsterdam zugeschrieben wurde.[147] Angesicht der großen Zahl der vorerst zurückgebliebenen Kunstwerke und der nach wie vor bestehenden Gefahr der Ausfuhr, kam die zurückhaltende Unterschutzstellung einer öffentlichen Geringschätzung gleich. Da es zwar zahlenmäßig der größere, aber „dem Werte nach der ganz unwesentliche" Teil der Galerie war, der in Oldenburg verblieb, war die öffentliche Empörung über den großherzoglichen „Bilderschieber" groß.[148] Daran, dass die Allgemeinheit sich als Mitbesitzer der fürstlichen Schätze empfand, änderte auch die Abdankung der Herrscher im Jahre 1918 nichts. Obgleich die Oldenburger Galerie dem Großherzog überlassen wurde, erhob die Öffentlichkeit „ein gewisses Anrecht" auf Teile des fürstlichen Privatbesitzes.[149] Und auch wenn dem Großherzog formal das Recht zur Veräußerung seiner Sammlung zur Seite stand, „moralisch [war] seine Tat zu verwerfen als ein trauriges Beispiel für die Rücksichtslosigkeit, mit der selbst noch im Zeitalter der Revolution gewisse Herren über die kulturellen Interessen des deutschen Volkes hinweg[gingen]".[150] Nachdem die Abwanderung bedeutender Kunstwerke aus Sammlungen bürgerlicher Unternehmer in den letzten Kriegsjahren öffentlich beklagt worden war, stellte der drohende, im Fall von Oldenburg auch erlebte Verlust der fürstlichen Sammlungen eine Steigerung dar:

> „Man konnte es mit ansehen, daß die Hauptstücke privater Kunstsammlungen, wie die der Sammlung James Simon, nach dem Auslande gingen. Sie waren in der Zeit deutschen Glanzes zu uns gekommen, und sie verlassen uns in der Zeit des Niederganges. Aber wir dürfen es nicht ebenso ruhig geschehen lassen, daß altangestammter, öffentlicher Besitz uns genommen wird, für dessen Verlust kommende Geschlechter ein Recht haben, uns verantwortlich zu machen."[151]

144 Quentin Massys, *Bildnis des Petrus Aegidius* und *Bildnis der Maria Denis*, um 1520, vgl. Keiser 1966, S. 42.

145 1929 erfolge die Neuzuschreibung an Jan van Scorel, *Bildnis eines venezianischen Edelmannes*, vgl. Keiser 1966, S. 45.

146 Vgl. Keiser 1966, S. 33, Farbtafel S. 17.

147 Vgl. Keiser 1966, S. 33, Farbtafel S. 43. Im Verzeichnis von 1922 wurde es Lucas von Leyden zugeschrieben, obwohl Bode bereits 1888 die Zuschreibung an Jacob Cornelisz vermutete, vgl. Bode 1888, S. 67. Alle vier Werke wurden 1924 vom Verzeichnis gestrichen, nachdem sie Anfang 1922 in den Besitz des Landesmuseums Oldenburg übergegangen waren. Vgl. Streichung im Nachtrag von 1924 vermerkt, SKD Altregistratur 01/GG 30, Bl. 48.

148 Paul Berglar-Schröer: Das Schicksal der Oldenburger Galerie, Münchner Neueste Nachrichten, 73. Jg., Nr. 96, 4.3.1920; Der ehemalige Großherzog von Oldenburg als Bilderschieber, Volkesstimme, 25.9.1919.

149 Das Schicksal der Oldenburger Galerie, Kunstchronik und Kunstmarkt, 54. Jg., Nr. 42, 1.8.1919, S. 895–896, hier S. 895.

150 Der Verkauf der Oldenburger Galerie, Der Cicerone, 11. Jg., H. 20, 1919, S. 663–664.

151 Das Schicksal der Oldenburger Galerie, Kunstchronik und Kunstmarkt, 54. Jg., Nr. 42, 1.8.1919, S. 895–896, hier S. 895.

In Oldenburg selbst standen weniger nationale Belange als vielmehr das eigene Überleben als regionales Kunstzentrum auf dem Spiel.[152] Reichsweit erfuhr dieses als einer der ersten gelösten Vermögenskonflikte eines Landes mit dem vormalig regierenden Haus eine breite Aufmerksamkeit.[153]

> „Deutschland wurde um eine Sammlung ärmer, erlitt auch auf dem Gebiet, auf dem es unangefochten dastand, einen schweren Verlust, den niemand, kein Mensch und keine Zukunft, wieder gutmachen kann."[154]

Das „Zerstieben der großherzoglichen Galerie in alle Winde" spiegelte den Bruch der Revolutionsjahre 1918/19.[155] Mit dem Zerfall einer politischen Führung sahen besorgte Zeitgenossen nun auch einen unumkehrbaren „kulturelle Niedergang". Der Verlust großer Teile der Gemäldesammlung für die Oldenburger Öffentlichkeit konnte in den folgenden Jahrzehnten nur schwer überwunden werden, und so brachen die Versuche zum Rückerwerb der „einst berühmten Oldenburger Galerie" nicht ab.[156] Der langjährige Museumsdirektor Walter Müller-Wulckow warb in den 1920er Jahren beständig Mittel ein, hauptsächlich in Form von Spendenaufrufen und Dubletten-Verkäufen, um bei den Versteigerungen mithalten zu können.[157] Die Rückkäufe der Galerie stellten schnell den Hauptanteil des Erwerbungsetats.[158] Auch 1944 setzte sich Müller-Wulckow noch dafür ein, dass das Landesmuseum sich an der „Sammeltätigkeit" in den benachbarten besetzten Gebieten beteilige, wohin 25 Jahre zuvor die eigene Sammlung abgewandert war:

> „Für den Gau Weser-Ems als Grenzmark liegt es besonders nahe, sich einiges von dem holländischen Kunstbesitz zu sichern, zumal 1919 über 100 Gemälde der Oldenburger Galerie dorthin gelangt waren."[159]

152 Vgl. Direktorium des Freistaats Oldenburg an die verfassungsgebende Landesversammlung Oldenburg, 7.5.1919, StA Oldenburg, Best. 39, Nr. 15221, Bl. 2–5.

153 Auch Wilhelm von Bode entrüstete sich über den Verlust vorwiegend niederländischer und italienischer Werke: „Niemand kann mehr bedauern als ich, dass ihrem schönen Museum in Oldenburg durch den Grossherzog die wirklich hervorragenden Gemälde genommen und ins Ausland entführt worden sind, und dass jetzt dem Lande der zwar sehr zahlreiche, aber sehr viel minderwertige Rest überlassen werden soll gegen eine Zahlung von 1 Million Mark." Gern wollte Bode sich auch im Oldenburger Landtag mit seinem Namen für die Vermittlung einsetzen. KFM (Bode) an Kunsthändler Carl G. Oncken, 4.9.1921, LMO/MW, Nr. 84.

154 Die ausgewanderte Galerie, 26.9.1919, Zeitung unbekannt, LMO-MW, Nr. 85.

155 B[usch] v. [Wilhelm]: Die Auflösung der Oldenburger Gemäldegalerie, Nachrichten für Stadt und Land Oldenburg, 25.9.1919.

156 LMO (Müller-Wulckow) an den Minister der Kirchen und Schulen Oldenburg, 27.4.1944, LMO/MW, Nr. 86.

157 Vgl. hierzu auch die Versteigerung am 25. Juni 1924 in Amsterdam, MdI Oldenburg an LMO, LMO/MW, Nr. 84; LMO/A, Nr. 531, R 41.

158 LMO an MdI Oldenburg, 7.11. 1924, LMO-A, Nr. 531, R. 42.

159 LMO (Müller-Wulckow) an den Minister der Kirchen und Schulen Oldenburg, 27.4.1944, LMO/MW, Nr. 86.

Eine Absurdität, die Erwähnung verdient, stellt die Tatsache dar, dass das oldenburgische Denkmalschutzgesetz vom 18. Mai 1911 erstmals die Ausfuhr inventarisierter, beweglicher Denkmäler aus dem Oldenburger Staatsgebiet verboten hatte.[160]

Zwischen den beiden Extremfällen Deutsch-Österreich und dem Freistaat Oldenburg eröffnete sich in den folgenden Jahren eine weite Spanne von Möglichkeiten der vermögensrechtlichen Zuordnung fürstlicher Kunstsammlungen.[161] Der Verzicht auf hoheitliche Regelungen in Form von Enteignungen, wie sie in Österreich durchgesetzt wurden, führte im Laufe der 1920er Jahre zu zahlreichen Auseinandersetzungs- oder Einigungsverträgen. Mancherorts wurde versucht, den Staatsbesitz sorgfältig vom Privatbesitz zu trennen. Wo dies nicht gewollt oder durchführbar war, beteiligten sich beide Seiten an der Schaffung einer Stiftung des öffentlichen Rechts und sicherten somit den Erhalt für die Allgemeinheit.[162] In Preußen, dem größten Bundesstaat und Sitz des letzten Kaisers, wurde keine vollständige Enteignung angestrebt und Wilhelm II., der seinen Lebensabend im holländischen Exil verbrachte, wurden Teile als Privateigentum überlassen.[163] Er stattete das Haus Doorn bei Utrecht mit dem Mobiliar, zu dem auch zahlreiche Kunstwerke zählten, aus den Berliner und Potsdamer Schlössern aus.[164] In den Jahren 1919 und 1920 gingen nach Berichten „insgesamt 53 Möbelwagen mit Einrichtungsgegenständen und Kunstwerken nach Holland, darunter Gemälde von Watteau, Pesne, Lancret

160 § 13, *Denkmalschutzgesetz für das Großherzogtum Oldenburg vom 18. Mai 1911*, Gesetzblatt über das Herzogtum Oldenburg, 37. Bd., 86. Stück, S. 959, Nr. 153, abgedruckt in Oldenburger Jahrbuch des Oldenburger Landesvereins für Geschichte, Natur- und Heimatkunde, hg. vom Oldenburger Landesverein für Geschichte, Natur- und Heimatkunde, Bd. 60, Teil 2, S. 6–11. Verkündet von Großherzog Friedrich August zum Schutze u. a. von beweglichen Denkmälern, „deren Erhaltung wegen ihrer Bedeutung für die Geschichte, insbesondere auch die Kunst-, Kultur- und Naturgeschichte des Großherzogtums im öffentlichen Interesse steht." Dem folgte am 5. Februar 1915 Lübeck mit seinem Denkmalschutzgesetz, vgl. Schmidt, Deutsche Juristenzeitung, 1918. Das hessische Denkmalschutzgesetz von 1902 erfasste bewegliche Kulturgüter in Privateigentum nicht. Gesetz vom 16.7.1902 abgedruckt in August Kneer: Die Denkmalpflege in Deutschland, mit besonderer Berücksichtigung der Rechtsverhältnisse, Mönchengladbach 1915, S. 205–216.

161 Vgl. dazu Schüren 1978, S. 283 ff.

162 Vgl. Wilfried Rogasch: Schatzhäuser Deutschlands. Kunst in adligem Privatbesitz, München/Berlin 2004, S. 39.

163 Am 30. November 1918 beschlagnahmte die preußische Regierung vorerst das Privatvermögen des vormaligen Königs bis zur Klärung der Vermögensauseinandersetzung. Vgl. Ilse Baer: Kaiserlicher Kunstbesitz aus dem holländischen Exil Haus Doorn, eine Ausstellung der Staatlichen Schlösser und Gärten Berlin, Berlin 1991, S. 13. Noch erfuhr ein Großteil der fürstlichen Sammlungen den Schutz durch die fideikomissarische Bindung. Dabei handelte es sich um Vermögen, das einer Familie dauerhaft erhalten bleiben soll und aus diesem Grund nicht veräußert und nur ungeteilt vererbt werden darf. Zu den Fideikommissen gehörte auch das Hausvermögen der Fürstenhäuser. Die Auflösung, wie sie Artikel 155 Absatz 2 der Weimarer Reichsverfassung vorsah, machte eine umgehende Zuordnung der Vermögenswerte nötig. Vgl. GStA PK, I.HA Rep. 167 Landesamt für Familiengüter, Nr. 16.

164 Die Auswahl der mitzunehmenden Besitztümer erfolgte mit Genehmigung des preußischen Finanzministeriums. Vgl. Baer 1991, S. 13. Kein anderer deutscher Monarch ging nach 1918 dauerhaft ins Exil. Nach der Unterzeichnung der Abdankungsurkunde verblieben sogar Fürsten in ihren Schlössern oder verlagerten ihren Wohnsitz aufs Land. Vgl. Rogasch 2004, S. 38.

und Pater, französische Gobelins, Schnupftabakdosen Friedrichs des Großen und vieles andere".[165] Dabei war es oft schwierig gerade bei Kunstwerken die Grenze zwischen Privateigentum und dem Krongut zu bestimmen. Vor diesem Hintergrund scheint es geradezu unglaublich, dass Bode im September 1919 seinem Kollegen Hans Posse in Dresden berichtete, zukünftige Kunstverkäufe des Kaisers zu unterstützen:

> „Ich habe in der Tat dem edlen Sir Joseph versprochen, dass ich dem Kaiser, wenn er einmal zum Verkauf seiner wertvollsten Bilder gezwungen wäre, die Firma Duveen als die kaufkräftigste empfehlen würde, falls die Museen nicht im Stand wären, die Bilder zu übernehmen. Das konnte man ihm ja ruhig zusagen! Übrigens hat der smarte Amerikaner großen Geschmack u[nd]. merkwürdige Kenntnis nach den verschiedensten Richtungen!"[166]

Eine abschließende Einigung über die Besitzverhältnisse zwischen dem Haus Hohenzollern und der preußischen Regierung wurde erst im Oktober 1926 unterzeichnet, nachdem eine reichsweite Volksabstimmung zur entschädigungslosen Enteignung gescheitert war.[167] Für Waldmann wirkten angesichts dieser drohenden Verluste die Bestrebungen der Museumsreformbewegung, bei der eine Popularisierung des Museums als Volksbildungsstätte im Zentrum stand, förmlich banal: „Mir scheint, diese Sorge [um den Erhalt des deutschen Kunstbesitzes] ist viel dringlicher, als die Frage, wieviel Klubsessel der Mann aus dem Volke im künftigen Abendmuseum findet."[168] Waldmann hielt daher auch nach dem Erlass der Verordnung eine „Verschärfung des Ausfuhrverbots für sehr wünschenswert".[169]

In anderen europäischen Ländern, vor allem in England und Frankreich, konnte ein großer Teil des herrschaftlichen Kunstbesitzes, der während des Ersten Weltkriegs der Veräußerung preisgegeben wurde, durch die Zentralmuseen in London und Paris gesichert werden.[170] Deutschen Museen war aufgrund der wirtschaftlichen Notlage eine uneingeschränkte Übernahme der veräußerten Kunstwerke nicht möglich, auch wenn sie einen provokant formulierten „berechtigten Anspruch" auf das als „Volksgut" ange-

165 Goerd Peschken und Hans-Werner Klünner: Das Berliner Schloß, Frankfurt a. M. 1982, S. 115. Einen Bericht über die Möbeltransporte nach Haus Doorn liefert auch Baer 1991, S. 13 f.

166 Kgl. Museen Berlin (Bode) an Kgl. Slg. Dresden (Posse), 11. 9. 1919, SKD Altregistratur, NL Posse 42, Bl. 120, abgedruckt in Bernhard Maaz (Hg.): Kunst-, Welt- und Werkgeschichten. Die Korrespondenz zwischen Hans Posse und Wilhelm von Bode von 1904 bis 1928, Köln/Weimar/Wien 2012, S. 184 f.

167 Vgl. *Gesetz über die Vermögensauseinandersetzung zwischen dem Preußischen Staate und den Mitgliedern des vormals regierenden Preußischen Königshauses*, vom 15. 10. 1926. Vgl. auch Schüren 1978.

168 Emil Waldmann: Ein Schutzgesetz für den deutschen Kunstbesitz, Zeitschrift unbekannt, LMO-MW Nr. 85. Zur Museumsreformbewegung vgl. Alexis Joachimidis: Die Museumsreformbewegung in Deutschland und die Entstehung des modernen Museums 1880–1940, Dresden 2001, Kap. 5.1.

169 Handschr. Notiz Waldmann, 13. 1. 1920 auf Schreiben RMdI an die Landesregierungen, 2. 1. 1920, StA Bremen, Senatsregistratur, 3-B.13. Nr. 66.a. Bd. 1, Bl. 63.

170 Vgl. Swarzenski, Zeitschrift für bildende Künste, 1928/29, S. 268.

sehene Erbe der Familien erhoben.[171] Stärker als in anderen europäischen Ländern bedeutete der Verlust der deutschen fürstlichen Sammlungen mit nahezu öffentlichem Charakter auch den Verlust einer Institution für Kunst.[172] So ging es hier nicht nur um den Abgang des einen oder anderen bedeutenden Kunstwerkes: „unersetzlich sind die kleinen Galerien als solche, die, über das ganze Land verteilt, den Reichtum Deutschlands ausmachen".[173] Befürchtet wurde die sich verschärfende Gefahr der Abwanderung des fürstlichen Kunstbesitzes bereits in der Besprechung im Preußischen Abgeordnetenhaus am 11. Dezember 1917 und vom preußischen Kultusminister Schmidt-Ott formuliert:

> „Wir hören daneben, obgleich wir es nicht im einzelnen verfolgen können, daß auch der an Einzelwerten weniger in Betracht kommende, aber sozial wichtige ältere Besitz der Familien mehr und mehr durch Machenschaften geschickter Händler in Fluß gerät und den Familien entzogen wird."[174]

Um die „vornehmste Art der Privatsammlung" langfristig zu schützen, umfasste das *Verzeichnis der national wertvollen Kunstwerke* 1919 einen Teil des ererbten deutschen Kunstbesitzes der fürstlichen Häuser.[175] Ungeachtet dessen gibt es mit Ausnahme der Oldenburger Galerie keine Hinweise auf große Versteigerungen ehemaliger fürstlicher Sammlungen unmittelbar nach dem Ersten Weltkrieg, wie sie oft als Ursache für den Erlass der Verordnung herangezogen wurden. Die öffentliche Unterschutzstellung von ehemals fürstlichem Kunstbesitz wurde demnach vorgenommen, um bevorstehenden Konflikten hinsichtlich der weiteren vermögensrechtlichen Zuordnung vorzubeugen.[176] Besonders Museen mussten um Teile ihrer Bestände, die ebenfalls auf fürstliche Sammlungen zurückgingen, bangen.[177]

171 [Wilhelm] v. B[usch], Nachrichten für Stadt und Land Oldenburg, 1919.

172 „Deshalb bedeutet ihr Verkauf einen viel größeren Verlust für die Allgemeinheit, als wenn etwa ein englischer Herzog seine Sammlung verkauft." Swarzenski, Zeitschrift für bildende Künste, 1928/29, S. 268.

173 Curt Glaser: Ein Kunstausfuhrverbot für das Reich, Zeitschrift für bildende Kunst, 55. Jg., Nr. 12, 19.12.1919, S. 353.

174 Schmidt in der 105. Sitzung am 11.12.1917, Wörtliche Berichte 1916/1918, S. 6907.

175 Gustav Pauli: Das Kunstmuseum der Zukunft, in: Die Kunstmuseen und das deutsche Volk, hg. vom Deutschen Museumsbund, München 1919, S. 3–20, hier S. 5. Vgl. Inventar der im Lande durch Ausfuhrverbot festzuhaltenden Kunstwerke, StA Bremen, Senatsregistratur, 3-B.13. Nr. 66.a. Bd. 1, Bl. 48b; Edwin Redslob: Zum Kunstausfuhrgesetz, Münchner Neueste Nachrichten, Nr. 70, Abend-Ausgabe, 17.2.1920.

176 Vgl. auch Speitkamp 1996, S. 179.

177 Erst mit dem *Vertrag über die Vermögensauseinandersetzung zwischen dem Preußischen Staate und den Mitgliedern des vormals regierenden Preußischen Königshauses*, vom 12. Oktober 1926 gingen laut §1 Abs. 4 „die in den Berliner Museen befindlichen, früher von Mitgliedern des vormals regierenden Königshauses dem Staate zur öffentlichen Ausstellung überwiesenen Kunsteggenstände" in den uneingeschränkten Staatsbesitz über und waren für die Museen gesichert. GStA PK, I. HA Rep. 100A Generalverwaltung der vormals regierenden Preuß. Königshauses, Nr. 226.

2. VERABSCHIEDUNG DER VERORDNUNG

2.1 Reichsverordnung und Länderkompetenzen – Bemühungen um eine Einigung

Die erste in den Akten nachweisbare Thematisierung des Kunstausfuhrschutzes während des Ersten Weltkriegs ist im Nachlass von Bode zu finden, in dem der Entwurf einer Verordnung überliefert ist, die „die Ausfuhr von Gegenständen, die einen besonderen wissenschaftlichen, geschichtlichen oder Kunstwert haben" grundsätzlich verbot. Übersandt wurde dieser Entwurf vom preußischen Kultusminister August von Trott zu Solz an den Reichskanzler im Reichsamt des Innern im Januar 1917; er wurde im April des Jahres an die übrigen Länder kommuniziert:[178]

> „Der Königlich Preußische Herr Kultusminister hat angesichts der Gefahren, die dem deutschen Kunstbesitze durch den während des Kriegs in steigendem Maße betriebenen Handel mit Kunstwerken nach dem Ausland drohen, den Erlaß eines Ausfuhrverbots für solche Gegenstände, die einen besonderen geschichtlichen, wissenschaftlichen und Kunstwerk haben, in Anregung gebracht."[179]

Nur zwei Wochen später erfolgte unter dem Vorsitz Theodor Lewalds eine Beratung im Reichsamt des Innern, bei der Bode – der nicht nur als Kunsthistoriker die höchste Autorität darstellte, sondern auch studierter Jurist war – auf Veranlassung des preußischen Kultusministeriums „über die Notwendigkeit der vorgeschlagenen Maßregeln im Interesse des heimischen Kunstbesitzes Auskunft" erteilte.[180] Nach den Ausführungen

178 Pr. KM (von Trott zu Solz) an den Reichskanzler/Reichsamt des Innern, 25.1.1917, SB-ZA, IV/NL Bode 429.

179 Reichskanzler/Reichsamt des Innern (Helfferich) an die Senatskommission für Reichs- und auswärtige Angelegenheiten, 14.4.1917, StA Bremen, Senatsregistratur, 3-B.13. Nr. 66.a. Bd. 1, Bl. 1.

180 Reichskanzler/Reichsamt des Innern (Helfferich), 14.4.1917, Sächs. HStA, 10736, Nr. 17455, Bl. 1. Ein mitgesandter Verordnungsentwurf sah ein allgemeines Ausfuhrverbot vor: „Die Ausfuhr von Gemälden, Handzeichnungen, plastischen Bildwerken und Antiquitäten, wie Möbel, Geräten, Bildern, Webereien, Handschriften, ist verboten, sofern sie einen besonderen wissenschaftlichen, geschichtlichen oder Kunstwert haben. Die Ausfuhr ist zuzulassen, wenn die Werke von lebenden oder seit dem 1. Januar 1909 verstorbenen Künstlern herrühren." *Entwurf einer Bekanntmachung*

Bodes sei der Wunsch einer Regelung der Kunstausfuhr aus „Süd- und Mitteldeutschland“ an den Reichskanzler herangetragen worden, „weil private Sammlungen nach dem Ausland verkauft wurden und zwar von Personen, bei denen der Besitz bisher als gesichert erschienen sei. Preussen habe sich damit einverstanden erklärt.“[181] Tatsächlich zeichnete in den folgenden drei Jahren vor allem das preußische Kultusministerium mit Bode maßgeblich für die Ausarbeitung gesetzlicher Bestimmungen und die Zusammenstellung von Kunstwerken in Privatbesitz verantwortlich, deren Verbringung ins Ausland untersagt werden sollte. Damit übernahm Preußen auch im deutschen Kunstausfuhrschutz die Vormachtstellung, die es in der föderalen Kulturpolitik des Reiches bereits innehatte; Bode galt in Fachkreisen schnell als „der geistige Vater der neuen Massregel“.[182]

Mit der Besprechung im Reichsamt des Innern am 30. April 1917 wurde den Ländervertretungen eine erste Aussprache zum reichsdeutschen Kunstausfuhrschutz ermöglicht, bei der die „Notwendigkeit eines Eingreifens gegen die Ausfuhr wertvollen Kunst- und Kulturbesitzes für die Kriegsdauer durch den Bundesrat aufgrund des Ermächtigungsgesetzes“ anerkannt und darüber hinaus angeregt wurde, die Kriegsmaßregel als Vorbereitung auf ein späteres gesetzliches Ausfuhrverbot zu betrachten.[183] Das genannte Kriegsermächtigungsgesetz vom 3. August 1914 sollte eine umgehende Umsetzung des Kunstausfuhrschutzes ermöglichen, obgleich es sich in diesem Fall nicht primär um die „Abhilfe wirtschaftlicher Schädigung“ handelte, jedoch um die „Vorbeugung von einer ideellen Schädigung, einer Schädigung des Besitzes des deutschen Volkes an Kulturgütern“, die nicht wegen ihres wirtschaftlichen, sondern ihres kulturellen Wertes festgehalten werden müssten.[184] Darüber hinaus versprach der Erhalt von Kunstwerken die Vermeidung zukünftiger finanzieller Schädigungen, die etwa entstehen würden, wenn in das Ausland ausgeführte Werke zurückerworben werden müssten: „Diese Opfer werden in einem solchen Falle naturgemäß ungleich höher sein, als wenn die Werte im heimischen Besitz geblieben wären.“[185]

Zur Einschränkung der Belastung für den Kunstmarkt und zur Vermeidung von Unsicherheiten forderte die überwiegende Zahl der Landesvertreter, die zu schützenden

über den Verkehr mit Gegenständen, die einen besonderen wissenschaftlichen, geschichtlichen oder Kunstwert haben. Sächs. HStA, 10736, Nr. 17455, Bl. 3.

181 Kgl. Württ. Bevollmächtigter des Bundesrates (Schäffer) an Kgl. Staatsministerium, 30.4.1917, HStA Stuttgart, E 130 b, Bü 1539. Das Schreiben eröffnet nicht, welche Kreise in „Süd- und Mitteldeutschland“ diese Forderungen an das Reich herangetragen haben.

182 Hmb. KH (Pauli) an Bürgermeister Hamburg (Predöhl), 11.3.1918, AHK, 32-260.4, Bl. 194–199, hier Bl. 197.

183 Bericht des Geh. Regierungsrates Dr. Heyn über die Besprechung am 30.4.1917 im Reichsamt des Innern an Staatsminister Beck, 2.5.1917, SächHStA, 10736, Nr. 17455, Bl. 15–19, hier Bl. 15.

184 Thür. Bevollmächtigter des Bundesrates (Paulssen), zu verteilen, 25.6.1917, SächHStA, 10736, Nr. 17455, Bl. 48 und HStA Stuttgart, E 130 b, Bü 1539.

185 Sächs. MdJ (Grützmann), 3.7.1917, SächHStA, 10736, Nr. 17455, Bl. 66.

Kunstwerke per Definition einzuschränken und „das öffentliche oder nationale Interesse an dem Besitz der Gegenstände aufzunehmen".[186] Namentlich Bode lehnte dagegen ab, dass der künstlerische oder wissenschaftliche Wert eines Gegenstandes sich nach den Länderinteressen unterscheinen sollte. Die Beratung verdeutlichte bereits zu einem frühen Zeitpunkt, dass die Länderkompetenzen im kulturellen Bereich den Kulturgutschutzbestrebungen des Reiches entgegenstanden. Die Belange der Länder lagen primär im Schutz von Kunstwerken „für die Heimat" im Sinne eines bundesstaatlichen und regionalspezifischen Verständnisses.[187] Eine Dominanz des Reiches befürchtete auch der Verband des Deutschen Kunst- und Antiquitätenhandels, dessen Vorsitzender Siegfried Drey sich umgehend an die obersten Instanzen des Deutschen Reiches wandte, um gegen die Undurchführbarkeit eines reichseinheitlichen Schutzes zu protestieren: „Eine Kommission im Osten des Reichs mag ganz anders geartete Kunstanschauungen haben als eine Kommission im Westen. [...] Die Begriffe des künstlerischen Wertes sind nun so elastisch, daß der Willkür Tür und Tor geöffnet ist und weitgehende Divergenzen zwischen den einzelnen Sachverständigen-Kommissionen unvermeidlich sind."[188]

Es waren gerade einzelne Auflösungen von Sammlungen, die im Kriegsjahr 1917 das Ringen um eine Verhinderung der „ins Kraut geschossenen Abwanderung des deutschen Kunstbesitzes" am Leben hielten.[189] Deutlich belegt dies der bereits angesprochene Antrag im Preußischen Abgeordnetenhaus vom 11. Dezember 1917, der als Reaktion auf die Versteigerung des Nachlasses Richard von Kaufmann betrachtet werden kann.[190] Die Forderung nach einem Schutz kultureller Werte verschwand nie von der Tagesordnung der Politik. Allein die Befürchtung, ein absolutes Ausfuhrverbot würde den Kunstmarkt des Deutschen Reiches in die Isolation treiben, weil Länder, die kein Ausfuhrverbot für Kunstgegenstände erlassen haben, dies nachholen würden, verhinderte die Umsetzung aufs Neue. Bode schlug infolge der grundsätzlichen Zustimmung im Preußischen Abgeordnetenhaus die Inventarisierung und damit die Beschränkung des Kunstausfuhr-

186 Bericht des Geh. Regierungsrates Dr. Heyn über die Besprechung am 30.4.1917 im Reichsamt des Innern an Staatsminister Beck, 2.5.1917, SächHStA, 10736, Nr. 17455, Bl. 15–19, hier Bl. 16 f.

187 Das sächsische Ministerium des Innern legte Wert auf die Heimatbezogenheit geschützter Kunstwerke; Philipp Maria Halm, Direktor des Bayerischen Nationalmuseums, unterschied zwischen Bayern und außerbayerischem Deutschland. Vgl. Sächs. MdI (3. Abteilung) an Sächs. MdI (1. Abteilung), 28.4.1917, SächsHStA, 10736, Nr. 17455, Bl. 13 und BNM an Bay. KM, 14.3.1910, BNM Dokumentation, Dok 1637, Mappe 1.

188 Verband des Deutschen Kunst- und Antiquitätenhandels (Drey) an den Bundesrat, 13.6.1917 und 26.6.1917, HStA Stuttgart, E 130 b, Bü 1539 und StA Bremen, Senatsregistratur, 3-B.13. Nr. 66.a. Bd. 1, Bl. 15 f.

189 Emil Waldmann: Ein Schutzgesetz für den deutschen Kunstbesitz, Zeitschrift unbekannt, LMO-MW Nr. 85.

190 Schmidt in der 105. Sitzung am 11.12.1917, Wörtliche Berichte 1916/1918, S. 6907. Dieser Antrag und die darauf folgende Diskussion sind ein Beispiel für die herausragende Initiative, die Preußen im Falle des Kunstschutzgesetzes ergriff.

schutzes auf eine Auswahl von Objekten in Privatbesitz vor.[191] Diese Empfehlung knüpfte an die Praxis anderer Länder, vornehmlich Italien, an, die längst die Registrierung aller in Privatbesitz befindlichen Kunstwerke vorgenommen hatten.[192]

2.2 „Es bleibt stets Willkür"[193] – Proteste aus Kreisen der Sammler und Kunsthändler

Nicht nur die Länder äußerten Bedenken gegen reichsgesetzliche Bestimmungen, vor allem der Kunsthandel antwortete mit energischem Protest auf die geplanten Schutzmaßnahmen. Der Verband des Deutschen Kunst- und Antiquitätenhandels wandte sich im Juni 1917 gleich mit zwei Eingaben an den Bundesrat des Deutschen Reiches, um gegen den „Schaden, der hierdurch unserer Nation erwachsen würde", aufzubegehren. Der Verband erbat sich gleichzeitig die Möglichkeit zur gutachterlichen Stellungnahme vor dem Erlass entscheidender Vollzugsvorschriften, weil er die Interessen des Kunstmarktes vertrete und in Rücksprachen mit Sammlern und Händlern stehe, „die sich alle dahin geäußert haben, daß, wenn die Ausfuhrbeschränkung schon früher bestanden hätte, sie wohl keine besondere Lust zur Begründung einer Kunstsammlung gehabt hätten".[194] Auf diese Weise erinnerte der Vorsitzende Drey den Staat daran, dass die Museen vom guten Verhältnis zu den privaten Sammlern profitierten, indem sie bereits zu deren Lebzeiten oder aus deren Vermächtnis in den Besitz einzelner Kunstwerke bis ganzer Sammlungen gelangten. Drey machte sich nicht nur zum Sprecher der Kunsthändler seines Verbandes, sondern auch der Privatsammler, zu denen er angab, Personen nennen zu können, die dem Verband gegenüber erklärt hätten, „daß eine gleiche rege Sammeltätigkeit und gleiche Liberalität gegenüber unseren Kunstsammlungen durch eine Kunstausfuhrbeschränkung für sie unmöglich wird".[195] Und auch Kunsthändler würden ein „Zurücktreten der eigenen Interessen" und die Unterstützung der Erwerbungspolitik der Museen nicht wie bisher ermöglichen können, sollte „ein Gesetz den Konkurrenzkampf gegenüber dem mächtigen ausländischen Kunsthandel unmöglich machen und den Existenz-

191 Auf Bode ging vermutlich auch ein anonym eingereichter Antrag vom 20.2.1918 zurück, in dem wesentliche Änderungen der bisherigen absoluten Ausfuhrschutzbestimmungen vorgeschlagen wurden. Vgl. auch Bode in Niederschrift über die kommissarische Besprechung, betreffend den Erlass einer Verordnung über die Ausfuhr von Kunstgegenständen, Berlin, den 21.1.1919 im RMdI, GStA PK, I. HA Rep. 76 Kultusministerium, Ve Sekt. 1 Abt. III Nr. 80, S. 3. Vgl. Sächs. Bevollmächtigter des Bundesrates (Hallbauer), 5.3.1918, SächsHStA, 10736, Nr. 17455, Bl. 93.

192 Vgl. Kapitel I.2.4 Internationale Entwicklung.

193 Vgl. Handelskammer Dresden an Sächs. MdI, 26.9.1918, SächsHStA, 10736, Nr. 17455, Bl. 144–147.

194 Verband des Deutschen Kunst- und Antiquitätenhandels (Drey) an den Deutschen Bundesrat, 26.6.1917, HStA Stuttgart, E 130 b, Bü 1539 und StA Bremen, Senatsregistratur, 3-B.13. Nr. 66.a. Bd. 1, Bl. 15.

195 Ebd.

kampf im Inland erschweren".[196] Zweifel bestanden vor allem an der Notwendigkeit, ein Verbot der Kunstausfuhr auf die Agenda des Reiches zu setzen:

> „Ist der Gedanke der Verordnung aus der Furcht vor Kunstausfuhr infolge der Valutaverhältnisse geboren, so liegt das Heilmittel darin, den Grund des Übels, d. i. die Valutaverhältnisse, zu bekämpfen und nicht darin, einer möglichen Folgeerscheinung durch Vernichtung eines zur Konkurrenzfähigkeit mit dem Ausland erwachsenen Handelszweiges zu begegnen. Hier wäre noch beizufügen, daß eine Ausfuhr von Werken speziell deutscher Kunst nicht zu besorgen ist, da im Ausland von jeher wenig Verständnis oder Neigung für deutsche Kunst bestand und diese Tendenz augenblicklich durch die herrschende Antipathie verschärft wird."[197]

Neben dem Verband des Deutschen Kunst- und Antiquitätenhandels äußerte auch der neu gegründete Deutsche Museumsbund Bedenken gegen die Regulierung einer Kunstausfuhr, die sich „nur auf die allerwertvollsten Stücke älterer deutscher und ausländischer Kunst im deutschen Privatbesitz" und aus diesem Grund auf ein Inventar mit nicht mehr „als annähernd 300 Nummern" beschränken solle. In einer Eingabe trat der Vorsitzende Gustav Pauli mit dem Wunsch an den Bundesrat heran, das Ausfuhrverbot mit einem Vorkaufsrecht des Staates zu verbinden, „um eine schwere Schädigung des Privatbesitzes, des Kunsthandels und somit indirekt auch der Museen zu vermeiden".[198] Tatsächlich war ein staatliches Vorkaufsrecht neben einer Beschlagnahmung von Kunstobjekten bereits im ersten Entwurf zum Kunstausfuhrverbot angedacht. Im Falle einer fehlenden Einigung sollte ein Schiedsgericht einen Übernahmepreis bestimmen, wobei „bei der Bemessung des Wertes [...] die Möglichkeit einer Veräußerung des Gegenstandes in das Ausland oder an einen Ausländer unberücksichtigt bleibt".[199] Dass gerade ein Vorkaufsrecht an den Interessen des Kunsthandels scheitern würde, weil ein allgemein gültiges Urteil über den monetären Wert von Kunst nicht getroffen werden konnte und eine Taxierung gemäß der internationalen Nachfrage und infolge des steten Wandels der Wertschätzung von Kunst und Künstler nicht umsetzbar war, wenn überhaupt gewollt, bekam Pauli umgehend anhand der Reaktionen aus Handelskreisen zu

196 Verband des Deutschen Kunst- und Antiquitätenhandels (Drey) an den Deutschen Bundesrat, 26. 6. 1917, HStA Stuttgart, E 130 b, Bü 1539 und StA Bremen, Senatsregistratur, 3-B.13. Nr. 66.a. Bd. 1, Bl. 15.

197 Ebd.

198 DMB (Pauli) an den Deutschen Bundesrat, 22. 3. 1918, SächsHStA, 10736, Nr. 17455, Bl. 133 f. Finanziert soll das Vorkaufsrecht laut DMB mit einem Ausfuhrzoll auf Werke der bildenden Kunst werden, der zum einen schon an sich ausfuhrerschwerend wirken und zum anderen ein Finanzreservoir für staatliche Ankäufe bilden würde. Vgl. ebd. Auch das sächsische Kultusministerium schlug zwei Monate vor dem Erlass der Verordnung vor, ein Vorkaufsrecht in den Entwurf zu integrieren. Dieser Vorschlag wurde in einer Unterredung am 27. September 1919 „mit Rücksicht auf die Finanzlage" abgelehnt. Vgl. Sächs. KM an Sächs. MdI, 20. 9. 1919, ebd., Bl. 172 und Graf Holtzendorff an Sächs. MdI/KM/MdW/MdF, Bericht über die Beratung am 27. 9. 1919, ebd., Bl. 178.

199 § 8, *Entwurf einer Bekanntmachung über den Verkehr mit Gegenständen, die einen besonderen wissenschaftlichen, geschichtlichen oder Kunstwert haben*, SächsHStA, 10736, Nr. 17455, Bl. 3–7.

spüren.[200] „Es bleibt stets Willkür", protestierte die Handelskammer in Dresden, wo man „vielleicht das Vorkaufsrecht auf Portraits von Anton Graff geltend machen" würde, die der Besitzer solcher Portraits „zunächst zum Schein etwa nach Württemberg verkaufen [würde], wo der Staat kein Interesse am Vorkaufsrecht für diese Kunstwerke hat und deshalb die Ausfuhr ohne weiteres genehmigen würde".[201]

Der Direktor des Frankfurter Städel, Georg Swarzenski befürchtete schon während der letzten Kriegsmonate in der *Frankfurter Zeitung*, dass die Gefahr der Kunstausfuhr mit dem Friedenschluss und den folgenden Grenzöffnungen zunehmen und ein Ausfuhrverbot unangenehme Wettbewerbsnachteile, insbesondere für die Museen, bringen wird.

> „Die Folge wird also sein, daß dem deutschen Museum und Sammler das Auftauchen jedes bedeutenden Kunstwerks verheimlicht wird, und dann ist der deutsche Käufer nicht vor der Konkurrenz des Auslandes geschützt, sondern der ausländische Käufer von der Konkurrenz der Deutschen befreit."[202]

Wenige Wochen darauf warf der Fabrikant und Sammler Oscar Münsterberg in der Fachzeitschrift *Der Sammler* zugespitzt die Frage auf, „ob eine zwangsweise Ausschaltung der internationalen Konkurrenz für den billigen Erwerb von Kunstwerken seitens der Museen zweckmäßig ist oder nicht".[203] In der Regulierung eines privaten Kunstbesitzes durch einen kleinen Kreis von Verantwortlichen sah Münsterberg die Gefahr einer einseitig ausgelegten Schutzpolitik, die von einer allgemeinen Mode und dem Preis beeinflussbar wäre: „Der autokrative und naturgemäß stets einseitige Geschmack einiger Fachleute darf nicht durch Gesetz unterstützt werden."[204]

Von Museumsdirektoren wurde der Standpunkt des Amsterdamer Sammlers Otto Lanz rezipiert, der sich im Februar 1918 im *Berliner Tageblatt* über den „bedenkliche[n] Plan" eines Ausfuhrverbotes äußerte.[205] Lanz kritisierte, dass die Freude am Sammeln und damit auch eine Hauptquelle für den öffentlichen Kunstbesitz durch staatliche Eingriffe versiegen würde. Zudem prophezeite er die Abwanderung der Kunsthändler, die „Eintrittspforten bilden für den Kunstbesitz der Nation".[206] Die Kunsthandelszentren Berlin und München würden somit ihre Konkurrenzfähigkeit verlieren, da „besonders

200 Vgl. Handelskammer Dresden an Sächs. MdI, 26. 9. 1918, SächsHStA, 10736, Nr. 17455, Bl. 144–147.
201 Vgl. ebd.
202 Georg Swarzenski: Die geplanten Ausfuhrbestimmungen für Kunstwerke, Frankfurter Zeitung, 17. 1. 1918.
203 Oscar Münsterberg: Zum Kunstausfuhrverbot, Der Sammler, 8. Jg., H. 10, 9. 3. 1918, S. 2.
204 Ebd.
205 Vgl. Otto Lanz: Ein bedenklicher Plan. Zu dem Ausfuhrverbot für Kunstwerke, Berliner Tageblatt, 47 Jg., Nr. 73, 9. 2. 1918. Der Artikel befindet sich in einer Akte des Generaldirektors Dörnhöffer, vgl. BStGS Nr. 2947, Bd. 1. Bode bezog sich am 17. 2. 1918 in der *Vossischen Zeitung* auf die Stellungnahme von Lanz, vgl. Bode, Voss. Zeitung, 1918. Und Paul Clemen ging 1920 in seinem Vortrag auf der Tagung für Denkmalpflege und Heimatschutz in Eisenach auf Lanz ein. Vgl. Clemen 1920.
206 Lanz, Berliner Tageblatt, 1918.

hervorragende Kunstwerke ängstlich der deutschen Grenze fern" blieben.[207] Bode wehrte die von Lanz skizzierten Gefahren kurz darauf in der *Vossischen Zeitung* als „teils nicht vorhanden, teils sehr wohl zu überwinden" ab.[208] Dennoch konnte auch Bode die negativen Begleiterscheinungen einer Ausfuhrregulierung nicht ignorieren:

> „Sowohl die Kunstsammler als die Kunsthändler haben sich energisch gegen den Erlaß eines Ausfuhrverbotes für Kunstwerke ausgesprochen, und Exzellenz von Bode hat sich schließlich dem Unterratssekretär Lewald gegenüber als ein schwankendes Rohr bezeichnet, da er fürchten müsse, seine Gönner vor den Kopf zu stoßen, wenn er mit zu großer Entschiedenheit für das Verbot eintrete."[209]

Wertvolle Sammlungen, wie die Richard von Kaufmanns und Wilhelm Gumprechts, waren zu diesem Zeitpunkt bereits aufgelöst worden, infolge dessen eine weitere Verfolgung des Kunstausfuhrschutzes vorerst aufgeschoben, jedoch nicht aufgehoben wurde. Der Staatssekretär im Reichsamt des Innern, Max Wallraf, thematisierte im Juni 1918 „die Abwanderung hervorragender Kunstwerke ins Ausland" auf der 170. Sitzung des Reichstags.[210] Abermals wurde zwar die Einigkeit über eine Notwendigkeit der Ausfuhrregulierung bekundet; allein die Ausgestaltung und Umsetzung einer Schutzverordnung verhinderte den Erlass. Auf der einen Seite wurde den Abgeordneten die Alternative einer Inventarisation wertvoller Kunstwerke in Privatbesitz vorgestellt, mit der hauptsächlich die Umsetzbarkeit einer Kontrolle ermöglicht und die Unsicherheit auf dem internationalen Kunstmarkt verringert werden sollte: „Wir haben einmal versuchsweise ein solches Inventar aufgestellt, es wurde hier in Berlin verfaßt", lautete die nüchterne Ansage Wallrafs.[211] Auf der anderen Seite verwies er auf die Ablehnung durch Museumsdirektoren, mit der ein Gesetzeserlass wiederum in Frage stand:

> „Ich darf mitteilen, daß die Meinung unter diesen Herren durchweg nicht zugunsten der Inventarisation lautete. Ob dabei der Gedanke eine Rolle mitgespielt hat, daß sie das Wohlwollen der Sammler und damit die Anwartschaft auf manches Geschenk verlören, lass ich dahingestellt. Sicherlich aber haben die Herren im Schlußergebnis sich auch nicht für die Inventarisation erwärmen können."[212]

Rücksprachen, die mit namhaften Privatsammlern stattfanden, offenbarten zwar, dass die Inventarisierung gegenüber dem absoluten Ausfuhrverbot bevorzugt wurde; wenige, unter ihnen James Simon, lehnten jegliche Art der Kunstausfuhrregulierung ab. Damit

207 Ebd.

208 Bode, Voss. Zeitung, 1918. Bode ging zudem auf einen Artikel von Pannwitz in der *Vossischen Zeitung* ein: Vgl. Pannwitz, Voss. Zeitung, 1918.

209 Bericht Sächs. Bevollmächtigter des Bundesrates (Hallbauer), 20.4.1918, SächsHStA, 10736, Nr. 17455, Bl. 136.

210 Wallraf in der 170. Sitzung des Reichstags am 8.6.1918, S. 5309. Angeregt wurde dieser Sitzungspunkt durch den Abgeordneten Johannes Bell.

211 Ebd. Weiter heißt es: „Die Zahl der zu inventarisierenden Stücke war nicht so groß, wie ich ursprünglich angenommen hatte. Es waren etwa 400 bis 500 Sachsen, die man schützen wollte."

212 Wallraf in der 170. Sitzung des Reichstags am 8.6.1918, S. 5310.

riskierte Bode den Verlust wertvoller Teile der Simon'schen Sammlung, die er sich für das im Aufbau befindliche Deutsche Museum erhoffte:

> „Während die meisten Privatsammler in der Inventarisierung etwas Ähnliches erblickt hätten wie die Bezeichnung mit Sternchen im Bädecker [sic!], habe Dr. James Simon jede Störung seines Besitzes als lästig empfunden, schließlich aber doch sich einverstanden erklärt und sich seines Widerspruches begeben."[213]

Die Vertreter der Privatsammler und des Kunsthandels wurden in einzelnen Entscheidungsphasen involviert, indem sie in einen Sachverständigenausschuss aufgenommen und in entscheidenden Fragen gehört wurden.[214] Dies stieß abermals auf Kritik, die aus diversen Teilen des Reiches zu vernehmen war: In Hamburg wurde die Befragung von Kunstsammlern als „ein schwächliches Entgegenkommen ohne Aussicht auf praktischen Erfolg" gewertet, weil es sich „selbstverständlich ausnahmslos [um] Gegner der geplanten Massregel" handle.[215] In Sachsen beschwerte sich die Generaldirektion der Königlichen Kunstsammlungen, dass die Interessen des Landes nicht gewahrt würden, weil nur der Gemäldegalerie-Direktor Hans Posse gelegentlich in der Angelegenheit des Ausfuhrschutzes gehört wurde, der sich zudem durchweg an der Front befand.[216] Förmlich erbost wehrte sich der sächsische Kultusminister und mit der Direktion betraute Heinrich Beck gegen die Einflussnahme aus Berlin:

> „Es erscheint nicht angängig, dass die Möglichkeit einer Verstimmung der Gönner der Berliner Museen dazu führen kann, eine die Interessen des ganzen Reichs berührende Massnahme zu unterlassen, deren Notwendigkeit gerade von preussischer Seite mit besonderem Nachdruck betont worden war. Auch kann der Ansicht nicht beigepflichtet werden, dass die Gefahr weiterer Abwanderungen von Kunstwerken geringer geworden sei. Hierfür fehlt es an jedem Anhaltspunkte."[217]

Nach Beck sei es die Pflicht der sächsischen Regierung, „mit allen ihr zu Gebote stehenden Mitteln auf Erlass wirksamer Massnahmen hinzuwirken, selbst wenn die Haltung der maßgebenden preussischen Stellen, von denen die Anregung ausgegangen ist, sich

213 Sächs. Bevollmächtigter des Bundesrates (Hallbauer), 5.3.1918, SächsHStA, 10736, Nr. 17455, Bl. 94. Vgl. auch Bode 1997, Bd. 1, S. 406. Trotz des Verkaufs seiner wertvollsten Stücke ins Ausland übergab Simon mit dem Schenkungsvertrag vom 16.12.1918 eine große Zahl an Bildwerken hauptsächlich süddeutschen Ursprungs an das Deutsche Museum.

214 Vgl. Sächs. Bevollmächtigter des Bundesrates (Hallbauer), 5.3.1918, SächsHStA, 10736, Nr. 17455, Bl. 94; RMdI (Wallraf) an Sächs. Min. d. auswärtigen Angelegenheiten, 9.3.1918, ebd. Bl. 100–102; vgl. auch GStA PK, I. HA Rep. 76 Kultusministerium, Ve Sekt. 1 Abt. III Nr. 80.

215 Hmb. KH (Pauli) an Bürgermeister Hamburg (Predöhl), 11.3.1918, AHK, 32–260.4, Bl. 194–199, hier Bl. 198.

216 Kgl. Slg. Dresden (GD) an Sächs. MdI, 2.4.1918, SächsHStA, 10736, Nr. 17455, Bl. 127. Vgl. auch Sächs. MdI an Sächs. Min. f. auswärtige Angelegenheiten, 10.4.1918, ebd., Bl. 131 f.

217 Kgl. Slg. Dresden (Beck) an Sächs. MdI, 1.5.1918, SächsHStA, 10736, Nr. 17455, Bl. 137. Zu Beck vgl. Staatshandbuch für das Königreich Sachsen auf das Jahr 1914, S. 72.

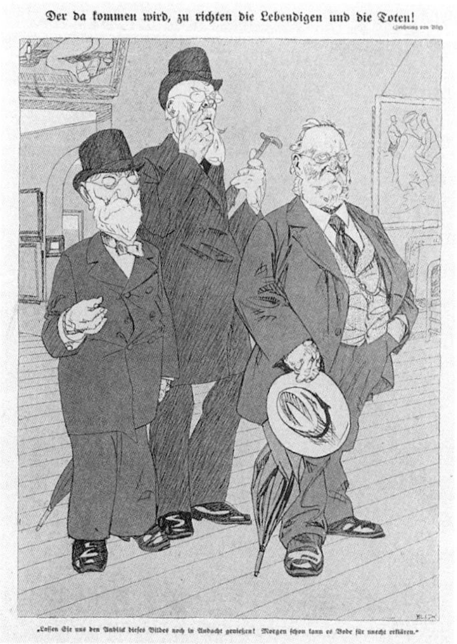

2 Der da kommen wird, zu richten die Lebendigen und die Toten! – „Lassen Sie uns den Anblick dieses Bildes noch in Andacht genießen! Morgen schon kann es Bode für unecht erklären."

geändert haben sollte".[218] In Dresden entstand der Anschein, die Interessen des Kunst- und Antiquitätenhandels hätten den Erlass einer Verordnung bereits im Sommer 1917 verhindert und somit die Erfolge der großen Versteigerungen im Winter 1917/18 forciert. In Württemberg wurde aus Künstlerkreisen Druck auf das Kultusministerium ausgeübt:

> „Leider ist es den Einflüssen von Kunst- und Altertumshändlern und mit diesen verbundenen Museumsdirektoren gelungen, das Ausfuhrverbot zu verhindern. [...] Es genügt, sich an Zustände in Russland zu erinnern, welches sofort nach Ausbruch der Revolution von amerikanischen Agenten überschwemmt worden ist, und wo ungeheure Schätze für immer verloren gegangen sind und noch jetzt verschleudert werden. Besonders groß ist die Gefahr, dass Kunstschätze des Kronguts verloren gehen."[219]

Gerade diese neu hinzukommende Gefahr des Verlustes ganzer Kunstsammlungen und die zunehmende Verschärfung der politischen und wirtschaftlichen Verhältnisse nach dem Ende des Ersten Weltkriegs beförderten die Unterstützung der Handelsvertretungen, wie eine fast schon kapitulierende Äußerung der Handelskammer Hamburg im März 1919 verdeutlicht:

218 Kgl. Slg. Dresden (GD) an Sächs. MdI, 1.5.1918, SächsHStA, 10736, Nr. 17455, Bl. 137. Mit den genannten „preußischen Stellen" war vor allem Bode gemeint, der nicht nur in kunsthistorischen, sondern auch in kulturpolitischen Entscheidungen höchste Autorität verkörperte. Vgl. Abb. 2.

219 Verband der Berufsgenossenschaft bildender Künstler Württembergs (Theodor Lauxmann) an Württ. KM (Heymann), 20.11.1918, HStA Stuttgart, E 130 b, Bü 1539.

> „Angesichts der trostlosen Lage unserer Valuta können die geringen Summen, welche sich aus dem Verkauf hochwertiger Kunstwerke ergeben würden, eine Wendung zum Besseren nicht bewirken, während andererseits der Verlust an kulturellem Gut unersetzlich sein würde. [...] Die hiermit verbundene Wirkung, dass solche Werke dem öffentlichen Besitz zugeführt werden, kann aus kulturellen Gründen als nicht unwillkommen bezeichnet werden."[220]

Insbesondere die Position Hamburgs schien ambivalent, so lehnte man dort jegliche Eingriffe in den privaten Kunstbesitz entschieden ab, da „diese Kunstschätze den Feinden durch sorgfältige Aufstellung eines Verzeichnisses geradezu auf dem Präsentierteller dargeboten würden".[221] Im Herbst 1919 plädierte Hamburg für eine ordentliche Gesetzgebung und schlug die Verschärfung der Strafen vor, weil „die Kunstausfuhrverbote in Italien ihre Wirkung lediglich durch die drohende Gefängnisstrafe haben erreichen können".[222] Auf eine zuvor von den Handelsministerien der übrigen Länder, insbesondere Preußens, geforderte Anhörung des Kunst- und Antiquitätenhandels bestanden diese nicht mehr, weil die Zahl der zu schützenden Kunstwerke sich als „verhältnismässig klein" herausstellen würde.[223] Die zeitnahe Verabschiedung der Verordnung stand nun im Mittelpunkt.

Die Proteste aus Sammler- und Händlerkreisen, die Risiken für die Erwerbungspolitik der Museen und die abwehrende Haltung der Wirtschaftsressorts des Reiches gegenüber einem reichsweiten Kunstausfuhrschutz verzögerten zunächst eine gesetzliche Lösung in den letzten Kriegsjahren. Dennoch konnte sodann die sich konstituierende Weimarer Reichsregierung einen bereits in weiten Kreisen diskutierten und reflektierten Gesetzentwurf übernehmen und ihn zur ersten Kulturmaßnahme des Reichs machen.

2.3 „Ein glücklicher Ausweg" – der Verordnungserlass im Dezember 1919

Mit dem Ausgang des Ersten Weltkriegs, der sowohl das Ende der Monarchie mit den Eigentumsstreitigkeiten um die fürstlichen Kunstsammlungen brachte als auch die Grenzen zum Ausland für den Warenverkehr öffnete, wurde der Kunstausfuhrschutz umgehend wieder Bestandteil der kulturpolitischen Diskussionen. Am 21. Januar 1919 fand eine protokollarisch belegte Unterredung mit Vertretern verschiedener Reichsressorts und der Bundesratsbevollmächtigten der einzelnen Länder im Reichsamt des

220 „Äusserung der Handelskammer zum Erlass einer Verordnung, welche die Freizügigkeit der Kunstwerke einschränkt", 2.3.1919, AHK, 32-260.4, Bl. 188.

221 Hanseatische Gesandtschaft (Sieveking) an den Bürgermeister Bremen (Donandt), 22.1.1919, StA Bremen, Senatsregistratur, 3-B.13. Nr. 66.a. Bd. 1, Bl. 33; vgl. auch Württ. Bevollmächtigten des Bundesrates (Schäffer) an Württ. KM, 21.1.1919, HStA Stuttgart, E 130 b, Bü 1539.

222 Bemerkung Hamburgs zum *Entwurf der Verordnung über die Ausfuhr von Kunstwerken*, Nr. 167, 23.9.1919, HStA Stuttgart, E 130 b, Bü 1539.

223 Württ. Bevollmächtigter des Bundesrates Schäffer an Württ. KM, 27.9.1919, HStA Stuttgart, E 130 b, Bü 1539.

Innern statt.[224] Gegenstand war ein vom preußischen Kultusministerium und dem Justizministerium vorgelegter Erlass, der auf Plänen basierte, die ein Sachverständigen-Ausschuss, bestehend aus Kunstbeamten auf der einen Seite[225] und Besitzern und Sammlern[226] auf der anderen, erarbeitet hatte. Gleichzeitig präsentierte Bode einen Entwurf für ein gesamtdeutsches Verzeichnis, in dem 77 Besitzer mit zum Teil detaillierten Angaben zu Werken oder nur kurzen Hinweisen auf Sammlungen, die einer späteren Auswahl und Präzisierung bedurften, gelistet waren. Dabei überwogen Berliner Sammler; bei zwei Kunstwerken zeichnete Bode selbst als Besitzer.[227]

Nachdem aus den Sammlerkreisen der Gedanke eines Kunstausfuhrschutzes eine stärkere Unterstützung erfahren hatte, kamen mit Kriegsende die deutlichsten Ablehnungen aus den Wirtschaftsressorts des Reiches.[228] Der Vertreter des Reichsbankdirektoriums, Otto Georg von Glasenapp, verweigerte „in sehr ernsten und wirkungsvollen Ausführungen" jede Behinderung des Exports und der Beschaffung ausländischer Zahlungsmittel konsequent:[229]

224 Anwesende: RMdI (Lewald (Vorsitzender), Köbner) die Bundesratsbevollmächtigten der Länder Bayern, (Huber), Baden (Nieser), Hamburg (Sieveking), Hessen (Biegeleben), Sachsen (Hallbauer), Thüringen (Paulssen), Württemberg (Schäffer) Vertreter des Auswärtigen Amtes (Soenring), RMdJ (Dronke), RMdW (Lind), Reichsbank-Direktorium (Glasenapp), RMdF (Zachariae), Pr. MdJ (Tigges), Pr. KM (Bode, Trendelenburg, Döscher). Vgl. Niederschrift über die kommissarische Besprechung, betreffend den Erlass einer Verordnung über die Ausfuhr von Kunstgegenständen, Berlin, den 21. 1. 1919 im Reichsministerium des Innern, GStA PK, HA Rep. 76 Kultusministerium Ve Sekt. 1 Abt. III Nr. 80; vgl. auch den Bericht des Württ. Bevollmächtigter des Bundesrates Schäffer an Württ. KM, 21. 1. 1919, HStA Stuttgart, E 130 b, Bü 1539.

225 Neben Bode und Falke (SMB) zählten von Bezold (Direktor des Germanischen Nationalmuseums Nürnberg), Halm (Direktor des Bayerischen Nationalmuseums München), Posse (Königliche Gemäldegalerie Dresden), Back (Direktor Kunstsammlungen Darmstadt) sowie 6 Stellvertreter zum Sachverständigen-Ausschuss, GStA PK, I. HA Rep. 76 Kultusministerium, Ve Sekt. 1 Abt. III Nr. 80.

226 S. D. Fürst Salm-Salm in Anholt i. W., Dr. James Simon, Exz. Graf Dönhoff-Friedrichstein, Freiherr v. Heyl zu Herrnsheim in Worms, Exz. Frh. v. Tucher, kgl. bayr. Gesandter in Wien, Julius Böhler in München sowie 6 Stellvertreter (u. a. Richard von Passavant, A.S. Drey), GStA PK, I. HA Rep. 76 Kultusministerium, Ve Sekt. 1 Abt. III Nr. 80.

227 Liebermanns *Amsterdamer Waisenmädchen* und frühflorentinische Majoliken, vgl. Pr. KM (Nentwig) an SMB (Falke, Justi), 10. 1. 1919, SMB-ZA, I/NG 467, Bl. 115–119 sowie handschr. Notizen Bodes vom November 1918, SMB-ZA, IV/NL Bode 432.

228 Im Protokoll der Verhandlung war über die Berichte Bodes zu lesen: „Der Widerspruch der grossen Sammler, der vor Jahresfrist dazu führte, von einem Erlass abzusehen, sei unter den neuen Verhältnissen wesentlich schwächer geworden. So habe Herr Dr. James Simon, der damals damit drohte, dass er und mit ihm 3 namhafte Berliner Sammler ihre Vermächtnisse zu Gunsten der Museen widerrufen würden, sein grosses Vermächtnis sogar in eine Schenkung verwandelt und seine ganze reiche Sammlung deutscher und französischer Plastik dem Museum schon jetzt überwiesen." Niederschrift über die kommissarische Besprechung, betreffend den Erlass einer Verordnung über die Ausfuhr von Kunstgegenständen, Berlin, den 21. 1. 1919 im Reichsministerium des Innern, GStA PK, I. HA Rep. 76 Kultusministerium, Ve Sekt. 1 Abt. III Nr. 80.

229 Württ. Bevollmächtigter des Bundesrates (Schäffer) an Württ. KM, 21. 1. 1919, HStA Stuttgart, E 130 b, Bü 1539.

„Denn heute handelt es sich tatsächlich darum, ob es überhaupt noch möglich sein wird, unser Volk vor dem Verhungern und unsere Volkswirtschaft vor dem gänzlichen und dauernden Ruin zu schützen."[230]

Das Reichswirtschaftsamt schloss sich dieser Auffassung an. Die Verhandlung wurde erneut vertagt. Stärker als zuvor stand nach dem Ende des Ersten Weltkriegs ein drohender wirtschaftlicher Bankrott einem „kulturellen Bankrott" argumentativ gegenüber. Sollte Kunst als „kostbares und ideales Volksgut" einen Beitrag zur Hebung der Währung leisten?[231] Während in den ersten Entwürfen zu einer Ausfuhrbegrenzung von Gütern mit „künstlerischem oder kunstgeschichtlichem Wert in öffentlichem Interesse" gesprochen wurde, verstärkten sich die Formulierungen im Jahre 1919 zunehmend hin zu einem „nationalen Wert" von Kunst.[232] In den Jahren der großen Not und Umwälzungen stand das nationale Interesse im Bereich der Kultur dem materiellen Überleben gegenüber.

Kunst und kulturelles Erbe sollten – mit den Worten Pierre Bourdieus – das symbolische Startkapital der jungen Republik werden. In der inventarisierten Ausfuhrbeschränkung manifestierte sich, dass nicht nur das Sammeln von Kunst, sondern auch ihre Bewahrung zur Form des Erinnerns wurde. Bereits der Name der Schutzliste verdeutlicht die intendierte Schaffung eines Mediums zur Identitätsstiftung, das den Anspruch hatte, mithilfe der Kunstgeschichte die kulturelle und nationale Verwurzelung zu vergegenwärtigen und für die Nachwelt zu bewahren.[233] Die Bestrebungen zum Erhalt von beweglichen und unbeweglichen Kunstwerken in Form von Ausfuhrverboten und Denkmalschutzgesetzen fügten sich in die Reaktion deutscher Kunsthistoriker und Kulturpolitiker auf die kulturchauvinistischen Angriffe Frankreichs im Kontext des Ersten Weltkriegs ein. Eine Zuspitzung erfuhr die Entwürdigung der deutschen Kunstgeschichte durch den französischen Kunsthistoriker Émile Mâle, der mit seinen Studien der deutschen Kunst jegliche schöpferische Eigenständigkeit absprach und damit eine Art „kunsthistorische Dolchstoßlegende" schuf, die nicht unkommentiert stehen blieb und förmlich einen „Krieg um das Deutsche in der deutschen Kunst" provozierte.[234] Der Nachweis einer nationalen Eigenständigkeit der deutschen Kunst konnte der Welt nur mit dem Erhalt des kulturellen Nachlasses vor Augen geführt werden. Nach innen

230 Vgl. Glasenapp in Niederschrift über die kommissarische Besprechung, betreffend den Erlass einer Verordnung über die Ausfuhr von Kunstgegenständen, Berlin, den 21. 1. 1919 im Reichsministerium des Innern, GStA PK, I. HA Rep. 76 Kultusministerium, Ve Sekt. 1 Abt. III Nr. 80.

231 Kaufmann in der 105. Sitzung am 11. 12. 1917, Wörtliche Berichte 1916/1918, S. 6903.

232 In der Begründung zur Verordnung wurden zudem „ethische Gründe" angeführt. Vgl. Verhandlungen der verfassungsgebenden Deutschen Nationalversammlung. Anlagen zu den Stenographischen Berichten, Bd. 340, S. 1886, Nr. 1814, Berlin, 16. 12. 1919.

233 Vgl. dazu Hans Belting: Identität im Zweifel. Ansichten der deutschen Kunst, Köln 1999, S. 125; Sabine von Schorlemer: Internationaler Kulturgüterschutz. Ansätze zur Prävention im Frieden sowie im bewaffneten Konflikt, Berlin 1992, S. 42.

234 Volker Gebhardt: Das Deutsche in der deutschen Kunst, Köln 2004, S. 18 und 15; vgl. Émile Mâle: Studien über die deutsche Kunst, Leipzig 1917.

sollte die Besinnung auf die eigene Identität und ihre Stärkung die politische und gesellschaftliche Umbruchzeit überwinden. Wie Aleida Assmann in ihrer Abhandlung zur kollektiven Erinnerung konstatierte, *haben* Nationen, Staaten und Kulturen kein Gedächtnis, sie *machen* sich mithilfe von Symbolen eines; mit diesem Gedächtnis *machen* sie sich wiederum eine Identität.[235] Kunstwerke und Denkmäler nehmen in dieser Identitätskonstruktion einen herausragenden Platz ein. Dabei sichert das *kulturelle Gedächtnis* „über entsprechende Speichermedien identitätsstiftende Wissensbestände spezifischer sozialer Gruppen"; Analogien zum „Speichermedium" finden sich im Verzeichnis, zur „sozialen Gruppe" wiederum in der Nation.[236] Die Nation war jedoch aufgrund ihrer erst kurz zurückliegenden Gründung noch keine historische Selbstverständlichkeit geworden, sodass Kunstwerke einmal mehr zu Repräsentanten und Medien der nationalen Geschichte und Gedächtniskonstruktion wurden und eine Schutzwürdigkeit zugesprochen bekamen.[237]

In der Reichsverfassung der Weimarer Republik vom 11. August 1919 wurde die Maxime dieser Schutzwürdigkeit mit Artikel 150 manifestiert, in dem das Reich den Kulturgutschutz zum nationalen Staatsziel erklärte: „Es ist Sache des Reichs, die Abwanderung deutschen Kunstbesitzes in das Ausland zu verhüten". Mit dem Bekanntwerden dieses Programmsatzes forderte der Tag für Denkmalpflege die Reichsregierung öffentlich auf, „nunmehr ungesäumt die erforderlichen Sicherungsmaßnahmen zu treffen".[238] Im Oktober 1919 bekräftigte der geschäftsführende Ausschuss des Tages für Denkmalpflege nachdrücklich seine Forderung und wies darauf hin, „daß ein augenblicklicher Gewinn von einigen Millionen an Auslandwerten in gar keinem Verhältnis stehen würde zu der nie wieder gut zu machenden Beraubung und Verarmung Deutschlands an völkischem Kunstbesitz und zu der dadurch herbeigeführten dauernden Schädigung der geistigen Kraftquellen des deutschen Volkes".[239] Auch drei Abgeordnete der Deutschen Volkspartei, Fritz Mittelmann, Johann Becker und Wilhelm Kahl, beför-

235 Aleida Assmann: Der lange Schatten der Vergangenheit. Erinnerungskultur und Geschichtspolitik, München 2006, S. 35.

236 Markus Tauschek: Kulturerbe. Eine Einführung, Berlin 2013, S. 77. Assmann entwickelte den Begriff des kollektiven Gedächtnisses, der in den 1920er Jahren durch den französischen Philosophen und Soziologen Maurice Halbwachs geprägt wurde, weiter. Vgl. Jan Assmann: Das kulturelle Gedächtnis. Schrift, Erinnerung und politische Identität in frühen Hochkulturen, Berlin 1992; Aleida Assmann: Der lange Schatten der Vergangenheit. Erinnerungskultur und Geschichtspolitik, München 2006, S. 51–60.

237 Vgl. ebd. 2006, S. 35. Zur nationalen Integration und zum Begriff der Nation nach dem Ersten Weltkrieg vgl. auch Winfried Speitkamp: „Erziehung zur Nation". Reichskunstwart, Kulturpolitik und Identitätsstiftung im Staat von Weimar, in: Nationales Bewußtsein und kollektive Identität. Studien zur Entwicklung des kollektiven Bewußtseins in der Neuzeit 2, hg. von Helmut Berding, Frankfurt a. M. 1994, S. 541–580; Hans-Ulrich Wehler: Nationalismus und Nation in der deutschen Geschichte, in: ebd., S. 163–175.

238 Tag für Denkmalpflege in Berlin, Die Denkmalpflege, 21. Jg., Nr. 9, 23. 7. 1919, S. 70.

239 Das Notgesetz gegen die Abwanderung deutschen Kunstbesitzes ins Ausland, Die Denkmalpflege, 21. Jg., Nr. 14, 12. 11. 1919, S. 106–107, hier S. 107.

derten im August 1919 den Gesetzdiskurs mit einer Kleinen Anfrage an die Reichsregierung, in der sie beklagten, dass „wertvolle alte deutsche Kunstschätze waggonweise ins Ausland" abwanderten.[240]

Ein neuer Gesetzentwurf lag den Ländern zu diesem Zeitpunkt zur Begutachtung bereits vor und wurde am 27. September 1919 erneut im Reichsministerium des Innern besprochen.[241] Weil der Weg einer ordentlichen Gesetzgebung aus Dringlichkeitsgründen nicht gangbar war, stimmten auch die Länder einer Notverordnung zu. Dies stellte eine umgehende Verabschiedung in Aussicht, weil „es sich bei den Vorschriften der Verordnung um Maßnahmen handelt, die zur Regelung des Übergangs von der Kriegswirtschaft zur Friedenswirtschaft als notwendig und dringend erachtet werden müssen".[242] Dem Ausschuss für Volkswirtschaft kam der Ausfuhrschutz als Vehikel für die geplante Vermögensbesteuerung besonders gelegen, würde doch ein beschleunigter Verkauf von Kunstwerken ins Ausland sie der steuerlichen Erfassung entziehen.[243]

Nach nahezu dreijähriger Vorbereitung, umfangreichen Verhandlungen auf Reichs- und Länderebene, in betroffenen Ressorts sowie Museums-, Sammler- und Händlerkreisen erfolgte der Erlass der gesetzlichen Ausfuhrbeschränkung am 11. Dezember 1919 beinahe überraschend. Die Notverordnung, die letztlich auf dem Wege der einfachen Gesetzgebung verabschiedet wurde, begann mit den Worten:

240 Vgl. Kleine Anfrage Nr. 289, Verhandlungen der verfassungsgebenden Deutschen Nationalversammlung. Anlagen zu den Stenographischen Berichten, Bd. 338, S. 736, Nr. 815, Weimar 9.8.1919, zitiert in Clemen 1920, S. 100.

241 Vgl. RMdI (Davis) an die Reichsregierung, Gesetzentwurf, 27.7.1919, BArch, R43-I/818, Bl. 6–7; vgl. auch Entwurf einer *Verordnung über die Ausfuhr von Kunstgegenständen*, Staatenausschuss, Nr. 167, Tagung 1919, Berlin 12.8.1919, in SächsHStA, 10736, Nr. 17455, Bl. 158–159.

242 Bericht des Ausschusses für Volkswirtschaft über die Beratung des *Entwurfes einer Verordnung über die Ausfuhr von Kunstwerken*, Verhandlungen der verfassungsgebenden Deutschen Nationalversammlung. Anlagen zu den Stenographischen Berichten, Band 340, S. 1885 f., Nr. 1814, Berlin den 16.12.1919. Vgl. Speitkamp 1996, S. 179. Vgl. RMdI (Lewald) an die Landesregierungen, 10.10.1919, StA Bremen, Senatsregistratur, 3-B.13. Nr. 66.a. Bd. 1, Bl. 48a. Nicht die Nationalversammlung, sondern ein gewählter Ausschuss stimmte über den Erlass ab. Auf die Anhörung von Vertretern des Kunst- und Antiquitätenhandels konnte verzichtet werden. Unterstaatssekretär Lewald übernahm abermals die Verhandlung in den entsprechenden Ausschüssen des Reichsrats. Es handelte sich um die Ausschüsse III, IV und VI des Reichsrats, die am 18. August und am 7. Oktober 1919 tagten und einen beschlossenen Entwurf nebst Begründung zum Ausfuhrschutz an den Ausschuss für Volkswirtschaft übergeben konnten, der am 4. Dezember von diesem beraten und angenommen wurde.
Der ernannte Ausschuss setzte sich aus folgenden Mitgliedern zusammen: Trimborn (Vorsitzender), Burlage (Berichterstatter), Ullekotte, Bartschat, Biener, Böhmert, Frau Bollmann, Burgau, Düwell, Dusche, Hansmann, Hartmann (Oppeln), Hermann (Württemberg), Irl (Oberbayern), Käppler, Meier (Sachsen), Meisner, Wolkenbuhr, Oertel, Schmidt (Sachsen), Schneider (Franken), Frau Schroeder, Schumann, Semmler, Frau Simon (Westpreußen), Thurow, Wieber, Wieland.

243 Bericht Nr. 1814 (Berichterstatter Abgeordneter Burlage) des Ausschusses für Volkswirtschaft über die Beratung des Entwurfs einer *Verordnung über die Ausfuhr von Kunstwerken*, Nr. 144 der Ausschuß-Drucksachen, vorgelegt am 4.12.1919 vom RMdI, beraten am 9.12.1919, StA Bremen, Senatsregistratur, 3-B.13. Nr. 66.a. Bd. 1, Bl. 54a.

„Die Ausfuhr eines Kunstwerkes bedarf der Genehmigung, sobald es in das Verzeichnis der Werke eingetragen ist, deren Verbringung in das Ausland einen wesentlichen Verlust für den nationalen Kunstbesitz bedeuten würde."[244]

Mit der Inventarisierung des zu schützenden Kunstgutes schien „ein glücklicher Ausweg" gefunden zu sein, „der dem Wunsche der Erhaltung wertvollen Kunstbesitzes und der Notwendigkeit freien Handels in gleicher Weise Rechnung trägt".[245] Somit versuchten die Gesetzgeber, den Kunstmarkt zu beruhigen und eine übermäßige Bürokratie zu vermeiden. Auch die bewusste Verschwiegenheit, in welche die letzten Vorbereitungen gehüllt wurden, sollte hastige Verkäufe ins Ausland verhindern. Die erstaunte Reaktion der Öffentlichkeit auf die gesetzliche Maßnahme verdeutlicht, dass der gewünschte „Überraschungsmoment" zum Tragen kam.[246] Die Verordnung spiegelt in ihrer letztendlichen Ausführung jedoch einen längeren Entstehungsprozess wider. Zur Berücksichtigung aller Interessen beteiligte sich neben dem Reichsinnenministerium auch das Reichsbankdirektorium mit einem Vertreter am Genehmigungsverfahren zur Ausfuhr. Ein drittes Mitglied des Prüfungsausschusses schlug die Landeszentralbehörde vor, in deren Gebiet sich das betreffende Kunstwerk zur Zeit der Eintragung befand. Zur Wahrung der kunsthistorischen Interessen handelte es sich bei diesem Mitglied um einen Kunstsachverständigen. Einer Ausfuhr wurde nur zugestimmt, „wenn der materielle Gewinn des Reiches den Verlust des Kunstwerkes rechtfertigt[e]".[247] Mit der Verordnung erhielten zum einen die Länder ihre geforderte Kompetenz, zum anderen mussten wirtschaftliche und kulturelle Interessen gegeneinander abgewogen werden.

Gut einen Monat nach dem Erlass der Verordnung erfuhr Paragraf fünf am 27. 1. 1920 folgende Ergänzung:

244 *Verordnung über die Ausfuhr von Kunstwerken*, RGBl. Jg. 1919, Nr. 236, S. 7169, § 1. Die rechtliche Form der Notverordnung ermöglichte auf der einen Seite die schnelle Verabschiedung und Rechtsanwendung, auf der anderen Seite kam der Verordnung nicht dieselbe formelle Rechtssicherheit zu wie einem Gesetz und sie bedurfte der regelmäßigen Verlängerung. Außerdem wurde am 8. Mai 1920 eine weitere *Verordnung über den Schutz von Denkmälern und Kunstwerken* erlassen, die jedoch am 31. Dezember 1925 auslief und deren Verlängerung versäumt wurde.

245 Zitiert nach einem Gutachten eines „namenhaften hiesigen [Leipziger] Kunstantiquariats", vermutlich C. G. Boerner, Handelskammer Leipzig (Schmidt und Uhlig) an Sächs. MdI, 26. 10. 1918, SächsHStA, 10736, Nr. 17455, Bl. 157 f.

246 Asmis in: Dritte gemeinsame Tagung für Denkmalpflege und Heimatschutz, Eisenach 23. und 24. September 1920, Stenographischer Bericht, S. 119–125, hier S. 121.

247 *Verordnung über die Ausfuhr von Kunstwerken*, RGBl. Jg. 1919, Nr. 236, S. 7169, § 3. Zum materiellen Gewinn zählte nicht nur der Gewinn des Reichsfiskus, „sondern der des gesamten Reichs in allen seinen Beziehungen und Verhältnissen, also einschließlich der Länder, Kommunalverbände usw." *Begründung zum Entwurf einer Verordnung über die Ausfuhr von Kunstwerken*, Verhandlungen der verfassungsgebenden Deutschen Nationalversammlung. Anlagen zu den Stenographischen Berichten, Bd. 340, S. 1886, Nr. 1814, Berlin den 16. 12. 1919.

> „Es ist verboten, Kunstwerke, die in das Verzeichnis national wertvoller Kunstwerke eingetragen sind, in diejenigen Gebietsteile Deutschlands zu verbringen, die von fremden Mächten besetzt sind oder auf Grund des Friedensvertrags zur Vorbereitung einer Abstimmung noch besetzt werden."[248]

Obgleich der Reichsregierung bekannt war, dass sich „die fremden Besatzungsbehörden [...] gegenüber allen deutschen Ausfuhrverboten durchaus ablehnend" verhielten, sah vor allem Preußen „aus politischen Gründen mit Rücksicht auf die Stimmung im Rheinlande" ursprünglich von einer Aufnahme entsprechender Bestimmungen in die Verordnung ab, „um nicht auch in dieser Hinsicht wieder eine neue Grenze zu ziehen".[249] Ursache für den diplomatischen Kurswechsel im Januar 1920 war ein Bericht des Oberpräsidenten der Rheinprovinz, der beklagte, dass der General der amerikanischen Streitkräfte entschied, die Verordnung in dem ihm unterstellten Besatzungsgebiet nicht anzuerkennen, sodass eine Verbringung von Kunstwerken in linksrheinische Gebiete sie dem Wirkungsbereich der Kunstausfuhrverordnung entzogen hätten.[250]

2.4 Internationale Entwicklung

Die Bestrebungen zum reichsdeutschen Kulturgutschutz konnten auf internationale Vorbilder zurückgreifen. Mit der zunehmenden Internationalisierung des Kunstmarktes seit der Renaissance wuchs im 19. Jahrhundert das Interesse, historisch bedeutende Kunstwerke für die eigene „Nation" zu erhalten und zu schützen.[251] Voran gingen die Länder Griechenland, Italien, die Türkei und Ägypten, die aufgrund der europaweiten Antikenbegeisterung archäologische Funde ins Ausland abwandern sahen. Aber auch in den meisten anderen europäischen Ländern setzten sich die Regierungen und Landeskonservatoren, von den sich intensivierenden Denkmalschutzbewegungen herkommend, für den Erhalt beweglicher Kulturgüter ein.

2.4.1 Griechenland

Das Königreich Griechenland erhielt im Mai 1834, kurz nach Erlangung seiner Selbständigkeit, ein Gesetz zur Erhaltung der Kunstdenkmäler und Altertümer und stellte die „in Griechenland aufgefundenen Antiquitäten [...] als gemeinsames National-

248 Ergänzung zur Verordnung 11.12.1919 vom 27.1.1920, RGBl. Jg. 1920, Nr. 19.

249 Berichte über die Beratung am 27.9.1919, Württ. Bevollmächtigter des Bundesrates (Schäffer) an Württ. KM, 27.9.1919, HStA Stuttgart, E 130 b, Bü 1539 und Graf Holtzendorff an Sächs. MdI/KM/MdW/MdF, SächsHStA, 10736, Nr. 17455, Bl. 178.

250 RMdI an die Landesregierungen, 6.2.1920, StA Bremen, Senatsregistratur, 3-B.13. Nr. 66.a. Bd. 1, Bl. 67.

251 Aus vornehmlich religiöser Motivation heraus waren zuvor bewegliche und unbewegliche Kunstwerke ihres sakralen Gehaltes wegen geschützt worden. Vgl. Odendahl 2005, S. 9 ff.

gut aller Hellenen" unter ein allgemeines Ausfuhrverbot.[252] Gemeint waren hier neben den Werken der Bildhauerei und Malerei unter anderem auch „die Massen von gearbeitete[m] Marmor oder anderen Steinen", Mosaike, Gefäße und Münzen. Neben der Epoche des Altertums wurden zudem Gegenstände des Mittelalters unter die Wirkung des Gesetzes gestellt.[253] Obgleich es sich um ein allgemeines Ausfuhrverbot handelte, war das Anlegen eines Inventars zur Kontrolle von Bestand und Besitzerwechsel vorgesehen. Eine Freigabe, für die sich der Generalkonservator beim griechischen Staatsministerium des Kirchen- und Schulwesens einsetzen musste, sollte laut gesetzlicher Formulierung nur zugelassen werden, wenn sich in einem griechischen Zentral- oder Provinzialmuseum Dubletten „von derselben Art und Qualität" befanden.[254] Der freie Handel im Inland sowie die Einfuhr von Altertümern wurden nicht reglementiert.[255] Für Antiquitäten, die nach Inkrafttreten des Gesetzes auf Privatgrundstücken ausgegraben wurden, räumte sich der Staat mit der gesetzlichen Regelung vom Mai 1834 das Miteigentum an der Hälfte des Objektes sowie ein Vorkaufsrecht ein und beschnitt damit das Recht privater Sammler stark.[256]

2.4.2 Italien und der Mittelmeerraum

Im europäischen Vergleich hatte der Vatikan die längste Erfahrung mit der Beschränkung der Kunstausfuhr, die bis zu Papst Pius II. zurückzuverfolgen ist, der bereits 1462 den Export von Kunstwerken einschränkte.[257] Daraus entwickelte sich die 61 Artikel umfassende Lex Pacca, die am 7. April 1820 im Kirchenstaat erlassen wurde.[258] Mit Ausnahme der Kunstwerke lebender Künstler wurde über die Ausfuhr im Einzelfall entschieden und mit 20 Prozent des Objektwertes verzollt. Die weit entwickelten Aus-

252 *Gesetz betreffend der wissenschaftlichen und artistischen Sammlungen des Staats, ferner die Auffindung und Erhaltung der Alterthümer sowie deren Benutzung*, deutsche Fassung abgedruckt in Alexander von Wussow: Die Erhaltung der Denkmäler in den Kulturstaaten der Gegenwart, Bd. 2, Berlin 1885, S. 252–276, Art. 61 und 76. Zur Rolle Leo von Klenzes bei der Wiederherstellung der Akropolis und Konservierung der antiken Denkmäler vgl. Adrian von Buttlar: Leo von Klenze. Leben, Werk, Vision, München 1999, S. 352 ff.

253 Vgl. Gesetz von 1834, Art. 110 und 111, abgedruckt in Wussow 1885.

254 Gesetz von 1834, Art. 77, abgedruckt in ebd.

255 Wenn die nach Griechenland eingeführten Altertümer innerhalb von acht Tagen angemeldet und verzeichnet wurden, wurde auch das Recht zur Wiederausfuhr gesichert, vgl. Gesetz von 1834, Art. 75.

256 Vgl. Gesetz von 1834, Art. 64 und 80, abgedruckt in Wussow 1885.

257 Vgl. Wussow 1885, S. 169–191; Andrea Jaeger: Internationaler Kulturgüterschutz. Rechtslage, Rechtspraxis, Rechtsentwicklung, Köln u. a. 1993, S. 17.

258 Das Edikt, benannt nach dem Kardinal Bartholomäus Pacca (1756–1844), war bis zum Ende des Kirchenstaates im Jahre 1929 in Kraft. Es gestattete die Veräußerung privater Kunstobjekte innerhalb Roms. Die Ausfuhr sah hingegen eine Genehmigung und das Vorkaufsrecht des Kirchenstaates vor. Vgl. Ludwig Engstler: Die Territoriale Bindung von Kulturgütern im Rahmen des Völkerrechtes, Köln 1964, S. 29. Lex Pacca abgedruckt in Wussow 1885., Bd. 2, S. 277–291, hier §§ 12–14.

führungen der Lex Pacca hatten großen Einfluss auf die spätere gesamtitalienische Gesetzgebung, die nach der Vereinigung der italienischen Provinzen zum Königreich im Jahr 1861 ausgearbeitet wurde. Zudem prägte sie den Kulturgutschutz anderer europäischer Staaten, nicht zuletzt das Deutsche Reich orientierte sich an den Erfahrungen der italienischen Kulturgutschützer. Dies lag vor allem an der sich während der Überarbeitung der italienischen Gesetzgebung herauskristallisierenden Inventarisation der zu bewahrenden Kunstwerke. Die Beschränkung des freien Privateigentums erfuhr nur eine Legitimation, wenn an der Erhaltung eines Gegenstandes aufgrund künstlerischer oder historischer Kriterien auch ein nationales Interesse bestand. Die Anerkennung eines nationalen Wertes konnte nur durch die Eintragung in ein Inventar erfolgen, das stets erweiterbar blieb.[259] Die Systematik der Inventarisation fand ihre Anwendung auf italienische wie auch ausländische Kunst in Privatbesitz. Im Falle der Veräußerung sollte eine Einigung mit dem Staat erreicht werden, der sich ein Vorkaufsrecht einräumte. Ein Ankaufsfonds, der aus den Ausfuhrzöllen gespeist wurde, sollte zudem die Erwerbungsfähigkeit der Museen stärken.[260]

Die deutschen Kunstsachverständigten holten Informationen über die italienischen Gesetze nicht nur aufgrund von Ankäufen in Italien ein, sondern auch wegen der sich intensivierenden Forderung nach eigenen Schutzbestimmungen, wie das in den Akten des Bayerischen Nationalmuseums überlieferte italienische Gesetz über Kunst und Altertümer von 1909 belegt.[261] Und auch das ein Jahr zuvor in Montenegro erlassene Gesetz ist in Akten zum Kunstausfuhrschutz in deutscher Übersetzung überliefert. Dort wurde der Verkehr von Altertümern reguliert, die das Fürstentum nur mit staatlicher Zustimmung verlassen durften. Es erachtete Kunstwerk für schutzwürdig, „ohne welche es nicht möglich ist, das jetzige Leben als Ergebnis der Vergangenheit kennen zu lernen, noch auch für die nationale Zukunft ersprießlich zu sein".[262] Die national-integrative Anforderung an Kultur beförderte europaweit die Bewegung an ihrem Schutz. Montenegro stellte sich in eine Reihe weiterer Staaten wie die Türkei[263], Ägypten[264] und Bulgarien, die vorwiegend im letzten Viertel des 19. Jahrhunderts die Bewahrung von

259 Vgl. ebd., S. 187. Italien folgte einem kombinierten System aus Register- und Abstraktionsprinzip, in dem es zum einen ein Inventar erstellte, zum anderen weiteren, nicht verzeichneten Werken im Einzelfall die Ausfuhr versagen konnte. Vgl. Berndt 1998, S. 57; Jaeger 1993, S. 30, Anm. 181.

260 Vgl. Wussow 1885, S. 190. Ein Vorkaufsrecht wurde jedem italienischen Bürger zugestanden.

261 Vgl. BNM Dokumentation, Dok 1637, Aktentitel: „Kulturgutschutz gegen Abwanderung"; vgl. auch BayHStA, MK 14468; Bad. KM (Baumgartner) an Pr. KM (Haesler), 29. 1. 1932, StA Wolfenbüttel, 12 Neu 13, Nr. 19050, Bl. 20ff sowie StA Wolfenbüttel, 12 Neu 13, Nr. 19060. Es handelte sich bei genanntem italienischen Gesetz um Legge 20. 6. 1909, n. 364, Norme per l'inalienabilità delle antichità e delle belli arti, vgl. Franke 2012, S. 39.

262 Übersetzung des montenegrinischen Gesetzes vom 4. 3. 1908, angefertigt und übersandt durch den Reichskanzler/Reichsamt des Innern am 27. 4. 1908, StA Wolfenbüttel, 12 Neu 13, Nr. 19060.

263 Gesetz vom 24. 3. 1874, vgl. Wussow 1885, S. 231; Erweiterung im Gesetz vom 4. 3. 1884, Art. 8, französische Übersetzung abgedruckt in ebd., Bd. 2, S. 314–321.

264 Gesetz vom 15. 6. 1883.

nationalen Kulturgütern gesetzlich verankerten.[265] Hierbei wird deutlich, dass die Länder mit frühzeitig ergriffenen Kulturgutschutzmaßnahmen reich an Altertümern waren und vor allem Bodenfunde aus den umfangreichen Grabungen jener Zeit geschützt werden sollten.

2.4.3 Frankreich

In Frankreich existierte bis in das ausgehende 19. Jahrhundert kein Gesetz zum Schutz beweglicher Denkmäler, auch an einem Inventar französischer Kunstwerke fehlte es.[266] Erst 1887 wurde die Bewahrung und Unveräußerlichkeit von Kulturgütern in staatlichem Besitz gesetzlich geregelt.[267] Dieses Gesetz erfuhr 1909 und stärker noch am 31. Dezember 1913 durch ein Exportverbot klassifizierter und für national wertvoll erachteter Kulturgüter eine Erweiterung.[268] Gesetzentwürfe zum Schutz von Kunstwerken in französischem Privatbesitz wurden im Laufe des Ersten Weltkriegs vorwiegend von Vertretern der Alliance démocratique bei der Abgeordnetenkammer eingereicht, wie Uta Protz in ihrer Dissertationsschrift zum französischen und englischen Kunstausfuhrschutz darlegt.[269] Erst am 29. April 1920 nahm die französische Kammer ein Gesetz an, das jede Ausfuhr von Kunstwerken, deren Urheber vor mehr als 20 Jahren verstorben waren, einer staatlichen Genehmigung unterwarf.[270] Ausgeschlossen waren mit dieser zeitlichen Einschränkung Werke zahlreicher impressionistischer Künstler; auch waren Kunstwerke, die 1914 oder später nach Frankreich gebracht wurden, von der Ausfuhrgenehmigung ausgenommen. Darüber hinaus sollte bei Ausfuhr ein Zoll von 50 beziehungsweise 100 Prozent für Werke mit einem Wert von über 100.000 Franc entrichtet werden.[271] Hinzukommend räumte sich der französische Staat ein Vorkaufsrecht auf

265 Vgl. Clemen, Der Cicerone, 1920, S. 199.

266 Vgl. Wussow 1885, S. 159.

267 Vgl. Engstler 1964, S. 30. Im 19. Jh. entstanden zudem in Frankreich zahlreiche Institutionen zum Schutz nationaler Denkmäler, wie das *Musée des Monuments français* und der *Inspecteur général des monuments historiques*, vgl. Stefano Caldoro: Nationaler Kulturgüterschutz und Freizügigkeit der Unionsbürger, Berlin 2009, S. 36, Anm. 152.

268 „L'exportation hors de France de tout monument ou de tout objet classé est interdite." 19. 7. 1909, vgl. auch Art. 21 L. 31. 12. 1913; zitiert in Uta Protz : "National treasures"/"Trésors Nationaux": the control of the export of works of art and the construction of "National Heritage"/"Patrimoine" in France and the United Kingdom, 1884–1959, unveröffentlichte Dissertation, European University Institute Florenz 2009, S. 140; vgl. auch Marc Weber: Unveräußerliches Kulturgut im nationalen und internationalen Rechtsverkehr, Berlin 2002, S. 97, Anm. 561; Julia El-Bitar: Der deutsche und der französische Kulturgüterschutz nach der Umsetzung der Kulturgüterrückgaberichtlinie. Eine materiellrechtliche und kollisionsrechtliche Untersuchung, Frankfurt a. M. 2007, S. 30 ff.

269 Vgl. Protz 2009, S. 166 ff.

270 Vgl. Décret du 1 mai 1920 relatif à l'exportation des œuvre d'art, abgedruckt in Protz 2009, S. 181.

271 Vgl. Das französische Ausfuhrverbot von Kunstwerken, Kunstchronik und Kunstmarkt, 55. Jg., Nr. 36, 4. 6. 1920, S. 709, vgl. auch Protz 2009, S. 180 f.

Kunstwerke ein, deren Ausfuhr beantragt wurde; bei Verstößen gegen das Genehmigungsverfahren drohte gar eine Beschlagnahmung.[272]

Die *Berliner Börsenzeitung* berichtete über die Reaktionen, die vor allem der Ausfuhrzoll und die Unsicherheit über den Kreis betroffener Kunstwerke im französischen Kunsthandel hervorriefen.[273] Wie die Berichterstattung in der deutschen Fachpresse verdeutlicht, beeinflusste das Vorgehen des „Feindes" die deutschen Maßnahmen. Die Fachzeitschrift *Der Kunstmarkt* informierte bereits im Februar 1916 über einen Gesetzentwurf, der der französischen Kammer vorlag und eine Besteuerung von Kunstwerken vorsah, die nach dem Krieg ins Ausland gelangen würden:

> „Dieses Gesetz ist durch die nicht unbegründete Furcht veranlaßt worden, daß nach dem Kriege durch Besitzwechsel und Verarmung unverhältnismäßig viele Kunstwerke zur Versteigerung kommen, und bei dem erhöhten Angebot weit hinter dem wahren Wert zurückbleibende Preise erzielen würden. Dadurch sei die Gefahr vorhanden, daß die meisten dieser Kunstwerke für billigen Preis ins Ausland, vor allem nach Amerika gelangten, eine Beobachtung, die übrigens schon während des Krieges gemacht worden sei, und eine schnelle Beratung des Gesetzentwurfes dringend erfordere."[274]

Demzufolge sollte der Staat der Pflicht nachkommen, „mit doppelter Sorgfalt über das zu wachen, was noch geblieben sei" und Kunstwerke schützen „deren Erhaltung und Bewahrung in nationalem Interesse liege", eine Forderung, die auch in Deutschland gegenüber der eigenen Regierung erhoben wurde.[275] Nach dem Krieg folgte im Sommer 1919 ein weiterer Bericht im *Cicerone*, der die deutsche Öffentlichkeit fälschlicherweise darüber in Kenntnis setzte, dass am 17. Juli ein Gesetz zum Schutz der in Frankreich befindlichen beweglichen Kunstwerke angenommen worden war.[276] Da Bestimmungen erst im Frühjahr 1920 erlassen wurden, musste sich diese Nachricht als Falschmeldung herausstellen. Die Bedeutung für das Deutsche Reich kann hier in der erneuten Thematisierung einer begrenzten Ausfuhrkontrolle sowie in der Konfrontation mit bevorstehenden Maßnahmen der Nachbarstaaten gesehen werden.

272 Vgl. Loi du 31 Aout 1920 relative à l'exportation des œuvre d'art, abgedruckt in Protz 2009, S. 185. Zudem drohten Geldstrafen in Höhe des Wertes des Kunstwerkes bis hin zur zweifachen Höhe; bei Wiederholungsvergehen auch Gefängnisstrafe.

273 Die Krise im französischen Kunsthandel, Berliner Börsenzeitung, überliefert in BArch, R32/115, Bl. 1.

274 Ein Ausfuhrverbot auf französische Kunstwerke, Der Kunstmarkt, 13. Jg., Nr. 22, 25.2.1916, S. 95.

275 Ebd.

276 Ausfuhrverbot und Schutz der französischen Kunstwerke, Der Cicerone, 1. Jg., H. 15, August 1919, S. 492. Die Ausfuhr dieser Kunstwerke wurde, laut Bericht, verboten und nicht nur unter Genehmigung gestellt, wie es wenige Monate später im Deutschen Reich geschehen sollte. Mit Reglementierungen zur Restaurierung unter der Aufsicht des Ministre des Beaux arts ging die gesetzliche Regelung deutlich über eine inventarisierte Ausfuhrkontrolle hinaus und bestimmt auch über den Erhalt im Inland.

2.4.4 Großbritannien

In Großbritannien, einem traditionellen Kunstexportland, nahm vor dem Ersten Weltkrieg die Zahl der nach Amerika abwandernden Kunstwerke ebenfalls zu. Im Dezember 1912 fanden sich aus diesem Grund Sachverständige der Londoner Nationalgalerie zu einer Aussprache zusammen, die 1915 publiziert wurde und Einfluss auf die Maßnahmen der englischen Regierung nahm.[277] Keine Stimme setzte sich bei diesen Beratungen für ein Ausfuhrverbot ein; „sichere Gewähr biete nur bares Geld", berichtete Woldemar von Seidlitz daraufhin in der deutschen *Museumskunde*.[278] Die Akquirierung von finanziellen Mitteln zur Sicherung bedeutender Kunstwerke stand im Vereinigen Königreich im Vordergrund. Die unter den Kriegsumständen kurzzeitig erlassenen inventargeschützten Ausfuhrbeschränkungen wurden bereits im Frühjahr 1919 wieder aufgehoben:[279] „Wie England der erste Staat war, der ein Kunstausfuhrverbot erließ, so ist er damit auch der erste, der es wieder aufhebt", so die Berichterstattung im Deutschen Reich.[280]

Statt durch Verfügungsbeschränkungen in das Privateigentum einzugreifen, zog der englische Staat respektive die Londoner Nationalgalerie es vor, wertvolle Kunstwerke durch Erwerb zu sichern.[281] Bis zum Beginn des Zweiten Weltkriegs bestanden in Großbritannien keine umfassenden Regelungen, die die Ausfuhr von Kunstwerken begrenzten, um den für England so wichtigen freien internationalen Kunsthandel nicht zu gefährden.[282] 1922 stellten die Mitgliedern des National Gallery Board lediglich eine sogenannte „paramount list" auf, die sieben Altmeistergemälde nichtenglischen Ursprungs in Privatbesitz unter Schutz stellte.[283] Dennoch stießen die zuvor erwähnten britischen Entwürfe zu einer weiterführenden, inventarisierten Ausfuhrkontrolle in Deutschland auf großen Zuspruch.

277 *Minutes of evidence of the Committee of Trustees of the National Gallery appointed by the Trustees to inquire into the retention of important pictures in the country and other matters connected with the National Art Collections*, London (Eye-Spitteswoode), 1915, Cd. 7879. Vgl. Woldemar von Seidlitz: Die Sicherung des Kunstbesitzes für den Staat, Museumskunde, Bd. 15, H. 1/2, 1919, S. 82–84.

278 Ebd., S. 83.

279 Bode berichtete in der *Vossischen Zeitung*, dass 1916 auch ein englischer Entwurf vorgelegt wurde, der ein Gesetz mit beschränkter Inventarisation mit staatlichem Vorkaufsrecht vorsah. Nähere Informationen über die Maßnahmen in England lagen der deutschen Fachwelt jedoch nur spärlich vor. Vgl. Bode, Voss. Zeitung, 1918. Vgl. auch Ausfuhr von Kunstwerken nach Amerika, Der Kunstmarkt, 12. Jg., Nr. 41, 3. 9. 1915, S. 165–166.

280 Die Aufhebung des englischen Kunstausfuhrverbots, Der Cicerone, 11. Jg., H. 7, 1919, S. 189.

281 Seit 1903 erwarb der „National Art Collections Fund" mithilfe von Spenden bedeutende Werke. Zudem gewährte das britische Parlament zwischen den Weltkriegen Kredite, die den Ankauf herausragender Gemälde für die nationalen Sammlungen ermöglichten, bevor sie ins Ausland abwanderten. Vgl. Weber 2002, S. 332.

282 Vgl. Antje-Katrin Uhl: Der Handel mit Kunstwerken im europäischen Binnenmarkt. Freier Warenverkehr versus nationaler Kulturgutschutz. Berlin 1993, S. 87. Großbritannien ging finanziell gestärkt aus dem Ersten Weltkrieg hervor und profitierte besonders vom Kunst(gewerbe)-handel mit Amerika und Asien.

283 Vgl. Protz 2009, S. 199.

2.4.5 Russland

Am 22. November 1918 berichtete die *Zeitschrift für bildende Kunst* über den Erlass eines absoluten Ausfuhrverbotes für Kunst in Sowjetrussland.[284] Die Meldung ging auf ein Dekret zurück, das bereits am 19. September des Jahres im Moskauer Kreml erlassen worden war und die Ausfuhr sowie den Verkauf von Kunstwerken und historisch bedeutenden Objekten grundsätzlich verbot. Ausnahmegenehmigungen durfte nur die Abteilung für Museumsangelegenheiten und Denkmalschutz in St. Petersburg und Moskau erteilen, die dem Volkskommissariat für Bildungswesen (Narkompros) unterstellt war.[285] Knapp drei Wochen später wurden diese Bestimmungen durch ein Dekret verschärft, das Wladimir I. Lenin und der von ihm berufene Volksbildungskommissar Anatoli Lunačarskij erließen. Darin hieß es, dass Kunstwerke und Denkmale von historischer, wissenschaftlicher oder künstlerischer Bedeutung, die sich im Privatbesitz von Personen oder Institutionen befanden, innerhalb eines Monats behördlich registriert werden sollten, was eine drastische Einschränkung der Verfügung über das Privateigentum zur Folge hatte: Der Verkauf, die Ausfuhr oder Schenkung ebenso wie Restaurierungen bedurften stets der staatlichen Genehmigung.[286] Bei Zuwiderhandlung oder bei Vernachlässigung der Geschichtszeugnisse wurden entschädigungslose Beschlagnahmung sowie Haftstrafe in Aussicht gestellt. Der Besitz des abgedankten russischen Zaren Nikolaus II. sowie aller Familienmitglieder war zuvor in den Besitz des Staates übergegangen; auch den kirchlichen Gemeinschaften wurde das Recht auf Eigentum aberkannt.[287] Stärker noch als in Deutschland führten die historischen Umbrüche des Jahres 1917 zur wachsenden Bereitschaft privater Sammler, ihre Kunstwerke zu veräußern und dabei Angebote westlicher Käufer wahrzunehmen. Linke Gruppierungen, unter ihnen Kunstschaffende und der Schriftsteller Maxim Gorki, forderten bereits 1917 ein Ausfuhrverbot; die fehlende Grenzsicherung machte eine Kontrolle des Warenver-

284 Ein russisches Ausfuhrverbot für Kunstgegenstände, Zeitschrift für bildende Kunst, 54. Jg., Nr. 6, 22. 11. 1918, S. 125; vgl. Ausfuhrverbot für Kunstwerke aus Russland, Der Cicerone, 11. Jg., 1919, H. 7, S. 197; auch die Tschechoslowakei soll ein solches Ausfuhrverbot erlassen haben. Vgl. Clemen, Der Cicerone, 1920, S. 201.

285 Dekret o zapreschenii vyvoza i prodazhi za granicu predmetov osobogo chudozhestvennogo i istoricheskogo znaschneija. 19. 9. 1918, abgedruckt in: Dekrety sovetskoj vlasti, Bd. 3, Moskau 1964, S. 352–54. Die Autorin dankt Ekaterina Smirnová für die Übersetzung der Dekrete aus dem Russischen; vgl. Waltraud Bayer: Revolutionäre Beute: Von der Enteignung zum Verkauf, in: Verkaufte Kultur. Die sowjetischen Kunst- und Antiquitätenexporte, 1919–1938, hg. von ders., Frankfurt a. M. 2001, S. 19–40, hier S. 23.

286 Dekret o registrtacii, prieme na uchet i oxrane pamajtnikov iskusstva i stariny, naxodjaschixsja vo vladenii chastnyx lic, obschestv i uchrezhdenij, 5. 10. 1918, abgedruckt in: Dekrety sovetskoj vlasti, Bd. 3, Moskau 1964, S. 399 ff.

287 Dekret o konfiskacii imuschestva nizlozhennogo rossojskogo imperatora i chleonov imperatorskogo doma ot 13. 7. 1918, abgedruckt in: Dekrety sovetskoj vlasti, Bd. 3, Moskau 1964, S. 21 f., vgl. Bayer 2001, S. 23.

kehrs jedoch unmöglich und forcierte den Abfluss von Kulturgütern noch zusätzlich.[288] Wie Waltraud Bayer in ihren langjährigen Forschungen nachzeichnete, sollten die Verstaatlichungen und die Zentralisierung des russischen Kunstbesitzes diesen staatlicherseits nicht gewollten Verkäufen zuvorkommen und gezielt Kunstexporte durch den Staat vorbereiten, die mit dem wirtschaftlichen Notstand infolge von Krieg und Revolution gerechtfertigt wurden.[289] In der Zwischenkriegszeit setzte die Regierung enteignete Kunstbestände, Edelmetalle und Bibliotheken in das westliche Ausland ab, um insbesondere die wirtschaftliche, politische und ideologische Position Sowjetrusslands zu stärken.[290] Auch die Museen sollten im großen Umfang Objekte aus ihren Beständen für den Export wählen; die Verkäufe von erstklassigen Meisterwerken aus der Eremitage Ende der 1920er Jahre stellten dabei einen Höhepunkt dar.[291]

2.4.6 Österreich

Als wenige Tage nach Gründung der Republik Österreich die Provisorische Nationalversammlung am 5. Dezember 1918 ein Ausfuhrverbot erließ, blickte der Nachbarstaat Deutschlands auf eine hundertjährige Tradition ähnlicher Exportregulierungen zurück, wenngleich die österreichischen Verantwortlichen nur von einem „etwas labile[n] System von kaiserlichen Verordnungen und ähnlichen Verfügungen" sprachen.[292] Im Dezember 1818 wurde die Ausfuhr von Kunstgegenständen und Antiquitäten, „welche zum Ruhme und zur Zierde des Staats beytragen, und durch deren Veräußerung in der Masse der übrigen in der Monarchie vorhandenen Gegenstände dieser Art eine schwer zu ersetzende Lücke und ein wesentlicher Verlust entstehen würde", unter Strafandrohung verboten.[293] Das Gesetz trat für alle westlichen Kronländer in Kraft und wurde 1827 um ein Vorkaufsrecht des Staates erweitert. Die Wirkung dieser gesetzlichen

288 Vgl. Bayer 2001, S. 20 und 26. Gorki wurde in den folgenden Jahren zentrale Figur der staatlich gelenkten Kunstverkäufe, indem er die Antiquarische Schätzkommission gründete und leitete, die dem Volkskommissar für Handel und Industrie unterstellt war. Vgl. ebd. und Waltraud Bayer: Gerettete Kultur. Private Kunstsammler in der Sowjetunion 1917–1991, Wien 2006, S. 33.

289 Vgl. Bayer 2001, S. 19; Waltraud Bayer: Die Beute der Oktoberrevolution. Über Zerstörung, Erhaltung und Verkauf privater Kunstsammlungen in der Sowjetunion, 1917–1938, in: Archiv für Kulturgeschichte, 81. Bd., 1999, S. 417–441; Bayer 2006.

290 Vgl. Bayer 2001, S. 35 ff.

291 Vgl. Elena Solomacha: Verkäufe aus der Eremitage, 1926–1933, in: Bayer 2001, S. 41–62; Bayer 2001, S. 30 f.

292 Tietze in: Dritte gemeinsame Tagung für Denkmalpflege und Heimatschutz, Eisenach 23. und 24. September 1920, Stenographischer Bericht, S. 111–118, hier S. 111; vgl. dazu Marlene Zykan: Zum österreichischen Ausfuhrverbotsgesetz. Geschichte – Problematik – Wirkung, in: Österreichisches Bundesdenkmalamt, 38. Jg., H. 1, Wien 1984, S. 1–15; Wussow 1885, S. 192–209.

293 *Bestimmungen über die Ausfuhr und den Verkehr mit Kunstwerken und Seltenheiten*, Politische Gesetze und Verordnungen, Jg. 1818, Nr. 124, S. 69–71, § 1. Vgl. Wussow 1885, S. 192; Karl Ginhart: Das österreichische Ausfuhrverbot, Deutsche Kunst und Denkmalpflege, 1936, S. 121–123.

Maßnahmen war jedoch gering, weil sie in erster Linie staatliches Eigentum betrafen.[294] Das 1918 erlassene allgemeine Ausfuhrverbot von „Gegenständen von geschichtlicher, künstlerischer oder kultureller Bedeutung" ging um einiges weiter: Auch die Veräußerung und der Erwerb von Kunstbesitz der Körperschaften des öffentlichen Rechts sowie der Kirchen, aber auch der Kron- und Familiengüter des ehemaligen kaiserlichen Hauses wurden untersagt.[295] Mit dem Gesetz von 1918 hatte Österreich dem Deutschen Reich gleich drei Dinge voraus: Erstens erfolgte eine Ausfuhrregelung in Form eines Gesetzes und nicht, wie ein Jahr später im Deutschen Reich, als befristete Verordnung, die nur auf eine Übergangslösung abzielte; zweitens wurde mit diesem Gesetz bereits der Besitz öffentlicher und sonstiger Institutionen vor dem Verkauf geschützt;[296] und drittens löste Österreich bevorstehende Konflikte mit dem abgedankten kaiserlichen Hause, indem das Gesetz auch auf Kron- und Familiengüter Anwendung fand.[297] Ungeachtet der vermögensrechtlichen Herkunft wurden Kunstwerke im weiteren Sinne geschützt, mit Ausnahme von Objekten lebender oder vor weniger als 20 Jahren verstorbener Künstler. Die Eintragung in ein Inventarliste erfolgte erst bei versuchter Ausfuhr, über die im Einzelfall durch die zuständigen Staats- und Landesdenkmalämter entschieden wurde.[298] Für eine absolute Ausfuhrkontrolle sprach in Österreich die Möglichkeit, Kulturgut durch staatliche Sammlungen, Bibliotheken und Archive anzukaufen und damit zu sichern. Selbst Privatsammler, die ihren Kunstbesitz in Österreich bewahrten, erhielten ein Vorkaufsrecht.[299] Bei fehlendem Interesse aller angesprochenen Stellen wurde die Ausfuhr unter Abgabe von anfänglich 17 Prozent des Objektwertes gestattet, was infolge der wirtschaftlichen Schwierigkeiten des Kunsthandels in den 1930er

294 Der Gesetzestext von 1818 gibt Hinweise auf ein allgemeines Ausfuhrverbot; Wussow führt in seiner Entwicklungsschau des Denkmalschutzes von 1885 jedoch an, dass nur staatlicher Besitz in den Geltungsbereich der gesetzlichen Maßnahme fiel, Österreich „den Eingriff in die Rechte der Kirche und anderer Kooperationen jedoch gescheut" hat. Wussow 1885, S. 251; vgl. *Modificierung des Verbothes der Ausfuhr von Kunstwerken und Seltenheiten*, Politische Gesetze und Verordnungen, Jg. 1827, Nr. 46, S. 71–72. Das Gesetz von 1827 hatte rechtlich auch 1918 noch seine Gültigkeit. Vgl. Wilhelm Ambros: Das Gesetz über die Inlandsveräußerungen und über die Ausfuhr von Kunstwerken, Mitteilungen des Staatsdenkmalamtes, Bd. II./III., H.1–3, 1920/21, S. 46.

295 *Gesetz vom 5. Dezember 1918, betreffend das Verbot der Ausfuhr und der Veräußerung von Gegenständen von geschichtlicher, künstlerischer oder kultureller Bedeutung*, § 1, Staatsgesetzblatt für den Staat Deutschösterreich, Jg. 1918, Nr. 20, S. 128–129, abgedruckt in: Ambros, Mitteilungen des Staatsdenkmalamtes, 1920/21, S. 46 f. und Frodl-Kraft 1997, S. 445 f. Das österreichische Staatsdenkmalamt gab zudem detaillierte Vorschriften heraus, welche Kriterien für die zu schützenden Kunstgegenstände zutreffen müssen. Vgl. Ausfuhrverbot in Österreich, Der Cicerone, 11. Jg., 1919, H. 7, S. 189.

296 Das Deutsche Reich erließ dementsprechend im Mai 1920 eine gesonderte Verordnung, deren Verlängerung die Reichsregierung 1925 nicht umsetzte.

297 Gesetz vom 5. 12. 1918, § 2 Abs. 2. Diese Interimslösung wurde mit dem „Habsburgergesetz" vom 3. 4. 1919 hinfällig. Vgl. dazu auch Kap. I.1.3.b dieser Arbeit.

298 Vgl. Berndt 1998, S. 57; G.W.: Ausfuhrverbot in Österreich, Der Cicerone, 11. Jg., H. 7, S. 189.

299 Vgl. Ginhart 1936, S. 123.

Jahren auf 10 Prozent verringert wurde.[300] Die österreichischen Kunsthistoriker und Denkmalpfleger Max Dvořák und Hans Tietze publizierten ab 1907 die beweglichen und unbeweglichen Denkmäler Österreichs in einer Topografie; beide unterstützen auch in der Öffentlichkeit die Maßnahmen zum Schutz von Kulturgut nach Gründung der Republik. Positiv fiel die Bilanz des österreichischen Ausfuhrverbots aus, die der Kunsthistoriker Karl Ginhart 1936 in der Fachzeitschrift *Deutsche Kunst und Denkmalpflege* zog. Nach zehnjähriger Amtszeit als Leiter des Bundesdenkmalamtes bescheinigte er die Verhinderung eines unkontrollierten Ausverkaufs der österreichischen Kunstschätze und damit die wirkungsvolle Durchsetzungskraft des Gesetzes von 1918, das im Folgenden die Grundlage für die 1958 in Österreich erarbeitete Fassung einer neuen Ausfuhrkontrolle bildete.

2.4.7 Weitere Staaten

Die Schweiz verzichtete auf ein Ausfuhrverbot, da zum einen die Gefahr der massenhaften Abwanderung von Kunstwerken zu keinem Zeitpunkt bestand, zum anderen sie so zum Fluchtziel zahlreicher wertvoller, privater Kunstsammlungen wurde.[301] Hierzu zählte unter anderem der Welfenschatz, der sich nach dem Ersten Weltkrieg im Schweizer Kanton Aarau befand, wo er der Unterschutzstellung durch eine Eintragung in das reichsdeutsche Verzeichnis entging. Hingegen regulierte die Schweiz die Kunsteinfuhr, „weil infolge des tiefen Standes der Valuten die Spekulation mit derartigen Objekten zum Schaden der Schweizer Künstler die grössten Dimensionen angenommen hat[te] und besonders die Einfuhr von Gemälden aller Art ausserordentlich hoch [war]".[302] Absurd anmutende Angaben lieferte die schweizerische Statistik über die „Ware Kunst" beispielsweise zum Juli 1921, wo „allein 144 Doppelzentner Gemälde von Deutschland nach der Schweiz eingeführt worden waren, während sich der Monatsdurchschnitt in früheren Jahren auf etwa 8 bis 10 Doppelzentner bezifferte".[303] Ähnliches traf auf die USA zu, die als weltweit bedeutendes Land für Ankäufe nun Kunstimporte regulierten. Es gab in den USA dagegen keine Verbote, die den Export von Kunstwerken betrafen,

300 Vgl. ebd.

301 Die Kompetenzen für die Kulturschutzmaßnahmen lagen zudem bei den Kantonen und waren somit für einen nationalen Ausfuhrschutz unbrauchbar. Dem Staat wurde lediglich ein Vorkaufsrecht eingeräumt, wenn eine enge Verbindung zu einem Kanton nachzuweisen war.

302 Kunstwerke wurde nur dann zur Einfuhr zugelassen, wenn „ihre Herstellung in der Schweiz nicht möglich ist" und „wenn es sich um hervorragende Kunstwerke handelt, deren Einfuhr eine Bereicherung des öffentlichen und privaten Kunstbesitzes der Schweiz bedeutet". Zur Feststellung des Wertes wurden Kunstwerke deutscher Herkunft an den Zollstellen in Basel und Zürich geprüft. Deutsche Gesandtschaft (Adolf Müller) an Wirt. Verband Bildender Künstler, 22.5.1923, BayHStA, MK 40836, Bd. 4.

303 Ebd.

und auch die Niederlande, Belgien und Dänemark führten bis nach 1945 keine Ausfuhrbeschränkungen ein.[304]

Im 19. Jahrhundert erfuhr die Denkmalpflege der europäischen Staaten eine Ausprägung, die auch mobile Kulturgüter umfasste. Die Nationenbildung bestärkte den Wunsch nach Schutz des jeweiligen wertvollen Kulturgutes vor Abwanderung und somit vor dem Verlust für die eigene nationale Identitätsprägung. Der Erste Weltkrieg mit seinen wirtschaftlichen, politischen und gesellschaftlichen Folgen gab dem nationalen Kulturgutschutz europaweit neue Impulse. All die beschriebenen Entwicklungen wurden im Deutschen Reich bestmöglich verfolgt, um von den Erfahrungen anderer zu profitieren. Grundsätzlich gestaltete sich die deutsche Position zurückhaltend, um andere Länder nicht zu bewegen, ebenfalls ein Ausfuhrverbot zu veranlassen und damit ihre Kunst zu sperren. Die Befürchtung überwog, „daß eine solche Maßregel mit den notwendig als Folge zu erwartenden Gegenmaßregeln unserer Nachbarn uns eventuell schwer ins eigene Fleisch schneiden würde".[305] Bereits vor dem Krieg mahnte der Dresdner Denkmalpfleger Cornelius Gurlitt vor einer entstehenden Doppelmoral:

> „Wir sind ganz außerordentlich entrüstet, wenn etwa ein Amerikaner oder sonst ein Fremder bei uns ein ausgezeichnetes Kunstwerk aufkauft und aus dem Lande schleppt. Aber jüngste Vorgänge, z. B. Spanien gegenüber, haben gezeigt, daß wir ebenso entrüstet sind, wenn man ein von uns gekauftes Kunstwerk in einem fremden Lande etwa durch gesetzliche Maßnahmen oder durch sonst eine Form der Opposition zurückhalten will."[306]

Aus diesem Grund wurde das Vorgehen des Auslandes beobachtet, damit auch das Deutsche Reich zeitnah reagieren könne:

> „Sollten nun diese Länder nach dem Kriege ein Ausfuhrverbot erlassen, so müßte selbstverständlich Deutschland gleich damit folgen; sonst werden aber die deutschen Sammler und Museen nach wie vor im Ausland weit mehr und bessere Gelegenheit zur Vermehrung ihrer Sammlungen finden als die Ausländer bei uns."[307]

Jede Nachricht über gesetzliche Regelungen im Ausland stieß auf großes Interesse. Aus Zeitungsberichten erfuhr das preußische Kultusministerium beispielsweise von den Gesetzesvorbereitungen in Österreich und gelangte über das Auswärtige Amt an nähere Informationen, darunter Vollzugsanweisungen und Instruktionen des Staatsdenkmalamtes.[308] In den beinahe drei Jahren, die zwischen den ersten Beratungen über den

304 Vgl. Uhl 1993, S. 92 ff. In Dänemark wurde jedoch im Lehenauflösungsgesetz Nr. 563 vom 4. 10. 1919 geregelt, dass Gegenstände von künstlerischem und historischem Wert beim Übergang in freies Eigentum in Dänemark verbleiben sollen. Vgl. Kohls 2001, S. 38.

305 Clemen, Tägliche Rundschau, 26. 11. 1919.

306 Gurlitt in: Zweite Gemeinsame Tagung für Denkmalpflege und Heimatschutz, Dresden 25. und 26. September 1913, Stenographischer Bericht, S. 81.

307 Bode, Kunstchronik, 1918, S. 162.

308 Die Anfrage erfolgte am 23. 1. 1919, unmittelbar nach der kommissarischen Besprechung im Reichsinnenministerium und auch nachdem das Gesetz in Österreich bereits erlassen war. Vgl. Österr. StA, AVA, Unterricht III/3, Sig. 15, Fasz. 3067, Z.2529/19-17b. Die Autorin dankt Lukas Cladders für den freundlichen Hinweis auf diesen Vorgang.

Kunstausfuhrschutz und dem Erlass der Kunstausfuhrverordnung im Dezember 1919 lagen, wurden die Maßnahmen des Auslandes aufmerksam verfolgt:

> „Während Italien, Griechenland und die Türkei schon lange gesetzliche Ausfuhrverbote haben, habe Frankreich jetzt im Kriege ein solches erlassen und England stehe im Begriff, das Gleiche zu tun. Auch Oesterreich-Ungarn habe in gewissen Umfange [sic!] die Ausfuhr von Kunstgegenständen neuerdings untersagt. Uns stünden für den Bezug z. Zt. nur Holland, die drei nordischen Königreiche und die Schweiz offen, von wo jedoch Wertvolles nicht zu beziehen sei."[309]

Dabei ist auffallend, dass aufgrund verzögerter oder unterbrochener Kommunikationswege Informationen über Gesetzesvorbereitungen oder gar Erlasse anderer europäischer Länder die Verantwortlichen in Deutschland nur spärlich erreichten. Angesichts fehlender Detailkenntnisse über die in Frankreich und England beratenen Gesetze orientierte sich das Deutsche Reich an der Gesetzgebung eines inventarisierten Ausfuhrschutzes in Italien, weil dieser bereits seit mehreren Jahrzehnten bestand und sich auch die deutschen Museumsbeamten in dem einen oder anderen Erwerbungsvorgang aus italienischen Sammlungen mit der dortigen Ausfuhrregelung konfrontiert sahen. Die Methode der Inventarisation war im Deutschen Reich zudem bereits aus der Denkmalpflege bekannt; so hatten die Konservatorenämter der einzelnen Länder in den 1840er und 1850er Jahren ihre Tätigkeit aufgenommen und Bau- und Kunstdenkmäler nach wissenschaftlichen Kriterien erfasst.[310] Gestärkt durch diese Erfahrungen ging Deutschland auch im Fall des Ausfuhrschutze den Schritt gen Inventarisation. Zudem sollte eine konkrete Benennung der unter Schutz gestellten Kunstwerke auch die Gefahr von Gegenmaßnahmen des Auslandes eindämmen. Die Dresdner Handelskammer kritisierte insbesondere den Verweis auf die italienische Kunstausfuhrgesetzgebung, „denn es ist ein öffentliches Geheimnis, daß es trotz diesem Gesetze möglich ist, sozusagen jedes Kunstwerk aus Italien auszuführen".[311] Bald darauf sollte sich die deutsche Reichsregierung ebenfalls mit diesem Vorwurf konfrontiert sehen.

309 Wilhelm von Bode in der Besprechung am 30.4.1917 im Reichsamt des Innern, Heyn an Beck, 2.5.1917, SächsHStA, 10736, Nr. 17455, Bl. 15–19, hier Bl. 16.

310 Vgl. Speitkamp 1996, S. 201 f.

311 Handelskammer Dresden an Sächs. MdI, Abt. für Handel und Gewerbe, 26.9.1918, SächsHStA, 10736, Nr. 17455, Bl. 144–147.

3. REAKTIONEN IN DER ÖFFENTLICHKEIT

Zahlreiche Meldungen und Kommentare in deutschen Tages- und Fachzeitungen geben ein Bild von der öffentlichen Reaktion auf die Notverordnung vom 11. Dezember 1919. Die Berichterstatter äußerten sich größtenteils überrascht und positiv zur neuen Gesetzgebung, war diese zwar lang erwartet, letztendlich aber „in aller Stille" auf den Weg gebracht worden.[312] Ausnahmslos befürwortet wurde die Zusammensetzung der fachkundigen dreiköpfigen Kommission, die es ermöglichte, verschiedene Interessen zu berücksichtigen und abzuwägen.[313] Grundsätzlich wurde die ausführliche Würdigung des deutschen Kulturgutschutzes in der Öffentlichkeit begrüßt, weil „eine gesteigerte Bedeutung [...] der öffentlichen Meinung und der freien Mitarbeit aller interessierten Kreise für alle Staats- und Kulturarbeit im neuen republikanischen Deutschland" zuteil wurde, wie auf der gemeinsamen Tagung für Denkmalpflege und Heimatschutz in Eisenach betont wurde.[314]

Neben einer breiten Zustimmung zum Schutz von Kunstwerken verursachte eine allgemeine Unsicherheit auch Kritik an der neuen Ausfuhrbeschränkung. Mehrheitlich wurde der späte Zeitpunkt der Verabschiedung beanstandet:

> „Das ‚Endlich', was man geneigt ist, bei der Lektüre des Verbots auszusprechen, wird nicht befreiender, wenn man gleich das betrübende Wort ‚Zu spät' hinterherschicken muß."[315]

312 M. S.: Reichsgesetzliches gegen die Kunstausfuhr. Sicherung wichtigen nationalen Kunstbesitzes, Die Post, 13.12.1919.

313 Vgl. Max Osborn: Ein Kunstausfuhr-Verbot. Schutz des wertvollen nationalen Besitzes, Voss. Zeitung, 12.12.1919.

314 Konrad Beyerle in: Dritte gemeinsame Tagung für Denkmalpflege und Heimatschutz, Eisenach 23. und 24. September 1920, Stenographischer Bericht, S. 21.

315 E. Thyssen: Ein Kunstausfuhrverbot, Germania, 13.12.1919; vgl. auch Osborn, Voss. Zeitung, 1919; G.: Ein Ausfuhrverbot für Kunstwerke, Neue Preußische Zeitung (Kreuz-Zeitung), Nr. 606, 13.12.1919; Die Ursachen der Verordnung. Die Aufnahme in den Sammlerkreisen, Der Kunstwanderer, 1. Jg., 2. Dezemberheft, 1919, S. 166–167; „Fragt sich nur, warum dies nicht eher geschah, warum man – um in der bekannten Parabel zu sprechen – den Brunnen erst zudeckte, nachdem das Kind darin ertrunken ist." G[eorg] B[iermann].: Das Ausfuhrverbot von Kunstwerken, Der Cicerone, 12. Jg., H. 1, 1920, S. 29–30, hier S. 29; Ausfuhrverbot für Kunstwerke,

Dass die großen Versteigerungen der vergangenen Jahre nicht hatten verhindert werden können, warf Max Osborn in der liberalen Berliner *Vossischen Zeitung* der Regierung vor: Man habe „diesen Zuständen und der schweren Schädigung, die der Allgemeinheit dadurch erwuchsen, ruhig zugesehen".[316] Nach Annahme des Berliner Chefredakteurs der nationalkonservativen *Täglichen Rundschau*, Willy Pastor, wäre die Liste zwei Jahre zuvor „mindestens doppelt so lang gewesen".[317] Einigen Kritikern ging die inventarisierte Ausfuhrkontrolle nicht weit genug, wie ein anonym veröffentlichter Bericht in *Kunst und Künstler* verdeutlicht:

> „Paradox könnte man sagen, daß man jetzt wenigstens weiß – oder daß die Kenner der geheimen Listen es wissen –, welche Kunstwerke nach einigen Jahren noch in Deutschland vorhanden sein werden. Denn alle die nicht mit dem Ausfuhrverbot belegten alten Werke von internationalem Ruf werden wohl allmählich abwandern."[318]

In diesem Zusammenhang tauchte der Vorwurf auf, dass Kunstwerken mit ihrer Nicht-Listung der nationale Wert gleichermaßen abgesprochen, sodass ihr Verkauf beschlossene Sache zu sein schien. Eine vorübergehende, absolute Unterbindung des „schrecklichen Ausverkaufs[s] des deutschen Idealismus" sollte Kunstwerke innerhalb der Grenzen des Deutschen Reiches halten „bis das deutsche Volk sich besonnen hat".[319] Die Empfindung, die erlassene Unterschutzstellung greife nicht weit genug, teilten allerdings nicht viele. Vielmehr wurde die Einmischung in den Privatbesitz kritisiert, die „einem demokratischen Staat durchaus nicht zur Ehre gereicht[e]".[320]

Von der Verordnung waren ausschließlich private Sammler betroffen, die nun befürchteten, für ihre Kunst ohne den Wettbewerb des Auslands kaum noch gute Preise zu erhalten und gleichzeitig vom Staat mit hohen Steuern belastet zu werden.[321] Das Verständnis von Kunst als Besitz der Allgemeinheit fand im Zuge einer „teilweisen Sozialisierung des Kunstbesitzes" konsequenterweise auch auf den privaten Bereich Anwendung.[322] Die befürchtete oder tatsächliche Umwandlung des fürstlichen Erbes in reine Privatsammlungen verlieh diesem Anspruch einen neuen Nachdruck.[323] Einer erwarteten Härte gegen die Besitzer, „die aber wohl im Interesse der Gesamtheit nicht vermieden werden konnte"[324], entgegnete Bode in der *Dortmunder Zeitung* mit der Beruhi-

Münchner Neueste Nachrichten, Nr. 635, 12.12.1919; Willy Pastor: Das Gesetz gegen die Ausfuhr von Kunstwerken, Tägliche Rundschau (Berlin), 12.12.1919.

316 Osborn, Voss. Zeitung, 1919.

317 Pastor, Tägliche Rundschau, 1919.

318 Ausverkauf, Kunst und Künstler, 18. Jg., H. 5, 1920, S. 191–195, hier S. 192.

319 Ebd., S. 195 und 192.

320 G[eorg] B[iermann], Der Cicerone, 1920, S. 29.

321 Vgl. Fritz Stahl: Ein reichsgesetzliches Kunstausfuhrverbot. Bindung der Kunstwerke höchsten Wertes, Berliner Tageblatt, 12.12.1919.

322 Clemen 1920, S. 102.

323 Vgl. Jörg Sprecher: Beschränkungen des Handels mit Kulturgut und die Eigentumsgarantie, Berlin 2004, S. 21.

324 G., Neue Preußische Zeitung (Kreuz-Zeitung), 1919.

gung, dass sich der Eingriff in das Privateigentum als harmlos herausstellen würde.[325] Die wirtschaftliche Nutzung wurde im Fall einer Verbringung ins Ausland beschränkt, somit kam eine Eintragung nicht einer Enteignung gleich, sondern einer Beschränkung in der Verfügung des Besitzes.[326] Nach dem Leitsatz der Weimarer Reichsverfassung „Eigentum verpflichtet. Sein Gebrauch soll zugleich Dienst sein für das Gemeine Beste" gingen die verzeichneten Kunstwerke zwar nicht in den rechtmäßigen, jedoch in den ideellen Besitz der Allgemeinheit über.[327] Demnach durfte der Einzelne kein ausschließliches Eigentumsrecht an „nationalen Kunstwerken" beanspruchen, „die in ihrer Gesamtheit den künstlerischen Reichtum Deutschlands ausmachen".[328] Auch Valentiner wies darauf hin, dass Sammler sich nur selten bewusst wären, „daß der Besitz von Meisterwerken Pflichten der Allgemeinheit gegenüber in sich schließt, daß die großen Kunstwerke Eigentum der ganzen Menschheit, nicht des Einzelnen sind".[329] Auch Clemen konnte die Bedenken an der Beschränkung des Privateigentums nicht teilen:

> „Es kann ein einzelner einfach an einer Sache, an der im gewissen Umfange die ganze Nation interessiert ist, kein diese von dem Genuß und der Benutzung ausschließendes alleiniges Eigentumsrecht haben."[330]

Weiter billigte Clemen zu, dass „das öffentliche Interesse [...] unter Umständen an einem großen Kunstwerk ein so überwiegendes sein [kann], daß es die einfachen privaten Rechtsansprüche einfach ausschaltet".[331]

Die Aufstellung eines Inventars mit Objekten, die für die „Nation" als unentbehrlich betrachtet wurden, entwertete Kunstwerke monetär in zweierlei Hinsicht: Erstens führte eine Eintragung zu einer Begrenzung der Verfügung und potenziellen Käuferschaft; und zweitens stellte auch die Nichteintragung in das Verzeichnis eine Art Wertschätzung im Sinne einer Geringschätzung dar.[332] Grundsätzlich verursachte das Kunstausfuhrgesetz eine als unerträglich empfundene Unsicherheit, die mit der Angst einherging, das Sammlerwesen und der Handel würden keine teure Kunst mehr erwerben, die inventarisiert werden könnte. Dieser Kritik folgte der Vorwurf, dass der Staat, die Gemeinden und die Kirchen dagegen frei und ohne Zustimmung über ihre Kunst verfügen durften.[333] In diesem Zusammenhang erfuhren besonders einzelne Veräußerungen von Museumsbeständen ein verstärktes öffentliches Interesse; die bereits geschilderte Empörung infolge

325 Vgl. Wilhelm von Bode: Das neue Kunst-Notgesetz, Dortmunder Zeitung, 30.12.1919.
326 Vgl. Hipp 2000, S. 78. Inwieweit die politischen Umstände auf Eigentumsbeschränkungen einwirkten, soll Gegenstand der nachfolgenden Kapitel werden.
327 Verfassung des Deutschen Reiches vom 11.8.1919, Art. 153, Abs. 3.
328 Bernhard Schmid: Tagung für Denkmalpflege und Heimatschutz in Eisenach, Die Denkmalpflege, 22. Jg., Nr. 13, 3.11.1920, S. 97–101, hier S. 98.
329 Valentiner, Kunst und Künstler, 1920, S. 362.
330 Clemen, Tägliche Rundschau, 27.11.1919, erneut Clemen 1920, S. 102.
331 Ebd.
332 Vgl. Pannwitz, Voss. Zeitung, 1918.
333 Vgl. Osborn, Voss. Zeitung, 1919.

des Verkaufs des Colmarer Rembrandts ist hier in erster Linie hervorzuheben.[334] Die Trennung von Staat und Kirche, die mit der Reichsverfassung festgeschrieben wurde, rückte auch den kirchlichen Kunstbesitz in ein neues Rechtsverhältnis. Und auch wenn die Kunst, die sich zum Zeitpunkt des Erlasses im Handel befand, unberührt blieb, fühlten sich Kunsthändler in ihrer Freiheit beschnitten, sahen gar ihr „Todesurteil" gesprochen.[335] Nach Bodes Vorstellung war ein Eingriff damit gerechtfertigt, dass die begrenzte Zahl an geschützten Werken einen Ausgleich zu den großen Gewinnen darstellte, die Kunsthändler in den vorangegangenen Jahren auf dem Markt erwirtschaftet hatten.[336]

Karl Scheffler, Herausgeber der Zeitschrift *Kunst und Künstler*, kritisierte vor allem die Vorstellung, das Verhältnis des Menschen zur Kunst ließe sich bessern: „Nachdem die Sammler doch lange als Verbündete der Museen gegolten haben, die wie im Auftrage der Nation zu sammeln schienen, nachdem wir uns eben gewöhnt hatten in den Privatsammlungen die natürlichen Reservoirs der Staatsgalerien zu sehen", habe der Erste Weltkrieg diese Entwicklung erschüttert indem sich „so viele grosse Sammler leichten Herzens von ihrem mühevoll zusammengebrachten Besitz trenn[t]en, um dafür tote Millionen einzutauschen".[337] Für Scheffler lagen die Ursachen dafür in der Annahme, „dass der Deutsche dieser Zeit die bildende Kunst nicht eigentlich innerlich nötig hat[te]". Bestätigt sah er seine Vermutung in der schnell entstandenen „bedenkliche[n] Spannung" zwischen Sammlern und Museen während der Diskussionen um eine Inventarisierung und Unterschutzstellung national wertvoller Kunstwerke in Privatbesitz.

Bei der überwiegend positiven Aufnahme der neuen Verordnung zur Ausfuhrkontrolle von Kunstwerken in den Berichterstattungen ist grundsätzlich eine Skepsis gegenüber der Durchführbarkeit und Wirkung der neu erlassenen Maßnahme zu spüren:

> „Es zeigt sich eben immer deutlicher, daß es ein Allheilmittel gegen die Verringerung des deutschen Kunstbesitzes zurzeit nicht gibt. Kunstbesitz ist Ausdruck des Reichtums eines Volkes, und wenn ein Volk durch unglückliche Schicksale verarmt, so läßt sich die Aufrechterhaltung der äußeren Kennzeichen seines früheren Reichtums durch künstliche Mittel nicht durchsetzen."[338]

In einer Vielzahl von Berichten äußerten sich die Kritiker erschrocken über die harten Strafen, die Kunstbesitzer erwarteten, sollten sie gegen die Verordnung handeln und ihre Werke illegal ins Ausland verbringen.[339] Mit der Androhung einer Gefäng-

334 Vgl. Kap. I.1.2. Vgl. auch Ring 2010, Bd. 2, S. 83 ff.; B.: Der Ausverkauf in der Hamburger Kunsthalle, Der Cicerone, 12. Jg., H. 4, 1920, S. 164–165; Kunstdebatten im englischen Oberhaus, Kunstchronik, 28. Jg., Nr. 12, 15. 12. 1916, S. 101–102.

335 Kunsthandel und Neuaufbau, Der Cicerone, 11. Jg., H. 4, 1919, S. 100–102, hier S. 101.

336 G[eorg] B[iermann], Der Cicerone, 1920, S. 29; vgl. auch Wilhelm von Bode, Dortmunder Zeitung, 1919.

337 Karl Scheffler: Kunstgesetze, Kunst und Künstler, 16. Jg., H. 9, 1918, S. 331–333, hier S. 332.

338 Osborn, Voss. Zeitung, 1919.

339 „Wer es unternimmt, ein eingetragenes Kunstwerk ohne Genehmigung auszuführen oder den auf Grund des § 4 gestellten Bedingungen entgegenzuhandeln, wird mit Gefängnis und mit Geld-

nis- und Geldstrafe verbreitete sich der Eindruck, als ob der Besitz von Kunstwerken als Verbrechen verurteilt würde. „Vielleicht ist schließlich ein leichter Fall des Totschlags noch billiger", polemisierte der Kunstkritiker Fritz Stahl im *Berliner Tageblatt* gegen die angedrohte Haftstrafe.[340] Im *Cicerone* wurde zum Kunstausfuhrverbot eine vorwiegend negative Stellung bezogen und auch die Vermutung geäußert, dass „indirekt doch nur auf die Not der Besitzenden spekuliert [wird], weil sie in jedem Fall dem alten Racker ‚Staat' das Vorkaufsrecht garantiert, da auf Überschreitung des Verbotes harte Strafen gesetzt sind".[341] Tatsächlich wurde die Androhung einer Gefängnisstrafe erst in den letzten Überarbeitungsschritten in die Notverordnung integriert.[342]

Ungeachtet aller Einwände wurde in Deutschland die mildeste Form des Ausfuhrverbotes in die Wege geleitet, und schon die Formulierung dieses „Gummigesetzes" machte klar, dass es bei der Umsetzung und Wirksamkeit auf die Zusammensetzung der entscheidenden Kommission ankam.[343]

> „Die letzte Entscheidung über Gut und Böse liegt in der Anwendung des Gesetzes. Männer, nicht Maßnahmen werden verlangt."[344]

Diese Tatsache brachte Bedenken bezüglich der Umsetzung hervor. August L. Mayer ging beispielsweise in einer Veröffentlichung der liberalen *Münchner Neuesten Nachrichten* davon aus, dass angesichts der Verarmung des Landes und der Möglichkeit, Gold oder Geld zu importieren, bei neun von zehn Fällen die Ausfuhrerlaubnis erteilt würde.[345] Die Kommission muss gegen „gewiegte Händler" ankommen, „die sich geschickt anzupassen verstehen, und die Ware doch durch allerlei Manöver aus dem Lande mit Hilfe des goldenen Esels bringen möchten".[346]

Das hier angesprochene Entscheidungsgremium unterschied sich wiederum in jedem Reichsland und bei jedem Einzelfall. „In einem Lande kann man mehr für das Geld, im

strafe bis zur dreifachen Höhe des Wertes des Kunstwerkes, auf das sich die strafbare Handlung bezieht, oder mit einer dieser Strafen bestraft. Neben der Strafe kann auf Einziehung des Kunstwerkes erkannt werden, ohne Unterschied, ob es dem Täter gehört oder nicht. Ist die Verfolgung oder Verurteilung einer bestimmten Person nicht ausführbar, so kann auf die Einziehung selbständig erkannt werden. Zuwiderhandlungen gegen die auf Grund des § 5 erlassenen Bestimmungen werden mit Geldstrafe bis zu fünfzigtausend Mark oder mit Haft bestraft." *Verordnung über die Ausfuhr von Kunstwerken*, RGBl. Jg. 1919, Nr. 236, S. 7169, § 6, vgl. Stahl, Berliner Tageblatt, 1919; G.: Das Kunstausfuhrverbot, Berliner Börsen-Courier, Nr. 385, 16.12.1919.

340 Stahl, Berliner Tageblatt, 1919.

341 G[eorg] B[iermann], Der Cicerone, 1920, S. 29.

342 Der Entwurf, der auf der Tagung vom 12. August 1919 diskutiert wurde, sah Geldbußen und Beschlagnahmung als Bestrafungen bei Zuwiderhandlungen vor. Vgl. Staatenausschuss, Nr. 167, Tagung 1919, Berlin 12.8.1919, in SächsHStA, 10736, Nr. 17455, Bl. 158–159.

343 Vgl. Wilhelm von Bode, Dortmunder Zeitung, 1919.

344 Pastor, Tägliche Rundschau, 1919.

345 Vgl. August L. Mayer: Zum Kunstausfuhrgesetz, Münchner Neueste Nachrichten, Nr. 70, Abend-Ausgabe, 17.2.1920.

346 M. S.: Reichsgesetzliches gegen die Kunstausfuhr. Sicherung wichtigen nationalen Kunstbesitzes, Die Post, 13.12.1919.

anderen für die Kunst sein", und damit brach die Aussicht auf eine einheitliche Handhabung des Gesetzes.[347] Diese schien bereits unmöglich, weil zu den voneinander abweichenden Länderinteressen die Argumentationen der unterschiedlichen Ressorts hinzukamen, die durch einen Vertreter der Reichsbank und einen Kunstsachverständigen verkörpert wurden. Für den konservativen Stahl war ein weitreichendes Ausfuhrverbot undenkbar, „weil ein armes Land doch nun einmal nicht alle Kunst halten kann, die es erworben hat, als es noch reich war".[348] Bode und andere Museumsbeamte gingen primär davon aus, dass es im Falle beabsichtigter Kunstveräußerungen zur Einigung zwischen dem Besitzer und dem Staat kommen würde, „indem das oder die für Deutschland besonders wichtigen Kunstwerte zu einem annehmbaren Preise für die Museen übernommen", für die übrigen die Erlaubnis zu Ausfuhr erteilt werden könne.[349] Grundsätzlich setzte Bode eine Kooperation der betroffenen Kunstsammler voraus, hätte diese in seinen Augen durch die Vermittlung zahlreicher Kunstwerke durch die Museumsfachleute und zu erschwinglichen Preisen ihre Sammlungen überhaupt erst aufbauen können.[350] Für Walther von Pannwitz, selbst Sammler und in dieser Diskussion Bodes größter Opponent, kam das Vorgehen einer Enteignung gleich. Die Museumsbeamten würden voraussichtlich die Preise selbst festlegen, wenn sie mit dem Ausland nicht mithalten könnten und damit den Museen die Möglichkeit einräumen, „ein paar gute Gegenstände unter dem Preis zu erwerben".[351] Eine Verkehrung des „Gemeinsinns" der bürgerlichen Sammler „fortan in Bitternis und Zurückhaltung" würde laut Pannwitz die Folge sein.[352]

Vereinzelt wurden in der Presse Vorschläge verbreitet, wie die besonders heftig kritisierten Inhalte der Verordnung abgeschwächt werden könnten. Hierzu zählte unter anderem der Vorschlag Stahls im *Berliner Tageblatt*, den inventarisierten Kunstbesitz von der Vermögenssteuer zu befreien[353] oder die Empfehlung August L. Mayers in den *Münchner Neuesten Nachrichten*, die Schaffung eines nationalen Ankaufsfonds aus Zolleinnahmen zu ermöglichen.[354] Jenes hatte bereits zuvor der Verband des deutschen Kunst- und

347 Stahl, Berliner Tageblatt, 1919.

348 Ebd. Noch 1911 unterstützte Fritz Stahl den „Protest deutscher Künstler", der von Karl Vinnen anlässlich eines van Gogh-Ankaufes für die Bremer Kunsthalle initiiert wurde und der die angeblich vernachlässigte Förderung der deutschen Kunst kritisierte. Vgl. Carl Vinnen: Ein Protest deutscher Künstler, Jena 1911, S. 60–62.

349 Wilhelm von Bode, Dortmunder Zeitung, 1919.

350 Vgl. ebd.

351 Pannwitz, Voss. Zeitung, 1918.

352 Ebd.

353 Stahl begründete diesen Vorschlag mit der Behauptung, dass inventarisierte Kunstwerke für den Besitzer keinen Vermögenswert mehr darstellen. Vgl. Stahl, Berliner Tageblatt, 1919. Die Vermögenssteuer sah vor, dass der Kunstbesitz als Vermögenswert betrachtet und als solcher auch besteuert werden sollte. Gegen die Anwendung der Steuer auf Kunstwerke sprach sich auch der RKW aus. Vgl. Edwin Redslob: Von Weimar nach Europa. Erlebtes und Durchdachtes, Berlin 1971, S. 159 f.

354 Vgl. Mayer, Münchner Neueste Nachrichten, 1920.

Antiquitätenhandels in einer Eingabe an das Reichswirtschaftsministerium zur Diskussion gebracht und vorgeschlagen ein Prozent des insgesamt 15prozentigen Ausfuhrzolls in einem Nationalfond für den Ankauf „national wertvoller" Kunstwerke zu sammeln.[355] Auch der Deutsche Museumsbund unterstützte diesen Vorschlag und forderte darüber hinaus die öffentliche Bekanntgabe inventarisierter Stücke, um diese Zusammenstellung den Landesregierungen, Museen und dem Kunsthandel zur Verfügung zu stellen.[356] Gerade die Geheimhaltung des Verzeichnisses machte die Beurteilung des Gesetzes und die Prognose über mögliche Auswirkungen schwierig, wenn nicht sogar unmöglich.[357]

Die Berichterstattungen infolge des Verordnungserlasses im Dezember 1919 erlauben nur wenige Einblicke in die Zusammenstellung der für national wertvoll erklärten Kunstwerke. Redslob, der beinahe zeitgleich mit der Kunstausfuhrverordnung zum ersten und einzigen deutschen Reichskunstwart ernannt wurde und auch bei der Aufstellung des Verzeichnisses beteiligt war, berichtete in den *Münchner Neuesten Nachrichten*, dass „zum größten Teil ererbter deutscher Besitz" und damit der fürstliche von den Eintragungen in das aufzustellende Verzeichnis betroffen war.[358] Ein Anspruch der Allgemeinheit auf die gelisteten Werke wurde mit dem Verweis auf die nun ehemaligen fürstlichen Sammlungen vorausgesetzt und auch die treibende Kraft für ein Ausfuhrverbot sollte in den sich auflösenden monarchischen Strukturen gefunden werden; so wurde die Unterschutzstellung gerade „in dem Augenblick akut, als mit der Revolution der fürstliche Kunstbesitz in Bewegung kam".[359] Die erwarteten Versteigerungen großer fürstlicher Sammlungen wurden in den Anfängen der Weimarer Republik als „Demonstration gegen das alte Regime" gewertet, so Clemen in der *Täglichen Rundschau*.[360] Diese vermeintlichen Gründe für den Erlass einer Notverordnung können kaum durch Beispiele für Verkäuf fürstlicher Sammlungen in der unmittelbaren Nachkriegszeit belegt werden und symbolisieren demnach vielmehr die verbreitete Angst in der Öffentlichkeit, ein lange gewachsenes Erbes zu verlieren. Einzig der Großherzog von Oldenburg verkaufte den kostbaren Teil seiner Sammlung in größerem Umfang nach Amsterdam; die altdeutsche Malerei erwarb in den folgenden Jahren das neu eingerichtete Landesmuseum. Der geforderte Schutz des bedrohten fürstlichen Besitzes diente zum einen

355 Vgl. Die deutsche Ein- und Ausfuhr von Kunstwerken. Eine Eingabe an das Reichswirtschaftsministerium in Berlin, Der Kunstwanderer, 1. Jg., 1. Oktoberheft, 1919, S. 83–84.

356 Vgl. Deutscher Museumsbund, Kunst und Künstler, 18. Jg., H. 12, S. 546–549, hier S. 546; Protokoll der dritten Tagung des Deutschen Museumsbundes am 19. und 20 Mai 1920 in Lübeck, Hamburg 1920, S. 10, enthalten in: SMB-ZA, III/DMB 342.

357 Vgl. Mayer, Münchner Neueste Nachrichten, 1920.

358 Redslob, Münchner Neueste Nachrichten, 1920.

359 Ein Ausfuhrverbot für Kunstwerke, Deutsche Allgemeine Zeitung, 12.12.1919. Ein ebenfalls anonym veröffentlichter Artikel in der Fachzeitschrift *Der Kunstwanderer* berichtete über Glasgemälde aus dem Hohenzollern'schen Vermögen, die nach Amerika gingen. Vgl. Die Ursachen der Verordnung. Die Aufnahme in den Sammlerkreisen, Der Kunstwanderer, 1. Jg., 2. Dezemberheft, 1919, S. 166–167. Vgl. auch Waldmann, Deutsche Kunst und Dekoration, 1919, S. 126–128.

360 Clemen, Tägliche Rundschau, 27.11.1919.

zur öffentlichen Legitimierung der Verordnung von 1919, zum anderen rüstete sich auch der Staat mit rechtlichen Mitteln gegen die bevorstehenden Konflikte mit den vormals regierenden Fürstenhäusern.[361] Die Wahrnehmung der fürstlichen Sammlungen in der Öffentlichkeit war groß; auffällig groß war auch die Anzahl an Beiträgen, die 1919 in den Fachzeitschriften zum fürstlichen Besitz der einzelnen Familien erschienen, in denen vorrangig das reiche kulturelle Erbe der Fürstenhäuser beschrieben wurde.[362] Das Schicksal des deutschen fürstlichen Kunstbesitzes schien jedoch unabsehbar und führte daher zu einer weitgreifenden Unsicherheit.

361 Vgl. auch Speitkamp 1996, S. 179. Der Reichskunstwart Redslob, der als einer der wenigen in Kenntnis des kompletten Verzeichnisses war, betonte in einem Beitrag in den *Münchner Neuesten Nachrichten*, dass der ererbte deutsche Besitz der fürstlichen Häuser wesentlicher Teil der Liste sei. Vgl. Redslob, Münchner Neueste Nachrichten, 1920.

362 Vgl. unter anderem die mehrteilige Erörterung des Erbes der Hohenzollern, Wittelsbacher, Wettiner, der Herzöge von Anhalt und des Großherzogs Mecklenburg-Schwerin, „Der Kunstbesitz der deutschen Fürsten", Der Cicerone, 11. Jg., 1919, S. 37–39, S. 40–42, S. 181–184, S. 184–186, 12. Jg., 1920, S. 27–29.

4. ZUSTÄNDIGKEITEN UND AKTEURE

Die Reichsverordnung von 1919 war eine erste Maßnahme des Reiches auf kulturellem Gebiet, die das nationale Selbstbewusstsein des von moralischem und territorialem Verlust geprägten Deutschen Reiches stärken sollte. Der preußische Kultusminister Konrad Haenisch nahm im Februar 1919 öffentlich zu den kulturpolitischen Aufgaben Preußens und des Reiches Stellung:

> „Es ist einer der größten und reinsten Ruhmestitel des deutschen Volkes, daß es immer frisch, empfänglich und aufnahmefähig gewesen ist für alles Große, Gute und Schöne, aus welcher Herren Länder es auch gekommen sein möge. Diese Aufnahmefähigkeit, diese Gabe, auch das Fremde in uns zu verarbeiten, das hat uns vor den Romanen und das hat uns vor den Angelsachsen immer ausgezeichnet, und das wollen wir uns auch in Zukunft nicht rauben lassen. [...] Aber, verehrte Anwesende, zugleich wollen wir auch, und zwar heute mit schärferer Betonung als jemals zuvor, den anderen sagen, was sie uns verdanken (Bravo!), insbesondere ihnen sagen, daß, wenn wir ohne sie verarmen würden, auch sie verarmen würden, daß die Welt sehr viel mehr verarmen würde, wenn sie sich abschließen wollte künftig gegen Deutschland, den deutschen Geist und die deutsche Kultur. (Stürmischer Beifall)."[363]

Mit diesen Sätzen, die im Kontext der Friedensverhandlungen zu sehen sind, kritisierte Haenisch die „nationale Gleichgültigkeit", die „in weiten Schichten unseres deutschen Volkes, und zwar sowohl des Bürgertums, wie auch der Arbeiterschaft" eingezogen sei.[364] Auch sein Nachfolger im Amt des preußischen Kultusministers, Carl Heinrich Becker beschrieb die „Sympathie der Welt", die Frankreich vermeintlich oder tatsächlich genieße, als Folge „seiner geschickten Kulturpolitik", wohingegen das Deutsche Reich nach außen nur Wirtschaftspolitik betreibe.[365] Somit vertrat er in seiner Denkschrift über *Kulturpolitische Aufgaben des Reiches* von 1919 die Auffassung, dass „das Reich [...] mit Ideen Außenpolitik machen" müsse, was wiederum eine „kulturpolitische Kompetenz auch nach Innen" voraussetze.[366] Von Becker kam der Vorschlag zur Schaffung einer

363 Konrad Haenisch: Kulturpolitische Aufgaben. Aus dem Vortrag des Kultusministers Konrad Haenisch, gehalten Montag, den 3. Februar 1919 in der Handelshochschule zu Berlin, 1919, S. 26.

364 Ebd., S. 27.

365 Carl Heinrich Becker: Kulturpolitische Aufgaben des Reiches, Leipzig 1919, S. 14.

366 Ebd., S. 16.

Reichsstelle, die des späteren Reichskunstwarts, der mit einer ausgeprägten Symbolpolitik mehr dem Wirkungsbereich der Propaganda als der Kultur zugeordnet werden konnte. Die Stärkung geistiger Werte sollte den Militarismus ersetzen, der den Zusammenhalt der Einzelstaaten im Kaiserreich garantiert und mit den Folgen des Ersten Weltkriegs, insbesondere durch die auferlegte Entmilitarisierung, an national-integrativem Einfluss verloren hatte.[367] „Wir stehen vor der ungeheuer schwierigen Aufgabe", schrieb Becker 1919, „ein neues einigendes Band zu suchen, daß uns über unseren Stammespartikularismus, über unsere konfessionelle Spaltung und über unsere berufsständige und soziale Gliederung hinaus zum Einheitsvolk werden lässt. Nötiger wie je braucht Deutschland jetzt eine bewußte Kulturpolitik."[368] Somit müsse das Reich seine kulturpolitischen Kompetenzen stärken, um dem Partikularismus der Einzelstaaten entgegenwirken zu können und die nationale Einheit zu stärken.

Die Verordnung über die Ausfuhr von Kunstwerken zeichnete einen Weg vor, der von Vertretern der Länder und des Reiches gemeinsam begangen werden sollte. Der Paragraf drei der Verordnung von 1919 definierte klar die Zuständigkeiten der einzelnen Akteure:

> „Über die Genehmigung zur Ausfuhr entscheidet der Reichskommissar für Aus- und Einfuhrbewilligung. […]"[369]

Dieses Amt übernahm von 1919 bis 1922 Ernst Trendelenburg von der Deutschen Demokratischen Partei.[370] Er stand einem 1916 gegründeten Ausschuss vor, der sich mit Fragen der Ein- und Ausfuhr befasste und war dem Reichswirtschaftsministerium unterstellt. 1925 übernahm das Reichsministerium des Innern die Zuständigkeiten des Reichskommissars.

> „[…] Die Genehmigung darf nur erteilt werden, wenn ein vom Reichsminister des Inneren zu ernennender Ausschuß ihr zustimmt."[371]

367 Vgl. Heffen 1986, S. 37. Becker schrieb: „Es war charakteristisch für die Bismarckische Reichsgründung [sic!] wie für die ganze Zeit des Kaiserreiches, daß die Verschmelzung der deutschen Stämme zum Einheitsvolk ausschließlich dem Militär statt der Schule und der Kulturpolitik überlassen wurde. Es hängt das damit zusammen, daß wir den Machtgedanken ausschließlich im Sinne der militärisch staatlichen Macht begriffen; […] Es kommt bei Definierung der Kulturpolitik in diesem Zusammenhang auch gar nicht auf den ethischen Wert ihrer Ziele an, sondern es soll nur betont werden, daß geistige Kräfte, selbst die verabscheuungswürdigsten, Machtmittel ersten Ranges für ein Volk und einen Staat sein können." Becker 1919, S. 3 f.
Ernst Jünger sah die Niederlage im Ersten Weltkrieg wiederum darin begründet, „daß sich die totale Mobilmachung nur auf die technisch-materielle Ebene beschränkt und die Glaubensseite, die innere Bereitschaft zum Kampf, ausgespart habe". Stefan Breuer: Der Neue Nationalismus in Weimar und seine Wurzeln, Frankfurt a. M. 1996, S. 257.

368 Becker 1919, S. 5.

369 *Verordnung über die Ausfuhr von Kunstwerken*, RGBl. Jg. 1919, Nr. 236, S. 7169, § 3.

370 Anschließend amtierte er bis 1932 als erster Staatssekretär im Reichswirtschaftsministerium. Trendelenburg war ein Bruder Friedrich Trendelenburgs, der sich als Regierungsrat im preußischen Kultusministerium im Kunstausfuhrschutz engagierte.

371 *Verordnung über die Ausfuhr von Kunstwerken*, RGBl. Jg. 1919, Nr. 236, S. 7169, § 6.

Bei diesem Ausschuss handelte es sich um eine Drei-Mann-Kommission, zu der ein Vertreter des Reichsministeriums des Innern selbst sowie jeweils ein Vertreter des Reichsbankdirektoriums und der Länder zählten. Ersterem kam vornehmlich die Aufgabe zu, „in der Behandlung der Einzelfälle die Beobachtung gleichmäßiger und unparteiischer Entscheidungsgrundsätze sicherzustellen".[372] Zudem übernahm das Reichsministerium des Innern die organisatorische Leitung und war somit zuständig für die Verwaltung der Einzelverzeichnisse der Länder und für die Herausgabe eines Gesamtverzeichnisses. Im untersuchten Zeitraum wurde dieses 1922 und 1927 veröffentlicht, darüber hinaus liegen Druckentwürfe aus den Jahren 1934 und 1938 vor. Das Ministerium informierte die Eigentümer der gelisteten Werke per Einschreiben über die Eintragung. Vertreten wurde das Ministerium durch Theodor Lewald von der Deutschen Volkspartei, der eine entscheidende Funktion bei Ein- und Austragungsverfahren übernahm und auch eine vermittelnde Rolle zwischen kulturellen und fiskalischen Interessen spielte. Nachdem Lewald 1921 in den Ruhestand getreten war, verantwortete der Ministerialrat Maximilian Donnevert jegliche Korrespondenz. Er ließ sich amtsintern vom Reichskunstwart Redslob beraten, dessen Position von 1920 bis 1933 bestand und der die kulturellen Interessen auf Reichsebene vertrat (Abb. 3).[373] Redslob war schon 1919 an der Herstellung des Verzeichnisses beteiligt und auch bei den Konferenzen in München und Stuttgart 1920 konnte er „fachliche Gesichtspunkte geltend machen", wie er selbst im Rückblick äußerte.[374] Grundsätzlich intendierte der Reichskunstwart als Regisseur aufzutreten und die Länderlisten nach einheitlichen Grundsätzen zu einer Reichsliste zusammenzufügen. Seine Befugnisse waren jedoch recht gering und beschränkten sich auf die Abgabe von Empfehlungen und die Vermittlung zwischen den Behörden und den Kunstsachverständigen. Somit wurde das Verzeichnis laut Redslob „nur eine wahllose Zusammenstellung der aus den Ländern einlaufenden Vorschläge".[375] Über seine Zuständigkeiten urteilte Redslob selbst in einem Schreiben an den Reichsinnenminister:

> „In der Praxis erwies sich aber die Befragung meines Amtes als eine blosse Form, denn in zahlreichen Fällen, in denen ich Bedenken gegen die Ausfuhr geschützter Kunstwerke erhoben hatte, blieben diese Bedenken unberücksichtigt. Da nun die Öffentlichkeit, wie ich mehrfach feststellen konnte, besonders auch die Fachkreise der Meinung sind, es gehöre zu den Obliegenheiten meines Amtes, einen Schutz von Kunstwerken aus nationalen Rücksichten über die Sonderinteressen der Länder hinausgehend zu wahren, möchte ich hierdurch bitten, erneut zu prüfen, ob dieser Annahme nicht in erhöhtem Masse Rechnung getragen werden kann."[376]

372 Begründung zum Entwurf einer *Verordnung über die Ausfuhr von Kunstwerken*, Verhandlungen der verfassungsgebenden Deutschen Nationalversammlung. Anlagen zu den Stenographischen Berichten, Bd. 340, S. 1886, Nr. 1814, Berlin den 16. 12. 1919.

373 Die Bekanntgabe und Diskussion des Amtes erfolgte zusammen mit der Aufstellung von Grundsätzen bei der Zusammenstellung des Verzeichnisses auf der Münchner Konferenz am 5. 1. 1920.

374 RKW an Staatssekretär Schulz, 17. 11. 1922, BArch, R32/115, Bl. 82.

375 Ebd.

376 RKW an RMdI, undatiert, BArch, R32/375, Bl. 74 f.

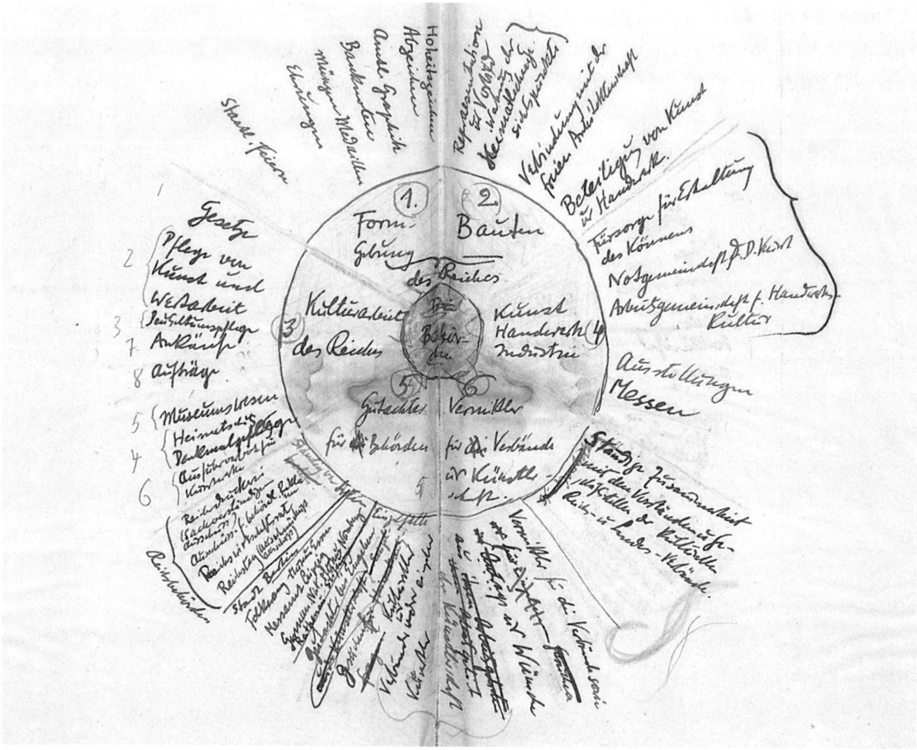

3 Edwin Redslob, Die Tätigkeiten des Reichskunstwartes, vermutlich 1923

Redslob strebte die Erweiterung seines Kompetenzbereiches in Sachen Ausfuhrschutz an. Doch auch nachdem der Reichskommissar für Aus- und Einfuhrbewilligungen 1925 seine Zuständigkeiten an das Reichsinnenministerium abgegeben hatte, fielen dem Reichskunstwart weder ein Stimmrecht noch die Vertretung in der Kommission zu.[377] Und so erkundigte sich der Verlag Bruno Cassirer anlässlich der ersten Veröffentlichung des Verzeichnisses im Jahr 1922:

> „Wo war eigentlich der Reichskunstwart bei dieser Gelegenheit? Hätte er nicht hier einmal eine würdige Arbeit finden und seinen stolzen Titel verdienen können?"[378]

Die allgemeine Annahme, dass der Reichskunstwart für Entscheidungen des reichsweiten Kunstausfuhrschutzes verantwortlich zeichnete, zeigt sich darin, dass Streichungsanträge nicht selten direkt an Redslob adressiert waren. Ihm blieb in diesen Fällen nur, auf die Begrenzung seiner Zuständigkeit hinzuweisen – „Ich selbst habe mit der Ausführung des Gesetzes amtlich nichts zu tun" – und den Antrag an seine Vorge-

377 Vgl. auch Laube 1997, S. 71.

378 K. Sch. (Verlagsbuchhandlung Bruno Cassirer): National Wertvolle Kunstwerke, Berlin undatiert, BArch, R32/375, Bl. 9.

setzten im Reichsinnenministerium weiterzuleiten. [379] Dabei verzichtete er jedoch nicht auf Stellungnahmen – die im Laufe der 1920er Jahre an Stimmgewicht zunahmen – vorwiegend zu Streichungsanträgen.

Die wirtschaftlichen Interessen vertrat das Reichsbankdirektorium, ab Dezember 1929 das Reichsministerium der Finanzen.[380] Seine Beteiligung an Entscheidungsprozessen kann als unmittelbares Ergebnis der heftigen, abwehrenden Reaktionen der Vertreter von Wirtschaftsressorts angesehen werden, die dem Erlass der Verordnung vorangegangen waren.[381] Die Aufgaben des Reichsbankdirektoriums beschränkten sich auf das Minimale: Es wurde bei der Löschung von Kunstwerken von der Liste informiert und bei der Beibehaltung des Schutzstatus um Zustimmung gebeten; die Abgabe von Stellungnahmen wurde nicht erwartet.[382] Dennoch verdeutlicht die Berücksichtigung dieser Institution in der Verordnung die wirtschaftspolitische Problematik des Ausfuhrschutzes.

Der Bund trat für die Durchsetzung der formalen und wirtschaftlichen Interessen ein; die Kompetenzen der Länder lagen hingegen im inhaltlichen Bereich. Sie waren für die Zusammenstellung der zu schützenden Kunstwerke zuständig, die sich zum Zeitpunkt der Eintragung auf dem Gebiet des jeweiligen Landes befanden. „Das Reich hat die Vorzugsrechte der Länder auf dem Gebiet der Kunstpflege rückhaltlos anerkennen wollen", gestand Rudolf Asmis vom Reichsministerium des Innern den Ländern zu und führte weiter aus:

> „Es [das Reich] hat deswegen auch die Bestimmung aufgenommen, daß jeden Anspruch der Länder auf Eintragung entsprochen werden müßte, und daß umgekehrt, wenn das Reich von sich aus eine Eintragung herbeiführen will, es dies nur tun kann, nachdem es die Länder gehört hat."[383]

Damit zeigt sich auch, dass der Begriff Verzeichnis, wie er stets im Singular genutzt wurde, nicht korrekt ist. Vielmehr handelte es sich um viele Verzeichnisse, stellte doch jedes Land sein eigenes auf und brachte damit auch die eigene Kulturstaatlichkeit zum Ausdruck. Ein Kunstsachverständiger vertrat das jeweilige Land und die Interessen der Kunst in der Drei-Mann-Kommission, die über Ein- und Austragungen entschied. Nachdem besonders in der Ausarbeitung und Verabschiedung der Verordnung Bode „das volle Vertrauen" des preußischen Kultusministeriums besessen hatte, wurde sein Nachfolger im Amt des Generaldirektors der Staatlichen Museen zu Berlin, Otto von Falke,

379 RKW an KH Böhler, 12.10.1920, BArch, R32/115, Bl. 42. In der Akte befinden sich zahlreiche Anträge zur Ausfuhr, die an den Reichskunstwart adressiert sind.
380 Vgl. RMdI an Reichskanzlei (Staatssekretär), 20.6.1929, BArch, R43/819, Bl. 201.
381 Vgl. Niederschrift über die kommissarische Besprechung, betreffend den Erlass einer Verordnung über die Ausfuhr von Kunstgegenständen, Berlin, den 21.1.1919 im Reichsamt des Innern, GStA PK, I. HA Rep. 76 Kultusministerium, Ve Sekt. 1 Abt. III Nr. 80, S. 7–10.
382 Vgl. BArch, R2/12033.
383 Asmis in: Dritte gemeinsame Tagung für Denkmalpflege und Heimatschutz, Eisenach 23. und 24. September 1920, Stenographischer Bericht, S. 119–125, hier S. 120.

mit den Aufgaben des Kulturgutschutzes betraut.[384] Ein anonym veröffentlichter Bericht im *Kunstwanderer* sprach sich positiv über diese Personalentscheidung aus:

> „Daß z. B. in Preußen Otto von Falke an der Spitze der Kommission steht, ist eine Gewähr dafür, daß die Verordnung ernst und gerecht gehandhabt werden wird."[385]

Diese Bemerkung offenbart jedoch zugleich, wie eng der Erfolg der Schutzverordnung mit den handelnden Akteuren verbunden war, die mit den ihnen übergeordneten Kultusministerien zusammenarbeiteten und zugleich das volle Vertrauen bei inhaltlichen Entscheidungen genossen.[386] Swarzenski formulierte diese Tatsache auch öffentlich:

> „Aber es gibt kaum ein Gesetz, dessen Wirkungen so vollkommen abhängen von den Zufällen der Praxis und der Intelligenz und dem Charakter der ausführenden Organe, wie dieses."[387]

Die Festlegung auf einen Kunstsachverständigen wurde schnell durch die fachliche Notwendigkeit bei Begutachtungen überholt, sodass ein Land sich durchaus auf mehrere Museumsbeamte berief, die, ausgestattet mit Kenntnissen über den privaten Kunstbesitz und Dienstausweisen, die Auswahl von Kunstwerken übernahmen. So wurde in den einzelnen Ländern entweder eine Zuweisung nach fachlichem Gesichtspunkt vorgenommen oder man entschied sich für die territoriale Aufteilung eines Landes, wie es Bayern oder Baden bevorzugten. Der Konservator der kirchlichen Denkmäler und maßgebliche Kunstsachverständige Badens, Joseph Sauer, beschrieb das Vorgehen seinen badischen Kollegen gegenüber recht pragmatisch:

> „[Zur Neuergänzung und Vervollständigung der Liste] halte ich eine Verteilung des Landes zunächst nach geographischen Gesichtspunkten für das bei der heutigen Zeitlage und den Reisespesen Richtigste; ich würde den südlichen Teil des Landes, Rott etwa Mittelbaden mit den ihm ja wohl sehr vertrauten Centren Baden, Karlsruhe, Pforzheim, Durlach; Sie [Storck] die Pfalz und Hinterland nehmen. Wir drei sollten uns dann entweder jeweils von Fall zu Fall, wenn Kompetenzfragen sich einem in Weg stellen [sic!] oder Zweifel über ein Kunstwerk

384 G. K.: Missstände auf dem Kunstmarkt, Der Kunstmarkt, 15. Jg., 1917/1918, Nr. 26, 12.4.1918. Bereits im Herbst 1914 war Falke als Kunstsachverständiger im besetzen Belgien für den aktiven Kunstschutz vor Ort tätig. Vgl. Christina Kott: Die deutsche Kunst- und Museumspolitik im besetzten Nordfrankreich im Ersten Weltkrieg. Zwischen Kunstraub, Kunstschutz, Propaganda und Wissenschaft, in: Kritische Berichte. Zeitschrift für Kunst- und Kulturwissenschaft, 25. Jg., 1997, H. 2, S. 10.

385 Die Ursachen der Verordnung. Die Aufnahme in den Sammlerkreisen, Der Kunstwanderer, 1. Jg., 2. Dezemberheft, 1919, S. 166–167, hier S. 167.

386 Im Falle des Preußischen Ministeriums für Wissenschaft, Kunst und Volksbildung waren Oberregierungsrat Ernst Gall und Ministerialsekretär Wilhelm Nentwig für die Belange des Ausfuhrschutzes zuständig. In Sachsen zeichnete nicht das Ministerium für Kultus und öffentlichen Unterricht, sondern das Innenministerium für den Kunstausfuhrschutz verantwortlich. Die Frage, ob es nach 1921 eine Ressortübertragung gegeben hat, kann aufgrund des Aktenverlustes nicht beantwortet werden.

387 Swarzenski, Frankfurter Zeitung, 1918.

auftreten sollten, gegenseitig aussprechen oder mindestens die eigene Liste den beiden anderen Herrn durch gefl. Durchsicht, Ergänzungen oder Abänderung, vor der Abgabe ans Ministerium, zustellen."[388]

Im Laufe der 1920er Jahre wandte sich der Reichskunstwart Redslob in Einzelfällen auch direkt an die von ihm gewählten Sachverständigen und umging die bürokratischen Dienstwege über das Kultusministerium.[389] Fest steht, dass es weder bei der personellen Vertretung der Länder noch bei der Zusammenstellung des Verzeichnisses bindende einheitliche Vorgaben gab, an die sich die Länder halten mussten und so entstand ein recht heterogenes Ergebnis. Hinzu kam, dass neben der inhaltlichen und rechtlichen Umsetzung der Verordnung von 1919 eine wirksame Kontrolle und somit auch die Verhinderung der Kunstausfuhr letztendlich nur durch die Außenhandelsstellen ermöglicht werden konnte.[390]

Die Heterogenität des Verzeichnisses in der Quantität der ausgewählten Objekte sowie in ihrem qualitativen Beitrag zum „nationalen Erbe" in Privatbesitz entstand primär aus den Kulturkompetenzen der einzelnen Länder heraus, die sich zwischen regionaler Integrität und nationaler Integration bewegten. Bereits die ersten Verhandlungen zum Kunstausfuhrschutz im Frühjahr 1917 hatten gezeigt, dass die Länderinteressen den Kulturgutschutzbestrebungen des Reiches entgegenstanden. Befürchtet wurde eine Kompetenzverschiebung im kulturellen Bereich zugunsten des Reiches und Preußens, die den Argwohn aller übrigen Länder weckte und der in den Ausarbeitungen einer Reichsverordnung spürbar war, obgleich sie sich der überregionalen Problematik der Kunstmobilisierung bewusst waren. Vor allem die bayerische Regierung hielt lange an ihrem Protest gegen die Zuständigkeiten des Reichsinnenministeriums fest.[391] In einer Eingabe erhoben die Vorstände sämtlicher Münchner Kunstsammlungen „schwere Bedenken" gegen die Bestimmung, dass ein Kunstsachverständiger der Länder gegen eine Mehrheit von zwei Reichsbeamten steht, „die die Angelegenheit voraussichtlich nur vom finanziellen Gesichtspunkt aus beurteilt".[392] Die Tatsache, dass der erste Verzeichnisentwurf von Preußen, namentlich von den Staatlichen Museen zu Berlin, ausgearbeitet und vorgelegt wurde und die Länder kaum eine Woche Zeit bekamen, um

388 Konservator der kirchlichen Denkmäler Baden (Sauer) an Bad. KM Karlsruhe (Storck), Universitätsarchiv Freiburg, NL Sauer, C 67/534. Neben Willy F. Storck und Joseph Sauer waren der Direktor des neu gegründeten Badischen Landesmuseums Karlsruhe, Hans Rott, und der Direktor der Städtischen Kunsthalle in Mannheim, Fritz Wichert, durch das badische Kultusministerium berufen worden.

389 Vgl. BArch, R 32/375.

390 Vgl. Niederschrift über die Verhandlungen der Reichskunstwartkonferenz in Stuttgart am 12. April 1920, BArch, R 32/375, Bl. 1–8.

391 Vgl. etwa die ablehnende Haltung des bayerischen Vertreters in der kommissarischen Besprechung, betreffend den Erlass einer Verordnung über die Ausfuhr von Kunstgegenständen, Berlin, den 21. 1. 1919 im RMdI, GStA PK, I. HA Rep. 76 Kultusministerium, Ve Sekt. 1 Abt. III Nr. 80, S. 7–10.

392 Eingabe an Bay. KM, 22. 10. 1919, BNM Dokumentation, Dok 1637, Mappe 2.

dem Reichsinnenministerium ihre Prüfungen und Ergänzungen zu melden, verstärkte die Befürchtungen um ein föderales Ungleichgewicht, wie ein geheimes Beschwerdeschreiben des bayerischen Kultusministeriums zwei Monate vor Erlass der Verordnung 1919 offenbart:

> „Der Fall zeigt wieder, wie sehr die Kunstverwaltungen der übrigen Länder gegenüber der preußischen benachteiligt sind, wenn das Reich nunmehr auch Angelegenheiten der Kunstverwaltung in den Bereich seiner Zuständigkeit einbezieht. Denn das Reich kann und wird sich, wie es auch hier geschehen ist, bei dem Mangel eigener sachverständiger Organe regelmäßig zunächst nur auf die Gutachten der preußischen Kunstverwaltung und ihrer sachverständigen Berater stützen, die dadurch einen Vorsprung und ein Übergewicht auf einem Gebiete gewinnen, auf dem die Führung viel eher bei den süddeutschen Ländern liegen sollte, die so viel reicher an alten und neuen Kulturwerten sind."[393]

Diese Befürchtungen beruhten auf den bisherigen Erfahrungen, sich gegen das preußische Kultusministerium behaupten zu müssen, das sich selbst als „Ersatz für eine Reichskulturstelle" ansah.[394] Kompetenzerweiterungen des Reiches lehnten die übrigen Landesregierungen entsprechend deutlich ab. Im Juli 1921 beabsichtigte das Reichsministerium des Innern beispielsweise die Änderung der Ausführungsbestimmungen zur Verordnung von 1919, mit denen sich das Reich das Recht einräumen wollte, „auch seinerseits den Reichskunstwart oder eine andere geeignete Persönlichkeit mit der Feststellung der Kunstwerke zu beauftragen".[395] Auch wenn das Reichsministerium versicherte, diesen Verfahrensweg nur in einzelnen Fällen anzuwenden, sahen zahlreiche Länder die Gefahr, dass die „für die Landesregierungen vorgesehene Tätigkeit tatsächlich auf den Reichskunstwart übergeht" und lehnten die unerwünschte Vermischung der reichs- und landesbehördlichen Zuständigkeiten ab.[396] Das Württembergische Ministerium für Kirchen und Schulwesen argumentierte beispielsweise, dass durch die Maßnahmen des Reiches die Fühlungnahme der Landesregierungen mit den ihnen vertrauten Kunstbesitzern wegfallen würde, die jeglicher Art des gesetzlichen Denkmalschutzes misstrauisch gegenüber stünden.[397] Trotz der Komplexität des offiziellen Zuständigkeitsapparates machte das Reichsinnenministerium unmissverständlich klar, dass es die regieführende Rolle im deutschen Kunstausfuhrschutz beanspruchte und dass „die Bescheinigungen der Museumsbeamten der Länder über die Eintragung einzelner Kunstwerke keine Gewähr der Richtigkeit" boten.[398]

393 Bay. KM (Henschel) an Bay. Staatsmin. des Äußern, 22.10.1919, geheim, ebd.

394 Becker 1919, S. 42.

395 RMdI an die Landesregierungen, 22.7.1921, StA Bremen, Senatsregistratur, 3-B.13. Nr. 66.a. Bd. 1, Bl. 93.

396 Ablehnungen der Änderungen in den Ausführungsbestimmungen sind aus Bayern, Preußen, Württemberg und Sachsen belegt. Vgl. SächsHStA, 10736, Nr. 17455, Bl. 333–338. In Bremen hatte Emil Waldmann keine Einwände gegen die Kompetenzausweitung der Reichsstellen.

397 Württ. KM (Bälz) an RMdI, 10.8.1921, SächsHStA, 10736, Nr. 17455, Bl. 338.

398 RMdI an RK für Aus- und Einfuhrbewilligungen, 1.6.1921, SMB-ZA, IV/NL Bode 5866.

Beratende und kritisierende Funktion nahmen im Kulturgutschutz auch einzelne Fachverbände ein, denen die bedeutendsten Kunsthistoriker der Zeit angehörten. Namentlich der Tag für Denkmalpflege und Heimatschutz mit dem Vorsitzenden Paul Clemen, der 1917 gegründete Deutsche Museumsbund mit seinen Wortführern Gustav Pauli und Werner Noack, der eng mit den Berliner Museen verbundene Deutsche Verein für Kunstwissenschaft und der in München ansässige Verband des Deutschen Kunst- und Antiquitätenhandels e. V. mit dem Vorsitzenden Siegfried Drey gaben immer wieder richtungsweisende Impulse bei der Gestaltung der Verordnung und nachfolgend bei der Aufstellung des Verzeichnisses.[399] Diese Impulse waren besonders fruchtbar, da die länderübergreifend organisierten Vereinigungen die Grenzen aufbrachen, welche die Einzelstaaten auf dem Gebiet der Kulturpolitik besonders hüteten.[400] Die Einbeziehung dieser Expertise in konkrete Verhandlungen und Ausarbeitungen sollte letztlich die notwendige Legitimation des Verzeichnisses in Fachkreisen stärken. So wurde bei den Überarbeitungen der späten 1920er Jahre beispielsweise der Reichskunstwart Redslob beauftragt, einen Ausschuss mit Sachverständigen zusammenzustellen und dabei nachdrücklich Vertreter der Fachverbände zu berücksichtigen, nachdem das Reichsministerium des Innern ihnen eine Beteiligung zugesagt hatte.[401] Die Überarbeitungen des Verzeichnisses wurden maßgeblich durch diese Fachkreise geprägt.[402]

399 Besonders Clemen zeichnete sich durch seine publizistischen Einsatz für den Kunstschutz aus. Hier wurde er bereits 1914/15 bezogen auf die besetzten französischen Gebiete tätig. Vgl. Kott 1997, S. 11.

400 Vgl. auch Speitkamp 1996, S. 191 f.

401 Vgl. RMdI (i.V. Zweigert) an RKW, 2.12.1929, BArch, R32/375, Bl. 89.

402 Der Ausschuss des Tages für Denkmalpflege und Heimatschutz bildete 1931 zum Beispiel einen „Unterausschuss zur Revision der Liste", dem der Dresdner Direktor Hensler, der Berliner Regierungsrat Voss und der Direktor des Freiburger Augustinermuseums und gleichzeitig Vorsitzenden des Deutschen Museumsbundes, Noack, angehörte. Vgl. DMB (Noack) an den RKW, 27.4.1931, SMB-ZA, GG 19, Bl. 338.

5. „EINE GLEICHMÄSSIGE LINIE FINDEN" – GRUNDSATZDEBATTEN 1919/20

Voraussetzung für das Funktionieren des Kunstausfuhrschutzes in Deutschland war das Bestehen eines *Verzeichnisses der national wertvollen Kunstwerke,* dessen Aufstellung per Verordnung in den Kompetenzbereich der einzelnen Landesregierungen fiel. Die Diskussionen um ein absolutes Ausfuhrverbot im Sommer 1917 hatten bereits verdeutlicht, dass es nicht darum ging, „jedes Werk, das einen ‚besonderen' Kunstwert oder besonderen wissenschaftlichen Wert hat, in Deutschland festzuhalten, sondern darum, daß solche Werke nicht hinausgehen, deren Entfernung einen unersetzlichen schweren Verlust des nationalen Besitzes an Kulturgütern bedeute[n würde]".[403] Die „schwere Schädigung des deutschen Nationalbesitzes" stand seit Beginn der Verhandlungen um einen Kunstausfuhrschutz im Mittelpunkt der Argumentationen, ohne dass die Begriffe wie „Schädigung" oder „Nationalbesitz" von den Verantwortlichen jemals einer eingehenden Prüfung oder Definition unterzogen wurden.[404] Wie unmöglich die Herausbildung von Kriterien war, verdeutlicht die Abwägung, ob „in dem zur Erörterung stehenden Falle der materielle Gewinn des Reichs, worunter nicht nur der Gewinn des Reichsfiskus, sondern der des gesamten Reichs in allen seinen Beziehungen und Verhältnissen, also einschließlich der Länder und Kommunalverbände usw., zu verstehen ist, oder der ideelle Wert des Kunstwerkes überwiegt".[405] Mit der Verlängerung der Verordnung im Dezember 1929 wurde dieser Satz aus dem Rechtstext gestrichen. Die Aufrechnung eines monetären Wertes gegen einen ideellen Wert entbehrte von Beginn an jeglicher sachlichen Grundlage.

Mit der Absage an ein allgemeines Ausfuhrverbot wurde der Gedanke an einen inventarisierten Ausfuhrschutzes mit der Aufstellung erster Verzeichnisentwürfe

403 Bericht des Bundesratsausschusses, 25. 6. 1917, StA Bremen, Senatsregistratur, 3-B.13. Nr. 66.a. Bd. 1, Bl. 14.

404 Ebd.

405 Bericht Nr. 1814 (Berichterstatter Abgeordneter Burlage) des Ausschusses für Volkswirtschaft über die Beratung des *Entwurfs einer Verordnung über die Ausfuhr von Kunstwerken,* Nr. 144 der Ausschuß-Drucksachen, vorgelegt am 4. 12. 1919 vom RMdI, beraten am 9. 12. 1919, StA Bremen, Senatsregistratur, 3-B.13. Nr. 66.a. Bd. 1, Bl. 54a.

konkret. Swarzenski wies umgehend auf die Schwierigkeit bei der Auswahl von geeigneten Kunstwerken hin:

> „Sie lässt sich nicht auf eine letzte Formel bringen. [...] Weder die Zeit, noch die Gattung, noch der Geldwert bieten eine feste Norm, und auch die Herkunft ist nicht entscheidend. Wir brauchen nicht jedes deutsche Kunstwerk im Lande zu halten und können nicht auf jedes ausländische verzichten."[406]

Im Bode-Nachlass sind handschriftliche Listen überliefert, die den provisorischen Charakter der Zusammenstellung offenbaren (Taf. III).[407] Während Bode schon während des Krieges die Auflistung aller Gemälde und Plastiken übernahm, wurde Falke mit der Auswahl kunstgewerblicher Objekte betraut, deren Verbringung ins Ausland untersagt werden sollte. Das preußische Kultusministerium gab das Ergebnis, „welches nur etwa 4 ½ Seiten umfasse und ganz Deutschland einbeziehe" an die Reichs- und Landesregierungen weiter, für die es als Beispiel für umgehende Erweiterungen dienen sollte.[408] Für Änderungs- und Ergänzungsvorschläge gab das Reichsministerium gerade einmal eine Woche Zeit – utopisch, bedenkt man, dass die Kultusministerien diese Aufgabe an die ihnen unterstellten Museumsbeamten weiterleiteten. Die Kurzfristigkeit der erbetenen Prüfungen rechtfertigte Staatssekretär Theodor Lewald wie folgt:

> „Wenn auch eine individuelle Bezeichnung der einzelnen Kunstwerke erwünscht ist, so ist doch eine allgemeinere nicht ausgeschlossen. Eine Befragung der Eigentümer über ihre wichtigsten Kunstwerke, noch mehr eine Besichtigung der Sammlungen zum Zwecke des Auswählens bestimmter Kunstgegenstände für das Verzeichnis muß unter allen Umständen unterbleiben, da damit die Gefahr der Abschiebung der Kunstwerke ins Ausland geschaffen würde. Es wird ohne Schwierigkeiten möglich sein, zu allgemeine Bezeichnungen der Kunstwerke bei späteren Ergänzungen des Verzeichnisses einzuschränken."[409]

Auf der Grundlage von publizierten Sammlungskatalogen und persönlichen Notizen verfassten die Kunstsachverständigen ihre Verzeichnisse, die wie Gedächtnisprotokolle anmuteten und erst zu einem späteren Zeitpunkt überprüft und präzisiert werden sollten. In Baden konnte auf Vorarbeiten aus der Zeit kurz vor dem Ersten Weltkrieg zurückgegriffen werden, weil der private Kunstbesitz für die geplante und infolge des Kriegsbeginns abgesagte, kunstgeschichtliche Ausstellung in Düsseldorf durch die nun erneut betrauten Sachverständigen bereits inventarisiert worden war.[410] All diese provisorischen und kurzfristigen Maßnahmen führten dazu, dass eine Veröffentlichung der Verordnung so lange hinausgezögert werden sollte, bis ein weitgehend zufriedenstel-

406 Swarzenski, Frankfurter Zeitung, 1918.
407 Vgl. SMB-ZA, IV/NL Bode 432.
408 Graf Holtzendorff an Sächs. MdI/KM/MdW/MdF, Bericht über die Beratung am 27.9.1919, SächsHStA, 10736, Nr. 17455, Bl. 178.
409 RMdI (Lewald) an die Landesregierungen, 10.10.1919, StA Bremen, Senatsregistratur, 3-B.13. Nr. 66.a. Bd. 1, Bl. 48a.
410 Konservator der kirchlichen Denkmäler Baden (Sauer) an Bad. KM, 12.3.1918, Universitätsarchiv Freiburg, NL Sauer, C 67/534.

lendes Ergebnis bei der Auswahl zu schützender Kunstwerke vorlag. Zugleich machte das Reichsinnenministerium deutlich, „die von mehreren Seiten gewünschten Richtlinien für die Aufnahme eines Kunstwerkes in das Verzeichnis […] schwerlich aufstellen zu können, vielmehr meinte man, daß die Entscheidung von Fall zu Fall zu treffen sein wird".[411] Dass die Vorlage für das Verzeichnis aus Preußen kam, wurde von den übrigen Länder kritisiert, da „dieses Inventar […] im wesentlichen die Wünsche der Direktoren öffentlicher Sammlungen" darstelle und „lediglich solche Werke und Gegenstände [enthielt], die für eine dieser Sammlungen in Betracht kämen".[412] Die Befürchtung, Berlin würde als Zentralstelle die Unterschutzstellungen des Deutschen Reiches dominieren und das Verzeichnis würde den in der Hauptstadt „gerade herrschenden Sammlerinteressen und [dem] Forschergeschmack" entsprechen, schlug sich vorwiegend in der Kritik daran nieder, dass deutsche Meister in dem Verzeichnisentwurf in einer „mehr als auffallend geringe[n] Zahl" vertreten waren.[413] Clemen warnte davor, einen „einseitigen Maßstab etwa einer hauptstädtischen musealen Schätzung und einer hauptstädtischen Museumspolitik" anzulegen und empfahl vor allem, auch die für die nationale Geschichte wertvollen Landesteile in die Überlegungen einzubeziehen. „Insbesondere müssen sich die Provinzen Preußens darüber beklagen, daß sie von Berlin aus nicht zugezogen worden sind, daß die Liste dort am Schreibtisch und ohne die Kenntnis dessen gemacht worden ist, was sich inzwischen im Kunstleben der Provinz ereignet hat", kritisierte der Düsseldorfer Museumsdirektor Karl Koetschau öffentlich die zentralisierte Eintragungspraxis.[414] Dies ging mit den grundsätzlichen Bedenken einher, dass ein Inventar immer auch eine ausschließende Wirkung habe – ein nationaler Wert mit der Nichteintragung förmlich abgesprochen werden könne. Das mit dem Ausfuhrschutz betraute sächsische Innenministerium bedauerte beispielsweise die „außerordentlich zahlreichen nicht in das Inventar aufgenommenen Kunstwerke, die zu dem kulturellen Leben des Volkes eine viel unmittelbarere Beziehung haben, als der Museumsbesitz" und die „mindestens einen Teil des Schutzes einbüßen, den die Rücksicht auf die öffentliche Meinung ausübt".[415] Neben Kritik war es aber vor allem Unsicherheit, die in den Kulturministerien der Länder die Auslegung der Verordnung und die Zusammenstellung der Landesverzeichnisse erschwerte.

Um den Vorgang der Aufstellung möglichst einheitlich zu gestalten und im Ausfuhrschutz endlich „eine gleichmäßige Linie" zu finden, trafen sich kunsthistorisch versierte

411 Graf Holtzendorff an Sächs. MdI/KM/MdW/MdF, Bericht über die Beratung am 27.9.1919, SächsHStA, 10736, Nr. 17455, Bl. 178.

412 Sächs. MdI an Sächs. Min. d. ausw. Angelegenheiten, 16.10.1919, ebd., Bl. 193.

413 Konservator der kirchlichen Denkmäler Baden (Sauer) an Bad. KM, 12.3.1918, Universitätsarchiv Freiburg, NL Sauer, C 67/534.

414 Koetschau in: Dritte gemeinsame Tagung für Denkmalpflege und Heimatschutz, Eisenach 23. und 24. September 1920, Stenographischer Bericht, S. 110.

415 Sächs. MdI an Sächs. Min. d. ausw. Angelegenheiten, 16.10.1919, SächsHStA, 10736, Nr. 17455, Bl. 193.

Fachvertreter ausgewählter Länder am 5. Januar 1920, nur wenige Wochen nach dem Erlass der Verordnung, zu einer Sitzung im Bayerischen Nationalmuseum in München.[416] Diese Konferenz diente zugleich der Bekanntgabe der neuen Stelle des Reichskunstwartes als reichsdeutsche vermittelnde Instanz auf kulturellem Gebiet. Die Wahl des Sitzungsortes München sollte ein Zeichen des Ausgleichs zwischen der Reichshauptstadt Berlin und dem oft als vernachlässigt beklagten Süden setzen. Unter dem Vorsitz Lewalds vom Reichsinnenministerium sollte über die reichsweite Umsetzung des Ausfuhrschutzes und über gemeinsame Richtlinien verhandelt werden, „nach welchen Gesichtspunkten das Verzeichnis der geschützten Kunstwerke aufgestellt werden solle", ohne dabei die Kompetenzen der Länder zu beschneiden.[417] Anwesend waren die Länder Bayern, Preußen, Württemberg, Baden und Hessen, die neben Vertretern der Kultusministerien auch Direktoren ihrer großen Museen entsandten.[418] Die übrigen Länder erhielten keine Einladung, was das Reichsinnenministerium im Nachhinein mit den „besonderen Schwierigkeiten" bei der Zusammenstellung der Verzeichnisse in den anwesenden Ländern entschuldigte.[419] Diese „Schwierigkeiten" entstanden vor allem, weil für die Aufstellung der Liste bis dahin zu wenig Zeit zur Verfügung gestanden hatte, wie die Länder ausnahmslos anmerkten und auch der Direktor der Berliner Nationalgalerie, Ludwig Justi, äußerte in einem Schreiben an das preußische Kultusministerium:

> „Ich kann nicht umhin darauf aufmerksam zu machen, dass diese überstürzte und daher ganz einseitige Listenaufstellung dem Sinn der gesetzlichen Maßnahme nicht zu entsprechen scheint."[420]

Dieser provisorische Zustand bedurfte daher einer grundlegenden Überarbeitung. Auf Anregung Falkes einigte man sich in München darauf, dass es sich bei dem zu erstellenden Verzeichnis um eine „Individualliste" mit Werken allererster Klasse handeln müsse und dass die Aufnahme ganzer Sammlungen vermieden werden sollte. Bei der Frage nach der Definition von „national wertvollen" Kunstwerken verständigten sich die Anwesenden darauf, sich auf Werke deutscher Herkunft oder Werke, die mit der deutschen Kulturgeschichte eng verbunden seien, zu beschränken. Richard Hendschel vom bayerischen Kultusministerium verglich ein „national wertvolles" Kunstwerk mit der Glyptothek in München, die „nicht weggedacht werden könnte, ohne als wesentliche

416 Vgl. dazu im Folgenden Niederschrift über eine Besprechung der Verordnung vom 11. Dezember 1919 betr. der Ausfuhr von Kunstwerken und der Aufstellung eines Reichskunstwarts abgehalten im Gebäude des Bayerischen Nationalmuseum in München am 5. Januar 1920, SMB-ZA, IV/NL Bode 431, hier S. 7.

417 Ebd., S. 2.

418 RMdI (Lewald, Asmis), Pr. KM (Trendelenburg, von Falke), Bay. KM (Hendschel, Dörnhöffer, Bezold, Hager, Halm, Hofmann), Württ. KM (Jehle, Redslob), Bad. KM (Bartning, Storck), Hess. Landesamt für Bildungswesen (Back), vgl. SMB-ZA, IV/NL Bode 431.

419 RMdI (Lewald) an Sächs. MdI, 16.2.1920, SächsHStA, 10736, Nr. 17455, Bl. 246.

420 NG (Justi) an pr. KM, 12.5.1920, SMB-ZA, I/NG 854, Bl. 358.

Lücke im nationalen Kunstbesitz empfunden zu werden".[421] Im Allgemeinen bestand auch Einigkeit darin, in Deutschland befindliche ausländische Werke unter die Verordnung fallen zu lassen, auch wenn das Gewicht auf die deutsche Herkunft gelegt werden sollte. Aufgrund der großen Nachfrage auf dem internationalen Markt verzeichnete die Liste von Beginn an zahlreiche nicht-deutsche Werke. Die Aussagen des soeben ernannten Reichskunstwartes Edwin Redslob sind im Gesprächsprotokoll, das der Nachlass Bode überliefert, mit besonders vielen handschriftlichen Fragezeichen versehen:

> „Das jetzige Verzeichnis ist m. E. eine Zusammenstellung dessen, was man in Deutschland in den letzten Jahren an Sammlerarbeit geleistet hat. Es enthält aber nicht eine Zusammenstellung dessen, was man in zehn Jahren als wertvollen deutschen Kunstbesitz ansehen wird. In der Liste steht so sehr viel Ausländisches und so sehr wenig Deutsches. Das sieht nach außen wie eine Unterschätzung des deutschen Kunstbesitzes aus."[422]

Tatsächlich lag ein Grund für die zurückhaltende Eintragung deutscher Kunstwerke in der geringen Nachfrage des Auslands nach diesen Werken, wie Friedrich Trendelenburg vom preußischen Kultusministerium darlegte, sodass marktwirtschaftliche Interessen bei der ersten Eintragungsphase eine nicht zu unterschätzende Rolle spielten. Damit wankte die Legitimation des Verzeichnisses bereits zu Beginn, war es doch die ursprüngliche Grundidee, dass der Staat der Kultur schützend beiseitestehen sollte anstatt maßgebend in das Wirtschaftsgeschehen einzugreifen. Aus diesem Grund wurde von allen Seiten eine stärkere Fokussierung auf Kunst deutscher Herkunft gewünscht. Legitimationsdruck und zu erwartende öffentliche Angriffe waren auch die Gründe, warum vor allem von Falke eine Veröffentlichung des Verzeichnisses ablehnte. Besonders auf Druck Bayerns versuchte man, mit einem Zugeständnis an den Kunsthandel und die Vertreter wirtschaftlicher Interessen den deutschen Markt zu beruhigen, indem nachträglich nach Deutschland eingeführte Kunstwerke von einer Eintragung in die Liste befreit wurden. Aber auch die Museen und die Sammlerwelt erhofften sich eine zunehmende Einfuhr von Kunst aus dem Ausland, wie sie vor dem Ersten Weltkrieg stattgefunden hatte. Die Abgeschlossenheit des Verzeichnisses wurde hingegen abgelehnt, weil die Möglichkeit nicht verwehrt werden sollte, nachträglich auftauchende und bisher übersehene Kunstwerke unter Schutz zu stellen. Bode hatte bereits ein Jahr zuvor deutlich gemacht, dass eine „definitive" Liste nicht das Ziel sei und nicht ausgeschlossen, „dass nicht weitere Eintragungen gelegentlich erfolgen, wenn auch wohl einmal gelöscht werden könnten".[423] Diesen Kurs bestätigte auch das preußische Kultusministerium von München aus:

421 Hendschel in Niederschrift über eine Besprechung der Verordnung vom 11. Dezember 1919 betr. der Ausfuhr von Kunstwerken und der Aufstellung eines Reichskunstwarts abgehalten im Gebäude des Bayerischen Nationalmuseum in München am 5. Januar 1920, SMB-ZA, IV/NL Bode 431, S. 4.

422 Redslob in ebd., S. 5.

423 Kgl. Museen Berlin (Bode) an Kgl. Slg. Dresden (Seidlitz), 4.1.1919, SKD Altregistratur, NL Posse 42, Bl. 110, abgedruckt in Maaz 2012, S. 172 f.

> „Wir wollten allgemein festhalten, was für uns wertvoll ist, was uns aber in dieser Zeit des deutschen Ausverkaufes entwunden zu werden drohte. Wie lange dieser Kunstbesitz wertvoll bleibt, war bei dieser Erwägung von untergeordneter Bedeutung."[424]

Grundsätzlich sollten Kunstwerke, die nach Verordnungserlass nach Deutschland gebracht würden, von einer nachträglichen Eintragung in das Verzeichnis befreit werden:

> „Doch soll diese Beschränkung nicht als rechtliche Bindung sondern als rechtspolitischer Programmsatz für den Vollzug aufgestellt werden."[425]

Unklar war der Umgang mit Werken von noch lebenden oder erst kürzlich verstorbenen Künstlern, die einen bedeutenden Anteil auf dem deutschen Kunstmarkt ausmachten. In München fand man weder ein Einvernehmen über die zeitlichen Grenzen der zu schützenden Werke noch wurde man sich über das Vorgehen im Fall von Austragungsanträgen einig. Auch kam es nicht zur Benennung eines geplanten Sonderausschusses. Anders als angestrebt, erarbeitete die Münchner Konferenz folglich nicht die einheitlichen und umfassenden Grundsätze zur Erstellung des Verzeichnisses, vielmehr bot sie die Möglichkeit eines ersten Erfahrungsaustausches. Das Protokoll übermittelt zudem ein Stimmungsbild der betroffenen Privatsammler, „die das Ausfuhrverbot teils warm begrüßen, teils sich gegen den Vorbehalt ‚Auswahl vorbehalten' wenden, teils von Veräußerungen oder Verlegungen der Sammlungen Mitteilung machen".[426]

Nach dieser ersten Meinungserhebung in München fanden sich wenige Wochen später, am 12. April 1920, sämtliche Kunstreferenten aus den Länderministerien auf der Reichskunstwartkonferenz, auch „Reichskunstschutzkonferenz" bezeichnet, in Stuttgart erneut zusammen, um Regeln zum Umgang mit dem Verzeichnis zu diskutieren.[427] Neueintragungen sollten nicht stattfinden, wenn Kunstgegenstände auf dem Wege des Kunsthandels nach Deutschland gebracht worden waren. Für Kunstwerke, die durch Erbfall, Schenkung und dergleichen nach Deutschland gelangten, sollte dagegen die Möglichkeit der Aufnahme in die Liste gewahrt bleiben. Interessanterweise ging man in diesem Fall von einer Wiedereinführung nach Deutschland, das heißt ausschließlich von deutscher Kunst aus. Man entschied sich auch gegen die Aufnahme ganzer Sammlungen, um zum einen Sammler nicht zu stark zu belasten und ihm zum anderen nicht

424 Trendelenburg in Niederschrift über eine Besprechung der Verordnung vom 11. Dezember 1919 betr. der Ausfuhr von Kunstwerken und der Aufstellung eines Reichskunstwarts abgehalten im Gebäude des Bayerischen Nationalmuseum in München am 5. Januar 1920, SMB-ZA, IV/NL Bode 431, S. 6.

425 ebd.

426 Asmis in ebd., S. 10.

427 Clemen 1920, S. 101. Anwesende: RMdI (Asmis, Lewald), Pr. KM (Prym, von Falke), Bay. KM (Hendschel, Bezold, Hager, Habich), Württ. KM (Jehle, Frey, Redslob), Württ. Arbeitsmin. (Wanner), Sächs. MdI (Berling, Graul), Bad. KM (Bartning, Storck), Hess. Landesamt für Bildungswesen (Back), Thür. KM (Köhler), Hmb. KM (Pauli), vgl. dazu im Folgenden Niederschrift über die Verhandlungen der Reichskunstwartkonferenz in Stuttgart am 12. April 1920, BArch, R 32/375, Bl. 1–8 und HStA Stuttgart, E 130 b, Bü 1539.

die Möglichkeit eines unbemerkten Verkaufs von Einzelstücken zu bieten. Weitere Fortschritte bei der Festlegung gemeinsamer Grundsätze waren nicht zu verzeichnen. Der Direktor der Staatlichen Kunstsammlungen Weimar, Wilhelm Köhler, bekam bei der Besprechung in Stuttgart erstmals einen Einblick, „wie weit anderwärts der Kreis der zu berücksichtigenden Kunstwerke gezogen worden ist" und berichtete dem thüringischen Volksbildungsministerium über die Tagungsergebnisse wie folgt: „Naturgemäß ist es auch nicht möglich gewesen, ein allgemeines Schema aufzustellen, nach dem bei der Aufstellung der Verzeichnisse der national wertvollen Kunstwerke zu verfahren wäre."[428] Zu sehr sahen sich die einzelnen Länder in ihren Kompetenzen beschnitten und so wurde auch diesmal nur betont, sich auf Werke allerersten Klasse zu beschränken, ohne eindeutig festzulegen, wie mit der Kunst des 19. und beginnenden 20. Jahrhunderts umgegangen werden sollte.[429] Das Reichsinnenministerium erbat sich die überarbeiteten Verzeichnisse der einzelnen Länder bis zum 1. Juni 1920. Damit blieb den Kunstsachverständigen kaum sieben Wochen Zeit, um ihre Länderverzeichnisse zu überarbeiten.

Zeitliche Schwierigkeiten bekam damit auch der eben erwähnte Weimarer Museumsdirektor Köhler zu spüren, dem es zur Aufgabe gemacht wurde, die Verzeichnisse der einzelnen thüringischen Staaten „miteinander in Übereinstimmung zu bringen".[430] Bei jeder Besichtigung einer Sammlung oder eines Kunstwerkes musste er die Ermächtigung der betreffenden Landesregierung einholen, da im territorial zersplitterten Thüringen die Einzelregierungen und Lokalbehörden ihre Souveränität bewahren wollten und Monate vergingen, bis beispielsweise die Regierung Schwarzburg-Sonderhausen ihre Vorschläge übersandte.[431] Erschwerend kamen die zahlreichen noch schwebenden Auseinandersetzungen zwischen den thüringischen Staaten und den ehemaligen Fürsten hinzu. Dass das soeben gegründete Land Thüringen nicht nur im Inneren von kultureller und politischer Zerrissenheit geprägt war, sondern sich auch zwischen zwei Großländern des Deutschen Reiches befand, machte Köhler in einem internen Bericht über eine Tagung in Eisenach deutlich. Dort trafen sich im September 1920 die Kunstsachverständigen der Länder erneut zu einer kommissarischen Beratung, um den Ausfuhrschutz in klare Bahnen zu leiten:

428 Museen Weimar (Köhler) an Thür. KM, 17.5.1920, ThHStA Weimar, Thüringisches Volksbildungsministerium C985, Bl. 36 f.

429 Informell einigte man, sich nur Werke von Künstlern zu listen, die mindestens 20 Jahre verstorben waren. Auch von einer Zeitgrenze von 1890 war die Rede. Ausnahmen hielten sich die Vertreter für Einzelfälle vor.

430 Museen Weimar (Köhler) an Thür. Staatsrat, 12.6.1920, ThHStA Weimar, Thüringisches Volksbildungsministerium C984, Bl. 28.

431 Museen Weimar (Köhler) an Thür. Staatsrat, 20.8.1920, ebd., Bl. 40. Im Februar 1921 erklärte Köhler seine Reisen als Sachverständiger Thüringens vorerst für abgeschlossen und teilte die Reisekosten zu gleichen Teilen auf die ehemaligen thüringischen Staaten auf. Vgl. Museen Weimar (Köhler) an Gebietsregierung, Kulturabteilung, 16.2.1921, ebd., Bl. 47.

„Der Gegensatz zwischen Reich und Preussen einerseits, Bayern anderseits, der in Stuttgart noch mehr verhüllt war, sodass immerhin das Reich wiederholt Versuche machen konnte, die bayerischen Vertreter für seine Gesichtspunkte zu gewinnen, war in Eisenach um vieles deutlicher hervorgetreten; wo dieser Gegensatz in der Verhandlung zum Ausdruck kam, neigte der Vertreter des Reiches zu einer resignierten Anerkennung beider Standpunkte. Wie natürlich, sind Einzelheiten dieser Art aus dem Protokoll nicht zu ersehen, ja, wohl mit Bedacht nach Möglichkeit aus ihm entfernt. Für Thüringen werden aus dieser wachsenden Spannung gerade auf kulturellem Gebiet besondere Aufgaben erwachsen."[432]

Das offizielle Protokoll verrät, dass das Reich eigentlich einen Berliner Ausschuss intendiert hatte, der die Landeslisten noch einmal überprüfen sollte, die Länder aber wiesen diesen Vorschlag zurück.[433] Auch die vom Deutschen Museumsbund vorgebrachte Anregung, das Reich solle Finanzmittel zum Ankauf von Kunstwerken bewilligen, scheiterte an der befürchteten Konkurrenz der Länder untereinander.[434]

Das öffentliche Interesse an Kunstwerken in Privatbesitz wurde auf den Fachtagungen nachdrücklich betont, um die Beschränkung des Eigentums aus Gründen eines „Gemeinwohls" zu legitimieren. Das preußische Justizministerium bezeichnete dies als „eine Art Sozialisierung des Kunstbesitzes"[435] und Köhler führte dazu in seinem Bericht aus:

„Im allgemeinen war zu beobachten, dass das veränderte Rechtsempfinden, nachdem der Besitz hervorragender Kunstwerke auch Verpflichtungen gegenüber der Allgemeinheit mit sich bringt, in Eisenach noch stärker zum Ausdruck kam, als bei der Stuttgarter Tagung im April. Was damals nur unter Bedenken und mit grosser Vorsicht an Eingriffen in Privateigentum beschlossen wurde, ist jetzt eine Selbstverständlichkeit geworden. Es war bemerkenswert, dass diese Veränderung des Rechtsempfindens gerade bei den überwiegend vertretenen Juristen der verschiedenen Ministerien hervortrat."[436]

Eine „gleichmäßige Linie" konnten die länderübergreifenden Verhandlungen vom Jahr 1920 in München, Stuttgart und Eisenach nicht liefern, was schwarz auf weiß im ersten gedruckten Verzeichnis nachzulesen ist, das noch zwei Jahre auf sich warten lassen sollte.

432 Museen Weimar (Köhler) an Thür. Staatsrat, 11. 11. 1920, ThHStA Weimar, Thüringisches Volksbildungsministerium C985, Bl. 142.

433 Vgl. Niederschrift über die am 24. und 25. September 1920 in Eisenach abgehaltenen kommissarischen Besprechungen betreffend Kunstschutzangelegenheiten, StA Bremen, Bremische Gesandtschaft Berlin, 4,49-493/97, S. 9.

434 Auch durfte das Reich selbst nicht als Sammler auftreten, zumal das Reichsministerium der Finanzen auch keine Gelder zur Verfügung hätte stellen können. Letztendlich einigten sich die Anwesenden darauf, „dass die Strafgelder gesperrter Bilder verwendet werden sollen, die den Ländern zu überweisen seien." Asmis in Niederschrift über die am 24. und 25. September 1920 in Eisenach abgehaltenen kommissarischen Besprechungen betreffend Kunstschutzangelegenheiten, StA Bremen, Bremische Gesandtschaft Berlin, 4,49-493/97, S. 11. Über die Umsetzung dieses Beschlusses geben die Quellen keine Auskunft.

435 Pr. JM (Kübler) in Niederschrift über die am 24. und 25. September 1920 in Eisenach abgehaltenen kommissarischen Besprechungen betreffend Kunstschutzangelegenheiten, StA Bremen, Bremische Gesandtschaft Berlin, 4,49-493/97, S. 3.

436 Museen Weimar (Köhler) an Thür. Staatsrat, 11. 11. 1920, ThHStA Weimar, Thüringisches Volksbildungsministerium C985, Bl. 142.

6. FAZIT

Die *Verordnung über die Ausfuhr von Kunstwerken* kam für Sammler und die Öffentlichkeit überraschend, jedoch war sie lange zuvor geplant, vertagt und abgewogen worden. Die junge Republik setzte den Diskussionen ein Ende, indem sie den deutschen Kunstausfuhrschutz für verfassungswürdig erklärte. Bereits während des Ersten Weltkriegs führten die wirtschaftliche Unsicherheit und die schwache Währung zu umfangreichen Verkäufen der bürgerlichen Sammlungen. Staatliche Eingriffe wie die Vermögens- und Erbschaftssteuer und die Diskussionen um einen Schutz von Kunstwerken in Privatbesitz beförderten die sogenannten Angstverkäufe, wobei ausländische Käufer im Gegensatz zu deutschen Sammlern und Museen diese freiwerdenden Kunstschätze zu erwerben in der Lage waren. Hinzu kam, dass mit Kriegsende die Auseinandersetzungen der Folgeregierungen mit den entthronten Familiendynastien eine Bedrohung für die historisch gewachsenen und zum Teil öffentlich zugänglichen Kunstsammlungen darstellte. Auch wenn mit Ausnahme der großherzoglichen Sammlung in Oldenburg große Verkäufe dieses fürstlichen Kunstbesitzes ins Ausland vorerst ausblieben, wurde die *Verordnung über die Ausfuhr von Kunstwerken* zur vorbeugenden Schutzmaßnahme. Die nahezu drei Jahre andauernden Verhandlungen in den Landesministerien, der Nationalversammlung und in Fachkreisen eröffneten Fragen nach den reichsdeutschen Befugnissen auf kulturellem Gebiet und dem wirtschaftlichen Einsatz zum Erhalt eines beanspruchten kulturellen Erbes. Carl Heinrich Becker definierte 1919 Kulturpolitik als eine „bewußte Einsetzung geistiger Werte im Dienste des Volkes oder des Staates zur Festigung im Innern und zur Auseinandersetzung mit anderen Völkern nach außen".[437] Der Schutz „national wertvoller" Kunstwerke vor der unerwünschten Verbringung ins Ausland sollte einen Beitrag zum Erreichen dieser Ziele leisten.

Mit dem Erlass der Verordnung am 11. Dezember 1919 wurde dem Reich ein Instrument zur Verfügung gestellt, das eine kunsthistorisch fundierte Auswahl von Werken ermöglichte, die für „national wertvoll" erklärt wurden und dem deutschen Volk erhalten bleiben sollten. Die Erstellung des mit der Verordnung verbundenen Verzeichnisses

437 Becker 1919, S. 2 und erneut S. 13.

ebendieser Werke wurde eine erste Bewährungsprobe des Reiches auf kulturellem Gebiet und sollte auch in den folgenden Jahrzehnten Stoff für rege Diskussionen und Streitigkeiten zwischen betroffenen Ressorts auf Landes- und Reichsebene sowie in Fachkreisen der Kunsthistoriker liefern. Das Abwägen von Interessen des Staates, der Museen, privater Sammler, des Kunsthandels und des Auslands verzögerte den Erlass der Verordnung immer wieder. Letztendlich machte die Hoffnung, dass sie vor allem erzieherisch wirken würde, indem sie das öffentliche Interesse an den Zeugnissen einer nationalen Kultur stärken und damit zum Aufbau der neuen, geeinten Republik beitragen würde, den Kunstausfuhrschutz zum Bestandteil der Weimarer Reichsverfassung.[438]

438 Vgl. Clemen 1920, S. 108.

DAS *VERZEICHNIS DER NATIONAL WERTVOLLEN KUNSTWERKE* IN DER WEIMARER REPUBLIK

Mit der *Verordnung über die Ausfuhr von Kunstwerken* wurde die Erstellung eines Verzeichnisses mit national wertvollen Kunstwerken, deren Verbringung ins Ausland eine Genehmigung erforderte, zur Bedingung gemacht. Das Verzeichnis wurde in kurzer Zeit von den einzelnen Ländern angefertigt; die erste zusammenfassende Version erschien jedoch erst im Jahr 1922, eine überarbeitete Fassung 1927 (Taf. IV und V). Die befürchtete öffentliche Kritik verhinderte eine zeitnahe Drucklegung. Die Frage nach dem Grund der Ablehnung von verschiedenen Seiten wird Gegenstand des folgenden Kapitels sein. Insbesondere soll die Auswahl an Kunstwerken besprochen werden, die mit der Veröffentlichung von 1922 erstmals belegt ist. Grundlagen für die Zusammenstellung bildeten die beiden Konferenzen Anfang 1920 in München und Stuttgart, deren Ergebnisse bereits im vorangegangenen Kapitel dargelegt wurden. Im Folgenden soll nun der Frage nachgegangen werden, wie die dabei aufgestellten Grundsätze ihre Umsetzung im ersten gedruckten Verzeichnis fanden.

1. AUSWERTUNG DES VERZEICHNISSES VON 1922

Der ersten gedruckten Version des *Verzeichnisses der national wertvollen Kunstwerke* vom Juli 1922 ging eine über zwei Jahre andauernde Diskussion über das Für und Wider ihrer Veröffentlichung voraus.[1] Bereits in der Begründung, die mit dem Entwurf der Notverordnung der Deutschen Nationalversammlung 1919 vorlag, wurde sie abgelehnt:

> „Da eine öffentliche Bekanntmachung des Verzeichnisses den Kunsthandel auf die Spur wertvoller Werke setzen, die Preise auf dem deutschen Kunstmarkt in unerwünschter Weise beeinflussen und die Begehrlichkeit des Auslandes steigern würde, so werden die Eintragungen nicht der Öffentlichkeit, sondern nur den Beteiligten selbst zur Kenntnis gebracht."[2]

Die angeführten Befürchtungen, die eine Veröffentlichung des Verzeichnisses vorerst verhinderten, erwiesen sich jedoch schnell als nicht haltbar. Die Sammlungen privater Kunstliebhaber waren aufgrund von Ausstellungen und Publikationen in Form von Katalogen, zu denen oft namhafte Kunsthistoriker der Zeit die Vorworte schrieben, der Öffentlichkeit gut bekannt.[3] Nur in seltenen Fällen wird ein privater Kunstschatz erst aufgrund der Eintragung in die Liste an die allgemeine Oberfläche befördert worden sein. Dem Reichsinnenministerium war zudem bewusst: „Es ist heutzutage eben leider nicht mehr möglich, irgend etwas geheim zu halten."[4]

1 Laut Verordnung wurden betroffene Kunstbesitzer per Einschreiben über die Unterschutzstellung informiert, die Veröffentlichung in einem Verzeichnis hatte keine rechtswirkende Funktion, sondern diente allein der Transparenz. Das *Verzeichnis der national wertvollen Kunstwerke* von 1922 ist in folgenden Archiven überliefert: BArch, R707/74; SMB-ZA, I/NG 847; StA Bremen, 3-B.13. Nr. 66.a. Bd. 1; StA Oldenburg, Best. 134, Nr. 4376; HStA Weimar, Best. Thüringisches Volksbildungsministerium, Nr. C 984; HStA Stuttgart, Best. E 130 b, Bü 1540; SKD Altregistratur, 01/GG 30; BStGS, 11/4, Nr. 245; GNM Akten, Nr. 836; Universitätsarchiv Freiburg, NL Joseph Sauer, C 67/534. Landesmuseum Oldenburg, LMO-A 450; KH Bremen, Nr. 118; AHK 32-260.4.

2 Begründung zum Entwurf einer *Verordnung über die Ausfuhr von Kunstwerken*, in: Verhandlungen der verfassungsgebenden Deutschen Nationalversammlung. Anlagen zu den Stenographischen Berichten, Bd. 340, S. 1886, Nr. 1814, Berlin den 16. Dezember 1919.

3 Besonders Bode kam so dem „Repräsentationsbedürfnis der Sammler" entgegen. Gaehtgens 1993, S. 160.

4 Asmis in: Dritte gemeinsame Tagung für Denkmalpflege und Heimatschutz, Eisenach 23. und 24. September 1920, Stenographischer Bericht, S. 119–125, hier S. 122.

Außerdem beklagten Kunstsammler und -händler zunehmend und zu Recht, dass Werke, die für national wertvoll erklärt wurden, aufgrund ihrer Verwertungsbeschränkung schwer zu verkaufen seien und einer Wertminderung unterlägen. So oder so stellte sich für Walter von Pannwitz die Eintragung wie auch Nichteintragung als Zeichen der Wertreduzierung heraus, so „dürfte niemand nach erfolgtem Kommissionsbesuch ganz zufrieden sein: Der mit der Inventarisierung Beglückte wird genau so über Entwertung seines Besitzes klagen, wie der damit Verschonte: Denn auch die Nichtaufnahme in das staatliche Inventar ist doch eine Art Wertschätzung!"[5]

Auch bestand in der Geburtsstunde des inventarisierten Kunstausfuhrschutzes die „Befürchtung bei einer Veröffentlichung des Verzeichnisses könne die Entente zwecks Befriedigung ihrer Forderungen auf die eingetragenen Gegenstände Beschlag nehmen", die bald von der Besorgnis abgelöst wurde, dass die „Entente durch den Zugriff in staatliche Sammlungen leichter die Möglichkeit habe, von ihr gewünschte Bilder in ihren Besitz zu bringen".[6] Tatsächliche Ursache für die langjährige offizielle Geheimhaltung des Verzeichnisses war die nicht zufriedenstellende Auflistung national wertvoller Kunstwerke. Die überstürzte und geheime Anfertigung der Schutzliste machte eine auf rein kunsthistorischen Gesichtspunkten basierende Aufstellung unmöglich, wie eine Aussage des preußischen Kultusministeriums unmittelbar vor dem Erlass der Verordnung 1919 verdeutlicht:

> „Sobald das Ausfuhrverbot erst in Kraft sein wird, wird die Möglichkeit gegeben sein, auch bei den Besitzern unmittelbar zu recherchieren, wovon im gegenwärtigen Augenblick selbstverständlich ganz abgesehen werden muß."[7]

Anstatt auf eine unmittelbare kunsthistorische Betrachtung griffen die Ministerien auf die Erfahrung und das Wissen der ihnen unterstellten Museumsbeamten zurück, die die Privatsammlungen durch ihre Beratertätigkeiten durchaus gut kannten. Anscheinend war eine Überarbeitung des Verzeichnisses auch in den folgenden Jahren nur ungenügend möglich, so dass insbesondere in den Reihen der Museumsdirektoren eine Veröffentlichung weiterhin abgelehnt wurde. Otto von Falke sprach sich gegen das Publikmachen des Verzeichnisses aus, weil es zu stark angegriffen werden würde; der Reichskunstwart Redslob kritisierte, dass die Liste zu sehr die Sammeltätigkeit der letzten Jahrzehnte darstellte, aber nicht das, „was man ernstlich nationalen Besitz nennt und als solchen dann auch dem internationalen Kunstmarkt entziehen darf".[8] Auch der badische Kunstsachverständige Joseph Sauer erhob ernste Bedenken gegen eine Veröffentlichung:

5 Pannwitz, Voss. Zeitung, 1918.

6 RMdI (Asmis) in Niederschrift über die am 24. und 25. September 1920 in Eisenach abgehaltenen kommissarischen Besprechungen betreffend Kunstschutzangelegenheiten, StA Bremen, Bremische Gesandtschaft Berlin, 4,49-493/97, S. 9.

7 Pr. KM (Trendelenburg) an NG (Justi), 15.10.1919, SMB-ZA, I/NG 854, Bl. 325.

8 RKW an Gustav Pauli, 14.7.1920, BArch, R32/115, Bl. 161. Vgl. Niederschrift über eine Verordnung vom 11. Dezember 1919 betr. der Ausfuhr von Kunstwerken und der Aufstellung eines Reichs-

> „Ganz abgesehen von den zahlreichen vielfach sinnstörenden Druckfehlern wimmelt das Verzeichnis von Dachfehlern [sic!] und Irrtümern jeglicher Art. Die seit Aufstellung des Verzeichnisses vorgenommenen Besitzänderungen sind nicht berücksichtigt, offenbar weil bei den einzelnen Landeszentralbehörden keine Revision nachgesucht wurde. Der grösste Fehler, an dem das Verzeichnis leidet, ist aber die völlige Uneinheitlichkeit und Inkonsequenz der den Eintragungen zu Grunde liegenden Grundsätzen. [...] Wollte man ein solches das Interesse Einzelner in hohem Masse bindendes Verzeichnis ausgeben, so müsste es in Berücksichtigung der psychologischen Tragweite nach allen Richtungen hin einwandfrei dastehen: zuverlässig in seinen Angaben, einleuchtend in seinen Grundsätzen und folgerichtig in deren Anwendung."[9]

Der Mangel an einer einheitlichen reichsdeutschen Vorgehensweise wird auch durch den Umstand deutlich, dass nicht der Reichskunstwart selbst, sondern sein frisch ernannter Referent Konrad Hahm – nach Redslobs Auskunft ein „Literarhistoriker" und späterer Direktor des Staatlichen Museums für Deutsche Volkskunde[10] – nur wenige Wochen vor der Veröffentlichung 1922 vom Reichsministerium des Innern „privatim" gebeten wurde, das Verzeichnis zu vereinfachen und zu korrigieren.[11] Aufgrund seiner anderweitigen fachlichen Kompetenzen lehnte er diese Arbeit, auch auf Anraten Redslobs, ab und wies gleichzeitig auf die „völlige Unbrauchbarkeit des Konzeptes" hin.[12] Das Reichsministerium des Innern nahm daraufhin von einer weiteren redaktionellen Bearbeitung mit der Bemerkung Abstand „dieses Verzeichnis sei für den Gebrauch der Zollbeamten bestimmt und auch im Druck nur eine erste Grundlage und müsse zunächst auf die kunstwissenschaftliche Systematik verzichten".[13]

Ungeachtet aller Kritik, die bereits der ersten Veröffentlichung vorausgeschickt wurde, schuf die Publikation eine von der Sammlerwelt begrüßte, wenn auch nur kurzweilige Transparenz und Rechtssicherheit. Das Gesamtverzeichnis von 1922 zeichnete ein Bild von der Arbeitsweise der Unterschutzstellung in den ersten Jahren der Weimarer Republik. Es benannte das Kunstwerk und den Künstler in kurzer Form; darüber hinaus wurden Eigentümer und der Aufbewahrungsort sowie das Land, das die Eintragung ver-

kunstwarts abgehalten im Gebäude des Bayerischen Nationalmuseum in München am 5. Januar 1920, SMB-ZA, NL Bode 431.

9 Konservator der kirchlichen Denkmäler Baden (Sauer) an Bad. KM, 12.11.1922, Universitätsarchiv Freiburg, NL Sauer, C 67/534. Das badische Kultusministerium reagierte auf Sauers grundsätzliche Kritik mit der Bitte, die von ihm „aufgefundenen Sachfehler und Irrtümer" vorzulegen. Bad. KM an Sauer, 7.12.1922, ebd.

10 Konrad Hahm studierte neben Germanistik auch Kunstgeschichte, Theologie und Philosophie in Breslau und Greifswald und wurde mit einer Arbeit zum dichterischen Vermächtnis von Georg Büchner promoviert. Vgl. Erika Karasek: Konrad Hahm (1892–1943). Museum zwischen Aufbruch und Verhängnis, in: Jahrbuch für Volkskunde, hg. von Wolfgang Brückner, N.F. 26, Würzburg 2003, S. 121–136, hier S. 121.

11 Vgl. RKW an Staatssekretär Schulz. 17.11.1922, BArch, R32/116, Bl. 82. Dem Reichskunstwart wurde das Verzeichnis nach eigenen Angaben vor der Drucklegung nicht vorgelegt.

12 Dr. Hahm: Bericht über meine Beteiligung an dem Verzeichnis der national wertvollen Kunstwerke, BArch, R32/116, Bl. 84.

13 Ebd.

anlasste, gelistet.[14] Es konnte vom Reichsministerium des Innern angefordert werden, wobei die Höhe der Auflage so gering war, dass selbst die Kunstsachverständigen über das Fehlen von Exemplaren berichteten:

> „Ich hätte Ihnen [Emil Waldmann] die Liste gern im Original zugeschickt. Das einzige Exemplar, das Herr Professor Dr. Sauer und ich [Werner Noack] hier in Freiburg haben, brauchen wir aber jetzt Tag für Tag zur Beantwortung eingehender Anfragen, so dass wir es nicht entbehren können."[15]

Wer eine Berechtigung zum Erhalt des Verzeichnisses bekam, kann nicht genau eingegrenzt werden.[16] Fest steht jedoch, dass die Veröffentlichung der „national wertvollen" Kunstwerke in Privatbesitz nicht vorbehaltlos geschah; von einer Bekanntgabe der Neueintragungen im Reichsgesetzblatt sah man gar von vornherein ab. Es kann zudem auf eine Zurückhaltung der gedruckten Exemplare geschlossen werden, wenn man vergebens nach veröffentlichter Kritik des Verzeichnisses sucht. Im Gegensatz zu den umfassenden Reaktionen, die die Verordnung von 1919 in der Öffentlichkeit erfuhr, lassen sich in der Tages- und Fachpresse aus dem Jahre 1922 keine Äußerungen zur ersten gedruckten Liste finden.

1.1 Betroffene Sammlungen

Die einzelnen Länder wählten Kunstwerke aus Privatsammlungen für das *Verzeichnis der national wertvollen Kunstwerke*, die sich innerhalb ihrer Landesgrenzen befanden. Die damit einhergehende komplexe Struktur der verantwortlichen Akteure – bestehend aus dem Reichsinnenministerium, dem Reichsbankdirektorium und den Kultusministerien der Länder – führte zu einer sehr heterogenen Zusammenstellung des Gesamtverzeichnisses, in dem jede Instanz gleichermaßen versuchte, ihre Interessen geltend zu machen. Es entstand auch eine föderale Heterogenität zwischen den deutschen Reichsländern, die für die Nominierung einzutragender Kunstwerke in erster Linie zuständig waren. Dies zeigte sich nicht nur in der Auswahl der zu schützenden Kunstwerke und dem Kreis betroffener Sammler, sondern bereits in der Anwendung der Verordnung zum Schutze „national wertvoller" Kunstwerke vor der Abwanderung ins Ausland an sich. Der Freistaat Bayern stellte zwei Fünftel (375 Werke) aller eingetragenen Kunstwerke für das Reichsverzeichnis von 1922 und damit die größte Zahl zu schützender Objekte im Ländervergleich. Der Freistaat Preußen, der fast zwei Drittel des Reichsgebietes und die Sammlermetropole Berlin umfasste, trug mit einem Viertel (244 Werke)

14 Im Verzeichnis von 1927 fiel die Spalte „Aufbewahrungsort" weg. 1938 wurden der Eigentümer und der Aufbewahrungsort in einer Spalte genannt, sodass die Liste nur noch aus drei Spalten bestand.
15 DMB (Noack) an KH Bremen (Waldmann), 4. 11. 1931, SMB-ZA, DMB 319.
16 Hauptsächlich sollten die Zollstellen mit den Verzeichnissen versorgt werden. Das Hauptzollamt in Frankfurt a. M. meldete im Dezember 1933, dass die Arbeit mit dem veralteten Verzeichnis von 1923 [sic!] nicht praktizierbar sei. Vgl. Hauptzollamt Gutleutstraße an Landesfinanzamt Kassel (Präsident), 1. 12. 1933, BArch, R2/58950, Bl. 2.

zum „national wertvollen" Kunstbesitz bei. Die Republik Baden folgte mit 15 Prozent (147 Werke) der eingetragenen Kunstwerke, die bis auf wenige Ausnahmen aus dem Besitz des ehemaligen Fürsten von Fürstenberg und dem ehemaligen Großherzog von Baden stammten. Hessen, Württemberg, Sachsen, Thüringen, Lippe-Detmold und Bremen stellten überschaubare Listen mit 20 bis 60 Objekten zusammen; Hamburg und Braunschweig beschränkten sich auf jeweils 14 Kunstwerke. Die übrigen Landesteile waren mit recht wenigen Werken vertreten, der Freistaat Schaumburg-Lippe machte zunächst gar nicht von der Schutzmaßnahme Gebrauch.

Erste Denkmalschutzgesetze, die seit Beginn des 20. Jahrhunderts erlassen worden waren, beschränkten sich auf den staatlichen Besitz. Mit dem deutschen Kunstausfuhrschutz wurden nun erstmals die Verfügungsrechte privater Sammler beschränkt, die sich dem Allgemeininteresse an der Erhaltung eines Kunstwerkes unterzuordnen hatten. Besitzer, deren Kunstwerke in das *Verzeichnis der national wertvollen Kunstwerke* aufgenommen wurden, informierte das Reichsinnenministerium durch ein Einschreiben über diese Eintragung. Sie konnten gegen die Unterschutzstellung weder Einspruch erheben noch wurden sie in irgendeiner Form entschädigt. Eine finanzielle Abfindung wurde nicht ermöglicht, weil es sich bei der Notverordnung um die Beschränkung der Verfügung über das Eigentum handelte und nicht um Enteignung. Im Sinne des Paragrafen 153 der Reichsverfassung: „Eigentum verpflichtet. Sein Gebrauch soll zugleich Dienst sein für das Gemeine Beste" wurden Sammler in die Pflicht genommen, ihre Kunstsammlungen als Teil des nationalen Erbes anzusehen.

1.1.1 Sammlungen fürstlicher Herkunft

Im Verzeichnis von 1922 waren insgesamt 216 Besitzer mit einem oder mehreren Kunstwerken vertreten. Der größte Teil (37,5 Prozent) aller unter Schutz gestellten Kunstwerke befand sich 1922 in fürstlichen Sammlungen. Mehr noch als Gemälde waren es hochwertiges Kunstgewerbe und mittelalterliches Kirchengerät, vorwiegend deutscher Herkunft, die für national wertvoll erklärt wurden. Ferner entstammten fast alle eingetragenen Handschriften dieser Sammlungsherkunft. Sieht man von der bereits staatlicherseits beanspruchten Schack-Galerie ab, war es vor allem eine fürstliche Sammlung, die mit insgesamt 99 Kunstwerken zehn Prozent des Gesamtverzeichnisses von 1922 ausmachte und damit so umfangreich unter Schutz gestellt wurde, wie sonst keine andere Sammlung: der in Donaueschingen und auf Schloss Heiligenberg am Bodensee befindliche Kunstbesitz des ehemaligen Fürsten von Fürstenberg. Im Verzeichnis von 1927 stieg der Anteil dieser Sammlung am Gesamtumfang gar auf über 15 Prozent.

Mit deutlich weniger, jedoch immerhin 32 eingetragenen Nummern, sah sich der ehemalige Großherzog von Baden konfrontiert. Zahlreiche Bildteppiche französischer und flandrischer Provenienz, die entgegen der übrigen Inventarbestände des Mannheimer Schlosses 1919 in den Privatbesitz des ehemaligen Großherzogs übergegangen waren, bedurften laut der badischen Landesregierung des Schutzes vor Ausfuhr.[17] Mit den beiden genannten Fällen wird ersichtlich, dass Baden bestrebt war, in erster Linie Kunstwerke der ehemaligen Fürsten vor einer möglichen Ausfuhr zu bewahren. Während in den benachbarten Ländern Württemberg und Bayern die Trennung der Vermögenswerte früh vollzogen worden war, erfolgte die Auseinandersetzung zwischen dem badischen Staat und der ehemaligen großherzoglichen Familie in komplizierter Weise und mit größeren Verlusten auf Staatsseite. Hinzu kam, dass sich mit der bedeutenden Sammlung Fürstenberg Kunstwerke im Staatsgebiet Badens befanden, die sich auch mit dem Ende der Monarchie der Zugriffsbefugnis der öffentlichen Hand entzogen, weil das bereits 1806 mediatisierte Fürstenhaus über eine reine Privatsammlung verfügte, einzig möglicher Schutz lediglich der vor der Verbringung ins Ausland war.

Das Land Thüringen – aufgrund der Vielzahl an ehemals regierenden Herrscherfamilien im Inneren politisch und territorial zersplittert – machte von der *Verordnung über die Ausfuhr von Kunstwerken* insofern Gebrauch, als dass es ausnahmslos Kunstwerke aus fürstlichem Besitz für das Verzeichnis vorschlug. Das thüringische Kultusministerium übersandte im August 1920 eine Auflistung von insgesamt 27 Objekten aus der Wartburg-Sammlung des ehemaligen Großherzogs von Sachsen-Weimar an die zuständige Reichsstelle. Darunter befanden sich Kupferschmelzwaren aus Limoges, gewirkte Renaissanceteppiche, Leuchterengel von Tilman Riemenschneider, ein Selbstbildnis von Rembrandt und Gemälde von Georg Friedrich Kersting und Caspar David Friedrich.[18] Ohne Zweifel ist dies eine Auswahl, die die Vielfalt des Verzeichnisses recht anschaulich macht. Auch die Vermögensverwaltung des Fürsten Reuß und der ehemalige Herzog von Sachsen-Meiningen finden sich auf der thüringischen Liste. Stärker als in den übrigen Ländern bestand in Thüringen eine große Unsicherheit im Kultusministerium über den rechtlichen Besitzstand der im Land befindlichen wertvollen Kunstwerke. Noch 1931 erhielt der thüringische Kunstsachverständige Wilhelm Köhler die Genehmigung für Dienstreisen nach Gotha und Sonderhausen, um die Einhaltung der Auseinandersetzungsverträge und der fideikommissarischen Bindung vor Ort zu prüfen; die entsprechenden Besitzer – der ehemalige Herzog von Coburg-Gotha und der ehemalige Fürst zu Schwarzburg-Sonderhausen – waren mit ihren Kunstwerken nämlich noch nicht im Verzeichnis berücksichtigt worden.[19]

17 Vgl. Auszug aus der Niederschrift des Bad. FM, 24.4.1919, StA Freiburg, D98/1, Nr. 75.

18 Nur 13 Objekte standen letztlich im Verzeichnis von 1922, wogegen das thüringische Kultusministerium beim Reichsinnenministerium protestierte und eine Nachtragung erwirkte, die sich im Verzeichnis von 1927 widerspiegelt. Vgl. Schriftwechsel Thür. KM an RMdI, Frühjahr 1924, ThHStA Weimar, Thüringisches Volksbildungsministerium C984, Bl. 72 ff.

19 Museen Weimar (Köhler) an Thür. KM, 30.10.1931 sowie Antwortschreiben, 24.11.1931, ThHStA Weimar, Thüringisches Volksbildungsministerium C987, Bl. 4–6. Im Dezember 1926 regte das bayerische Kultusministerium die Eintragung der Gothaer Münzsammlung an, die in den folgenden Jahren schrittweise wieder gestrichen wurde. Im März 1941 erfolgte eine erneute Eintragung. Vgl. Museen Weimar (Scheidig) an Thür. KM, 21.1.1942, ThHStA Weimar, Thüringisches Volksbildungsministerium C988, Bl. 4.

Der Freistaat Lippe wählte für sein Landesverzeichnis 23 Kunstwerke aus, die ausnahmslos aus der Sammlung des ehemaligen Fürsten zur Lippe auf Schloss Detmold stammten. Namentlich Wunderkammerstücke des 16. bis 18. Jahrhunderts, darunter Pokale, Schmuckkästchen, Standuhren und Gobelins, zählten zu den „national wertvollen" Preziosen. Die Landesregierung Lippe gab in den gedruckten Verzeichnissen eine ausführliche Beschreibung der ausgewählten Objekte und sorgte im Gegensatz zu anderen Ländern dafür, dass Kunstwerke in den 1920er und 30er Jahren fortwährend gelistet waren und nicht gestrichen wurden. Dies stieß bei größeren Reichsländern auf Unverständnis, weil „Detmold viele Dinge [sperrt], die allenfalls für das Landesmuseum aus ganz allgemeinen Gründen ein lockender Besitz sein würden, während sie für den ‚nationalen Kunstbesitz' sicherlich keinen großen Verlust bedeuten würden".[20]

In Preußen war der ehemalige Fürst von Hohenzollern-Sigmaringen als Besitzer von 22 Werken, überwiegend kunstgewerblicher Art, im Verzeichnis von 1922 vertreten.[21] Zur Hohenzollern-Dynastie gehörte auch der letzte deutsche Kaiser, Wilhelm II., der im November 1918 zur Abdankung gezwungen worden war und ins niederländische Exil ging. 13 Werke aus dem Besitz des ehemaligen Preußischen Königshauses standen im Verzeichnis von 1922. Da im Verzeichnis eine besondere Wortwahl angewendet wurde und königliche sowie fürstliche Besitzer in ihrer Funktion und geschlechtlichen Zugehörigkeit genannt wurden, wird die politische Komponente des Verzeichnisses deutlich: Eine Zuordnung zu Wilhelm II. etwa hätte die Kunstwerke zum Privatbesitz des entthronten Kaisers erklärt.[22] In Zeiten ungelöster Vermögenskonflikte lag es im besonderen Interesse der Kultusministerien und der Museen, diese öffentliche Deklaration zu vermeiden. Im Fall von Preußen fielen mit dem Auseinandersetzungsvertrag vom Oktober 1926 Werke in den Schutz des wiedereröffneten Schlosses Monbijou[23]; sieben Werke gingen in den Privatbesitz der Familie über. Ungeachtet des zum Teil privaten Besitzrechtes wurden all diese Kunstobjekte von der Liste gestrichen.[24]

20 SMB (Schmidt), 19.12.1932, BArch, R32/375, Bl. 321.

21 Neben sechs Bildteppichen und mittelalterlichem Kirchengerät wurden auch drei Gemälde der Sammlung für national wertvoll erklärt: ein Altarflügel des Vertreters der Ulmer Schule Bartholomäus Zeitblom, ein Auferstehungsgemälde des Hausbuchmeisters und zwei Verkündigungstafeln von Gerard David.

22 Allein Menzels *Schlacht von Hochkirch* wurde dem ehemaligen Kaiser Wilhelm II. beziehungsweise dem preußischen Finanzministerium zugeschrieben. Mit dem Auseinandersetzungsvertrag 1926 ging das Gemälde dann auch in den Privatbesitz des vormals regierenden Königshauses über.

23 Vertrag über die Vermögensauseinandersetzung zwischen dem Preußischen Staate und den Mitgliedern des vormals regierenden Preußischen Königshauses, vom 12. Oktober 1925, Veränderungsvertrag vom 6. Oktober 1926. In § 5 heißt es: „Die Verwaltung der im Schloss Monbijou befindlichen Sammlung (Hohenzollernmuseum) übernimmt der Staat. [...] Das vormals regierende Königshaus beläßt die ihm gehörigen Sammlungsgegenstände in dem Museum.", GStA PK, I. HA Rep. 100A, Nr. 226.

24 Chardins *Der Zeichner* wurde Ende der 1920er Jahre wieder auf die Liste gesetzt und auch die Folge von Boucherteppichen befand sich spätestens 1938 wieder unter Ausfuhrschutz.

Alle weiteren dem Hochadel zugeordneten Besitzer waren mit einzelnen Kunstwerken, aber auch mit umfangreicheren Objektanzahlen im Verzeichnis von 1922 vertreten. Der Grundsatz, nur Einzelwerke und nicht ganze Sammlungen unter Schutz zu stellen und damit eine mögliche Ausfuhr ins Ausland zu unterbinden, schien bei den Fürstensammlungen am schwierigsten durchführbar gewesen zu sein. Dass der Erhalt der historisch gewachsenen Sammlungen der Bundesfürsten und des Adels als Ganzes mit dieser reichsgesetzlichen Maßnahme unmöglich war, war den Verantwortlichen bereits zu einem frühen Zeitpunkt bewusst. Nicht ganze Sammlungen, sondern die Beschränkung auf wirklich schützenswerte und für die Nation bedeutend erscheinende Kunstwerke war Ziel der Verordnung von 1919.[25] Vergleicht man die umfangreiche Unterschutzstellung des Lippe'schen Kunstbesitzes etwa mit der zurückhaltenden Auswahl aus der Sammlung des ehemaligen Großherzogs von Anhalt in Dessau, zeigt sich die Diskrepanz, die die gesetzlichen Vorschriften als Instrument zur Bewahrung einer herrschaftlichen Sammelkultur hervorrief: Während die Eintragungen im Freistaat Lippe zahlreichen Kunstsachverständigen, wie Robert Schmidt vom Berliner Schlossmuseum, zu weit gingen, weil die ausgewählten Kunstobjekte „für den ‚nationalen Kunstbesitz' sicherlich keinen großen Verlust bedeuten würden"[26], waren die Alten Meister und die niederländischen Gemälde des 17. Jahrhunderts aus der Sammlung des ehemaligen Großherzogs von Gotha-Coburg überhaupt nicht gelistet. Das aus dieser Sammlung stammende Brustbild des Hausbuchmeisters beispielsweise war nach Aussage Friedrich Winklers von den Berliner Museen „eins der kostbarsten Werke deutscher Kunst, so wie etwa der Isenheimer Altar von Grünewald ist", ohne dass es in die thüringische Landesliste aufgenommen worden war.[27] Im Jahre 1924 wurde ein Nachdruck des *Verzeichnisses der national wertvollen Kunstwerke* verbreitet, das hauptsächlich um Kunstwerke fürstlicher Sammlungen ergänzt worden war.[28] Die Vermögensauseinandersetzungen mit den entthronten Familien waren in den Monaten zuvor in zahlreichen Landesteilen vorangekommen, wenn nicht gar abgeschlossen worden, so etwa in Thüringen, Sachsen, Schaumburg-Lippe und Braunschweig. Die Landesregierungen wollten demzufolge wertvolle Kunstwerke, die nicht in staatlichen Besitz übergingen oder verblieben, vor einer möglichen Ausfuhr bewahren.

25 Auf die Aufnahme ganzer Sammlungen sollte vor allem verzichtet werden, weil „eine derartige Maßnahme eine ungewöhnliche Härte in der Beschränkung des Verfügungsrechtes der Eigentümer darstellen würde". Vgl. gemeinsame Eingabe des Tages für Denkmalpflege und Heimatschutz, des Deutschen Museumsbundes und des Deutschen Vereins für Kunstwissenschaft an den RMdI, 14.11.1931, StA Wolfenbüttel, 12 Neu 13, Nr. 19050, Bl. 2.
26 Schmidt, 19.12.1932, BArch, R32/375, Bl. 231.
27 SMB Bibliothek (Winkler) an RKW, 21.1.1933, ebd., Bl. 243.
28 Vgl. Nachtrag vom Dezember 1924, SKD Altregistratur, 01/GG 30, Bl. 48 f.

1.1.2 Sammlungen bürgerlicher Herkunft

Den Kunstsammlungen fürstlicher Provenienz standen die bürgerlichen Sammlungen gegenüber, aus denen knapp ein Drittel der „national wertvollen" Kunstwerke des Verzeichnisses von 1922 stammten.[29] Zu diesem Sammlertypus zählten insbesondere Unternehmer, die mit 66 Personen die größte Gruppe der gelisteten Sammler des Bürgertums bildeten.[30] Mit 26 Werken waren die Erben der Sammlung Marcus Kappel am umfassendsten vertreten: Der kurz nach dem Ersten Weltkrieg verstorbene Berliner Bankier und Kaufmann hatte unter Mitwirkung Wilhelm von Bodes eine Sammlung von hoher Qualität aufgebaut und sie in einem Galerieraum in der Tiergartenstraße 14 der Öffentlichkeit präsentiert.[31] Obwohl er auch im Besitz der größten Menzel-Sammlung Berlins war, leistete er vor allem mit der niederländischen und flämischen Malerei des 17. Jahrhunderts, darunter Namen wie Rembrandt, Ruisdael, Hals, Terborch, van Dyck und Rubens, einen qualitätsvollen Beitrag zum deutschen Kunstbesitz.[32] Die fehlgeschlagene testamentarische Überlassung der Sammlung zugunsten des Kaiser-Friedrich-Museums Berlin und der drohende Verkauf nach Amerika waren, vornehmlich für Bode, Anlass, eine Unterschutzstellung in die Wege zu leiten.[33]

> „Abgesehen davon, daß Berlin und Deutschland auf diese Weise wieder einmal um ein hervorragendes Erbe betrogen wird, versteht man die schmerzliche Enttäuschung Bodes sehr wohl, der an dem Aufbau der Sammlung Kappel persönlich den stärksten Anteil genommen hat."[34]

Ebenso anerkannt und mit 13 Werken vertreten war die Sammlung des jüdischen Großindustriellen Oskar Huldschinsky. Er hatte eine ausgeprägte Vorliebe für italienische Renaissancekünstler und die niederländische Malerei des 17. Jahrhunderts. So besaß er den zu dieser Zeit einzigen in einer Privatsammlung befindlichen Raffael und eines der seltenen Bilder von del Piombo.[35] Mit jeweils acht Werken wurden zudem der Berliner

29 Die Abgrenzung zwischen bürgerlichen und fürstlichen Sammlungen kann nicht immer ganz klar vollzogen werden. Ein Beispiel stellt der oberschlesische Montanindustrielle Graf Tiele-Winckler dar, der seine Sammlung aufgrund seiner starken Wirtschaftskraft verwirklichen konnte und daher in dieser Auswertung zum Kreis der Unternehmer gezählt wird.

30 Weitere 30 Personen könnte man dem Kreis der Politiker, Gelehrten und Künstler zuordnen.

31 Vgl. Kuhrau 2005, S. 277 f.

32 Vgl. Bernd Wolfgang Lindemann: Bode und seine Sammler, in: Zum Lob der Sammler. Die Staatlichen Museen zu Berlin und ihre Sammler, hg. von Andrea Bärnreuther und Peter-Klaus Schuster, Berlin 2009, S. 142–163, hier S. 154. Insgesamt befanden sich 68 Werke der niederländischen und 15 weitere der flämischen Malerei des 17. Jahrhunderts im Verzeichnis von 1922, von denen der größte Teil vom preußischen Kultusministerium eingetragen wurde.

33 „Wie sich jetzt herausstellt, hat Kappel noch ein Jahr vor seinem Tode das alte Testament umgestoßen und der Staat erhält nichts." Markus Kappel und sein Vermächtnis, Der Cicerone, 12. Jg., H. 9, 1920, S. 380.

34 Ebd.

35 Vgl. Aukt.-Kat. Die Sammlung Oscar Huldschinsky, 10. und 11. 5. 1928 bei Paul Cassirer und Hugo Helbing, Berlin 1928; Thomas Blubacher: Oscar Huldschinsky (1846–1931) und Ann Sommer (*1910), Berlin, in: Verlorene Bilder, verlorene Leben. Jüdische Sammler und was aus ihren Kunstwerken wurde, hg. von Melissa Müller u. a., München 2009, S. 145; Karl Schwarz: Kunstsammler,

Bankier Leopold Koppel und der Rentier Benoit Oppenheim verzeichnet.[36] Während bei Ersterem ebenfalls die flämische und niederländische Malerei des 17. Jahrhunderts unter Schutz gestellt wurde, leistete die Sammlung Oppenheim einen beachtlichen Beitrag, das Verzeichnis mit spätmittelalterlichen Skulpturen aus Deutschland zu bereichern, darunter Riemenschneiders *Büste eines Bischofs* und eine *Allegorische Gruppe* von Hans Leinberger. Abschließend sei noch der Geheime Kommerzienrat Eduard Simon genannt, aus dessen Sammlung sechs italienische Renaissancewerke für national wertvoll erklärt wurden. All die hier erwähnten Sammler, die mit besonders vielen Werken im Verzeichnis gelistet waren, entstammten einer jüdischen Berliner Sammlergemeinde, die ihre Sammlungen ausnahmslos unter der Mitwirkung Bodes aufgebaut hatte. So ist der preußische Teil des Verzeichnisses geprägt von Berliner Kunstliebhabern und dem Museumsmann Bode.[37]

Auch wenn bis auf wenige Ausnahmen nur männliche Sammler gelistet waren, spielte der Einfluss ihrer Ehefrauen durchaus eine nicht zu unterschätzende Rolle.[38] Wie Sven Kuhrau in seiner Forschung über die Berliner Privatsammelkultur in der Kaiserzeit feststellte, besetzte die Frau als eigenständige Sammlerin überwiegend Nischen und hielt sich damit von den Bereichen der Hochkunst fern.[39] Hierzu zählten vor allem kunstgewerbliche Sammlungsgebiete wie die Porzellansammlung der Hermine Feist, die mit sieben Porzellanen, vorwiegend von Johann Joachim Kändler, im Verzeichnis von 1922 vertreten war. Namentlich auf dem Gebiet der deutschen Porzellanplastik hatte diese Sammlung eine herausragende Stellung inne, was sich in der Kunstschutzliste widerspiegelt.[40] Auch den Porzellankenner Falke zog es mehrfach ins Feist'sche Sommerhaus an den Berliner Wannsee, sodass er die Sammlung gut kannte und bedeutende Stücke als national wertvoll deklarierte.[41]

Die bürgerlichen Sammlungen, die außerhalb Berlins lagen, waren im *Verzeichnis der national wertvollen Kunstwerke* von 1922 überwiegend mit einer kleinen Anzahl an Gegenständen vertreten. Die Anzahl der nicht aus Berlin stammenden Sammlungen, aus denen jeweils sechs bis neun Objekten die Ausfuhr verwehrt wurde, beschränkte sich auf gerade einmal sechs, darunter Kunstwerke aus dem Besitz des Darmstädter

in: Juden im Deutschen Kulturbereich. Ein Sammelwerk, hg. von Siegmund Kaznelson, Berlin 1962, S. 121.

36 Vgl. Kuhrau 2005, S. 278 f. und 282 f.

37 Die *Ausstellungen von Werken Alter Kunst*, die regelmäßig den Privatbesitz von Mitgliedern des Kaiser Friedrich-Museums-Vereins präsentierten, sind zudem maßgeblich von den genannten Besitzern geprägt. Vgl. Ausst-Kat. Gemälde Alter Meister aus Berliner Privatbesitz von Mitgliedern des Kaiser Friedrich-Museums-Vereins, in der Akademie der Künste, Mai 1914 und Juli–August 1925.

38 „Frauen haben Geschmack, Männer Bildung: Das ist die Kurzformel, auf die sich die Rollenverteilung der Geschlechter bringen lässt." Kuhrau 2005, S. 85.

39 Vgl. ebd., S. 89.

40 Kuhrau benennt nur noch die Sammlungen Georg Hirths in München und Ludwig Darmstädters in Berlin als „einzige Rivalen". Ebd. 2005, S. 90.

41 Vgl. ebd. 2005, S. 90.

Mäzens Maximilian von Heyl, der Münchner Sammler Alfred Pringsheim und Marcell von Nemes, der Hamburger Bankiersfamilie Behrens, der Braunschweiger Verlagsanstalt Vieweg und Sohn AG sowie aus der Villa Carstanjen in Plittersdorf. Eine Ausnahme bildete hier die ehemalige Dresdner Sammlung Carl Louis Uhle, die bereits unter Nennung der als Erben eingesetzten beiden Enkelinnen mit immerhin zwölf Gemälden deutscher und französischer Künstler des 19. Jahrhunderts verzeichnet war.[42] Diese uneinheitlichen Eintragungen stießen beim Kunstkritiker Karl Scheffler auf Unverständnis:

> „Und welch ein Werk der Gerechtigkeit das Verzeichnis ist! Einer Sammlerin in der Mark ist der Verkauf von nicht weniger als 6 Bildern verboten worden. Dagegen sind andere Sammlungen, die grössere Schätze enthalten, nicht einmal aufgeführt. Das Vorhandensein dieser Sammlungen ist dem Reichsamt wahrscheinlich nicht bekannt geworden."[43]

Nicht eingetragen wurden beispielsweise Werke der Frankfurter Skulpturensammlung Johannes Noll, in der eine Madonna von Tilmann Riemenschneider und eine Nürnberger Maria von Veit Stoß sicherlich die wertvollsten Stücke darstellten.[44] Ebenso blieb die Sammlung des Berliner Verlegers Victor Hahn unverzeichnet, aus der 1932 neben zahlreichen deutschen Skulpturen auch ein Rembrandt aus der Galerie des Großherzogs von Oldenburg zur Versteigerung kam, der nicht nur von Bode und Valentiner mit Expertisen geadelt wurde, sondern 1925 auch auf der Ausstellung aus Berliner Privatbesitz in der Akademie der Künste zu sehen war.[45] Auch Werke der größten europäischen Rubens-Sammlung im Privatbesitz des Frankfurter Zigarettenfabrikanten August Neuerburg fehlte in den Verzeichnissen. Einzelne Kunstwerke aus dem Besitz des Barons von Goldschmidt-Rothschild wurden erst 1936 unter Ausfuhrschutz gestellt. Für die Sammlungen, die bereits während des Krieges aufgelöst worden waren und deren wertvollste Stücke ins Ausland gelangt waren, kam der Erlass der Ausfuhrverordnung zu spät.

42 Nach dem Tod des Sammlers 1920 gelangten die Gemälde nicht wie versprochen als Schenkung an die Dresdner Gemäldegalerie, sondern wurden an seine Erbengemeinschaft verteilt, die die Kunstwerke auf preußisches Gebiet brachte, um sie dem Zugriff der sächsischen Landesregierung, insbesondere Hans Posse, zu entziehen. Im Verzeichnis sind jeweils sechs Gemälde den Enkelinnen Ilse Krüger und Christine Merckel zugeordnet. Vgl. SächsHStA, 10736, Nr. 17455, Bl. 307 f. und 322a–e; vgl. auch Heike Biedermann, Andreas Dehmer und Mathias Wagner: Von Monet bis Mondrian. Meisterwerke der Moderne aus Dresdner Privatsammlungen der ersten Hälfte des 20. Jahrhunderts, München/Berlin 2006, S. 302.

43 K. Sch. ([Karl Scheffler] Verlagsbuchhandlung Bruno Cassirer): National Wertvolle Kunstwerke, Berlin undatiert, vermutlich 1923, BArch, R32/375, Bl. 9. Gemeint war hier vermutlich Ilse Krüger, die mit dem Erbe ihres Großvaters Carl Louis Uhle verzeichnet war.

44 Die Sammlung gelangte am 12. Juni 1928 bei Hugo Helbing zur Versteigerung. Vgl. Berichte vom Kunstmarkt, Abendblatt der Frankfurter Zeitung, 5. 6. 1928.

45 Vgl. Die Sammlung Victor Hahn, Berlin, bei Hermann Ball und Paul Graupe, Kat. Nr. 17, Berlin 1932, S. 19, Nr. 16 und Taf. 1; vgl. auch Wilhelm von Bode: Die Rembrandts der Oldenburger Galerie, Berliner Tageblatt, Abendausgabe 21. 7. 1923.

In seinem Aufsatz über *Die älteren Privatsammlungen in Berlin und die Bildung neuer Sammlungen nach dem Kriege 1870*, der 1922 in drei Teilen im *Kunstwanderer* erschien, resümierte Bode die Schaffung eines privaten deutschen Kunstbesitzes in den vorangegangen 50 Jahren.[46] Die in seinen Ausführungen genannten Sammler mit ihren beispielhaft genannten Kunstwerken lesen sich wie eine Beschreibung des zum nationalen Erbe erklärten Besitzes, die kurz zuvor in Form eines Verzeichnisses zusammengestellt worden war. Bode betonte vor allem das Verdienst, das Kunstsachverständige wie er beim Aufbau dieser Sammlungen geleistet hatten, musste jedoch zu einem für ihn schmerzlichen Schluss kommen: „Kein Zweifel, der Privatbesitz an alter Kunst in Berlin wird in absehbarer Zeit ungefähr auf soviel zusammenschmelzen, als Berlin vor einem halben Jahrhundert besaß. Von jenen Sammlungen, die in den letzten Jahrzehnten die reichen Berliner Bürgerhäuser schmückten, wird nur die wehmütige Erinnerung der Jetztlebenden bleiben und werden eine Anzahl reichausgestatteter Kataloge in Zukunft Auskunft geben."[47] Der Beitrag, den Bode zur Aufstellung des Verzeichnisses geleistet hatte, war offenbar sein Versuch, zu bewahren, was er in der Kaiserzeit erschaffen hatte.

So unterschiedlich die vom Kunstausfuhrschutz betroffenen Sammlungen waren, so unterschiedlich gestaltet sich auch die Verbundenheit der eingetragenen Kunstobjekte mit der deutschen Sammeltradition. Objekte wie der Falkensteiner Altar des Meisters von Meßkirch befanden sich nachweislich schon seit dreihundert Jahren im fürstlichen Besitz; zahlreiche weitere Objekte, vor allem Gemälde französischer Impressionisten, waren erst kurz vor dem Ersten Weltkrieg nach Deutschland gebracht worden.[48] Dies ist erstaunlich, angesichts der Tatsache, dass insbesondere die kulturelle Verbundenheit eines Kunstwerkes mit der deutschen Kunstgeschichte und Sammlerlandschaft offiziell ein entscheidendes Kriterium bei der Auswahl zu schützender Objekte war. Sie erfährt im Folgenden eine eingehende Untersuchung.

1.2 Eingetragene Kunstwerke

Bei der Verordnung von 1919 handelte es sich bekanntlich nicht um ein allgemeines Kunstausfuhrverbot, sondern um den Schutz inventarisierter Werke. Dies machte eine Auswahl von Werken nötig, deren Verkauf oder Verbringung ins Ausland „einen wesentlichen Verlust für den nationalen Kunstbesitz bedeuten würde".[49] Eine nähere Defini-

46 Wilhelm von Bode: Die älteren Privatsammlungen in Berlin und die Bildung neuer Sammlungen nach dem Kriege 1870, Der Kunstwanderer, 5. Jg., 1922, 1./2. Septemberheft, S. 7 f., S. 30–32.

47 Ebd., S. 32.

48 Beispielhaft soll hier das Gemälde *La Grenouillère* von Auguste Renoir genannt werden, das um 1909 vom Hamburger Bankier Theodor Behrens unter Vermittlung von Paul Cassirer aus Paris erworben, nach Deutschland gebracht und zehn Jahre später mit dem Ausfuhrverbot belegt wurde. Vgl. Ulrich Luckhardt: Eduard L. Behrens und Theodor E. Behrens. Sammeln moderner Kunst in zwei Generationen, in ebd.: Private Schätze. Über das Sammeln von Kunst in Hamburg bis 1933, Hamburg 2001, S. 35–43, hier S. 43.

49 *Verordnung über die Ausfuhr von Kunstwerken*, RGBl. Jg. 1919, Nr. 236, S. 7169, § 1.

tion der Begriffe „Kulturgut" oder „national wertvolle Kunstwerke" gaben weder die Verordnung von 1919 noch eine andere gesetzliche Bestimmung. Die Fachverbände bestätigten nach zehn Jahren praktischer Erfahrung mit der Verordnung, dass die gesetzliche Definition der zu schützenden Kunstwerke „wohlüberlegt sehr weit gefasst" wurde.[50] Paul Clemen präzisierte die Gefahr, die von einer allzu freien Definition des „national wertvollen" Kulturerbes ausginge, beinahe prophezeiend wie folgt:

> „Es darf sich nicht um eine unsichere Form handeln, die der weitgehendsten Auslegungskunst einer späteren Zeit ausgesetzt sein könnte."[51]

Als erster Provinzialkonservator der Rheinprovinz setzte er sich nicht nur für den Schutz von Kunstwerken ein, sondern war auch bedeutendes Sprachrohr der Denkmalpflege, die verstärkt seit 1920 ebenfalls ein Denkmalschutzgesetz forderte, das „national wertvolle Denkmäler" bewahren sollte. In einem Entwurf für ein preußisches Denkmalschutzgesetz vom 16. August 1923 wurde jedoch auf die Wertung „national wertvoll" verzichtet und von einer Unterschutzstellung von Objekten gesprochen, „deren künstlerischer oder geschichtlicher Wert als so hervorragend bezeichnet werden muß, daß ihr Verlust als eine unersetzliche oder doch bedeutende Minderung der Denkmalschätze des Landes oder eines Landesteiles erscheinen würde".[52] Während der Denkmalschutz die föderalen Strukturen der reichsdeutschen Kulturpolitik bereits mit der Definition des zu schützenden Gegenstandes würdigte, hielt man im Bereich des beweglichen Kulturgutes an der Bezeichnung „national wertvoll" fest.

Das erste gedruckte Gesamtverzeichnis umfasste 953 Nummern.[53] Was als erhaltenswert betrachtet wird, unterliegt dem Wandel; die historische Aussage eines Kulturgutes bleibt jedoch. Und so reichte das Verständnisspektrum vom „Ausfuhrverbot der international wichtigen Kunstwerke" bis zu denjenigen Kunstwerken, die eine Bedeutung für die kulturelle Identität eines Landesteiles hatten.[54] Nicht nur der Beitrag als Vergangenheitszeugnis, sondern auch die Gegenwirkung – die Abwesenheit eines Kunstwerkes – und die damit befürchtete „Schädigung" floss in die Überlegungen bei der Auswahl schützenswerter Objekte ein. Dabei sollte sich „der zu gewährende Schutz [...] in erster Linie auf die Kunstwerke zu erstrecken habe[n], die als Standardwerke der deut-

50 Kollektiveingabe Tag für Denkmalpflege und Heimatschutz (Clemen, von Stein)/Deutscher Verein für Kunstwissenschaft (Schmidt-Ott)/DMB (Koetschau) an RMdI, Februar 1929, BArch, R43I/819, Bl. 136–147, hier Bl. 138.

51 Clemen, Der Cicerone, 1920, S. 202.

52 Pr. KM an den Ministerpräsidenten, 16.8.1923, GStA PK, I.HA, Rep. 90, Nr. 1769, zitiert in Speitkamp 1996, S. 220.

53 Die Werke wurden im Verzeichnis von 1922 durchnummeriert. Die der folgenden Auswertung zugrundeliegende Zahl beträgt jedoch 989, weil einzelne Stellen in den folgenden erfassten Verzeichnissen aufgeschlüsselt wurden. So führte das Verzeichnis von 1922 beispielsweise die Aquamanilen der Sigmaringer Sammlung als eine Nummer, nach der Veräußerung 1928 sind sie getrennt mit den jeweiligen neuen Eigentümern aufgeführt.

54 Tag für Denkmalpflege und Heimatschutz (Clemen) an die Landeskonservatoren, 26.10.1931, SMB-ZA, DMB 319, S. 1.

schen Kunst aus dem Gefüge unserer nationalen Kultur nicht ohne schwere Schädigung derselben herausgeschnitten werden können".[55] Auf der dritten gemeinsamen Tagung für Denkmalpflege und Heimatschutz im Herbst 1920 in Eisenach präsentierte Clemen ausführlich eine der wenigen öffentlichen Auseinandersetzungen mit dem Begriff „national wertvoll" und veranschaulichte dabei vordergründig, dass sich die Schwierigkeiten einer Definitionsbildung vor allem bei der Grenzziehung des „national wertvollen" ergaben:

> „Man muß sich darüber klar werden, daß, wenn man die große Menge der niederländischen, italienischen, französischen, spanischen Kunstwerke hohen und höchsten Ranges, die sich zufällig in Deutschland befinden, unter den Schutz dieser Verordnung stellt, man notwendig auch alle Kunstwerke, die im weitersten Sinne dem Arbeits- und Sammelgebiet der Archäologie aus dem ganzen Mittelmeerkreise angehören, schützen muß; und zwar von den ägyptischen und mesopotamischen Denkmälern an bis zu den spätrömischen, den byzantinischen und frühslawischen Kunstwerken."[56]

Seine Aufzählung führte Clemen fort mit der orientalischen, asiatischen, amerikanischen und australischen Kunst bis hin zur angewandten Kunst. Diskurse über die Definition der Wertzuschreibung „national wertvoll" verebbten auch im Laufe der 1920er Jahre nicht. Um sich der tatsächlichen Begriffsauslegung zu nähern, bleiben die in den Archiven überlieferten Verzeichnisse selbst: Die folgende Auswertung untersucht das gedruckte Reichsverzeichnis von 1922 auf seine Auswahl von Kunstwerken nach Gattung und Entstehungskontext respektive Zeitraum und Herkunft und ordnet die Ergebnisse in den kunsthistorischen Kanon der 1920er Jahre ein, der sich vor allem in der Rezeption einzelner Künstler und Gattungen widerspiegelt.

1.2.1 Kunstgattungen

Die Verordnung von 1919 bezog sich auf Kunstwerke im engeren Sinne, dabei waren über die Hälfte der eingetragenen Objekte Gemälde. „Das A und Z alles Kunstsammelns ist das Sammeln von Gemälden, nicht nur darum, weil es lange Zeit hindurch überhaupt als das einzige vornehme Sammeln galt", schrieb Lothar Brieger 1918.[57] Darauf folgte das Kunstgewerbe mit mehr als einem Fünftel als zweitgrößte Gruppe der schützenswerten Werke. Darunter fielen vor allem Objekte aus Metall, wie Pokale und Tafelsilber, außerdem Textilien, vorwiegend Bildteppiche sowie Bronzen, mittelalterliches Kirchengerät und Hausrat. Zudem waren 106 Skulpturen gelistet, die seit der Jahrhundertwende eine „plötzliche Nobilitierung" erfahren hatten.[58] Außerdem wurde weiteres Kulturgut wie Zeichnungen und Grafiken, Glasmalerei oder Münzen und Medaillen als national wertvoll deklariert. Auch Porzellane fanden sich unter den geschützten Kunst-

55 Clemen, Der Cicerone, 1920, S. 195; Clemen 1920, S. 104.
56 Ebd., S. 105.
57 Brieger 1918, S. 27.
58 Matthias Weniger: Zur Geschichte der Sammlung des Justizrats Dr. Gerhart Bollert, in: Die Sammlung Bollert. Bildwerke aus Gotik und Renaissance, Bayerisches Nationalmuseum, hg. von Renate Eikelmann, München 2005, S. 21–57, hier S. 23.

werken, obgleich sie auf herausragende Stücke hauptsächlich der Meißner Manufaktur beschränkt waren.[59] Die Berliner Sammlung der Hermine Feist wurde bereits genannt; nicht sehr umfangreich berücksichtigt wurden hingegen die wertvollen und vielseitigen Porzellansammlungen der ehemaligen Fürsten, die vorwiegend im 18. Jahrhunderte eigene Manufakturen zur Herstellung des „weißen Goldes" betrieben hatten. Diese Zurückhaltung bei Unterschutzstellung ist zum einen auf den Massencharakter von Porzellanen zurückzuführen, zum anderen waren die fürstlichen Sammlungen mit diesen Erzeugnissen bereits öffentliches Eigentum. In der seriellen Produktion und der erst spät einsetzenden Musealisierung ist das Porzellan durchaus vergleichbar mit numismatischen Objekten;[60] insgesamt 45 Posten im Verzeichnis von 1922 entfielen auf einzelne oder mehrere Münzen und Medaillen, die in erster Linie Persönlichkeiten des höfischen und geistigen Lebens darstellten.

Handschriften wurden nur verzeichnet, wenn ihnen aufgrund wertvoller Illustrationen auch ein kunsthistorischer Wert zugeschrieben werden konnte, der den historischen oder wissenschaftlichen ergänzte. Mit dieser Eigenschaft fanden sich im Verzeichnis von 1922 immerhin 32 Handschriften des 9. bis 16. Jahrhunderts, die besonders umfangreich in der Fürstlich Fürstenbergischen Bibliothek in Donaueschingen verwahrt wurden. Wertvolle Erstausgaben oder bedeutendes Archivgut wurden hingegen nicht erfasst und auch die Bewahrung ganzer Sammlungen, welcher Kunstgattung auch immer, wurde durch die Verordnung von 1919 ausgeschlossen.[61] Ebenso wenig konnten Kunstwerke eingetragen werden, die zwar mit der deutschen Kultur stark verbunden waren, sich aber zum Zeitpunkt der Eintragung nicht im reichsdeutschen Geltungsbereich der Verordnung befanden. So entging zum Beispiel der für Deutschland bedeutende Welfenschatz einer Unterschutzstellung, weil er sich 1919 in Österreich und anschließend im schweizerischen Aarau befand.[62]

Erschwert wurde der Umgang mit dem Verzeichnis durch teilweise unpräzise Angaben zu den geschützten Werken. So kam es vor, dass wie aus der Sammlung Huldschinskys „2 Bilder" de Troys gelistet wurden oder der Fürst von Hohenzollern mit „deut-

59 Baden beispielsweise strich noch vor Erlass der Verordnung im Dezember 1919 alle Frankenthaler und Ludwigsburger Porzellane der Sammlungen Karl Baer in Mannheim und des Ludwigshafener Privatiers Jean Wurz. Vgl. badische Liste, Herbst 1919, Universitätsarchiv Freiburg, NL Sauer, C 67/534.

60 Vgl. Behrendt Pick: Die Münzkabinette, in: Die Kunstmuseen und das deutsche Volk, hg. vom Deutschen Museumsbund, München 1919, S. 151–168.

61 Dennoch stellte Württemberg insgesamt sechs Sammlungen unter Schutz, die vor allem als städtische Altertumssammlungen einzelnen württembergischen Magistraten in Biberach, Ellwangen, Ravensburg, Rottweil, Schwäbisch Hall und Schwäbisch Gmünd unterstanden.

62 In den Verzeichnisentwurf vom Oktober 1919 wurde der Welfenschatz aufgenommen, der Erlass des Ausfuhrverbots erfolgte jedoch nicht. Vgl. Inventar der im Lande durch Ausfuhrverbot festzuhaltenden Kunstwerke, ausgearbeitet durch das Pr. KM und übermittelt durch das RMdI (Lewald) an Regierungen sämtlicher außerpreußischer Länder, 10. 10. 1919, StA Bremen, Senatsregistratur, 3-B.13. Nr. 66.a. Bd. 1

sche[n] Holzskulpturen" vertreten war.[63] Kritisiert wurde auch die große Zahl an Werken, die mit „angeblich", „zugeschrieben" oder „nach Art oder aus dem Schülerkreis des Meisters" beschrieben wurden.[64] Diese Ungenauigkeiten verliehen der Auflistung geschützter Kunstwerke eine Beliebigkeit, die dem Verzeichnis eine öffentliche Akzeptanz erschwerte. Hinzu kam, dass nach Besitzwechsel oder bei einer unrechtmäßigen Ausfuhr die Identifikation der betreffenden Stücke nicht mehr nachvollzogen werden konnte. Aus diesen Gründen zielte eine Überarbeitung des Verzeichnisses auch auf die Eindeutigkeit der geschützten Werke. Mit dem historischen Abstand zu den bekannten Verzeichnissen des Untersuchungszeitraumes kommt hinzu, dass zahlreiche Zuschreibungen heute nicht mehr haltbar sind. Für die Untersuchung zählt jedoch vordergründig die Zuschreibung zur Zeit der Eintragung, weil auf dieser Grundlage dem entsprechenden Objekt ein nationaler Wert zugesprochen wurde.

1.2.2 Zeiträume[65]

Das *Verzeichnis der national wertvollen Kunstwerke* war inhaltlich von derart großer Varianz, dass so unterschiedliche Objekte wie ein griechischer Apollokopf aus dem fünften Jahrhundert vor Christus oder ein karolingisches Evangeliar mit bayerischen Miniaturen einerseits wie auch andererseits Gemälde Paul Cézannes und Claude Monets, die bis in das 20. Jahrhundert hinein wirkten, verzeichnet waren. Innerhalb dieser Bandbreite lässt sich aus der Zusammenstellung eine deutliche Schwerpunktsetzung ablesen. Kunstwerke der frühen Zeitepochen waren im Verzeichnis von 1922 nur in Einzelfällen gelistet. Weitaus bedeutender war die große Zeitspanne des Mittelalters, aus der überwiegend kunstgewerbliche Objekte, Kirchengerät, Handschriften und Plastiken ausgewählt wurden. Dabei war die Romanik weniger von Interesse – im Verzeichnis lassen sich lediglich 16 Objekte, meist Bronzen und Elfenbeine des 12. Jahrhunderts finden –, die künstlerischen Erzeugnisse aus der Zeit der Gotik waren weitaus bedeutender für die Unterschutzstellungen. Fast 15 Prozent aller eingetragenen Kunstwerke entstammten dieser Schaffensperiode, vor allem aus den deutschsprachigen Gebieten, einzelne gotische Handschriften waren auch französischen Ursprungs.

Ein deutlicher Schwerpunkt der Unterschutzstellungen lag in der Zeit des Übergangs vom Mittelalter in die Frühe Neuzeit, die mit Künstlern der altdeutschen Malerei präsent war. Tafelgemälde des 15. Jahrhunderts, die noch ganz der gotischen Malweise

63 Es handelt sich hierbei um Nr. 918 und 363 des Verzeichnisses von 1922.

64 Stellungnahme des Vereins des Deutschen Kunst- und Antiquitätenhandels e. V., in: Industrie- und Handelskammer München an RKW, 9.4.1929, BArch, R32/375, Bl. 72; Stellungnahme vgl. auch BArch, R32/116, Bl. 136–141, hier Bl. 140.

65 Bewusst wurde für die Analyse nicht der zu enge Begriff *Epoche* gewählt. Die Zeiträume Antike, Mittelalter, Renaissance, das 17./18. Jh. (inkl. Manierismus) und das 19. Jh. bilden längere geschichtliche Abschnitte mit prägenden Eigenschaften, die für die Untersuchung von Interesse sind.

verschrieben waren und deren Künstler meist mit Notnamen oder geografischen Schulen versehen waren, bildeten im Verzeichnis von 1922 eine überschaubare Anzahl. Ein eindeutiger Schwerpunkt wurde auf Kunstwerke gelegt, die im Übergang von der Spätgotik zur Renaissance entstanden waren. Vor allem die süddeutschen Länder Bayern, Baden und Hessen wählten aus ihren meist fürstlichen Sammlungen wertvolle Gemälde der „Dürerzeit". Unverkennbar galt der epochenmachende Namensgeber Albrecht Dürer als durchweg gefeierter deutscher Künstler, dessen patriotisch-nationale Vereinnahmung bekanntlich im 19. Jahrhundert einen Höhepunkt erreicht hatte.[66] Der 1902 gegründete Dürerbund beförderte die Popularisierung des deutschnationalen Dürerbildes bis ins 20. Jahrhundert.[67] „Bisher sagte man Dürer, wenn man die deutsche Kunst auf einen Namen bringen wollte", eröffnete Heinrich Wölfflin einen Aufsatz zum Künstler, der 1922 erschien und kurz darauf bereits vergriffen war.[68] Eine Erklärung für dessen Prominenz fügte Wölfflin an:

> „Von Dürer weiß jeder – oder glaubt es zu wissen –, wie er ausgesehen hat. Dann sind Briefe da, Tagebücher, eine Menge sonstiger Aufzeichnungen, in denen sich ein höchst sympathischer Mensch fast restlos enthüllt. Wir hören ihn lachen und lachen mit ihm, wir sind Zeugen tiefster seelischer Erschütterungen, und er wird uns dadurch erst recht vertraut. Aber darüber hinaus – wer kann leugnen, daß er auch als Künstler am meisten Volkstümlichkeit besitzt?"[69]

Es gab jedoch nur wenige Gemälde Dürers, deren Verbringung ins Ausland untersagt war. Aus dem Besitz des Berliner Bankiers Paul von Schwabach war die *Heilige Familie* gelistet, das eines der wenigen Gemälde Dürers in Privatbesitz war. Das *Jünglingsbildnis* der großherzoglichen Sammlung in Hessen sowie ein *Porträt der Katharina Fürlegerin* im Besitz des Freiherrn Speck von Sternburg wurden nicht eingetragen. Zwar waren beide Gemälde bekannt, weil andere Objekte aus den Sammlungen im Verzeichnis standen, jedoch erhielt das erstgenannte in der Dürer-Literatur keine Anerkennung[70], das zweite galt bis in die 1970er Jahre hinein als Kopie nach Dürer.[71] Darüber hinaus wurden zwei unvollendete Heiligendarstellungen und sechs Landschaftsaquarelle einbezogen, die dem vermeintlich öffentlichen Bremer Kunstverein gehörten.[72] „Bei keinem anderen Künstler dieser Zeit verlief die Musealisierung wohl derart rasch und umfassend",

66 Vgl. Jane Campbell Hutchison: Albrecht Dürer. Eine Biographie, Frankfurt a. M./New York 1994, S. 234–257; vgl. auch Karoline Feulner: Auseinandersetzung mit der Tradition – Die Rezeption des Werkes von Albrecht Dürer nach 1945 am Beispiel von Joseph Beuys, Sigmar Polke, Anselm Kiefer und Samuel Bak, Hamburg 2013, Kap. 1.

67 Vgl. Feulner 2013, S. 32.

68 Abgedruckt in Heinrich Wölfflin: Die Kunst Albrecht Dürers, 5. Auflage, München 1926, S. 1.

69 Ebd., S. 2.

70 Vgl. Fedja Anzelewsky: Albrecht Dürer. Das malerische Werk, Berlin 1991, S. 29.

71 Vgl. Albrecht-Dürer-Ausstellung im Germanischen Museum, Nürnberg 1928, S. 46, Nr. 46; Anzelewsky 1971, S. 146, Nr. 46.

72 Vgl. Anne Röver-Kann: Albrecht Dürer – Der heilige Johannes aus Tallin zurück! Der heilige Onophrius und andere Eremiten, Bremen 2004.

schreibt Anja Grebe in ihrer Rezeptionsgeschichte zu Dürer.[73] Diese Tatsache führte dazu, dass Gemälde Dürers im deutschen Privatbesitz fehlten und auch Tafeln unter Ausfuhrschutz gestellt wurden, deren Zuschreibung angezweifelt oder die als frühe Kopie nach Dürer identifiziert wurden. Zugleich galten Kopien als Zeugnis der hohen Wertschätzung Dürers.[74] Friedrich Dörnhöffer von den Bayerischen Staatsgemäldesammlungen München setzte sich beispielsweise, trotz Widerstand seiner Fachkollegen, unnachgiebig für die Unterschutzstellung eines Fuggerbildnisses ein:

> „Als ich die Einreihung des fraglichen Werkes beantragte, war es mir vollkommen bewusst, dass es sich nicht um eine eigenständige Arbeit Dürers handle, dass aber das Bild auch als Kopie deshalb einen nationalen Wert darstelle, weil das Original nicht mehr vorhanden ist."[75]

Eine weitere, von der ersten abweichende Kopie vom Ende des 16. Jahrhunderts befand sich bei den Berliner Museen; die Alte Pinakothek selbst besaß eine Vorstudie zum Original: „Aus beiden Kopien zusammen können wir uns eine Vorstellung vom Dürer'schen Werk bilden, das zweifellos zu seinen bedeutendsten Bildnisschöpfungen gehört hat", argumentiert Dörnhöffer für die Eintragung.[76]

Ablehnend verhielt sich Dörnhöffer dementsprechend bei der beantragten Streichung eines Männerporträts Dürers, an dem das Art Institute of Chicago Interesse zeigte.[77] Nicht der Erhalt für Deutschland war ausschlaggebend für die Position des Museumsbeamten, sondern der unzureichende Bestand altdeutscher Kunst des amerikanischen Museums und die unwürdige Wirkung, die der *Konstruierte Kopf*, dessen Zuschreibung an Dürer ohnehin angezweifelt wurde, vermeintlich haben würde:

> „Durch die Einreihung des Dürer'schen Kopfes würde die Sache nicht wesentlich gebessert sein. Denn dieser Männerkopf ist keine freie Schöpfung, sondern ein von Dürer nach dem von ihm erfundenen mathematischen System konstruierter Kopf, der, wie ich glaube, in wesentlichen Partien auch noch von fremder Hand übergangen ist. Für die wissenschaftliche Erkenntnis Dürers ist das Werk nicht ohne Bedeutung. Als einzige Vertretung des Künstlers aber kann er nur den Anlass zu ganz verwirrten Anschauungen geben. Es ist also im Interesse des Ansehens Dürers sowohl als auch im Interesse der Sammlung von Chicago (von der wahrscheinlich ein echter Dürer-Preis, also eine sehr hohe Summe verlangt wird) zu wünschen, dass der Ankauf nicht zustande kommt."[78]

73 Anja Grebe: Dürer. Die Geschichte seines Ruhms, Petersberg 2013, S. 99.
74 Vgl. ebd., S. 316.
75 BStGS (Dörnhöffer) an Bay. Staatsmin. des Äußern, 25.6.1931, BayHStA, MK 40837, Bd. 5. Das Bildnis befand sich in der Sammlung des Grafen Törring. Vgl. Anzelewsky 1971, S. 250, Nr. 144K, Abb. 105.
76 Ebd. Vgl. auch Anzelewsky 1971, S. 249 f., Nr. 143 und 144K, Abb. 168 und 106.
77 Vgl. Friedrich Winkler: Dürer. Des Meisters Gemälde, Kupferstiche und Holzschnitte, 4. Bd. der Reihe Klassiker der Kunst in Gesamtausgaben, Berlin/Leipzig 1928, S. 92; vgl. Albrecht-Dürer-Ausstellung im Germanischen Museum, Nürnberg 1928, S. 89, Nr. 115. Das Deutsche Generalkonsulat Chicago beantragte die Streichung für das Werk, das aus der Münchner Sammlung Franz Naager stammte, am 29. November 1932 bei der Deutschen Botschaft in Washington D.C. Vgl. BStGS, 11/4, Nr. 246. Nach versagter Ausfuhrgenehmigung wurde es auch in den 1930er Jahren im Besitz der Firma Silbermann im Verzeichnis geführt.
78 Gutachten Dörnhöffer zu Bildnis ‚Männerkopf' von A. Dürer, Dezember 1932, BStGS, 11/4, Nr. 246.

Umfangreicher war Dürer mit Handzeichnungen gelistet, darunter die 23 Blätter aus der Sammlung des Braunschweiger Landrates Erwin Blasius.[79] Bedeutend erweiterte sich die Berücksichtigung von Werken von und nach Dürer im Verzeichnis mit der Unterschutzstellung eines Konvolutes von weiteren 54 Handzeichnungen und Aquarellen des Bremer Kunstvereins, der neben dem Bestand des Berliner Kupferstichkabinetts die größte Sammlung an Dürerzeichnungen in Deutschland besaß.[80] Anregung zu dieser Eintragung erhielt der Bremer Senat im Frühjahr 1930 durch die Kommission, die das Verzeichnis von Berlin aus überarbeite und den Landesregierungen neben Streichungen auch einzelne Neueintragungen vorschlug.[81] Besonders Dürers Grafiken und Zeichnungen waren im Ausland stark gefragt: Die umfangreichsten Sammlungen ließen sich im British Museum in London, im Louvre und in der Bibliothèque Nationale in Paris sowie in der Wiener Albertina nachweisen – obgleich bei Letztgenannter niemand von Ausland gesprochen hätte; die Dürer-Sammlung Franz Koenigs ging 1935 an das Museum Boymans in Rotterdam.[82] Anlässlich des 400. Todestages des Künstlers wurde 1928 erstmals aufwendig ein ganzes Dürer-Jahr begangen: Im Reichstag fanden Sondersitzungen zu Ehren Dürers statt, der Tag für Denkmalpflege und Heimatschutz wurde 1928 in Würzburg und Nürnberg veranstaltet, das restaurierte Albrecht-Dürer-Haus feierte seine Wiedereröffnung, Gedenkfeiern wurden im Rundfunk übertragen und als Vermarktungsikone war Dürer allgegenwärtig (Abb. 4 und Taf. VI).[83] In schier unzähligen Publikationen wurde der Künstler nicht nur kunstwissenschaftlich neu erarbeitet, sondern auch der Bestand des Dürer-Nachlasses der Museen sowie Privatsammlungen im In- und Ausland beleuchtet.[84] Einen Höhepunkt bildete die erste monografische Gesamtschau zum Werk Dürers im Germanischen Nationalmuseum in Nürnberg, die Besucherrekorde meldete, wo aber zugleich angesichts nationaler und internationaler

79 Vgl. Friedrich Winkler, Die Zeichnungen Albrecht Dürers, Bd. 1–4, Berlin 1936, Nr. 46, 101, 104, 143, 183, 202, 254, 268, 283, 405, 407, 485, 514, 640, 701, 762, 786/7, 842 und 862.

80 Vgl. Winkler 1936, S. 190 f.

81 RMdI (Pellengahr) an Staatsamt für ausw. Angelegenheiten Hamburg, 12.3.1930, AHK, 32-260.4, Bl. 121 f. Waldmann publizierte die Handzeichnungen zum Teil 1920. Vgl. Emil Waldmann: Albrecht Dürers Handzeichnungen. Des Dürer-Buches dritter Teil, Leipzig 1920.

82 Vgl. Winkler 1936, S. 193.

83 Vgl. Hutchison 1994, S. 249; vgl. Tag für Denkmalpflege und Heimatschutz: Tagungsbericht, Würzburg und Nürnberg 1928. Vgl. auch Heinrich Höhn: Dürerheft zum Dürer-Jahr 1928, Berlin 1928; Feulner 2013, S. 34.

84 Vgl. u. a. Wölfflin 1926 (darin Erweiterung der ersten Auflage um eine 14-seitige Einführung); Emil Waldmann: Albrecht Dürers Handzeichnungen. Des Dürer-Buches dritter Teil, Leipzig 1920; Max J. Friedländer: Albrecht Dürer, Leipzig 1921; Eduard Flechsig: Albrecht Dürer. Sein Leben und seine künstlerische Entwicklung, Berlin 1928; Hans Tietze und Erica Tietze-Conrat: Kritisches Verzeichnis der Werke Albrecht Dürer, Bd. 1, Augsburg 1928; Willy Kurth: Albrecht Dürer, Berlin 1928; Winkler 1928; Festschrift der Internationalen Dürer-Forschung erschienen im Cicerone, Leipzig/Berlin 1928, darin vgl. insbesondere den Beitrag Erich Römer: Die neue Dürer-Literatur. Vgl. Thomas Schauerte (Hg.): Albrecht Dürer. Der Nutzen ist ein Teil der Schönheit, eine Auswahl kommentierter Texte aus der Festschrift der Internationalen Dürer-Forschung erschienen im Cicerone, Leipzig/Berlin 1928, München 2014.

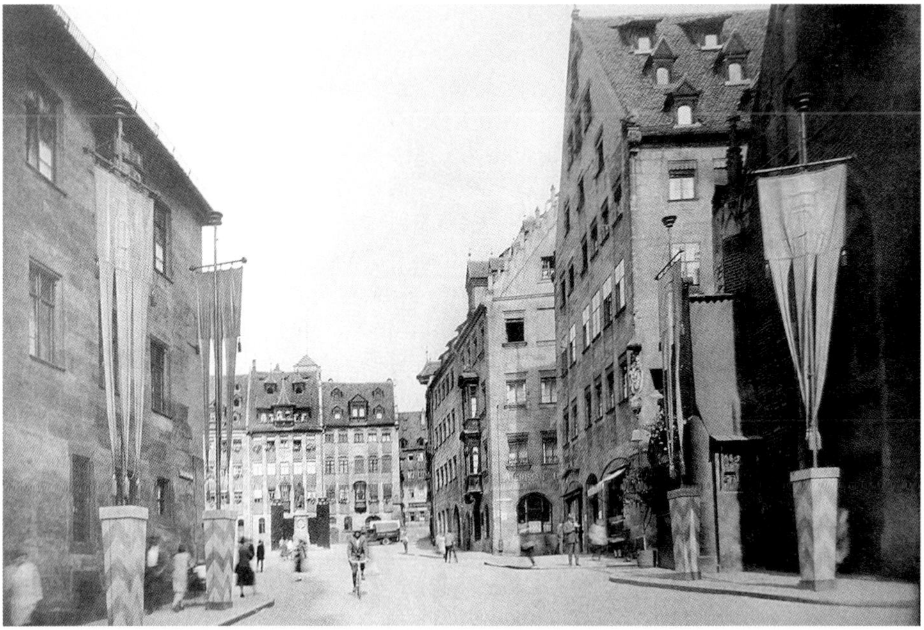

4 Das anlässlich des Dürer-Jahres 1928 mit Dürer-Monogrammen geschmückte Nürnberg

Leihgaben das Fehlen eigener Gemälde Dürers eindringlich spürbar wurde. Friedrich Winkler listete in seinem vier Bände umfassenden Werkverzeichnis der Zeichnungen Dürers gerade einmal sieben Nürnberger Gemälde; das *Bildnis Kaiser Maximilians I.* war das einzige Gemälde Dürers im Eigentum des Germanischen Nationalmuseums.[85] Die Verlustgeschichte des Dürer-Bestandes in Nürnberg fand am deutlichsten darin Ausdruck, dass anlässlich des Jubiläumsjahres Nürnberger Künstler beauftragt wurden, Kopien von den Werken anzufertigen, die sich zur großen Ausstellung 1928 in Nürnberg befanden.[86] In Berlin stellte sich der Reichskunstwart jeder beantragten Ausfuhr von Dürerwerken entgegen, „da er ja unter allen Umständen zu den Meistern gehören muss, deren Schutz die Liste in erster Linie gilt".[87]

Zum „Grundstock der Liste" zählte Redslob Dürers fränkischen Zeitgenossen Lukas Cranach d. Ä., von dessen Werken ein zahlenmäßig größerer Bestand im deutschen Privatbesitz nachweisbar war und der demzufolge der Künstler war, der mit elf Kunstwerken am umfangreichsten im Verzeichnis von 1922 vertreten war. Hinzu kam eine

85 Vier weitere Gemälde zählten zu Leihgaben der Stadt Nürnberg beziehungsweise der Bayerischen Staatsgemäldesammlungen. Vgl. Kurt Löcher (Hg.): Die Gemälde des 16. Jahrhunderts im Germanischen Nationalmuseum Nürnberg, Stuttgart 1997, S. 192–216, v. a. S. 213.

86 Matthias Henkel und Thomas Schauerte: Original kopiert! Der neue Dürer-Saal, Begleitpublikation zur neuen Dauerausstellung im Albrecht-Dürer-Haus, Petersberg 2012, v. a. S. 7–13.

87 RKW an RMdI, 16.12.1931, BArch, R32/375b, Bl. 39.

Auferstehung Christi von seinem Nachfolger Cranach d. J., die sich in der Fürstlich Fürstenbergischen Sammlung befand. Zwölf weitere Werke von und nach Cranach wurden im Laufe der 1920er Jahre nachgetragen.[88] Die Werke Cranachs traten damit in der Rezeption aus dem Schatten Dürers hervor, in dem sie sich bis zum Ende des 19. Jahrhunderts noch befunden hatten.[89] Hinzu kam, dass das Frühwerk des Künstlers erst um die Jahrhundertwende bekannt zu werden begann und sich durch Neuzuschreibungen von Dürer oder Altdorfer abgrenzte.[90]

Bernhard Strigel wurde mit sieben Gemälden im Verzeichnis von 1922 berücksichtigt, ein Bestand, der überwiegend aus fürstlichen Sammlungen stammte und auch im Laufe der 1920er und 1930er Jahre konstant verzeichnet blieb.[91] Mit Strigel verglichen waren seine Zeitgenossen Albrecht Altdorfer, Mathias Grünewald und Hans Baldung weniger umfangreich und auch weniger beständig in den Verzeichnissen der Weimarer Republik präsent. Letztgenannter war 1922 gar nur mit einem Gemälde und einem Druck unter Schutz gestellt, obgleich sich Tafeln Baldungs im vormalig fürstlichen Privatbesitz befanden. Bis Mitte der 1930er Jahre vollkommen unberücksichtigt blieben Werke Bartholomäus Bruyn des Älteren und seines Sohnes. Für eine Listung hätte es durchaus Anlass gegeben, aber die drei Tafeln aus der Sammlung Huldschinsky, die den Kunstsachverständigen gut bekannt waren, wurden nicht eingetragen. Bereits zum Ende des Ersten Weltkriegs wurden Kunstwerke aus dieser Sammlung ausgewählt und mit einem Ausfuhrverbot belegt. Auch die altdeutschen Gemälde waren bei der ersten Auswahl dabei, wurden jedoch bei Fertigstellung der preußischen Liste mit Erlass der Verordnung 1919 wieder gestrichen. Dies überrascht insbesondere in Hinblick auf eine Aussage Max J. Friedländers zum Bruyn'schen *Bildnis eines Mannes*, es handele sich um ein Werk, „das an Stattlichkeit kaum seinesgleichen hat unter den nicht eben seltenen Werken dieses Malers".[92]

Grundsätzlich war der geringe Bestand an Gemälden altdeutscher Maler im Reich ursächlich dafür, dass aus ihren Reihen lediglich einzelne Werke die Liste bereicherten. Wenn Besitzer Streichungen deutscher Kunst beantragten, wurde dies dementsprechend abgelehnt, wie im Falle einer Darstellung aus der *Legende des Heiligen Florian* von Albrecht Altdorfer aus der schwäbischen Sammlung der Freifrau von Gebsattel:

88 Infolge von Streichungen befanden sich im Verzeichnis von 1927 insgesamt 17 Gemälde Cranachs d. Ä., je ein weiteres seines Nachfolgers und seiner Schule, sowie zwei Zeichnungen der Cranach-Schule.

89 Vgl. Bernhard Maaz (Hg.): Cranach in der Gemäldegalerie Alte Meister Dresden, Berlin/München 2010, S. 8.

90 Vgl. Henning Bock und Gesine Asmus: Gemäldegalerie Berlin. 200 Meisterwerke, Berlin 1998, S. 84.

91 Im Verzeichnis von 1927 waren zwei weitere Tafeln Strigels aus dem Fürstenberger Kunstbesitz hinzukommend gelistet, ein *Männliches Bildnis* der Sammlung Marcell von Nemes wurde hingegen im Dezember 1926 gestrichen, weil es nur zeitweilig aus Ungarn ausgeführt worden war.

92 Max J. Friedländer: Die Sammlung Oskar Huldschinsky, Der Cicerone, 20. Jg., H.1, 1928, S. 4.

„Einmal gehört Altdorfer zu den deutschen Malern, auf die der Sinn der Liste in aller erster Linie Anwendung finden muss, ferner handelt es sich um ein Bild, dass in die Reihe der im Germanischen Museum befindlichen Altdorferschen Bilder gehört und schliesslich ist es von den wenigen in Privatbesitz befindlichen Altdorfer'schen Bildern wohl das beste."[93]

Als das vermutlich bis in die Gegenwart berühmteste Kunstwerk im deutschen Privatbesitz kann die *Madonna des Bürgermeisters Meyer* von Hans Holbein d. J. bezeichnet werden, die mit Erlass der Verordnung im Dezember 1919 in das *Verzeichnis der national wertvollen Kunstwerke* eingetragen wurde und sich bis heute darin befindet. In Fachkreisen wurde sie schnell zum „Schulbeispiel" für die Wirkung der Verordnung von 1919, weil es sich um ein Hauptwerk der deutschen Kunstgeschichte handelt, das der vom Staat ungeschützten Privatverfügung des ehemaligen Großherzogs von Hessen in Darmstadt unterstand.[94] Zu einem Schulbeispiel anderer Art wurde die Holbein-Madonna darüber hinaus als Titelbild von Hans Jantzens *Bilderatlas zur Einführung in die Kunstgeschichte*, der 1922 in dritter Auflage für den Schulgebrauch publiziert wurde (Abb. 5).[95] Mitte des 19. Jahrhunderts erlangte die Tafel Prominenz, indem Holbein als „Raffael des Nordens" mit seiner Madonna der Sixtinischen Madonna gegenübergestellt und in den kunsthistorischen Wettstreit der Nationen geschickt wurde, der zur Rangerhöhung der deutschen gegenüber der italienischen Kunst führen sollte.[96] Das Interesse ausländischer Museen an altdeutschen Meistern nahm daraufhin zögerlich zu – die National Galerie London besaß bis 1890 kein einziges Werk Holbeins oder Dürers.[97] Nach dem Ersten Weltkrieg führte die Auseinandersetzung zwischen dem Volksstaat Hessen und dem ehemaligen Großherzog zur Einigung über die Sammlungen; allein die Holbein-Madonna

93 RKW an RMdI, 12. 1. 1932, BArch, R32/375b, Bl. 47.

94 Kollektiveingabe Tag für Denkmalpflege und Heimatschutz (Clemen, von Stein)/Deutscher Verein für Kunstwissenschaft (Schmidt-Ott)/DMB (Koetschau) an RMdI, Februar 1929, BArch, R431/819, Bl. 136–147, hier Bl. 138.

95 Vgl. Hans Jantzen: Bilderatlas zur Einführung in die Kunstgeschichte, Esslingen 1922. Der Atlas erschien erstmals 1913 als Begleitband zum *Leitfaden für den kunstgeschichtlichen Unterricht in der höheren Mädchenschule* und sollte mit „hervorragenden oder besonders charakteristischen Kunstwerken" eine Einführung in Geschichte von Architektur, Malerei und Plastik geben, wobei der Schwerpunkt auf der deutschen Kunstgeschichte lag. Vgl. Vorwort des Verfassers.

96 Der sogenannte Holbein-Streit umfasste darüber hinaus die Prüfung der Echtheit zweier Versionen der *Madonna des Bürgermeisters Meyer*, bei der sich die Darmstädter Version als Original und eine in der Dresdner Gemäldegalerie befindliche als Fälschung des 17. Jahrhunderts herausstellte. Vgl. Oskar Bätschmann und Pascal Griener: Hans Holbein d. J. Die Darmstädter Madonna. Original gegen Fälschung, Frankfurt a. M. 1998, v. a. S. 11–18.

97 Vgl. Bätschmann/Griener 1998, S. 65; die National Gallery erwarb 1890 das Gemälde *Die beiden Gesandten/The Ambassadors* und 1909 *Christina von Dänemark*. Vgl. The National Gallery. Complete Illustrated Catalogue, London 2001, S. 316, NG1315; in einem 1902 in Deutschland erschienen Katalog zu den Meisterwerken der National Galerie werden vier Gemälde illustriert: Hans Holbein d. J., Hans Baldung, Lukas Cranach d. Ä. und Matthaeus Merian. Im Vorwort von Karl Voll über den Bestand der National Gallery findet die deutsche Schule keine Erwähnung. Vgl. Franz Hanfstaengl: Die Meisterwerke der National Gallery zu London, München 1902, S. 98–101.

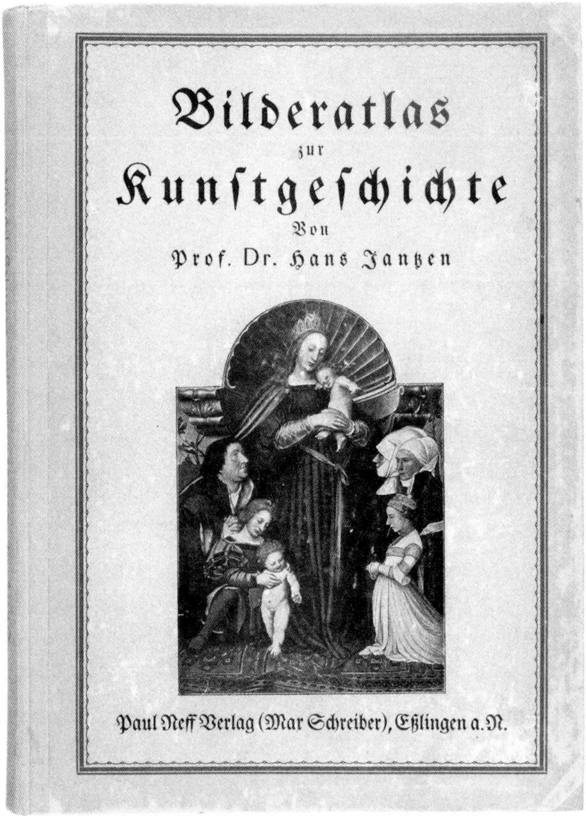

5 Hans Jantzen, Bilderatlas zur Einführung in die Kunstgeschichte, 1922

wurde in den Folgejahren aufgrund ungelöster Konflikte immer wieder thematisiert.[98] Obgleich ein Schutz vor ihrer Ausfuhr mit der Eintragung in das Verzeichnis gesichert war, wahrte sich die herzogliche Familie ihr Privatrecht: Eine Ausstellung im Landesmuseum Darmstadt stand außer Frage; die Tafel sollte von der Öffentlichkeit abgeschlossen in den Privaträumen Ernst Ludwigs verbleiben.[99] Mit einer Verordnung, die eine Verbringung von Kunstwerken ins Ausland verhinderte, konnte weder der konservatorische Schutz von fragilen Objekten garantiert werden noch ermöglichte sie deren öffentliche Zugänglichkeit.

98 Vgl. Norbert Stieniczka: Die Auswirkungen der Revolution von 1918 auf Darmstädter Museen und Sammlungen, in: Kunst in Hessen und am Mittelrhein, hg. vom Hessischen Landesmuseum, H. 35/36, 1998, S. 129–138, hier S. 134.
99 Vgl. ebd., S. 133.

Die Reichsländer Preußen und Bayern fokussierten sich bei der Auswahl „national wertvoller" Kunstwerke insbesondere auf italienische Künstler der Renaissance, sodass diese Zeitspanne mehr als ein Fünftel des Verzeichnisses von 1922 ausmachte. Die Liste ließ mit Blick auf das darauffolgende 17. Jahrhundert große deutsche Maler vermissen, wie Wölfflin während seiner Beschäftigung mit Dürer bedauerte:

> „Schade freilich, daß wir nicht auch einen Namen des 17. Jahrhunderts zu nennen haben, es trennte uns dann nicht eine so große Kluft in der Weltanschauung."[100]

Infolgedessen erhielt die niederländische Malerei des 17. Jahrhunderts im deutschen Kunstausfuhrschutz einen gesonderten Stellenwert, der ihr maßgeblich durch den preußischen Staat und seinen Kunstsachverständigen Bode verliehen wurde. Die großen Versteigerungen bürgerlicher Sammlungen ließen in erster Linie die international renommierten Kunstwerke niederländischer Meister ins Ausland wandern; zum Ende des Ersten Weltkriegs waren dies etwa die Sammlungen Albert von Oppenheims, Wilhelm Gumprechts und Johannes Stumpfs. Neben dem Eingriff in das freie Marktgeschehen postulierte Berlin mit dem Verzeichnis von 1922 die enge kulturelle Verbindung Preußens zu den Niederlanden, was im folgenden Kapitel von Interesse sein wird.[101]

Kunstwerke des 18. Jahrhunderts bildeten keinen großen Schwerpunkt im Verzeichnis von 1922; es dominierten deutsche Keramiken, überwiegend der Meißner Manufaktur, und französische Malerei sowie Gobelins. Mehr noch als die bereits genannten Zeitspannen waren Gemälde des 19. Jahrhunderts vom Kunstausfuhrschutz betroffen: Nahezu ein Drittel aller eingetragenen Kunstwerke ist in diesem Jahrhundert entstanden. 29 Werke stammten dabei von französischen Künstlern wie Jean-Baptiste-Camille Corot, Edouard Manet, Paul Cézanne oder Claude Monet; prozentual betrachtet überwog aber im Verzeichnis von 1922 die Unterschutzstellung deutschsprachiger Künstler des 19. Jahrhunderts. Ihre Ursache findet dies vor allem in der Eintragung von 205 Werken aus der Münchner Schack-Galerie durch den bayerischen Freistaat, einer Sammlung, die Adolf Friedrich Graf von Schack in den 1860er und 70er Jahren in München aufgebaut und ganz auf die deutsche Kunst seines Jahrhunderts ausgerichtet hatte. Die deutschen Maler Moritz von Schwindt (33 Gemälde), Franz von Lenbach (28 Gemälde) und Arnold Böcklin (17 Gemälde) verstärkten nach der Belegung mit dem Ausfuhrverbot ihre Präsenz im Verzeichnis beträchtlich. Außerdem wurden sieben Gemälde des süddeutschen Landschaftsmalers Fritz Bamberger in das Verzeichnis aufgenommen, woraufhin der Kunstkritiker Karl Scheffler lakonisch fragte:

100 Wölfflin 1926, S. 1.

101 Bodes Einfluss auf die Rembrandtforschung würdigt Ger Luijten in seinem Beitrag *Wilhelm von Bode und Holland*, vgl. Ger Luijten: Wilhelm von Bode und Holland, in: Kennerschaft. Kolloquium zum 150sten Geburtstag von Wilhelm von Bode, hg. von Thomas W. Gaehtgens, Berlin 1996, S. 73–85.

„Wer ist Fritz Bamberger? Ich glaube ein Reisemaler aus der Rottmannschule. Weder Gurlitt noch Lüpcke, noch Springer nennen ihn im Register ihrer Kunstgeschichten. Dasselbe gilt von Eduard Gerhard (fünf Bilder) und von Leopold Bode (drei Bilder). Wir in ‚Kunst und Künstler' haben von beiden nicht die entfernteste Vorstellung. Dem Reichsministerium aber scheint es ein ‚wesentlicher Verlust für den nationalen Kunstbesitz', wenn Leopold Bodes ‚Sage von Pipin und Berta oder von der Geburt Karls des Grossen' ins Ausland verbracht werden sollte."[102]

Inwieweit die erhobenen Besitzansprüche des preußischen Staates respektive der Berliner Nationalgalerie einen Einfluss auf die umfangreiche Unterschutzstellung hatten, überliefern die Archive nicht.[103] Nachweisbar ist jedoch, dass das bayerische Kultusministerium 1923 die Streichung von der Liste aufgrund des gesicherten Besitzes anregte;[104] eine Streichung erfolgte spätestens mit der Überarbeitung des Verzeichnisses im Zuge des Neudruckes 1927, bei der die zeitliche Eintragungsgrenze auf das Jahr 1800 festgesetzt wurde.

Die Unterschutzstellung von Gemälden Caspar David Friedrichs beschränkte sich auf eine Landschaft aus der Sammlung des ehemaligen Großherzogs von Sachsen-Weimar. Die Gemälde *Der Mönch am Meer* oder *Abtei im Eichwald* hingegen waren zwar als Hohenzollern-Besitz gut bekannt, wurden aber nicht ins Verzeichnis aufgenommen. Vermutlich wurde der Ausfuhrschutz für Werke Friedrichs nicht thematisiert, weil das Ausland nur geringes Interesse an seinem Œuvre zeigte und der Bestand an seinen Arbeiten in deutschem Privatbesitz wie in den Museen umfangreich war – zumal vor den großen Verlusten des Münchner Glaspalastbrandes 1931. Nachdem Friedrich im Laufe des 19. Jahrhunderts fast vollständig in Vergessenheit geraten war, erhielt er, als einer „der eigenartigsten, von zarter Poesie erfüllten Künstler", für seine Gemälde zwei Kabinette zur Deutschen Jahrhundertausstellung in Berlin.[105] Seitdem wuchs das Interesse an seiner Kunst; eine umfassende monographische Untersuchung des Werkes Friedrichs beschränkte sich jedoch vorerst auf die Nachlassveröffentlichung des norwegischen Kunsthistorikers und Friedrich-Entdeckers Andreas Aubert und blieb auch in den 1920er Jahren aus.[106] In den Augen

102 K. Sch. ([Karl Scheffler] Verlagsbuchhandlung Bruno Cassirer): National Wertvolle Kunstwerke, Berlin undatiert, vermutlich 1923, BArch, R32/375, Bl. 9.

103 Vgl. NG (Justi) an Pr. KM, 29. 1. 1920, SMB-ZA, I/NG 854, Bl. 286–302.

104 Vgl. Bay. KM (Hezner) an RMdI, 19. 11. 1921, BNM Dokumentation, Dok 1637, Mappe 4 und Bay. KM an Direktorenkonferenz der Kunstsammlungen des Staates, 6. 4. 1923, BayHStA, MK 40836, Bd. 4.

105 Woldemar von Seidlitz: Führer durch die deutsche Jahrhundertausstellung 1906. Gemälde, Zeichnungen, Bildwerke, München 1906, S. 51, vgl. auch Ausstellung deutscher Kunst aus der Zeit von 1775–1875, Königliche Nationalgalerie Berlin 1906, S. 99–101; Klaus Wolbert: „Deutsche Innerlichkeit". Die Wiederentdeckung im deutschen Imperialismus, in: Caspar David Friedrich und die deutsche Nachwelt. Aspekte zum Verhältnis von Mensch u. Natur in der bürgerlichen Gesellschaft, hg. von Werner Hofmann, Frankfurt a. M. 1974, S. 34–55.

106 Andreas Aubert: Caspar David Friedrich. „Gott, Freiheit, Vaterland", aus dem Nachlass des Verfassers, hg. von G. J. Kern, Berlin 1915. Anlässlich des 150. Geburtstages Friedrichs 1924 erschienen die von Friedrich Wiegand herausgegebenen „Geschwisterbriefe" sowie eine Dissertationsschrift von Willi Wolfradts. Vgl. Friedrich Wiegand: Aus dem Leben Caspar David Friedrichs. Geschwisterbriefe, Bamberg/Greifswald 1924 und Willi Wolfradt: Caspar David Friedrich und die Landschaft der Romantik, Berlin 1924.

der Kritiker fehlte dem Künstler ein schulbildender Einfluss auf die Kunst des 19. Jahrhunderts[107], was vermutlich auch ein Grund war, warum Friedrich in Jantzens Bilderatlas der deutschen Kunstgeschichte mit keinem Beispiel auftauchte.[108]

Von der Auflistung zeitgenössischer Kunst wurde von Beginn an abgesehen, um den Kunstmarkt nicht unnötig zu verunsichern. So hieß es in der offiziellen Begründung zur Verordnung 1919:

> „Im Interesse der lebenden Künstler und ihrer Erben werden die von lebenden oder erst vor verhältnismäßig kurzer Zeit verstorbenen Künstlern herrührenden Kunstwerke hierin jedoch nicht aufgenommen."[109]

Auch das fehlende Interesse des Auslands an zeitgenössischen deutschen Werken, das eine Gefahr der Abwanderung erst gar nicht aufkommen ließ, wurde als Begründung angeführt.[110] Gustav Pauli, Direktor der Hamburger Kunsthalle, bezeichnete den Umgang mit Künstlern, die gerade erst verstorben waren, als „Quelle von dauernden Differenzen".[111] Viel diskutiert blieb die zeitliche Grenze, die auf Unterschutzstellungen vor Ausfuhr angewandt werden sollte. Informell einigten sich die Verantwortlichen auf den Konferenzen von 1920 nur Werke von Künstlern zu listen, die vor mindestens 20 Jahre verstorben waren. Damit unterschritt man die Grenze von 30 Jahren, die mit dem Urheberrechtsgesetz 1907 zum Schutz von Werken der bildenden Künste gesetzt worden war.[112] Im Verzeichnis von 1922 ist die Umsetzung dieser Vereinbarung ablesbar. Das 19. Jahrhundert war ausschließlich mit Gemälden vertreten; für national wertvoll erklärt wurden unter anderem Werke von Wilhelm Leibl, Adolph Menzel, Théodore Rousseau, Jozef Israëls und Claude Monet. Damit war mit Letzterem sogar ein noch lebender Maler im Verzeichnis berücksichtigt, womit die Kunstsachverständigen in Preußen entgegen der zwar teilweise unpräzisen, aber dennoch festgelegten Grundsätze agierten. Die starke Präsenz des erst 1905 verstorbenen Menzel[113] ging auf eine Initiative des Reichsministeriums des Innern zurück, die der Staatssekretär Theodor Lewald wie folgt begründete:

107 Vgl. Georg Dehio: Geschichte der deutschen Kunst, Bd. 4, Berlin/Leipzig 1923, S. 122. Die Ausführungen zum 19. Jahrhundert stammen von Gustav Pauli.

108 Vgl. Jantzen 1922.

109 Begründung zum Entwurf einer *Verordnung über die Ausfuhr von Kunstwerken*, in: Verhandlungen der verfassungsgebenden Deutschen Nationalversammlung. Anlagen zu den Stenographischen Berichten, Bd. 340, S. 1886, Nr. 1814, Berlin den 16. Dezember 1919.

110 Sächs. MdI an Bad. KM, 7.9.1921, SächsHStA, 10736, Nr. 17455, Bl. 330.

111 Niederschrift über die Verhandlungen der Reichskunstwartkonferenz in Stuttgart am 12. April 1920, BArch, R32/375, Bl. 1–8.

112 Das Urheberrechtsgesetz an Werken der Literatur und der Tonkunst vom 19. Juni 1901 wurde mit einem Gesetz vom 9. Januar 1907 um Werke der bildenden Künste und der Fotographie erweitert. Urheberrechtlich geschützt wurden nach § 25 Werke der bildenden Kunst bis 30 Jahre nach dem Tod des Künstlers. 1934 wurde diese Schutzfrist auf 50 Jahre verlängert.

113 Von ihm wurden im Jahr 1921 insgesamt 13 Werke unter Schutz gestellt. Die Eintragung wurde von der Nationalgalerie unterstützt.

„Menzels Lebenswerk ist von so einzigartiger nationaler Bedeutung, daß mindestens die Hauptstücke daraus Preußen und Deutschland erhalten werden müssen. Seitens des Auslandes werden, wie ich höre, Versuche gemacht, einige der bekanntesten im Privatbesitze befindlichen Menzelschen Werke zu erwerben."[114]

Die vermuteten Begehrlichkeiten des Auslandes an Werken des Künstlers führten zu einer erweiterten Auslegung der zuvor vereinbarten Grundsätze – das preußische Verzeichnis führte daraufhin 13 der insgesamt 17 eingetragenen Gemälde Menzels. In Reaktion auf die Eintragung dieser Werke schlug das badische Kultusministerium nun auch vor, die in Privatbesitz befindlichen „Hauptstücke des Lebenswerks Hans Thoma" vor der Ausfuhr zu schützen:

„Wir glauben uns zu diesem Verlangen berechtigt einerseits im Hinblick auf die besondere Stellung, die dem Schaffen des Meister im deutschen Kunstleben zukommt und die mit der Bedeutung Menzels wohl im Vergleich gesetzt werden kann, andererseits mit Rücksicht auf den Umstand, dass eine erhebliche Zahl schutzwürdiger, für des Künstlers charakteristischer Werke sich ausserhalb öffentlicher Galerien befindet."[115]

Beiliegend übersandte das badische Kultusministerium eine Auflistung der in Frage kommenden 25 Gemälde, die „im Einverständnis" mit Thoma selbst erstellt worden war.[116] Da diesem Beispiel folgend weitere unerwünschte Eingriffe in Privatrechte sowie den freien Handel zu erwarten waren, was vor allem angesichts der Ausdehnung des Ausfuhrverbots auf Künstler wie Max Liebermann oder Wilhelm Trübner drohte, wurden die Debatten um die Einbeziehung der Kunst des 20. Jahrhunderts umgehend beendet.[117]

Das Verzeichnis von 1927 sollte im Umgang mit Kunstwerken der jüngeren Vergangenheit Klarheit bringen, indem auf die Unterschutzstellung aller Kunstwerke des 19. Jahrhunderts grundsätzlich verzichtet wurde.[118] Die zeitliche Grenze des Jahres 1800 stellte eine eindeutige Zäsur im Kunstausfuhrschutz dar, die von den Ländern jedoch nicht kritiklos angenommen wurde. Bayern erhob „gewichtige Bedenken" gegen dieses Vorgehen:

114 RMdI (Lewald) an die Landesregierungen, 25.2.1921, SMB-ZA, Künstlerspezialakte Menzel, Bl. 377/21.

115 Bad. KM an Sächs. MdI, 12.8.1921, SächsHStA, 10736, Nr. 17455, Bl. 327. Das Schreiben ging zudem an das preußische, bayerische und württembergische Kultusministerium, bevor sich das Badens mit dem Vorschlag auch an das Reichsinnenministerium wenden wollte.

116 Thoma stand zeitgleich als einziger Maler einem deutschen Kunstmuseum vor – ebenfalls im badischen Karlsruhe. Vgl. Petra Winter: Hans Posse – „Ein nahezu unbeschriebenes Blatt". Protokoll einer Ernennung, in: Maaz 2012, S. 29–48, hier S. 30.

117 Sächs. MdI an Bad. KM, 7.9.1921 und Bad, KM an Sächs. MdI, 19.11.1921, SächsHStA, 10736, Nr. 17455, Bl. 330 und 331.

118 Der Beschluss fiel in einer Sitzung im Reichsministerium des Innern am 11.10.1926, Vgl. BNM (Halm) an BStGS (Dornhöffer), 4.11.1926, BStGS, 11/4, Nr. 245.

> „Hauptwerke unserer großen führenden Meister des 19. Jahrhunderts, wie Menzel, Feuerbach, Marées, Leibl dürfen wohl mindestens in dem gleichen Grade als ‚national wertvoll' gelten dürfen, wie niederländische oder italienische Werke von Meistern zweiten Ranges, die sich gegenwärtig zufällig in deutschem Besitze befinden, oder wie ein zweifelhafter ‚Goya' (vergl. Nr. 129 des Verzeichnisses)."[119]

Die Zäsursetzung erhielt jedoch ihre Zustimmung von Gustav Pauli aus Hamburg, wo das Werk Menzels und der deutschen sowie französischen Impressionisten in der Kunsthalle gut vertreten war.[120] Dass die von Pauli gemachte Behauptung, bedeutende Kunstwerke des 19. Jahrhunderts würden sich ohnehin nicht im Hamburger Privatbesitz befinden, bald an Überzeugungskraft verlor, zeigt die Eintragungspraxis Hamburgs nach 1933.[121]

Grundsätzlich spielte der Zeitbezug auch in Verbindung mit der nationalen Bedeutung eine starke Rolle. Je länger sich ein Gegenstand in einem Land befand, umso stärker vollzog sich seine nationale Integration.[122] Die Umsetzung dieser Gegebenheit soll im Folgenden untersucht werden.

1.2.3 Herkunft

Die enge Verbindung von Stilgeschichte mit der Geschichte einer Nation etablierte sich insbesondere im 19. Jahrhundert und führte im Zuge der politischen Nationalisierung aller Lebensbereiche sowie der fortschreitenden Denkmalschutzbewegung seit Beginn des 20. Jahrhunderts zur Thematisierung einer nationalen Ausrichtung des Faches Kunstgeschichte.[123] Georg Dehio richtete sich beispielsweise mit seiner während des Ersten Weltkriegs verfassten *Geschichte der deutschen Kunst* an das deutsche Volk, dessen Patriotismus mit der Darstellung von Vergangenheit und nationalem Erbe gestärkt werden sollte.[124] Heinrich Wölfflin legte in seinem Einführungswerk *Kunstgeschichtliche*

119 Bay. KM (Schreiben von Dörnhöffer aufgesetzt) an RMdI, 17.12.1926, BStGS, 11/4, Nr. 245.

120 Pauli schrieb in seinem Museumsführer von 1924: „Nächst Liebermann ist kein Künstler in unserer Galerie so reich und bedeutsam vertreten wie Adolf Menzel." Gustav Pauli: Führer durch die Galerie der Kunsthalle zu Hamburg, Bd. 1, Die neueren Meister, Hamburg 1924, S. 81.

121 Hmb. KH (Pauli) an RKW, 13.12.1926, BArch, R32/375, Bl. 56.

122 Vgl. auch Andrea Peya: Die Ausfuhr von Kulturgütern im nationalen und Gemeinschaftsrecht, Frankfurt a. M. 2002, S. 103.

123 Vgl. Hubert Locher: Kunstgeschichte als historische Theorie der Kunst 1750–1950, München 2001, S. 197. Darin auch Hinweise auf „Nationalwerke", die im 19. und 20. Jahrhundert zu Deutschland, Frankreich, Italien, England und der Schweiz entstanden, S. 198, FN 192.

124 „Deutsche Kunst in uns aufzunehmen heißt: in Kontakt mit dem Seelenleben unserer Vorfahren treten. Deutsche Kunst verstehen heißt: uns selbst verstehen, unsere angeborenen Anlagen und was das Schicksal aus ihnen gemacht hat, unser Selbstgeschaffenes und unser Erworbenes, unser Erreichtes und unser Versäumtes, unser Glück und unsere Verluste – alles in allem: die Kunst als etwas mit der Ganzheit des geschichtlichen Lebensprozesses unseres Volkes unlöslich Verbundenes." Georg Dehio: Geschichte der deutschen Kunst, Berlin/Leipzig 1919, Bd. 1, Vorwort, S. V; vgl. Locher 2001, S. 201 f.; Helmut Börsch-Supan: Georg Dehios „Geschichte der deutschen Kunst"

Grundbegriffe zur Rolle der „nationalen Charaktere“ die „durchgehende Verschiedenheit“ innerhalb der einheitlichen abendländischen Kunst Europas dar.[125] Nicht zuletzt die Rezeption von Kunst sei national bestimmt:

> „Wir haben von Anfang an darauf hingewiesen, wie die Schemata des Sehens national gebrochen erscheinen. Es gibt eine bestimmte Art von italienischer oder von deutscher Vorstellungsweise, die sich gleichbleibend in allen Jahrhunderten behauptet. [...] die Aufstellung eines nationalen Typs der Phantasie ist eine notwendige Hilfskonstruktion für den Historiker.“[126]

Demnach sollten „nationale Physiognomien“ die bisher rein epochale Einteilung der geschichtlichen Darstellung von Kunst erweitern.[127] Wölfflins Schüler Kurt Gerstenberg nahm mit seiner stilbildenden Dissertation zur „Deutschen Sondergotik“ eine nationale Abgrenzung der spezifisch deutschen Kunstleistungen vor und beschäftigte sich 1922 in einem Aufsatz mit den *Ideen zu einer Kunstgeographie Europas*.[128] Darin wandte er sich von einer „kunstgeschichtlichen Erdkartenübersicht“ ab, die analog zu Grenzen der Sprache, Politik und Religion bestünde und thematisierte das „Gewachsensein der Kunst und das Vorkommen von Formzusammenhängen, die die politischen Grenzen übergreifen“.[129] Die Genese dieser Formzusammenhänge analysierte Gerstenberg anhand geografischer Gegebenheiten (Meere, Flüsse, Gebirge) sowie der Kunstwanderung („Wechsel im Primat der Kunst“) und stellte fünf „übergreifende Kunstgemeinschaften“ heraus, unter denen der breite norddeutsche Küstenstreifen Flandern und Holland mit dem Baltikum verband, Mitteldeutschland ein einendes Band zwischen Polen und Frankreich zog und Süddeutschland aufgrund seiner Gebirgsnähe eine „optische Zone“ mit der Schweiz, Österreich und Böhmen formierte.[130] Damit löste Gerstenberg die Kunstgeschichte von nationalen Grenzen und einer rein politischen Geschichte.

Angesichts dieser Ausführungen von 1922 stellt sich die Frage nach den Kriterien, die die nationale Bedeutung eines Kunstwerkes im Zusammenhang mit dem deutschen Kunstausfuhrschutz beeinflussten. Die erstrebte Sicherung eines „deutschen Kunstbesitzes“ verwies allein auf den örtlichen Besitzstand, der innerhalb der Grenzen des Deutschen Reiches lag, und nicht auf die Nationalität des Künstlers selbst. In Fachkreisen gingen die Meinungen weit auseinander, ob Kunstwerke nicht-deutscher Herkunft in das *Verzeichnis der national wertvollen Kunstwerke* integriert werden sollten. Auf der gemeinsamen Besprechung der Kunstsachverständigen im Januar 1920 in München führte Reichskunstwart Redslob zur Nationalitätenfrage eines Kunstwerkes folgendes aus:

als Dokument deutscher Geschichte, in: Georg Dehio (1850–1932). 100 Jahre Handbuch der deutschen Kunstdenkmäler, hg. von Peter Betthausen, München/Berlin 2000, S. 35–48.

125 Heinrich Wölfflin: Kunstgeschichtliche Grundbegriffe. Das Problem der Stilentwicklung in der neueren Kunst, München 1915, S. 248.

126 Ebd.

127 Ebd.

128 Vgl. Kurt Gerstenberg: Ideen zur Kunstgeographie Europas, Leipzig 1922.

129 Ebd., S. 3.

130 Ebd., S. 16 ff.

> „Ausländisches Kunstwerk wird deutsches Nationalgut, wenn es in eine öffentliche [unterstrichen] Ausstellung kommt. Auch dann ist es deutsches Nationalgut, wenn es schon in einem historischen Zusammenhange zu Deutschland steht."[131]

Damit bezog Redslob die Aneignung von Kunstwerken nicht-deutscher Herkunft in die Zuschreibung eines nationalen Wertes ein. Dieser Ansatz verbreitete eine gewisse Unsicherheit, wie eine zögerliche Bestätigung durch Richard Hendschel vom bayerischen Kultusministerium offenbart:

> „Wenn Kunstwerke allerdings einmal der deutschen Öffentlichkeit zugänglich gemacht worden seien, könnten sie nationaler Kunstbesitz geworden sein."[132]

Die Unsicherheit kam insbesondere zustande, weil die deutschen Privatsammlungen durch Kataloge und Ausstellungen der Öffentlichkeit bereits gut bekannt waren.[133] Einig war man sich, dass Kunstwerke in erster Linie dem deutschen Kulturkreis entstammen oder mit ihm stark verwachsen sein sollten.

Der Denkmalpfleger Clemen, der zu Beginn der 1920er Jahre nicht in die offiziellen Aussprachen der Reichsregierung einbezogen wurde, jedoch regelmäßig Stellung zum deutschen Kunstausfuhrschutz nahm, äußerte zum Thema der Herkunft verzeichneter Kunstwerke folgende Wunschvorstellung:

> „[Es wird] sich um eine ganz beschränkte Anzahl von hervorragenden Kunstwerken fremder Kulturen handeln, die seit langer Zeit schon auf das engste mit unserem Kunstleben verwachsen sind und in diesem Sinne einen Teil des nationalen Kunstbestandes darstellen. Die große Menge der niederländischen, französischen, italienischen, spanischen, orientalischen und aller sonstigen ausländischen beweglichen Kunstwerke, die sich in deutschen Privatsammlungen befinden, sollten aber nicht getroffen werden."[134]

In erster Linie lassen sich die Kunstwerke, die 1922 im *Verzeichnis der national wertvollen Kunstwerke* standen, nach vier Herkunftsländern einteilen: Neben Deutschland waren dies die Niederlande, Frankreich und Italien.[135]

131 Redslob in Niederschrift über eine Besprechung der Verordnung vom 11. Dezember 1919 betr. der Ausfuhr von Kunstwerken und der Aufstellung eines Reichskunstwarts abgehalten im Gebäude des Bayerischen Nationalmuseum in München am 5. Januar 1920, SMB-ZA, IV/NL Bode 431, S. 5.

132 Hendschel in ebd., S. 8.

133 Damit gestaltete sich auch die Position Bodes zum Gesagten ambivalent, wie die handschriftlichen Fragezeichen kombiniert mit Ausrufungszeichen im Protokoll andeuten.

134 Weiter heißt es: „Es scheint auch grundsätzlich als unbillig, einen Privatmann, der vor Jahren irgendein hochwertiges italienisches oder holländisches Bild im Inland erworben hat oder sein Vermögen in dieser Weise anlegte, [...] jetzt zu verhindern, sich dieses Wertes in aller Freiheit und ohne Beschränkung zu entäußern." Clemen, Der Cicerone, 1920, S. 195 f.

135 31 Kunstwerke waren im Verzeichnis von 1922 zudem flämischen Ursprungs, lediglich 13 Kunstwerke stammten von Künstlern weiterer Länder wie Spanien, Griechenland und England.

Deutschland

Mit 585 Werken machten Kunstwerke deutscher Herkunft im Gesamtverzeichnis von 1922 59 Prozent aller als national wertvoll eingestuften Werke aus.[136] Insbesondere Bayern setzte die Beschränkung auf Werke der deutschsprachigen Kultur konsequent durch; mehr als 86 Prozent der vom Freistaat vorgeschlagenen Objekte entstammten dem deutschen Kulturraum.[137] Dieser hohe Anteil erklärt sich mit der umfangreichen Unterschutzstellung deutscher Künstler des 19. Jahrhunderts, überwiegend aus der Münchner Sammlung Schack. Darüber hinaus listete der bayerische Staat Medaillen der Renaissance, unter anderem von Friedrich Hagenauer, Kunstgewerbe aus Nürnberg und Einzelwerke von Albrecht Altdorfer, Christoph Amberger und Bernhard Strigel. Die bayerischen Ausführungen zeigen deutlich den Schwerpunkt auf dem 15. und 16. Jahrhundert und die Unterteilung nach regionalen Schulen. Bezeichnungen wie „augsburgisch", „oberbayrisch", „mittelrheinisch" oder „nürnbergisch" bestimmen die Aufstellung. Auch das badische Kultusministerium wählte eine große Zahl an Kunstwerken aus Privatbesitz aus, die deutschen Künstlern und Schulen zugeschrieben wurden. Dies ist hauptsächlich der Tatsache geschuldet, dass die ehemalige Fürstenfamilie von Fürstenberg und der ehemalige Großherzog von Baden umfangreich in die Unterschutzstellung einbezogen wurden.

Während Bayern und Baden ausdrücklich Wert auf das „deutsche Gepräge" der Unterschutzstellungen legten, verhielt sich Preußen auf der anderen Seite bei den Eintragungen deutscher Kunstwerke umso zurückhaltender. Lediglich 104 Objekte und damit zwei Fünftel der 246 Werke machten Kunstwerke deutscher Herkunft im preußischen Verzeichnis von 1922 aus.[138] Wiederum nur acht Gemälde stammten aus der Zeit vor 1500, darunter eine *Geburt Christi* von Stephan Lochner und eine *Marienkrönung* von Konrad von Soest. Des Weiteren wurden nur drei spätmittelalterliche Plastiken, eine Madonna von Leinberger und zwei Werke Riemenschneiders für national wertvoll erklärt.[139] Auch „der römische Maler deutscher Nation", Adam Elsheimer, über den Bode 1920 forschte und publizierte, wurde erst 1924 mit einem Gemälde in die Ausfuhrverordnung einbezogen.[140] Dagegen sind im preußischen Teil des Verzeichnisses von 1922 die Werke aus dem 19. Jahrhundert, darunter auch 13 Werke von Menzel, sehr präsent.

136 Bei Hinzuziehung von Werken der Schweiz und Österreichs können mehr als zwei Drittel dem deutschen Sprachraum zugeordnet werden.

137 Bei 15 Werken konnte die Herkunft nicht ermittelt werden, es kann jedoch vermutet werden, dass auch diese dem deutschen Sprachraum zugeordnet werden können.

138 Es kann vermutet werden, dass von den Werken, deren Herkunft aufgrund unzureichender Angaben unbestimmbar ist, weitere Objekte deutscher Herkunft waren.

139 Aus der Sammlung Benoit Oppenheim wurde Riemenschneiders *Büste eines Bischofs* und aus der Sammlung Gerhart Bollert das Relief *Christus im Hause der Maria* vom Münnerstädter Altarretabel geschützt.

140 Wilhelm von Bode: Adam Elsheimer, der römische Maler deutscher Nation, München 1920.

Braunschweig beschränkte sich zwar auf eine Eintragung von 14 Kunstwerken, davon gehörten jedoch nur fünf dem deutschen Sprachraum an, die übrigen neun Werke sind italienischen Renaissancekünstlern, niederländischen Malern des 17. Jahrhunderts oder französischen Künstlern des 18. Jahrhunderts zuzuordnen – Schwerpunkte, die sich ebenso im Gesamtverzeichnis herausbildeten. Von den 15 Kunstwerken, die 1922 für das Hamburger Verzeichnis ausgewählt wurden, waren vier Kunstwerke deutscher Provenienz; dagegen stammten sechs Gemälde von französischen Impressionisten und die weiteren waren niederländischer oder englischer Herkunft. Der dortige Kunstsachverständige Pauli legte besonderen Wert auf das Präfix „inter" in seiner Beschreibung der „internationalen" Kunst, die für den deutschen Kunstausfuhrschutz von Bedeutung sein sollte.[141] Gegenteilig verfuhr sein Bremer Kollege Emil Waldmann, der ausschließlich deutsche und niederländische Künstler auswählte, die mit einzelnen Werken das Bremer Landesverzeichnis bildeten.[142]

Innerhalb der gelisteten deutschen Kunst lassen sich bestimmte Schwerpunkte ablesen: Erstens stellte das Kunsthandwerk eine tragende Säule für den für national wertvoll erklärten Besitz dar. Erzeugnisse des Mittelalters dominierten in diesem Bereich, aber auch das 16. bis 18. Jahrhundert ist stetig mit kunstgewerblichen Objekten im Verzeichnis präsent. Die Unterschutzstellung begründete sich in der hohen Anerkennung, die deutsche Kunsthandwerker auch international genossen sowie in der Tatsache, dass sich kunstgewerbliche Objekte deutscher Herkunft überwiegend in den fürstlichen Sammlungen befanden, deren Abwanderung die neuen Regierungen vornehmlich befürchteten. Zweitens bildete die altdeutsche Malerei einen weiteren Schwerpunkt, der überwiegend von Künstlern geprägt war, die um 1500 gewirkt hatten. Beide Akzentsetzungen des Verzeichnisses – das deutsche Kunstgewerbe und die altdeutsche Malerei – betrafen Kunstgattungen, die bereits außerhalb Deutschlands gefragt waren und infolgedessen von einer Abwanderung ins Ausland stärker bedroht waren als viele andere Erzeugnisse deutscher Künstler und Schulen. Im Umkehrschluss begründete Friedrich Trendelenburg auf der Konferenz in Stuttgart 1920 die große Zahl an ausländischer Kunst im Verzeichnis mit der geringen Nachfrage des Auslandes nach deutscher Kunst.[143] Dass die Etablierung der deutschen Kunstgeschichte im Ausland zu Beginn des 20. Jahrhunderts auf keine lange und gefestigte Tradition zurückblicken konnte, zeigt die bereits zitierte Einschätzung Wilhelm Valentiners in der Fachzeitschrift *Kunst und Künstler*, der „über die deutschen Kunstwerke in Amerika [...] nicht allzuviel zu berichten" wusste, weil sie „nur einen ganz geringen Prozentsatz des Bestandes amerikanischer Sammlungen

141 Vgl. Tag für Denkmalpflege und Heimatschutz (Clemen) an Hmb. KH (Pauli), 26.10.1931, AHK, 32-260.4, Bl. 128.

142 Vgl. Auswahl Waldmanns von 1920, StA Bremen, Senatsregistratur, 3-B.13. Nr. 66.a. Bd. 1, Bl. 76.

143 Vgl. Niederschrift über eine Verordnung vom 11. Dezember 1919 betr. der Ausfuhr von Kunstwerken und der Aufstellung eines Reichskunstwarts abgehalten im Gebäude des Bayerischen Nationalmuseum in München am 5. Januar 1920, SMB-ZA, NL Bode 431.

ausmachen".[144] Eine Ursache für das fehlende Interesse an der deutschen Kunst sah Valentiner in der geringen Überzeugung und Leidenschaft, die die Deutschen für ihre nationale Kunst aufbringen würden. In die Privatsammlungen des Deutschen Reiches fand die altdeutsche Kunst nur langsam Einzug; nicht so sehr ästhetische Aspekte, vielmehr ihre Funktion als kulturhistorisches Zeugnis oder als dekorative Ergänzung bewogen Sammler des frühen 19. Jahrhunderts, Plastiken und Gemälde des Mittelalters und der Renaissance zu erwerben.[145] Mit der Reichseinigung nahm jedoch das Interesse am eigenen Erbe zu, wie Kuhrau darlegte:

> „Man wollte Deutschland neben Italien, Frankreich und England als kunstgeographische Einheit etablieren. Das Bestreben, eine nationale Kunst zu definieren und zu kultivieren, erreichte nach 1900 seinen Höhepunkt."[146]

Während des Krieges war zu beobachten, dass in Deutschland, den Niederlanden, den skandinavischen Ländern und Amerika die „heimische Produktion im Ansehen stieg" und auch auf dem Kunstmarkt „überraschende Bewertungen" erfuhr.[147] Im Deutschen Reich erzielten jedoch nach wie vor Werke italienischer Renaissancekünstler und die niederländische Malerei des 17. Jahrhunderts Rekordsummen. Nicht ohne Folgen für die deutsche Kunst, wie Alfred Lichtwark zusammenfasste: „Unsere alte Neigung, zu überschätzen, was von jenseits unserer Grenzen eingeführt wird, hat dahin geführt, die deutsche Kunst als zweiter Klasse zu behandeln."[148] Dabei gaben die Museen die Mode vor, indem ausländische Kunst einen höheren Stellenwert einnahm als die meisten heimischen Kunstwerke. Der monetäre Wert eines Kunstobjektes im Inland hätte Ausstrahlungskraft auf die ideelle Anerkennung im Ausland: „Hohe Preise für deutsche Kunst würden auch das Interesse der ausländischen Sammler für diese Werke stark beeinflussen", prophezeite Oscar Münsterberg 1918 in der Zeitschrift *Der Sammler*.[149] Zeitgleich schaltete sich der Kunsthistoriker Georg Biermann im *Cicerone* in die Diskussion über die Wertung der deutschen Kunst ein und charakterisierte die deutschen Sammlungen als „Stapellager ausländischer Kunstware, meist mittlerer Qualität", mit denen sie „den Rekord für fremdländische Kulturerzeugnisse" aufstellten.[150] Dies führte dazu, so Biermann weiter, „daß aber edelste deutsche Kunst auf den Märkten in Paris und London nur um billigen Preis abgesetzt werden konnte, weil es niemandem einfiel, diese Dinge zur Wertung unseres Könnens zu propagieren oder gar dem Vaterland einen Teil seines Erbes zu erhalten und seiner Abwanderung über den Ozean vorzubeugen". Biermann

144 Valentiner, Kunst und Künstler, 1920, S. 366.

145 Vgl. Kuhrau 2005, S. 193 ff.

146 Ebd., S. 200.

147 Waldmann: Der Krieg und die Bilderpreise, Kunst und Künstler, 15. Jg., H. 8, 1917, S. 376–386, hier S. 382.

148 Alfred Lichtwark, Kunst und Künstler, 1912, S. 238.

149 Münsterberg, Der Sammler, 1918, S. 2.

150 Georg Biermann: Die deutsche Kunst in der Zukunft, Der Cicerone, 10. Jg., H. 15/16, 1918, S. 249–255, hier S. 251.

bestritt nicht die Tatsache, dass Museen deutsche Kunst sammelten, vielmehr hinterfragte er die Wirkung dieser Ankäufe in der Öffentlichkeit: „Aber hat je die öffentliche Meinung von diesen Dingen Notiz genommen?" Auch im Laufe der 1920er Jahre erfolgte die Würdigung deutscher Kunst weniger um ihrer selbst willen, sondern in Abgrenzung zu fremdländischer Kunst, wie regelmäßige Aufschreie in der Fach- und Tagespresse belegen, wenn Gemälde französischer Impressionisten für hohe Summen für Museen erworben wurden.

Der Blick auf deutsche Kunst im Ausland gestaltete sich ähnlich ambivalent. War einerseits die Präsenz der deutschen Kunstgeschichte in Sammlungen des Auslandes, insbesondere in ausländischen Museen in deutschen Fachkreisen allseits gewünscht, bedeutete dies gleichzeitig den „Verlust", zumindest jedoch die Abwesenheit eines ursprünglich in Deutschland beheimateten Kunstwerks. Die Museen, deren Zahl infolge der dezentralisierten Kulturpolitik umfangreich war, bemühten sich, ihre Sammlungen mit deutschen Kunstwerken zu vervollständigen, deren Erwerb sie zuvor oft versäumt hatten. Dieser Grundkonflikt kam stets zum Ausdruck, wenn beim Reichsinnenministerium die Streichung von Kunstwerken deutscher Herkunft beantragt wurde. Für das Ausfuhrgesuch für einen Evangelistenaltar, der der Nürnberger Schule aus der zweiten Hälfte des 15. Jahrhunderts zugeschrieben worden war, holte der Reichskunstwart zwei Gutachten ein, die unterschiedlicher nicht hätten ausfallen können.[151] Auf der einen Seite lehnte Dörnhöffer von den Bayerischen Staatsgemäldesammlungen den Streichungsantrag ab, weil es „im höchsten Grade bedauerlich [wäre], wenn das Bild ins Ausland wandern und dort ein unverstandenes und zweckloses Dasein fristen würde, während es für uns ein ungemein wichtiges Dokument sowohl in kunst- wie kulturhistorischer Beziehung bedeutet".[152] Auf der anderen Seite befürwortete Georg Swarzenski vom Frankfurter Städel die Verbringung der Tafeln ins Ausland:

> „So reizvoll die Bilder sind, haben sie doch keine für den deutschen Kunstbesitz wesentliche Bedeutung. In diesem Fall scheint mir die Erwägung, dass eine Förderung des Interesses des Auslandes an deutscher Kunst prinzipiell zu begrüssen ist, dem Wunsch, möglichst viel deutsche Kunst im Lande zu bewahren, die Waage zu halten."[153]

Da sich der Reichskunstwart Redslob nur mit dem uneingeschränkten Rückhalt seiner Fachkollegen zur Streichung deutscher Kunstwerke entschloss, wurde auch für den Evangelistenaltar die Ausfuhr versagt.

In Anbetracht dieser ambivalenten Wertung deutscher Kunst konnte Pauli den stets hervorgebrachten Vergleich des deutschen Kunstausfuhrschutzes mit den italienischen Gesetzesmaßnahmen nicht verstehen:

151 Der Altar befand sich in der Sammlung der Münchner Hofratswitwe Maria Streber und ging 1928 in den Besitz des Antiquariats Hackenbroch in Frankfurt am Main über. In den Verzeichnisentwürfen von 1934 und 1938 ist der Altar mit dem Besitzer Baron von Thyssen-Bornemisza gelistet.

152 BStGS (Dörnhöffer) an RKW, 3.7.1928, BArch, R32/375a, Bl. 68.

153 Städel (Swarzenski) an RKW, 10.7.1928, ebd., Bl. 70.

> „In Italien handelt es sich um die Erfüllung einer elementaren patriotischen Pflicht, indem man alles tut, um unschätzbare Kostbarkeiten der alten italienischen Kunst dem Lande zu erhalten. Werke ausländischer Kunst kommen hier nur in verschwindend geringer Anzahl in Betracht. – In Deutschland liegen die Verhältnisse umgekehrt. Was an wertvollster Kunst sich im Privatbesitz befindet und vom Auslande begehrt wird, ist zum größten Teil ausländisch."[154]

Dies traf in erster Linie auf Kunstwerke zu, die von niederländischen, französischen und italienischen Meistern geschaffen worden waren.

Niederlande

Trotz der angestrebten Beschränkung auf Kunstwerke, die entweder deutscher Herkunft oder mit dem deutschen Kulturraum stark verbunden waren, konnten 1922 acht Prozent der als national wertvoll gelisteten Werke niederländischen Künstlern (84 Nummern) zugeordnet werden. Damit bildeten sie die größte Gruppe an Objekten nicht-deutscher Herkunft. Bekanntlich wandten sich insbesondere die preußischen Privatsammler den Künstlern des Goldenen Zeitalters der Niederlande zu; laut Bode „namentlich deshalb, weil diese Kunst unserer Anschauung und Empfindung am nächsten steht und daher auch in den weiteren Kreisen des für Kunst interessierten Publikums am leichtesten verstanden und am besten bewundert wird".[155] Zudem reflektierte diese Kunstblüte den gesellschaftlichen Emanzipationsanspruch bürgerlicher Sammler so treffend wie kaum eine andere. Auf die Sammlung Marcus Kappel, aus der im Verzeichnis von 1922 immerhin 26 Gemälde niederländischer und flämischer Meister standen, wurde bereits eingegangen. Der Herzog von Arenberg, der seine Sammlung unweit der niederländischen Grenze auf dem westfälischen Schloss Nordkirchen beherbergte, legte einen Schwerpunkt auf Gemälde niederländischer Maler, die im Verzeichnis von 1922 gelistet wurden.[156]

154 Hmb. KH (Pauli) an Bürgermeister Hamburg (Predöhl), 11.3.1918, AHK, 32-260.4, Bl. 194–199, hier Bl. 197.

155 Weiter heißt es: „Wenn dabei der Große Kurfürst nicht nur in seinen politischen, sondern ebenso sehr in seinen kulturellen Zielen den engsten Anschluss an Holland erstrebte, so veranlassten ihn dazu gewiss nicht nur die zufälligen verwandtschaftlichen Bande: der junge, scharfblickende Fürst erkannte in der Entwicklung der holländischen Kultur ein Vorbild, für dessen Nacheiferung ihm die verwandten Bedingungen in seinem eigenen Volke gegeben zu sein schienen." Die Beziehung gipfelte in der Eheschließung des Kurfürsten Friedrich Wilhelm und Louise Henriette von Oranien 1646. Wilhelm von Bode: Ausstellung von Werken der niederländischen Kunst veranstaltet durch die Kunstgeschichtliche Gesellschaft in Berlin. Die Gemälde aus Berliner Privatbesitz, in: Jahrbuch der Königlich Preussischen Kunstsammlungen, 11. Bd., 1890, S. 199 f.

156 Besonders der Fürst Philipp Karl von Arenberg (1587–1649) pflegte persönliche Kontakte zu niederländischen Malern und baute gezielt seine Kunstsammlung auf. 1918 gab die herzogliche Familie den Wohnsitz auf dem Schloss zwar auf, die Gemälde wurden jedoch im Ostflügel weiterhin gesichert. Vgl. dazu Peter Neu: Die Arenberger und das Arenberger Land. Wirtschaft, Alltag und Kultur im 17. und 18. Jahrhundert, Bd. 3, Koblenz 1995, S. 565 ff. sowie Karl E. Mummenhoff: Schloß Nordkirchen 1903–1914, in: Die Arenberger. Geschichte einer europäischen Dynastie.

Bestanden seit dem 17. Jahrhundert enge politische und kulturelle Verbindungen zwischen Preußen und der Niederländischen Republik, so entstammen auch die im Verzeichnis von 1922 berücksichtigten niederländischen Maler fast ausschließlich dieser Blütezeit.[157] Aber nicht nur die kulturelle Verbundenheit Preußens mit dem Nachbarn kann als Ursache für die umfangreiche Unterschutzstellung angenommen werden, auch internationale Kunsthändler, die in Preußen vorwiegend am Erwerb niederländischer Werke interessiert waren, beeinflussten diese Maßnahme.[158] Alle großen Meister fanden ihre Würdigung, Rembrandt wurde mit 16 Werken in preußischem Privatbesitz eine ausgesprochen große Bedeutung zugeschrieben und insbesondere im 19. Jahrhundert so stark zum Mythos verklärt, wie kaum ein Zweiter.[159] Mit seiner Kunst und Person erhielt die kunsthistorische Kennerschaft Höhepunkt und Reibungsobjekt zugleich. Für das Deutsche Reich war es namentlich Bode, der Berlin zum Zentrum der Rembrandtforschung machte, wie er selbst in seinen Lebenserinnerungen festhielt:

> „Kaum ein Sammler, vor allem kein Amerikaner, kauft ein Gemälde Rembrandts, das nicht in ‚the Bible' enthalten ist, oder das ich nicht bereit bin, in einem Supplementband meines Rembrandts-Werkes aufzunehmen."[160]

Bode verwies mit ‚the Bible' auf den gemeinsam mit dem holländischen Rembrandtforscher Cornelis Hofstede de Groot zwischen 1897 und 1905 publizierten Katalog zu Rembrandt, der acht Bände umfasste und als erste ausführliche Zusammenstellung des Künstlers betrachtet werden kann.[161] 1906 erschien das in den 1920er und 30er Jahren wiederholt herausgegebene Standardwerk *Rembrandt und seine Zeitgenossen*. Darin betonte Bode, dass der Holländer „der Sproß eines rein germanischen Stammes und

Die Arenberger in Westfalen und im Emsland, Bd. 2, hg. von Franz-Josef Heyen und Hans-Joachim Behr, Koblenz 1990, S. 207–226, hier S. 224.

157 Von 68 niederländischen und flämischen Kunstwerken im preußischen Verzeichnis sind nur sieben nicht aus dem 17. Jahrhundert, sondern aus dem frühen 16. Jahrhundert.

158 Auf dem Berliner Kunstmarkt konnte eine Bevorzugung der holländischen Malerei beobachtet werden, während der Münchner Kunstmarkt sich auf frühe italienische Gemälde und Bronzen konzentrierte, der in Wien auf altes Silber und regionale Künstler, der in Paris auf Inneneinrichtung und in London auf die englische Malerei des 18. Jahrhunderts. Vgl. Angelika Enderlein: Der Berliner Kunsthandel in der Weimarer Republik und im NS-Staat. Zum Schicksal der Sammlung Graetz, Berlin 2006, S. 78.

159 Vgl. Jürgen Müller: „Wie Rembrandt zum Erzieher wurde", in: Sammeln als Institution. Von der fürstlichen Wunderkammer zum Mäzenatentum des Staates, hg. von Barbara Marx und Karl-Siegbert Rehberg, München/Berlin 2006, S. 231–238. Mit Ausnahme eines Konvoluts an fünf Blättern „figürlicher und landschaftlicher Studien" bestimmten Rembrandts Gemälde die Zusammenstellung im Verzeichnis von 1922.

160 Bode 1997, Bd. 1, S. 371.

161 Vgl. Wilhelm von Bode/Cornelis Hofstede de Groot: Rembrandt. Beschreibendes Verzeichnis seiner Gemälde mit den heliographischen Nachbildungen. Geschichte seines Lebens und seiner Kunst, Paris 1897–1905.

seine Kunst eine echt germanische ist" und somit mit der deutschen Kultur in eine enge Verwandtschaftsbeziehung träte.[162]

Nicht nur als ein Verwandter, sondern gleich als „der deutscheste aller deutschen Maler und sogar der deutscheste aller deutschen Künstler" wurde Rembrandt seit dem 1890 erschienenen kulturpessimistischen Bestseller *Rembrandt als Erzieher* von Julius Langbehn instrumentalisiert.[163] Dies nahm neben anderen Waldmann auf, der als Direktor der Bremer Kunsthalle auch für das Bremer Verzeichnis fungierte. Obgleich sich Waldmann stets strikt gegen die Aufnahme nicht-deutscher Kunstwerke aussprach, nahm er die niederländische Kunst des 17. Jahrhunderts von dieser Leitlinie aus. Dabei lässt sich deutlich der Argumentationsduktus Langbehns erkennen, wenn Waldmann den Künstler Rembrandt als „größten Genius des niederdeutschen Nordens" bezeichnete, dessen Wurzeln „tief hinein in das Reich der großen durch Matthias Grünewald gestalteten germanischen Magie" zurückreichten.[164] Den Bogen zu den Altdeutschen schlug Waldmann über Herkules Seghers, von dem Rembrandt wesentliche Impulse erhalten hatte und der in seinen Augen als „Geistesverwandter der Altdorfer und Baldung, dieser Väter deutscher Romantik" galt.[165] Für den Museumsmann waren die Auflistungen niederländischer Künstler jedoch nur legitim, wenn ein Erwerb durch den Staat in Aussicht gestellt werden konnte:

> „Aber ein Ruisdael oder einen Vermeer, also nicht-deutsche Kunst, auf den Index zu setzen, hat nur dann Sinn, wenn das Land, das die Liste herausgibt, im Ernstfalle auch wohlhabend genug ist, um den betreffenden Privatmann seinen Schatz zu einem angemessenen Preis abzunehmen."[166]

Aus diesem Grund verfuhr Waldmann bei der Auswahl von Kunstwerken nicht-deutschen Ursprunges konsequent und nahm nur widerwillig Einsprüche entgegen, die von Berlin nach Bremen gelangten. Als Waldmann beispielsweise für die Streichung einer *Waldlandschaft* von Meindert Hobbema plädierte, weil es sich bei „abermaliger Prüfung

162 Wilhelm von Bode: Rembrandt und seine Zeitgenossen. Charakterbilder der grossen Meister der holländischen und vlämischen Malerschule im siebzehnten Jahrhundert, Leipzig 1906, S. 5. Vgl. auch Kuhrau 2005, S. 186. Es mag nicht verwunderlich sein, dass Bodes Schüler Hans Posse den verspäteten Nachruf auf seinen Lehrer 1934 der Neuausgabe *Rembrandt und seine Zeitgenossen* voranstellte und darin das lebenslange Interesse Bodes für die niederländische Malerei in seiner niedersächsischen Herkunft sah. Vgl. Vorrede Hans Posse in: Wilhelm von Bode: Rembrandt und seine Zeitgenossen. Charakterbilder der grossen Meister der holländischen und vlämischen Malerschule im siebzehnten Jahrhundert, Leipzig 1934, S. XI.

163 Julius Langbehn: Rembrandt als Erzieher. Von einem Deutschen, Leipzig 1890, S. 9. Bode nahm von der Vereinnahmung Rembrandts in diesem Grade Abstand: „In Deutschland liebt man es jetzt, Rembrandt als einen Deutschen in Anspruch zu nehmen; richtig ist nur, daß er der Sproß eines rein germanischen Stammes und seine Kunst eine echt germanisch ist. Bode 1906, S. 4. Die „nationale Bedeutung" Rembrandts wird für die Betrachtungen des deutschen Kunstausfuhrschutzes nach 1933 von Interesse sein.

164 Emil Waldmann: Rembrandt, Bielefeld/Leipzig 1933, S. 49.

165 Ebd.

166 Emil Waldmann: Die Kunstverkäufe der ehemaligen Fürsten, Weser-Zeitung, 18.11.1930.

des Bildes als weitgehend übermalt und zweifelhaft heraus[stellte]", konnte das Reichsministerium dem Streichungswunsch nicht zweifelsfrei entsprechen.[167] Grund dafür war ein Einspruch Bodes, der den nationalen Wert des Gemäldes bekräftigte, weil es sich um eines der besten Werke des in Deutschland selten vertretenen Meisters handeln würde.[168] Auch wenn der Bremer Senat und nicht Berlin bei Streichungsanträge in erster Instanz entscheidungsbefugt war, nahm Waldmann den Antrag zurück: „Angesichts der so bestimmten Erklärung seiner Exzellenz des Herrn Generaldirektors von Bode erscheint es mir untunlich weitere Schritte in dieser Angelegenheit zu unternehmen."[169] Die finanziellen Schwierigkeiten der Besitzer brachten den Fall wenige Monate später erneut auf Waldmanns Schreibtisch: „Gewiss kann man verschiedener Meinung über den künstlerischen Wert eines Bildes sein, aber solange die Meinung soweit auseinandergehen wie hier, handelt es sich wohl nicht um einen Wert, dessen Verlust für Deutschland zu beklagen wäre."[170] Nachdem Waldmann erfuhr, dass Bodes Einschätzung lediglich auf der Konsultierung einer Fotografie basiert hatte, unterstützte er den Streichungsantrag mit erfolgreichem Ausgang und gegen den Einspruch Bodes.[171]

In einer Stellungnahme von 1931 verteidigten die kunstverwaltenden Fachverbände die Berücksichtigung der niederländischen Malerei bei der Zusammenstellung des Verzeichnisses, in dem neben Hauptwerken der deutschen Kunstgeschichte auch wesentliche Objekte „verwandter Kunstkreise, vor allem der niederländischen Kunst, und solche erlesenen Einzelkunstwerke fremden Ursprungs, die durch enges Verwachsensein mit dem deutschen Kunstbesitz wesentlich an der künstlerischen oder historischen Überlieferung des deutschen Kulturkreises teilgenommen haben."[172] Auch Georg Schreiber, Kulturpolitiker der Deutschen Zentrumspartei, führte im Reichstag aus, dass die Abwanderung niederländischer Kunstwerke insbesondere nach Amerika dazu führe, „daß derjenige, der heute eine Geschichte der holländischen Kunst schreiben will, zu den Vereinigten Staaten hinüberwandern und den mühsamen Gang in die Privathäuser amerikanischer Millionäre antreten muß."[173] Dieses Argument wurde durch die Tatsache verdeutlicht, dass das von Schreiber postulierte Anrecht des deutschen Volkes „auf ein kulturelles Existenzminimum" die Kunstwerke niederländischer Meister mit einschloss.[174]

167 Handschr. Notiz Waldmann, im Verzeichnis der national wertvollen Kunstwerke, 1922, StA Bremen, Senatsregistratur, 3-B.13. Nr. 66.a. Bd. 1, Bl. 100.
168 RMdI (Schulz) an Bremer KM, 4. 6. 1923, ebd., Bl. 105.
169 Handschr. Notiz Waldmann, Juli 1922, ebd., Bl. 106.
170 KH Bremen (Waldmann) an RMdI, 7. 9. 1923, ebd., Bl. 108.
171 Ebd.
172 Kollektiveingabe Tag für Denkmalpflege und Heimatschutz/Deutscher Verein für Kunstwissenschaft/DMB, 14. 11. 1931, StA Wolfenbüttel, 12 Neu 13, Nr. 19050, Bl. 2.
173 Schreiber in Protokoll der 360. Sitzung des Reichstages, 16. 12. 1927, S. 12187–12189.
174 Ebd.

Frankreich

Die Aufnahme von Kunstwerken nicht-deutscher Künstler stieß insbesondere in Süddeutschland und im westlichen Grenzgebiet des Reiches auf wenig Verständnis, wo vor allem die Sammlungen des Adels reich an spätmittelalterlichen Gemälden und Kunstgewerbe deutscher Provenienz waren:

> „Aus der in Berlin verfertigten Liste der im Rheinland zu schützenden Stücke im Privatbesitz ersehe ich z. B., dass man ganz verschiedene Massstäbe anlegt in Bezug auf die Qualität, und dass man auch hier holländische und vlämische Werke einbezogen hat. Damit kommen wir aber in Teufels Küche."[175]

Während die niederländischen und flämischen Werke der Liste mit wenigen Ausnahmen bürgerlichen Sammlungen entstammten, waren die repräsentativen Sammlungen des ehemaligen Hofes maßgeblicher bei Unterschutzstellungen von Kunstwerken französischer Herkunft. Und so hatte eine zweite Gruppe nicht-deutscher Werke ihren Ursprung in Frankreich (65 Nummern). Obgleich sich die Kluft zwischen den beiden Nachbarstaaten infolge des Ersten Weltkriegs und der Versailler Friedensbestimmungen vertieft hatte, schätzten die Kunstsachverständigen der deutschen Länder vor allem die französischen Gemälde des 19. Jahrhunderts, „die zu Anregern einer sehr tief gehenden geistigen Bewegung geworden" waren und erteilten ein Ausfuhrverbot für Werke der Landschaftsmaler Théodore Rousseau, Charles-François Daubigny und Jean-Baptiste-Camille Corot, oder für die entscheidenden Wegbereiter der Moderne Edouard Manet, Claude Monet und Paul Cézanne.[176] In den frühen Entwürfen zum Verzeichnis, die maßgeblich Bode verantwortete, waren diese Namen nicht zu finden. Dass im ersten gedruckten Verzeichnis letztlich fast die Hälfte aller französischen Gemälde des 19. Jahrhunderts von Preußen in dieses eingetragen worden war, ist auf einen Vorgang in Sachsen zurückzuführen: Die Dresdener Sammlungen Johann Meyer und Carl Louis Uhle gelangten durch Verkauf und Erbgang nach Preußen, obgleich der Direktor der Dresdner Gemäldegalerie, Hans Posse, großes Interesse an der Gewinnung der Gemälde für die im Aufbau befindliche moderne Abteilung gezeigt hatte.[177] Die Sicherung der Werke

175 Denkmälerrat der Rheinprovinz (Clemen) an Konservator der kirchlichen Denkmäler Baden (Sauer), 21.4.1920, Universitätsarchiv Freiburg, NL Sauer, C 67/534. Sauer bestätigte die Ansicht Clemens.

176 Karl Scheffler: Wir und die Franzosen, Kunst und Künstler, 19. Jg., H. 4, S. 121–123, hier S. 121. Scheffler schrieb weiter: „Aber wir wollen es zugleich sehr vernehmlich einmal sagen, daß wir damit nicht zugleich den Franzosen überhaupt eine Liebeserklärung machen, daß wir sie nicht um ihrer Nationalität willen blind verehren. [...] Wir lieben wie früher die herrlichen Kunstwerke dieses begabten Volkes und räumen willig ein, worin es uns überlegen ist. [...] Während wir aber bewundern, hassen wir darum nicht weniger kräftig das, was wir am französischen Nationalcharakter als schwach empfinden."

177 Die Sammlerbiografie zu Uhle deutet an, dass die Erbengemeinschaft nicht bereit war, eine Schenkung in die Tat umzusetzen, die der Sammler im Jahr 1900 ausgesprochen hatte. Vgl. Biedermann/Dehmer/Wagner 2006, S. 302.

für Deutschland gelang Posse jedoch nur kurzzeitig; das preußische Kultusministerium gab sie im Sommer 1923 zur Ausfuhr frei, was Posse als „eine ausserordentlich schwere Schädigung der Interessen der Dresdener Gemäldegalerie" empfand.[178] Erneut zeigt sich an diesem Beispiel die abweichende Wertschätzung sowie Einsicht zweier Reichsländer, Kunstwerke der jüngeren Vergangenheit in den deutschen Ausfuhrschutz zu integrieren.

Größeren Wert legte Preußen hingegen auf die französische Kunst des 18. Jahrhunderts, die vorwiegend fürstlichem Besitz entstammte. Aus den Sammlungen des ehemaligen Preußischen Königs waren je zwei Werke Chardins und Lancrets und drei Werke von Watteau verzeichnet; hinzu kamen drei Bildnisse von den französischen Porträtmalern Nicolas de Largillière und Hyacinthe Rigaud aus dem Besitz des ehemaligen Herzogs Ernst August von Braunschweig-Lüneburg. Die Bedeutung kunstgewerblicher Arbeiten des 18. Jahrhunderts zeichnete sich auch für den Kunstausfuhrschutz ab, mit der Eintragung von Sèvre-Porzellanen und Teppichen nach François Boucher und weiteren französischen Wirkern.

Italien

Nach den Niederlanden und Frankreich folgte mit 48 Werken Italien in der Reihe als schützenswert deklarierter Kunstwerke nicht-deutscher Provenienz. Die Begeisterung für die italienischen Renaissancekünstler zeigte sich öffentlich in der *Ausstellung von Kunstwerken des Mittelalters und der Renaissance aus Berliner Privatbesitz*, die die Kunstgeschichtliche Gesellschaft 1898 veranstaltet hatte und in der zahlreiche Berliner Sammler, die sich in der Weimarer Republik im Verzeichnis befanden, ihre Sammlerschwerpunkte präsentiert hatten.[179] Das bayerische Kultusministerium wählte ebenso Kunstwerke italienischer Renaissancekünstler für das Verzeichnis aus, darunter je ein Werk von Giovanni Antonio Boltraffio und Sandro Botticelli der Sammlung Julius Böhler und zwei Werke Titians der Sammlung Marcell von Nemes. Damit sind bereits zwei Vertreter der italienischen Renaissancemalerei genannt – Botticelli und Titian –, die mit jeweils vier Gemälden in den deutschen Kunstausfuhrschutz aufgenommen wurden. Botticelli, der bis zu Beginn des 19. Jahrhunderts in Vergessenheit geraten war, erfuhr durch die Rezeption der Präraffaeliten neue Aufmerksamkeit.[180] Titian wiederum war

178 GG Dresden (Posse) an Sächs. MdI, 29. 8. 1923, SKD Altregistratur, 01/GG 15, Bd. 9, Bl. 443. Die Streichungsbestrebungen gingen in diesem Fall nicht von Berlin, sondern vom Frankfurter Städel aus.

179 Vgl. Kuhrau 2005, S. 162.

180 Vgl. Ulrich Rehm: Rufmord mit Folgen. Das Leben Botticellis nach Giorgio Vasari und die moderne Kunstgeschichtsschreibung, in: Botticelli. Bildnis – Mythos – Andacht, Frankfurt a. M. 2009, S. 131–141, hier S. 137 f.

stets mit dem Nachruhm der Habsburger verbunden, da er für diese unter anderem in Augsburg tätig gewesen war.[181]

Im Verzeichnis von 1922 befand sich zudem ein „Bildnis", das Raffael zugeschrieben wurde. Eine nähere Bezeichnung des hier genannten Medici-Porträts aus der Sammlung Huldschinskys fanden die Verantwortlichen vermutlich nicht erforderlich, weil es sich um das einzige Werk des Künstlers in deutschem Privatbesitz handelte – bis auch dieses Deutschland verließ und letztendlich die Zuschreibung an Raffael verlor.[182] Bereits im 18. Jahrhundert durfte Raffael in keiner fürstlichen Gemäldesammlung fehlen – die unnachgiebigen Bemühungen des Kurfürsten Friedrich August II. von Sachsen um den Ankauf der *Sixtinischen Madonna* veranschaulichen dies –, im 19. Jahrhundert erhielt der Höhepunkt der Raffael-Verehrung ihren Ausdruck in Kopiensammlungen und Ehrenmalen.[183] Die Abwesenheit Raffaels in deutschen Privatsammlungen führte dazu, dass ähnlich wie bereits im Fall Dürer geschildert, auch Kunstwerke, die nach dem Vorbild Raffaels entstanden waren, für „national wertvoll" erklärt wurden. Dazu zählen drei nicht näher beschriebene Wirkteppiche des ehemaligen Großherzogs von Mecklenburg-Schwerin, die nach Kartons Raffaels gefertigt worden waren. Auch die Kopie eines weiblichen Bildnisses nach Raffael, die sich in der Münchner Schack-Galerie befand, wurde in das Verzeichnis aufgenommen. Die insgesamt 85 Kopien der Sammlung, die überwiegend von seinem Gründer Adolf Friedrich Graf von Schack in den 1860er und 1870er Jahren in Auftrag gegeben wurden, bezogen sich auf die großen Meister Italiens; neben dem bereits genannten Werk Raffaels – der mit weiteren fünf Kopien nach München kam – und Titian – von dem sich allein 18 Kopien in der Schack'schen Sammlung befanden – entstanden Gemälde nach Michelangelo, Bellini, Giorgione und Tintoretto. Für Schack war das Anfertigen von Kopien selbst ein Akt des Schutzes von Meisterwerken für die Nachwelt, physisch wie ideell. Mit der Bevorzugung der vornehmlich venezianischen Renaissancemalerei wollte Schack eine kunsthistorische Stilrichtung in der Öffentlichkeit bekannt machen, die seiner Ansicht nach in den deutschen Museen bisher zu lückenhaft vertreten war.[184] Immerhin 20 Kopien wurden in die Ausfuhrverbotsliste aufgenom-

181 Vgl. Gunter Schweikhart: Die Kunst der Renaissance. Ausgewählte Schriften, hg. von Ulrich Rehm und Andreas Tönnesmann, Köln/Weimar/Wien 2001, S. 187.

182 Das Porträt *Giuliano de' Medici* befindet sich heute im Metropolitan Museum in New York und gilt als frühe Kopie des 16. Jahrhunderts. Vgl. European Paintings in the Metropolitan Museum of Art. A summary catalogue, New York 1995, S. 131.

183 Vgl. dazu Bénédicte Savoy: Tempel des Ernstes und des fake. Der Raffael-Saal in der Orangerie in Potsdam, ein Kopienmuseum im Zeitalter der technischen Reproduzierbarkeit, in: Raffael als Paradigma. Rezeption, Imagination und Kult im 19. Jahrhundert, hg. von Gilbert Heß, Elena Agazzi und Elisabeth Décultot, S. 201–236.

184 Vgl. Schack-Galerie in München im Besitz seiner Majestät des Deutschen Kaisers, Königs von Preußen, 25. Auflage, München 1912, S. 100 ff.; S. 327; vgl. auch Andrea Pophanken: Die Kopiensammlung des Grafen von Schack, in: Adolf Friedrich Graf von Schack. Kunstsammler, Literat und Reisender, hg. von Christian Lenz, München 1994, S. 27–44, hier S. 30.

men.[185] Für die Eintragung in das *Verzeichnis der national wertvollen Kunstwerke* war auch die Urheberschaft der Kopie ausschlaggebend, weil ausschließlich Gemälde ausgewählt wurden, die Hans von Marées oder Franz von Lenbach geschaffen hatten. Ähnlich verhielt es sich mit der Aufnahme von Adolph Menzels Gouache *Platz für den großen Raffael* in das Verzeichnis, mit der Preußen nicht nur seinem großen Maler der jüngsten Vergangenheit huldigte, sondern zugleich dem Protagonisten des Werks.

Die Auswahl von Plastiken italienischer Provenienz lässt sich fast ausschließlich auf die Renaissance zurückführen; der Name della Robbia kommt in diesem Zusammenhang besonders häufig vor. Vor dem Ersten Weltkrieg beschäftigte sich Bode mit der Florentiner Künstlerfamilie della Robbia, was sich in einer Publikation und zahlreichen Erwerbungen sowohl für das Berliner Kaiser-Friedrich-Museum als auch für Privatsammlungen zeigte. 1919 schlug er Skulpturen von Luca, Andrea und Giovanni della Robbia für die Eintragung in das Verzeichnis vor, hauptsächlich aus den Berliner Privatsammlungen Eduard Simons und Gerhart Bollerts.[186] Damit zeigt sich einmal mehr, dass das wissenschaftliche Engagement Bodes sich auch im Verzeichnis abbildet. Von Beginn der Diskussionen um einen deutschen Kunstausfuhrschutz an bezog der Berliner Generaldirektor auch nicht-deutsche Erzeugnisse in seine Überlegungen ein, weil „unter den Gemälden von Rembrandt, Ruisdael, Terborch, Raphael, Tizian u.s.f. manche sich befinden, die jeder unserer großen Galerien zur Zierde gereichen würden, und viel mehr noch, durch die unsere kleinen Museen auf ein höheres Niveau gehoben würden."[187] In seinem Beitrag *Wilhelm Bode und seine Sammler* schreibt Thomas W. Gaehtgens darüber hinaus über das Sammeln von Kunst fremder Kulturen:

> „Der Aufkauf fremder Kunst und die Rekonstruktion der fremden Kultur im musealen Gehäuse ist natürlich Zeichen der Wertschätzung, des Respekts vor einem früheren Kulturprodukt. Das Verlangen nach ihrem Besitz muß aber gleichzeitig als Ausdruck für die Unsicherheit angesehen werden, der eigenen Epoche ein vergleichbares Niveau künstlerischer Leistung zuzugestehen."[188]

Diesen kunstpflegerischen Plänen standen marktwirtschaftliche Interessen im Wege, bei denen die öffentlichen Einrichtungen im Wettkampf mit ausländischen Käufern nicht mithalten konnten. Schließlich wurde die Herkunft des Künstlers oder des Kunstwerks bei den Überarbeitungen des Verzeichnisses ein Kriterium, das zahlreiche Interessenkonflikte barg und letztendlich zu umfangreichen Streichungen führte. Im Zentrum stand die Frage, welche Kunst anderer Länder ein Bestandteil des eigenen nationalen Erbes bildete.

185 Weitere Kopien schuf Lenbach nach Diego Velasquez, Anton van Dyck, Petrus Paulus Rubens und Bartolomé Estéban Murillo.

186 Vgl. Wilhelm von Bode: Die Werke der Familie della Robbia, Berlin 1914, S. 9 und 45. Zum Della Robbia-Bestand des Berliner Kaiser Friedrich-Museums vgl. Paul Schubring: Luca della Robbia und seine Familie, Bielefeld/Leipzig 1921, S. 151–154.

187 Bode, Voss. Zeitung, 1918.

188 Gaehtgens 1993, S. 170.

2. KULTURPOLITISCHE DISKURSE IN DER FACHWELT UND ÖFFENTLICHKEIT

2.1 „Willkürlich, zufällig und sogar irreführend fehlerhaft" – Systematisierung der Eintragungen 1923–1927

Bereits zu den ersten Aufstellungen eines Verzeichnisses in den Jahren 1919 und 1920 waren kritische Stimmen aus allen Landesteilen über die von Preußen angeführte Auswahl „national wertvoller" Kunstwerke in Privatbesitz zu vernehmen. Dabei galt die Kritik an erster Stelle der Fülle nationaler Schulen, die bereits an vorangegangener Stelle analysiert wurden. Maßgeblicher Kritiker war der badische Konservator der kirchlichen Denkmäler und Sachverständige für die Zusammenstellung des umfangreichen badischen Verzeichnisses, Joseph Sauer, für den die Durchführung das Gesetz zu einer „lächerlichen Aktion" werden ließ.[189] In einem persönlichen Schreiben an seinen Kollegen Paul Clemen führte Sauer aus:

> „Dazu gehört aber gewiss nicht die Rettung von ganz zufällig in den Interessenkreis unseres Volkes hereingekommenen, mit seinem geistigen Leben in gar keiner Weise enger verwachsenen Kunstschöpfungen fremder Herkunft. [...] Ich würde keinen erheblichen Wert darauf legen, italienische oder französische Werke von auch hoher Qualität [...] zu halten."[190]

Am Beispiel der französischen Impressionisten, die Anfang der 1920er Jahre bereits in einer beachtlichen Zahl im Verzeichnis vertreten waren, führte Sauer seine Ausführungen fort:

> „Alle moderne französische Malerei in Ehren, aber liegt es im Interesse unseres Volkes, mit einer überaus harten Gewaltmassregel solche fremde Importe aller neuester Zeit im Lande zu halten und daneben vielleicht beste und einzigartige Erzeugnisse der Kunst eines deutschen Landesteiles als vogelfrei zu erklären?"[191]

189 Konservator der kirchlichen Denkmäler Baden (Sauer) an Denkmälerrat der Rheinprovinz (Clemen) 4.5.1920, Universitätsarchiv Freiburg, NL Sauer, C 67/534.

190 Ebd.

191 Ebd. Clemen zeigte sich sehr dankbar für Sauers offene Worte: „Sehr wertvoll ist mir ihre Kritik der Berliner Verfügung. Sie trifft alle wunden Punkte, erstlich die Tatsache, dass gar nicht überwiegend oder ausschließlich die Denkmäler der nationalen Kultur geschützt sind, dann, dass in den verschiedenen Ländern mit so verschiedenem Maßstab gemessen ist und endlich, dass die

Als Konsequenz setzte Sauer daraufhin „auf eigene Faust" die Handschriften der Fürstlich Fürstenbergischen Sammlung in Donaueschingen auf die Liste, ohne sicher zu sein, ob er „nach dem strengen Wortlaut [der Verordnung] dazu berechtigt war".[192] Trotz der Unsicherheit Sauers befanden sich die von ihm fast schon als Geste der Auflehnung eingetragenen Handschriften im Verzeichnis von 1922, das erstmals die tatsächlich eingetragenen Kunstwerke des Deutschen Reiches zusammenfasste und für einen ausgewählten Kreis öffentlich machte. Einer breiteren Öffentlichkeit wurde der Zugriff auf diese Zusammenstellung verwehrt, weil die Verantwortlichen trotz der gewünschten Transparenz im deutschen Kunstausfuhrschutz die Kritik fürchteten, die über die Auswahl „national wertvoller" Kunstwerke in Privatbesitz hereinbrechen und die Legitimation der ganzen Verordnung von 1919 gefährden würde. Somit blieben Besprechungen des als national wertvoll deklarierten Kunstbesitzes in der Presse aus. Lediglich aus dem Verlagshaus Bruno Cassirer ist eine konkrete Stellungnahme Karl Schefflers zum Verzeichnis überliefert:

> „Auch in dem der alten Kunst gewidmeten Teil ist dieses Verzeichnis willkürlich, zufällig und sogar irreführend fehlerhaft. Soweit es sich aber um Werke der neueren Kunst handelt, wirkt dieses Ergebnis dreijähriger Arbeit streckenweise wie ein Witz. Die ganze Arbeit hätte [...] in vierundzwanzig Stunden, bei einigen Nachfragen in zwei Wochen zur Zufriedenheit aller Kunstfreunde erledigt sein können. Was jetzt gelistet worden ist, schadet wieder einmal ohne Not dem Ansehen der republikanischen Regierung."[193]

Obgleich diese Stellungnahme unveröffentlicht blieb, äußerte sich Scheffler 1921 in *Kunst und Künstler* zur „sozialen Gesetzgebung", die ihm zufolge die kunstfördernden Sammler moderner Kunst zur Aufgabe ihrer Sammlungen zwang:

> „In der Republik betrachtet die rot gefärbte öffentliche Meinung die Sammler gern als Kapitalisten und tut wohl gar, als sei es eine Schuld, Besitzer von Ausnahmewerten zu sein. Es wird den Sammlern fast so ausgelegt, als hätten sie sich widerrechtliche in den Besitz von Kulturgütern gesetzt, die dem ganz Volk gehörten."[194]

Nicht nur die Anschuldigungen und Vermutungen Schefflers blieben unbeantwortet, sondern auch der Vorschlag Sauers, eine Konferenz aller Bundesstaaten zur Klärung von Grundsatzfragen bei der Auswahl von Kunstwerken anzuberaumen. Grundsätzlich

Liste so überhastet eingefordert ist." Denkmälerrat der Rheinprovinz (Clemen) an Konservator der kirchlichen Denkmäler Baden (Sauer) 8.5.1920, ebd.

192 Konservator der kirchlichen Denkmäler Baden (Sauer) an Denkmälerrat der Rheinprovinz (Clemen) 4.5.1920, ebd. Im Verzeichnis von 1922 sind 19 Handschriften der Fürstlich Fürstenbergischen Bibliothek in Donaueschingen nachweisbar, darunter eine Nibelungenhandschrift des 13. Jahrhunderts und die Zimmern'sche Chronik. Alle Handschriften der genannten Sammlung blieben auch im Zuge der Überarbeitung in den 1920er und 1930er Jahren im Verzeichnis erhalten.

193 K. Sch. ([Karl Scheffler] Verlagsbuchhandlung Bruno Cassirer): National Wertvolle Kunstwerke, Berlin undatiert, vermutlich 1923, BArch, R32/375, Bl. 9.

194 Karl Scheffler: Die Sammlung Oskar Schmitz in Dresden, Kunst und Künstler, 19. Jg., H. 5, 1921, S. 178–191, hier S. 182.

erkannte das Reich die Notwendigkeit einer grundlegenden Überarbeitung des „nach der formalen und materiellen Seite mangelhaften Verzeichnisses der national wertvollen Kunstwerke" an, indem es sich eine „zur Verhütung und Beseitigung der erwähnten Mängel geeignete Anregung" von ausgewählten Sachverständigen direkt einholte. Neben den Berliner Museumspersönlichkeiten Bode, Falke und Friedländer wurden Philipp Maria Halm als süddeutscher Vertreter und Richard Graul vom Städtischen Kunstgewerbemuseum in Leipzig zur Unterredung gebeten.[195] Die Beschränkung auf einen kleinen Kreis an Fachleuten sollte zum einen Kosten reduzieren, zum anderen umständliche bürokratische Prozeduren einer reichsweiten Länderkonferenz umgehen, die bereits 1920 überwiegend gescheitert waren. Nachdem das bayerische Kultusministerium nach anfänglichen Protesten gegen das eigenmächtige Vorgehen des Reiches der „Freigabe" seines Beamten Halm für die Beratungen zugestimmt hatte[196], trafen sich die genannten Vertreter sowie Ernst Gall vom preußischen Kultusministerium in Berlin. Als Resultat der Zusammenkunft sandte das Reichsinnenministerium den zuständigen Länderministerien im Dezember 1923 Richtlinien für die Aufnahme von Kunstwerken in das Verzeichnis zu.[197] In Form einer Zettelanmeldung sollten die Länder ausführliche Angaben zur Kunstgattung, zum Material, zu den Maßen, dem Meister oder Herstellungsort und zur Entstehungszeit machen sowie den gegenwärtigen Eigentümer mit Wohnort nennen. „Besonders bei weniger bekannten Kunstwerken sind präzise Angaben dringend erwünscht", bemerkte das Reichsinnenministerium und ermahnte zugleich „die Anzahl der aufzunehmenden Kunstwerke enger und strenger zu umgrenzen".[198] Gemeint waren hier vor allem die Kunstwerke des 19. Jahrhunderts, außerdem Porzellane, Medaillen und Stiche sowie Objekte im öffentlichen oder kirchlichen Besitz. Die Zettelanmeldung ermöglichte zwar im Folgenden die Ergänzung fehlender Informationen zu einzelnen Objekten und damit auch eine systematischere Auflistung im gedruckten Verzeichnis von 1927, grundsätzlich vertraten die Kunstsachverständigen der Länder aber weiterhin die von ihnen vorgenommene Auswahl schützenswerter

195 Letzterer war in den 1890er Jahren Volontär und Assistent unter anderem Bodes an den Königlichen Museen zu Berlin und im Ersten Weltkrieg für die Inventarisation von Kunstwerken in Belgien tätig. Mit Bode, der ihn für den Direktorenposten des Leipziger Kunstgewerbemuseums empfahl, bestand bis in die 1920er Jahre hinein ein umfassender Briefkontakt. Vgl. SMB-ZA, IV/NL Bode 2168. Vgl. auch Franz Eisel: Schöpfer sächsischer Museen. Sammler, Stifter, Gründer: Eine Studie zur sächsischen Museumsgeschichte von den Anfängen bis zum Zweiten Weltkrieg, Chemnitz 2001, S. 26 ff.

196 Das Reichsinnenministerium lud Halm persönlich nach Berlin ein und umging damit das bayerische Kultusministerium, das gegen dieses Vorgehen „entschiedene Verwahrung einleg[te]". Das Festlegen von Grundsätzen wäre ohne die Länder ohnehin nicht möglich gewesen, zudem rechtfertigten die zu erwartenden Ergebnisse die hohen Reisekosten nicht, weil bereits in früheren Beratungen „für die Sache nicht allzuviel gewonnen" wurde. Bay. KM (Matt) an RMdI, 9. 10. 1923, BayHStA, MK 40836, Bd. 4.

197 RMdI an Kunstverwaltungen der Länder, 18. 12. 1923, ThHStA Weimar, Thüringisches Volksbildungsministerium C 984, Bl. 70.

198 Ebd.

Objekte. An Baden erging beispielsweise die direkte Anmerkung, dass der Fürstlich Fürstenbergische Besitz zu umfangreich gelistet sei und der Wunsch im Reichsministerium bestehe, diesen trotz des rein privatrechtlichen Charakters der Sammlung „erheblich einzuschränken".[199] Der zuständige Sachverständige Sauer verwies auf die bewusste Auswahl seinerseits und kritisierte wiederum den Beitrag anderer Länder an Werken „fremdländischer Herkunft":

> „Wenn die Zahl der aus den Fürstl. Fürstenbergischen Sammlungen als sehr umfangreich bezeichnet werden könnte, so ist zu beachten, dass es durchweg Gegenstände sind, die mindestens auf der Höhe der allermeisten Nummern der Sperrliste stehen. Das gilt sowohl von den grossen Objekten, wie von den Gegenständen der graphischen und kunstgewerblichen Kunst."[200]

Mit der Abneigung, die Anregungen des Reichsministeriums anzunehmen, konnte Sauer auf den Rückhalt seines Kultusministeriums bauen, das sich ausdrücklich die Freiheit der Entscheidung darüber vorbehielt, „inwieweit die von der Kommission etwa ausgearbeiteten Grundsätze für Baden ihre Geltung" hätten.[201] Wenngleich die Länder erkannten, dass eine Vereinheitlichung der zusammengetragenen Kunstwerke unter dem Begriff „national wertvoll" dringend vonnöten war, lehnten die einzelnen Landesregierungen es ab, ihre Partikularinteressen zugunsten einer Einheitlichkeit aufzugeben. Ungeachtet dessen übersandte die kleine Kommission an Kunstsachverständigen in Berlin gezielte Veränderungsvorschläge und behielt sich vor, „wegen weiterer Mängel [...] sich privatim mit den zuständigen Persönlichkeiten in den einzelnen Ländern in Verbindung zu setzen, um auf diese Weise eine freiwillige Berichtigung der betreffenden Anmeldung zu erlangen".[202] Auf diese Weise wurden Mitte der 1920er Jahre zwei wesentliche Änderungen im Verzeichnis vorgenommen: Zum einen handelte es sich um die Eintragung von Kunstwerken aus dem Privatbesitz der Fürsten, die im Dezember 1924 in einem Nachtrag zusammengefasst wurden.[203] Die schrittweise in den Ländern erfolgten Einigungen mit den vormaligen Regierungshäusern kristallisierten deren Privatbesitz heraus, der im Sinne der Verordnung von 1919 vor der Ausfuhr bewahrt werden sollte. Zum anderen entschieden sich die Länder zur Streichung aller Kunstwerke des 19. Jahrhunderts und zur Festlegung einer zeitlichen Grenze mit dem Jahr 1800, um die Abwehrhaltung des Kunsthandels gegenüber staatlicher Reglementierung zu mildern und die Beziehung zwischen Museen und Sammlern zu entlasten.

199 RMdI an Kunstverwaltungen der Länder, 18.12.1923, Universitätsarchiv Freiburg, NL Sauer, C 67/534.
200 Konservator der kirchlichen Denkmäler Baden (Sauer) an Bad. KM, 18.2.1925, ebd.
201 Bad. KM an RMdI, 20.10.1923, BayHStA, MK 40836, Bd. 4.
202 Protokoll der Besprechung im Reichsministerium des Innern betreffend Reichskunstliste, 11.10.1926, StA Bremen, Senatsregistratur, 3-B.13. Nr. 66.a. Bd. 1, Bl. 141 f.
203 Vgl. Nachtrag in SKD Altregistratur, 01/GG 30, Bl. 48 f.

Auf eine Bewährungsprobe wurde die *Verordnung über die Ausfuhr von Kunstwerken* im Herbst 1925 gestellt, wenige Monate vor dem Ablauf ihrer Gültigkeit. Obgleich 1919 die Forderung nach einem reichsdeutschen Kunstausfuhrschutz seitens der Länder einhellig zu vernehmen gewesen war, überstand die Verordnung die ersten Jahre ihrer Existenz nicht unbeschadet. Das preußische Kultusministerium, einst Zugpferd der rechtlichen Ausarbeitung, erhob nun verfassungsrechtliche Bedenken gegen das Festhalten am deutschen Kunstausfuhrschutz und bekundete seine Enttäuschung über die Wirkung der Verordnung, die die Ausfuhr von Kunstwerken nicht verhinderte und die eine Auflistung hervorbrachte, die „erhebliche Mängel" aufwies, „da für ihre Aufstellung vorwiegend museale Interessen maßgeblich gewesen seien".[204] Das preußische Kultusministerium wollte hingegen das Vertrauen in einen verantwortungsvollen Kunsthandel und die Rechte der Privatsammler stärken; die „sich ergebenden Nachteile, wie etwa die Möglichkeit einer starken Preissteigerung bezüglich der auf der Reichsliste stehenden Kunstwerke, sowie die Gefahr der Abwanderung einzelner Gegenstände nach dem Ausland, müsse und könne in Kauf genommen werden".[205] Mit diesem eindeutig ablehnenden Standpunkt blieb Preußen jedoch allein: Alle übrigen Länder argumentierten erfolgreich für die Verlängerung der Verordnung von 1919, auch weil Denkmalschutzgesetze in den einzelnen Ländern noch nicht erlassen worden waren oder diese bewegliche Kunstwerke in Privatbesitz nicht berücksichtigten.[206]

Beim deutschen Kunstausfuhrschutz handelte es sich um eine gesetzliche Regelung in Form einer zeitlich begrenzten Verordnung, die immer wieder verlängert werden musste.[207] Somit kam es alle zwei Jahre zu erneuten Diskussionen über die Wirkung der regulierten Kunstausfuhr, die vor allem an der Qualität des Verzeichnisses gemessen wurde. Die Bedenken gegen die Verlängerung der Verordnung verstärkten sich 1927 vor allem beim preußischen Kultusministerium. Während es zwei Jahre zuvor noch auf die verfassungsrechtlichen Verstöße einer Aufrechterhaltung des Kunstausfuhrschutzes hingewiesen hatte, argumentierte Preußen nun mit dem fehlenden öffentlichen Interesse:

204 Pr. KM (Gall) in ebd. Genannt wird bei dieser Unterredung zudem der Name Poensgen, bei dem es sich um Georg Poensgen handeln könnte, der zu diesem Zeitpunkt an den Staatlichen Museen in Berlin tätig war.

205 Pr. KM (Nentwig) in ebd. Vgl. auch Kratz-Kessemeier 2007, S. 213.

206 Bayern, Württemberg und Sachsen erhoben Bedenken gegen die Verlängerung der Verordnung, ließen diese jedoch im Laufe der Besprechungen fallen. Vgl. auch RMdI (Gessler) an Reichskanzlei, 19.11.1925, BArch, R43-I/818, Bl. 330 ff.

207 Die *Verordnung über die Ausfuhr von Kunstwerken* wurde am 21.12.1925 (RGBl. I. S. 470), 21.12.1927 (RGBl. I. S. 485), 24.12.1929 (RGBl. I. S. 244) und 23.12.1931 (RGBl. I. S. 779) verlängert. Am 20.12.1932 (RGBl. I. S. 572) erfolgte eine erneute Verlängerung bis auf weiteres, die auch nach 1945 von der Kontrollrats- und Militärregierungsgesetzgebung nicht aufgehoben wurde und ihre Gültigkeit behielt. Die zeitliche Begrenzung der Verordnung sollte zudem den Übergangscharakter bewahren, bis landesrechtliche Bestimmungen zum Denkmalschutz auch für bewegliche Kunstwerke erlassen wurden.

„Für die Wissenschaft im engeren Sinne ist es nicht sehr bedeutungsvoll, ob sich die Werke, die sie zum Gegenstand ihrer Forschung macht, im Inland oder im Ausland befinden, denn sie muß, da wissenschaftliche Forschung ohne vollständige Materialsammlung unmöglich ist, fortgesetzt auf Werke ausländischen Besitzes zurückgreifen. [...] Das Gleiche gilt im Hinblick auf die künstlerischen-volksbildnerischen Interessen der Allgemeinheit. Fast alle Werke, die auf der Liste verzeichnet sind, befinden sich in Privatbesitz. Mit wenigen Ausnahmen ist dieser Privatbesitz der Öffentlichkeit nur in sehr beschränktem Umfang zugänglich. Teilweise lagern die in der Liste aufgeführten Gegenstände sogar in Banktresors. Bei der Entwicklung, die das moderne öffentliche Museumswesen genommen hat, kann daher die verhältnismäßig geringe Anzahl der auf die Liste gesetzten Kunstwerke für die allgemeine Volksbildung als nahezu bedeutungslos angesehen werden. [...] Meines Erachtens sind alle Voraussetzungen weggefallen, die im Jahre 1919 die Verordnung als zweckmäßig erschienen ließen."[208]

Angesichts dieser durchweg ablehnenden Haltung des Kultusministeriums überrascht es, dass die preußische Liste auch 1927 noch ein Viertel aller eingetragenen Kunstwerke im Gesamtverzeichnis ausmachte. Der reichsweiten Aufforderung aus Preußen, der erneuten Verlängerung nicht zuzustimmen, wurde mit einem Telegramm aus Bayern entgegnet, mit dem Appell, gegenteiliges zu tun, weil sich die vom preußischen Kultusministerium „vertretene Begründung einer Ablehnung in keinem Punkt für stichhaltig" erweise.[209] Sehr verärgert zeigte sich das bayerische Kultusministerium gegenüber der Gleichgültigkeit, mit der Preußen dem Aufenthaltsort „national wertvoller" Objekte gegenüberstand; bedeutete eine Abwanderung von Kunstwerken doch vor allem ein Verkauf in amerikanische Privatsammlungen, wo ihre Nutznießung für das deutsche Volk ausgeschlossen schien.[210] In München bestand größte Befürchtung, dass „die Welt auf die wertvollsten Kunstwerke durch deren Aufnahme in ein amtliches Verzeichnis aufmerksam gemacht worden ist" und deshalb den internationalen Handel umso stärker anziehen würde.[211] Obgleich die maßgeblichen Kunstsachverständigen für Preußen, Bode und Falke, sich stets für die Verlängerung der Verordnung einsetzten, erreichte die bayerisch-preußische Dualität im Kunstausfuhrschutz 1927 ihren Höhepunkt.[212]

Wo war nun das Reichsinnenministerium mit seinem Reichskunstwart? Stets unterfinanziert übte es sich in Zurückhaltung und sagte zu, sich nach den Wünschen der Länder zu richten.[213] Die regierende Deutsche Zentrumspartei jedoch ließ das Thema

208 Pr. KM an KM der Länder und RMdI, 6.12.1927, BayHStA, MK 40836, Bd. 4.

209 Telegramm Bay. KM (Korn) an Sächs. MdI, Württ. KM, Bad. KM, Hess. KM, Thür. KM, Hmb. KM, 12.12.1927, BayHStA, MK 40836, Bd. 4.

210 Vgl. Bay. KM an KM der Länder, Dezember 1927, Entwurf, BayHStA, MK 40836, Bd. 4; Vgl. auch Bay. KM an Staatsmin. des Äußern, 13.12.1927, ebd.

211 Bay. KM (Hendschel) an RMdI (Donnevert), 3.12.1927, ebd.

212 Baden und Württemberg schlossen sich der bayerischen Argumentation an und teilten dem bayerischen Kultusministerium mit, dass sie für die Verlängerung der Verordnung stimmen würden. Hessen wiederum plädierte 1927 neben Preußen als vermutlich einziges Land für die Nichtverlängerung der Verordnung. Vgl. Verhandlungen der sechsten Kunstkonferenz in Stuttgart, 23–25.5.1927, SächsHStA, 11125, Nr. 19242; vgl. auch SMB (Falke) an Thür. Staatsmin., 1.12.1925, ThHStA Weimar, Thüringisches Volksbildungsministerium C984, Bl. 135.

213 Vgl. Verhandlungen der sechsten Kunstkonferenz in Stuttgart, 23.–25.5.1927, SächsHStA, 11125, Nr. 19242.

Kunstausfuhrschutz nicht von der Tagesordnung des Reichstages verschwinden. Ihr führender Kulturpolitiker, Georg Schreiber, setzte sich für die Ausarbeitung eines Gesetzes ein, weil „die Verabschiedung stark eine moralische Bedeutung hat, mehr einen *Appell Deutschlands an sich selbst* bedeutet, als daß wirklich mit dieser Verordnung eine *Abwanderung von Kunstwerken* [Hervorhebungen im Original] mit absoluter Genauigkeit verhütet wird".[214] Dabei forderte Schreiber, dass sich das Reich im kulturellen Bereich stärker einbringen sollte, um die „Periode kultureller und künstlerischer Selbstverarmung und Ausplünderung [...] auf dem Gebiet des Exports älterer Kunstwerke" zu beenden.[215] Obgleich die preußische Regierung die Auswirkungen der Inflation als bewältigt betrachtete und somit die Verordnung ihrer Grundlage beraubt sah, warnte Bayern, und mehr noch Schreiber, vor dem anhaltenden „Ausverkauf" Deutschlands:

> „Das ist nicht bloß eine Sorge von Museumsdirektoren und auch nicht bloß ein Erörterungsgegenstand der Tagungen der Denkmalpflege und des Heimatschutzes, sondern auch ein ernstes Kulturproblem für das deutsche Gesamtvolk. Vor einem Jahrhundert hat ein großer Teil Europas sich empört, als Lord Elgin aus den athenischen großen Kunstdenkmälern, also von Parthenon, die meisten Giebelstatuen herausriß, Teile des Erechteion, Teile des Niketempels beiseiteschaffte. [...] Man bezeichnet ja gerade diese *Elgin Marbles* [Hervorhebung im Original] als eine Barbarei, mit der man aus einem originären Volkstum die köstlichsten Werke gewaltsam herausschnitt und sie in ein völlig anderes Milieu verpflanzte. In einer gewissen ähnlichen Lage befindet sich auch heute noch das deutsche Volk, in dem Zustand einer gewissen geistigen Schädigung seiner Kultur, in einer Auswirkung der erdrückenden Übermacht des amerikanischen Kapitals, in einem Abfluß deutscher Kulturwerke nach dem amerikanischen Kontinent, die eine bedauerliche Beraubung des deutschen Kulturgutes darstellt."[216]

Der republiktreue Zentrumspolitiker Schreiber, der bereits 1922 das „Ausland" dazu aufgefordert hatte, die deutsche Kultur nicht verkommen zu lassen, sprach fünf Jahre später dem „deutsche[n] Volk ein Anrecht auf ein kulturelles Existenzminimum und auch auf ein künstlerisches Existenzminimum" zu.[217] Damit verwies Schreiber auf die moralische Demütigung durch die Kriegsschuldfrage und den Versailler Vertrag, der neben dem Verlust von Gebieten und Staatsvermögen auch die Abgabe von Kunstwerken beinhaltete. Die wirtschaftliche Notlage der Nachkriegszeit bedrohte in den Augen Schreibers die Nation, die „vor allem auch Kultur und künstlerische Überlieferungslinie" umfasste.[218] Daraus ergebe sich, so der Redner weiter, für die Weimarer Republik sowohl die Verpflichtung, ihre kulturellen Überlieferungen zu bewahren auch als die Verpflichtung für die deutsche Jugend, „die Geschichte ihres Landes nicht bloß als eine Schicksalsfolge von Dynastien und von siegreichen Schlachten zu sehen, sondern

214 Schreiber in Protokoll der 360. Sitzung des Reichstages, 16.12.1927, S. 12187–12189.
215 Ebd.
216 Ebd.
217 Ebd. Vgl. Reinhard Richter: Nationales Denken im Katholizismus der Weimarer Republik, Münster 2000, S. 168 und 306.
218 Schreiber in Protokoll der 360. Sitzung des Reichstages, 16.12.1927, S. 12187–12189.

als eine große Gesamtgeschichte deutschen Geistes und deutscher Kulturentwicklung, einer Kulturfolge, in der die deutsche Kunst mit an erster Stelle steht".[219]

Geschlossen wurden die Ausführungen Schreibers mit einem „lebhaften Beifall" und der Annahme des Antrags zur Verlängerung der Verordnung. Der preußische Antrag zur Abschaffung des deutschen Kunstausfuhrschutzes fand hingegen keine Mehrheit, und die Verordnung wurde im Dezember 1927 um weitere zwei Jahre verlängert. Dass die Gesetzesvorlage 1925 und erneut 1927 erst kurz vor Ablauf der Geltungsdauer eingebracht wurde, unterband die Forderung nach einer reichsgesetzlichen Lösung durch den Reichstag und verhinderte vermutlich einschneidende Erweiterungen der Reichskompetenzen im Bereich des Denkmalschutzes, auf den sich die kulturelle Arbeit der Länder Mitte der 1920er Jahre maßgeblich konzentrierte.

2.2 „Zweimal revidiert, aber nicht grundsätzlich bereinigt"[220] – Kollektiveingaben der Fachverbände 1929–1932

Das zweite gedruckte Verzeichnis von 1927 machte erneut sichtbar, dass eine Definition von „national wertvoll" zur Eingrenzung der schützenswerten Kunstwerke nicht erfolgt war. Anschaulich wird dieses Defizit durch eine Bitte Halms vom Bayerischen Nationalmuseum, mit der er das Reichsministerium zehn Jahre nach Inkrafttreten der Verordnung 1919 aufforderte, eine nähere Beschreibung des Begriffes „national wertvoll" zu übersenden.[221] Besonders die Qualität der unter Schutz gestellten Objekte und mehr noch die Nationalität der ausgewählten Künstler oder Schulen führten zu nicht endenden Auseinandersetzungen und Angriffen auf das Verzeichnis. Die Folgen der Weltwirtschaftskrise 1929 forderten die Legitimation jeder einzelnen Unterschutzstellung mehr und mehr. Die Industrie- und Handelskammer München beispielsweise beschwerte sich beim Reichskunstwart Redslob über die große Zahl an verzeichneten Werken, die mit „angeblich", „zugeschrieben" oder als „nach Art oder dem Schülerkreis des Meister" bezeichnet waren.[222] Auch der Verband des deutschen Kunst- und Antiquitätenhandels mit seinem Sprecher A. S. Drey wurde nicht müde, Kunstwerke aus dem Verzeichnis zu nennen, die einer Bewertung als „national wertvoll" nicht gerecht wurden, weil die Künstler unbekannt oder ihre Zuschreibung nicht gesichert war: „Als Beispiel für die Mangelhaftigkeit der Liste sei erwähnt, dass eine Holzplastik, Madonna mit Kind,

219 Ebd.
220 Paul Clemen: Die Deutsche Kunst und die Denkmalpflege. Ein Bekenntnis, Berlin 1933, Vorwort zu Clemens verschriftlichter Rede, gehalten 1920 in Eisenach, S. 75.
221 BNM (Halm) zur Ausschuss-Sitzung des Tages für Denkmalpflege und Heimatschutz, 3. 1. 1929, ThHStA Weimar, Thüringisches Volksbildungsministerium C986, Bl. 164–171, hier Bl. 167.
222 IHK München an RKW, 29. 4. 1929, BArch, R32/375, Bl. 72.

augsburgisch (No 392) niemals existiert hat."[223] Tatsächlich ist eine Nachprüfung des Wahrheitsgehaltes dieser Aussage nicht möglich, weil die Skulptur aus dem Besitz Julius Böhlers zwar seit 1919 im Verzeichnis stand und auch von den Nationalsozialisten nicht gestrichen wurde, nähere Angaben zur Identifizierung der Skulptur aber fehlen. Verglichen mit den anfänglichen Protesten der unmittelbaren Nachkriegszeit schienen die Klagen über den deutschen Kunstausfuhrschutz in Händlerkreisen im Laufe der 1920er Jahre jedoch abzuklingen. Der Reichskunstwart Redslob räumte sogar ein, „dass im allgemeinen Kunsthandel die Auffassung herrscht, dass das Verzeichnis eine Erschwerung der Ausfuhr von Kunstwerken keinesfalls bedeutet, da die Streichung jeder Zeit leicht zu haben sei und tatsächlich bis auf ganz wenige Ausnahmen auch immer erfolgt ist".[224] In der Tat wurden für 114 Streichungsanträge, die das Reichsinnenministerium zwischen 1926 und 1932 zur Beurteilung an Redslob weiterleitete, 100 Genehmigungen zur Ausfuhr erteilt.[225] Damit hatte der deutsche Kunstausfuhrschutz mit zwei Krisenherden zu kämpfen: Zum einen fehlte es an der Legitimation der ausgewählten Kunstwerke im Verzeichnis, zum anderen waren Freigaben an der Tagesordnung.

Um 1930 erreichten die Diskussionen zum deutschen Kunstausfuhrschutz einen neuen Höhepunkt, der eingeleitet wurde durch eine Kollektiveingabe dreier Fachverbände: dem Tag für Denkmalpflege und Heimatschutz mit den Vorsitzenden Paul Clemen und Hans Karl Freiherr von Stein, dem Deutschen Verein für Kunstwissenschaft mit Friedrich Schmidt-Ott sowie dem Deutschen Museumsbund, aus dem vor allem der Mitinitiator des Verbandes, Karl Koetschau, hervortrat.[226] Auf zwölf Seiten legten die Fachverbände gegenüber dem Reichsinnenministerium die Mängel und Änderungsvorschläge zum *Verzeichnis der national wertvollen Kunstwerke* dar. Dabei sahen sie sich als länderübergreifende Vertretung der Sachverständigen der Museen und Denkmalämter zu einer Äußerung berufen, unter anderem weil sie sich bereits 1919 dafür eingesetzt hatten, dass der Kulturgutschutz mit Artikel 150 in die Weimarer Reichsverfassung aufgenommen wird. Auch zehn Jahre später unterstützten die Fachverbände die Bei-

223 Verband des deutschen Kunst und Antiquitätenhandels e. V. (A.S. Drey) an Bay. KM, 24.4.1929, BayHStA, MK 40836, Bd. 4. Drey verweis hier auf Nr. 392 im Verzeichnis von 1927. Stellungnahme vgl. auch BArch, R32/116, Bl. 136–141, hier Bl. 140.

224 RKW an RMdI, undatiert, BArch, R32/375, Bl. 74 f.

225 Die Vorgänge sind im Bestand des Reichskunstwarts im Bundesarchiv überliefert. Vgl. BArch, R32/375a und b. Sie legen die Vermutung nahe, dass Redslob erst ab Januar 1926 persönlich zu den beantragten Streichungen gehört wurde.

226 Siehe im Folgenden Kollektiveingabe der genannten Verbände an RMdI, Februar 1929, BArch, R43-I/819, Bl. 136–147. Der Ausschuss des Tages für Denkmalpflege und Heimatschutz bildete zudem 1931 einen eigenen Untersuchungsausschuss, in dem Erwin Hensler, Hermann Voss und Werner Noack die Revision des Verzeichnisses vornahmen und vor allem Streichungsvorschläge an den Reichskunstwart übermittelten. Vgl. Noack an RKW, 27.4.1931, SMB-ZA, I/GG 19, Bl. 338. Die Ergebnisse der Arbeit der drei Fachverbände wurden erneut in einer Kollektiveingabe im November 1931 übersandt. Vgl. Kollektiveingabe Tag für Denkmalpflege und Heimatschutz/Deutscher Verein für Kunstwissenschaft/DMB, 14.11.1931, StA Wolfenbüttel, 12 Neu 13, Nr. 19050, Bl. 2.

behaltung der inventarisierten Ausfuhrkontrolle bedingungslos, indem sie die Umwandlung in ein Reichsgesetz forderten. Gleichzeitig war die umfassende Überarbeitung und Beschränkung des Verzeichnisses Voraussetzung für die Anerkennung und Unterstützung in Sammlerkreisen, auf dem Kunstmarkt und in der Fachöffentlichkeit – nach wie vor. Zur Erfüllung dieser Aufgabe führten die beteiligten Fachverbände aus:

> „Es darf noch einmal erklärt werden, dass nicht nur die staatlichen beamteten Vertreter der Denkmalpflege und der Interessen des Heimatschutzes, sondern ebenso alle deutschen Museumsdirektoren wie die Vertreter der deutschen Kunstgeschichte in den Ländern der deutschen Kultur sich für diese Aufgabe gern freiwillig zur Verfügung stellen werden."[227]

Dabei sahen es die Fachverbände als „Ehrensache, dass diese Liste wirklich die wichtigsten in Betracht kommenden Kunstwerke enthält und dass diese in Ausdehnung und Form dem hohen Ruf der deutschen Kunstwissenschaft entspricht".[228] Tatsächlich distanzierten sich besonders Kunsthistoriker vom Gesamtverzeichnis der Weimarer Republik, „das in seiner jetzigen Form von Niemandem verteidigt werden kann", wie Wilhelm Köhler von den Staatlichen Kunstsammlungen Weimar die Fachverbände bestärkte.[229] Von dem Gedanken, die Liste auf deutsche Kunst zu beschränken, sah er dagegen ab, weil jeder Privatsammler deutscher Meister fürchten müsse, „in der Verfügung über sein Eigentum beschränkt zu werden, und er wird deshalb etwa asiatische Kunstwerke kaufen, um vor dieser Gefahr sicher zu sein".[230] Schließlich sollte das Verzeichnis nicht abschreckend wirken, sondern eine Würdigung des Besitzes darstellen. Gerade die ökonomischen Einschränkungen überwogen bei der Wahrnehmung „national wertvoller" Kunstwerke jedoch. Aus diesem Grund forderte die Berufsvertretung des Kunsthandels zeitgleich die Umwandlung des Ausfuhrschutzes in ein Vorkaufsrecht durch den Staat und verwies dabei auf die italienische Praxis. Die finanzielle Lage des Reiches und der Länder, die Ankäufe ohnehin nur sehr begrenzt möglich machte, ließ diesen bereits seit zehn Jahren immer wieder aufkommenden Vorschlag auch 1929 undurchführbar erscheinen. Das bayerische Kultusministerium begrüßte hingegen den Vorschlag des Kunsthandels, diesen, wie auch Privatsammler, am Entscheidungsprozess der Unterschutzstellungen zu beteiligen.[231]

Ob der Kunst- und Antiquitätenhandel tatsächlich zukünftig in die Entscheidungen zum Kunstausfuhrschutz einbezogen werden sollte, oblag der Bestimmung eines erneut zusammengerufenen Ausschusses, der unter Führung des Reichsinnenministeriums die Qualität des Verzeichnisses heben sollte. Hatte sich dieser Mitte der 1920er Jahre

227 Kollektiveingabe Tag für Denkmalpflege und Heimatschutz (Clemen, von Stein)/Deutscher Verein für Kunstwissenschaft (Schmidt-Ott)/DMB (Koetschau) an RMdI, Februar 1929, BArch, R43I/819, Bl. 136–147, hier Bl. 143.

228 Ebd. Bl. 144.

229 Museen Weimar (Köhler) an Thür. KM, 11.4.1929, ThHStA Weimar, Thüringisches Volksbildungsministerium C986, Bl. 189.

230 Ebd.

231 Bay. Staatsmin. d. Äußeren an RMdI, 26.6.1929, BayHStA, MK 40836, Bd. 4.

gerade einmal auf fünf Museumsbeamte begrenzt, lud der Reichskunstwart Redslob nun die führenden Museumsmänner der Weimarer Republik in sein Ministerium, nämlich Max J. Friedländer, Theodor Demmler, Otto von Falke, Gustav Pauli, Werner Noack, Paul Clemen, Philipp Maria Halm und Wilhelm Waetzold. Robert Hiecke, als „einflussreichster Denkmalpflegepolitiker in Deutschland" und Ernst Gall wurden als Vertreter des preußischen Kultusministeriums in den Ausschuss berufen.[232] Diese Auswahl sollte eine breit aufgestellte Interessenvertretung ermöglichen, da nahezu alle Mitglieder in einem der drei Fachverbände engagiert waren, denen das Reichsinnenministerium eine Mitwirkung bei den Vorarbeiten zum Verzeichnis zugesichert hatte.[233] Bevor die geladenen Sachverständigen die Streichungs- und Ergänzungsvorschläge der Länder durchgingen, beschäftigten sie sich mit dem, was ihnen grundsätzlich fehlte: der Definition des Begriffes „national wertvoll". Das Ergebnis wurde kurz darauf an die Länder übersandt:

> „Ausser Kunstwerken deutscher Herkunft sollen als ‚national wertvoll' nur diejenigen Kunstwerke nichtdeutscher Künstler angesehen werden, die entweder für Deutschland hergestellt wurden oder durch Inhalt und langen Verbleib in Deutschland ein Stück deutschen Kulturgutes geworden sind."[234]

Fast zwei Jahre vergingen zwischen dieser Definition und der Mitteilung, dass der Ausschuss zur Überprüfung des Verzeichnisses seine Arbeit beendet habe. Wie bereits im Zuge der Veröffentlichungen 1922 und 1927 bildete dieser Zustand die Ausgangslage für neue Debatten. Der Austausch über den deutschen Kunstausfuhrschutz schien unerschöpflich, ebenso wie die Meinungen über den Kreis an Kunstwerken, die für national wertvoll erklärt werden sollten.

Ungeachtet der zahlreichen Streichungsgenehmigungen und der anhaltenden Kritik am Verzeichnis resümierte der Reichskunstwart seinem übergeordneten Ministerium gegenüber, dass der Grundgedanke, den national wertvollen Kunstbesitz vor Abwanderung ins Ausland zu schützen, „sich trotz anfänglicher Opposition voll und ganz durchgesetzt [hat], insbesondere seit die zusammengestellte Liste nach einheitlichen Gesichtspunkten durchgearbeitet wurde und endgültigen Charakter erhielt".[235] Diese positive Einschätzung Redslobs verwundert, war der Reichskunstwart doch zentrale Anlaufstelle für die Kunsthistoriker und Denkmalpfleger, die sich nach wie vor überaus kritisch zur Auswahl der Kunstwerke äußerten. Clemen verglich das Verzeichnis beispielsweise Redslob gegenüber mit einem verbesserungswürdigen Gedicht:

232 Speitkamp 1996, S. 273. Vgl. Schriftwechsel RKW und RMdI, Dezember 1929 und Januar 1930, BArch, R32/375, Bl. 89 ff.

233 RMdI (Zweigert) an RKW, 2. 12. 1929, BArch, R32/375, Bl. 89.

234 Niederschrift über die Sitzung des Ausschusses zur Überprüfung des Verzeichnisses, 24. 2. 1930, BArch, R32/375, Bl. 89 ff.; ebs. RMdI (Pellengahr) an Staatsamt für ausw. Angelegenheiten Hamburg, 12. 3. 1930, AHK, 32-260.4, Bl. 121 f.

235 RKW an RMdI, 24. 7. 1931, BArch, R32/374a.

„Man kann durch Korrekturen manche Dummheiten ausmerzen, aber das Ganze nicht auf ein höheres Niveau heben. Die Liste müsse ganz neu aufgebaut werden."[236]

Ein Kunsthistoriker, dessen Meinung zur Regulierung einer Kunstausfuhr sich während der 1920er Jahre stark wandelte, war Emil Waldmann. Der Bremer Kunsthallendirektor bekräftigte zum Ende des Ersten Weltkriegs entschieden die Gedanken zum deutschen Kunstausfuhrschutz und erachtete die „Verschärfung des Ausfuhrverbots für sehr wünschenswert"; acht Jahre später lehnte er eine Verlängerung der Verordnung ab, „da die Nachteile des Gesetzes, die sich in der Praxis herausstellten, seine Vorteile nur als sehr gering erscheinen lassen".[237] Die Praxiserfahrung brachte Enttäuschung und Ablehnung: „Jeder weiß, daß diese Liste eine Farce ist", nahm Waldmann 1930 in der *Weser-Zeitung* öffentlich Stellung.[238] Gründe für dieses Urteil sind darin zu finden, dass Waldmann es prinzipiell nur unterstützte, dass ausschließlich „Werke deutscher Künstler oder, wo der Künstler nicht bekannt ist, Werke sicher deutschen Ursprungs betroffen sind".[239] Darüber hinaus beklagte der Museumsdirektor infolge jahrelanger praktischer Erprobung die fehlende Schutzwirkung der Verordnung:

„Sie hat gar nichts genützt, sondern war recht dazu geeignet, Schaden anzurichten. Schaden deshalb, weil der Kunsthandel erst durch diese Liste von vielem bisher im Verborgenen blühenden deutschen Kunstgut etwas erfuhr und merkte, wo etwas locker zu machen war."[240]

Waldmann beschuldigte insbesondere den Staat, sich nicht durchgreifend für den Erhalt wertvoller Werke einzusetzen und schloss sich mit dieser Klage einer der wenigen öffentlichen Stellungnahmen an, mit der der Kunstkritiker Lothar Brieger 1928 bereits unter dem Titel *Nationaler Kunstschutz oder Ausverkauf? Die Wertlosigkeit der Kunstschutzliste* bewertete.[241] Nach seinen Worten war der deutsche Ausfuhrschutz nicht eine „rein kulturelle Kulturmission des Staates", sondern eine „Steuer- und Zollangelegenheit".[242] Weiter führte er klar aus:

„Entweder man läßt diese Schutzliste fallen, weil sie gänzlich überflüssig ist, oder aber man faßt endlich diese Schutzliste als eine kulturelle Vorbeugungsliste auf, als eine Schutzliste für Kunstwerke, die sie sein soll, nicht aber eine Schutzliste für materielle Interessen des Staates, zu der man sie gemacht hat."[243]

236 Clemen an RKW, 13.10.1931, BArch, R32/374a.
237 Handschr. Notiz Waldmann, 13.1.1920 und 14.12.1927 auf Schreiben RMdI an die Landesregierungen, 2.1.1920 und 6.12.1927, StA Bremen, Senatsregistratur, 3-B.13. Nr. 66.a. Bd. 1, Bl. 63 und 152.
238 Waldmann, Weser-Zeitung, 18.11.1930.
239 Handschr. Notiz Waldmann, 15.4.1929, StA Bremen, Senatsregistratur, 3-B.13. Nr. 66.a. Bd. 1, Bl. 164.
240 Waldmann, Weser-Zeitung, 1930.
241 Lothar Brieger: Nationaler Kunstschutz oder Ausverkauf. Die Wertlosigkeit der Kunstschutzliste, Berlin 1928.
242 Ebd.
243 Ebd.

Brieger wie auch Waldmann lieferten zwei der wenigen öffentlichen Erörterungen, die die Wirkung des deutschen Kunstausfuhrschutzes oder die Zusammenstellung des Verzeichnisses in der Fach- oder Tagespresse thematisierten. Darüber hinaus blieb die öffentliche Auseinandersetzung mit dem Verzeichnis aus. Gerade zu Beginn der 1920er Jahre erhielt die Presse keinen Einblick in die Zusammenstellung der Schutzliste; die Kunsthistoriker sahen überdies von öffentlichen Äußerungen über das angreifbare Ergebnis ab. Auch nach zehn Jahren Praxiserfahrung stand nicht das Verzeichnis selbst im Zentrum der Diskurse, sondern der Misserfolg der gesetzlichen Maßnahme aufgrund des großzügigen Umgangs mit Streichungsanträgen.

Einen Misserfolg verkörperte in der Öffentlichkeit und in Fachkreisen zudem die erwünschte Sicherung des als Welfenschatz bekannten Braunschweiger Domschatzes, der sich bei Inkrafttreten der Verordnung 1919 nicht auf deutschem Reichsgebiet befand und somit auch nicht in das Verzeichnis aufgenommen werden konnte. Auch als die Reliquiensammlung 1930 im Zuge der Veräußerung durch den Herzog von Braunschweig-Lüneburg an ein Konsortium von drei Kunsthändlern nach Frankfurt a. M. verkauft und dort und in Berlin ausgestellt wurde, setzten die Entscheidungsträger den Schatz nicht auf die Liste.[244] Redslob begründete diese Entscheidung wie folgt:

> „Wollten wir ihn jetzt auf die Liste setzen, so würde das nur heissen, dass der Kunsthandel kein deutsches Kunstwerk von Bedeutung mehr über die Grenzen hinauslässt, sondern diese Stücke ausserhalb verkauft."[245]

Mit dem Welfenschatz sollte demnach ein Zeichen gesetzt werden. Grundsätzlich bestand die Übereinkunft, dass Kunstwerken, die nach dem Zeitpunkt des Erlasses der Verordnung im Dezember 1919 nach Deutschland verbracht wurden, die Wiederausfuhr nicht verwehrt würde.[246] Dies sollte auch für den prominenten Domschatz Gültigkeit behalten, was dem Haus Braunschweig-Lüneburg zuvor schriftlich zugesichert worden war.[247]

244 Die Bedeutung des Welfenschatzes wird in einem Schreiben Swarzenskis an Redslob deutlich: „Es gibt Nichts, was ebenso wert und würdig wäre, dass man für seine Erhaltung im Lande, seine Erschließung für die deutsche Öffentlichkeit sich einsetzen und kämpfen müsse. Ich kann mir einfach nicht vorstellen, dass ein entsprechender französischer Schatz nicht in den Louvre, ein englischer nicht ins Britische Museum käme. [...] Es ist die grösste, bedeutungsvollste Angelegenheit, die jemals auf diesem Gebiete uns beschäftigen kann.", Swarzenski an Redslob, 1.5.1930, BArch, R32/467, Bl. 8.

245 Redslob: Der Welfenschatz, seine Geschichte und seine Bedeutung für unsere Zeit, BArch, R32/467, Bl. 22–36.

246 Dieser Grundsatz wurde auf einer Sitzung am 21. Oktober 1931 bekräftigt, an der Vertreter der drei Fachverbände sowie des Reichsinnenministeriums und des preußischen Kultusministeriums teilnahmen. Vgl. Tag für Denkmalpflege und Heimatschutz an RKW, 26.10.1931, BArch, R32/374a.

247 Bay. Staatsmin. des Äußern (Held) an Oberste Verwaltung des Gesamthauses Braunschweig-Lüneburg, 5.12.1929, BayHStA, MK 40837, Bd. 5; Kulturamt Ffm an OB Ffm, 9.9.1930, ISG Ffm, Magistratsakten, MA 7.863.

Obgleich die Forderungen nach dem Erhalt des Welfenschatzes auch nach 1933 nicht verebbten, wurden die Stücke zu keinem Zeitpunkt ins Verzeichnis eingetragen.[248]

Nicht enden wollten die kunsthistorischen und kulturpolitischen Debatten und die Bemühungen um ein ansehnliches *Verzeichnis der national wertvollen Kunstwerke* in Fachkreisen. Einen Höhepunkt erreichten diese im Dezember 1932 mit einem von Friedländer, dem Direktor der Berliner Gemäldegalerie, erstellten Gutachten, das aufzeigte, dass in immerhin 13 Jahren ein zufriedenstellendes Ergebnis nicht erzielt worden war. Er beklagte insbesondere, dass der private und öffentliche Kunstbesitz einen großen Teil seiner niederländischen und italienischen Werke verloren hatte, da „die verarmte deutsche Sammlerwelt der namentlich von Amerika ausgehenden Versuchung wenig Widerstand entgegenstehen konnte".[249] Dem entgegen, so führte er weiter aus, würden deutsche Kunstwerke nicht aufgrund ihrer Unterschutzstellung, sondern dank des dezentralisierten Museumswesens und der entsprechenden Sachkenntnis in Deutschland bewahrt:

> „Kein Land hat in demselben Grade wie Deutschland – trotz Verarmung – den heimischen Kunstbesitz in seinen Grenzen erhalten."[250]

Ermöglicht werde diese Bewahrung deutscher Kunst vor allem durch die fehlende Nachfrage des Auslandes. Nur die Dürer-Grafik und Bildnisse des 16. Jahrhunderts nahm er hier aus, zumal die Einzelwerke Grünewalds, Dürers und Riemenschneiders, die sich im Ausland befanden, als Propaganda zu begrüßen seien. Um die Beunruhigung in Händler- und Sammlerkreisen einzudämmen, plädierte Friedländer für die Beendigung einer Revision des Verzeichnisses:

> „Gegen alle Absetzungen von der Liste ließe sich sagen, daß sie das Eingeständnis früheren Irrtums enthalte. Überdies erscheinen sie insofern überflüssig, wie ja die Freigabe auf Antrag stets erfolgen kann, und, wie nach der Erfahrung feststeht, in den meisten Fällen erfolgt ist. Der Nutzen, den die öffentliche Kunstpflege aus dem Bestehen der Liste gezogen hat, bestand im wesentlichen darin, daß die Anträge auf Freigabe uns eine Kontrolle gestatteten [...]. Welche Veranlassung besteht, den Anträgen auf Freigabe vorzugreifen?"[251]

Somit liest sich die Stellungnahme Friedländers beinahe wie ein Fazit, das die Bemühungen der Weimarer Republik im Bereich des Schutzes von Kunstwerken vor der Ausfuhr aufzeigt. Gleichzeitig bedeutet diese Einschätzung, die eine Bestätigung seiner Berliner Kollegen Waetzoldt, Demmler und Schmidt fand, zugleich das Ende von Fried-

248 Die Eintragung in das *Verzeichnis national wertvollen Kulturgutes* wurde im Februar 2015 endgültig vollzogen.

249 Gutachten Friedländer, 5.12.1932, BArch, R32/375, Bl. 229 f.

250 Ebd.

251 Ebd. Schmidt unterstützte vor allem dieses Argument Friedländers: „Aber auch ich bin der Meinung, daß man nicht allzu großzügig ohne besonderen Antrag der Besitzer von der bisherigen Liste abgehen sollte. Werden freiwillig vom Reiche aus Breschen geschlagen, so wird das nur größeren Appetit machen, Anträge auf Freigabe zu stellen." Schmidt, 19.12.1932, ebd., Bl. 231. Demmler schrieb dazu: „Solche Streichungen sind überflüssig, ungerecht und diskursitieren [sic!] die Liste als Ganzes." Demmler, 5.12.1932, ebd., Bl. 228.

länders Mitwirken am deutschen Kunstausfuhrschutz. Als Jude wurde er wenige Monate später seines Amtes enthoben und zur Emigration in die Niederlande gezwungen.

2.3 Der Schutz des öffentlichen Besitzes und Denkmalpflege

Das Reich sah mit der Kunstausfuhrverordnung eine erste Maßnahme im deutschen Kulturgutschutz verwirklicht, die am Beginn einer verstärkten Auseinandersetzung zwischen föderaler Identität und nationaler Kulturpolitik stehen sollte. Letztgenannte war bis dahin auf Finanzzuschüsse an das Germanische Nationalmuseum in Nürnberg und das Römisch-Germanische Zentralmuseum in Mainz sowie für einzelne Nationaldenkmäler beschränkt.[252] Winfried Speitkamp zeichnet in seiner Forschung zur Geschichte der Denkmalpflege nach, dass die Forderungen nach einer reichsgesetzlichen Regelung zum Denkmalschutz seit den 1870er Jahren unerfüllt geblieben waren; allein die von Georg Dehio zwischen 1905 und 1912 veröffentliche Reichsinventarisation feierte mit zahlreichen Neuauflagen große Erfolge.[253] Mit der Bedrohung von Baudenkmälern im Ersten Weltkrieg wurden Denkmale und ihr Erhalt zum Spielball einer politischen Inszenierung von Nationalgefühl; zeitgleich fand die Heimatbewegung zu neuem Ansehen, wie Speitkamp ausführt:

> „Die oft belächelte, oft übergangene Heimatschutzbewegung fühlte sich nunmehr anerkannt, denn im Schutz der Heimat, ob ideell oder militärisch, sah sie den Sinn des Kriegs schlechthin."[254]

Eine Legitimation und staatliche Anerkennung erfuhr die reichsstaatliche Denkmalpflege mit Artikel 150 der Weimarer Verfassung von 1919, der bereits Ausgangspunkt für den Erlass der *Verordnung über die Ausfuhr von Kunstwerken* gewesen war. Damit erhielten auch „die Aufgaben der Denkmalpflege und des Heimatschutzes in den Grundrechten der Deutschen ihre feste Stütze", die der Tag für Denkmalpflege lebhaft begrüßte.[255] Absatz 1 bestimmte, „die Denkmäler der Kunst, der Geschichte und der Natur sowie die Landschaft genießen den Schutz und die Pflege des Staates", ohne festzulegen, ob es sich beim hier genannten „Staat" um die Länder oder das Reich handele.[256] Die Landesregierungen sahen sich in ihrer Rolle als Zuständige staatlicher Kulturaufgaben jedoch als alleinige Kompetenz dem Bereich der Denkmalpflege verpflichtet; die Rolle des Reiches bestand in der Unterstützung einheitlicher Leitgedanken. Deutlich definierte hingegen Absatz 2, dass es „Sache des Reichs [sei], die Abwanderung deutschen Kunstbesitzes in das Ausland zu verhüten". Von Beginn an wurde erwogen, den staatlichen und kirchlichen Kunst-

252 Vgl. Speitkamp 1996, S. 154.
253 Vgl. ebd., S. 154 und 159–161.
254 Ebd., S. 140 und 163 f.
255 Dritte gemeinsame Tagung für Denkmalpflege und Heimatschutz, Eisenach 23. und 24. September 1920, Stenographischer Bericht, S. 59.
256 Grundsätzlich galt das Subsidiaritätsprinzip.

besitz in den Ausfuhrschutz einzubeziehen.[257] Die letztendliche Entscheidung gegen die Aufnahme der Kunstwerke dieser Provenienz sollte den Erlass gesetzlicher Maßnahmen und die Aufstellung des Verzeichnisses beschleunigen. Die Entscheidungsträger verzichteten jedoch in der Verordnung und den dazugehörenden Ausführungsbestimmungen zugleich auf die ausdrückliche eigentumsrechtliche Beschränkung des betroffenen Kunstbesitzes.[258] Damit waren weiterführende Schutzmaßnahmen noch nicht vom Tisch: Einerseits leitete die Reichsverfassung die Trennung von Staat und Kirche ein, andererseits sollten die Fideikommisse, die den ehemals fürstlichen Besitz vermögensrechtlich banden, aufgelöst werden.[259] Die Trennung des Staates vom Kunstbesitz und die allgemein schlechte wirtschaftliche Lage führten zu Befürchtungen hinsichtlich des weiteren Verlustes von Kunstwerken. In Fachkreisen bestand Einigkeit darüber, dass „der Besitz von Gemeinden und Kirchen noch viel schützenswerter ist als von Privaten" und „der öffentliche Kunstbesitz seinem nationalen Werte nach den privaten um ein Vielfaches übertrifft".[260] Hinzu kam der Eindruck, dass gesetzliche Beschränkungen den Privatsammlern eine „Zwangsjacke anlegen" würden, der öffentliche Besitz dagegen unerfasst blieb.[261] Tatsächlich waren Kunstwerke aus halb-öffentlichen Sammlungen im Verzeichnis nur vereinzelt aufgeführt, etwa Objekte im Besitz der süddeutschen historischen Stadtvereine oder des Bremer Kunstvereins. In diesen Fällen wurde eine „doppelte Sicherung" durchaus begrüßt, weitreichender sollten die Schutzmaßnahmen in den Staatsbesitz jedoch nicht eingreifen.[262]

Die Mehrzahl der Länder wehrte sich in erster Linie gegen die „Verreichlichung auf kulturellem Gebiete" und insbesondere Bayern artikulierte das Interesse, den staatlichen Kunstbesitz von weiterführenden Schutzregelungen auszunehmen, „da man zu den Ländern das Vertrauen einer sachgemäßen Erhaltung ihres Kunstbesitzes wohl

257 Vgl. RMdI (Isenbart) an Reichratsbevollmächtigten für Sachsen, 17.9.1919, SächsHStA, 10736, Nr. 17455, Bl. 166 f.; vgl. auch Schreiben RMdI in 3-B.13. Nr. 66.a. Bd. 1, Bl. 43 und HStA Stuttgart, E 130 b, Bü 1539.

258 Vgl. Begründung zum Entwurf einer Verordnung über die Ausfuhr von Kunstwerken, 12.8.1919, SächsHStA, 10736, Nr. 17455, Bl. 158 f.; Hanseatische Gesandtschaft (Sieveking), 7.10.1919, geheim, StA Bremen, Senatsregistratur, 3-B.13. Nr. 66.a. Bd. 1, Bl. 48.

259 Vgl. Die Verfassung des Deutschen Reiches vom 11. August 1919, Art. 137 und 155. Zum Schutz kirchlicher Kulturgüter vgl. Odendahl 2005, S. 29–40 und 51–54.

260 Falke in Niederschrift über eine Besprechung der Verordnung vom 11. Dezember 1919 betr. der Ausfuhr von Kunstwerken und der Aufstellung eines Reichskunstwarts abgehalten im Gebäude des Bayerischen Nationalmuseum in München am 5. Januar 1920, SMB-ZA, IV/NL Bode 431, hier S. 17 und RMdI (Lewald), Entwurf nebst Begründung zur Verordnung vom Mai 1920, 12.4.1920, HStA Stuttgart, E 130 b, Bü 1539.

261 Konservator der kirchlichen Denkmäler Baden (Sauer) an Denkmälerrat der Rheinprovinz (Clemen) 4.5.1920, Universitätsarchiv Freiburg, NL Sauer, C 67/534.

262 Bay. KM (Schreiben von Dörnhöffer aufgesetzt) an RMdI, 17.12.1926, BStGS, 11/4, Nr. 245. Verzeichnet waren etwa von Bayern der Historische Verein Neuburg a. D. oder Regensburg und von Württemberg die Magistrate Biberach, Ellwangen, Ravensburg, Rottweil, Schwäbisch Gmünd, Schwäbisch Hall, Tübingen und Ulm.

haben dürfe".[263] Weil die Länder den zeitnahen Erlass von eigenen Denkmalschutzgesetzen nicht in Aussicht stellen konnten, veröffentlichte das Reichsministerium des Innern am 8. Mai 1920 eine *Verordnung über den Schutz von Denkmalen und Kunstwerken*, die den öffentlichen und halb-öffentlichen Kunstbesitz betraf, wie Paragraf eins zusammenfasst:

> „Körperschaften, Anstalten und Stiftungen des öffentlichen Rechtes, Familienstiftungen sowie die Besitzer und Verwalter von Familienfideikommissen, Lehen, Stammgütern und Hausvermögen dürfen bewegliche Gegenstände, die einen geschichtlichen, wissenschaftlichen oder künstlerischen Wert haben, nur mit Genehmigung der Landeszentralbehörde oder der von ihr zu bezeichnenden Behörde veräußern, verpfänden, wesentlich verändern oder aus dem Reichsgebiet ausführen."[264]

Damit wirkte die Verordnung über die Begrenzung der Ausfuhr hinaus, bezog jedoch weder den reinen Privat- noch den Staatsbesitz mit ein. Aufgrund der großen Zahl an betroffenen beweglichen Kunstwerken handelte es sich um ein allgemeines, das heißt verzeichnisunabhängiges Verbot, welches das Defizit ausgleichen sollte, das die Kunstausfuhrverordnung vom Dezember 1919 gelassen hatte. Gleichzeitig bot sie dem *Verzeichnis der national wertvollen Kunstwerke* die Möglichkeit zur differenzierteren Abgrenzung der einzutragenden Objekte, indem es durch die ergänzende gesetzliche Schutzmaßnahme „den Character öffentlicher Halbheit" aufgeben konnte.[265]

Die Verordnung vom Mai 1920 stieß in Fach- und Ministerialkreisen kaum auf Widerstand, weil eine zeitnahe Sicherung von Denkmalen und Kunstwerken nur durch eine Reichsverordnung möglich war und die Ausführungsbestimmungen den Ländern übertragen wurden. Gleichzeitig wurde die Denkmalpflege in den Einzelstaaten vorangetrieben, um damit ihren kulturstaatlichen Ansprüchen gerecht zu werden. Parallel zu den reichsrechtlichen Maßnahmen lag beispielsweise dem preußischen Landtag ein Entwurf zum Denkmalschutzgesetz vor, der analog zur Reichsverordnung vom Schutz „national wertvoller Denkmäler" sprach.[266] Diese Bezeichnung wurde jedoch bald aufgegeben und durch eine Objektbeschreibung ersetzt, weil die regionalspezifischen Eigen-

263 Hendschel in Niederschrift über eine Besprechung der Verordnung vom 11. Dezember 1919 betr. der Ausfuhr von Kunstwerken und der Aufstellung eines Reichskunstwarts abgehalten im Gebäude des Bayerischen Nationalmuseum in München am 5. Januar 1920, SMB-ZA, IV/NL Bode 431, hier S. 17 und 19.

264 *Verordnung über den Schutz von Denkmalen und Kunstwerken*, 8.5.1920, RGBl. Jg. 1920, Nr. 104, S. 913, Nr. 7513. Auf Antrag Bayerns fand die Verordnung außerdem auf „Vereine und Vereinigungen des Privatrechts und Sammlungen und Büchereien im Eigentume von Privatpersonen [Anwendung], die schon seit längerer Zeit im Gemeingebrauche gewesen sind". Vgl. ebd. sowie Niederschrift über die Verhandlungen der Reichskunstwartkonferenz in Stuttgart am 12. April 1920, BArch, R32/375, Bl. 1.

265 Konservator der kirchlichen Denkmäler Baden (Sauer) an Bad. KM, 15.3.1920, Universitätsarchiv Freiburg, NL Sauer, C 67/534.

266 Vgl. Speitkamp 1996, S. 218. Bis 1903 hatte Preußen bereits intensiv an einem Denkmalschutzgesetz gearbeitet; der Erlass scheiterte jedoch am Widerstand der privaten Eigentümer, öffentlichen Körperschaften und der Kirchen. Vgl. Odendahl 2005, S. 44 f.

schaften von Denkmalen aufgrund der bereits seit der Jahrhundertwende diskutierten Ländergesetze im Vordergrund standen.[267] Die Denkmalpflege entwickelte sich ihren regionalgeschichtlichen Schutzgegenständen entsprechend in einer föderalen Gesetzesstruktur, in der Inhalt und Form zusammenliefen.

Dies führte zugleich dazu, dass die zeitlich befristete Denkmalschutzverordnung des Reiches im Dezember 1925 auslief und nicht verlängert wurde, weil landesrechtliche Bestimmungen etwa in Preußen, Bayern und Sachsen in Vorbereitung waren.[268] Ferner war „eine Zuständigkeit des Reiches für den Denkmalschutz nicht gegeben und eine Ausdehnung dieser Zuständigkeit nicht erwünscht", sodass das Reichsinnenministerium den Standpunkt der Länder teilen musste, „dass das Reich wohl hinsichtlich der Ausfuhr von Kunstwerken, aber nicht im allgemeinen für den Denkmalschutz zuständig sei".[269] Dies bedeutete ein vorläufiges Ende eines reichsdeutschen Denkmalschutzes; die Diskussionen um die Ausweitung von Schutzmaßnahmen kamen damit jedoch nicht zum Erliegen. Insbesondere der Tag für Denkmalpflege und Heimatschutz, der sich selbst als „geistig interessierte Ständegruppe zum Wohl des Volksganzen, seiner Kultur, seiner Bildungshöhe, Heimatliebe und Bodenständigkeit" verstand, verband seine Bemühungen um die Aus- und Überarbeitung des *Verzeichnisses der national wertvollen Kunstwerke* eng mit der Durchsetzung von Maßnahmen zum Schutz von Kunstwerken im Besitz öffentlich-rechtlicher Körperschaften.[270] Im Zuge der Erprobung des deutschen Kunstausfuhrschutzes während der 1920er Jahre setzten sich bald auch die weiteren Fachverbände für die Ausweitung der Schutzbestimmungen ein. Meist ging es hier um rechtliche Grenzfälle, wie den Besitz der Länder, Gemeinden, der Kirchen sowie Stiftungen und Anstalten des öffentlichen Rechts, darunter vorrangig der ehemalige fürstliche Kunstbesitz.[271] Denkmalschutzbestimmungen waren schließlich nur teilweise – und mit Ausnahme von Oldenburg und Lübeck nicht in den kleinen Ländern – erlassen worden.[272]

Die verstärkten Bemühungen um eine Ausweitung der reichsrechtlichen Kulturgutschutzbestimmungen wurden angefacht durch den drohenden und tatsächlichen Verkauf von Kunstwerken und Sammlungen, die im fürstlichen und öffentlichen Besitz als gesichert galten und nun zu Präzedenzfällen hätten werden können. Obgleich speziell Dubletten- und Depotverkäufe der Museen keine Seltenheit waren, löste vor allem der geplante Verkauf von Jan Vermeers *Das Mädchen mit dem Weinglas* durch die Museums-

267 Vgl. Pr. KM an den Ministerpräsidenten, 16. 8. 1923, GStA PK, I.HA, Rep. 90, Nr. 1769, zitiert in Speitkamp 1996, S. 220, vgl. auch S. 85 und 218 f.
268 Vgl. Speitkamp 1996, S. 217 und 223; Odendahl 2005, S. 57.
269 Thür. Stellv. Bevollmächtigter zum Reichsrat an Thür. KM und JM, 24. 12. 1925, ThHStA Weimar, Thüringisches Volksbildungsministerium C984, Bl. 142.
270 Beitrag Beyerle in: Dritte gemeinsame Tagung für Denkmalpflege und Heimatschutz, Eisenach 23. und 24. September 1920, Stenographischer Bericht, S. 21.
271 Vgl. Kollektiveingabe Tag für Denkmalpflege und Heimatschutz/Deutscher Verein für Kunstwissenschaft/DMB an RMdI, 14. 11. 1931, StA Wolfenbüttel, 12 Neu 13, Nr. 19050, Bl. 2.
272 Zu den Denkmalschutzgesetzgebungen der Länder vgl. Odendahl 2005, S. 45 ff. und 62 ff.

stiftung von Haus und Land Braunschweig 1930 eine Grundsatzdiskussion über die Veräußerung des öffentlichen Kunstbesitzes aus.[273] Der Verkaufserlös sollte der Deckung von Verwaltungskosten des Herzog Anton Ulrich-Museums dienen, die die Stiftung infolge der sinkenden Kostenbeteiligung des Herzoghauses in eine finanzielle Notlage gebracht hatten. Mit der Notwendigkeit des Verkaufs sah sich das Braunschweiger Museum selbst als Opfer des internationalen Kunsthandels, „der in der wirtschaftlichen Schwächung Deutschlands ein höchst willkommenes Gebiet seiner Betätigung sieht".[274] Ebenfalls ökonomische Anreize, allerdings in anderer Hinsicht, erkannte Wilhelm Waetzoldt in der *Vossischen Zeitung*:

> „Was zieht denn hunderttausende von Fremden in die Museumsstädte, läßt sie Geld ausgeben für Reise und Aufenthalt? [...] Nehmt die Sixtinische Madonna aus Dresden, Grünewald aus München, Rembrandt aus Kassel, Dürer aus Berlin weg, und wir wollen einmal sehen, wie rasch es die Kassen der Städte und Staaten merken würden."[275]

Als Motiv für den Verkauf des Vermeer-Gemäldes führte das Haus Braunschweig-Lüneburg neben der Deckung von laufenden Kosten auch den Rückerwerb bedeutender Stücke des Welfenschatzes an, der zeitgleich an ein Kunsthändler-Konsortium verkauft worden war. Die Sicherung des Domschatzes für Deutschland avancierte zur obersten Priorität, wie ein Vorschlag des Reichskunstwartes Redslob verdeutlichte:

> „Würde beispielsweise Braunschweig jetzt zu gunsten einer Erwerbung aus dem Welfenschatz italienische Kunstwerke opfern, so würde das bei allem Bedauern doch verständlich erscheinen."[276]

Diese Opferbereitschaft sollte jedoch nicht für ein seltenes Gemälde von Vermeer gelten, bei dem der „nationale" Wert argumentativ überwog. Der Deutsche Museumsbund protestierte aufs Schärfste gegen den geplanten Verkauf, weil Deutschland durch die Veräußerung des öffentlichen Museumsbesitzes „der Welt ein Schauspiel kultureller Verantwortungslosigkeit bieten" würde.[277] Mit der grundsätzlichen Unterstützung aus Fachkreisen drängte Redslob beim Reichsinnenministerium auf eine umgehende Eintragung des Gemäldes in das *Verzeichnis der national wertvollen Kunstwerke*, weil das

273 Das Land Braunschweig und das Herzoghaus übertrugen 1925 ihre Ansprüche per Gesetz auf die „Museums- und Bibliotheksstiftung von Haus und Land Braunschweig", die den Kunstbesitz untrennbar mit dem Land verband und beide Patrone zu gleichberechtigten Stimmpartnern machte, bis das Herzoghaus 1943/44 gegen eine Entschädigungszahlung endgültig aus der Stiftung ausschied. Vgl. Rogasch 2004, S. 40.

274 Herzog Anton Ulrich-Museum (Meyer) an Braunschw. KM, 18.4.1931, DKA, NL Falke, Otto von, I,B-7.

275 Wilhelm Waetzoldt: Stuppach oder Braunschweig, Unterhaltungsblatt der Vossischen Zeitung, Nr. 149, 30.6.1931.

276 RKW an Braunschw. KM (Sievers), 4.9.1930, BArch, R32/376, Bl. 14 f. Insbesondere Georg Swarzenski stellte die Sicherung von Teilen des Welfenschatzes über die des Gemäldes Vermeers. Vgl. Städt. Galerie Ffm (Swarzenski) an RKW, 1.5.1931, Archiv Städel, Nr. 730.

277 DMB (Noack) an RMdI (Wirth), 9.10.1930, BArch, R32/376, Bl. 52 ff. Vgl. auch Protokoll der Tagung der Abteilung A (Kunst- und Kulturmuseen) in Ulm am 28. und 29. August 1931, SMB-ZA, III/DMB 362, S. 5 f.

„Loslösen des Werkes aus der Galerie [...] gleichbedeutend [gewesen wäre] mit seiner Abwanderung nach Amerika" und der Verkauf des Gemäldes einen „Damm einreissen" würde, der den „öffentlichen Kunstbesitz weiter gefährden würde".[278] Die breite öffentliche Wahrnehmung des angedachten Verkaufs sowie Proteste der Öffentlichkeit und aus Fachkreisen verhinderten schließlich, dass es zu einem herausragenden Präzedenzfall bei der Veräußerung von Kunstwerken aus einer staatlichen Sammlung kam.[279]

Der Fall legte jedoch auch die Fragilität der staatlichen Schutzmöglichkeiten offen, sodass die Länder daraufhin die rechtlichen Verfügungsbestimmungen des öffentlichen und fürstlichen Besitzes prüften und die Überlegung diskutiert wurde, die Reichsverordnung in Form eines beständigen Gesetzes auch auf diesen Besitz auszuweiten.[280] Letztgenanntes sollte zudem die Akzeptanz des Kunstausfuhrschutzes in der Öffentlichkeit und in Sammlerkreisen stärken, weil gesetzliche Zwänge von den Kunstbesitzern minder empfunden würden, wenn auch die öffentlichen und halb-öffentlichen Sammlungen Beschränkungen erfahren würden.[281] Deshalb schlugen die Fachverbände dem Reichsinnenministerium vor, „Gegenstände von künstlerischem oder geschichtlichem Wert", die sich im öffentlich-rechtlichen Besitz oder eng mit den ehemaligen Herrscherhäusern verbundenen Stiftungen befanden, unter ein grundsätzliches Ausfuhrverbot zu stellen und den Privatbesitz nach wie vor durch Listung zu erfassen.[282] Das Reichsministerium übersandte den Landesregierungen im November 1931 einen entsprechenden Gesetzesentwurf, der die Lücke schließen sollte, die das Auslaufen der Verordnung vom Mai 1920 hinterlassen hatte.[283] Der Reichstag regte auch an, mit der österreichischen

278 BStGS (Dörnhöffer) an Redaktion der Braunschweigischen Landeszeitung, 8.9.1930, BStGS, 11/4, Nr. 246; RKW an RMdI, 14.10.1930, BArch, R32/376, Bl. 55; vgl. auch RKW an RMdI, 20.10.1930, ebd., Bl. 57.

279 Vgl. Rogasch 2004, S. 40; vgl. zahlreiche Zeitungsartikel zum Thema, u. a.: Gegen den Vermeer-Verkauf. Schwerer Protest der Braunschweiger künstlerischen und kulturellen Verbände, Berliner Tageblatt, 5.9.1930; Reichskulturwart gegen den Vermeer-Verkauf. Das Bild muss als unverkäuflich gelten, Hannoverscher Kurier, 6.9.1930, ebenso in Deutsche-Zeitung, Tägliche Rundschau Berlin und Reichsbote Berlin; Kulturbolschewismus. Protest gegen den Verkauf von Vermeer, Bremer Nachrichten, 7.9.1930; Der Fall des Braunschweiger Vermeer, Tägliche Rundschau, Nr. 146, 9.11.1930.

280 Wilhelm Köhler riet dem übergeordneten Ministerium, die Sammlungen in Gotha erneut zu prüfen, obgleich eine damalige Veräußerung durch den ehemaligen Herzog ausgeschlossen werden konnte: „Aber wer gibt Gewähr dafür, dass die Nachfolger dieser Herren, die meines Wissens vom Herzog ernannt werden, nicht einseitig materielle Interessen vertreten? Die Vorgänge um den geplanten Verkauf des Jan Vermeer van Delft aus der Braunschweiger Herzoglichen Stiftung sind eine eindringliche Mahnung, an solche Möglichkeiten zu denken." Staatl. Kunstslg. Weimar (Köhler) an Thür. KM, 30.10.1931, ThHStA Weimar, Thüringisches Volksbildungsministerium C987, Bl. 4 f. Vgl. zu Gotha auch SMB (Winkler) an RKW, 21.1.1933, BArch, R32/375, Bl. 243.

281 Vgl. Gutachten Friedländer, 5.12.1932, BArch, R32/375, Bl. 229 f.

282 Vgl. gemeinsame Eingabe des Tages für Denkmalpflege und Heimatschutz, des Deutschen Museumsbundes und des Deutschen Vereins für Kunstwissenschaft an den RMdI, 14.11.1931, StA Wolfenbüttel, 12 Neu 13, Nr. 19050, Bl. 2.

283 RMdI (Groener) an die Landesregierungen, 27.11.1931, Gesetzentwurf, AHK, 32-260.4, Bl. 115–119.

Regierung in Verbindung zu treten, um zu einer Übereinkunft über den Erhalt des gesamtdeutschen Kunstbesitzes zu gelangen.[284]

Obgleich alle Bemühungen um eine Ausweitung der Reichsbefugnisse im Kultur- und Denkmalschutzbereich an den Kompetenzbehauptungen der Länder scheiterten und auch die Länder ihrerseits mit dem Erlass eigener Denkmalschutzgesetze nicht vorankamen, beförderten sie die Diskurse über die Rolle der Kulturpflege als nationales Staatsziel.[285] Nachdem es nach wiederholter Verlängerung der Verordnung von 1919 auch Anfang der 1930er Jahre statt zu einer Umwandlung in ein Reichsgesetz zur erneuten Verlängerung auf unbestimmte Zeit kam, verpasste auch der öffentliche Kunstbesitz seine Chance, in den Erlass aufgenommen zu werden.

284 RMdI (Severing) an die Landesregierungen, 30. 12. 1929, ebd., Bl. 125. Dieser Vorschlag stieß insbesondere bei den bayerischen Kunstsachverständigen auf Zuspruch. Vgl. GNM (Zimmermann) an Bay. KM, 13. 1. 1930, BayHStA, MK 40837, Bd. 5; BNM (Halm) an Bay. KM, 27. 2. 1930, ebd.; BStGS (Dörnhöffer) an Bay. KM, 5. 3. 1930, ebd.

285 Vgl. Dritte gemeinsame Tagung für Denkmalpflege und Heimatschutz, Eisenach 23. und 24. September 1920, Stenographischer Bericht. Noch im November 1931 bat das Reichsinnenministerium die Landesregierung um einen Überblick über die bereits bestehenden Schutzbestimmungen der Länder. Vgl. RMdI (Groener) an die Landesregierungen, 27. 11. 1931, Gesetzentwurf, AHK, 32-260.4, Bl. 117.

3. DER UMGANG MIT DEN EHEMALIGEN FÜRSTLICHEN SAMMLUNGEN

Mit dem Ende der Monarchie im Deutschen Reich nahmen die Diskussionen um den Kunstausfuhrschutz schlagartig zu und wurden genährt durch den drohenden Verlust fürstlicher Sammlungen im Zuge der bevorstehenden Vermögensauseinandersetzungen. Der Staat stärkte seine Position, indem er die nationale Bedeutung dieser fürstlichen Sammlungen, die zusammengenommen als „privates deutsches Nationalmuseum" angesehen werden können, durch die Eintragung in das *Verzeichnis der national wertvollen Kunstwerke* unterstrich und vor der unerlaubten Verbringung ins Ausland schützte.[286] Fürstliche Landesherren hatten im 19. Jahrhundert an Souveränität eingebüßt, nicht jedoch an Repräsentationswillen. Bedeutende Kunstschätze wurden bis ins 20. Jahrhundert bewahrt, nicht nur zum Ausschmücken von Burgen und Schlössern, sondern auch, um sie öffentlich zu präsentieren. Pauli schrieb 1919 über die „vornehmste Art der Privatsammlung", sie „ist mit den Vorzügen und Mängeln einer solchen behaftet, das heißt, sie ist repräsentativ, charaktervoll, eigenwillig und unkritisch".[287]

Die Zeit der Revolution, Inflation und Weltwirtschaftskrise nahm die einst so bedeutenden Fürsten- und Adelssammlungen stark in Mitleidenschaft. Wie die Forschung zu einzelnen Sammlungen zeigt, begann der Funktionswandel von einer Repräsentation hin zu einer Präsentation bereits im 19. Jahrhundert mit dem Verlust von Souveränität zahlreicher Adelshäuser.[288] Nach dem Ersten Weltkrieg ersetzten Erhalt und Verkauf von Kunstwerken und Sammlungsstätten die eigentliche Sammeltätigkeit. Kunstwerke der fürstlichen Sammlungen in das Verzeichnis zu integrieren, stellte die zuständigen Kunstsachverständigen vor große Herausforderungen, weil die Vermögenslage der betreffenden Objekte oft unklar war. Welche Unsicherheiten die neuen Besitzverhältnisse mit sich brachten und in welchem Ausmaß, verdeutlich eine Aussage des baye-

286 Rogasch 2004, S. 23.
287 Pauli 1919, S. 5.
288 Vgl. Rogasch 2004; Casimir Bumiller: Adel im Wandel. 200 Jahre Mediatisierung in Oberschwaben, Ausst.-Kat., Ostfildern 2006; Bénédicte Savoy (Hg.): Tempel der Kunst. Die Geburt des öffentlichen Museums in Deutschland 1701–1815, Mainz 2006.

rischen Kultusministeriums, das dem Reichsministerium zwei Monate nach dem Erlass der Verordnung das überarbeitete bayerische Verzeichnis übersandte:

> „Was im besonderen die Kunstwerke betrifft, die aus dem Besitze des früheren Königshauses für die Eintragung in Betracht kommen, so wird hier zunächst eine ziemlich allgemeine und weitgreifende Fassung zu wählen sein. Denn es handelt sich hier um einen großen und wichtigen Teil des gesamten Kunstbesitzes, der in den öffentlichen Sammlungen, besonders der Glyptothek, den beiden Pinakotheken, dem Germanischen Museum, dem Nationalmuseum, dem Museum antiker Kleinkunst und anderwärts aufgestellt ist. Die Eigentumsverhältnisse sind hier nicht durchweg ohne weiteres klar und zweifelsfrei."[289]

Auch spiegelt sich im deutschen Kunstausfuhrschutz wider, dass der Kunstbesitz der deutschen Fürstenhäuser im Zuge sich wandelnder Bedrohungsszenarien auch wechselnd bewertet wurde, wie das nachfolgende Beispiel veranschaulichen soll.

3.1 Der Fall Fürstenberg

An vorangegangener Stelle wurde bereits auf die ehemalige Fürstfamilie von Fürstenberg eingegangen, die im Verzeichnis von 1922 mit einer großen Zahl an Kunstwerken eingetragen war. Die Fürstenberger waren stark in der mäzenatischen Tradition ihrer Vorfahren verankert und sahen mit der Anknüpfung an die Vergangenheit die Möglichkeit zum Ausdruck ihrer eigenen Legitimation. Besonders in der zweiten Hälfte des 19. Jahrhunderts wurde der bereits in Ansätzen bestehende Kunst- und Bibliotheksbesitz zu repräsentativen Sammlungen ausgebaut, mit denen sich Donaueschingen zu einem renommierten und für die Öffentlichkeit weitestgehend zugänglichen Forschungszentrum entwickelte.[290] Aufgearbeitet in mehreren Katalogen und präsentiert in einem eigenen, 1868 eröffneten Museumsgebäude wurde die Sammlung der alten süddeutschen und Schweizer Schule fester Bestandteil des badischen Kulturlebens. Aufgrund der ausgebliebenen Auseinandersetzung des Staates mit dem bereits 1806 mediatisierten Fürstenhaus wurde die Sammlung so umfangreich in das *Verzeichnis der national wertvollen Kunstwerke* aufgenommen wie keine andere ihresgleichen. Vor allem der bedeutende Kunstbesitz der altdeutschen Maler wurde verzeichnet, darunter Werke des Meisters von Meßkirch, des Meisters von Sigmaringen und Lukas Cranach d. Ä. Von Letztgenanntem wurden die Tafelbildnisse mit biblischen Motiven für das Verzeichnis

289 Bay. KM (Saenger) an RMdI, 21.2.1920, BStGS, 11/4, Nr. 245. Insbesondere Friedrich Dörnhöffer, Generaldirektor der Bayerischen Staatsgemäldesammlungen, forderte, dass die Gesamtheit des in öffentlichen Sammlungen ausgestellten Eigentums des ehemaligen bayerischen Königshauses unter Ausfuhrgenehmigung gestellt werden sollte. Vgl. BStGS (Dörnhöffer) an Bay. KM, 30.12.1919, ebd.

290 Vgl. Arno Strohmeyer: Adelige Überlebensstrategien im 19. Jahrhundert am Beispiel der Bildungspolitik Karl Egons III, in: Die Fürstenberger. 800 Jahre Herrschaft und Kultur in Mitteleuropa, Schloß Weitra, Niederösterreichische Landesausstellung 1994, hg. von Erwein H. Eltz und Arno Strohmeyer, Korneuburg 1994, S. 90–100, hier S. 96.

gewählt; die Porträts in der Sammlung wurden nicht unter Schutz gestellt.[291] Auch für weitere Porträts anderer Künstler überwog der familiengeschichtliche Hintergrund die künstlerische Bedeutung des jeweiligen Werkes. Einen Höhepunkt der Sammlung stellte der als *Graue Passion* bekannt gewordene zwölfteilige Passionsaltar Hans Holbein d. Ä. dar. Nicht eingetragen wurde hingegen das Bildnis des Ehepaars *Wilhelm IV. Graf Schenk von Schenkenstein und seine Frau Agnes Gräfin von Werdenberg-Trochtelfingen*, entstanden um 1450 und ältestes erhaltenes Doppelbildnis der deutschen Malerei.[292] Neben den Tafelgemälden befand das badische Kultusministerium zehn wertvolle Medaillen des 16. Jahrhunderts, die überwiegend deutsche Persönlichkeiten wie Hieronymus Holzschuher, Martin Luther oder Albrecht von Wallenstein darstellten, für national wertvoll.[293] In der Auflistung befanden sich auch zahlreiche Handschriften, darunter französische aus dem 15. Jahrhunderts und eine Nibelungenhandschrift.

Vor allem den ehemaligen Fürsten und Großherzogen brachten die verantwortlichen Kunstsachverständigen das Vertrauen entgegen, die Auswahl aus ihrem Besitz für die Unterschutzstellung selbst vorzunehmen. So schrieb der Leiter der Badischen Kunsthalle in Karlsruhe, Willy F. Storck, an seinen Kollegen Sauer im März 1920: „Kürzlich war ich in Salem und habe dort auf Wunsch des Prinzen Max die Liste gemäß den neuen Bestimmungen aufgestellt."[294] Sauer wiederum verließ sich bei der Auswahl aus dem Besitz des ehemaligen Fürsten von Fürstenberg vorwiegend auf die Angaben der zuständigen Sammlungsleiter Georg Tumbült, Heinrich Feuerstein und Eduard Johne, verzichtete jedoch auch nicht auf die tatsächliche Besichtigung der Sammlung vor Ort. Die Familie Fürstenberg unterstützte die Eintragung ihrer Kunstobjekte ihrerseits, weil es ihr grundsätzlich „ganz recht [war], wenn diese Gegenstände auf diese Art gesichert sind".[295] Mehr noch sah sie hierbei die Möglichkeit, als altes Geschlecht ohne Regierungsfunktion im kulturellen Bereich am nationalen Aufbau des Deutschen Reiches einen Beitrag zu leisten, eine Aufgabe, wie sie vor allem nach der Säkularisierung im 19. Jahrhundert wahrgenommen worden war. Mit der Landesregierung und den Kunstsachverständi-

291 Die *Kreuztragung Christi* war beschnitten; eine vergleichbare Szene des Künstlers befand sich bis zum Zweiten Weltkrieg zudem in der Dresdner Gemäldegalerie. Vgl. Bernd Konrad: Die Fürstenbergischen Tafelbilder, in: Eltz/Strohmeyer 1994, S. 130–142, hier S. 140. Grund für den Verzicht auf die Eintragung eines Porträts war vermutlich die unzureichende Kenntnis über den Dargestellten, der im Katalog von Georg Tumbült von 1909 mit „Brustbild eines Gelehrten oder lutherischen Geistlichen" bezeichnet wurde. Vgl. Georg Tumbült: Fürstlich Fürstenbergische Sammlungen zu Donaueschingen. Verzeichnis der Gemälde, Stuttgart 1909, S. 42, Nr. 93.

292 Vgl. Konrad 1994, S. 131.

293 Dabei handelte es sich nicht um fürstenbergische Münzen, die erst ab 1606 geprägt wurden, sondern unter anderem um Medaillen der Nürnberger Werkstatt. Vgl. Ulrich Klein: Die Fürstenbergischen Münzen und Medaillen, in: Eltz/Strohmeyer 1994, S. 189–195, hier S. 192.

294 Bad. KM Karlsruhe (Storck) an Konservator der kirchlichen Denkmäler Baden (Sauer), 11.3.1920, Universitätsarchiv Freiburg, NL Sauer, C 67/534.

295 Fürstenberg an Konservator der kirchlichen Denkmäler Baden (Sauer), 23.6.1920, FFA Donaueschingen, Institute für Kunst und Wissenschaft, Kunst und Wissenschaft, G III/1.

gen Badens pflegten die Fürstenberger und ihre Sammlungsleiter enge Kontakte; zum Denkmalpflegetag 1925 empfing der ehemalige Fürst nahezu 150 Tagungsteilnehmer auf Schloss Heiligenberg, nachdem bereits die Besichtigung der Donaueschinger Sammlungen auf dem Programm gestanden hatte. Die Bewertung des Fürstenbergischen Kunstbesitzes als „national wertvoll" unterstrich zudem die Bestrebungen, als Sammlung anerkannt zu werden, „die dem öffentlichen Interesse" dienen, ja geradezu „unentbehrlich" für sie sein sollte.[296] Aus Donaueschingen war diese Selbstzuschreibung zu vernehmen: „[D]ie Schätze der Bibliothek, des Archivs, des Münz- und Kupferstichkabinetts und der Sammlungen sind ein nationaler Besitz, auf den jeder Deutsche einen Anspruch hat und der ohne tiefste Schädigung der Wissenschaft dieser nicht entzogen werden kann".[297] Vermutlich empfand es der ehemalige Fürst von Fürstenberg tatsächlich so, als das Reichsinnenministerium ihn im Dezember 1919 mit der Mitteilung „beehrte", dass eine beträchtliche Auswahl aus seinen Sammlungen im *Verzeichnis der national wertvollen Kunstwerke* aufgenommen worden seien.[298]

Im Zuge von Inflation und wirtschaftlichen Schwierigkeiten in der Forst- und Landwirtschaft waren die ehemaligen Fürstenhäuser zum Verkauf von Teilen ihrer Sammlungen gezwungen, um den Unterhalt ihrer Besitztümer zu gewährleisten. Dies betraf auch das Fürstenbergische Haus. Mit dem Regierungsrat des badischen Kultusministeriums, Karl Asal, pflegte Max Prinz von Fürstenberg einen vertrauten, persönlichen Umgang und bat ihn 1925 „um einen freundschaftlichen Rat, in welcher Weise eine Abänderung der Liste durchzuführen wäre, da ich sie gerne einer Revision unterzogen hätte; denn sie wurde mehr in der Art einer Inventaraufnahme und nicht auf Grund einer Prüfung der Kunstwerke nach ihrem nationalen Werte verfasst".[299] Der badische Staat konnte seine Position stärken, indem er sich mit dem Stammgüteraufhebungsgesetz von 1923 ein Vorkaufsrecht für Teile der Fürstenbergischen Sammlungen eingeräumt hatte.[300] Dieses Gesetz sah die Aufstellung eines Inventars vor, das jedoch bis 1929 nicht zustande kam, sodass die badischen Eintragungen in das *Verzeichnis der national wertvollen Kunstwerke* diese Funktion zeitweilig übernahmen.[301] Mit den wach-

296 Fürstlich Fürstenbergische Sammlungen (Barth), 23.7.1920, FFA Donaueschingen, Generalia, Kunst und Wissenschaft, XIV/1. Dieses Schreiben diente zwar der Erzielung von Steuererstattungen für Erwerbungen, die der Wissenschaft und Öffentlichkeit dienlich sind, es spiegelt aber durchaus das Selbstverständnis der Fürstlich Fürstenbergischen Sammlungen in Donaueschingen bis in die Gegenwart.

297 Fürstlich Fürstenbergische Sammlungen (Barth), 23.7.1920, FFA Donaueschingen, Generalia, Kunst und Wissenschaft, XIV/1.

298 RMdI (Koch), 11.12.1919, ebd.

299 Fürstenberg an Bad. KM (Asal, persönlich), 5.7.1925, Universitätsarchiv Freiburg, NL Sauer, C 67/534.

300 Vgl. § 26 des Stammgüteraufhebungsgesetzes, 1923.

301 1929 erfolgte auch nur die Aufstellung eines Ergänzungsverzeichnisses, das gemeinsam mit dem badischen *Verzeichnis der national wertvollen Kunstwerke* das Verzeichnis zum Vorkaufsrecht bildete. Vgl. F.F. Kammer an Bad. KM, 29.5.1929, FFA Donaueschingen, Institute für Kunst und Wissenschaft, Kunst und Wissenschaft, G III/1.

senden wirtschaftlichen Schwierigkeiten empfanden die ehemals fürstlichen Kunstbesitzer die staatlichen Schutzmaßnahmen wie Vorkaufsrecht oder Ausfuhrschutz immer stärker als Belastung. Dies führte zu einer Neubeurteilung des eigenen Besitzes, die sich besonders anschaulich an den Fürstenberger Sammlungen zeigt, weil über einen Zeitraum von zwanzig Jahren dieselben Akteure für die Auswahl von „national wertvollen" Kunstwerken verantwortlich waren. Bei einem handschriftlichen Diurnale beispielsweise, das 1920 aufgrund seiner „vortrefflichen Federzeichnungen auf Goldgrund" ins Verzeichnis eingetragen worden war, handelte es sich Anfang der 1930er Jahre zurecht um eine „nicht überragende" Handschrift, deren Miniaturen „keine Federzeichnungen, sondern wie gewöhnlich Temperaminiaturen" seien.[302] Pergamenthandschriften „mit französischen Anklängen" wurden vom langjährigen Leiter der Hofbibliothek, Eduard Johne, nun zweifelsfrei der französischen Schule zugesprochen.[303] Auch betonte er das Zweifelhafte von Gemäldezuschreibungen, wie an Anton van Dyck, Bernaert van Orley und Bernhard Strigel.[304] An zahlreichen Holzschnitten bemängelte Johne die Beliebigkeit der Drucke, „wie sie alljährlich zahlreich in deutschen Auktionen zur Versteigerung kommen und wie sie viele deutsche Kupferstichkabinette und Privatsammler besitzen".[305] Diese Argumentation bezog sich auch auf die deutschen Renaissancemedaillen der Sammlung, die Sauer im Mai 1920 in Rücksprache mit Adolph Cahn, einem anerkannten Kenner im Fachbereich der Münzen und Medaillen, ausgewählt hatte.[306] Mit seiner in Frankfurt a. M. ansässigen Firma führte Cahn ab Frühjahr 1932 jedoch auch mehrere Münzversteigerung aus den Fürstenbergischen Beständen durch, in deren Vorbereitung Teile der Sammlung aus dem Verzeichnis gelöscht werden sollten.[307] Im Herbst des Jahres folgte eine Versteigerung aus der Kupferstichsammlung bei C. G. Boerner in Leipzig; weitere Kunstobjekte sollten auf anderen Wegen veräußert werden, um den Erhalt der öffentlich zugänglichen Sammlungen zu sichern.[308] Johne beabsichtigte zwar nicht grundsätzlich den Verkauf von Objekten ins Ausland, „aber wir können Kauflieb-

302 Verzeichnis 1922 und F.F. Institute für Kunst und Wissenschaft (Johne) an Konservator der kirchlichen Denkmäler Baden (Sauer), 18. 1. 1932, ebd.

303 F.F. Institute für Kunst und Wissenschaft (Johne) an Konservator der kirchlichen Denkmäler Baden (Sauer), 18. 1. 1932, ebd. Vgl. Nr. 272, 276 und 279 im Verzeichnis von 1927.

304 Vgl. Nr. 68, 128 und 178 im Verzeichnis von 1927.

305 F.F. Institute für Kunst und Wissenschaft (Johne) an Konservator der kirchlichen Denkmäler Baden (Sauer), 18. 1. 1932, FFA Donaueschingen, Institute für Kunst und Wissenschaft, Kunst und Wissenschaft, G III/1. Vgl. Nr. 297–301. Nr. 401, 402, 404, 405, 407–410 und 461 im Verzeichnis von 1927.

306 Vgl. Konservator der kirchlichen Denkmäler Baden (Sauer) an Bad. KM, 28. 5. 1920, Universitätsarchiv Freiburg, NL Sauer, C 67/534.

307 Vgl. Adolph E. Cahn (Hg.): Das fürstlich-fürstenbergische Münzkabinett zu Donaueschingen, Frankfurt a. M. 1932 und 1933.

308 C. G. Boerner, Auktions-Institut, Kunst- und Buchantiquariat (Hg.): Kupferstiche und Radierungen des XV.–XVII. Jahrhunderts: aus den Beständen des Fürstl. Fürstenbergischen Kupferstichkabinettes zu Donaueschingen und der Kupferstichsammlung König Friedrich August II. zu Dresden, Versteigerung am 8. und 9. November 1932, Leipzig 1932.

habern ganz anders gegenüber treten, wenn das betreffende Stück nicht auf der Sperrliste steht".[309] Obwohl es sich kaum um Kunstwerke handelte, nach denen eine internationale Nachfrage bestand, wurden die Eintragungen in das Verzeichnis nicht als Auszeichnung der entsprechenden Objekte, sondern als ihre preismindernde Brandmarkung empfunden. Der Reichskunstwart trat daraufhin bei der Prüfung der Streichungsgesuche dafür ein, „dass in Folge der wirtschaftlichen Situation Erleichterungen eher bewilligt werden müssen als früher".[310] Das badische Kultusministerium wurde durch die sich häufenden Anträge auf Freigabe von Kunstwerken auf die finanziellen Schwierigkeiten der Fürstenberger aufmerksam und trat mit Max Prinz zu Fürstenberg in Verhandlungen, um mit der Übernahme der Sammlungen durch den badischen Staat die weitere Zerstreuung der Einzelwerke zu vermeiden. Da damit ein Umzug der wertvollen Gemälde in die Kunsthalle nach Karlsruhe verbunden gewesen wäre, was in Donaueschingen „eine Revolution hervorrufen würde", sah das Haus Fürstenberg von der Transaktion vorerst ab.[311]

Der Fall zeigt stellvertretend, wie die Landesregierungen durch das *Verzeichnis der national wertvollen Kunstwerke* über beabsichtigte Verkäufe aus Sammlungen, die außerhalb ihrer unmittelbaren Verfügungsgewalt standen, informiert blieben. Vom Kunstausfuhrschutz machten die Länder, gerade in Bezug auf ihre Fürstensammlungen, auf unterschiedliche Weise Gebrauch, was sich besonders bei den kleineren Ländern bemerkbar machte: Der Freistaat Lippe setzte, ähnlich wie im Fall Fürstenberg gezeigt, eine umfassende Eintragungspraxis des gleichnamigen Fürstenbesitzes um, wohingegen die anhaltinische Regierung nur eine kleine Zahl an Einzelwerken aus der herzoglichen Sammlung für das Verzeichnis auswählte. In den meisten Fällen waren die nun privatrechtlichen Besitzer bemüht, ihren Kunstbesitz zu erhalten, um auch den Glanz einer untergegangenen (familiengeschichtlichen) Epoche in die Republik zu tragen. Clemen brachte dagegen seinen Standpunkt klar zum Ausdruck: „[W]enn man unsere Fürsten zu reinen Privatleuten macht, so muss man ihnen auch die Rechte der Privatleute einräumen".[312] Das Recht zum Verkauf forderten die Familien infolge der wirtschaftlichen Herausforderungen der 1920er Jahre verstärkt ein, was auch der nachfolgende Fall zeigen wird.

309 F. F. Institute für Kunst und Wissenschaft (Johne) an Konservator der kirchlichen Denkmäler Baden (Sauer), 27.2.1932, FFA Donaueschingen, Institute für Kunst und Wissenschaft, Kunst und Wissenschaft, G III/1. Die Streichung wurde nach Absprache mit Noack durch Sauer unterstützt und im September 1932 vom Reichsinnenministerium ausgesprochen. Vgl. RMdI (Pellengahr) an F. F. Kammer, 6.9.1932, FFA Donaueschingen, Generalia, Kunst und Wissenschaft, XIV/1.

310 RKW an RMdI, 29.6.1932, BArch, R32/375b, Bl. 67.

311 Notizen über eine Unterredung Fürstenberg/Johne und Bad. KM (Asal/Weissmann), 27.7.1932, FFA Donaueschingen, Institute für Kunst und Wissenschaft, Kunst und Wissenschaft, G III/1.

312 Clemen, Der Cicerone, 1920, S. 199.

3.2 Der Fall Hohenzollern-Sigmaringen

„Es verlautet, daß die gesamte Sigmaringer Sammlung des Fürsten von Hohenzollern bereits nach Amerika verkauft worden sei."[313]

Die Sammlung des süddeutschen Fürstentums Hohenzollern-Sigmaringen, das seit 1850 zu Preußen gehörte, war im 19. Jahrhundert unter Fürst Karl begründet und von seinem Sohn Karl Anton bedeutend erweitert worden.[314] In Sigmaringen entstand 1867 ein Museumszweckbau für die Präsentation der kunstgeschichtlichen Sammlung.[315] Die Ausstellung wurde nicht nur zeitgemäß gestaltet, sondern fand „durch ihre professionelle Betreuung auch Anschluss an die wissenschaftliche kunsthistorische Forschung".[316] Damit stand sie stellvertretend für zahlreiche fürstliche Sammlungen, die den kulturellen Reichtum der Monarchie ausmachten. Besonders die hohe Qualität der Kunstobjekte süddeutscher und rheinischer Meister zeichnete die Sammlung Hohenzollern-Sigmaringen aus, deren überwiegend kunstgewerbliche Werke Teil des Verzeichnisses von 1922 wurden.[317] Neben zahlreichen Bildteppichen und mittelalterlichem Kirchengerät zählten ein Altarflügel mit Marienleben von Bartholomäus Zeitblom und die Relieftafel Hans Dauchers *Maria mit dem Kinde und Engeln* von 1520 zu den Hauptwerken, die für national wertvoll erklärt wurden. Die Auswahl der Kunstwerke ist vermutlich auf Falke zurückzuführen, der in Preußen für die Zusammenstellung kunstgewerblicher Objekte verantwortlich zeichnete und 1928 in der Fachzeitschrift *Pantheon* über die Sigmaringer Sammlung berichtete. [318] Die dort publizierte Auswahl der beschriebenen und abgebildeten Werke stimmt überwiegend mit den im Verzeichnis aufgeführten Objekten überein. Falke verzichtete hingegen auf die Unterschutzstellung der kupfervergoldeten gotischen Monstranz, die der Augsburger Fürstbischof Friedrich von Hohenzollern um

313 H: Verkauf der Sigmaringer Sammlung, Der Cicerone, 20. Jg., H. 2, 1928, S. 84.

314 Die Fürstentümer Hohenzollern-Sigmaringen und Hohenzollern-Hechingen traten 1849 ihre Souveränitätsrechte an Preußen ab und bildeten bis 1945 als preußischen Regierungsbezirk die Hohenzollerische Lande. Vgl. Walter Kaufhold: Schloß Sigmaringen und das Fürstliche Haus Hohenzollern, Sigmaringen 1979, S. 14.

315 Karl Anton verbrachte ab 1852 seine Garnisonszeit in Düsseldorf, „wo er einen Kreis von Künstlern und Kunstkennern um sich versammelte [...] sowie aus dem Kunsthandel weiteres Säkularisierungsgut ankaufte". Bernd Konrad: Die Kunstsammlungen der Adelshäuser. Erwerb – Bestand – Verlust, in: Adel im Wandel. Oberschwaben von der frühen Neuzeit bis zur Gegenwart, hg. von Mark Hengerer und Elmar L. Kuhn, Ostfildern 2006, S. 738.

316 Bumiller 2006, S. 61. Und vgl. Konrad 2006, S. 738.

317 Im Verzeichnis von 1922 befinden sich insgesamt 32 Objekte der Sammlung. Unter Nummer 191 werden „Elfenbeinbildwerke, Frühmittelalterliche" aufgelistet. Diese wurden auf vier Nummern aufgeschlüsselt und 1927 vermutlich versehentlich im bayerischen Verzeichnis geführt statt im preußischen.

318 Vgl. Otto von Falke: Sigmaringer Museum. II: Kunstgewerbe des Mittelalters, Pantheon, Bd. I, S. 115–123. Sowie Otto von Falke: Sigmaringer Museum. III: Kunstgewerbe der Renaissance, ebd. S. 178–186.

1500 gestiftet hatte, und auf Werke, die eng mit der Familiengeschichte der Hohenzollern verbunden waren, sowie die Werke von Altdorfer, Holbein d. Ä. und Cranach.[319]

Wirtschaftliche Einbußen in der Forstwirtschaft und die Zahlung einer Erbschaftssteuer in Höhe von vier Millionen Reichsmark brachten Wilhelm von Hohenzollern in finanzielle Nöte.[320] Wie Waldmann in einem Artikel in der *Weser-Zeitung* 1930 berichtete, offerierte der Fürst dem preußischen Staat seine Kunstsammlung als Sicherheit für ein Darlehen. Dieses Angebot des ehemaligen Fürsten wurde jedoch abgelehnt, infolgedessen es 1928 zur Veräußerung der Sammlung kam.[321] Geleitet wurde die Übernahme und Aufteilung der Sammlung vom Städel'schen Kunstinstitut in Frankfurt am Main, „welches als Privatanstalt rascher handeln kann" als die Stadt Frankfurt es selbst vermochte.[322] Der Frankfurter Oberbürgermeister Ludwig Landmann prophezeite, dass der Erwerb dieser Sammlung „die denkbar größte Rangerhöhung für alle Zeiten bedeuten" und den Museen der Stadt „den Charakter eines Deutschen Zentralmuseums verleihen" würde.[323] So unterstützend der linksliberale Landmann sich auch für den Ankauf einsetzte, die zwischenparteilichen Diskussionen im Frankfurter Stadtrat zeigen repräsentativ den kulturpolitischen Gegenwind, der durch die politischen Instanzen der Weimarer Republik blies: Die in Frankfurt dominierende SPD erkannte die nationale Bedeutung des Ankaufs, wollte aber die Förderung der Künstlerschaft und die Öffnung der Museen für breite Bevölkerungsteile gesichert wissen.[324] Die Linken protestierten gegen den Staat, der das „Verschachern" von Kunst durch die Fürsten mit Ankäufen unterstütze anstatt sie zu enteignen.[325]

319 Die Monstranz mit dem Motiv *Maria im Rosenhag* wurde von einem Augsburger Goldschmied in Metall gearbeitet und befindet sich bis heute im Besitz des Hauses Hohenzollern. Außerdem ist sie gegenwärtig im Verzeichnis der national wertvollen Kunstwerke unter der Verzeichnisnummer 01609 geführt. Vgl. Kaufhold 1979, S. 53; vgl. Rogasch 2004, S. 34. Eingetragen wurde beispielsweise auch nicht das Porträt eines jungen Mannes vom Meister des Prinzen-Porträts (tätig in Brüssel Ende des 15. Jahrhunderts), Öl auf Holz, 39 x 29,5 cm, das für den Fürsten Karl Anton von Hohenzollern-Sigmaringen in Düsseldorf erworben wurde. Vgl. Hiltrud Kier und Susanne Blöcker (Hg.): Lust und Verlust, Bd. 2, Corpus-Band zu Kölner Gemäldesammlungen 1800–1860, Köln 1998, S. 468.

320 Vgl. Konrad 2006, S. 737. Vgl. auch Württ. Landeskunstslg., 29. 3. 1928, Archiv Städel, Nr. 752.

321 Vgl. Waldmann, Weser-Zeitung, 1930. Auf einer gesonderten Auktion gelangten die altniederländischen Werke (37 Objekte) vorwiegend in die USA. Im Verzeichnis waren sie jedoch nicht vertreten.

322 Städel an Deutschen Städtetag (Mulert), 21. 6. 1928, ISG Ffm, Magistratsakten, S 1.533.

323 Landmann auf der 14. Sitzung der Stadtverordneten-Versammlung, 21. 6. 1928, § 797, S. 900–910, hier S. 900, enthalten in ISG Ffm, Magistratsakten, S 1.533.

324 Swarzenski begegnete dieser Forderung mit der Präsentation der geschlossenen Sigmaringer Sammlung im Städel im August 1928 in einer gemeinsam Schau mit Gegenwartkunst, „um so das Zeitlose aller grossen Kunst vor Augen zu führen". Städel (Swarzenski) an OB Landmann, 21. 8. 1928, ISG Ffm, Magistratsakten, S 1.533.

325 Vgl. 14. Sitzung der Stadtverordneten-Versammlung, 21. 6. 1928, § 797, S. 900–910, enthalten in ebd.

Mit dem bewussten Verzicht auf beteiligte Händler sollten unnötige Zwischenstellen bei den Verkaufsverhandlungen vermieden und ein Preisanstieg durch das Umgehen des freien Marktes unterbunden werden. Anders als in der Fachpresse Anfang 1928 berichtet, ging die Sammlung also nicht geschlossen nach Amerika. Finanziell gestützt durch eine kleine Auswahl an Konsorten, leitete der Museumsdirektor Swarzenski die Verhandlungen mit dem Sigmaringer Vertreter Marczel von Nemes und konnte den Erwerb en bloc sowie die Weiterverteilung der Objekte so umsetzen, dass „die Wünsche der Museen berücksichtigt und mit besonderen Entgegenkommen behandelt" wurden.[326] Mit dem Recht der ersten Wahl konnte Swarzenski etwa 100 Stücke für Frankfurt gewinnen; weitere Zuschläge erhielten die Konsorten, bei Uneinigkeiten bestimmte das Los. Das Landesmuseum Stuttgart bemühte sich um den Erhalt der bedeutenden schwäbischen Werke, die daraufhin in Sigmaringen blieben. Die Skulpturensammlung und die mittelalterliche Kleinkunst gelangten überwiegend an das Frankfurter Kunstgewerbemuseum, weitere Werke gingen an Museen in Köln und Düsseldorf sowie Hannover, Augsburg, Weimar, Halle, Königsberg, Breslau, Berlin, Zürich und Basel.[327] Als besondere Herausforderung stellte sich die Zuweisung eines Marienreliefs mit Engeln von Hans Daucher aus dem Jahr 1520 heraus, an dem das Germanische Nationalmuseum in Nürnberg, das Berliner Kaiser-Friedrich-Museum und das Maximilianmuseum in Augsburg jeweils großes Interesse zeigten. Swarzenski, der nahezu in die Rolle eines Kunsthändlers schlüpfte, betonte den Wunsch das Relief in Deutschland zu bewahren, den Zuschlag aber sollte das Museum bekommen, das als erstes bereit war, den Übernahmepreis von immerhin 100.000 Mark zu bezahlen.[328] So trat er auch mit Museen im Ausland in Verbindung, um über Erwerbungen von Kunstwerken zu verhandeln, deren Ausfuhr mit der Eintragung in das Verzeichnis eigentlich untersagt war.[329]

Im Sommer 1928 wurde die übernommene Sigmaringer Sammlung noch einmal vereint der Öffentlichkeit präsentiert. Zur Ausstellungseröffnung im Frankfurter Städel führte der Oberbürgermeister Landmann die nationale Bedeutung der Sicherung der Sammlung für Deutschland aus:

> „Die Aufgaben der deutschen Zentren, der Zentren des deutschen Kulturlebens ist, jetzt in dieser Zeit Dienst am Volke zu leisten dadurch, dass das Volk nicht nur in seinen materiellen Nöten unterstützt und gefördert wird, sondern dass es hingeführt wird zu den grössen [sic] Schöpfungen der Vergangenheit und den Persönlichkeitsäusserungen der grossen Meister unserer Tage."[330]

326 Swarzenski, Zeitschrift für bildende Künste, 1929, S. 273. Zum Konsortium gehörten Sammler wie Albert Hahn, Robert von Hirsch und Ottmar Strauss, weitere Privatpersonen bildeten ein Unterkonsortium. Vgl. Konsortialvertrag, 14. 7. 1928, Archiv Städel, Nr. 141.

327 Swarzenski, Zeitschrift für bildende Kunst, 1929, S. 273.

328 Städel (Swarzenski) an GNM (Halm), 23. 8. 1928, Archiv Städel, Nr. 748. Das Relief ist heute im Augsburger Maximilianmusem zu sehen und nach wie vor Bestandteil des *Verzeichnisses national wertvoller Kunstwerke*.

329 Vgl. Victoria and Albert Museum (Maclagan) an Städel (Swarzenski), 26. 8. 1928, Archiv Städel, Nr. 748.

330 Rede des OB Landmann, 24. 8. 1928, S. 5, ISG Ffm, Magistratsakten, S 1.533.

Für die Stadt Frankfurt war der Erwerb der Sammlung Sigmaringen ein großer Erfolg, der nicht unwesentlich durch die Tatsache befördert worden war, dass bedeutende Einzelwerke der Sammlung im *Verzeichnis der national wertvollen Kunstwerke* standen. Um einen Verkauf ins Ausland vorzubereiten, erbat der ehemalige Fürst von Hohenzollern-Sigmaringen die Genehmigung zur Ausfuhr. Damit sah Swarzenski seine Erwerbungsverhandlungen bedroht, sodass er den Reichskommissar für Ein- und Ausfuhrbewilligungen und zeitgleich das Reichsinnenministerium im März 1928 bat, „alle Gesuche um Freigabe der auf der Ausfuhrliste stehenden Objekte auch fernhin abzulehnen, da dies eine wesentliche Voraussetzung für das Gelingen unseres Planes ist".[331] Das auf Amtswegen sonst zwischengeschaltete preußische Kultusministerium informierte er erst zwei Monate später über seine Forderung an die Reichstellen und betonte, „dass die Verhandlungen in *einer* Hand bleiben und grösste Vertraulichkeit bewahrt wird".[332] Diese erwünschte Vertraulichkeit konnte Swarzenski so erfolgreich durchsetzen, dass selbst Falke über die verschwiegenen Ankaufsverhandlungen uninformiert blieb und die ihm so gut bekannte Sammlung bereits in Amerika sah: „Es ist ein Jammer, mein einziger Trost ist, dass ich nichts mehr damit zu tun habe."[333]

Nicht nur die Verschwiegenheit ließ die Verhandlung um die Fürstensammlungen für Frankfurt erfolgreich enden, mehr noch hat sich gezeigt, „dass nur durch den Umstand, dass die wichtigsten Kunstwerke dieser Sammlung auf der Liste standen, jene so dankenswerte Aktion zur Sicherung des wichtigsten dieses Besitzes für Deutschland durch das Einsetzen der grossen Städte, einzelner Museen und Privatsammler möglich war".[334] Somit konnte ein bedeutender Teil der Sigmaringer Sammlung für Deutschland bewahrt werden, da „die Anträge auf Freigabe [...] eine Kontrolle gestatteten".[335] Der Erhalt der Sammlung als Ganzes, wie es die Fürsten auch im 19. Jahrhundert bereits forderten, konnte jedoch nicht ermöglicht werden. Das *Verzeichnis der national wertvollen Kunstwerke* verhinderte als Individualliste die Zersplitterung der bedeutendsten Sammlung in Oberschwaben nicht, es schützte die Kunstwerke jedoch, bis die Museen eine Aufnahme

331 Städt. Galerie Ffm (Swarzenski) an Reichskommissar für Ein- und Ausfuhrbewilligungen, 29. 3. 1928, Archiv Städel, Nr. 752.

332 Städt. Galerie Ffm (Swarzenski) an Pr. KM, 21. 5. 1928, ebd.

333 Falke an GNM (Zimmermann), 14. 1. 1928, weitergeleitet an BStGS (Dörnhöffer), BStGS, Nr. 2947, Bd. 3.

334 Eingabe Tag für Denkmalpflege und Heimatschutz (Clemen, von Stein)/Deutscher Verein für Kunstwissenschaft (Schmidt-Ott)/DMB (Koetschau) an RMdI, Februar 1929, BArch, R43I/819, Bl. 136–147, hier Bl. 139.

335 Gutachten von Friedländer zur vorgeschlagenen Revision, 5. 12. 1932, BArch, R32/375, Bl. 229 f. Anträge auf Streichungen durch den Fürsten in Vorbereitung auf die Versteigerung 1928 konnten in den Akten nicht ausfindig gemacht werden. Vielmehr muss hier auch der verantwortungsvolle Versuch des Fürsten von Hohenzollern berücksichtigt werden, den Familienbesitz für die Öffentlichkeit zu sichern, indem er sich auf die Angebote der Museen einließ, Werke stiftete oder für das Landesmuseum Stuttgart zurückerwarb. In Sigmaringen wurde in Folge der Versteigerung die Ausstellung einer reduzierten schwäbischen Sammlung wiedereröffnet. Vgl. Swarzenski, Zeitschrift für bildende Künste, 1929, S. 273; Vgl. Konrad 2006, S. 738.

des Kulturgutes ermöglichen konnten, sodass Swarzenski Grund hatte, die Ausfuhrbestimmungen als „segensreich" zu bezeichnen.[336] Die Frankfurter Museen, das Städel im Besonderen, gründen auf dem bürgerlichen Engagement der Mainstadt; erstmals war es ihnen möglich, ihre Sammlung durch eine bedeutende fürstliche Sammlung aufzuwerten: „Diese enthalten naturgemäß in ihren Beständen Werte, wie sie nie im Handel vorkommen und die deshalb den Frankfurter Museen fehlen."[337]

Zugleich zeigt der Fall, dass Ausfuhrverbote nur selten beharrlich aufrechterhalten wurden, sobald der Antrag auf Streichung vorlag. Auch in der Frankfurter Stadtverwaltung war man sich einig, „daß, wenn nicht in diesen Wochen die deutschen Museen und Kunstliebhaber diese Werke aufkauften, dieses Verbot nicht länger hätte durchgehalten werden können und diese Gegenstände zu Auktionen im Auslande freigegeben worden wären".[338] Tatsächlich genehmigte man in den folgenden Jahren den verzeichneten Werken der Sigmaringer Sammlung, die von Privatsammlungen erworben oder dem Kunsthandel zugesprochen wurden, auf Antrag die Ausfuhr, darunter auch den zwei Verkündigungstafeln von Gerard David, die die Firma A. S. Drey erwarb. Die niederländische Kunst des frühen 16. Jahrhunderts fand bei Bode und seinen Zeitgenossen noch keine große Anerkennung und Zimmermann hielt in einem Gutachten über die Tafeln diese „für zu unwichtig, um in dem Verzeichnis der national wertvollen Kunstwerke zu figurieren".[339] Und so konnte man 1929 in der Fachpresse lesen, dass „Gemälde der frühen niederländischen Meister der Sigmaringer Sammlung, [...] wie anzunehmen war, nach Amerika gebracht und durch A. S. Drey in New York ausgestellt worden [sind]".[340]

Der Fall Sigmaringen verdeutlicht, dass es trotz der finanziell schwierigen Lage öffentlicher Haushalte gelang, bedeutende Sammlungsteile mit Werken, die für die deutsche Kunstgeschichte prägend waren, zu erwerben. Für Swarzenski war dieses „praktische Vorgehen der Museen" die einzige Möglichkeit zum Erhalt des ehemals fürstlichen Kunstbesitzes, dessen Auflösung, wie er im Anschluss an den erfolgreichen Ankauf in der Fachzeitschrift *Zeitschrift für bildende Kunst* schrieb, nicht durch „gesetzgeberische oder administrative Maßnahmen" verhindert werden könne:

> „Entweder findet man sich mit der Abwanderung des Kunstgutes ab, oder man muß die nötigen Opfer bringen, um es im Lande zu erhalten und der Allgemeinheit zuzuführen."[341]

336 Städel (Swarzenski) an RMdI (Donnevert), 22.4.1929, Archiv Städel, Nr. 748.

337 Landmann in der 14. Sitzung der Stadtverordneten-Versammlung, 21.6.1928, § 797, S. 900–910, hier S. 900, enthalten in ISG Ffm, Magistratsakten, S 1.533.

338 Stadtrat Michel in ebd.

339 GNM (Zimmermann) an BNM (Halm), 2.5.1929, BNM, Dokumentation, Dok. 1637, Mappe 11. Vgl. Lindemann 2009, S. 154.

340 S.: New York, Der Cicerone, 21. Jg., 1929, H. 2, S. 40. Die Tafeln Davids aus Sigmaringen kann man heute im Metropolitan Museum of Art in New York bewundern. Vgl. European Paintings in the Metropolitan Museum of Art. A summary catalogue, New York 1995, S. 260.

341 Swarzenski, Zeitschrift für bildende Kunst, 1929, S. 268.

Damit erinnerte Swarzenski an einen die Debatten der noch jungen Weimarer Republik prägenden Grundkonflikt zwischen wirtschaftlicher Not einerseits und dem Verlangen nach einer kulturellen Anknüpfung andererseits. Unerwähnt ließ er in seinen Ausführungen jedoch, dass auch er sich der Reichsverordnung bediente, um seinen Verhandlungsstandpunkt zu stärken. Dass dieses Vorgehen der Museen bei vergleichbaren fürstlichen Sammlungen wie in Anhalt oder Braunschweig-Lüneburg scheiterte, wies Waldmann der fehlenden Einsicht des Staates zu „in die Notwendigkeit gegenüber kulturellen Dingen und das Gefühl der Verpflichtung gegenüber einer großen, auch historisch großen Vergangenheit".[342]

> „Wenn der [Herzog von Westminster] ein Meisterwerk eines der größten englischen Maler, den ‚Blue Boy' von Thomas Gainsborough nach Kalifornien verkauft, beschuldigt ihn in England kein Mensch des unpatriotischen Verhaltens. Verkauft aber ein anderer englischer Privatmann ein Bild von Holbein, dann bringt England eben die Million Mark auf, die das Bild kostet und kümmert sich nicht darum, weshalb der Duke verkaufen will, selbst wenn ganz England weiß, daß er nur verkauft, weil seine Rennpferde etwas zu langsam gelaufen sind oder plötzlich gehustet haben."[343]

Was Waldmann in seinem Vergleich verkannte, waren die Nachwirkung der deutschen Revolution und die jahrelangen Auseinandersetzungen um den ehemals fürstlichen Kunstbesitz, die mit dem Volksentscheid zur Fürstenenteignung 1926 einen Höhepunkt des gesellschaftlichen und politischen Diskurses erreichten.

342 Waldmann, Weser-Zeitung, 1930.
343 Ebd.

4. „… UNS DIESE SCHARFE UND BIEGSAME WAFFE VOLL VERTRAUEN IN DIE HAND GELEGT …“[344] – DAS VERZEICHNIS UND DIE MUSEEN

Die soeben geschilderten Verhandlungen um die Sigmaringer Sammlung gaben bereits einen Einblick, inwieweit die Direktoren der großen deutschen Museen Einfluss im Ausfuhrschutz geltend machen konnten. Als der Direktor des Bayerischen Nationalmuseums, Philipp Maria Halm, erfuhr, dass der Erfolg der Verkaufsverhandlungen mit einem Kunsthändlerverbund von der Ausfuhrerlaubnis dieser Sammlung abhing, wandte er sich umgehend an das bayerische Kultusministerium und meldete sein Interesse an einem Madonnenrelief von Hans Daucher an:

> „Nach den bisherigen Erfahrungen ist nämlich anzunehmen, daß die Ausfuhrerlaubnis schließlich erteilt werden wird, wenn die Käufer sich bereit erklären, zur Bereicherung der Berliner Museen dadurch beizutragen, daß sie erwünschte Gegenstände der Sammlung teils geschenkweise, teils zu herabgesetzten Preisen ihnen überlassen. Das entspräche der bisherigen Praxis der Berliner Regierungsstellen, auch wenn es sich im die Ausfuhr bisherigen süddeutschen Besitzes handelt.“[345]

Die Schenkung oder „billige Abgabe“ ausgewählter Kunstwerke an die Museen war nicht nur in Einzelfällen das Resultat von Streichungsanträgen seit Beginn der 1920er Jahre. Zugleich verdeutlicht der Fall, dass Unterschutzstellungen bei Verkaufsabsichten seitens des Besitzers nicht selten aufgehoben wurden. Auch im Fall Sigmaringen äußerte Falke, der preußische Oberregierungsrat Ernst Gall „war ja immer als Museums-Dezernent gegen die Schutzliste, weil die Museen zum Nachteil des Kunsthandels darauf Vorteile zögen“.[346] Das Abwägen und Durchsetzen von Interessen des Staates, der Museen, des

344 Clemen 1920, S. 107.

345 BNM (Halm) an Bay. KM, 19.4.1928, BayHStA, MK 40836, Bd. 4. Das bayerische Kultusministerium leitete tags darauf das Anliegen Halms an das Reichsinnenministerium weiter. Vgl. Bay. KM (Hendschel) an RMdI, 20.4.1928, ebd. Swarzenski sagte dem bayerischen Kultusministerium daraufhin zu, dass die Ausfuhrbestimmungen streng aufrechterhalten bleiben müssten und dass „auch Wünsche der Bayerischen Staatssammlungen soweit möglich berücksichtig werden“. Städel (Swarzenski) an Bay. KM, 21.5.1928, ebd.

346 Falke an GNM (Zimmermann), 14.1.1928, weitergeleitet an BStGS (Dörnhöffer), BStGS, Nr. 2947, Bd. 3. Die Einstellung Galls zeigte sich auch in den Verhandlungen über eine Verlängerung der Kunstausfuhrverordnung in Freiburg im September 1925. Vgl. Protokoll zur Besprechung über

Kunsthandels und der Privatsammler erregte die Diskussionen über den Erlass der Verordnung und wurde in jedem Unterschutzstellungsfall neu ausgelotet.

Das Interesse der Museen bestand darin, Kunstwerke der Privatsammlungen nicht nur für Deutschland zu erhalten, sondern in die Staatssammlungen zu übernehmen, wie Pauli am Beispiel Hamburg verdeutlichte:

> „Es gibt z. B. Gemälde in hamburgischem Privatbesitz, die in Hamburgs Interesse zum mindestens in Deutschland, wenn nicht in Hamburg, verbleiben müßten, um für die öffentlichen Sammlungen Hamburgs erreichbar zu bleiben."[347]

Die von einem Museumsdirektor beschriebene Funktion der Kunstausfuhrverordnung bestätigte Theodor Lewald vom Reichsministerium des Innern unmissverständlich auf der Münchner Konferenz im Januar 1920:

> „Auch kann man die Privatsammlungen nicht ohne Weiteres anders behandeln wie die staatlichen. Denn auch sie sind von den Staaten gefördert worden vielfach in der begründeten Hoffnung, daß ein erheblicher Teil von ihnen dereinst durch Schenkung oder letztwillige Verfügung auf den Staat übergehen werde."[348]

Demzufolge überschnitt sich die Schlüsselrolle der Museumsbeamten beim Aufbau von Privatsammlungen mit der des Kunstsachverständigen, der im Auftrag des Kultusministeriums die Auswahl „national wertvoller" Kunstwerke vornehmen sollte. Eine Ausnahme bildete hier das Land Baden, wo Sauer, der Konservator der Kunstdenkmäler als maßgeblicher Kunstsachverständiger auftrat, der „frei von musealen Tendenzen" eine der umfangreichsten Landeslisten des Reiches zusammentrug.[349] Der in Fachkreisen hoch geachtete Sauer bezweifelte bereits während der Gesetzesausarbeitung 1918 die Durchsetzbarkeit der Ein- und Austragungsvorgänge:

> „Eine solche Verordnung bleibt, die Anschauung über die von ihr betroffenen Gegenstände wandelt sich dagegen täglich. […] Ich habe aber fast die Befürchtung, dass die Verordnung im gleichen Augenblick, da sie eine Seitenpforte verriegelt, die Hauptpforte weit offen lässt."[350]

Tatsächlich zeigt sich in der Praxis, dass Kunstwerke, die von den Ländern eingetragen wurden, zu einem späteren Zeitpunkt ihre Meisterzuschreibung verloren oder wegen ihrer schwachen Qualität kritisiert wurden. Zeitgleich befanden sich hochwertigere

die Verlängerung des reichsgesetzlichen Schutzes von Denkmalen und national wertvollen Kunstwerken, Freiburg i.Br., 21.9.1925, StA Bremen, Senatsregistratur, 3-B.13. Nr. 66.a. Bd. 1, Bl. 125 ff.

347 Hmb. KH (Pauli) an Bürgermeister Hamburg (von Mehl), 17.8.1919, AHK, 32-260.4, Bl. 187.

348 Lewald in Niederschrift über eine Besprechung der Verordnung vom 11. Dezember 1919 betr. der Ausfuhr von Kunstwerken und der Aufstellung eines Reichskunstwarts abgehalten im Gebäude des Bayerischen Nationalmuseum in München am 5. Januar 1920, SMB-ZA, IV/NL Bode 431, S. 7.

349 Protokoll zur Besprechung über die Verlängerung des reichsgesetzlichen Schutzes von Denkmalen und national wertvollen Kunstwerken, Freiburg i.Br., 21.9.1925, StA Bremen, Senatsregistratur, 3-B.13. Nr. 66.a. Bd. 1, Bl. 125 ff.

350 Konservator der kirchlichen Denkmäler Baden (Sauer) an Bad. KM, 12.3.1918, Universitätsarchiv Freiburg, NL Sauer, C 67/534.

Arbeiten in deutschen Privatsammlungen oder im Handel, ohne erfasst gewesen zu sein. Der Kunsthändler Karl Haberstock beantragte beispielsweise die Streichung eines Werkes von Cranach d. Ä., das er samt des Ausfuhrverbots vom Darmstädter Sanitätsrat Schefers erworben hatte. Obgleich es sich bereits mehr als ein Jahrzehnt im Verzeichnis befand, lehnte Dörnhöffer den Erwerb des Werkes für die Alte Pinakothek ab, weil insbesondere die Komposition „merkliche Schwächen" aufweise.[351] Gleichzeitig wurde dem Direktor ein aus dem sächsischen Königshaus stammendes Porträt Friedrich des Weisen angeboten, das nach seinen Aussagen dem Gemälde im Verzeichnis „künstlerisch aber ausserordentlich überlegen ist".[352] Der Wandel in der Wertschätzung eines Kunstwerkes, die unübersichtliche und teilweise unbekannte Objektlage in Privatbesitz wie auch der territorial heterogene Bestand öffentlicher Sammlungen machten den Abschluss des Verzeichnisses unmöglich. Die Kunstsachverständigen griffen auf ihre Kenntnisse des deutschen Privatbesitzes zurück, die sie durch die wissenschaftliche Beratung und dessen Aufarbeitung erlangt hatten. Nicht selten nahmen sie die Auswahl gemeinschaftlich mit den betroffenen Sammlern vor. Insbesondere sollte Kunstbesitzern das Vertrauen entgegengebracht werden, eine Detailauswahl zu treffen und die verzeichneten Kunstwerke zu präzisieren. Um die gute Beziehung zum Münchner Sammler Alfred Pringsheim besorgt, bat Halm 1920 „ergebenst" um dessen Mithilfe:

> „Bei der Reichhaltigkeit Ihrer Sammlung erscheint es den mit der Aufstellung der Liste der auf das Ausfuhrverbot zu setzenden Gegenstände beauftragten Herren zu wenig, dass aus Ihrer Sammlung nur zwei Stücke benannt wurden. Ich möchte Sie deshalb ganz ergebenst bitten, mir noch etwa 8–10 Stücke zu nennen, die auf die Liste zu setzen wären. Es genügt in diesem Falle eine ganz kurze Beschreibung des Stückes (Zeit und Meister). Verzeihen Sie die Bemühung, die ich Ihnen ungewollt verursachen muss."[353]

Sechs Wochen später musste der Direktor des Bayerischen Nationalmuseums sein Anliegen dem Mäzen, der in der Ankaufskommission des Museums saß, in Erinnerung bringen.[354] Im Verzeichnis von 1922 befanden sich insgesamt acht Nürnberger Deckelpokale und -becher des 16. Jahrhunderts; der sogenannte Holbein-Pokal, der als das bedeutendste Stück der Sammlung angesehen wird, war hingegen nicht ausgewählt worden.[355] Auch aus der berühmten italienischen Majolikasammlung befanden sich bis in die 1930er Jahre hinein keine Objekte im Verzeichnis.

351 BStGS (Dörnhöffer) an Bay. KM, 19.1.1932, BayHStA, MK 40837, Bd. 5. Die Streichung des Werkes wurde dem Besitzer am 25.7.1932 durch das Reichsministerium des Innern bestätigt. Im Falle des Verkaufes ins Ausland sollte Haberstock den Nachweis über die Ablieferung der Devisen erbringen. Vgl. RMdI an Haberstock, 25.7.1932, BArch, R32/375b.
352 BStGS (Dörnhöffer) an Bay. KM, 19.1.1932, BayHStA, MK 40837, Bd. 5.
353 BNM (Halm) an Pringsheim, 1.6.1920, BNM Dokumentation, Dok 1637, Mappe 3.
354 BNM (Halm) an Pringsheim. 12.7.1920, ebd.
355 Der Holbein-Pokal wurde 1953 durch das Bayerische Nationalmuseum von den Erben Pringsheim erworben. Vgl. Lorenz Seelig: Die Münchner Sammlung Alfred Pringsheim. Versteigerung, Beschlagnahmung, Restitution, in: Entehrt. Ausgeplündert. Arisiert. Entrechtung und Ent-

Durch das diplomatische Abwägen des auszuübenden Druckes auf die Kunstbesitzer gelang den Kunstsachverständigen die Präzisierung der zu schützenden Kunstwerke für zahlreiche Sammlungen nicht, sodass sie in Vorbereitung zur ersten Druckfassung des Verzeichnisses wieder gestrichen wurden.[356] Andere Sammler erwirkten bereits die Freigabe ihrer Kunstwerke, bevor ihre Eintragung durch das Verzeichnis von 1922 diese belegen konnte. Der Kunsthändler Kurt Bachstitz bat beispielsweise im Juli 1920 erfolgreich um die Freigabe von Kunstwerken, die er aus dem Nachlass des verstorbenen Frankfurter Industriellen Fritz von Gans erworben hatte. Bachstitz signalisierte ganz direkt die Bereitschaft, sich „für die Bewilligung den Staatlichen Museen erkenntlich zu zeigen" und überließ im Folgenden ein Gemälde von Altdorfer und ein byzantinisches Armband als Geschenk.[357] Auch in Dresden bediente sich der Galeriedirektor Hans Posse nachweislich des Vorgehens, „bei einem Entgegenkommen hinsichtlich der Überlassung des einen oder anderen infrage stehenden Bildes" sich beim Ministerium dafür auszusprechen, „dass die Sperrung der übrigen Bilder [einer Sammlung] aufgehoben" wird.[358] Entsprechend setzte er sich für die Freigabe der Dresdner Sammlung Adolf Rothermundt ein, weil er ein ausgesprochenes Interesse an der günstigen Erwerbung eines Gemäldes von Edouard Manet verfolgte (Abb. 6):

> „Die Direktion hält es im Interesse der Gemäldegalerie für sehr erwünscht, dass die Sperrung der genannten 5 Bilder aufgehoben wird, weil es auf diese Weise gelingen würde, das Hauptstück der Sammlung Rothermundt, „Die Dame in Rosa" von Manet, für die Dresdener Galerie und damit für den deutschen Museumsbesitz im Allgemeinen zu sichern. Die Sicherung dieses Bildnisses von Manet, das zu den bedeutendsten Werken des französischen Malers in ganz Deutschland gehört, für die Gemäldegalerie wäre von so hoher Bedeutung, dass daneben alle anderen Stücke der Sammlung Rothermundt erst an 2. oder 3. Linie in Betracht kämen."[359]

In diesem Fall besiegelte die erfolgte Streichung aus dem Verzeichnis keine Schenkung, so wie es das Reichsinnenministerium irrtümlich annahm, sondern sicherte der Dresdner Gemäldegalerie ein Vorkaufsrecht zu günstigen Konditionen sowie einen Leihvertrag über fünf Jahre.[360] Das vermeintliche Entgegenkommen der Museumsdirektoren

eignung der Juden, hg. von der Koordinierungsstelle für Kulturgutverluste Magdeburg 2005, S. 265–290, hier S. 281.

356 Dies triff beispielsweise für die Münchner Sammlungen Amann („Holzfigurensammlung"), Arndt („Gemmensammlung"), Froster („Münzsammlung") und Kühlmann („Holzfigurensammlung") zu. Vgl. Bay. KM (Hendschel) an BStGS (Dörnhöffer), 23.10.1921, BStGS, 11/4, Nr. 245.

357 Bachstitz an RMdI, 2.7.1920, SMB-ZA, I/GG 140, Bl. 74. Das Reichsministerium erteilte die Ausfuhrgenehmigung nur unter der Bedingung, dass das Gemälde *Abschied der Apostel* von Altdorfer sowie das genannte Armband den Staatlichen Museen kostenlos zu überlassen seien und dass der Inhalt eines Kindergrabes aus der römischen Kaiserzeit für 95.000 Mark den Museen angeboten werden sollte. Vgl. RMdI an Bachstitz, 6.11.1920, ebd., Bl.114.

358 GG Dresden (Posse) an Sächs. MdI, 7.7.1922, SKD Altregistratur, 01/GG 15, Bd. 9, Bl. 441.

359 GG Dresden (Posse) an Sächs. MdI, 22.10.1920, SächsHStA, 10736, Nr. 17455, Bl. 314 und SKD Altregistratur, 01/GG 15, Bd. 9, Bl. 441.

360 Sächs. MdI an Rothermundt, 17.11.1921, SKD Altregistratur, 01/GG 04, Bd. 14, Bl. 315. Der Kunsthändler Paul Cassirer äußerte sich zum Preis des Gemäldes wie folgt: „Erhält die Dresdner Gallerie die rosa Dame für eine Summe, die unter einer Million Mark ist, so macht Herr Rother-

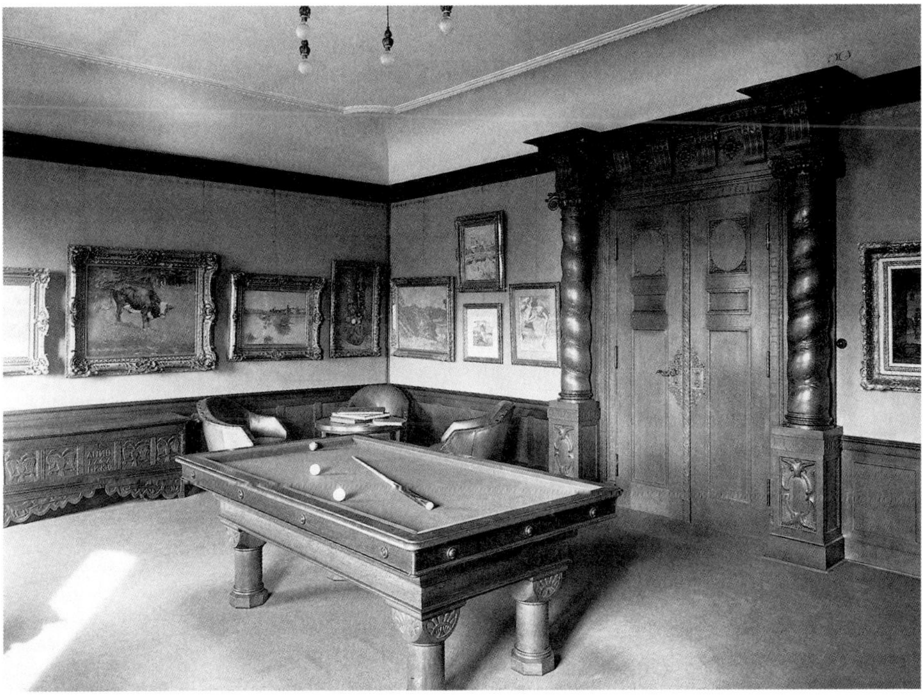

6 Villa Rothermundt, Dresden-Blasewitz, um 1911, Salon mit den „national wertvollen" Gemälden *Der Stier* von Edouard Manet, *Seine bei Vétheuil* von Claude Monet und *Geborstenes Haus* von Paul Cézanne (1., 2. und 4. von links)

den Sammlern gegenüber gründete auf der Intention Ankaufsverhandlungen wohlwollend zu gestalten – und im Falle Rothermundts zudem in der erwünschten Schenkung von zwei Werken Max Liebermanns.[361] Ähnlich motiviert war die Freigabe des Gemäldes *Mann mit dem Falken* von Titian für die Ausfuhr nach Amerika, über die die New York Times im April 1921 berichtet hatte, dass sich Bode für den ihm verbundenen Sammler Eduard Simon eingesetzt hatte.[362] Infolgedessen schlug das Innenministerium vor, das Reich solle sich den „Verlust" eines italienischen Renaissancewerkes mit einem gleichwertigen Ersatz bezahlen lassen: der Veröffentlichung des literarischen Nachlasses Giorgio Vasaris durch Karl Frey. An Bode schrieb der Staatssekretär Theodor Lewald:

mundt der Gallerie nach meiner festen Ueberzeugung ein Geschenk von beinah einer Million Mark." Cassirer an Sächs. MdI (Schmitt), SächsHStA, 10736, Nr. 17455, Bl. 315.

361 Es handelt sich um die Gemälde *Das Kohlfeld* und *Judengasse* von Max Liebermann. Vgl. GG Dresden (Posse) an Sächs. KM, 19.11.1920, SKD Altregistratur, 01/GG 04, Bd. 14, Bl. 325.

362 Vgl. Famous Titian comes to New York. Portrait of Giorgio Cornaro is bought by Duveen Brothers of Berlin Collector, The New York Times, 9.4.1921. Vgl. auch Donath 1923, S. 157.

„Bedarf es dazu noch einiger Geldmittel, so würde ich keine Bedenken tragen, vorzuschlagen, noch einmal an Geheimrat Eduard Simon heranzutreten, dem wir ja durch die Freigabe seines TIZIAN'schen Bildes sehr grosse Summen zugeführt haben."[363]

Im weiteren Verlauf der 1920er Jahre schien sich das berechnende Vorgehen der Kunstsachverständigen zu verändern: Die Gönner der Museen waren nicht mehr die vermögenden Sammler, sondern Kunsthändler „die sich dankbar erweisen wollen, weil wir ihnen beim Ein- und Verkauf ihrer Kunstwerke behilflich sind", berichtete Bode über die Erwerbungen des Jahres 1927.[364] Der Ankauf „national wertvoller" Kunstwerke aus dem Kunsthandel durch Kauf oder Tausch war vor allem deshalb im Interesse der deutschen Kulturpolitik, „damit der deutsche Kunsthandel nicht nur die Härten, sondern auch die Vorteile der deutschen Kunstschutzpolitik empfinde".[365] Diesen Zugeständnissen des Staates an den Kunsthandel stand die weitverbreitete Kritik aus Museumskreisen entgegen, dass Händler im In- wie im Ausland das Verzeichnis als „Jagdkalender" nutzen würden, weil Freigaben von Objekten vom Staat leicht genehmigt würden.[366] Kunstsachverständige verzichteten sogar auf die Meldung, da sie mit der Bekanntgabe von Kunstwerken im Verzeichnis befürchteten, deren Besitzer würden sich durch die Häufung von Angeboten für einen Verkauf entscheiden.[367] Schwer greifbar sind daher die Fälle, in denen sich die Kunstsachverständigen bewusst oder unbewusst gegen die Eintragung von einzelnen Objekten entschlossen.

Die Tatsache, dass die Kunstsachverständigen ihre Rolle im Ausfuhrschutz nutzten, um für ihre öffentlichen Sammlungen Einzelwerke zu sichern, sollte die großen Verluste kompensieren, die Museen durch die Auslandsverkäufe infolge des Ersten Weltkriegs hinnehmen mussten. Ernst Heinrich Zimmermann verknüpfte beispielsweise in einem Tätigkeitsbericht vom Oktober 1921 die finanzielle Notlage des Germanischen Nationalmuseums in Nürnberg und den Antrag zur Aufstockung des Ankaufsetats mit der Abwanderung von Kunstwerken ins Ausland: „An Erwerbungen für die Samm-

363 RMdI (Lewald) an Bode, 6.5.1921, SMB-ZA, IV/NL Bode 3295. Über den Verlauf des Vorgangs ist nichts bekannt.

364 Bode an SMB (Waetzoldt), 24.12.1927, SMB-ZA, I/GG 19, Bl. 127 f.

365 RMdI (Donnevert) an Staatsamt für Ausw. Angel. Hamburg, 14.1.1932, AHK, 32-260.4, Bl. 107; Vgl. RMdI (Donnevert) an Thür. KM, 14.1.1932, ThHStA Weimar, Thüringisches Volksbildungsministerium C987, Bl. 72; RMdI (Donnevert) an Bay. Staatsmin. des Äußern, 14.1.1932, BAyHStA, MK 40837, Bd. 5.

366 August Fink, Direktor des Herzog Anton Ulrich-Museums Braunschweig, bezeichnete das Verzeichnis als „‚Jagdkalender' für den Kunsthandel", weil zahlreiche Kunstwerke aus dem Verzeichnis von 1922 bereits verkauft wären. Herzog Anton Ulrich-Museum (Fink) an Museums- und Bibliotheksstiftung von Haus und Land Brandenburg, 12.12.1931, StA Wolfenbüttel, 12 Neu 13, NR. 19050, Bl. 4 ff.

367 Vgl. Dies betraf beispielsweise die Gemälde Braunschweiger Herzöge im Lucklumer Rittersaal im Besitz der Familie Cramer von Clausbruch, von deren Eintragung August Fink aus oben genannten Gründen absah. Vgl. Herzog Anton Ulrich-Museum (Fink) an Museums- und Bibliotheksstiftung von Haus und Land Brandenburg, 12.12.1931, StA Wolfenbüttel, 12 Neu 13, Nr. 19050, Bl. 4 ff.

lungen des Museums konnte innerhalb der letzten 4 Jahre nicht so intensiv gearbeitet werden, wie dies gerade im Hinblick auf die Zerstreuung so vieler grosser deutscher Privatsammlungen während des Krieges wünschenswert gewesen wäre."[368] Gleichzeitig sah sich insbesondere das Germanische Nationalmuseum als dezidiert nationale Institution in die Pflicht genommen, „wertvolle deutsche Kunstwerke vor der Gefahr der Abwanderung ins Ausland zu retten" und damit als „Rettungsanstalt für das Kulturgut vergangener Jahrhunderte" zu fungieren.[369] Auch im Jahresbericht von 1934 ist das konstante Bestreben des Museums nachzulesen:

> „Die Auflösung der letzten Bestände privaten deutschen Kulturgutes fordert gebieterisch, daß die wertvollen Denkmäler unserer deutschen Vergangenheit nicht den Weg ins Ausland nehmen, sondern der Öffentlichkeit zugänglich gemacht werden."[370]

Unnachgiebig hielt Zimmermann beispielsweise bis weit in die 1930er Jahre an der Unterschutzstellung eines für Nürnberg zentralen Objektes fest: dem Erdglobus von Martin Behaim, der weltweit ältesten überlieferten Erddarstellung in Kugelform (Taf. VII). Dieser war zwar seit 1906 im Germanischen Nationalmuseum ausgestellt, jedoch nur als Leihgabe des Wilhelm Freiherrn von Behaim, der den Verkauf des Globus und ab 1927 die Streichung aus dem Verzeichnis beabsichtigte. Seine über Jahre gestellten Anträge auf Ausfuhrgenehmigung liefen jedoch stets ins Leere.[371] Obgleich der Globus nicht im herkömmlichen Sinne als Kunstwerk betrachtet wurde und ihm vor allem aufgrund seines schlechten Erhaltungszustandes durch den Oberbürgermeister der Stadt Nürnberg, Hermann Luppe, lediglich „ein Affektionswert" zugeschrieben wurde, „weil er der erste ist, der geschaffen wurde", setzten sich die bayerischen Museumsdirektoren ausnahmslos für die Aufrechterhaltung der Eintragung ein.[372] Einig waren sie sich, „daß der Globus Behaims zwar nicht so sehr von rein künstlerischen Gesichtspunkten, wohl aber in seiner Bedeutung als wissenschaftliches, geographisches und kulturgeschichtliches Dokument allerersten Ranges zu werten ist, dem auf seinem Gebiet keine andere Nation auch nur etwas Ähnliches an die Seite zu stellen hat".[373] Und auch der Reichskunstwart Redslob schloss jegliche Diskussion um eine Freigabe des Objektes aus:

> „Der Behaim'sche Globus ist so sehr ein Dokument deutscher Geschichte, dass seine Streichung von der Liste völlig undenkbar ist und dem Sinn des Gesetzes widerspricht. Ausserdem sind ja seit langem Verhandlungen wegen der Erwerbung durch das Germanische Museum, wohin das Dokument gehört, im Gange."[374]

368 GNM (Zimmermann), Tätigkeitsbericht, 1.10.1916–1.10.1921, GNM Akten, Nr. 279; Vgl. auch GNM (Zimmermann) an RMdI, 13.1.1923, ebd.
369 Jahresbericht GNM 69, 1922, S. 1 und Jahresbericht GNM 77, 1930, S. 2, zitiert in Burian 1978, S. 224.
370 Jahresbericht GNM 81, 1934, S. 2, zitiert in ebd. S. 224.
371 Streichung durch das Reichsinnenministerium am 19.2.1929, erneut am 7.3.1930 und 8.4.1933 versagt, vgl. BayHStA, MK 40836/40837/40838.
372 OB Nürnberg (Luppe) an Bay. Staatsmin. (Goldberger), 9.8.1929, BayHStA, MK 40837, Bd. 5.
373 BNM (Halm) an Bay. KM, 21.10.1929, BayHStA, MK 40837, Bd. 5.
374 RKW an RMdI, 4.1.1929, BArch, R32/375a, Bl. 81.

Dass der Globus in die Stadt Nürnberg gehöre, die schließlich 1492 den Auftrag für die Arbeit erteilt hatte, war auch die Auffassung Zimmermanns: „Es kann daher dem Stadtrat Nürnberg nicht zugemutet werden, für ein Stück, das rechtlich vielleicht noch ihm gehört, einen amerikanischen Phantasiepreis zu zahlen."[375] Gerade der Preis war es, der den Ankauf des Globus bis 1937 verzögerte.

Der intendierte Verkauf des Globus führte zur regen Diskussionen in der Presse und der Nürnberger Öffentlichkeit, nicht zuletzt, weil er im Germanischen Nationalmuseum ausgestellt und damit präsent war. Schwieriger war die Kontrolle des Verbleibs von Kunstwerken, die nicht öffentlich zugänglich waren. In der *Verordnung über die Ausfuhr von Kunstwerken* von 1919 wurde die Durchsetzung der schützenden Maßnahmen mit der Androhung von Geld- und Gefängnisstrafen bei Nichtbefolgung des Ausfuhrverbots angedacht. Aufgrund der zum Teil komplizierten bürokratischen Struktur, die mit der Umsetzung des Kunstausfuhrschutzes verbunden war, gestaltete sich die Wahrung eines Überblicks über den aktuellen Stand des Verzeichnisses schwierig. Die Prüfung des Aufenthaltsortes oder des Besitzstandes eines Kunstwerks unterlag in den meisten Fällen auch den Kunstsachverständigen der Museen. Im territorial zersplitterten Thüringen bemerkte der Weimarer Museumsdirektor Wilhelm Köhler beispielsweise im Frühjahr 1923 durch einen Zufall, dass eine Vielzahl von Objekten, die im August 1920 vom thüringischen Land zur Eintragung ans Reich übermittelt worden waren, im gedruckten Verzeichnis von 1922 fehlten.[376] Für Köhler war die Angelegenheit anscheinend mit der Auswahl schutzwürdiger Objekte abgeschlossen; das Reichsverzeichnis von 1922 prüfte er nicht noch einmal auf die Richtigkeit der Eintragungen.[377] Das thüringische Volksbildungsministerium konnte indes nicht mehr nachvollziehen, ob die fehlenden Kunstwerke bereits von Mitarbeitern des eigenen Ministeriums gestrichen wurden oder erst vom Reichsinnenministerium.[378] Auch verrieten die Akten des Reichsinnenministeriums nicht, ob die Besitzer 1920 über die Schutzverfügung benach-

375 GNM (Zimmermann) an Bay. KM, 4.4.1929, BayHStA, MK 40836, Bd. 4. Vgl. zur Provenienz des Globus Johannes Willers: Die Geschichte des Behaim-Globus, in: Focus Behaim Globus, Ausst.-Kat., Bd. 1, hg. von Gerhard Bott/Germanisches Nationalmuseum, Nürnberg 1992, S. 209–216.

376 Köhler erfuhr von der Erwerbung des *Bildnisses der Frau des Gelehrten* von Lucas Cranach d. Ä. für das Deutsche Museum aus der Sammlung Schwarzburg-Rudolstadt, das im gedruckten Verzeichnis von 1922 fehlte, obgleich es zwei Jahre zuvor Bestandteil der thüringischen Liste war. Gelistet wurde es unter dem Titel *Die Gattin des Johann Stephan Reuss*, was sich nach neuen Untersuchungen jedoch als nicht haltbar erwies. Als Teil eines Doppelbildnisses wird es dem *Bildnis eines Rechtsgelehrten* (Germanisches Nationalmuseum) von 1503 zugeordnet. Vgl. Bock/Asmus, 1998, S. 84, Kat. Nr. 1907. Bericht zum Erwerb vgl. Max J. Friedländer: Das neu erworbene Frauenporträt von Lucas Cranach im Kaiser-Friedrich-Museum, Kunst und Künstler, Jg. 22, H. 3, 1924, S. 48–50.

377 Museen Weimar (Köhler) an Thür. KM, 20.4.1923, ThHStA Weimar, Thüringisches Volksbildungsministerium C984, Bl. 62, fehlende Kunstwerke als Anlage Bl. 63–65.

378 Notiz des Thür. KM, 25.2.1924, ebd., Bl. 72.

richtigt worden waren.[379] Die Eintragungen wurden 1924 nachgeholt und die Besitzer rechtmäßig informiert.[380]

Der zum Teil häufige Besitzerwechsel und die nur eingeschränkten Kontrollmöglichkeiten des Staates brachten die Kunstsachverständigen in eine schwierige Situation: Es bestand die Gefahr, dass „sich die Eigentümer durch Nachfrage nach ihrem Privatbesitz aufs Schwerste gekränkt fühlen und m. E. nicht oder nur zum schwersten Nachteil der Sammlungen, die auf Leihgaben aus dem Privatbesitz angewiesen sind, gezwungen werden könnten, einen genauen Einblick in ihren künstlerischen Besitzstand zu gestatten".[381] Folglich litt die Beziehung zwischen den Museen und den ihnen verbundenen Sammlern, weil sich der Museumsbeamte dem Verdacht aussetzte, „unter dem Vorwande künstlerischen Interesses Spionage zu treiben und ein ihm entgegengebrachtes Vertrauen zu mißbrauchen".[382] Der Kustos der Berliner Nationalgalerie, Hans Mackowsky, betonte 1924, nicht von seinem „immer vertretenden Standpunkt [abzugehen], Freunden der Kunst, Gönnern der Galerie und Helfern in der Mehrung nationalen Kunstbesitzes Schwierigkeiten zu machen, um einigen Gewissenlosen die Tür nach dem Auslande zu versperren".[383] Weil der rege Besitzerwechsel die neueren Kunstströmungen stärker betraf als alte Meister, sollte der Verzicht auf Unterschutzstellung von Kunstwerken des 19. oder gar 20. Jahrhunderts das angespannte Verhältnis der Sammler zu den Museen entlasten.

Erneut war es Bode, der über das Reichsministerium den Vorschlag an die Länder verbreiten ließ, den betroffenen Besitzern „die Aufstellung und Bewahrung ihrer Bilder in öffentlichen staatlichen Sammlungen anzuempfehlen", um auf diese Weise eine erfolgreichere Kontrolle durch die Museen zu ermöglichen.[384] Sein ehemaliger Assistent, Hans Posse, der nun Direktor der Dresdner Gemäldegalerie war, schloss sich dem „sehr beachtenswerten Vorschlag" an, „da ohne ausgesprochene Zwangsmassnahmen eine Verschärfung der Kontrolle nicht möglich erscheint".[385] Den Anlass für die Empfehlung Bodes gab ein Bericht vom Londoner und New Yorker Kunstmarkt, Objekte seien zum Kauf angeboten worden, die sich im *Verzeichnis der national wertvollen Kunstwerke* befänden. Obgleich sich dieser Bericht nicht bestätigen lässt, ist eine Reihe von Einzelfällen belegbar, bei denen Kunstwerke unrechtmäßig den Besitzer wechselten oder ins

379 Vgl. RMdI an Thür. KM, 29.7.1925, ebd., Bl. 118.

380 RMdI an ehem. Großherzog von Sachsen-Weimar/Sachsen Meiningen/Fürsten Schwarzburg-Rudolstadt/zu Reuß, 19.5.1924, ebd., Bl. 78–81. In den folgenden Jahren prüfte Thüringen das Verzeichnis und die Durchführung beantragter Änderungen gewissenhaft. Auch erging der Beschluss, dass eine jährliche Prüfung stattfinden sollte, ob eingetragene Kunstwerke noch vorhanden waren. Vgl. Thür. KM und Thür. JM, September 1925, ThHStA Weimar, Thüringisches Volksbildungsministerium C986, Bl. 10.

381 NG (Mackowsky) an Pr. KM, 27.11.1924, Entwurf, SMB-ZA, I/NG 847, Bl. 60 f.

382 Ebd.

383 Ebd.

384 RMdI (Schulz) an KM der Länder, 31.8.1923, SKD Altregistratur, 01/GG 15, Bd. 9, Bl. 44.

385 Anmerkung Posse, RMdI (Schulz) an KM der Länder, 31.8.1923, ebd. Bl. 44.

Ausland verbracht wurden. Die rechtlichen Schritte seitens des Reiches blieben nicht selten aus, sehr zur Enttäuschung der Museumsdirektoren, für die in diesem Falle die Verordnung „eine Farce" zu werden drohte, denn das „Verzeichnis der national wertvollen Kunstwerke wäre dann nur für die Händler ein bequemes Nachschlagebuch, aus dem sie Adressen von Kunstwerken erfahren können, die sie unbehelligt durch Einschiebung einer Zwischenperson ins Ausland verkaufen können".[386] Aussagen wie diese verdeutlichen, dass in den Museen die Zuversicht in die Wirkung des Kunstausfuhrschutzes schwand. Zu spüren war dies auch in der ablehnenden Haltung des preußischen Kultusministeriums bei der Diskussion um die Verlängerung der Verordnung seit Mitte der 1920er Jahre. Nicht selten trafen aber gerade Museumsdirektoren die Entscheidung zur Ausfuhrgenehmigung, wie der nachfolgende Fall zeigen wird.

4.1 Der Fall Oskar Huldschinsky

Nach jahrelanger Schwächung des Kunstmarktes in Zeiten des Währungsverfalls war 1928 das Jahr, in dem Berlin wieder als Global Player im internationalen Geschehen wahrgenommen wurde. Zu diesem Umstand trug die Versteigerung einer der letzten großen bürgerlichen Sammlungen alter Kunst bei, die im kaiserlichen Berlin entstanden war. [387] Der Verkauf der Sammlung des jüdischen Schwerindustriellen Oskar Huldschinsky im Mai 1928 zog die internationale Sammlerwelt nach Berlin, „der überfüllte Marmorsaal des Hotel Esplanade bot das Bild einer hervorragenden Theaterpremiere".[388] Die Presse zeigte sich erfreut, wieder einmal eine Auktion internationalen Formats in Berlin ausgerichtet zu sehen; ein Umstand, zu dem sicherlich auch die Tatsache beigetragen hatte, dass eine größere Anzahl an Kunstwerken unter Ausfuhrschutz stand (Abb. 7 und 8). Bereits der Katalog zur Versteigerung, der zwar ohne das Vorwort eines Kunsthistorikers, jedoch reich bebildert und in großem Format erschien, setzte Maßstäbe.[389] Er zeigte eine Sammlung alter Kunst, die seit den 1890er Jahren im kaiserlichen Berlin unter Mitwirkung Bodes aufgebaut worden war und in der Matthaikirchstraße seine Heimat gefunden hatte.[390]

386 GNM (Zimmermann) an RMdI, 21. 1. 1925, BayHStA, MK 40836, Bd. 4.

387 Bedeutend war ebenso die Auktion aus den Beständen sowjetischer Museen im November 1928, mit der das Auktionshaus Lepke seine zweitausendste Versteigerung feierte.

388 G: Die Vente Huldschinsky, Der Cicerone, 20. Jg., 1928, H. 10, S. 356. Die Zeitungen berichteten von einem Gesamtergebnis zwischen 4,5 und 5 Millionen Mark.

389 Die insgesamt 243 Nummern der Sammlung wurden auf rund 215 Seiten beschrieben, mit ausführlichen Provenienzangaben versehen und die bedeutenden Stücke auf 83 Kupferdrucktafeln aus der Kunstanstalt Ganymed abgebildet. Vgl. Aukt.-Kat. Huldschinsky 1928.

390 Die wissenschaftliche Beratung Bodes zeigt sich auch im Bestandskatalog, den Bode 1909 fertigte und der als Grundlage für den Auktionskatalog diente. Ausst.-Kat. Die Sammlung Oscar Huldschinsky, hg. von Wilhelm von Bode, Frankfurt a. M. 1909.

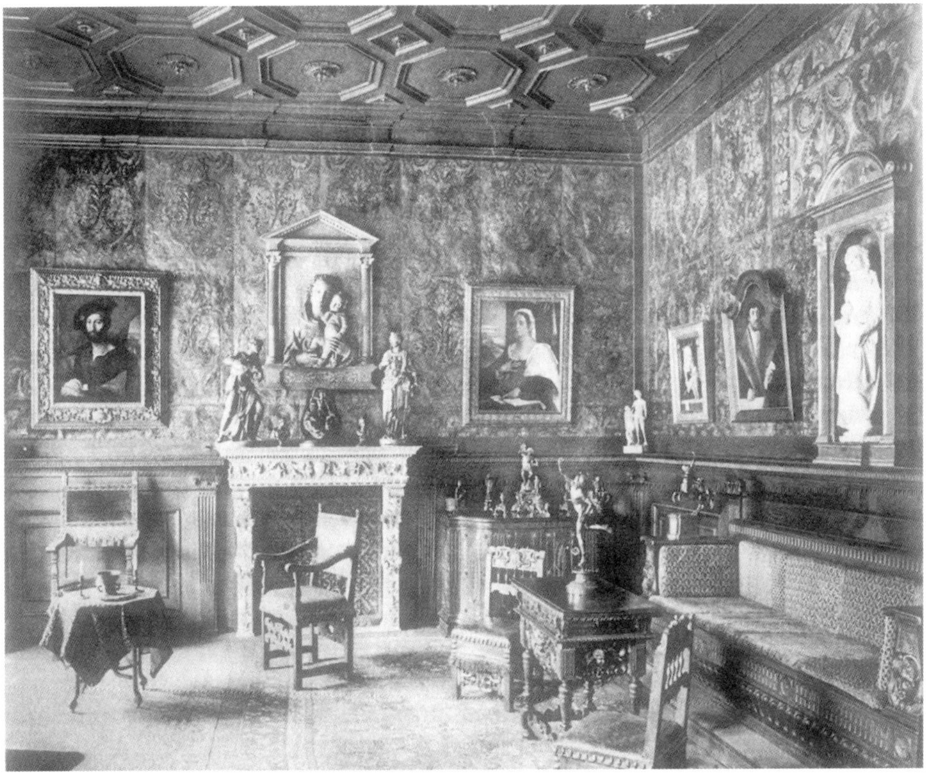

7 Arbeitszimmer Oskar Huldschinskys um 1909, mit den „national wertvollen" Werken *Verkündigung, Maria und Engel* von Jacopo Sansovino und *Bildnis einer Dame* von Sebastiano del Piombo

> „Zum letzten Mal erlebt man in diesen Blättern das Resultat eines beispielhaften Sammeleifers, wie er sich im Berlin der Vorkriegszeit durchaus nicht vereinzelt betätigt hat."[391]

Schwerpunkt der Sammlung Huldschinsky bildeten italienische Renaissancekünstler und niederländische Maler des 17. Jahrhunderts; zur Versteigerung kamen zudem englische Farbstiche, Miniaturen, Schmuck, Möbel, Textilien und Keramik. Zu den angebotenen Objekten zählten auch 13 Werke, die 1922 und 1927 im *Verzeichnis der national wertvollen Kunstwerke* standen.[392] Der Katalog von 1928 gibt die Möglichkeit zu untersuchen, welche Werke der Sammlung Huldschinsky für national bedeutend erklärt wurden und welchen Werken die Ausfuhr nicht verwehrt werden sollte. Entsprechend dem Schwerpunkt der Sammlung befanden sich überwiegend italienische und nieder-

391 Georg Biermann: Der Katalog der Sammlung Oskar Huldschinsky, Der Cicerone, 20. Jg., H. 7, 1928, S. 248.
392 1927 wurden nur noch elf Werke verzeichnet, Metsus *Krankes Kind* und Raffaels *Bildnis* wurden Mitte der 1920er Jahre gestrichen.

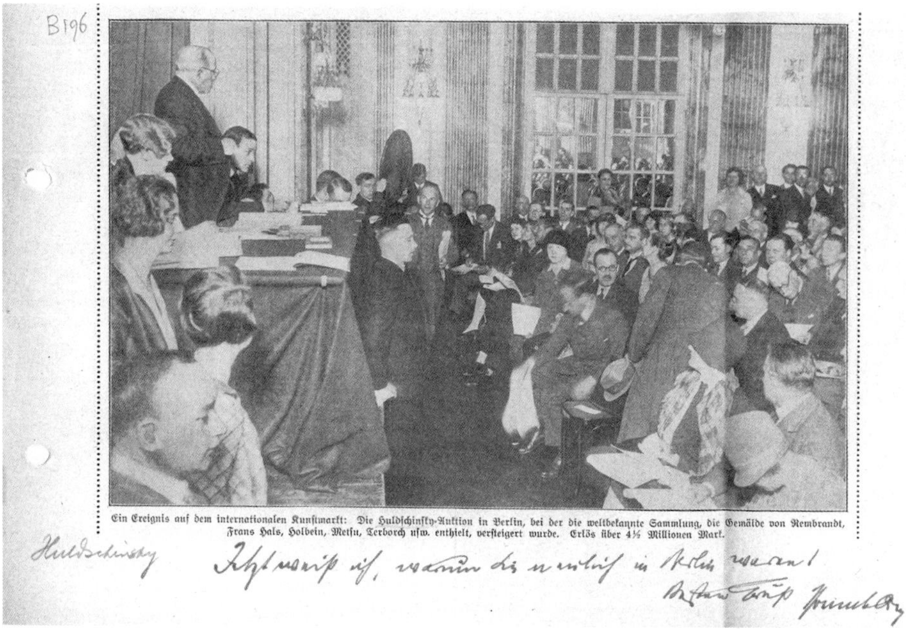

8 Zeitungsausschnitt Oskar Huldschinskys mit handschriftlicher Notiz an Franz Koenigs, Zeitung unbekannt

ländische Künstler im Verzeichnis und damit verdeutlicht die Auswahl aus der Sammlung Huldschinsky nachdrücklich den Einfluss Bodes bei der Zusammenstellung des Verzeichnisses.[393] Ungeachtet der Übereinkunft, Kunstwerke unter Schutz zu stellen, die bereits stark mit der deutschen Kultur verbunden sind, zählen hierzu jedoch hauptsächlich Werke, die sich erst seit der Jahrhundertwende in deutschem Besitz befanden. Flämische und italienische Künstler der Sammlung, deren Bezug zum deutschsprachigen Raum durchaus gegeben war, wurden dagegen nicht geschützt.[394] Grund hierfür war vermutlich das Vorhandensein eines umfangreichen Bestandes in öffentlichen Sammlungen. Genannt werden kann auch die *Verkündigung* Botticellis, die für 210.000 Mark versteigert wurde; in der Berliner Gemäldegalerie waren bereits acht Werke des Meisters der Öffentlichkeit zugänglich – „Berlin war seit der Begründung des Museums berühmt

393 Fünf Werke stammen von italienischen Renaissancekünstlern (Bologna, Bugiardini, Piompo, Raffael, Sansovino) und sechs Werke von niederländischen Künstlern des 17. Jahrhunderts (Goyen, Heyden, Metsu, Rembrandt, Ruisdael, Terborch). Bereits im Januar 1919 lag dem preußischen Kultusministerium ein Entwurf des gesamtdeutschen Verzeichnisses vor, den Bode erstellt und dabei alle dreizehn später im Verzeichnis befindlichen Werke aus der Sammlung berücksichtigt hatte. Vgl. Pr. KM (Nentwig) an SMB (Falke, Justi), 10. 1. 1919, SMB-ZA, I/NG 467, Bl. 117.

394 Hierzu zählen das Werk *Der Konsul Decius Mus befragt die Aguren über seinen Traum* von Rubens als eigenhändiger Entwurf zum Gemälde der Liechtenstein-Galerie in Wien, Tiepolos *Brustbild eines alten Mannes* und Canalettos *Serie von fünf Veduten*.

durch die Zahl und die Güte seiner Gemälde von Sandro Botticelli." – und so war die Unterschutzstellung der *Verkündigung* nicht nötig.[395]

Überraschend ist, dass sich im Verzeichnis keine Werke deutscher Künstler aus der Sammlung befanden. Preußen verzichtete dadurch auf die Unterschutzstellung dreier Bildnisse von Bartholomäus Bruyn d. Ä., die zu den Hauptwerken des Künstlers zählen.[396] Ein rundes Brustbild einer jungen Frau von Hans Holbein d. J., welches für 155.000 Mark versteigert wurde, war ebenso nicht Bestandteil des Verzeichnisses.[397] Auch hier kann eine Erklärung nur im hohen Bestand an Werken Bruyns und Holbeins in öffentlichen Berliner Sammlungen gefunden werden.[398] Als einziges Museum erwarb das Kaiser-Friedrich-Museum Berlin auf der Versteigerung das Gemälde *Alte Frau. Äpfel schälend* von Gerard Dou. Damit bekam das Museum den Zuschlag für ein Gemälde, das es zuvor nicht für national wertvoll erklärt hatte. Alle 13 im Verzeichnis von 1922 eingetragenen Werke befinden sich heute im Ausland.

Im Zuge der Vorbereitungen auf die Auktion 1928 wurden alle Werke der Sammlung Huldschinsky vom Ausfuhrverbot befreit. In einer Stellungnahme gab die Kunsthandlung Paul Cassirer an, die Versteigerung müsste die „notwendige internationale Beachtung" erhalten, um zur Hebung des Rufes Berlins als Kunststadt beizutragen und somit auch endlich wieder wichtige Sammlungen und Kunstwerke nach Berlin zu ziehen.[399] Die Staatlichen Museen wurden mit einem fachlichen Gutachten beauftragt, das der Generaldirektor Wilhelm Waetzold anfertigen sollte. Diesem war bereits die

395 Wilhelm von Bode: Eine Verkündigung Botticellis in der Sammlung Huldschinsky zu Berlin, in: Jahrbuch der Königlich Preußischen Kunstsammlungen, 27. Bd., H. 3, 1906, S. 245. Vgl. auch Die Gemäldegalerie. Die italienischen Meister 13.–15. Jahrhundert, Ausst.-Kat., Berlin 1930. Ebenso nicht gelistet, jedoch für 305.000 Mark versteigert wurde das *Bildnis des Malers Frans Post* von Frans Hals. Den Spitzenpreis von 570.000 Mark erzielte ein verzeichnetes *Bildnis der Hendrickje Stoffels* von Rembrandt, das von Joseph Duveen angekauft wurde und in Folge der Versteigerung in die USA ging. Vgl. P. Wescher: Berlin, Pantheon, Bd.1, 1928, S. 328 f. und Enderlein 2006, S. 60.

396 Bartholomäus Bruyn d. Ä. (Köln 1493–1555), *Bildnis des Kölner Ratsherrn Johann von Aich* und *Bildnis der Margarethe von Aich*, im Thieme-Becker unter den Hauptwerken des Künstlers aufgeführt und für 40.000 Mark versteigert. Erst das Verzeichnis von 1938 nahm das Bildnispaar, nun im Besitz der Münchner Kunsthandlung Drey, auf. Das *Bildnis eines Mannes* wurde für 57.000 Mark an den amerikanischen Sammler Albert C. Barnes versteigert, das Gegenstück befand sich in der Brüsseler Galerie. Es handelte sich laut Friedländer um ein Werk, „das an Stattlichkeit kaum seinesgleichen hat unter den nicht eben seltenen Werken dieses Malers". Friedländer, Der Cicerone, 1928, S. 4. Vgl. auch H. Schaffer: Versteigerungsergebnisse, Kunstchronik und Kunstliteratur, Beilage zur Zeitschrift für bildende Kunst, H. 4, Juli 1928, S. 49–50.

397 Es befand sich nur das Werk *Maria mit dem Christuskind* von Hans Holbein d. Ä. aus der Sammlung Paul Rickmers in den 1920er und 30er Jahren unter Schutz.

398 In der Berliner Gemäldegalerie befanden sich vier Werke von Holbein d. J. und je sechs Werke von Bruyn und Altdorfer. Vgl. Die Gemäldegalerie. Die deutschen und altniederländischen Meister, Ausst-Kat., Berlin 1929. In der Dresdner Gemäldegalerie waren alle Themen Lukas Cranachs d. Ä. vertreten. Vgl. Die Gemäldegalerie zu Dresden. Die Alten Meister, Ausst.-Kat. hg. von Hans Posse, Dresden 1937, S. 116.

399 KH Paul Cassirer an RMdI, 5. 11. 1927, ebd. Bl. 79. In den 1920er Jahren waren Paris, Amsterdam und London die Städte, in denen große Versteigerungen, auch deutscher Sammlungen, stattfanden.

ablehnende Haltung seines Vorgängers Bode bekannt, der sich ausdrücklich gegen die Streichung der Werke Huldschinskys aussprach. Zum einen veräußerte der Sammler 1925 mit Erlaubnis des preußischen Kultusministeriums ein Raffael zugeschriebenes Bildnis, welches als einziges Werk des Meisters in deutschem Privatbesitz auch in dem ersten gedruckten Verzeichnis stand, an den britischen Kunsthändler Joseph Duveen.[400] Zum anderen ging Bodes Ablehnung auf eine jahrelange Streitigkeit zwischen ihm und dem Sammler zurück. Bode hatte in einjähriger Arbeit den Katalog der Sammlung Huldschinsky von 1909 verfasst und anstelle eines Honorars von 20.000 RM die Aussicht auf eine „Überraschung" erhalten. Die Vererbung eines bereits versprochenen Werkes Gerard ter Borchs knüpfte Huldschinsky an die Bedingung, dass Bode beim Ableben des Sammlers noch im Amt sein müsse.[401] Zu dieser unliebsamen Überraschung äußerte sich Bode seitdem nicht öffentlich, weil der Sammler im Vorstand des Kaiser Friedrich-Museums-Vereins und in weiteren Kommissionen der Museen tätig war. „Sein jetziger unmotivierter Antrag sämtliche auf der Liste stehenden Kunstwerke seiner Sammlung [...] freizugeben, dürfte nach m[einer]. A[nsicht]. nicht einmal erwogen werden, wenn H.H. nicht seine Verpflichtung vorher voll erfüllt hat", bekräftige Bode gegenüber dem Generaldirektor Waetzold.[402]

Huldschinsky erkannte, dass er das Museum auf seine Seite bringen musste und ließ durch die Kunsthandlung Cassirer ein Angebot unterbreiten: Walter Feilchenfeldt, teilhabender Geschäftsführer der Kunsthandlung, offerierte das Werk *Gutshof mit Reiter* von Jan van der Heyden, das aus der Sammlung Huldschinsky ebenfalls im Verzeichnis stand, als Stiftung an Bode für das Kaiser-Friedrich-Museum (Abb. 9).[403] Im Gegenzug sollte „Excellenz von Bode seitens der Berliner Museen gegen die Freigabe der auf der Liste der national wertvollen Kunstwerke stehenden Kunstgegenstände aus der Sammlung Huldschinsky keine Einsprüche erheben, sondern sich im Gegenteil bei dem Ministerium für die Freigabe sämtlicher Stücke einsetzen".[404] Aus einer Übereinkunft zwischen Feilchen-

400 Das Porträt *Giuliano de' Medici* gelangte 1907 unter Vermittlung Bodes aus Paris nach Berlin und ist heute als frühe Raphael-Kopie im Metropolitan Museum New York inventarisiert. Zudem erinnerte Cassirer in seiner Stellungnahme ausgerechnet an den Verkauf der Sammlung des Großherzogs von Oldenburg, die in Amsterdam und nicht auf dem deutschen Kunstmarkt zur Versteigerung kam. Diese Abwanderung hatte 1919 nicht nur Bodes Gemüt erhitzt, sondern das der deutschen Fachwelt und Öffentlichkeit und das Ausfuhrverbot vorangetrieben, von dem Cassirer nun hoffte, Kunstwerke befreien zu können. Vgl. KH Paul Cassirer an RMdI, 5. 11. 1927, SMB-ZA, I/GG 19, Bl. 79.

401 Wonach Bode die Schenkung als wertlos bezeichnete, „weil [Huldschinsky] jedenfalls länger leben würde" und der Sammler seinerseits einsah, dass es „etwas Missliches [hat], auf den Tod eines anderen zu warten", bot Huldschinsky ersatzweise 10.000 Mark an, die im Januar 1916 „für das Museums Conto von Bode" gutgeschrieben wurden. Vgl. SMB-ZA, NL Bode 2686, Bd. 2. Bei dem Werk von ter Borch handelte es sich um *Die Briefschreiberin*, die 1928 in die Niederlande verkauft wurde.

402 Bode an SMB (Waetzold), 27. 6. 1927, SMB-ZA, I/GG 19, Bl. 77 f.

403 Im Katalog der Sammlung Huldschinsky unter dem Titel *Das Lustschloß (Schloß Goudestein an der Vecht)* geführt. Vgl. Aukt-Kat. Huldschinsky 1928, Nr. 13, Taf. 10.

404 KH Paul Cassirer an KFM (Voss), 1. 1. 1928, SMB-ZA, I/GG 19, Bl. 82.

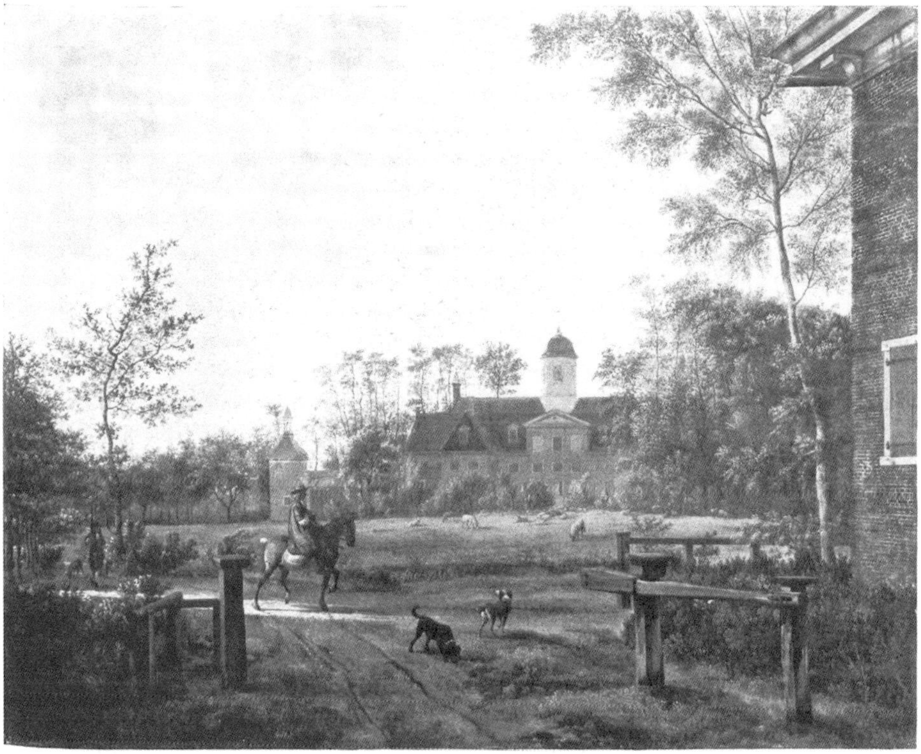

JAN VAN DER HEYDEN HOLLÄNDISCHES BAUERNHAUS
(BERLIN, SAMMLUNG OSKAR HULDSCHINSKY)

9 Jan van der Heyden, Gutshof mit Reiter, publiziert von Wilhelm von Bode in der *Zeitschrift für bildende Kunst, 1915*

feldt und dem Museum geht außerdem die Bedingung hervor, dass bei einem Verkaufspreis von über 40.000 Mark dieser Betrag anstatt des Bildes an das Museum übergeben werden solle.[405] Mit der Erfüllung dieser Abmachung sollten zugleich alle Ansprüche entfallen, die Bode bezüglich des Kataloges von 1908 „oder irgend eines anderen Bildes der Sammlung noch haben sollte".[406] Bode schätzte den niederländischen Künstler van

405 Diese Abmachung wurde telefonisch sowie in einem informellen und einem formellen Brief geschlossen. „Sollte die Freigabe sämtlicher Stücke von der Liste nunmehr erfolgen, so verpflichten wir uns zugleich im Namen von Herrn Oskar Huldschinsky, Excellenz von Bode für das Kaiser Friedrich-Museum die Landschaft Jan van der Heyden aus der Sammlung Huldschinsky zu stiften Das Bild wird auf der Auktion versteigert und fällt kostenlos an das Museum, falls auf der Auktion für dieses Bild nicht mehr als 40.000 Mark erzielt wird. Sollte das Bild jedoch auf der Versteigerung einen Preis von mehr als 40.000 Mark erzielen, so erhält das Museum anstelle des Bildes die Geldsumme von 40.000 Mark." Ebd.

406 KH Paul Cassirer an KFM (Voss), 1.1.1928, SMB-ZA, I/GG 19, Bl. 82.

der Heyden als „Landschaftsmaler ganz eigener Art, in seinem Fache ein Künstler ersten Ranges", der jedoch in der Gemäldegalerie mit nur einem Gemälde vertreten war.[407] Mit der Aussicht auf die Stiftung stimmte Bode für die Freigabe der Kunstwerke der Sammlung Huldschinsky und sicherte zu, sich beim preußischen Kultusministerium für den Fall einzusetzen.[408] Überliefert ist auch die zustimmende Äußerung des Reichskunstwartes, dessen Ministerium die Streichung am 1. Februar 1928 bestätigte:

> „In Anbetracht der grossen Verdienste des Herrn Oscar Huldschinsky um die Staatlichen Museen und mit Rücksicht darauf, dass die erwähnten Gemälde ohne Ausnahme nicht deutscher Herkunft sind, werden von hier aus Bedenken gegen die Freigabe [...] nicht erhoben."[409]

Der französisch-niederländische Kunstsammler Frits Lugt erhielt für 41.000 Reichsmark den Zuschlag für das Gemälde van der Heydens, und so lässt sich in den Akten ein Einnahmebeleg für das Rechnungsjahr 1928 nachweisen, demzufolge die Kunsthandlung Paul Cassirer 30.000 RM „für Zwecke der Gemäldegalerie" an die Staatlichen Museen überwies.[410]

Die Schlüsselrolle, die Museumsbeamte im deutschen Kunstausfuhrschutz einnahmen und zum Teil zum Vorteil ihrer Einrichtungen nutzten, führte bald zu einer „moralische[n] Einbusse" der Verordnung von 1919.[411] Schenkungen zum Zweck der Freigabe von einzelnen geschützten Kunstwerken gefährdeten das Ansehen des *Verzeichnisses der national wertvollen Kunstwerke* als Ganzes. Der bereits zitierte Kunstkritiker Lothar Brieger prangerte im Jahr der Huldschinsky-Versteigerung die „Wertlosigkeit der Kunstschutzliste" an, die letztendlich nur dem Ausland eine Auswahl des wertvollsten Besitzes „einer an Kunstwerken so verhältnismäßig armen Nation" präsentierte:

> „Der große anglo-amerikanische Händler tritt vor seinen Kunden, hält ihm die Liste mit einer Verbeugung hin und bittet ihn zu wählen. Ist die Wahl getroffen, so heißt es, das Kunstwerk in Deutschland locker zu machen. Bei heutigen Verhältnisses bedeutet das kaum etwas anderes als eine Geldfrage." [412]

407 Bode 1923, S. 230. Es handelte sich bei dem Gemälde um die Ansicht einer *Straße vor dem Haarlemer Tor in Amsterdam*, die 1899 für das Kaiser-Friedrich-Museum in London erworben wurde und auch heute das einzige Werk des Malers im Besitz der Berliner Gemäldegalerie ist. Vgl. Beschreibendes Verzeichnis der Gemälde im Kaiser-Friedrich-Museum und Deutschen Museum, Berlin 1931, S. 212.

408 KH Paul Cassirer an KFM (Voss), 1.1.1928, SMB-ZA, I/GG 19, Bl. 83.

409 RKW an RMdI, 18.5.1927, BArch, R32/375a, Bd. 1, Bl. 43. Die erwähnten „Verdienste" beziehen sich vor allem auf die Mitwirkung Huldschinskys im Vorstand des Kaiser-Friedrich-Museums-Vereins und auf zahlreiche Stiftungen, die er seit 1892 den Staatlichen Museen überließ. Nachweis der Streichung vgl. RMdI (Pellengahr) an RKW, 1.2.1928, ebd., Bl. 54.

410 Einnahmeanweisung der SMB an die Kunsthandlung Paul Cassirer über 30.000 RM, 3.4.1929, SMB-ZA, I/GV 1079, Belege zur Verwaltungsrechnung Nr. 1–325, Bl. 226.

411 Pr. KM (Gall) zur Ausschuss-Sitzung des Tages für Denkmalpflege und Heimatschutz, 3.1.1929, ThHStA Weimar, Thüringisches Volksbildungsministerium C986, Bl. 164–171, hier Bl. 166.

412 Brieger 1928.

Das darauffolgende Aushandeln zwischen Staat und Markt, so Brieger weiter, gelte in dem Augenblick für beendet, „als der Staat seinen materiellen Anteil an der Verkaufssumme für groß genug hielt". Und auch das preußische Kultusministerium konstatierte, „daß ein Verfahren dieser Art, das regelmäßig zu Konflikten führt, unter keinen Umständen dem Sinne der Verordnung entspricht".[413] Dem setzte das bayerische Kultusministerium die vorteilhafte Nutznießung des Kunstausfuhrschutzes entgegen:

> „Wenn der bisherige Vorgang bei Freigabe von Objekten der ‚Liste' sicherlich zu Bedenken Anlaß gibt und einer Verbesserung bedürftig ist, so unterliegt es doch auch keinem Zweifel, daß er doch unverkennbar noch mehr Vorteile – Wertsteigerung von ins Ausland gehenden Kunstwerken, Pflichtschenkungen an öffentliche Museen – als Nachteile in sich schließt."[414]

Unter „Verbesserung" verstand das bayerische Kultusministerium vor allem die Dezentralisierung des Entscheidungsprozesses bei Streichungsanträgen, bei denen die Länder nicht selten vor vollendete Berliner Tatsachen gestellt wurden. Der Verkauf eines weiblichen Bildnisses des im deutschen Privatbesitz kaum vertretenen Rogier van der Weyden nach Amerika wurde beispielsweise durch die Freigabe vom Verzeichnis ermöglicht, nicht zur Freude Bayerns:

> „Sollte die Zustimmungen zur Ausfuhr von Berlin aus gegeben worden sein, so wäre das allerdings aus dem Grunde verständlich, weil das Berliner Museum als einziges in Deutschland sich des Besitzes von zwei Bildnissen des Meisters erfreut. Gerade dieser Fall aber legt es nahe, daß in Zukunft es nicht einem einzigen Museumsdirektor überlassen bleiben dürfte, über das Schicksal eines derartigen Bildes zu entscheiden."[415]

Bis in die frühen 1930er Jahre hielt sich daraufhin der Vorschlag, den Landesregierungen die Gelegenheit zur Erwerbung anzubieten oder bei der Suche nach deutschen Privatsammlern behilflich zu sein.[416] Auch die Möglichkeit einer Abgabeentrichtung bei der Erteilung einer Ausfuhrgenehmigung, „um die Berücksichtigung sozialer Gesichtspunkte mit den Interessen der öffentlichen Kunst- und Museumspflege zu verbinden" und damit ein bereits praktiziertes Vorgehen zu legalisieren, stand im Diskussionsraum.[417] Die Befürchtung, die Länder könnten auf diese Weise den Ankaufsetat ihrer Museen auffüllen, ließ den Vorschlag zur Einführung von Abgaben im Sande verlaufen.

Der Zentrumspolitiker Georg Schreiber, der sich im Reichstag durchweg für die Aufrechterhaltung des deutschen Kunstausfuhrschutzes einsetzte, weil er die Kulturkraft eines Staates vor allem in seinem Kunstbesitz sah, kritisiert 1929 die musealen Interessen, die vor den nationalen zurückstecken sollten:

413 Pr. KM an KM der Länder und RMdI, 6.12.1927, BayHStA, MK 40836, Bd. 4.
414 Bay. KM an KM der Länder, Dezember 1927, Entwurf, ebd.
415 Bay. KM (Schreiben von Dörnhöffer aufgesetzt) an RMdI, 17.12.1926, BStGS, 11/4, Nr. 245. Das Gemälde von 1460 stammte aus dem Besitz des ehemaligen Herzogs von Anhalt in Dessau und befindet sich heute in der National Gallery Washington D. C.
416 Vgl. Bericht über die Sitzung der Direktorenkonferenz der Münchner Museen, 23.12.1931, ebd.
417 Bad. KM (Asal) an Pr. KM (Haesler), 29.1.1932, BayHStA, MK 40837, Bd. 5.

> „Man erzählt sich, daß ein ganz besonders kundiger Museumsdirektor – ich verehre den verstorbenen Bode sehr hoch – in gewissen Fällen einfach erklärt hat: Gut, wir geben euch die Erlaubnis zur Ausführung eines Kunstwerks, wenn ihr dafür dem Museum ein anderes Kunstwerk zur Verfügung stellt! Das sind natürlich unerträgliche Situationen. Man kann den Imperialismus von Museumsdirektoren sehr hoch einschätzen; aber hier eine Liste des Reichs für diese Erwerbungszwecke zu mißbrauchen, sollte doch unmöglich sein."[418]

Dabei waren es gerade Museen, die mit ihrer Existenz das Interesse der Öffentlichkeit, also auch des Reiches vertraten, indem sie in den Kunsthandel einstiegen und günstige Bedingungen für den Erwerb von Kunstwerken erwirkten. Erfolgreich war dies vor allem beim Ankauf der Sigmaringer Sammlung; die Versteigerung der Sammlung Huldschinsky diente hingegen Berlins Ruf als Ort des Kunsthandels, nicht den Berliner Museen selbst. Jedoch wurde der Kunstausfuhrschutz zur kontrollierenden Instanz und zum staatlichen Verhandlungsmittel, dessen sich vor allem die Museen bedienten.

418 Schreiber in Protokoll der 102. Sitzung des Reichstags, 27. 11. 1929, S. 3257–3260.

5. FAZIT

Mit dem deutschen Kunstausfuhrschutz setzte die junge Weimarer Regierung einen nationalen Schwerpunkt im Kultur- und Denkmalschutzbereich an den Beginn ihres Bestehens. Gleichzeitig zeigt die Aufstellung und erstrebte Etablierung des *Verzeichnisses der national wertvollen Kunstwerke* die Herausforderungen auf, die die Reichs- und Landesregierungen unter Wahrung ihrer Zuständigkeiten und Interessen zu überwinden versuchten. Insbesondere gestaltete sich die Unterstützung der Kunstausfuhrverordnung in Fachkreisen äußerst ambivalent, weil die Notwendigkeit, an der gesetzlichen Maßnahme festzuhalten, durchaus erkannt wurde, der tatsächlichen Umsetzung jedoch Kritik bis Ablehnung entgegenschlug. Vor allem zeigen die Auseinandersetzungen um die Einbeziehung von Kunstwerken nicht-deutscher Herkunft sowie von Objekten der jüngeren Vergangenheit in das Verzeichnis, dass die Kunstsachverständigen zu keinem Zeitpunkt Einigkeit über den Kreis der zu schützenden Gegenstände erzielen konnten. Auch der zahlenmäßige Umfang und die künstlerische Qualität der ausgewählten Werke unterschieden sich in den einzelnen Landesteilen stark voneinander; die regionale Identität prägte die Zusammenstellung „national wertvoller" Objekte. Mit dem Verzicht auf reichsweite einheitliche Vorgaben wurden einerseits die Hoheitsbestrebungen der Länder gewahrt, andererseits führte das partikulare Vorgehen zu einem heterogenen Ergebnis, das allen Verantwortlichen seit Juli 1922 in gedruckter Form des Verzeichnisses vorlag. Dass die öffentliche Verbreitung des *Verzeichnisses der national wertvollen Kunstwerke* vermieden wurde, hatte wiederum zur Folge, dass der gesellschaftlich-sinnstiftende und integrative Wert, den die Zusammenstellung bereits in ihrem Namen trug, keine Ausprägung fand. Die Ausfuhrverordnung diente hingegen dazu, öffentliche Sammlungen mit Kunstwerken aus Privatsammlungen zu bereichern, die wiederum als Druckmittel für Ausfuhrgenehmigungen weiterer Objekte dienten. Damit erwirkte die Verordnung von 1919 in einer gesetzlich indirekten Umsetzung die erwünschte „Sicherung" von Werken für Deutschland und gar die Gewinnung für die Öffentlichkeit.

Die fehlende Legitimation der ausgewählten Kunstwerke in den unterschiedlichen Versionen des Verzeichnisses sowie die Durchsetzung von Interessen – namentlich der einzelnen Länder und Museen – führte zunehmend zum Verlust der Unterstützung der alle zwei Jahre erneut verlängerten Reichsverordnung. Dies zeigte sich vor allem in den Bestrebungen des preußischen Kultusministeriums Mitte der 1920er Jahre, den deutschen Kunstausfuhrschutz abzuschaffen sowie in den scharfen Kritiken zum Verzeichnis, die namhafte Kunsthistoriker und vormalige Befürworter des Kunstausfuhrschutzes Anfang der 1930er Jahre äußerten. Die zahlreichen Freigaben von Kunstwerken zur Ausfuhr ins Ausland, sobald Streichungsgesuche seitens der Besitzer eingereicht wurden, führten darüber hinaus dazu, dass das Verzeichnis in Händler- und Sammlerkreisen an Ansehen einbüßte. Als Enttäuschung und Resignation lässt sich vermutlich das Gefühl beschreiben, das sich in den Kreisen der Kunstsachverständigen ausprägte: „Obwohl ich mir keinen rechten Erfolg erwarte", teilte Halm seinem Kollegen Clemen mit, als er 1925 für eine Verlängerung der Kunstausfuhrverordnung stimmte.[419]

Rückblickend stellt sich der deutsche Kunstausfuhrschutz in seiner instabilen und ambivalenten Erscheinung als eine Projektionsfläche seiner Zeit, der Weimarer Republik dar. Ungeachtet aller gescheiterten Legitimationsversuche bestand in Fach- und Ministerialkreisen mehrheitlich die Überzeugung, dass auch über alle Krisenzeiten hinaus an der *Verordnung über die Ausfuhr von Kunstwerken* festzuhalten sei.

419 GNM (Halm) an Tag für Denkmalpflege und Heimatschutz (Clemen), 16.11.1925, SMB-ZA, I/NL Bode 4865.

DAS *VERZEICHNIS DER NATIONAL WERTVOLLEN KUNSTWERKE* IN DER ZEIT DES NATIONALSOZIALISMUS

Anfang September 1933 wurde im Stockholmer Nordischen Museum der 13. Internationale Kunsthistorikerkongress eröffnet, der sich den nationalen Stilen in der Kunst widmete.[1] Die nationale Ausrichtung der Kunstgeschichte beschäftigte die internationale kunstgeografische Forschung stärker als je zuvor. Einen Versuch, Kunst und Kunstgeschichte für die nationale Identitätsstiftung zu instrumentalisieren, stellt auch das *Verzeichnis der national wertvollen Kunstwerke* dar, das zu diesem Zeitpunkt seit 14 Jahren existierte. Die Diskurse über den Kreis der vor Ausfuhr zu bewahrenden Kunstobjekte gestalteten sich in den 1920er Jahren intensiv und erreichten zu Beginn der 1930er Jahre einen Höhepunkt. Die Regierungsübernahme durch die nationalsozialistische Partei stellte wie für die Museums- und Kulturpolitik auch für diesen Bereich eine Zäsur dar, wie die Forschung in Ansätzen darlegte. Das Verzeichnis wurde dabei als Instrument der Enteignung interpretiert. Während es in der Weimarer Republik um eine „amerikanische Gefahr" von außen ging, der mit einem national motivierten Kunstausfuhrschutz begegnet werden sollte, wandelte sich das Motiv der unerwünschten Abwanderung von Kunst infolge einer innenpolitisch erzwungen Abwanderung von Menschen. Im folgenden Kapitel soll die in der Forschung bisher in den Vordergrund gerückte antisemitische Instrumentalisierung des Kunstausfuhrschutzes durch die Nationalsozialisten hinterfragt und überprüft werden. Darüber hinaus wird analysiert, wie sich die Auswahl „national wertvoller" Kunstwerke in den zeitgenössischen Fachdiskursen zur Kanonbildung niederschlug, welche gesetzlichen Veränderungen nach 1933 auf den Ausfuhrschutz wirkten und inwieweit Unterschutzstellungen politisch begründet waren

1 Vgl. Lars Olof Larsson: Nationalstil und Nationalismus in der Kunstgeschichte der zwanziger und dreißiger Jahre, in: Kategorien und Methoden der deutschen Kunstgeschichte 1900–1930, hg. von Lorenz Dittmann, Stuttgart 1985, S. 169–184, hier S. 169; Ludwig Heinrich Heydenreich: Der XIII. Internationale Kongress für Kunstwissenschaft in Stockholm, Zeitschrift für Kunstgeschichte, 2. Bd., 1933, S. 410–414; Actes du XIIIe Congrès international d'histoire de l'art, Stockholm 1933; Résumés des communications présentés au congrés, Stockholm 1933.

1. AUSWERTUNG DER *REICHSLISTE* VON 1938

Die in den letzten Jahren der Weimarer Republik geäußerte Kritik an der Kunstschutzliste und ihre zahlreichen Überarbeitungen machten in den 1930er Jahren erneut eine Wiederauflage notwendig. Das einzige, lediglich als Entwurf vorliegende Verzeichnis aus der Zeit der nationalsozialistischen Diktatur wurde 1938 vom Reichsinnenministerium zusammengestellt und ist den Akten zahlreicher Institutionen überliefert.[2] Auch eine frühere Fassung von 1934 brachte es nur zum Entwurf, der allerdings ausschließlich im Zentralarchiv der Staatlichen Museen zu Berlin nachzuweisen ist und über dessen Entstehungszusammenhänge die Quellen kaum etwas verraten (Taf. VIII und IX).[3] Während die Gründe für die nicht erfolgte Drucklegung der Fassung von 1934 wohl im geringen Umfang der ausgewählten Kunstwerke und in „Gleichschaltungsprozessen" in der Kulturpolitik lagen, verhinderte 1938 die nach wie vor unbefriedigende Ausarbeitung der nun als *Reichsliste* bezeichneten Zusammenstellung einen endgültigen Druck. Bis in die zweite Hälfte des Jahres 1939 verzögerten sich die Nachprüfungen für das Verzeichnis, wie beispielsweise ständige Ermahnungen der Hamburger Kulturverwaltung an die Adresse der Kunsthalle belegen.[4] Mit der zunehmenden Mobilisierung sowie der Einlagerung beweglicher Kunstgegenstände mit Beginn des Zweiten Weltkriegs schien eine Drucklegung schließlich kaum mehr sinnvoll, so dass es auch bis in die Nachkriegszeit hinein zu keiner veröffentlichten Ausgabe mehr kam, obwohl Innenminister Wilhelm Frick zuvor noch in einem Schreiben vom 13. Juni 1938 den Landesregierungen zuversichtlich eine Neuauflage angekündigt hatte:

2 BArch, R1501/400; BayHStA, MK 51497 und MK 40838; GStA I. HA Rep. 151, Nr. 1060; HStA Hannover, NdS. 401 Acc. 112/83, Nr. 1031; ThHStA Weimar, Thüringisches Volksbildungsministerium C 987; HHStAW, Abt. 504, Nr. 2531; HHStAW, Abt. 818, Nr. 39; HHStaW, Abt. 504, Nr. 776; HStA Stuttgart, E 130 b, Bü 1540; StA Oldenburg, Best. 134, Nr. 4376; StA Bremen, 3-B.13. Nr. 66.a. Bd. 1; BStGS, 11/4, Nr. 246 und Nr. 247; ISG Ffm, Museum für Kunsthandwerk, Nr. 45; LMO-A 450; Archiv Städel, Nr. 731; GNM Akten, Nr. 836.

3 Aus diesem Grund gingen die Auswertungsergebnisse, die auf dem Verzeichnisentwurf von 1934 basieren, nicht in die grafische Auswertung ein.

4 Vgl. Hmb. KM an Hmb. KH (Kloos), 3.7.1939, AHK, 32-260.4, Bl. 21

„Es soll nunmehr erneut in gedruckter Form den Behörden (insbesondere den Grenzbehörden) zugestellt und den interessierten Kreisen zugänglich gemacht werden."[5]

Anders als bei den zuvor gedruckten Verzeichnissen wurde das gesamtdeutsche Verzeichnis von 1938 nicht durchnummeriert und auch das jeweilige Reichsland, in dem sich das betreffende Kunstwerk zum Zeitpunkt seiner Eintragung befand, wurde aufgrund der politischen „Gleichschaltung" durch die Nationalsozialisten nicht mehr genannt. 1938 vergrößerte sich das Schutzgebiet um Österreich und das Sudetenland, wobei für bereits bestehende Schutzmaßnahmen Übergangslösungen bis zur Anpassung an den „Rechtszustand im Altreich" gefunden wurden.[6] Die folgende Auswertung bezieht sich ausschließlich auf das Verzeichnis, das 1938 als Entwurf gedruckt und an ausgewählte Stellen verteilt wurde. Nicht berücksichtigt sind an dieser Stelle die zahlreichen, der bisherigen Forschung zum Teil unbekannten, weiteren Unterschutzstellungen der 1930er und 1940er Jahre.

1.1 Die Beteiligung der einzelnen Länder

Seit dem Erlass von 1919 betraf der Ausfuhrschutz nur bewegliche Kunstwerke im engeren Sinne. Nachdem 1934 eine Begrenzung der schützenswerten Objekte auf 445 erwogen worden war, stieg die Zahl ausgewählter Objekte im Entwurf von 1938 auf über 960 Werke an und erreichte mit diesem starken Zuwachs den quantitativen Stand von 1922. Die Länder Bayern, Baden und Preußen stellten erneut fast zwei Drittel aller eingetragenen Kunstwerke, jedoch wechselten Bayern und Preußen ihre Position bezüglich des Umfangs der unter Schutz gestellten Kunstwerke: Bayern halbierte zwischen 1922 und 1938 die Anzahl der Kunstwerke, für deren Eintragung es verantwortlich zeichnete und stellte damit nur noch einen Anteil von 20 Prozent des Gesamtverzeichnisses; Preußen hingegen stellte nunmehr 35 Prozent des „nationalen Kunstbesitzes". Dieser Zuwachs ging unter anderem auf intensivere Eintragungen im Rhein-Main-Gebiet zurück, wo sich besonders die Frankfurter Stellen für eine Ausweitung des Verzeichnisses einsetzten.[7] Die übrigen Länder trugen eine anteilsmäßig ausgewogene Zahl an eingetragenen Objekten bei: Thüringen verdoppelte seine Anzahl an Kunstwerken vom Jahr 1922 auf 44 Nummern im Jahr 1938, auch Hamburg und Bremen, die sich bisher recht zurückhaltend bei den Eintragungsverfahren verhalten hatten, wiesen nun 36 bzw.

5 RMdI an die Landesregierungen und den Polizeipräsidenten Berlin, 13.6.1938, GStA PK, I. HA Rep. 151, Finanzministerium, Nr. 1060, Bl. 1.

6 Sie waren folglich im Verzeichnis von 1938 nicht vertreten. Niederschrift über die Besprechung am 21. Februar 1939 im Reichsministerium des Innern, GStA PK, I. Ha Rep. 151 Finanzministerium, Nr. 1060, Bl. 113 f.

7 Georg Swarzenski bezeichnete es 1929 noch als „eine falsche Sentimentalität, jedem Kunstwerk, das aus Deutschland ins Ausland geht, nachzutrauern" und handelte dementsprechend zurückhaltend bei der Anmeldung von Kunstwerken für das Verzeichnis. Swarzenski, Zeitschrift für bildende Kunst, 1929, S. 268.

38 Werke nach. Die Länder Anhalt, Oldenburg, Mecklenburg-Schwerin und Schaumburg-Lippe erklärten nach wie vor kaum Werke für „national wertvoll".

1.2 Betroffene Sammlungen

Ein Blick auf die *Reichsliste* von 1938 zeigt schnell die fehlende Aktualität bezüglich der Besitzverhältnisse und Aufbewahrungsorte der unter Schutz gestellten Kunstwerke. Die Angaben zur Provenienz und zum Aufenthaltsort waren zum Teil veraltet, weil sich Nachprüfungen in den 1930er Jahren schwierig gestalteten. Zum einen litt das Verhältnis der Museumsdirektoren zu den Sammlern wegen der antimodernistischen und antisemitischen Maßnahmen der Reichsregierung, zum anderen wechselten Besitzer wie Aufbewahrungsorte immer häufiger. Angaben zu Kunstwerken wurden nur mit eingeschränkten Mitteln aktualisiert und dementsprechend sind Hinweise zu Besitzverhältnissen und Aufbewahrungsorten bis in die Gegenwart irreführend und müssen kritisch geprüft werden.

Auch wenn die fürstlichen Sammlungen als Träger des kulturellen Erbes eine entscheidende Rolle spielten, stellt sich vor allem die Frage nach einer Instrumentalisierung des Kunstausfuhrschutzes in Form einer Beschränkung der besitzrechtlichen Verfügung jüdischer Sammler, die sich im Laufe der 1930er Jahre verfolgungsbedingt gezwungen sahen, das Deutsche Reich zu verlassen. Jüdische Familien sollten aus dem Land vertrieben werden, ihre Vermögenswerte aber wollte man behalten. Die Auswirkung der Emigrationen auf die Auswahl der schützenswerten Kunstwerke hat hier eine vermögensrechtliche Dimension, die es zu untersuchen gilt. Vor allem die Auswertungsergebnisse aus der Zeit der Weimarer Republik können dienlich sein, um Vergleiche zu ziehen und Entwicklungen nachzuzeichnen.

Grundsätzlich kann festgestellt werden, dass sich in dem von den Nationalsozialisten herausgegebenen Verzeichnis von 1938 so viele Sammler befanden wie zu keinem Zeitpunkt zuvor. Die insgesamt 964 Objektpositionen verteilten sich auf 268 verschiedene Kunstbesitzer. Im Vergleich zum Jahr 1922 nahm die Zahl der betroffenen Sammler damit zu, obwohl die Zahl der Kunstwerke leicht zurückging. Wie bereits erwähnt, trug vor allem Preußen zur Ausweitung bei, da fast jeder zweite der betroffenen Kunstbesitzer im größten Reichsland lebte.[8] Bei der Frage nach der sozialen Struktur der Sammler können abermals die Unternehmer als größte Gruppe genannt werden. Auffällig ist die konstante Unterschutzstellung der fürstlichen Sammlungen, von denen in allen Verzeichnissen des Untersuchungszeitraumes um die 50 gelistet wurden. Lediglich im Verhältnis zum Ganzen unterlag diese Gruppe starken Schwankungen und erreichte im Verzeichnis von 1938 mit 18 Prozent einen prozentualen Tiefpunkt. Jedoch trugen sie mit 359 Kunstwerken fast zwei Fünftel aller unter Schutz gestellten Objekte bei. Alle übrigen Besitzer verteilten sich recht gleichmäßig auf weitere Sammlergruppen.

8 Im Verzeichnis von 1922 war es mit 77 Sammlern noch jeder Dritte.

Zu diesen zählte auch der preußische Ministerpräsident Hermann Göring, dessen *Urteil des Paris* von Lucas Cranach bereits 1927 im Verzeichnis stand, als es noch im Besitz des jüdischen Industriellen Robert von Hirsch war.[9] Auch der „Führer und Reichskanzler" Adolf Hitler fand sich im Verzeichnis von 1938 mit einer Veit Stoß zugeschriebenen Plastik wieder.

Dass sich die verantwortlichen Stellen im Nationalsozialismus von den gesetzlichen Bestimmungen aus dem Jahre 1919 entfernten, zeigt die Einbeziehung von Kunstwerken im Besitz des Handels und des Staates. Vor allem widersprach das Reichsinnenministerium den ohnehin vagen Grundsätzen von 1920, die Werke im Kunsthandel vom Ausfuhrschutz befreien wollten.[10] Von der Unterschutzstellung ihres Warenbestandes waren ab 1935 jüdische Kunsthändler wie A. S. Drey, Lehmann Bernheimer und Hermann Ball ebenso betroffen wie nicht-jüdische Händler, unter ihnen Johannes Hinrichsen und Karl Haberstock. Insgesamt 96 Kunstwerke, die sich oft nur kurzzeitig auf dem Markt befanden und möglichst gewinnbringend vorrangig ins Ausland verkauft werden sollten, wurden erfasst.[11] Es können zudem Fälle nachgewiesen werden, in denen Kunsthändler Objekte aus meist jüdischen Sammlungen erwarben und mit diesen das Ausfuhrverbot übernahmen. Ein Beispiel bietet hier die Düsseldorfer Galerie Hans Paffrath, die 1938 aus der Hamburger Sammlung Eduard Ludwig Behrens das Gemälde *Beati Possidentes* von Adolph Menzel erwarb, das bereits seit Frühjahr 1935 mit dem Ausfuhrverbot belegt war.[12]

Neben den Kunsthandlungen befanden sich zahlreiche Museen mit ihren Objekten in der Auflistung von 1938, unter ihnen das Bayerische Nationalmuseum München, das Deutsche Museum Berlin und das Landesmuseum Bonn. Vor allem Objekte des Bremer Kunstvereins wurden in großer Zahl erfasst. Vermutlich liegt die Ursache hier in der privaten Trägerschaft der Bremer Kunsthalle. Der Kunstverein hatte sich zwar mit einer Vereinbarung von 1926 an den Staat gebunden, der *Kampfbund für deutsche Kultur* hatte jedoch ihre vollständige Verstaatlichung zum Ziel.[13] Darüber hinaus waren Kunstwerke nicht gestrichen worden, nachdem sie in öffentlichen Besitz übergegangen waren, wie fünf Porzellane der Sammlung Feist, die das Schlossmuseum in Berlin 1935 erwarb. Aber auch die 1928 versteigerte Sigmaringer Sammlung wurde trotz Übernahme einzelner Werke durch öffentliche Institutionen weiterhin vor der Ausfuhr geschützt, und

9 Das Werk gelangte in den Besitz Görings, damit die übrige Sammlung Robert von Hirschs in die Schweiz überführt werden durfte. Vgl. HHStA Wiesbaden, Nr. F 4208, vgl. auch Paul Arnsberg: Die Geschichte der Frankfurter Juden seit der Französischen Revolution. Bd. 3 Biographisches Lexikon der Juden in den Bereichen: Wissenschaft, Kultur, Bildung, Öffentlichkeitsarbeit in Frankfurt am Main, Darmstadt 1983, S. 198.

10 Vgl. Niederschrift über die Verhandlungen der Reichskunstwartkonferenz in Stuttgart am 12. April 1920, BArch, R32/375, Bl. 1–8.

11 41 Werke befanden sich im Besitz jüdischer Kunsthandlungen.

12 Vgl. RMdI an George Behrens, 1.4.1935, AHK, 32-228.6, Bl. 3 ff.

13 Vgl. Dorothee Hansen: Emil Waldmann (1914–1945), auf http://www.kunsthalle-bremen.de/kunsthalle/ueber-uns/geschichte/emil-waldmann-1914-1945/, abgerufen 31.10.2013.

so fanden sich die Frankfurter Museen mit insgesamt 19 mittelalterlichen Plastiken, Gemälden und Kunstgewerbeobjekten in der *Reichsliste* wieder. Gegen diese Maßnahme protestierte die Städtische Galerie Frankfurt a. M. und forderte die Streichung.[14] Es kann demzufolge davon ausgegangen werden, dass eine Eintragung grundsätzlich nicht durch die Museen initiiert wurde. Auch wenn die Ausfuhrverordnung rechtlich keinen Einfluss auf den Museumsbesitz hatte, führte die Einbeziehung dieser Objekte zur bereits beklagten Unübersichtlichkeit der neu verfassten Liste. Zwischenzeitlich gab es Bestrebungen, „national wertvolle" Kunstwerke in kirchlichem Besitz in das Verzeichnis zu integrieren. Im Entwurf zum Neudruck 1934 ist ersichtlich, dass vor allem Preußen mit den drei Frauenklöstern Isenhagen, Lüne und Wienhausen das Verzeichnis um Kunstwerke in Klosterbesitz erweitern wollte.[15] Mit den Eintragungen sollte vor allem die Tatsache gewürdigt werden, dass die Welfenlande „über den größten Bestand romanischer und gotischer Textilien und Möbel, der sich nördlich der Alpen am Originalstandort befindet" verfügten.[16] Da aber kirchliche Institutionen nicht unter die Intention der Kunstschutzverordnung fielen, wurden diese in einer erneuten Überarbeitung wieder gelöscht.

Wie bereits mehrfach anklang, ist die Untersuchung des deutschen Kunstausfuhrschutzes auf betroffene jüdische Besitzer unerlässlich, nicht zuletzt, weil die Herausgabe des Verzeichnisses von 1938 in einem Jahr stattfand, das für die „Arisierung" und Zerstörung des jüdischen Lebens in Deutschland als besonders einschneidend gewertet wird. Im Verzeichnis von 1922 lässt sich für 36 der 216 eingetragenen Besitzer (17 Prozent) die jüdische Religionszugehörigkeit nachweisen. Zu ihnen zählen vor allem die finanzstarken Berliner Unternehmer aus dem Umkreis Wilhelm von Bodes, die mit zahlreichen hochwertigen Kunstwerken vertreten waren. In dem unveröffentlichten Verzeichnis von 1934 nahm die Zahl der jüdischen Besitzer im Vergleich zu den Vorjahren stark ab und verringerte sich auf 18 Personen (12 Prozent). Vier Fünftel aller gelisteten Sammler sind nachweislich nicht-jüdischen Glaubens. Bis ins Jahr 1938 änderte sich diese Situation wieder und überstieg leicht die Werte des vorangegangenen Jahrzehnts. Von 268 Sammlern sind 48 (18 Prozent) nachweislich jüdischen und 185 Personen (69 Prozent) nichtjüdischen Glaubens. Auch wenn jüdische Kunstsammler in den Verzeichnissen der 1930er Jahre nicht die Mehrheit bildeten, bedarf es einer weitergehenden Untersuchung hinsichtlich der Anzahl der Kunstwerke aus jüdischen Sammlungen, deren Ausfuhr versagt wurde. Diese wird im folgenden Kapitel vorgenommen.

14 Vgl. Städt. Galerie Ffm an Polizeipräsidenten, 11. 1. 1941, Archiv Städel, Nr. 731.

15 Der Vorschlag zur Eintragung von Objekten aus den drei genannten Klosterbesitztümern stammte bereits aus der zweiten Jahreshälfte 1932. Vgl. DMB (Noack) an RKW, 14. 12. 1932, BArch, R32/375, Bl. 235.

16 Rogasch 2004, S. 32.

1.2.1 Kunstwerke in jüdischem Besitz

Im Verzeichnis von 1922 entstammten mindestens 139 der 989 Werke jüdischen Sammlungen. Besonders in Preußen machte der jüdische Kunstbesitz einen erheblichen Anteil an den Werken aus, die unter Schutz gestellt wurden, was zugleich die große Bedeutung der jüdischen Bevölkerung im Kunstleben der preußischen Reichsstädte zeigt.[17] So waren viele jüdische Unternehmer mäzenatisch tätig und taten sich als Kunstsammler und Stifter der Museen hervor.[18] In der Zeit des Nationalsozialismus wurden diese bedeutenden Sammler ihrer wirtschaftlichen Kraft und ihrer Sammlungen beraubt. Ein Großteil der Betroffenen entschloss sich zur Emigration. Dabei mussten die Kunstwerke, die im Verzeichnis standen, in Deutschland zurückgelassen werden. Im Entwurf zur Neuauflage 1934 verminderte sich infolge zahlreicher Austragungen die Zahl der Kunstwerke in jüdischem Besitz auf 39 (9 Prozent). Erst mit der Erweiterung der *Reichsliste* von 1938 im Zuge der Neueintragungen Mitte der 1930er Jahre erhöhte sich die Anzahl dieser Kunstwerke deutlich. 221 der 964 Objekte und damit 24 Prozent waren nachweislich Teil einer jüdischen Sammlung, davon 145 Kunstwerke im preußischen Reichsgebiet. Besonders umfangreich war von dort der Kunstbesitz des „arisierten" Bankhauses Jacquier & Securius mit 21 Werken verzeichnet, die im Rahmen der Versteigerungsvorbereitungen bei Paul Graupe eingetragen wurden.[19] Die Sammlung der 1935 in Berlin verstorbenen Margarete Oppenheim wurde ebenfalls mit 16 Werken recht umfassend unter Schutz gestellt, wobei es sich ausschließlich um Werke Cézannes und van Goghs handelte. Vom 1933 in die Schweiz ausgewanderten Bankier Jakob Goldschmidt wurden 15 Werke für national wertvoll erklärt, elf dieser Objekte befanden sich im Tresor der Dresdner Bank in Berlin. Aus dem Besitz des Frankfurter Unternehmers Carl von Weinberg wurden acht mittelalterliche deutsche Plastiken und aus dem des Juristen Ernst Rathenau sieben niederländische Gemälde auf die Liste gesetzt. Zusätzlich wurden sieben Werke aus der Sammlung Robert von Hirsch – vorwiegend mittelalterliches Kunsthandwerk und

17 In den preußischen Kulturzentren Berlin und Frankfurt a. M. befanden sich die beiden größte jüdischen Gemeinden des Deutschen Reiches. Breslau, als Stadt mit der drittgrößten jüdischen Gemeinde, verfügte über keinen großen Kunstmarkt. Jedoch lebten zahlreiche bedeutende jüdische Sammler in der schlesischen Stadt. Vgl. Heuß 2001, S. 312.

18 Kuhrau stellt in seiner Studie über den *Kunstsammler im Kaiserreich* fest, dass 55 Prozent der untersuchten Berliner Privatsammler jüdischer Herkunft waren. Der Anteil von circa 4,3 Prozent an der Gesamtbevölkerung Berlins zeigt das Verdienst, das sich jüdische Sammler am Kulturleben, auch dank ihrer wirtschaftlichen Kraft, erworben haben. Vgl. Kuhrau 2005, S. 76.

19 Mit einem Vertrag vom 5. März 1938 wurde ein Großteil des Firmenbesitzes auf Richard Lenz übertragen, der den Namen Jacquier & Securius als „geschäftliches Aushängeschild" beibehielt. Ingo Köhler: Die „Arisierung" der Privatbanken im Dritten Reich. Verdrängung, Ausschaltung und die Frage der Wiedergutmachung, München 2008, S. 317. Köhler wies in seiner Studie zudem nach, dass es sich um den seltenen Fall einer „Mehrfacharisierung" handelte, das das „arisierte" Bankhaus Jacquier & Securius wiederum weitere Privatbanken in jüdischer Hand „arisierte". Aufgrund der zeitlichen Überschneidung der „Arisierung" und der Aufstellung des Verzeichnisses 1938 ist es in diesem Fall schwer nachvollziehbar, wie sich die Besitzverhältnisse der Kunstobjekte darstellten.

Kirchengerät – für national wertvoll erklärt. Der Frankfurter Industrielle Hirsch tätigte vornehmlich in den 1920er Jahren große Käufe in Abstimmung mit dem Generaldirektor der Frankfurter Museen, Swarzenski, so auch bei der Versteigerung der Sigmaringer Sammlung 1928.[20] In Hamburg fällt namentlich die Sammlung der jüdischen Bankiersfamilie Eduard Ludwig Behrens auf, aus der eine Auswahl von 20 Gemälden und Aquarellen der deutschen und französischen Kunst des 19. Jahrhunderts eingetragen waren. Zudem befanden sich trotz Einsprüchen aus der Fachwelt 25 zumeist kunstgewerbliche Objekte der Kunsthandlung Lehmann Bernheimer sowie neun Kunstwerke aus dem Bestand der bereits „arisierten" Firma A. S. Drey im Verzeichnis. Acht Renaissancepokalen aus der kunstgewerblichen Sammlung des Münchner Mathematikprofessors Alfred Pringsheim wurde seit 1921 ohne Unterbrechungen die Ausfuhr verwehrt.

Diese Auflistung der mit besonders vielen Werken vertretenen jüdischen Sammler lässt erkennen, dass seit den Veröffentlichungen des Verzeichnisses in der Weimarer Republik zahlreiche Veränderungen vorgenommen wurden, die oft auch neue Sammlerkreise betrafen. Vor allem die Zahl an Kunstwerken aus Frankfurter Sammlerkreisen nahm zu, was auf eine aktive Eintragungstätigkeit der Frankfurter Verantwortlichen schließen lässt. Auch die Unterschutzstellung von Teilen des Warenbestandes Münchner Kunsthandlungen gab dem Verzeichnis ein neues Gepräge.[21]

Den jüdischen Sammlern, denen der Verkauf oder die Mitnahme ihrer Kunstwerke ins Ausland verwehrt wurde, standen Sammler gegenüber, die als Mitglieder der NSDAP Unterstützer des Regimes waren. Zu nennen ist neben der bereits erwähnten Prominenz, Hermann Göring und Adolf Hitler, der Berliner Unternehmer Günther Quandt, der mit dem Gemälde *Christusknabe auf der Weltkugel* von Anton van Dyck gelistet war. Der Frankfurter Industrielle Georg Hartmann profitierte von der Kriegsindustrie, setzte sich für die Belange des Städels ein und war im Verzeichnis mit sieben mittelalterlichen Plastiken vertreten. Die Unterschutzstellung des ehemaligen fürstlichen Besitzes spielte nach wie vor eine große Rolle. Dies änderte sich auch nicht, nachdem die Sammlung des Fürsten von Hohenzollern 1928 verkauft worden war und die Vermögensauseinandersetzungen der Landesregierungen mit den abgedankten Herrscherhäusern in den meisten Fällen zu einer Einigung gekommen waren. Etwas haben die fürstlichen und die jüdischen Sammlungen jedoch gemein: Die Unterschutzstellung erfolgte selten nur mit Einzelobjekten.

1.3 Eingetragene Kunstwerke

Im Entwurf einer *Reichsliste* von 1938 sind die gelisteten Kunstwerke nicht mehr durchnummeriert, sie lassen sich jedoch auf eine Anzahl von 964 Objekten bringen. Etwa die Hälfte aller Werke befand sich bereits in den beiden Verzeichnissen, die wäh-

20 Vgl. Arnsberg 1983, S. 198.
21 Vgl. Kapitel 3.3.1.

rend der Weimarer Republik gedruckt wurden, also damit mindestens 16 Jahre unter Ausfuhrverbot. Bei dieser Auswahl dominierten deutsche Kunstwerke der fürstlichen Sammlungen, angeführt von deutschem Kunsthandwerk und gefolgt von Gemälden und Plastiken deutscher Meister der Gotik und Renaissance. Insgesamt 175 Werke befanden sich in der Weimarer Republik in beiden Verzeichnissen, waren sodann im Entwurf von 1934 nicht mehr vorgesehen und 1938 wieder Bestandteil der Liste. Die nachfolgenden Abschnitte skizzieren, in welche Kunstgattungen, historischen Zeiträumen und nationalen Hintergründen die verzeichneten Kunstwerke einzuordnen sind, deren Zusammenstellung aus dem Jahre 1938 in den Archiven überliefert ist.

1.3.1 Kunstgattungen

In der *Reichsliste* von 1938 bildeten Gemälde mit 370 Nummern wieder die größte Anzahl der geschützten Objekte.[22] Im Laufe der 1920er und zu Beginn der 1930er Jahre nahm der Anteil der Gemälde zwischenzeitlich rapide ab. Dies hatte seine Ursache vor allem in der Streichung aller Werke des 19. Jahrhunderts. Nur ein Drittel der Gemälde, die bereits im Verzeichnis von 1922 unter Schutz gestellt worden waren, befand sich auch 1938 noch im Verzeichnis. In den 1920er Jahren kam es zu Neueintragungen vor allem von Gemälden der deutschen Spätgotik und Frührenaissance sowie niederländischer Meister des 15. und 17. Jahrhunderts, unter den Nationalsozialisten folgten weitere Werke deutscher Künstler der Renaissance und des 19. Jahrhunderts und erneut französische Maler des 19. Jahrhunderts. Somit können Akzentverschiebungen bei den eingetragenen Kunstwerken in den verschiedenen Überarbeitungsphasen beobachtet werden, die im Folgenden eine nähere Betrachtung erfahren.

Das Kunsthandwerk stellte mit 281 Nummern abermals die zweitbedeutendste Gruppe der „national wertvollen" Kunstwerke in Privatbesitz. Neben gotischen Aquamanilen, Renaissancegefäßen und Porzellanen des 18. Jahrhunderts fällt vor allem die große Menge an textilem Kunsthandwerk im Verzeichnis von 1938 auf. Bildteppiche aller Art, vom 14. bis ins 18. Jahrhundert, machten annähernd 10 Prozent aller eingetragenen Kunstwerke aus. Wie Anja Prölß-Kammerer in ihrer Studie zu den *Tapisserien im Nationalsozialismus* herausstellte, etablierte sich der „Besitz dieses traditionell höfischen Mediums" mit der Aussicht „sich selbst zu adeln und die Assimilation zu den traditionellen Eliten deutlich zu machen".[23] Die gezielte Ideologisierung dieser Kunst-

22 Mit 38 Prozent nahm die Anzahl jedoch prozentual ab im Vergleich zum Verzeichnis von 1922, als noch über die Hälfte zur Gattung der Gemälde zählte.

23 Anja Prölß-Kammerer: Die Tapisserie im Nationalsozialismus – Popaganda, Repräsentation und Produktion, Hildesheim u. a. 2000, S. 103. In den Sammlungen Hitlers („Sonderauftrag Linz") und Görings befanden sich zahlreiche Tapisserien. Prölß-Kammerer führt zudem aus, dass Tapisserien und Teppiche eine große Rolle bei den nationalsozialistischen Raubzügen in Frankreich und Polen spielten. Auch für die Ausschmückung der Neuen Reichskanzlei in Berlin wurden monumentale Bildteppiche entworfen, die „von der Größe und dem heroischen Geist des Reiches und der poli-

gattung wurde dadurch gestärkt, dass Neueintragungen nach 1933 mehrheitlich auf Initiative des Reiches und nicht der Kunstsachverständigen erfolgten. Wie in einem Wettstreit der Nationen wurde 1940 der Tapisseriebestand deutscher Museen dargestellt, der zwei Jahre zuvor eine beachtliche Erweiterung erfahren hatte:

> „Durch die Heimkehr der Ostmark besitzen wir die drittgrößte Gobelinsammlung nach Madrid und dem Louvre, wobei möglicherweise durch den spanischen Bürgerkrieg und den Raub der Kunstschätze und ihre Verschiebung ins Ausland auch die zweite Stelle erreicht sein kann."[24]

Die Wappendarstellungen, Jagdszenen sowie die biblischen und griechisch-mythologischen Themen der unter Schutz gestellten Tapisserien bezeugten bedeutende Ereignisse, die der Definition eines nationalen Selbstverständnisses förderlich waren. Beispielsweise genannt werden kann hier die Folge von zwölf Wirkteppichen, die die Geschichte der Wittelsbacher darstellte.[25] Jedoch waren auch Tapisserien aus Flandern und Frankreich reichhaltig gelistet, obgleich sie in der Forschung der 1930er Jahre, laut Prölß-Kammerer, nur am Rande Erwähnung fanden.[26]

Eine starke deutsche Prägung erhielt hingegen die eingetragene Plastik, die zudem über die Zeit der 1920er und 30er Jahre einen stetigen Zuwachs in der Eintragungshäufigkeit verzeichnete. Im von den Nationalsozialisten geführten Verzeichnis wurden 144 bildhauerische Arbeiten gelistet, die 15 Prozent des Gesamtverzeichnisses ausmachten. Eintragungen von Skulpturen Tilman Riemenschneiders aus unterschiedlichen Sammlungen oder Plastiken aus dem schlesischen Reichsgebiet vermehrten vor allem den deutschen Kunstbesitz der Zeit um 1500. Auch nahm die Anzahl der Schriften zu, unter ihnen lateinische Stundenbücher oder der Erstdruck von Heinrich Hoffmanns „Struwwelpeter" von 1845. Hinzu kam eine verstärkte Unterschutzstellung ganzer Bibliotheken und Sammlungen, wie beispielsweise das Hans Thoma-Archiv oder die Fayence-Sammlung des Frankfurter Unternehmers Wilhelm Kratz.

tischen und geistigen Wiedergeburt Deutschlands künden soll[en]". Johannes Sommer: Marksteine deutscher Geschichte. Zu Werner Peiners Entwürfen der Bildteppiche für die Marmorgalerie der Neuen Reichskanzlei, Die Kunst im Deutschen Reich, 4. Jg., 1940, S. 114–123, hier S. 121.

24 Konrad Haumann: Altdeutsche Teppiche und Bildwirkereien, Deutsche Teppich-Zeitung, H. 8, 18. 8. 1942, S. 7–8, hier S. 8, zitiert in Prölß-Kammerer 2000, S. 152.

25 Die Originalfolge befand sich im Besitz des Bayerischen Staates. Bei den im März 1936 unter Schutz gestellten Teppichen handelte es sich jedoch, wie das bayerische Kultusministerium bemerkte, „um eine im Stoff und in der Ausführung weniger wertvolle Wiederholung der erstgedachten Teppichreihe", die sich im Besitz des Wittelsbacher Ausgleichsfonds befand und im Depot des Bayerischen Nationalmuseums verwahrt wurde. Bay. KM an RMdI, 20. 3. 1936, BayHStA, MK 40838, Bd. 6.

26 „Einen breiten Raum unter den Bildteppichen der Renaissance nehmen die Arbeiten ein, die aus französischen Manufakturen hervorgegangen sind. [...] Die Bevölkerung der nordfranzösischen Landschaft jener Tage (16. Jahrhundert) zeigte rassisch von der des gleichgelagerten deutschen Bereiches noch keine so starken Unterschiede, wie sie heute zu beobachten sind. Schon die große flandrische Brücke, die noch zum Deutschen Reich gehörte, sorgte für einen ständigen Ausgleich." Ruth Köhler-Irrgang: Kulturgeschichte in Bildteppichen, Nationalsozialistische Monatshefte, 8. Jg., H. 84, 1937, S. 217–225, hier S. 222; vgl. Prölß-Kammerer 2000, S. 152.

1.3.2 Zeiträume

Seit der Überarbeitung Mitte der 1920er Jahre haben sich in der Rangfolge der relevanten Epochen keine großen Veränderungen ergeben: Kunstwerke der Renaissance bildeten mit mehr als einem Viertel nach wie vor die größte Gruppe in der Zusammenstellung, hier waren die deutschen Künstler weitaus häufiger vertreten als die italienischen. Die häufigsten Eintragungen erfolgten für Künstler dieser Zeitspanne in Bayern, wo Ernst Buchner als Spezialist für die deutsche Malerei der Spätgotik und der Renaissance als Kunstsachverständiger wirkte, aber auch in den fürstlichen Sammlungen Badens waren zahlreiche Gemälde wie auch Medaillen des 16. Jahrhunderts überliefert. Besonders der Detailrealismus und die Monumentalität des Werkes Albrecht Dürers entwickelten sich seit dem 19. Jahrhundert zu einem wahren Kultbild der „romantisierenden Verklärung und nationalistischen Vereinnahmung", das zur „Inkarnation der Eigenschaften des deutschen Mannes und Volkes" wurde.[27] Sichtbaren Ausdruck erfuhr diese Ideologisierung in einer Schrift des „Rembrandtdeutschen" Julius Langbehn mit dem programmatischen Titel *Dürer als Führer*, die erstmals 1904 im *Kunstwart* erschien und 1928 anlässlich des 400. Todestages des Künstlers von Momme Nissen abermals publiziert wurde. Intention der Schrift Langbehns und der erneuten Veröffentlichung war, „die Großmeister der Kunstgeschichte d. h. das Edelgeformte und ewige in ihnen" gegen die Kunst der Moderne, respektive den französischen Impressionismus und das L'art pour l'art zu setzen: „Nicht Manet und Degat – Dürer und Rembrandt sind und bleiben die Heerführer deutscher Kunst."[28] Dürer wurde als „Volkskünstler" die geistige Führerschaft anvertraut, indem er „wie ein gewaltiger gotischer Dom" als „Rückgrat der deutschen Kunst" propagandistisch vereinnahmt wurde.[29] Daran änderte die ungarische Herkunft von Dürers Vater nichts, vielmehr wurde versucht, diese mit der germanischen Kontinuität im Herkunftsgebiet der Familie zu widerlegen, indem der Name „Dürer" kurzerhand sprachlich von „Thüringer" hergeleitet wurde, zur Freude Haberstocks, der sich intensiv mit der Herkunft Dürers beschäftigte. Und auch Karl Koetschaus, selbst Thüringer, fände es „herrlich [...] wenn in die Schar der Thüringer, die für Deutschland schon

27 Anja Grebe: Albrecht Dürer. Künstler, Werk und Zeit, Darmstadt 2006, S. 178 f. Vgl. auch Anja Grebe: „Dürer als Führer". Zur Instrumentalisierung Albrecht Dürers in völkischen Kreisen, in: Völkisch und national. Zur Aktualität alter Denkmuster im 21. Jahrhundert, hg. von Uwe Puschner und G. Ulrich Großmann, Darmstadt 2009, S. 379–399.

28 Julius Langbehn/Momme Nissen: Dürer als Führer. Vom Rembrandtdeutschen und seinem Gehilfen, München 1928, S. 9 und 12 f. Dürer und Rembrandt waren zudem die beiden Künstler, zu denen Lehrveranstaltungen in keinem Kunstgeschichtlichen Seminar zwischen 1933 und 1945 fehlten. Vgl. Susen Krüger Saß: „Nordische Kunst": Die Bedeutung des Begriffs während des Nationalsozialismus, in: Kunstgeschichte im „Dritten Reich". Theorien, Methoden, Praktiken, hg. von Ruth Heftrig, Olaf Peters und Barbara Schellewald, Berlin 2008, S. 224–244, hier S. 242.

29 Langbehn/Nissen 1928, S. 10 und 12.

manches geleistet haben, nun auch noch Dürer eingereiht werden könnte".[30] Falls nicht, so sei er „doch auch der Sohn seiner Mutter, also einer Fränkin".[31] Die Leugnung der ungarischen Herkunft des Künstlers wie auch der italienischen Einflüsse auf sein Schaffen waren keine geschichtsverfälschenden Maßnahmen, die die Nationalsozialisten ersannen; vielmehr handelte es sich um die Vereinnahmung eines Dürerbildes, das insbesondere seit der Jahrhundertwende entstanden war.[32]

Dürer wurde zum Symbol für „das Deutsche an sich", wie Hans Wühr es in seiner Beschreibung des christusähnlichen Selbstbildnisses der Alten Pinakothek in der NS-Zeitschrift *Die Kunst im Dritten Reich* darlegte:

> „Wenn unser Volk sich in irgendeinem Antlitz spiegeln wollte, wenn es die Idee, die es von sich selbst hat, als ein Gesicht anschauen könnte: welches andere Selbstbildnis und Selbstzeugnis böte sich ihm gütiger, unbedingter und verpflichtender dar als eben dieses Bild."[33]

Das Werk Dürers fand mit der Popularisierung des Künstlers auch Eingang in die deutschen Wohnstuben. Die Studie Jane Campbell Hutchisons zur Rezeption Dürers zeigt, dass in einer 1937 zusammengestellten Liste „von ‚gebilligten' Reproduktionen für den häuslichen Wandschmuck", die in der Frauenzeitschrift *NS-Frauen-Warte* veröffentlicht wurde, eine Auswahl von 122 Reproduktionen von 53 Künstlern angeboten wurde, ein Viertel davon von Dürer.[34] Auf dem 20-Reichsmark-Schein war Dürers *Bildnis eines Baumeisters* abgebildet; Postkarten und Zeitschriftentitel mit Dürers Motiven erfuhren hohe Auflagen.[35] Auch die wissenschaftliche Forschung zu Dürer wurde in den 1930er Jahren vorangetrieben, vor allem die umfangreichen, zum Teil mehrbändigen Monografien von Friedrich Winkler und Wilhelm Waetzoldt, die ab 1936 in mehreren Neuauflagen erschienen, betonten die Bedeutung des Künstlers. Unter dem Leitmotiv ‚Dürer' stand auch die Ausstellungsfolge *Deutsche Kunst seit Dürer*, die 1934 und 1935 im Berliner Prinzessinnen-Palais stattfand und „wenigstens zeitweilig die Schöpfungen

30 Städt. Kunstmuseum Düsseldorf (Koetschau) an Haberstock, 4.10.1932, DKA, NL Haberstock, Karl, I,B-5. Haberstock holte bei seinen Nachforschungen auch Informationen durch den befreundeten Direktor der Ungarischen Nationalbank ein, der für seine Auskünfte jedoch nicht namentlich genannt werden wollte: „Wenn Sie [Haberstock] zur Ansicht gelangen sollten, die Familie Dürer sei deutscher Abstammung, werden Sie es verstehen, dass es für mich ein unerträglicher Gedanke wäre, durch die Ihnen überlassenen Daten Ungarn des stolzen Bewustseins [sic!], den grossen Meister unseren Landsmann zu nennen, beraubt zu haben." Ungarische Nationalbank (Direktor) an Haberstock, 11.10.1932, ebd.

31 Weiter heißt es: „Wer sagt uns denn, dass Dürer mehr als die äußerliche Kunstfertigkeit vom Vater erlernt hat? Vielleicht stammt das Beste, seine tiefe Innerlichkeit, seine faustische Natur von der Seite der Mutter her." Städt. Kunstmuseum Düsseldorf (Koetschau) an Haberstock, 20.9.1932, ebd.

32 Vgl. Feulner 2013, S. 37.

33 Hans Wühr: Das deutsche Antlitz in der Kunst. Albrecht Dürer: Selbstbildnis, Die Kunst im Dritten Reich, 3. Jg., F. 8, August 1939, S. 258. In der Reihe *Das deutsche Antlitz in der Kunst* publizierte Wühr des Weiteren zu den Altdeutschen Christoph Amberger, Albrecht Altdorfer, Hans Baldung, Hans Burgkmaier d. Ä., Lucas Cranach d. J., Hans von Kulmbach und Bernhard Strigel u. a. 1940 setzte Wühr diese Reihe mit „Meisterwerken des 19. Jahrhunderts" fort.

34 Hutchison 1994, S. 252.

35 Vgl. Feulner 2013, S. 41.

der Gegenwart und der früheren Jahrhunderte vereinen" sollte.[36] Obgleich diese Ausstellung von der Forschung als Plan derjenigen Berliner Museumsmänner, „die sich gegen die Bevormundung und den Zwang von außen verschworen hatte[n]", gewertet wurde, können mit Ausnahme eines Bildnisses Ernst Barlachs und eines Stilllebens Paula Modersohn-Beckers im Katalog ausschließlich von den Nationalsozialisten legitimierte Kunstströmungen ausgemacht werden, die eine deutsche Kunstentwicklung seit Dürer belegen.[37] Beispielhaft sei hier an den ebenso als „Volkskünstler" charakterisierten Hans Thoma erinnert, der in der Tradition Dürers für die Tugenden des deutschen Volkes stand.[38]

Trotz der Bedeutung Dürers muss man seinen Namen im *Verzeichnis der national wertvollen Kunstwerke* von 1938 suchen. Die Auswahl an von Dürer gefertigten Kunstwerken beschränkte sich auf ein sicher zugeschriebenes Gemälde, eine Zeichnung und zwei Konvolute an Handzeichnungen. Diese Zusammenstellung, die nicht nur dem geringen Bestand Dürer'scher Werke in deutschem Privatbesitz geschuldet war, dürfte ganz nach dem Geschmack Langbehns gewesen sein, der vor allem die Zeichnungen Dürers schätzte:

> „Als Maler ist er beengt, als Zeichner frei und gewaltig. Als Maler ist er Gotiker, auf der Höhe seiner Zeichenkunst Renaissancemensch. Er malt oft wie ein Miniaturenmaler; er zeichnet monumental."[39]

Die 54 Handzeichnungen und Aquarelle, die Ende des Jahres 1931 als Besitz des Bremer Kunstvereins unter Schutz gestellt wurden, waren die letzte nachweisliche Eintragung eines Werkes Dürers im Untersuchungszeitraum. Alle übrigen Werke des Meisters, die im Verzeichnis von 1938 gelistet waren, waren dort auch schon vor 1933 eingetragen. Es handelt sich also um Unterschutzstellungen, die bereits von Verantwortlichen in der Weimarer Republik vorgenommen worden waren. Die zurückhaltende Unterstützung staatlicher Stellen beim Schutz des Dürerbestandes verärgerte den Direktor des Germanischen Nationalmuseums in Nürnberg, Heinrich Kohlhaußen, nachdem „fast der gesamte hier in städtischem wie in Privatbesitz vertretene Dürerbestand Nürnberg entfremdet wurde".[40]

36 Das Bildnis in der Plastik. Ausstellungsfolge Deutsche Kunst seit Dürer, hg. von den Staatlichen Museen Berlin, Nationalgalerie, Berlin 1934, S. 3.

37 Annegret Janda: Die Berliner Nationalgalerie im Kampf um die moderne Kunst seit 1933, in: „Entartete Kunst". Das Schicksal der Avantgarde in Nazi-Deutschland, hg. von Stephanie Barron, München 1992, S. 107–119, hier S. 112. Ausgestellt wurden die Gemälde Ernst Barlach: *Theodor Däubler*, Brustbild, 1916, Sammlung Hans Paret sowie Paula Modersohn-Becker: *Kastanien und Obst*, Sammlung Eduard von der Heydt.

38 Nerina Santorius: „Alles urdeutsch"? Hans Thoma und die Debatte um eine nationale Kunst, in: Hans Thoma. „Lieblingsmaler des deutschen Volkes", hg. von Felix Krämer und Max Hollein, Frankfurt a. M. 2013, S. 29–39, hier S. 33 f. In der dritten Ausstellung der Reihe *Deutsche Kunst seit Dürer* war Thoma mit drei Blumenstillleben vertreten.

39 Langbehn/Nissen 1928, S. 8.

40 GNM (Kohlhaußen) an SMB (Kümmel), 5.10.1940. Kohlhaußen kritisierte vor allem, dass im sogenannten Kümmelbericht die Forderungen nach dem Werk Dürers nicht erstrangig waren.

Ebenso verhält es sich mit Werken Altdorfers, Grünewalds und der beiden Holbeins, von deren Kunstwerken keines erst nach 1933 unter Schutz gestellt wurde.[41] Desgleichen war Hans Multscher, der nach Otto Fischers Worten im *Pantheon* 1939 „der bedeutendste deutsche Bildhauer im zweiten Drittel des 15. Jahrhunderts gewesen" ist und „auch der erste Meister seiner Kunst in unserem Lande, der als Persönlichkeit deutlicher vor uns tritt und dessen Schaffen sich durch einen langen Zeitraum verfolgen läßt", seit 1919 mit lediglich zwei Kreuzigungsszenen vertreten.[42] Diese zurückhaltende Praxis der Eintragung altdeutscher Meister überrascht, hätte doch eine eigenständige, bedeutende Kunstentwicklung die Abgrenzung von der französischen Gotik und der italienischen Renaissance am wirkungsvollsten präsentieren können.[43]

Zu den Künstlern, die in den Kunstschutzlisten der Weimarer Republik noch vollkommen vernachlässigt wurden, zählen Barthel Bruyn d. Ä. und sein Nachfolger, obgleich sich auch die Zahl gelisteter Werke im Verzeichnis von 1938 auf fünf beschränkte. Eine durchgehend große Würdigung erhielt Lukas Cranach d. Ä., der mit neun seiner Gemälde von den Nationalsozialsten für national wertvoll erklärt wurde.[44] Das Verzeichnis von 1938 listete damit insgesamt 24 Werke von ihm, so viele wie von keinem anderen Künstler. Damit stellten die Nationalsozialisten einen Künstler unter „nationalen" Schutz, auf den sich besonders die als „entartet" verfolgten Expressionisten wie Max Beckmann und die Künstler der *Brücke* in Dresden stützten.[45] Ebendort befand sich bei den Staatlichen Kunstsammlungen die größte Cranach-Sammlung weltweit, die mit einer Ausstellung 1899 zur Neubewertung des „tüchtigen, ehrlich-deutschen Meisters" geführt hatte.[46] Es sollten beinahe vier Jahrzehnte vergehen, bis erneut eine umfangreiche Ausstellung dem Wirken Cranachs gewidmet wurde. Im Frühjahr 1937 präsentierte das Deutsche Museum in Berlin mit Cranach „die altdeutsche Kunst als

41 Wie begehrt Werke Holbeins d. J. tatsächlich waren, zeigt der Tausch *Bildnis eines Mannes mit Laute* aus der New Yorker Sammlung Henry Goldmann gegen zwei italienische Werke aus dem Besitz der Berliner Gemäldegalerie: eine Predella mit der Geburt Christi von Duccio und eine Madonna von Fra Filippo Lippi. Ernst Heinrich Zimmermann erhielt bei diesem Tausch die Zustimmung des Sachverständigenbeirats. Vgl. Petra Winter: Vom Kläger zum Beklagten? Der Direktor der Gemäldegalerie Ernst Heinrich Zimmermann, in: Zwischen Politik und Kunst. Die Staatlichen Museen zu Berlin in der Zeit des Nationalsozialismus, für das Zentralarchiv – Staatliche Museen zu Berlin hg. von Jörn Grabowski und Petra Winter, Berlin 2013, S. 271–285, hier S. 272 ff.

42 Otto Fischer: Hans Multscher, in: Pantheon, 12. Jg., H. 11, November 1939, S. 327–333, hier S. 327.

43 Vgl. Grebe 2006, S. 179.

44 Nachdem bereits Mitte der 1920er Jahre zahlreiche Werke Lukas Cranachs d. Ä. vorwiegend aus den Sammlungen des Großherzoges von Baden und des Fürsten von Fürstenberg Aufnahme in die Schutzliste gefunden hatten, wurden Mitte der 1930er Jahre erneut Werke des Meisters aus unterschiedlichen Sammlungen ergänzt.

45 „Diese Geistesverwandtschaft moderner Künstler zu Cranach, die sich bekanntermaßen bis zu Picasso und Giacometti fortschrieb, hatte ihre Wurzel in der mentalen Geradheit Cranachs, in seiner Affinität zu künstlerischer Unverstelltheit, in seiner zuweilen archaisch anmutenden Unbefangenheit." Maaz 2010, S. 10.

46 Karl Woermann: Cranach-Ausstellung, Dresden 1899, S. 1.

ästhetisches Normativ und die deutsche Tradition als identitätsstiftend".[47] Die Schirmherrschaft für die gut besuchte Ausstellung übernahm Hermann Göring, der selbst als einer der größten „Sammler" altdeutscher Kunst 73 Werke der beiden Cranachs und ihrer Schule besessen haben soll.[48] Die Ausstellung in Berlin wurde zugleich Cranach d. J. gewidmet, um „seine Beurteilung selbst denjenigen zu beweisen, die zwar den Vater gelten lassen, aber auf den Sohn herabsehen".[49] Im Verzeichnis der unter Schutz gestellten Kunstwerke befand sich trotz der umfangreichen Würdigung Cranach d. Ä. nicht ein Werk seines Nachfolgers.[50] Anscheinend mussten die Museen mit der Anerkennung ihrer Cranach-Bestände vorangehen, bevor auch die Objekte in Privatbesitz eine Unterschutzstellung erfuhren.[51]

Obwohl die großen Museen des Deutschen Reiches beachtliche Sammlungen der altdeutschen Malerei aufwiesen – zu nennen sind hier besonders die Bayerischen Staatsgemäldesammlungen München, die Staatlichen Kunstsammlungen Dresden und das Deutsche Museum in Berlin – forderte Hans Posse als Leiter des *Sonderauftrages Linz*, in einem Konzept für das *Führermuseum* den aus seiner Sicht notwendigen Ausbau der Abteilung der deutschen Renaissance:

> „Nirgendwo wie gerade in Linz wird man sich eine Darbietung der ‚Donauschule' des 16. Jahrhunderts besonders wünschen dürfen. Auch auf diesem Gebiete wird aller Voraussicht nach noch manches aus altem österreichischen, vor allem dem Klosterbesitz frei werden. Die Ab-

47 Maaz 2010, S. 11. Vgl. auch Magdalena Bushart: Der Geist der Gotik und die expressionistische Kunst. Kunstgeschichte und Kunsttheorie 1911–1925, München 1990. In Dresden folgte im Herbst des Jahres ebenfalls eine Ausstellung mit Gemälden und Graphiken beider Cranachs und ihrer Werkstatt. Vgl. Lucas Cranch der Ältere und der Jüngere. Ausstellung von Werken aus dem Besitze der Staatlichen Sammlungen, veranstaltet aus Anlaß der Dresdner Museumswoche von der Staatlichen Gemäldegalerie und dem Staatlichen Kupferstichkabinett, Dresden 1937.

48 Vgl. Jonathan Petropoulos: Kunstraub und Sammelwahn. Kunst und Politik im Dritten Reich, Berlin 1999, S. 243, beruft sich auf Jakob Kurz: Kunstraub in Europa 1938–1945, Hamburg 1989, S. 226. Vgl. auch Ilse von zur Mühlen: Hermann Göring als Kunstsammler, in: Raub und Restitution. Kulturgut aus jüdischem Besitz von 1933 bis heute, hg. von Inka Bertz, Göttingen 2008, S. 141–147, hier S. 141. Die Datenbank des Deutschen Historischen Museums listet 66 Werke, der beiden Cranachs oder ihrer Schule, die im Bestand der Kunstsammlung Görings waren. Das Werk *Urteil des Paris* von Lucas Cranach befand sich 1938 ebenfalls auf der Liste, nachdem es bereits unter seinem Vorbesitzer Robert Hirsch dort verzeichnet war. Ebenso wurde von Göring eine oberrheinische Verkündigungsmadonna erstmals unter Schutz gestellt.

49 Deutsches Museum: Cranach-Ausstellung. Lucas Cranach d. Ä. und Lucas Cranach d. J., Gemälde, Zeichnungen, Graphik, Berlin 1937, Vorwort; zitiert in Maaz 2010, S. 12.

50 Auch in der Sammlung Göring befand sich nur das Gemälde *Weibliche Dreiviertelfigur mit reich verziertem Kleid und schwerer Halskette (Markgräfin Elisabeth von Ansbach-Bayreuth)* Lucas Cranachs d. J., vgl. Datenbank Sammlung Göring des Deutschen Historischen Museums, Datenblatt RMG00523.

51 Im Katalog der Alten Pinakothek von 1920 befand sich beispielsweise das Gemälde *Venus und Cupido* von Cranach d. J., während von seinem Vater 16 Kunstwerke gelistet waren. Vgl. Katalog der Älteren Pinakothek zu München, München 1920, S. 33 ff. Im gesamten Untersuchungszeitraum erschienen keine nennenswerten Publikationen zu Cranach d. J.

wanderung von Kunstwerken aus solchem Besitz wird in Zukunft mit besonderer Aufmerksamkeit verfolgt werden müssen."[52]

Ergänzt wurde der beträchtliche Anteil von Objekten aus der Zeit der Renaissance durch Medaillen und Kunsthandwerk vorwiegend aus Metall und Textilien. Aber auch 21 Werke italienischer Renaissancekünstler fanden in den 1930er Jahren erstmals ihre Aufnahme in die Kulturgutschutzliste, womit eine politische und kulturelle Hochphase gewürdigt wurde, die sich an der Antike orientierte.[53] Im Nationalsozialismus verschob sich die Einordnung der Kunstwirkung Italiens von einer schöpferischen „Anregung" hin zu einer „aggressiven Einflussnahme" des Südens auf den Norden.[54] Bekanntlich war es das Ziel Hitlers, „die Antikenrezeption des Nationalsozialismus von der anderer Epochen qualitativ abzusetzen" und somit die klassisch akademische Formensprache der griechischen Antike als staatstragenden Kunststil auszurichten, was sich nicht zuletzt in den Großbauprojekten Albert Speers widerspiegelte.[55]

Neben der Renaissance behauptete sich abermals die Gotik im Verzeichnis von 1938 dadurch, dass jedes fünfte Kunstwerk aus dieser mittelalterlichen Zeitspanne stammte. 67 Werke wurden erstmals von den Nationalsozialisten unter Ausfuhrkontrolle gestellt, nachdem sie niemals zuvor Teil des Verzeichnisses gewesen waren. Etwa die Hälfte davon stammte aus dem 15. Jahrhundert, darunter vor allem gotische Skulpturen und Tapisserien sowie Handschriften, die Zeugnis für die handwerklichen Wurzeln der deutschen Kunst ablegen sollten. Die Schaffenszeit um 1500, die von neuen Impulsen geprägt als Übergangszeit von der Spätgotik zur Renaissance beschrieben werden kann, stellte sich als ebenso bedeutend für die Zusammenstellung des „national Wertvollen" heraus. Neun Werke von Tilman Riemenschneider und drei weitere aus seiner Werkstatt stammten aus unterschiedlichen Sammlungen und wurden in das Verzeichnis aufgenommen. Eine derartige Konzentration auf Künstlerpersönlichkeiten, die zeitgenössisch als typisch deutsche interpretiert wurden, weil sie die „Tugend des Deutschen" verkörpern sollten, zeigt auch die Rezeption Riemenschneiders in der NS-Zeit. Ein 1937 und 1939 in zweiter Auflage erschienener biografischer Künstlerroman der

52 Hans Posse: Bericht über die Landesmuseen der Ostmark, 20.10.1939, zitiert in Birgit Schwarz: Hitlers Museum. Die Fotoalben Gemäldegalerie Linz: Dokumente zum „Führermuseums", Wien u. a. 2004, S. 44.

53 Die Werke entstammten unterschiedlichen Sammlungen und vermitteln in ihrer Einzelauswahl ein zurückhaltendes Eintragungsvorgehen. Ein Blick in die Akten, die Streichungsanträge dokumentieren, verdeutlich jedoch, dass Kunstwerken, denen die Ausfuhr bereits Ende der 1920er Jahre bewilligt wurde, von den Nationalsozialisten erneut eingetragen wurden. Damit griff das Reichsinnenministerium auf den umfangreichen Bestand an „national wertvollen" italienischen Renaissancewerken der Weimarer Republik zurück, ohne jedoch den wahren Aufenthaltsort in jedem Einzelfall geprüft zu haben. Vgl. Gunnar Brands: „Zwischen Island und Athen". Griechische Kunst im Spiegel des Nationalsozialismus, in: Kunst auf Befehl? Dreiunddreißig bis Fünfundvierzig, hg. von Bazon Brock und Achim Preiß, München 1990, S. 103–136, hier S. 110.

54 Krüger Saß 2008, S. 225 und 227. Vgl. Ulrich Gertz: Italien und die deutsche Kunst, Die Kunst im Deutschen Reich, 4. Jg., 1940, S. 356–360.

55 Brands 1990, S. 115.

österreichischen Schriftstellerin Luise Bachmanns mit dem Titel *Meister, Bürger und Rebell* stellte das „Lebensbild" Riemenschneiders ins Zentrum.[56] Wilhelm Pinder setzte dem lyrischen, besonnenen Riemenschneider den impulsiven, individualistischen Veit Stoß gegenüber.[57] Auch Theodor Demmler pointierte in seiner Darstellung der Meisterwerke Riemenschneiders von 1939 drei Eigenschaften, die seine Werke auszeichneten: „ihre Formvollendung, die besondere Art ihres geistigen Gehalts und ihre echte Volkstümlichkeit".[58] Die Würdigung Riemenschneiders in der NS-Zeit spiegelte sich dementsprechend im Verzeichnis wider.

Ein weiteres Fünftel der Werke lässt sich dem 17. und 18. Jahrhundert zuordnen. Für das 17. Jahrhundert waren wiederum Gemälde der niederländischen und flämischen Maler stark vertreten. Sie bildeten mit 90 Werken auch nach den zahlreichen Überarbeitungen des Verzeichnisses eine starke Gruppe. Vor allem Preußen trug mit seinen Auflistungen und auch Neueintragungen in den 1930er Jahren zum konstant hohen Anteil dieser Meister bei. Zu den gelisteten Werken des 18. Jahrhunderts zählten vor allem kunstgewerbliche Objekte aus Porzellan, die schon in den Verzeichnissen der Weimarer Republik berücksichtigt worden waren sowie Textilien und Möbel deutschen Ursprungs, deren Ausfuhr erst unter nationalsozialistischer Herrschaft beschränkt wurde. Die Werke französischer Rokokomaler spielten im Verzeichnis eine sehr untergeordnete Rolle, die neun Werke im Verzeichnis von 1922 wurden 1938 auf vier reduziert, bei denen zudem angezweifelt werden muss, ob sie sich tatsächlich in Deutschland befanden. Diese Tatsache überrascht, stellte „das fast völlige Fehlen der französischen Malerei des 18. Jahrh." beispielsweise in der Sammlung des Frankfurter Städel „eine schmerzliche Lücke dar".[59] In den Privatsammlungen Frankfurts waren sie durchaus vertreten, wie Emil Waldmann 1925 anlässlich einer Ausstellung von Altmeistern aus Frankfurter Privatbesitz feststellte:

> „Und, als Überraschung, die Franzosen des achtzehnten Jahrhunderts. Lancrets und Paters und Fragonards gibt es sonst in deutschen Privatsammlungen kaum."[60]

In den 1920er Jahren wurden viele Diskussionen über die Unterschutzstellung von Kunstwerken des 19. Jahrhunderts geführt. Die Entscheidung fiel letztendlich gegen die Aufnahme dieser Epoche, was eine entscheidende Umarbeitung des Verzeichnisses zur Folge hatte, die mit der Neuauflage von 1927 belegt ist. Die nationalsozialistische Kunstauffassung wie auch die Interessen des internationalen Marktes an vor allem

56 Luise Bachmann: Meister, Bürger und Rebell. Das Lebensbild Tilman Riemenschneiders, Paderborn 1937.

57 Vgl. Wilhelm Pinder: Die deutsche Kunst der Dürerzeit, Leipzig 1940, S. 200.

58 Theodor Demmler: Die Meisterwerke Tilman Riemenschneiders, Berlin 1939, S. 5.

59 Städt. Galerie Ffm (Wolters) an SKD (Posse), 7.4.1941, Archiv Städel, Nr. 611; zitiert in Esther Tisa Francini: Im Spannungsfeld zwischen privater und öffentlicher Institution. Das Städelsche Kunstinstitut und seine Direktoren 1933–1945, in: Fleckner/Hollein 2011, S. 93–145, hier S. 118.

60 Emil Waldmann: Leih-Ausstellung von Gemälden alter Meister aus Frankfurter Privatbesitz, Kunst und Künstler, 23. Jg., H. 11, 1925, S. 482–485, hier S. 483.

französischer Kunst des 19. Jahrhunderts spiegeln sich in Neueintragungen wider, die sich im Verzeichnis mit immerhin 91 Werken belegen lassen. Die Sammlerzentren für moderne Kunst – Berlin, Hamburg und Bremen – erfuhren vor allem mit Beiträgen aus den jüdischen Sammlungen, etwa Margarete Oppenheims und Eduard Ludwig Behrens' sowie des Bremer Kunstvereins, eine erhöhte Aufmerksamkeit.

Wie die überwiegend künstlermonografische Forschung bereits zeigte, ließen sich vorzugsweise die Meister des 19. Jahrhunderts mit dem Schwerpunkt auf den deutschen Landschaftsmalern und Realisten für die Ideologie der Nationalsozialisten vereinnahmen und sollten die Lücke füllen, die mit der Vernichtung der Moderne geschaffen worden war, bis neue Kunstströmungen im Sinne der nationalsozialistischen Ideologie sich behaupten würden.

> „Die Romantik wuchs in Deutschland aus einer Krise der Identität hervor, sobald man nach einer solchen verlangte. In diesem Licht besehen, weckte die fehlende deutsche Kunst eine besondere Ungeduld, weil man die Tradition der Dürerzeit jahrhundertelang unterbrochen fand."[61]

Landschaftsdarstellungen und kleinstädtische Genrebilder eigneten sich zur Verherrlichung der Heimat und sollten der volkstümlichen Bildung nationaler Einheit dienen. Demzufolge verloren christliche Themen sowie Porträts an Bedeutung, die eigentlich bis ins frühe 19. Jahrhundert die Motivwahl bestimmt hatten, während österreichisch-bayerische Landschaften und norddeutsche Bauernszenen eine neue, nationalsozialistische Rezeption erfuhren. Die Bevorzugung des 19. Jahrhunderts zeigte sich auch in den Plänen für das *Führermuseums* Linz, die ganz dem Geschmack des Namenspatrons entsprachen. Nach einer Nachkriegsaussage Albert Speers bezeichnete Hitler das 19. Jahrhundert als „größte Kulturepoche", selbst brachte er eine umfassende Sammlung ein.[62]

Dennoch: Die Bedeutung, die das 19. Jahrhundert für die kulturelle Identitätsbildung im Nationalsozialismus hatte, lässt sich keineswegs aus dem Verzeichnis von 1938 herauslesen. Nur zwei Gemälde Anselm Feuerbachs befanden sich darin, 1922 waren es noch 16 gewesen. Die Schack-Galerie in München, die besonders wertvolle Werke des Künstlers ausstellte, brauchte nicht mehr verzeichnet zu werden, weil sie 1932 in das Eigentum des preußischen Staates übergegangen war und gemäß einem Erlass Hitlers vom Februar 1939 als Bestandteil der Bayerischen Staatsgemäldesammlungen zur Galerie der deutschen Meister des 19. Jahrhunderts ausgebaut werden sollte.[63] Ungeachtet dessen befanden sich zahlreiche Werke Feuerbachs im deutschen Privatbesitz, unter anderem in München, Köln, Essen und Berlin.[64] Dies gilt auch für weitere deutsche Künstler des 19. Jahrhunderts, die nur mit Einzelwerken aus kleineren Sammlungen in

61 Belting 1999, S. 135.

62 „the greatest cultural epoch", Befragung von Albert Speer 1.6.1945, zitiert in Hanns Christian Löhr: Das Braune Haus der Kunst. Hitler und der „Sonderauftrag Linz", Visionen, Verbrechen, Verluste, Berlin 2005, S. 177. Vgl. Schwarz 2004, S. 11.

63 Vgl. Eberhard Ruhmer: Schack-Galerie, München 1969, S. 20; Birgit Schwarz: Geniewahn: Hitler und die Kunst, Wien u. a. 2011, S. 180.

64 Vgl. Verzeichnis der farbigen Bilder in Heinrich Bodmer: Feuerbach, Leipzig 1942.

unterschiedlichen Reichsländern unter Ausfuhrschutz gestellt wurden. Heinrich Bürkel war beispielsweise ein „Favorit in Hitlers Sammlung", im Verzeichnis tauchte der Künstler hingegen nicht auf.[65] Auch die Genreszenen Carl Spitzwegs erfuhren bei Hitler hohe Wertschätzung, der von sich selbst behauptete, die schönste Spitzweg-Sammlung der Welt zu besitzen.[66] So war das Gemälde *Das Ständchen*, das Hitler 1937 zu seinem Geburtstag von Reichsschatzmeister Franz Xaver Schwarz geschenkt bekam, das einzige Objekt des Künstlers überhaupt im Verzeichnis von 1938.[67] Für das Jahr 1936 meldete *Die Weltkunst* neue Rekordpreise für Werke Spitzwegs, „die in den vorhergehenden Jahren beinahe undenkbar waren".[68] Diese steigende Wertschätzung fand ihren Widerhall jedoch keineswegs in der Zusammenstellung „national wertvoller" Kunstwerke. Allein der Wunsch, deutsche Kunstwerke des 19. Jahrhunderts auch in ausländischen Sammlungen vertreten zu sehen und die Tatsache, dass diese Künstler mit einer oft großen Anzahl von Werken in Museen vertreten waren, bieten hier Ansätze für einen Erklärungsversuch.

Von Caspar David Friedrich – „groß, stark gebaut, blond, von ernstem Ausdruck: eine echt nordische Erscheinung" – wurde wie bereits in der Weimarer Republik nur ein Gemälde unter Ausfuhrschutz gestellt, obgleich Werke des Künstlers im deutschen Privatbesitz – etwa in der Sammlung des Essener Bankiers Georg Hirschland oder des Leipziger Mäzens Manfred Gorke – vorhanden und auch bekannt waren.[69] In seinem „Volksbuch Deutscher Kunst" beleuchtete Kurt Karl Eberlein Friedrichs Beziehung zu Heimat und Vaterland und stellte ihn als „glühende[n] Patrioten" heraus, der „nie ins Ausland reisen wollte" und „gegen alles Französische eine tiefe Abneigung zeigte".[70] Die Romantik legte Eberlein ausführlich als „das nationale Wiedererwachen zu sich selbst" dar, der „Friedrichdeutsche" wurde, in der Tradition Langbehns, zum „Erzieher".[71] Das „Wiedererwachen" der Kunst Friedrichs hingegen schrieben sich die Nationalsozialisten als eigenes Verdienst zu. In einem Forschungsbeitrag zur *Mobilisierung im deutschen*

65 Löhr 2005, S. 178.
66 Ebd., S. 178.
67 Vgl. Schwarz 2004, S. 32, FN 118.
68 Vgl. Rückblick auf das Jahr 1936, Die Weltkunst, 11. Jg., Nr. 1, 3. 1. 1937.
69 Kurt Wilhelm-Kästner/Ludwig Rohling/Karl Friedrich Degner: Caspar David Friedrich und seine Heimat, Berlin 1940, S. 10, zitiert in Lilian Landes: Das 19. Jahrhundert im Blick der nationalsozialistischen Kunstgeschichtsschreibung, in: Kunstgeschichte im Nationalsozialismus. Beiträge zu Geschichte einer Wissenschaft zwischen 1930 und 1950, hg. von Nikola Doll, Christian Fuhrmeister und Michael H. Sprenger, Weimar 2005, S. 283–305, hier S. 296 f. Vgl. auch Nina Hinrichs: Caspar David Friedrich: ein deutscher Künstler des Nordens. Analyse der Friedrich-Rezeption im 19. Jahrhundert und im Nationalsozialismus, Kiel 2011, v. a. S. 167 ff. Das Verzeichnis der abgebildeten Tafeln im Friedrichbuch von Kurt Karl Eberlein von 1941 verzeichnet zahlreiche Werke des Künstlers in Privatbesitz. Vgl. Kurt Karl Eberlein: Caspar David Friedrich der Landschaftsmaler. Ein Volksbuch Deutscher Kunst, Bielefeld/Leipzig 1941, S. 66 ff.
70 Eberlein 1941, S. 23. Bestätigt sah sich Eberlein durch die Gemälde *Das Eismeer* und *Der Watzmann*, die Friedrich nicht nach der Natur gemalt hatte.
71 Ebd., S. 11 und 61.

Faschismus skizzierte Berthold Hinz, dass „eine politische Entwicklung [...] somit zum Substrat für die Realisierung einer ästhetischen Rezeption erklärt" wurde.[72] Im Verzeichnis von 1938 lässt sich nur das Gemälde *Felsental* des Kunstvereins Bremen finden. Von ebendort wurde auch der *Mädchenkopf* von Moritz von Schwind unter Schutz gestellt, einem Maler von volkstümlichen Sagen- und Märchenzyklen, bei dem eine noch stärkere Beachtung im Verzeichnis durch die Nationalsozialisten vorstellbar gewesen wäre. Hans Thoma, der „Maler der deutschen Heimat", war mit den zwei Gemälden *Rheinfall* und *Schwarzwaldlandschaft* und dem Frankfurter Archiv, bestehend aus etwa 60 Gemälden, Aquarellen und bemalten Lithografien, unter Schutz gestellt.[73] Alfred Wolters, Direktor der Städtischen Kunstsammlung, setzte sich für die Eintragung der für Frankfurt bedeutenden Sammlung ein. Er schlug auch den Nachlass des Frankfurter Malers Victor Müller für die *Reichsliste* vor.[74] Die ideologische Grundlage, vor allem für die völkisch-nationale Vereinnahmung Thomas lieferte der Kunsthistoriker Henry Thode, der in Vorlesungen an der Heidelberger Universität 1905 gegen die internationale Moderne polemisierte und Böcklin und Thoma zu den Protagonisten seiner Theorien machte.[75] 1934 und 1939 widmete man Thoma in Frankfurt und Karlsruhe große monografische Ausstellungen, in denen er als der „letzte große urdeutsche Künstler" gefeiert wurde, „der das Sinnen und Denken, das Träumen und Ahnen seines Volkes, den Frieden der Seele und die Schönheit der Natur ins Bild geformt hat".[76]

> „Thomas Malerei war häufig nicht deutscher als die Kohlköpfe von Max Liebermann oder dessen Kartoffelbäuerinnen. Es gab allerdings einen gewaltigen Unterschied: Thoma war das, was man in Deutschland von 1933 an unter „deutsch" verstand, Max Liebermann war jüdisch. Dieser biographische Unterschied war der Brühwürfel, aus dem die Nationalsozialisten die große braune Suppe kochten, die sie über Thoma ausgossen."[77]

Was Julia Voss hier anschaulich auf den Punkt bringt, ist der Grund für das Fehlen Max Liebermanns im *Verzeichnis der national wertvollen Kunstwerke*. In der Weimarer Republik wurde auf seine Erfassung verzichtet, weil lebende Künstler mit ihren Werken vom

72 Berthold Hinz: Die Mobilisierung im deutschen Faschismus, in: Hofmann 1974, S. 56–63, hier S. 56.

73 Hans Wühr: Hans Thoma. Zum 100. Geburtstag des Malers der deutschen Heimat, Die Kunst im Dritten Reich, 3. Jg., F. 10, Oktober 1939, S. 318–325; Vgl. Archiv Städel, Nr. 730.

74 Vgl. Städt. Galerie Ffm (Wolters) an Kulturamt, 9.10.1036, Archiv Städel, Nr. 731.

75 Vgl. Henry Thode: Böcklin und Thoma: acht Vorträge über neudeutsche Malerei, Heidelberg 1905.

76 Josef August Beringer in: Hans Thoma-Ausstellung, Städelsches Kunstinstitut, Frankfurt a. M. 1934, S. 3, zitiert nach Felix Krämer: Hans Thoma. „Lieblingsmaler des deutschen Volkes", Frankfurt a. M. 2013, S. 24. 1936 kam die Thoma-Sammlung des Bremer Sammlers Philipp Sparkuhle, die sich auf das radierte Werk Thomas konzentrierte, in der Kunsthalle Bremen zur Ausstellung. Vgl. Thoma-Ausstellung, Die Weltkunst, 10. Jg., Nr. 17, 26.4.1936.

77 Julia Voss: Hans Thoma im Städel Museum. Der gefallene Meister der deutschen Kunst, Frankfurter Allgemeine Zeitung, 2.7.2013.

Ausfuhrschutz nicht betroffen sein sollten.[78] In der Zeit des Nationalsozialismus verschwand er dann auch aus den Ausstellungsräumen der Museen.

Adolf Menzel blieb hingegen mit neun Werken recht umfassend unter Schutz gestellt. Obgleich sich die Zahl seiner erfassten Werke im Vergleich zu 1922 nahezu halbiert hatte, kann festgestellt werden, dass kein deutscher Maler des 19. Jahrhunderts umfangreicher gelistet wurde als er. Mit Ausnahme des großformatigen Werkes *Friedrich der Große auf Reisen* des Berliner Sammlers Louis Ravené befanden sich alle übrigen unter Schutz gestellten Gemälde und Aquarelle Menzels bei den Nachkommen des Hamburger Bankiers und Sammlers Eduard Ludwig Behrens, mit dem der Künstler in persönlichen Beziehungen gestanden hatte. Im Februar 1935 wurden sie von der Hamburger Kunsthalle für das Verzeichnis vorgeschlagen, weil der Verkauf der Objekte drohte.[79] Die Gemälde *Sämtliche nicht bei der Sache* von 1886 und *Beati Possidentes* von 1888 waren im Verzeichnis von 1938 bereits mit den neuen Besitzern – den Kunsthandlungen Paffrath und Commeter – verzeichnet. Die übrigen Werke der Sammlung zeugen von Menzels Schaffenszeit der 1860er Jahre. Das früheste unter Schutz gestellte Werk des Künstlers war das Gemälde *Aus der Alt-Neu-Synagoge zu Prag* von 1853. Vor allem das Frühwerk Menzels diente zum Nachweis einer von den französischen Impressionisten unabhängigen Entwicklung in der deutschen Kunstgeschichte.[80] Waldmann schrieb 1941 über Menzel: „Als er das ‚Balkonzimmer' malte, so nebenher, hatte er den Impressionismus, der dann später eine Weltrichtung werden sollte, am eigenen Leibe schon vorweggenommen, und ‚durchexerziert'".[81] Der Ankauf dieses bereits 1845 entstandenen Gemäldes für die Berliner Nationalgalerie, die 1905 verfassten Schriften Hugo von Tschudis und Julius Meier-Graefes sowie die Präsentation Menzels auf der deutschen Jahrhundertausstellung ein Jahr später rückten den Künstler als „Vorläufer der modernen Kunst in Szene".[82] Menzel war damit in den Augen der Zeitgenossen „allem voraus, was das damalige Frankreich in Bezug auf Farbigkeit und Lichtbehandlung zu bieten vermochte" und ermöglichte eine Einreihung in eine nationale Tradition der Moderne.[83]

Aber auch die französischen Impressionisten spielten in der *Reichsliste* von 1938 eine Rolle; stärker als Anfang der 1920er Jahre wurden 42 Werke dieser Künstler mit dem

78 Eine Ausnahme bildete die Eintragung des Werkes *Mutter und Kind*, das 1878 entstanden war und sich im Besitz von Frau Alix Biermann, Blumenthalstr. 15 in Bremen befand. Die Eintragung erfolgte am 14. 1. 1923 auf Vorschlag von Emil Waldmann. Eine Streichung fand im Zuge der Neubearbeitung zwei Jahre später statt. Vgl. StA Bremen, 3-B.13. Nr. 66.a. Bd. 1, Bl. 112.

79 Vgl. Hmb. KH (Busch) an Kultur- und Schulbehörde, Abtl. Volkstum, Kirche und Kunst, 11. 2. 1935, AHK, 32-260.4, Bl. 89. Zwischen 1935 und 1938 wurde ein Großteil dieser Werke verkauft.

80 Vgl. Paul 1993, S. 236.

81 Emil Waldmann: Der Maler Adolph Menzel, Wien 1941, S. 40.

82 Françoise Forster-Hahn: Adolph Menzel: Lesarten zwischen Nationalismus und Modernität, in: Adolph Menzel 1815–1905. Das Labyrinth der Wirklichkeit, hg. von Claude Keisch und Marie Ursula Riemann-Reyher, Köln 1996, S. 521–532, hier S. 529.

83 Seidlitz 1906, S. 44 f. Vgl. auch Forster-Hahn 1996, S. 529 f.

Ausfuhrschutz belegt. Dabei war diese Schutzmaßnahme offenbar kein Erbe aus der Weimarer Republik – Kunstwerke des 19. Jahrhunderts wurden aus dem überarbeiteten Verzeichnis von 1927 wieder gestrichen –, sondern es handelte sich um eine bewusste Auswahl durch die nationalsozialistische Reichsregierung. Bedeutende Impressionisten, unter ihnen Manet, Monet und Renoir, befanden sich in der Sammlung von Jakob Goldschmidt. Auch Vincent van Goghs *Mohnfeld*, bei dessen Erwerb für den Bremer Kunstverein sich Gustav Pauli vor dem Ersten Weltkrieg noch Anfeindungen ausgesetzt gesehen hatte, wurde mit der Eintragung in den 1930er Jahren zum nationalen Erbe erklärt. 20 Gemälde darunter waren von Paul Cézanne und befanden sich vorwiegend im Besitz der jüdischen Sammlerin Margarete Oppenheim.[84] Die deutsche und französische Kunst des 19. Jahrhunderts war zwar mit etwa gleich vielen Werken im Verzeichnis von 1938 vertreten, die Motivation zur Eintragung unterschied sich jedoch grundlegend: Nicht die nationale Bedeutung, sondern vielmehr marktwirtschaftliche Interessen spielten bei der Einbeziehung französischer Maler eine entscheidende Rolle.

1.3.3 Herkunft

Die Verzeichnisse der Weimarer Republik waren von einem bedeutenden Anteil nicht-deutscher Kunstwerke geprägt, darunter insbesondere von Gemälden der italienischen Renaissance, der niederländischen Malerei des 17. Jahrhunderts und – bis zur Streichung von Kunstwerken des 19. Jahrhunderts – der französischen Impressionisten. Die Diskussionen, die verstärkt Mitte der 1920er Jahre in Fachkreisen geführt wurden, zielten auf eine Betonung der deutschen Herkunft der gelisteten Werke; an der tatsächlichen Zusammenstellung der Kunstwerke und ihrem nationalen Ursprung änderte sich jedoch nichts Grundlegendes. Im Zuge der Überarbeitungen Anfang der 1930er Jahre lässt sich im Verzeichnisentwurf von 1934 eine zunehmende Bedeutung der deutschen Werke ausmachen, mehr als 70 Prozent aller Objekte stammten von Künstlern aus dem deutschsprachigen Raum. Diesem Entwurf folgten 1935 bis 1938 jedoch Neueintragungen, die den Anteil deutscher Kunstwerke auf 56 Prozent fallen ließen, womit die Vergleichswerte aus der Weimarer Republik sogar noch unterschritten wurden. Diese Tendenz überrascht, denn schließlich stellte die Erweiterung des Verzeichnisses mit deutscher Kunst eine Reaktion auf die „empfindliche[n] Lücken" an deutschen Werken in öffentlichem Besitz dar.[85] Die Wiedereröffnung des Deutschen Museums 1936 in Berlin wurde als „schwere Enttäuschung" empfunden, weil sie diesen Mangel eindrücklich offenbarte:

84 Zwei weitere Werke Cézannes wurden ihrem Ehemann Ernst von Simson und ein Werk ihrer Tochter aus erster Ehe, der Gräfin Wesdehlen, zugesprochen.

85 KFM an den Direktor der Staatlichen Schlösser und Gärten, 18.12.1936, SMB-ZA, I/GG 21, Bl. 328.

„[D]er geringe Bestand an deutschen Bildern [hat] im In- und Ausland die Meinung aufkommen lassen, dass, da die deutsche Abteilung mit der italienischen und niederländischen des Kaiser Friedrich-Museums keinen Vergleich aushält, dieselbe als weniger bedeutend, um nicht zu sagen minderwertig angesehen werden müsse."[86]

Zweifelhafte Tauschgeschäfte niederländischer oder italienischer Meister gegen altdeutsche Maler, wie sie Ernst Heinrich Zimmermann in Berlin oder Ernst Buchner in München durchführten, sollten den Bestand deutscher Kunst qualitativ und quantitativ stärken.[87] Darüber hinaus hätte das überarbeitete nationalsozialistische Verzeichnis der „geforderten Nationalisierung der Kunstgeschichte" Ausdruck geben können.[88] Der „Ewigkeitswert" künstlerischen Schaffens der Vergangenheit und der Gegenwart sollte die „Demonstration der Berechtigung der Existenz und des Bestehens einer solchen Volksgemeinschaft an sich und vor den anderen" zum Ausdruck bringen.[89] Hitler machte dazu in einer Rede auf der Kulturtagung im Nürnberger Opernhaus 1936 weitere Ausführungen:

„Indem durch solche Kulturleistungen das höhere Lebensrecht eines solchen Volkes für seine Gesamtleistung auf dieser Welt erwiesen wird, ergibt sich darauf dann auch der materielle Gewinn."[90]

Es wurde daher „die erste große Aufgabe des neuen Dritten Reiches, daß es die kulturellen Werte der Vergangenheit sorgfältig pflegt und sie der breiten Masse unseres Volkes zu vermitteln versucht".[91] Die Kunstwerke der Privatsammlungen wurden zu „emotionalen Sinnträgern[n] des Nationalen und Völkischen" erhoben; dabei sollte die deutsche Kunst eine herausragende Rolle spielen.[92] Waldmann nahm die Richtungsweisungen der „neuen Zeit" auf und eröffnete im Oktober 1935 in der auflagenstarken Zeitschrift *Die Grüne Post* eine Bildreihe mit dem Titel „Deutsches Schicksal – deutsche Kunst", in der sonntäglich bedeutende Werke deutscher Malerei und Plastik vorgestellt wurden, die „von der unvergänglichen schöpferischen Kraft und damit der Größe und Bedeutung der Nation" zeugen sollten.[93] Im folgenden Sommer war anlässlich der Olympischen Spiele die Ausstellung *Große Deutsche in Bildnissen ihrer Zeit* im ehemaligen Kronprinzenpalais zu sehen, die „Geschichte und Nationalcharakter des deutschen Volkes" anhand

86 GG (Hanfstaengl) an REM, Entwurf, undatiert, ebd., Bl. 330.
87 Vgl. Winter 2013, S. 272 ff.; Helena Pereña Sáez: Ernst Buchner. Eine Annäherung, in: Doll/Fuhrmeister/Sprenger 2005, S. 139–160, hier S. 148 f.
88 Stefan Schweizer: „Unserer Weltanschauung sichtbaren Ausdruck geben". Nationalsozialistische Geschichtsbilder in historischen Festzügen zum „Tag der Deutschen Kunst", Göttingen 2007, S. 55.
89 Autoritäre Führung für alle Gebiete der Kultur. Die Führerrede auf der Kulturtagung, in: Deutsche Allgemeine Zeitung, Nr. 424–425, 11. 9. 1936.
90 Ebd.
91 Die große Kulturrede des Führers, Völkischer Beobachter, Nr. 251, 8. 9. 1937, S. 2–6, hier S. 5.
92 Schweizer 2007, S. 54.
93 Emil Waldmann: Deutsches Schicksal – deutsche Kunst. Eine neue Bilderreihe der Grünen Post, Oktober 1935.

großer deutscher Denker und Erfinder „versinnbildlichen" sollte.[94] Auch kunsthistorische Überblickswerke widmeten sich in den 1930er Jahren verstärkt der deutschen Kunstgeschichte. Wilhelm Pinder, 1935 auf den Lehrstuhl für Kunstgeschichte in Berlin berufen, publizierte beispielsweise bis 1940 drei Bände seiner *Geschichtlichen Betrachtungen über Wesen und Werden deutscher Formen*, in denen er die großen Entwicklungslinien der deutschen Kunstgeschichte nationalsozialistisch ideologisierte.[95]

Für Hitler war nur diejenige Kunst der nationalsozialistischen Weltanschauung dienlich, die die Beständigkeit des Volkes verkörperte und damit selbst beständig war. Die Verbindung von Kunst und Politik war demzufolge unauflöslich, „weshalb Hitler für den l'art pour l'art-Standpunkt mancher zeitgenössischer Künstler nur Verachtung übrig hatte und den ‚politischen Verfall' der Weimarer Republik mit dem ‚geistigen Wahnsinn' in der Kunst in Verbindung brachte".[96] Beim genauen Betrachten der *Reichsliste* von 1938 stellt sich jedoch heraus, dass die Bestrebungen, den Kulturgutschutz auf deutsche Werke zu beschränken, keineswegs umgesetzt wurden. Allein der Freistaat Braunschweig listete ausschließlich deutsches Kunsthandwerk und deutsche Gemälde des Gesamthauses Braunschweig-Lüneburg sowie 23 Dürer-Handzeichnungen im Besitz von Erwin Blasius. Der Anteil deutscher Objekte gerade bei den besonders umfangreich eintragenden und größeren Reichsstaaten sank jedoch. In Bayern entstammten nicht einmal zwei Drittel aller Kunstwerke dem deutschsprachigen Kulturraum, auch die Eintragungen Badens veränderten sich in der prozentualen Verteilung deutscher Werke im Vergleich zum Jahr 1922 leicht nach unten. Nur Sachsen, Hamburg und Preußen vermehrten den Anteil an Objekten deutschen Ursprungs, wobei Letztgenanntes mit dieser Anhebung weiterhin noch nicht einmal die 50-Prozent-Marke erreichte.

Fast zehn Prozent der eingetragenen Werke im nationalsozialistischen Verzeichnis wurden von niederländischen Künstlern geschaffen.[97] In der preußischen Zusammenstellung überstieg die Zahl der niederländischen und flämischen Gemälde mit 56 Werken unverändert die Malereiwerke deutscher Herkunft. Pinder betonte in seiner Abhandlung über „auslandsdeutsche Kunst" den „Verwandtschaftskreis" zwischen den Niederlanden

94 Große Deutsche in Bildnissen ihrer Zeit, Weltkunst, 10. Jg., Nr. 31/32, 9. 8. 1936, S. 3. Vgl. Staatliche Museen/Nationalgalerie (Hg.): Grosse Deutsche in Bildnissen ihrer Zeit, Ausst-Kat., Berlin 1936. Vgl. dazu auch Katharina Wippermann: „Eine heitere Luft der Entspannung". Die Ausstellung „Große Deutsche in Bildnissen ihrer Zeit" anlässlich der XI. Olympischen Spiele 1936 in Berlin, in: Grabowski/Winter 2013, S. 171–184.

95 Vgl. Marcus Müller: Geschichte – Kunst – Nation. Die sprachliche Konstituierung einer ‚deutschen' Kunstgeschichte aus diskursanalytischer Sicht, Berlin 2007, S. 40; Marlite Halbertsma: Wilhelm Pinder und die Deutsche Kunstgeschichte, Worms 1992, S. 119 ff.; Wilhelm Pinder: Die Kunst der deutschen Kaiserzeit bis zum Ende der staufischen Klassik, Bd. 1, Leipzig 1935; Die Kunst der ersten Bürgerzeit bis zur Mitte des 15. Jahrhunderts, Bd. 2, Leipzig 1937; Die deutsche Kunst der Dürerzeit, Bd. 3, Leipzig 1940; Holbein der Jüngere und das Ende der altdeutschen Kunst, Bd. 4, Köln 1951.

96 Klaus Backes: Hitler und die bildenden Künste. Kulturverständnis und Kunstpolitik im Dritten Reich, Köln 1988, S. 55.

97 Weitere fünf Prozent der Kunstwerke stammten aus Flandern.

und Norddeutschland.[98] Vor allem Rembrandt wurde nach wie vor hoch geschätzt und war mit 21 Werken, überwiegend aus preußischem Privatbesitz, stark präsent.[99] Diese Tatsache spiegelt die feste Verankerung Rembrandts in den Privatsammlungen der Reichshauptstadt und im *Verzeichnis der national wertvollen Kunstwerke* wider.

Die ideologische Grundlage für die Verbindung Rembrandts mit der nationalsozialistischen Weltanschauung lieferte die 1890 verfasste und mit der Autorschaft „von einem Deutschen" versehene Publikation *Rembrandt als Erzieher*, in der Julius Langbehn den niederländischen Künstler zum idealtypischen Vertreter seiner konservativen und nationalistischen Leitideen von Volkstümlichkeit und antiakademischer Erziehung erhob.[100] Der Realismus und die Lichtwirkung in seinen Werken waren Grundzüge, die bereits den „Vorkämpfer der Volksgemeinschaft" Johann Wolfgang von Goethe für die niederländische Malerei und vornehmlich Rembrandt begeistert hatten.[101] Auch wenn Goethe sich nach seiner Italienreise verstärkt der Antike, der Renaissance und dem Klassizismus zugewandt hatte, lehnte Langbehn kategorisch alles Undeutsche ab und gründete seine Kulturkritik auf Nationalismus und Antisemitismus. Einem „individuellen Volk" könne nur „der individuellste ihrer Künstler als geistiger Wegführer dienen".[102] In diesem Sinne wurde Rembrandt „der deutscheste aller deutschen Maler und sogar der deutscheste aller deutschen Künstler", auch wenn er als gebürtiger Holländer den Deutschen „nur innerlich, nicht auch politisch angehört".[103] Durch Langbehns Umetikettierung der holländischen Malerei zur „niederdeutschen" sollte sie einen Beitrag zur Stärkung der nationalen Identität leisten. Dass *Rembrandt als Erzieher* auch in intellektuellen Kreisen Zuspruch fand, gar zum Bestseller wurde und bis in die 1940er Jahre Neuauflagen erfuhr, zeigte und beförderte nicht zuletzt die ausführliche Rezension des Buches durch den bedeutenden Rembrandtforscher Bode in den *Preußischen Jahrbüchern*.[104]

Allerdings gab es auch Kontroversen um die nationalsozialistische Darstellung Rembrandts, die im November 1937 einen wahren Aufschrei provozierte: Bei der „Ersten

98 Pinder 1935, S. 26.

99 Gerade einmal zwei Gemälde Rembrandts aus der Sammlung Marcus Kappel, die 1927 noch auf der Liste standen, wurden gestrichen.

100 Vgl. Maria Obenaus: Julius Langbehn. Musen und Museen (1890), in: Museumsgeschichte. Kommentierte Quellentexte 1750–1950, hg. von Kristina Kratz-Kessemeier, Andrea Meyer und Bénédicte Savoy, Berlin 2010, S. 177–180.

101 Das Tagebuch 26.3.1932, S. 465, zitiert in: Hiltrud Häntzschel: „Hitler bei Betrachtung von Goethes Schädel". Das Goethe-Jahr 1932 in der populären Presse, in Galerie. 26e année. 2008, Nr. 1, S. 50–77; vgl. Hermann Mildenberger: Rembrandt und Weimar, in: Rembrandts Radierungen. Bestandskatalog. Ehemalige Großherzogliche und Staatliche Sammlungen sowie Goethes Sammlung, hg. von Erik Hinterding, Köln u. a. 2011, S. 1–4.

102 Langbehn 1890, S. 9.

103 Ebd.

104 Vgl. Wilhelm von Bode: Rembrandt als Erzieher von einem Deutschen, Preußische Jahrbücher, Bd. 65, 1890, S. 301–314. Bis zum Ende des Zweiten Weltkriegs wurden 150.000 Exemplare von *Rembrandt als Erzieher* verkauft. Vgl. Fritz Stern: Kulturpessimismus als politische Gefahr. Eine Analyse nationaler Ideologie in Deutschland, Bern/Stuttgart/Wien 1963, S. 192.

Tagung deutscher Museumsdirektoren" im Berliner Pergamonmuseum sollte den geladenen Direktoren in einem Schulungskurs die Neuausrichtung der deutschen Museen nähergebracht werden.[105] In einem unangekündigten Vortrag sprach Walter Hansen über „entartete Kunst", um die er als Mitorganisator der gleichnamigen Aktion nur wenige Wochen zuvor die deutschen Museen beraubt hatte. Der im französischen Exil lebende Kunstschriftsteller Paul Westheim berichtete in der *Pariser Tageszeitung* über den Fortgang des Vortrages:

> „Hansen belehrte die deutschen Museumsdirektoren, dass nicht nur die heutige, sondern auch die frühere deutsche Kunst auf ‚Entartung' zu untersuchen und gegebenenfalls aus den deutschen Museen zu entfernen sei. So könnten ‚vom Standpunkt der Bluts und Rassenlehre' van Gogh (Anfall von Geisteskrankheit), Grünewald (nicht heldisch, sondern christliche Erbsündepsychose), Rembrandt (Ghetto-Maler) dem gesunden Sinn des deutschen Volkes nicht mehr zugemutet werden. Wörtlich sagte Herr Hansen: ‚Wir lehnen den Ghetto-Maler Rembrandt ab.'"[106]

Der Leiter des Amtes für Volksbildung im Reichserziehungsministerium, Klaus Graf von Baudissin, äußerte sich dem Frankfurter Oberbürgermeister Friedrich Krebs gegenüber zu den Zwischenfällen auf der Museumsleitertagung und versuchte, den Verdacht auszuräumen, im Ministerium würde versucht, „das Ansehen Rembrandts zu verunglimpfen oder zu schmälern".[107] Weiter konstatierte er, die Aussage Hansens wäre aus dem Kontext gerissen worden:

> „Im ganzen Zusammenhang war es vollkommen klar, dass es sich hier nicht um die Kunst Rembrandts handelte, und dass eine solche Ablehnung einzelner Bilder nur aus weltanschaulichen Gründen vorgenommen werden könne. [...] Die Weitergabe eines solchen Gerüchtes, wie es hier offenbar an das Ausland gegeben worden ist, ist böswillig und unredlich und verrät ausserdem einen erstaunlichen Mangel an nationaler Disziplin."[108]

Tatsächlich führte die zunehmende Beschäftigung der deutschen Kunstgeschichte mit Rembrandt seit dem Ende des 19. Jahrhunderts zu Uneinigkeiten über sein Œuvre, die infolge von häufigen Zu- und Abschreibungen in Fachkreisen auch Unklarheiten über Rembrandts Künstlerpersönlichkeit hervorriefen.[109] In den 1930er Jahren entstanden daher keine großen Monografien zu Rembrandt, die Forschung beschränkte sich auf die Besprechung von Einzelwerken.[110] 1938 erschienen *Rembrandts Tagesbücher 1639–1669.*

105 Vgl. Petra Winter: „Das hören wir nicht weiter an!" Erste Tagung deutscher Museumsdirektoren 1937, SPK Magazin, Berlin 2013, S. 22–25.

106 Paul Westheim: Auch Rembrandt, auch Grünewald „entartet". Aus den Geheimnissen eines Schulungskurses für Museumsdirektoren, in: Pariser Tageszeitung, Nr. 583, 17. 1. 1938.

107 REM (Baudissin) an OB Ffm (Krebs), 6. 1. 1938, ISG Ffm, Magistratsakten, MA 7.853.

108 Ebd.

109 Vgl. Jeroen Boomgaard und Robert W. Scheller: Empfindliches Gleichgewicht: die Würdigung Rembrandts im Überblick, in: Rembrandt. Der Meister und seine Werkstatt, Ausst.-Kat. Staatliche Museen Berlin, München 1991, S. 106–123, hier S. 120.

110 Vgl. ebd.

Ein imaginäres Porträt, mit denen der Kunstschriftsteller Franz Servaes nur ein weiteres Element zur Mystifizierung des Künstlers hinzufügte.[111]

Auch Jan Vermeer wurde in der NS-Zeit aufgrund der „nordische[n] Haltung in der Motivwahl und der Arbeitsweise" zum Vorbild eines „deutschen Stiles" erkoren.[112] Zu diesem erhob ihn besonders Wolfgang Willrich in seiner programmatisch-antimodernistischen Abhandlung *Säuberung des Kunsttempels. Eine kunstpolitische Kampfschrift zur Gesundung deutscher Kunst im Geiste nordischer Art.* Willrich, der zum einen mit dem eben erwähnten „Rembrandtschmäher" Walter Hansen die Beschlagnahmung und öffentliche Diffamierung der Moderne aktiv durchführte und zum anderen als Künstler seine Werke zur „Großen Deutschen Kunstausstellung" präsentierte, verfestigte mit seiner im entscheidenden Jahr 1937 herausgegeben Hetzschrift die nationalsozialistische Kunstauffassung und machte sie förmlich zur Programmschrift der Ausstellung „Entartete Kunst" in München.[113] Der Hetze gegen Künstler der „Kunstismen" stellte Willrich eine Annäherung an den „deutschen Stil" zur Seite, dem auch Werke Vermeers als „dem deutschen Kunstschaffen würdig" illustriert wurden.[114] Einer Abbildung der seit 1908 im Amsterdamer Rijksmuseum befindlichen *Dienstmagd mit dem Milchkrug* fügte Willrich folgende Beschreibung hinzu:

> „Gesunde, schlichte Natürlichkeit, unbeschwerter Stil, meisterliches Handwerk, große, klare, volle, wohltuende und eindringliche Formen- und Farbensprache, endgültig ausgewogene, tiefdurchdachte Bildordnung – alles kündet den verantwortungsernsten, überragend genialen Maler und zugleich den bescheidenen, feinfühligen, blutvollen, durch und durch echten Menschen, der den Adel in der Arbeit, die Würde und die Schönheit im Alltäglichen erfaßt und mit germanischer Kraft ins Erhabene erhebt. Solche Volkskunst überzeugt und befriedigt gleicherweise Laien und Kenner."[115]

Das *Bildnis eines jungen Mädchens* aus der Sammlung des Herzog von Arenberg in Nordkirchen war allerdings das einzige Werk Vermeers, das in einer deutschen Privatsammlung nachweisbar war. Obwohl das Gemälde bis 1955 im Besitz der herzoglichen Familie verblieb und als Pendant zum *Mädchen mit dem Perlenohrring* repräsentativ für das Gesamtwerk des Künstlers angesehen werden kann, befand es sich nur 1922 im *Verzeichnis der national wertvollen Kunstwerke* und erhielt aus bisher unbekannten Gründen die Ausfuhrerlaubnis nach Brüssel. Auch im öffentlichen Kunstbesitz war das begrenzte

111 Vgl. Franz Servaes: Rembrandts Tagebücher:1639 bis 1669. Ein imaginäres Porträt, Berlin 1938.

112 Wolfgang Willrich: Säuberung des Kunsttempels. Eine kunstpolitische Kampfschrift zur Gesundung deutscher Kunst im Geiste nordischer Art, München/Berlin 1937, S. 143.

113 BStGS (Buchner) an SMB (Schmidt), 8. 12. 1937, DKA, NL Schmidt, Robert, I,B-5. Vgl. Christoph Zuschlag: „Entartete Kunst". Ausstellungsstrategien im Nazi-Deutschland, Worms am Rhein 1995, S. 385; Ernst Klee: Das Kulturlexikon zum Dritten Reich. Wer war was vor und nach 1945, Frankfurt a. M. 2007, S. 665 f. Nach einer Aussage des nationalsozialistischen Publizisten Johann von Leers wurde die Veröffentlichung Willrichs maßgeblich mit Material von Hansen gespeist: „Hansen ist der eigentliche Geist und Inspirator dieses Buches." Vgl. Leers an Schmidt(?), 28. 11. 1937, DKA, NL Schmidt, Robert, I,B-5.

114 Willrich 1937, S. 142.

115 Ebd., S. 143.

Œuvre Vermeers nur vereinzelt zu sehen. Der drohende Verkauf des Gemäldes *Das Mädchen mit dem Weinglas* des Braunschweiger Herzog Anton Ulrich-Museums Anfang der 1930er Jahre erregte in Fachkreisen und auch in der reichsdeutschen Presse die Gemüter und stärkte die Position des Künstlers in der kunsthistorischen Forschung der Zeit.[116]

Hans Posse betonte in seinem Konzept zum Linzer *Führermuseum*, dass auch Werke von Peter Paul Rubens, des „stammesverwandten" flandrischen Nationalkünstlers, erworben werden sollten.[117] Das Interesse an Rubens spiegelt sich in der *Reichsliste* mit der Unterschutzstellung von neun Werken aus unterschiedlichen Sammlungen wider.

Die Herausstellung einer Tradition deutscher Kunst, in der die Dürerzeit und das 19. Jahrhundert eine herausragende Position einnahmen, sollte im Nationalsozialismus zum einen die Nation kulturell legitimieren, zum anderen diente sie als Ersatz für einen eigenen künstlerischen Stil der Diktatur, der sich in den 1930er Jahren nicht überzeugend herausbildete.[118] Besonders die sich widersprechenden Richtungen der politischen Führungsriege verdeutlichen die Uneinigkeit in der Positionierung zwischen Tradition und Moderne. Dass es der nationalsozialistischen Regierung an kulturellen Leitgedanken fehlte, zeigten bereits die Forschungen zur Aktion „Entartete Kunst" und zu den „Großen Deutschen Kunstausstellungen".[119] Hans Belting konstatiert: „Es ist einzigartig, daß Kunst um eines nationalen oder völkischen Defizits willen staatlich verfolgt wurde."[120] Mit der Vernichtung der Avantgarde sollte Raum geschaffen werden für eine neue deutsche Kunst, die die Ideale des Nationalsozialismus verkörperte. Es wurde künstlich und gewaltsam eine Lücke gerissen, die sich dann nicht füllen ließ, sodass der Rückgriff auf das kunsthistorische Erbe das Mittel zur kulturellen Legitimation und Teil des Prozesses der „Volkwerdung der deutschen Nation" wurde.[121]

Der Blick in das *Verzeichnis der national wertvollen Kunstwerke* von 1938 offenbart jedoch den mangelnden kulturpolitischen und identitätsstiftenden Kurs der nationalsozialistischen Regierung. Der Ausfuhrschutz wurde vorwiegend als besitzeinschränkende Maßnahme instrumentalisiert und weniger für die Definition eines nationalen Erbes genutzt. Wenn sich schon kein ideologisches Kapital aus dem privaten Kunstbesitz schlagen ließ, so doch immerhin ein wirtschaftliches. Wie die Unterschutzstellung von Kunstwerken französischer Impressionisten beispielsweise der Devisengewinnung dienen sollte, wird in einem nachfolgenden Kapitel noch gezeigt.

116 Vgl. BArch, R32/376 sowie Kap. II.2.3.

117 Hans Posse: Bericht über die Landesmuseen der Ostmark, 20.10.1939, zitiert in Schwarz 2004, S. 44 f.

118 Vgl. Stefan Schweizer: Die historischen Festzüge zum Tag der Deutschen Kunst in München. Der Kanon deutscher Kunst in akademischen, populären und propagandistischen Geschichtsimaginationen des Nationalsozialismus, in: Heftrig/Peters/Schellewald 2008, S. 260–279, hier S. 261.

119 Vgl. Barron 1992; Zuschlag 1995.

120 Belting 1999, S. 127.

121 Feierliche Gründung der Reichskulturkammer durch Dr. Goebbels, in: Der Angriff, 7. Jg., Nr. 269, 15.11.1933.

2. DISKURSE ZUR KANONBILDUNG EINER DIKTATUR

2.1 „[D]as Nashorn ist ein Elefant" – Kritik an der *Reichsliste* 1938 und öffentliche Wahrnehmung

Hans Pfundtner vom Reichsinnenministerium konstatierte im Januar 1938 zur öffentlichen Wahrnehmung des Kunstausfuhrschutzes:

> „Die landläufige Bezeichnung dieses Verzeichnisses als ‚Index' kennzeichnet allein schon die Abwehr, mit der die interessierten Kreise schon der bloßen Registrierung ihres Besitzes gegenüberstehen."[122]

Die allgemeine Ablehnung in Besitzerkreisen und Nichtachtung in Fachkreisen war eine Folge der Erfahrungen mit den fruchtlosen Neubearbeitungen in den 1920er Jahren und der zunehmenden Instrumentalisierung im Laufe der 1930er Jahre. Nachdem der Entwurf des Verzeichnisses von 1934 eine starke Reduzierung der Werkanzahl erfahren hatte, kam es in der Folgezeit zu umfangreichen Eintragungen, die sich an der Kunstschutzliste von 1938 ablesen lassen. Insgesamt 316 Werke, die sich zuvor noch nie auf einer gedruckten Liste befunden hatten, wurden in der zweiten Hälfte der 1930er Jahre neu unter Ausfuhrschutz gesellt. Weitere Objekte, deren Eintragung nicht immer zweifelsfrei nachgewiesen werden kann, folgten in den ersten Kriegsjahren. Mit der Übermittlung eines Entwurfes zur Überarbeitung des Verzeichnisses im Juni 1938 erhielten die Kunstsachverständigen erstmals eine Übersicht über die Kunstwerke, die seit dem Machtwechsel 1933 für national wertvoll erklärt wurden. In einzelnen Fällen sind in den Akten auch schriftliche Stellungnahmen zur *Reichsliste* überliefert. Den ausführlichsten Kommentar verfasste der Direktor des Bayerischen Nationalmuseums, Johann Buchheit, Anfang September 1938: „Das Verzeichnis in seiner jetzigen Fassung ist unbrauchbar," unterstrich er gleich zu Beginn seines Gutachtens, das er an seine vorgesetzte Stelle, das bayerische Kultusministerium, adressierte. In detaillierter Form machte Buchheit im Folgenden seinem Unmut Luft:

122 RMdI (Pfundtner) an REM und RMdF, 26.1.1938, BArch, R2/12947.

> „Der Bearbeiter des Verzeichnisses muss der Kunstgeschichte völlig fernstehen, sonst hätte er nicht den Spanier Greco im Alphabet unter C als Creco (S. 8) aufführen können; den italienischen Maler Palma de Vecchio (!) (S. 30), Domenico Veneziano unter Veneto Bartolomeo (S. 30), Antonello da Messina (S. 19) unter der völlig missverstandenen Bezeichnung ‚Messina Jakobello' dem auch noch ein Martyrium des völlig unbekannten ‚Petrus Mustus' zugesprochen wird. Ferner werden die ‚Buchstatuette einer tanzenden Frau' (S. 9), die Bleigruppe von Donner (S. 10), das Relief einer hl. Sippe (S. 26) und Adam und Eva auf Sockeln (S. 26) unter die Abteilung Gemälde versetzt, andererseits wird unter Plastik ein neuer Meister Kress, Christoph geschaffen (S. 48) (es handelt sich um eine Medaille auf Christoph Kress von 1525, nicht 1626), eine Madonna aus der 2. Hälfte des 14. Jahrhunderts wird um 1320 (!) gesetzt in der Richtung des Backofen, der um 1530 (!) lebte."[123]

Mit dieser Aufzählung, die nur einen Auszug aus Buchheits Darbietung der Fehlerhaftigkeit des Verzeichnisses darstellt, wurde vor allem der Anspruch eines „nationalen Wertes" der Zusammenstellung in Frage gestellt. Zwei Kritikpunkte fallen bei der Stellungnahme besonders auf: Zum einen wird die fehlende Kenntnis der Verfasser über die einzelnen unter Schutz gestellten Objekte deutlich. Buchheit wirkt nahezu erbost, wenn er auf eine Wappentapisserie aus der Kunsthandlung Lehmann Bernheimer eingeht, die angeblich zwei Fabeltiere, „Nashorn und Giraffe", darstellen sollten: Sie trage „überhaupt kein Wappen und das Nashorn ist ein Elefant". Diese Empörung gerade über die unsachgemäße Ausweisung der Bernheim'schen Kunstwerke kann möglicherweise auf eine eigenmächtige Eintragung durch das Reichsinnenministerium im Dezember 1934 zurückzuführen sein, die Buchheit nachdrücklich abgelehnt hatte. Zum anderen verhinderte nicht nur die unzutreffende Ausweisung der eingetragenen Objekte, sondern auch ihre fehlende Identifizierbarkeit den praktischen und legitimierten Gebrauch des Verzeichnisses:

> „Mit Angaben: Grosser Knüpfteppich (S. 91), Totenschild (S. 92), Gotische Truhe in Eichenholz (S. 93), Turnierschild (S. 93), Pokal, Buckel- (S. 79) und 7 Gemälde alter Meister (S. 98) sind diese Gegenstände nicht festzuhalten."[124]

Konstruktiv fügte Buchheit seiner mit zahlreichen Beispielen unterfütterten Mängelliste Vorschläge zur eindeutigeren Erfassung der Auswahl für das Verzeichnis bei: „Bei sämtlichen Kunstwerken sind Gegenstand, Material und Zeit anzugeben, wenn irgendwie möglich, die Maße und kurzer Abbildungsnachweis." Außerdem strebte Buchheit eine übersichtlichere Aufstellung des Verzeichnisses an: „Beim Kunstgewerbe sind die Gegenstände aufzuführen unter Scheidung nach dem Material, also beispielsweise Textilien, Glas, Holz, Metall (Silber, Messing, Zinn etc.), Keramik (Porzellan, Fayence, Hafnerarbeiten), Textil (Wandteppiche, Stickereien), Möbel, kirchliche Einrichtungsgegenstände, Waffen usw." Mit Anspielung auf die in seinen Augen dilettantische Bearbeitung im Reichsinnenministerium gab Buchheit die Empfehlung: „Ich glaube, dass die Kollegen in Berlin diese Einteilung dem nicht fachkundigen Bearbeiter auch auf anderem Gebiete wie dem Kunstgewerbe leicht aufzeichnen können." Beide Forderungen wurden

123 BNM (Buchheit) an Bay. KM, 5.9.1938, BNM Dokumentation, Dok 1638, Mappe 1.
124 Ebd.

bereits seit den frühen 1920er Jahren gestellt, allein es fehlte an der sachkundigen und konsequenten Durchsetzung der systematischen Erfassung aller eingetragenen Objekte. Buchheits Schreiben blieb, zumindest in schriftlicher Form, unbeantwortet.

Das Gutachten des Direktors des Bayerischen Nationalmuseums ist die umfangreichste bisher bekannte Stellungnahme, die eine unmittelbare Reaktion auf das *Verzeichnis der national wertvollen Kunstwerke* von 1938 darstellte. Doch es äußerten sich auch weitere Kunstsachverständige zur Zusammenstellung: Buchheits Münchner Kollege Ernst Buchner von den Bayerischen Staatsgemäldesammlungen beschränkte sich dabei auf die Aussage, dass „die bisherige Zusammenstellung der national wertvollen Kunstwerke [...] einen sehr willkürlichen Eindruck" mache und übersandte dem ihm vorgeordneten Kultusministerium eine Liste mit rot markierten Streichungsvorschlägen, die vorwiegend Gemälde italienischer, spanischer, niederländischer und französischer Maler umfasste.[125] Dieses Vorgehen überrascht nicht, war doch die altdeutsche Malerei Buchners persönliches Spezialgebiet, was sich auch in der Ausstellungs- und Erwerbungstätigkeit während seiner Direktorenjahre niederschlug. Helena Pereña Sáez bekräftigte in ihrer „Annäherung" an Buchner: „Sowohl in seiner musealen als auch in seiner wissenschaftlichen Arbeit kann man seinen Glauben an eine Überlegenheit Deutschlands, besonders Bayerns, erkennen."[126]

Das bayerische Kultusministerium stützte sich in seinen Entscheidungen fast ausnahmslos auf die Stellungnahmen der ihm unterstellten Museumsdirektoren. Bei Buchners Streichungsvorschlägen bezog Ministerialdirektor Karl August Fischer dem Reichsinnenministerium gegenüber jedoch eine abweichende Position:

> „Hinsichtlich der Werke der niederländischen Meister kann ich mir die Anregung der Direktion der Staatsgemäldesammlungen allerdings nicht zu eigen machen; denn diese Werke stammen zum größten Teil aus einer Zeit, in der sich wohl schon eine politische Sonderentwicklung der Niederlande abgezeichnet haben mag, in der aber noch eine so enge kulturelle Verbundenheit mit den übrigen deutschen Stämmen bestand, daß die Schöpfungen dieser niederländischen Meister sehr wohl als national wertvoll angesehen werden können."[127]

Die badischen Kunstsachverständigen waren laut Aussage des dortigen Kultusministeriums der Überzeugung, dass die vorläufige Fassung des Verzeichnisses „nicht nur in vielen Fällen überholt, sondern auch im grundsätzlichen Aufbau zu beanstanden" sei.[128] Vor allem der Vorschlag einer Beschränkung auf „das wichtigste deutsche Kunstgut" sowie auf Kunstwerke nicht-deutscher Herkunft, die sich „seit langem in Deutschland befinden und durch ihren überragenden Kunstwert dem nationalen Empfinden nahegebracht sind", erinnert an die Debatten der 1920er Jahre.[129] Das badische Kultusministe-

125 BStGS (Buchner) an Bay. KM, 19.8.1938, BStGS, 11/4, Nr. 247.

126 Pereña Sáez 2005, S. 141. Vgl. auch Jonathan Petropoulos: The Faustian Bargain. The art world in Nazi Germany, London 2000, S. 17.

127 Bay. KM an RMdI, 27.9.1938, BayHStA, MK 40838, Bd. 6.

128 Bad. KM an Bad. Staatskanzlei, 6.10.1938, ebd.

129 Ebd.

rium plädierte zwar für die Orientierung an einheitlichen Richtlinien, betonte jedoch zugleich die Bedeutung der regionalen Identität, die sich in Landes- und Provinziallisten niederschlagen sollte.

Aus Weimar vernahm das thüringische Kultusministerium die Reaktion Walter Scheidigs von den dortigen Staatlichen Kunstsammlungen. Die Tatsache, dass mit einem Gemälde Carl Spitzwegs auch der Besitz Adolf Hitlers erfasst wurde, bewegte Scheidig dazu, eine Zeichnung Dürers zur Unterschutzstellung zu empfehlen, die das Land Thüringen 1936 aus dem Besitz der Staatlichen Kunstsammlungen Weimar dem „Führer und Reichskanzler" als Geschenk überreicht hatte. Den öffentlichen Besitz bezeichnete er hingegen als „überflüssige Belastung der Liste".[130] Mit dieser Einschätzung war Scheidig nicht allein: Auch Wolters von der Städtischen Galerie in Frankfurt am Main protestierte gegen die Unterschutzstellung öffentlichen Besitzes, zu dem auch Werke der Frankfurter Museen zählten.[131]

Die gesetzlichen Maßnahmen zum Kunstausfuhrschutz sahen kein Vorkaufsrecht des Staates im Falle der Veräußerung geschützter Objekte vor, die Bewertung als „national wertvoll" sollte jedoch das öffentliche Interesse am Erhalt dieser Kunstwerke herausstellen. Das Angebot, einzelne Objekte oder Sammlungen zu erwerben, nahmen die Museen allerdings nicht immer wahr. So bot der Münchner Kunsthändler Julius Böhler dem Berliner Kaiser-Friedrich-Museum acht westfälische Tafelbilder zum Kauf an, unter denen sich auch zwei Tafeln – eine Verkündigungsmadonna und zwei Heilige darstellend – befanden, die als „national wertvoll" geschützt waren.[132] Empört über die Ablehnung des Angebotes führte Böhler dem Museum die öffentliche Erniedrigung vor Augen, die ein Verkauf ins Ausland mit sich bringen würde:

> „Ganz abgesehen von ihrem historischen Wert und ihrer kunstgeschichtlichen Bedeutung finden wir es [...] unfassbar, dass ein deutsches Museum keinerlei Anstrengungen macht, diese Tafeln für Deutschland zu sichern. Nun werden die Bilder sehr wahrscheinlich, wie es in solchen Fällen immer ist, nach Amerika gehen, und wenn sie dann in einem dortigen Museum in grosser Aufmachung ausgestellt und publiziert sind, wird hier bei uns ein Geschrei losgehen warum alle bedeutenden deutschen Kulturwerte, die auf den Markt kommen, über den Ozean gehen müssen."[133]

Böhler, der im Winter 1934/35 ausführlich Erfahrungen mit den Auswirkungen der Schutzmaßnahme gesammelt hatte und seit Erlass der *Verordnung über die Ausfuhr von Kunstwerken* selbst mit Werken seiner Privatsammlung verzeichnet war, erhielt durch

130 Vgl. Staatl. Kunstslg. Weimar (Scheidig) an Thür. KM, 2.7.1938, ThHStA Weimar, Thüringisches Volksbildungsministerium C 987, Bl. 307. Diesem Ersuchen kam das thüringische Kultusministerium nicht nach.

131 Vgl. Städt. Galerie Ffm an Polizeipräsidenten, 11.1.1941, Archiv Städel, Nr. 731.

132 Es könnte sich um die Verkündigungsmadonna handeln, die im Verzeichnis von 1938 im Besitz von Göring gelistet war.

133 Böhler an KFM (Zimmermann), 15.7.1937, BWA, F 43, Nr. 54. Zimmermann lehnte das Angebot ab, weil er die Tafeln für „unersetzlich schwach" hielt und die Verkündigungsmadonna überstieg mit 18.000 RM seine Preisvorstellungen. Vgl. KFM (Zimmermann) an Böhler, 12.7.1937, ebd.

den Hauptkonservator der Alten Pinakothek, Karl Feuchtmayer, die Möglichkeit zur Einsicht in die *Reichsliste*. Dabei stellte Böhler fest, dass Kunst aus seinem Besitz gelistet wurde, ohne dass er darüber in Kenntnis gesetzt worden war. Vor allem handelte es sich hierbei um Objekte, deren Streichung bereits im Mai 1935 stattgegeben worden war.

> „Was wird wohl geschehen, wenn wir diese Kunstwerke verkaufen, ohne, wie es das Gesetz will, der betreffenden Stelle im Reichs- und Preußischen Ministerium des Innern von dem Besitzwechsel Kenntnis zu geben? Ist es hier nicht so, dass der Gesetzgeber sein eigenes Gesetz sabotiert?"[134]

Laut Böhler wurde die eigenmächtige Auswahl und die „Beschreibung der einzelnen Kunstwerke derart unsachverständig und leichtsinnig gemacht [...], dass diese auf Grund dieser Beschreibung gar nicht zu eruieren sind".[135] Der Fall zeigt, dass die Listung von Objekten im Verzeichnis von 1938 nicht zwangsläufig das Resultat einer gesetzmäßigen Eintragung darstellen musste. Allein die Mitteilung des Reichsministeriums des Innern an den entsprechenden Besitzer machte die Verordnung von 1919 rechtswirksam, nicht jedoch die Listung im Verzeichnis an sich. Die nationalsozialistische Regierung erweiterte einerseits das *Verzeichnis der national wertvollen Kunstwerke* durch unreflektierte Neueintragungen und beendete andererseits die großzügige Erteilung von Ausfuhrgenehmigungen.[136] Darüber hinaus griff die Reichsstelle bei der Zusammenstellung des Verzeichnisentwurfes 1938 auf Eintragungszustände vergangener Jahre zurück und nahm damit bereits gestrichene Objekte in den Entwurf wieder auf. Nicht selten waren die betroffenen Kunstwerke bereits ins Ausland verbracht worden. Beispielsweise befand sich die Sammlung Huldschinsky, die 1928 für Auslandsverkäufe freigegeben wurde, zehn Jahre später mit allen elf zuvor gestrichenen Kunstwerken erneut im Verzeichnis. Die Besitzangabe verwies dabei auf Oskar Huldschinsky, der zu diesem Zeitpunkt schon gar nicht mehr lebte.

Die Annahme, dass das Verzeichnis von 1938 auf die Version von 1927 zurückgriff, wird gestützt durch die Tatsache, dass Kunstwerke gelistet wurden, deren Streichung zu einem früheren Zeitpunkt bereits erfolgt war, weil sie infolge von Neubewertungen für das Verzeichnis nicht mehr haltbar waren. Ein Beispiel bildet hier das Gemälde *Maria mit Kind und heiliger Katharina* von Lukas Cranach d. Ä., dem seit August 1920 die Ausfuhr verwehrt wurde. Nachdem sich das Gemälde als Replik herausstellte, wurde es zehn Jahre später aus dem Verzeichnis gestrichen.[137] In der Zusammenstellung von 1938 befand es sich erneut; die in Fachkreisen durchaus bekannte Erstausführung in der Kölner Sammlung Ottmar Strauss erfuhr hingegen keine Berücksichtigung. Auch die stark ergänzten Holzskulpturenpendants *Petrus und Paulus*, geschaffen vom Meister

134 Böhler an BStGS (Feuchtmayer), 19.8.1938, BStGS, 11/4, Nr. 247.
135 Ebd.
136 Eine Ausnahme bildeten hier einige Kunstwerke, die 1934 Teil des Entwurfes waren. Zu ihnen zählten vor allem das 1932 umfangreich eingetragene mittelalterliche Kirchengerät der Damenklöster Lüne, Isenhagen und Wienhausen.
137 Vgl. RWK an RMdI, 24.10.1930, BArch, R32/375a, Bl. 132.

St. Johannes Evangelista und aus dem Besitz des Kunsthändlers Alfons Flasshaar, waren bereits 1931 gestrichen worden, weil kein Museum am Erwerb Interesse zeigte.[138] 1938 befanden sich die Skulpturen wieder im Verzeichnis. Übernommen wurde mit der erneuten Listung auch die unkorrekte Literaturangabe, die 1927 nicht auf die beiden tatsächlich unter Schutz gestellten Skulpturen, sondern auf das namensgebende Hauptwerk des Meisters *St. Johannes Evangelista* in den Städtischen Sammlungen Freiburg verwies.[139] Die verantwortlichen Referenten im Reichsinnenministerium verzichteten nicht nur in diesem Fall auf die Konsultierung von Abbildungen und missachteten die Negativurteile der Kunstsachverständigen. Vor allem für die zweite Hälfte der 1930er Jahre kann festgestellt werden, dass Unterschutzstellungen auch ohne Rücksprache mit den Direktoren der Museen oder Denkmalschutzbehörden stattfanden, obgleich die Landesregierungen auf das Urteil der ihnen unterstellten Kunstsachverständigen bauten. Auf die Überprüfung der tatsächlichen Besitzverhältnisse und Aufenthaltsorte verzichtete das Reichsinnenministerium vorerst zugunsten einer zeitnahen Fertigstellung und Nutzbarmachung der *Reichsliste* an den Zollstellen. Zuvor war infolge der offensichtlichen Angreifbarkeit und der permanenten Kritik aus Fachkreisen nur eine zögerliche Veröffentlichung und Verbreitung des *Verzeichnisses der national wertvollen Kunstwerke* in Druckform erfolgt. Weder die Zollstellen noch die Museen waren mit aktuellen Versionen für ihre alltägliche Arbeit ausgestattet; Neudrucke wurden aufgrund der häufigen Veränderungen von Aufenthaltsorten und Eigentumsverhältnissen, aber auch durch Streichungen und Neueintragungen immer wieder verschoben. Dem Reichsministerium standen auch gar keine finanziellen Mittel zur Deckung der Herstellungskosten zur Verfügung.[140] Noch Mitte der 1930er Jahren nutzen Zollämter das gedruckte Verzeichnis von 1922, obwohl bereits 1927 eine aktualisierte und stark veränderte Neuauflage erschienen, jedoch nicht allen relevanten Stellen zugegangen war. Ernst Holzinger, Direktor des Frankfurter Städel, bat 1940 um ein Exemplar des Verzeichnisses für den Dienstgebrauch:

> „Zur Beobachtung des in unserem Bereich befindlichen Kunstgutes und zu seiner etwaigen Sicherstellung oder Gewinnung für öffentlichen Besitz wäre das neue Verzeichnis der national wertvollen Kunstwerke für das Städelsche Kunstinstitut von hohem Wert und Nutzen."[141]

Nachdem sein Frankfurter Kollege Wolters den Verzeichnisentwurf im Juli 1938 geprüft und seine Anmerkungen ans Reichsinnenministerium übersandt hatte, wartete man noch zwei Jahre später in Frankfurt vergebens auf eine aktualisierte Fassung.

138 Vgl. Alfons Flasshaar an RMdI, 24.8.1938, SMB-ZA, I/SKS 15, Bl. 397 und Städt. Slg. Freiburg (Noack) an SMB (Kümmel), 26.9.1938, ebd. Bl. 398.

139 Vgl. Otto Schmitt: Oberrheinische Plastik im ausgehenden Mittelalter, Freiburg i. Br. 1924, S. 7, Taf. 51 und 52. Im Verzeichnis wurde ebenfalls die Inventarnummer 11432 angegeben. Die tatsächlich unter Schutz gestellten Skulpturen befanden sich im Vorbesitz des Freiburger Bildhauers Josef Dettlinger, vgl. Verzeichnis 1927, Nr. 348.

140 Vgl. RMdI an RMdF, 12.3.1934, BArch, R2/58980, Bl. 5.

141 Städel (Holzinger) an RMdI, 23.7.1940, Archiv Städel, Nr. 731.

Der letzte offizielle Druck stammte aus der Weimarer Republik, was insbesondere nach 1933 zu einer allgemeinen Verunsicherung über Verwaltungswege, Zuständigkeiten und die Auswahl „national wertvoller" Kunstwerke selbst bei den zuständigen Behörden führte. Die Kunstsachverständigen konnten aufgrund der Unkenntnis bestehender Unterschutzstellungen nur bedingt Stellungnahmen abgeben, und auch die öffentliche Wahrnehmung des vom Staat ausgewählten „nationalen Erbes" in Privatbesitz fiel dementsprechend im gesamten Untersuchungszeitraum gering aus. Das Verzeichnis wurde daher in seiner Gesamtzusammenstellung nicht Gegenstand der öffentlichen Diskussionen. Lediglich die Verabschiedung der *Verordnung über die Ausfuhr von Kunstwerken* im Dezember 1919 war in der Tages- und Fachpresse umfangreich und vielseitig besprochen worden. Das Verzeichnis selbst trat in der Folgezeit jedoch hinter die Thematisierung von Einzelfällen zurück und erfuhr nach 1933 kaum öffentliche Erwähnung oder gar ausführliche Erörterung. Ein seltenes Beispiel für eine gewünschte Instrumentalisierung der Presse für den Kunstausfuhrschutz lieferte Ernst Boepple, Staatsekretär im bayerischen Kultusministerium und Hitlers Unterstützer der ersten Stunde. Anfang 1937 nahm Boepple den Verkauf der Richenthaler Chronik des Konstanzer Konzils an die Public Library in New York zum Anlass, in einer Pressemitteilung an die Kunstausfuhrverordnung zu erinnern:

> „Schutz nationalen Kunstguts ist Ehrendienst am Volke. Höchste sittliche, kulturelle und wirtschaftliche Werte verkörpern sich in diesem vaterländischen Besitz und jedes öffentliche Gemeinwesen, sei es Staat oder Gemeinde, wird daher bestrebt sein, ihn der Allgemeinheit zu erhalten. Aus diesem Grunde verbot bald nach Kriegsende eine Reichsverordnung die Ausfuhr derartiger Kulturgüter, wenigstens insoweit diese in das Verzeichnis der national wertvollen Kunstwerke eingetragen sind, es müßte denn sein, daß die Ausfuhr von dem Reichsminister des Innern besonders gestattet wird."[142]

Dies traf auch auf die Konstanzer Chronik zu, die bereits seit 1919 im *Verzeichnis der national wertvollen Kunstwerke* im Besitz des Grafen von Königsegg auf Schloss Aulendorf gelistet war und dennoch 1935 durch das Münchner Auktionshaus Karl & Faber nach New York verkauft worden war. Boepple klagte den deutschen Kunsthandel an, den Verkauf forciert zu haben, „dank der Geldgier der am Verkauf beteiligten ‚deutschen' Volksgenossen [Karl & Faber], deren Grundsatz es ist: Eigentum geht vor Gemeinnatur".[143]

Ein weiteres seltenes Beispiel der öffentlichen Thematisierung des Ausfuhrschutzes war im Mai 1934 in der Zeitschrift *Kunst der Nation* zu lesen. Der Amsterdamer Sammler Franz Koenigs durfte eine kleine, spätestens seit 1922 im Verzeichnis gelistete Kreuzigungsszene von Matthias Grünewald mit Sondergenehmigung in seinem Haus in Haarlem verwahren.[144] Wie der anonyme Verfasser der Klage betonte, handelte es sich hierbei

142 Bay. KM (Boepple) an Nachrichtenstelle Bay. Landesregierung, 17.2.1937, BayHStA, MK 40838, Bd. 6.
143 Ebd.
144 Vgl. Bay. KM (Goldenberger) an RMdI, 15.3.1932, BayHStA, MK 40837, Bd. 5.

um ein Werk, „das es verdient, zum innersten Besitz des deutschen Volkes zu werden", sodass „die Öffentlichkeit [...] ein Anrecht darauf [hat], zu erfahren, aus welchen Gründen hier eine Ausnahme gemacht wurde und wer die Verantwortung für eine Entscheidung von so weittragender Bedeutung übernommen hat".[145] Die angefragten Gründe lagen in der Zusage Koenigs, das Werk ausgewählten Museen für Sonderausstellungen zur Verfügung zu stellen, sodass die Tafel unter anderem 1935 in Köln und ein Jahr später in Berlin zu sehen war.[146] Heute ist die *Kleine Kreuzigung* in der National Gallery in Washington D. C. ausgestellt und Grünewalds einziges Werk in Nordamerika.[147] Die öffentliche Positionierung zum Kunstausfuhrschutz blieb im Falle dieses bedeutenden und in der Öffentlichkeit sehr präsenten Werkes eine Ausnahme.[148]

2.2 Kunst zwischen Wertschätzung und Diffamierung

> „Eine Partei darf so wenig wie ein Monarch gegen die besten Kräfte der Nation stehen. Tut sie es, so kann ihre Wirkung nicht von Dauer sein. Den Weg des Faschismus bereiteten die Futuristen, diese zugleich nationalen und revolutionären Künstler, und auf der Seite der preußischen nationalen Bewegung vor 120 Jahren stand die junge Künstler- und Dichtergeneration der Romantik von Kleist bis Caspar David Friedrich. Hätte die Bewegung diese ihrer bestimmenden Geister verleugnet und beschimpft, der Funke zum Siege hätte ihr gefehlt."[149]

Worte aus dem Jahr 1930, unterzeichnet mit „A. H". Merkmal einer totalitären Parteidiktatur ist ausdrücklich die gelenkte Neuausrichtung des Wertesystems, die sich mittels eines allumfassenden Gestaltungsanspruchs, der Zentralisierung aller Machtmittel und der monopolisierten Willensbildung durchsetzt.[150] Folglich brachte die nationalsozialistische Parteidiktatur seit der Regierungsübernahme nicht nur die institutionellen und personellen Rahmenbedingungen des Kunstmarktes unter ihre Kontrolle, sondern intervenierte auch in die Rezeption von Kultur und Kunst und band sie in die Machtstruktur des Staates ein. Die Stärkung einer konservativ-nationalen Kunst stand der Diffamierung einer als „entartet" bezeichneten Moderne entgegen, die aus der öffent-

145 Grünewald's „klein Crucifix". Ein nationales Kunstdenkmal, Kunst der Nation, 2. Jg., Nr. 9, 1.5.1934.

146 Vgl. Bay. KM (Goldenberger) an RMdI, 15.3.1932, BayHStA, MK 40837, Bd. 5; Leihgaben: 1928 Grünewald-Ausstellung im Kupferstichkabinett Berlin, 1929 Ausstellung alter Malerei aus Privatbesitz, Kunstmuseum Düsseldorf, 1935 Wallraf-Richartz-Museum und 1936 Kaiser Friedrich-Museum Berlin, 1938 Museum Boymans, Rotterdam. Vgl. http://www.nga.gov/content/ngaweb/Collection/art-object-page.46118.html.

147 Vgl. John Oliver Hand: National Gallery of Art, Master Paintings from the Collection, Washington D.C., 2004, S. 147 f., Nr. 113.

148 Neben den zahlreichen Leihgaben zu Ausstellungen in Deutschland und den Niederlanden wurde zur Tafel in den 1920er und 30er Jahren jährlich publiziert.
Vgl. Bibliographie http://www.nga.gov/content/ngaweb/Collection/art-object-page.46118.html.

149 A. H. an Friedrich Vorwerk, Nationalsozialismus und Kulturpolitik, 9.12.1930, Der Ring, 4. Jg., H. 2, 11.1.1931, S. 30 f.

150 Vgl. Werner J. Patzelt: Einführung in die Politikwissenschaft. Grundriss des Faches und studienbegleitende Orientierung, Passau 2013, S. 274.

lichen Wahrnehmung ausradiert werden sollte. Ihr Beitrag für den Staat war neben propagandistischer vornehmlich finanzieller Natur, denn dieser bereicherte sich an ihr durch Auslandsverkäufe. Die erste Zeit nach der Machtübernahme Hitlers war zunächst weiterhin geprägt von Debatten um eine mögliche Integration der Moderne in die nationalsozialistische Kunstideologie. Vor allem Joseph Goebbels sah in der Avantgarde Potenziale einer Systemkunst und unterstützte beispielsweise die Künstlergruppe *Der Norden*, die Ausstellungen expressionistischer Künstler organisierte und die Zeitschrift *Kunst der Nation* bis zum Verbot 1935 herausgab.[151] Alois Schardt, Direktor des Berliner Kronprinzenpalais, nahm eine Neuhängung der Sammlung vor und stellte „die Moderne in weitere kunstgeschichtliche Zusammenhänge [...], um so insbesondere den Expressionismus als Ausfluß eines spezifisch germanischen Kunstwollens darstellen zu können".[152] Den Expressionismus als „nordische" Ausprägung der Gegenwartskunst verkörperte etwa der „arische" Künstler Emil Nolde, der für die Jugend zum Vorbild einer „neuen Generation" wurde.[153] Die Münchner Ausstellung „Entartete Kunst" im Sommer 1937 setzte dem ein Ende, indem sie 25 seiner Gemälde vorführte.[154] Diese „Schandschau" wie auch die zeitgleich stattfindende *Große Deutsche Kunstausstellung* beendeten den „Expressionismusstreit" und die kunstpolitischen Kursschwankungen endgültig, zumal sich die führenden Nationalsozialisten in programmatischen Reden öffentlich von der Moderne abwandten. Ein Nervenspiel wurde daher die *Ausstellung italienischer Kunst von 1800 bis zur Gegenwart*, die im November 1937 in der Akademie der Künste eröffnet

151 Vgl. Gesa Jeuthe: Kunstwerte im Wandel. Die Preisentwicklung der deutschen Moderne im nationalen und internationalen Kunstmarkt 1925 bis 1955, Berlin 2011, S. 56; Krüger Saß 2008, S. 240.

152 Stefan Germer: Kunst der Nation. Zu einem Versuch, die Avantgarde zu nationalisieren, in: Brock/Preiß 1990, S. 21–40, hier S. 25. Auch Schardts Nachfolger Eberhard Hanfstaengl äußerte im Herbst 1936 die Hoffnung, „dass doch allmählich erkannt wird, dass das Formale nicht den letzten Wertmaßstab für die deutsche Kunst abgeben kann." Hanfstaengl an Ludwig Roselius, 20.10.1936, DKA, NL Hanfstaengl, Eberhard, unverzeichnet.

153 Andreas Hüneke: Widerstehen – entziehen – zerbrechen. Facetten des Umgangs mit Kunst und Künstlern der Moderne im Nationalsozialismus, hg. vom Studienkreis zur Erforschung und Vermittlung der Geschichte des Deutschen Widerstandes 1933–1945, Bd. 35, H. 71, Frankfurt a. M. 2010, S. 8–13, hier S. 10. Die Bedeutung Noldes zeigte sich auch in der Präsenz, die Harald Busch dem Werk des Künstlers in den Räumen der Hamburger Kunsthalle zugestand. Vgl. Ulrich Luckhardt: Emil Nolde: Hulltoft Hof. Die Geschichte eines Bildes, Hamburg 2002, S. 29 f.; Hans Eckstein: Was ist deutsch an der Kunst der Deutschen?, Kunst der Nation, 1. Jg., Nr. 3, 1.12.1933; Otto-Andreas Schreiber: Fortsetzung des Expressionismus, Kunst der Nation, 2. Jg., Nr. 7, 1.4.1934. Die Frage „Was ist deutsch an der Deutschen Kunst" stellte 1933 auch Kurt Karl Eberlein, der mit „beweislosen Behauptungen", einer „Schimpfwortserie" und bloßen „Hetze" den Expressionismus degradierte und damit mehr auf Widerstand und kaum auf Zuspruch in der kunstgeschichtlichen Fachwelt stieß. Wilhelm Pinder schloss eine Publikationsbesprechung mit „Ich glaube ihm nicht. Ich denke, die ganze Wissenschaft glaubt ihm nicht." Wilhelm Pinder: Was ist deutsch an der Deutschen Kunst, zu der Schrift von K. K. Eberlein, Zeitschrift für Kunstgeschichte, 2. Bd., 1933, S. 405–407.

154 Vgl. Hüneke 2010, S. 10.

wurde und die auch die Hitler verhassten italienischen Futuristen präsentierte.[155] Adolf Dresler, Leiter der Reichspressestelle der NSDAP und Kenner der italienischen Kultur und Presse, unterstrich im *Völkischen Beobachter* die politische „Achse" zwischen Berlin und Rom auf kulturellem Gebiet und rechtfertigte das Ausstellen futuristischer Künstler damit, dass sie „auf künstlerischem Gebiet zwar neue Wege suchen, deren Ausdrucksformen unserem Empfinden fremd sein dürfen, daß sie jedoch politisch national eingestellt sind".[156] Damit verwies er auf die führenden Futuristen Filippo Tommaso Marinetti und Ardengo Soffici, die „zu den ersten Mitgliedern der faschistischen Bewegung gehört und sie in Wort und Schrift von Anfang an unterstützt" hätten.[157] In der dem Nationalsozialismus kritisch gegenüberstehenden österreichischen Wochenschrift *Der Christliche Ständestaat* offenbarte Josef Maria Sanetti die „Verlegenheit der offiziellen Stellen": „[M]an hat die eigenen ‚Entarteten' aus dem Tempel der deutschen Kunst hinausgejagt und muß die fremden aus Rücksicht auf den politischen Freund mit Ehren empfangen".[158] Die nationale Ausrichtung der Moderne verlief in Italien und Deutschland gegensätzlich und, so Sanetti weiter, „es beruht nur auf einem Mißverständnis, wenn der Nationalsozialismus im Expressionismus seinen Widerpart und nicht seinen Bundesgenossen erblickt, auf einem Mißverständnis, an dem wahrscheinlich der starke kleinbürgerliche Einschlag im nationalsozialistischen Gefühlsleben Schuld trägt".[159]

Bekanntlich brachte das Jahr 1937 die ideologisch begründete Ablehnung der als „entartet" diffamierten Kunst, die nach den Worten Dreslers „mit Hilfe des in Judenhänden befindlichen Kunsthandels und mit Unterstützung staatlicher Gelder von öffentlichen Kunstsammlungen angekauft wurden".[160] Mit der Schuldzuweisung hinsichtlich einer „Entartung des Kunstgeschmacks" an intellektuelle Kreise und Kunstkritiker sprachen Propagandisten wie Dresler „die breiten Schichten des Volkes" frei, die „mit ihrem gesunden Sinn sich von einer solchen geistigen Vergewaltigung nicht beeinflussen ließen".[161] Analog zu den Münchner Ausstellungen stellte er in seiner 1938 erschienenen Veröffentlichung die „deutsche" der „entarteten" Kunst gegenüber und definierte Ein- und Ausschluss des nationalsozialistischen Kunstkanons: einerseits „Familie und Gemeinschaft als Grundfesten der deutschen Volksordnung" mit Thomas Baumgartner, andererseits die „Zerrüttung der Familie und Gemeinschaft" mit Oskar Kokoschka, hier die

155 Vgl. Dieter Scholz: Faschistische Bilder in der Nationalgalerie? Italienische Gegenwartskunst in Berlin 1933–1942, in: Grabowski/Winter, 2013, S. 151–169, hier S. 161.

156 Adolf Dresler: Italienische Kunst von 1800 bis zur Gegenwart, Völkischer Beobachter, Nr. 302, 29. 10. 1937, S. 5.

157 Ebd.

158 Josef Maria Sanetti: Futuristen in Berlin, Der Christliche Ständestaat, 21. 11. 1937.

159 Ebd.

160 Adolf Dresler: Deutsche Kunst und entartete „Kunst". Kunstwerk und Zerrbild als Spiegel der Weltanschauung, München 1938, S. 3.

161 Ebd.

„Schönheit der Heimat" in einer Abendlandschaft Heinrich von Richthofens, dort „die geschändete Landschaft" in einer Baumdarstellung von Paul Klee.[162]

Die Diskussionen um die Moderne betrafen auch Künstler des Impressionismus und Post-Impressionismus, wie an späterer Stelle ausgeführt werden wird. Mit der zunehmenden historischen Distanz wurde auch der nationale Wert und damit die Unterschutzstellung von Kunstwerken deutscher und vorwiegend französischer Künstler des 19. Jahrhunderts von den Entscheidungsträgern thematisiert. Die Kunstsachverständigen der Museen unterstützten den Gedanken, die Mitte der 1920er Jahre festgelegte zeitliche Grenze von 1800 zu überschreiten, nicht durchgängig. Wolters schien die „Ausdehnung der Liste auf diese Künstler weder notwendig noch sinnvoll".[163] Als Grund führte er die große Zahl hochwertiger Werke im öffentlichen und privaten Kunstbesitz sowie im Handel an. Otto Kümmel, Generaldirektor der Berliner Staatlichen Museen, sprach sich dem Reichsinnenministerium gegenüber gegen die Unterschutzstellung neuerer deutscher Kunst aus, weil sie „leider im Ausland geradezu erbärmlich vertreten [ist], sodaß Deutschland in der ganzen Welt als das Land ohne Kunst betrachtet wird – sehr zum Schaden des deutschen Ansehens".[164] Ebendieser stellte in seinem zweiten sogenannten Kümmel-Bericht 1941 fest, dass die „feindlichen Staaten und Staatsangehörigen [...] so gut wie keine deutschen Kunstwerke [besäßen], denen der deutsche Kunstbesitz nicht Besseres oder mindestens Gleichwertiges an die Seite stellen kann".[165] Aus diesem Grund postulierte Kümmel, dass bei den Begehrlichkeiten des Deutschen Reiches im Zuge der kriegerischen Besetzung „deutsche Kunst- und Denkmäler nicht in erster, sondern in letzter Linie in Frage kommen".[166] Gerade die „kräftige Durchdringung des Auslandes mit deutschen wissenschaftlichen und künstlerischen Werken" hielt Wilhelm Frick, der mit seinem Ministerium zugleich für den deutschen Ausfuhrschutz verantwortlich war, „für eins der wirkungsvollsten Mittel der Werbung für deutsche Art".[167] Auch Ernst Buchner von den Bayerischen Staatsgemäldesammlungen in München wollte die Schaffung einer „Weltgeltung der deutschen Kultur" nicht durch den Kunstausfuhrschutz behindern:

> „Im Allgemeinen kann festgestellt werden, daß in keinem Land mit hoher Kultur der alte Kunstbesitz vergleichsweise noch so in den eigenen Grenzen erhalten ist, wie in Deutschland. Griechenland, Italien, Frankreich, Spanien haben ohne Zweifel unvergleichlich mehr alte Kulturschätze an das Ausland verloren, als Deutschland.

162 Ebd., S. 54 f. und 66 f.

163 Städt. Galerie Ffm (Wolters) an Kulturamt, 9. 10. 1036, Archiv Städel, Nr. 731.

164 SMB (Kümmel) an RMdI, 14. 1. 1941, ThHStA Weimar, Thüringisches Volksbildungsministerium C 987, Bl. 398.

165 Zweiter Kümmel-Bericht, 30. 6. 1941, Abschnitt D „Wünschenswerte Ergänzungen zum Deutschen Kunstbesitz", BArch, R55/24825.

166 SMB (Kümmel) an GNM (Kohlhaußen), 24. 9. 1940, GNM Akten, Nr. 59. Weiter führte Kümmel aus: „Im Ganzen aber ist in diesem Zusammenhange sogar die französische Kunst für uns wichtiger als die deutsche. Von mancher ihrer höchsten Leistungen geben die deutschen Sammlungen nur eine sehr ungenügende Vorstellung."

167 RMdI (Frick) an den RMVP (Goebbels), 7. 1. 1939, BArch, R 43II/1238a, Bl. 83.

> Nun ist es aber für die Weltgeltung der deutschen Kultur nicht gleichgültig, wie die deutsche Kunst in ausländischen Museen vertreten ist. Es wäre daher bei einer etwaigen Ausfuhrgenehmigung jeweils ein Unterschied zu machen, ob ein Kunstwerk in ein ausländisches Museum oder in den ausländischen Handel oder Privatbesitz gelangt."[168]

Ausstellungen deutscher Kunst im Ausland sollten die Welt daran erinnern, „was deutsche Kunst ist und bedeutet".[169] Alfred Hentzen von der Berliner Nationalgalerie, der im Winter 1936/37 monatelang eine Kunstausstellung in den USA begleitete, bezweifelte zwar, dass es möglich sei, „durch eine einzige mittelgroße Ausstellung die absolute Vorherrschaft der italienischen (für die früheren Jahrhunderte) und der französischen Kunst (für die neuere Zeit) zu durchbrechen und der deutschen den ihr gebührenden Platz neben dieser zu erstreiten", jedoch wurden wertvolle Kunstwerke auf lange Reisen geschickt, um der internationalen Kritik an der nationalsozialistischen Kulturpolitik und einer „antideutsche[n] Pressepropaganda", wie Hentzen es formulierte, entgegenzutreten und letztendlich außenpolitische Wirkung zu erzielen.[170] Keines der großen deutschen Museen fehlte in der Liste der Leihgeber; auch nicht das Germanische Nationalmuseum, obgleich sich dessen Direktor Heinrich Kohlhaußen im Herbst 1940 skeptisch über die Geltung deutscher Kunst im Ausland äußerte. Kohlhaußen bezweifelte, „daß sich die jüdischen Sammler in New York durch die bedeutenden Werke deutscher Kunst, die sie Deutschland und Europa entführt haben, in ihrer Haltung gegen Deutschland beeinflussen lassen, ebensowenig wie die schönen Werke deutscher Kunst im Metropolitan-Museum oder in anderen Sammlungen der Vereinigten Staaten auch nur den geringsten mildernden Einfluß gegenüber Deutschland zu bewirken vermögen".[171]

Eine geringe Wertschätzung der deutschen Kunst im Ausland bei gleichzeitiger Hochachtung im Inland betraf auch die der Romantik. Buchner entschied sich beispielsweise 1935 gegen eine Ausstellung deutscher Romantiker in den USA, weil „diese Malerei in besonderem Maße Innerdeutsches für Fremde schwer Genießbares" habe.[172] Lieber sollte man, so Buchner weiter, die deutsche Malerei des späten 19. Jahrhunderts präsentieren, die mehr dem französisch-orientierten Geschmack der Amerikaner entspräche und damit einen Vergleich mit dem französischen Impressionismus souveräner ertrage

168 BStGS (Buchner) an Bay. KM, 1.2.1935, BayHStA, MK 40838, Bd. 6.

169 Hentzen: Bericht über den Verlauf der deutschen Kunstausstellung in Cleveland vom 27.1.1937, GNM Akten, Nr. 279.

170 Hentzen: Abschlussbericht über die deutsche Kunstausstellung, undatiert, GNM Akten, Nr. 279. Zu sehen war die Ausstellung deutscher Kunst mit Gemälden und Drucken des 15. bis 20. Jahrhunderts von Oktober 1936 bis Mai 1937 für jeweils einen Monat in Philadelphia (The Pennsylvania Museum of Art), Cleveland (The Cleveland Museum of Art), Chicago (The Art Institute of Chicago), New York (Brooklyn Museum), Boston (Museum of Fine Arts) und Pittsburgh (Carnegie Institute). Vgl. Ausst.-Kat. German Art from the fifteenth to the twentieth century. An exhibition of paintings, water colors and drawings held under the auspices of the Oberlaender Trust and the Carl Schurz Memorial Foundation, 1936–1937.

171 GNM (Kohlhaußen) an SMB (Kümmel), 5.10.1940, GNM Akten, Nr. 59.

172 Zitiert nach Pereña Sáez 2005, S. 143.

als die deutsche Romantik, die man zudem nicht den Risiken des Transportes aussetzen wollte.[173] Die Verluste von Werken Caspar David Friedrichs beim Brand des Münchner Glaspalastes 1931 sowie im Laufe des Zweiten Weltkriegs verstärkten die Skepsis gegenüber den „Botschafter-Dienste[n] für Deutschland" besonders, wie die Diskussion um zwei Gemälde aus der Essener Sammlung Georg Hirschland verdeutlicht:

> „Der allgemeine Gedanke, daß deutsche Kunstwerke von Bedeutung gute Botschafter des deutschen Volkes im Auslande sind, hat sicher sehr vieles Richtiges. Doch ist jedem Kundigen geläufig, daß gerade Bilder der deutschen Romantik und des in Deutschland allgemein verehrten und geliebten Caspar David Friedrichs weder in der romanischen noch in der angelsächsischen Welt Beachtung finden."[174]

Umso mehr stand das „Volksempfinden" bei der Rezeption der Romantik in Deutschland im Vordergrund. Mit der Ablehnung der als „entartet" diffamierten modernen Kunst zielte die nationalsozialistische Kunstpolitik auf eine Ästhetik ab, die der breiten Masse zugänglich sein und vor allem die Volkskunst einschließen sollte. Am 1. Oktober 1935 eröffnete das „Staatliche Museum für deutsche Volkskunde" in Berlin seine Pforten im Schloss Bellevue mit der Sonderausstellung *Deutsche Bauernkunst*.[175] Angestrebt wurde mit dieser Präsentation die Erweiterung des Kunstbegriffs und die Hebung eines „gesunkene[n] Kulturgut[s]".[176]

Zur Schaffung eines „gefühlsmäßigen Zuganges", gar einer „neuen Offenbarung"[177] sollte die bis zum diesem Zeitpunkt überwiegend magazinierte Sammlung auf drei Etagen verteilt die „landschaftliche[n] und stammeskundliche[n] Besonderheiten" des „deutschen Landes" hervorheben und das Bauerntum mit Volkstrachten, Siedlungswesen und Handwerkskultur von 1500 v. Chr. bis ins 19. Jahrhundert thematisieren.[178] Die Verwurzelung der Gemeinschaft sollte in der Volkskunst Ausdruck erfahren und einer einseitigen intellektualisierten Kunstbetrachtung sowie der Internationalisierung entgegenwirken.[179] Dabei bildeten der Bezug zur vorindustriellen Zeit und die Verklärung der Heimat als „Friedensidylle" das Pendant zur nationalsozialistischen Monumental-

173 Vgl. BStGS (Buchner) an Bay. KM, 15.5.1935, BStGS, 32/1, Nr. 1755. Die Autorin dankt Helena Pereña für den freundlichen Hinweis auf das Schreiben.

174 Gemälde von Caspar David Friedrich und Karl Gustav Carus aus der Sammlung Dr. Georg Hirschland, Köhn, 27.8.1949, Archiv Museum Folkwang, E 23, Bl. 383–389.

175 Helmuth Rinnebach: Deutsche Bauernkunst. Zur Sonder Ausstellung des Volkskunde-Museums in Berlin, Die Weltkunst, 9. Jg., Nr. 39/40, 6.10.1935. Vgl. auch E.G. Troche: Die Ausstellung „Deutsche Bauernkunst" im neuen Museum für deutsche Volkskunde, Pantheon, 8. Jg., Bd. 16, 1935, S. 413.

176 Helmuth Rinnebach: Deutsche Bauernkunst. Zur Sonder-Ausstellung des Volkskunde-Museums in Berlin, Die Weltkunst, 9. Jg., Nr. 39/40, 6.10.1935. Auch der Reichskunstwart Edwin Redslob bezeichnete 1928 die Volkskunst als „gesunkenes Kulturgut". Vgl. Geleitwort in Konrad Hahm: Deutsche Volkskunst, Berlin 1928, S. 8.

177 Rinnebach, Die Weltkunst, 1935.

178 Erweiterung des Museums für deutsche Volkskunde, Die Weltkunst, 10. Jg., Nr. 8, 23.2.1936.

179 Vgl. auch Redlsob in Hahm 1928, S. 9.

architektur.[180] Vorangetrieben wurde die Würdigung der deutschen Volkskunst von dem Leiter Konrad Hahm, der in den 1920er Jahren als Referent des Reichskunstwarts Edwin Redslob unter anderem mit der Überarbeitung des Verzeichnisses betraut war.[181] Auch das Germanische Nationalmuseum in Nürnberg forderte 1935 einen Erweiterungsbau für die volkskundliche Abteilung, um die „ersehnte Wirkung einer gründlicheren Kenntnis und besseren Würdigung der deutschen Bauernkultur" erzielen zu können.[182]

In diese Bewegung fügten sich auch die Neugründungen von Heimatmuseen im Laufe der 1930er Jahren ein, die eine „besondere Betreuung durch den Staat erfahren" sollten, wie *Die Weltkunst* im März 1936 berichtete.[183] „Nebenamtlich tätige Museumspfleger" sollten in den einzelnen Verwaltungsbezirken zum weiteren Ausbau eingesetzt werden und die Hochschulen sich verstärkt auf die „Ausbildung" von Leitern für Heimatmuseen konzentrieren.[184] Zum Denkmalpflegetag in Kassel 1933 forderten die Fachverbände, den „kleineren, nicht unter fachmännischer Obhut stehenden Sammlungen, namentlich den Heimatmuseen, den Betreuern der Volkskunst, erhöhte Beachtung zu schenken".[185] Auch einzelnen Künstlern wurden Mitte der 1930er Jahre eigene Museen gewidmet, wie die Neugründung des Riemenschneider-Museums im Geburtshaus des Künstlers in Osterrode 1935 oder die Öffnung des Wohn- und Sterbehauses Hans Holbeins d. Ä. in Augsburg 1937 zeigen.[186] Die Gründung des „Reichsbundes Volkstum und Heimat" im Juli 1933 diente vordergründig der „Gleichschaltung" der Verbände, die auf dem Gebiet der Volkstums- und Heimatpflege tätig waren.[187] Die Positionierung zur deutschen Volkskunst war in Fachkreisen hingegen nicht eindeutig. Als 1927 der Reichskunstwart dem Deutschen Museumsbund anriet, „bedrohte Denkmale deutscher Volkskunst zu sammeln", konfrontierten ihn zahlreiche Mitglieder mit ernsten Bedenken, die darin „eine Schädigung der Bestrebungen zeitgenössischer Kunst erblickte[n]".[188] Diese

180 Wilfried Lipp: Kultur des Bewahrens. Schrägansichten zur Denkmalpflege, Wien u. a. 2008, S. 38.

181 Vgl. auch Karasek 2003, S. 126 ff.

182 Vgl. Jahresbericht GNM 86, 1935, S. 2, zitiert in Burian 1978, S. 222.

183 Die Betreuung der Heimatmuseen, Die Weltkunst, 10. Jg., Nr. 13, 29. 3. 1936. Auch die in Frankreich gegründete „l'Association générale des Amis des Musées de France" setzte sich die Entwicklung der französischen Provinzmuseen zum Ziel. Zur Geschichte des Heimatmuseums als Institution mit besonderem Schwerpunkt auf der Zeit des Nationalsozialismus vgl. Martin Roth: Heimatmuseum. Zur Geschichte einer deutschen Institution, Berlin 1990.

184 Die Betreuung der Heimatmuseen, Die Weltkunst, 10. Jg., Nr. 13, 29. 3. 1936. Zu Museumspflegern vgl. Roth 1990, S. 98–105.

185 Burkhard Meier: Der Denkmalpflegetag in Kassel, 5. bis 8. Oktober 1933, Die Denkmalpflege, 7. Jg., Nr. 35, 1933, S. 193–209, hier S. 200.

186 Ein Riemenschneider-Museum, Die Weltkunst, 9. Jg., Nr. 7, 17. 2. 1935; Mozart- und Holbein-Museum in Augsburg, Die Weltkunst, 11. Jg., Nr. 3, 17. 1. 1937.

187 Vgl. Meier, Die Denkmalpflege, 1933, S. 195; Thomas Scheck: Denkmalpflege und Diktatur. Die Erhaltung von Bau- und Kunstdenkmälern in Schleswig-Holstein und im Deutschen Reich zur Zeit des Nationalsozialismus, Berlin 1995, S. 44 ff.

188 Protokoll der Tagung des DMB, Hannover 11./12. 10. 1927, Stadtarchiv Freiburg, D.Sm 17/3, S. 17. Redslob äußerte den Vorschlag im Zusammenhang mit der geplanten Volkskunstausstellung in Dresden im Jahre 1928 und auf Anraten der Zentrumspartei. Der Vorschlag erfuhr Ab-

ambivalente Einstellung zur Volkskunst änderte sich auch nach 1933 in Fachkreisen nicht grundlegend.

Diese also nicht abgeschlossenen Debatten führten dazu, dass sich die Kunstsachverständigen in den 1930er Jahren mit der Frage beschäftigten, welche Rolle der heimische, volkstümliche Kunstbesitz in einem Verzeichnis mit Kunstwerken von nationalem Rang einnehmen solle. Die Bayerischen Staatsgemäldesammlungen bemühten sich beispielsweise vergebens um die altdeutschen Gemälde der Münchner Sammlung Maria Streber, von denen sechs Werke bayerischer Meister bei der Teilung des Kunstbesitzes auf die Nachfahren für das *Verzeichnis der national wertvollen Kunstwerke* vorgeschlagen wurden.[189] Karl Feuchtmayer, Hauptkonservator der Alten Pinakothek, bekräftigte im Eintragungsvorgang die Bedeutung für die „lokale Kunstgeschichte" und

> „da auf die Liste der national wertvollen Kunstwerke nach den bestehenden Bestimmungen nicht nur Werke höchsten Ranges von internationalem Marktwert, sondern auch Werke von ausgesprochen heimatgeschichtlichem Wert zu setzen sind, hat die Direktion der Bayer. Staatsgemäldesammlungen die in Betracht kommenden Streber'schen Bilder, die ja bei der Klosteraufhebung in bayerischen Staatsbesitz gelangt waren und 1852 nur durch die absolute Unfähigkeit der damaligen ‚Maler-Direktoren' verschleudert wurden, zur Aufnahme in die Liste vorgeschlagen".[190]

Insbesondere Bayern thematisierte die Unterschutzstellung von heimischen Kulturgütern, die vorwiegend durch „Unkenntnis und Unachtsamkeit" bedroht waren und deren Bedeutung aufgrund der kriegsbedingten Zerstörung erstrangiger Kulturobjekte zunahm.[191] Johann Buchheit vom Bayerischen Nationalmuseum distanzierte sich von verstärkten Schutzmaßnahmen, die „Erzeugnisse bodenständiger alter Kultur" betrafen:

> „Ich sehe für eine Verordnung vonseiten der Landesregierung keinen Grund und möchte bei dieser Gelegenheit mir die Anfrage erlauben, wie es um das Verzeichnis der nationalwertvollen Kunstgegenstände steht. Ich kann leider infolge der Verluste unserer Akten die diesbezüglichen Punkte nicht mitteilen. Es müsste aber meiner Ansicht nach zuerst dieses Verzeichnis wieder in Kraft gesetzt werden, das doch die besten Kunst- und Kulturwerte Deutschlands enthält."[192]

lehnung durch Walter Riezler (Zitat), Gustav Friedrich Hartlaub und Alexander Dorner. Redslob setzte sich vor allem in der zweiten Hälfte seiner Amtszeit für die Volkskunstbewegung ein, wie unter anderem das Geleitwort in Konrad Hahms Publikation *Deutsche Volkskunst* von 1928 verdeutlicht. Vgl. Hahm 1928, S. 7–9; Georg Schreiber: Kulturpolitik, Politisches Jahrbuch, 1927/28, S. 497–521, hier S. 510 f.

189 Von Januar 1932 bis Dezember 1939 wurde die Sammlung im Depot der Alten Pinakothek verwahrt, vgl. BStGS an Bay. KM, 19. 1. 1940, BayHStA, MK 40839, Bd. 7.

190 Gleichzeitig betonte Feuchtmayer, dass „aus der Eintragung in die Liste [...] noch nicht ein besonders hoher Marktwert der betreffenden Kunstwerke gefolgert werden" kann. An den Preisvorstellungen scheiterten die bisherigen Verhandlungen. BStGS (Feuchtmayer) an Bay. KM, 2. 4. 1940, ebd.

191 Gauleitung Bayreuth (Hansen) an Bay. KM, 11. 10. 1933, ebd.; vgl. auch GNM an Bay. KM, 4. 5. 1944, ebd.

192 BNM (Buchheit) an Bay. KM, 27. 4. 1944, ebd.

Die „Inkraftsetzung" des Verzeichnisses gestaltete sich mit Beginn des Zweiten Weltkriegs „äusserst zeitraubend und schwierig", wie Buchheit beklagte.[193] Der Verzeichnisentwurf von 1938 kam wie bereits erwähnt nie zum druckfähigen Abschluss und der tatsächliche Aufenthaltsort und Erhaltungszustand der als national wertvoll eingestuften Kunstwerke konnte infolge von Verbringung und Einlagerung nicht mehr geprüft werden. Noch im Sommer 1941 sandte das zuständige Reichsinnenministerium Tabellenvordrucke an die Kultusministerien „zwecks der Neubearbeitung des Verzeichnisses der national wertvollen Kunstwerke", die in den meisten Fällen jedoch unausgefüllt blieben.[194]

2.3 Wirkungsgrenzen des Kunstausfuhrschutzes

Mit Bestehen der *Verordnung über die Ausfuhr von Kunstwerken* seit mehr als zehn Jahren machte sich Anfang der 1930er Jahre verstärkt die Begrenztheit dieser gesetzlichen Maßnahme bemerkbar, als Kulturwerte infolge der Wirtschaftskrise und der Repressalien des nationalsozialistischen Regimes in Fluss gerieten. Der Schutz war auf ausgewählte bewegliche Kunstwerke in Privatbesitz beschränkt und schloss damit Denkmale, nicht-illustrierte Handschriften und Bibliotheksgut sowie den Besitz der öffentlichen Hand aus. Ein reichseinheitliches Denkmalschutzgesetz sollte diese Lücke schließen und damit zum einen den Kunstausfuhrschutz erweitern, zum anderen die teilweise bestehenden Landesdenkmalschutzgesetze im Zuge der „Gleichschaltung" vereinheitlichen. Maßgebliche Unterstützung erhielt die Reichsregierung von den Fachverbänden, die sich 1933 zum Deutschen Denkmalpflegetag in Kassel über den „Wiederaufbau der Nation"[195] und die Inventarisierung der deutschen Kulturdenkmale verständigten, die als „eine der national und kulturell dringendsten Aufgaben anerkannt" wurde.[196] Wie bereits in den letzten Jahren der Weimarer Republik machten sich der Tag für Denkmalpflege und Heimatschutz, der Deutsche Verein für Kunstwissenschaft und der Deutsche Museumsbund in wiederholten Eingaben an das Reichsinnenministerium für einen erweiterten Denkmalschutz stark, so auch im Mai 1933:

> „Für die Erneuerung des deutschen Volkes, die wir erleben, sind die geistigen und seelischen Kräfte von höchster Bedeutung, die aus dem Boden der Heimat strömen, aus ihrem reichen Schatz an Werten der Natur, der Geschichte und der Kunst. Die Erhaltung dieses lebensspendenden Erbgutes, das in den wirtschaftlichen Nöten der Zeit schwer bedroht ist, aber auch durch Eigennutz und Unverstand gefährdet wird, ist heute wichtiger denn je."[197]

193 BNM (Buchheit) an Bay. KM, 20.10.1941, BNM Dokumentation, Dok 1638.

194 RMdI (Lichter) an Bay. KM, 12.12.1940, BayHStA, MK 40839, Bd. 7; Bay. KM (Stengel) an BStGS, 16.7.1941, BStGS 11/4, Nr. 247.

195 Meier, Die Denkmalpflege, 1933, S. 193–209.

196 Reichsbund Volkstum und Heimat/Fachamt Denkmalpflege (Hiecke) an Leiter der Inventarisation der Kunstdenkmale, 21.10.1933, HStA Stuttgart, E 130 b, Bü 1540.

197 Tag für Denkmalpflege und Heimatschutz/Dt. Verein für Kunstwiss./DMB an RMdI, Mai 1933, SMB-ZA, DMB 319.

Mit dieser Formulierung stellten sich die Fachverbände ganz in den Dienst Hitlers, der „wiederholt auf die kulturellen Voraussetzungen für den Wiederaufstieg des deutschen Volkes hingewiesen und insbesondere betont [hat], daß die Geschichte und Kultur unseres Volkes in jeder Beziehung gepflegt und gefördert werden muß".[198]

Die Ausarbeitung eines reichsweiten Denkmalschutzgesetzes kam aufgrund von Kompetenzstreitigkeiten der Reichsressorts indessen zu keinem Abschluss, und so wurde die einstige Notverordnung von 1919 im Laufe der 1930er Jahre wiederholt auf ihre Auslegungskraft hin geprüft.[199] Vom Goethe-Nationalmuseum in Weimar kam im Januar 1935 die Anregung, auch den „Schutz national wertvoller Handschriften und Lebensdokumente großer deutscher Dichter und führender Geister anzustreben" und „Kulturdokumente" wie die Luther-Briefe und die Goethe- und Schiller-Handschriften vor einer Verbringung ins Ausland zu bewahren.[200] Auch nach dem Verkauf einer Nibelungenhandschrift in die Schweiz beklagte die Preußische Staatsbibliothek zum wiederholten Male, dass Handschriften nicht ins Verzeichnis aufgenommen würden und dass den öffentlichen Bibliotheken außerdem bei diesen seltenen Kaufgelegenheiten keine ausreichenden finanziellen Mittel zur Verfügung stehen würden, um mitzubieten.[201]

> „Die Handschriften unseres großen Nationalepos sind von der größten Seltenheit. Sie sind fast alle in festem Besitz, und die Möglichkeit, eine vollständige Nibelungen-Handschrift zu erwerben, hat sich im Laufe der letzten hundert Jahre nicht ergeben."[202]

Der ehemalige Fürst von Oettingen-Wallerstein brachte die Handschrift wie auch seine umfangreiche Bibliothek in Maihingen 1934 und 1935 schrittweise durch das Münchner Antiquariat Karl & Faber zur Versteigerung. Das historische Erbe der ehemaligen Fürsten beschäftigte auch nach 1933 die Sachverständigen der Museen, Archive und Bibliotheken. Letztere kritisierten vor allem, dass Bibliotheken nicht auf die gleichen Denkmalschutzbestimmungen zurückgreifen konnten, wie sie für Kunstwerke galten. Das Reichsministerium nahm die Impulse aus Weimar und Berlin auf und bat in einem Rundschreiben vom 3. Juli 1935 die Länder, ihr Augenmerk auch auf Handschriften zu legen, die sich vor allem in den Bibliotheken alter Familien befanden, um so die aufgezeigten Lücken mit dem *Verzeichnis der national wertvollen Kunstwerke* in besonders

198 RMdI an die Landesregierungen, 9.12.1933, HStA Stuttgart, E 130 b, Bü 1540. „Des Führers Geist war mit ihnen und unter uns", konnte man über den Denkmalpflegetag in Kassel lesen. Meier, Die Denkmalpflege, 1933, S. 194.

199 Die Ressortstreitigkeiten verhinderten auch eine reichseinheitliche Regelung über die Sammlung und Bewahrung von Zeitdokumenten, die im Januar 1938 vom Reichspropagandaministerium ausgearbeitet wurde und vom Reichsinnenministerium und dem Reichserziehungsministerium keine Zustimmung erhielt. Vgl. BArch, R2/12419, Bl. 275–279.

200 Goethe-Nationalmuseum (Wahl) an Thür. KM, 3.1.1935, ThHStA Weimar, Thüringisches Volksbildungsministerium C 987, Bl. 157.

201 Pr. StaBi (GD) an Pr. KM, 6.5.1935, BayHStA, MK 40838, Bd. 6.

202 Ebd.

wichtigen Fällen zu schließen.[203] Namentlich auf preußischem Gebiet wurden daraufhin, wenn auch nur vereinzelt, Bibliotheken unter Schutz gestellt, wie beispielsweise die Frankfurter „Schrifttumssammlung zur Geschichte der Goldschmiedekunst" Julius H. Jeidels oder die 37 Bände umfassende Bibliothek des Kaufmanns Paul Hirsch, die hauptsächlich wegen ihrer Einbandgestaltung für national wertvoll erklärt wurde. Dabei war es, wie bereits erwähnt, nicht die Intention der Verordnung von 1919 gewesen, auch Archiv- und Bibliotheksgut in den Ausfuhrschutz zu integrieren.[204] Erste Gesetzentwürfe zum Schutz dieser Kulturgüter erarbeitete die Reichsregierung Ende der 1930er Jahre; ein Erlass scheiterte an Ressortstreitigkeiten.[205]

Ebenso wenig wurde das Archiv- und Bibliotheksgut in den Plänen für ein reichseinheitliches Denkmalschutzgesetz berücksichtigt, welches das Reichserziehungsministerium gemeinsam mit dem Reichsinnenministerium vorantrieb, das aber nie erlassen wurde. In den Entwürfen spielte wiederum die Kunstausfuhr eine Rolle, die Objekten versagt blieb, die im „Verzeichnis der reichsgebundenen Kulturdenkmale eingetragen worden" waren.[206] Die Bezeichnung „reichsgebunden" ersetzte im Gesetzentwurf die Auszeichnung als „national wertvoll", „da es sich von selbst versteht, dass sämtliche durch das Denkmalschutzgesetz zu erfassenden Kulturdenkmale als national wertvoll anzusehen sind".[207] Das Gesetz sah für die Führung des Verzeichnisses ebenfalls den Reichserziehungsminister vor:

203 RMdI an Landesregierungen, 3.7.1935, ebd.; Pr. StaBi an Pr. KM, 6.5.1935, ebd. Bestrebungen, historische Handschriften und Archivalien mit in die Verordnung von 1919 einzubeziehen, wurden bereits bei Erlass von der Akademie der Wissenschaften angeregt. Vgl. Niederschrift über die Verhandlungen der Reichskunstwartkonferenz in Stuttgart am 12. April 1920, BArch, R32/375, Bl. 1–8 und HStA Stuttgart, E 130 b, Bü 1539.

204 Anregungen zur Integration dieser Kulturgüter in den deutschen Kulturgutschutz gingen allerdings von Beginn an in die Diskussionen ein. Nach einem Vorschlag der Preußischen Akademie der Wissenschaften wurde der Schutz von Archivalien beispielsweise 1920 zum dritten Punkt der Tagesordnung einer kommissarischen Besprechung in Eisenach erklärt, jedoch aufgrund der schwierigen Inventarisierung zurückgestellt. Vgl. Niederschrift über die am 24. und 25. September 1920 in Eisenach abgehaltenen kommissarischen Besprechungen betreffend Kunstschutzangelegenheiten, StA Bremen, Bremische Gesandtschaft Berlin, 4,49-493/97, S. 9.

205 Vgl. Niederschrift über die Besprechung am 21. Februar 1939 im Reichsministerium des Innern, GStA PK, I. Ha Rep. 151 Finanzministerium, Nr. 1060, Bl. 113 f. Anders als bei übrigen Kulturgütern fiel das Bibliotheksgut nämlich nicht in den Zuständigkeitsbereich des Reichsinnenministeriums. Ein Gesetzentwurf sollte vom Reichsministerium für Wissenschaft, Erziehung und Volksbildung erarbeitet werden.

206 Entwurf eines Gesetztes zum Schutze der Kulturdenkmale, Fassung vom Mai 1938, BArch, R4901/12275, Bl. 19–38.

207 REM (Rust): Kurze vorläufige Erläuterung des Entwurfs eines Gesetzes zum Schutze der Kulturdenkmale, 5.11.1937, BArch, R43-II/1238a, Bl. 20–24. Im Gesetzentwurf von 1931 wurde anstelle der Bezeichnung „national wertvoll" in Bezug auf Gegenstände „von künstlerischem oder geschichtlichem Wert" gesprochen. Vgl. RMdI (Reichswehrminister Groener) an die Landesregierungen, 27.11.1931, Gesetzentwurf, AHK, 32-260.4, Bl. 115–119.

„Er trifft die näheren Bestimmungen über seine Einrichtung sowie über das Verfahren bei Eintragung und Löschung. Seine Entscheidung über die Eintragung ist für die Gerichte und Verwaltungsbehörden bindend.“[208]

Hier wird die Zentralisierung der Denkmalpflege besonders stark deutlich, deren institutionelle Anbindung an die Länder zugunsten der Reichskompetenzen entfallen sollte. Der Erhalt historisch bedeutender Objekte lag nicht mehr im öffentlichen Interesse, wie es die bereits bestehenden Landesgesetze formulierten, sondern in ihrer Bedeutung für das deutsche Volk, die Nation.[209] Die argumentative und institutionelle Annäherung des Denkmalschutzes an das Kunstausfuhrverbot sollte sich in einem gemeinsamen Reichsgesetz wiederfinden, das dem Zentralisierungsgedanken der Diktatur entsprach. Die Fachkompetenz der Kunstsachverständigen wie auch das historisch verankerte Kulturhoheitsbestreben der Länder wirkten der institutionellen „Gleichschaltung“ allerdings entgegen, wie das folgende Kapitel zeigen wird.

208 Entwurf eines Gesetztes zum Schutze der Kulturdenkmale, Fassung vom Mai 1938, BArch, R4901/12275, Bl. 19–38. § 15.

209 Vgl. Scheck 1995, S. 138. Sandra Schlicht vermutet die Ursachen des gescheiterten Denkmalschutzgesetzes in der gewünschten Vermeidung handlungseinschränkender Maßnahmen bei den nationalsozialistischen Stadtplanungen sowie möglicher Enteignungsverfahren und im allgemein geringen Stellenwert der Denkmalpflege. Vgl. Sandra Schlicht: Krieg und Denkmalpflege. Deutschland und Frankreich im II. Weltkrieg, Schwerin 2007, S. 142.

3. ZUSTÄNDIGKEITEN – KUNSTAUSFUHRSCHUTZ UND „GLEICHSCHALTUNG“

3.1 Ein Rundschreiben Wilhelm Fricks vom Dezember 1934

Die nationalsozialistischen Repressalien und die aus ihnen resultierenden Auswanderungswellen deutscher Juden und anderer Verfolgter nach 1933 führten bekanntlich zu vermehrten Angeboten auf dem deutschen Kunstmarkt; die Fähigkeit zur Aufnahme von Kunstwerken hingegen sank, da kaufkräftige Abnehmer von Kunstwerken schwanden und Museen nicht in der Lage waren, entsprechende Preise zu bieten. Einen nicht zur Veröffentlichung bestimmten Reichserlass richtete der Reichs- und Preußische Minister des Innern, Wilhelm Frick, im Dezember 1934 an die einzelnen Länder und legte dar, dass „angesichts dieses Notstandes [...] eine wesentlich veränderte Handhabung der für den Schutz des nationalen Kunstbesitzes geltenden Bestimmungen zwingend geboten [ist]. Die Tatsache, daß der deutsche Kunstbesitz nicht mehr bloß in seinen Spitzenwerken, sondern bereits in der Substanz der gesamten hochwertigen Schicht bedroht ist, macht eine ganz wesentliche Erweiterung des Verzeichnisses der national wertvollen Kunstwerke zur Notwendigkeit“ (Abb. 10).[210] Dem folgend gab Frick die Anweisung:

> „1. das zu Versteigerungszwecken bereitliegende Material einer gründlichen Durchprüfung zu unterziehen,
> 2. dem im Besitz der Geldinstitute lagernden verpfändeten sowie treuhänderisch oder an Zahlungsstatt übereigneten Material besondere Aufmerksamkeit zuzuwenden,
> 3. bei bekannten Kunstwerken im Privatbesitz erneut zu prüfen, ob nicht unter den veränderten Gesichtspunkten ihre Eintragung in das Verzeichnis der national wertvollen Kunstwerke geboten erscheint.“[211]

Die einzelnen Länder reagierten nur zögerlich auf die Aufforderung des Reichsministeriums: Das erste nachweisliche Antwortschreiben erreichte das Reichsinnenministerium am 16. Januar 1935 aus Bremen. In einer vom Kunsthallendirektor Waldmann

210 RMdI an die Landesregierungen, 13.12.1934, BArch, R2/58980, Bl. 8–9; SMP-ZA, DMB 319; Bay. HStA München, MK 40838, Bd. 6.

211 Ebd. Die Abschrift an das Reichsfinanzministerium enthielt die Frage, „in welcher Weise die Zollbehörden für verstärkte Maßnahmen zur Verhinderung der Ausfuhr wertvollen deutschen Kunstbesitzes herangezogen werden könnten.“ Vgl. BArch, R2/58980, Bl. 8 f.

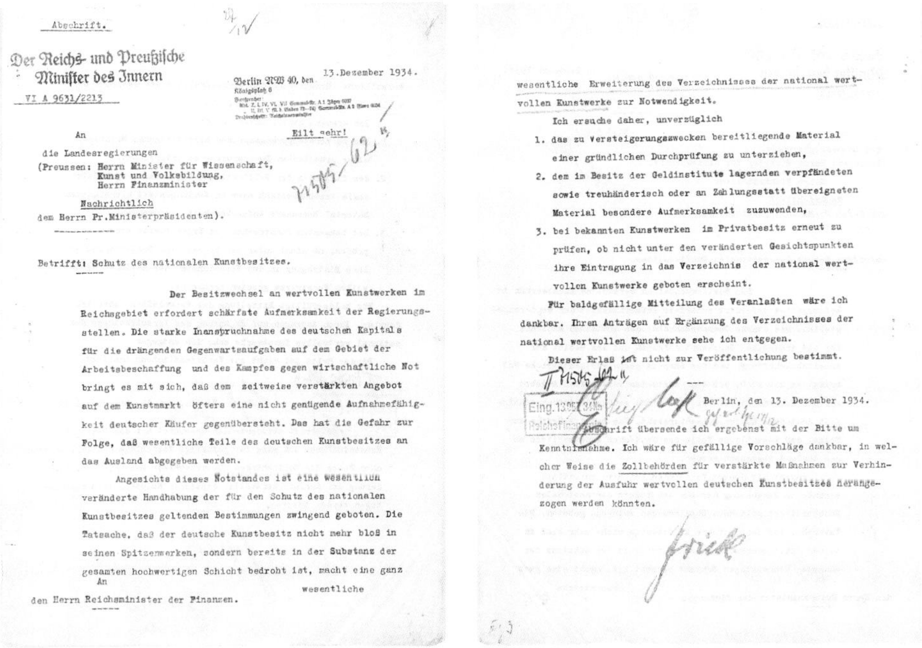

Abschrift.

Der Reichs- und Preußische Minister des Innern

VI A 9631/2213

Berlin NW 40, den 13. Dezember 1934.
Königsplatz 6

An

die Landesregierungen
(Preussen: Herrn Minister für Wissenschaft, Kunst und Volksbildung, Herrn Finanzminister

Nachrichtlich

dem Herrn Pr. Ministerpräsidenten).

Eilt sehr!

Betrifft: Schutz des nationalen Kunstbesitzes.

Der Besitzwechsel an wertvollen Kunstwerken im Reichsgebiet erfordert schärfste Aufmerksamkeit der Regierungsstellen. Die starke Inanspruchnahme des deutschen Kapitals für die drängenden Gegenwartsaufgaben auf dem Gebiet der Arbeitsbeschaffung und des Kampfes gegen wirtschaftliche Not bringt es mit sich, daß dem zeitweise verstärkten Angebot auf dem Kunstmarkt öfters eine nicht genügende Aufnahmefähigkeit deutscher Käufer gegenübersteht. Das hat die Gefahr zur Folge, daß wesentliche Teile des deutschen Kunstbesitzes an das Ausland abgegeben werden.

Angesichts dieses Notstandes ist eine wesentlich veränderte Handhabung der für den Schutz des nationalen Kunstbesitzes geltenden Bestimmungen zwingend geboten. Die Tatsache, daß der deutsche Kunstbesitz nicht mehr bloß in seinen Spitzenwerken, sondern bereits in der Substanz der gesamten hochwertigen Schicht bedroht ist, macht eine ganz

An

den Herrn Reichsminister der Finanzen.

wesentliche

wesentliche Erweiterung des Verzeichnisses der national wertvollen Kunstwerke zur Notwendigkeit.

Ich ersuche daher, unverzüglich

1. das zu Versteigerungszwecken bereitliegende Material einer gründlichen Durchprüfung zu unterziehen,
2. dem im Besitz der Geldinstitute lagernden verpfändeten sowie treuhänderisch oder an Zahlungsstatt übereigneten Material besondere Aufmerksamkeit zuzuwenden,
3. bei bekannten Kunstwerken im Privatbesitz erneut zu prüfen, ob nicht unter den veränderten Gesichtspunkten ihre Eintragung in das Verzeichnis der national wertvollen Kunstwerke geboten erscheint.

Für baldgefällige Mitteilung des Veranlaßten wäre ich dankbar. Ihren Anträgen auf Ergänzung des Verzeichnisses der national wertvollen Kunstwerke sehe ich entgegen.

Dieser Erlaß ist nicht zur Veröffentlichung bestimmt.

Berlin, den 13. Dezember 1934.

Abschrift übersende ich ergebenst mit der Bitte um Kenntnisnahme. Ich wäre für gefällige Vorschläge dankbar, in welcher Weise die Zollbehörden für verstärkte Maßnahmen zur Verhinderung der Ausfuhr wertvollen deutschen Kunstbesitzes herangezogen werden könnten.

10 Reichs- und Preußischer Minister des Innern, Wilhelm Frick, an die Landesregierungen, 13. Dezember 1934

vorformulierten Erklärung wurde die Reichsstelle darüber informiert, dass weder zur Versteigerung bereitliegendes noch in der Bremer Bank treuhänderisch eingelagertes Material im Sinne der Verordnung von 1919 der Eintragung würdig sei.[212] Zudem habe sich der Bestand an Gemälden in Bremer Privatbesitz nicht maßgeblich verändert. Ungeachtet dieser Stellungnahme wurden in demselben Schreiben Vorschläge zu Eintragungen gemacht, darunter Kunstwerke des Bremer Kunstvereins, mittelalterliche Skulpturen des Bremer Rechtsanwaltes Johannes Jantzen und zwei Riemenschneider-Skulpturen aus dem sogenannten Roselius-Haus. Sieben Skulpturen der Domgemeinde Bremen sollten sich ebenfalls zur Eintragung eignen.[213] Die Gemeinde war mit der Verordnung von 1919 bereits vertraut, da Waldmann 1921 die Unterschutzstellung des Gemäldes *Schmerzensmann* von Lukas Cranach d. Ä. veranlasst hatte, nachdem der Plan einer Veräußerung nach Amerika bekannt geworden war.[214] Ohne eine erwiesene

212 Vgl. OB Bremen an RMdI, 16. 1. 1935, StA Bremen, Bremische Gesandtschaft Berlin, 4,49-493/97.

213 Es handelte sich nach Angaben Waldmanns um zwei sitzende Jüngerfiguren, zwei weibliche und drei männliche stehende Heilige, die laut Verzeichnis von 1938 als Leihgaben im Focke-Museum (Bremer Landesmuseum für Kunst und Kulturgeschichte) zu sehen waren. Vgl. OB Bremen an RMdI, 16. 1. 1935, StA Bremen, Bremische Gesandtschaft Berlin, 4,49-493/97.

214 Vgl. RMdI an Bremer Senat, 12. 3. 1921, StA Bremen, 3-B.13. Nr. 66.a. Bd. 1, Bl. 89.

zwischenzeitliche Streichung erfolgte 1935 eine erneute, eher bestätigende Unterschutzstellung des als Leihgabe in der Bremer Kunsthalle befindlichen Gemäldes.[215]

Das Kultusministerium in Braunschweig wiederholte anlässlich der Aufforderung Fricks Eintragungsvorschläge, die schon 1931 vorgebracht worden waren und vorwiegend Kunstwerke im Besitz des niederen Adels betrafen, darunter eine Auswahl aus der Sammlung Schloss Blankenburg sowie Schloss Hedwigsburg, Bildnisse aus Veltheim'schen Besitz und Werke des Grafen von der Schulenburg.[216] Das Land Oldenburg schloss ebenfalls für Versteigerungszwecke bereitliegendes oder in Banken eingelagertes „Material" für eine Eintragung aus und schlug hingegen kunstgewerbliche Objekte aus dem Besitz des ehemaligen Erbgroßherzoges von Oldenburg und des Freiherrn von Frydag vor.[217]

Die Hamburger Kunsthalle reagierte mit zeitlicher Verzögerung auf die von Frick genannten Überprüfungsmöglichkeiten. Harald Busch, dem die Gemäldesammlung unterstand, beklagte die mangelhafte Kenntnis des privaten Hamburger Kunstbesitzes, was dazu führe, dass „eine Vervollständigung der bis jetzt noch völlig unzureichenden und einigermassen planlos angelegten Liste nur von Fall zu Fall und im Laufe der Jahre vorgenommen werden kann. [...] Eine Ergänzung der Liste ist also nur möglich, wenn auf geschickteste Weise durch gesellschaftliche Beziehungen nach und nach dieser gesamte Kunstbesitz erst einmal entdeckt und überprüft wird."[218] Jedoch stellte die Kunsthalle ein solches Anknüpfen gesellschaftlicher Verbindungen nicht in Aussicht, weil dem Museum weder Zeit noch finanzielle Mittel zur Verfügung stünden.[219] Busch nahm damit zwar Abstand von der Reichsanweisung, Eintragungsanträge richtete er im Winter 1935 dennoch an die Hamburger Kulturbehörde, woraufhin zahlreiche Gemälde Adolph Menzels sowie französischer Impressionisten der Hamburger Sammlung Eduard Ludwig Behrens unter Schutz gestellt wurden.[220]

Zu einer für das Reichsministerium negativen Bilanz kam der Direktor der Staatlichen Kunstsammlungen Dresden, Hans Posse, der dem sächsischen Kultusministerium im Januar 1935 eine Absage erteilte, weil sich nach seiner „Kenntnis und Erfahrung im sächsischen Besitz keine Werke von nationaler Wichtigkeit befinden, die nicht bereits

215 Vielleicht wurde aufgrund dieser erneuten Anregung auf Unterschutzstellung Cranachs *Schmerzensmann* im Verzeichnis von 1938 auch zweimal gelistet. Vgl. StA Bremen, 3-B.13. Nr. 66.a. Bd. 1, Bl. 238.

216 Vgl. Ausschuss für Denkmalpflege (Meier) an Braunschw. KM 18.1.1935, StA Wolfenbüttel, 12 Neu 13, Nr. 19050, Bl. 47.

217 LMO (Müller-Wulckow) an Ministerium der Kirchen und Schulen, 23.1.1935, StA Oldenburg, Best. 134, Nr. 4376, Bl. 236.

218 Hmb. KH (Busch) an Kultur- und Schulbehörde, Abtl. Volkstum, Kirche und Kunst, 15.6.1935, AHK, 32-260.4, Bl. 82.

219 Vermutlich befürchtete die Museumsleitung zudem, dass Annäherungsmaßnahmen zwar das Verhältnis von Museen zu Sammlern verbessern würden, zugleich aber Unterschutzstellungen wiederum das mühsam aufgebaute Vertrauensverhältnis bedrohten.

220 Vgl. Hmb. KH (Busch) an Kultur- und Schulbehörde, Abtl. Volkstum, Kirche und Kunst, 11.2.1935, AHK, 32-260.4, Bl. 89.

in der letzten Reichsliste enthalten wären".[221] Auch der Direktor der Staatlichen Kunstsammlungen Weimar, Wilhelm Köhler, hatte seinem vorgesetzten thüringischen Ministerium gegenüber keine Meldungen zu machen.[222] Ebenso negativ fiel die Erklärung des Goethe-Nationalmuseums aus, auch wenn dessen Direktor Hans Wahl die Gelegenheit nutzte und den bereits genannten Vorschlag unterbreitete, den „Schutz national wertvoller Handschriften und Lebensdokumente großer deutscher Dichter und führender Geister anzustreben, also de[n] Schutz national wertvoller deutscher Kulturdokumente in Privatbesitz".[223] Gemeint waren hier vor allem Briefe Martin Luthers und Handschriften von Johann Wolfgang von Goethe und Friedrich Schiller.

Das württembergische Kultusministerium meldete dem Reichsinnenministerium ebenfalls, dass „bis jetzt [...] regelmässig das zur Versteigerung gelangende Kunstgut von den Sachverständigen der Staatlichen Kunstsammlungen und des Landesamts für Denkmalpflege besichtigt worden [ist], ohne dass ein Eingreifen im Einzelfall notwendig gewesen wäre".[224] Aufmerksamkeit erfuhr allerdings eine 1.970 Münzen umfassende Sammlung der vorgeschichtlichen und frühgermanischen Völkerwanderungszeit, die der Stuttgarter Fabrikant Ernst Unger infolge wirtschaftlicher Schwierigkeiten an die *Deutsche Bank und Württembergische Diskontgesellschaft* verpfändete.[225] Eine vorherige Eintragung war unterblieben, weil „ohne besondere Ermächtigung" die Möglichkeit fehlte, „den etwa in Banken lagernden Kunstbesitz zu kontrollieren".[226] Und auch im Fall Württemberg wird deutlich, dass nicht-jüdische Sammler mit ihren Kunstwerken gelistet werden sollten, vielmehr spielte der fideikommissarisch gebundene Besitz eine Rolle, dessen Überprüfung erwünscht war.[227]

Während in den genannten Fällen die Unterschutzstellungen im Zuge der Anweisung von Reichsinnenminister Frick nur in Einzelfällen und mit besonderem Augenmerk auf den historischen Besitz der ehemaligen Adelsfamilien erfolgte, stellte Bayern mit einem Eintragungsvorgang im Dezember 1934 einen Sonderfall dar: Die Unterschutzstellung von Kunstwerken wurde nicht länderpolitisch initiiert, sondern erfolgte

221 SKD (Posse) an Sächs. KM (Hartnacke), 26.1.1935, SKD Altregistratur, 01/GG 30, Bl. 85, Rückseite. Posse schlug lediglich *Die sieben Lebensalter des Weibes* von Hans Baldung gen. Grien aus der Sammlung des 1917 verstorbenen Leipziger Kunsthistorikers Fritz von Harck zur Nachtragung vor. Testamentarisch war die Sammlung dem Museum der bildenden Künste in Leipzig versprochen, sodass eine Eintragung nicht nötig erschien.

222 Staal. Kunstslg. Weimar (Köhler) an Thür. KM, 4.1.1935, ThHStA Weimar, Thüringisches Volksbildungsministerium C987, Bl. 156.

223 Goethe-Nationalmuseum (Wahl) an Thür. KM, 3.1.1935, ebd., Bl. 157.

224 Württ. KM an RMdI, 21.1.1935, HStA Stuttgart, E 130 b, Bü 1540.

225 Das Württembergische Landesmuseum erwarb die Sammlung 1935 von der Bank. Die Autorin dankt Anja Heuß für die freundliche Auskunft.

226 Württ. KM an RMdI, 21.1.1935, HStA Stuttgart, E 130 b, Bü 1540.

227 Insgesamt schlug das Kultusministerium fünf Objekte meist unbekannter Urheberschaft für eine Eintragung vor. Vgl. Württ. KM an RMdI, 21.1.1935, HStA Stuttgart, E 130 b, Bü 1540.

unmittelbar durch das Reichsministerium selbst.[228] Nur eine Woche nachdem Frick das Rundschreiben an die Länder gesandt hatte, informierte dieser die Münchner Kunsthandlungen Lehmann Bernheimer, A. S. Drey und Julius Böhler über die Eintragung zahlreicher Objekte ihrer Bestände. Das bayerische Kultusministerium erhielt zeitgleich lediglich eine Abschrift zur Kenntnis mit einer Kurzbegründung, verfasst von Ministerialdirektor Rudolf Buttmann:

> „Wie mir von zuverlässiger Stelle mitgeteilt worden ist, bestand der Verdacht, daß die in den anliegenden Listen aufgeführten Kunstgegenstände in das Ausland verkauft werden sollten."[229]

Die erwähnten Listen, in denen alle betroffenen Kunstwerke mit den entsprechenden Preisen versehen waren, verdeutlichen das ökonomische Interesse hinter dieser überstürzten Eintragung. Aus bisher ungeklärten Gründen hob Buttmann die Eintragung mit einem Schreiben vom 10. Januar 1935 zwar wieder auf, um sie aber am 6. Februar des Jahres durch Staatssekretär Hans Pfundtner erneut auszusprechen:

> „Die Erfahrungen, die bei den letzten Versteigerungen auf dem Kunstmarkt gemacht worden sind, machen weitere Sofortmaßnahmen zum Schutze des nationalen Kunstbesitzes zur zwingenden Notwendigkeit. Nach erneuter Prüfung habe ich daher bestimmt, daß die in meinem Schreiben vom 20. Dezember 1934 [...] genannten Kunstgegenstände hiermit erneut in das Verzeichnis der national wertvollen Kunstwerke eingetragen werden."[230]

Die Eintragung erfolgte entgegen den gesetzlichen Vorgaben weder auf Anregung noch mit Anhörung des zuständigen Landesministeriums und auch ohne Begutachtung durch einen Kunstsachverständigen. Ein Beauftragter des Reichsministeriums selbst hatte die Kunsthandlungen im Dezember 1934 aufgesucht, sich laut Bericht des bayerischen Wirtschaftsministeriums nicht ausgewiesen und auch nicht über „genügendes Wissen über Kunst- und Altertümer" verfügt.[231] Vielmehr habe er sich „lediglich auf die Angaben des Verkaufspersonals verlassen".[232] Um dieses umstrittene Vorgehen der Reichsregierung rückgängig zu machen, setzte sich in Vertretung der betroffenen Kunsthandlungen der Fachverband *Bund Deutscher Kunst- und Antiquitätenhändler e.V.* mit dem Vorsitzenden Adolf Weinmüller für die Freigabe der Kunstwerke ein. Eine erneute Streichung der Objekte stellten die verantwortlichen Dienststellen jedoch nicht in Aussicht, weil ihre

228 Eine weitere Unterschutzstellung war zuvor in Berlin erfolgt. Am 6.12.1934 teilte das Reichsministerium des Innern die Eintragung von 26 Werken mit, die für eine Versteigerung aus den Beständen der Firmen Altkunst GmbH und van Diemen vorbereitet wurden. Den Auktionskatalogen beigelegte Listen informierten über die Eintragung. Im Verzeichnis von 1938 sind die Werke als Besitz des Bankhauses Jacquier & Securius aufgelistet. Die Autorin dankt Patrick Golenia für den freundlichen Hinweis auf die Katalogbeilagen. Vgl. auch Die Versteigerungen van Diemen & CO. i. L. – Altkunst G.m.b.H. i. L. – Dr. Otto Burchard & CO. i. L., Pantheon, Jg. 1935, 1. H., Januar 1935, S. 36–38.

229 RMdI (Buttmann) an KH Bernheimer, A. S. Drey und Böhler, 20.12.1934, BayHStA, MK 40838, Bd. 6.

230 RMdI (Pfundtner) an KH Bernheimer, A. S. Drey und Böhler, 6.2.1935, Einschreiben, ebd.

231 Bay. WM (Esser) an Vertretung Bayerns in Berlin, 18.2.1935, BayHStA, MK 40838, Bd. 6.

232 Ebd.

Eintragung „auf besondere Anordnung des Herrn Reichsministers des Innern ergangen sei und deshalb mit ihrer Aufhebung nicht ohne weiteres gerechnet werden könne".[233]

Die unter Schutz gestellten Objekte der Kunsthandlung Julius Böhler waren der Öffentlichkeit zum Teil bekannt, nachdem sie 1931 und 1934 – erweitert um Gemälde und Skulpturen aus dem Bestand des Bayerischen Nationalmuseums und der Alten Pinakothek, aber auch der Kunsthandlung A. S. Drey – in den bei Böhler präsentierten Ausstellungen *Altvenezianische Malerei* und *Altdeutsche Kunst* zu sehen gewesen waren.[234] Letztere fand auch durch den Besuch von Kurt Biebrach aus dem Reichsministerium für Volksaufklärung und Propaganda Beachtung, der lange Zeit als Referent an der Seite Redslobs mit dem Kunstausfuhrschutz betraut gewesen war.[235]

Der Fall bekam eine zusätzliche Brisanz, weil einige eingetragene Werke nicht Eigentum der entsprechenden Firmen waren, sondern „ihnen nur zum Verkauf oder zur Ausstellung kommissionsweise von ausländischen Eigentümern überlassen wurden".[236] Zwei Werke von Nikolaus Manuel gen. Deutsch befanden sich beispielsweise im Eigentum des amerikanischen Zirkus-Millionärs John Ringling, mit dem Böhler eine „enge Freundschaft" verband und der sich an der Kunsthandlung Böhler & Steinmeyer Inc. in New York finanziell beteiligte.[237] Umgehend gingen Streichungsanträge durch die drei betroffenen Kunsthändler beim Reichsministerium ein – mit Erfolg: Nachdem die Kunsthandlung Böhler bereits nach der ersten Aufhebung der Eintragung am 10. Januar 1935 einige Kunstwerke ins Ausland gebracht hatte, wurde im Mai des Jahres die Ausfuhr für neun weitere Objekte stattgegeben, die als ausländisches Eigentum deklariert werden konnten, darunter auch die Werke Ringlings.[238] Ungeachtet dessen waren Kunstwerke, deren Genehmigung zur Ausfuhr in den Akten nachweisbar ist, im Verzeichnis von 1938 weiterhin gelistet, so dass Böhler mit insgesamt 32 Werken – vorwiegend Gemälde und Plastiken der Spätgotik und Renaissance – nach wie vor sehr umfangreich vom Kunstausfuhrschutz betroffen war.[239] Mit der Ausfuhrverordnung war Böhler seit ihrem Erlass vertraut, da seitdem elf Werke seiner Sammlung im Verzeichnis gelistet waren. Jedoch betrafen die Eintragungen im Dezember 1935 nicht mehr nur seine

233 Vertretung Bayern in Berlin (Schenk) an Bay. WM, 20.2.1935, BayHStA, MK 40838, Bd. 6.

234 In der Ausstellung *Altdeutsche Kunst* waren sechs Gemälde und eine Skulptur aus dem Bayerischen Nationalmuseum zu sehen. Auch die Alte Pinakothek trat als Leihgeber auf. Vgl. Leih- und Haftschein, 23.5.1934, BWA, F 43, Nr. 346.

235 Böhler an RMVP (Biebrach), 12.6.1934, BWA, F 43, Nr. 56. Zu Biebrach vgl. Christian Welzbacher: Vom Reichskunstwart zur Abteilung „Bildende Kunst" im Propagandaministerium. Kunst- und kulturpolitische Kontinuitäten vor und nach 1933, in: Der Reichskunstwart. Kulturpolitik und Staatsinszenierung in der Weimarer Republik 1918–1933, hg. von Christian Welzbacher, Weimar 2010, S. 304–336.

236 Bay. WM an Bay. KM, 25.2.1935, BayHStA, MK 40838, Bd. 6.

237 Richard Winkler: „Händler, die ja nur ihrem Beruf nachgingen". Die Münchner Kunsthandlung Böhler und die Auflösung jüdischer Kunstsammlungen im „Dritten Reich", in: Koordinierungsstelle für Kulturgutverluste Magdeburg 2005, S. 207–246, hier S. 212 f.

238 Vgl. RMdI (Buttmann) an Böhler, 18.5.1935, BayHStA, MK 40838, Bd. 6.

239 Vgl. auch Böhler an BStGS/AP (Feuchtmayer), 19.8.1938, BStGS, 11/4, Nr. 247.

Privatsammlung, wie es zuvor der Fall gewesen war, sondern Bestände seiner Kunsthandlung. Aus diesem Grund richtete Böhler mit seinem Streichungsgesuch zusätzlich den Appell an das Reichsinnenministerium, „den Kunsthandel, wie es von Anbeginn Usus war, mit Sistierungen seines Besitzes zu verschonen".[240] Weiter führte er aus:

> „Es ist unschwer einzusehen, daß sich ausländische Firmen hüten werden, künftighin deutsche Kunstausstellungen mit ihren Werken zu beschicken auf die Gefahr hin, daß diese unrechtmäßig von den deutschen Behörden beschlagnahmt werden. Man vergesse nicht, daß außerdem ca. 90 % des Besitzes deutscher Kunsthandlungen und die Neuankäufe in den deutschen Museen aus dem Ausland stammen."[241]

Adolf Weinmüller pflichtete dieser Aussage bei, dass ausländische Besitzer nicht „mithereingezogen werden" sollten, weil als Folge dem „deutschen Handel die Auslandsbetätigungsmöglichkeit allmählich [entgehen] würde, was wiederum gleichbedeutend mit der Einschrumpfung notwendiger Neuzufuhr für die deutschen Museen" wäre.[242] Weinmüller zog Vergleiche mit Italien, wo „man zu Beginn des faschistischen Regimes ähnlich vorgegangen [war], wodurch aber die vollständige Unterbindung nicht nur des Kunsthandels, sondern auch der privaten und staatlichen Sammlertätigkeit eintrat. Heute gibt es überhaupt keinen Kunsthandel mehr in Italien. Das Land wird links liegen gelassen."[243] Es wird deutlich, dass nach der Unterschutzstellung dreier führender Kunsthandlungen des Deutschen Reiches in Händlerkreisen verstärkt die Befürchtung aufkam, das Misstrauen des Auslandes würde die Geschäftsbeziehungen belasten.

Auch Otto Bernheimer, der die Antiquitäten- und Einrichtungshandlung seines Vaters nach dem Ersten Weltkrieg übernommen und erfolgreich durch wirtschaftliche Krisenzeiten gebracht hatte, wurde in der Händlertätigkeit eingeschränkt. Die Unterschutzstellung von 22 Objekten seines Bestandes war der Beginn politisch-ökonomischer Repressalien, die schließlich zur Liquidierung seines Geschäftes führten. Entsprechend seines Tätigkeitsfeldes wurden im Dezember 1934 überwiegend Tapisserien aus Flandern, Frankreich und Deutschland aus der Zeit der Gotik und Renaissance für national wertvoll erklärt.[244] Gutachterliche Stellungnahmen zur getroffenen Auswahl überliefern die Akten nicht. Ebenso war die Kunsthandlung A. S. Drey von den eigenmächtigen Maßnahmen des Reichsinnenministeriums betroffen. Sie war mit neun Objekten ihres Bestandes und damit mit deutlich weniger Kunstwerken als die Firmen Böhler und Bernheimer gelistet, die gestellten Streichungsanträge fanden jedoch keine positive Resonanz. Der Direktor des Bayerischen Nationalmuseums, Johann Buchheit, setzte sich mit Nachdruck für eine Löschung ein, indem er den gelisteten Objekten einen nationalen Wert absprach und zudem versicherte, dass „deren Verschwinden im Ausland

240 Böhler an RMdI, 11. 3. 1935, BayHStA, MK 40838, Bd. 6.

241 Ebd.

242 Exposé des Bundes Deutscher Kunst- und Antiquitätenhändler e.V. (Weinmüller), undatiert und übersandt an Bay. Staatsmin. für Wirtschaft (Hessel), 20. 3. 1935, BayHStA, MHIG 1156, Bd. 1.

243 Ebd.

244 RMdI (Buttmann) an KH Bernheimer, 20. 12. 1934, BayHStA, MK 40838, Bd. 6.

nur zu begrüßen wäre".[245] Der Kunsthistoriker hielt der Zuschreibung eines nationalen Wertes den schlechten Erhaltungszustand, den provinziellen Charakter und das Desinteresse seitens der öffentlichen Sammlungen entgegen. Lediglich eine Holzskulptur aus dem Kreis Michael Pachers, den Heiligen Georg darstellend, war laut Buchheit „ein Werk von wirklicher Qualität, dessen Eintragung in die Liste allein gerechtfertigt ist".[246] Das *Porträt eines Edelmanns* von Jacopo Tintoretto und das Porträtpaar von Barthel Bruyn, die sich ebenfalls im Besitz Dreys befanden, erwähnte Buchheit in seinem Gutachten hingegen nicht.

Auch die Bayerischen Staatsgemäldesammlungen konnten die Definition von „national wertvoll" nicht auf die Objekte anwenden, die sich im Besitz der drei Kunsthandlungen befanden oder ihnen kommissionsweise überlassen worden waren.[247] Diese Negativbefunde werden gestützt durch die Tatsache, dass den Münchner Museumsdirektoren der Kunstbestand der drei Kunsthandlungen durchaus bekannt war und die Vermutung liegt nahe, dass „wenn sich im Lager dieser Firmen etwas national wertvolles" befunden hätte, die Museumsbeamten „pflichtmässig aus dienstlichem Interesse den Staat auf einen solchen Tatbestand aufmerksam gemacht" hätten.[248] Dennoch wurden Streichungsanträge der Kunsthandlung A. S. Drey abgelehnt, nachdem Hermann Göring persönlich einer „vertretenen schärferen Auffassung beigetreten sei".[249] Göring, der die Verhältnisse auf dem Münchner Kunstmarkt sehr gut kannte, scheint die Unterschutzstellung beim Reichsinnenministerium veranlasst zu haben, und er gab vor allem bei den beiden jüdischen Betroffenen – Bernheimer und Drey – nicht nach.[250] Nur kurze Zeit später wurde die Firma A. S. Drey nach erfolgtem Berufsverbot vom Kunsthändler Walter Bornheim übernommen und der Warenbestand in einer Auktion bei Paul Graupe im Juni 1936 veräußert.[251] Auch im Fall Bernheimer wurde das Interesse der nationalsozialistischen Führung am Kunstbesitz deutlich: Hitler nahm sich die Durchsicht des im November 1938 durch die Gestapo beschlagnahmten Eigentums persönlich vor, aus Zeitmangel übertrug er die Aufgabe letztlich aber seinem Beauftragten für den *Sonderauftrag Linz*, Hans Posse.[252] Dieser wählte im Frühjahr 1943 insgesamt 23 Gemälde für das Führermuseum Linz und andere Galerien aus dem Bestand Bernheimer aus,

245 BNM (Buchheit) an A. S. Drey, 21.5.1935, BayHStA, MK 40838, Bd. 6. Diese Aussage bezog Buchheit auf eine Aubusson-Tapisserie des 18. Jahrhunderts, die eine Schaukelszene darstellte.
246 Ebd.
247 Vgl. Bay. KM (Fischer) an Bay. WM, 24.5.1935, ebd.
248 Exposé des Bundes Deutscher Kunst- und Antiquitätenhändler e.V. (Weinmüller), undatiert und übersandt an Bay. KM, 29.5.1935, ebd.
249 Vertretung Bayern in Berlin (Schenk) an Bay. WM, 8.6.1935, ebd.
250 Der Vorgang lässt sich jedoch aufgrund der verlustreichen Quellenüberlieferung nicht rekonstruieren.
251 Vgl. Anja Heuß: Die Reichskulturkammer und die Steuerung des Kunsthandels im Dritten Reich, Sediment. Mitteilungen zur Geschichte des Kunsthandels, hg. vom Zentralarchiv des internationalen Kunsthandels H. 3, Bonn 1998, S. 49–61, hier S. 52.
252 SKD (Posse) an Münchner Kunsthandelsgesellschaft der Künstler e.V. (Scherer), 12.3.1942, BArch Koblenz B323/137, Bl. 4; Vgl. auch BArch Koblenz B323/580, Bl. 31.

darunter befand sich kein Werk, das zuvor in das *Verzeichnis der national wertvollen Kunstwerke* eingetragen worden war.

Mit seinen eigenmächtigen Eintragungsvorgängen widersetzte sich das Reich im Winter 1934/35 den gesetzlichen Vorschriften von 1919, indem die bayerische Landesregierung nicht konsultiert wurde und auch nicht in der Lage war, Bedenken gegen die Aufnahme der entsprechenden Objekte geltend zu machen.

> „Die Sistierung selbst wurde äusserst unsachgemäss vorgenommen und die zuständige Landesvertretung hierzu überhaupt nicht gehört."[253]

Das bayerische Kultusministerium sammelte Gutachten und Informationen über die Sachlage und ermutigte die betroffenen Kunsthändler, Streichungsanträge zu stellen.[254] Es verzichtete jedoch auf eine eigene Stellungnahme zum Fall und äußerte sich trotz mehrfacher Aufforderungen nicht zum Rundschreiben Fricks vom 13. Dezember 1934. Dabei lagen dem Ministerium bereits im Winter 1935 Stellungnahmen aller Kunstsachverständigen vor, die das Vertrauen der bayerischen Landesregierung genossen.

Ernst Buchner von den Bayerischen Staatsgemäldesammlungen forderte sogleich, eine „Konferenz der für die deutsche Kunstpflege in erster Linie verantwortlichen Persönlichkeiten einzuberufen", um vor allem die Auswahl der Kunstwerke für das Verzeichnis zu systematisieren und damit auch eine genaue Klärung des Begriffes „national wertvoll" zu ermöglichen.[255] Mit Buchheit schloss sich das Bayerische Nationalmuseum dem Vorschlag Buchners an, den Begriff „national wertvoll" enger zu definieren: „Die Liste war von Anfang an zu groß angelegt, Spezialwünsche einzelner Museumsleiter waren berücksichtigt worden, der Begriff des national Wertvollen verwässert."[256] Er stellte besonders die Wirkungslosigkeit des inventarisierten Kulturgutschutzes heraus und kritisierte, dass „eine grosse Anzahl Kunstwerke in Privatbesitz durch Aufnahme in die Liste dem Handel erst bekannt und dann doch zum Verkauf ins Ausland freigegeben wurde". Zudem befürchtete Buchheit, dass sich mit der Anweisung Fricks, auch den zur Versteigerung bereitliegenden Kunstbestand zu überprüfen, Verkäufer für einen freihändigen und damit für die Kunstbeamten unkontrollierbaren Weg entscheiden würden.

Georg Lill, Direktor des Bayerischen Landesamtes für Denkmalpflege und früher wissenschaftlicher Mitarbeiter der Galerie Helbing, machte auf den Rückgang des Kunst- und Antiquitätenhandels aufmerksam, der in den vorangegangenen Jahren grundsätzlich auch zu einer reduzierten Abwanderung deutschen Kunstgutes ins Ausland geführt habe. Bedroht seien lediglich „einzelne große Spitzenstücke von besonderer internatio-

253 Exposé des Bundes Deutscher Kunst- und Antiquitätenhändler e. V. (Weinmüller), undatiert und übersandt an Bay. KM, 29. 5. 1935, BayHStA, MK 40838, Bd. 6.
254 Vgl. Bay. KM (Fischer) an Bay. WM, 24. 5. 1935, ebd.
255 BStGS (Buchner) an Bay. KM, 1. 2. 1935, ebd.
256 Siehe im Folgenden BNM (Buchheit) an Bay. KM, 12. 2. 1935, ebd.

naler Bedeutung".[257] Lill verdeutlichte zudem, dass die Forderungen Fricks nur mit entsprechenden gesetzlichen Maßnahmen durchführbar seien, die Verordnung von 1919 hingegen keine Legitimation bilde.

Aus Nürnberg vernahm das bayerische Kultusministerium die Stellungnahme Ernst Heinrich Zimmermanns, des Direktors des Germanischen Nationalmuseums. Dieser sah mit der Listung der für Franken wichtigen Stücke das bayerische Verzeichnis als vollständig an: „Eine Veränderung wäre nur in dem Falle notwendig, wenn der kirchliche Besitz nicht länger fest gebunden bliebe und die Familienstiftungen aufgehoben würden."[258] Zimmermann kritisierte hingegen versäumte Eintragungen und bedauerte, „dass die Emigranten fast alle Kunstwerke mitgenommen haben, besonders bedeutende Bilder französischer Impressionisten".[259] Damit meinte er vor allem den ehemaligen Besitzer der Darmstädter Bank, Jakob Goldschmidt. Seiner Kritik am Verzeichnis verlieh Zimmermann im November 1935 in einem Schreiben Nachdruck, das er direkt ans Reichsinnenministerium sandte. Darin betonte er, dass „die Handhabe des Verzeichnisses" zu „grössten Bedenken" Anlass gebe: „Einerseits werden ganz überflüssige Stücke in das Verzeichnis eingetragen, andererseits erfolgt die Streichung wichtiger Kunstwerke zu schnell."[260] Das Reichsinnenministerium, das das Germanische Nationalmuseum immerhin teilfinanzierte, reagierte erbost auf diese „ungewöhnliche Form" des Protestes und bat das bayerische Kultusministerium „den Direktor des Germanischen Nationalmuseums auf die im Verkehr mit den obersten Reichsbehörden übliche Form hinzuweisen".[261]

Das Verhältnis zwischen den Reichs- und Landesbehörden wie auch den Kunstsachverständigen hatte sich mit dem Regierungswechsel stark hierarchisiert. Kommunizierte in der Weimarer Republik der Reichskunstwart Redslob meist direkt mit den Kunstsachverständigen der Länder, so machte sich in der NS-Zeit eine schärfere Linie des Reiches bei der Durchsetzung der Kulturgutschutzmaßnahmen bemerkbar. Dies wird auch in einem zweiten Fall deutlich, der 1937 das Münchner Antiquariat Karl & Faber betraf. Vier Handschriften, die zur Versteigerung kamen, wurde die Ausfuhr versagt. Die Einlieferer wurden über diese Unterschutzstellung informiert, ohne „die Vermittlung [des Versteigerers] bei der Bekanntgabe der Eintragung in die Schutzliste in Anspruch zu

257 Landesamt für Denkmalpflege (Lill) an Bay. KM, 24. 1. 1935, ebd.
258 GNM (Zimmermann) an Bay. KM, 21. 1. 1935, BayHStA, MK 40838, Bd. 6.
259 Ebd.
260 GNM (Zimmermann) an Bay. KM, 26. 11. 1935, BayHStA, MK 40838, Bd. 6. Der Protest gegen die Streichung bezog sich auf einen konkreten Fall: Eine Darstellung *Christus als Schmerzensmann* von Hans Pleydenwurff wurde im Juni 1935 unter Ausfuhrschutz gestellt. Weil sich diese „Hälfte des frühesten deutschen Porträt-Tryptichons" zum Zeitpunkt der Eintragung bereits im Besitz der Kunstsammlung Basel befunden haben soll, hatte auch die Unterschutzstellung keine Wirkung mehr. Zimmermann hatte, wie er darstellte „Grund [...] anzunehmen, dass der Verkauf des Bildes sich nicht so zugetragen hat, wie der Verkäufer es darstellt". Ebd.
261 RKM an Bay. KM, 25. 2. 1936, BayHStA, MK 40838, Bd. 6.

nehmen".[262] Die Firma Karl & Faber wurde jedoch gebeten „nachprüfen zu lassen, daß [die] Anordnung wegen Ausfuhrsperre bei der Versteigerung und ihrer Abwicklung beachtet wird".[263] In Anbetracht dieser starken staatlichen Eingriffe in den Kunst- und Antiquitätenhandel kündigte Karl & Faber an, das „Geschäft entweder zu schliessen, oder auszuwandern".[264] Offensiv wandte sich daraufhin das bayerische Kultusministerium an die Reichsstelle und bestätigte nicht nur die „Ausführungen Karl u. Faber", sondern unterstrich, „daß die von Ihnen verfügte Eintragung der inneren Berechtigung entbehrt".[265] Der Ministerialrat des Reichsinnenministeriums, Walter Bourwieg, ignorierte den Einspruch der Landesregierung mit der Bemerkung: „Ich habe keinen Anlaß, meine Verfügung vom 11. 5. 1937 [...] abzuändern".[266]

Die „Gleichschaltung" im Kulturgutschutz lässt sich insbesondere an der Zuständigkeit der Kunstsachverständigen festmachen, die die Kulturpolitik eines Landes fachlich stützten und dem Verzeichnis laut Verordnung ihr Gepräge geben sollten. Anlässlich des Rundschreibens Fricks im Dezember 1934 machte Waldmann, wie bereits erwähnt, auf die Sammlung deutscher Kleinplastiken des Bremer Rechtsanwaltes Johannes Jantzen aufmerksam, ohne konkrete Stücke für eine Eintragung zu nennen.[267] Deshalb forderte das Reichsinnenministerium die fehlenden Angaben vom Besitzer selbst:

> „Um prüfen zu können, ob diese Plastiken in das Verzeichnis der national wertvollen Kunstwerke aufzunehmen sind, bitte ich ergebenst um gefällige Übersendung einer näheren Beschreibung davon, wenn möglich mit Abbildungen."[268]

Jantzen verwies daraufhin unter anderem auf die Berliner Sachverständigen Theodor Demmler und Robert Schmidt, die den betreffenden Stücken im Folgenden ihren „nationalen Wert" aberkannten, sodass das Reich von einer Eintragung absah.[269] Damit erhielt der Eintragungsvorschlag des Landes Bremen, der offiziell dem Reich gegenüber artikuliert wurde, durch die Begutachtung der Berliner Museumsbeamten eine Ablehnung. Schmidt verurteilte die „Belästigung der Privatsammler" in Form einer Befragung nach „national wertvollen" Kunstwerken, die das Verhältnis der Sammler zum Staat strapazierten:

262 RMdI (Conrad) an Bay. KM, 11. 5. 1937, BayHStA, MK 40838, Bd. 6.
263 Ebd.
264 Karl und Faber an Bay. KM (Fischer), 20. 5. 1937, BayHStA, MK 40838, Bd. 6.
265 Bay. KM (Boepple) an RMdI, 4. 6. 1937, ebd.
266 RMdI (Bourwieg) an Bay. KM, 18. 2. 1938, ebd.
267 Vgl. OB Bremen an RMdI, 16. 1. 1935, StA Bremen, Bremische Gesandtschaft Berlin, 4,49-493/97.
268 RMdI (Conrad) an Jantzen, 26. 1. 1935, Archiv Museum für Kunst und Gewerbe Hamburg, NL Robert Schmidt, Nachl 30 (488). Die Autorin dankt Lynn Rother für den freundlichen Hinweis auf diesen Vorgang.
269 Jantzen an RMdI, 10. 2. 1935, Archiv Museum für Kunst und Gewerbe Hamburg, NL Robert Schmidt, Nachl. 30 (488).

„Die Sammler werden nach solchen Erfahrungen entweder ganz in der Stille sammeln, werden sich nur vom Kunsthandel beraten lassen und die Zusammenarbeit mit den Museen aufgeben, oder sie werden in Verärgerung überhaupt mit dem Sammeln aufhören."[270]

In einer Stellungnahme an den Generaldirektor Otto Kümmel brachte der Leiter des Berliner Schlossmuseums im März 1935 den Ausschluss der Kunstsachverständigen bei Eintragungsverfahren als obersten Kritikpunkt vor:

„Die Museumsleiter werden nicht mehr befragt, die Liste wird enorm erweitert und zwar durch Kunstwerke, die weder ‚national wertvoll', – noch überhaupt ‚national', d.h. deutsch sind."[271]

Durch die eigenmächtigen Maßnahmen des Reiches habe sich, so Schmidt, ein Misstrauen des Kunsthandels gegenüber den Museen aufgebaut, das sich bereits bemerkbar mache. Ohne die enge Zusammenarbeit mit Privatsammlern und dem Handel würden „die deutschen Museen bald im luftleeren Raum hängen".[272] Die Forderung nach einer „Ausschaltung nicht verantwortlicher oder dilettantischer Einflüsse auf die ‚Liste der national wertvollen Kunstwerke'" sowie die Stärkung der Zuständigkeit „verantwortliche[r] Sachkenner" im Eintragungsverfahren dulde er als einzige Lösung zur Beruhigung der anhaltenden Diskussionen um den Ausfuhrschutz.[273] Dagegen unterstützte auch Schmidt – als Berliner Museumsdirektor – die Zentralisierungsbestrebungen des Reiches:

„Die bisherige Liste krankt daran, dass sie in den verschiedenen deutschen Staaten von verschiedenen Personen nach sehr verschiedenen Gesichtspunkten aufgestellt worden ist. Diese Ungleichmäßigkeiten sollten bei einer neuen Fassung der Liste ausgemerzt werden. Das kann nur geschehen, wenn von einer verantwortlichen Zentralstelle aus alle früheren und neuen Anträge genau überprüft und nach einheitlichen Grundsätzen behandelt werden."[274]

Die schrittweise Verschiebung der Verantwortlichkeiten im Kulturgutschutz zugunsten des Reiches begann mit der Anweisung Fricks im Dezember 1934 und setzte sich in Form konkreter Unterschutzstellungen in den folgenden Monaten fort. Die Länder protestierten im Zuge der „Gleichschaltung" verhalten und ohne nennbaren Erfolg gegen die Reichsermächtigungen. Damit konnten die Länder auch nicht die Interessen des Kunsthandels vertreten, die mit den Neueintragungen im Winter 1934/35 verletzt wurden. 1920 hatten sich die Vertreter der Länder noch gegen die Eintragung von Kunstwerken im Handel ausgesprochen.[275] Die nationalsozialistische Regierung hingegen billigte dies „insbesondere in den Fällen, wo Gefährdungsmomente [vorlagen], z. B. bei

270 Schmidt an Kümmel, 23.3.1935, ebd., S. 5. Die Autorin dankt Lynn Rother für den freundlichen Hinweis auf die Stellungnahme.
271 Ebd.
272 Ebd.
273 Ebd.
274 Ebd.
275 Niederschrift über die Verhandlungen der Reichskunstwartkonferenz in Stuttgart am 12. April 1920, BArch, R32/375, Bl. 1–8. Vgl. Kap. I.5.

bevorstehenden Versteigerungen, Auswanderungen usw.".[276] Zu einer deutlich erkennbaren antisemitischen Maßnahme wurde die Anwendung des Kunstausfuhrschutzes auf den Kunsthandel durch eine Anweisung des Präsidenten der Reichskammer der bildenden Künste, Eugen Hönig, die er am 9. September 1935 an das Reichsministerium für Finanzen mit der Aufforderung richtete, die Abwanderung von Kulturgut aufgrund des Berufsverbots „nicht-arischer" Kunsthändler, die ihre Kunstwerke als Umzugsware deklarierten, zu unterbinden und Maßnahmen in Form einer verstärkten Kontrolle der Zollbehörden zu ergreifen.[277] Dabei war ein Nacheintrag in das Verzeichnis vom nationalsozialistischen Standpunkt aus legitim. Die Kontrolle der zur Versteigerung angekündigten Kunstobjekte erfolgte darüber hinaus auf Reichsebene. Das eigenmächtige Vorgehen des Reichsinnenministeriums und die von Minister Frick angeordnete Erweiterung des *Verzeichnisses der national wertvollen Kunstwerke* stieß bei den einzelnen Landesregierungen auf Zurückhaltung, einzelne Vorschläge betrafen überwiegend den ehemaligen fürstlichen Besitz. In den folgenden Monaten wuchs jedoch der Druck auf die Länder, angesichts der Emigrationswellen jüdischer und politisch verfolgter Sammler die Kontrolle über wertvolle Kunstwerke zu verstärken. Besonders der Hinweis auf den Kunstbesitz der Geldinstitute lenkte die Aufmerksamkeit vornehmlich auf jüdischen Besitz, der auf diese Weise eine vermehrte Aufnahme in das Verzeichnis erfahren sollte. Es kann davon ausgegangen werden, dass aufgrund der Reichsanweisung Fricks vom Dezember 1934 und dem daraus folgenden erhöhten Druck auf die Länder ein Großteil der Kunstwerke, deren Ausfuhrverbot mit dem Verzeichnis von 1938 dokumentiert ist, bereits 1935 mit diesem belegt waren. Einen wirklichen Nachweis über den Zeitpunkt der Eintragung betroffener Objekte erbringt jedoch nur die konkrete Mitteilung über den Ausfuhrvorbehalt, die den entsprechenden Besitzern zugestellt wurde.

3.2 Gesetzesentwürfe und Kompetenzstreitigkeiten 1939

Bei einer gemeinsamen Beratung der Reichsressorts, zu der das Reichsinnenministerium am 21. Februar 1939 geladen hatte, standen bestehende sowie erwünschte „Maßnahmen zum Schutze des deutschen Kulturgutes gegen Ausfuhr" zur Diskussion.[278] Im Rahmen der „Gleichschaltung" der Länder waren besonders ab 1939 die Zuständigkeiten im Kulturgutschutz unter den verschiedenen Reichsressorts aufgeteilt worden. Das

276 Niederschrift über die Besprechung am 21. Februar 1939 im Reichsministerium des Innern, GStA PK, I. Ha Rep. 151 Finanzministerium, Nr. 1060, Bl. 113 f.

277 Vgl. RKbK (Präsident) an RMdF über RKK, 9.9.1935, BArch, R2/58980, Bl. 12.

278 Anwesende: REM (Ministerialrat Hiecke, Ministerialrat Brenner, Referent Reinhold), RMVP (Oberregierungsrat Biebrach, Regierungsrat von Botzheim, Referent von Breiski)), RMdW (Assessor Lepenies), RM für kirchliche Angelegenheiten (Landgerichtsrat Haugg), Stellvertreter des Führers (Regierungsrat Reischauer), RMdF (Ministerialrat Richter), Pr. FM (Amtsrat Kaul), RMdI (Ministerialrat Conrad, Regierungsoberinspektor Eppich), vgl. Niederschrift über die Besprechung am 21. Februar 1939 im Reichsministerium des Innern, GStA PK, I. Ha Rep. 151 Finanzministerium, Nr. 1060, Bl. 113 f.

Reichsministerium für Volksaufklärung und Propaganda erklärte sich für die „lebende Kunst" verantwortlich, deren Schaffende über die Reichskulturkammer bereits an das Ministerium gebunden waren.[279] Das „übrige Kunstgebiet" wie auch das Bibliotheksgut sollte vom Reichserziehungsministerium betreut werden.[280] Dem Reichsinnenministerium blieb das Archivgut, für das gesetzliche Schutzmaßnahmen noch nicht bestanden, aber geplant waren. Die Betreuung des *Verzeichnisses der national wertvollen Kunstwerke* unterstand weiterhin Reichsinnenminister Frick. Die Befugnisse der nachgeordneten Behörden auf Landesebene wurden auf die Abgabe von Vorschlägen beschränkt: „Die Entscheidung behalten sich die [...] genannten Ministerien vor."[281] Damit wurde die Zuständigkeitsverschiebung von Landes- auf Reichsebene, die1934 eingesetzt hatte, Anfang 1939 weiter verfestigt. Darüber hinaus waren die auf unterster föderaler Ebene angesiedelten Sachverständigen der einzelnen Regierungsbezirke bedeutsam, die mit ihrem Wissen über wertvolle Objekte in ihrem Einflussbereich den Devisenbehörden wie auch Reichsstellen zuarbeiteten. Als Gutachter für das Bibliotheks- und Archivgut wurden vorrangig die Direktoren der staatlichen und städtischen Bibliotheken und Archive bestellt. Zu Sachverständigen für den Bereich „lebende Kunst" wurden Kunsthändler ernannt, unter ihnen Adolf Weinmüller für München, Wilhelm Ettle für Hessen, Georg Werner für Sachsen, Karl Heumann für Hamburg und der Inhaber des Kunsthauses Lepke, Hans Carl Krüger, für Berlin.[282] Für die Begutachtung von Kunst- und Museumsgut wurden die Museumsdirektoren und Landeskonservatoren der einzelnen Bezirke berufen: Mit Otto Kümmel, Hans Posse, Ernst Buchner, Emil Waldmann, Kurt Martin und Alfred Wolters seien auszugshaft die einflussreichsten Museumsdirektoren der Zeit genannt.[283] Während für die Prüfung des Umzugsgutes und die Eintragung von Kunstwerken in die Kulturgutschutzliste zwei unterschiedlichen Reichsministerien zuständig waren, zeigt sich vor allem in den Aufgaben der Kunstsachverständigen die personelle Verzahnung beider Bereiche.

Neben den horizontalen Verantwortlichkeiten auf Reichsebene und der Bestimmung von Sachverständigen der einzelnen Bezirke war die jüdische Abwanderung Gegenstand der ressortübergreifenden Beratung. Der Reichsinnenminister bestätigte noch einmal, dass die Verordnung über den Einsatz des jüdischen Vermögens „eine genügende Rechtsgrundlage [darstellte], um die Ausfuhr von Kulturgut jeglicher Art, das sich im jüdischen Besitz befindet, zu verhindern".[284] Die am 3. Dezember 1938 erlassene Verordnung zum

279 Ebd.
280 Ebd.
281 Ebd.
282 Vgl. REM (Kunisch), 15.5.1939, AHK, 32-260.4, Bl. 10 f.
283 Friedrich Dworschak, Direktor des Kunsthistorischen Museums in Wien und NSDAP-Mitglied, übernahm neben der Münzsammlung des geplanten Führermuseums in Linz auch die Gutachtertätigkeit für das Reichserziehungsministerium in Österreich.
284 Niederschrift über die Besprechung am 21. Februar 1939 im Reichsministerium des Innern, GStA PK, I. Ha Rep. 151 Finanzministerium, Nr. 1060, Bl. 113 f.

Einsatz jüdischen Vermögens und „die politisch an sich durchaus erwünschte starke Abwanderung von Juden" gaben vor allem den Devisenstellen eine verstärkte Kontrollmacht, Umzugsgut auf hochwertiges Kulturgut zu prüfen und zu beschlagnahmen.[285] Sofern die Emigranten nach den vermögensberaubenden Steuerabgaben überhaupt noch Kunstwerte mit ins Ausland nehmen konnten, sollten bei der Auswahl der zu beschlagnahmenden Objekte Grundsätze angelegt werden, die aus der Praxis des Reichsinnenministeriums bekannt waren. Avisiert wurde eine „hochwertige, über dem Mittelmaß liegende Schicht".[286] Im Einzelfall wurde vorgesehen zu prüfen, „ob ein öffentliches Interesse vorliegt, daß der betreffende Gegenstand im Reichsgebiet verbleibt". Die geplante Kontrolle durch Devisenstellen und die verwendete Formulierung in „Zusammenarbeit mit Sachkundigen" verdeutlichen bereits den willkürlichen Charakter der „Schutzmaßnahme".

Die Beschlüsse der Verhandlung vom Februar 1939 wurden im Mai des Jahres vom jeweils zuständigen Ressort ohne Umwege an die Kunstsachverständigen weitergeleitet. Nachdem das Reichserziehungsministerium für das „übrige Kunstgebiet" verantwortlich zeichnete, berichtete es den Kunstsachverständigen der Museen über den erweiterten Schutz von Kulturgut vor der Verbringung ins Ausland.[287] Die im Reichsgebiet ernannten Sachverständigen waren für das Erstellen oder Einholen von Gutachten verantwortlich. Im Falle von großen Entfernungen oder Spezialfragen wurde das Weiterleiten von Gutachteraufträgen als legitimer Weg ausgewiesen; auch der Hinweis auf Kunstwerke außerhalb des Gebietes der eigenen Devisenstelle wurde erbeten. Eine Vergütung der gutachterlichen Tätigkeit durch die Staatsbeamten wurde nicht in Aussicht gestellt, doch wurden die Kosten von den Eigentümern der betroffenen Kunstwerke getragen, die damit die Prüfung einer möglichen Beschlagnahmung ihres Besitzes selbst finanzierten.[288] Als Rechtsgrundlage für die angewiesene Maßnahme diente die *Verordnung über die Ausfuhr von Kunstwerken* vom 11. Dezember 1919. Das Reichserziehungsministerium verwies jedoch sogleich auf die Beschränktheit dieses gesetzlichen Zustandes, weil „selbst bei weiter Auslegung" des Begriffs Kunstwerk „ein Rest von Kulturwerken [bleibt], die nicht als Kunstwerke bezeichnet werden können".[289] Damit war vor allem das Bibliotheks- und Schriftgut gemeint, das trotz verschiedener Bemühungen nicht Teil des nationalen Kulturgutschutzes wurde. Das *Gesetz über die Devisenbewirtschaftung* vom 12. Dezember 1938 bot da für die Nationalsozialisten eine willkommene Ergänzung, weil es Umzugsgut allgemein ebenso wie Kulturgüter aller Art, mit dem Genehmigungs-

285 REM (Kunisch), 15.5.1939, AHK, 32-260.4, Bl. 8 f. Vgl. *Verordnung über die Anmeldung des Vermögens von Juden*, 26.4.1938, RGBl. Jg. 1938, I, S. 414 f. und die *Verordnung über den Einsatz des jüdischen Vermögens*, 3.12.1938, RGBl., 1938, I, S. 1709 ff.

286 Siehe im Folgenden Niederschrift über die Besprechung am 21. Februar 1939 im Reichsministerium des Innern, GStA PK, I. Ha Rep. 151 Finanzministerium, Nr. 1060, Bl. 113 f.

287 REM (Kunisch) an Hmb. KH (Kloos), 15.5.1939, AHK, 32-260.4, Bl. 7 und 8.

288 Vgl. ebd.

289 Ebd.

vorbehalt belegte.[290] Für Juden kam die zusätzliche Vorschrift hinzu, dass „im Reiseverkehr andere als die zum persönlichen Gebrauch unbedingt erforderlichen Gegenstände nur mit Genehmigung ins Ausland" mitgenommen werden durften.[291] Emigranten wurden zudem mit der Reichsfluchtsteuer und den Kosten der Auswanderung belastet, die oft nur mit dem Verkauf von Wertanlagen aufgebracht werden konnten. Deren Ausfuhr ins Ausland konnte wiederum mit dem Devisengesetz hinreichend unterbunden werden. Die Verpflichtung zur Veräußerung erbrachte die schon erwähnte *Verordnung über den Einsatz des jüdischen Vermögens* vom 3. Dezember 1938.[292]

Das Reichserziehungsministerium setzte sich mit der Herausbildung eines angemessenen Verfahrens auseinander. Dies betraf an erster Stelle den Umfang, in dem von der Erfassung schutzwürdiger Kulturgüter Gebrauch gemacht werden sollte: „Denn wenn auch auf die Erhaltung des Kulturgutes im Inland Wert zu legen ist, darf doch andererseits die erwünschte Auswanderung von Juden nicht unnötig erschwert werden."[293] Obgleich eine umfangreiche Überprüfung und lückenlose Kontrolle von Umzugsgut durch die Devisenstellen und mit ihnen assoziierte Kunstsachverständige angestrebt wurde, betonte das Reichserziehungsministerium, dass grundsätzlich von einem Bewertungsmaßstab auszugehen sei, „der sich bei der Handhabung der Eintragung in das ‚Verzeichnis der national wertvollen Kunstwerke' durchaus bewährt hat".[294] Stellen, die bereits mit der Begutachtung „national wertvoller" Kunstwerke betraut waren, kannten den aktuellen Stand des Verzeichnisses mit dem Entwurf von 1938 sowie die damit verbundenen Mängel. Erschwert wurde die Urteilsfindung nach einheitlichen Maßstäben durch die weiteren Ausführungen des Reichserziehungsministeriums:

> „Es bedarf mithin einer besonderen Bedeutung und eines besonderen Wertes. Diese brauchen allerdings nicht auf dem Gebiet der Kunst zu liegen, es genügt vielmehr, daß sie kultureller Natur im weiteren Umfang sind (z. B. besondere heimatliche, geschichtliche oder wissenschaftliche Bedeutung). Gegenstände von mittelmäßiger Bedeutung sind mithin grundsätzlich nicht festzuhalten, es sei denn, daß im Einzelfall ein besonderes Interesse an ihrem Verbleiben besteht."[295]

Die Willkür in der Objektauswahl setzt sich auch in weiteren Erklärungen des Reichserziehungsministeriums fort: Bei der Definition „schutzwürdiger" Kulturgüter griff es dabei auf eine Aufzählung zurück, die dem österreichischen Bundesgesetz in der Fassung vom 24. Januar 1923 entnommen wurde und sprach von „Gegenständen von geschichtlicher, künstlerischer oder kultureller Bedeutung (Antiquitäten, Gemälde, Miniaturen, Zeichnungen und Werke der Graphik, Statuen, Reliefs, Medaillen und Münzen, Gobelins und

290 Vgl. *Gesetz über die Devisenbewirtschaftung*, 12.12.1938, RGBl., 1938, I, S. 1733–1748.
291 *Gesetz über die Devisenbewirtschaftung*, 12.12.1938, RGBl., 1938, I, S. 1733–1748, § 58. Vgl. auch REM (Kunisch), 15.5.1939, AHK, 32-260.4, Bl. 8 f.
292 Vgl. *Verordnung über den Einsatz des jüdischen Vermögens*, 3.12.1938, RGBl., 1938, I, S. 1709 ff.
293 REM (Kunisch), 15.5.1939, AHK, 32-260.4, Bl. 8 f.
294 Ebd.
295 Ebd.

andere ältere kunstgewerbliche Werke, archäologische und prähistorische Gegenstände, Archivalien, alte Handschriften und Drucke und dergleichen)".[296] Es handelte sich hierbei jedoch um keinen „Wertmaßstab", den die Devisenstellen anwenden konnten, und so wurden die Kunstsachverständigen angehalten, ihre Kenntnisse über kulturell wertvolle Gegenstände in jüdischem Besitz „durch Erkundungen in Fachkreisen [...] zu vervollständigen" und die von Juden abgegebenen Vermögensverzeichnisse zu überprüfen.[297] Dem Kunstsachverständigen Wolters von der Devisenzweigstelle Frankfurt a. M. lagen beispielsweise an die 8.000 Vermögensverzeichnisse vor, die er auf die Notwendigkeit weiterer Nachprüfungen untersuchen sollte.[298] Da seine Zuständigkeiten sich auch über den Regierungsbezirk Wiesbaden erstreckten, bat er seinen Kollegen Hermann Voss vom Nassauischen Landesmuseum, bekannte Namen und Adressen jüdischer Sammler zur Überprüfung mitzuteilen.[299] Unabhängig davon, ob ein Ausreiseantrag vorlag oder nicht, sollten die Devisenstellen über die Ergebnisse der Überprüfungen durch die Gutachter informiert werden, um auf zukünftige Auswanderungen vorbereitet zu sein. Zur reichsweiten Kontrolle verpflichteten sich die Devisenstellen, monatlich und in fünffacher Ausfertigung ein Verzeichnis mit den zur Ausfuhr nicht freigegebenen Kunstwerken vorzulegen.[300] Für Wolters ergab sich „bei der Durchsicht von Kunst- und kunstgewerblichen Gegenständen im Besitz von emigrierenden Juden [...] des öfteren folgende Schwierigkeit: wir haben es sehr häufig mit Dingen zu tun, die man gemessen an dem Masstab der vom Reichsinnenministerium herausgegebenen Liste der national wertvollen Kunstwerke, die den höchsten und strengsten Masstab anlegt, nicht als national wertvoll bezeichnen kann, deren Verbringung in das Ausland aber trotzdem eine Schädigung des deutschen Kunstbesitzes, vor allem aber des deutschen Kunsthandels bedeutet".[301] Die kurz zuvor erlassenen Verordnungen schlossen diese Lücke weitgehend.[302]

Erwähnung fanden Kunstwerke, die laut Verordnung von 1919 als national wertvoll bezeichnet wurden, im sogenannten Kümmel-Bericht von 1940. Die militärischen Erfolge in Frankreich ließen die Restitutionsforderung im Hinblick auf Kunst

296 Ebd.

297 Ebd. Gemeint sind hier die Vermögensverzeichnisse, die infolge der *Verordnung über die Anmeldung des Vermögens von Juden* am 26.4.1938 von Juden abgegeben werden mussten, vgl. RGBl. Jg. 1938, I, S. 414 f.

298 Vgl. Aktennotiz über eine Besprechung mit Assessor Menger, Devisenstelle S, 8.6.1939, Archiv Städel, Nr. 731.

299 Vgl. Kulturamt/Städt. Galerie Ffm (Wolters) an Nass. Landesmuseum Wiesbaden (Voss), 24.5.1939.

300 Übermittelt wurde dieses Verzeichnis an das RWM, RMdI, RMVP und das REM (zweifache Ausfertigung). Vgl. REM (Kunisch), 15.5.1939, AHK, 32-260.4, Bl. 8 f.

301 Städt. Galerie Ffm (Wolter) an Bibliothek für neue Sprachen und Musik (Kirchner), 14.3.1939, Archiv Städel, Nr. 731.

302 Vgl. v. a. *Verordnung über den Einsatz des jüdischen Vermögens*, 3.12.1938, RGBl. Jg. 1938, I, S. 1709ff und *Gesetz über die Devisenbewirtschaftung*, 12.12.1938, RGBl., 1938, I, S. 1733–1748.

werke aufflammen, „die seit 1500 ohne unseren Willen oder auf Grund zweifelhafter Rechtsgeschäfte in ausländischen Besitz gelangt sind", wie der Titel der umfangreichen Zusammenstellung offenbarte.[303] Otto Kümmel, Generaldirektor der Staatlichen Museen zu Berlin, zeichnete für die Auflistung der Kunstwerke verantwortlich: „In einzelnen, wohl nicht sehr zahlreichen Fällen ist deutsches Kulturgut von deutschen Staatsangehörigen durch eine strafbare Handlung erworben und ins Ausland verbracht worden."[304] Gemeint waren Kunstwerke, „die entgegen der Verordnung vom 11. XII. 1919 ins Ausland geschmuggelt worden sind".[305] Nachfolgend wurden im Bericht jedoch keine Werke genannt, die tatsächlich einmal im Verzeichnis standen. Kümmel fügte an:

> „Vielleicht wird auch nachgeprüft werden müssen, ob die in der Systemzeit freigegebenen Kunstwerke dieser Gattung sämtlich mit Recht freigegeben worden sind. Zu diesen Nachprüfungen ist nur das Reichsministerium des Innern in der Lage."[306]

Der Kümmel-Bericht schloss auch Kunstbesitz der „jetzt zum Reich gehörigen bzw. ans Reich kommenden" Gebiete ein, unter anderem Teile der Tschechoslowakei, Westpreußens und des Elsass.[307] Der Erhalt und die Propagierung des Kulturerbes in diesen Gebieten gliederten sich in die Expansionsbestrebungen der Nationalsozialisten ein.

3.3 Kunstausfuhrschutz in annektierten Gebieten und Grenzregionen

Mit dem „Anschluss" Österreichs und des Sudetengebietes an das Deutsche Reich erwuchsen neue Herausforderungen den Kulturgutschutz betreffend. Auf Österreich sollte der Rechtszustand des „Altreiches" ausgeweitet werden, obwohl 1918 ein absolutes und damit weitaus strengeres Ausfuhrverbot erlassen worden war, das den gesamten Kunstbesitz erfasste und nur Kunstwerke noch lebender oder in den vergangenen 20 Jahren verstorbener Künstler aussparte. Ungeachtet der weitgreifenden gesetzlichen Maßnahmen fand in Österreich weiterhin der Verkauf wertvoller Objekte statt, was auch im Deutschen Reich wahrgenommen und von der Presse kommentiert wurde, weil es, so *Die Weltkunst*,

303 Kümmel-Bericht, BArch, R55/24824, Bl. 324 ff. und BArch, R 55/24825; vgl. Savoy 2011, S. 303. Das Reichspropagandaministerium richtete unter der Leitung von Joseph Goebbels vier Arbeitskreise mit entsprechenden Sachverständigen für die Bibliotheken (Hugo Andres Krüss), Archive (Ernst Zipfel), Museen (Otto Kümmel) und das Amt Rosenberg ein. Bei der Zusammenstellung von Listen, die bis zum 15. 9. 1940 erfolgen sollte, sollte „in jeder Beziehung grosszügig verfahren werden. Frankreich habe bei seinen wiederholten Einfällen in Deutschland so viel zerstört, dass wir berechtigt seien, nicht bescheiden zu sein, wenn es sich um Ersatz für vernichtetes deutsches Kulturgut handle." Bericht über die Sitzung im Propagandaministerium, 22. 8. 1940, BArch, R4901/13701, Bl. 92 f.

304 Vorbemerkung zum ersten Kümmel-Bericht, 18. 9. 1940, BArch, R55/24824, Bl. 329.

305 Ebd.

306 Ebd., Bl. 329 f.

307 Niels von Holst an die Verwaltung des Schweriner Museums, 1. 8. 1949, zitiert in Savoy 2011, S. 304.

„die gesamtdeutsche Oeffentlichkeit angeht".[308] Den „Anschluss" bereiteten die Nationalsozialisten nicht nur politisch, sondern auch kulturell vor. In erster Linie bestand Besorgnis um die Kunstwerke deutschen Ursprungs im Besitz der Klöster und im Habsburger Privatbesitz.[309] *Die Weltkunst* kam daher zu dem Schluss, „dass die Ausfuhrerlaubnis für Kunstwerke seitens der österreichischen Behörden in der letzten Zeit in viel zu weitherziger Weise bewilligt worden ist und daß eine Verschärfung der Ausfuhrbestimmungen dringend geboten erscheint, wenn es nicht zu einem allgemeinen Ausverkauf der Kunstgüter aus österreichischem Privatbesitz an das Ausland kommen soll".[310] Auf österreichischer Seite befürchtete die Denkmalverwaltung nach dem „Anschluss" 1938 und mit dem Wegfall der Zollgrenze zwischen Österreich und dem Deutschen Reich das Außerkrafttreten ihrer vergleichsweise strengen Schutzmaßnahme:

> „Sollte diese Ausfuhrsperre fallen, [...] so besteht die Gefahr, daß Werke, die nicht bedeutend genug sind, um auf die Reichsliste national wertvoller Kunstwerke gesetzt zu werden, die aber doch ihrer Wesenheit nach einen wesentlichen Bestandteil des österreichischen Kunstbesitzes bilden, also etwa gotische Schnitzfiguren mittlerer Güte, Gegenstände der Volkskunst aus bäuerlichem Besitz usw., ohne Kontrolle, allenfalls über das Altreich, ins Ausland abzuwandern."[311]

Obgleich das Reichsinnenministerium im Februar 1939 die Anpassung des österreichischen Rechtszustandes ans Deutsche Reich ankündigte, erkannte es schnell die Zwecklosigkeit dieses Vorhabens. Die umfangreiche Untersuchung zum Denkmalschutz in Österreich in den Jahren 1918 bis 1945 von Eva Frodl-Kraft zeigt auf, dass es die österreichische Zentralstelle für Denkmalschutz des Ministeriums für innere und kulturelle Angelegenheiten gegenüber den zuständigen Stellen im Reich durchsetzte, das *Verzeichnis der national wertvollen Kunstwerke* in die eigenen, bereits bestehenden Schutzbestimmungen einzubinden.[312] Das Reichsinnenministerium unterstützte diese Bestrebungen.[313] In die Überarbeitungen des Verzeichnisses zur Vorbereitung einer

308 D.: Deutsche Kunstwerke in Gefahr?, Die Weltkunst, 10. Jg., Nr. 3, 19. 1. 1936. Einen Monat später verkündete *Die Weltkunst*, dass die österreichische Ausfuhr „antiker Kunstgegenstände" 1935 gegenüber dem Vorjahr eine Steigerung von 25 Prozent erfahren hat. Vgl. Die österreichische Ausfuhr, Der Kunstmarkt, 10. Jg., H. 7, 16. 2. 1936.

309 „Denn wir glauben, daß gerade heute wieder stärker als in den letzten Jahrzehnten der breiteren Oeffentlichkeit ihr Kunstbesitz nicht mehr nur Symbol äußeren Reichtums, sondern Besitz innerster kultureller Bewußtheit ist. Und daß die kostbaren Handzeichnungen eines Dürer, der ‚Hase' oder das ‚Veilchensträußchen', bereits mythisch gewordener Besitz der Albertina, nun in einem nordamerikanischen Museum prangen soll, muß für Jeden ein unerträgliches Gefühl bedeuten." Gesprochen wurde hier vom drohenden Verkauf des Privatbesitzes des Erzherzogs Friedrich aus dem Bestand der Albertina an das Museum in Boston, der ausschließlich auf Gerüchten fußte. D.: Deutsche Kunstwerke in Gefahr?, Die Weltkunst, 10. Jg., Nr. 3, 19. 1. 1936. Vgl. auch P.-N.: Zu den Kunstverkäufen der österreichischen Stifte, Die Weltkunst, 10. Jg., Nr. 16, 19. 4. 1936.

310 P.-N.: Verkauf des Vermeer van Delft der Sammlung Czernin ins Ausland?, Die Weltkunst, 10. Jg., Nr. 18, 23. 5. 1936.

311 Otto Demus: Der Kampf um die Erhaltung des beweglichen Kunstdenkmälerbesitzes in Österreich, Deutsche Kunst und Denkmalpflege, 1938, S. 128–132, hier S. 131 f.

312 Vgl. Frodl-Kraft 1997, S. 186 f.

313 Vgl. RMdI an RMdF, 12. 5. 1939, BArch, R2/58980, Bl. 71.

neuen Drucklegung wurden die österreichischen Landeskonservatoren einbezogen, indem sie von der österreichischen Zentralstelle gebeten wurden, bis zum 30. September 1938 ihre Eintragungsvorschläge zu unterbreiten.[314] In Einzelfällen ermöglichte eine reichsgesetzliche Unterschutzstellung von beschlagnahmten Kunstwerken ihre Bewahrung vor dem Zugriff der Gestapo, weil inventarisierte Kunstwerke dem Zentraldepot des Kunsthistorischen Museums in Wien zugeführt wurden.[315] Eine große Gefahr für den alten Bestand der österreichischen Klöster stellten die Pläne zum *Führermuseum* in Linz dar, dessen Konzeption vor allem auf Kunstwerken österreichischer Provenienz basierte.[316] Das Denkmalamt und das Ministerium für innere und kulturelle Angelegenheiten in Wien weigerten sich beispielsweise, die Goldmünzsammlungen Emil Kominiks und Alfred Menziles auszuliefern, die im Zentraldepot der Neuen Burg in Wien verwahrt wurden, „da es sich in diesem Fall um Sammlungen von einzigartiger nationaler Bedeutung (antike und altgermanische Münzen aus der Völkerwanderungszeit usw.) handelt".[317] Hans Posse wollte die beiden Wiener Sammlungen in „die vom Führer für Linz gewünschte Vitrine mit antiken Goldmünzen" eingliedern.[318] Die Verzeichnung von Kunstwerken aus österreichischem Besitz durch das Reichsinnenministerium erfolgte nach dem „Anschluss" im März 1938. Im Verzeichnisentwurf vom Juli 1938 sind diese Kunstwerke noch nicht inbegriffen, so dass ohne die Prüfung österreichischer Quellen der Umfang der in Österreich eingetragenen Kunstwerke nicht ermittelt werden kann. Unbeantwortet blieb zudem eine Anfrage aus dem Bremer Kunsthandel, die die Behandlung Österreichs bei im Deutschen Reich unter Schutz gestellten Kunstwerken betraf, weil „in kaufmännischen Kreisen [...] Unklarheiten darüber bestehen, ob das österreichische Gebiet gegenwärtig noch als Ausland zu betrachten ist".[319]

In den sudentendeutschen Gebieten sollten die bereits existierenden tschechoslowakischen Bestimmungen zur Kunstausfuhr nicht weiter aufrechterhalten werden, sodass das Reichsinnenministerium am 11. Januar 1939 eine Verordnung erließ, die die Ausfuhr von Kulturdenkmälern genehmigungspflichtig machte.[320] Diesem absoluten Ausfuhrverbot lag ein weitreichender Schutzgutbegriff zugrunde, mit dem „Gegenstände von hohem künstlerischen oder heimatlichem Wert oder von besonderer Bedeu-

314 Vgl. Frodl-Kraft 1997, S. 186 f.

315 Vgl. ebd. 1923 wurde im österreichischen Denkmalschutzgesetz ein Paragraf eingefügt, durch den „Gefahr in Verzug" auf Antrag der Zentralstelle für Denkmalschutz „Sicherungsmaßnahmen" wie Bergung veranlasst werden konnten. Vgl. Demus 1938, S. 128.

316 Vgl. Schwarz 2004, S. 45 f. Vgl. BArch Koblenz B 323/163.

317 SKD (Posse) an Reichsleiter der NSDAP (Bormann), 16. 3. 1940, BArch Koblenz B 323/163, Bl. 20.

318 Ebd.

319 „Alte deutsche Kunst" (Martens) an Bremer KM, 7. 11. 1938, StA Bremen, Senatsregistratur, 3-B.13. Nr. 66.a. Bd. 2 Bl. 7.

320 *Verordnung zum Schutze der Kulturdenkmäler in den sudentendeutschen* Gebieten, 11. 1. 1939, RGBl. I, Jg. 1939, S. 36. Vgl. auch REM (Kunisch), 15. 5. 1939, AHK, 32-260.4, Bl. 8 f. Am 1. Oktober 1940 wurde mit einer Verordnung der Schutz der Kulturdenkmäler auf das „Reichsprotektorat" ausgeweitet, am 2. November 1941 wurde diese Verordnung erneut verschärft. Vgl. Reichsprotektor Böhmen und Mähren (Frank) an REM, 25. 2. 1943, ebd., Bl. 11.

tung für die Wissenschaft" erfasst wurden.[321] Befürchtungen bestanden vor allem darin, „dass Kunsthändler Madonnenbilder, Heiligenfiguren (aus Holz, in Natur oder bemalt), alte Bilder, alte Bücher, Drucke und Pergamenthandschriften in den sudetendeutschen Gebieten aufkaufen, um sie nach dem Ausland zu verbringen. Eine genaue Bestimmung des Begriffs ‚Kulturdenkmal' sei nicht möglich, jedoch könne vielleicht durch Aufzählung von Beispielen eine Erläuterung gegeben werden."[322] Obgleich den Verantwortlichen selbst der provisorische Charakter der Schutzmaßnahme bewusst war, wurde mit dem Erlass der Verordnung in den sudentendeutschen Gebieten die Ausfuhr von Kulturgütern tatsächlich verhindert. Infolgedessen wies das „Altreich" im Bereich des Schutzes von Kunstwerken vor Ausfuhr die eingeschränkteste Form auf, weil mit der Gesetzgebung aus der Weimarer Republik eine inventarisierte Ausfuhrkontrolle auch von den Nationalsozialisten beibehalten wurde. Die Ende 1938 erlassenen Verordnungen zur Erfassung und Verwertung jüdischen Vermögens schloss diese gesetzliche Lücke. Die bereits erwähnten neuen Strukturen in der Zuständigkeitszuweisung mit den Spartenverantwortungen auf Reichsebene und den untergeordneten Kontrollinstanzen führten zum generellen Genehmigungsvorbehalt des Vermögens jüdischer Emigranten.

Während in den 1920er Jahren die „kulturelle Grenzlandfürsorge" die Grenzgebiete im Osten durch wirtschaftliche und verstärkt auch kulturelle Maßnahmen stärken sollte, wurde Kultur zum Legitimationsmittel der nationalsozialistischen Expansionsbestrebungen.[323] Mit dem Erhalt von Kulturgütern des „mitteldeutsche[n] Tochtervolk[es]" sollte beispielsweise die Legitimation für die Annexion des Sudetengebietes geschaffen werden, indem „das Gesicht einer deutschen Kulturprovinz" betont und bewahrt wurde.[324] Darüber hinaus wurde die kulturelle Verbundenheit nicht nur mit den annektierten Gebieten, sondern auch mit ganz Böhmen und Mähren betont, wie unmittelbar mit der Besetzung im März 1939 im *Pantheon* zu lesen war:

> „Die Tatsache, dass Böhmen und Mähren samt Sudetenschlesien für alle Zeiten deutscher Kunst wesentliche Beiträge zu stellen imstande waren, erklärt sich auf die einläßlichste Weise aus der tausendjährigen Geschichte eines Raumes, der für das alte Reich der Deutschen oft mehr war als eine Eckbastion und Ostmark. […] Als natürliches, weitgehend einheitliches Geltungsgebiet deutscher Kunst erscheint das ganze böhmische Land seit dem 10. und 11. Jahrhundert."[325]

321 *Verordnung zum Schutze der Kulturdenkmäler in den sudetendeutschen Gebieten*, 11. 1. 1939, RGBl. I, 1939, S. 36, § 1.

322 Vermerk des RMdI, Telefonnotiz, 19. 1. 1939, BArch, R2/58980, Bl. 46.

323 Schreiber 1927/28, S. 519.

324 Walter Horn: Heimkehr ins Reich. Das Kampfschicksal der sudetendeutschen Kunst, Die Kunst im Dritten Reich, 2. Jg., F. 11, November 1938, S. 332–340, hier S. 332 und 338. In diesem Zusammenhang sei auch die erste sudetendeutsche Kunstausstellung in Berlin genannt, die im Dezember 1937 und Januar 1938 im Kronprinzenpalais gezeigt wurde. Vgl. Robert Scholz: Deutsche Kunst auf kulturellem Vorposten. Zur ersten sudetendeutschen Kunstausstellung in Berlin, Die Kunst im Dritten Reich, 2. Jg., F. 1, Januar 1938.

325 Otto Kletzl: Werke deutscher Plastik in Böhmen und Mähren, Pantheon, 12. Jg., Bd. 23, 1939, S. 128–134, hier S. 128; vgl. Otto Kletzl: Werke deutscher Malerei in Böhmen und Mähren, in: ebd., S. 191–197. Unter dem Titel *Die deutsche Kunst in Böhmen und Mähren* publizierte Kletzl

Allen voran stellte Wilhelm Pinder die von Deutschen im Ausland geschaffene Kunst unter dem Begriff „auslandsdeutsche Kunst“ heraus, was Stefan Schweizer in seinem Forschungsbeitrag treffend als „historische Kolonialgeschichte“ charakterisierte.[326] Gemeinsam mit Richard Sedlmaier plante Pinder eine Veröffentlichungsreihe mit dem Gesamttitel *Die deutsche Kunst und ihr Wirkungskreis*, bei der die „Kunst an den Rändern des Reiches“ besondere Aufmerksamkeit erfahren sollte.[327] In Grenzgebieten, deren nationale Zugehörigkeit von zwei Staaten zugleich beansprucht wurde oder die durch eine große fremdsprachige Minderheit geprägt waren, stellte der Verlust regional bedeutender Kulturgüter eine vermeintlich verstärkte Bedrohung dar. Erich Flottmann, Vizepräsident am schlesischen Oberpräsidium in Breslau, forderte beispielsweise „Sondermaßnahmen“ für Oberschlesien, wo die Nationalsozialisten aufgrund der Aufstände in den 1920er Jahren den Verlust der politischen Vormacht befürchteten. Flottmann beschuldigte das Kattowitzer Museum des „kulturellen Plagiatssystem[s]“, da dort Kunstwerke schlesischen Ursprungs als „polnisch-slawische Schöpfung“ präsentiert wurden:

> „Ganz abgesehen von der unerfreulichen Tatsache, dass das verschleppte deutsche Gut zur Darstellung einer angeblich rein polnischen Kultur Westoberschlesiens missbraucht wird, gehen diese Beweisstücke unserer dringend notwendigen Gegenarbeit verloren.“[328]

Die Neuauslegung eines „alten Gesetzes“, sprich der Kunstausfuhrverordnung von 1919, sollte den „nationalpolitisch wichtigen Grenzverkehr“ regulieren, indem der Nachweis der Nichtlistung eines Kunstwerkes bei Ausfuhr im Sinne eines Negativbescheides verlangt werden sollte. Obwohl dieser Vorschlag die Provinz Schlesien nie verließ, verdeutlicht er die argumentative Verzahnung des regionalen und nationalen Erbes. Auch wenn laut Flottmann das deutsche Kulturgut im Ausland „Zeugnis ablegt für die kulturelle Weltstellung des Deutschtums“, bedurfte vor allem die Kirchenkunst und ältere Volkskunst der Grenzregion einer eindeutigen nationalen Zuordnung durch die reichsautorisierte Unterschutzstellung.[329] Die vorgebliche kulturelle Verbundenheit mit dem restlichen Deutschen Reich wurde stark publizistisch propagiert. Das Augustheft der Parteizeitschrift *N.S. Frauen-Warte* von 1935 beispielsweise widmete sich ausschließlich „Schlesien als Grenzland“ und berichtete unter anderem über die „indogermanische, arische“ Besiedlung, die „schönste deutsche Plastik aus der Zeit um 1400“ – eine Madonna im Städtischen Museum Breslau – sowie über schlesisches Brauchtum und Volks-

1941 beim Deutschen Kunstverlag Berlin eine reich illustrierte systematische Darstellung des deutschen Einflusses auf die Baukunst, Plastik und Malerei Tschechiens von der Romanik bis ins frühe 19. Jahrhundert. Otto Kletzl: Die deutsche Kunst in Böhmen und Mähren, Berlin 1941.

326 Schweizer 2007, S. 291; Pinder 1935, S. 16–28. Vgl. auch Petropoulos 2000, S. 168.

327 Vgl. DKA, NL Hanfstaengl, Eberhard, unverzeichnet. Richard Sedlmaier war seit 1939 Lehrstuhlinhaber an der Universität Kiel und in Personalunion Leiter der Kieler Kunsthalle.

328 Oberpräsident Schlesien (Flottmann) an Landesfinanzamt Schlesien, 8.3.1936, BArch, R2/58980, Bl. 17 f.

329 Ebd.

kunst.[330] Auch die Kunstgeschichte sollte der nationalsozialistischen „Rassentheorie" und den Expansionsbestrebungen gerecht werden. In den Akten der Kanzlei Rosenberg ist ein anonym verfasster und undatierter „Entwurf einer rassisch-bestimmten deutschen Kunstgeschichte" überliefert, der die „rassische Ausrichtung der Kunstgeschichte" mit dem Zweck skizzierte, „innenpolitisch-selbsterhaltend" und „außenpolitisch-selbsterhaltend" zu wirken.[331] Ansätze einer nationalsozialistischen Kunstgeschichtsdeutung boten die Staatlichen Museen zu Berlin, die anlässlich Hitlers 50. Geburtstag im Frühjahr 1939 eine Ausstellung zu *Kunst und Volkstum der wiedergewonnenen deutschen Gaue* eröffneten, für die aus der Sammlung „stammes- und landschaftlich gebundene" Objekte gewählt wurden, die „so den Beitrag der einzelnen Gaue zur deutschen Kunst und ihre jeweilige bestimmte Eigenart" präsentieren sollten.[332] In der NS-Zeitschrift *Die Kunst im Dritten Reich* war über die Ausstellung zu lesen:

> „Es ist eine Ausstellung, die noch einmal durch Tatsachen dokumentiert, daß die wiedergewonnenen Gaue der Ostmark und des Sudetenlandes, daß Mähren und Kärnten seit frühester Zeit deutsches Kolonialland sind, daß ihre Kultur mit der Geschichte und den Menschen aus deutschem Blut untrennbar verbunden sind."[333]

Im Verzeichnis von 1938 zeichnet sich diese Wertschätzung dadurch ab, dass 16 Objekte österreichischen Künstlern oder Schulen zugeordnet werden können. Zudem wurden erstmals acht schlesische Skulpturen der Spätgotik aus schlesischem Privatbesitz unter Schutz gestellt. Schlesien und dem „Sudetengebiet" war gemein, dass die Künstler der Romantik ihre Landschaften für die deutsche Malerei entdeckten.[334] Ihr Einsatz für die Befreiungskriege sollte Vorbild sein für die „Befreiung der deutschen Rasse".[335]

Ähnlich wurde auch beim Elsässer Kunstbesitz die Gefahr des Verlustes an den „Erbfeind" thematisiert, wenn auch nur in Einzelfällen. Die Entdeckung der verschollenen Büste *Bärbele von Ottenheim*, 1463/64 von Niclaus Gerhaert für das Straßburger Kanzleiportal geschaffen und 1933 durch das Historische Museum der Pfalz in Speyer identifiziert, diente der Deutung des Elsass als historische Nahtstelle (Taf. X). Das Gegen-

330 Vgl. N.S. Frauen-Warte, 4. Jg., H. 3, August 1935, S. 65–82, zitiert nach S. 66–68. Die Madonna befindet sich heute im Nationalmuseum Warschau. Das amtliche Organ der N.S. Kulturgemeinde, *Die Völkische Kunst*, berichtete in der Septemberausgabe 1935 ausführlich über die schlesische Baukunst, Plastik und das Kunsthandwerk.

331 *Entwurf zur Herausgabe einer rassisch-bestimmten deutschen Kunstgeschichte*, ohne Datum und Verfasser, BArch, NS 8/242, Bl. 1–3. Stefan Schweizer führt den Kunsthistoriker Waldemar Hartmann als möglichen Verfasser an. Vgl. Schweizer 2007, S. 298; Thomas Mathieu: Kunstauffassungen und Kulturpolitik im Nationalsozialismus. Studien zu Adolf Hitler, Joseph Goebbels, Alfred Rosenberg, Baldur von Schirach, Heinrich Himmler, Albert Speer, Wilhelm Frick, Saarbrücken 1997, S. 232 ff.

332 Werner Rittich: Kunst und Volkstum der wiedergewonnenen deutschen Gaue. Ausstellung in der Nationalgalerie, Die Kunst im Dritten Reich, 3. Jg., F. 6, Juni 1939.

333 Ebd.

334 Vgl. Kletzl 1941, S. 21. Das Kapitel zu den deutschen Romantikern in Böhmen stellte Kletzl seiner Epochenübersicht voran.

335 Hinrichs 2011, S. 186.

stück der Büste, *Jacob von Lichtenberg*, war zu Beginn des Ersten Weltkriegs im Museum in Hanau aufgefunden worden und durch Tausch an das Städtische Museum in Straßburg gelangt. Die nationale Tragweite der Angelegenheit verdeutlicht der Antrag auf Eintragung der „Bärbele" in das *Verzeichnis der national wertvollen Kunstwerke* durch das preußische Kultusministerium und mit Unterstützung Bayerns.[336] Besonders Theodor Demmler, Direktor der Berliner Skulpturensammlung, befürwortete mit Nachdruck die Abwendung eines Verlustes:

> „Es besteht ein sehr großes nationales Interesse daran, daß diese Büste nicht ins Ausland abwandert, sondern in Deutschland, womöglich in einer öffentlichen Sammlung, verbleibt. Gerhaert war unser größter nationaler Bildhauer in der Zeit von 1460–70, er hat die ganze süddeutsche Kunst entscheidend beeinflußt, jedes seiner Werke ist eine für die Nation wertvoller, unschätzbarer Besitz. Dies umsomehr, als die in Straßburg befindlichen Werke heute den meisten Deutschen entzogen sind."[337]

Die Sicherung durch eine öffentliche Sammlung sollte vor allem Rückgabeansprüchen Frankreichs vorbeugen, die aufgrund des Verlustes infolge der Belagerung Straßburgs im Sommer 1870 erwartet wurden:

> „Selbst wenn dann später eine Rückgabe nach Straßburg irgendwie in Frage kommen sollte, würden bei einem Stück des öffentlichen Besitzes die Rückgabe-Bedingungen weit sachgemäßer gestellt werden können, und die Angelegenheit den Zufälligkeiten privater Kaufverhandlungen entzogen sein."[338]

In Straßburg war man bereits durch den Direktor des Badischen Landesmuseums im Karlsruher Schloss, Hans Rott, über den Fund in Speyer informiert worden.[339] Der Berliner Museumsdirektor Kümmel zog daraufhin in „Erwägung, ob man diesem deutschen Museumsbeamten nicht nahelegen könnte, daß er deutsche und nicht ‚elsässische' Interessen zu vertreten hat, auch wenn er selbst Elsässer ist".[340] Obgleich sich das Deut-

336 Das Verbot der Ausfuhr wurde am 28.9.1934 durch das Reichsministerium des Innern ausgesprochen. Vgl. RMdI (Buttmann) an Bay. KM, 28.9.1934, BayHStA, MK 40838, Bd. 6.

337 SMB (Demmler) an SMB (Kümmel), 7.8.1934, ebd.

338 SMB (Kümmel) an Pr. KM, 9.8.1934, ebd.

339 Hans Haug von den Städtischen Museen Straßburg wandte sich bereits im Januar 1934 mit einem Tauschangebot an Friedrich Sprater vom Historischen Museum der Pfalz in Speyer. Beide Büsten hatten sich in der Straßburger Stadtbibliothek befunden, die im Deutsch-Französischen Krieg 1870 durch einen Brand zerstört worden war. Die Büsten blieben verschollen. Nachdem der *Jacob von Lichtenberg* zu Beginn des Ersten Weltkriegs im Museum in Hanau aufgetaucht und auf Tauschweg in den Besitz der Stadt Straßburg gelangt war, sollte auch der speyerische Fund mit seinem Gegenpart vereint werden. Straßburg bot dem Historischen Museum der Pfalz Frankenthaler Porzellan zum Tausch an: „Auf diese Weise wäre wohl beiden Museen gedient und den althergebrachten freundschaftlichen Beziehungen der beiden rheinischen Städte Rechnung getragen." Städt. Museen Straßburg (Haug) an Historisches Museum der Pfalz Speyer (Sprater), 4.1.1934, BayHStA, MK 40838, Bd. 6.

340 SMB (Kümmel) an Pr. KM, 9.8.1934, ebd. Das preußische Kultusministerium leitete die Anregung, Hans Rott „wegen seines für einen deutschen Museumsbeamten sehr eigenartigen Verhaltens zurechtweisen zu lassen", an das Reichsministerium des Innern weiter. Pr. KM an RMdI, 17.8.1934, ebd.

sche Museum in Berlin anbot, der Bärbel eine Rolle zukommen zu lassen, „die der der Nofretete gleichkäme" und sie damit zum „Symbol der deutschen Kunst" zu machen, ist sie seit 1935 ein Hauptwerk des Frankfurter Liebieghauses.[341] Trotz der Bedeutung Gerhaerts für die Kunst der Spätgotik und die folgende Künstlergeneration kam es im gesamten Untersuchungszeitraum zu keiner weiteren Unterschutzstellung eines Kunstwerkes dieses Künstlers, was vermutlich seiner kurzen Wirkungsdauer und somit geringen Werkanzahl geschuldet war.[342] Wie Cécile Dupeux in ihrer Rezeptionsstudie darlegt, wurde das Interesse an den Büsten, „die als Symbole der verlorenen Provinz galten", mit ihrer Verbreitung in Gestalt von Gipskopien in Privatsammlungen und Museen beiderseits der Grenzen gestärkt.[343]

Trotz aller Bemühungen, die neuen Reichsteile in den Kulturgutschutz zu integrieren, machte sich rasch die kaum zu bewältigende Dimension eines solchen Vorhabens bemerkbar: Die territoriale Ausweitung des Deutschen Reiches und die anhaltenden Massenabwanderungen machten die Durchsetzung des inventarisierten Kunstausfuhrschutzes zu einer für die Behörden nicht zu bewältigenden Aufgabe. Deutlich wird dies in der Weisung des Reichsinnenministeriums, die am 28. August 1939 und damit nur vier Tage vor Kriegsbeginn weiteren zuständigen Ressorts zuging:

> „Da damit zu rechnen ist, daß im Zuge der gegenwärtigen Entwicklung die Verbringung hochwertigen Kunstgutes in das Ausland weit mehr als bisher versucht werden wird, erscheint es angezeigt, bis auf weiteres die Grenze für hochwertiges Kulturgut zunächst einmal überhaupt zu sperren."[344]

Diese Bestimmung bedeutete keinesfalls den Endpunkt des *Verzeichnisses der national wertvollen Kunstwerke*, vielmehr intendierte das Reichsinnenministerium es als Instrument der systematischen Erweiterung zu nutzen, weil „das Gefährdungsmoment, das in starkem Maße die Grundlage für die Eintragung eines Kunstwerkes in die Liste bildet, [...] vielfach erst in Erscheinung [tritt], wenn das Werk über die Grenze gebracht werden soll".[345] Mit dem Beginn des Zweiten Weltkriegs wurden wertvolle Kunstwerke zu kriegssicheren und zumeist für die Behörden unzugänglichen Aufbewahrungsorten verbracht, was den Kunstausfuhrschutz in seiner bisherigen Form vorerst lahmlegte.

341 SMB (Demmler) an Kunstgeschichtliches Seminar der Universität Greifswald (Schmitt), 7. 8. 1934, BayHStA, MK 40838, Bd. 6. Vgl. Tessa Friederike Rosebrock: Die Büste der Bärbel von Ottenheim, eine „germanische Nofretete": zur Erwerbung eines spätmittelalterlichen Skulpturfragments in der 1930er Jahren, in: Cahiers alsaciens d'archéologie, d'art et d'histoire Bd. 55 (2012) S. 109–124, hier S. 117.

342 Vgl. Stefan Roller (Hg.): Niclaus Gerhaert. Der Bildhauer des späten Mittelalters, Ausst.-Kat., Petersberg 2011, S. 13.

343 Cécile Dupeux: Niclaus Gerhaerts Büsten am Strassburger Kanzleiportal. Geschichte und Rezeption vom 15. bis zum 20. Jahrhundert, in: Roller 2011, S. 93–101, hier S. 99.

344 RMdI (Vollert) an RMdF, 28. 8. 1939, BArch, R2/58980, Bl. 78.

345 Ebd.

4. INSTRUMENTALISIERUNG

Besonders einschneidend für das zuvor blühende deutsche Kulturleben waren die ab 1933 erlassenen Berufsverbote, die namentlich „gesellschaftliche Schichten [betrafen], die traditionellerweise Kunst sammelten".[346] Die vernichtenden Bestimmungen gegenüber Minderheiten und der jüdischen Bevölkerung führten zu Auswanderungsströmen aus dem Deutschen Reich. Bereits seit Dezember 1931 wurde das Vermögen von Ausreisewilligen mit einer Reichsfluchtsteuer in Höhe von 25 Prozent belastet.[347] Für die Einziehung war das Reichswanderungsamt zuständig, das, wie die Verwaltung des Ausfuhrschutzes auch, dem Reichsinnenministerium unterstand. Bis 1936 waren bereits 110.000 Juden aus dem Deutschen Reich emigriert.[348] Zur Finanzierung der Auswanderung und des Überlebens waren jüdische Kunstsammler häufig gezwungen, ihren Kunstbesitz zu liquidieren oder Sachwerte im Reich zurückzulassen. Bei Auswanderungen mussten genaue Angaben über das Umzugsgut gemacht werden. Nach der Pogromnacht 1938 schuf der Staat zunehmend Gesetze, die auf unbürokratische Weise die endgültige Beraubung des jüdischen Besitzes ermöglichten. Einen Höhepunkt fand der Prozess der wirtschaftlichen Vernichtung in der *Verordnung über die Anmeldung des Vermögens von Juden* vom 26. April 1938 und der *Verordnung über den Einsatz des jüdischen Vermögens* vom 3. Dezember im gleichen Jahr.[349] Erstere verfügte die Anmeldung und Bewertung

346 Esther Tisa Francini, Anja Heuß und Georg Kreis: Fluchtgut – Raubgut. Der Transfer von Kulturgütern in und über die Schweiz 1933–1945 und die Frage der Restitution, Zürich 2001, S. 37.

347 Die Reichsfluchtsteuer wurde bereits 1931 eingeführt, um die Abwanderung nach der Weltwirtschaftskrise einzudämmen und wohlhabende Bürger im Land zu halten. Sie wurde ab einem Vermögen von 200.000 RM angewendet. 1934 wurde die Vermögensgrenze auf 50.000 RM herabgesetzt. Eine Zusammenstellung ausgewählter Vorschriften, die den Kunstbesitz von Juden in Deutschland zwischen 1933 und 1945 betrafen, liefert Stefan Koldehoff im Anhang seiner Publikation. Vgl. Stefan Koldehoff: Die Bilder sind unter uns. Das Geschäft mit der NS-Raubkunst, Frankfurt a. M. 2009, S. 257 ff.

348 Vgl. Wolfgang Mönninghoff: Enteignung der Juden. Wunder der Wirtschaft, Erbe der Deutschen, Hamburg u. a. 2001, S. 135.

349 Vgl. *Verordnung über die Anmeldung des Vermögens von Juden*, 26.4.1938, RGBl. Jg. 1938, I, S. 414 f. und die *Verordnung über den Einsatz des jüdischen Vermögens*, 3.12.1938, RGBl. Jg. 1938, I, S. 1709 ff.

des in- und ausländischen Vermögens aller Juden, Letztere unterband unter anderem den An- und Verkauf von Kunstgegenständen. Es liegt nahe, das *Verzeichnis der national wertvollen Kunstwerke*, das ebenfalls in diesem Schlüsseljahr 1938 vom Reichsinnenministerium zusammengestellt wurde, auf seine antisemitische Instrumentalisierung hin zu untersuchen. Bereits die Analyse der Besitzer von gelisteten Kunstwerken ermöglichte einen ersten Einblick in die politische Nutzbarmachung des Ausfuhrschutzes.

Eine Aussprache der verschiedenen Ressorts über gesetzliche Neuerungen des Ausfuhrschutzes gibt weiteren Aufschluss über die Funktion des Verzeichnisses als Instrument der nationalsozialistischen Regierung. Die Abwanderung von Kunstwerken aus jüdischem Besitz veranlasste den Reichsminister für Volksaufklärung und Propaganda, Joseph Goebbels, im Dezember 1938 den unterschiedlichen Ressorts einen Gesetzentwurf zur Ausweitung des Kunstausfuhrschutzes vorzulegen.[350] Zur Schließung von gesetzlichen Lücken sah er die Anmeldung von „kulturellen Werken", die ins Ausland gebracht werden sollten, vor und versuchte damit, in erster Linie gegen Juden vorzugehen, die ihre Kunstwerke als Umzugsgut deklarierten oder Ausländer heirateten, um ihre Kunstwerte als ausländisches Vermögen zu registrieren. Goebbels' Entwurf, mit dem er insbesondere auf die Ausweitung seiner Zuständigkeiten abzielte, löste umgehend Proteste der angesprochenen Ressorts aus: Das Reichserziehungsministerium unter der Führung Bernhard Rusts kritisierte die Einmischung von Goebbels scharf, obgleich es eine Neubearbeitung des Kunstausfuhrschutzes nicht ausschloss, „mit Rücksicht darauf, dass die Abwanderung von kulturellen Werken, die sich in jüdischer Hand befinden, im Gange ist".[351] Besonders der Reichsinnenminister Wilhelm Frick sah sich in der Zuständigkeit seines Ressorts beschnitten und äußerte „schwerwiegende Bedenken, die sich vor allem gegen den Grundgedanken" der vorgeschlagenen Regelung richteten.[352] Mit Nachdruck betonte er, dass die listenmäßige Erfassung wirklich hochwertiger Kunstwerke im *Verzeichnis der national wertvollen Kunstwerke* eine hinreichende Schutzmaßnahme darstellt. Er räumte dem bestehenden Ausfuhrschutz jedoch ein, dass „die Handhabung dieser Schutzliste [...] in gewissem Umfange den Verhältnissen angepaßt" werde, bei denen die Abwanderung von Juden eine Rolle spielte.[353] Darüber hinaus klärte Frick den Propagandaminister über dessen Fachgebiet auf:

> „[Ich wende] mich auch gegen die Tendenz, die Werke der deutschen Kunst und Wissenschaft gegen die Außenwelt grundsätzlich abzuschließen, halte vielmehr eine kräftige Durchdringung des Auslandes mit deutschen wissenschaftlichen und künstlerischen Werken für eins der wirkungsvollsten Mittel der Werbung für deutsche Art."[354]

350 RMVP (Goebbels) an die übrigen RM (RMdI, REM, RMdF, RMdW, RMdJ, SV des Führers), 21.12.1938, BArch, R 43II/1236, Bl. 114. Vgl. Gesetzentwurf über die Ausfuhr von kulturellen Werken, BArch, R2/58980, Bl. 57.

351 REM an die übrigen RM, 21.12.1938, BArch, R43-II/1236, Bl. 114.

352 RMdI (Frick) an den RMVP (Goebbels), 7.1.1939, BArch, R 43II/1238a, Bl. 83.

353 Ebd.

354 Ebd.

Die Kompetenzstreitigkeiten waren insbesondere deshalb entstanden, weil das im März 1933 gegründete Reichsministerium für Volksaufklärung und Propaganda Zuständigkeiten des entlassenen Reichskunstwartes Redslob übernommen hatte, der zuvor dem Reichsinnenminister unterstellt und auch seit seiner Berufung mit dem Kunstausfuhrschutz betraut gewesen war. Auch wenn das Reichsinnenministerium die Zuständigkeit für die Ausgestaltung nationaler Feiertage und Symbole abgegeben hatte, erteilte Frick dem Propagandaminister den Ausfuhrschutz betreffend eine eindeutige Absage und boykottierte die Mitarbeit an den von Goebbels initiierten Gesetzesneufassungen.[355] In einer ressortübergreifenden Besprechung im Februar 1939 bestätigte das Reichsinnenministerium, dass für die nationalsozialistische Regierung die Verordnung vom 11. Dezember 1919 eine „hinreichende Schutzmaßnahme für Kunstwerke aller Art" darstellte.[356] Wesentlich scheint hier jedoch der Zusatz, dass Erweiterungen des Verzeichnisses dort legitim erschienen, „wo Gefährdungsmomente vorliegen, z. B. bei bevorstehenden Versteigerungen, Auswanderungen usw.".[357] Auch sollten umfangreiche Kontrollen an den Devisenstellen vorgenommen werden, die das „Umzugsgut bei der Auswanderung von Juden" ins Visier nahmen.[358] Die Diskussion über die grundsätzliche Sperrung der Grenzen für Kunstgut und somit auch für Devisen kam in den 1930er Jahren nicht in Gang. Ungebrochen hielt die nationalsozialistische Regierung am inventarisierten Ausfuhrschutz fest. Auch wenn die Handhabung der Schutzliste an die neuen politischen Verhältnisse angepasst wurde, stellte sie nicht das hervorstechende Mittel zur Enteignung jüdischer Besitzer dar. Wirkungsvoller war die *Verordnung über den Einsatz jüdischen Vermögens* von 1938,[359] durch die laut Reichserziehungsministerium „der in jüdischer Hand befindliche Besitz an kulturellen Werken hinreichend scharf erfaßt und sichergestellt werden kann".[360]

355 Der Reichsinnenminister sowie der Reichserziehungsminister blieben einer vom Reichspropagandaminister am 10. 1. 1939 einberufenen Besprechung fern. „Da die eigentlich federführenden Ressorts nicht vertreten waren, blieb die Erörterung ziemlich unfruchtbar." Vgl. RM für kirchl. Angelegenheiten, Vermerk über Besprechung im RMVP 10. 1. 1939, 26. 1. 1939, BArch, R5101/23565.

356 Niederschrift über die Besprechung am 21. Februar 1939 im Reichsministerium des Innern, GStA PK, I. Ha Rep. 151 Finanzministerium, Nr. 1060, Bl. 113 f.

357 Ebd.

358 REM (Kunisch) an Hmb. KH (Kloos), 15. 5. 1939, AHK, 32-260.4, Bl. 8.

359 Vgl. *Verordnung über die Anmeldung des Vermögens von Juden*, 26. 4. 1938, RGBl. Jg. 1938, I, S. 414 f. und die *Verordnung über den Einsatz des jüdischen Vermögens*, 3. 12. 1938, RGBl. Jg. 1938, I, S. 1709 ff.

360 REM (Zschintzsch) an den RMVP (Goebbels), 5. 1. 1939, GStA PK, I. HA Rep. Finanzministerium, Nr. 1060, Bl. 103.

4.1 Das Verzeichnis und die Museen

Über die massenwirksamen Maßnahmen hinaus wirkte das *Verzeichnis der national wertvollen Kunstwerke* in Einzelfällen als besitzeinschränkendes Instrument. Besonders die Museen nutzen „ihre Rolle im Machtgefüge des ‚Dritten Reiches'" mit ihrem Wissen über private Sammlungen und ihren Entscheidungsbefugnissen im Ausfuhrschutz, um Kunstwerke für ihre öffentliche Sammlung zu gewinnen.[361] Die Rolle des Direktors der Städtischen Kunstsammlung Frankfurt a. M., Wolters, verdeutlicht beispielhaft die strategische Nutzung des deutschen Ausfuhrschutzes für die Bereicherung der eigenen öffentlichen Sammlung. Die Studie von Eva Mongi-Vollmer zu den Gemäldeerwerbungen des Städel zwischen 1933 und 1945 bescheinigte dem Verzeichnis eine Qualität eines „polizeilich autorisierte[n] Instrument[s]".[362] Im Folgenden soll dies in einem übergeordneten Rahmen betrachtet werden.

Frankfurt besaß „eine der größten gesellschaftlich integrierten jüdischen Gemeinden Deutschlands"; das Engagement der Bürger bildete die Basis für das kulturelle Leben der Stadt, das mit der Machtübernahme des Nationalsozialismus zu zerfallen drohte.[363] Bereits die Erwerbung bedeutender Teile des Sigmaringer Kunstbesitzes 1928 insbesondere durch Frankfurter Museen schürte nachhaltig die Hoffnungen der Museen, mithilfe des Verzeichnisses die drohende Abwanderung von Kunstwerken zu kontrollieren und gegebenenfalls verhindern zu können. So benötigte Wolters keine zwei Wochen, um einer Anweisung des Polizeipräsidenten zu folgen, indem er eine Liste mit 24 Kunstwerken in Frankfurter Privatbesitz zusammenstellte und im Oktober 1936 für die Eintragung in das Verzeichnis vorschlug. Mit der Nennung der Sammlungen Carl von Weinbergs, Max von Goldschmidt-Rothschilds, Harry Fulds und Georg Hartmanns listete Wolters drei jüdische Sammler, deren Kunstbesitz reichsweit bekannt war. Georg Hartmann war aber zugleich auch ein Frankfurter Mäzen, der nicht nur von der Kriegsrüstung finanziell profitierte, sondern auch als Leiter einer Schriftgießerei die für Hitler bestimmten Kataloge mit Kunstwerken druckte, die für das Linzer Museum ausgewählt worden waren.[364] Allen vier Sammlern gemein war die Verbindung zum Städelschen Kunstinstitut, insbesondere zum angeschlossenen Museums-Vereins und zu Georg Swarzenski.[365] Daher betonte Wolters mit der Übermittlung seiner Auswahl, dass „im Interesse der Museen, denen aus den Sammlungen der Vaterstadt immer wieder Geschenke und Vermächt-

361 Tisa Francini/Heuß/Kreis 2001, S. 47.

362 Vgl. Eva Mongi-Vollmer: Alltägliches Recht, alltägliches Unrecht. Die Gemäldeerwerbungen des Städel 1933–1945, in: Fleckner/Hollein 2011, S. 147–199, hier S. 175.

363 Tisa Francini 2011, S. 95.

364 Vgl. Andreas Hansert: Georg Hartmann (1870–1954). Biographie eines Frankfurter Schriftgießers, Bibliophilen und Kunstmäzens, Wien 2009, S. 189 ff.

365 Weinberg war auch nach 1933 Mitglied im Städelschen Museums-Verein. Hartmann hatte von 1933 bis zum Zweiten Weltkrieg den Vorsitz inne. Vgl. Andreas Hansert: Geschichte des Städelschen Museums-Vereins Frankfurt am Main, Frankfurt a. M. 1994, S. 316.

nisse zufallen, [...] es dringend erwünscht [sei], dass die Museumsleitung den Sammlern gegenüber in dieser Angelegenheit nicht unmittelbar in Erscheinung" treten.[366] Zuvor zugesicherte Vermächtnisse oder schwebende Verhandlungen sollten nicht durch staatliche Verbote gefährdet werden. Aus diesem Grund liegt die Vermutung nahe, dass Wolters die Zusammenstellung schützenswerter Objekte als Gedächtnisprotokoll anlegte und von weiteren Nachforschungen vorerst absah. Diese Vermutung findet sich auch in der zeitnahen Übermittlung der Auswahl sowie in den zum Teil unsicheren Angaben der Eigentumsverhältnisse bestätigt. Schwierigkeiten bei der Aufstellung machte Wolters die unzureichende Definition des Begriffes „national wertvoll". Besonders beklagte er, dass unter anderem die Sammlungen Fritz von Goldammer, Robert von Hirsch und Richard von Passavant nicht mehr bestünden und dass es bei den übrigen, noch bestehenden Frankfurter Sammlungen „zweifelhaft [sei], ob sich in ihnen überhaupt Werke befinden, die man mit vollem Recht auf die Liste setzen kann".[367] Ungeachtet dessen benannte er in einem Schreiben vom 9. Oktober 1936 eine Reihe von Kunstwerken, deren Ausfuhr verhindert werden sollte. Wolters, der 1911 zur Geschichte der Skulptur im Halberstädter Dom promoviert hatte, schlug vorrangig gotische Skulpturen für die Aufnahme in die „Reichsliste" vor.[368] Die ebenfalls übermittelten Angaben zu Objekten wurden zwei Jahre später wortwörtlich in den Verzeichnisentwurf von 1938 übertragen. Auch die von Wolters geäußerten Unsicherheiten zum Zustand und Verbleib der einzelnen Kunstwerke fanden sich im späteren Vordruck wieder. Mit den wachsenden Zuständigkeiten des Frankfurter Museumsbeamten und den umfangreichen Eintragungen im Oktober 1936 lässt sich auch eine regionale Akzentverschiebung im von den Nationalsozialisten geführten *Verzeichnis der national wertvollen Kunstwerke* feststellen: Der Umfang unter Schutz gestellter Objekte im gleichgeschalteten Preußen verschob sich von einem in der Weimarer Republik noch reichhaltig unter Schutz gestellten Berliner Kunstbesitz hin zu Frankfurter Sammlungen. Eine Anweisung des Frankfurter Polizeipräsidenten macht jedoch auch deutlich, dass der staatliche Druck auf die Kunstsachverständigen wuchs. In einem vertraulichen Schreiben von Wolters an den Direktor der Berliner Nationalgalerie,

366 Städt. Galerie Ffm (Wolters) an Kulturamt, 9.10.1036, Archiv Städel, Nr. 731. Anlass zu dieser Besorgnis war der erwünschte Erwerb der Sammlung des Frankfurter Malers Victor Müllers, der infolge staatlicher Druckmittel platzen könnte. Vgl. Städt. Galerie Ffm an Kulturamt, 19.2.1937, ebd.

367 Städt. Galerie Ffm (Wolters) an Kulturamt, 9.10.1036, ebd.

368 Es kann angenommen werden, das Swarzenski bei der Zusammenstellung behilflich war. Zum einen ist in den Akten des Städel ein undatiertes Gutachten Swarzenskis zum Marmorengel vom Florentiner Dom aus der Sammlung Carl von Weinberg überliefert, zum anderen befürwortete er bereits 1931 den Antrag Werner Noacks, die Gruppe von Jesus und Johannes der gleichen Sammlung in das Verzeichnis einzutragen, was sich auch im Entwurf von 1934 widerspiegelt. Vgl. Archiv Städel, Nr. 615 und RKW an Städt. Galerie Ffm (Swarzenski), 29.4.1931, Archiv Städel, Nr. 730. Swarzenski schätzte die Christus-Johannes-Gruppe zwar nicht aufgrund einer hohen künstlerischen Qualität, „aber bei der besonderen Bedeutung der ganzen Kategorie, in die es gehört, und der historisch wichtigen, gesicherten Provenienz glaube ich, dass die Anregung Noacks richtig ist." Städel (Swarzenski) an RKW, 17.6.1931, BArch, R32/375, Bl. 176.

Paul Ortwin Rave, wird ersichtlich, dass sich Eintragungsanträge gegen die Emigranten richteten und dass die Museen zwar unter polizeilichem Druck standen, jedoch dank der Liste auch die Erwerbungen seitens der Städtischen Galerie und des Städelschen Kunstinstituts glückten.[369] Gemeint sind hier unter anderem sechs Werke der französischen und deutschen Malerei des 19. Jahrhunderts im Besitz des 1922 verstorbenen jüdischen Sammlers Hugo Nathan, die dem Städelschen Kunstinstitut nach dem Tod von seiner Witwe Martha als Vermächtnis versprochen worden waren. Allerdings war mit der Emigration Martha Nathans die Ausfuhr in die Schweiz zu erwarten, sodass Wolters mit der Eintragung der Gemälde in das *Verzeichnis der national wertvollen Kunstwerke* das versprochene Legat doch noch für Frankfurt sicherte.[370] Aufgrund der Kurzfristigkeit und der fehlenden Unterstützung Raves kann davon ausgegangen werden, dass eine rechtsgültige Unterschutzstellung durch das Reichsinnenministerium nicht stattfand.[371] Die Einleitung des Eintragungsverfahrens schien zu genügen, um die zur Auswanderung gezwungene Sammlerin Nathan zu drängen, dem Städel die gewünschten Gemälde zu überlassen.[372] Das Städel empfand die Übernahme der Werke als „erfreuliche Bereicherung", mehr noch als „Abfindung" für die bereits 1930 nach Basel verbrachten Teile der einst versprochenen Sammlung.[373]

Sofern die Museen kein ausdrückliches Interesse an Kunstwerken in Privatbesitz äußerten, unterstützten die Direktoren Wolters und Rave übereinstimmend die Bemühungen, dass „gute Werke des 19. Jahrhunderts im Ausland für deutsche Kunst und Art werben".[374] Da eine staatliche Unterschutzstellung von Kunstwerken nicht zugleich ihre Übereignung an ein Museum bedeutete, wogen die Kunstsachverständigen den Einsatz dieser gesetzlichen Maßnahme strategisch ab. Im Falle des erwünschten Erwerbes der Sammlung des Frankfurter Malers Victor Müller hielt sich das Städel mit einer Eintragung beispielsweise zurück, um Verkaufsverhandlungen mit der Schwiegertochter des Malers, Lulu Müller, einerseits durch staatlichen Druck nicht zu blockieren, andererseits bestand bei einer „arischen" Besitzerin die Gefahr der Abwanderung ins Ausland nicht akut. Wolters wünschte die Unterschutzstellung nur, „falls die Verhandlungen zwischen der Stadt und Frau Lulu Müller nicht zum Ziele führen".[375]

369 Vgl. Städt. Galerie Ffm (Wolters) an NG (Rave), 20.6.1938, SMB-ZA, I/NG 847, Bl. 229.

370 Vgl. Mongi-Vollmer 2011, S. 174 f. Es handelte sich um die Werke *Waldinneres* von Gustave Courbet, *Landschaft mit Spaziergängern* von Max Slevogt, *Schreinewerkstatt* von Wilhelm Trübner, *Frankfurter Stadtansicht* von Anton Burger sowie *Männerbildnis* und *Feierabend* von Fritz Boehle

371 Vgl. NG (Rave) an Städt. Galerie Ffm (Wolters), 13.6.1938, SMB-ZA, I/NG 847, Bl. 228. Die Bearbeitung des Eintragungsantrages durch das Reichsministerium des Innern kann aufgrund nicht überlieferter Vorgänge im genannten Ministerium nicht rekonstruiert werden.

372 Im Gegenzug sollte die Administration des Städels die schriftliche Zusicherung geben, keinen Anspruch auf die 1917/18 versprochene Schenkung mehr zu erheben. Vgl. Städel (Holzinger) an die Herrn Administratoren, 25.4.1938, Archiv Städel, Nr. 657; Vgl. Mongi-Vollmer 2011, S. 174.

373 Städel (Holzinger) an die Herrn Administratoren, 25.4.1938, Archiv Städel, Nr. 657.

374 NG (Rave) an Städt. Galerie Ffm (Wolters), 13.6.1938, SMB-ZA, I/NG 847, Bl. 228.

375 Städt. Galerie Ffm (Wolters) an Kulturamt, 9.10.1036, Archiv Städel, Nr. 731.

Wolters' Kontrollfunktion bei der Abwanderung von Kunstwerken wurde im Mai 1939 ausgeweitet bzw. systematisiert, indem er vom Reichserziehungsministerium zum Sachverständigen „für Kunst- und Museumsgut" der Devisenzweigestelle Frankfurt ernannt wurde und damit als Gutachter kontinuierlich Umzugsgut auf wertvolle Kunstwerke prüfte.[376] Hauptziel war, „jüdische Besitzer von Gegenständen von besonderer kultureller oder künstlerischer Bedeutung ausfindig zu machen und mitzuteilen". Dabei war es „nicht erforderlich, [...] den Masstab des ‚national wertvollen' anzulegen".[377] Eine Vorgabe, an die sich Wolters auch zu halten schien: Kurze Zeit später meldete er Kunstwerke von Künstlern wie Wynants, von Mieris, Burnitz oder Hauff an die Devisenstellen. Eine Einstufung als „national wertvoll" kann in den meisten Fällen ausgeschlossen werden. Das Handeln „im Interesse des heimischen Kunsthandels" oder das Gleichsetzen von Kunstwerken mit „barem Geld" zeigt Wolters' Urteilen im Sinne einer Devisengewinnung.[378] Politischen Druck dürfte Wolters vor allem vom Oberbürgermeister der Stadt Frankfurt, Friedrich Krebs, erfahren haben. Krebs, NSDAP-Mitglied und Landesleiter des *Kampfbundes für deutsche Kultur*, drängte während seiner Amtszeit wiederholt zur „Sicherung" von Kunstwerken und Sammlungen.[379] Die zunehmende freiwillige wie auch unfreiwillige Auflösung von Sammlungen mit Beginn des Zweiten Weltkriegs brachte Krebs dazu, die Nachforschungen nach bevorstehenden Veräußerungen oder Sammlungsauflösungen zu verstärken. Der jüdische Kunstbesitz stand hier besonders im Visier. Im Dezember 1940 forderte Krebs seine Amtsleiter auf, die „leitenden Beamten, Angestellten usw. Ihrer Ämterbereiche, aber auch Persönlichkeiten aus Ihrem Bekanntenkreise – so Universitätsprofessoren, Forscher, Gelehrte, Wirtschaftsführer, Künstler usw. – mit dieser meiner Anregung bekannt zu machen" und auf wertvolle Kunstwerke „in geeigneter Form und rechtzeitig aufmerksam zu machen".[380] Darüber hinaus wird die Stadt Frankfurt „– namentlich auch zum Nutzen der Gemeinde – in geeigneten Fällen zugreifen, um Gegenstände von besonderem Wert für die Stadt zu erhalten oder zu erlangen".[381] Zwei Jahre später setzte sich der Oberbürgermeister für den Erhalt einer Lohan-Büste der Sammlung Fuld ein, die bereits im *Verzeichnis der national wertvollen Kunstwerke* gelistet war. Die Erwartungen, die Kulturinstitutionen an den Ausfuhrschutz herantrugen, zeigten sich insbesondere bei diesem Erwerbungsfall, der zum Konflikt zwischen den Museen in Frankfurt a. M. und Berlin führte:

376 REM (Kunisch), 15.5.1939, AHK, 32-260.4, Bl. 10 f.

377 Kulturamt/Städt. Galerie Ffm (Wolters) an Nass. Landesmuseum Wiesbaden (Voss), 24.5.1939. In diesem Schreiben wandte Wolters sich mit der Bitte an seinen Kollegen, ihm bei der Überprüfung im Regierungsbezirk Wiesbaden behilflich zu sein.

378 Kulturamt/Städt. Galerie Ffm (Wolters) an Oberfinanzpräsident Kassel (Devisenstelle Ffm), 16.8.1939, 24.8.1939 und 25.10.1939, Archiv Städel, Nr. 731.

379 Im November 1933 wandte sich Krebs beispielsweise in einem Schreiben an den Reichskanzler Adolf Hitler mit der Aufforderung, den Welfenschatz für Deutschland zu sichern. Vgl. OB Ffm (Krebs) an Reichskanzler (Hitler), 9.11.1933, ISG Ffm, Magistratsakten MA 7.863.

380 OB Ffm (Krebs) an die Amtsleiter, 27.12.1940, ISG Ffm, Magistratsakten MA 7.863.

381 Ebd.

Die Sammlung Fuld war unter anderem durch die fachliche Beratung Swarzenskis entstanden und durch den Besitzer Harry Fuld den Frankfurter Museen mündlich zugesprochen worden. 1932 starb der jüdische Industrielle jedoch plötzlich und ohne Hinterlassung eines Testaments. „Alle Versuche, auf Grund der Abmachung trotzdem in den Besitz des Vermächtnisses zu kommen, schlugen fehl", sodass Wolters am 9. Oktober 1936 fünf „wesentliche Gegenstände der Sammlung" für das *Verzeichnis der national wertvollen Kunstwerke* vorschlug.[382] Aufgrund der Aufteilung des Besitzes an die Erben wurden die fünf eingetragenen Kunstwerke im Verzeichnis von 1938 mit unbekanntem Eigentümer gelistet; die Lohan-Büste war zu diesem Zeitpunkt noch nicht als schutzwürdig deklariert und muss erst nach 1938 nachgetragen worden sein. Nachdem die Sammlung 1941 von den Erben beschlagnahmt worden war, sprach Reichserziehungsminister Bernhard Rust die chinesische Tonbüste im Dezember 1943 für 15.000 RM den Staatlichen Museen Berlin zu, wo sie sich in die bestehende asiatische Sammlung eingliederte.[383] Wolters formulierte in einem nicht abgegangenen Berichtsentwurf für das Reichserziehungsministerium, dass die Entscheidung in Frankfurt „einen solchen Sturm der Entrüstung entfesselt[e] und zugleich eine so tiefe Enttäuschung hervor[rief]", weil sie die Sammeltätigkeit aller „Nicht-Berliner deutschen Museen [...] grundsätzlich in Frage stellt und in ihrer Bedeutung zurücksetzt".[384] Die Museumsdirektoren waren überall im Land besorgt, wie im beschriebenen Fall auch künftig zugunsten der Hauptstadt übergangen zu werden. In den Diskussionen zum Museumszentralismus wurde auch der reichsweit geltende Ausfuhrschutz nicht ausgespart. So leiteten die Frankfurter Museen ihren „moralischen Anspruch" auf die Lohan-Büste davon ab, die Werke der Sammlung Fuld in das *Verzeichnis der national wertvollen Kunstwerke* eingetragen und so „ihre Verschleppung aus Deutschland" verhindert zu haben.[385] Die Stadt Frankfurt war es, so Wolters weiter, die „das Stück nach Deutschland gebracht und für Deutschland gerettet hat und deshalb mit dem besten Recht für sich beanspruchen kann".[386] Der Berliner Generaldirektor Otto Kümmel, ein hervorragender Kenner ostasiatischer Kunst, äußerte sich verärgert über diese Argumentation:

> „Sollte aber wirklich ein Museum schon dadurch ein Vorrecht auf den Erwerb eines Kunstwerkes erhalten, daß es beantragt, es auf die Liste der national wertvollen Werke zu setzen – auf wieviele Werke hätten dann die Berliner Museen Anspruch! Ich übertreibe schwerlich, wenn ich annehme, daß neun Zehntel der auf dieser Liste stehenden Werke auf Vorschlag der Berliner Museen in sie aufgenommen worden sind."[387]

382 Auszug aus der Niederschrift über die Besprechung bei den Herrn Oberbürgermeister, 29.10.1942, Archiv Städel, Nr. 626. Zum Eintragungsvorgang vgl. Archiv Städel, Nr. 731.

383 Diese Entscheidung beruhte auf § 4 der *Verfahrensordnung der Reichskammer der bildenden Künste als Ankaufsstelle für Kulturgut* vom 6.5.1941, S. 245.

384 OB Ffm (Entwurf Wolters) an REM, undatiert, nicht abgesandt, Archiv Städel, Nr. 626.

385 Eingabe des Vorstandes des China-Instituts (Hentze, Entwurf Wolters) an REM (Hermann) und OB Ffm (Entwurf Wolters) an REM, undatiert, nicht abgesandt, Hamburger Sammler Albert Levý vgl. auch Städt. Galerie Ffm (Wolters) an Kulturamt Ffm, 19.10.1943, Archiv Städel, Nr. 626.

386 OB Ffm (Entwurf Wolters) an REM, undatiert, nicht abgesandt, ebd.

387 SMB (Kümmel) an REM (Rust), 3.1.1943, SMB-ZA, I/MfV, OAK 7, Bd. 7, Bl. 214.

Auch wenn die Berliner Museen bei der Initiierung des gesetzlichen Ausfuhrschutzes infolge des Ersten Weltkriegs eine Schlüsselrolle gespielt und einen großen Teil der unter Schutz gestellten Objekte in der Weimarer Zeit vorgeschlagen hatten, ließ sich Kümmel mit dieser Formulierung zu Übertreibungen hinreißen, die darüber hinaus kein Vorkaufsrecht legitimierten. Doch gerade der Zugriff auf bedeutende jüdische Sammlungen entfachte einen Konkurrenzkampf zwischen den führenden Museen, die dem kulturellen Zentralismus die Schuld an den „überreichen Berliner Riesensammlungen" und dem Verlust einzelner, für die eigene Sammlung vorgesehener Kunstobjekte gaben.[388] In Frankfurt zeigte der Fall, „dass die Berliner Sammlungen in einer etwas brüsken Weise auf Kosten der Frankfurter Museen in den Besitz eines bedeutenden Stückes der Sammlung Fuld kämen".[389]

Ein weiterer Vorgang fand zum wiederholten Male Erwähnung: Den Erwerb der Porzellane der Hermine Feist durch den preußischen Staat nahmen unter anderem die Frankfurter, Münchner und Dresdner Museen bis in die Kriegsjahre hinein in ihre Argumentationsstränge auf. Bereits seit 1919 war die Berliner Sammlerin mit einer Auswahl ihrer vorwiegend der Meißner Manufaktur entstammenden Porzellansammlung im *Verzeichnis der national wertvollen Kunstwerke* vertreten. Nachdem Feist 1933 gestorben war, übernahm das Berliner Schlossmuseum im Herbst 1935 Teile der Sammlung von der Dresdner Bank und sicherte sich somit Objekte aus der „bedeutendste[n] Privatsammlung an europäischem Porzellan, die es je gegeben hat".[390] Auch das Bayerische Nationalmuseum erhoffte sich nach der Beschlagnahmung der Münchner Porzellansammlung Bruno Levi am 21. November 1938 die Vervollständigung der Nymphenburger Sammlung und eine Wiedererlangung der Konkurrenzfähigkeit gegenüber der Reichshauptstadt, wie Buchheit zwei Tage nach der Beschlagnahmung an das bayerische Kultusministerium schrieb:

> „Berlin hat uns in der letzten Zeit durch die Erwerbung der Porzellansammlung Feist überholt, durch Erwerbung der Sammlung Levi würden wir wieder, wie früher, an erster Stelle stehen."[391]

Vergleichbar verhielt es sich mit der Goldschmiedesammlung Alfred Pringsheims, an der Hermann Göring Interesse zeigte und auf die auch das Bayerische Nationalmuseum Anspruch erhob, „nachdem Berlin schon die grossen Sammlungen Figdor, Welfenschatz und Porzellansammlung Faist [sic!] geschluckt hat".[392] Weiter führte Buchheit seinem

388 OB Ffm an REM (Rust), 15.12.1942, ebd., Bl. 212.

389 OB Ffm (Entwurf Wolters) an REM, undatiert, nicht abgesandt, Archiv Städel, Nr. 626.

390 Porzellanslg. Dresden (Fichtner) an Sächs. KM, 25.4.1934, SächsHStA, 11125, Nr. N 024, Bl. 1. Besonders Sachsen hatte als „Geburtsland des europäischen Porzellans [...] das allergrößte Interesse" an der Übernahme einzelner Stücke der Sammlung Feist. Ebd., 9.10.1935, Bl. 20.

391 BNM (Buchheit) an Bay. KM, 23.11.1938, BNM Dokumentation, Dok 315; Beschlagnahmung durch die Gestapo am 21.11.1938. 1940 wurde die Sammlung durch das Bayerische Nationalmuseum München angekauft, vgl. BArch Koblenz B323/580, Bl. 181–208.

392 BNM (Buchheit) an Bay. KM (Fischer), 23.1.1939, BNM Dokumentation, Dok 201. Zur Sammlung Pringsheim vgl. Seelig 2005, S. 265–290.

vorgesetzten Ministerium gegenüber aus: „Ich würde es begrüssen, wenn endlich auch München einmal zum Zuge käme. Ich erinnere nur daran, dass Frankfurt mit 3 ½ Millionen jetzt erst die Sammlungen Goldschmied Rothschild [sic!] und Weinberg gekauft hat."[393] In Dresden begründete 1942 der Direktor der Staatlichen Porzellansammlung, Fritz Fichtner, den Anspruch auf eine „Überweisung" der Sammlung sächsischer Porzellane und kunstgewerblicher Gegenstände aus dem Besitz Gustav von Klemperers in den Bestand seiner Sammlung im Zwinger mit den unerfüllten Forderungen nach der „berühmte[n] Privatsammlung Feist, mit deren Erwerbung Dresden rechnete".[394]

Zudem sind mehrere Fälle bekannt, in denen Besitzer den Museen Angebote zur Überlassung eines Werkes ihrer Sammlung für die Öffentlichkeit unterbreiteten. Die verantwortlichen Museumsvertreter sollten sich im Gegenzug für die Freigabe der übrigen Werke von der Liste einsetzen. Der nicht-jüdische Haarlemer Bankier Franz Koenigs bat 1935 beispielsweise um die Freigabe des Werkes *Contretanz* von Giovanni Battista Tiepolo. Als Gegenleistung wollte der Sammler eine Kreuzigung von Grünewald „auf längere Zeit als Leihgabe der Gemäldegalerie zur Verfügung" stellen. „Da das Fehlen Grünewald'scher Werke die grösste Lücke in der Berliner Galerie" darstellte, war dieser Vorschlag „ganz ausserordentlich erwünscht".[395] Auch der jüdische Sammler Albert Levý versuchte bereits während des Eintragungsverfahrens 1937, das durch das Hamburger Museum für Kunst und Gewerbe initiiert wurde, fünf Objekte seiner Sammlung für die Ausfuhr freizubekommen und bot an, „2 vollreife röm. Bronzestücke für Museumszwecke kostenlos zu überlassen".[396] Die Hamburger Kulturbehörde lehnte dieses Angebot ab; im September 1939 wurden die „Vermögenswerte staatspolizeilich sichergestellt".[397] Über einen langen Zeitraum bemühte sich auch der Frankfurter Sammler Robert von Hirsch, der im Herbst 1933 in die Schweiz emigrierte und Teile seiner Sammlung zurücklassen musste, um die Freigabe seiner Kunstwerke.[398] Die Streichung einer um 1350 entstandenen *Kreuzigung Christi* der Kölner Schule genehmigte Hans Pfundtner vom Reichsinnenministerium nur, „sobald [...] der Besitzerwechsel hinsichtlich des Gemäldes von L. Cranach ‚Urteil des Paris' zustande gekommen ist".[399] Der neue Besitzer wurde Hermann Göring.

393 BNM (Buchheit) an Bay. KM (Fischer), 23.1.1939, BNM Dokumentation, Dok 201.

394 Porzellanslg. Dresden (Fichtner) an Sächs. KM, 17.1.1942, SächsHStA, 11125, Nr. N 024, Bl. 66.

395 SMB (Kümmel) an REM (Rust), 28.10.1935, vertraulich, SMB-ZA, I/GG 21, Bl. 212–214.

396 Lévy an Landesfinanzamt Hamburg, 14.4.1937, StA Hamburg, R1937/317, Bl. 41. Vgl. dazu Maike Bruhns: Kunst in der Krise. Hamburger Kunst im „Dritten Reich", Hamburg 2001, S. 435 f.

397 Geheime Staatspolizei an Finanzamt Moabit-West, Berlin, 6.2.1940, StA Hamburg, R1937/317, Bl. 127.

398 Im Verzeichnis von 1938 war Hirsch mit 10 Objekten gelistet, die er zum großen Teil aus der Sigmaringer Sammlung übernommen hatte.

399 RMdI (Pfundtner) an KH Hinrichsen, 24.3.1936, HHStA Wiesbaden, Nr. F 4208, Bl. 82. Die Kunsthandlung Hinrichsen setzte sich für die Streichung ein und vermittelte zwischen Hirsch und dem Reichsministerium des Innern. Vgl. auch Tisa Francini 2011, S. 119; Manuel Frey: Sammler, Stifter und Mäzene in der Bürgergesellschaft, Dresden 2008, S. 125–128; Nancy H. Yeide: Beyond

Die beispielhaft genannten Fälle verdeutlichen, dass das Aushandeln von vermeintlichen Vorteilen seitens der Kunstbesitzer aus einer Notsituation heraus geschah, die während der Weimarer Republik durch die Kunstausfuhrverordnung selbst entstanden waren und von den Nationalsozialisten durch antisemitische Verfolgung und wirtschaftliche Gewinnbestrebungen provoziert wurden.

4.1.1 Der Fall Behrens

Die Werke, die die Hamburger Kulturbehörde dem Verzeichnis in den 1930er Jahren hinzufügte, entstammten meist jüdischen Sammlungen, die bereits seit mehreren Generationen den Kunstbesitz der Hansestadt bereicherten. An oberster Stelle muss hier die Sammlung der Bankiersfamilie Behrens genannt werden, die seit Mitte des 19. Jahrhunderts beständig gewachsen war und vor allem zeitgenössische Strömungen gekonnt aufnahm.[400] Neben den französischen Impressionisten spielte Adolph Menzel eine bedeutende Rolle, was auch mit dem Blick in die Verzeichnisse von 1922 und 1938 deutlich wird, in denen die Sammlungen der Gebrüder Behrens umfangreich aufgelistet waren. Eduard Ludwig Behrens vermachte mit seinem Tod 1895 die Gemäldesammlung seinem erstgeborenen Sohn Eduard Ludwig jun.; der zweite Sohn Theodor Eduard erhielt die Porzellansammlung, die nach seinem Tod 1921 an das Hamburger Museum für Kunst und Gewerbe ging.[401] Darüber hinaus erwarb er eine ansehnliche Zahl an Werken französischer und deutscher Impressionisten. Genau diese wurden für die Hamburger Kunsthalle von großer Bedeutung, weil in der Galerie moderner Kunst Gemälde französischer Impressionisten aufgrund der zurückhaltenden Ankaufspolitik unter dem Direktorat Alfred Lichtwarks nur mit Einzelbeispielen vertreten waren und die Leihgaben der Familie Behrens diese Lücken verkleinerten.[402]

> „Was Hamburg fehlt, wird uns durch die Leihgabe der Sammlung Theodor Behrens deutlich zu Gemüte geführt. Die erlauchten Gäste von Delacroix und Corot bis zu Cézanne und van Gogh, sollten in eben dem Saale dauernd wohnen, in dem sie jetzt vorübergehend eingekehrt sind."[403]

Aus diesem Grund erstrebte Lichtwarks Nachfolger Gustav Pauli den Erwerb von Kunstwerken aus der Privatsammlung, der 1924 erstmals glückte. Aus dem Nachlass Theodor Eduard Behrens' erwarb das Museum Werke, die sich zuvor fünf Jahre als Leihgabe in der öffentlichen Ausstellung befunden hatten und die nun, in finanziellen Not-

the Dreams of Avarice. The Hermann Goering Collection, Dallas 2009, Kat. Nr. A13. Die *Kreuzigung Christi* der Kölner Schule befand sich unter Nummer 232 im Verzeichnis von 1927 mit dem Vorbesitzer Jacob Rosenbaum.

400 Luckhardt 2001; zum Bankhaus Behrens vgl. Köhler 2008, S. 287 ff.

401 Vgl. Luckhardt 2001, S. 36 und 216.

402 Vgl. Ring 2010, Bd. 2, S. 164 ff.

403 Gustav Pauli: Erwerbungen der Hamburger Kunsthalle aus den letzten Jahren, Kunst und Künstler, 19. Jg., H. 8, 1921, S. 280–289, hier S. 282.

zeiten, von der Witwe Esther Behrens veräußert werden mussten.[404] Das Gemälde *Nana* von Edouard Manet stellt das wohl wertvollste Objekt dar, das in den Besitz der Hamburger Kunsthalle überging. Dem Erwerb folgte eine öffentliche Debatte, die sich, wie Christian Ring in seiner Studie zu Pauli darlegte, gegen den hohen Ankaufspreis, aber mehr noch gegen die Nationalität Manets richtetet.[405] Damit wurde der Künstler nicht nur mit einem weiteren Werk in eine öffentliche deutsche Sammlung eingegliedert, vielmehr war es unter den erworbenen Gemälden aus der Sammlung Behrens auch das einzige Werk, das bereits seit 1919 im *Verzeichnis der national wertvollen Kunstwerke* stand.[406] Alle weiteren Gemälde, die die Kunsthalle 1924 und 1925 in ihren Bestand übernommen hatte, darunter Werke Cézannes, Corinths, Courbets und von Delacroix, befanden sich zuvor nicht unter Ausfuhrschutz. Ebenfalls aus der Sammlung Behrens stammend, wurden dagegen von Manet die Gemälde *Bord de la Seine á Argenteuil* und *La maison du Rueil*, ein Selbstportät Cézannes von 1878–1880 und *La Grenouillère* von Renoir im gleichen Jahr über London an den Pariser Kunsthändler Alfred Gold verkauft, obwohl der Verbleib all der genannten Werke in Deutschland mit dem Verzeichnis von 1922 festgelegt worden war.[407] 1923 folgte der Verkauf des Gemäldes *Gartenhof im Irrenhaus* von van Gogh, bei dem der Kunsthallenleiter Pauli gegenüber der Denkmalschutzbehörde von einem „versehentlichen" Verkauf sprach.[408] Von der Unterschutzstellung zu ersetzender Werke sah Pauli im Folgenden ab, weil „die in Betracht kommenden Gemälde von Corot und Daumier [...] nicht so selten oder ausserordentlich wertvoll [sind], dass eine möglicherweise eintretende Ausfuhr derselben als eine Minderung des national bedeutsamen Kunstbesitzes angesehen werden müsste".[409] Vermutlich aus Rücksicht auf die kränkelnde Witwe Esther Behrens verhielt sich Pauli in den 1920er Jahren zurückhaltend in seiner Eintragungspraxis. Im Zentrum seines Interesses stand der Erwerb der leihweise in der Kunsthalle ausgestellten Gemälde, wie eine Äußerung Paulis anlässlich der Van-Gogh-Ausstellung 1924 im Kunsthaus Zürich verdeutlicht:

> „Mit gemischten Gefühlen sah ich den schönen Irrenhausgarten der Sammlung Behrens wieder, der auf dem Umweg über London nun bei Herrn Oscar Reinhart gelandet ist. Wir müssen alles daran setzen, um nun wenigstens das frühe Stilleben der Behrens-Sammlung zu be-

404 Vgl. Christian Ring: Gustav Pauli und die Hamburger Kunsthalle. Reisebriefe, Bd. 1, Berlin/München 2010, S. 115, FN 116.

405 Vgl. Ring 2010, Bd. 2, S. 171.

406 Vgl. Pauli, 4.12.1919, AHK, 32-260.4, Bl. 174.

407 Objektbezeichnungen vgl. Luckhardt 2001, S. 39–43.

408 Pauli an Denkmalschutzbehörde, 7.9.1923, AHK, 32-260.4, Bl. 135. Das Gemälde wird heute unter dem Titel *Der Innenhof des Hospitals von Arles*, 1889, geführt. Sammlung Oskar Reinhart „Am Römerholz", Winterthur.

409 Hmb. KH (Pauli) an Denkmalpfleger für das hamburgische Staatsgebiet (Stettiner), 26.6.1923, AHK, 32-260.4, Bl. 136.

kommen; denn van Gogh ist einer der wenigen Einmaligen und wird seinen Ruhm bewahren, das heisst seine Preise werden weiter steigen."[410]

Die *Blumenvase* von van Gogh stellte sich 1930 als Fälschung heraus, sodass Verkaufsverhandlungen mit der Kunsthalle nicht zum Abschluss kamen.[411] Und auch wenn die Hamburger Kunsthalle ihre Sammlung mit zahlreichen wertvollen Kunstwerken aus der Sammlung Behrens bereichern konnte, mutet es doch widersprüchlich an, dass die Kulturverwaltung einerseits Gemälde erwarb, die offiziell nicht zum national wertvollen Kunstbesitz zählten und andererseits die unrechtmäßige Verbringung von Gemälden ins Ausland duldete.

Nachdem durch die Überarbeitungen des Verzeichnisses alle Kunstwerke des 19. Jahrhunderts und damit auch Gemälde der Sammlung Behrens aus dem Verzeichnis von 1927 verschwunden waren, wurde die Hamburger Kunsthalle Mitte der 1930er Jahre erneut auf diesen Kunstbesitz aufmerksam. Die Gemäldesammlung Theodor Eduard Behrens wurde bis zum Tod seiner Witwe Esther 1936 veräußert. Das gemeinschaftliche Testament des Ehepaares Behrens von 1909 sah vor, der Hamburger Kunsthalle 27 Kohle-, Kreide-, Tusche- und Bleistiftzeichnungen von Adolf Menzel zu hinterlassen. Esther Behrens machte diese Verfügung nach dem Tod ihres Mannes rückgängig, das Landgericht Hamburg sprach im Februar 1937 die Zeichnungen dennoch dem Land Hamburg zu.[412] Obgleich sie zuvor aufgrund der testamentarischen Verfügung nicht in das *Verzeichnis der national wertvollen Kunstwerke* aufgenommen worden war, diente der Gedanke eines „nationalen Gemeingutes" zur Rechtfertigung antisemitischer Handlungen:

„Theodor Behrens war Volljude. Es erscheint aber trotzdem unbedenklich, das Vermächtnis anzunehmen und nichts unversucht zu lassen, die national wertvollen Kunstschöpfungen als Gemeingut des deutschen Volkes sicherzustellen. Ohne behördlichen Eingriff würden die Zeichnungen vermutlich wieder in jüdische Hände fallen."[413]

Die durch Erbschaftssteuer belastete Sammlung des 1925 verstorbenen Bruders Eduard Ludwig Behrens konnte durch einen Dauerleihvertrag mit der Hamburger Kunsthalle vor dem drohenden Verkauf bewahrt werden. Angesichts der antisemitischen Repressalien erwog sein Sohn, George Behrens, der seit 1932 in fünfter Generation dem Bankhaus als Seniorchef vorstand, die Bank in Amsterdam zu reaktivieren und damit seine

410 Hmb. KH (Pauli) an Bürgermeister Hamburg, 26.7.1924, zitiert in Ring 2010, Bd. 1, S. 502. Vgl. auch Wilhelm Wartmann (Hg.): Vincent van Gogh. Mit Zusätzen aus den Briefen des Künstlers. Ausstellung im Kunsthaus Zürich vom 03.07.–10.08.1924, Zürich 1924.

411 Vgl. Jacob-Baart de la Faille: Les faux van Gogh, Paris/Brüssel 1930; Luckhardt 2001, S. 38 und 40.

412 Vgl. Urteil des Landgerichts Hamburg, verkündet am 25.2.1937, StA Hamburg, 363- 6I, A 73, Bl. 57 f. „Das gemeinschaftliche Testament ergibt ganz klar, daß es sich bei diesen Vermächtnissen um korrespektive und daher nach dem Tode des Ehemanns nicht einseitig widerrufliche Verfügungen handelt." Kunsthalle (Löffler) an Kultur- und Schulbehörde, 9.12.1936, Entwurf, ebd., Bl. 9 f.

413 Schreiben vom 8.1.1937, ohne Absender, StA Hamburg, 363- 6I, A 73, Bl. 20.

Auswanderung vorzubereiten.[414] Zu diesem Zweck plante Behrens auch, wertvolle Gemälde im Ausland zu verkaufen, „um den Erlös zur Aufstockung der Kapitaldecke der Tochtergesellschaft zu verwenden".[415] Mit dem Auslaufen der zehnjährigen Leihverpflichtung schien für die Hamburger Kunsthalle der drohende Verlust der noch erhaltenen Gemälde nur noch mit der Unterschutzstellung durch die Reichsverordnung abwendbar. Harald Busch, mehrjähriger Assistent Paulis und Leiter der Gemäldegalerie der Hamburger Kunsthalle, führte im Frühjahr 1935 die Neuhängung der Galerie durch, die in Form eines kunsthistorischen Überblickes mit Werken von Max Liebermann und Emil Nolde endete.[416] Bei seinem Einsatz für die deutsche Moderne konnte Busch vermutlich nicht die zeitgleiche Reduzierung des Bestandes an wertvollen französischen Impressionisten riskieren und daher beantragte er am 11. Februar 1935 die Eintragung der von Behrens geliehenen Werke bei der Hamburger Kulturbehörde und stieß mit dieser Bitte auf Zuspruch.[417] Die Verkaufsabsichten wurden bereits kurz nach der Eintragung konkreter, sodass George Behrens im September 1935 beim Mitglied des Reichsbankdirektoriums, Emil Puhl, und wenig später im Reichsinnenministerium bei Ministerialrat Walter Conrad vorstellig wurde.[418] Überstürzte Verkäufe seiner Kunstwerke lehnte Behrens ab, weil er „die Bilder nicht erheblich unter Wert verkaufen" wollte.[419] Nachdem Conrad die Genehmigung eines Ausfuhrantrages mit der Begründung versagt hatte, das „Ministerium des Innern [gibt] in den nächsten Tagen dieses Ressort an das Kultusministerium ab", hoffte Behrens vergebens auf die Unterstützung Puhls, mit dem er einen vertrauten Umgang pflegte und der sich wiederholt beim Reichsinnenministerium um die Ausfuhrgenehmigung bemühte.[420] Conrad hielt sich eine Ablehnung des Ausfuhrwunsches vor, „da die gesetzlichen Vorarbeiten für eine künftige Regelung dieser Frage nicht abgeschlossen sind, und um keinen für die Zukunft präjudizierenden Bescheid ergehen zu lassen".[421] Damit konnte Behrens nicht mehr mit einer baldigen Ausfuhrerlaubnis rechnen und die Grundlage für seine Geschäftsverlegung ins Ausland zerfiel.[422] Anstatt die Behrens'schen Ausfuhrgesuche zu bearbeiten, informierte das Reichsinnenministerium George Behrens am 5. Januar 1937 per Ein-

414 Vgl. BArch, R2501/9325, vgl. auch Köhler 2008, S. 288.

415 Köhler 2008, S. 288, vgl. L. Behrens und Söhne an Reichsbank (Lembcke), 1.11.1937, BArch, R2501/9325, Bl. 206 f.

416 Diese Entscheidung kostete Busch im Oktober 1935 sein Amt. Vgl. Luckhardt 2002, S. 29 ff. Vgl. auch Carl Georg Heise: Die Hamburger Kunsthalle in neuer Gestalt, Frankfurter Zeitung, Juni 1935.

417 Vgl. Hmb. KH (Busch) an Kultur- und Schulbehörde, Abtl. Volkstum, Kirche und Kunst, 11.2.1935, AHK, 32-260.4, Bl. 89.

418 Gespräch im RMdI am 14.10.1935. Vgl. Behrens an Reichsbankdirektorium (Puhl), 27.9.1935 und 16.10.1935, BArch, R2501/9325, Bl. 390 ff.

419 Behrens an Reichsbankdirektorium (Puhl), 27.9.1935, ebd., Bl. 392.

420 Vgl. Behrens an Reichsbankdirektorium (Puhl), 16.10.1935, 11.2.1936, 8.4.1936, ebd., Bl. 350, 373 und 390 f.

421 Reichsbankdirektorium (Puhl) an Behrens, 8.4.1936, BArch, R2501/9325, Bl. 349.

422 Ebd.

schreiben über die Unterschutzstellung eines weiteren Gemäldes: der *Wasserlandschaft* von Jean-Baptiste-Camille Corot. Warum Behrens das zuvor vom Ausfuhrschutz frei belassene Gemälde nicht bereits 1936 auf dem Pariser Markt veräußert hatte, auf dem infolge der großen Corot-Ausstellung im Musée de l'Orangerie Werke des Meister hohe Preise erzielten, muss offen bleiben.[423] Vermutlich überstiegen die antisemitischen Maßnahmen der Nationalsozialisten auch Behrens' Vorstellungskraft; letztendlich war es die Verordnung von 1919, die dem Bankier seine Geschäftsgrundlage entriss. Grundsätzlich überrascht die Selbstsicherheit von Behrens noch im Sommer 1937: „Die Ausfuhrgenehmigung für diese Bilder werden wir beschaffen."[424] Die Kunstsammlung der Familie Behrens blieb im Visier der Hamburger Kulturbehörde, die im Dezember 1938 folgenden Bericht von der Kunsthalle erhielt:

> „Ein Teil der in dem Verzeichnis des Reichsministeriums des Innern angeführten Werke war nur unter Schwierigkeiten zu besichtigen. Die Sammlung Th. L. Behrens ist zur Zeit überhaupt nicht zugänglich infolge der am 9. 11. 38 geschehenen Ereignisse.
> Mit Ausnahme der unter Th. L. Behrens aufgeführten Werke sind sämtliche in dem Verzeichnis aufgeführten Stücke an Ort und Stelle in Hamburg vorhanden."[425]

Noch bis Mitte des Jahres 1939 konnte die Hamburger Kulturverwaltung keine Stellungnahme zum Verzeichnisentwurf übermitteln und musste wiederholte Mahnungen des Reichsministeriums des Innern mit Nachdruck an die Museumsbeamten weiterleiten, denn „solche Verzögerungen werden der Kulturverwaltung zur Last gelegt".[426] So initiierte die Kunsthalle erneut die Besichtigung der Sammlung Behrens, die im Tresor des Ende 1938 liquidierten Bankhauses gesichert war und erst am 12. Oktober 1939 besichtigt werden konnte. Wolf Stubbe berichtete der Hamburger Kulturbehörde und schlug zwei weitere Werke zur staatlichen Ausfuhrbeschränkung vor. Der Kustos verlangte die Unterschutzstellung von Jules Duprés *Die Brücke*, weil die Landschaft „durch ihre eindringliche, klare Komposition […] zu den besten Werken des Meisters [gehört]. Die köstliche Behandlung der vielfarbigen, durch eine scharf silhouettierte Baumkrone strahlenden Lichtpracht des Abends machte das Gemälde seit seiner Entstehung berühmt".[427] Außerdem erfuhr eine Landschaft von Théodore Rousseau die Aufmerksamkeit Stubbes: „Diese Herbstlandschaft reiht sich durch ihre machtvolle Tiefenwirkung und den prachtvoll gemalten Himmel unter die am meisten geglückten Arbeiten

423 Reichsbankdirektorium (Puhl) an Behrens, 2. 4. 1936, BArch, R2501/9325, Bl. 350; vgl. auch Marie Delaroche-Vernet: Corot. Ausst.-Kat., Musée de l'Orangerie, Paris 1936.

424 Behrens wurde in dieser Annahme besonders gestärkt, weil die Reichsbank die Transaktion befürwortete und sich für die Freigabe einsetzen wollte. Behrens an Reichsbank für Auslandsschulden (Wolf), 28. 7. 1937, BArch, R2501/9325, Bl. 245.

425 Hmb. KH an Hmb. KM, 8. 12. 1938, AHK, 32-260.4, Bl. 34. Gelistet werden die Sammlungen Kunsthalle Hamburg, Philipp Reemtsma, Hermann Diekmann sen., Frau Martin Bromberg und Adolf Glitza. Es fehlen die Sammlungen Henry Budge, Robert Köber, Albert Lévy, Werner Lüps, Helene Rümker und die Kunsthandlung Commeter.

426 Hmb. KM an Hmb. KH (Kloos), 3. 7. 1939, AHK, 32-260.4, Bl. 21.

427 Hmb. KH (Stubbe) an Hmb. KM, 18. 10. 1939, ebd., Bl. 16.

des grossen Landschafters."[428] Die Benachrichtigung über die Eintragung beider Gemälde gelangte zu Händen des Testamentsvollstreckers Heinrich Weiß, der als „arischer" Mitarbeiter des Bankhauses Behrens die Liquidation begleitet und die Leitung der Norddeutschen Kreditbank übernommen hatte.[429] Ein großer Teil der in den Jahren 1936 bis 1939 eingetragenen Kunstwerke der Sammlung Behrens zählt infolge des Zweiten Weltkriegs zum Verlust. Welche nicht unter Ausfuhrschutz gestellten Werke sich in den Jahren der Emigration und „Arisierung" noch in Hamburg befanden, kann nicht mit Sicherheit gesagt werden. Nachdem 1940 auch die Amsterdamer Bank liquidiert worden war, gelang George Behrens nach mehrjähriger Haft in Südfrankreich 1941 die Emigration nach Kuba.[430]

4.2 „National wertvoll" und „entartet" zugleich: Unterschutzstellung französischer Impressionisten

Die ökonomische Nutzbarmachung des deutschen Ausfuhrschutzes wird durch den Umgang mit Werken französischer Impressionisten belegt, die unter der nationalsozialistischen Regierung wieder in das *Verzeichnis der national wertvollen Kunstwerke* aufgenommen wurden. Seit der Jahrhundertwende war bekanntlich die Zahl privater Sammler in Deutschland gewachsen, die Kunstwerke impressionistischer Künstler zusammentrugen.[431] Die Berliner Nationalgalerie erwarb seit 1896 als erstes deutsches Museum Werke französischer Impressionisten, wodurch sich ihr Leiter, Hugo von Tschudi, der öffentlichen Kritik aussetzte und 1908 seine Entlassung durch Kaiser Wilhelm II. provozierte.[432] „Man betrachtete eine Nationalgalerie als den rechten Ort, um das ‚Nationalbewußtsein' zu wecken, das man immer noch vermißte", konstatierte Hans Belting in

428 Ebd. Die Hamburger Kunsthalle schlug Kunstwerke zudem aufgrund des Devisenwertes für eine Unterschutzstellung vor, wie die Empfehlung von acht Werken im Besitz des im September 1937 in Stockholm verstorbenen Hamburger Sammlers Rudolf Brach zeigte. Ein Gutachten der Kunsthalle äußerte, „dass Werke von Delacroix neuerdings sehr hoch eingeschätzt und bezahlt werden" und dass es sich bei den betroffenen Werken „um eine gute Durchschnittsqualität handelt, die weniger wegen ihres unersetzlichen Kunstwertes als wegen ihres Devisenwertes zurückgehalten zu werden verdiente". Hmb. KH an Hmb. KM, 3.6.1938 und 8.8.1938, AHK, 32-260.4, Bl. 45 und 47. Eingetragen wurden letztendlich *Nächtliche Szene* von Eugene Delacroix, *Schlucht der Loue bei Ornans* und *Waldlandschaft* von Gustav Courbet, außerdem eine chinesische Bronzeglocke des 3. Jh. v. Chr.

429 Vgl. Köhler 2008, S. 290.

430 Vgl. Faire und gerechte Lösung zwischen den Bayerischen Staatsgemäldesammlungen und den Erben von George Behrens. Presseinformation Bayerische Staatsgemäldesammlung vom 15.05.2013. Vgl. auch BArch, R2501/9325.

431 Vgl. Sammler der frühen Moderne in Berlin, Zeitschrift des Deutschen Vereins für Kunstwissenschaft, Bd. 42, H. 3, 1988; Pophanken/Billeter 2001.

432 Vgl. Paul 1993. Zur Rezeptionsgeschichte Paul Cézannes vgl. Walter Feilchenfeldt: Zur Rezeptionsgeschichte Cézannes in Deutschland, in: Cézanne. Gemälde von Götz Adriani, Köln 1993, S. 293–312.

seiner Studie *Identität im Zweifel*.[433] Die französische Moderne hatte bei diesem Vorhaben keinen Platz. „Nationale Ressentiments, die auf die wiederholt geschürte Angst vor französischem Revanchismus und auf das nach wie vor virulente Feindbild zurückzuführen sind", schlugen sich in der offiziellen Kunstdebatte der Jahrhundertwende nieder, kamen auch in den folgenden Jahrzehnten nicht zum Erliegen und erfuhren unter den Nationalsozialisten einen neuen Höhepunkt.[434] Der Erwerb des *Mohnfeldes* von van Gogh für die Bremer Kunsthalle durch ihren Leiter Pauli führte 1911 zum sogenannten Bremer Künstlerstreit, der sich schnell reichsweit ausbreitete. 118 Künstler und 57 Vertreter des Kulturlebens protestierten in der 80-seitigen, von Carl Vinnen eingeleiteten Broschüre *Ein Protest deutscher Künstler* gegen die „große Invasion französischer Kunst" und plädierten für die Förderung der eigenen „nationalen" Kunst.[435] Ankäufe wie die *Nana* von Edouard Manet für die Hamburger Kunsthalle 1924, das Gemälde *Sänger Faure* desselben Künstlers für das Museum Folkwang in Essen 1927 oder *Der Garten Daubigny* von Vincent van Gogh durch die Nationalgalerie 1929 führten zu einem nicht abebbenden und von der Presse reichsweit genährten Protest gegen hohe staatliche Ausgaben für nicht-deutsche Kunst.[436] Besonders der „Rembrandtdeutsche" Julius Langbehn machte seit Ende des 19. Jahrhunderts seine aggressiv ablehnende Haltung dem französischen Impressionismus gegenüber publik, die mit der 1928 postum von Momme Nissen herausgegebenen Schrift *Dürer als Führer* neuen Zündstoff erhielt. Darin stellte Langbehn den Altdeutschen in einen Gegensatz zu modernen Kunstströmungen, um seiner Verachtung der Moderne Ausdruck zu verleihen:

> „Das Obenhin und Huschel-Buschel der heutigen jungen Malerschaft findet in Dürers geistig durchdachter und technisch höchst persönlicher Feinmalerei seinen ausgesprochenen Gegenpol."[437]

Die Nationalsozialisten bedienten sich der bereits schon stereotyp gewordenen Debatte um die nicht-deutsche Kunst; so sah Alfred Rosenberg im Impressionismus den Beginn einer „Kunst-Entartung", dargelegt in seinem *Mythus des 20. Jahrhunderts*, das neben Hitlers *Mein Kampf* mit mehr als einer Million Exemplaren zur auflagenstärksten ideologischen Schrift des Nationalsozialismus wurde.

Die Zeitschrift *Kunst der Nation* versuchte Vincent van Gogh von den französischen Impressionisten abzugrenzen und den „Niederdeutschen" zum „Vorläufer des nordischen

433 Belting 1999, S. 123.

434 Paul 1993, S. 36.

435 Vinnen 1911, S. 2. Auch Käthe Kollwitz, Franz von Stuck und Wilhelm Trübner zählten zu den Unterzeichnern.

436 Vgl. zu den genannten Fällen Ring 2010, Bd. 2, S. 171; Ulrike Laufer: Sammlerfleiß und Stiftungswille. 90 Jahre Folkwang-Museumsverein – 90 Jahre Museum Folkwang, Göttingen 2012, S. 84 ff.; Andrea Meyer: In guter Gesellschaft. Der Verein der Freunde der Nationalgalerie Berlin von 1929 bis heute, Berlin 1998, S. 90.

437 Langbehn/Nissen, 1928, S. 11.

Aufbruchs" zu machen.[438] Von Paul Westheim war über die „Annexion" van Goghs daraufhin spöttisch-ablehnend zu vernehmen: „Wie rasend schnell macht man doch Karriere im neuen Deutschland: vor drei Jahren noch ‚manischer Idiot' und heute bereits ‚nordischer Geist'!"[439]

Dieser weltanschaulich geprägten Verachtung vorwiegend der französischen Impressionisten und ihrer Nachfolger stand deren wirtschaftliche Bedeutung auf dem internationalen Kunstmarkt entgegen, die auch die Nationalsozialisten nicht ignorieren konnten. Wie Karin Schick in ihrer Studie zur amerikanischen Cézanne-Rezeption feststellt, fällt bei der „Preisentwicklung von impressionistischen und post-impressionistischen Werken innerhalb des 20. Jahrhunderts [...] nicht nur deren starker Anstieg ins Auge, sondern auch die Vorherrschaft der Amerikaner unter den Sammlern der Welt".[440] Deshalb stellten Werke französischer Impressionisten in privaten und öffentlichen deutschen Sammlungen ein Devisenreservoir dar, so dass die Nationalsozialisten den materiellen Wert nicht in gleicher Weise geringschätzten wie den ideellen. Vergleichbar ist die Situation mit der Verwertung der als „entartet" beschlagnahmten Kunst im Ausland. Die Grenzen zwischen als „national wertvoll" geadelter und als „entartet" diffamierter Kunst sind somit fließend, wie die nachfolgenden Fälle zeigen werden.

4.2.1 Der Fall Jakob Goldschmidt

Die Verhandlungen der Staatlichen Museen zu Berlin um die Freigabe der Sammlung Goldschmidt zur Ausfuhr liefern ein Beispiel für die verschärften Vorgehensweisen und die Motive des Staates bei Unterschutzstellungen. Der jüdische Bankier Jakob Goldschmidt gehörte zu den führenden Berliner Kunstsammlern der 1920er Jahre, wobei er Werke unterschiedlicher Gattungen und Kunstströmungen sammelte. Dabei pflege er eine ausgeprägte Verbindung zu den Berliner Museen, die sich in seiner Mitgliedschaft im Vorstand des Kaiser-Friedrich-Museums-Vereins und in seiner Rolle als Gründungsmitglied des Vereins der Freunde der Nationalgalerie zeigte; 1929 hatte er mit einem zinslosen Kredit den umstrittenen Ankauf von van Goghs *Garten von Daubigny* für die Nationalgalerie ermöglicht.[441] Mit dem Zusammenbruch der von Goldschmidt geführten Darmstädter und Nationalbank 1931 wurden nicht nur die Verpflichtungen der insolventen Bank, sondern auch seine Häuser in Berlin und Neubabelsberg ein-

438 Wilhelm von Schramm: Van Gogh als niederdeutsches Problem, Kunst der Nation, 2. Jg., Nr. 5, 1. 3. 1934.

439 Paul Westheim: Van Gogh wird annektiert. Ein „Vorläufer des nordischen Aufbruchs", Deutsche Stimmen, 3. 1. 1935.

440 Karin Schick: The making of Cézanne. Eine amerikanische Rezeption, Tübingen 2002, S. 118. Der große Erfolg der Van-Gogh-Ausstellung in New York 1936 bekräftigte diese Entwicklung. Vgl. auch Watson 1992, S. 263.

441 Vgl. Jörg Limberg: Die Sammlung des Bankiers Jakob Goldschmidt (1882–1955), in: Privates und öffentliches Sammeln in Potsdam, 100 Jahre „Kunst ohne König", hg. von Jutta Götzmann, Berlin 2009, S. 78; Meyer 1998, S. 88.

schließlich aller Kunstgegenstände der Dresdner Bank übereignet. Nur ein Teil konnte durch einen Kredit von August Thyssen wieder ausgelöst werden.[442] Im Frühjahr 1933 emigrierte Goldschmidt über die Schweiz in die USA und ließ dabei eine große Anzahl von Kunstwerken zurück, die bis 1941 im Tresor der Dresdner Bank verweilen sollten. Fünfzehn dieser Werke wurden 1937 ins *Verzeichnis der national wertvollen Kunstwerke* aufgenommen.[443] Auf die Sammlung Goldschmidt und die empfundene Notwendigkeit einer Ausfuhrverhinderung hatte bereits im Februar 1935 der bayerische Kunstsachverständige und Direktor des Germanischen Nationalmuseums, Ernst Heinrich Zimmermann, hingewiesen, der in einem Schreiben an seine übergeordnete Stelle bedauerte, „dass die Emigranten fast alle Kunstwerke mitgenommen haben, besonders bedeutende Bilder französischer Impressionisten".[444] Konkret meinte er die Kunstwerke, „die sich im Besitze der Darmstädter Bank befanden" und die in die Museen verbracht werden sollten: „Der frühere Direktor der Darmstädter Bank, Jakob Goldschmidt in Berlin und Neubabelsberg hat neben einer hervorragenden Sammlung französischer Impressionisten Werke von Renoir, Cezane [sic!] etc.".[445]

Goldschmidt versuchte, eine Auslösung seiner Kunstwerke mit Verkaufsverhandlungen zu verbinden, die er Anfang des Jahres 1938 mit dem Deutschen Museum um eine Dürer zugeschriebene *Tanzende Frauenfigur* führte.[446] Goldschmidt hatte die Skulptur für 120.000 RM von Benoit Oppenheim erworben und mit ihr das Verbot der Ausfuhr, das seit dem Erlass der Verordnung 1919 bestand.[447] Das Kunsthaus Lempertz vertrat Goldschmidt und die August Thyssen-Hütte bei diesem Angebot und setzte 70.000 RM als Verhandlungsbasis an.[448] Nachdem das Deutsche Museum zur Zahlung von nur 40.000 RM bereit war, forderte Goldschmidt die Streichung seiner restlichen auf die Liste gesetzten Werke:

> „Man hat mir im vorigen Jahre ploetzlich eine grosse Anzahl der Bilder auf die Liste wichtiger nationaler Kunstschaetze gesetzt. Soweit es sich dabei um deutsche Bilder handelt, habe ich dafuer volles Verstaendnis. Doch hat man darueber hinaus teilweise unbedeutende Bilder aus der Periode der Impressionisten ebenfalls auf die Liste gestellt. Ich kann mir nicht vorstellen, dass irgendein Interesse vom kulturellen Standpunkt aus gesehen für das Festhalten dieser Bilder bestehen kann und ich habe deshalb Herrn Bernhard die Anregung gegeben, ob wir vielleicht nicht die Frage der Taenzerin mit der Frage dieser Bilder verknuepfen koennen."[449]

442 Vgl. ebd., S. 79.
443 Die Werke können im Verzeichnis von 1938 nachgewiesen werden. Aufbewahrungsort ist bei 13 der 15 Werke der Tresor der Dresdner Bank.
444 GNM (Zimmermann) an Bay. KM, 21.2.1935, BayHStA, MK 40838, Bd. 6.
445 Ebd.
446 Vgl. Lempertz an DM (Demmler), 26.2.1938, SMB-ZA, I/SKS 64, Bl. 314. Bereits im Juni 1936 hatte Hugo Helbing in einer Anzeige in *Der Weltkunst* den Verkauf der Figur angekündigt. Vgl. Die Weltkunst, 10. Jg., Nr. 23/24, 14.6.1936.
447 Die Skulptur befand sich im ersten veröffentlichen Verzeichnis von 1922. Zuvor listete Bode in seinen persönlichen Notizen die Sammlung Benoit Oppenheim mit der „Auswahl aus der reichen Sammlung deutscher und französischer Skulpturen". SMB-ZA, NL Bode 432.
448 Vgl. Lempertz an DM (Demmler), 1.3.938, SMB-ZA, I/SKS 64, Bl. 315.
449 Goldschmidt an August Thyssen-Hütte (Härle), London 3.4.1938, SMB-ZA, I/SKS 64, Bl. 320.

Während sich die Staatlichen Museen aufgrund des großen Interesses an der Buchsfigur für die Freigabe der übrigen Werke einsetzten, konnte der Direktor des Deutschen Museums, Theodor Demmler, beim Reichsinnenministerium keine uneingeschränkte Unterstützung erhoffen. Die Unterschutzstellung moderner ausländischer Kunst diente der Schaffung von Tauschobjekten für Devisenkäufe. Aus der Sammlung Goldschmidt befanden sich unter anderem sieben Werke französischer Impressionisten und das Werk *Am Klavier* von Anselm Feuerbach unter Ausfuhrschutz.[450] Das Reichsinnenministerium bestand darauf, dass mindestens ein Werk Monets dem Verzeichnis erhalten blieb, betonte aber zugleich, „die Einführung der Goldschmidtschen Bilder in die Liste des national wertvollen Kunstgutes geschah im Rahmen einer vom Ministerpräsidenten persönlich eingeleiteten kunstpolitischen Aktion, richtet sich also nicht etwa gegen die Persönlichkeit von Herrn Goldschmidt".[451] Eindeutig gegen seine Persönlichkeit richteten sich die Aberkennung seiner Staatsangehörigkeit 1940 und die Beschlagnahmung seines Vermögens.[452] Es folgte eine Versteigerung der übrigen Kunstwerke der ehemaligen Sammlung Goldschmidt im Herbst 1941 im Berliner Auktionshaus Hans W. Lange.[453] Einem dem Katalog beigelegten Blatt konnten die interessierten Käufer entnehmen, welche Werke im *Verzeichnis der national wertvollen Kunstwerke* standen.[454] Ein Blick auf diese Zusammenstellung verdeutlicht, dass die Kunstsachverständigen die Einsprüche übergeordneter Stellen hinnehmen mussten und den Ausfuhrschutz nicht uneingeschränkt für die Durchsetzung der Interessen der Museen oder Sammler einsetzen konnten. Keines der eingetragenen Werke der französischen Impressionisten wurde gestrichen, dafür setzte sich Göring persönlich ein.[455] Auch das Werk von Feuerbach, der nun als „unbekannter Meister" angeboten wurde, befand sich weiterhin unter Ausfuhrschutz. Die Statuette der *Tanzenden Frauenfigur* ging für 40.000,– RM in den Besitz des Deutschen Museums über.[456] Die Höhe des Preises bezeichnete Demmler als „genügend und endgültig" und schloss den Fall mit den Worten:

450 Der Verbleib des Werkes *Am Klavier* von 1866 ist laut dem Werkverzeichnis von 1991 unbekannt. Vgl. Jürgen Ecker: Anselm Feuerbach. Leben und Werk, Kritischer Katalog der Gemälde, Ölskizzen und Ölstudien, München 1991, Werknummer 429, S. 266.

451 DM (Demmler) an SMB (Kümmel), 25. 4. 1938, SMB-ZA, I/SKS 64, Bl. 333.

452 Vgl. Limberg 2009, S. 80.

453 Die Finanzbehörden übergaben Kulturgüter des eingezogenen jüdischen Vermögens oft der Firma Hans W. Lange zur Versteigerung. Vgl. Enderlein 2006, S. 129. Die Versteigerung diente zum Teil der Tilgung ausstehender Verpflichtungen Goldschmidts gegenüber der Dresdner Bank, die 816.000 RM erhielt.

454 Hier: „Liste der national wertvollen Kunstdenkmäler". Die Autorin dankt Patrick Golenia für den freundlichen Hinweis auf den Katalog.

455 Vgl. RMdI (Conrad) an die SMB (Kümmel), 29. 11. 1938, handschriftlicher Vermerk, SMB-ZA, I/SKS 64, Bl. 366. Nur ein Mädchenpastell von Manet wurde gestrichen.

456 Vgl. ebd.

„Ich habe mich über ein halbes Jahr bemüht, diese Freigabe durchzusetzen, da es sich um Bilder handelt, die in der Tat weder ihrem Kunstwert noch ihrem Geldwert nach für das Deutsche Reich von wesentlicher Bedeutung sein können. [...] Ein etwaiger Rückgang des Kaufes würde ja zur Folge haben, dass die Figur beschlagnahmt und Goldschmidt dann ja vielleicht ohne die Entschädigung bleiben würde."[457]

Nach dem Zweiten Weltkrieg, im Jahr 1958, wurde die Versteigerung der Sammlung Goldschmidt in London „ein Jahrhundertereignis im Kunsthandel".[458] Vor allem die impressionistischen Werke verzeichneten neue Rekordpreise, Cézannes *Le Garçon auf Gilet Rouge* erzielte mit 220.000 Pfund Sterling den höchsten Erlös.[459]

4.2.2 Der Fall Margarete Oppenheim und Georg Hirschland

Bereits der Fall Goldschmidt zeigte, dass dem Sammler die Streichung von Werken der französischen Moderne aus wirtschaftlichen Gründen versagt wurde, denn zur Devisenbeschaffung hielt das Reich wertvolle und auf dem internationalen Markt hoch gehandelte Kunstwerke in Privatbesitz vor der Ausfuhr zurück. 1935 bekam die „Fides Treuhand-Vereinigung", das zweitgrößte Unternehmen des schweizerischen Treuhandwesens, vom Reichswirtschaftsministerium die Genehmigung, Kunstwerke im Wert von 4,8 Millionen Reichsmark in Deutschland zu erwerben, wobei das Reich mit zehn Prozent Devisenanteil beteiligt wurde (Abb. 11).[460] Es handelte sich um „Erwerbungen, die im Rahmen einer grösseren finanziellen Transaktion Verwendung finden sollen" und die für einen Kredit der Fides zur Sanierung des Gebrüder Walterspiel gehörenden Münchner Hotels „Vier Jahreszeiten" bewilligt wurden.[461] Da es sich um eine zeitlich begrenzte Genehmigung handelte, die im Mai 1936 auslaufen sollte, geriet die Fides unter Handlungsdruck und scheute nicht vor dem Versuch zurück, Museumsbesitz für die Devisen-

457 DM (Demmler) an August Thyssen-Hütte (Härle), 15.12.1938, SMB-ZA, I/SKS 64, Bl. 367.

458 Schick 2002, S. 120.

459 Vgl. Michael Jurk: Kunstsammler zwischen Geschäft und Leidenschaft. Der Bankier Jakob Goldschmidt, in: Aufbruch in die Moderne. Sammler, Mäzene und Kunsthändler in Berlin 1880–1933, hg. von Anna-Dorothea Ludewig, Julius H. Schoeps und Ines Sonder, Köln 2012, S. 196–209. Auktionsergebnisse vgl. Aline B. Saarinen: A Painting That Tells Modern Art's Story, in The New York Times Magazine, 2.11.1958, S. 16 f. und S. 76–79.

460 Insgesamt bekam die Fides die Genehmigung zur Mobilisierung von 8 Mio. RM Sperrguthaben, wovon 60 Prozent durch Ankäufe von Kunstwerken „jeglicher Art" umgelegt werden durften. Bis zum (vorläufigen) Auslaufen der Bewilligung im Mai 1936 wurden 1.160.000 RM aktiviert. Vgl. Reichs- und Pr. WM (Wohlthat) an Staatssekretär und Chef der Reichskanzlei, 5.7.1937, BArch, R43-II/1238c, Bl. 51 f.; Exposé von Dr. Franz Seiler, *Anhaltspunkte und Erläuterungen für Herrn Hauptmann Wiedemann, betreffend Angelegenheit Walterspiel/Kunst*, BArch, R55/21571; Bericht der Fides Treuhand-Vereinigung über das 25. Geschäftsjahr 1935, BArch, R 907/1414 und Tisa Francini/Heuß/Kreis 2001, S. 124 f.

461 NG (Hanfstaengl) an REM (Rust), Vormerkungen zu Besprechungen mit Dr. Seiler von der Fides Treuhandgesellschaft in Zürich, geheim, 22.11.1935, SMB-ZA, I/NG 946, Bl. 250. Vgl. Haug 2008, S. 48 ff.

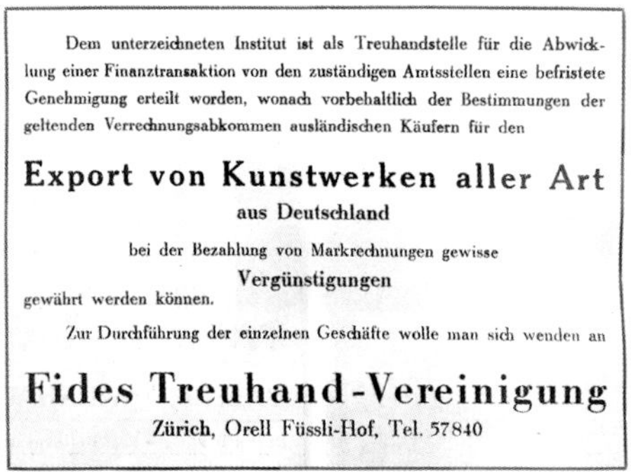

11 Fides-Anzeige in der *Weltkunst* im Frühjahr 1937

gewinnung zu mobilisieren.[462] Das Reichspropagandaministerium bat am 22. November 1935 per Telegramm die Museen in Berlin, München, Dresden, Essen, Hamburg, Bremen, Frankfurt am Main, Köln und Mannheim, Fotografien ausgewählter impressionistischer Kunstwerke aus dem jeweiligen Museumsbestand zu übersenden.[463] Der Direktor der Berliner Nationalgalerie, Eberhard Hanfstaengl, bekam an diesem Tag bereits den zweiten Besuch vom Fides-Vertreter Franz Seiler, der großes Interesse an Kunstwerken französischer Impressionisten zeigte, hauptsächlich an Werken von Cézanne, Manet, Renoir und van Gogh und somit am „wertvollsten und unersetzlichsten Besitz an ausländischer Kunst innerhalb dieser Galerie".[464]

462 Die Genehmigung wurde nach halbjähriger Pause am 9. November 1936 bis zum 30. September 1937 verlängert. Vgl. Reichs- und Pr. WM (Wohlthat) an Staatssekretär und Chef der Reichskanzlei, 5.7.1937, BArch, R43-II/1238c, Bl. 51 f. Letztmaligen Hinweis auf das Bestehen dieser Vereinbarung liefert der 31. Dezember 1939, vgl. RWM (Landwehr) an Reichsminister und Chef der Reichskanzlei (Willuhn), 4.3.1940, ebd., Bl. 56 f.

463 Vgl. REM (Kunisch) an den Führer und Reichkanzler, in Abschrift NG, 24.11.1935, SMB-ZA, I/NG 946, Bl. 256; SKD (Posse) an RMVP (v. Keudell), 22.11.1935, SKD Altregistratur, 01/GG 6, Bd. 19, Bl. 657. Vgl. auch Haug 2008, S. 49. Zu Verkaufsverhandlungen um Werke Manets, Renoirs und van Goghs aus der Sammlung des Museum Folkwang Essen vgl. Laufer 2012, S. 135 f.

464 NG (Hanfstaengl) an REM (Rust), Vormerkungen zu Besprechungen mit Dr. Seiler von der Fides Treuhandgesellschaft in Zürich, geheim, 22.11.1935, SMB-ZA, I/NG 946, Bl. 250. Insgesamt forderte das Reichspropagandaministerium folgende Werke, von denen die Nationalgalerie auch umgehend Fotografien zukommen ließ: Cézannes *Landschaft, Stilleben (Blumen)* und *Stilleben (Obst)*, Manets *Dans la serre, La maison de maet* und *Les lilas*, Renoirs *Die Familie Wargemont, Landschaft* und *Jeune Femme en fauteuil* sowie van Goghs *Les amours, Le jardin Daubignys „i a gez"* [vermutlich das dritte Gemälde, das 1940 beschlagnahmt wurde, *Kornfeld mit Mäher* von 1889], vgl. RMVP an NG, 22.11.1935, Telegramm, SMB-ZA, I/NG 946. Hans Posse sandte am gleichen Tag Fotografien von Manets *Dame in Rosa*, van Goghs *Quittenstilleben* und Degas' *Tänzerinnen*, die sich im Bestand der Staatlichen Gemäldegalerie Dresden befanden. Manets *Dame in Rosa* stand Anfang der 1920er Jahre im *Verzeichnis der national wertvollen Kunstwerke*, bis es 1921 in Galeriebesitz gelangte. Vgl. SKD (Posse) an RMVP (v. Keudell), 22.11.1935, SKD Altregistratur, 01/GG 6, Bd. 19, Bl. 657.

Erinnert man sich an die Kritik, die Hugo von Tschudi einst mit dem Erwerb erster impressionistischer Gemälde für die Nationalgalerie geerntet hatte, erscheint die Entfernung der Werke dieses Stils aus den Museen als Rückfall in die akademische Kulturpolitik Wilhelms II.[465] Impressionistische Künstler konnten Devisen für die Kriegswirtschaft einbringen; gleichzeitig eröffnete dies die Möglichkeit nicht-nationale Kunstwerke aus öffentlichen Sammlungen zu entfernen. Hanfstaengl, der gegenüber seinen Kollegen über einen Informationsvorsprung verfügte, lehnte die Veräußerung aus Museumsbesitz ab und gab damit einen Standpunkt vor, den auch das Reichserziehungsministerium Hitler gegenüber vertrat.[466] Hanfstaengl stellte überdies die schwer zu erfüllende Bedingung, dass „gleichzeitig dadurch die Erwerbung eines besonders wichtigen Werkes deutscher Kunst ermöglicht würde".[467] Da jedoch „Gegenwerte in anderen Kunstwerken" nicht vorhanden waren, lenkte Hanfstaengl „die Aufmerksamkeit Seilers auf einige bedeutende Bilder des Privatbesitzes namlich [sic!] den Nachlass von Frau Oppenheim, aus dem das eine oder andere Stück wohl zu haben sei". Weiter berichtete Hanfstaengl über das Gespräch mit Seiler:

> „Bei dieser Gelegenheit deutete ich an, dass es wohl möglich sei, dass noch eine andere Reihe derartige Objekte in Privatbesitz namentlich solche, die auf die Sperrliste gesetzt sind, freigemacht werden können."[468]

Die Sammlung von Margarete Oppenheim in Berlin bestand nicht nur aus wertvollen kunstgewerblichen Objekten, von denen sie einen Teil über 15 Jahre dem Schlossmuseum Berlin als Leihgabe zur Verfügung gestellt hatte; sie baute zudem eine der bedeutendsten Sammlungen französischer Impressionisten auf. Besonders die Werke Cézannes waren so umfangreich wie in sonst keiner deutschen Privatsammlung ver-

465 Vgl. Tisa Francini/Heuß/Kreis 2001, S. 133.

466 REM (Kunisch) an Reichskanzler (Hitler), 24.11.1935, SMB-ZA, I/NG 946, Bl. 256. Bereits vor der offiziellen Anfrage durch das Reichspropagandaministerium hatte sich Hanfstaengl an seine ebenfalls betroffenen Kollegen gewandt: „Ich glaube unser aller Antwort wird einstimmig sein: Nein". Hanfstaengl an Buchner, Posse, Baudissin, Kleinschmid, Waldmann, Swarzenski, Förster und Strübing, 14.12.1935, DKA, NL Hanfstaengl, Eberhard, unverzeichnet. Hans Posse beklagte, dass „die 3 besten" der insgesamt nur 7 Werke impressionistischer Künstler der Dresdner Gemäldegalerie gefordert wurden: „Eine Abgabe dieser Bilder vermag ich nicht zu vertreten", so Posse an das sächsische Kultusministerium. SKD (Posse) an Sächs. KM, 18.12.1935, SKD Altregistratur, 01/GG 6, Bd. 19, Bl. 659. Eine Ausnahme stellte das Museum Folkwang Essen dar, wo Baudissin die Gelegenheit sah, Manets *Schauspieler Faure als Hamlet* abzustoßen: „Wir sind also in der seltenen Lage, die sich hier bietende Lage durchaus begrüßen zu können." Museum Folkwang (Baudissin) an NG (Hanfstaengl), 19.12.1935, DKA, NL Hanfstaengl, Eberhard, unverzeichnet. Vgl. auch Laufer 2012, S. 135–138.

467 Siehe im Folgenden NG (Hanfstaengl) an REM (Rust), Vormerkungen zu Besprechungen mit Dr. Seiler von der Fides Treuhandgesellschaft in Zürich, geheim, 22.11.1935, SMB-ZA, I/NG 946, Bl. 250.

468 Ebd., Bl. 251.

treten.[469] Nachdem Oppenheim 1935 gestorben war, bemühten sich ihr in der Schweiz lebender Stiefsohn Kurt Oppenheim und der Nachlassverwalter Walther von Simson um die testamentarisch bestimmte Auflösung der Sammlung in Form einer Versteigerung, die vom 18. bis 22. Mai 1936 im Münchner Künstlerhaus von Julius Böhler durchgeführt wurde.

In Vorbereitung auf die besonders in Amerika und Frankreich beworbene Auktion sollten alle unter Ausfuhrschutz gestellten Objekte der Sammlung Oppenheim freigegeben werden, damit auf die Nachfrage des Auslandes eingegangen werden konnte.[470] Die Anzahl der betroffenen Kunstwerke kann nur vermutet werden, weil ein Vorgang zur Eintragung in den Akten nicht überliefert ist.[471] Erst mit dem Verzeichnis von 1938 wird der Ausfuhrschutz für zwölf Gemälde und Zeichnungen Cézannes, drei Werke van Goghs und eine Verkündigung von El Greco, die 1941 als Werkstattkopie identifiziert wurde[472], dokumentiert. Auch Böhler bestätigte, dass alle Werke Cézannes, die er im Katalog zur Versteigerung anbot, bereits 1936 unter Ausfuhrschutz standen.[473] Ungeachtet der Anzahl eingetragener Kunstwerke bemühten sich diverse Stellen, die von einer erfolgreichen Versteigerung profitieren würden, um die Freigabe der betroffenen Objekte. Ansprechpartner für dieses Vorhaben war erneut Hanfstaengl, der sich als Kunstsachverständiger für das 19. Jahrhundert in Preußen für die Streichung einsetzten sollte. Als Erster trat der Erbe Kurt Oppenheim selbst an den Direktor der Nationalgalerie heran und äußerte die Absicht, der Galerie das Bild *St. Remy* von van Gogh zu überlassen, „wenn ihm ein geeignetes Tauschbild gegeben und seine übrigen drei Bilder, […] von der Kunstschutzliste abgesetzt werden".[474] Bei einer Besichtigung am 18. Februar 1936 gefiel Oppenheim jedoch kein Werk, das ihm angeboten wurde, so gut, dass er es sich „an die Wand hängen [mochte]".[475] Dennoch erhielt die Nationalgalerie ein eindeutiges Angebot:

> „Sollten Sie sich vielleicht für den seiner Zeit ins Auge gefassten Plan einer Stiftung einer grösseren Summe für Ihre Galerie, falls es gelingt, Anträge auf Absetzung der Dr. Oppenheim'schen Bilder von der Kunstschutzliste durchzubringen, interessieren, so wäre ich Ihnen ausserordentlich verbunden, wenn Sie sich freundlicher Weise mit mir in Verbindung setzen würden."[476]

469 Vgl. Feilchenfeldt 1993, S. 304. Vgl. auch Sebastian Panwitz: „… das Department Kunst untersteht meiner Frau". Margarete Oppenheim und ihre Sammlung, in: Ludewig/Schoeps/Sonder 2012, S. 120–135.

470 Vgl. Böhler an KH Cassirer (Feilchenfeldt), 26. 1. 1936, BWA, F 43, Nr. 69.

471 Im Verzeichnisentwurf, den das preußische Kultusministerium im Oktober 1919 aufstellte, war Margarete Oppenheims Sammlung mit einer noch geplanten „Auswahl aus dem Porzellan, Majoliken u. a." berücksichtigt, nicht jedoch mit den Gemälden. Vgl. Pr. KM vom 10. 10. 1919, StA Bremen, Senatsregistratur, 3-B.13. Nr. 66.a. Bd. 1 und AHK, 32-260.4.

472 GG an Polizeipräsidium Berlin, 24. 11. 1941, SMB-ZA, I/GG 307.

473 Fides Treuhand-Vereinigung Zürich an Böhler, 11. 5. 1936, BWA, F 43, Nr. 72.

474 Rechtsanwalt/Notar Dr. R. Moral an NG (Hanfstaengl), 3. 3. 1936, SMB-ZA, I/NG 946, Bl. 294.

475 Oppenheim an NG (Hanfstaengl), 25. 3. 1936, ebd., Bl. 302.

476 Rechtsanwalt/Notar Dr. R. Moral an NG (Hanfstaengl), 24. 4. 1936, SMB-ZA, I/NG 946, Bl. 303.

Diese Aussage verdeutlicht, welche Bedeutung die Streichung geschützter Kunstwerke für die Besitzer hatte und dass Angebote zur finanziellen Unterstützung oder Überlassung eines Kunstwerkes keine Seltenheit waren. Die Sammler erkannten einerseits die Schlüsselposition der Museen im Entscheidungsprozess und versuchten diese zu nutzen. Andererseits schützten Museen die Objekte im öffentlichen Besitz vor der in den 1930er Jahren zunehmenden Instrumentalisierung als Devisenbeschaffung.

Obgleich Hanfstaengl der Fides Treuhandgesellschaft mit dem Hinweis auf eine mögliche Auflösung der Sammlung Oppenheim die „Freimachung" von Kunstobjekten von der Liste zur Mobilisierung von Devisen zusagte, erbat der Vertreter Seiler die Vermittlung „in dieser Angelegenheit von finanziell erheblichem Ausmasse" über das Kunsthaus Böhler, mit der Hoffnung, der Kunsthändler könne mit seinen „Erfahrungen und Beziehungen zu den massgebenden Museumsleitungen die Abwicklung sicher fördern".[477] Im Folgenden bemühte sich Böhler tatsächlich um die Ausfuhrgenehmigung der unter Schutz gestellten Objekte der Sammlung, denn „dass einige Bilder noch auf der Liste stehen, schädigt etwas das Unternehmen".[478] Aus Berlin vernahm er von Hanfstaengl jedoch die Auskunft: „Im Augenblick ist nichts zu ändern".[479] Nur wenige Tage vor der Auktion musste Böhler daher seinem Berliner Kollegen Paul Graupe, der bereits „recht hübsche Aufträge" für die Aktion hatte, berichten:

> „Leider ist es uns bis heute noch nicht geglückt, die Cézanne Bilder freizubekommen. Die betreffenden Stellen scheinen gerade bei diesen Bildern mit besonderer Starrheit an der Beschlagnahme fest zu halten. Wir haben alle unsere Beziehungen in Anspruch genommen und alles nur Mögliche versucht, jedoch bisher ohne Erfolg."[480]

Weder die Schweizer Fides Treuhandgesellschaft noch die Berliner Museumsbeamten konnten eine Freigabe der Sammlung Oppenheim erwirken. Je größer das Aufsehen und die Bemühungen um die Cézanne'schen Werke im Vorfeld der Auktion waren, umso beiläufiger erschien ihre Präsentation im Versteigerungskatalog. Im Vordergrund stand die kunstgewerbliche Sammlung, die von den Mitarbeitern des Berliner Schlossmuseums wissenschaftlich katalogisiert worden war. Erst als letzter Punkt wurden die neun Werke Cézannes – jeweils drei Gemälde, Aquarelle und Zeichnungen – gelistet.[481] Ungeachtet dessen übertrafen die Schätzpreise der Kategorie *Gemälde* alle anderen Objekte mit Abstand. Das Gemälde *Les sept nus* von Cézanne (Kat. Nr. 1226) erzielte mit 29.000 RM das höchste Ergebnis der Auktion, und auch *Die Weltkunst* kann in ihrem Jahres-

477 Fides Treuhand-Vereinigung Zürich an Böhler, 17.2.1936, BWA, F 43, Nr. 72. Vgl. auch Winkler 2005, S. 207–246, v. a. S. 213 ff.

478 Böhler an NG (Hanfstaengl) 20.3.1936, BWA, F 43, Nr. 347.

479 NG (Hanfstaengl) an Böhler, 24.3.1936, ebd.

480 Böhler an Graupe, 12.5.1936, BWA, F 43, Nr. 73, zitiert in Winkler 2005, S. 214.

481 Vgl. Sammlung Frau Margarete Oppenheim, 18.–22. Mai 1936 bei Julius Böhler, Aukt.-Kat., München 1936, Nummern 1224–1232. Eine halbseitige Annonce mit der Ankündigung der Versteigerung wurde am 3. Mai 1936 in *Der Weltkunst* abgedruckt. Vgl. Abb. 12.

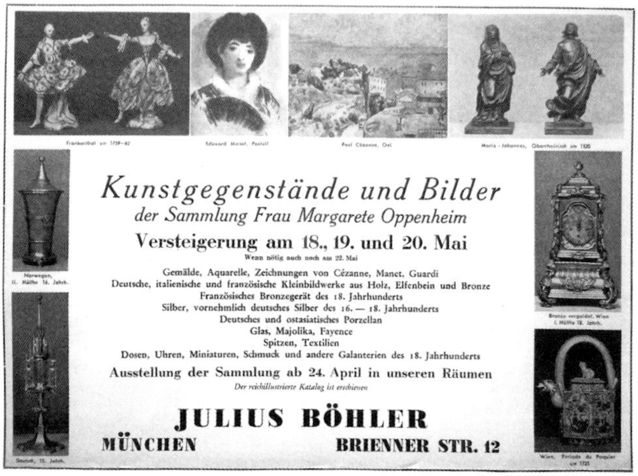

12 Ankündigung der Versteigerung Oppenheim in der *Weltkunst* im Mai 1936

rückblick kein höheres Ergebnis für ein Gemälde nennen (Taf. XI).[482] Die beiden weiteren angebotenen Gemälde des Künstlers – *Haus hinter Bäumen bei Aix* (Kat. Nr. 1224) und *Die Postkutsche* (Kat. Nr. 1225) – wurden auf jeweils 75.000 RM geschätzt und fanden keinen Käufer.[483] Das Verbot der Ausfuhr und die fehlende Kundschaft im Inland verhinderten das Zustandekommen eines Geschäftes, und so befanden sich die Gemälde und Aquarelle zwei Jahre später immer noch im Verzeichnis und wurden dem Besitz Margarete Oppenheims zugeordnet. Auf aktuellem Stand war die Zusammenstellung von 1938 nicht: *Die Postkutsche* von Paul Cézanne war bereits im November 1936 von Karl Haberstock für 55.000 RM erworben worden und war noch im selben Monat an seine Zweigstelle in London gelangt.[484] Ob das Gemälde für diesen Transfer vom Ausfuhrverbot entbunden worden war oder es sich um eine unrechtmäßige Verbringung nach Großbritannien gehandelt hat, kann nach derzeitigem Kenntnisstand nicht gesagt werden; so oder so blieb es im Verzeichnis weiterhin geführt. Die zurückgegangenen Objekte der Sammlung Oppenheim sollten „nicht auf ein Mal sondern in verschiedenen Versteigerungen nacheinander verkauft werden […], damit die Herkunft nicht so ohne weiteres ersichtlich wird". [485]

Der Fall Oppenheim wie auch die Verhandlungen um die Sammlung Goldschmidt machen deutlich, welche Rolle den Museumsbeamten im Entscheidungsprozess bei der Freigabe von Kunstwerken vom Verzeichnis zugesprochen wurde. Auf der einen Seite

482 Das Werk befindet sich heute in der Basler Sammlung Beyeler. Vgl. Rückblick auf das Jahr 1936, Die Weltkunst, 11. Jg., Nr. 1, 3.1.1937.

483 *Die Weltkunst* berichtete im Jahresrückblick von einem Werk Cézannes aus der Sammlung Oppenheim, das für 50.000 RM verkauft wurde. Vgl. auch Liste der zurückgegangenen Sachen der Auktion Oppenheim, in BWA, F 43, Nr. 84.

484 Vgl. Haug 2008, S. 55, FN 129.

485 Böhler an W. v. Simson und Ernst Wolff, 3.9.1936, BWA, F 43, Nr. 83.

wandten sich die Sammler auch aufgrund ihrer langjährigen Beziehung an die Museumsbeamten, um über ihren Kunstbesitz frei verfügen zu können. Auf der anderen Seite waren die Museen daran interessiert, dass Werke von nationaler Bedeutung in öffentlichem Besitz übergingen und setzten sich in Einzelfällen für die Unterbindung einer Ausfuhr ein. Zugleich war den Museumsbeamten am Erhalt ihrer Sammlungen gelegen. Der versuchte Erwerb von erstrangigen Museumsobjekten durch die Fides Treuhandgesellschaft scheiterte am Einspruch der Museumsbeamten und des Reichserziehungsministeriums. Im Juli 1937 schloss sich auch das Reichswirtschaftsministerium diesem Einspruch an, weil die Freigabe von Sperrmark nicht die erwünschten Devisen ins Land brachte und damit das volkswirtschaftliche Interesse entfiel;[486] gleichzeitig war „zu befürchten […], daß im Zuge der Ausnutzung der Genehmigung wertvolle Museumsstücke nach dem Ausland verkauft werden".[487] Hitler nahm ebenso von der Vereinbarung mit der Fides Abstand, weil er eine „durch die Genehmigung legitimierte Verknüpfung von Belangen der bildenden Kunst auf der einen und solchen rein wirtschaftlicher Natur auf der anderen Seite für nicht länger tragbar" erklärte.[488] Diese dezidierte Auffassung verhinderte nicht, dass die Museen einen nicht wieder auszugleichenden Einschnitt in ihre Sammlungen nicht mehr abwehren konnten: Die Beschlagnahmung für „entartet" erklärter Kunst im Juli und August 1937 ergriff alle aktuellen, dem Abstrakten zugeschriebenen Strömungen, zu denen auch Werke des Impressionismus zählten. Das Museum Folkwang in Essen verlor in der zweiten Beschlagnahmungswelle beispielsweise Paul Cézannes Gemälde *Der Steinbruch Bibémus*, das um 1895 entstanden und bereits 1907 für das Museum Folkwang in Hagen erworben worden war (Taf. XII).[489] Ausgewählt wurde es von Franz Hofmann, der als Leiter der Abteilung Bildende Kunst beim Propagandaministerium maßgeblich an der Verwertung und Vernichtung der beschlagnahmten Objekte beteiligt war. Dem Museum Folkwang wurde schnell klar,

486 Dies war auch ein Grund, warum die Fides sich 1938 vergebens um die Verwertung der als entartet beschlagnahmten Kunstwerke der Museen bewarb. Vgl. Bericht Kommission zur „Verwertung der Produkte Entarteter Kunst" an Reichsleiter der NSDAP (Bormann) über Aktion „entartete Kunst", 19. 11. 1938, BArch, R55/21020, Bl. 30.

487 Reichs- und Pr. WM (Wohlthat) an Staatssekretär und Chef der Reichskanzlei, 5. 7. 1937, BArch, R43-II/1238c, Bl. 51 f.

488 Zitat Göring nach Hitler in einem Schreiben vom 20. 5. 1939 in RWM (Landwehr) an Reichsminister und Chef der Reichskanzlei (Willuhn), 4. 3. 1940, ebd., Bl. 56 f.

489 Das Werk wurde zusammen mit elf weiteren Gemälden „ausländischer Künstler" am 21. 8. 1937 aus dem Museum Folkwang in Essen beschlagnahmt. Vgl. Bericht für den Herrn Oberbürgermeister Dillgardt zur Verwendung bei dem Herrn Gauleiter und Oberpräsidenten Terboven, undatiert, Archiv Museum Folkwang, E 19, Bl. 1–7. Zur Beschlagnahmung 1937 vgl. auch Mario-Andreas von Lüttichau: Bilder-Schicksale, in: „Das schönste Museum der Welt". Museum Folkwang bis 1933, Bd. 2, hg. von Hartwig Fischer, Göttingen 2010, S. 213–223, hier S. 223; Laufer 2012, Kap. 3. Aus dem bereits geschlossenen Kronprinzenpalais der Nationalgalerie Berlin wurden 1937 drei Werke van Goghs beschlagnahmt, an denen das Reichspropagandaministerium 1935 bereits Interesse bekundet hatte. Vgl. Annegret Janda und Jörn Grabowski: Kunst in Deutschland 1905–1937. Die verlorene Sammlung der Nationalgalerie im ehemaligen Kronprinzen-Palais, Berlin 1992, S. 106 f., Nr. 111–113.

dass die beschlagnahmten ausländischen Gemälde „im ganzen einen hohen Handelswert haben"; der Versicherungswert des *Steinbruchs* von 100.000 RM bescheinigte dem Werk die ökonomische Geltung.[490] Hofmann deutete hingegen „auf die Bäume am Rande des Steinbruchs hin, damit bedeutend, daß er sie für unzulänglich gemalt hielte".[491]

Das Interesse am Bestand des Museums Folkwang hielt auch nach Kriegsbeginn an. Im März 1941 übermittelte der Reichsleiter der NSDAP, Martin Bormann, die Forderung Adolf Hitlers, dass je ein Werk von Cézanne und van Gogh „zu dem Selbstkostenpreis von RM 180.000.– [...] an Herrn Kunsthändler Haberstock, Berlin, ausgeliefert werden" soll, der es „gegen einen sehr bedeutenden alten Meister im Ausland umtauschen" würde.[492] Bei den geforderten Bildern handelte es sich um Cézannes *Jas de Bouffan* und das *Stilleben mit weißen Rosen* von van Gogh. Beide Werke hatte der emigrierte Bankier und Mäzen des Museums Folkwang, Georg Hirschland, im Rahmen der Auflösung des Nachlasses Oppenheim erworben.[493] Nachdem Hirschland mit dem Erwerb der Gemälde vermutlich bereits das Ausfuhrverbot übernommen hatte, blieb ihm bei seiner Emigration in die USA, die der „Arisierung" seines Bankhauses folgte, keine andere Wahl, als die Werke in Deutschland zu belassen.[494] Im März 1939 wurden sie zusammen mit

490 Weiter heißt es: „Man muß bedenken, daß für sämtliche ausländischen, aber auch zweifellos für einen Teil der deutschen Bilder bei Kunsthändlern und Kunstsammlern Deutschlands und des Auslands ein großes Interesse besteht und zweifellos erhebliche Preise besonders für Cézanne, Munch, Marc und andere gezahlt werden würden." Bericht für den Herrn Oberbürgermeister Dillgardt zur Verwendung bei dem Herrn Gauleiter und Oberpräsidenten Terboven, undatiert, Archiv Museum Folkwang, E 19, Bl. 1–7. Im Oktober 1938 bestätigte sich diese Vermutung: „Beabsichtigt ist ein Verkauf ins Ausland zu Gunsten der Reichskasse." Rechtsanwalt von Braunbehrens an die Erben Osthaus, 11.10.1938, Archiv Manfred Osthaus Bremen, zitiert in Laufer 2012, S. 159.

491 Bericht für den Herrn Oberbürgermeister Dillgardt zur Verwendung bei dem Herrn Gauleiter und Oberpräsidenten Terboven, undatiert, Archiv Museum Folkwang, E 19, Bl. 1–7. Uwe Fleckner vermutete die Einstufung als „entartet" vielmehr aufgrund der „wegweisenden Modernität" des Gemäldes, in dem Cézanne analog zur Tektonik eines Steinbruches „Farbblock an Farbblock setzte" und dadurch ein „Zusammenspiel von sehender Analyse und malerischer Synthese" entwickelte. Uwe Fleckner: Karl Ernst Osthaus und die französische Moderne. Über das widersprüchliche Selbstverständnis eines Sammlers, in: „Das schönste Museum der Welt". Museum Folkwang bis 1933, Bd. 1, hg. von Hartwig Fischer, Göttingen 2010, S. 47–69, hier S. 59.

492 Reichsleiter der NSDAP (Bormann) an Reichskanzlei (Lammers), 3.3.1941, BArch, R43-II/1646c, Bl. 40. Vgl. auch Reichsleiter der NSDAP (Bormann) an Museum Folkwang, 7.5.1940, Archiv Museum Folkwang, E 25, Bl. 605. Haberstocks Taxatwert orientierte sich vermutlich am Stand von 1936. Köhn schätzte allein den Preis für den van Gogh auf über 200.000 RM, vgl. Museum Folkwang (Köhn) an Stadtrechtsrat (Russel), 6.10.1941, ebd., Bl. 581–587.

493 Klaus Graf von Baudissin, bis November 1938 Direktor des Museum Folkwang Essen, mutmaßte über die Motivation Hirschlands zum Erwerb der Kunstwerke folgendes: „H.[irschland] habe vor, eines Tages über die Grenze zu gehen, und versehe sich hierfür mit internationalen Kunstwerten. Er habe dann die Absicht, sich mit den deutschen Kunstwerken, vor allen Dingen den Bildern von C. D. Friedrich loszukaufen." Museum Folkwang (Baudissin) an Folkwang-Museums-Verein (Seippel), 23.5.1936, Archiv Museum Folkwang, D 12, Bl. 117.

494 Dass die Besitzveränderungen nicht im Verzeichnisentwurf von 1938 vermerkt waren, zeigt erneut die fehlende Aktualität des Entwurfes. Gleichzeitig stellt sich die Frage, ob Hirschland von der Unterschutzstellung wusste.

25 weiteren Gemälden für das Essener Museum erworben, womit sie ein weiteres Beispiel für die Bereicherungsmöglichkeit mithilfe des Kunstausfuhrschutzes bieten.[495] Der ehemalige Essener Museumsdirektor Ernst Gosebruch berichtete dem befreundeten und ebenfalls in Essen geborenen Sammler Carl Hagedorn in einem vertraulichen Schreiben von der Grauzone, in der die Erwerbung der Kunstwerke Hirschlands stattfand:

> „Wegen der nicht seriösen Herkunft der Sammlung soll aber kein großes Gerede darum gemacht werden, auch darum nicht, weil unter den nunmehr für Essen gesicherten Kunstwerken sich auch 2 Bilder von Cezanne befinden, während doch ein Cezanne im Essener Museum beschlagnahmt worden ist und auch schon, wie man hört, ans Ausland gegen Devisen verkauft."[496]

Diskret wurden die Verhandlungen um die Übernahme von 27 Gemälden der Sammlung Hirschland jedoch vor allem deshalb geführt, weil in Essen ein Einschreiten des Reichspropagandaministeriums bei Bekanntwerden der Veräußerung befürchtet wurde, dem der Verlust der begehrten Objekte an „Berlin oder irgendeine andere Stelle" folgen würde.[497] Befürchtet wurde zudem, dass Haberstock, „der in grossem Stile und ohne alle Bedenken für Hitler Bilder ankaufte, [sich] in die Verhandlungen einmischte und unter Umständen wertvolle Bilder an sich brachte".[498] Darum verzichteten die Essener Verantwortlichen – in Erscheinung traten maßgeblich der Museumsleiter Heinz Köhn und Hans Joachim Apffelstaedt, Kulturdezernent der Rheinischen Provinzialverwaltung – auf Streichungsanträge der unter Schutz gestellten Werke Cézannes und van Goghs, um die Aufmerksamkeit der Reichsstellen nicht auf die ebenso in der Sammlung befindlichen drei Gemälde von Caspar David Friedrich und den *Osterspaziergang* von Carl Gustav Carus zu lenken. Für den Erwerb stellten die Stadt Essen sowie 35 Essener Unternehmen und Banken einen Betrag von 500.000 RM zur Verfügung.[499] „Berlin [wurde] vor vollendete Tatsachen" gestellt und „Reichsminister Dr. Goebbels einfach sachlich Kenntnis" gegeben von dem vollzogenen Ankauf. „Gleichzeitig mit dem Abgang dieses Schreibens ist dann auch der Zeitpunkt, eine gute formulierte Veröffentlichung über den getätigten Ankauf der Presse zuzuleiten, so dass eine Rückgängigmachung schlechthin nicht mehr möglich ist."[500] Der Vorgang verdeutlicht vor allem die unterschiedlichen Bewertungskriterien hinsichtlich des „national Wertvollen", die an die Sammlung Hirschland

495 Auch die Ausfuhr dieser Werke wurde durch die Gauleitung untersagt, ohne dass sie Teil des *Verzeichnisses der national wertvollen Kunstwerke* waren oder wurden.

496 Ernst Gosebruch an Carl Hagemann, 3.3.1939, zitiert in Hans Delfs, Mario-Andreas von Lüttichau und Roland Scotti: Kirchner, Schmidt-Rottluff, Nolde, Nay...: Briefe an den Sammler und Mäzen Carl Hagemann 1906–1940, Ostfildern 2004, S. 807.

497 Bericht Heinz Köhn, undatiert, vermutlich 1948, Archiv Museum Folkwang, D 21, Bl. 88 ff.

498 Ebd.

499 Unter den Stiftern waren unter anderem die Deutsche Bank, die Dresdner Bank, der Verband der Brauereien Essen, Eisen und Metall Essen, die Ruhrgas A. G. Essen, die Ferrostaal A. G. Essen, die Friedrich Krupp AG Essen, das Rheinisch-Westfälische Kohlen-Syndikat Essen und der Roheisenverband Essen. Zum Ankauf vgl. Laufer 2012, v. a. S. 167 ff.

500 Oberpräsident der Rheinprovinz (Apffelstaedt) an Gauwirtschaftsberater (Hoffmann), 1.3.1939, Archiv Museum Folkwang, E 25, Bl. 679.

herangetragen wurden. Das Reich zeigte auf der einen Seite Interesse an Kunstwerken, die sich durch einen hohen internationalen Marktwert auszeichneten. Das Museum Folkwang auf der anderen Seite strebte den Erhalt der Werke deutscher Romantiker für Essen an, die „Anknüpfungspunkte für eine später vielleicht wieder freigegebene Moderne" boten.[501] Dieses „Ausweichen" der Sammlungspolitik auf eine „Galerie des 19. Jahrhunderts", die dem bisherigen Konzept des Museums und seines Stifters Ernst Osthaus widersprach, stellte Köhn vor die große Herausforderung, seine Sammlung in kurzer Zeit mit möglichst vielen und hochwertigen Kunstwerken dieser Richtung zu bereichern.[502] Gerade der Erwerb der Gemälde von Friedrich und Carus aus der Sammlung Hirschland sollte den Museumsdirektor diesem Ziel einen Schritt näher bringen.

Auch während des Krieges hielten die Bemühungen des Reiches an, mit der Kunst des „Erbfeindes" Devisen zu gewinnen, was Bormanns Interesse an weiteren Werken französischer Impressionisten belegt.[503] Der Zugriff auf öffentlichen Besitz und die verschärfte Anwendung der Ausfuhrverordnung im (noch) privaten Bereich dienten der Sicherung von Verkaufsobjekten zur Devisengewinnung. Mit dem am 2. Juni 1938 erlassenen *Gesetz über die Einziehung von Erzeugnissen entarteter Kunst* wurde diese Sicherung gesetzlich ausgeweitet. Im Fokus der Begehrlichkeiten stehen vor allem Werke moderner Künstler „(vorwiegend Ausländer), welche international verwertbar sind, d. h. durch Tausch gegen hochwertige deutsche Kunst oder gegen Devisen abgestoßen werden können".[504] Damit wurde nicht nur die als „entartet" deklarierte Moderne zur Gewinnung fremder Währung und zur Stärkung der Kriegswirtschaft ausgebeutet, auch die Kunstwerke der französischen Impressionisten sollten zum selben Zweck öffentlichen Sammlungen entrissen werden. Auch das *Verzeichnis der national wertvollen Kunstwerke* listete französische Gemälde mit hohem Marktwert, die sich vorwiegend in jüdischem Privatbesitz befanden und deren Erhalt für eine spätere Devisengewinnung per Ausfuhrschutz gesichert werden sollte. Einen Zugriff auf Kunstwerke erreichte der Staat durch erzwungene Emigrationen, denen seit Juli 1933 die Aberkennung der deutschen Staatsbürgerschaft folgte, wodurch das zurückgelassene Vermögen dem Staate

501 Laufer 2012, S. 174. Das Fehlen der „Romantiker um Caspar David Friedrich und Blechen" wurde 1933 in der vom *Kampfbund für deutsche Kultur* herausgegebenen Zeitschrift als „Verrat an der deutschen Kunst" betrachtet. Fritz Beyer: Verrat an der deutschen Kunst! Der Museumsskandal in Essen, Deutsche Kulturwacht, H. 12, 1933.

502 Laufer 2012, S. 176.

503 Ebenso werden im 1940 und 1941 verfassten sogenannten Kümmel-Bericht Werke Cézannes genannt, die sich bis zur Beschlagnahmung durch französische Behörden im Ersten Weltkrieg in der Pariser Sammlung Hans Wendland befanden und von Otto Kümmel in die Liste der zurückzufordernden Kunstwerke aufgenommen wurden. Die Tatsache, dass sie in der Kategorie der „Werke von geringer Bedeutung", jedoch mit dem Versteigerungspreis genannt wurden, stützt die Vermutung, dass die Kunstwerke als Devisenbringer gesehen wurden. BArch, R55/24824.

504 Zitiert in Zuschlag 1995, S. 211; vgl. auch Anja Tiedemann: Die „entartete" Moderne und ihr amerikanischer Markt. Karl Buchholz und Curt Valentin als Händler verfemter Kunst, Berlin 2013, S. 106–109.

zufiel und gewinnbringend veräußert werden konnte.[505] Obgleich die Mehrzahl der Museumsdirektoren und Kunstsachverständigen den französischen Impressionismus schätzte, war bei aller ästhetischen und politischen Ablehnung durch die nationalsozialistische Ideologie die Eintragung von Werken dieser Kunstrichtung eine Instrumentalisierung des Kunstausfuhrschutzes zur Wahrung wirtschaftlicher Interessen. Dass fast ausschließlich Kunstwerke französischer Impressionisten aus jüdischem Besitz gelistet wurden, bestärkt diese These.[506]

Mit Zunahme der antisemitischen Verfolgung und dem Beginn des Zweiten Weltkriegs verschlechterten sich jedoch die Absatzmöglichkeiten französischer Impressionisten deutscher Provenienz im Ausland, wie der Schweizer Kunsthändler Theodor Fischer seinem Kollegen Haberstock im Juni 1940 mitteilte:

> „Zudem ist es heute sehr schwer, für nachweislich aus Deutschland stammende Impressionisten Abnehmer zu finden, weil die ganze Judenbande immer dagegen aufsteht. Gerade Amerika will nichts davon wissen, sobald ein Bild aus Deutschland kommt."[507]

Damit schien unter nationalsozialistischer Regierung ein Schutz vor der Ausfuhr von Kunstwerken hinfällig zu werden, weil sich der deutsche Kunstmarkt vom Ausland isoliert hatte. Akut wurde nun der Schutz von Kunstwerken im Inland: vor Zerstörung durch Kriegseinwirkungen.

505 Vgl. *Gesetz über den Widerruf von Einbürgerungen und die Aberkennung der deutschen Staatsangehörigkeit*, 14.7.1933, RGBl. I., Jg. 1933, S. 480.

506 Französische Kunstwerke des 19. Jahrhunderts in nicht-jüdischem Besitz waren: Monets *Camille*, Manets *Bildnis des Dichters Astruc* und Delacroix' *König Rodrigo* des Bremer Kunstvereins; das Kunstwerk *Baum* von Cézanne im Graphischen Kabinett München und Chardins *Zeichner* aus dem Besitz des Preußischen Königshauses.

507 Fischer an Haberstock, 3.6.1940, Schweizerisches Bundesarchiv Bern, E 6100 (A) 1945 (–)/24, Bd. 6, zitiert in Thomas Buomberger: Raubkunst – Kunstraub. Die Schweiz und der Handel mit gestohlenen Kulturgütern zur Zeit des Zweiten Weltkriegs, Zürich 1998, S. 78 und Haug 2008, S. 50.

5. FAZIT

Das *Verzeichnis der national wertvollen Kunstwerke* wurde in der Zeit des Nationalsozialismus nicht ausnahmslos als Instrument zur Enteignung jüdischer Sammler genutzt. Konkurrierende Gesetzgebungen, die insbesondere seit 1938 verschärft wurden, gaben der nationalsozialistischen Regierung den legitim erscheinenden rechtlichen Rahmen, jüdischen Kunstbesitz zu beschlagnahmen und zu verwerten. Infolge von Massenauswanderungen und den damit verbundenen Kunstveräußerungen bzw. -mitnahmen erfolgten ab 1935 umfangreiche Listeneintragungen jüdischer wie auch nicht-jüdischer Sammlungen. Dabei entstand eine Zusammenstellung von „national wertvollen" Kunstwerken, die in der *Reichsliste* von 1938 belegt ist und zeigt, welche Faktoren die Unterschutzstellungen im Nationalsozialismus beeinflussten: Zum einen wurde das Erbe der Weimarer Republik übernommen. Die sich auflösenden fürstlichen Sammlungen spielten dabei auch nach 1933 eine entscheidende Rolle. Zum anderen sollte der deutsche Kunstbesitz der Diktatur einen auch kulturell hergeleiteten Anschein von Legitimation geben. Die Aufwertung der deutschen Spätgotik und Renaissance sowie der deutschen Landschaftsmaler und Realisten des 19. Jahrhunderts zeigt – wenn auch verhalten – die Kulturmaxime des Regimes: Die nationalistische Bewegung instrumentalisierte seit dem ausgehenden 19. Jahrhundert und vor allem nach 1933 alte Meister der Kunstgeschichte, um sie der internationalen Moderne, dem Inbegriff des „Undeutschen", entgegenzusetzen. Dass sich dies im Verzeichnis nur eingeschränkt widerspiegelt, zeigt das Fehlen eines kulturellen Leitgedankens besonders bis zum Schlüsseljahr 1937 und die abnehmende fachliche Einflussmöglichkeit der Kunstsachverständigen der Museen im Zuge der „Gleichschaltung". Zudem war der Schutz von Kunstwerken in Privatbesitz im Hinblick auf die ästhetische Positionierung des NS-Staates nur bedingt öffentlichkeitswirksam, anders als etwa Ausstellungen oder Festzüge.[508] Nicht zuletzt drängte die Instrumentalisierung des Kunstausfuhrschutzes die kulturelle Intention der Verordnung von 1919 in den Hintergrund. Besonders die französische Moderne befand sich nicht ihrer nationalen Bedeutung wegen im Verzeichnis, sondern weil ihr die Aufgabe

508 Vgl. dazu Schweizer 2007.

zufiel, Devisen zu mobilisieren. Die großzügigen Streichungen von Werken aus dem Verzeichnis der Weimarer Republik fanden in der Zeit des Nationalsozialismus ein Ende. Die wirtschaftlichen Bedürfnisse des Reiches und damit auch der Schutz der Museen vor eigenen Entbehrungen und Kürzungen ließen die nationalsozialistische Regierung am Ausfuhrverbot energisch festhalten.

Die Kunstsachverständigen und Regierungsverantwortlichen wählten den Zeitpunkt der Eintragung in das *Verzeichnis der national wertvollen Kunstwerke* bewusst als Druckmittel, um einer Kunstausfuhr vorzubeugen. Während die Emigration jüdischer Sammler erwünscht war und erzwungen wurde, wollten die Nationalsozialisten die Mitnahme ihrer Kunstwerke ins Ausland verhindern. Eine Unterschutzstellung sollte zum einen Objekte für Deutschland erhalten, zum anderen diente es den Museen dazu, einzelne Werke und ganze Sammlungen in öffentlichen Besitz zu übernehmen, wie die Fälle Nathan in Frankfurt, Behrens in Hamburg und Goldschmidt in Berlin beispielhaft verdeutlichen. Standen die Museen bereits in Verhandlungen mit den ihnen vertrauten Sammlern und drohte die unmittelbare Gefahr der Abwanderung nicht, zogen es die Museumsdirektoren vor, die Verkaufsverhandlungen nicht durch staatlichen Druck zu blockieren oder sogar noch zu verhindern. Fälle, in denen sich die Museumsdirektoren bewusst gegen Unterschutzstellungen entschieden, dokumentieren die Archivüberlieferungen jedoch nur ansatzweise. Es kann indessen festgehalten werden, dass die Bestimmung des nationalen Wertes eines Kunstwerkes unter den Vorzeichen nationalsozialistischer Weltanschauung und im Zuge der antijüdischen Gesetzgebung immer stärker aufgeweicht und undefiniert wurde. Einerseits bestand der ideologische Anspruch, das neue nationale Selbstverständnis aus der Kunst zu schöpfen, anderseits wurde das Auswahlkriterium „wertvoll“ verstärkt im ursprünglich finanziellen Sinne gedeutet.

Museumsdirektoren der NS-Zeit unterdrückten oftmals ihr Unrechtsbewusstsein, indem sie die Kunstwerke bürgerlicher Sammlungen als Allgemeingut ansahen:

> „Aus der engen Verbindung der Museen mit jüdischen Mäzenen aus der Zeit vor 1933 leiteten sie – ungeachtet der nun völlig veränderten politischen Situation im nationalsozialistischen Unrechtsregime – einen Anspruch auf diese Sammlungen her.“[509]

Die Behandlung betreffender Objekte als „national wertvolle“ Kunstwerke bekräftigte diesen Anspruch.

509 Tisa Francini 2011, S. 118.

„DIE LISTE IST FRÜHER IMMER ALS ELASTISCH BEHANDELT UND VON FALL ZU FALL ERWEITERT WORDEN."* – DAS *VERZEICHNIS NATIONAL WERTVOLLEN KULTURGUTES* NACH 1945

Die letztmalige Verlängerung der *Verordnung über die Ausfuhr von Kunstwerken* erfolgte am 20. Dezember 1932 bis auf weiteres und wurde auch nach 1945 von der Kontrollrats- und Militärregierungsgesetzgebung nicht aufgehoben. Nachdem die Gültigkeit der Verordnung von 1919 auch gutachterlich bestätigt wurde, erörterten diverse Gremien in den westlichen Besatzungszonen gesetzliche Neuregelungen. Vorerst konnte das Gesetz nur für das Gebiet einzelner Länder oder Besatzungszonen erlassen werden; eine durchgreifende Wirkung des Kunstausfuhrgesetzes war jedoch nur gewährleistet, wenn das gesamte deutsche Gebiet in den Geltungsbereich einbezogen würde. Die unter amerikanischer Besatzung stehenden Länder Hessen, Bayern und Württemberg-Baden setzten sich in der Nachkriegszeit für den Kunstausfuhrschutz ein, weil sich dort die Verordnung von 1919 angesichts verfassungsrechtlicher Schwierigkeiten nicht problemlos weiter anwenden ließ.[1] Daher verabschiedeten die betroffenen Länder Ende der 1940er Jahre eigene Gesetze, die sich in ihren Bestimmungen kaum von denen aus dem Jahr 1919 unterschieden und die 1955 durch Bundesrecht abgelöst wurden.[2] Die Länder forderten insbesondere ihre Kompetenzen zurück, die sie im Zusammenhang mit den „Gleichschaltungsprozessen" der 1930er Jahre an das Reich abgeben mussten.

> „Die verhängnisvolle Praxis der ‚Reichsliste' hat in der ganzen Dauer ihres Bestehens erwiesen, dass der Arm des Reiches zu lang war. Deshalb muss dieser umständliche Behördenweg durch eine schneller reagierende regionale Zuständigkeit ersetzt werden."[3]

Ernst Holzinger vom Frankfurter Städel, der nach dem Krieg auch als Referent im hessischen Kultusministerium tätig war, erkundigte sich im Februar 1948, ob eine Erweite-

* Städel (Holzinger) an Referat IZ3, 10.2.1948, HHStAW, Abt. 504, Nr. 2531, Bd. 1.

1 Vgl. Generalsekretär (Preller) an Württ. KM (Bäuerle), 14.4.1948, HStA Stuttgart, EA 1/014, Bü 636.

2 Hessen 22.9.1948 GVBl. S. 134; Bayern 30.5.1949 GVBl. S. 120. Baden nahm mit § 23 den Kunstausfuhrschutz in das Denkmalschutzgesetz vom 12.7.1949 mit auf. Vgl. Gesetz zum Schutz deutschen Kulturgutes gegen Abwanderung (KultgSchG), 6.8.1955, BGBl. 1955, Nr. 26, S. 501–503, § 22, Abs. 2; Berndt 1998, S. 78, FN 468.

3 BNM (Müller) an Bay. KM (Keim, persönlich), 17.10.1949, BayHStA, MK 51497.

rung des Verzeichnisses möglich wäre, weil „in Hessen ganz akute Gefahr besteht und Versuche laufen, Kunstwerke, die als national wertvoll zu bezeichnen sind, aus Hessen ins Ausland zu verbringen".[4] Zugleich wies er auf die Korrekturbedürftigkeit des Verzeichnisses von 1938 hin, dessen Vervielfältigung und Verbreitung er selbst organisierte, so dass es bis weit in die Nachkriegszeit hinein als Grundlage für Unterschutzstellungen diente.[5] Zu Verwirrungen führte besonders, dass aufgrund der fehlerhaften Eintragungen im Verzeichnis von 1938 die Kunstsachverständigen erneut Nachforschungen nach bereits ins Ausland verbrachten Kunstwerken anstellten.[6]

Die Belebung des deutschen Kunstausfuhrschutzes erfolgte in den ersten Nachkriegsjahren in aller Verschwiegenheit. Die bayerischen Kunstsachverständigen tauschten sich in kleinem Kreis und meist persönlich über die Fortsetzung der Reichsverordnung aus, „um keinen weiteren Staub aufzuwirbeln, der sich in manchen Kreisen schon zu erheben begann".[7] Nach wie vor hatte das „Vertrauen der Eigentümer" für die Museumsbeamten hohe Priorität. Georg Lill vom Bayerischen Landesamt für Denkmalpflege, bei dem alle bayerischen „Fäden zunächst zusammen[liefen]", schrieb 1947 an seinen hessischen Kollegen Holzinger:

> „Der Erfolg der früheren Gesetzgebung ist kleiner gewesen als die Summe der aus ihr erwachsenen Nachteile. Wichtigste und wertvollste Objekte wurden in der gleichen Zeit unvermerkt und ungestört außer Landes verbracht. Die Liste, wie sie zuletzt (1938) bestand, ist in der dilettantischen und unkritischen Weise ihrer Zusammenstellung nicht scharf genug abzulehnen. Allein die Überprüfung des derzeitigen Besitzstandes zuletzt registrierter Werke wird nach der massenhaften Wegbringung wertvoller Kunst aus Norddeutschland während des Krieges und aus Ostdeutschland bezw. Berlin nach dem Krieg geraume Zeit in Anspruch nehmen."[8]

Die Akteure, die in der Nachkriegszeit mit dem deutschen Kunstausfuhrschutz betraut waren, hatten zum Teil schon in den 1930er Jahren über Eintragungen in das *Verzeichnis der national wertvollen Kunstwerke* entschieden, neben den bereits genannten Holzinger und Lill auch Ernst Buchner, Kurt Martin und Werner Noack.[9] Auch Dagobert Frey, der während des Krieges die Verschleppung von Kunstschätzen aus Polen begleitet hatte, unter anderem, indem er die polnische Kunstgeschichte der nationalsozialistischen

4 Städel (Holzinger) an Referat IZ3, 10.2.1948, HHStAW, Abt. 504, Nr. 2531, Bd. 1.

5 Vgl. Länderrat des amerikanischen Besatzungsgebietes an Bay. KM, 3.12.1947, GNM Akten, Nr. 836. Theodor Müller beklagte im Dezember 1947, dass in den museumseigenen Akten kein Exemplar des Verzeichnisses von 1938 überliefert sei und er mit einem mit handschriftlichen Korrekturen versehenen Exemplar von 1927 arbeite. Vgl. BNM (Müller) an GNM (Troche), 2.12.1947, ebd.

6 So etwa nach der *Madonna* des Rogier van der Weyden aus der Donaueschinger Sammlung, die 1932 zur Ausfuhr freigegeben wurde und 1938 nach wie vor im Verzeichnis gelistet worden war. 1953 wurde erneut nach ihr gefahndet. Vgl. RKW an RMdI, 18.1.1932, BArch, R32/375b; Württembergische Museumsverband e.V. (Baum) an Landesamt für Museen, Sammlungen und Ausstellungen (Schulze-Battman), 14.2.1953, StA Stuttgart, D 98/1, Nr. 75.

7 GNM (Troche) an Kunstslg. Veste Coburg (Grundmann), 15.1.1948, GNM Akten, Nr. 836.

8 Bay. Landesamt für Denkmalpflege (Lill) an Städel (Holzinger), 30.12.1947, HHStAW, Abt. 504, Nr. 2531, Bd. 1.

9 Vgl. dazu StA Freiburg, D 98/1, Nr. 75 und BayHStA , MK 51497.

Ideologie angepasst hatte, nahm als Vertreter Württembergs an den Verhandlungen des Bundesinnenministeriums zur Durchführung des Kunstausfuhrgesetzes teil.[10] In Anbetracht der personellen und institutionellen Kontinuität des deutschen Kunstausfuhrschutzes über den Zweiten Weltkrieg hinaus überrascht das mangelhafte Wissen über die Gesetzgebung sowie die Anwendung in der Zwischenkriegszeit.[11]

In den Restitutionsverhandlungen wehrten verantwortliche Kunstsachverständige die Instrumentalisierung der Kunstausfuhrverordnung ab, pflegten einen geradezu opportunistischen Umgang mit dem Verzeichnis und verteidigten sich mit der intendierten Unterschutzstellung bedrohter Kunstwerke: „Wir glaubten durch die Übernahme der Objekte als Leihgabe diese einerseits vor jedem Zugriff schützen und andererseits die sofortige Ausfuhr des Monet – des weitaus wertvollsten Stückes – erreichen zu können", schrieb Holzinger 1952 über die Eintragung von 13 Gemälden aus dem Besitz Anna Posens.[12] Unerwähnt blieb in Holzingers Ausführungen, dass er gemeinsam mit seinem Frankfurter Kollegen Alfred Wolters zehn Jahre zuvor die Ausfuhrverbote beantragt hatte, weil es bei einer Jüdin mit Schweizer Staatsangehörigkeit „keine andere gesetzliche Handhabe, als ihre Erklärung als national wertvoll" gegeben habe.[13] Wolters hielt bei der Neuaufstellung des Verzeichnisses nach 1945 zudem an Vorkriegseintragungen fest, weil er für Kunstwerke der Sammlungen Fuld und Weinberg etwa, die sich inzwischen in Museumsbesitz befanden, aufgrund des Rückerstattungsgesetzes die Restitution an die Vorbesitzer befürchtete: „Gerade bei ihnen ist die Gefahr der Verbringung ins Ausland besonders gross."[14] Anfang der 1950er Jahre sollte Robert von Hirsch gar das Kölner Kreuzigungsbild nach Deutschland zurückbringen, für das der in die Schweiz emigrierte Sammler 1936 die Ausfuhrerlaubnis nur unter der

10 Vgl. Heinrich Dilly: Deutsche Kunsthistoriker 1933–1945, München/Berlin 1988, S. 63; Martin Papenbrock: Anmerkungen zur Geschichte und Methodik der wissenschaftsgeschichtlichen Forschung zur Kunstgeschichte im Nationalsozialismus, in: Heftrig/Peters/Schellewald 2008, S. 25–38, hier S. 26 f.; BMdI an diverse Kunstsachverständige, 22. 2. 1957, GNM Akten, Nr. 3826. Mit dem Kunstausfuhrverbot war Frey vor 1945 nicht unmittelbar betraut, jedoch war er bei den Verhandlungen der Reichskunstwartkonferenz in Stuttgart am 12. April 1920 anwesend. Vgl. BArch, R32/375, Bl. 1–8.

11 Ohne auf die bereits seit 1919 bestehende Eintragung hinzuweisen, wurde beispielsweise mit dem Tod Erwin Blasius' im November 1959 erneut dessen Sammlung an Dürer-Zeichnungen für das Verzeichnis vorgeschlagen, weil eine Verbringung durch die Erben befürchtet wurde. Vgl. BMdI (Gussone) an Nds. KM (Wernecke), 25. 2. 1959, HStA Hannover, Nds. 401 Acc. 112/83, Nr. 321, Bl. 25 und Nds. Landesgalerie Hannover an die Ständ. Konferenz der Länder, 21. 10. 1958, HStA Hannover, Nds. 401 Acc. 112/83, Nr. 1031, Bl. 210.

12 Städel (Holzinger) an Rechtsanwalt Blum, 6. 2. 1952, Archiv Städel, Nr. 689. Bei dem genannten Monet handelte es sich um eine Ansicht von Amsterdam. Die eingetragenen Gemälde wurden im Sommer 1952 für die Überführung in die Schweiz freigegeben. Vgl. Bestätigung durch das Städel (Holzinger), 27. 6. 1952, ebd.; vgl. dazu Tisa Francini 2011, S. 126–130.

13 Städt. Galerie Ffm (Wolters) an Kulturamt, 10. 1. 1942, Archiv Städel, Nr. 689.

14 Städt. Galerie Ffm (Wolters) an Hess. KM, 13. 12. 1947, HHStA Wiesbaden, Abt. 504, Nr. 776. Wolters hatte sich eine Woche zuvor bereiterklärt, die Bearbeitung des Verzeichnisses für Hessen zu übernehmen. Vgl. Ebd., 4. 12. 1947, Archiv Städel, Nr. 731.

Bedingung erhalten hatte, Cranachs *Urteil des Paris* billig an Göring abzugeben: „Erfüllt der Antragsteller diese Bedingungen, so kann er die Rückgabe des Cranach-Bildes fordern, muß diesbezüglich sich aber weiter verpflichten, dieses Bild als ebenfalls national wertvolles Gemälde in Deutschland zu belassen."[15] Für das bayerische Finanzministerium verwirkte die „Ausnahmegenehmigung zur Ausfuhr" sogar die „vorbehaltlose Anerkennung" eines Rückerstattungsanspruchs.[16] Letztlich erfolgte die Restitution der Cranachtafel; „die gesetzlichen oder gesetzesgleichen Bestimmung über das Verbot der Ausfuhr national wertvollen Kunstgutes aus dem Gebiet der Bundesrepublik Deutschland werden von dieser Entscheidung nicht berührt".[17] Demgegenüber sollte der deutsche Kunstausfuhrschutz die Rückerstattungsverhandlungen nach dem Zweiten Weltkrieg nicht unnötig in die Länge ziehen, weil das Rückerstattungsgesetz die Beschleunigung der Verhandlungen betonte:

> „Mit dieser Zielsetzung des Gesetzes wäre es unvereinbar, wenn einem Rückerstattungsberechtigten, der infolge der Verfolgung durch das nationalsozialistische System flüchten und seinen Wohnsitz ins Ausland verlegen mußte, die unmittelbare Inbesitznahme und der Genuß der an ihn zurückfallenden Kunstwerke durch die Berufung auf jene Ausfuhrschutzgesetzgebung verwehrt würde."[18]

An der gesetzlichen Maßnahme zum Schutz von Kunstwerken vor der staatlicherseits ungewollten Verbringung ins Ausland wurde hingegen unverändert festgehalten. Dabei zeigten die Begründungen zu einem gesamtdeutschen Gesetzesentwurf Anfang der 1950er Jahre, dass sich Geschichte gelegentlich wiederholt:

> „Der deutsche Kulturbesitz hat durch die Kriegsereignisse schwere Verluste erlitten. In den Jahren nach dem Zusammenbruch und während der Geldentwertung sind zudem bedeutende Kulturgüter in das Ausland verkauft oder sonst dorthin gebracht worden."[19]

Die Anhörung von Vertretern des Kunst- und Antiquitätenhandels machte dem betrauten Ausschuss deutlich, dass das neu ausgearbeitete Gesetz an den Erfahrungen mit der Reichsverordnung gemessen wurde. Vor allem wurde auf das forcierte „Verfügungs- und Einkaufsrecht des Staates" hingewiesen und kritisiert, dass „die Besitzer einen nicht unerheblichen Druck zur Veräußerung ihrer Kunstgegenstände an staatliche Museen unter konkurrenzlosen Bedingungen" zu spüren bekommen hatten.[20] Der

15 Oberfinanzdirektion Ffm an Landgericht Ffm, 14. 11. 1952, HHStA Wiesbaden, Nr. F 4208, Bl. 14 f. Der Verbleib des Kreuzigungsbildes ist heute unbekannt. Vgl. Tisa Francini 2011, S. 119.

16 Bay. FM an Landgericht Ffm, 2. 12. 1952, HHStA Wiesbaden, Nr. F 4208, Bl. 18.

17 Beschluss in der Rückerstattungssache Robert von Hirsch, Basel/Schweiz gegen den Freistaat Bayern, 16. 10. 1953, ebd., Bl. 62 ff.

18 Bay. JM (Konrad) an Bay. KM, 31. 1. 1949, BayHStA, MK 51497.

19 Entwurf einer Begründung zum Gesetz zum Schutz deutschen Kulturgutes gegen Abwanderung aus dem Gebiet der Bundesrepublik Deutschland, BMdI, Februar 1952, HStA Hannover, NDS. 50 Acc. 2005/01, Nr. 478.

20 Arbeitsgemeinschaft der Kunst- Antiquitätenhandelsverbände im Bundesgebiet einschl. Berlin (Hanstein) in 11. Sitzung des 11. Ausschusses für Kulturpolitik, 7. 5. 1954, Bundeshaus Bonn, HHStA Wiesbaden, Abt. 504, Bd. 253, Bd. 3.

Ausschuss begegnete diesen durchaus berechtigten Bedenken mit der Zusicherung, dass „eine mißbräuchliche Anwendung des Schutzes, wie sie zwischen 1933 und 1945 aus persönlichen Interessen einzelner Machthaber wiederholt vorkam, [...] im Verfassungs- und Rechtsstaat nicht möglich" sei.[21] Einer demokratischen Entscheidungsfindung sollte beispielsweise in der Form Rechnung getragen werden, dass Beschwerden von einem Bundesausschuss zu behandeln seien, um Länderungleichheiten abzuschwächen und ein gesamtdeutsches Interesse zu wahren.[22] Außerdem sollten steuerliche Vergünstigungen nunmehr als „Ausgleich für die erschwerte wirtschaftliche Verwertungsmöglichkeit" eingeführt werden und der Unterschutzstellung die „Bedeutung einer Auszeichnung" verleihen.[23] Die Relevanz der Stärkung der öffentlichen Wahrnehmung betonte auch Lill gegenüber seinem Kollegen Holzinger im Dezember 1947:

> „Es kommt alles darauf an, daß die Erklärung als national wertvoll künftig aufhört, nur ein Schreckmittel zu sein! Vielmehr muß sie durch vermögensrechtliche Vorteile ein anziehender Ehrentitel werden!"[24]

Ähnlich argumentierte zwei Jahre später der Verantwortliche für das bayerische Verzeichnis, Theodor Müller:

> „Solange die Ausfuhrsperre der als ‚national wertvoll' erklärten Kunstwerke nur eine negative Massnahme ist, weist sie einen erheblichen moralischen Defekt auf, der den Nutzen dieser Gesetzgebung überhaupt in Frage zu stellen droht. Zur Vermeidung von Verheimlichung und Verschleierung, muss eine finanzielle Begünstigungsklausel gefordert werden, durch die der Begriff ‚national wertvoll' anstrebenswert gemacht wird. Erst dann wird das Gesetz eine konstruktive Bedeutung bekommen."[25]

Trotz dieser vertraulich ausgesprochenen Leitgedanken Müllers lassen sich auch beim Direktor des Bayerischen Nationalmuseums zehn Jahre später Fälle nachweisen, bei denen ein zentraler Interessenkonflikt deutlich wurde: Wer zuvor über den nationalen Wert von Kunstwerken entschieden hatte, dessen Museumssammlung profitierte anschließend von diesen Eintragungen mit Vorkaufsrechten.[26] Die Vorteile des

21 Weiter hieß es im Bericht: „Gegen den Mißbrauch des Verwaltungsermessens ist der Schutz der Verwaltungsgerichte gegeben. Auch die Überprüfung des Schutzverzeichnisses nach fünf Jahren bei veränderten Verhältnissen (§ 7) trägt den Bedenken des Kunsthandels Rechnung." Schriftlicher Bericht des 11. Ausschusses für Kulturpolitik, 20.4.1955, HHStA Wiesbaden, Abt. 504, Bd. 253, Bd. 3.

22 Entwurf einer Begründung zum Gesetz zum Schutz deutschen Kulturgutes gegen Abwanderung aus dem Gebiet der Bundesrepublik Deutschland, BMdI, Februar 1952, S. 16. HStA Hannover, NDS. 50 Acc. 2005/01, Nr. 478.

23 Ebd., S. 13.

24 Bay. Landesamt für Denkmalpflege (Lill) an Städel (Holzinger), 30.12.1947, HHStAW, Abt. 504, Nr. 2531, Bd. 1.

25 BNM (Müller) an Bay. KM (Keim, persönlich), 17.10.1949, BayHStA, MK 51497.

26 Müller unterstützte beispielsweise die Streichung von zahlreichen Kunstwerken aus dem Besitz des ehemaligen Fürsten von Öttingen-Wallerstein oder die Aufhebung einer Eintragung eines Vesperbildes von Ignaz Günther aus dem Besitz von Irmgard Feulner und erhielt dafür jeweils die Zusicherung des Vorkaufsrechts. Vgl. Notiz über Besprechung mit dem ehemaligen Fürsten von Öttingen-Wallerstein im BNM, undatiert [Frühjahr 1959], BayHStA, MK 51497; BNM (Müller) an Bay. KM, 17.2.1959 und 19.3.1959, ebd.

Kunstausfuhrschutzes lagen laut Müller in der Unterstützung staatlicher Erwerbungspolitik:

> „Es ist unsere Meinung, dass die Praxis dieser Registrierung keinen anderen Zweck hat, als bei einer akut werdenden Veräußerung deutschen Interessenten ein Vorkaufsrecht zu sichern, damit diese Kunstwerke Deutschland erhalten bleiben."[27]

Ab 1947 und bis weit in die 1950er Jahre hinein beschäftigte sich ein Ausschuss für Kulturpolitik in zahlreichen Sitzungen mit der Frage, wie der Schutz „national wertvoller" Kunstwerke vor der unerwünschten Ausfuhr durchgesetzt werden könnte, ohne dabei zugleich den Objektwert der Kunstwerke oder das Verfügungsrecht der Eigentümer zu beeinträchtigen. Den Vorsitz der ersten Sitzungen der Kommission für Kunstreferenten übernahm der bereits genannte Holzinger.[28] Im Zentrum stand, wie in den Jahrzehnten zuvor, die Definition schützenswerter national wertvoller Kunstwerke, die sich nicht wesentlich von den Vorkriegsbeschreibungen unterschied: „Der Gegenstand muss einen kulturellen Wert darstellen, dessen Abwanderung ans Ausland einen ernsthaften nationalen Verlust bedeuten würde."[29] Grundlage bei der Neuaufstellung des Verzeichnisses war der überlieferte Entwurf von 1938, der trotz nachweislicher Erweiterungen bis gegen Ende des Zweiten Weltkriegs „das letzte amtliche Gesamtverzeichnis [darstellte], das erreichbar war".[30] Nach dem Krieg sollte es „um Gegenstände gleicher Art ergänzt werden".[31] Darüber hinaus sahen die Kunstreferenten es „im Hinblick auf die heutige Lage Deutschlands" angebracht, auch Kunstwerke auszuwählen, „wenn sie einen geringeren Wert darstellen als die Gegenstände, die bisher in der Liste aufgeführt waren".[32] Müller hielt es für „wünschenswert, daß generell alle aus deutschem Museumsbesitz beschlagnahmten Gemälde sog. ‚Entartete Kunst', soweit sie in deutschem Privatbesitz sind, auf die Liste gesetzt werden".[33] Allerdings fanden weder die umfassende Erweiterung noch die grundsätzliche Unterschutzstellung von Künstlern des 20. Jahrhunderts in der Aufstellung der Landesverzeichnisse ihre Umsetzung. Per Gesetzeserlass vom 6. August 1955 wurden „Kunstwerke und anderes Kulturgut – einschließlich Bibliotheksgut", deren Verbringung ins Ausland „einen wesentlichen Verlust für den deutschen Kulturbesitz bedeuten würde" für die Aufnahme in das Verzeichnis bestimmt.[34] Einmal mehr knüpfte die bundesdeutsche Gesetzgebung zum Kunstausfuhrschutz an die Recht-

27 BNM (Müller) an Bay. KM, 17.2.1959, BayHStA, MK 51497.

28 Anwesende waren Vertreter aus Bayern, Württemberg-Baden, Hessen und der britischen Besatzungszone. Zu späteren Besprechungen kamen Vertreter der französischen Besatzungszone hinzu. Vgl. Länderrat, AG der Kunstreferenten, Sitzung 21.10.1947, Villa Reitzenstein Stuttgart, HStA Stuttgart, EA 1/014, Bü 636.

29 Länderrat, AG der Kunstreferenten, Sitzung 21.10.1947, Villa Reitzenstein Stuttgart, ebd.

30 Städel (Holzinger) an Hess. FM (Paehler), 15.6.1949, HHStA Wiesbaden, Abt. 504, Nr. 776.

31 Länderrat, AG der Kunstreferenten, Sitzung 21.10.1947, Villa Reitzenstein Stuttgart, HStA Stuttgart, EA 1/014, Bü 636.

32 Ebd.

33 BNM (Müller), 6.4.1948, BayHStA, MK 51497.

34 KultgSchG, 6.8.1955, BGBl. 1955, Nr. 26, S. 501–503, § 1, Abs. 1.

sprechung der Weimarer Republik an und verzichtete auf eine nähere Definition des Begriffes „national wertvoll". Der Schutz von Kunstwerken wurde auf den von Kulturgut erweitert, um nun auch nicht-illustrierte Zeugnisse der Vergangenheit, etwa mit Wert für die Literatur- und Wissenschaftsgeschichte, später auch Technikgeschichte, territorial zu binden. Auch für Archivgut gab es nun erstmals gesetzliche Regelungen, indem es aufgrund einer „wesentlichen Bedeutung für die deutsche politische, Kultur- und Wirtschaftsgeschichte" in einem entsprechenden, separaten Verzeichnis erfasst wurde.[35] Nach wie vor blieb der öffentliche und kirchliche Kunstbesitz von Eintragungen ausgenommen, sofern staatliche Stellen über seine Veräußerung und Verbringung entschieden.[36] Obgleich die Verordnung von 1919 mit dem Gesetzerlass von 1955 endgültig außer Kraft trat, blieb die Ausfuhr für diejenigen Kunstwerke genehmigungspflichtig, „die auf Grund der Verordnung der Reichsregierung vom 11. Dezember 1919 in das Verzeichnis der national wertvollen Kunstwerke eingetragen waren und bisher noch nicht in ein Landesverzeichnis neu aufgenommen worden sind [...], bis über ihre Übernahme in die nach dem Gesetz aufzustellenden Verzeichnisse entschieden worden ist".[37] Diese Bestimmung gab den Verantwortlichen Zeit, die neuen Länderverzeichnisse zu überarbeiten. Nach dem Gesetzeserlass von 1955 vergingen weitere sechs Jahre, bis das erste Gesamtverzeichnis nach dem Krieg zur Veröffentlichung kam.[38] Schwierigkeiten machten sowohl die erwarteten Durchführungsverordnungen, deren Erlasse sich über Jahre hinzogen, als auch die abermals vage Definition von Leitgedanken, weil eine „eingehendere Begriffsbestimmung [...] bei der Mannigfaltigkeit der Einzelfälle" nicht möglich schien.[39] Darüber hinaus kamen Überlegungen auf, auch die vermögensrechtliche Zuordnung zum deutschen Kunstbesitz in die Erfassung der „national wertvollen" Objekte einzubeziehen und das Verzeichnis dementsprechend zu gliedern. Die erfassten Kunstwerke sollten demnach in drei Kategorien unterteilt werden: Erstens waren Kunstwerke gemeint, die sich „von jeher, mindestens vor Ausbruch des Krieges 1939, in dem betreffenden Lande befanden"; die zweitens durch Kriegsverlagerung in den Geltungsbereich des Gesetzes verbracht worden waren[40]; oder die drittens ihren „ursprünglichen

35 Ebd., § 10, Abs. 1. Von einer Erfassung in einem Verzeichnis wurde aufgrund des Umfangs ursprünglich abgesehen.

36 Ebd., § 18 und 19.

37 Ebd., § 21, Abs. 3.

38 Das Verzeichnis von 1961 wurde in 15-facher Ausfertigung gegen eine Gebühr von 2 DM pro Exemplar an jedes Land übersandt und ist u. a. in folgenden Archiven überliefert: HStA Hannover, Nds. 401 Acc. 112/83, Nr. 321, Bl. 127–143; Archiv Städel, Nr. 731; GNM Akten, Nr. 3826.

39 BMdI (Gussone), Vermerk über eine Besprechung der mit der Durchführung des Gesetzes zusammenhängenden Fragen, 14. 2. 1957, HStA Hannover, Nds. 401 Acc. 112/83, Nr. 1032, Bl. 53–57, hier Bl. 54. Zu den landesrechtlichen Verordnungen, die zwischen 1957 und 1961 erlassen wurden, vgl. Bernsdorff/Klein-Tebbe 1996, S. 15–160.

40 Dieser Punkt unterschied wiederum zwischen Objekten, „die voraussichtlich in diesem Land bleiben" und „die vermutlich nur vorübergehend (z. B. treuhänderisch) in diesem Land aufbewahrt werden". Richtlinien für die Aufstellung der Liste der national wertvollen Kunstwerke, Ständige Konferenz der KM, 2. 12. 1952, HStA Hannover, Nds. 401 Acc. 112/83, Nr. 1032, Bl. 32.

Standort in der Ostzone oder in den abgetrennten Gebieten" auswiesen.[41] Tatsächlich stellte auch der Direktor der Kunstsammlungen der Veste Coburg Günther Grundmann, zuvor niederschlesischer Provinzialkonservator in Breslau, ergebnislose Nachforschungen nach schlesischem Kunstbesitz an, der nach Westdeutschland verbracht worden war.[42]

Es kam im Folgenden weder zur vermögensrechtlichen Einteilung noch zur Aufstellung eines Gesamtverzeichnisses, wie es aus der Zwischenkriegszeit bekannt war, sondern die Zusammenstellung vom März 1961 wurde den Länderkompetenzen auch formal dadurch gerecht, dass die Auflistung „national wertvoller" Kunstwerke nicht wie bisher nach dem Material, sondern nach Ländern sortiert wurde. Grundsätzlich sollte die Zusammenfassung im Bundesverzeichnis nur „dekorativen Charakter" haben.[43] Auf die gleichzeitige Nennung des Aufbewahrungsortes oder Besitzers wurde nun verzichtet; dies erfolgte in einem gesondert geführten Standortverzeichnis. Ein rechtswirksames Ausfuhrverbot erging nicht – wie bereits aus der Weimarer Republik und der NS-Zeit bekannt – durch die Auflistung in den Verzeichnissen selbst, sondern durch die Veröffentlichung unter Schutz gestellter Kunstwerke im Bundesanzeiger und die Benachrichtigung der Eigentümer.[44]

Die Entscheidung darüber, welche Werke nun im Verzeichnis verbleiben oder neu aufgenommen werden sollten, erfolgte unter Beteiligung eines fünfköpfigen Ausschusses, der neben den bereits vertretenen Beamten der öffentlichen Verwaltung und Hochschulen nun auch private Sammler sowie Angehörige des Kunst- und Antiquitätenhandels anhörte. In Baden-Württemberg wurde beispielsweise Christian Altgraf zu Salm als Kunstsachverständiger berufen, der das Fürstlich Fürstenbergische Institut betreute, welches ebenfalls mit zahlreichen Kunstwerken im Verzeichnis vertreten war.[45] Salm beteiligte sich an der Zusammenstellung des Verzeichnisses und deutete an, dass auch alle anderen von einer Eintragung betroffenen Besitzer bereits befragt wurden: „Wer nicht befragt wurde, hat nichts auf der Liste und soll froh sein. Die alte Liste wird annulliert."[46] Ungeachtet ihrer Skepsis gegenüber dem Verzeichnis unterstützte die Familie Fürstenberg die Bewahrung ihres Kunstbesitzes, etwa mit der Aufstellung einer Denkmalschutzliste mit Objekten aus eigenem Besitz. Anreize für ein derartiges Entgegenkommen boten einerseits Steuervergünstigungen, andererseits beobachtete

41 Ebd.

42 Kunstslg. Veste Coburg (Grundmann) an GNM (Troche), 22.12.1947, GNM Akten, Nr. 836

43 Ständige Konferenz der KM an Mitglieder der KM-Konferenz, 15.12.1950, StA Freiburg, C 25/1, Nr. 35.

44 Anfang 1968 kamen insbesondere in Baden-Württemberg Zweifel auf, ob infolge des Verzeichnisdruckes von 1961 ein derartiger Verwaltungsakt gegenüber den Betroffenen ergangen sei. Vgl. Bad.-Württ. KM (Donndorf) an KM der Länder, 1.2.1968, HStA Hannover, Nds. 401 Acc. 112/83, Nr. 1032, Bl. 179–182.

45 BMdI (Anders) an F.F. Institute (Salm), 18.4.1958, FFA Donaueschingen, Institute für Kunst und Wissenschaft, Kunst und Wissenschaft G XV/1.

46 Altgraf Salm an Charlotte, 7.12.1957, ebd.

man in Donaueschingen mit Sorge die Aufteilung des Großgrundbesitzes im Zuge der Bodenreform in der Sowjetischen Besatzungszone.[47]

Das Ergebnis der abermals mehrjährigen Verhandlungen war eine Zusammenstellung von 93 Kunstwerken, die im Verzeichnis von 1961 belegt ist. 51 dieser unter Ausfuhrschutz gestellten Objekte waren zuvor in keinem der Verzeichnisse der Zwischenkriegszeit aufgenommen worden. Dem gegenüber standen 42 Kunstwerke, die bereits aus einem der Verzeichnisse bekannt waren und zumeist seit Beginn der 1920er Jahre durchweg unter Ausfuhrkontrolle standen. Kunstwerken, denen erst während des Zweiten Weltkriegs die Ausfuhr untersagt wurde und die demzufolge nicht mit dem Verzeichnisentwurf von 1938 überliefert sind, fanden keinen Eingang in die Zusammenstellung von 1961. Bis in die Gegenwart bleibt die Ausfuhr von Kunstwerken, „die auf Grund der Verordnung der Reichsregierung vom 11. Dezember 1919 in das Verzeichnis der national wertvollen Kunstwerke eingetragen waren und bisher noch nicht in ein Landesverzeichnis neu aufgenommen worden sind, [...] genehmigungspflichtig, bis über ihre Übernahme in die nach diesem Gesetz aufzustellenden Verzeichnisse entschieden worden ist".[48] Im neuen Gesetzentwurf soll diese Selbstverpflichtung zur Überprüfung am 31. Dezember 2020 auslaufen.[49]

47 Vgl. FFA Donaueschingen, Generalia, Kunst und Wissenschaft, XIV/1. Die DDR durchbrach die eigenständige Fortführung eines Kunstausfuhrschutzes, indem er 1952 mit dem allgemeinen Kulturgutschutz verbunden und zur Zuständigkeit der Republik erklärt wurde. Die Veräußerung und auch Verbringung beweglicher Kunstwerke aus dem Gebiet der DDR erforderte die schriftliche Zustimmung des Landesamtes für Denkmalpflege, ab 1980 ausschließlich vom Minister für Kultur. Trotz bestehender gesetzlicher Schutzregelungen führte die Devisennot der DDR zum systematischen Ausverkauf des wertvollen Kunstbesitzes, weil dieser laut Durchführungsbestimmung zum Kulturgutschutzgesetz im „Interesse der sozialistischen Gesellschaft" lag. Dritte Durchführungsbestimmung zum Kulturgutschutzgesetz, 3.5.1982, GBl. I, S. 432–434, § 1; vgl. Odendahl 2005, S. 92 und 96.

48 § 22 KultgSchG 2007.

49 Vgl. Entwurf eines Gesetzes zur Neuregelung des Kulturgutschutzrechts, Referentenentwurf vom 14.9.2015, § 90.

OPPORTUNISMUS ALS PRINZIP – FAZIT

Die *Verordnung über die Ausfuhr von Kunstwerken* vom Dezember 1919 war die Reaktion einer jungen Republik auf ein Erbe, das ihr die abgetretene Monarchie hinterlassen hatte: kostbare bürgerliche wie auch fürstliche Sammlungen einerseits, kriegswirtschaftliche und moralische Demütigungen sowie politische Umbrüche andererseits. Die mit einem wachsenden Geschichtsbewusstsein einhergehende Wertschätzung des eigenen Kulturerbes seit der Romantik sowie die Nationalisierungsbestrebungen im Zuge der Reichseinigung erreichten mit den Kulturmaßnahmen der Weimarer Republik eine verstärkte Ausprägung und einen vorläufigen Höhepunkt. In den Debatten um den deutschen Kunstausfuhrschutz wurden Kompetenzen im Kulturbereich neu ausgehandelt und das Allgemeinrecht an Kunstwerken zur Diskussion gestellt. Zu einem anhaltenden Konfliktherd wurde vor allem der Widerspruch zwischen einer zu stärkenden einheitlichen Kulturnation und der föderalistischen Kulturhoheit der Länder. Das Interessenspektrum war weitgefächert und reichte von der Zuweisung von Entscheidungsbefugnissen über die Zusammenstellung eines reichseinheitlichen Verzeichnisses bis hin zur Übernahme schützenswerter Kunstwerke in öffentliche Sammlungen. Der ohnehin diffus definierte Begriff der Nation stand dabei nicht immer im Vordergrund, sondern es überwogen teils regional-spezifische Belange. Deutlich wird das in der Tatsache, dass sich das Reich mit dem Schutz vormaliger fürstlicher Sammlungen für das einsetzte, was einem Reichseinheitsgedanken entgegenstand: die föderale Tradition fürstlicher Identitäten.

Auf die zentrale Ausgangsfrage, welche Interessengruppen zu welchem Zeitpunkt und mit welchem Ziel ein nationales Erbe im deutschen Privatbesitz definierten und seine Ausfuhr untersagten, lässt sich für den gesamten Untersuchungszeitraum mit drei Schlussfolgerungen antworten: Erstens wird bei der Zusammenstellung des *Verzeichnisses der national wertvollen Kunstwerke* stets das Fehlen von Vorgaben und Leitgedanken spürbar. Bereits vor dem Erlass der Verordnung sah das Reichsinnenministerium davon ab, den Einzelstaaten Richtlinien zur Aufstellung des Verzeichnisses zu übersenden.[50] Die Auswahl von Kunstwerken wurde laut Verordnung an die Annahme geknüpft, dass die Verbringung ins Ausland „einen wesentlichen Verlust für den nationalen Kunstbesitz bedeuten würde".[51] Da dieser Bedingung zugrunde lag, dass alles, was dem deutschen Kunstbesitz zugerechnet wurde und ins Ausland abwanderte, einen Verlust darstellte, war es die Aufgabe der Kunstsachverständigen, den unbestimmten Rechtsbegriff „wesentlich" objektspezifisch auszulegen, das heißt, Kunstwerke auf ihre Bedeutung hin zu überprüfen.[52] Obgleich der Kampf um eine gleichberechtigte Anerkennung der deutschen Kunst insbesondere in den fach- und ministerialinternen Diskursen um die Überarbeitung des Verzeichnisses sichtbar wurde, wurde die Bedeutung des Künstlers oder der Schule für die deutsche und internationale Kunstgeschichte als Kriterium für die Einstufung als national wertvoll angeführt. Wenn vergleichbare Objekte in deutschen Museen nur in kleiner Zahl oder überhaupt nicht präsent waren, steigerte dies die Wertschätzung innerhalb des deutschen Kunstbesitzes. Damit gestaltete sich die nationale Wertzuschreibung in Form einer Rangeinstufung, indem Kunstwerke in Relation zu ihrer Herkunft, Einmaligkeit sowie ihrem Zeugniswert gesetzt wurden. Diese Wertzuschreibung blieb in erster Linie den Länderministerien vorbehalten, die dem *Verzeichnis der national wertvollen Kunstwerke* das einzelstaatliche Gepräge gaben, das auch das deutsche Kulturerbe insgesamt ausmacht. Das hatte wiederum zur Folge, dass der integrative Wert, den die Zusammenstellung bereits im Namen trug, keine nennenswerte Ausprägung fand. Jedoch führten die Präzisierungen und Rechtfertigungen des Schutzgutes im Rahmen der Gesetzanwendung zur Reflexion über das eigene kulturelle Erbe. Dabei fügten sich die Diskurse in eine Stärkung des Bewusstseins für die eigene deutsche Kunstgeschichte ein, die einerseits durch die Institutionalisierung der Denkmalpflege und mit Dehios Inventarisierung auch eine breite öffentliche Wahrnehmung erfuhr, und die andererseits die Kunstgeschichte als Fach und Beruf im Museum professionalisierte. Während des Ersten Weltkriegs und danach standen primär die Abgrenzung von anderen, vornehmlich als verfeindet empfundenen Kulturen und die Wiedergewinnung des internationalen Ansehens durch die Stärkung und Präsenz der deutschen Kunst und Kultur im Mittelpunkt. Nach 1933 verlagerten sich die Entscheidungsbefugnisse im Kunstausfuhrschutz von den Ländern hin zum Reich, infolgedessen die Kunstsachverständigen ihre fachliche Einflussmöglichkeit auf das Gesamtverzeichnis im Vergleich zu den 1920er Jahren nach und nach verloren, was schwarz auf weiß mit der Fehlerhaftigkeit des Verzeichnisses von 1938 belegt ist.

Zweitens beeinflussten sammlungspolitische Motive der Staatsmuseen die kunsthistorische Beurteilung „national wertvoller" Kunstwerke entscheidend. Der Staat verschaffte sich mit der Kunstausfuhrverordnung einen Wettbewerbsvorteil für internatio-

50 Vgl. Hmb. Bevollmächtigter des Reichsrats (Albrecht) an Senatskommission für die Reichs- und auswärtige Angelegenheiten Hamburg, 1.10.1919, AHK, 32-260.4.

51 *Verordnung über die Ausfuhr von Kunstwerken*, RGBl. Jg. 1919, Nr. 236, S. 7169, § 1.

52 Vgl. dazu Bernsdorff/Klein-Tebbe 1996, S. 39.

nal gefragte Kunstwerke, indem er sie dem Weltmarkt entzog. Diese Tatsache provozierte anhaltende Konflikte. Die Auswahl von Kunstwerken in Privatbesitz gab dem Verzeichnis die Möglichkeit, zum Inbegriff der Selektivität des kollektiven Gedächtnisses zu werden. In Verbindung mit der Frage nach der Deutungshoheit wird jedoch bewusst, wie brüchig diese Möglichkeit war: Für die Zeit der 1920er wie auch 1930er Jahre lässt sich ein kontinuierlicher Missbrauch des Verzeichnisses für die Erwerbungszwecke des Staates nachweisen. In der Weimarer Republik gehörte es nahezu zur Tagesordnung, dass Kunstwerke für die Ausfuhr freigegeben wurden, wenn den Museen im Gegenzug wertvolle Objekte einer Sammlung zu günstigen Konditionen, bevorzugt als Schenkung, überlassen wurden. Dabei konnten sich die Museumsdirektoren auf den Rückhalt der Kultusministerien stützen und erlangten im deutschen Kunstausfuhrschutz eine Schlüsselrolle bei Entscheidungen, ob Kunstobjekte in Privatbesitz die offizielle Zuschreibung eines „nationalen Wertes" erhielten oder nicht. Dabei nutzten sie bereits in den ersten Monaten nach Erlass der Verordnung von 1919 das entsprechende Verzeichnis als Druckmittel, um Einzelwerke für ihre öffentlichen Sammlungen zu gewinnen. Schließlich empfanden die jeweiligen Besitzer diese Wertzuschreibung in den wenigsten Fällen als Auszeichnung ihrer Sammeltätigkeit; weit mehr überwog die Sorge um die wirtschaftliche Beschränkung, die mit der Eintragung in das Verzeichnis verbunden war. Zugleich ging der „deutschen Nation" mit jeder genehmigten Streichung nicht nur ein Kunstwerk, sondern auch die Akzeptanz der Ausfuhrverordnung an sich verloren. Dies machte sich in Händlerkreisen bemerkbar, die in der Kunstausfuhrverordnung ob ihrer inkonsequenten Anwendung bald keine Beeinträchtigung ihrer Tätigkeiten mehr sahen, und auch in den Landesregierungen selbst sank die Bereitschaft zur Unterstützung der alle zwei Jahre zu verlängernden Verordnung. Ungeachtet der Etablierungskrisen hielten namentlich die Kunstsachverständigen und das Reich nach einem Jahrzehnt der Inkraftsetzung der kriegsbedingten Notverordnung an ihr fest. Bei der weiteren Gesetzanwendung in den 1930er Jahren griffen die Verantwortlichen auf die Erfahrungen zurück, die sie vor 1933 mit dem deutschen Kunstausfuhrschutz gesammelt hatten. Dabei schlug sich einerseits die überwiegende Enttäuschung über die ausbleibende Wirkung der Verordnung zum Erhalt von Kunstwerken innerhalb der deutschen Grenzen nieder; andererseits wurden die Möglichkeiten zur Instrumentalisierung der Verordnung neu geprüft. Die Kunstsachverständigen der Museen ordneten sich dieser entweder unter oder versuchten, den größten Nutzen für ihre Einrichtungen herauszuschlagen. Die *Verordnung über die Ausfuhr von Kunstwerken* wurde jedoch aufgrund der durchgreifenden konkurrierenden Gesetzgebung nicht ausnahmslos zur Enteignung des jüdischen Besitzes instrumentalisiert; nach wie vor wurden die Kunstwerke der ehemals fürstlichen Sammlungen vorranging unter Schutz gestellt. Obgleich der prozentuale Anteil der von den Nationalsozialisten verfolgten Sammler im Verzeichnis von 1938 nicht anstieg, lassen sich Fälle belegen, in denen die drohende Abwanderung einer Sammlung ins Ausland infolge antisemitischer Maßnahmen die offizielle Einstufung einzelner Kunstwerke als „national wertvoll" zur Folge hatte. Wie bereits zur Zeit der

Weimarer Republik wurden Eintragungen in das Verzeichnis als Druck- und Verhandlungsmittel eingesetzt, um einzelne Werke für öffentliche Sammlungen zu gewinnen.

Drittens vertrat das Reich neben kulturpolitischen auch volkswirtschaftliche Interessen, die seit Beginn der Diskussionen um eine Regulierung der Kunstausfuhr stets einander gegenüberstanden und den Erlass einer Verordnung um Jahre verzögerten. In der Zeit des Nationalsozialismus rückte die kontrollierte Ausfuhr von Kunstwerken zur Gewinnung von Devisen in den Vordergrund, was die widersprüchliche Bewertung von Gemälden Cézannes und van Goghs als „national wertvoll" und zugleich „entartet" belegt. Die Untersuchung zum Kunstausfuhrschutz macht exemplarisch den ambivalenten Umgang einer Diktatur mit dem eigenen Kulturerbe und das Fehlen eines kulturellen Leitgedankens deutlich. Die Eigenschaft des nationalen Wertes eines Kunstwerkes wurde im Spiegel der nationalsozialistischen Weltanschauung immer stärker aufgeweicht und undefiniert. Weil nach 1933 eine überzeugende Gegenwartskunst im Sinne der nationalsozialistischen Ideologie fehlte, gewann die Anknüpfung an die Vergangenheit an Bedeutung; die Diktatur erkannte jedoch aufgrund von Erfahrungswerten aus der Weimarer Republik, dass mit dem Kunstausfuhrschutz keine öffentlichkeitswirksame Inszenierung möglich war. Wo die national-integrative Bedeutung eines Objektes den ideologischen Ansprüchen nicht gerecht wurde, sollte zumindest der monetäre Wert mobilisiert werden. Parallelen finden sich bekanntlich in der Aktion „Entartete Kunst".

Die Grundgedanken des bis in die Gegenwart bestehenden Kulturgutschutzgesetzes wurden im Wesentlichen aus der Reichsverordnung von 1919 übernommen.[53] Die allgemeinen Bedenken, die sich nicht gegen das Gesetz, sondern gegen die Auslegungsmöglichkeiten des Begriffs „national wertvoll" richteten, bestanden auch mit der neuen Gesetzgebung 1955 fort. Dabei schien der subjektive Kunstbegriff an den rechtlich-bürokratischen Formen zu scheitern, weil Wertmaßstäbe von Kunst schwer an das ebenfalls subjektive Begriffskonstrukt „Nation" herangetragen werden können. Ein 1983 erarbeiteter Kriterienkatalog der Kultusministerkonferenz lieferte zwar keine allgemeinverbindliche Rechtsvorschrift, vereinheitlichte jedoch die Eintragungspraxis der Länder.[54]

53 Die Gesetzesnovellen 1998 und 2007 erweiterten den Schutzbegriff auf Kulturgut im Besitz der Kirchen und Anstalten des öffentlichen Rechtes (§ 19 KultgutSiG, 1998) und schließlich auf das öffentliche Eigentum (§ 18 KultgSchG, 2008).

54 Der Kriterienkatalog plädierte für die Ausdehnung des Gesamtverzeichnisses, indem grundsätzlich folgende Objekte berücksichtigt werden sollten: „a) wichtige Objekte von Künstlern, die internationalen Rang haben; b) wichtige Objekte von Künstlern, die für die deutsche Kunst und Kunstentwicklung von besonderer Bedeutung sind; c) alle Objekte, die für die deutsche Kunst, Kunst- und Kulturgeschichte von herausragender Bedeutung sind; d) alle Objekte, die für bestimmte Bereiche oder Zeitabschnitte der Landesgeschichte von herausragender Bedeutung sind; e) die wichtigsten Objekte, die für die regionale oder lokale Geschichte von besonderer Bedeutung sind." Kriterienkatalog zum Vollzug des Gesetzes zum Schutz deutschen Kulturgutes gegen Abwanderung vom 6.8.1955, Beschl. D. KMK v. 20.5.1983, GMBl 1983, Nr. 27, S. 442; vgl. dazu Bernsdorff/Klein-Tebbe 1996, S. 17 f.

Ungeachtet der wandelbaren Wertzuschreibung von Kunst schneidet das deutsche Kunstausfuhrgesetz im Vergleich mit Vorschriften anderer Staaten als sehr liberal ab.[55] Der Kreis schützenswerter Objekte wird auf eine Auswahl „national wertvoller" Kunstwerke beschränkt, die ebenso dem Wandel unterliegt wie der Kanon einer Kulturnation selbst. Was bringt jedoch der Schutz vor Verbringung von privatem Kunstbesitz ins Ausland tatsächlich, wenn das Gesetz den unbeschadeten Erhalt von Kunstwerken nicht an sich schützt? Eine süddeutsche Plastik, eine *Trauernde Maria* von 1520, wurde beispielsweise 1951 für die Ausfuhr freigegeben, weil sie in den 1920er Jahren „unsachgemäss restauriert und dabei stark überschnitzt worden" war.[56] Die Aufnahme von Kunstwerken in eine öffentliche und dem Staat anvertraute Sammlung stellt die wirkungsvollste Art der Sicherung von Objekten dar, wenngleich Verkäufe von der Selbstverpflichtung der Museen abhängen und nie ausgeschlossen waren und sind.[57] Bei privaten Besitzern dagegen stellt der wirtschaftliche Wert ihrer Kunstwerke, den zu erhalten oder zu steigern sie bestrebt sind und der somit objekterhaltend wirkt, eine überzeugendere Schutzwirkung dar.

Was bei all den vielen Vorgängen, Korrespondenzen, Zeitungsartikeln und öffentlichen Debatten – nicht zu vergessen: den zahlreichen Kunstwerken – überrascht, ist die Tatsache, dass das Verzeichnis an sich im Bewusstsein der Deutschen kaum eine Rolle spielte, insbesondere auch, weil in Krisen- und Umbruchszeiten die wirtschaftlichen Belange die kulturellen und kunsthistorischen Interessen überlagerten. In Einzelfällen zeigte die öffentliche Mobilisierung zum Erhalt von Objekten jedoch den integrativen Charakter von Kunstwerken. Dies setzte die öffentliche Sichtbarkeit der entsprechenden Werke voraus, die allein durch das Verzeichnis nicht gegeben war. Hier wird als Paradox offensichtlich, dass „national wertvolle" Kunstwerke der Nation, die Objekten diese Wertzuschreibung offiziell verlieh, nicht zwangsläufig öffentlich bekannt waren.

Kunstwerke entstehen nicht ideologiefrei und auch ihre Rezeption kann nicht ohne ihre ideologische Aufladung betrachtet werden.[58] Beim Schutz des nationalen Erbes an beweglichen und unbeweglichen Objekten wird diese Ideologisierung immer neu ausgehandelt, die Vergangenheit national interpretiert.[59] Dabei werden die Bewertung und der Umgang mit dem öffentlichen und privaten Kunstbesitz selbst zum bedeutenden Geschichtszeugnis einer Zeit, weil sie über die Rezeption der Vergangenheit die Gegen-

55 Vgl. ebd., S. 7.

56 Schreiben vom 6. 1. 1951, StA Freiburg, D 98/1, Nr. 75.

57 Vgl. Kerstin Ritschel: Museumssammlungen als Werte in öffentlicher Hand, in: Dresdner Kunstblätter, Bd. 4/2014, hg. von den Staatlichen Kunstsammlungen Dresden, Dresden 2014, S. 37–45, hier S. 41.

58 Hauser fragt dazu: „Können und sollen Kunstwerke unter den Laboratoriumsbedingungen der Sterilität und Immunität betrachtet und geprüft werden? Besteht ihr Ziel und Wert nicht gerade in der Erfüllung von ideologisch bedingten Aufgaben, der Bewältigung von Problemen, die sich aus der Einheit und Totalität der jeweiligen Lebenspraxis ergeben?" Arnold Hauser: Soziologie der Kunst, München 1974, S. 260.

59 Vgl. Wehler 1994, S. 167.

wart beschreiben. Dies gilt für die Zeit der Weimarer Republik und des Nationalsozialismus ebenso wie für die Weiterführung des deutschen Kunstausfuhrschutzes mit dem Gesetz von 1955. Wie die Untersuchungen in dieser Arbeit gezeigt haben, läuft das *Verzeichnis der national wertvollen Kunstwerke* jedoch mehr noch als einer ideologischen Vereinnahmung Gefahr, Instrument zur Durchsetzung von wirtschaftlichen Interessen des Staates oder partikularen Interessen der Kulturverwaltungen zu werden. Aus diesem Grund stellt die kunsthistorische Begründung der nationalen Bedeutung und die Beschreibung des „wesentlichen Verlustes" eines Kunstwerkes die notwendige Voraussetzung für Eintragungsverfahren dar. Zugleich stärken die Demokratisierung der Entscheidungsprozesse und die Einbeziehung unterschiedlicher Deutungshoheiten die öffentliche Akzeptanz und Durchführbarkeit von Kunstausfuhrgesetzen, da sonst – um mit den geradezu zeitlosen Worten von Joseph Sauer von 1930 zu schließen – „dem subjektiven Gefühl der einzelnen alle Entscheidung überlassen bleibt und daher ein Qualitätsurteil, ob ‚national wertvoll' oder nicht stets anfechtbar und in Zukunft unter Umständen verhängnisvoll ist".[60]

60 Konservator der kirchlichen Denkmäler Baden (Sauer) an Bad. KM, 28. 5. 1930, Universitätsarchiv Freiburg, NL Joseph Sauer, C 67/534.

TAFELN

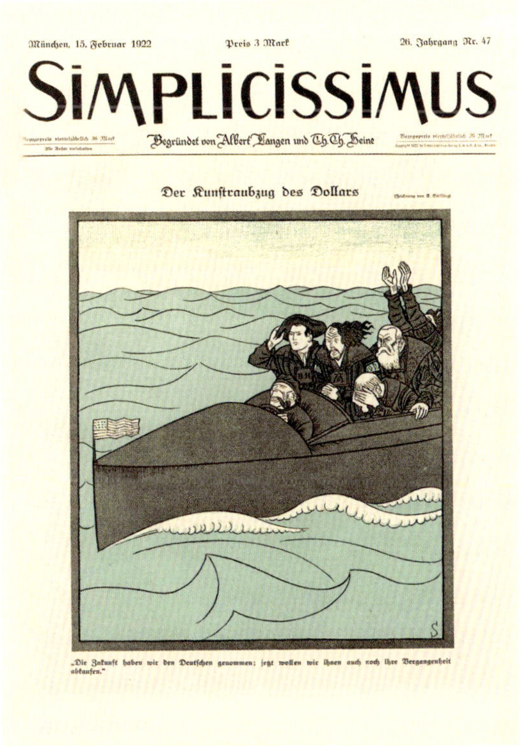

Tafel I Der Kunstraubzug des Dollars. – „Die Zukunft haben wir den Deutschen genommen; jetzt wollen wir ihnen auch noch ihre Vergangenheit abkaufen."

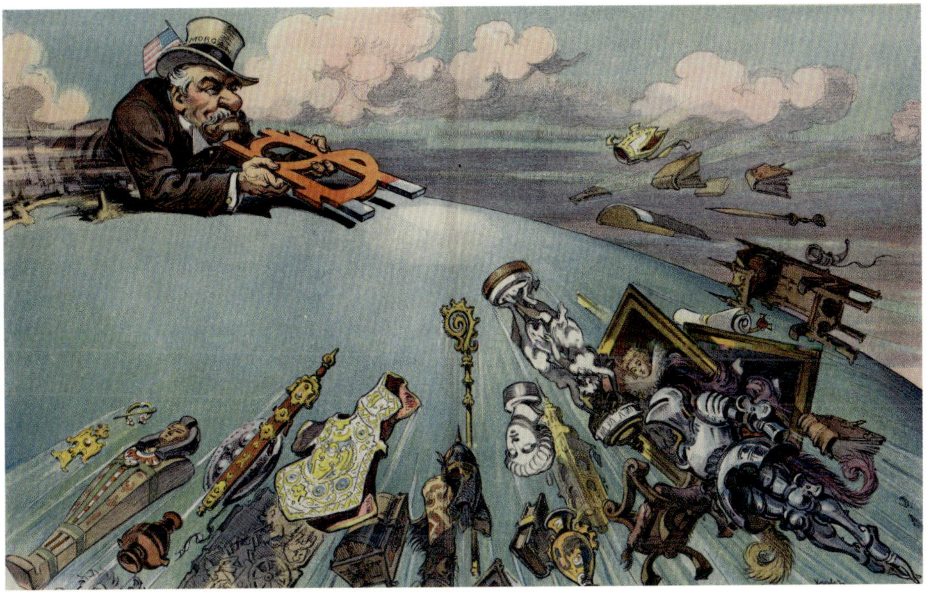

Tafel II „The Magnet", Der amerikanische Sammler J. P. Morgan zieht die Kunstschätze Europas mit einem magnetischen Dollar über den Atlantik in die USA

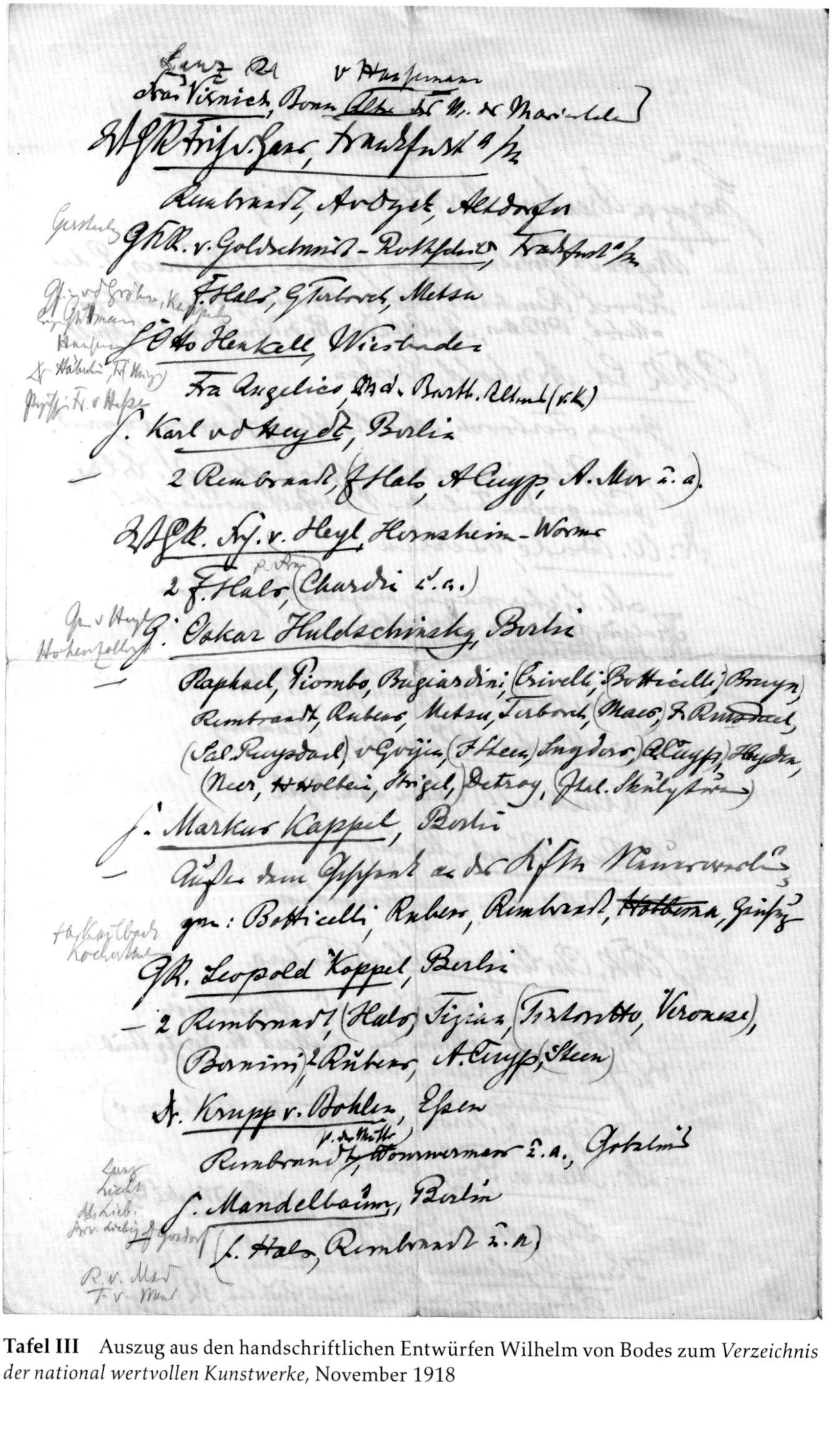

[illegible]

Goldschmidt-Rothschild, Frankfurt a/M

F. Hals, G. Terborch, Metsu

Otto Henkell, Wiesbaden

Fra Angelico, [illegible]

Karl v. d. Heydt, Berlin

2 Rembrandt, (F. Hals, A. Cuyp, A. Mor u. a.)

[illegible] v. Heyl, Herrnsheim-Worms

2 F. Hals, (Chardin u. a.)

Oskar Huldschinsky, Berlin

Raphael, Piombo, Bugiardini; (Crivelli; (Botticelli) Bruyn, Rembrandt, Rubens, Metsu, Terborch, (Maes, J. Ruysdael, (Sal. Ruysdael) v Goyen, (J. Steen, Snyders, A. Cuyp, Heyden, (Neer, H. Holbein, Strigel, Detroy, (Ital. Skulpturen)

Markus Kappel, Berlin

[illegible]

Leopold Koppel, Berlin

2 Rembrandt, (Hals, Tizian, (Tintoretto, Veronese), (Bernini) 2 Rubens, A. Cuyp, Steen)

Krupp v. Bohlen, Essen

Rembrandt, Wouwerman u. a., Gobelins

Mandelbaum, Berlin

(F. Hals, Rembrandt u. a.)

Tafel III Auszug aus den handschriftlichen Entwürfen Wilhelm von Bodes zum *Verzeichnis der national wertvollen Kunstwerke*, November 1918

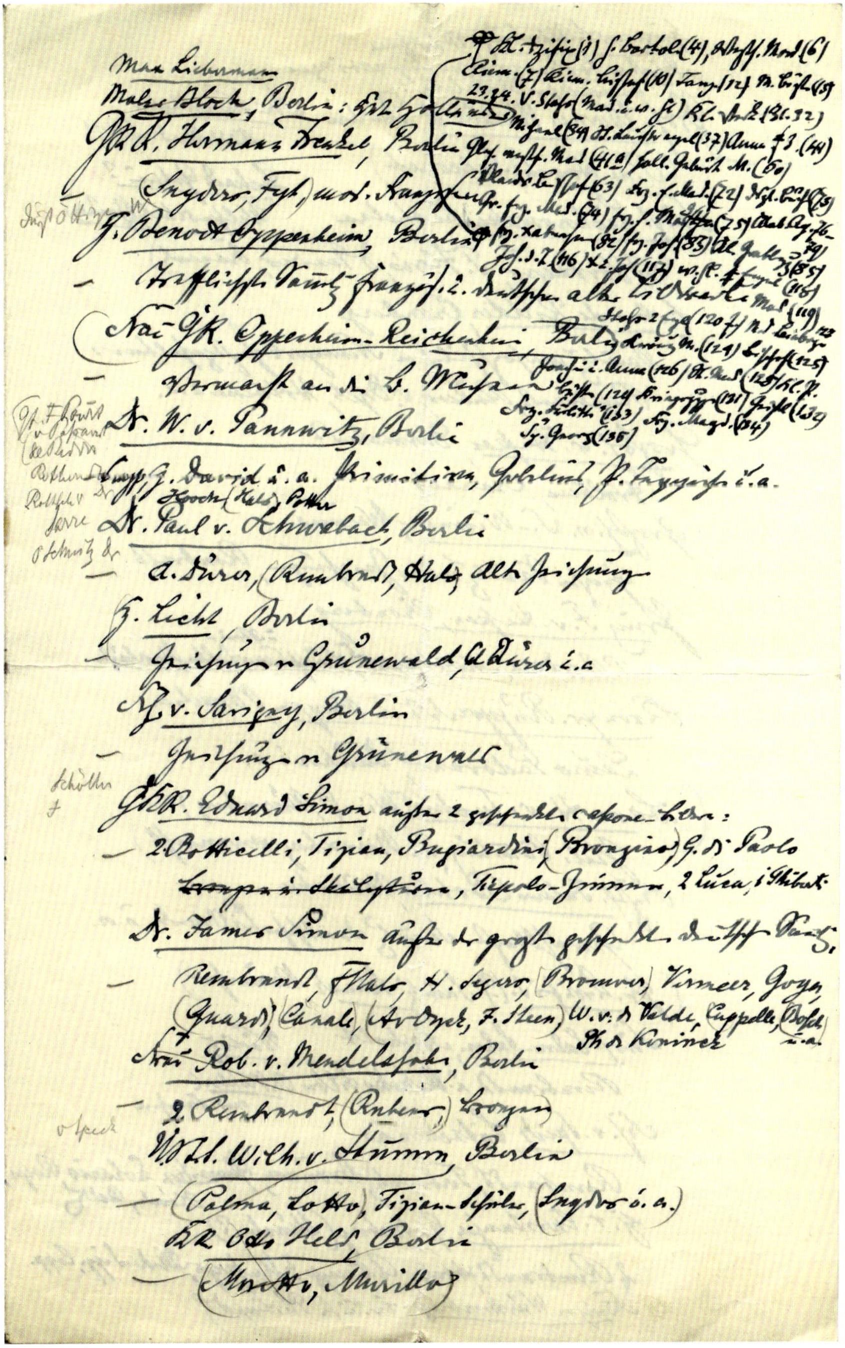
Max Liebermann
Maler Block, Berlin
GhR. Hermann Frenzel, Berlin
(Snyders, Fyt) ...
J. Oppenheim, Berlin
Frau GhR. Oppenheim-Reichenheim, Berlin
Dr. W. v. Pannwitz, Berlin
G. David u. a. Primitiven, ...
Dr. Paul v. Schwabach, Berlin
A. Dürer, (Rembrandt), Hals, alte Zeichnung
J. Licht, Berlin
Zeichnung v. Grünewald, A. Dürer u. a.
... v. Savigny, Berlin
Zeichnung v. Grünewald
GhR. Eduard Simon ...
2 Botticelli, Tizian, Bugiardini (Bronzino) G. di Paolo
..., Tiepolo-..., 2 Luca ...
Dr. James Simon ...
Rembrandt, F. Hals, H. Seghers, (Brouwer) Vermeer, Goya,
(Guardi) (Canale), (A. v. Dyck, J. Steen) W. v. d. Velde, Cappelle, ... u. a.
Frau Rob. v. Mendelssohn, Berlin
2 Rembrandt, (Rubens), Bronzino
... Wilh. v. Stumm, Berlin
(Palma, Lotto, Tizian-Schüler, (Snyders u. a.)
... Otto Held, Berlin
(Moretto, Murillo)

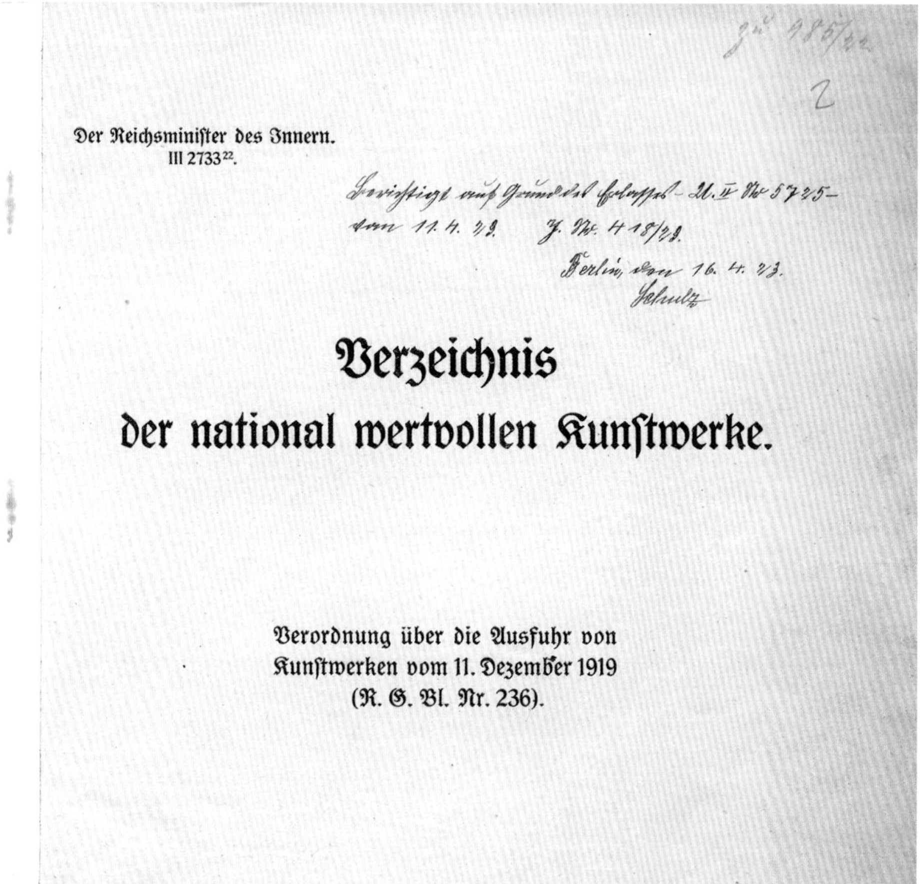

Der Reichsminister des Innern.
III 2733²².

Verzeichnis der national wertvollen Kunstwerke.

Verordnung über die Ausfuhr von Kunstwerken vom 11. Dezember 1919 (R. G. Bl. Nr. 236).

Tafel IV *Verzeichnis der national wertvollen Kunstwerke*, hg. vom Reichsministerium des Innern, 1922, Titelblatt und S. 33

34

— 33 —

Lfde. Nr.	Nähere Bezeichnung des Kunstwerks	Eigentümer	Aufbewahrungsort	Bundesstaat
682	**Rembrandt,** Selbstbildnis	Ehemaliger Großherzog von Sachsen-Weimar	—	Thüringen
683	**Rembrandt,** Der Philosoph	Erben Markus Kappel	Berlin, Tiergartenstr. 14	Preußen
684	**Rembrandt,** Christus und die Samariterin	Erben Markus Kappel	Berlin, Tiergartenstr. 14	Preußen
685	**Rembrandt,** Die Tingeiche	Erben Markus Kappel	Berlin, Tiergartenstr. 14	Preußen
(P. H.) 686	**Renoir,** Landschaft: La Grenoullière	Theodor Behrens	Hamburg, Alsterglacis 17	Hamburg
687	**Riemenschneider,** T., Büste eines Bischofs, Nr. 10 des Katalogs der Sammlung	~~Benoit Oppenheim~~ A. S. Drey	~~Berlin, Tiergartenstr. 2a~~ München	~~Preußen~~ Bayern, (Briennerstr. 12)
688	**Riemenschneider,** T., Christus im Hause der Maria, Relief vom Münnenstädter Altar (Kat. Oppenheim Nr. 7)	Justizrat Gerhard Bollert	Charlottenburg, Berliner Str. 25	Preußen
689	**Riemenschneider,** T., Holzfigur einer Pietà	Hof Lilach bei Tauberbischofsheim	Tauberbischofsheim	Baden
690	**Riemenschneider,** T., Holzskulpturen, Büsten: St. Paulus, Abb. Streit, Taf. 19, St. Petrus, Abb. Streit, Taf. 19	Sanitätsrat Dr. Schefers	Darmstadt, Zimmerstr. 8	Hessen
691	**Riemenschneider,** T., Holzgruppe	Fürst von Oettingen-Wallerstein	Maihingen	Bayern
692	**Riemenschneider,** T., 2 Leuchterengel	Ehemaliger Großherzog von Sachsen-Weimar	—	Thüringen
693	**Riemenschneider,** T., Reliquienbüste	Julius Böhler	München	Bayern
694	**Rigaud,** Bildnis Graf Detlef von Dehn	Ehem. Herzog Ernst August von Braunschweig-Lüneburg	Schloß Blankenburg	Braunschweig
695	**Robbia,** Giovanni della, Madonna	Justizrat Dr. Bollert	Charlottenburg, Berliner Str. 25	Preußen
696	**Robbia,** Luca della, 2 Madonnenreliefs	Geh. Kommerzienrat Dr. Ed. Simon	Berlin, Viktoriastr. 7	Preußen
697	**Robbia,** A. della, St. Michael	Friedrich Vieweg & Sohn A. G.	Braunschweig	Braunschweig
698	**Romney,** Herrenbildnis	Frau Martin Bromberg	Hamburg, Benediktstr. 17	Hamburg
~~699~~	~~**Roß, Karl,**~~ Die Grotte der Nymphe Egeria bei Rom	~~Schack-Galerie~~	München	Bayern
700	**Roßharnisch,** Abb. Schaefer S. 66, Abb. 38	Graf zu Erbach-Erbach	Schloß Erbach	Hessen
701	**Rottaler,** St., Holzfigur, St. Florian	Julius Böhler	München	Bayern
702	**Rottenhammer,** Nr. 20, Knieender Heiliger, von Maria den Rosenkranz empfangend	Fürst von Fürstenberg	Donaueschingen	Baden
703	**Rottenhammer,** Nr. 19, Joseph und Potiphar	Fürst von Fürstenberg	Donaueschingen	Baden
~~704~~	~~**Rottmann,**~~ Karl, Ansicht von Rom, von der Villa Malta aus gesehen, in drei Bildern	~~Schack-Galerie~~	München	Bayern

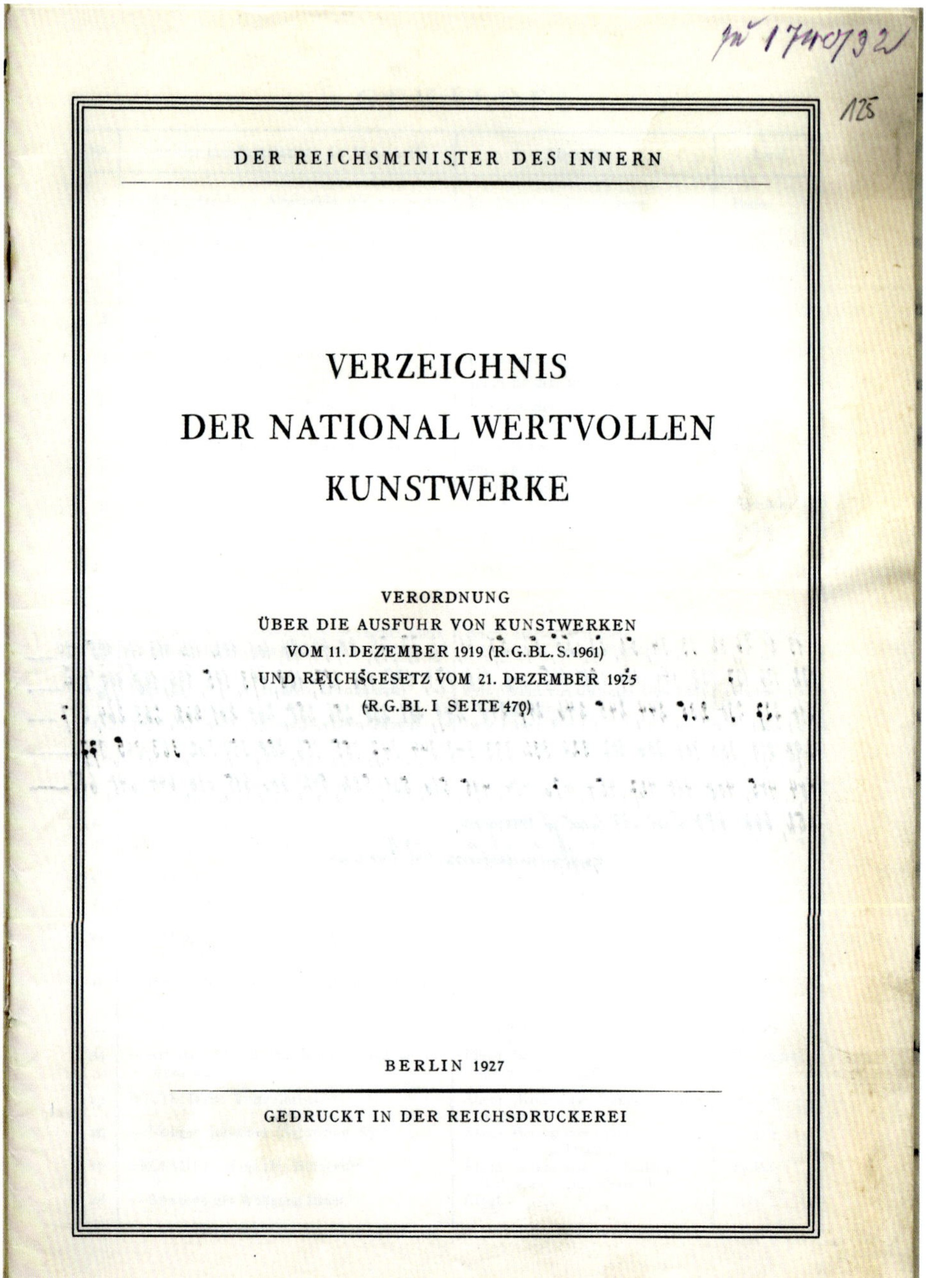

DER REICHSMINISTER DES INNERN

VERZEICHNIS
DER NATIONAL WERTVOLLEN
KUNSTWERKE

VERORDNUNG
ÜBER DIE AUSFUHR VON KUNSTWERKEN
VOM 11. DEZEMBER 1919 (R.G.BL. S. 1961)
UND REICHSGESETZ VOM 21. DEZEMBER 1925
(R.G.BL. I SEITE 470)

BERLIN 1927

GEDRUCKT IN DER REICHSDRUCKEREI

Tafel V *Verzeichnis der national wertvollen Kunstwerke*, hg. vom Reichsministerium des Innern, 1927, Titelblatt und S. 1

126

GEMÄLDE

Nr.	Künstler und Bezeichnung des Kunstwerks	Eigentümer	Land
1	ACKER, Jacob: 2 Altartafeln, (Nr. 5 u. 6 des Katalogs v. 1921)	Slg. Fürst von Fürstenberg, Donaueschingen	Baden
2	ALTDORFER, Albrecht: Darstellung aus der Legende des hl. Florian (aus der Reihe der Bilder im Germanischen Museum und in Florenz), 1562	Freifrau von Gebsattel auf Hofhegnenberg, Hofhegnenberg	Bayern
3	— Fragmente eines großen Wandgemäldes (mehr als 20 Tafeln)	Historischer Verein, Regensburg	»
4	— Die beiden Heiligen Johannes	Katharinenhospital, Stadtamhof	»
5	— Landschaft	Julius Böhler, München	»
6	— Anbetung der Könige (Katalog d. Slg. (1883) Nr. 3)	Fürst von Hohenzollern-Sigmaringen	Preußen
7	AMBERGER, Christoph: Frauenporträt	Julius Böhler, München	Bayern
8	— Bildnis eines Fugger	Fürstl. Fuggerscher Besitz, Augsburg-Babenhausen	»
9	ANGELICO, Fra: Madonna	Otto Henkel, Wiesbaden	Preußen
10	BALDUNG GRIEN, Hans: Anbetung des Jesuskindes. Fragment	Ehem. Großherzog von Baden, Bad. Kunsthalle, Karlsruhe	Baden
11	— Votivbild Markgraf Christophs und seiner Familie. Antependium	Desgl.	»
12	— Markgraf Christoph I. von Baden. Brustbild	Desgl.	»
13	BARTOLOMEO, Nerocchio di, de Landi: Maria mit hl. Hieronymus u. Magdalena (Abbildung im Inventar)	Ehem. Herzog von Sachsen-Meiningen, Schloß in Meiningen	Thüringen
14	BASAITI, Marco: Heiliger Hieronymus	Frhr. Wilh. von Bissing, München, Georgenstr. 10	Bayern
15	BELLINI, Giov.: Kreuztragender Christus	Graf F. von Pourtalès, Schlesien	Preußen
16	BEYEREN, Abr. v.: Stilleben: Granatapfel, Auster, großer Römer und große Traube (Ausstellung Kaiser-Friedrich-Museums-Verein 1906, Ktlg.-Nr. 6)	J. Block, Berlin, Kaiserin-Augusta-Straße 79	»
17	BOLTRAFFIO, Giv. Ant.: Bildnis	Julius Böhler, München	Bayern
18	BOL, Ferdinand: Heilige Caecilia	Slg. Graf von Schönborn, Pommersfelden	»
19	BORDONE, Paris: Frauenbildnis	Desgl.	»
20	— Weibliches Bildnis	Prinzessin Friedrich Carl von Hessen, Schloß Cronberg	Hessen
21	BOTTICELLI, Sandro: Männliches Bildnis (Abb. W. v. Bode, Botticelli, Berlin 1923 S. 149)	Geheimer Kommerzienrat Dr. Ed. Simon, Berlin, Viktoriastr. 7	Preußen
22	— Bildnis der Simonetta (Ktlg. d. Slg. Kappel Nr. 42)	M. Kappel Erben, Berlin	»
23	— Madonna	Julius Böhler, München	Bayern
24	— Art das: Maria mit Kind (Abbildung im Inventar)	Ehem. Herzog von Sachsen-Meiningen, Schloß in Meiningen	Thüringen
25	BOUTS, Dirk: Taufe Christi	Ehem. Kronprinz Rupprecht von Bayern	Bayern
26	— Heiliger Johannes (Nr. 1619 d. Slg.)	Ehem. Herzog von Anhalt, Stadtschloß Dessau	Anhalt
27	BROSAMER, Hans (?): Bürgersfrau	Ehem. Großherzog von Baden, Bad. Kunsthalle, Karlsruhe	Baden
28	— Brustbild des Wolfgang Eisen	Desgl.	»

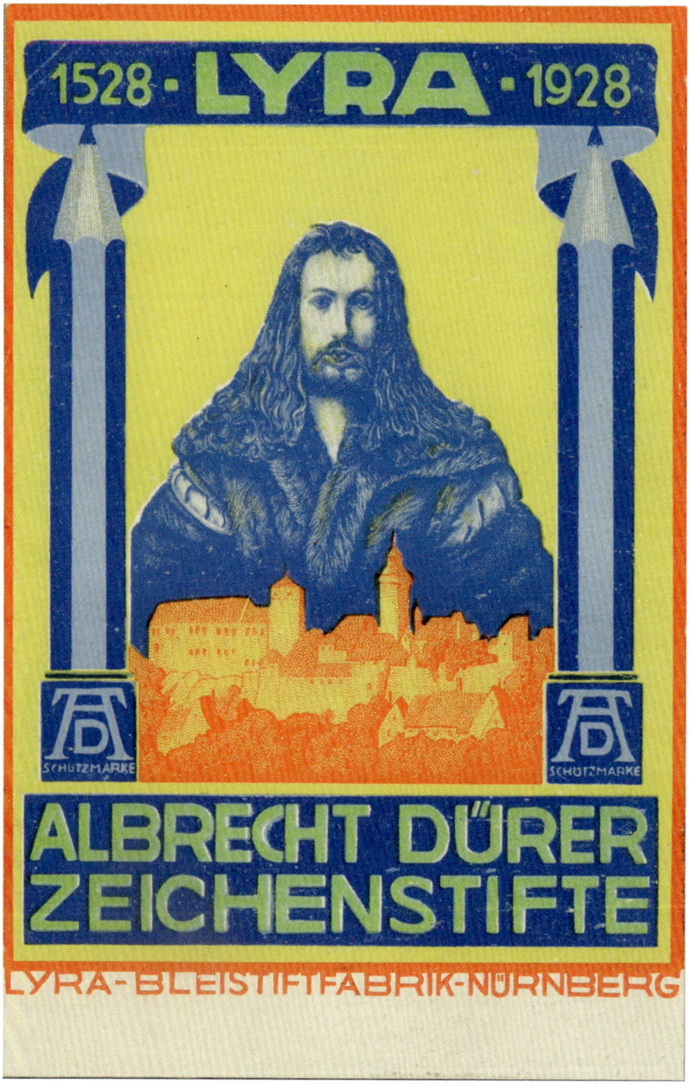

Tafel VI Werbepostkarte für Zeichenstifte anlässlich des Dürer-Jahres 1928

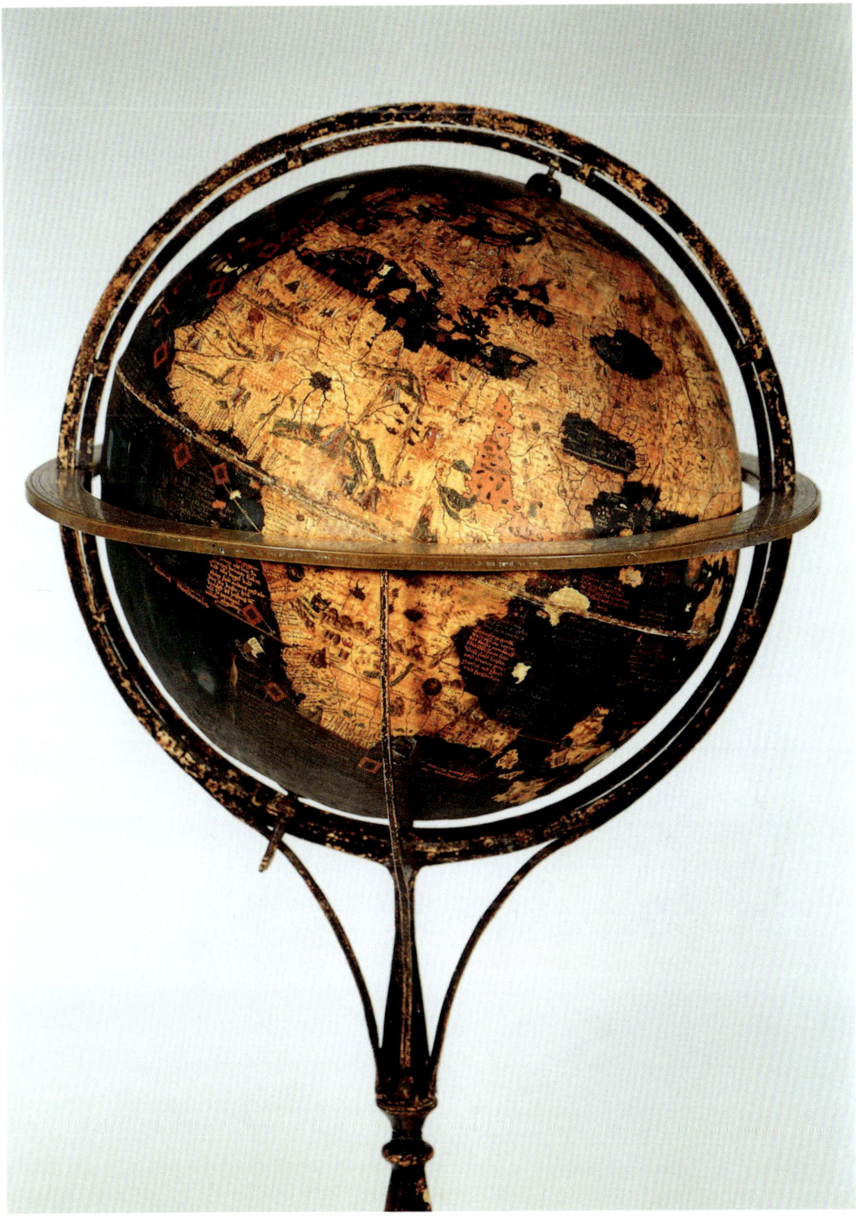

Tafel VII Erdglobus des Martin Behaim, 1492–94, Kugel aus diversen Verbundwerkstoffen, Deckfarbenmalerei, Gestell Schmiedeeisen, Horizontring Messing, Germanisches Nationalmuseum Nürnberg

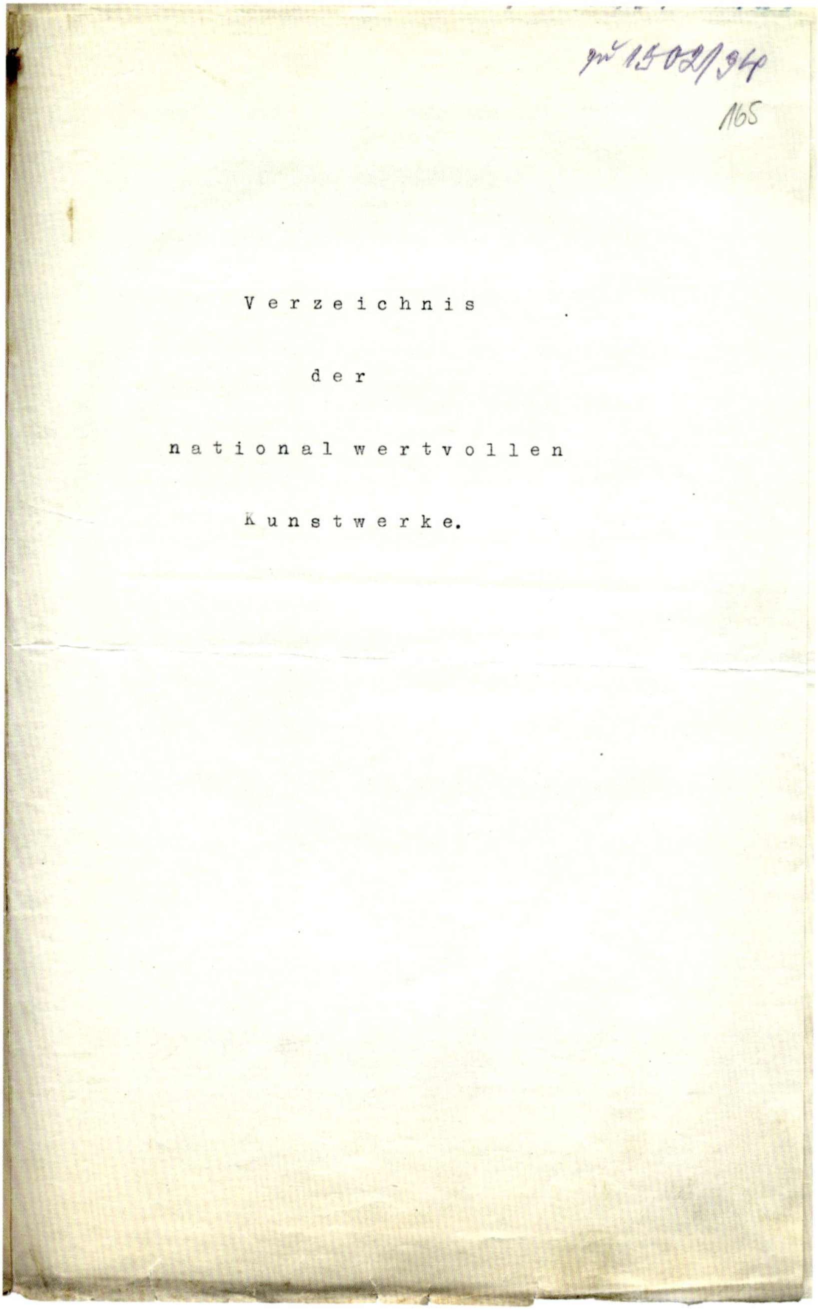
165

Verzeichnis

der

national wertvollen

Kunstwerke.

Tafel VIII *Verzeichnis der national wertvollen Kunstwerke,* 1934, Entwurf, Titelblatt und S. 1

-1-

166

Nº	bisherige Nº	Künstler u. Bezeichnung des Kunstwerks	Eigentümer	Land
1	2	Altdorfer, Albrecht: Darstellung aus der Legende des hl. Florians (aus der Reihe der Bilder im Germanischen Museum u. in Florenz) 1562	Freifrau von Gebsattel auf Hofhegnenberg, Hofhegnenberg	Bayern
2	3	- Fragmente eines grossen Wandgemäldes ~~als~~ (mehr als 20 Tafeln)	Historischer Verein, Regensburg	"
3	3a	- Triptychon, Mittelbild: Anbetung des Christkindes, Flügel, Jnnenseite: Abendmahl u. Auferstehung, Aussenseite: Verkündigung	Historischer Verein für die Oberpfalz, Regensburg (Erhardihaus)	"
4	4	- Die beiden Heiligen Johannes	Katharinenhospital, Stadtamhof	"
5	5	- Landschaft	Julius Böhler, München	"
6	7	Amberger, Christoph: Frauenporträt	Desgl.	"
7		- Bildnis Martin Weiss	Neuerburg, Köln a. Rh.	Preussen
8	25	Bouts, Dirk: Taufe Christi	Ehem. Kronprinz Rupprecht von Bayern, Berchtesgaden	Bayern
9	32a	Bruyn, Bartholomäus: Maria mit dem Kinde (Abb. Kunstdenkm. d. Siegkreises, Tafel V)	Frau Merkens, Rhöndorf b. Honnef a. Rh.	Preussen
10	32b	- (Zuschreibung): Tryptychon um 1510	Geschwister ~~Virt~~ Virnich-Haan, Bonn a. Rh. Lennéstr. 5	"
11	37	Cleve, Joos van: Herrenbildnis	Frau Martin Bromberg, Hamburg, Benediktstr. 17	Hamburg
12	38	Cranach, Lukas, der Aeltere: Bildnisse von Luthers Vater u. seiner Mutter, gemalt 1527. (Abb. bei Voß "Die Wartburg" nach S. 209)	Ehem. Grossherzog von Sachsen-Weimar, Wartburg	Thüringen
13	40	- Maria mit Kind. (Abb. bei Voß "Die Wartburg" nach S. 348)	Wartburgstiftung: bei ~~Oberburghaupt~~ Oberburghauptmann Hans Lukas von Cranach auf der Wartburg	"

- 1 -

A. Gemälde.

Acker, Jacob	2 Altartafeln (Nr.5 u. 6 des Katalogs v.1921)	Slg. Fürst von Fürstenberg, Donaueschingen
Altdorfer, Albrecht	Landschaft	Böhler, Julius, München
" "	Darstellung aus der Legende des hl. Florian (aus der Reihe der Bilder im Germanischen Museum und in Florenz) 1562	Freifrau von Gebsattel auf Hofhegnenberg, Hofhegnenberg
" "	Fragmente eines grossen Waldgemäldes (mehr als 2o Tafeln)	Historischer Verein, Regensburg
" "	Die beiden Heiligen Johannes	Katharinenhospital, Stadtamhof
" "	Anbetung der Könige (Katalog d.Slg. (1883) Nr. 3	Städelsches Kunstinstitut Frankfurt a.M.
Amberger, Christoph	Frauenporträt	Böhler, Julius, München
" "	Bildnis eines Fugger	Staatsgemäldesammlung München
" "	Weibliches Bildnis	Baron Thyssen im Haag, (Galerie Caspari in München, Briennerstr. 52)
Angelico Fra	Madonna	Wiesbadener Kunsthandelsgesellschaft, Wiesbaden
Baldung Grien, Hans	Anbetung des Jesuskindes. Fragment	Ehem. Grossherzog von Baden, Bad. Kunsthalle, Karlsruhe
" "	Markgraf Christoph I. von Baden, Brustbild	" "
" "	Votivbild Markgraf Christophs und seiner Familie, Antependium	" "

./.

Tafel IX *Verzeichnis der national wertvollen Kunstwerke*, 1938, Entwurf, Nachkriegsdruck, S. 1 und 43

- 43 -

D. Plastik

	6 Apostel, Gelbguß, Flämisch um 14oo	von Weinberg, Carl Frankfurt a.M. Waldfried
	Bayerisch Ende XV.Jahrh.: Hl. Oswald	Prof.Gerolamo Cairati, Kunstmaler München, Beethovenplatz 4
	Bayrisch um 145o: Madonna, Tonfigur, aus Straubing	" "
	Bayrisch um 148o: Richtung Pachers. Sitzfigur eines Evangelisten oder Kirchenvaters	Museum in Danzig
Bologna, Giov.da	Vogelsteller.Statuette Silber (Katalog d.Slg. Huldschinsky)	Huldschinsky, Oskar Berlin, Mathäikirchstr. 2 b
	Byzantinisch: Bildnis eines Kaisers, Marmorrelief	Prinz Friedrich Leopold von Preussen,Klein-Glienicke
	Byzantinisch: Madonna, Marmorrelief	" "
	Christus-Johannes-Gruppe, Holz, Süddeutsch, Mitte 14.Jahrh.	von Weinberg, Carl Frankfurt a.M., Waldfried
Daucher, Hans	Porträtrelief v.d. Pfalz aus Solnhoferstein. (Abb. Jahrbuch der Preuss.Kunstsammlungen, Bd.41, S. 3o1)	Ehem. Kronprinz Rupprecht von Bayern, München
" "	Freundschafts-tempel, Stechsteinrelief (Abb.Jahrbuch der Preuss. Kunstsammlungen 192o, S. 294)	Fürst von Hohenlohe-Öhringen, Schloß Neuenstein
" "	Maria mit dem Kinde und Engeln, Relief.Solnhoferstein. (Abb. Jahrbuch der Preuss. Kunstsammlungen, Bd.XLI.S. 287)	Maximilians-Museum in Augsburg
	Deutsch, Anfang XIV.Jahrh. Zwei Steinfiguren St. Heinrich und St. Kunigunde aus der Kirche in Pettstadt	Bayerisches Nationalmuseum

./.

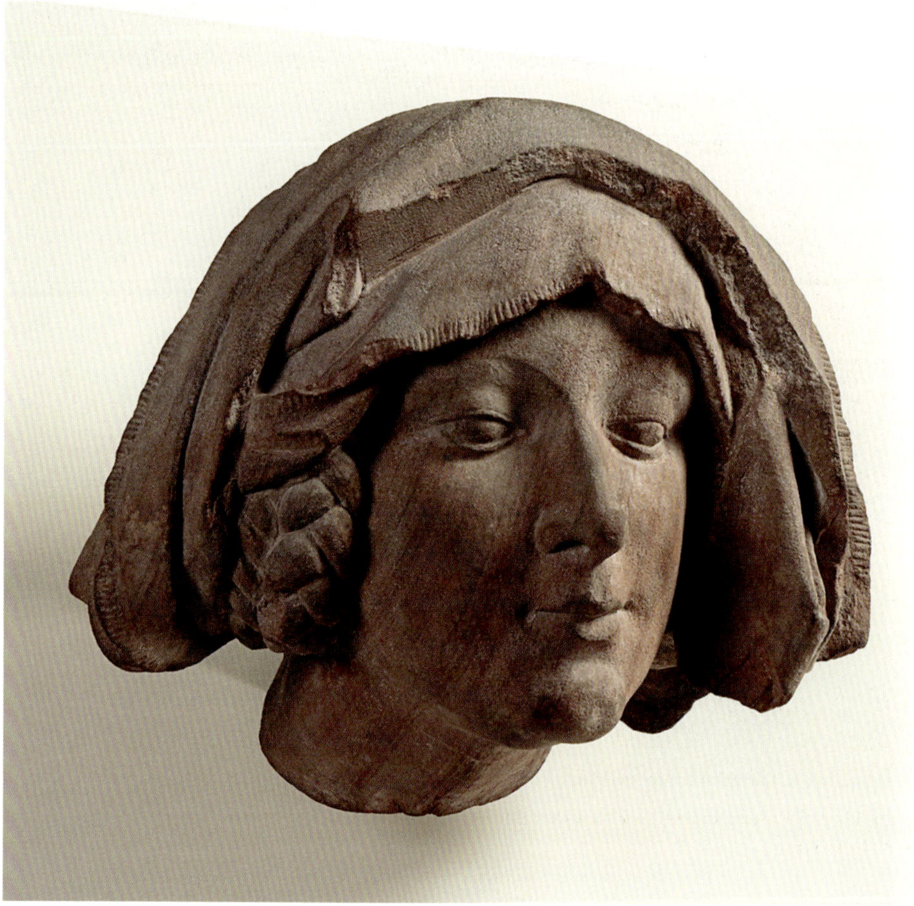

Tafel X Niclaus Gerhaert von Leyden, *Sybille sog. Bärbel von Ottenheim*, 1463/64, rötlicher gemaserter Sandstein, 23,2 cm, Liebieghaus Frankfurt a. M.

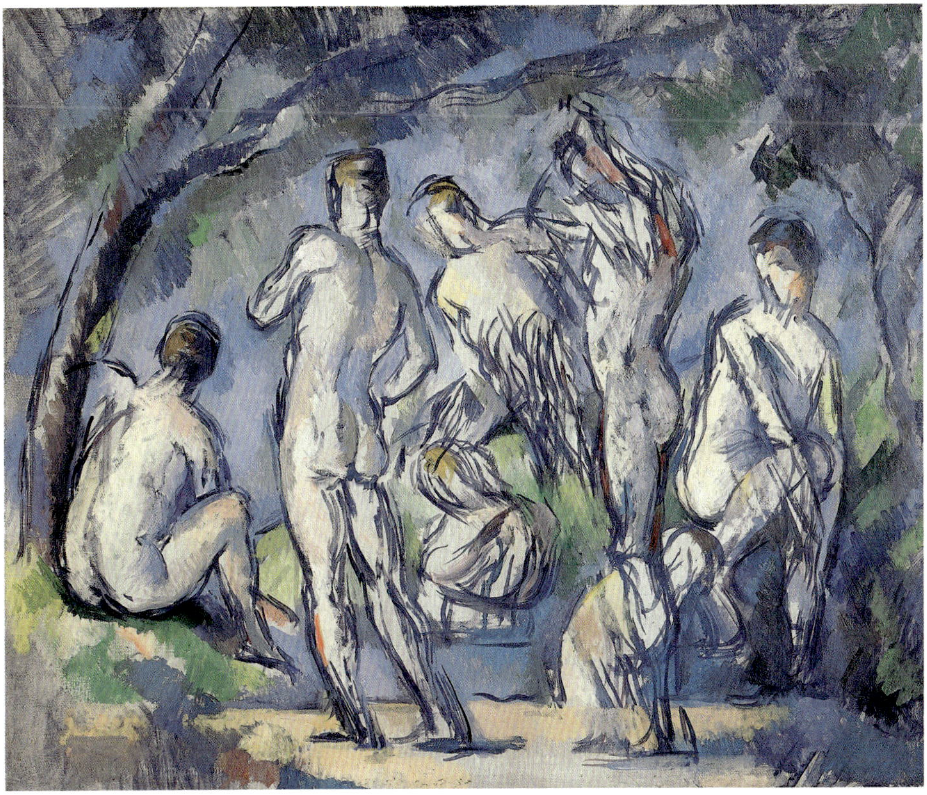

Tafel XI „National wertvoll" – Paul Cézanne, *Sept baigneurs*, um 1900, Öl auf Leinwand, 38 × 46 cm, Fondation Beyeler, Basel

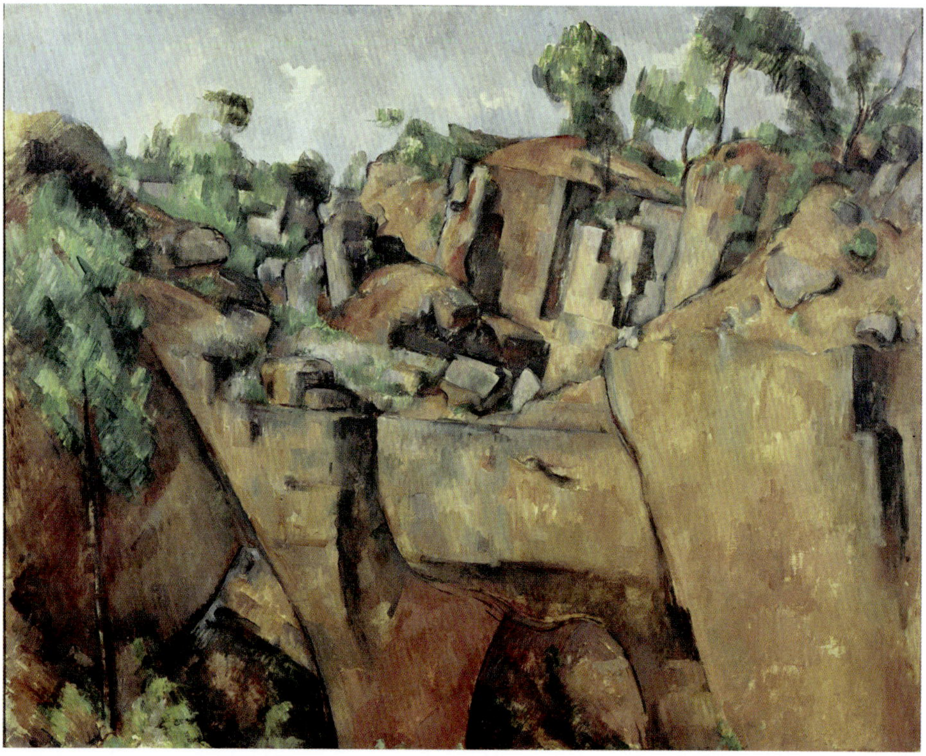

Tafel XII „Entartet" – Paul Cézanne, *Steinbruch bei Bibémus*, um 1895, Öl auf Leinwand, 65 × 81 cm, Museum Folkwang, Essen

ANHANG

Verordnung über die Ausfuhr von Kunstwerken, Reichs-Gesetzblatt Nr. 236 vom 11. Dezember 1919, Nr. 7169, S. 1961

Auf Grund des Gesetzes über eine vereinfachte Form der Gesetzgebung für die Zwecke der Übergangswirtschaft vom 17. April 1919 (Reichs-Gesetzbl. S. 394) wird unter Zustimmung des Reichsrats und der Kommission der Nationalversammlung folgendes angeordnet:

§ 1
Die Ausfuhr eines Kunstwerkes bedarf der Genehmigung, sobald es in das Verzeichnis der Werke eingetragen ist, deren Verbringung in das Ausland einen wesentlichen Verlust für den nationalen Kunstbesitz bedeuten würde.

§ 2
Das Verzeichnis wird vom Reichsminister des Innern geführt und die Eintragung den Beteiligten bekanntgegeben.
Die Eintragung muss erfolgen, wenn eine Landeszentralbehörde sie verlangt.

§ 3
Über die Genehmigung zur Ausfuhr entscheidet der Reichskommissar für Aus- und Einfuhrbewilligung.
Die Genehmigung darf nur erteilt werden, wenn ein vom Reichsminister des Innern zu ernennender Ausschuß ihr zustimmt. Der Ausschuß besteht aus drei Mitgliedern, von denen eins auf Vorschlag des Reichsbankdirektoriums, ein weiteres aus den Kreisen der Kunstsachverständigen auf Vorschlag der Landeszentralbehörde, in deren Gebiet sich das Kunstwerk bei Inkrafttreten dieser Verordnung befindet, ernannt wird.
Der Ausschuß darf seine Zustimmung nur erteilen, wenn der materielle Gewinn des Reichs den Verlust des Kunstwerkes rechtfertigt.

§ 4
Die Genehmigung kann an Bedingungen geknüpft werden. Auf Antrag der Reichbank ist sie an die Bedingung zu knüpfen, daß der Kaufpreis in ausländischer Valuta berichtigt und der Reichsbank das durch den Verkauf entstandene ausländische Guthaben zwecks Verwertung zur Verfügung gestellt wird.

§ 5
Der Reichsminister des Innern ist ermächtigt, zur Aufstellung des Verzeichnisses und zur sonstigen Durchführung dieser Verordnung Bestimmungen über die Besichtigung von Kunstwerken sowie über Besitz- und Ortsveränderungen eingetragener Werke zu erfassen.

§ 6
Wer es unternimmt, ein eingetragenes Kunstwerk ohne Genehmigung auszuführen oder den auf Grund des § 4 gestellten Bedingungen entgegenzuhandeln, wird mit Gefängnis und mit Geldstrafe bis zur dreifachen Höhe des Wertes des Kunstwerkes, auf das sich die strafbare Handlung bezieht, oder mit einer dieser Strafen bestraft. Neben der Strafe kann auf Einziehung des Kunstwerkes erkannt werden, ohne Unterschied, ob es dem Täter gehört oder nicht. Ist die Verfolgung oder Verurteilung einer bestimmten Person nicht ausführbar, so kann auf die Einziehung selbständig erkannt werden.
Zuwiderhandlungen gegen die auf Grund des § 5 erlassenen Bestimmungen werden mit Geldstrafe bis zu fünfzigtausend Mark oder mit Haft bestraft.

§7
Die Verordnung tritt mit dem Tage ihrer Verkündung in Kraft und gilt bis zum Inkrafttreten eines Reichsgesetzes auf Grund des Artikel 150 Abs. 2 der Reichsverordnung, längstens bis zum 31. Dezember 1925.

Berlin, den 11. Dezember 1919
Die Reichsregierung
Bauer

Ausführungsbestimmungen zur Verordnung über die Ausfuhr von Kunstwerken, Reichs-Gesetzblatt Nr. 236 vom 11. Dezember 1919, Nr. 7170, S. 1962

Auf Grund des § 5 der Verordnung über die Ausfuhr von Kunstwerken vom 11. Dezember 1919 (Reichs-Gesetzbl. S. 1961) bestimme ich folgendes:

§ 1
Die Eintragung eines Gegenstandes in das Verzeichnis der national wertvollen Kunstwerke erfolgt auf Vorschlag oder nach Anhörung der Regierung des Landes, in dem sich das Kunstwerk befindet. Mit der Eintragung wird die Ausfuhrbeschränkung wirksam. Sie ist den Beteiligten unverzüglich mitzuteilen. Die Mitteilung soll in der Regel durch eingeschriebenen Brief erfolgen.
Eine Beschwerde gegen die Eintragung findet nicht statt.

§ 2
Die Regierungen der Länder betrauen von Amts wegen oder auf Ersuchen des Reichsministeriums des Innern Sachverständige mit der Ermittlung und Prüfung der für eine Eintragung in Betracht kommenden Kunstwerke. Dem Reichsministerium des Innern ist von dem Ergebnis der Ermittlung und der Prüfung Mitteilung zu machen. Sofern das Reichsministerium des Innern die Ermittlung und Prüfung veranlaßt hat, trägt es die Kosten.

§ 3
Jeder Besitzer von Kunstwerken hat sie den mit einem Ausweis der Landeszentralbehörde versehenen Sachverständigen auf Verlangen zu zeigen, die Prüfung zu gestatten und die hierfür erforderlichen Auskünfte zu erteilen.

§ 4
Werden eingetragene Kunstwerke veräußert oder an einen anderen Aufbewahrungsort gebracht oder geraten sie in Verlust, so hat der bisherige Besitzer unverzüglich dem Reichsministerium des Innern hiervon, gegebenenfalls unter Angabe des neuen Besitzers und Aufbewahrungsortes, Mitteilung zu machen.
Zur Erstattung der Mitteilung ist neben dem alten der neue Besitzer verpflichtet.

§5
Wird die Erlaubnis zur Ausfuhr eines eingetragenen Kunstwerkes nachgesucht, so hat der Besitzer das Kunstwerk dem Prüfungsausschusse des Reichsministeriums des Innern (§ 3 der Verordnung) vorzuführen oder seine Besichtigung an Ort und Stelle durch den Ausschuß oder seine Beauftragung zu gestatten.

Berlin, den 11. Dezember 1919
Der Reichsminister des Innern Koch

GRAFISCHE AUSWERTUNG

Diagramm 1:
Anzahl der Kunstwerke in den Verzeichnissen gesamt sowie in den drei Ländern mit den meisten Eintragungen

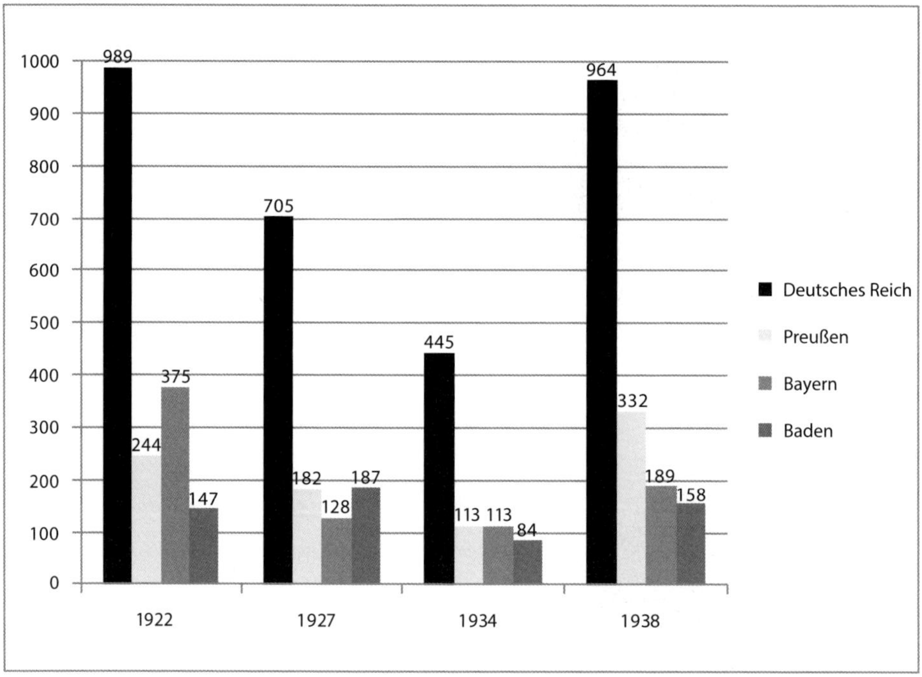

Diagramm 2:
Anteil der Länder an der Auswahl „national wertvoller“ Kunstwerke

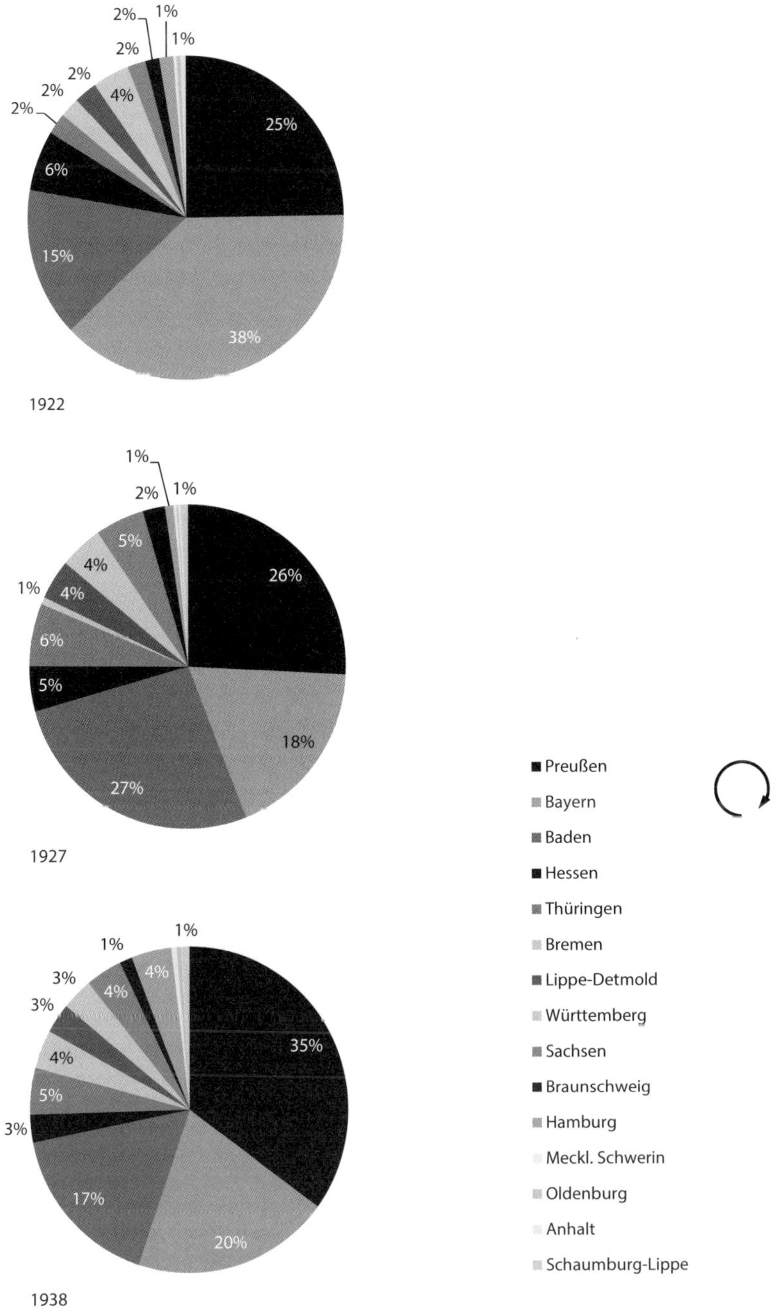

Diagramm 3:
Verzeichnete Kunstbesitzer nach jüdischer Religionszugehörigkeit

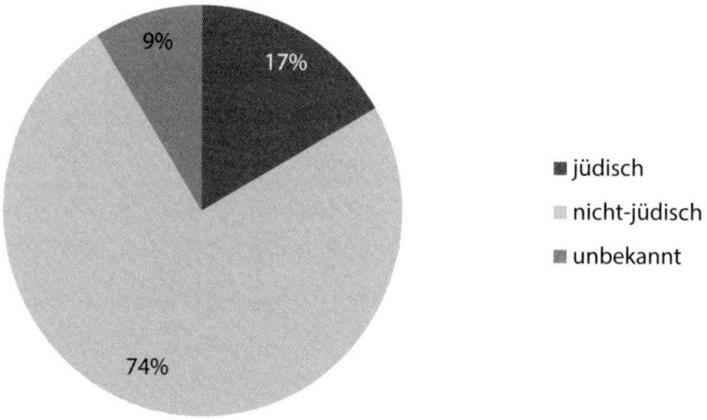

1922

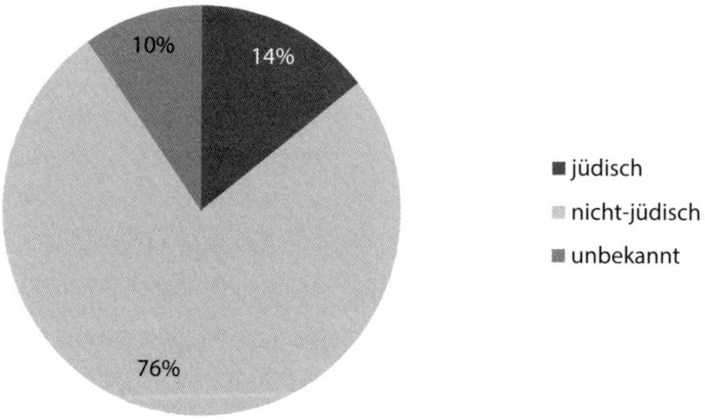

1927

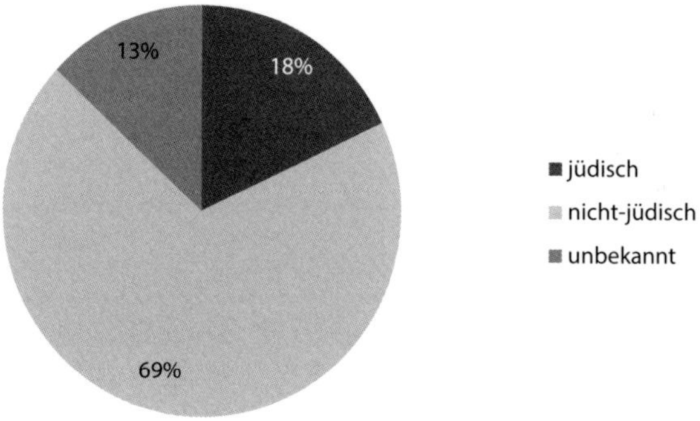

1938

Diagramm 4:
Verzeichnete Kunstwerke aus jüdischem und nicht-jüdischem Besitz

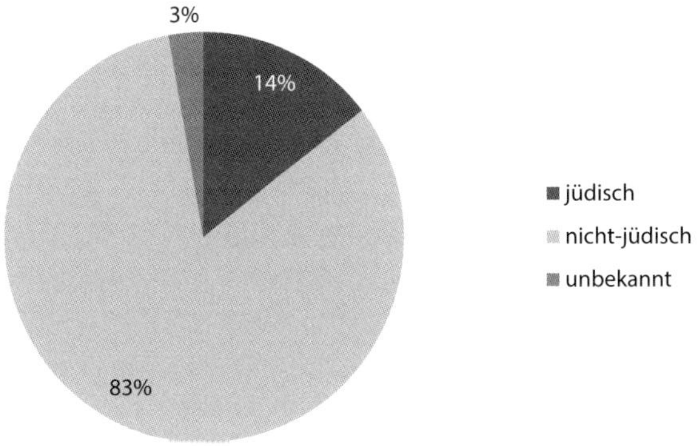

1922

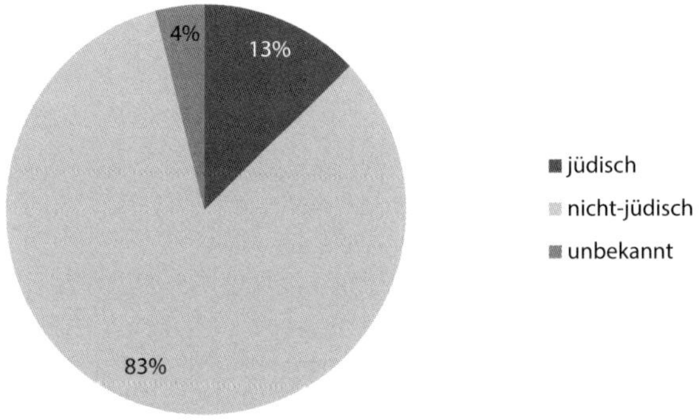

1927

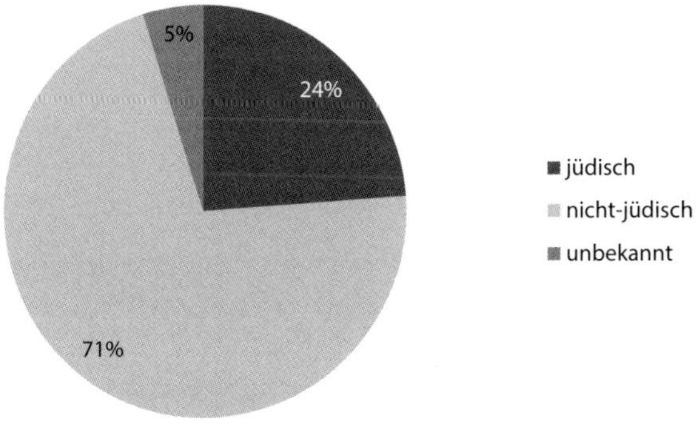

1938

Diagramm 5: Art der verzeichneten Kunstwerke

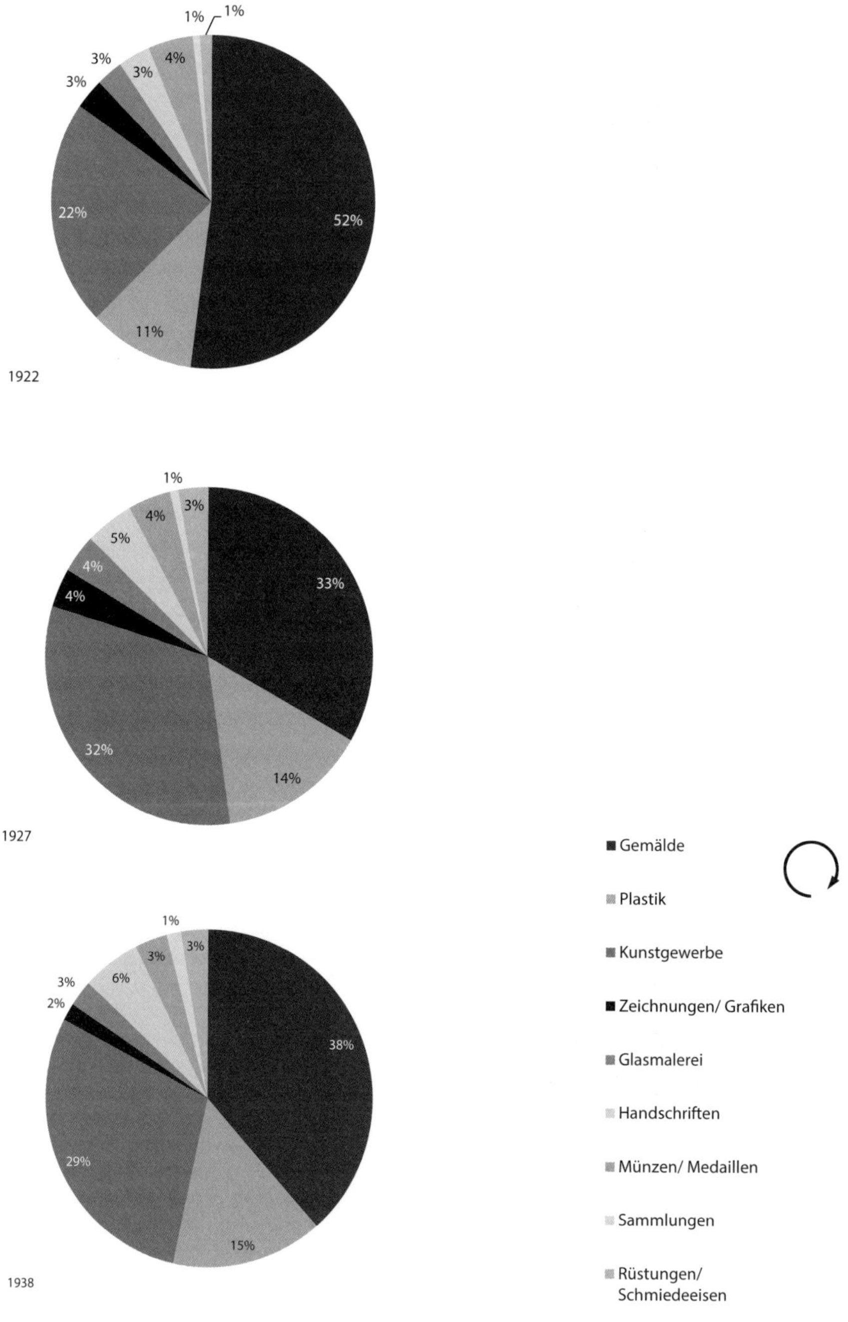

Diagramm 6:
Kunsthistorische Zeiträume der verzeichneten Kunstwerke

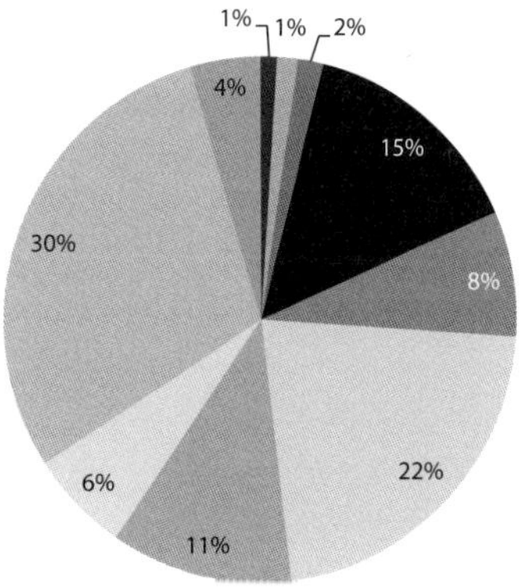

1922

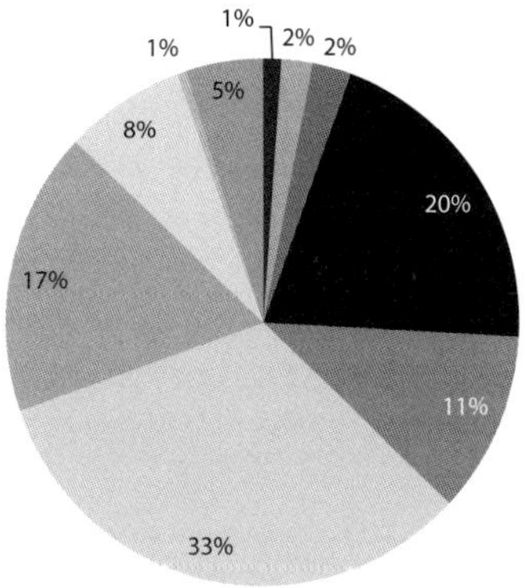

1927

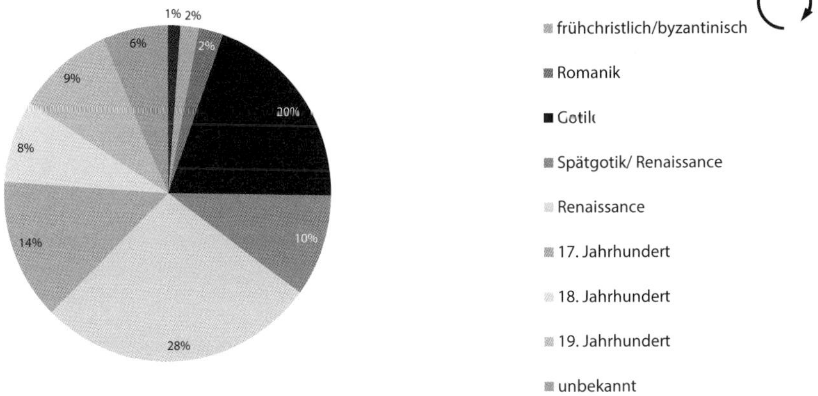

1938

Diagramm 7:
Nationale Herkunft der verzeichneten Kunstwerke

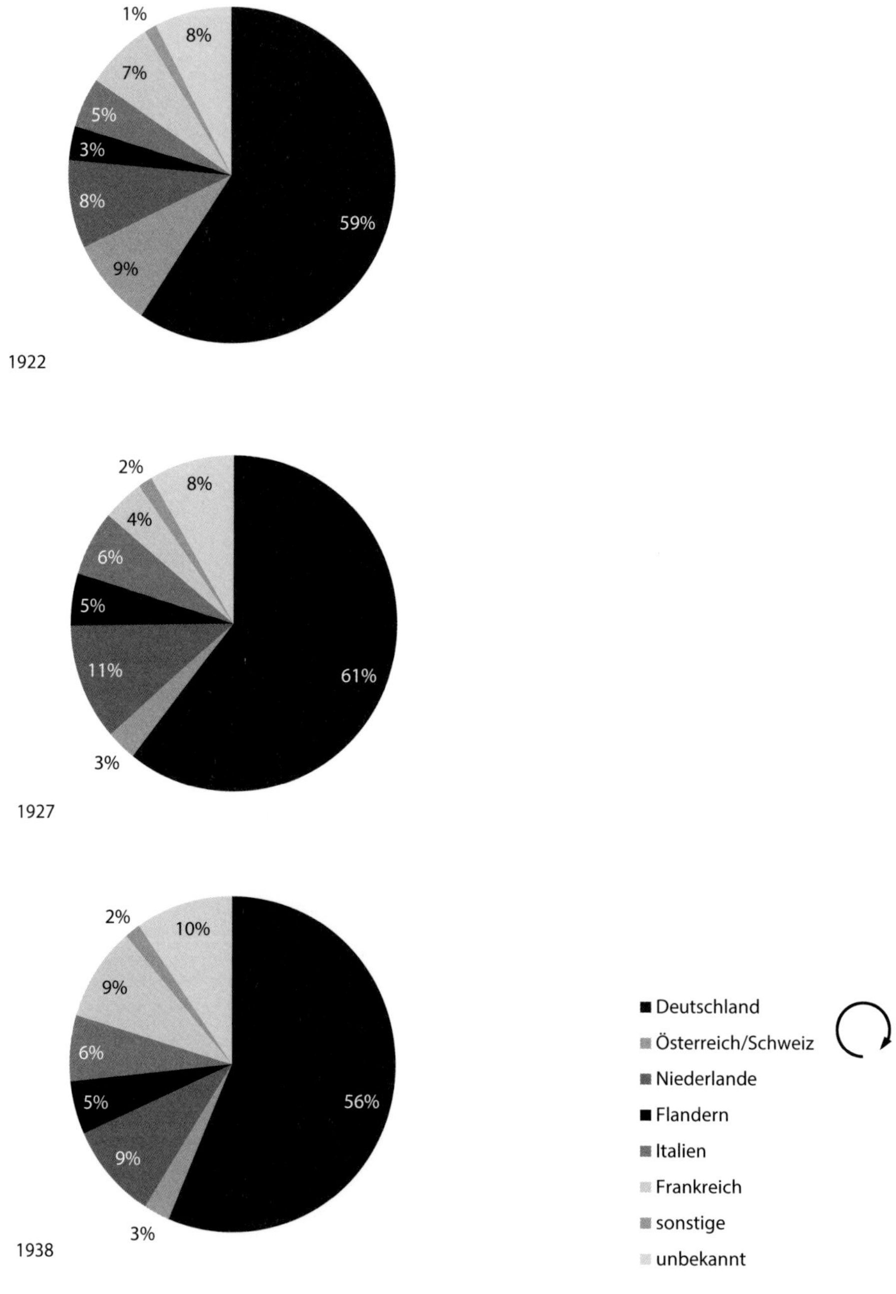

KUNSTWERKE

Editorische Notiz

Die im Folgenden abgedruckten Kunstwerke sind den Verzeichnissen von 1922, 1927, 1934 und 1938 entnommen und mit den entsprechenden Nummern und angegebenen Besitzern der jeweiligen Verzeichnisse vermerkt. Darüber hinaus wurden Kunstwerke ergänzt, deren Eintragung im Untersuchungszeitraum 1919 bis 1945 nur durch Archivüberlieferungen bekannt geworden sind. Die angegeben Daten zu Eintragungen und Streichungen wurden aus Mitteilungen des Reichsministeriums an die Länder oder die Museen entnommen, nicht jedoch an die Besitzer, womit eine tatsächliche Inkraftsetzung des Vorgangs formalrechtlich belegt wäre. Die Eintragungen von Kunstwerken in das Verzeichnis von 1961 wurden ebenso vermerkt, sofern bereits vor 1945 eine Unterschutzstellung mit Sicherheit bestand.

Die Angaben zu Zuschreibungen und Objekttiteln entsprechen, sofern nicht anders notiert, den Angaben in den gedruckten Verzeichnissen. Auch die Literaturangaben entstammen teilweise den Verzeichnissen, zum Teil wurden sie durch eigene Recherchen ergänzt. Die Hinweise zu Provenienzen und Besitzerwechsel basieren auf eigenen Untersuchungen, die keinen Anspruch auf Vollständigkeit erheben, sondern für ihre Relevanz für den Untersuchungsgegenstand gewählt wurden.

Die in den Verzeichnissen gelisteten Objekte gliedern sich nach der Art des Kunstwerkes:

Gemälde nach Künstlern A–Z

■ Acker, Jacob: Zwei Altartafeln
Verzeichnisse: 1927 (Nr. 1, Fürst von Fürstenberg), 1938 (ebd.) | Literatur: Feuerstein, Verzeichnis der Gemälde, 1921, Nr. 5/6

■ Altdorfer, Albrecht: Abschied der Apostel, um 1523
Verzeichnisse: siehe Bemerkung | Literatur: Gemäldegalerie Berlin, Gesamtverzeichnis der Gemälde, 1986, S. 11 | Bemerkung: von Curt Bachstitz, Haarlem aus der Sammlung Gans, Frankfurt erworben, Beantragung der Ausfuhrgenehmigung im Juli 1920; gelang im Sommer 1920 als Geschenk in die GG Berlin, vgl. SMB-ZA, I/GG 140, Bl. 74

■ Altdorfer, Albrecht: Anbetung der Könige
Verzeichnisse: 1927 (Nr. 6, Fürst von Hohenzollern-Sigmaringen), 1938 (Städelsches Kunstinstitut) | Literatur: Lehner, Verzeichnis der Gemälde. Fürstlich Hohenzollern'sches Museum zu Sigmaringen, 1883, Nr. 3 | Provenienz: Verkauf 1928

■ Altdorfer, Albrecht: Anbetung des Kindes, Flügelaltar Mittelbild
Verzeichnisse: 1922 (Nr. 14, Historischer Verein Regensburg), 1934 (Nr. 3, ebd.)

■ Altdorfer, Albrecht: Christi Geburt
Verzeichnisse: 1922 (Nr. 12, Kunstverein Bremen) | Bemerkung: Mitteilung über die Eintragung am 21.6.1920, vgl. StA Bremen, 3-B.13. Nr. 66.a. Bd. 1, Bl. 78

■ Altdorfer, Albrecht: Darstellung aus der Legende des Hl. Florian (Quirinus) aus der Reihe der Bilder im Germanischen Museum und in Florenz, 1562
Verzeichnisse: 1922 (Nr. 11, Freifrau von Gebsattel), 1927 (Nr. 2, ebd.), 1938 (ebd.) | Provenienz: Juni 1939 Julius Böhler, vgl. BayHStA, MK 40839, Bd. 7 | Bemerkung: in einem Entwurf der Bay. KM, vermutlich Ende 1947, vgl. BStGS, 11/4, Nr. 247

■ Altdorfer, Albrecht: Die beiden Heiligen Johannes
Verzeichnisse: 1927 (Nr. 4, Katharinenhospital), 1934 (Nr. 4, ebd.), 1938 (ebd.) | Bemerkung: in einem Entwurf der Bay. KM, vermutlich Ende 1947, vgl. BStGS, 11/4, Nr. 247

■ Altdorfer, Albrecht: Fragmente eines großen Wandgemäldes, mehr als zwanzig Tafeln
Verzeichnisse: 1922 (Nr. 15, Historischer Verein Regensburg), 1927 (Nr. 3, ebd.), 1934 (Nr. 2, ebd.), 1938 (ebd.)

■ Altdorfer, Albrecht: Landschaft
Verzeichnisse: 1927 (Nr. 5, Julius Böhler), 1934 (Nr. 5, ebd.), 1938 (ebd.) | Provenienz: 1951 Jaques Körfer, Zeppelinstr. 2, Köln, vgl. BayHStA, Best. KM, MK 51497 | Bemerkung: „Landschaft mit Brücke", vgl. BayHStA, Best. KM, MK 51497; in einem Entwurf der Bay. KM, vermutlich Ende 1947, vgl. BStGS, 11/4, Nr. 247

■ Amberger, Christoph: Bildnis eines Fugger
Verzeichnisse: 1922 (Nr. 21, Fürstlich Fuggerscher Besitz Augsburg), 1927 (Nr. 8, ebd.), 1938 (Staatsgemäldesammlung München) | Provenienz: 24.11.1927 Mitteilung über Besitzerwechsel, BStGS, vgl. BayHStA, MK 40836, Bd. 4 | Bemerkung: V22: „Männliches Bildnis"

■ Amberger, Christoph: Bildnis Martin Weiss
Verzeichnisse: 1934 (Nr. 7, Heinrich Neuerburg) | Bemerkung: Eintragung durch die Direktorenkonferenz der Münchner Museen am 23.12.1931 vorgeschlagen, vgl. BStGS, 11/4, Nr. 245

Amberger, Christoph: Frauenporträt
Verzeichnisse: 1922 (Nr. 20, Julius Böhler), 1927 (Nr. 7, ebd.), 1934 (Nr. 6, ebd.), 1938 (ebd.)

Amberger, Christoph: Weibliches Bildnis
Verzeichnisse: 1938 (Baron Dr. von Thyssen-Bornemisza) | Literatur: Kranz, Christoph Amberger WVZ, 2004, Kat. 26 | Provenienz: 24.11.1927 Information über Besitzerwechsel, aus Sammlung der Fürsten Fugger Babenhausen an August Mayer, Berlin, Wichmannstr. 5, veräußert, vgl. BayHStA, MK 40836, Bd. 4; V38: Galerie Caspari in München, Briennerstr. 52 | Bemerkung: Gemälde wurde am 21.2.1920 in das Verzeichnis aufgenommen, bei Drucklegung versehentlich ausgelassen und am 13.12.1927 als Nr. 8a nachgetragen, vgl. BayHStA, MK 40836, Bd. 4; Streichung wird durch die Direktorenkonferenz der Münchner Museen am 23.12.1931 vorgeschlagen, weil es nicht zu den erstklassigen Arbeiten des Künstlers gehört, vgl. BStGS, 11/4, Nr. 245

Angelico, Fra: Madonna
Verzeichnisse: 1922 (Nr. 22, Otto Henkell), 1927 (Nr. 9, ebd.), 1938 (Wiesbadener Kunsthandelsgesellschaft)

Baldung, Hans: Adam und Eva
Verzeichnisse: 1922 (Nr. 27, Freiherr Wilhelm von Bissing) | Provenienz: „Dieses Bild wurde schon vor Abfassung der ersten Schutzliste nach Holland verkauft.", dennoch bis Dezember 1926 im Verzeichnis, BStGS, 11/4, Nr. 245

Baldung, Hans: Anbetung des Jesuskindes, Fragment
Verzeichnisse: 1927 (Nr. 10, Ehem. Großherzog von Baden), 1938 (ebd.) | Bemerkung: V27 und 38: in Bad. Kunsthalle

Baldung, Hans: Markgraf Christoph I. von Baden, Brustbild
Verzeichnisse: 1927 (Nr. 12, Ehem. Großherzog von Baden), 1938 (ebd.)

Baldung, Hans: Votivbild Margraf Christophs und seiner Familie, Antependium
Verzeichnisse: 1927 (Nr. 11, Ehem. Großherzog von Baden), 1938 (ebd.)

Bamberger, Fritz: Abendglühen in der Sierra Nevada
Verzeichnisse: 1922 (Nr. 29, Schack-Galerie)

Bamberger, Fritz: Ansicht der Sierra Nevada
Verzeichnisse: 1922 (Nr. 31, Schack-Galerie)

Bamberger, Fritz: Ansicht von Gibraltar
Verzeichnisse: 1922 (Nr. 32, Schack-Galerie)

Bamberger, Fritz: Ansicht von Toledo
Verzeichnisse: 1922 (Nr. 33, Schack-Galerie)

Bamberger, Fritz: Die Albuferallee bei Valencia
Verzeichnisse: 1922 (Nr. 30, Schack-Galerie)

Bamberger, Fritz: Die Brücke San Miguel bei Toledo
Verzeichnisse: 1922 (Nr. 34, Schack-Galerie)

Bamberger, Fritz: Gegend bei Granada am Abhang der Sierra Nevada
Verzeichnisse: 1922 (Nr. 35, Schack-Galerie)

Bartolomeo, Nerocchio di: Maria mit hl. Hieronymus und Magdalena
Verzeichnisse: 1927 (Nr. 13, Ehem. Herzog von Sachsen-Meiningen), 1938 (ebd.) | Literatur: V27: Abb. im Inventar | Provenienz: 1929 Verkauf ins Ausland | Bemerkung: Streichung am 21.10.1929, vgl. HStA Weimar, Best. Thüringisches Volksbildungsministerium, Nr. 986, Bl. 224

Basaiti, Marco: Heiliger Hieronymus
Verzeichnisse: 1922 (Nr. 38, Freiherr Wilhelm von Bissing), 1927 (Nr. 14, ebd.), 1938 (ebd.) | Bemerkung: Kunstwerk gelang vermutlich 1922 mit dem Umzugsgut des Eigentümers nach Utrecht, BStGS (Dörnhöffer) empfahl 1929 Streichung, vgl. Bay. KM an Staatsmin. des Äußern, 18.11.1929, BayHStA, MK 40837, Bd. 5

Basler Meister von 1445: Der heilige Antonius besucht den Heiligen Hieronymus
Verzeichnisse: 1927 (Nr. 207, Fürst von Fürstenberg) | Provenienz: Frühjahr 1933, Kunstmuseum Basel, vgl. FFA Donaueschingen, Generalia, Kunst und Wissenschaft, XIV/1 | Bemerkung: Ausschuss versagte Ausfuhrerlaubnis. Als der Käufer jedoch das öffentliche Kunstmuseum Basel wurde, es „also dem Kulturkreis erhalten bleibt, dem es zugehört", wurde die Erlaubnis im Frühjahr 1933 erteilt, RKW an RMdI, 19.12.1932, BArch, R32/375b, Bl. 96; vgl. FFA Donaueschingen, Generalia, Kunst und Wissenschaft, XIV/1

Basler Meister von 1445: Die hl. Einsiedler Antonius und Paulus, 1445, 113 × 77 cm
Verzeichnisse: 1922 (Nr. 555, Fürst von Fürstenberg) | Literatur: Tumbült, Fürstlich Fürstenbergische Sammlungen zu Donaueschingen. Verzeichnis der Gemälde, 1909, S. 15; Kunstmuseum Basel, Katalog 1936, S. 84; Öffentliche Kunstsammlung Basel, Ausst.-Kat. 1946, S. 20 | Provenienz: 1933 mit Sonderkredit der Basler Regierung erworben, vgl. Kat. Basel 1946, S. 20

■ Bastien-Lepage: Landschaft
Verzeichnisse: 1922 (Nr. 39, Geheimrat Dr. Woldemar von Seidlitz) | Bemerkung: Eintragung mit Erlass der Verordnung im Dezember 1919, SächsHStA, 10736, Nr. 17455, Bl. 203; Streichung im Nachtrag von 1924 vermerkt und bereits 1922 beantragt, vgl. SKD Altregistratur 01/GG15, Bd. 9, Bl. 439

■ Beckerath, Moritz von: Marich's Bestattung im Flußbette des Busento
Verzeichnisse: 1922 (Nr. 66, Schack-Galerie)

■ Beham, Barthel: Männerbildnis
Verzeichnisse: 1922 (Nr. 67, Kunstverein Bremen) | Bemerkung: Mitteilung über die Eintragung am 21.6.1920, vgl. StA Bremen, 3-B.13. Nr. 66.a. Bd. 1, Bl. 78

■ Bellini, Giovanni: Kreuztragender Christus
Verzeichnisse: 1922 (Nr. 69, Graf Fritz von Pourtales), 1927 (Nr. 15, ebd.), 1938 (ebd.)

■ Beyeren, Abraham van: Stilleben: Granatapfel, Auster, großer Römer und große Traube
Verzeichnisse: 1922 (Nr. 70, Josef Block), 1927 (Nr. 16, ebd.), 1938 (ebd.) | Literatur: Ausst.-Kat. KFM-Verein 1906, Nr. 6

■ Böcklin, Arnold: „Sieh es lacht die Au"
Verzeichnisse: 1922 (Nr. 97, Schack-Galerie)

■ Böcklin, Arnold: Adagio
Verzeichnisse: 1922 (Nr. 84, Generalleutnant, Freiherr Maximilian von Heyl)

■ Böcklin, Arnold: Diana, 78 × 108 cm
Verzeichnisse: 1938 (Theodor Ludwig Behrens) | Provenienz: vor 1895 von E. L. Behrens erworben, vgl. Luckhardt 2001, S. 37; Februar 1939 Firma Maria Dietrich Almas, München, vgl. AHK, 32-260.4, Bl. 3/18; 3.2.1939 durch Almas an die Reichskanzlei verkauft, vgl. BayHStA, MK 40839, Bd. 7 | Bemerkung: Eintragung am 1.4.1935, vgl. AHK, 32-260.4, Bl. 85

■ Böcklin, Arnold: Die Klage des Hirten
Verzeichnisse: 1922 (Nr. 90, Schack-Galerie)

■ Böcklin, Arnold: Ein Anachoret in wilder Felsenlandschaft
Verzeichnisse: 1922 (Nr. 83, Schack-Galerie)

■ Böcklin, Arnold: Ein heiliger Hain
Verzeichnisse: 1922 (Nr. 87, Schack-Galerie)

■ Böcklin, Arnold: Ein Mörder
Verzeichnisse: 1922 (Nr. 93, Schack-Galerie)

■ Böcklin, Arnold: Eine altrömische Weinschenke im Frühling
Verzeichnisse: 1922 (Nr. 100, Schack-Galerie)

■ Böcklin, Arnold: Eine Hirtin bei ihrer Herde
Verzeichnisse: 1922 (Nr. 89, Schack-Galerie)

■ Böcklin, Arnold: Eine Nereide und ein ins Muschelhorn stoßender Triton auf einer Klippe im sturmbewegten Meer
Verzeichnisse: 1922 (Nr. 94, Schack-Galerie)

■ Böcklin, Arnold: Eine Villa am Meeresufer
Verzeichnisse: 1922 (Nr. 99, Schack-Galerie)

■ Böcklin, Arnold: Herbstlandschaft durch die der Tod reitet
Verzeichnisse: 1922 (Nr. 88, Schack-Galerie)

■ Böcklin, Arnold: Ideale Frühlingslandschaft
Verzeichnisse: 1922 (Nr. 86, Schack-Galerie)

■ Böcklin, Arnold: Ideale Landschaft
Verzeichnisse: 1922 (Nr. 91, Schack-Galerie)

■ Böcklin, Arnold: Ideale Landschaft mit dem Gang nach Emmaus
Verzeichnisse: 1922 (Nr. 92, Schack-Galerie)

■ Böcklin, Arnold: Italienische Villa im Frühling
Verzeichnisse: 1922 (Nr. 96, Schack-Galerie)

■ Böcklin, Arnold: Pan erschreckt einen Hirten
Verzeichnisse: 1922 (Nr. 95, Schack-Galerie)

■ Böcklin, Arnold: Villa am Meer
Verzeichnisse: 1922 (Nr. 98, Schack-Galerie)

■ Böcklin, Arnold: Wilde Felsengegend
Verzeichnisse: 1922 (Nr. 85, Schack-Galerie)

■ Bode, Leopold: Die Alpenbraut
Verzeichnisse: 1922 (Nr. 77, Schack-Galerie)

■ Bode, Leopold: Die Sage von Pipin und Berta oder von der Geburt Karls des Großen
Verzeichnisse: 1922 (Nr. 79, Schack-Galerie)

■ Bode, Leopold: Eine Mutter mit ihrem Kinde
Verzeichnisse: 1922 (Nr. 78, Schack-Galerie)

■ Böheim, Karl: Zwei Satyre jagen einen Hafen in der römischen Campagna
Verzeichnisse: 1922 (Nr. 101, Schack-Galerie)

■ Böhle, Fritz: Bauer in Tracht
Verzeichnisse: 1938 (Bankier Ludwig Hahn) | Bemerkung: Eintragung am 27.9.1937 vorgeschlagen, vgl. SMB-ZA, I/NG 847, Bl. 221

■ **Bol, Ferdinand: Heilige Caecilia**
Verzeichnisse: 1922 (Nr. 80, Graf von Schönborn), 1927 (Nr. 18, ebd.), 1938 (ebd.)

■ **Bol, Ferdinand: Männerbildnis, 1659, 77 × 66 cm**
Verzeichnisse: siehe Bemerkung | Literatur: Aukt.-Kat. Lempertz, 30.11.1939, Nr. 3, Taf. 1 | Provenienz: Slg. Graf Wallis; 30.11.1939 Slg. Arthur Maier, Karlsbad, Versteigerung Lempertz | Bemerkung: Eintragung vor November 1939, vgl. Lempertz 1939

■ **Boltraffio, Giovanni Antonio: Bildnis**
Verzeichnisse: 1922 (Nr. 102, Julius Böhler), 1927 (Nr. 17, ebd.), 1938 (C. Bareiss) | Provenienz: Januar 1937 an Conrad Bareis, Stuttgart verkauft

■ **Borch, Gerard ter: Die Briefschreiberin**
Verzeichnisse: 1922 (Nr. 899, Oskar Huldschinsky), 1927 (Nr. 187, ebd.), 1938 (ebd.) | Literatur: Bode, Die Sammlung Oskar Huldschinsky, 1909, Nr. 30 | Provenienz: 1928 Pannwitz (Niederlande), vgl. Schäffer, Versteigerungsergebnisse, Kunstchronik und Kunstliteratur, H. 4, Juli 1928, S. 50

■ **Borch, Gerard ter: Die Fischhändlerin**
Verzeichnisse: 1922 (Nr. 900, Adolf und Otto Glitza), 1927 (Nr. 189, ebd.), 1938 (ebd.) | Bemerkung: Eintragung im Dezember 1919, vgl. AHK, 332-260.4, Bl. 174; V22: Der Fischhändler

■ **Borch, Gerard ter: Die Kartenspieler**
Verzeichnisse: 1922 (Nr. 901, Erben Markus Kappel), 1927 (Nr. 188, ebd.), 1938 (ebd.) | Literatur: Bode, Die Gemäldesammlung Marcus Kappel in Berlin, 1914, Nr. 32 | Provenienz: vor 1930 nach Amerika | Bemerkung: Streichung am 1928, vgl. BArch, R32/375a

■ **Borch, Gerard ter: Ein Bild**
Verzeichnisse: 1922 (Nr. 897, Freifrau Luise von Rotschild) | Bemerkung: Streichung am 2.2.1926, auf Anregung von Swarzenski, vgl. Archiv Städel, Nr. 730, BArch, R32/375a

■ **Borch, Gerard ter: Mädchen beim Handewaschen**
Verzeichnisse: 1927 (Nr. 190, Frau Heinrich Wolde), 1938 (ebd.) | Provenienz: 1944 aus dem NL Wolde in den Besitz der Bremer Kunsthalle | Bemerkung: Vorschlag zur Eintragung von Waldmann am 24.11.1926, Information über Eintragung vom RMdI am 16.12.1926, vgl. StA Bremen, 3-B.13. Nr. 66.a. Bd. 1, Bl. 140/146; Vorschlag auf Streichung am 10.12.1931 von Waldmann weil eigenhändige Wiederholung eines Gemäldes der Galerie Dresden, vgl. ebd. Bl. 205

■ **Borch, Gerard ter: Männliches Bildnis in ganzer Figur**
Verzeichnisse: 1922 (Nr. 898, Geh. Kommerzienrat Dr. Eduard Arnhold), 1927 (Nr. 186, ebd.), 1938 (ebd.)

■ **Bordone, Paris: Frauenbildnis**
Verzeichnisse: 1922 (Nr. 81, Graf von Schönborn), 1927 (Nr. 19, ebd.), 1938 (ebd.)

■ **Bordone, Paris: Weibliches Bildnis**
Verzeichnisse: 1922 (Nr. 82, Prinzessin Friedrich Karl von Hessen), 1927 (Nr. 20, ebd.), 1938 (ebd.)

■ **Botticelli, Sandro: Bildnis der Simonetta**
Verzeichnisse: 1922 (Nr. 106, Erben Markus Kappel), 1927 (Nr. 22, ebd.), 1938 (Frau Dr. Greta Noah geb. Kuttner) | Literatur: Bode, Die Gemäldesammlung Marcus Kappel in Berlin, 1914, Nr. 42 | Provenienz: V38: Aufbewahrung Stahlkammer der Deutschen Bank in Berlin; 1939 Pantheon berichtet über Erwerbung durch Galerie für alte Kunst (vorm. Drey), München, 12. Jg., Bd. 23, 1939, S. 179

■ **Botticelli, Sandro: Brustbild einer jungen Frau**
Verzeichnisse: 1938 (Familie Noah)

■ **Botticelli, Sandro: Madonna**
Verzeichnisse: 1922 (Nr. 104, Julius Böhler), 1927 (Nr. 23, ebd.), 1938 (ebd.) | Provenienz: Privatbesitz Böhler, vgl. BStGS, 11/4, Nr. 247

■ **Botticelli, Sandro: Madonna**
Verzeichnisse: 1922 (Nr. 105, Geh. Kommerzienrat Dr. Eduard Simon)

■ **Botticelli, Sandro: Männliches Bildnis**
Verzeichnisse: 1922 (Nr. 103, Geh. Kommerzienrat Dr. Eduard Simon), 1927 (Nr. 21, ebd.), 1938 (ebd.) | Literatur: Bode, Botticelli, 1923, S. 149 mit Abb. | Bemerkung: Streichung am 14.9.1927, vgl. BArch, R32/375a

■ **Botticelli, Art des, Sandro: Maria mit Kind**
Verzeichnisse: 1927 (Nr. 24, Ehem. Herzog von Sachsen-Meiningen), 1938 (ebd.) | Literatur: V27: Abb. im Inventar

■ **Bouts, Dirk: Heiliger Johannes**
Verzeichnisse: 1927 (Nr. 25, Herzog von Anhalt), 1938 (ebd.)

■ **Bouts, Dirk: Männliches Bildnis**
Verzeichnisse: 1922 (Nr. 108, Friedrich Vieweg und Sohn AG)

■ **Bouts, Dirk: Taufe Christi**
Verzeichnisse: 1922 (Nr. 107, Früherer Kronprinz Rupprecht von Bayern), 1927 (Nr. 25, ebd.), 1934 (Nr. 8, ebd.), 1938 (ebd.)

■ **Brosamer, Hans: Brustbild des Wolfgang Eisen**
Verzeichnisse: 1927 (Nr. 28, Ehem. Großherzog von Baden), 1938 (ebd.) | Bemerkung: V27: in Bad. Kunsthalle

■ **Brosamer, Hans: Bürgersfrau**
Verzeichnisse: 1927 (Nr. 27, Ehem. Großherzog von Baden), 1938 (ebd.) | Bemerkung: V27 und 38: in Bad. Kunsthalle

■ **Brouwer, Adriaen: Das Quartett**
Verzeichnisse: 1922 (Nr. 113, Erben Markus Kappel), 1927 (Nr. 32, Dr. jur. Ernst Rathenau und Frau Ettlinger), 1938 (ebd.) | Literatur: Bode, Die Gemäldesammlung Marcus Kappel in Berlin, 1914, Nr. 37 | Bemerkung: Streichung im Januar 1932, vgl. BArch, R32/375b, Bl. 36

■ **Brouwer, Adriaen: Der Schläfer**
Verzeichnisse: 1927 (Nr. 30, Ehem. Großherzog von Baden), 1938 (ebd.) | Bemerkung: V27: in Bad. Kunsthalle

■ **Brouwer, Adriaen: Der Zahnarzt**
Verzeichnisse: 1927 (Nr. 29, Ehem. Großherzog von Baden), 1938 (ebd.) | Bemerkung: V27 und V38: in Bad. Kunsthalle

■ **Brouwer, Adriaen: Interieur**
Verzeichnisse: 1922 (Nr. 112, Dr. James Simon) | Bemerkung: Streichung am 1.2.1927, vgl. BArch, R32/375a

■ **Brouwer, Adriaen: Interieur**
Verzeichnisse: 1922 (Nr. 111, Herzog von Arenberg) | Bemerkung: Streichung im Januar 1927

■ **Brueghel, Jan: Hl. Antonius mit Feuerbrunst im Hintergrund**
Verzeichnisse: 1922 (Nr. 114, Fabrikant Ferdinand Schmidt) | Bemerkung: Streichung im Nachtrag von 1924 vermerkt, vgl. SKD Altregistratur 01/GG 30

■ **Bruyn (Zuschreibung), Bartholomäus: Triptychon**
Verzeichnisse: 1934 (Nr. 10, Geschwister Therese Virnich-Haan)

■ **Bruyn d. Ä., Bartholomäus: Der Kreuztod Christi, um 1525, 78 × 139 cm**
Verzeichnisse: 1938 (Arthur Hauth) | Literatur: Kunsthaus Lempertz, Sammlung Arthur Hauth, 1937, S. 11 | Provenienz: aus der Slg. Sigmaringen, vgl. Lempertz 1937, S. 11; nach 1937 in Slg. Ludwig Roselius, Bremen, vgl. Schreiben Fr. Hilken an Seehandel A.G. Direktor Puvogel, handschr. Notiz bestätigt Verbindung zum Werk der Slg. Sigmaringen, vgl. KH Bremen, Nr. 118

■ **Bruyn d. Ä., Bartholomäus: Mädchenporträt mit rotblondem Haar, Goldhaube und Gürtel, in blauem Kleid mit schwarzem Ausputz, weissem Einsatz und goldener Halskette, Holz, um 1535, 36 × 25 cm**
Verzeichnisse: 1938 (Julius Böhler) | Bemerkung: Eintragung am 6.2.1935 infolge des Erlasses des RMdI vom 13.12.1934, vgl. Kap. III.3.1., vgl. BayHStA, MK 40838, Bd. 6; Werk bereits vor dem 13.12.1934 ins Ausland zurückgegen, vgl. Böhler an RMdI, BayHStA, MK 40838, Bd. 6

■ **Bruyn d. Ä., Bartholomäus: Mann und Frau, 2 Porträts, Kölner Patrizier, um 1535**
Verzeichnisse: 1938 (Kunsthandlung A. S. Drey) | Literatur: Kat. Nemes 1928, Nr. 50 | Provenienz: 1928 Versteigerung bei Frederik Muller & Co., Amsterdam, vgl. BayHStA, MK 40838, Bd. 6; 1928 Versteigerung Nemes, München, 46.750 Mark, vgl. BArch Koblenz, B323/364, Bl. 290 | Bemerkung: Eintragung am 6.2.1935 infolge des Erlasses des RMdI vom 13.12.1934, vgl. Kap. III.3.1., vgl. BayHStA, MK 40838, Bd. 6

■ **Bruyn d. Ä., Bartholomäus: Maria mit dem Kinde, um 1515, 55 × 78 cm**
Verzeichnisse: 1934 (Nr. 9, Franz Merkens) | Literatur: Clemen, Die Kunstdenkmäler der Rheinprovinz, Siegkreis, 1907, S. 95, Taf. 5 | Bemerkung: Datierung und Maße vgl. Clemen

■ **Bruyn d. J., Bartholomäus: Bildnis einer jungen Frau**
Verzeichnisse: 1938 (Bankhaus Jacquier & Securius) | Bemerkung: vermutlich aus Versteigerung der Bestände van Diemen, 25./26.1.1935, Nr. 11, Eintragung am 6.12.1934

■ **Bruyn d. J., Bartholomäus: Bildnis eines Mannes mit dem Schwarzhäupter Wappen**
Verzeichnisse: 1938 (Reichsbank-Vizepräsident Friedrich Dreyse) | Bemerkung: vermutlich aus Versteigerung der Bestände van Diemen, 25./26.1.1935, Nr. 12, Eintragung am 6.12.1934

■ **Bugiardini, Giuliano: Bildnis einer jungen Frau**
Verzeichnisse: 1922 (Nr. 118, Oskar Huldschinsky), 1927 (Nr. 34, ebd.), 1938 (ebd.) | Literatur: Bode, Die Sammlung Oskar Huldschinsky, 1909, Nr. 39 | Provenienz: 1928 Verkauf an Duveen, vgl. Schäffer,

Versteigerungsergebnisse, Kunstchronik und Kunstliteratur, H. 4, Juli 1928, S. 50.

■ Bugiardini, Giuliano: Weibliches Bildnis vor Landschaft
Verzeichnisse: 1922 (Nr. 119, Geh. Kommerzienrat Dr. Eduard Simon), 1927 (Nr. 33, ebd.), 1938 (ebd.) | Bemerkung: Streichung im August 1929, vgl. BArch, R32/375a, Bl. 89

■ Capelle, Jan van: Marine
Verzeichnisse: 1922 (Nr. 123, von Carstanjen), 1927 (Nr. 35, von Carstanjen'sche Familienstiftung), 1938 (ebd.) | Provenienz: Plittersdorf a. Rh.; V38: Als Leihgabe in der Alten Pinakothek

■ Capelle, Jan van: Stille See
Verzeichnisse: 1922 (Nr. 124, Erben Markus Kappel), 1927 (Nr. 36, Dr. Gerhard Noah), 1938 (ebd.) | Literatur: Bode, Die Gemäldesammlung Marcus Kappel in Berlin, 1914, Nr. 4

■ Casentino, Jacopo del: Hausaltar
Verzeichnisse: 1938 (Kunstverein Bremen) | Bemerkung: Vorschlag der Eintragung am 16.1.1935 infolge des Erlasses des RMdI vom 13.12.1934, vgl. Kap. III.3.1., vgl. StA Bremen, 4,49-493/97; Bestätigung der Eintragung am 12.8.1936, vgl. Archiv KH Bremen

■ Catel, Jan: Das Theater von Taormina in Sizillien
Verzeichnisse: 1922 (Nr. 126, Schack-Galerie)

■ Cézanne, Paul: Badende
Verzeichnisse: 1938 (Galerie Ernst Buck) | Literatur: Böhler, Sammlung Frau Margarete Oppenheim, Aukt.-Kat. 1936, Nr. 1226 | Provenienz: Mai 1936 Galerie Ernst Buck, Mannheim, vgl. BWA, F43, Nr. 347

■ Cézanne, Paul: Badende Frau, Kleine Studie
Verzeichnisse: 1938 (Nachlass der Frau Geh. Rat Margarete Oppenheim)

■ Cézanne, Paul: Baum
Verzeichnisse: 1938 (Graphisches Kabinett München) | Bemerkung: im Nachkriegsexemplar mit „früher Günther Franke" versehen, vgl. GNM Akten, Nr. 836

■ Cézanne, Paul: Bäume
Verzeichnisse: 1938 (Gräfin Wesdehlen)

■ Cézanne, Paul: Entlaubte Bäume
Verzeichnisse: 1938 (Staatssekretär i. R. Dr. Ernst von Simson)

■ Cézanne, Paul: Frau auf blauem Grund
Verzeichnisse: 1938 (Nachlass der Frau Geh. Rat Margarete Oppenheim)

■ Cézanne, Paul: Geborstenes Haus
Verzeichnisse: 1922 (Nr. 127, Adolf Rothermundt sen.) | Bemerkung: Eintragung am 11.5.1920, auf Vorschlag Posses vom Januar 1920, vgl. SKD Altregistratur 01/GG 15, Bd. 9, Bl. 231/238; Posse beantragte Streichung am 22.10.1920, erfolgt durch das RMdI am 16.11.1920, vgl. Sächs. HStA, 10736, Nr. 17455, Bl. 314 und 321; Streichung vermerkt in „Veränderungen im Verzeichnis der national wertvollen Kunstwerke" vom 17.3.1923, vgl. SMB-ZA, I/NG 847, Bl. 49; ebs. im Nachtrag 1924, SKD Altregistratur 01/GG 30, Bl. 48; GNM wies RMdI am 12.2.1923 darauf hin, dass Gemälde „vor einiger Zeit" nach Japan verkauft worden ist, vgl. GNM Akten, Nr. 279

■ Cézanne, Paul: Halbfigur eines jungen Mannes
Verzeichnisse: 1922 (Nr. 128, Kommerzienrat Gottlieb Friedrich Reber) | Literatur: Kropmanns/Fleckner, Von kontinentaler Bedeutung. Gottlieb Friedrich Reber und seine Sammlungen, in: Pophanken/Billeter 2001, S. 347–407

■ Cézanne, Paul: Haus hinter den Bäumen
Verzeichnisse: 1938 (Nachlass der Frau Geh. Rat Margarete Oppenheim) | Literatur: Böhler, Sammlung Frau Margarete Oppenheim, Aukt.-Kat. 1936, Nr. 1224 | Provenienz: wurde im Mai 1936 nicht verkauft, vgl. BWA, F43, Nr. 83; Mai 1937 durch NL-Verwalter Simson verkauft, BWA, F43, Nr. 45; V38: „z. Zt. Stahlkammer der deutschen Länderbank, Berlin, Unter den Linden 78"

■ Cézanne, Paul: Haus mit blauen Läden
Verzeichnisse: 1938 (Nachlass der Frau Geh. Rat Margarete Oppenheim)

■ Cézanne, Paul: Häuser, im Vordergrund rötliches Wasser
Verzeichnisse: 1938 (Nachlass der Frau Geh. Rat Margarete Oppenheim)

■ Cézanne, Paul: Kartenspieler, 1890–92, 50 × 46 cm
Verzeichnisse: 1938 (Jakob Goldschmidt) | Literatur: Rewald, The paintings of Paul Cézanne. A catalogue raisonné, 1996, S. 445, Nr. 709 | Provenienz: V38: „Seit 6.12.37: Tresor der Dresdner Bank, Berlin W8, Schinkelplatz 1/2"

■ Cézanne, Paul: Landschaft Déchargeurs
Verzeichnisse: 1922 (Nr. 130, Theodor Ludwig Behrens) | Bemerkung: Eintragung im Dezember

1919, vgl. AHK, 332-260.4, Bl. 174; Streichung im Nachtrag von 1924 vermerkt, vgl. SKD Altregistratur 01/GG 30, Bl. 48; Nachricht über Streichung am 17.3.1925, vgl. AHK, 32-260.4, Bl. 133

■ **Cézanne, Paul: Landschaft mit gebogenem Baum und Landschaft mit Schornstein**
Verzeichnisse: 1938 (Direktor Oppenheimer)

■ **Cézanne, Paul: Landschaft mit zwei gebogenen Bäumen**
Verzeichnisse: 1938 (Nachlass der Frau Geh. Rat Margarete Oppenheim)

■ **Cézanne, Paul: Landschaft, Aquarell, Querformat**
Verzeichnisse: 1938 (Nachlass der Frau Geh. Rat Margarete Oppenheim) | Literatur: Böhler, Sammlung Frau Margarete Oppenheim, Aukt.-Kat. 1936, Nr. 1227 (Schätzpreis 12.000 RM, nicht verkauft)

■ **Cézanne, Paul: Landschaft, La maison en Provence**
Verzeichnisse: 1922 (Nr. 129, Kommerzienrat Gottlieb Friedrich Reber) | Literatur: Kropmanns/Fleckner, Von kontinentaler Bedeutung. Gottlieb Friedrich Reber und seine Sammlungen, in: Pophanken/Billeter 2001, S. 347–407

■ **Cézanne, Paul: Landschaften, Aquarelle**
Verzeichnisse: 1938 (Nachlass der Frau Geh. Rat Margarete Oppenheim) | Provenienz: lt. Auktionsergebnissen 1936 für 6.500 RM verkauft

■ **Cézanne, Paul: Postkutsche im Hohlweg, 1882/83**
Verzeichnisse: 1938 (Nachlass der Frau Geh. Rat Margarete Oppenheim) | Literatur: Böhler, Sammlung Frau Margarete Oppenheim, Aukt.-Kat. 1936, Nr. 1225, Ortschaft l'Estaque bei Marseille; Rewald 1996, S. 349 f., Nr. 514 | Provenienz: wurde auf Auktion im Mai 1936 nicht verkauft, vgl. BWA, F43, Nr. 83; November 1936 an Karl Haberstock für 55.000 RM, Weiterverkauf an Haberstock Art Gallery London, vgl. Haug 2008, FN 129 | Bemerkung: Datierung vgl. Rewald 1996

■ **Cézanne, Paul: Selbstbildnis, 1887–80**
Verzeichnisse: 1922 (Nr. 130, Theodor Ludwig Behrens) | Provenienz: heute The Phillips Collection Washington, vgl. Luckhardt 2001 | Bemerkung: Streichung im Nachtrag von 1924 vermerkt, vgl. SKD Altregistratur 01/GG 30, Bl. 48

■ **Cézanne, Paul: Stadtansicht, Estaque**
Verzeichnisse: 1938 (Nachlass der Frau Geh. Rat Margarete Oppenheim)

■ **Cézanne, Paul: Waldinneres**
Verzeichnisse: 1938 (Frau Aniela Caspari)

■ **Cézanne, Paul: Waldweg**
Verzeichnisse: 1938 (Staatssekretär i. R. Dr. Ernst von Simson)

■ **Chardin, Jean Siméon: Der Zeichner**
Verzeichnisse: 1922 (Nr. 131, Ehem. Preußisches Königshaus), 1938 (ebd.) | Provenienz: 1925 Privatbesitz des ehem. Königshauses, 1927 als Nr. 36 a nachgetragen | Bemerkung: ohne Standortangabe

■ **Chardin, Jean Siméon: Die Köchin**
Verzeichnisse: 1922 (Nr. 132, Ehem. Preußisches Königshaus) | Bemerkung: ohne Standortangabe

■ **Cleve, Joos van: Herrenbildnis**
Verzeichnisse: 1922 (Nr. 137, Frau Martin Bromberg), 1927 (Nr. 37, ebd.), 1934 (Nr. 11, ebd.), 1938 (ebd.) | Bemerkung: Eintragung mit Erlass der Verordnung 1919, vgl. AKH, 32-260.4, Bl. 2 und 174

■ **Cornelius, Peter von: Die Flucht nach Ägypten**
Verzeichnisse: 1922 (Nr. 138, Schack-Galerie)

■ **Corot, Jean-Baptiste-Camille: Abendlandschaft mit Fischer**
Verzeichnisse: 1922 (Nr. 139, Städelsches Kunstinstitut) | Provenienz: aus der Slg. Johann Meyer; im Städel aufbewahrt, jedoch im Besitz von Dietel in Oberliederbach bei Frankfurt/Main, vgl. Archiv Städel, Nr. 730 | Bemerkung: Posse schlug Eintragung im Januar 1920 vor, vgl. SKD Altregistratur 01/GG 15, Bd. 9, Bl. 231; Streichung vermerkt in „Veränderungen im Verzeichnis der national wertvollen Kunstwerke" vom 17.3.1923, vgl. SMB-ZA, I/NG 847, Bl. 49; ebs. im Nachtrag von 1924, SKD Altregistratur 01/GG 30, Bl. 48; nicht im Verzeichnis des Städel von 1924

■ **Corot, Jean-Baptiste-Camille: Gardeuse de Vaches, 36 × 56 cm**
Verzeichnisse: 1938 (Theodor Ludwig Behrens) | Provenienz: vor 1895 von E. L. Behrens erworben, vgl. Luckhardt 2001, S. 37 | Bemerkung: Eintragung am 1.4.1935, auf Vorschlag der Kunsthalle Hamburg vom 11.2.1935, vgl. AHK, 32-228.6, Bl. 3 ff.; Besichtigung durch die Kunsthalle Hamburg am 12.10.1939 im Tresor des Bankhauses Th. L. Behrens Söhne, vgl. AHK, 32-260.4, Bl. 18

■ **Corot, Jean-Baptiste-Camille: La Laboure, 34 × 47 cm**
Verzeichnisse: 1938 (Theodor Ludwig Behrens) | Provenienz: vor 1895 von E. L. Behrens erworben,

vgl. Luckhardt 2001, S. 37 | Bemerkung: Eintragung am 1.4.1935, auf Vorschlag der Kunsthalle Hamburg vom 11.2.1935, vgl. AHK, 32-228.6, Bl. 3 ff.; Besichtigung durch die Kunsthalle Hamburg am 12.10.1939 im Tresor des Bankhauses Th. L. Behrens Söhne, vgl. AHK, 32-260.4, Bl. 18

■ **Corot, Jean-Baptiste-Camille: Landschaft mit Apollo**
Verzeichnisse: 1922 (Nr. 141, Christine Merckel, geb. Uhle) | Literatur: aus dem NL Carl Louis Uhle, Dresden | Bemerkung: Eintragung am 10.9.1920 auf Vorschlag Posses, SächsHStA, 10736, Nr. 17455, Bl. 309

■ **Corot, Jean-Baptiste-Camille: Landschaft mit Weiden, 59 × 81 cm**
Verzeichnisse: 1938 (Theodor Ludwig Behrens) | Provenienz: zwischen 1877 und 1887 von E. L. Behrens erworben, vgl. Luckhardt 2001, S. 36, Nr. 45 | Bemerkung: Eintragung am 1.4.1935, auf Vorschlag der Kunsthalle Hamburg vom 11.2.1935, vgl. AHK, 32-228.6, Bl. 3 ff.; Besichtigung durch die Kunsthalle Hamburg am 12.10.1939 im Tresor des Bankhauses Th. L. Behrens Söhne, vgl. AHK, 32-260.4, Bl. 18

■ **Corot, Jean-Baptiste-Camille: Mädchenbildnis**
Verzeichnisse: 1922 (Nr. 140, Christine Merckel, geb. Uhle) | Provenienz: aus dem NL Carl Louis Uhle, Dresden | Bemerkung: Eintragung am 10.9.1920 auf Vorschlag Posses, SächsHStA, 10736, Nr. 17455, Bl. 309

■ **Corot, Jean-Baptiste-Camille: Mädchenfigur, 64 × 40 cm**
Verzeichnisse: 1938 (Theodor Ludwig Behrens) | Provenienz: 1890 von E. L. Behrens erworben, vgl. Luckhardt 2001, S. 37 | Bemerkung: Eintragung am 1.4.1935, auf Vorschlag der Kunsthalle Hamburg vom 11.2.1935, vgl. AHK, 32-228.6, Bl. 3 ff.; Besichtigung durch die Kunsthalle Hamburg am 12.10.1939 im Tresor des Bankhauses Th. L. Behrens Söhne, vgl. AHK, 32-260.4, Bl. 18

■ **Corot, Jean-Baptiste-Camille: Stimmungslandschaft, 31 × 51 cm**
Verzeichnisse: 1938 (Theodor Ludwig Behrens) | Provenienz: 1890 von E. L. Behrens erworben, vgl. Luckhardt 2001, S. 37 | Bemerkung: Eintragung am 1.4.1935, auf Vorschlag der Kunsthalle Hamburg vom 11.2.1935, vgl. AHK, 32-228.6, Bl. 3 ff.; Besichtigung durch die Kunsthalle Hamburg am 12.10.1939 im Tresor des Bankhauses Th. L. Behrens Söhne, vgl. AHK, 32-260.4, Bl. 18

■ **Corot, Jean-Baptiste-Camille: Wasserlandschaft, 27 × 35 cm**
Verzeichnisse: 1938 (Georg Behrens) | Provenienz: zwischen 1877 und 1887 von E. L. Behrens erworben, vgl. Luckhardt 2001, S. 36, Nr. 12 | Bemerkung: Eintragung am 5.1.1937, vgl. AHK, 32-260.4, Bl. 67; Besichtigung durch die Kunsthalle Hamburg am 12.10.1939 im Tresor des Bankhauses Th. L. Behrens Söhne, vgl. AHK, 32-260.4, Bl. 18

■ **Courbet, Gustave: Blumenstilleben, Querformat**
Verzeichnisse: 1938 (Jakob Goldschmidt) | Provenienz: „Seit 6.12.37: Tresor der Dresdner Bank, Berlin W8, Schinkelplatz 1/2"

■ **Courbet, Gustave: La Solitude**
Verzeichnisse: 1922 (Nr. 142, H. Rauers) | Bemerkung: Eintragung mit Erlass der Verordnung 1919 durch Hamburg, vgl. RMdI an Senatskommission für die Reichs- und auswärtigen Angelegenheiten, 13.12.1919, AHK, 32-260.4, Bl. 2

■ **Courbet, Gustave: Nächtliche Szene**
Verzeichnisse: siehe Bemerkung | Provenienz: Besitzer zum Zeitpunkt der Eintragung Rudolf Brach, Nonnenstieg 27, Hamburg | Bemerkung: Eintragung am 25.8.1938, vgl. AHK, 32-260.4, Bl. 44, RMdI an den Reichsstatthalter in Hamburg

■ **Courbet, Gustave: Schlucht bei Loue bei Ornans, 55 × 46 cm**
Verzeichnisse: siehe Bemerkung | Provenienz: Besitzer zum Zeitpunkt der Eintragung Rudolf Brach, Nonnenstieg 27, Hamburg | Bemerkung: Eintragung am 25.8.1938, vgl. AHK, 32-260.4, Bl. 44, RMdI an den Reichsstatthalter in Hamburg

■ **Courbet, Gustave: Waldlandschaft**
Verzeichnisse: siehe Bemerkung | Provenienz: Besitzer zum Zeitpunkt der Eintragung Rudolf Brach, Nonnenstieg 27, Hamburg | Bemerkung: Eintragung am 25.8.1938, vgl. AHK, 32-260.4, Bl. 44, RMdI an den Reichsstatthalter in Hamburg

■ **Cranach (Schule), Lukas: Kreuztragung**
Verzeichnisse: 1927 (Nr. 47, Fürst von Fürstenberg), 1938 (ebd.) | Literatur: Nr. 98 der Slg. Fürstenberg; Woltmann, Fürstlich-Fürstenbergische Sammlungen zu Donaueschingen, 1870, S. 48, Nr. 98

■ **Cranach d. Ä., Lukas: „Ecce homo"**
Verzeichnisse: 1938 (Domgemeinde Bremen) | Provenienz: V38: „gegenwärtig als Leihgabe in

der Kunsthalle zu Bremen befindet" | Bemerkung: laut Waldmann identisch mit „Schmerzensmann", doppelt eingetragen, vgl. StA Bremen, 3-B.13. Nr. 66.a. Bd. 1, Bl. 238

■ **Cranach d. Ä., Lukas: Bildnisse von Luthers Vater und seiner Mutter, 1527**
Verzeichnisse: 1927 (Nr. 38, Ehem. Großherzog Sachsen-Weimar), 1934 (Nr. 12, ebd.), 1938 (ebd.) | Literatur: Voß, Bau- und Kunstdenkmäler Thüringens, Großherzogtum Weimar-Eisenach, Die Wartburg, 1917, S. 209 mit Abb.; Schuchardt, Die Kunstsammlung der Wartburg, 1998, S. 27 ff., mit Abb. | Bemerkung: im thür. Landesverzeichnis vom 27.8.1920, vgl. HStA Weimar, Thüringisches Volksbildungsministerium, Nr. C 984, Bl. 46; Nachtragung am 19.5.1924 durch das RMdI bestätigt, vgl. ebd. Bl. 77 ff.

■ **Cranach d. Ä., Lukas: Christus und die Samariterin**
Verzeichnisse: 1922 (Nr. 154, Fürst von Fürstenberg), 1927 (Nr. 57, ebd.) | Bemerkung: V22: Cranach Schule; V27: handschr. durchgestrichen, weil identisch mit Nr. 248 des Verzeichnisses, vgl. FFA Donaueschingen, Generalia, Kunst und Wissenschaft, XIV/1

■ **Cranach d. Ä., Lukas: Christus und Maria**
Verzeichnisse: 1922 (Nr. 153, Fürst von Fürstenberg), 1927 (Nr. 56, ebd.) | Bemerkung: V22: Cranach Schule; V27: handschr. durchgestrichen, weil identisch mit Nummer 249, vgl. FFA Donaueschingen, Generalia, Kunst und Wissenschaft, XIV/1

■ **Cranach d. Ä., Lukas: Die hl. Barbara, 73 × 56 cm**
Verzeichnisse: 1938 (Julius Böhler) | Bemerkung: Eintragung am 6.2.1935 infolge des Erlasses des RMdI vom 13.12.1934, vgl. Kap. III.3.1., vgl. BayHStA, MK 40838, Bd. 6; Werk bereits vor 13.12.1934 ins Ausland zurückgegen, vgl. Böhler an RMdI, BayHStA, MK 40838, Bd. 6

■ **Cranach d. Ä., Lukas: Drei weibliche Heilige und ein Kind, auf Lindenholz, 123 × 64 cm**
Verzeichnisse: 1927 (Nr. 41, Baron Speck von Sternburg), 1934 (Nr. 14, ebd.), 1938 (ebd.)

■ **Cranach d. Ä., Lukas: Erdbeer-Madonna mit Engel, 97 × 71 cm**
Verzeichnisse: 1938 (Heinrich Neuerburg) | Provenienz: 1929 A. S. Drey von der Firma E. & A. Silbermann erworben, vgl. BayHStA, MK 40838, Bd. 6 | Bemerkung: Eintragung am 6.2.1935 infolge des Erlasses des RMdI vom 13.12.1934, vgl. Kap. III.3.1., vgl. BayHStA, MK 40838, Bd. 6

■ **Cranach d. Ä., Lukas: Faunenfamilie, um 1527/28, 27 × 17 cm**
Verzeichnisse: 1927 (Nr. 46, Fürst von Fürstenberg), 1938 (ebd.) | Literatur: Nr. 47 der Slg. Fürstenberg; Woltmann, Fürstlich-Fürstenbergische Sammlungen zu Donaueschingen, 1870, S. 47, Nr. 97; Hofstätter, Die fürstlich Fürstenbergischen Sammlungen in Donaueschingen, 1980, S. 78; Wiemann, Meisterwerke der Fürstenbergsammlungen Donaueschingen in der Staatsgalerie Stuttgart, 2002, S. 52–59; Weber, Alte Meister in der Sammlung Würth, 2004, S. 62–63, Nr. 4 | Provenienz: um 1850 durch Baron von Pfaffenhofen in Konstanz erworben; 2003 Slg. Reinhold Würth | Bemerkung: „Familie wilder Leute" vgl. Hofstätter bzw. „Die Familie der Naturmenschen" vgl. Wieman; Datierung vgl. Hofstätter und Wiemann

■ **Cranach d. Ä., Lukas: Friedrich III. der Weise, Brustbild**
Verzeichnisse: 1927 (Nr. 43, Ehem. Großherzog von Baden), 1938 (ebd.)

■ **Cranach d. Ä., Lukas: Heilige Dreifaltigkeit**
Verzeichnisse: 1922 (Nr. 144, Kunstverein Bremen) | Bemerkung: Mitteilung über die Eintragung am 21.6.1920, vgl. StA Bremen, 3-B.13. Nr. 66.a. Bd. 1, Bl. 78

■ **Cranach d. Ä., Lukas: Herkules am Scheidewege, nach 1537, 63 × 46 cm**
Verzeichnisse: 1938 (Julius Böhler) | Literatur: Panofsky, Herkules am Scheideweg und andere antike Bildstoffe in der neuen Kunst, 1930, S. 100, Anm. 2; Friedländer/Rosenberg, Die Gemälde von Lucas Cranach, 1932, Nr. 328 | Provenienz: 1929 Versteigerung Lanna, Nr. 37; 1932 Julius Böhler, vgl. Friedländer/Rosenberg 1932 | Bemerkung: Eintragung am 6.2.1935 infolge des Erlasses des RMdI vom 13.12.1934, vgl. Kap. III.3.1., vgl. BayHStA, MK 40838, Bd. 6; Werk bereits vor 13.12.1934 ins Ausland zurückgegen, vgl. Böhler an RMdI, BayHStA, MK 40838, Bd. 6; Datierung Friedländer/Rosenberg 1932

■ **Cranach d. Ä., Lukas: Herkules und Anthäus, um 1530, 28 × 19 cm**
Verzeichnisse: 1938 (Kunsthandlung A. S. Drey) | Literatur: Friedländer/Rosenberg, Die Gemälde von Lucas Cranach, 1932, Nr. 219; Graupe, Aus dem Besitz der Firma A. S. Drey, 1936, Nr.11; Posse, Lucas Cranach d. Ä., 1942, S. 62, Nr. 92,

Taf. 92 | Provenienz: 1929 von Durlacher Bros, New York erworben; 1937 Privatbesitz Garmisch-Partenkirchen, vgl. Friedländer/Rosenberg 1989 und Posse 1942 | Bemerkung: Eintragung am 6.2.1935 infolge des Erlasses des RMdI vom 13.12.1934, vgl. Kap. III.3.1., vgl. BayHStA, MK 40838, Bd. 6; Datierung Friedländer/Rosenberg 1932, Posse 1942

■ **Cranach d. Ä., Lukas: Herkules und Anthäus**
Verzeichnisse: 1938 (Mathias Stinnes)

■ **Cranach d. Ä., Lukas: Herrenbildnis**
Verzeichnisse: 1922 (Nr. 145, Kunstverein Bremen) | Bemerkung: Mitteilung über die Eintragung am 21.6.1920, vgl. StA Bremen, 3-B.13. Nr. 66.a. Bd. 1, Bl. 78

■ **Cranach d. Ä., Lukas: Johann der Beständige, Kurfürst von Sachsen, Brustbild, rund**
Verzeichnisse: 1927 (Nr. 42, Ehem. Großherzog von Baden), 1938 (ebd.)

■ **Cranach d. Ä., Lukas: Madonna mit Friedrich dem Weisen, um 1514**
Verzeichnisse: 1922 (Nr. 148, Sanitätsrat Dr. Schefers), 1927 (Nr. 53, ebd.) | Literatur: Flechsig, Tafelbilder Lucas Cranachs und seiner Werkstatt, 1900, Taf. 20 | Provenienz: Darmstadt; vor Januar 1932 im Besitz von Karl Haberstock, vgl. auch Schriftwechsel Thür. KM und RMdI im Januar 1931, ThHStA Weimar, Nr. C 987, Bl. 72 | Bemerkung: Streichung am 25.7.1932, vgl. BArch, R32/375b

■ **Cranach d. Ä., Lukas: Madonna mit Kind**
Verzeichnisse: 1927 (Nr. 45, Ehem. Großherzog von Baden), 1938 (ebd.)

■ **Cranach d. Ä., Lukas: Magdalena, Höllen- und Himmelfahrt Christi**
Verzeichnisse: 1922 (Nr. 151, Helene Mayer), 1927 (Nr. 49, ebd.), 1938 (Otto Henkell) | Provenienz: Freiburg i. Br.; September 1927 von Otto Henkell erworben, durch Swarzenski vermittelt, vgl. Archiv Städel, Nr. 730 | Bemerkung: V22: „und schwäbische Schule", zwei Nummern zusammengefasst; Verkauf an Henkell in besetzte Gebiete unterlag Verbot, vgl. Universitätsarchiv Freiburg, NL Joseph Sauer, C 67/534

■ **Cranach d. Ä., Lukas: Maria am Baum, Holztafel**
Verzeichnisse: 1934 (Nr. 18, Frau Direktor Albert Ullmann), 1938 (ebd.) | Literatur: Städelsches Kunstinstitut, Ausstellung von Meisterwerken alter Malerei aus Privatbesitz, 1925, Nr. 45 | Provenienz: laut Wolters 1938 bereits im Eigentum des Sohnes in Mailand, vgl. Archiv Städel, Nr. 731

■ **Cranach d. Ä., Lukas: Maria mit dem Kind**
Verzeichnisse: 1938 (Philipp Reemtsma)

■ **Cranach d. Ä., Lukas: Maria mit Kind, um 1520**
Verzeichnisse: 1927 (Nr. 40, Oberburghauptmann Hans Lukas Cranach), 1934 (Nr. 13, ebd.), 1938 (ebd.) | Literatur: Voß, Bau- und Kunstdenkmäler Thüringens, Großherzogtum Weimar-Eisenach, Die Wartburg, 1917, S. 348 | Provenienz: Februar 1930 Übernahme durch die Wartburgstiftung mit weiterem Werk des Künstlers, „Ritter des goldenen Vlies", für zusammen 55.000 RM aus dem Nachlass Hans Lukas Cranach, Wartburgstiftung erhielt Vorkaufsrecht nach Schätzung Köhler und Friedländer, vgl. GSA, Best. KuSa, A 0306; V34 und V38: „Wartburgstiftung, befindet sich bei Oberburghauptmann Hans Lukas von Cranch auf der Wartburg" | Bemerkung: im thür. Landesverzeichnis vom 27.8.1920, vgl. HStA Weimar, Thüringisches Volksbildungsministerium, Nr. C 984, Bl. 46; Nachtragung am 19.5.1924 durch das RMdI bestätigt, vgl. ebd. Bl. 77 ff.

■ **Cranach d. Ä., Lukas: Maria mit Kind und heiliger Katharina, 1515**
Verzeichnisse: 1922 (Nr. 150, Ehem. Herzog von Sachsen-Altenburg), 1927 (Nr. 55, ebd.), 1938 (ebd.) | Literatur: Erfurter Ausstellung, Tafelwerk, Taf. 17 | Provenienz: 1930 Galerie van Diemen und Co erhalten Mitteilung über Streichung, vgl. BArch, R32/375a; V38: „(von Diemen & Co in Berlin)" | Bemerkung: im thür. Landesverzeichnis vom 27.8.1920, vgl. HStA Weimar, Thüringisches Volksbildungsministerium, Nr. C 984, Bl. 43; Streichung am 20.12.1930, weil Replik, vgl. BArch, R32/375a

■ **Cranach d. Ä., Lukas: Schmerzensmann**
Verzeichnisse: 1922 (Nr. 152, Domgemeinde Bremen), 1927 (Nr. 51, ebd.), 1934 (Nr. 17, ebd.), 1938 (ebd.) | Bemerkung: Waldmann teilt geplante Veräußerung durch Domgemeinde mit, daraufhin leitet RMdI am 12.3.1921 Eintragungsverfahren ein, vgl. StA Bremen, 3-B.13. Nr. 66.a. Bd. 1, Bl. 89; laut Vertrag bis 1952 als Leihgabe in der Kunsthalle Bremen ausgestellt, vgl. StA Bremen, 4,49-493/97

■ **Cranach d. Ä., Lukas: sogen. Fürstenaltar und zwei Altarflügel mit der Geburt Christi**
Verzeichnisse: 1922 (Nr. 146, Herzog von Anhalt)

■ Cranach d. Ä., Lukas: St. Georg in Rüstung
Verzeichnisse: 1938 (Julius Böhler) | Bemerkung: Eintragung am 6.2.1935 infolge des Erlasses des RMdI vom 13.12.1934, vgl. Kap. III.3.1., vgl. BayHStA, MK 40838, Bd. 6

■ Cranach d. Ä., Lukas: St. Martin, St. Ursula, Holztafel
Verzeichnisse: 1934 (Nr. 19, Gräfin Bertha von Francken-Sirstorpff) | Literatur: Städelsches Kunstinstitut, Ausstellung von Meisterwerken alter Malerei aus Privatbesitz, 1925, Nr. 43/44

■ Cranach d. Ä., Lukas: Urteil des Paris
Verzeichnisse: 1927 (Nr. 44, Ehem. Großherzog von Baden), 1938 (ebd.)

■ Cranach d. Ä., Lukas: Urteil des Paris
Verzeichnisse: 1927 (Nr. 50, Frau von Lenbach), 1934 (Nr. 16, ebd.), 1938 (ebd.)

■ Cranach d. Ä., Lukas: Urteil des Paris, 1528
Verzeichnisse: 1922 (Nr. 149, Sanitätsrat Dr. Schefers), 1927 (Nr. 54, Robert von Hirsch), 1938 (Generalfeldmarschall Hermann Göring) | Literatur: Flechsig, Tafelbilder Lucas Cranachs und seiner Werkstatt, 1900, Taf. 96 | Bemerkung: BArch Koblenz, Bestand B 323, Treuhandverwaltung von Kulturgut bei der Oberfinanzdirektion München, Erwerbungen von Reichsmarschall Hermann Göring; Wiedergutmachungsakte HHStA Wiesbaden, Nr. F 4208

■ Cranach d. Ä., Lukas: Zwei Knabenbildnisse
Verzeichnisse: 1922 (Nr. 147, Großherzoglicher Privatbesitz Darmstadt), 1927 (Nr. 52, ebd.)

■ Cranach d. J.: Auferstehung Christi, 1561, 72 × 41 cm
Verzeichnisse: 1922 (Nr. 143, Fürst von Fürstenberg), 1927 (Nr. 48, ebd.), 1934 (Nr. 15, ebd.), 1938 (ebd.) | Literatur: Tumbült, Fürstlich Fürstenbergische Sammlungen zu Donaueschingen, 1909, S. 52, Nr. 132; Feuerstein, Verzeichnis der Gemälde, 1921, Nr. 132 | Bemerkung: Datierung und Maße vgl. Tumbült

■ Cuyp, Aelbert: Flußlandschaft, Ansicht von Dordrecht
Verzeichnisse: 1922 (Nr. 157, Geh. Kommerzienrat Leopold Koppel), 1927 (Nr. 60, ebd.), 1938 (ebd.) | Literatur: Ausst.-Kat. des KFM Vereins, 1914, Nr. 32

■ Cuyp, Aelbert: Landschaft mit Kühen
Verzeichnisse: 1927 (Nr. 59, von Carstanjen'sche Familienstiftung), 1938 (ebd.) | Bemerkung: V27: „Als Leihgabe in der Alten Pinakothek München"

■ Cuyp, Aelbert: Mondscheinlandschaft
Verzeichnisse: 1922 (Nr. 156, von Carstanjen), 1927 (Nr. 58, von Carstanjen'sche Familienstiftung), 1938 (ebd.) | Provenienz: V27: „Als Leihgabe in der Alten Pinakothek zu München"

■ Daubigny, Charles-François: Abendlandschaft, 24 × 46 cm
Verzeichnisse: 1938 (Theodor Ludwig Behrens) | Provenienz: 1889 von E. L. Behrens erworben, vgl. Luckhardt 2001, S. 37, Nr. 53 | Bemerkung: Eintragung am 1.4.1935, auf Vorschlag der Kunsthalle Hamburg vom 11.2.1935, vgl. AHK, 32-228.6, Bl. 3 ff.; nach Angabe am 12.10.1939 von Franziska Behrens gegenüber der Kunsthalle Hamburg wurde das Werk Anfang 1938 gestohlen, vgl. AHK, 32-260.4, Bl. 19

■ Daubigny, Charles-François: Flusslandschaft, 25 × 51 cm
Verzeichnisse: 1938 (Theodor Ludwig Behrens) | Bemerkung: Eintragung am 1.4.1935, auf Vorschlag der Kunsthalle Hamburg vom 11.2.1935, vgl. AHK, 32-228.6, Bl. 3 ff.; nach Angabe am 12.10.1939 von Franziska Behrens gegenüber der Kunsthalle Hamburg wurde das Werk Anfang 1938 gestohlen, vgl. AHK, 32-260.4, Bl. 19

■ Daubigny, Charles-François: Flußlandschaft mit Schimmelreiter
Verzeichnisse: 1922 (Nr. 159, Städelsches Kunstinstitut) | Provenienz: aus der Slg. Johann Meyer; im Städel aufbewahrt, jedoch im Besitz von Dietel in Oberliederbach bei Frankfurt/Main, vgl. Archiv Städel, Nr. 730 | Bemerkung: Posse schlug Eintragung im Januar 1920 vor, vgl. SKD Altregistratur 01/GG 15, Bd. 9, Bl. 231; Streichung vermerkt in „Veränderungen im Verzeichnis der national wertvollen Kunstwerke" vom 17.3.1923, vgl. SMB-ZA, I/NG 847, Bl. 49; ebs. im Nachtrag von 1924, SKD Altregistratur 01/GG 30, Bl. 48; nicht im Verzeichnis des Städel von 1924

■ Daubigny, Charles-François: Landschaft
Verzeichnisse: 1922 (Nr. 161, Christine Merckel, geb. Uhle) | Provenienz: aus dem NL Carl Louis Uhle, Dresden | Bemerkung: Eintragung am 10.9.1920 auf Vorschlag Posses, SächsHStA, 10736, Nr. 17455, Bl. 309

■ Daubigny, Charles-François: Landschaft
Verzeichnisse: 1922 (Nr. 160, Ilse Krüger) | Provenienz: aus dem NL Carl Louis Uhle, Dresden

■ **Daubigny, Charles-François: Landschaft an der Oise, 32 × 58 cm**
Verzeichnisse: 1938 (Theodor Ludwig Behrens) | Provenienz: 1889 von E. L. Behrens erworben, vgl. Luckhardt 2001, S. 36, Nr. 48 | Bemerkung: Eintragung am 1.4.1935, auf Vorschlag der Kunsthalle Hamburg vom 11.2.1935, vgl. AHK, 32-228.6, Bl. 3 ff.; Besichtigung am 12.10.1939 durch die Kunsthalle Hamburg im Tresor des Bankhauses Th. L. Behrens Söhne, vgl. AHK, 32-260.4, Bl. 18

■ **Daubigny, Charles-François: Lanschaft mit waschenden Frauen, 38 × 66 cm**
Verzeichnisse: 1938 (Theodor Ludwig Behrens) | Bemerkung: Eintragung am 1.4.1935, auf Vorschlag der Kunsthalle Hamburg vom 11.2.1935, vgl. AHK, 32-228.6, Bl. 3 ff.; Besichtigung am 12.10.1939 durch die Kunsthalle Hamburg im Tresor des Bankhauses Th. L. Behrens Söhne, vgl. AHK, 32-260.4, Bl. 18

■ **Daubigny, Charles-François: Waldlandschaft, 51 × 35 cm**
Verzeichnisse: 1938 (Theodor Ludwig Behrens) | Bemerkung: Eintragung am 1.4.1935, auf Vorschlag der Kunsthalle Hamburg vom 11.2.1935, vgl. AHK, 32-228.6, Bl. 3 ff.; Besichtigung am 12.10.1939 durch die Kunsthalle Hamburg im Tresor des Bankhauses Th. L. Behrens Söhne, vgl. AHK, 32-260.4, Bl. 18

■ **Daumier, Honoré: Im Wagen 3. Klasse**
Verzeichnisse: 1922 (Nr. 168, Adolf Rothermundt sen.), 1938 (Jakob Goldschmidt) | Provenienz: V38: „Seit 6.12.37: Tresor der Dresdner Bank, Berlin W8, Schinkelplatz 1/2" | Bemerkung: Posse schlug Eintragung im Januar 1920 vor, Eintragung am 11.5.1920, vgl. SKD Altregistratur 01/GG 15, Bd. 9, Bl. 231/238; Posse beantragte Streichung am 22.10.1920, erfolgt durch das RMdI am 16.11.1920, vgl. Sächs. HStA, 10736, Nr. 17455, Bl. 314/321; Streichung vermerkt in „Veränderungen im Verzeichnis der national wertvollen Kunstwerke" vom 17.3.1923, vgl. SMB-ZA, I/NG 847, Bl. 49; ebs. im Nachtrag von 1924, SKD Altregistratur 01/GG 30, Bl. 48

■ **Daumier, Honoré: Kunstkenner**
Verzeichnisse: 1922 (Nr. 166, Ilse Krüger) | Provenienz: aus dem NL Carl Louis Uhle, Dresden

■ **Daumier, Honoré: Wäscherinnen**
Verzeichnisse: 1922 (Nr. 167, Ilse Krüger) | Provenienz: aus dem NL Carl Louis Uhle, Dresden

■ **David, Gerard: Verkündigung, 1506**
Verzeichnisse: 1922 (Nr. 170, Fürst von Hohenzollern-Sigmaringen), 1927 (Nr. 61, ebd.), 1938 (Marcell von Nemes) | Literatur: Lehner, Verzeichnis der Gemälde. Fürstlich Hohenzollern'sches Museum zu Sigmaringen, 1883, Nr. 2; Wilm, Die Sigmaringer Sammlung, in: Der Cicerone, 20. Jg., 1928, H. 19, S. 634–636; Ainsworth, Gerard David. Purity of Vision in an Age of Transition, 1998, S. 180 ff. | Provenienz: für den Hochaltar der Benediktinerabtei im italienischen Cervara geschaffen; 1862 erwarb der Fürst Karl Anton von Hohenzollern-Sigmaringen die Tafeln; Verkauf 1928/29, Knoedler New York; in einer zweimonatigen Schau wurden Teile der Sigmaringer Sammlung, darunter die Tafeln Davids, in der Alten Pinakothek in München ausgestellt, um sie vor der befürchteten Abwanderung ins Ausland noch einmal der Öffentlichkeit zu präsentieren. Vgl. Wilm; erneut im V38, Kunsthändler Nemes zu diesem Zeitpunkt bereits in New York | Bemerkung: Stellungnahme Zimmermann vom 2.5.1929: „halte ich für zu unwichtig, um in dem Verzeichnis der national wertvollen Kunstwerke zu figurieren", BNM, Dokumentation, Dok. 1637, Mappe 11; Streichung am 2.1.1929, vgl. BArch, R32/375a

■ **Delacroix, Eugène: Die Auferweckung des Lazarus, 39 × 24 cm**
Verzeichnisse: 1938 (Theodor Ludwig Behrens) | Provenienz: vor 1895 von E. L. Behrens erworben, vgl. Luckhardt 2001, S. 37 | Bemerkung: Eintragung am 1.4.1935, auf Vorschlag der Kunsthalle Hamburg vom 11.2.1935, vgl. AHK, 32-228.6, Bl. 3 ff.; Besichtigung am 12.10.1939 durch die Kunsthalle Hamburg im Tresor des Bankhauses Th. L. Behrens Söhne, vgl. AHK, 32-260.4, Bl. 18

■ **Delacroix, Eugène: König Rodrigo**
Verzeichnisse: 1938 (Kunstverein Bremen) | Bemerkung: Vorschlag der Eintragung am 16.1.1935 infolge des Erlasses des RMdI vom 13.12.1934, vgl. Kap. III.3.1., vgl. StA Bremen, 4,49-493/97; Bestätigung der Eintragung am 12.8.1936, vgl. Archiv KH Bremen

■ **Delacroix, Eugène: Tiger mit Schildkröte**
Verzeichnisse: 1922 (Nr. 171, Städelsches Kunstinstitut) | Provenienz: aus der Slg. Johann Meyer im Städel aufbewahrt, jedoch im Besitz von Dietel in Oberliederbach bei Frankfurt/Main, vgl. Archiv Städel, Nr. 730 | Bemerkung: Posse schlug Eintragung im Januar 1920 vor, vgl. SKD Altregistratur

01/GG 15, Bd. 9, Bl. 231; Streichung vermerkt in „Veränderungen im Verzeichnis der national wertvollen Kunstwerke" vom 17.3.1923, vgl. SMB-ZA, I/NG 847, Bl. 49; ebs. im Nachtrag von 1924, SKD Altregistratur 01/GG 30, Bl. 48; nicht im Verzeichnis des Städel von 1924

■ Diaz, Narcisse: Waldlandschaft
Verzeichnisse: 1922 (Nr. 172, Städelsches Kunstinstitut) | Provenienz: vermutlich aus der Slg. Johann Meyer | Bemerkung: Posse schlug Eintragung im Januar 1920 vor, vgl. SKD Altregistratur 01/GG 15, Bd. 9, Bl. 231

■ Dreber, Heinrich Franz: Sappho am Meeresstrand
Verzeichnisse: 1922 (Nr. 173, Schack-Galerie)

■ Dupré, Jules: Die Brücke, 60 × 50 cm
Verzeichnisse: siehe Bemerkung | Provenienz: seit 1873 im Besitz der Familie Eduard Behrens, vgl. Luckhardt 2001, S. 36 | Bemerkung: Eintragung am 15.12.1939 auf Vorschlag durch die Kunsthalle Hamburg vom 18.10.1939 vgl. AHK, 32-260.4, Bl. 15 f.

■ Dupré, Jules: Marine, 64 × 92 cm
Verzeichnisse: 1938 (Theodor Ludwig Behrens) | Provenienz: 1890 von E. L. Behrens erworben, vgl. Luckhardt 2001, S. 37 | Bemerkung: Eintragung am 1.4.1935, auf Vorschlag der Kunsthalle Hamburg vom 11.2.1935, vgl. AHK, 32-228.6, Bl. 3 ff.; Besichtigung am 12.10.1939 durch die Kunsthalle Hamburg im Tresor des Bankhauses Th. L. Behrens Söhne, vgl. AHK, 32-260.4, Bl. 18

■ Dürer, Albrecht: Christuskopf, 1515
Verzeichnisse: 1934 (Nr. 21, Kunstverein Bremen)

■ Dürer, Albrecht: Heilige Familie, 1509
Verzeichnisse: 1922 (Nr. 177, Dr. Paul von Schwabach), 1927 (Nr. 63, ebd.), 1938 (E. u. A. Silbermann) | Literatur: Friedländer, Zeitschrift für bildende Kunst 1907, S. 131 mit Abb.; Winkler, Dürer. Des Meisters Gemälde, Kupferstiche und Holzschnitte, 1928, S. 53 | Bemerkung: lt. BStGS einziges Werk Dürers in Privatbesitz, vgl. BayHStA, MK 40836, Bd. 4; Streichung am 22.10.1927

■ Dürer, Albrecht: Männerkopf von vorn gesehen, Ölgemälde auf Papier oder Pergament (dieses auf ein Eichenbrettchen geklebt), 26 × 20 cm
Verzeichnisse: 1927 (Nr. 62, Prof. Franz Naager), 1934 (Nr. 20, E. u. A. Silbermann), 1938 (ebd.) | Literatur: Winkler, Dürer. Des Meisters Gemälde, Kupferstiche und Holzschnitte, S. 92 mit Abb.; Dodgson, Burlington Magazine, Bd. 39, 1921, S. 177; Albrecht Dürer Ausstellung im Germanischen Museum, 1928, S. 89, Nr. 115 | Provenienz: vor 1928 Verkauf an Nemes, Leihgeber zur Dürer-Ausstellung im GNM; Juni 1931 Firma E. & A. Silbermann, die Werk in Deutschland belassen und verkaufen wollten, vgl. BStGS, 11/4, Nr. 245 und BayHStA, MK 40837, Bd. 5 | Bemerkung: V27: „(Alte Pinakothek in München)"; V34: Dürer, Zuschreibung; Eintragung am 8.7.1924, vgl. BayHStA, MK 40836, Bd. 4; Antrag auf Streichung vom Art Institute of Chicago durch das RMdI am 10.2.1933 versagt, vgl. BStGS, 11/4, Nr. 246

■ Dürer, Albrecht: Sechs Landschaftaquarelle
Verzeichnisse: 1922 (Nr. 179, Kunstverein Bremen) | Bemerkung: Mitteilung über die Eintragung am 21.6.1920, vgl. StA Bremen, 3-B.13. Nr. 66.a. Bd. 1, Bl. 78

■ Dürer, Albrecht: St. Onuphrius und St. Johannes der Täufer, Altarflügel, beide in einem Rahmen befindlich, um 1498
Verzeichnisse: 1934 (Nr. 22, Kunstverein Bremen) | Bemerkung: evtl. Nr. 178 vom V22

■ Dürer, Albrecht: Zwei Heilige
Verzeichnisse: 1922 (Nr. 178, Kunstverein Bremen) | Bemerkung: Mitteilung über die Eintragung am 21.6.1920, vgl. StA Bremen, 3-B.13. Nr. 66.a. Bd. 1, Bl. 78

■ Dürer (zugeschrieben), Albrecht: Bildnis Fugger, 56 × 47 cm
Verzeichnisse: 1922 (Nr. 175, Graf Hans Veit von Törring), 1927 (Nr. 64, ebd.), 1934 (Nr. 23, ebd.), 1938 (ebd.) | Literatur: Anzelewsky, Albrecht Dürer. Das malerische Werk, 1971, S. 250, Nr. 144K, Abb. 105 | Bemerkung: Kopie, Gutachten Dörnhöffer vgl. BayHStA, MK 40837, Bd. 5; Maße vgl. Anzelewsky

■ Dürer (zugeschrieben), Albrecht: Heiliger Christophorus
Verzeichnisse: 1927 (Nr. 67, Graf Stanislaus von Sierakowski), 1934 (Nr. 24, ebd.), 1938 (ebd.) | Bemerkung: Eintragung im Nachtrag von 1924 vermerkt, vgl. SKD Altregistratur 01/GG 30, Bl. 48; Tag für Denkmalpflege regte Streichung am 14.11.1931 an, Pr. KM und RMdI sprach sich dagegen aus

Dürer, Nachfolger, Albrecht: Halbfigur der Maria als Schmerzensmutter, Ende 16./Anfang 17. Jh., 32 × 24 cm
Verzeichnisse: 1927 (Nr. 65, Fürst von Fürstenberg), 1938 (ebd.) | Literatur: Woltmann, Fürstlich-Fürstenbergische Sammlungen zu Donaueschingen, 1870, S. 50, Nr. 111 | Bemerkung: Nachahmer Dürer Ende 16./Anfang 17. Jh., zweites Exemplar in Städtischer Galerie Frankfurt, vgl. Woltmann

Dürer, Nachfolger, Albrecht: Madonna
Verzeichnisse: 1922 (Nr. 184, Fürst von Fürstenberg), 1927 (Nr. 66, ebd.), 1938 (ebd.)

Dyck, Anton van: Christus mit den Wundmalen vor bußfertigen Sündern
Verzeichnisse: 1922 (Nr. 187, Fürst von Fürstenberg), 1927 (Nr. 68, ebd.), 1938 (ebd.) | Literatur: Feuerstein, Verzeichnis der Gemälde, 1921, Nr. 239 (Ausgabe von 1934, S. 19 f.); Schäffer, Van Dyck, des Meisters Gemälde in 537 Abbildungen, 1909, S. 441 | Bemerkung: Zuschreibung umstritten, weiteres Gemälde befand sich in Staatl. Gemäldegalerie Augsburg (vgl. Schäffer 1909), vgl. FFA Donaueschingen, Kunst und Wissenschaft, G III/1

Dyck, Anton van: Christusknabe auf der Weltkugel
Verzeichnisse: 1938 (Dr. Günther Quandt)

Dyck, Anton van: Männliches Bildnis
Verzeichnisse: 1922 (Nr. 185, Geh. Kommerzienrat Leopold Koppel), 1927 (Nr. 69, ebd.), 1938 (ebd.) | Literatur: Ausst.-Kat. KFM Verein 1914, Nr. 38 | Provenienz: V38: „z. Zt. Depot Deutsche Bank, Bauerstr. 26/27"

Dyck, Anton van: Portät der Machesa Lomellini-Surazzo
Verzeichnisse: 1922 (Nr. 186, Erben Markus Kappel), 1927 (Nr. 70, Dr. jur. Ernst Rathenau und Frau Ettlinger), 1938 (ebd.) | Literatur: Bode, Die Gemäldesammlung Marcus Kappel in Berlin, 1914, Nr. 38; Schäffer, Van Dyck, des Meisters Gemälde in 537 Abbildungen, 1909, S. 183 mit Abb.

Dyck, Anton van: Porträt des Lukas von Uffeln
Verzeichnisse: 1938 (Julius Böhler)

Ellenrieder, Maria: Die drei Kartons, im oberen Teil des Treppenhauses, ohne nähere Nummerierung
Verzeichnisse: 1922 (Nr. 197, Fürst von Fürstenberg)

Elsässisch: Zwei Pendents, um 1490
Verzeichnisse: 1938 (Julius Böhler) | Bemerkung: Eintragung am 6.2.1935 infolge des Erlasses des RMdI vom 13.12.1934, vgl. Kap. III.3.1., vgl. BayHStA, MK 40838, Bd. 6

Elsheimer, Adam: Auferweckung des Lazarus
Verzeichnisse: 1927 (Nr. 71, Graf Stanislaus von Sierakowski), 1934 (Nr. 25, ebd.), 1938 (ebd.) | Bemerkung: Eintragung im Nachtrag von 1924 vermerkt, vgl. SKD Altregistratur 01/GG 30, Bl. 48

Eyben, Hejo Louis: Bildnis des Erbprinzen Etgerd von Ostfriesland als Kind, ganze Figur auf Leinwand
Verzeichnisse: 1927 (Nr. 72, Ehem. Fürst zur Lippe), 1934 (Nr. 26, ebd.), 1938 (ebd.)

Faber, Konrad: Lorenzo Villani
Verzeichnisse: 1922 (Nr. 200, Jaques Rosenthal)

Feuerbach, Anselm: Am Klavier, 1866
Verzeichnisse: 1938 (Jakob Goldschmidt) | Provenienz: V38: „Seit 6.12.37: Tresor der Dresdner Bank, Berlin W8, Schinkelplatz 1/2"

Feuerbach, Anselm: Badende Kinder
Verzeichnisse: 1922 (Nr. 203, Schack-Galerie)

Feuerbach, Anselm: Der Garten des Ariost, 1863, 102 × 153 cm
Verzeichnisse: 1922 (Nr. 206, Schack-Galerie)

Feuerbach, Anselm: Der Mandolinenspieler
Verzeichnisse: 1938 (Kunstverein Bremen) | Bemerkung: Vorschlag der Eintragung am 16.1.1935 infolge des Erlasses des RMdI vom 13.12.1934, vgl. Kap. III.3.1., vgl. StA Bremen, 4,49-493/97; Bestätigung der Eintragung am 12.8.1936, vgl. Archiv KH Bremen

Feuerbach, Anselm: Eine Mutter mit spielenden Kindern an einem Brunnen
Verzeichnisse: 1922 (Nr. 213, Schack-Galerie)

Feuerbach, Anselm: Francesca von Rimini und ihr Geliebter Paolo
Verzeichnisse: 1922 (Nr. 205, Schack-Galerie)

Feuerbach, Anselm: Gemälde
Verzeichnisse: 1922 (Nr. 204, Frau Medizinalrat Dr. Franz Wolf) | Provenienz: vgl. BADV, München Nr. 50057 | Bemerkung: Heidelberg, Vorschlag zur Eintragung durch Storck, März 1920, vgl. Universitätsarchiv Freiburg, NL Sauer, C 67/534; Weibliches Bildnis, evtl. Bildnis Hanna Risi, vgl. StA Freiburg, D 98/1, Nr. 75

■ Feuerbach, Anselm: Hafis am Brunnen, 140 × 241 cm
Verzeichnisse: 1922 (Nr. 207, Schack-Galerie)

■ Feuerbach, Anselm: Idylle aus Tivoli
Verzeichnisse: 1922 (Nr. 208, Schack-Galerie)

■ Feuerbach, Anselm: Laura in der Kirche zu Avignon wie Petrarca sie zum ersten Male erblickt
Verzeichnisse: 1922 (Nr. 209, Schack-Galerie)

■ Feuerbach, Anselm: Mädchenkopf
Verzeichnisse: 1922 (Nr. 211, Ilse Krüger) | Provenienz: aus dem NL Carl Louis Uhle, Dresden

■ Feuerbach, Anselm: Madonna mit dem Kinde und vier Engeln
Verzeichnisse: 1922 (Nr. 210, Schack-Galerie)

■ Feuerbach, Anselm: Musizierende Kinder, von einer Nymphe belauscht
Verzeichnisse: 1922 (Nr. 212, Schack-Galerie)

■ Feuerbach, Anselm: Pietà
Verzeichnisse: 1922 (Nr. 214, Schack-Galerie)

■ Feuerbach, Anselm: Poesie, 75 × 63 cm
Verzeichnisse: 1922 (Nr. 215, Generalleutnant, Freiherr Maximilian von Heyl) | Literatur: Helbing, Katalog der Sammlung Baron Heyl, Bd. 1, 1930, Nr. 198 | Bemerkung: Bildnis der Nanna

■ Feuerbach, Anselm: Porträt einer Römerin
Verzeichnisse: 1922 (Nr. 216, Schack-Galerie)

■ Feuerbach, Anselm: Ruhende Nymphe
Verzeichnisse: 1922 (Nr. 217, Freifrau Minna von Stieber)

■ Feuerbach, Anselm: Weibliches Bildnis (Nana)
Verzeichnisse: 1922 (Nr. 218, Herzog/Ehem. König Wilhelm II. von Württemberg)

■ Fischer, Ludwig: Garten des Generalife in Granada
Verzeichnisse: 1922 (Nr. 219, Schack-Galerie)

■ Fohr, Carl Philipp: Romantische Landschaft
Verzeichnisse: 1922 (Nr. 222, Großherzoglicher Privatbesitz Darmstadt), 1927 (Nr. 73, ebd.), 1934 (Nr. 27, ebd.), 1938 (ebd.) | Literatur: Deutsche Jahrhundertausstellung, Bd. 1, 1906, S. 23 mit Abb.

■ Fränkischer Meister: Altarflügel im Herzogstand der Schloßkirche, um 1510
Verzeichnisse: 1927 (Nr. 223, Ehem. Herzog von Sachsen-Meiningen), 1934 (Nr. 93, ebd.), 1938 (ebd.) | Literatur: „Abb. im Inventar“

■ Fränkischer Meister: Heiliger Georg und Heiliger Christoph, um 1515
Verzeichnisse: 1927 (Nr. 224, Ehem. Herzog von Sachsen-Meiningen), 1934 (Nr. 94, ebd.), 1938 (ebd.) | Literatur: „Abb. im Inventar“

■ Fränkischer Meister: Männliches Bildnis, um 1543
Verzeichnisse: 1938 (Kunstverein Bremen) | Bemerkung: Vorschlag der Eintragung am 16.1.1935 infolge des Erlasses des RMdI vom 13.12.1934, vgl. Kap. III.3.1., vgl. StA Bremen, 4,49-493/97; Bestätigung der Eintragung am 12.8.1936, vgl. Archiv KH Bremen

■ Französisch: Französische Wandmalereien, Kabinett Tattenbach von Zächenberger, um 1750
Verzeichnisse: 1938 (Lehmann Bernheimer) | Bemerkung: Eintragung am 12.12.1935, vgl. BayHStA, MK 40838, Bd. 6

■ Französischer Meister um 1600: Bildnis einer Dame im Bade mit ihren Kindern, um 1600
Verzeichnisse: 1927 (Nr. 225, Ehem. Herzog von Sachsen-Meiningen), 1938 (ebd.) | Literatur: „Abb. im Inventar“

■ Friedrich, Caspar David: Felsental
Verzeichnisse: 1938 (Kunstverein Bremen) | Bemerkung: Vorschlag der Eintragung am 16.1.1935 infolge des Erlasses des RMdI vom 13.12.1934, vgl. Kap. III.3.1., vgl. StA Bremen, 4,49-493/97; Bestätigung der Eintragung am 12.8.1936, vgl. Archiv KH Bremen

■ Friedrich, Caspar David: Landschaft
Verzeichnisse: 1922 (Nr. 224, Ehem. Großherzog Sachsen-Weimar) | Bemerkung: im thür. Landesverzeichnis vom 27.8.1920, vgl. HStA Weimar, Thüringisches Volksbildungsministerium, Nr. C 984, Bl. 45

■ Fries, Bernhard: Ansicht der Mamellen bei Civitella im Sabinergebirge
Verzeichnisse: 1922 (Nr. 225, Schack-Galerie)

■ Fries, Bernhard: Das Tal des Oreto und die Admiralsbrücke bei Palermo
Verzeichnisse: 1922 (Nr. 226, Schack-Galerie)

■ Friesisch-Holländischer Meister um 1550: Bildnis der Maria von Jever, um 1550
Verzeichnisse: 1938 (Ehem. Erbgrossherzog Nikolaus Oldenburg) | Literatur: Müller-Wulckow, Die Bildnisse Fräulein Marias von Jever, in: Oldenburger Jahrbuch, Bd. 60, Teil 1, 1961, S. 39–46 | Bemerkung: Eintragung am 12.8.1936, auf

Vorschlag Müller-Wulckow vom 23.1.1935, vgl. StA Oldenburg, Best. 134, Nr. 4376, Bl. 63 ff.; in LMO-A Nr. 450 auf 1572 datiert, auf dem Bild angegebene Jahreszahl; wird auch Anfang der 1950er noch für nds. Verzeichnis vorgeschlagen, vgl. HStA Hannover, Nds. 401 Acc. 112/83, Nr. 1031, Bl. 46

■ Füger, Heinrich: Bildnis der Herzogin Marie von Braunschweig in ganzer Figur
Verzeichnisse: 1927 (Nr. 74, Gesamthaus Braunschweig-Lüneburg), 1938 (ebd.)

■ Führich, Josef von: Der Tod des Johann von Nepomuk
Verzeichnisse: 1922 (Nr. 230, Schack-Galerie)

■ Führich, Josef von: Die Einführung des Christentums in die deutschen Urwälder
Verzeichnisse: 1922 (Nr. 229, Schack-Galerie)

■ Gainsborough, Thomas: Königin Charlotte von England
Verzeichnisse: 1938 (Ehem. Großherzog von Friedrich Franz IV. Mecklenburg-Schwerin)

■ Genelli, Buonaventura: Schlacht des Lykurgos mit Bacchus und den Bachantinnen
Verzeichnisse: 1922 (Nr. 243, Schack-Galerie)

■ Genelli, Buonaventura: Abraham und die drei Engel, welche ihm die Geburt des Isaak verkünden
Verzeichnisse: 1922 (Nr. 239, Schack-Galerie)

■ Genelli, Buonaventura: Bachus unter den Musen
Verzeichnisse: 1922 (Nr. 240, Schack-Galerie)

■ Genelli, Buonaventura: Der Raub der Europa
Verzeichnisse: 1922 (Nr. 242, Schack-Galerie)

■ Genelli, Buonaventura: Die Vision des Ezechiel
Verzeichnisse: 1922 (Nr. 245, Schack-Galerie)

■ Genelli, Buonaventura: Ein Theatervorhang
Verzeichnisse: 1922 (Nr. 244, Schack-Galerie)

■ Genelli, Buonaventura: Herkules Musagetes bei Omphale
Verzeichnisse: 1922 (Nr. 241, Schack-Galerie)

■ Gerhard, Eduard: Ansicht des Comaresturmes auf der Alhambra bei Mondschein
Verzeichnisse: 1922 (Nr. 248, Schack-Galerie)

■ Gerhard, Eduard: Das Generalise bei Granada
Verzeichnisse: 1922 (Nr. 249, Schack-Galerie)

■ Gerhard, Eduard: Der Löwenhof in der Alhambra bei Mondschein
Verzeichnisse: 1922 (Nr. 250, Schack-Galerie)

■ Gerhard, Eduard: Der nun abgebrochene Palazzo Moro in Venedig
Verzeichnisse: 1922 (Nr. 251, Schack-Galerie)

■ Gerhard, Eduard: Der Palast der Vendranim in Venedig bei Nacht
Verzeichnisse: 1922 (Nr. 252, Schack-Galerie)

■ Ghirlandaio: Bildnis der Giovanna Tornabuoni, um 1480
Verzeichnisse: 1938 (Hermann Diekmann, sen.) | Bemerkung: Eintragung am 19.6.1935, auf Antrag von Busch vom 16.5.1935 vgl. AHK, 32-260.4, Bl. 78/84

■ Giampietrino: Madonna mit dem Jesuskind
Verzeichnisse: siehe Bemerkung | Literatur: Aukt.-Kat. Lempertz, 30.11.1939, Nr. 16, Taf. 13 | Provenienz: 30.11.1939 Slg. Arthur Maier, Karlsbad, Versteigerung Lempertz | Bemerkung: Eintragung vor November 1939, vgl. Lempertz 1939

■ Giovanni da Siena, Matteo di: Maria mit dem hl. Augustinus und Franziskus
Verzeichnisse: 1927 (Nr. 75, Ehem. Herzog von Sachsen-Meiningen), 1938 (ebd.) | Literatur: V27: „Abb. im Inventar"

■ Gogh, Vincent van: Gartenhof im Irrenhaus, 1889
Verzeichnisse: 1922 (Nr. 276, Theodor Ludwig Behrens) | Provenienz: 1919–1923 Leihgabe in der Kunsthalle Hamburg, vgl. Luckhardt 2001, S. 40; Herbst 1922 Verkauf in London an Pariser Kunsthändler Gold, vgl. AHK, 32-260.4, Bl. 150; Oskar Reinhart, Winterthur | Bemerkung: Eintragung im Dezember 1919, vgl. AHK, 32-260.4, Bl. 174; Nachricht über den „versehentlichen" Verkauf des Werkes, vgl. Pauli an Denkmalschutzbehörde, 7.9.1923, AHK, 32-260.4, Bl. 135; Streichung im Nachtrag von 1924 vermerkt, vgl. SKD Altregistratur 01/GG 30, Bl. 48; vgl. Kap. III.4.1

■ Gogh, Vincent van: Knabenkopf
Verzeichnisse: 1938 (Nachlass der Frau Geh. Rat Margarete Oppenheim)

■ Gogh, Vincent van: Mohnfeld
Verzeichnisse: 1938 (Kunstverein Bremen) | Bemerkung: Vorschlag der Eintragung am 16.1.1935 infolge des Erlasses des RMdI vom 13.12.1934, vgl. Kap. III.3.1., StA Bremen, 4,49-493/97; Bestätigung der Eintragung am 12.8.1936, vgl. Archiv KH Bremen

■ Gogh, Vincent van: Waldinneres, St. Remy
Verzeichnisse: 1938 (Nachlass der Frau Geh. Rat Margarete Oppenheim)

Gogh, Vincent van: Weiße Rosen
Verzeichnisse: 1938 (Nachlass der Frau Geh. Rat Margarete Oppenheim) | Provenienz: aus dem NL Oppenheim von Georg Hirschland erworben (nicht auf Versteigerung im Mai 1936), im Zuge seiner Emigration Folkwang Museum Essen, CCP Marburg, restituiert an Hirschland; heute im MET New York, Nr. 1993.400.5

Gossaert, Jan: Madonna
Verzeichnisse: 1922 (Nr. 473, Fürst von Fürstenberg) | Bemerkung: zweimal gelistet, vgl. Universitätsarchiv Freiburg, NL Joseph Sauer, C 67/534

Gossaert, Jan: Maria, blau gekleidet, in halber Figur, 50 × 41 cm
Verzeichnisse: 1922 (Nr. 472, Fürst von Fürstenberg) | Literatur: Woltmann, Fürstlich-Fürstenbergische Sammlungen zu Donaueschingen, 1870, S. 48, Nr. 105 | Provenienz: „Erworben in einem Dorfe bei Heiligenberg, in den fünfziger Jahren", Woltmann, S. 48 | Bemerkung: V22: „Nr. 105" Bezeichnung aus Kat. 1870; Maße FFA Donaueschingen, Generalia, Kunst und Wissenschaft, XIV/1

Götz, Theodor von: Sechs Bilder im Prälatensaal
Verzeichnisse: 1922 (Nr. 283, Prinz Max von Baden)

Götz, Theodor von: Serie der Abtbilder
Verzeichnisse: 1922 (Nr. 282, Prinz Max von Baden)

Goya, Francisco de: Bildnis des Don Juan Antonio
Verzeichnisse: 1922 (Nr. 277, Geh. Kommerzienrat Dr. Eduard Arnhold), 1927 (Nr. 76, ebd.), 1938 (ebd.) | Literatur: Ausst.-Kat. KFM Verein 1906, Nr. 34

Goya, Francisco de: Der Kirchgang
Verzeichnisse: 1922 (Nr. 279, Geh. Sanitätsrat Dr. Julius Weiler), 1927 (Nr. 77, ebd.), 1938 (Julius Böhler) | Bemerkung: Streichung am 22.8.1927, vgl. BArch, R32/375a; Kunstwerk war zur Ansicht bei Böhler, wo es für die Liste erfasst wurde, obwohl es bereits dem Besitzer zurückgegeben worden war, vgl. Böhler an Feuchtmayer, 19.8.1938, BStGS, 11/4, Nr. 247

Goya, Francisco de: Männerbildnis
Verzeichnisse: 1938 (Jakob Goldschmidt) | Provenienz: V38: „Seit 6.12.37: Tresor der Dresdner Bank, Berlin W8, Schinkelplatz 1/2"

Goya, Francisco de: Weibliches Bildnis
Verzeichnisse: 1922 (Nr. 279, Georg Sklarz), 1927 (Nr. 78, ebd.), 1938 (ebd.)

Goyen, Jan van: Flußlandschaft
Verzeichnisse: 1922 (Nr. 280, Kunstverein Bremen) | Bemerkung: Mitteilung über die Eintragung am 21.6.1920, vgl. StA Bremen, 3-B.13. Nr. 66.a. Bd. 1, Bl. 78

Goyen, Jan van: Flußlandschaft mit einem Wachturm
Verzeichnisse: 1922 (Nr. 281, Oskar Huldschinsky), 1927 (Nr. 79, ebd.), 1938 (ebd.) | Literatur: Bode, Die Sammlung Oskar Huldschinsky, 1909, Nr. 10 | Provenienz: 1928 Verkauf für 45.000 M, vgl. Schäffer, Versteigerungsergebnisse, Kunstchronik und Kunstliteratur, H. 4, Juli 1928, S. 50. | Bemerkung: Lost Art-ID 437926

Gozzoli, Benozzo: Madonna
Verzeichnisse: 1922 (Nr. 284, Freiherr Heinrich von Tucher), 1927 (Nr. 80, ebd.), 1938 (ebd.) | Bemerkung: V27: „Aufbewahrt im Tucherschlößchen Nürnberg, Hirschelgasse"; Streichung am 21.3.1930, vgl. BayHStA, MK 40837, Bd. 5; im Nachkriegsexemplar mit „ins Ausland versteigert" versehen, vgl. GNM Akten, Nr. 836; Aussage von 1948: „ist zu streichen, da schon vor etwa zwanzig Jahren ins Ausland verkauft"

Graff, Anton: Bildnis des Prinzen Heinrich von Preußen
Verzeichnisse: 1927 (Nr. 81, Gesamthaus Braunschweig-Lüneburg), 1938 (ebd.)

Graff, Anton: Bildnis Herzog Karl Wilhelm Ferdinand von Braunschweig, Brustbild, 1777
Verzeichnisse: 1927 (Nr. 82, Gesamthaus Braunschweig-Lüneburg), 1938 (ebd.) | Bemerkung: V27: „Gegenstück zum Vorigen"

Greco, El: Verkündigung
Verzeichnisse: 1938 (Nachlass der Frau Geh. Rat Margarete Oppenheim) | Bemerkung: Zimmermann besichtigte Gemälde bei Frau von Siemens im November 1941, beantragt Streichung, weil Kopie, SMB-ZA, I/GG 307

Grimmer, Adam: Bildnis eines Greises
Verzeichnisse: 1938 (Kunstverein Bremen) | Bemerkung: Vorschlag der Eintragung am 16.1.1935 infolge des Erlasses des RMdI vom 13.12.1934, vgl. Kap. III.3.1., vgl. StA Bremen, 4,49-493/97; Bestätigung der Eintragung am 12.8.1936, vgl. Archiv KH Bremen

■ **Grünewald, Matthias: Christi Kreuzigung, angeblich bisher in der Schloßkapelle zu Wolfach, 156 × 76 cm**
Verzeichnisse: 1922 (Nr. 289, Fürst von Fürstenberg), 1927 (Nr. 84, ebd.), 1934 (Nr. 29, ebd.) | Literatur: Feuerstein, Verzeichnis der Gemälde, 1921, Nr. 535; Hofstätter, Die fürstlich Fürstenbergischen Sammlungen in Donaueschingen, 1980, S. 52; Weber, Alte Meister in der Sammlung Würth, 2004, S. 88–91, Nr. 16 | Bemerkung: V27: „Grünewald (angeblich)"; 1648 von Christoph Krafft kopiert, erst 1919 entdeckt vgl. Hofstätter und Weber

■ **Grünewald, Matthias: Die 14 Nothelfer**
Verzeichnisse: 1927 (Nr. 85, Pfarrgemeinde Lindenhardt), 1934 (Nr. 30, ebd.), 1938 (ebd.) | Literatur: Sitzmann, Die Lindenhardter Tafelbilder. Ein Frühwerk von Matthias Grünewald, 1926

■ **Grünewald, Matthias: Die Klage unter dem Kreuze**
Verzeichnisse: 1922 (Nr. 286, Landrat Dr. Friedrich Schoene), 1927 (Nr. 83, ebd.), 1934 (Nr. 28, Franz Koenigs), 1938 (ebd.) | Literatur: Friedländer, Jahrbuch der Preußischen Kunstslg., Bd. 43, Abb. S. 60; Grünewald's „klein Crucifix". Ein nationales Kunstdenkmal, Kunst der Nation, 2. Jg., Nr. 9, 1.5.1934, mit Abb. | Provenienz: seit 1953/1961 National Gallery of Art Washington D. C., Samuel H. Kress Collection 1961.9.19 | Bemerkung: V27: „Kreuzigung Christi"; 1922 Essen, ab 1924 Stettin, vorübergehende Ausfuhr im Juli 1928 stattgegeben, vgl. BArch, R32/375a; mit Genehmigung des RMdI vorübergehend in seinem Haus in Haarlem, vgl. BayHStA, MK 40837, Bd. 5

■ **Grünewald, Matthias: Schmerzensmann**
Verzeichnisse: 1927 (Nr. 86, Pfarrgemeinde Lindenhardt), 1934 (Nr. 31, ebd.), 1938 (ebd.)

■ **Grünewald, Matthias: Zwei kniende Figuren vom Grünewaldaltar in Colmar**
Verzeichnisse: 1922 (Nr. 290, Julius Böhler) | Bemerkung: Vorgang siehe BayHStA, MK 41225

■ **Hagn, Ludwig von: Italienische Gartenszene**
Verzeichnisse: 1922 (Nr. 291, Schack-Galerie)

■ **Hagn, Ludwig von: Partie aus dem Garten Colonna in Rom**
Verzeichnisse: 1922 (Nr. 292, Schack-Galerie)

■ **Haider, Karl: Zwei Landschaften**
Verzeichnisse: 1922 (Nr. 293, Prof. Wilhlem Weigand)

■ **Hals, Franz: Emerentia von Bernsteyn**
Verzeichnisse: 1922 (Nr. 295, Freifrau Luise von Rotschild) | Provenienz: spätestens 1926 KH Z. K. Hackenbroch, vgl. Archiv Städel, Nr. 730 | Bemerkung: Streichung am 10.2.1926 nach Anregung von Swarzenski, vgl. BArch, R32/375a; „Das Bild war früher schwer zugänglich und ist offenbar nur deshalb in das genannte Verzeichnis aufgenommen worden, weil es ehemals als Werk von Frans Hals galt.", unbekannter Künstler, vgl. Gutachten Swarzenski, 8.1.1926, Archiv Städel, Nr. 730

■ **Hals, Franz: Fischermädchen**
Verzeichnisse: 1927 (Nr. 87, von Carstanjen'sche Familienstiftung), 1934 (Nr. 32, ebd.), 1938 (ebd.) | Bemerkung: Plittersdorf a. Rh.; V27: „Als Leihgabe in der Alten Pinatkothek zu München", handschr. durchgestrichen und Wallraf-Richartz-Museum ergänzt; V38: Alte Pinakothek zu München; April 1925 auf 200.000 RM geschätzt, vgl. BStGS, NL Dörnhöffer, Nr. 2947, Bd. 2

■ **Hals, Franz: Kleines Porträt eines Mannes**
Verzeichnisse: 1922 (Nr. 297, Erben Markus Kappel) | Bemerkung: Streichung am 26.2.1926, vgl. BArch, R32/375a

■ **Hals, Franz: Knabenporträt**
Verzeichnisse: 1938 (Kunsthandlung Erna Gerlach)

■ **Hals, Franz: Männliches Bildnis**
Verzeichnisse: 1927 (Nr. 88, von Carstanjen'sche Familienstiftung), 1934 (Nr. 33, ebd.), 1938 (ebd.) | Bemerkung: Bad Godesberg; April 1925 auf 500.000 RM geschätzt, vgl. BStGS, NL Dörnhöffer, Nr. 2947, Bd. 2

■ **Hals, Franz: Weibliches Bildnis (Gegenstück zum vorigen)**
Verzeichnisse: 1927 (Nr. 89, von Carstanjen'sche Familienstiftung), 1934 (Nr. 34, ebd.), 1938 (ebd.) | Bemerkung: Bad Godesberg; April 1925 auf 500.000 RM geschätzt, „Eine vornehme Holländerin", vgl. BStGS, NL Dörnhöffer, Nr. 2947, Bd. 2

■ **Hals, Franz: Porträt der Katharina Roostermanns**
Verzeichnisse: 1922 (Nr. 296, Erben Markus Kappel)

■ **Hals, Franz: Zwei Bildnisse**
Verzeichnisse: 1922 (Nr. 294, Exzellenz Freiherr Wilhelm Heyl zu Herrnsheim) | Bemerkung: Streichung im Nachtrag von 1924 vermerkt, vgl. SKD Altregistratur 01/GG 30, Bl. 48

■ Helst, Bartholomeus van der: Junges Patrizierpaar
Verzeichnisse: 1927 (Nr. 91, Ehem. Großherzog von Baden), 1938 (ebd.)

■ Hemessen, Jan van: Heilige Familie
Verzeichnisse: 1927 (Nr. 170, Fürst von Fürstenberg), 1934 (Nr. 64, ebd.), 1938 (ebd.)

■ Hemessen, Jan van: Lockere Gesellschaft
Verzeichnisse: 1927 (Nr. 169, Ehem. Großherzog von Baden), 1938 (ebd.) | Bemerkung: V27: „Bad. Kunsthalle"

■ Henneberg, Rudolf: Die wilde Jagd
Verzeichnisse: 1922 (Nr. 324, Schack-Galerie)

■ Hess, Heinrich Maria von: Das Porträt des Bildhauers Thorwaldsen
Verzeichnisse: 1922 (Nr. 325, Schack-Galerie)

■ Heyden, Jan van der: Ansicht aus Amsterdam
Verzeichnisse: 1922 (Nr. 327, Erben Markus Kappel), 1927 (Nr. 93, Dr. Gerhard Noah), 1938 (ebd.) | Literatur: Bode, Die Gemäldesammlung Marcus Kappel in Berlin, 1914, Nr. 10; Bode, Rembrandt und seine Zeitgenossen, 1923, S. 282

■ Heyden, Jan van der: Gutshof mit Reiter
Verzeichnisse: 1922 (Nr. 326, Oskar Huldschinsky), 1927 (Nr. 92, ebd.), 1938 (ebd.) | Literatur: Bode, Die Sammlung Oskar Huldschinsky, 1909, Nr. 13; Bode, Rembrandt und seine Zeitgenossen, 1923, S. 286 | Provenienz: 1928 Verkauf für 41.000 Mk.

■ Hobbema, Meindert: Der Weg am Kanal
Verzeichnisse: 1922 (Nr. 331, Erben Markus Kappel), 1927 (Nr. 94, Dr. jur. Ernst Rathenau und Frau Ettlinger), 1938 (ebd.) | Literatur: Bode, Die Gemäldesammlung Marcus Kappel in Berlin, 1914, Nr. 11 | Bemerkung: Streichung im Januar 1932, vgl. BArch, R32/375b, Bl. 36

■ Hobbema, Meindert: Kirche in baumreicher Landschaft
Verzeichnisse: 1938 (Firma Max Dieckmann & Co.)

■ Hobbema, Meindert: Waldlandschaft
Verzeichnisse: 1922 (Nr. 330, Käthe Smidt, geb. Meier) | Bemerkung: Eintragung im Dezember 1919, vgl. StA Bremen, 3-B.13. Nr. 66.a. Bd. 1, Bl. 56; Waldmann regt am 3.8.1922 Streichung an: „Bei abermaligen Prüfung des Bildes als weitgehend übermalt und zweifelhaft herausgestellt. Vielleicht besser zu streichen.", vgl. handschr. Anmerkung im V22, StA Bremen, 3-B.13. Nr. 66.a. Bd. 1, Bl. 100 ff.; Besitzerwechsel Fr. M. Zakenstein, Münchenhung vermerkt in „Veränderungen im Verzeichnis der national wertvollen Kunstwerke" vom 17.3.1923, vgl. SMB-ZA, I/NG 847, Bl. 49; Mitteilung der Streichung vom RMdI am 29.10.1923, vgl. StA Bremen, 3-B.13. Nr. 66.a. Bd. 1, Bl. 110

■ Holbein d. Ä., Hans: Epitaph, schwarz
Verzeichnisse: 1922 (Nr. 333, Freiherr Fritz von Stetten) | Provenienz: vor Dezember 1926 Eigentum des Städt. Maximilians-Museum Augsburg, vgl. BStGS, 11/4, Nr. 245

■ Holbein d. Ä., Hans: Madonna
Verzeichnisse: 1934 (Nr. 37, Julius Böhler) | Literatur: Rasch, Hans Holbein d. Ä.: Die ‚Madonna Böhler'. Ihre stilistische und zeitliche Einordnung in das Spätwerk Hans Holbeins des Älteren, 1999 | Provenienz: um 1900 von Böhler erworben, vgl. Rasch 1999, S. 7 | Bemerkung: Eintragung durch die Direktorenkonferenz der Münchner Museen am 23.12.1931 vorgeschlagen, vgl. BStGS, 11/4, Nr. 245

■ Holbein d. Ä., Hans: Maria mit Christuskind
Verzeichnisse: 1922 (Nr. 334, Paul Rickmers), 1927 (Nr. 96, ebd.), 1934 (Nr. 36, ebd.), 1938 (ebd.) | Literatur: Luckhardt/Schneede 2001, S. 239 | Bemerkung: Eintragung im Dezember 1919, vgl. AHK, 332-260.4, Bl. 174; 1931 wurde dem Gemälde die Ausfuhr aus der Schweiz erlaubt, jedoch nicht die Streichung von der Liste genehmigt, vgl. BArch, R32/375b, Bl. 3–5; Pauli sprach sich für Streichung aus, weil die Kunsthalle „grösseres und bedeutenderes Gemälde ‚Die Darstellung im Tempel' aus dem Jahre 1500" besitzt, damit Werk kein wesentlicher Verlust, vgl. AHK, 32-260.4, Bl. 144/118

■ Holbein d. Ä., Hans: Zwölf Passionsbilder, sog. Graue Passion, um 1495
Verzeichnisse: 1922 (Nr. 332, Fürst von Fürstenberg), 1927 (Nr. 95, ebd.), 1934 (Nr. 35, ebd.), 1938 (ebd.), 1961 | Literatur: Woltmann, Fürstlich-Fürstenbergische Sammlungen zu Donaueschingen, 1870, S. 34, Nr. 43–54; Feuerstein, Verzeichnis der Gemälde, 1921, Nr. 43–54; Ausgabe von 1934, Nr. 43–54, S. 40–41; Hofstätter, Die Fürstlich Fürstenbergischen Sammlungen in Donaueschingen, 1930, S. 22 ff.; Wiemann, Meisterwerke der Fürstenbergsammlungen Donaueschingen in der Staatsgalerie Stuttgart, 2002, S. 18–49 | Provenienz: „Erworben durch Herrn von Pfaffenhofen im Jahre 1848 vom Kunsthändler L. von Montmorillon zu München", Woltmann, S. 34

■ **Holbein d. J., Hans: Bildnis des Melanchthon**
Verzeichnisse: 1927 (Nr. 101, Gesamthaus Braunschweig-Lüneburg) | Bemerkung: V27: „Provinzialmuseum Hannover"

■ **Holbein d. J., Hans: Bildnis des Prinzen Eduard, Sohn Heinrichs VIII.**
Verzeichnisse: 1927 (Nr. 102, Gesamthaus Braunschweig-Lüneburg) | Provenienz: V27: „Provinzialmuseum Hannover"

■ **Holbein d. J., Hans: Kreuztragung, Antependium, Rückseite: Geißelung**
Verzeichnisse: 1927 (Nr. 97, Ehem. Großherzog von Baden), 1938 (ebd.)

■ **Holbein d. J., Hans: Madonna des Bürgermeisters Meyer (Darmstädter Madonna), 1526–1528, 144 × 101 cm**
Verzeichnisse: 1922 (Nr. 335, Großherzoglicher Privatbesitz Darmstadt), 1927 (Nr. 100, ebd.), 1934 (Nr. 38, ebd.), 1938 (ebd.), 1961 | Literatur: Grundmann, Die Darmstädter Madonna. Der Schicksalsweg des berühmten Gemäldes von Hans Holbein d. J., 1959; Die Malerfamilie Holbein in Basel, Ausst.-Kat. 1960; Der Bürgermeister, sein Maler und seine Familie: Holbeins Madonna im Städel, 2004 | Provenienz: 1822 Pariser Kunsthandel, dort von Prinz Wilhelm von Preußen erworben, Geschenk an Gemahlin Prinzessin Marianne von Hessen-Homburg

■ **Holbein d. J., Hans: St. Georg, Altarflügel**
Verzeichnisse: 1927 (Nr. 98, Ehem. Großherzog von Baden), 1938 (ebd.)

■ **Holbein d. J., Hans: St. Ursula, Altarflügel**
Verzeichnisse: 1927 (Nr. 99, Ehem. Großherzog von Baden), 1938 (ebd.)

■ **Hooch, Pieter de: Gesellschaftsstück**
Verzeichnisse: 1938 (Galerie Karl Haberstock)

■ **Hooch, Pieter de: ohne Titel**
Verzeichnisse: 1922 (Nr. 336, Herzog von Arenberg)

■ **Huber, Wolfgang: Altarflügelgemälde**
Verzeichnisse: 1922 (Nr. 370, Ehem. Herzog Ernst August von Braunschweig-Lüneburg), 1927 (Nr. 103, Gesamthaus Braunschweig-Lüneburg), 1934 (Nr. 39, ebd.), 1938 (ebd.)

■ **Israëls, Jozef: Fischer**
Verzeichnisse: 1922 (Nr. 373, Christine Merckel, geb. Uhle) | Literatur: aus dem NL Carl Louis Uhle, Dresden | Bemerkung: Eintragung am 10.9.1920 auf Vorschlag Posses, SächsHStA, 10736, Nr. 17455, Bl. 309

■ **Kalf, Willem: Stilleben: Granatäpfel, geschälte Zitrone, Delfter Kanne und gefüllter Römer**
Verzeichnisse: 1922 (Nr. 377, Josef Block), 1927 (Nr. 106, ebd.), 1938 (ebd.) | Literatur: Ausst.-Kat. KFM Verein 1906, Nr. 71

■ **Kersting, Georg Friedrich: Drei Bilder**
Verzeichnisse: 1922 (Nr. 389, Ehem. Großherzog Sachsen-Weimar) | Bemerkung: im thür. Landesverzeichnis vom 27.8.1920, vgl. HStA Weimar, Thüringisches Volksbildungsministerium, Nr. C 984, Bl. 45

■ **Kirchner, Albert Emil: Ansicht der Piazzetta und eines Teiles des Markusplatzes in Venedig**
Verzeichnisse: 1922 (Nr. 391, Schack-Galerie)

■ **Kirchner, Albert Emil: Verona vom Garten Giusti aus gesehen**
Verzeichnisse: 1922 (Nr. 392, Schack-Galerie)

■ **Klenze, Leo von: Das Innere des sarazenischen Palastes Ruffalo in Ravello bei Amalfi**
Verzeichnisse: 1922 (Nr. 394, Schack-Galerie)

■ **Köbel, Georg: Die Quelle der Nymphe Eferia bei Rom**
Verzeichnisse: 1922 (Nr. 398, Schack-Galerie)

■ **Koch, Joseph Anton: Die Ziegelhütte bei Olevano**
Verzeichnisse: 1922 (Nr. 395, Schack-Galerie)

■ **Koch, Joseph Anton: Italienische Ideallandschaft**
Verzeichnisse: 1938 (Kunstverein Bremen) | Bemerkung: Vorschlag der Eintragung am 16.1.1935 infolge des Erlasses des RMdI vom 13.12.1934, vgl. Kap. III.3.1., vgl. StA Bremen, 4,49-493/97

■ **Kölnisch: Kreuzigung Christi, um 1350**
Verzeichnisse: 1927 (Nr. 232, Jacob Rosenbaum), 1934 (Nr. 96, Robert von Hirsch)

■ **Kölnisch: Männliches Bildnis, um 1530, 30 × 23 cm**
Verzeichnisse: 1922 (Nr. 72, Freiherr von Lotzbeck), 1927 (Nr. 233, ebd.), 1934 (Nr. 97, ebd.), 1938 (ebd.) | Literatur: Kat. d. Freiherrlichen von Lotzbeckschen Sammlung, 1891, Nr. 89 | Bemerkung: Datierung auf um 1520 sowie Maße vgl. Kat. 1891

■ **König, Johann: Wasserlandschaft mit Nymphe**
Verzeichnisse: 1922 (Nr. 400, Fabrikant Ferdinand Schmidt), 1927 (Nr. 107, ebd.), 1938 (ebd.) | Bemerkung: V38: Fabrikant F. Schandt, Druckfehler

■ **Koninck, Philips de: Gemälde**
Verzeichnisse: 1922 (Nr. 396, Herzog von Arenberg) | Bemerkung: Streichung vermerkt in „Veränderungen im Verzeichnis der national wertvollen Kunstwerke" vom 17.3.1923, vgl. SMB-ZA, I/NG 847, Bl. 49; ebs. im Nachtrag von 1924, SKD Altregistratur 01/GG 30, Bl. 48

■ **Koninck, Philips de: Landschaft**
Verzeichnisse: 1922 (Nr. 397, Dr. James Simon) | Bemerkung: Streichung am 1.2.1927, vgl. BArch, R32/375a

■ **Kraus, Georg Melchior: Bildnis Goethes**
Verzeichnisse: 1922 (Nr. 402, Freiherr Alexander von Bernus) | Provenienz: 1929 Erwerbung durch das Goethehaus Frankfurt/Main, vgl. StA Freiburg, D 98/1, Nr. 75 | Bemerkung: Vorschlag zur Eintragung durch Storck, Bad. Kunsthalle Karlsruhe, März 1920, vgl. Universitätsarchiv Freiburg, NL Sauer, C 67/534

■ **Kraus, Georg Melchior: Ein Minnesänger mit seinem Knappen**
Verzeichnisse: 1922 (Nr. 401, Schack-Galerie)

■ **Kulmbach, Hans von: Männliches Bildnis**
Verzeichnisse: 1922 (Nr. 155, Großherzog von Friedrich August Oldenburg) | Literatur: Keiser, Gemäldegalerie Oldenburg, 1966, S. 45 | Provenienz: 1922 Landesmuseum Oldenburg | Bemerkung: von Friedländer und Hans Bergmann entgegen der Annahme Bodes einem Augsburger Meister zugeschrieben, vgl. LMO-A Nr. 531, R24 und R34, 11.7.1923; 1929 Neuzuschreibung an Jan van Scorel, Bildnis eines venezianischen Edelmannes, vgl. Keiser; Streichung im Nachtrag von 1924 vermerkt, vgl. SKD Altregistratur 01/GG 30, Bl. 48

■ **Kulmbach, Hans von: Triptychon mit Rosenkranz in der Mitte, links Tempelgang Mariä, rechts Begegnung**
Verzeichnisse: 1922 (Nr. 416, Fürst von Albert I. Thurn und Taxis), 1927 (Nr. 109, ebd.), 1938 (ebd.)

■ **Lancret, Nicolas: Der Guckkasten**
Verzeichnisse: 1922 (Nr. 419, Ehem. Preußisches Königshaus) | Bemerkung: ohne Standortangabe

■ **Lancret, Nicolas: Der Vogelfänger**
Verzeichnisse: 1922 (Nr. 420, Ehem. Preußisches Königshaus) | Bemerkung: ohne Standortangabe

■ **Largillière, Nicolas de: Bildnis**
Verzeichnisse: 1922 (Nr. 421, Ehem. Herzog Ernst August von Braunschweig-Lüneburg)

■ **Largillière, Nicolas de: Bildnis der Söhne Herzogs Ferdinand Albrecht I.**
Verzeichnisse: 1922 (Nr. 422, Ehem. Herzog Ernst August von Braunschweig-Lüneburg)

■ **Leibl, Wilhelm: Bauernmädchen**
Verzeichnisse: 1938 (Kunstverein Bremen) | Bemerkung: Vorschlag der Eintragung am 16.1.1935 infolge des Erlasses des RMdI vom 13.12.1934, vgl. Kap. III.3.1., vgl. StA Bremen, 4,49-493/97; Bestätigung der Eintragung am 12.8.1936, vgl. Archiv KH Bremen

■ **Leibl, Wilhelm: Bauernmädchen mit Halskette**
Verzeichnisse: 1922 (Nr. 423, Geh. Kommerzienrat Leopold Koppel)

■ **Leibl, Wilhelm: Bauernmädchen mit weißem Kopftuch**
Verzeichnisse: 1922 (Nr. 424, Karl Rabel) | Bemerkung: V22: handschr. durchgestrichen und Paul Rauers, München ergänzt

■ **Leibl, Wilhelm: Bildnis Reindel, 1890**
Verzeichnisse: 1922 (Nr. 426, Kommerzienrat Carl Hugo Schmeil) | Literatur: Curt Glaser, Die Auktion Schmeil bei Paul Cassirer in Berlin, in: Der Kunstmarkt, 14. Jg., Nr. 5, 27.10.1916, S. 21–26, Auktionsergebnis S. 24 | Provenienz: Werk wurde 1916 zur Versteigerung angeboten und laut Auktionsbericht auch verkauft, vgl. Glaser | Bemerkung: Eintragung mit Erlass der Verordnung im Dezember 1919, SächsHStA, 10736, Nr. 17455, Bl. 203; Streichung 1922 beantragt, vgl. SKD Altregistratur 01/GG15, Bd. 9, Bl. 439 und im Nachtrag von 1924 vermerkt, vgl. SKD Altregistratur 01/GG 30, Bl. 48

■ **Leibl, Wilhelm: Bildnis Stenglein, 1871**
Verzeichnisse: 1922 (Nr. 425, Rudolf Mosse)

■ **Leibl, Wilhelm: Bildnisstudie einer Dame**
Verzeichnisse: 1938 (Kunstverein Bremen) | Bemerkung: Vorschlag der Eintragung am 16.1.1935 infolge des Erlasses des RMdI vom 13.12.1934, vgl. Kap. III.3.1., vgl. StA Bremen, 4,49-493/97; Bestätigung der Eintragung am 12.8.1936, vgl. Archiv KH Bremen

■ **Leibl, Wilhelm: Brustbild eines Mädchens mit karierter Jacke**
Verzeichnisse: 1922 (Nr. 427, Kommerzienrat Adolf Wolf, Guben)

■ **Leibl, Wilhelm: Damenbildnis**
Verzeichnisse: 1938 (Kunstverein Bremen) | Bemerkung: Vorschlag der Eintragung am 16.1.1935

infolge des Erlasses des RMdI vom 13.12.1934, vgl. Kap. III.3.1., vgl. StA Bremen, 4,49-493/97; Bestätigung der Eintragung am 12.8.1936, vgl. Archiv KH Bremen

■ Leibl, Wilhelm: Die Dorfpolitiker
Verzeichnisse: 1922 (Nr. 428, Geh. Kommerzienrat Dr. Eduard Arnhold)

■ Leibl, Wilhelm: Jäger
Verzeichnisse: 1922 (Nr. 429, Christine Merckel, geb. Uhle) | Literatur: aus dem NL Carl Louis Uhle, Dresden | Bemerkung: Eintragung am 10.9.1920 auf Vorschlag Posses, SächsHStA, 10736, Nr. 17455, Bl. 309

■ Leibl, Wilhelm: Männerkopf
Verzeichnisse: 1922 (Nr. 430, J. C. Pflüger)

■ Leibl, Wilhelm: Trübnerbildnis
Verzeichnisse: 1922 (Nr. 432, Galerie Heinemann) | Provenienz: Anfang 1919 von der Galerie Heinemann in die Schweiz ausgeführt, bis Dezember 1926 im Verzeichnis, vgl. BStGS, 11/4, Nr. 245

■ Leibl, Wilhelm: Weiblicher Kopf
Verzeichnisse: 1938 (Rechtsanwalt Eduard Wätjen)

■ Lenbach, Franz von: Ansicht der Alhambra, von San Nicolas aus gesehen
Verzeichnisse: 1922 (Nr. 452, Schack-Galerie)

■ Lenbach, Franz von: Bildnis der Elisabeth Brandt, Kopie nach Petrus Paulus Rubens
Verzeichnisse: 1922 (Nr. 443, Schack-Galerie)

■ Lenbach, Franz von: Bildnis des Grafen Schack, 1875
Verzeichnisse: 1922 (Nr. 456, Schack-Galerie)

■ Lenbach, Franz von: Bildnis des Grafen Schack
Verzeichnisse: 1922 (Nr. 455, Schack-Galerie)

■ Lenbach, Franz von: Bildnis des Pietro Aretino, Kopie nach Vecellio Tizian
Verzeichnisse: 1922 (Nr. 448, Schack-Galerie)

■ Lenbach, Franz von: Bildnis eines Franziskaners
Verzeichnisse: 1922 (Nr. 454, Schack-Galerie)

■ Lenbach, Franz von: Blick auf die Vega von Granada von der Torre de las Infantas aus
Verzeichnisse: 1922 (Nr. 453, Schack-Galerie)

■ Lenbach, Franz von: Das berühmte große Reiterporträt Karls V., Kopie nach Vecellio Tizian
Verzeichnisse: 1922 (Nr. 451, Schack-Galerie)

■ Lenbach, Franz von: Das Konzert, Kopie nach Giorgio Barbarelli, gen. Giorgione
Verzeichnisse: 1922 (Nr. 439, Schack-Galerie)

■ Lenbach, Franz von: Der Tocador de la Reina auf der Alhambra in Granada
Verzeichnisse: 1922 (Nr. 461, Schack-Galerie)

■ Lenbach, Franz von: Die irdische und himmlische Liebe, Kopie nach Vecellio Tizian, im Palast Borghese zu Rom
Verzeichnisse: 1922 (Nr. 449, Schack-Galerie)

■ Lenbach, Franz von: Die Venus der Tribune, Kopie nach Vecellio Tizian
Verzeichnisse: 1922 (Nr. 435, Schack-Galerie)

■ Lenbach, Franz von: Die Violoncellspielerin, wahrscheinlich van Dycks Frau, Kopie nach Anton van Dyck
Verzeichnisse: 1922 (Nr. 440, Schack-Galerie)

■ Lenbach, Franz von: Ein Hirtenknabe
Verzeichnisse: 1922 (Nr. 458, Schack-Galerie)

■ Lenbach, Franz von: Eine Mutter mit ihrem Kinde, Kopie nach Bartolomé Estéban Murillo
Verzeichnisse: 1922 (Nr. 441, Schack-Galerie)

■ Lenbach, Franz von: Fürst Bismark
Verzeichnisse: 1922 (Nr. 457, Frau Meta Schütte) | Bemerkung: im Dezember 1919 wurden „Deutsche und französische Bilder 19. Jh. Auswahl vorbehalten" eingetragen, Waldmann reduzierte diese unbestimmte Auswahl am 27.3.1920 auf dieses und ein Werk Trübners, vgl. StA Bremen, 3-B.13. Nr. 66.a. Bd. 1, Bl. 58/71

■ Lenbach, Franz von: Herodias mit dem Haupte Johannes des Täufers, Kopie nach Vecellio Tizian
Verzeichnisse: 1922 (Nr. 434, Schack-Galerie)

■ Lenbach, Franz von: Herodias, Kopie nach Licinio Giovanni Antonio da Pordenone
Verzeichnisse: 1922 (Nr. 442, Schack-Galerie)

■ Lenbach, Franz von: Kinderporträt, Kopie nach Vecellio Tizian
Verzeichnisse: 1922 (Nr. 450, Schack-Galerie)

■ Lenbach, Franz von: Männliches Bildnis, Kopie nach Vecellio Tizian
Verzeichnisse: 1922 (Nr. 438, Schack-Galerie)

■ Lenbach, Franz von: Porträt König Philipps IV., Kopie nach Diego Velasquez
Verzeichnisse: 1922 (Nr. 436, Schack-Galerie)

■ **Lenbach, Franz von: Reiterbildnis Philipps IV., Kopie nach Diego Velasquez**
Verzeichnisse: 1922 (Nr. 437, Schack-Galerie)

■ **Lenbach, Franz von: Selbstporträt des Künstlers**
Verzeichnisse: 1922 (Nr. 459, Schack-Galerie)

■ **Lenbach, Franz von: Selbstporträt des Künstlers, Kopie nach Andrea del Sarto**
Verzeichnisse: 1922 (Nr. 446, Schack-Galerie)

■ **Lenbach, Franz von: Selbstporträt des Künstlers, Kopie nach Petrus Paulus Rubens**
Verzeichnisse: 1922 (Nr. 445, Schack-Galerie)

■ **Lenbach, Franz von: Selbstporträt des Künstlers, Kopie nach Petrus Paulus Rubens**
Verzeichnisse: 1922 (Nr. 444, Schack-Galerie)

■ **Lenbach, Franz von: Studienkopf**
Verzeichnisse: 1922 (Nr. 460, Schack-Galerie)

■ **Lenbach, Franz von: Weibliches Bildnis**
Verzeichnisse: 1922 (Nr. 462, Schack-Galerie)

■ **Lenbach, Franz von: Weibliches Bildnis, Kopie nach Jacobo Robusti Tintoretto**
Verzeichnisse: 1922 (Nr. 447, Schack-Galerie)

■ **Leonardo da Vinci: Caritas**
Verzeichnisse: 1938 (Fürst von Wied)

■ **Leyden, Lucas van: Bildnis des Grafen Edzart**
Verzeichnisse: 1922 (Nr. 465, Großherzog von Friedrich August Oldenburg) | Literatur: Keiser, Gemäldegalerie Oldenburg, 1966, S. 33, Taf. S. 43 | Provenienz: 1922 Landesmuseum Oldenburg | Bemerkung: Jacob Cornelisz von Amsterdam zugeschrieben, vgl. Keiser; Februar 1919 von Pauli auf 75.000 Mark geschätzt, vgl. StA Oldenburg, Best. 270-47 Nr. 21; Streichung im Nachtrag von 1924 vermerkt, vgl. SKD Altregistratur 01/GG 30, Bl. 48; 1922 Landesmuseum Oldenburg als Besitzer vermerkt sowie „neuerdings Jacob Cornelisz zugeschrieben", vgl. LMO-A Nr. 531, R34, 11.7.1923; StA Oldenburg, Best. 134, Nr. 4376, Bl. 105

■ **Leyden, Lucas van: Daniel als Richter**
Verzeichnisse: 1922 (Nr. 464, Kunstverein Bremen) | Bemerkung: Mitteilung über die Eintragung am 21.6.1920, vgl. StA Bremen, 3-B.13. Nr. 66.a. Bd. 1, Bl. 78

■ **Liebermann, Max: Mutter und Kind, 1878, 72 × 59 cm**
Verzeichnisse: siehe Bemerkung | Bemerkung: im Besitz von Frau Alix Biermann, Blumenthalstr. 15, Bremen, Eintragung am 14.1.1923 auf Vorschlag von Waldmann, vgl. StA Bremen, 3-B.13. Nr. 66.a. Bd. 1, Bl. 112; Streichung vermutlich im Zuge der Überarbeitung zum V27, darin Streichung von Kunstwerken des 19. Jh.

■ **Lindenschmidt, Wilhlem: Der Fischer, nach Goethes Ballade**
Verzeichnisse: 1922 (Nr. 467, Schack-Galerie)

■ **Liphart, Ernst von: Die Nacht**
Verzeichnisse: 1922 (Nr. 168, Schack-Galerie)

■ **Liss, Johann: Der Zahnarzt**
Verzeichnisse: 1938 (Kunstverein Bremen) | Bemerkung: Vorschlag der Eintragung am 16.1.1935 infolge des Erlasses des RMdI vom 13.12.1934, vgl. Kap. III.3.1., vgl. StA Bremen, 4,49-493/97; Bestätigung der Eintragung am 12.8.1936, vgl. Archiv KH Bremen

■ **Lochner, Stephan: Der heilige Hieronymus**
Verzeichnisse: 1934 (Nr. 41, Geh. Kommerzienrat Dr. Richard von Schnitzler)

■ **Lochner, Stephan: Geburt Christi**
Verzeichnisse: 1922 (Nr. 469, Karl und Elisabeth von der Heydt), 1927 (Nr. 110, ebd.), 1934 (Nr. 40, ebd.), 1938 (ebd.) | Provenienz: 1919 aus dem Besitz der Prinzessin von Sachsen-Altenburg erworben, vgl. Der Cicerone, 11. Jg., H. 17, 1919, S. 572; V38: „als Leihgabe im Städtischen Museum in Wuppertal-Elberfeld"

■ **Ludwig, Karl: Waldlandschaft**
Verzeichnisse: 1922 (Nr. 470, Schack-Galerie)

■ **Luini, Bernardino: Heilige Familie**
Verzeichnisse: 1938 (Fürst von Wied)

■ **Luini, Bernardino: Madonna**
Verzeichnisse: 1922 (Nr. 471, Dr. Hermann Anschütz-Kaempfe), 1927 (Nr. 111, ebd.), 1938 (ebd.)

■ **Maes, Nikolaes: Mutter und Kind**
Verzeichnisse: 1922 (Nr. 554, Erben Markus Kappel), 1927 (Nr. 113, Dr. jur. Ernst Rathenau und Frau Ettlinger), 1938 (ebd.) | Literatur: Bode, Die Gemäldesammlung Marcus Kappel in Berlin, 1914, Nr. 15 | Bemerkung: Streichung im Januar 1932, vgl. BArch, R32/375b, Bl. 36

■ **Maes, Nikolaes: Porträt einer alten Frau**
Verzeichnisse: 1922 (Nr. 483, Erben Markus Kappel), 1927 (Nr. 112, ebd.), 1938 (ebd.) | Literatur: Bode, Die Gemäldesammlung Marcus Kappel in Berlin, 1914, Nr. 14 | Bemerkung: Streichung am

17.11.1930, vgl. BayHStA, MK 40837, Bd. 5 und BArch, R32/375a

■ **Maes, Nikolaes: Rebekka am Brunnen**
Verzeichnisse: 1938 (Jakob Goldschmidt) | Provenienz: V38: „Seit 6.12.37: Tresor der Dresdner Bank, Berlin W8, Schinkelplatz 1/2"

■ **Magnasto, Allesandro: Kleine Landschaft mit Kastell im Hintergrund, 44 × 29 cm**
Verzeichnisse: siehe Bemerkung | Literatur: Aukt.-Kat. Lempertz, 30.11.1939, Nr. 31, Taf. 10. | Provenienz: 30.11.1939 Slg. Arthur Maier, Karlsbad, Versteigerung Lempertz | Bemerkung: Eintragung vor November 1939, vgl. Lempertz 1939

■ **Magnasto, Allesandro: Landschaft mit Holzfällern, 91 × 116 cm**
Verzeichnisse: siehe Bemerkung | Literatur: Aukt.-Kat. Lempertz, 30.11.1939, Nr. 30, Taf. 6 | Provenienz: 30.11.1939 Slg. Arthur Maier, Karlsbad, Versteigerung Lempertz | Bemerkung: Eintragung vor November 1939, vgl. Lempertz 1939

■ **Maler, Hans: Bildnis Anton Fugger**
Verzeichnisse: 1922 (Nr. 485, Fürstlich Fuggerscher Besitz Augsburg), 1927 (Nr. 114, ebd.), 1934 (Nr. 42, ebd.), 1938 (ebd.)

■ **Mäleskircher, Gabriel: Drei Flügel des St. Veit Altars der Tegernseer Klosterkirche, 1476**
Verzeichnisse: siehe Bemerkung | Literatur: Münchner Jahrbuch der bildenden Kunst, 1938/39, 13. Jg., S. 40/41, Zuschreibung durch Buchner | Provenienz: Hofratswitwe Maria Streber, Bad Tölz; Winter 1939/40 Verkauf an Antiquitätenfirma Xaver Scheidwimmer; Februar 1940 Weiterverkauf an Firma Bornheim, Galerie für Alte Kunst, München; Bornheim meldet am 10.1.1941, dass Gemälde an Göring übergegangen sei, vgl. BayHStA, MK 40839, Bd. 7; zwei weitere Tafeln lt. Meldung vom 24.5.1941 von Scheidwimmer an das Histor. Museum der Stadt München verkauft, vgl. BayHStA, MK 40839, Bd. 7 | Bemerkung: Eintragung am 13.3.1940 auf Antrag der BStGS, vgl. BayHStA, MK 40839, Bd. 7

■ **Manet, Edouard: Argenteuil, Landschaft, 1874**
Verzeichnisse: 1922 (Nr. 488, Theodor Ludwig Behrens) | Provenienz: 1910 für 100.000 Mk. erworben; Herbst 1922 Verkauf in London, vgl. AHK, 32-260.4, Bl. 150 | Bemerkung: Eintragung im Dezember 1919, vgl. AHK, 332-260.4, Bl. 174; Nachricht über den „versehentlichen" Verkauf des Werkes, vgl. Pauli an Denkmalschutzbehörde, 7.9.1923, AHK, 32-260.4, Bl. 135; Streichung im Nachtrag von 1924 vermerkt, vgl. SKD Altregistratur 01/GG 30, Bl. 48

■ **Manet, Edouard: Bildnis des Dichters Astruc**
Verzeichnisse: 1938 (Kunstverein Bremen) | Bemerkung: Vorschlag der Eintragung am 16.1.1935 infolge des Erlasses des RMdI vom 13.12.1934, vgl. Kap. III.3.1., vgl. StA Bremen, 4,49-493/97; Bestätigung der Eintragung am 12.8.1936, vgl. Archiv KH Bremen

■ **Manet, Edouard: Dame in Rosa, 94 × 75 cm**
Verzeichnisse: 1922 (Nr. 486, Adolf Rothermundt sen.) | Literatur: Biedermann/Dehmer/Wagner, Von Monet bis Mondrian, 2006, S. 152, Kat. 6 | Provenienz: gelang bereits 1921 in die Dresdner Galerie und steht irrtümlicherweise im V22, vgl. Posse an Sächs. MdI, SKD Altregistratur, 01/GG 15, Bd. 9, Bl. 384 sowie Erwerbungsvorgang in SKD Altregistratur 01/GG 04, Bd. 14, Bl. 315–330/15, bis zur endgültigen Auseinandersetzung zwischen Staat und Krone in schwebenden Besitzverhältnissen, vgl. Abkommen, ebd., Bl. 330/5 | Bemerkung: Eintragung am 11.5.1920 auf Vorschlag Posses vom Januar 1920, vgl. SKD Altregistratur 01/GG 15, Bd. 9, Bl. 231/ 238; nach Erwerb durch SKD Streichung vorgeschlagen, vgl. SKD Altregistratur 01/GG 15, Bd. 9, Bl. 439; Streichung im Nachtrag von 1924 vermerkt, vgl. SKD Altregistratur 01/GG 30, Bl. 48; am 22.11.1935 erwog RMVP Verkauf ins Ausland zur Gewinnung von Devisen, vgl. SKD (Posse) an RMVP (v. Keudell), 22.11.1935, SKD Altregistratur, 01/GG 6, Bd. 19, Bl. 657

■ **Manet, Edouard: Der Stier**
Verzeichnisse: siehe Bemerkung | Provenienz: Slg. Adolf Rothermundt, Dresden | Bemerkung: Eintragung am 11.5.1920 auf Vorschlag Posses vom Januar 1920, vgl. SKD Altregistratur 01/GG 15, Bd. 9, Bl. 231/ 238; Streichung am 16.11.1920 auf Antrag Posses vom 22.10.1920, vgl. Sächs. HStA, 10736, Nr. 17455, Bl. 314/321

■ **Manet, Edouard: Landschaften Maison de Manet, 1882**
Verzeichnisse: 1922 (Nr. 488, Theodor Ludwig Behrens) | Bemerkung: Streichung im Nachtrag von 1924 vermerkt, vgl. SKD Altregistratur 01/GG 30, Bl. 48

■ **Manet, Edouard: Mädchen, Pastell**
Verzeichnisse: 1938 (Jakob Goldschmidt) | Provenienz: V38: „Seit 6.12.37: Tresor der Dresdner Bank, Berlin W8, Schinkelplatz 1/2"

■ Manet, Edouard: Nana, 1877
Verzeichnisse: 1922 (Nr. 488, Theodor Ludwig Behrens) | Literatur: Meier-Graefe, Handel und Händler, Kunst und Künstler, 11. Jg., 1913, S. 203; Ring, Gustav Pauli und die Kunsthalle Hamburg, Bd. 2, 2010, S. 168 ff. | Provenienz: 1897 an Pellerin für 20.000 Fr.; Theodor Behrens durch Vermittlung Paul Cassirer für 150.000 Fr., vgl. Meier-Graefe; 1924 durch die Witwe Theodor Behrens an die Kunsthalle Hamburg verkauft, vgl. Luckhardt 2001, S. 8 | Bemerkung: Eintragung im Dezember 1919, vgl. AHK, 332-260.4, Bl. 174; Nachricht über Streichung am 17.3.1925, vgl. AHK, 32-260.4, Bl. 133

■ Mansueti, Giovanni di Niccolò: Die Krönung Mariens mit Engeln, 146 × 116 cm
Verzeichnisse: 1938 (Julius Böhler) | Literatur: Böhler, Ausstellung Altvenezianischer Malerei, 1931, S. 7, Nr. 31 | Provenienz: aus Slg. Crespi, vgl. Kat. Mailand 1914 | Bemerkung: Eintragung am 6.2.1935 infolge des Erlasses des RMdI vom 13.12.1934, vgl. Kap. III.3.1., vgl. BayHStA, MK 40838, Bd. 6

■ Manuel, genannt Deutsch, Nikolaus: Die Werkstatt des hl. Eligius, 121 × 83 cm
Verzeichnisse: 1938 (Julius Böhler) | Provenienz: 3.1.1935 Mitteilung der RKbK, dass sich das Kunstwerk im Eigentum von John Ringling, New York und nur vorübergehend für eine Ausstellung mittelalterlicher Kunst in Deutschland befand, vgl. BayHStA, MK 40838, Bd. 6 | Bemerkung: Eintragung am 6.2.1935 infolge des Erlasses des RMdI vom 13.12.1934, vgl. Kap. III.3.1., vgl. BayHStA, MK 40838, Bd. 6; Werk bereits vor 13.12.1934 ins Ausland zurückgegen, vgl. Böhler an RMdI, BayHStA, MK 40838, Bd. 6

■ Manuel, genannt Deutsch, Nikolaus: Joachim und Anna unter der goldenen Pforte, 121 × 83 cm
Verzeichnisse: 1938 (Julius Böhler) | Provenienz: 3.1.1935 Mitteilung der RKbK, dass sich das Kunstwerke im Eigentum von John Ringling, New York und nur vorübergehend für eine Ausstellung mittelalterlicher Kunst in Deutschland befand, vgl. BayHStA, MK 40838, Bd. 6 | Bemerkung: Eintragung am 20.12.1934 infolge des Erlasses des RMdI vom 13.12.1934, am 10.1.1935 wieder gestrichen, vgl. Kap. III.3.1., vgl. BayHStA, MK 40838, Bd. 6; Werk bereits vor 13.12.1934 ins Ausland zurückgegen, vgl. Böhler an RMdI, BayHStA, MK 40838, Bd. 6

■ Marées, Hans von: Abendliche Waldszene
Verzeichnisse: 1938 (Kunstverein Bremen) | Bemerkung: Vorschlag der Eintragung am 16.1.1935 infolge des Erlasses des RMdI vom 13.12.1934, vgl. Kap. III.3.1., vgl. StA Bremen, 4,49-493/97; Bestätigung der Eintragung am 12.8.1936, vgl. Archiv KH Bremen

■ Marées, Hans von: Abendliche Waldszene
Verzeichnisse: 1922 (Nr. 489, Adolf von Hildebrand) | Literatur: Hans von Marées, Austellung im Gebäude der Secession, 1909, Nr. 70 | Provenienz: vor Dezember 1926 NG Berlin, vgl. BStGS, 11/4, Nr. 245 | Bemerkung: V22: (M Gr. 153)"

■ Marées, Hans von: Anbetung der Hirten, Kopie nach Vecellio Tizian
Verzeichnisse: 1922 (Nr. 495, Schack-Galerie)

■ Marées, Hans von: Der Mann mit der Fahne
Verzeichnisse: 1938 (Kunstverein Bremen) | Bemerkung: Vorschlag der Eintragung am 16.1.1935 infolge des Erlasses des RMdI vom 13.12.1934, vgl. Kap. III.3.1., vgl. StA Bremen, 4,49-493/97; Bestätigung der Eintragung am 12.8.1936, vgl. Archiv KH Bremen

■ Marées, Hans von: Doppelbildnis, Grant und Hildebrand, 1870
Verzeichnisse: 1922 (Nr. 75, Adolf von Hildebrand) | Literatur: Hans von Marées, Austellung im Gebäude der Secession, 1909, Nr. 73, mit Abb.; Meier-Graefe, Hans von Marées, 1923, Nr. 18 | Bemerkung: V22: „Kat.Nr. 154"

■ Marées, Hans von: Ein Knecht treibt seine Pferde in die Schwemme
Verzeichnisse: 1922 (Nr. 490, Schack-Galerie)

■ Marées, Hans von: Heilige Familie, Kopie nach Jacopo Palma d. Ä. gen. Palma Vecchio
Verzeichnisse: 1922 (Nr. 493, Schack-Galerie)

■ Marées, Hans von: Männerkopf, 62 × 51 cm
Verzeichnisse: 1922 (Nr. 491, Adele Wolde) | Literatur: Waldmann, Bremer Privatsammlungen, Kunst und Künstler, 1919, S. 174; Hansen, Johann Georg Wolde und Adele Wolde. Ein Bremer Sammlerpaar, 2003, S. 25, Abb. 18; Hansen in: Pophanken/Billeter 2001, S. 208 | Provenienz: heute im Von der Heydt-Museum, Wuppertal | Bemerkung: Bildnis des Malers Adolph Hornemann, 1863; im Dezember 1919 wurden „Deutsche und französische Bilder. Auswahl vorbehalten." eingetragen, Waldmann reduzierte diese

Formulierung am 27.2.1920 auf dieses eine Werk der Sammlung, vgl. StA Bremen, 3-B.13. Nr. 66.a. Bd. 1, Bl. 57/71

■ **Marées, Hans von: Selbstbildnis**
Verzeichnisse: 1922 (Nr. 492, Leopold O. H. Biermann) | Literatur: Hansen in: Pophanken/Billeter 2001, S. 185–208, hier S. 206 | Bemerkung: im Dezember 1919 wurden „Deutsche und französische Bilder 19. Jh. Auswahl vorbehalten." eingetragen, vgl. StA Bremen, 3-B.13. Nr. 66.a. Bd. 1, Bl. 56, 1922 nur noch dieses eine Werk der Sammlung im Verzeichnis

■ **Marées, Hans von: Weibliches Bildnis, Kopie nach Raffaello Santi gen. Raffaello da Urbino (zugeschrieben)**
Verzeichnisse: 1922 (Nr. 494, Schack-Galerie)

■ **Masolino: Madonna mit dem Christuskinde im alten Rahmen, 1423**
Verzeichnisse: 1922 (Nr. 511, Kunstverein Bremen) | Bemerkung: Eintragung am 21.6.1920 auf Anregung Paulis vom 13.4.1920, vgl. AHK, 32-260.4, Bl. 157 ff.; StA Bremen, 3-B.13. Nr. 66.a. Bd. 1, Bl. 74

■ **Massys, Quentin: Bildnis des Petrus Aegidius und Bildnis der Maria Denis, um 1520**
Verzeichnisse: 1922 (Nr. 513, Großherzog von Friedrich August Oldenburg) | Literatur: Keiser, Gemäldegalerie Oldenburg, 1966, S. 42 | Provenienz: 1922 Landesmuseum Oldenburg | Bemerkung: V22: zwei Bildnisse; Benennung und Datierung vgl. Keiser; Streichung im Nachtrag von 1924 vermerkt, vgl. SKD Altregistratur 01/GG 30, Bl. 48; 1922 Landesmuseum Oldenburg als Besitzer vermerkt sowie „neuerdings Bartel Bruyn zugeschrieben", vgl. LMO-A Nr. 531, R34, 11.7.1923; StA Oldenburg, Best. 134, Nr. 4376, Bl. 105

■ **Massys, Quentin: St. Johannes Evangelist und St. Agnes, zwei Flügelbilder, Eichenholz, 47 × 13 cm**
Verzeichnisse: 1922 (Nr. 512, von Carstanjen), 1927 (Nr. 115, von Carstanjen'sche Familienstiftung), 1938 (ebd.) | Literatur: Kunsthistorische Ausstellung Düsseldorf, Ausst.-Kat. 1904, S. 74, Nr. 162 | Provenienz: 1895 Versteigerung der Slg. Nelles, Köln; Bad Godesberg

■ **Massys, Schule, Quentin: Halbfigur der betenden Madonna in Blau, 62 × 49 cm**
Verzeichnisse: 1922 (Nr. 514, Fürst von Fürstenberg), 1927 (Nr. 116, ebd.), 1938 (ebd.) | Literatur: Woltmann, Fürstlich-Fürstenbergische Sammlungen zu Donaueschingen, 1870, S. 70, Nr. 207; Feuerstein, Verzeichnis der Gemälde, 1921, Nr. 247 | Bemerkung: V38: nicht mehr Schule

■ **Matthieu: Herzog Friedrich mit der Stiftungsurkunde des Güstrower Gerichts**
Verzeichnisse: 1938 (Ehem. Großherzog von Friedrich Franz IV. Mecklenburg-Schwerin)

■ **Matthieu: Prinzessin Ulrike Sophie von Mecklenburg, Regentin zu Rühn**
Verzeichnisse: 1938 (Ehem. Großherzog von Friedrich Franz IV. Mecklenburg-Schwerin) | Provenienz: V38: als Leihgabe im Germanischen Nationalmuseum zu Nürnberg

■ **Meister der Heiligen Sippe: Altarbild, Votivbild des Grafen Gumprecht zu Neuenahr, Erbvogt von Köln, 127 × 177 cm**
Verzeichnisse: 1922 (Nr. 565, von Carstanjen), 1927 (Nr. 218, von Carstanjen'sche Familienstiftung), 1934 (Nr. 87, ebd.), 1938 (ebd.) | Literatur: Kunsthistorische Ausstellung Düsseldorf, Ausst.-Kat. 1904, Nr. 40 | Provenienz: Vorbesitzer Freiherr Gustav von der Leyen zu Bloemersheim, vgl. Ausst.-Kat. Düsseldorf 1904, Nr. 40, S. 19

■ **Meister der Heiligen Veronika: Flügelaltärchen**
Verzeichnisse: 1934 (Nr. 90, Geh. Kommerzienrat Dr. Richard von Schnitzler) | Literatur: „Nr. 2 des Sammlungsverzeichnisses"

■ **Meister der Ursula Legende: Begräbnis des Heiligen Laurentius, um 1500**
Verzeichnisse: 1938 (Bankhaus Jacquier & Securius) | Literatur: Graupe, Die Bestände der Firmen Galerie van Diemen & Co., GmbH, Aukt.-Kat. April 1935, S. 23, Nr. 58, Taf. 23; Wescher, Pantheon, Juni 1933 | Bemerkung: Eintragung am 6.12.1934; 1935 Versteigerung Graupe

■ **Meister der Verherrlichung Mariae: Die Anbetung der heiligen drei Könige**
Verzeichnisse: 1934 (Nr. 89, Sanitätsrat Dr. Adolf Thier)

■ **Meister der Verherrlichung Mariae: Madonna mit Kind**
Verzeichnisse: 1938 (Walter Pirschel)

■ **Meister der weiblichen Halbfiguren: Musizierende Frauen**
Verzeichnisse: 1927 (Nr. 220, Ehem. Herzog von Sachsen-Meiningen), 1938 (ebd.) | Literatur: „Abb. im Inventar"

■ **Meister des Aachener Altars: Maria mit dem Kinde**
Verzeichnisse: siehe Bemerkung | Provenienz: im Besitz der Freiherr von Pölnitz`schen Familie, vgl. BayHStA, MK 40839, Bd. 7 und BStGS, 11/4, Nr. 247; April 1940 für die BStGS erworben, 100.000 RM, vgl. BayHStA, MK 40839, Bd. 7 | Bemerkung: Eintragung am 5.4.1939, auf Anregung der BStGS vom 6.3.1939, mit Begründung, „da es ein besonders wichtiges Werk der altdeutschen Malerei ist.", vgl. BayHStA, MK 40839, Bd. 7 und BStGS, 11/4, Nr. 247

■ **Meister des Bartholomäusaltars: Die Anbetung der heiligen drei Könige, 63 × 44 cm**
Verzeichnisse: 1934 (Nr. 88, Geh. Kommerzienrat Ottmar Strauss), 1961 | Literatur: Rath, Der Meister des Batholomäus-Altares, 1941, S. 17/124 | Bemerkung: Vorschlag zur Eintragung durch Pr. KM im Frühjahr 1931, vgl. SMB-ZA, I/GG 19, Bl. 311 ff.; in der Alten Pinakothek befand sich ein Werk gleichen Namens, „1938 im Berliner Kunsthandel erworben", Datierung um 1475/80, Kat. 2006, S. 190

■ **Meister des Hausbuches: Auferstehung Christi**
Verzeichnisse: 1922 (Nr. 556, Fürst von Hohenzollern-Sigmaringen), 1927 (Nr. 208, ebd.) | Literatur: Heidrich, Altdeutsche Malerei, 1909, S. 261, Nr. 51 | Bemerkung: V27: Besitzer handschr. durchgestrichen und Städelsches Kunstinstitut Frankfurt ergänzt

■ **Meister des Hausbuches: Flügelgemälde, Anna Selbdritt, 136 × 195 cm**
Verzeichnisse: 1922 (Nr. 557, Großherzog von Friedrich August Oldenburg) | Literatur: Keiser, Gemäldegalerie Oldenburg, 1966, S. 33 | Provenienz: um 1868 aus Slg. Rühle erworben; 1922 Landesmuseum Oldenburg | Bemerkung: V22: auch Schongauer Madonna; Streichung im Nachtrag von 1924 vermerkt, vgl. SKD Altregistratur 01/GG 30, Bl. 48; 1922 Landesmuseum Oldenburg als Besitzer vermerkt, vgl. LMO-A Nr. 531, R34, 11.7.1923 sowie StA Oldenburg, Best. 134, Nr. 4376, Bl. 105

■ **Meister des Hausbuches: Simon und Cyrene hilft Jesus das Kreuz tragen**
Verzeichnisse: 1922 (Nr. 562, Fürst von Fürstenberg), 1927 (Nr. 209, ebd.), 1934 (Nr. 79, ebd.) | Literatur: Feuerstein, Verzeichnis der Gemälde, 1921, Nr. 129

■ **Meister des Hausbuches: Zwei Altarbilder des Flügelaltars des Hausburchmeisters**
Verzeichnisse: 1922 (Nr. 3, Weihbischof Dr. Knecht) | Bemerkung: Streichung im Nachtrag von 1924 vermerkt, vgl. SKD Altregistratur 01/GG 30

■ **Meister des Liesborner Altars: Sechs Altarfragmente, zwei Hirtenbilder, ein König, drei Engel**
Verzeichnisse: 1922 (Nr. 559, Erben der Sammlung Loeb), 1927 (Nr. 210, ebd.), 1938 (ebd.) | Bemerkung: Caldenhof bei Hannover; Streichung am 17.5.1929, vgl. BArch, R32/375a

■ **Meister des Marienlebens: Kreuzigung, Altarflügel**
Verzeichnisse: 1922 (Nr. 7, Geschwister Therese Virnich-Haan), 1927 (Nr. 211, ebd.), 1934 (Nr. 80, ebd.), 1938 (ebd.) | Literatur: Kunsthistorische Ausstellung Düsseldorf, Ausst.-Kat. 1904, S. 15, Nr. 31; Die Kunstdenkmäler der Stadt und des Kreises Bonn, 1905, Fig. 146, Taf. 19 | Provenienz: vormals Sammlung Lyversberg, Köln, vgl. Düsseldorf 1904 | Bemerkung: V22: Therese Virnich; V34 und V38: Geschwister Virnich-Haan, Bonn, Lennéstr. 5

■ **Meister des Todes Mariae: Maria mit den Kirschen**
Verzeichnisse: 1927 (Nr. 219, Ehem. Herzog von Sachsen-Meiningen), 1938 (ebd.)

■ **Meister mit dem Stieglitz: Helmsdorfer Altar, 1509, 140 cm**
Verzeichnisse: 1922 (Nr. 9, Fürst von Fürstenberg), 1927 (Nr. 221, ebd.), 1938 (ebd.) | Literatur: Woltmann, Fürstlich-Fürstenbergische Sammlungen zu Donaueschingen, 1870, S. 36, Nr. 59; Feuerstein, Verzeichnis der Gemälde, 1921, Nr. 59 (Ausgabe von 1934, S. 76 ff.); Ebe, Der deutsche Cicerone: Malerei deutscher Schulen, 1898, S. 101 | Bemerkung: Woltmann: „Trotz hübscher Motive, namentlich in den weiblichen Köpfen, hat man es mit einem minder bedeutenden Provinzmaler zu tun. Ohne Verständnis im Nacken, unharmonische Färbung, namentlich giftiges Grün. Das Bild ist außerdem stark übermalt und ergänzt.", vgl. Johne an Sauer, 18.1.1932, auch in Feuerstein 1934, S. 78

■ **Meister von Meßkirch: Bilder**
Verzeichnisse: 1922 (Nr. 561, Fürst von Fürstenberg)

Meister von Meßkirch: Sieben Tafeln des ehem. Hochaltars von Meßkirch: Maria Magdalena, S. Martinus, Joh. d. Täufer, St. Afra, Paulus Eremita, Antonius Eremita, Jacobus d. Ae., um 1535–1538
Verzeichnisse: 1927 (Nr. 212, Fürst von Fürstenberg), 1934 (Nr. 81, ebd.), 1938 (ebd.) | Literatur: Feuerstein, Verzeichnis der Gemälde, 1921, Nr. 73–75, 87–90; Wiemann, Meisterwerke der Fürstenbergsammlungen Donaueschingen in der Staatsgalerie Stuttgart, 2002, S. 88–99 | Bemerkung: Datierung vgl. Wiemann

Meister von Meßkirch: St. Jacobus, 52 × 22 cm
Verzeichnisse: 1922 (Nr. 560, Fürst von Fürstenberg) | Literatur: Feuerstein, Verzeichnis der Gemälde, 1921, Nr. 123 | Bemerkung: Aufbewahrungsort Schloss Heiligenberg, Sakristei und Kapelle; Angabe Maße vgl. FFA Donaueschingen, Generalia, Kunst und Wissenschaft, XIV/1

Meister von Meßkirch: Wildsteiner Altar, 1536
Verzeichnisse: 1927 (Nr. 213, Fürst von Fürstenberg), 1934 (Nr. 82, ebd.), 1938 (ebd.), 1961 | Literatur: Feuerstein, Verzeichnis der Gemälde, 1921, Nr. 76–80; Hofstätter, Die fürstlich Fürstenbergischen Sammlungen in Donaueschingen, 1980, S. 58–62; Wiemann, Meisterwerke der Fürstenbergsammlungen Donaueschingen in der Staatsgalerie Stuttgart, 2002, S. 74–87 | Provenienz: 1819 aus Schloß Meßkirch nach Donaueschingen | Bemerkung: Datierung vgl. Hofstätter und Wiemann

Meister von Sigmaringen: Ausgießung des Hl. Geistes, Predella eines Altars
Verzeichnisse: 1927 (Nr. 216, Fürst von Fürstenberg), 1934 (Nr. 85, ebd.), 1938 (ebd.) | Literatur: Feuerstein, Verzeichnis der Gemälde, 1921, Nr. 40

Meister von Sigmaringen: Vier Tafeln eines Altars mit Darstellung der Kreuztragung und Einzelfiguren
Verzeichnisse: 1922 (Nr. 564, Fürst von Fürstenberg), 1927 (Nr. 215, ebd.), 1934 (Nr. 84, ebd.), 1938 (ebd.) | Bemerkung: V22: „Nr. 22, 23, 24, 26, 32, 34, 35, 36, 37"

Meister von Sigmaringen: Zwölf Tafeln eines Flügelaltars aus Friedenweiler
Verzeichnisse: 1922 (Nr. 564, Fürst von Fürstenberg), 1927 (Nr. 214, ebd.), 1934 (Nr. 83, ebd.), 1938 (ebd.) | Literatur: Feuerstein, Verzeichnis der Gemälde, 1921, Nr. 22–33 | Bemerkung: V22: „Nr. 22, 23, 24, 26, 32, 34, 35, 36, 37"; Kat. 1870, Nr. 22–33 Teile eines Flügelaltars, jedoch Ulmer Meister, Ende 15. Jh.

Meister von Sigmaringen, Art des: Kreuzigungsdarstellung, Tod Mariens, zwei Einzelheilige
Verzeichnisse: 1927 (Nr. 217, Fürst von Fürstenberg), 1934 (Nr. 86, ebd.), 1938 (ebd.) | Literatur: Feuerstein, Verzeichnis der Gemälde, 1921, Nr. 13, 38, 39 und 130

Meister W. B.: Geburt Christi, um 1580–85
Verzeichnisse: siehe Bemerkung | Literatur: Münchner Jahrbuch der bildenden Kunst, 1908, Bd. 2, S. 42, hier dem Martin Schwarz von Rothenburg zugeschrieben | Provenienz: Hofratswitwe Maria Streber, Bad Tölz; Winter 1939/40 Verkauf an Antiquitätenfirma Xaver Scheidwimmer, vgl. BayHStA, MK 40839, Bd. 7; lt. Meldung vom 2.12.1941 an Generalkonsul Heinrich Neuerburg, Köln, verkauft, vgl. BayHStA, MK 40839, Bd. 7 | Bemerkung: Eintragung am 13.3.1940 auf Beantragung der BStGS, vgl. BayHStA, MK 40839, Bd. 7

Melozzo da Forlì (angeblich): Bildnis eines italienischen Geistlichen
Verzeichnisse: 1927 (Nr. 117, Ehem. Herzog von Sachsen-Meiningen), 1938 (ebd.)

Memling, Hans: Zwei Altarflügel
Verzeichnisse: 1922 (Nr. 566, Ehem. Großherzog Sachsen-Weimar) | Literatur: de Vos, Hans Memling. Das Gesamtwerk, 1994, Nr. 41, S. 186–189 | Provenienz: bis 1851 Slg. König Wilhelm II.; um 1923 Paul Cassirer; 1924 Galerie H. Reinhardt und Sohn, New York; 1924–1956 Slg. E. W. Edwards Cincinnati; 1956 Schenkung an das Cincinnati Art Museum, Inv. Nr. 1956.11 und 1956.793 | Bemerkung: vermutlich die Außenflügel eines Triptychons mit der Ruhe auf der Flucht nach Ägypten, um 1480, „Hl. Stephanus" und „Hl. Christophorus" darstellend; im thür. Landesverzeichnis vom 27.8.1920, vgl. HStA Weimar, Thüringisches Volksbildungsministerium, Nr. C 984, Bl. 45; Besitzerwechsel Paul Cassirer in „Veränderungen im Verzeichnis der national wertvollen Kunstwerke" vom 17.3.1923, vgl. SMB-ZA, I/NG 847, Bl. 49; Streichung im Nachtrag von 1924 vermerkt, vgl. SKD Altregistratur 01/GG 30, Bl. 48; Hinweis in Hoffmeister, Cassirer, 1991, S. 211 auf TVM Weimar Nr. C 1423, Bl. 206 ff. und 227 ff. Ausfuhrerlaubnis erteilt, weil ein Werk Cranachs in das Weimarer Museum übergegangen war

▪ **Memling, Art des, Hans: Brustbild eines Richters**
Verzeichnisse: 1927 (Nr. 118, Ehem. Großherzog von Baden), 1938 (ebd.)

▪ **Memling, Art des, Hans: Thronende Maria**
Verzeichnisse: 1927 (Nr. 119, Herzog von Anhalt)

▪ **Menzel, Adolph: Aus der Alt-Neu-Synagoge zu Prag, 1853, 58 × 43 cm**
Verzeichnisse: 1938 (Theodor Ludwig Behrens) | Provenienz: 1870 von E. L. Behrens erworben, vgl. Luckhardt 2001, S. 36, Nr. 40; 1936 von Dr. Schmitz Düsseldorf erworben, dennoch wurden bei der Besichtigung der Slg. Behrens am 12.10.1939 zwei Werke Menzels, eine Synagoge darstellend, vermerkt, vgl. AHK, 32-260.4, Bl. 18 | Bemerkung: Eintragung am 1.4.1935, auf Vorschlag der Kunsthalle Hamburg vom 11.2.1935, vgl. AHK, 32-228.6, Bl. 3 ff.; Besichtigung durch die Kunsthalle Hamburg am 12.10.1939 im Tresor des Bankhauses Th. L. Behrens Söhne, vgl. AHK, 32-260.4, Bl. 18

▪ **Menzel, Adolph: Badende Jungen**
Verzeichnisse: 1922 (Nr. 568, Ilse Krüger) | Provenienz: aus dem NL Carl Louis Uhle, Dresden

▪ **Menzel, Adolph: Beati Possidentes, 1888**
Verzeichnisse: 1938 (Galerie Hans Paffrath) | Provenienz: 1938 von der KH Paffrath erworben, vgl. AHK, 32-260.4, Bl. 19, zum Zeitpunkt der Eintragung noch im Besitz der Slg. Behrens | Bemerkung: Eintragung am 1.4.1935, auf Vorschlag der Kunsthalle Hamburg vom 11.2.1935, vgl. AHK, 32-228.6, Bl. 3 ff.

▪ **Menzel, Adolph: Begegnung Friedrichs des Großen mit Joseph II. in Neiße, 1857, 220 × 302 cm**
Verzeichnisse: 1922 (Nr. 569, Direktor Rottke) | Literatur: Der Breslauer Menzelkauf, Kunstchronik, 29. Jg., Nr. 41, 6.9.1918 | Provenienz: aus dem Besitz des Großherzogs von Sachsen für 500.000 Mark an Paul Cassirer und Hugo Helbig übergegangen, vgl. Cicerone, H. 17/18, 1918 und in Donath 1923, S. 138; heute NG Berlin, Inv.-Nr. A III 340 | Bemerkung: V22: laut handschr. Bemerkung im Schlesischen Museum in Breslau, Besitzerwechsel im Nachtrag von 1924 vermerkt, vgl. SKD Altregistratur 01/GG 30, Bl. 48; 1921 im Besitz KH Paul Cassirer, vgl. Verzeichnis Menzelscher Werke, StA HH, 111-1, NR. 16705

▪ **Menzel, Adolph: Die Schlacht von Hochkirch, Kolossalgemälde**
Verzeichnisse: 1922 (Nr. 573, Ehem. Kaiser Wilhelm II (Preußisches Finanzministerium)) | Provenienz: 1925 Privatbesitz des ehem. Königshauses

▪ **Menzel, Adolph: Die Spinettspielerin, Gouache**
Verzeichnisse: 1922 (Nr. 581, Ehem. Kaiserin bzw. deren Erben (Preußisches Finanzministerium))

▪ **Menzel, Adolph: Friedrich der Große auf Reisen, 151 × 223 cm**
Verzeichnisse: 1938 (Dr. Ravené und Sohn) | Bemerkung: Werk bereits 1921 im Verzeichnis des RMdI, welches Eintragung Menzelscher Werke vorbereiten soll, mit Bemerkung „bis vor kurzem in der aufgelösten Sammlung des Herrn Louis Ravené in Berlin, jetziger Eigentümer unbekannt", vgl. RMdI an die Länder, StA HH, 111-1, Nr. 16705

▪ **Menzel, Adolph: Garten des Justizministeriums**
Verzeichnisse: 1922 (Nr. 570, Kunstverein Bremen) | Bemerkung: Eintragung am 1.10.1921, im Zuge der umfangreichen Eintragungen der Werke Menzels infolge der Anfrage des RMdI vom 25.2.1921, vgl. StA Bremen, 3-B.13. Nr. 66.a. Bd. 1, Bl. 87 ff., 96

▪ **Menzel, Adolph: Herrenbildnis**
Verzeichnisse: 1922 (Nr. 571, Philipp Johann Sparkuhle) | Bemerkung: Vorschlag der Eintragung durch Waldmann am 27.2.1920, vgl. StA Bremen, 3-B.13. Nr. 66.a. Bd. 1, Bl. 71

▪ **Menzel, Adolph: Hochaltar der Damenstiftskirche zu München, Gouache, 1873, 43 × 28 cm**
Verzeichnisse: 1922 (Nr. 572, Generalkonsul Eduard Ludwig Behrens), 1938 (Theodor Ludwig Behrens) | Provenienz: vermutlich 1890/91 erworben, vgl. Luckhardt 2001; erworben von Dr. Schmitz, Düsseldorf, vgl. AHK, 32-260.4, Bl. 19 | Bemerkung: Eintragung am 1.4.1935, auf Vorschlag der Kunsthalle Hamburg vom 11.2.1935, vgl. AHK, 32-228.6, Bl. 3 ff.; sollte aus Entschädigungsgeldern für beim Brand des Münchner Glaspalastes zerstörten Gemälde für die Kunsthalle Hamburg erworben werden, vgl. Luckhardt 2001, S. 38

▪ **Menzel, Adolph: Hofball in Rheinsberg, Gouache, 1862, 21 × 40 cm**
Verzeichnisse: 1922 (Nr. 580, Fabrikant Eduard Mayer-Kruse)

Menzel, Adolph: Hofgesellschaft
Verzeichnisse: 1922 (Nr. 575, Dr. phil. Johann Friedrich Meyer) | Bemerkung: Posse schlug Eintragung im Januar 1920 vor, vgl. SKD Altregistratur 01/GG 15, Bd. 9, Bl. 231; Besitzerwechsel Victor Hahn, Breslau, Scharnhorststr. 32 in „Veränderungen im Verzeichnis der national wertvollen Kunstwerke" vom 17.3.1923, vgl. SMB-ZA, I/NG 847, Bl. 49; ebs. im Nachtrag von 1924 vermerkt, vgl. SKD Altregistratur 01/GG 30, Bl. 48

Menzel, Adolph: Im Atelier
Verzeichnisse: 1922 (Nr. 567, Erben Markus Kappel)

Menzel, Adolph: Im Weißen Saal des Kgl. Schlosses, 1888, 21 × 28 cm
Verzeichnisse: 1922 (Nr. 582, Dr. Paul von Schwabach)

Menzel, Adolph: Jardin des Plantes, 1869, 21 × 35 cm
Verzeichnisse: 1938 (Theodor Ludwig Behrens) | Provenienz: vor 1891 von E. L. Behrens erworben, vgl. Luckhardt 2001, S. 37, Nr. 6; 1936 Kunsthandlung Nicolai, Berlin, vgl. AHK, 32-260.4, Bl. 19, zum Zeitpunkt der Eintragung im Besitz Behrens | Bemerkung: Aquarell; Eintragung am 1.4.1935, auf Vorschlag der Kunsthalle Hamburg vom 11.2.1935, vgl. AHK, 32-228.6, Bl. 3 ff.

Menzel, Adolph: Landschaft, 39 × 24 cm
Verzeichnisse: 1938 (Theodor Ludwig Behrens) | Provenienz: 1938 durch Propst, Mannheim erworben, vgl. AHK, 32-260.4, Bl. 19, zum Zeitpunkt der Eintragung im Besitz Behrens; heute Städel Museum Frankfurt, vgl. HHStaW, Abt. 504, Nr. 776 sowie Archiv Städel, Nr. 731 | Bemerkung: Eintragung am 1.4.1935, auf Vorschlag der Kunsthalle Hamburg vom 11.2.1935, vgl. AHK, 32-228.6, Bl. 3 ff.

Menzel, Adolph: Missionsgottesdienst in der Buchenhalle zu Kösen, 58 × 70 cm
Verzeichnisse: 1922 (Nr. 576, Frau Dr. Leo Arons) | Bemerkung: Brückenallee 3, Berlin; Streichung am 6.9.1926, vgl. BArch, R32/375a

Menzel, Adolph: Nach Schluß des Hoffestes, 1889, 24 × 20 cm
Verzeichnisse: 1922 (Nr. 574, Werner von Bleichröder)

Menzel, Adolph: Nachmittag im Tuilerinengarten während der Weltausstellung, 1867
Verzeichnisse: 1922 (Nr. 577, Frau verwitwete Prof. Dr. Reinhold Meyer) | Literatur: Burghardt/Geißdorf, Die rechtlichen Grundlagen der Restitution, in: Biedermann 2006, S. 5–6

Menzel, Adolph: Pariser Wochentag, 1869, 48 × 69 cm
Verzeichnisse: 1922 (Nr. 583, Generalkonsul Eduard Ludwig Behrens), 1938 (Theodor Ludwig Behrens) | Literatur: Waldmann, Der Maler Adolph Menzel, 1941, S. 48, Nr. 67 | Provenienz: 1886 von E. L. Behrens erworben, vgl. Luckhardt 2001, S. 37, Nr. 49; 1936 Museum Düsseldorf, vgl. AHK, 32-260.4, Bl. 19 | Bemerkung: Eintragung am 1.4.1935, auf Vorschlag der Kunsthalle Hamburg vom 11.2.1935, vgl. AHK, 32-228.6, Bl. 3 ff.

Menzel, Adolph: Platz für den großen Raffael, Gouache
Verzeichnisse: 1922 (Nr. 579, Fabrikant Eduard Mayer-Kruse)

Menzel, Adolph: Prager Synagoge, 1866, 29 × 22 cm
Verzeichnisse: 1938 (Theodor Ludwig Behrens) | Provenienz: vor 1891 von E. L. Behrens erworben, vgl. Luckhardt 2001, S. 37, Nr. 4 | Bemerkung: Gouache, vgl. Verzeichnis der Slg. Behrens in AHK, 32-228.6, Bl. 5; Eintragung am 1.4.1935, auf Vorschlag der Kunsthalle Hamburg vom 11.2.1935, vgl. AHK, 32-228.6, Bl. 3 ff.; Besichtigung durch die Kunsthalle Hamburg am 12.10.1939 im Tresor des Bankhauses Th. L. Behrens Söhne, vgl. AHK, 32-260.4, Bl. 18

Menzel, Adolph: Prozession in Gastein, 1880, 52 × 72 cm
Verzeichnisse: 1922 (Nr. 578, Dr. Hans Schiff) | Provenienz: Waldmann, Der Maler Adolph Menzel, 1941, S. 49, Nr. 73 | Bemerkung: Besitzerwechsel Leo Levin Breslau im Nachtrag von 1924 vermerkt, vgl. SKD Altregistratur 01/GG 30, Bl. 48

Menzel, Adolph: Sämtliche nicht bei der Sache, 1886, 15 × 11 cm
Verzeichnisse: 1938 (Kunsthandlung Commeter) | Provenienz: vor 1891 von E. L. Behrens erworben, vgl. Luckhardt 2001, S. 37, Nr. 5; 1938 Dr. Schmitz, Düsseldorf, vgl. AHK, 32-260.4, Bl. 19 und 32-228.6 | Bemerkung: Aquarell und Zusatz: „Romanepisode", vgl. Verzeichnis der Slg. Behrens in AHK, 32-228.6, Bl. 2; Eintragung am 1.4.1935, auf Vorschlag der Kunsthalle Hamburg vom 11.2.1935, vgl. AHK, 32-228.6, Bl. 3 ff.

■ **Messina, Jacobello da: Martyrium Petrus Mustus, um 1490, 72 × 60 cm**
Verzeichnisse: 1938 (Julius Böhler) | Bemerkung: Eintragung am 6.2.1935 infolge des Erlasses des RMdI vom 13.12.1934, vgl. Kap. III.3.1., vgl. BayHStA, MK 40838, Bd. 6

■ **Metsu, Gabriel: Das kranke Kind**
Verzeichnisse: 1922 (Nr. 584, Oskar Huldschinsky) | Provenienz: 1928 Verkauf für 200.000 Mk. an das Rijksmuseum, Amsterdam

■ **Metsu, Gabriel: Ein Bild**
Verzeichnisse: 1922 (Nr. 585, Freifrau Luise von Rotschild) | Provenienz: 1924 infolge von Erbteilung nach Paris, vgl. Archiv Städel, Nr. 730 | Bemerkung: Ausfuhrgenemigung angeregt durch Swarzenski und Genehmigung übermittelt 1.7.1924 durch das Pr. KM, vgl. Archiv Städel, Nr. 730

■ **Mielich, Hans: Bildnis des Pankraz von Freyberg zu Aschau**
Verzeichnisse: 1938 (Freiherr Max von Goldschmidt-Rothschild) | Bemerkung: Vorschlag zur Eintragung von Wolters am 9.10.1936, vgl. Archiv Städel, Nr. 731; 1948 Restitution an die Erben des Freiherrn Max von Goldschmidt-Rothschild durch die Städt. Galerie Ffm, vgl. Archiv Städel, Nr. 614

■ **Mielich, Hans: Männliches Bildnis mit einem Löwen, 1545**
Verzeichnisse: 1934 (Nr. 43, Historischer Verein für Oberbayern) | Bemerkung: Eintragung durch die Direktorenkonferenz der Münchner Museen am 23.12.1931 vorgeschlagen, vgl. BStGS, 11/4, Nr. 245

■ **Millner, Karl: Ansicht des Gosausees mit dem Dachstein**
Verzeichnisse: 1922 (Nr. 586, Schack-Galerie)

■ **Millner, Karl: Ansicht des Obersees bei Berchtesgaden**
Verzeichnisse: 1922 (Nr. 587, Schack-Galerie)

■ **Mitteldeutscher Meister des 14. Jahrhunderts: Johannes Babtista und Johannes Evangelista, auf der Rückseite: Kreuzigung Christi, Altarfragment, 37 × 18 cm**
Verzeichnisse: 1938 (Ehem. Slg. Harry Fuld) | Literatur: Städelsches Kunstinstitut, Ausstellung von Meisterwerken alter Malerei aus Privatbesitz, 1925, Taf. 43 | Provenienz: V38: „Besitzer zur Zeit unbekannt"; 1947: „vermutlich Kaiser-Friedrich-Museum", vgl. HHStaW, Abt. 504, Nr. 776, Bl. 326 | Bemerkung: Vorschlag zur Eintragung von Wolters am 9.10.1936, vgl. Archiv Städel, Nr. 731; Wolters schlug am 13.12.1947 Weiterführung in Verzeichnis vor, um Objekt im Falle von zukünftigen Rückerstattungsansprüchen der Vorbesitzer oder deren Erben zu schützen, vgl. HHStaW, Abt. 504, Nr. 776, Bl. 326

■ **Monet, Claude: Camille**
Verzeichnisse: 1938 (Kunstverein Bremen) | Bemerkung: Vorschlag der Eintragung am 16.1.1935 infolge des Erlasses des RMdI vom 13.12.1934, vgl. Kap. III.3.1., vgl. StA Bremen, 4,49-493/97; Bestätigung der Eintragung am 12.8.1936, vgl. Archiv KH Bremen

■ **Monet, Claude: Früchteglas**
Verzeichnisse: 1922 (Nr. 487, Ilse Krüger) | Provenienz: aus dem NL Carl Louis Uhle, Dresden; 1927 für die Gemäldegalerie Dresden erworben

■ **Monet, Claude: Mohnfeld**
Verzeichnisse: 1938 (Jakob Goldschmidt) | Provenienz: V38: „Seit 6.12.37: Tresor der Dresdner Bank, Berlin W8, Schinkelplatz 1/2"

■ **Monet, Claude: Seine bei Vétheuil**
Verzeichnisse: 1922 (Nr. 602, Adolf Rothermundt sen.) | Bemerkung: Eintragung am 11.5.1920 auf Vorschlag Posses vom Januar 1920, vgl. SKD Altregistratur 01/GG 15, Bd. 9, Bl. 231/238; Streichung am 16.11.1920 auf Antrag Posses vom 22.10.1920, vgl. Sächs. HStA, 10736, Nr. 17455, Bl. 314/321; Streichung vermerkt in „Veränderungen im Verzeichnis der national wertvollen Kunstwerke" vom 17.3.1923, vgl. SMB-ZA, I/NG 847, Bl. 49; ebs. im Nachtrag von 1924, SKD Altregistratur 01/GG 30, Bl. 48

■ **Monet, Claude: Venedig**
Verzeichnisse: 1938 (Jakob Goldschmidt) | Provenienz: V38: „Seit 6.12.37: Tresor der Dresdner Bank, Berlin W8, Schinkelplatz 1/2"

■ **Monet, Claude: Zwei Bilder**
Verzeichnisse: 1922 (Nr. 601, Frau Robert von Mendelsohn)

■ **Montagna, Bartolomeo: Kopf und Hände einer anbetenden Madonna**
Verzeichnisse: 1938 (Kunstverein Bremen) | Bemerkung: Vorschlag der Eintragung am 16.1.1935 infolge des Erlasses des RMdI vom 13.12.1934, vgl. Kap. III.3.1., vgl. StA Bremen, 4,49-493/97; Bestätigung der Eintragung am 12.8.1936, vgl. Archiv KH Bremen

■ **Mor, Antonis: Bildnis Fugger**
Verzeichnisse: 1922 (Nr. 607, Fürstlich Fuggerscher Besitz Augsburg), 1927 (Nr. 120, ebd.), 1934 (Nr. 44, ebd.), 1938 (ebd.)

■ **Morgenstern, Karl: Ansicht von Villafranca bei Nizza**
Verzeichnisse: 1922 (Nr. 608, Schack-Galerie)

■ **Morgenstern, Karl: Haus der Tasso in Sorrent**
Verzeichnisse: 1922 (Nr. 609, Schack-Galerie)

■ **Morgenstern, Karl: Küste von Capri**
Verzeichnisse: 1922 (Nr. 611, Schack-Galerie)

■ **Morgenstern, Karl: Küste von Helgoland**
Verzeichnisse: 1922 (Nr. 610, Schack-Galerie)

■ **Moro, Antonio: Ritter in Rüstung, 40 × 34 cm**
Verzeichnisse: 1938 (Julius Böhler) | Provenienz: Gemälde war nicht im Besitz von Böhler, sondern geliehen, vgl. BStGS, 11/4, Nr. 247 | Bemerkung: Eintragung am 6.2.1935 infolge des Erlasses des RMdI vom 13.12.1934, vgl. Kap. III.3.1., vgl. BayHStA, MK 40838, Bd. 6

■ **Mostaert, Jan: Weibliches Bildnis**
Verzeichnisse: 1927 (Nr. 121, Dr. Wolfgang Huck), 1938 (Dr. Wolfgang Huck ebd.)

■ **Muhr, Julius: Eine Zigeunerfamilie auf der Puszta**
Verzeichnisse: 1922 (Nr. 613, Schack-Galerie)

■ **Muhr, Julius: Weibliches Bildnis**
Verzeichnisse: 1922 (Nr. 612, Prinzessin Friedrich Karl von Hessen)

■ **Müller, Karl: Kartons**
Verzeichnisse: 1922 (Nr. 383, Geh. Hofrat Prof. Dr. Heinrich Finke)

■ **Müller, Victor: Alle Bilder**
Verzeichnisse: 1938 (Lulu Müller) | Provenienz: 1938 Städtische Galerie Frankfurt/Main, vgl. Mongi-Vollmer 2011, S. 151 f.

■ **Multscher, Hans: Kreuzprobe**
Verzeichnisse: 1922 (Nr. 614, Fürst von Waldburg-Wolfegg-Waldsee), 1927 (Nr. 123, ebd.), 1934 (Nr. 45, ebd.), 1938 (ebd.) | Literatur: Gerstenberg, Hans Multscher, 1928, S. 89 und 91 mit Abb.

■ **Multscher, Hans: Kreuztragung aus der Legende des heiligen Kreuzes**
Verzeichnisse: 1922 (Nr. 615, Fürst von Waldburg-Wolfegg-Waldsee), 1927 (Nr. 123, ebd.), 1934 (Nr. 46, ebd.), 1938 (ebd.)

■ **Munch, Edvard: Die tote Mutter**
Verzeichnisse: 1938 (Kunstverein Bremen) | Bemerkung: Vorschlag der Eintragung am 16.1.1935 infolge des Erlasses des RMdI vom 13.12.1934, vgl. Kap. III.3.1., vgl. StA Bremen, 4,49-493/97; Bestätigung der Eintragung am 12.8.1936, vgl. Archiv KH Bremen

■ **Münchner Meister: Kreuztragung, aus dem ehem. Kloster Beiharting, um 1500 bis 1510**
Verzeichnisse: siehe Bemerkung | Literatur: Münchner Jahrbuch der bildenden Kunst, 1908, Bd. 2, S. 32 | Provenienz: Hofratswitwe Maria Streber, Bad Tölz; Winter 1939/40 Verkauf an Antiquitätenfirma Xaver Scheidwimmer, vgl. BayHStA, MK 40839, Bd. 7; lt. Meldung vom 24.5.1941 an das Histor. Museum München verkauft, vgl. BayHStA, MK 40839, Bd. 7 | Bemerkung: Eintragung am 13.3.1940 auf Beantragung der BStGS, vgl. BayHStA, MK 40839, Bd. 7

■ **Naue, Julius: Eine Schwanenjungfrau**
Verzeichnisse: 1922 (Nr. 618, Schack-Galerie)

■ **Naue, Julius: Rückkehr des Kallias und der Areta aus der Schlacht von Salamis**
Verzeichnisse: 1922 (Nr. 617, Schack-Galerie)

■ **Neer, Aert van der: Kanallandschaft im Winter, 20 × 24 cm**
Verzeichnisse: 1922 (Nr. 317, Erben Markus Kappel), 1927 (Nr. 125, ebd.), 1938 (ebd.) | Literatur: Helbing/Lepke, Collection Baron Albert Oppenheim, 1914, Nr. 26; Bode, Die Gemäldesammlung Marcus Kappel in Berlin, 1914, Nr. 12 | Bemerkung: V22: „Im Schneegestöber"; Streichung im Januar 1932, vgl. BArch, R32/375b, Bl. 36

■ **Netscher, Caspar: Herrenbildnis**
Verzeichnisse: 1927 (Nr. 126, Frau Heinrich Wolde), 1938 (ebd.) | Provenienz: 1944 aus dem NL Wolde in den Besitz der Bremer Kunsthalle | Bemerkung: vermutlich Bildnis eines Kaufmanns der Ostindischen Compagnie; Eintragung am 16.12.1926, auf Vorschlag Waldmanns vom 24.11.1926, vgl. StA Bremen, 3-B.13. Nr. 66.a. Bd. 1, Bl. 140/146

■ **Neubauer, Anton: Männliches Bildnis**
Verzeichnisse: 1927 (Nr. 124, Großherzoglicher Privatbesitz Darmstadt), 1934 (Nr. 46, ebd.), 1938 (ebd.) | Literatur: Lehmann, Das Bildnis bei den altdeutschen Meistern, 1900, S. 190

■ Neubauer, Anton: Männliches Bildnis
Verzeichnisse: 1922 (Nr. 628, Großherzoglicher Privatbesitz Darmstadt) | Literatur: Lehmann, Das Bildnis bei den altdeutschen Meistern, 1900, mit Abb.

■ Neubert, Ludwig: Ansicht von Olevano im Sabinergebirge
Verzeichnisse: 1922 (Nr. 620, Schack-Galerie)

■ Neureuther, Eugen Napoleon: Aus Hermann und Dorothea
Verzeichnisse: 1922 (Nr. 623, Schack-Galerie)

■ Neureuther, Eugen Napoleon: Der Traum der Rezia
Verzeichnisse: 1922 (Nr. 627, Schack-Galerie)

■ Neureuther, Eugen Napoleon: Die Nonne
Verzeichnisse: 1922 (Nr. 624, Schack-Galerie)

■ Neureuther, Eugen Napoleon: Erinnerung an die Villa Malta in Rom
Verzeichnisse: 1922 (Nr. 621, Schack-Galerie)

■ Neureuther, Eugen Napoleon: Erinnerung an die Villa Mills auf den Ruinen der Kaiserpaläste in Rom
Verzeichnisse: 1922 (Nr. 622, Schack-Galerie)

■ Neureuther, Eugen Napoleon: Madonna mit dem Kinde in einer Frühlingslandschaft
Verzeichnisse: 1922 (Nr. 625, Schack-Galerie)

■ Neureuther, Eugen Napoleon: Peter von Cornelius unter seinen Kunstgenossen
Verzeichnisse: 1922 (Nr. 626, Schack-Galerie)

■ Nürnberger Meister, sog. Strache-Meister: Kreuzigung
Verzeichnisse: 1934 (Nr. 92, Stengel'sche Erben) | Bemerkung: Eintragung durch die Direktorenkonferenz der Münchner Museen am 23.12.1931 vorgeschlagen, vgl. BStGS, 11/4, Nr. 245

■ Nürnberger Schule: Evangelistenaltar
Verzeichnisse: 1922 (Nr. 8, Hofratswitwe Maria Streber), 1927 (Nr. 234, ebd.), 1934 (Nr. 98, Baron Dr. von Thyssen-Bornemisza), 1938 (ebd.) | Provenienz: 1928 Antiquariat Hackenbroch Ffm | Bemerkung: 2. Hälfte 15. Jh.; Swarzenski erhob gegen Freigabe des Werkes am 10.7.1928 keine Bedenken, vgl. Archiv Städel, Nr. 730; Dörnhöffer versagte Zusage zur Streichung am 23.7.1928, vgl. BayHStA, MK 40836, Bd. 4; Dörnhöffer lehnte Nürnberger Ursprung ab, stattdessen in Amberg oder Regensburg entstanden, BArch, R32/375a, Bl. 68; lt. Buchner ein Werk Gabriel Mäleßkircher, GNM Akten, Nr. 836

■ Oberdeutscher Monogrammist von 1527: Weibliches Bildnis, 1527, 65 × 50 cm
Verzeichnisse: 1922 (Nr. 73, Freiherr von Lotzbeck), 1927 (Nr. 222, ebd.), 1934 (Nr. 91, ebd.), 1938 (ebd.) | Literatur: Kat. d. Freiherrlichen von Lotzbeckschen Sammlung, 1891, Nr. 92 | Bemerkung: Datierung und Maße, vgl. Kat. 1891

■ Oberrheinisch: Bilder, unter Schongauer Einfluss
Verzeichnisse: 1922 (Nr. 563, Fürst von Fürstenberg)

■ Oberrheinisch: Madonna einer Verkündigung, um 1490, 148 × 67 cm
Verzeichnisse: 1938 (Generalfeldmarschall Hermann Göring)

■ Oberrheinisch: Vier Darstellungen aus dem Marienleben, um 1500
Verzeichnisse: 1927 (Nr. 226, Ehem. Großherzog von Baden), 1934 (Nr. 95, Markgraf Berthold von Baden), 1938 (Ehem. Großherzog von Baden)

■ Oberschwäbischer Meister um 1500: Zwei Altargemälde: Christus in der Vorhölle und Christi Himmelfahrt, um 1500
Verzeichnisse: 1922 (Nr. 151, Goldschmidtsche Bibliothek B. Mayer), 1927 (Nr. 227, Helene Mayer), 1938 (ebd.) | Bemerkung: im V22 gemeinsam mit Cranach d. Ä. sowie eine Magdalena-Darstellung genannt; Streichung am 25.6.1928, vgl. BArch, R32/375a

■ Orley, Bernaert van: Halbfigur einer Madonna mit Kind
Verzeichnisse: 1922 (Nr. 631, Fürst von Fürstenberg), 1927 (Nr. 128, ebd.), 1938 (ebd.) | Literatur: Feuerstein, Verzeichnis der Gemälde, 1921, Nr. 105 | Provenienz: 1850 Slg. Fürstenberg

■ Orley, Bernaert van: Madonna in Landschaft, 22 × 17 cm
Verzeichnisse: 1922 (Nr. 37, Frau Martin Bromberg), 1927 (Nr. 127, ebd.), 1938 (ebd.)

■ Ostade, Adriaen van: Bauernstube
Verzeichnisse: 1922 (Nr. 632, Erben Markus Kappel), 1927 (Nr. 129, ebd.), 1938 (ebd.) | Literatur: Bode, Die Gemäldesammlung Marcus Kappel in Berlin, 1914, Nr. 19 | Bemerkung: V27 und V38: „(Frau Hedwig Cristeller)"; Streichung am 17.11.1930, vgl. BayHStA, MK 40837, Bd. 5 und BArch, R32/375a

■ Österreichisch: Kreuzigung, unter dem Einfluss des jungen Dürer, um 1500
Verzeichnisse: 1938 (Bankhaus Jacquier & Securius) | Bemerkung: vermutlich aus Versteigerung der Bestände van Diemen, 25./26.1.1935, Nr. 43a, Eintragung am 6.12.1934

■ Palma, il vecchio, Jacopo: Madonna mit Heiligen
Verzeichnisse: 1922 (Nr. 926, Herzog Georg von Leuchtenberg), 1927 (Nr. 197, ebd.), 1934 (Nr. 75, ebd.), 1938 (Galerie Heinemann) | Provenienz: vor August 1933 in Besitz der Galerie Heinemann, München übergegangen, vgl. BayHStA, MK 40838, Bd. 6 | Bemerkung: Streichung wurde bereits im August 1933 durch das Bay. KM angeregt, RMdI empfahl, den Antrag des neuen Besitzers abzuwarten, vgl. BayHStA, MK 40838, Bd. 6

■ Palmezzano, Marco: Die heilige Familie
Verzeichnisse: 1927 (Nr. 131, Ehem. Herzog von Sachsen-Meiningen), 1938 (ebd.) | Literatur: „Abb. im Inventar"

■ Paolo, Giovanni di: Anbetung der Könige
Verzeichnisse: 1922 (Nr. 634, Geh. Kommerzienrat Dr. Eduard Simon), 1927 (Nr. 132, ebd.), 1938 (ebd.) | Literatur: Ausst.-Kat. KFM-Verein 1914, Nr. 123 | Bemerkung: Streichung im August 1929, vgl. BArch, R32/375a, Bl. 89

■ Paolo, Giovanni di: Einkleidung der hl. Klara durch den hl. Franziskus, 20 × 29 cm
Verzeichnisse: 1938 (Ehem. Slg. Harry Fuld) | Literatur: Städelsches Kunstinstitut, Ausstellung von Meisterwerken alter Malerei aus Privatbesitz, 1925, Taf. 14 | Provenienz: V38: „Besitzer zur Zeit unbekannt"; 1947: „vermutlich Kaiser-Friedrich-Museum Berlin", vgl. HHStaW, Abt. 504, Nr. 776, Bl. 326 | Bemerkung: Vorschlag zur Eintragung von Wolters am 9.10.1936, vgl. Archiv Städel, Nr. 731; Wolters schlug am 13.12.1947 Weiterführung in Verzeichnis vor, um Objekt im Falle von zukünftigen Rückerstattungsansprüchen der Vorbesitzer oder deren Erben zu schützen, vgl. HHStaW, Abt. 504, Nr. 776, Bl. 326

■ Paolo, Giovanni di: Hl. Klara als Retterin in Seenot, 19 × 29 cm
Verzeichnisse: 1938 (Ehem. Slg. Harry Fuld) | Literatur: Städelsches Kunstinstitut, Ausstellung von Meisterwerken alter Malerei aus Privatbesitz, 1925, Taf. 14 | Provenienz: V38: „Besitzer zur Zeit unbekannt"; 1947 „vermutlich Kaiser-Friedrich-Museum Berlin", vgl. HHStaW, Abt. 504, Nr. 776, Bl. 326 | Bemerkung: Vorschlag zur Eintragung von Wolters am 9.10.1936, vgl. Archiv Städel, Nr. 731; Wolters schlug am 13.12.1947 Weiterführung in Verzeichnis vor, um Objekt im Falle von zukünftigen Rückerstattungsansprüchen der Vorbesitzer oder deren Erben zu schützen, vgl. HHStaW, Abt. 504, Nr. 776, Bl. 326

■ Pencz, Georg: Bildnis des Nürnberger Münzmeisters Jörg Herz, Kniestück
Verzeichnisse: 1927 (Nr. 134, Ehem. Großherzog von Baden), 1938 (ebd.)

■ Pencz, Georg: Madonna
Verzeichnisse: 1927 (Nr. 135, Graf Stanislaus von Sierakowski), 1934 (Nr. 47, ebd.), 1938 (ebd.) | Bemerkung: V34: „Zuschreibung", entfällt im V38 wieder; Eintragung im Nachtrag von 1924 vermerkt, vgl. SKD Altregistratur 01/GG 30, Bl. 48

■ Perugino, Pietro: Die heilige Lucia und Johannes der Täufer
Verzeichnisse: 1927 (Nr. 133, Geh. Kommerzienrat Dr. Eduard Simon), 1938 (Ehem. Herzog von Sachsen-Meiningen) | Literatur: „Abb. im Inventar" | Bemerkung: V27: handschr. „2 Gemälde" hinzugefügt sowie Besitzer durchgestrichen und „(Sachsen-Meiningen)" ergänzt, vgl. SMB-ZA, I/NG 847

■ Piazetta, Giovanni Battista: Mädchenbildnis, 54 × 43 cm
Verzeichnisse: siehe Bemerkung | Literatur: Aukt.-Kat. Lempertz, 30.11.1939, Nr. 41, Taf. 15 | Provenienz: 30.11.1939 Slg. Arthur Maier, Karlsbad, Versteigerung Lempertz | Bemerkung: Eintragung vor November 1939, vgl. Lempertz 1939

■ Piloty, Karl von: Kolumbus in dem Moment, als er die neue Welt zum ersten Male erblickt
Verzeichnisse: 1922 (Nr. 635, Schack-Galerie)

■ Piombo, Sebastiano del: Bildnis einer jungen Dame an einem Tisch mit aufgeschlagenem Buch
Verzeichnisse: 1922 (Nr. 636, Oskar Huldschinsky), 1927 (Nr. 136, ebd.), 1938 (ebd.) | Literatur: Bode, Die Sammlung Oskar Huldschinsky, 1909, Nr. 40; Abb. im Pantheon, 1928, Bd. I, S. 29; Abb. in Kunst der Nation, 2. Jg., Nr. 15, August 1934 | Provenienz: 1928 an Böhler für 185.000 Mk. vgl. Schäffer, Versteigerungsergebnisse, Kunstchronik und Kunstliteratur, H. 4, Juli 1928, S. 50

■ Pittoni, Giovanni Batista: Antonius und Kleopatra
Verzeichnisse: siehe Bemerkung | Literatur: Aukt.-Kat. Lempertz, 30.11.1939, Nr. 42, Taf. 8 | Provenienz: 30.11.1939 Slg. Arthur Maier, Karls-

bad, Versteigerung Lempertz | Bemerkung: Eintragung vor November 1939, vgl. Lempertz 1939

■ Pleydenwurff, Hans: Darstellung des Schmerzensmannes, auf der Rückseite Wappen des Grafen Georg von Löwenstein, Domherrn in Bamberg, 1464, 31 × 23 cm
Verzeichnisse: siehe Bemerkung | Literatur: Öffentliche Kunstsammlung Basel, Ausst.-Kat. 1946, S. 22 | Provenienz: im Besitz der Familie Dr. Kling, Schwäbisch-Gmünd, Zeppelinweg 3; 1935 Depositum der Amerbach-Stiftung, vgl. Ausst.-Kat. Basel 1946, S. 22 | Bemerkung: Vorschlag zur Eintragung durch das GNM: „eine Hälfte des frühesten deutschen Porträt-Tryptichons", das Porträt im Besitz des GNM, dem Museum auch zu einem „um ein vielfaches überstiegenen Preis" angeboten, vgl. BayHStA, MK 40838, Bd. 6; Eintragung am 6.6.1935, vgl. ebd.; Streichung am 23.11.1935 nachdem das Werk bereits am 6.1.1935 an die Kunstsammlung Basel verbracht worden war, vgl. ebd.

■ Pontormo, Jacopo da: Bildnis einer jungen Dame, Kniestück
Verzeichnisse: 1922 (Nr. 638, Exzellenz Willibald von Dirksen), 1927 (Nr. 137, ebd.), 1938 (ebd.) | Literatur: Ausst.-Kat. KFM Verein 1906, Nr. 104 | Bemerkung: Streichung am 8.4.1930, BArch, R32/375a; Posse berichtete nach Durchsicht der Sammlung 1940, dass für Linz verwertbare Kunstwerke nicht mehr vorhanden sind, Sammlung bereits 1931 und danach verkauft, vgl. BArch Koblenz, B 323/163, Bl. 24

■ Potter, Paulus: Die Abendrast des Farmers
Verzeichnisse: 1922 (Nr. 651, Erben Markus Kappel), 1927 (Nr. 138, Dr. jur. Ernst Rathenau und Frau Ettlinger), 1938 (ebd.) | Literatur: Bode, Die Gemäldesammlung Marcus Kappel in Berlin, 1914, Nr. 20 | Bemerkung: Streichung im Januar 1932, vgl. BArch, R32/375b, Bl. 36

■ Potter, Paulus: ohne Titel
Verzeichnisse: 1922 (Nr. 649, Herzog von Arenberg)

■ Predis, Giovanni Ambrogio de: Madonna mit Kind
Verzeichnisse: 1938 (Julius Böhler) | Provenienz: im Besitz von Hans von Luttitz, Koblenz und zum Zeitpunkt der Eintragung nur zu Ausstellungszwecken geliehen, vgl. BayHStA, MK 40838, Bd. 6 | Bemerkung: Eintragung am 6.2.1935 infolge des Erlasses des RMdI vom 13.12.1934, vgl. Kap. III.3.1., vgl. BayHStA, MK 40838, Bd. 6

■ Preller, Friedrich: Kalypsos Abschied von Odysseus
Verzeichnisse: 1922 (Nr. 653, Schack-Galerie)

■ Preller, Friedrich: Leukothea erscheint dem Odysseus im Sturm
Verzeichnisse: 1922 (Nr. 652, Schack-Galerie)

■ Rahl, Karl: Bildnis eines alten Mannes
Verzeichnisse: 1922 (Nr. 655, Schack-Galerie)

■ Rahl, Karl: Ein weibliches Porträt
Verzeichnisse: 1922 (Nr. 657, Schack-Galerie)

■ Rahl, Karl: Portät des Landschaftsmalers Ernst Willers
Verzeichnisse: 1922 (Nr. 656, Schack-Galerie)

■ Rahl, Karl: Weiblicher Studienkopf
Verzeichnisse: 1922 (Nr. 658, Schack-Galerie)

■ Raphael: Bildnis
Verzeichnisse: 1922 (Nr. 654, Oskar Huldschinsky)

■ Raphael: Madonna
Verzeichnisse: 1938 (Fürst von Wied)

■ Rayski, Ferdinand von: Bildnis Graf Carl von Einsiedel
Verzeichnisse: 1938 (Kunstverein Bremen) | Bemerkung: Vorschlag der Eintragung am 16.1.1935 infolge des Erlasses des RMdI vom 13.12.1934, vgl. Kap. III.3.1., vgl. StA Bremen, 4,49-493/97; Bestätigung der Eintragung am 12.8.1936, vgl. Archiv KH Bremen

■ Rebell, Joseph: Ansicht von Casamicciola auf der Insel Ischia
Verzeichnisse: 1922 (Nr. 659, Schack-Galerie)

■ Rebell, Joseph: Küste von Capri bei Sonnenuntergang
Verzeichnisse: 1922 (Nr. 660, Schack-Galerie)

■ Rembrandt van Rijn: Akt stehender Mann
Verzeichnisse: 1922 (Nr. 676, Generalleutnant, Freiherr Maximilian von Heyl) | Bemerkung: Besitzerwechsel Franz Königs, Köln, Oberlandufer 132 in „Veränderungen im Verzeichnis der national wertvollen Kunstwerke" vom 17.3.1923, vgl. SMB-ZA, I/NG 847, Bl. 49

■ Rembrandt van Rijn: Apostel Paulus
Verzeichnisse: 1922 (Nr. 667, Kunstverein Bremen) | Bemerkung: Mitteilung über die Eintragung am 21.6.1920, vgl. StA Bremen, 3-B.13. Nr. 66.a. Bd. 1, Bl. 78

■ Rembrandt van Rijn: Bildnis der Hendrikje, um 1658, 73 × 52 cm
Verzeichnisse: 1922 (Nr. 680, Frau Robert von Mendelsohn), 1927 (Nr. 148, ebd.), 1934

(Nr. 55, ebd.), 1938 (ebd.) | Literatur: Rosenberg, Rembrandt, 1906, S. 334, mit Abb. | Bemerkung: Datierung und Maße vgl. Rosenberg

■ **Rembrandt van Rijn: Bildnis der Mutter**
Verzeichnisse: 1922 (Nr. 668, Dr. Krupp von Bohlen und Hallbach), 1927 (Nr. 140, ebd.), 1934 (Nr. 48, ebd.), 1938 (ebd.) | Literatur: Valentiner, Rembrandt, 1908, S. 16, mit Abb.

■ **Rembrandt van Rijn: Bildnis einer jungen Frau**
Verzeichnisse: 1922 (Nr. 669, Oskar Huldschinsky), 1927 (Nr. 141, ebd.), 1938 (ebd.) | Literatur: Bode, Die Sammlung Oskar Huldschinsky, 1909, Nr. 21 | Provenienz: 1928 Verkauf für 68.000 M, vgl. Schäffer, Versteigerungsergebnisse, Kunstchronik und Kunstliteratur, H. 4, Juli 1928, S. 50

■ **Rembrandt van Rijn: Bildnis seines Vaters in Fantasietracht**
Verzeichnisse: 1938 (Bankhaus Jacquier & Securius) | Bemerkung: vermutlich aus Versteigerung der Bestände van Diemen, 1935, Nr. 77, Eintragung am 6.12.1934

■ **Rembrandt van Rijn: Brustbild eines jüdischen Philosophen**
Verzeichnisse: 1922 (Nr. 683, Erben Markus Kappel), 1927 (Nr. 151, ebd.) | Literatur: Bode, Die Gemäldesammlung Marcus Kappel in Berlin, 1914, Nr. 22

■ **Rembrandt van Rijn: Brustbild eines jungen Mädchens**
Verzeichnisse: 1938 (Freiherr Max von Goldschmidt-Rothschild) | Bemerkung: Vorschlag zur Eintragung von Wolters am 9.10.1936, vgl. Archiv Städel, Nr. 731; 1948 Restitution an die Erben des Feiherrn Max von Goldschmidt-Rothschild durch die Städt. Galerie Ffm, vgl. Archiv Städel, Nr. 614

■ **Rembrandt van Rijn: Christus an der Säule**
Verzeichnisse: 1927 (Nr. 144, von Carstanjen'sche Familienstiftung), 1934 (Nr. 51, ebd.), 1938 (ebd.) | Bemerkung: Bad Godesberg; April 1925 auf 120.000 RM geschätzt, vgl. BStGS, NL Dörnhöffer, Nr. 2947, Bd. 2; V27: Als Leihgabe in der Alten Pinakothek; V34: Als Leihgabe in Wallraf-Richartz-Museum Köln; V38: Als Leihgabe in der Alten Pinakothek zu München

■ **Rembrandt van Rijn: Christus und die Samariterin**
Verzeichnisse: 1922 (Nr. 684, Erben Markus Kappel) | Provenienz: 1928 nach Amerika verkauft, vgl. Cicerone 1928 | Bemerkung: Streichung am 27.2.1926, vgl. BArch, R32/375a

■ **Rembrandt van Rijn: Christus vor Pilatus**
Verzeichnisse: 1938 (Prinz Ulrich von Schönburg-Waldenburg)

■ **Rembrandt van Rijn: Der Gelehrte, sog. Lairesse, 1663, 112 × 87 cm**
Verzeichnisse: 1922 (Nr. 672, Geh. Kommerzienrat Leopold Koppel), 1927 (Nr. 143, ebd.), 1934 (Nr. 50, ebd.), 1938 (ebd.) | Literatur: Valentiner, Rembrandt, 1908, S. 503, mit Abb. | Bemerkung: Datierung und Maße vgl. Valentiner

■ **Rembrandt van Rijn: Diana und Aktaeon, 72 × 95 cm**
Verzeichnisse: 1922 (Nr. 670, Fürst Salm-Salm), 1927 (Nr. 153, ebd.), 1934 (Nr. 59, ebd.), 1938 (ebd.), 1961 | Literatur: Bode, Rembrandt, Nr. 196, Weisach, Rembrandt, 1926, S. 226; Kunsthistorische Ausstellung Düsseldorf, Ausst.-Kat. 1904, Nr. 365 a; Meisterwerke holländischer und flämischer Malerei aus westf. Privatbesitz, 1939, Nr. 55, Taf. 18; Die Bau- und Kunstdenkmäler von Westfalen, Kreis Borken, 1954, S. 85 | Bemerkung: Streichung vermerkt in „Veränderungen im Verzeichnis der national wertvollen Kunstwerke" vom 17.3.1923, vgl. SMB-ZA, I/NG 847, Bl. 49; ebs. im Nachtrag von 1924, SKD Altregistratur 01/GG 30, Bl. 48

■ **Rembrandt van Rijn: Europa, 1632, 60 × 77 cm**
Verzeichnisse: 1922 (Nr. 671, Geh. Kommerzienrat Leopold Koppel), 1927 (Nr. 142, Frau Regierungsrat Else Klotz geb. Koppel), 1934 (Nr. 49, ebd.), 1938 (ebd.) | Literatur: Rosenberg, Rembrandt, 1906, S. 56, mit Abb. | Bemerkung: Datierung und Maße vgl. Rosenberg

■ **Rembrandt van Rijn: Geistlicher, Bildnis des Predigers J. C. Sylvins, 1645, 130 × 110 cm**
Verzeichnisse: 1922 (Nr. 678, von Carstanjen), 1927 (Nr. 146, von Carstanjen'sche Familienstiftung), 1934 (Nr. 53, ebd.), 1938 (ebd.) | Literatur: Rosenberg, Rembrandt, 1906, S. 223, mit Abb. | Bemerkung: April 1925 auf 1 Mio RM geschätzt, vgl. BStGS, NL Dörnhöffer, Nr. 2947, Bd. 2; Datierung und Maße vgl. Rosenberg

■ **Rembrandt van Rijn: Landschaft, 1636/37**
Verzeichnisse: 1922 (Nr. 673, Freiherr von Ketteler) | Bemerkung: Waldlandschaft mit Ruine bei Abendstimmung, Datierung vgl. Frankfurter Zeitung, Nr. 740, 8.10.1921; Strafprozess in Paderborn im Herbst 1921 infolge der unerlaubten Ausfuhr des Werkes; Verurteilung Witwe Ketteler

zu 500.000 Mark Geldstrafe (oder 15 Mark für 1 Tag Gefängnis, nicht länger als 1 Jahr), Rentmeister Heinrich Schiefenhövel 20.000 Mark Geldstrafe, vgl. Frankfurter Zeitung, Nr. 740, 8.10.1921; Ausfuhrgenehmigung am 11.12.1925, vgl. BArch, R32/375a

■ **Rembrandt van Rijn: Landschaft mit Eiche auf hohem Flußufer**
Verzeichnisse: 1922 (Nr. 685, Erben Markus Kappel), 1927 (Nr. 152, Dr. Gerhard Noah), 1934 (Nr. 58, ebd.) | Literatur: Bode, Die Gemäldesammlung Marcus Kappel in Berlin, 1914, Nr. 26

■ **Rembrandt van Rijn: Lebensgroßer Kopf eines Greises mit Knebelbart, 1651, 60 × 50 cm**
Verzeichnisse: 1927 (Nr. 154, Baron Speck von Sternburg), 1934 (Nr. 60, ebd.), 1938 (ebd.) | Bemerkung: Eintragung mit Erlass der Verordnung im Dezember 1919 angeregt, SächsHStA, 10736, Nr. 17455, Bl. 207, jedoch erst im V27

■ **Rembrandt van Rijn: Rabbiner**
Verzeichnisse: 1922 (Nr. 674, Erben Markus Kappel) | Provenienz: spätestens 1926 KH Z. K. Hackenbroch, vgl. Archiv Städel, Nr. 730 | Bemerkung: Streichung am 8.1.1926 durch Swarzenski angeregt, „Das Bild […] gilt zwar als echtes Bild des Meisters, doch hat es, gemessen an dem Bestande Rembrandt'scher Bilder in den deutschen Galerien, nur bescheidene Bedeutung. Es gehört in eine Reihe Rembrandt'scher Bilder, die im Handel ziemlich häufig vorkommen; überdies ist das Bild erst wenige Jahre vor dem Kriege aus dem Pariser Kunsthandel nach Deutschland gelangt.", vgl. Archiv Städel, Nr. 730

■ **Rembrandt van Rijn: Selbstbildnis, 1643, 61 × 48 cm**
Verzeichnisse: 1922 (Nr. 682, Ehem. Großherzog Sachsen-Weimar), 1927 (Nr. 150, ebd.), 1934 (Nr. 57, ebd.), 1938 (ebd.) | Literatur: Rosenberg, Rembrandt, 1906, S. 208, mit Abb. | Provenienz: 10.4.1921 Diebstahl aus Landesmuseum Weimar, vgl. HStA Weimar, Best. Großherzogliche Schatullverwaltung Weimar, Nr. 453, Bl. 65 | Bemerkung: im thür. Landesverzeichnis vom 27.8.1920, vgl. HStA Weimar, Thüringisches Volksbildungsministerium, Nr. C 984, Bl. 45; Datierung und Maße vgl. Rosenberg

■ **Rembrandt van Rijn: Selbstbildnis**
Verzeichnisse: 1922 (Nr. 679, Frau Robert von Mendelsohn), 1927 (Nr. 147, ebd.), 1934 (Nr. 54, ebd.), 1938 (ebd.) | Literatur: Valentiner, Rembrandt, 1908, S. 229; vermutlich S. 397, mit Abb.

■ **Rembrandt van Rijn: Selbstbildnis, um 1665, 82 × 63 cm**
Verzeichnisse: 1922 (Nr. 677, von Carstanjen), 1927 (Nr. 145, von Carstanjen'sche Familienstiftung), 1934 (Nr. 52, ebd.), 1938 (ebd.) | Literatur: Rosenberg, Rembrandt, 1906, S. 380, mit Abb.; Pinder, Rembrandts Selbstbildnisse, 1943, S. 106 ff. | Bemerkung: April 1925 auf 1 Mio. RM geschätzt, vgl. BStGS, NL Dörnhöffer, Nr. 2947, Bd. 2; Datierung und Maße vgl. Rosenberg

■ **Rembrandt van Rijn: Selbstbildnis, um 1643–1645, 72 × 59 cm**
Verzeichnisse: 1927 (Nr. 139, Ehem. Großherzog von Baden), 1938 (ebd.) | Literatur: Rosenberg, Rembrandt, 1906, S. 208, mit Abb. | Bemerkung: Datierung und Maße vgl. Rosenberg

■ **Rembrandt van Rijn: Selbstporträt**
Verzeichnisse: 1922 (Nr. 681, Erben Markus Kappel), 1927 (Nr. 149, ebd.), 1934 (Nr. 56, Dr. jur. Ernst Rathenau und Frau Ettlinger), 1938 (ebd.) | Literatur: Bode, Die Gemäldesammlung Marcus Kappel in Berlin, 1914, Nr. 21 | Provenienz: V38: Bild im Reichsmuseum in Amsterdam als Leihgabe | Bemerkung: Ausschuss entschloss sich 1928 gegen Freigabe des Bildes, vgl. Archiv Städel, Nr. 730

■ **Rembrandt van Rijn: Studienkopf eines bärtigen Mannes**
Verzeichnisse: 1938 (Bankhaus Jacquier & Securius) | Bemerkung: vermutlich aus Versteigerung der Bestände van Diemen, 25./26.1.1935, Nr. 47, Eintragung am 6.12.1934

■ **Renoir, Pierre-August: Bildnis der Gräfin Pourtalés**
Verzeichnisse: siehe Bemerkung | Provenienz: Slg. Adolf Rothermundt, Dresden | Bemerkung: Posse schlug Eintragung im Januar 1920 vor, Eintragung am 11.5.1920, vgl. SKD Altregistratur 01/GG 15, Bd. 9, Bl. 231/ 238; Streichung am 16.11.1920 nach Beantragung durch Posse am 22.10.1920, vgl. Sächs. HStA, 10736, Nr. 17455, Bl. 314/321

■ **Renoir, Pierre-August: Kleine Landschaft und Landschaft im Passepartout**
Verzeichnisse: 1938 (Jakob Goldschmidt)

■ **Renoir, Pierre-August: La Grenouillière, Landschaft, 1869, 65 × 92 cm**
Verzeichnisse: 1922 (Nr. 686, Generalkonsul Eduard Ludwig Behrens) | Provenienz: 1919–1924 Leihgabe Kunsthalle Hamburg, vgl. Luckhardt 2001, S. 43; im Herbst 1922 in London verkauft, vgl. AHK, 32-260.4, Bl. 150; 1931 Oskar

Reinhart, Winterthur | Bemerkung: Eintragung im Dezember 1919, vgl. AHK, 332-260.4, Bl. 174

■ **Reynolds, Joshua: Bild des Grafen Wilhelm zu Schaumburg-Lippe, 71 × 61 cm**
Verzeichnisse: 1938 (Ehem. Fürst zu Schaumburg-Lippe), 1961

■ **Richter, Ludwig: Die Rast der Pilger**
Verzeichnisse: 1938 (Kunstverein Bremen) | Bemerkung: Vorschlag der Eintragung am 16.1.1935 infolge des Erlasses des RMdI vom 13.12.1934, vgl. Kap. III.3.1., vgl. StA Bremen, 4,49-493/97; Bestätigung der Eintragung am 12.8.1936, vgl. Archiv KH Bremen

■ **Rigaud, Hyacinthe: Bildnis Graf Detlef von Dehn, um 1723, 137 × 105 cm**
Verzeichnisse: 1922 (Nr. 694, Ehem. Herzog Ernst August von Braunschweig-Luneburg) | Provenienz: heute Herzog Anton Ulrich-Museum Braunschweig Inventar-Nr. 724

■ **Romney, Ch.: Herrenbildnis**
Verzeichnisse: 1922 (Nr. 698, Frau Martin Bromberg), 1927 (Nr. 155, ebd.), 1938 (ebd.) | Bemerkung: Eintragung mit Erlass der Verordnung 1919, vgl. AHK, 32-260.4, Bl. 2/174; im V38 als Rouney geführt

■ **Ross, Karl: Die Grotte der Nymphe Egeria bei Rom**
Verzeichnisse: 1922 (Nr. 699, Schack-Galerie)

■ **Rottmann, Karl: Ansicht von Rom von der Villa Malta aus gesehen, in drei Bildern**
Verzeichnisse: 1922 (Nr. 704, Schack-Galerie)

■ **Rottmann, Karl: Der Hintersee bei Berchtesgaden**
Verzeichnisse: 1922 (Nr. 705, Schack-Galerie)

■ **Rottmann, Karl: Der Kochelsee im Bayerischen Gebirge**
Verzeichnisse: 1922 (Nr. 706, Schack-Galerie)

■ **Rottmann, Karl: Die Quelle Kallirhoe oder Enneatrunos bei Athen**
Verzeichnisse: 1922 (Nr. 709, Schack-Galerie)

■ **Rottmann, Karl: Meeresküste in Griechenland mit aufziehendem Gewitter**
Verzeichnisse: 1922 (Nr. 707, Schack-Galerie)

■ **Rottmann, Karl: Motiv aus Griechenland**
Verzeichnisse: 1922 (Nr. 708, Schack-Galerie)

■ **Rousseau, Théodore: Eichwald in Fontainebleau**
Verzeichnisse: 1922 (Nr. 710, Städelsches Kunstinstitut) | Provenienz: aus der Slg. Johann Meyer; im Städel aufbewahrt, jedoch im Besitz von Dietel in Oberliederbach bei Frankfurt/Main, vgl. Archiv Städel, Nr. 730 | Bemerkung: Posse schlug Eintragung im Januar 1920 vor, vgl. SKD Altregistratur 01/GG 15, Bd. 9, Bl. 231; Streichung vermerkt in „Veränderungen im Verzeichnis der national wertvollen Kunstwerke" vom 17.3.1923, vgl. SMB-ZA, I/NG 847, Bl. 49; ebs. im Nachtrag von 1924, SKD Altregistratur 01/GG 30, Bl. 48

■ **Rousseau, Théodore: Landschaft, 41 × 62 cm**
Verzeichnisse: siehe Bemerkung | Provenienz: seit 1869 im Besitz der Familie Eduard Behrens, vgl. Luckhardt 2001, S. 36 | Bemerkung: Eintragung am 15.12.1939 auf Vorschlag der Kunsthalle Hamburg vom 18.10.1939 vgl. AHK, 32-260.4, Bl. 15 f.

■ **Rousseau, Théodore: Landschaft**
Verzeichnisse: 1922 (Nr. 711, Christine Merckel, geb. Uhle) | Literatur: aus dem NL Carl Louis Uhle, Dresden | Bemerkung: Eintragung am 10.9.1920 auf Vorschlag Posses, SächsHStA, 10736, Nr. 17455, Bl. 309

■ **Rubens, Peter Paul: Bildnis der Marquise Imperiali, 208 × 132 cm**
Verzeichnisse: siehe Bemerkung | Literatur: Graupe, Die Bestände der Firmen Galerie van Diemen & Co., GmbH, Aukt.-Kat. April 1935, darin Literatur und Provenienz | Bemerkung: aus Versteigerung der Bestände van Diemen, 26./27.4.1935, Nr. 81, Eintragung am 6.12.1934; nicht mehr im V38

■ **Rubens, Peter Paul: Bildnis der Prinzessin Spinola, 227 × 137 cm**
Verzeichnisse: siehe Bemerkung | Literatur: Graupe, Die Bestände der Firmen Galerie van Diemen & Co., GmbH, Aukt.-Kat. April 1935, darin Literatur und Expertisen | Bemerkung: aus Versteigerung der Bestände van Diemen, 26./27.4.1935, Nr. 81, Eintragung am 6.12.1934; nicht mehr im V38

■ **Rubens, Peter Paul: Bildnis seiner Frau**
Verzeichnisse: 1922 (Nr. 712, Erben Markus Kappel), 1927 (Nr. 158, ebd.), 1938 (ebd.) | Literatur: Abb. in Jahrbuch der Preußischen Kunstslg., 1913, S. 222 | Bemerkung: Streichung am 17.11.1930 nach Beantragung durch Dörnhöffer am 22.10.1930, vgl. BayHStA, MK 40837, Bd. 5 und BArch, R32/375a

■ **Rubens, Peter Paul: Caritas, 143 × 126 cm**
Verzeichnisse: 1922 (Nr. 713, Graf von Schönborn), 1927 (Nr. 161, ebd.), 1934 (Nr. 63, ebd.), 1938 (ebd.), 1961 | Literatur: „Klassiker der Kunst 1921, S. 64"

■ **Rubens, Peter Paul: Decius Mus**
Verzeichnisse: 1938 (Kunstverein Bremen) | Bemerkung: Vorschlag der Eintragung am 16.1.1935 infolge des Erlasses des RMdI vom 13.12.1934, vgl. Kap. III.3.1., vgl. StA Bremen, 4,49-493/97; Bestätigung der Eintragung am 12.8.1936, vgl. Archiv KH Bremen (rot durchgestrichen) mit handschr. Vermerkt „gehört Frau Buchenau", damit muss gesonderte Benachrichtigung erfolgen; als Leihgabe in der Bremer Kunsthalle, am 20.3.1935 an Eigentümerin Frau S. Buchenau zurückgegeben

■ **Rubens, Peter Paul: Der Friede und der Überfluß, Skizze**
Verzeichnisse: 1922 (Nr. 716, Geh. Kommerzienrat Leopold Koppel), 1927 (Nr. 160, Frau Regierungsrat Else Klotz geb. Koppel), 1934 (Nr. 62, ebd.), 1938 (ebd.) | Literatur: Ausst.-Kat. KFM-Verein, Nr. 139 (V34 und V38: Nr. 141); „Rooses III, p. 288" | Provenienz: V38: „z. Zt. Depot der Deutschen Bank pp, Mauerstr. 26/27"

■ **Rubens, Peter Paul: Der Philosoph Seneca, Brustbild**
Verzeichnisse: 1927 (Nr. 156, Ehem. Großherzog von Baden), 1938 (ebd.) | Bemerkung: V27: „Badische Kunsthalle"

■ **Rubens, Peter Paul: Familienbild**
Verzeichnisse: 1927 (Nr. 157, Ehem. Großherzog von Baden), 1938 (ebd.) | Bemerkung: V27: „Badische Kunsthalle"

■ **Rubens, Peter Paul: Geistlicher**
Verzeichnisse: 1922 (Nr. 714, Dr. Hermann Anschütz-Kaempfe), 1927 (Nr. 162, ebd.), 1938 (ebd.)

■ **Rubens, Peter Paul: Madonna mit weiblichen Heiligen**
Verzeichnisse: 1922 (Nr. 715, Geh. Kommerzienrat Leopold Koppel), 1927 (Nr. 159, ebd.), 1934 (Nr. 61, ebd.), 1938 (ebd.) | Literatur: Ausst.-Kat. KFM Verein 1914, Nr. 139

■ **Rubens, Peter Paul: Verkündigung Mariae**
Verzeichnisse: 1938 (Bankhaus Jacquier & Securius) | Bemerkung: vermutlich aus Versteigerung der Bestände van Diemen, 25./26.1.1935, Nr. 50, Eintragung am 6.12.1934

■ **Ruisdael, Jacob van: Ansicht von Haarlem**
Verzeichnisse: 1922 (Nr. 721, Herzog Georg von Leuchtenberg), 1927 (Nr. 167, ebd.) | Bemerkung: Streichung am 19.8.1933, vgl. BayHStA, MK 40838, Bd. 6

■ **Ruisdael, Jacob van: Ansicht von Haarlem, 78 × 85 cm**
Verzeichnisse: 1922 (Nr. 720, Friedrich Vieweg und Sohn AG), 1927 (Nr. 166, ebd.)

■ **Ruisdael, Jacob van: Blick auf Haarlem**
Verzeichnisse: 1922 (Nr. 717, Erben Markus Kappel), 1927 (Nr. 163, Dr. Gerhard Noah), 1938 (ebd.) | Literatur: Bode, Die Gemäldesammlung Marcus Kappel in Berlin, 1914, Nr. 27

■ **Ruisdael, Jacob van: Gebirgslandschaft**
Verzeichnisse: 1922 (Nr. 718, Regierungsrat Dr. Eberhard Hörstel)

■ **Ruisdael, Jacob van: Landschaft**
Verzeichnisse: 1922 (Nr. 722, Erben des Augenarztes Dr. Lürmann), 1927 (Nr. 168, ebd.), 1938 (ebd.) | Bemerkung: Eintragung im Dezember 1919, vgl. StA Bremen, 3-B.13. Nr. 66.a. Bd. 1, Bl. 60; Beantragung der Streichung durch Galerie Hans Bamann, Düsseldorf am 26.4.1930, Ausfuhr genehmigt am 19.5.1930, daraufhin unbekannt verkauft und Besitzer 1938 nicht zu ermitteln, vgl. StA Bremen, 3-B.13. Nr. 66.a. Bd. 1, Bl. 197 ff. und 240 und BArch, R32/375a

■ **Ruisdael, Jacob van: Landschaft mit Ruine Egmont**
Verzeichnisse: 1922 (Nr. 723, Oskar Huldschinsky), 1927 (Nr. 165, ebd.), 1938 (ebd.) | Literatur: Bode, Die Sammlung Oskar Huldschinsky, 1909, Nr. 26 | Provenienz: 1928 Verkauf für 61.000 M, vgl. Schäffer, Versteigerungsergebnisse, Kunstchronik und Kunstliteratur, H. 4, Juli 1928, S. 50

■ **Ruisdael, Jacob van: Westfälische Landschaft**
Verzeichnisse: 1922 (Nr. 719, Erben Markus Kappel), 1927 (Nr. 164, ebd.), 1938 (Hedwig Kristaller) | Provenienz: heute Rheinisches Landesmuseum Bonn | Bemerkung: V27: Besitzer durchgestrichen, handschr. ergänzt. Adresse hier auch Wagmüllerstr. 12, München; Streichung am 17.11.1930 durch das RMdI versagt (Dörnhöffer stimmte zu, RKW lehnte ab), vgl. BayHStA, MK 40837, Bd. 5; „einen der schönsten mir bekannten Ruisdaels", Pauli in: Ring 2010, Bd. 1, S. 119

■ **Runge, Philipp Otto: Porträt der kleinen Perthes**
Verzeichnisse: 1938 (Walther Agricola) | Provenienz: seit Entstehung in Familienbesitz

Agricola, vgl. HStA Weimar, Best. Thüringisches Volksbildungsministerium, Nr. C 987, Bl. 318; Humboldtstr. 23, Jena; 1940 in Verwahrung der Commerz- und Privatbank A.G. Abteilung Jena gegeben (Luftschutzbunker) | Bemerkung: Antrag auf Eintragung durch die Kunsthalle Hamburg (Kleinschmidt) am 25.6.1934, vgl. AHK, 32-260.4, Bl. 93, mit Begründung, dass Werk eines der besten Werke Runges sowie dass der nationale Kunstbesitz an Runge nach dem Verlust zweier Werke beim Brand des Glaspalastes in München 1931 vermindert ist, vgl. ebd. sowie vgl. HStA Weimar, Best. Thüringisches Volksbildungsministerium, Nr. 987, Bl. 95; Eintragungen verzögern sich, weil Zuständigkeiten nicht ganz klar, Eintragung am 4.10.1934, vgl. ebd., Bl. 102

■ Schaffner, Martin: Vier Altartafeln, Legende des hl. Antonius Eremita
Verzeichnisse: 1922 (Nr. 731, Prinz Max von Baden), 1927 (Nr. 171, ebd.), 1934 (Nr. 65, Markgraf Berthold von Baden), 1938 (Prinz Max von Baden) | Bemerkung: Aufbewahrungsort Schloß Kirchberg am Bodensee

■ Schäufelein, Hans Leonhard: Bildnis des Lorenz und der Katharina Tucher
Verzeichnisse: 1922 (Nr. 737, Freiherr Heinrich von Tucher), 1927 (Nr. 172, ebd.), 1934 (Nr. 66, ebd.), 1938 (ebd.) | Bemerkung: „ist so schwach, dass wir es nicht einmal als Leihgabe in die Dürer-Ausstellung aufnehmen konnten und dürfte daher wohl auch abzusetzen sein.", vgl. GNM (Zimmermann) an BNM (Halm), 2.5.1929, BNM, Dokumentation, Dok. 1637, Mappe 11; V27 und V38: „Aufbewahrt im Tucherschlößchen Nürnberg, Hirschelgasse"

■ Schäufelein, Hans Leonhard: Thronender Bischof
Verzeichnisse: 1922 (Nr. 738, Generalleutnant, Freiherr Maximilian von Heyl) | Bemerkung: Besitzerwechsel Kupferstichkabinett Berlin in „Veränderungen im Verzeichnis der national wertvollen Kunstwerke" vom 17.3.1923, vgl. SMB-ZA, I/NG 847, Bl. 49; Streichung im Nachtrag von 1924 vermerkt, vgl. SKD Altregistratur 01/GG 30, Bl. 48

■ Schleich, Eduard: Ansicht des Starnberger Sees
Verzeichnisse: 1922 (Nr. 742, Schack-Galerie)

■ Schleich, Eduard: Eine Alpe
Verzeichnisse: 1922 (Nr. 741, Schack-Galerie)

■ Schleich, Eduard: Partie aus Venedig
Verzeichnisse: 1922 (Nr. 743, Schack-Galerie)

■ Schmidt, Max: Ansicht von Smyrna von der Karawanenbrücke aus
Verzeichnisse: 1922 (Nr. 746, Schack-Galerie)

■ Schmidt, Max: Gegend bei Nizza
Verzeichnisse: 1922 (Nr. 747, Schack-Galerie)

■ Schnorr von Carolsfeld, Ludwig Ferdinand: Der Erlkönig
Verzeichnisse: 1922 (Nr. 750, Schack-Galerie)

■ Schwäbisch: Adam und Eva auf Bodensockeln, um 1520–1525
Verzeichnisse: 1938 (Jakob Goldschmidt) | Provenienz: V38: „Seit Dez. 1937 in Gewahrsam der Fa. Mathias Lempertz, Köln, Neumarkt 3"

■ Schwäbisch: Die Heiligen Maria Salome und Margarethe, Altarflügel, um 1500
Verzeichnisse: siehe Bemerkung | Literatur: Münchner Jahrbuch der bildenden Kunst, 1908, Bd. 2, S. 39 | Provenienz: Hofratswitwe Maria Streber, Bad Tölz; Winter 1939/40 Verkauf an Antiquitätenfirma Xaver Scheidwimmer, vgl. BayHStA, MK 40839, Bd. 7 | Bemerkung: Eintragung am 13.3.1940, auf Antrag der BStGS, vgl. BayHStA, MK 40839, Bd. 7

■ Schwäbisch: Die Heiligen Vitus und Antonius Eremita, Altarflügel, um 1500
Verzeichnisse: siehe Bemerkung | Literatur: Münchner Jahrbuch der bildenden Kunst, 1908, Bd. 2, S. 40 | Provenienz: Hofratswitwe Maria Streber, Bad Tölz; Winter 1939/40 Verkauf an Antiquitätenfirma Xaver Scheidwimmer, vgl. BayHStA, MK 40839, Bd. 7 | Bemerkung: Eintragung am 13.3.1940, auf Antrag der BStGS, vgl. BayHStA, MK 40839, Bd. 7

■ Schwäbisch: Fragment einer heiligen Sippe, um 1530
Verzeichnisse: 1922 (Nr. 223, Anna von Przibram-Gladona), 1927 (Nr. 236, ebd.), 1938 (ebd.)

■ Schwäbisch: Heilige Dorothea, Stil E. S. um 1470
Verzeichnisse: 1922 (Nr. 319, Herzog/Ehem. König Wilhelm II. von Württemberg), 1927 (Nr. 235, ebd.) | Bemerkung: V27: „Schwäbische Schule"

■ Schwäbisch: Tafelbild mit Darstellung der Gottesmutter und zweier weiblichen Heiligen
Verzeichnisse: 1922 (Nr. 71, Stadtpfarrer Jung)

■ Schwäbischer Meister von 1523: Bildnis der Prinzessin Elisabeth, 35 × 32 cm
Verzeichnisse: 1922 (Nr. 74, Freiherr von Lotzbeck), 1927 (Nr. 242, ebd.), 1934 (Nr. 100, ebd.),

1938 (ebd.) | Literatur: Kat. d. Freiherrlichen von Lotzbeckschen Sammlung, 1891, Nr. 91 | Bemerkung: Freiburg-Wiehre; V38: Unbekannter Meister, ohne Zeitangabe; oberdeutsch von 1534 sowie Maße vgl. Kat. 1891

■ Schwäbischer Meister von 1523: Bildnis des Heerführers Georg von Frundsberg, Tafelbild, 16. Jh.
Verzeichnisse: 1927 (Nr. 239, Graf von Rechberg und Rothenlöwen), 1934 (Nr. 99, ebd.), 1938 (ebd.) | Literatur: Die Kunst- und Altertumsdenkmäler in Württemberg, Kunstatlas Bd. 4, Taf. 42 | Bemerkung: V34 und V38: Jörg Frundsberg

■ Schwäbischer Meister von 1523: Die sog. 21 Weber-Fresken am Haus zur Kunkel in Konstanz, Münsterplatz 5
Verzeichnisse: 1934 (Nr. 101, Witwe Helene Hug und Josef Franke), 1938 (ebd.) | Provenienz: Konstanz, St. Johanngasse 1

■ Schweinfurth, Ernst: Kreuzgang im Lateran
Verzeichnisse: 1922 (Nr. 753, Schack-Galerie)

■ Schweinfurth, Ernst: Landschaft aus der Gegend von Cerveteri bei Rom
Verzeichnisse: 1922 (Nr. 752, Schack-Galerie)

■ Schwindt, Moritz von: Aschenbrödl
Verzeichnisse: 1922 (Nr. 754, Freiherr Johann Karl von und zu Frankenstein)

■ Schwindt, Moritz von: Der Abend
Verzeichnisse: 1922 (Nr. 753, Schack-Galerie)

■ Schwindt, Moritz von: Der Erlkönig
Verzeichnisse: 1922 (Nr. 761, Schack-Galerie)

■ Schwindt, Moritz von: Der heilige Wolfgang zwingt den Teufel, ihm Steine zum Bau einer Kirche herbeizufahren
Verzeichnisse: 1922 (Nr. 764, Schack-Galerie)

■ Schwindt, Moritz von: Der heimkehrende Kreuzritter
Verzeichnisse: 1922 (Nr. 765, Schack-Galerie)

■ Schwindt, Moritz von: Der Mittag
Verzeichnisse: 1922 (Nr. 773, Schack-Galerie)

■ Schwindt, Moritz von: Der Morgen
Verzeichnisse: 1922 (Nr. 774, Schack-Galerie)

■ Schwindt, Moritz von: Der Traum des Gefangenen
Verzeichnisse: 1922 (Nr. 785, Schack-Galerie)

■ Schwindt, Moritz von: Der Vater Rhein, die Fidel des Volks spielend und die Rheinsagen singend
Verzeichnisse: 1922 (Nr. 787, Schack-Galerie)

■ Schwindt, Moritz von: Des Knaben Wunderhorn
Verzeichnisse: 1922 (Nr. 770, Schack-Galerie)

■ Schwindt, Moritz von: Die Donau mit ihrem Nebenflüssen
Verzeichnisse: 1922 (Nr. 755, Schack-Galerie)

■ Schwindt, Moritz von: Die gefangene Prinzessin
Verzeichnisse: 1922 (Nr. 763, Schack-Galerie)

■ Schwindt, Moritz von: Die Hochzeitsreise
Verzeichnisse: 1922 (Nr. 767, Schack-Galerie)

■ Schwindt, Moritz von: Die Jungfrau
Verzeichnisse: 1922 (Nr. 768, Schack-Galerie)

■ Schwindt, Moritz von: Die Morgenstunde
Verzeichnisse: 1922 (Nr. 775, Schack-Galerie)

■ Schwindt, Moritz von: Die Nacht
Verzeichnisse: 1922 (Nr. 778, Schack-Galerie)

■ Schwindt, Moritz von: Die Waldkapelle
Verzeichnisse: 1922 (Nr. 788, Schack-Galerie)

■ Schwindt, Moritz von: Ein Einsiedler führt die Rosse eines Reisenden, den er beherbergt, zur Tränke
Verzeichnisse: 1922 (Nr. 757, Schack-Galerie)

■ Schwindt, Moritz von: Ein Engel, einen Jüngling an der Hand haltend, durchschwebt mit diesem die Hallen einer gotischen Kirche
Verzeichnisse: 1922 (Nr. 760, Schack-Galerie)

■ Schwindt, Moritz von: Ein Jüngling, auf der Wanderschaft begriffen, ruht unter einem Baume und blickt auf ein vor ihm liegendes Städtchen
Verzeichnisse: 1922 (Nr. 769, Schack-Galerie)

■ Schwindt, Moritz von: Ein Reiter, eben auf einer Anhöhe anlangend, blickt noch einmal ins Tal zurück
Verzeichnisse: 1922 (Nr. 781, Schack-Galerie)

■ Schwindt, Moritz von: Ein Ritter auf nächtlicher Wasserfahrt
Verzeichnisse: 1922 (Nr. 782, Schack-Galerie)

■ Schwindt, Moritz von: Einsiedler in einer Felsengrotte
Verzeichnisse: 1922 (Nr. 756, Schack-Galerie)

■ Schwindt, Moritz von: Elementargeister, die den Mond anbeten
Verzeichnisse: 1922 (Nr. 758, Schack-Galerie)

■ Schwindt, Moritz von: Elfentanz
Verzeichnisse: 1922 (Nr. 759, Schack-Galerie)

■ Schwindt, Moritz von: Erscheinung im Walde
Verzeichnisse: 1922 (Nr. 762, Schack-Galerie)

■ Schwindt, Moritz von: Graf von Gleichen
Verzeichnisse: 1922 (Nr. 777, Major von Neufville) | Bemerkung: Streichung im Nachtrag von 1924 vermerkt, vgl. SKD Altregistratur 01/GG 30, Bl. 48

■ Schwindt, Moritz von: Hero und Leander
Verzeichnisse: 1922 (Nr. 766, Schack-Galerie)

■ Schwindt, Moritz von: König Krokus von Böhmen im Gespräch mit einer Waldnymphe
Verzeichnisse: 1922 (Nr. 771, Schack-Galerie)

■ Schwindt, Moritz von: Mädchenkopf
Verzeichnisse: 1938 (Kunstverein Bremen) | Bemerkung: Vorschlag der Eintragung am 16.1.1935 infolge des Erlasses des RMdI vom 13.12.1934, vgl. Kap. III.3.1., vgl. StA Bremen, 4,49-493/97; Bestätigung der Eintragung am 12.8.1936, vgl. Archiv KH Bremen

■ Schwindt, Moritz von: Morgenstunde
Verzeichnisse: 1922 (Nr. 776, Major von Neufville)

■ Schwindt, Moritz von: Nächtlicher Zweikampf an einem Gartentor
Verzeichnisse: 1922 (Nr. 779, Schack-Galerie)

■ Schwindt, Moritz von: Nixen, welche aus einem Brunnen auftauchen und einen Hirsch tränken
Verzeichnisse: 1922 (Nr. 772, Schack-Galerie)

■ Schwindt, Moritz von: Ölgemälde, 17 × 44 cm
Verzeichnisse: 1922 (Nr. 780, Exzellenz Freiherr Wilhelm Heyl zu Herrnsheim)

■ Schwindt, Moritz von: Rübezahl
Verzeichnisse: 1922 (Nr. 783, Schack-Galerie)

■ Schwindt, Moritz von: Rückkehr des Grafen von Gleichen aus dem Kreuzzuge
Verzeichnisse: 1922 (Nr. 784, Schack-Galerie)

■ Schwindt, Moritz von: Tritonen und Nereiden
Verzeichnisse: 1922 (Nr. 786, Schack-Galerie)

■ Schwindt, Moritz von: Wieland der Schmied
Verzeichnisse: 1922 (Nr. 789, Schack-Galerie)

■ Seekatz, Johann Conrad: Sopraporte aus Schloß Braunshardt, jetzt im Residenzschloß
Verzeichnisse: 1922 (Nr. 790, Großherzoglicher Privatbesitz Darmstadt)

■ Seghers, Herkules: Landschaft
Verzeichnisse: 1922 (Nr. 791, Dr. James Simon) | Literatur: Berger, Johann Konrad Seekatz. Ein deutscher Maler des achtzehnten Jahrhunderts, 1916 mit Abb. | Bemerkung: Streichung am 1.2.1927, vgl. BArch, R32/375a

■ Seisenegger, Jakob: Bildnis eines Fugger, 1541
Verzeichnisse: 1934 (Nr. 67, Fürstlich Fuggerscher Besitz Augsburg) | Bemerkung: Eintragung durch die Direktorenkonferenz der Münchner Museen am 23.12.1931 vorgeschlagen, vgl. BStGS, 11/4, Nr. 245

■ Seisenegger, Jakob: Porträt einer Prinzessin, 90 × 70 cm
Verzeichnisse: 1938 (Julius Böhler) | Bemerkung: Eintragung am 6.2.1935 infolge des Erlasses des RMdI vom 13.12.1934, vgl. Kap. III.3.1., vgl. BayHStA, MK 40838, Bd. 6

■ Sienesischer Meister: Apokalypse, 14. Jh.
Verzeichnisse: 1922 (Nr. 23, Graf Erbach-Fürstenau) | Bemerkung: Streichung im Nachtrag von 1924 vermerkt, vgl. SKD Altregistratur 01/GG 30

■ Signorelli, Lucca: Madonna mit Kind
Verzeichnisse: 1938 (Kunsthandlung A. S. Drey) | Literatur: Gemälde alter Meister aus Berliner Privatbesitz, 1925, Nr. 356; Graupe, Aus dem Besitz der Firma A. S. Drey, 1936, S. 17, Nr. 50 | Provenienz: 1925 von Dr. Schlodtmann, Berlin erworben, vgl. BayHStA, MK 40838, Bd. 6 | Bemerkung: Eintragung am 6.2.1935 infolge des Erlasses des RMdI vom 13.12.1934, vgl. Kap. III.3.1., vgl. BayHStA, MK 40838, Bd. 6

■ Signorelli, Lucca: Madonna mit Kind
Verzeichnisse: 1938 (Walter Pirschel)

■ Soest, Konrad von: Marienkrönung
Verzeichnisse: 1922 (Nr. 807, Erben der Sammlung Loeb), 1927 (Nr. 174, ebd.), 1938 (ebd.) | Bemerkung: Caldenhof bei Hannover; Streichung am 17.5.1929, vgl. BArch, R32/375a

■ Soest, Schule, Konrad von: Laurentiusmarter, Pfingstfest, Anna Selbdritt, Christus am Kreuz
Verzeichnisse: 1927 (Nr. 175, Erben der Sammlung Loeb), 1938 (ebd.) | Bemerkung: Caldenhof bei Hannover; Streichung am 17.5.1929, vgl. BArch, R32/375a; Versteigerung 1929

■ Spitzweg, Carl: Bild, Ständchen
Verzeichnisse: 1938 (Führer und Reichskanzler Adolf Hitler)

■ Spitzweg, Carl: Der Abschied
Verzeichnisse: 1922 (Nr. 808, Schack-Galerie)

■ **Spitzweg, Carl: Der Fliegenfänger**
Verzeichnisse: 1922 (Nr. 810, Richter Grobber) | Bemerkung: Göbenstr. 8, Bremen

■ **Spitzweg, Carl: Die Serenade aus dem Barbier von Sevilla**
Verzeichnisse: 1922 (Nr. 812, Schack-Galerie)

■ **Spitzweg, Carl: Ein Einsiedler, Violine spielend**
Verzeichnisse: 1922 (Nr. 809, Schack-Galerie)

■ **Spitzweg, Carl: Ein Hypochonder, morgens aus dem Fenster schauend**
Verzeichnisse: 1922 (Nr. 811, Schack-Galerie)

■ **Spitzweg, Carl: Türken in einem Kaffeehause**
Verzeichnisse: 1922 (Nr. 813, Schack-Galerie)

■ **Stademann, Adolf: Winterlandschaft**
Verzeichnisse: 1922 (Nr. 815, Schack-Galerie)

■ **Stange, Bernhard: Die Abendglocke**
Verzeichnisse: 1922 (Nr. 816, Schack-Galerie)

■ **Stange, Bernhard: Platz in Venedig bei Mondschein**
Verzeichnisse: 1922 (Nr. 817, Schack-Galerie)

■ **Steen, Jan: Die Zeitungsleser**
Verzeichnisse: 1922 (Nr. 818, Erben Markus Kappel), 1927 (Nr. 176, ebd.), 1938 (ebd.) | Literatur: Hofstede de Groot, Jan Steen, Nr. 669 | Bemerkung: Streichung am 17.11.1930 nach Antrag Dörnhöffers vom 22.10.1930, vgl. BayHStA, MK 40837, Bd. 5 und BArch, R32/375a

■ **Steen, Jan: Lustige Gesellschaft in der Laube**
Verzeichnisse: 1922 (Nr. 819, Erben Markus Kappel)

■ **Steinle, Edward Jakob von: Adam und Eva**
Verzeichnisse: 1922 (Nr. 827, Schack-Galerie)

■ **Steinle, Edward Jakob von: Die Lorelei**
Verzeichnisse: 1922 (Nr. 828, Schack-Galerie)

■ **Steinle, Edward Jakob von: Ein Türmer auf der Höhe des Turms**
Verzeichnisse: 1922 (Nr. 830, Schack-Galerie)

■ **Steinle, Edward Jakob von: Ein Violinspieler**
Verzeichnisse: 1922 (Nr. 831, Schack-Galerie)

■ **Steinle, Edward Jakob von: Lorelei**
Verzeichnisse: 1922 (Nr. 829, Schack-Galerie)

■ **Stocker, Jörg: Flügelaltar**
Verzeichnisse: 1922 (Nr. 6, Fürst von Hohenzollern-Sigmaringen) | Literatur: Kaufhold, Das Fürstlich Hohenzollernsche Museum in Sigmaringen, Schnell Kunstführer Nr. 1269, 1981 | Bemerkung: aus der kath. Kirche Mengen-Ennetach von 1496, vgl. Kat. Sigmaringen 1928, Nr. 41/44

■ **Strigel, Bernhard: Altarflügel aus Tettnang**
Verzeichnisse: 1922 (Nr. 837, Fürst von Oettingen-Wallerstein), 1927 (Nr. 183, ebd.), 1934 (Nr. 70, ebd.), 1938 (ebd.)

■ **Strigel, Bernhard: Beweinung Christi**
Verzeichnisse: 1922 (Nr. 840, Ehem. Großherzog von Baden), 1927 (Nr. 181, ebd.), 1938 (ebd.) | Bemerkung: V22: „Vier altdeutsche Gemälde, Nr. 12–15"

■ **Strigel, Bernhard: Brustbild Graf Johannes II. von Montfort, um 1520, 40 × 27 cm**
Verzeichnisse: 1922 (Nr. 839, Fürst von Fürstenberg), 1927 (Nr. 179, ebd.), 1934 (Nr. 69, ebd.), 1938 (ebd.) | Literatur: Woltmann, Fürstlich-Fürstenbergische Sammlungen zu Donaueschingen, 1870, S. 40, Nr. 72; Feuerstein, Verzeichnis der Gemälde, 1921, Nr. 72; Thieme-Becker, XXXII, 1938, S. 189; Weber, Alte Meister in der Sammlung Würth, 2004, S. 224–225, Nr. 54 | Provenienz: „Erworben in München durch Herrn Pfaffenhofen", Woltmann, S. 40; 2003 Slg. Reinhold Würth | Bemerkung: V22: nur als Nr. 72 bezeichnet

■ **Strigel, Bernhard: Der heilige Vitus, um 1520, 33 × 33 cm**
Verzeichnisse: 1927 (Nr. 177, Fürst von Fürstenberg), 1934 (Nr. 68, ebd.), 1938 (ebd.) | Literatur: Woltmann, Fürstlich-Fürstenbergische Sammlungen zu Donaueschingen, 1870, S. 38, Nr. 63; Feuerstein, Verzeichnis der Gemälde, 1921, Nr. 63; Weber, Alte Meister in der Sammlung Würth, 2004, S. 226–227, Nr. 55 a/b | Provenienz: 2003 Slg. Reinhold Würth | Bemerkung: Datierung vgl. Weber

■ **Strigel, Bernhard: Die Heiligen Petrus und Paulus, 1521, 138 × 92 cm**
Verzeichnisse: siehe Bemerkung | Literatur: Münchner Jahrbuch der bildenden Kunst, 1908, Bd. 2, S. 30 | Provenienz: Hofratswitwe Maria Streber, Bad Tölz; Winter 1939/40 Verkauf an Antiquitätenfirma Xaver Scheidwimmer, vgl. BayHStA, MK 40839, Bd. 7; 3.5.1943 durch KH Böhler an Sonderbeauftragten für Linz, Voss, für 60.500 RM verkauft, vgl. BWA, F43, Nr. 351 | Bemerkung: Eintragung am 13.3.1940, durch die BStGS beantragt, vgl. BayHStA, MK 40839, Bd. 7

Strigel, Bernhard: Grablegung Christi, Anfang 16. Jh., 21 × 146 cm
Verzeichnisse: 1927 (Nr. 178, Fürst von Fürstenberg), 1938 (ebd.) | Literatur: Woltmann, Fürstlich-Fürstenbergische Sammlungen zu Donaueschingen, 1870, S. 37, Nr. 62; Feuerstein, Verzeichnis der Gemälde, 1921, Nr. 62

Strigel, Bernhard: Männliches Bildnis
Verzeichnisse: 1922 (Nr. 838, Marcell von Nemes) | Provenienz: Dezember 1926: Werk „durfte nach Angaben des Besitzer nur zeitweilig aus Ungarn ausgeführt werden" und befand sich „bereits wieder im Ausland", vgl. BStGS, 11/4, Nr. 245

Strigel, Bernhard: Porträt des Apothekers Wolfhardt
Verzeichnisse: 1938 (Julius Böhler) | Bemerkung: Eintragung am 6.2.1935 infolge des Erlasses des RMdI vom 13.12.1934, vgl. Kap. III.3.1., vgl. BayHStA, MK 40838, Bd. 6

Strigel, Bernhard: Stifterbildnis, rechter Flügel eines Altars
Verzeichnisse: 1934 (Nr. 73, Freiherr von Lupin) | Bemerkung: Eintragung durch die Direktorenkonferenz der Münchner Museen am 23.12.1931 vorgeschlagen, vgl. BStGS, 11/4, Nr. 245

Strigel, Bernhard: Verspottung Christi
Verzeichnisse: 1922 (Nr. 840, Ehem. Großherzog von Baden), 1927 (Nr. 180, ebd.), 1938 (ebd.) | Bemerkung: V22: „Vier altdeutsche Gemälde, Nr. 12–15"

Strigel, Bernhard: Vier Teile des Mindelheimer Altars, vor 1505
Verzeichnisse: 1922 (Nr. 841, Graf von Rechberg und Rothenlöwen), 1927 (Nr. 184, ebd.), 1934 (Nr. 71, ebd.), 1938 (ebd.) | Literatur: Baum, Altschwäbische Kunst, 1923, Taf. 34 ff. (V34: Nr. 41–44); Thieme-Becker, XXXII, 1938, S. 188; Baum, Der Mindeheimer Altar des Bernhard Strigel, in: Jahrbuch der Königlich Preussischen Kunstsammlungen, 35. Bd., 1. H., 1914, S. 9–21 | Provenienz: 10 Tafeln in Nürnberg, GNM, 4 Stiftertafeln im Schloß Donzdorf, vgl. Thieme-Becker 1938 | Bemerkung: V22: Teile des um 1505 durch Barbara von Frundsberg, geb. Rechberg, in die Pfarrkirche zu Mindelheim gestifteten Altars; Hauptwerk aus der zweiten Schaffensphase des Künstlers zwischen 1500 und 1506, vgl. Thieme-Becker

Strigel, Bernhard: Zwei Tafeln mit den Brustbildern der Evangelisten Markus und Johannes einerseits, Matthäus und Lukas anderseits
Verzeichnisse: 1922 (Nr. 842, Fürst von Waldburg-Zeil), 1927 (Nr. 185, ebd.), 1934 (Nr. 72, ebd.), 1938 (ebd.) | Literatur: Die Kunst- und Altertumsdenkmäler in Württemberg, Kunstatlas Bd. 4, Taf. 60

Strigel, Art des, Bernhard: Allegorie der streitenden und triumphierenden Kirche, zwei Altarflügel
Verzeichnisse: 1922 (Nr. 840, Ehem. Großherzog von Baden), 1927 (Nr. 182, ebd.), 1938 (ebd.) | Bemerkung: V22: „Vier altdeutsche Gemälde, Nr. 12–15"

Süddeutsch: Anbetung der hl. drei Könige, M. Wohlgemuth zugeschrieben, um 1440
Verzeichnisse: 1927 (Nr. 229, Graf Stanislaus von Sierakowski) | Bemerkung: Eintragung im Nachtrag von 1924 vermerkt, vgl. SKD Altregistratur 01/GG 30, Bl. 48

Süddeutsch: Der Hl. Christophorus, Dürer zugeschrieben, 15. Jh.
Verzeichnisse: 1927 (Nr. 231, Graf Stanislaus von Sierakowski) | Bemerkung: Eintragung im Nachtrag von 1924 vermerkt, vgl. SKD Altregistratur 01/GG 30, Bl. 48

Süddeutsch: Maria mit dem Kinde, um 1440
Verzeichnisse: 1922 (Nr. 482, Mathilde Kocherthaler), 1927 (Nr. 228, ebd.), 1938 (ebd.) | Provenienz: V38: „Kocherthaler, E. Madrid, Antonio Maura 16 (vorübergehend nach Spanien freigegeben)" | Bemerkung: Vorgang zur vorrübergehenden Freigabe nach Spanien, vgl. BArch, R32/375a

Süddeutsch: Zwei spätgotische Flügelaltarbilder eines Altars mit Einzelheiligen aus Bernau stammend, 15. Jh.
Verzeichnisse: 1922 (Nr. 5, Syndikus der Handelskammer Dr. Paul Horster), 1927 (Nr. 230, ebd.) | Bemerkung: V22: Berau

Thoma, Hans: Der Rheinfall
Verzeichnisse: 1938 (Kunstverein Bremen) | Bemerkung: Vorschlag der Eintragung am 16.1.1935 infolge des Erlasses des RMdI vom 13.12.1934, vgl. Kap. III.3.1., vgl. StA Bremen, 4,49-493/97; Bestätigung der Eintragung am 12.8.1936, vgl. Archiv KH Bremen

■ **Thoma, Hans: Schwarzwaldlandschaft**
Verzeichnisse: 1938 (Kunstverein Bremen) | Bemerkung: Vorschlag der Eintragung am 16.1.1935 infolge des Erlasses des RMdI vom 13.12.1934, vgl. Kap. III.3.1., vgl. StA Bremen, 4,49-493/97; Bestätigung der Eintragung am 12.8.1936, vgl. Archiv KH Bremen

■ **Tiepolo, Giovanni Battista: Gesellschaftsstück**
Verzeichnisse: 1922 (Nr. 904, Frau Dr. C. E. Merck, Darmstadt), 1927 (Nr. 191, ebd.), 1938 (ebd.)

■ **Tiepolo, Giovanni Battista: Madonna mit dem Jesuskind, 73 × 56 cm**
Verzeichnisse: siehe Bemerkung | Literatur: Aukt.-Kat. Lempertz, 30.11.1939, Nr. 49, Taf. 2. | Provenienz: 30.11.1939 Slg. Arthur Maier, Karlsbad, Versteigerung Lempertz | Bemerkung: Eintragung vor November 1939, vgl. Lempertz 1939

■ **Tintoretto, Jacopo: Bildnis des Dogen Francesco Donato**
Verzeichnisse: 1938 (Kunstverein Bremen) | Bemerkung: Vorschlag der Eintragung am 16.1.1935 infolge des Erlasses des RMdI vom 13.12.1934, vgl. Kap. III.3.1., vgl. StA Bremen, 4,49-493/97; Bestätigung der Eintragung am 12.8.1936, vgl. Archiv KH Bremen

■ **Tintoretto, Jacopo: Porträt eines Edelmanns, 119 × 91 cm**
Verzeichnisse: 1938 (Kunsthandlung A. S. Drey) | Literatur: Graupe, Aus dem Besitz der Firma A. S. Drey, 1936, S. 18, Nr. 58, Taf. 10; Art News, 16.7.1932, Titelseite | Provenienz: aus dem Palazzo Foscari zu Venedig; Sammlung Holford, London, Versteigerung London 1927, vgl. Aukt.-Kat. Nr. 110, Kat. Nr. 5; 1931 A. S. Drey Kommissionsweise übergeben und von Firma F. Kleinberger, New York auf einer Versteigerung in München erworben, vgl. BayHStA, MK 40838, Bd. 6; im Januar 1933 von Galerie Kleinberger, New York, erworben „in settlement of outstanding credit", vermutlich 1935 nach München per Schiff „on consignment", vgl. BArch Koblenz, B323/364, Bl. 293 | Bemerkung: Eintragung am 6.2.1935 infolge des Erlasses des RMdI vom 13.12.1934, vgl. Kap. III.3.1., vgl. BayHStA, MK 40838, Bd. 6

■ **Tintoretto, Jacopo: Venus und Vulkan**
Verzeichnisse: 1922 (Nr. 906, Frieda von Kaulbach), 1927 (Nr. 192, ebd.), 1938 (ebd.) | Provenienz: 1925 in den Besitz der Alten Pinakothek übergegangen, vgl. BStGS, 11/4, Nr. 247

■ **Titian, Vecellio: Bildnis Anselmi**
Verzeichnisse: 1922 (Nr. 912, Exzellenz Willibald von Dirksen) | Bemerkung: Streichung am 3.4.1926, vgl. BArch, R32/375a

■ **Titian, Vecellio: Bildnis des Dogen Barberigo**
Verzeichnisse: 1922 (Nr. 913, Geh. Kommerzienrat Leopold Koppel), 1927 (Nr. 194, ebd.), 1934 (Nr. 74, ebd.), 1938 (ebd.) | Literatur: Ausst.-Kat. KFM-Verein 1914, Nr. 179 | Provenienz: V38: „z. Zt. Depot Deutsche Bank, Mauerstr. 26/27"

■ **Titian, Vecellio: Bildnis eines Jünglings**
Verzeichnisse: 1938 (Bankhaus Jacquier & Securius) | Bemerkung: aus Versteigerung der Bestände van Diemen, 1935, Nr. 100, Eintragung am 6.12.1934

■ **Titian, Vecellio: Die Toilette der Venus**
Verzeichnisse: 1922 (Nr. 910, Marcell von Nemes), 1927 (Nr. 193, ebd.), 1938 (ebd.) | Provenienz: V22: „früher in der Sammlung Kilenyi"; V27 und V38: „Als Leihgabe in der Alten Pinakothek zu München" | Bemerkung: nach dem Tod Nemes von Siegfried Buchenau in Niendorf bei Lübeck erworben, Streichung am 22.1.1932 auf Empfehlung der BStGS, vgl. StA Oldenburg, Best. 134, Nr. 4376, Bl. 59, BStGS, 11/4, Nr. 246, BayHStA, MK 40837, Bd. 5 und BArch, R32/375b

■ **Titian, Vecellio: Laura**
Verzeichnisse: 1922 (Nr. 911, Marcell von Nemes) | Provenienz: V22: „früher Sammlung Löwenfeld" | Bemerkung: Dezember 1926: Werk „durfte nach Angaben des Besitzer nur zeitweilig aus Ungarn ausgeführt werden" und befand sich „bereits wieder im Ausland", vgl. BStGS, 11/4, Nr. 245

■ **Titian, Vecellio: Mann mit dem Falken, Giorgio Cornaro**
Verzeichnisse: siehe Bemerkung | Literatur: Famous Titian comes to New York. Portrait of Giorgio Cornaro is bought by Duveen Brothers of Berlin Collector, The New York Times, 9.4.1921; Bericht zum Verkauf in Kunstchronik und Kunstmarkt, 56. Jg., Nr. 31, 29.4.1921, S. 601 | Provenienz: 1908 Erwerb durch Eduard Simon in London; 1921 Verkauf über Duveen nach New York | Bemerkung: Freigabe der Ausfuhr laut Bericht der New York Times durch Bode vermittelt

■ **Troy, Jean François: Das Strumpfband**
Verzeichnisse: 1922 (Nr. 918, Oskar Huldschinsky), 1927 (Nr. 196, ebd.), 1938 (ebd.) | Literatur: Bode, Die Sammlung Oskar Huldschinsky, 1909,

Nr. 47 | Provenienz: 1928 Verkauf an einen Berliner Sammler für 310.000 M für beide de Troys, vgl. Schäffer, Versteigerungsergebnisse, Kunstchronik und Kunstliteratur, H. 4, Juli 1928, S. 50.

■ Troy, Jean François: Der Antrag
Verzeichnisse: 1922 (Nr. 918, Oskar Huldschinsky), 1927 (Nr. 195, ebd.), 1938 (ebd.) | Literatur: Bode, Die Sammlung Oskar Huldschinsky, 1909, Nr. 46 | Provenienz: 1928 Verkauf an einen Berliner Sammler für 310.000 M für beide de Troys, vgl. Schäffer, Versteigerungsergebnisse, Kunstchronik und Kunstliteratur, H. 4, Juli 1928, S. 50.

■ Ulmer Schule: Altäre und Einzelbildwerke, 15./16. Jh.
Verzeichnisse: 1922 (Nr. 10, Magistrat Ulm a. D.)

■ Unbekannter Meister: Bayerische Landschaft, GB 3895, 488 × 1018 cm
Verzeichnisse: 1938 (Lehmann Bernheimer) | Bemerkung: Eintragung am 6.2.1935 infolge des Erlasses des RMdI vom 13.12.1934, vgl. Kap. III.3.1., vgl. BayHStA, MK 40838, Bd. 6

■ Unbekannter Meister: Bildnis der Lilli Schönemann, Miniatur, 18. Jh.
Verzeichnisse: 1922 (Nr. 588, Baronin Türkheim), 1927 (Nr. 241, ebd.), 1938 (ebd.) | Literatur: Ausst.-Kat. Karlsruher Privatbesitz, 1922, Nr. 568

■ Unbekannter Meister: Bildnis des Heerführers Georg von Frundsberg, Anfang 16. Jh.
Verzeichnisse: 1922 (Nr. 227, Graf von Rechberg und Rothenlöwen), 1927 (Nr. 237, ebd.), 1938 (ebd.)

■ Unbekannter Meister: Christus im Tempel, 16. Jh.
Verzeichnisse: 1922 (Nr. 238, Herzog von Arenberg), 1927 (Nr. 240, ebd.), 1938 (ebd.)

■ Unbekannter Meister: Familienbild II
Verzeichnisse: 1922 (Nr. 201, Adolf von Hildebrand) | Literatur: V22: Kat. Nr. 127

■ Unbekannter Meister: Kreuzigung von Petrus Christus
Verzeichnisse: 1922 (Nr. 408, Herzog von Anhalt) | Bemerkung: nicht eindeutig, ob Gemälde

■ Unbekannter Meister: Madonna im Baldungstil, früher Sammlung Douglas
Verzeichnisse: 1922 (Nr. 474, Exzellenz Freiherr Wilhelm Heyl zu Herrnsheim) | Provenienz: aus Slg. Douglas | Bemerkung: Streichung im Nachtrag von 1924 vermerkt, vgl. SKD Altregistratur 01/GG 30, Bl. 48

■ Unbekannter Meister: Selbstbildnisse (M.Gr. 286 und 288)
Verzeichnisse: 1922 (Nr. 792, Adolf von Hildebrand) | Bemerkung: ohne Künstler, im V22 auch mit handschr. „?" versehen, vgl. SMB-ZA, I/NG 847

■ Unbekannter Meister: Tod Mariae, Ende 15. Jh.
Verzeichnisse: 1938 (Jakob Goldschmidt) | Provenienz: V38: „Seit Dez. 1937 in Gewahrsam der Fa. Mathias Lempertz, Köln, Neumarkt Nr. 3"

■ Unbekannter Meister: Vier Gemälde, Geburt Christi, Heilige drei Könige, Tod Mariä und Pfingstfest von Meister H. A. und unbekanntem Meister, Nr. 16–19
Verzeichnisse: 1922 (Nr. 237, Ehem. Großherzog von Baden), 1927 (Nr. 243, ebd.), 1938 (ebd.) | Bemerkung: V27 und V38: „Schloß Eberstein"

■ Unbekannter Meister: Zwei spätromanische Altartafeln, Tafelgemälde, 1. Hälfte 13. Jh.
Verzeichnisse: 1938 (Katholische Kirchgemeinde St. Peter Worms)

■ Vanloo, Carl: Bild des Grafen Albrecht Wolfgang zu Schaumburg-Lippe
Verzeichnisse: 1938 (Ehem. Fürst zu Schaumburg-Lippe)

■ Vasari, Giorgio: Edelmann in Rüstung, 93 × 80 cm
Verzeichnisse: 1938 (Julius Böhler) | Bemerkung: Eintragung am 6.2.1935 infolge des Erlasses des RMdI vom 13.12.1934, vgl. Kap. III.3.1., vgl. BayHStA, MK 40838, Bd. 6

■ Veit, Philipp: Bildnis der Frau von Bernus
Verzeichnisse: 1922 (Nr. 929, Freiherr Alexander von Bernus) | Literatur: Spahn, Philipp Veit, 1901, S. 67, Abb. 61 | Bemerkung: Vorschlag zur Eintragung durch Storck, Bad. Kunsthalle Karlsruhe, im März 1920, vgl. Universitätsarchiv Freiburg, NL Sauer, C 67/534

■ Veneto, Bartolomeo: Männliches Porträt
Verzeichnisse: 1922 (Nr. 927, Freiherr Heinrich von Tucher), 1927 (Nr. 198, ebd.), 1938 (ebd.) | Bemerkung: V27: „Aufbewahrt im Tucherschlößchen Nürnberg, Hirschelgasse"; vom Meister gesicherte Werke nur in Frankfurt und Dresden feststellbar, vgl. BStGS (Dörnhöffer), BayHStA, MK 40836, Bd. 4; Streichung am 17.3.1928, vom Besitzer aufgrund Verkaufsabsichten (Cassirer) beantragt, vgl. BayHStA, MK 40836, Bd. 4 und BArch, R32/375a

■ **Vermeer, Jan: Bildnis eines jungen Mädchens, 44 × 40 cm**
Verzeichnisse: 1922 (Nr. 928, Herzog von Arenberg) | Literatur: Kunsthistorische Ausstellung Düsseldorf, Ausst.-Kat. 1904, Nr. 398 | Bemerkung: im V22 nur als „Gemälde" bezeichnet

■ **Veronese, Paolo: Drei musizierende Frauen**
Verzeichnisse: 1938 (Jakob Goldschmidt)

■ **Veronese, Paolo: Ritter**
Verzeichnisse: 1938 (Julius Böhler) | Bemerkung: Eintragung am 6.2.1935 infolge des Erlasses des RMdI vom 13.12.1934, vgl. Kap. III.3.1., vgl. BayHStA, MK 40838, Bd. 6

■ **Watteau, Antoine: Das Firmenschild Gersaints, zwei Teile**
Verzeichnisse: 1922 (Nr. 931, Ehem. Preußisches Königshaus) | Bemerkung: ohne Standortangabe

■ **Watteau, Antoine: Der Tanz**
Verzeichnisse: 1922 (Nr. 933, Ehem. Preußisches Königshaus) | Provenienz: am 11.2.1942 in Haus Doorn von Hans Posse abgeholt und Transport nach Dresden veranlasst, anschließend nach München, für Linzer Museum vorgesehen, unter Mithilfe Haberstocks, vgl. BArch Koblenz, B 323/102, Bl. 112 | Bemerkung: ohne Standortangabe; 1925/26 dem Privatbesitz des ehem. Königshauses zugesprochen, 1929 als Nr. 36 a in das Verzeichnis nachgetragen, vgl. SMB-ZA, I/GG 021; Streichung am 31.12.1930, vgl. BArch, R32/375a

■ **Watteau, Antoine: Ile de Cytère, 130 × 192 cm**
Verzeichnisse: 1922 (Nr. 932, Ehem. Preußisches Königshaus), 1961 | Literatur: Zimmermann, Watteau. Des Meisters Werke, 1912; Uhlitz, Friedrich der Große, Watteau, Bode und der Hohenzollernvergleich, in: Der Bär von Berlin. Jahrbuch des Vereins für die Geschichte Berlins, Bd. 35, 1986, S. 7–27 | Bemerkung: ohne Standortangabe; einziges Werk, welches für das Verzeichnis 1961 von Berlin ausgewählt wurde

■ **Weisgerber, Albert: Atelierszene**
Verzeichnisse: 1938 (Heimatmuseum St. Ingbert)

■ **Weisgerber, Albert: Meine Brüder**
Verzeichnisse: 1938 (Volksbank St. Ingbert)

■ **Weisgerber, Albert: Meine Mutter**
Verzeichnisse: 1938 (Witwe Schwarz)

■ **Werner, Karl Friedrich Heinrich: Das Innere einer Kirche in den Pontinischen Sümpfen**
Verzeichnisse: 1922 (Nr. 934, Schack-Galerie)

■ **Wertinger, Hans: Bildnis des Pfalzgrafen Philipp, Bischof von Freising (1480–1541)**
Verzeichnisse: 1938 (Jakob Goldschmidt)

■ **Weyden, Rogier van der: Heimsuchung Mariä, um 1435, 57 × 36 cm**
Verzeichnisse: 1927 (Nr. 200, Baron Speck von Sternburg), 1934 (Nr. 76, ebd.), 1938 (ebd.) | Bemerkung: Eintragung mit Erlass der Verordnung im Dezember 1919 angeregt, SächsHStA, 10736, Nr. 17455, Bl. 207, jedoch erst im V27 gelistet

■ **Weyden, Rogier van der: Madonna**
Verzeichnisse: 1922 (Nr. 935, Herzog von Anhalt) | Literatur: Hand, National Gallery of Art, Master Paintings from the Collection, 2004, S. 42 f., Nr. 29 | Provenienz: vor Dezember 1926 Verkauf nach Amerika; heute NG Washinton

■ **Weyden, Rogier van der: Madonna, 32 × 25 cm**
Verzeichnisse: 1927 (Nr. 199, Fürst von Fürstenberg), 1938 (ebd.) | Literatur: vermutlich Woltmann, Fürstlich-Fürstenbergische Sammlungen zu Donaueschingen, 1870, S. 25, Nr. 2 | Provenienz: 23.2.1938 an Ferdinand Springer, Berlin, durch KH Böhler vermittelt, vgl. BWA, F43, Nr. 19 | Bemerkung: Maße vgl. FFA Donaueschingen, Generalia, Kunst und Wissenschaft, XIV/1; Streichung am 23.3.1932, nach Begründung Sauer, weil es sich um keinen alten fürstl. Besitz handelt und die Zuschreibung durch Friedländer bezweifelt wurde, vgl. FFA Donaueschingen, Generalia, Kunst und Wissenschaft, XIV/1, FFA Donaueschingen, Institute für Kunst und Wissenschaft, Kunst und Wissenschaft, G III/1 und BArch, R32/375b

■ **Willers, Ernst: Ansicht Athens und der Akropolis von den Ruinen des Jupitertempels am Ilyssus aus**
Verzeichnisse: 1922 (Nr. 937, Schack-Galerie)

■ **Willers, Ernst: Hein der Ariccia im Abendlicht**
Verzeichnisse: 1922 (Nr. 938, Schack-Galerie)

■ **Wislicenus, Hermann: Die Phantasie von den Träumen getragen**
Verzeichnisse: 1922 (Nr. 939, Schack-Galerie)

■ **Woensam, Anton: Drei Heilige auf der Terrasse**
Verzeichnisse: 1922 (Nr. 940, Generalleutnant, Freiherr Maximilian von Heyl), 1927 (Nr. 201, ebd.), 1934 (Nr. 77, ebd.), 1938 (ebd.)

■ Wohlgemuth (zugeschrieben), Michael: Anbetung der heiligen drei Könige
Verzeichnisse: 1927 (Nr. 202, Graf Stanislaus von Sierakowski), 1934 (Nr. 78, ebd.), 1938 (ebd.) | Bemerkung: Eintragung im Nachtrag von 1924 vermerkt, vgl. SKD Altregistratur 01/GG 30, Bl. 48; Tag für Denkmalpflege regte Streichung am 14.11.1931 an, Pr. KM sprach sich dagegen aus

■ Wolf, August: Ein Festmahl auf der Insel Murano bei Venedig
Verzeichnisse: 1922 (Nr. 941, Schack-Galerie) | Literatur: Thieme-Becker XXXVI, 1947, S. 192 | Bemerkung: eines der beiden Werke, die zwischen 1870 und 1881 als eigentständige Werke des Malers entstanden, vgl. Thieme-Becker

■ Wolf, August: Ein Liebespaar in einem Garten zu Venedig
Verzeichnisse: 1922 (Nr. 942, Schack-Galerie) | Literatur: Thieme-Becker XXXVI, 1947, S. 192 | Bemerkung: eines der beiden Werke, die zwischen 1870 und 1881 als eigentständige Werke des Malers entstanden, vgl. Thieme-Becker

■ Wouwerman, Philips: Die Düne
Verzeichnisse: 1922 (Nr. 944, Erben de August Ridder), 1927 (Nr. 204, ebd.)

■ Wouwerman, Philips: Große Komposition mit vielen Reitern
Verzeichnisse: 1922 (Nr. 943, Dr. Krupp von Bohlen und Hallbach), 1927 (Nr. 203, ebd.), 1938 (ebd.) | Bemerkung: V22: nur „Gemälde"

■ Xylander, Wilhelm: Holländische Landschaft
Verzeichnisse: 1922 (Nr. 945, Schack-Galerie)

■ Zeitblom, Bartholomäus: „Die Heimsuchung. Maria und Elisabeth sich bei der Hand haltend" und „Die Heiligen Magdalena und Ursula", zwei Altarflügel, vor 1490, 85 × 67 cm
Verzeichnisse: 1922 (Nr. 947, Fürst von Fürstenberg) | Literatur: Woltmann, Fürstlich-Fürstenbergische Sammlungen zu Donaueschingen, 1870, S. 33, Nr. 41/42; Waagen im Kunstblatt, 1848, S. 254; Hofstätter, Die fürstlich Fürstenbergischen Sammlungen in Donaueschingen, 1980, S. 16; Weber, Alte Meister in der Sammlung Würth, 2004, S. 268–273, Nr. 61a/b | Provenienz: aus Slg. Laßberg; 2003 Slg. Reinhold Würth | Bemerkung: V22: nur „Nr. 41, 42"; Titelgebebung hier durch Kat. 1870; Datierung vgl. Hofstätter

■ Zeitblom, Bartholomäus: Altarflügel mit Marienleben
Verzeichnisse: 1922 (Nr. 946, Fürst von Hohenzollern-Sigmaringen), 1927 (Nr. 205, ebd.), 1938 (Städelsches Kunstinstitut) | Literatur: Lehner, Verzeichnis der Gemälde. Fürstlich Hohenzollern'sches Museum zu Sigmaringen, 1883, Nr. 132–139

■ Zeitblom, Bartholomäus: Tafelbild des heiligen Petrus und des Petrus von Gewen
Verzeichnisse: 1927 (Nr. 206, Fürst von Fürstenberg), 1938 (ebd.) | Literatur: Feuerstein, Verzeichnis der Gemälde, 1921, Nr. 115; Weber, Alte Meister in der Sammlung Würth, 2004, S. 274–276, Nr. 62 | Provenienz: 2003 Slg. Reinhold Würth | Bemerkung: Werkstatt, vgl. Weber

■ Ziesenis, Johann Georg: Bild der Gräfin Marie zu Schaumburg-Lippe
Verzeichnisse: 1938 (Ehem. Fürst zu Schaumburg-Lippe) | Literatur: „Darmstädter Ausstellung 1914" | Provenienz: V38: „Verkauft an Staatl. Museum in Berlin VI A 12811/3213 v. 9.1936" | Bemerkung: Eintragung beantragt durch GNM am 21.2.1935, vgl. BayHStA, MK 40838, Bd. 6

■ Ziesenis, Johann Georg: Bildnis des Grafen Wilhelm zu Schaumburg Lippe
Verzeichnisse: 1938 (Ehem. Fürst zu Schaumburg-Lippe) | Literatur: „1914 Darmstädter Ausstellung" | Provenienz: V38: „Verkauft an Staatl. Museum in Berlin VI A 12811/3213 v. 9.1936" | Bemerkung: Eintragung beantragt durch GNM am 21.2.1935, vgl. BayHStA, MK 40838, Bd. 6

■ Zimmermann, Albert: Ansicht des Comer Sees bei Bellagio
Verzeichnisse: 1922 (Nr. 948, Schack-Galerie)

■ Zimmermann, Albert: Die Brockenszene aus Goethes Faust
Verzeichnisse: 1922 (Nr. 949, Schack-Galerie)

■ Zimmermann, Albert: Ein Teil des Kochelsees im bayerischen Gebirge
Verzeichnisse: 1922 (Nr. 952, Schack-Galerie)

■ Zimmermann, Albert: Golghata während der Kreuzigung
Verzeichnisse: 1922 (Nr. 950, Schack-Galerie)

■ Zimmermann, Albert: Winterlandschaft bei Nacht
Verzeichnisse: 1922 (Nr. 951, Schack-Galerie)

■ Sieben Gemälde alter Meister
Verzeichnisse: 1938 (Geheimrat Prof. Dr. Ernst Heinrich Ehlers)

Skulpturen nach Künstlern A–Z

■ Antiker Torso
Verzeichnisse: 1922 (Nr. 915, Frieda von Kaulbach) | Bemerkung: Streichung am 1.2.1927, auf Antrag der Besitzerin, Direktor der Münchner Staatl. Antikenslg. bescheinigt den fehlenden „Rang eines Nationalheiligtums des Deutschen Volkes", vgl. BayHStA, MK 40836, Bd. 4

■ Zwei antike Köpfe
Verzeichnisse: 1922 (Nr. 399, Frieda von Kaulbach) | Bemerkung: Streichung am 1.2.1927, auf Antrag der Besitzerin, Direktor der Münchner Staatl. Antikenslg. bescheinigt den fehlenden „Rang eines Nationalheiligtums des Deutschen Volkes", vgl. BayHStA, MK 40836, Bd. 4

■ Augsburgisch: Heilige Anna Selbdritt, Holz, um 1520, 43 cm
Verzeichnisse: 1922 (Nr. 342, Justizrat Gerhart Bollert), 1927 (Nr. 321, ebd.), 1934 (Nr. 145, ebd.), 1938 (ebd.) | Literatur: Helbing/Lepke, Collection Baron Albert Oppenheim, 1914, Nr. 41, Taf. 24 | Bemerkung: Datierung vgl. Helbing/Lepke, „Ergänzt: die beiden Arme des Christkindes und dessen Nasenspitze; das Vorderglied des rechten kleinen Fingers der Maria, deren linke Haarsträhne teilweise, deren Krone und Nasenspitze; die Spitzen des rechten Flügels des rechten Engels, dessen linker Flügel; der linke Flügel des linken Engels; an der aufgewölbten Falke am Boden von Annas Gewand das obere Segment. Die rötliche Färbung der Lippen, die dunkle der Augensterne sind original. Nach der Art des Schnittes resp. der Ausführung zu urteilen, war die Gruppe wahrscheinlich niemals polychromiert. Die hellbraune Wachsfärbung ist neu."; V27: Anfang 16. Jh.; V38: Anfang 14. Jh. fehlerhafte Angabe

■ Augsburgisch: Madonna mit Christkind
Verzeichnisse: 1922 (Nr. 475, Julius Böhler), 1927 (Nr. 392, ebd.), 1934 (Nr. 177, ebd.), 1938 (ebd.) | Bemerkung: A. S. Drey behauptete am 24.4.1929, dass Skulptur niemals existierte, vgl. BayHStA, MK 40836, Bd. 4

■ Augsburgisch: St. Georg, Ritter mit dem Drachen, um 1600
Verzeichnisse: 1922 (Nr. 247, Graf Friedrich Karl Giech), 1927 (Nr. 495, ebd.), 1938 (ebd.) | Bemerkung: V22: „im Germanischen Museum"; Streichung vom GNM Ende 1926 und erneut am 6.2.1928 angeregt, nachdem Graf Giech ein gotisches Trinkhorn und den besten der Kevenhüller-Gobelins dem GNM zu Vorzugspreis überließ, ebs. befürwortendes Gutachten BNM (Halm), Streichung am 2.3.1928, vgl. BayHStA, MK 40836, Bd. 4 und BArch, R32/375a

■ Bayrisch: Heiliger Oswald, Ende 15. Jh.
Verzeichnisse: 1922 (Nr. 633, Erben, Kunstmaler Professor Gerolamo Cairati), 1927 (Nr. 305, ebd.), 1934 (Nr. 135, ebd.), 1938 (ebd.)

■ Bayrisch: Holzfigur eines sitzenden Evangelisten oder Kirchenvaters, gefaßt, Richtung Pacher, um 1480
Verzeichnisse: 1922 (Nr. 346, Marcell von Nemes), 1927 (Nr. 304, ebd.), 1934 (Nr. 134, Museum Danzig), 1938 (ebd.) | Provenienz: Juni 1931 Museum Danzig (Versteigerung Nemes) | Bemerkung: vermutlich Michael Pacher, Österreich; Bayern möchte Werk im Zuge der Überarbeitung 1931 streichen, RMdI erklärt sich nicht einverstanden, vgl. BayHStA, MK 40837, Bd. 5

■ Bayrisch: Madonna, Tonfigur, aus Straubing, um 1450
Verzeichnisse: 1922 (Nr. 480, Erben, Kunstmaler Professor Gerolamo Cairati), 1927 (Nr. 303, ebd.), 1934 (Nr. 133, ebd.), 1938 (ebd.)

■ Bologna, Giovanni da: Vogelsteller, Silberstatuette
Verzeichnisse: 1922 (Nr. 796, Oskar Huldschinsky), 1927 (Nr. 306, ebd.), 1938 (ebd.) | Literatur: Bode, Die Sammlung Oskar Huldschinsky, 1909 | Provenienz: 1928 Verkauf für 38.000 Mk, vgl. Schäffer, Versteigerungsergebnisse, Kunstchronik und Kunstliteratur, H. 4, Juli 1928, S. 50.

■ Burgundisch: Bronzebüste eines burgundischen Herzogs, um 1440
Verzeichnisse: 1922 (Nr. 120, Herzog/Ehem. König Wilhelm II. von Württemberg), 1927 (Nr. 307, ebd.)

■ Byzantinisch: Bildnis eines Kaisers, rundes Marmorrelief
Verzeichnisse: 1922 (Nr. 508, Prinz Friedrich Leopold von Preußen), 1927 (Nr. 309, ebd.), 1938 (ebd.) | Bemerkung: Rechtsstreitigkeit um Abgüsse und illegalen Verkauf vgl. SMB-ZA, I/SKS 71

■ Byzantinisch: Madonna, rundes Marmorrelief
Verzeichnisse: 1922 (Nr. 508, Prinz Friedrich Leopold von Preußen), 1927 (Nr. 308, ebd.), 1938 (ebd.) | Bemerkung: Rechtsstreitigkeit um Abgüsse und illegalen Verkauf vgl. SMB-ZA, I/SKS 71

■ Byzantinisch: Reiseklappaltärchen, Rosenholz mit Silberblechrahmen, rechteckiger Schrein mit geschwungenem Aufsatz
Verzeichnisse: 1938 (Orgelbaumeister Carl Berschdorf, Neisse O/S)

■ Daucher, Hans: Freundschaftstempel, Stechsteinrelief
Verzeichnisse: 1927 (Nr. 310, Prinz von Hohenlohe-Öhringen), 1934 (Nr. 136, ebd.), 1938 (ebd.) | Literatur: Abb. in Jahrbuch der Preußischen Kunstslg., 1920, S. 294

■ Daucher, Hans: Maria mit dem Kinde und Engeln, Relief, Solnhofenstein, 1520
Verzeichnisse: 1922 (Nr. 165, Fürst von Hohenzollern-Sigmaringen), 1927 (Nr. 311, ebd.), 1938 (Maximilians-Museum) | Literatur: Abb. in Jahrbuch der Preußischen Kunstslg., Bd. 41, S. 287; Sprinz, Die Bildwerke der Fürstlich Hohenzollernschen Sammlung Sigmaringen, 1925, Nr. 104, S. 32, Taf. 60; Müller, Das Maximilianmuseum, 1982, Abb. 11, S. 48 f. | Bemerkung: Datierung vgl. Kat. 1925; Streichung vom BNM im April 1930 angeregt, weil Museumbesitz, vgl. BayHStA, MK 40837, Bd. 5

■ Daucher, Hans: Portätrelief Philipps v. d. Pfalz aus Solnhoferstein, 1522
Verzeichnisse: 1922 (Nr. 163, Früherer Kronprinz Rupprecht von Bayern), 1927 (Nr. 312, ebd.), 1934 (Nr. 137, ebd.), 1938 (ebd.) | Literatur: Abb. in Jahrbuch der Preußischen Kunstslg., Bd. 41, S. 301; Bode, Ein Altar in Kehlheimer Stein vom Augsburger Meister Hans Daucher in den Königlichen Museen zu Berlin, in: Jahrbuch der Königlich Preußischen Kunstslg. 8, 1887, S. 3–10, Nachtrag S. 169–171; Eser, Hans Daucher. Augsburger Kleinplastik der Renaissance, 1996, S. 144 f.; Ziegler, Bode und das Colmarer Museum. in: Jahrbuch der Berliner Museen, hg. von den Staatlichen Museen Berlin, 2003, S. 131–156, hier S. 136 f. mit Abb. 3 | Bemerkung: Bode hat Monogramm HD Hans Daucher zugewiesen, vgl. Bode 1887; Weiterverkauf 1917/18 führte nicht zu dem öffentlichen Skandal wie Rembrandtwerk, vgl. Kap. I.1.2

■ Daucher, Hans: Porträtrelief Otto Heinrichs von der Pfalz aus Solnhoferstein
Verzeichnisse: 1922 (Nr. 162, Früherer Kronprinz Rupprecht von Bayern), 1934 (Nr. 138, ebd.) | Literatur: Abb. im Jahrbuch der Preußischen Kunstslg., Bd. 41, S. 300 | Bemerkung: Eintragung als 312a im April 1930 durch BNM angeregt, vgl. BayHStA, MK 40837, Bd. 5; Gegenstück zum ebenfalls eingetragenen Relief des ehem. Kronprinzen Rupprecht von Bayern

■ Daucher, Hans: Relief der „Drei guten Christen"
Verzeichnisse: 1922 (Nr. 164, Prinz von Hohenlohe-Öhringen)

■ Deutsch: Große Verkündigungsmaria, stehend, Stein, 1. Hälfte 15. Jh.
Verzeichnisse: 1938 (Carl von Weinberg) | Provenienz: Dezember 1938 Städt. Galerie Ffm, vgl. Archiv Städel, Nr. 615; 1947 Vermerk Städtische Galerie Ffm als Eigentümer, vgl. HHStaW, Abt. 504, Nr. 776, Bl. 326; 1949 restituiert, vgl. Archiv Städel, Nr. 615 | Bemerkung: Vorschlag zur Eintragung von Wolters am 9.10.1936, vgl. Archiv Städel, Nr. 731; Wolters schlug am 13.12.1947 Weiterführung in Verzeichnis vor, um Objekt im Falle von zukünftigen Rückerstattungsansprüchen der Vorbesitzer oder deren Erben zu schützen, vgl. HHStaW, Abt. 504, Nr. 776, Bl. 326

■ Deutsch: Großer Kruzifixus, um 1500
Verzeichnisse: 1922 (Nr. 414, Erben, Kunstmaler Professor Gerolamo Cairati), 1927 (Nr. 318, ebd.), 1934 (Nr. 143, ebd.), 1938 (ebd.)

■ Deutsch: Holzfriese mit Darstellungen aus der Biblischen Geschichte am Hause Alter Markt 30 in Frankfurt a. Main, Mitte 16. Jh.
Verzeichnisse: 1927 (Nr. 324, Witwe M. Wiegand), 1934 (Nr. 148, ebd.), 1938 (ebd.) | Bemerkung: Eintragung erfasst in „Veränderungen im Verzeichnis der national wertvollen Kunstwerke" vom 17.3.1923, vgl. SMB-ZA, I/NG 847, Bl. 49; „Verbrannt", Wolters am 13.12.1947, HHStaW, Abt. 504, Nr. 776, Bl. 324

■ Deutsch: Holzkruzifix aus altem Holz, Mainz, 2. Hälfte 14. Jh.
Verzeichnisse: 1938 (Georg Hartmann) | Bemerkung: Vorschlag zur Eintragung von Wolters am 9.10.1936, vgl. Archiv Städel, Nr. 731

■ Deutsch: Holzreliefs am Gerlitzschen Hause, zehn Brüstungsfelder, zwölf Konsolen, zehn Füllhölzer
Verzeichnisse: 1927 (Nr. 325, Anna Lange), 1934 (Nr. 149, ebd.), 1938 (ebd.) | Literatur: Günther, Der Harz in Geschichts-, Kultur- und Landschaftsbildern geschildert, 1888, S. 701 | Bemerkung: Eintragung im Nachtrag von 1924 vermerkt, vgl. SKD Altregistratur 01/GG 30, Bl. 48

■ **Deutsch: Holzskulpturen**
Verzeichnisse: 1922 (Nr. 363, Fürst von Hohenzollern-Sigmaringen)

■ **Deutsch: Madonna, Mitte 14. Jh.**
Verzeichnisse: 1922 (Nr. 478, Erben, Kunstmaler Professor Gerolamo Cairati), 1927 (Nr. 313, ebd.), 1934 (Nr. 139, ebd.), 1938 (ebd.)

■ **Deutsch: Madonna, weibliche Heilige ohne Attribute, Ende 14. Jh.**
Verzeichnisse: 1922 (Nr. 318, Erben, Kunstmaler Professor Gerolamo Cairati), 1927 (Nr. 314, ebd.), 1934 (Nr. 140, ebd.), 1938 (ebd.)

■ **Deutsch: Maria aus einer Verkündigung, Steinfigur, angeblich aus Großgmain, 15. Jh.**
Verzeichnisse: 1927 (Nr. 316, Kunsthandels GmbH Biebrich), 1934 (Nr. 142, Kunsthandels GmbH Henkell & Co.), 1938 (ebd.)

■ **Deutsch: Maria mit dem Kinde, Holzfigur, vergoldet und bemalt, rundplastisch, 16. Jh.**
Verzeichnisse: 1927 (Nr. 323, Graf Stanislaus von Sierakowski), 1934 (Nr. 147, ebd.), 1938 (ebd.) | Bemerkung: Eintragung im Nachtrag von 1924 vermerkt, vgl. SKD Altregistratur 01/GG 30, Bl. 48

■ **Deutsch: Maria und Johannes, trauernd, Wachsfiguren, um 1500, 21 cm**
Verzeichnisse: 1927 (Nr. 317, Fürst von Hohenzollern-Sigmaringen), 1938 (Städtische Galerie Frankfurt a. M.) | Literatur: Sprinz, Die Bildwerke der Fürstlich Hohenzollernschen Sammlung Sigmaringen, 1925, Nr. 30/31, S. 12, Taf. 15/16, Inv. 1050/51 | Bemerkung: in der Art des Meisters des Lautenbacher Altars, um 1480–1490, vgl. Sprinz

■ **Deutsch: Marienfigur, Silberstatuette, 16. Jh.**
Verzeichnisse: 1922 (Nr. 799, Freiherr Heeremann-Zuydtwyk), 1927 (Nr. 322, ebd.), 1934 (Nr. 146, ebd.), 1938 (ebd.) | Literatur: Die Bau- und Kunstdenkmäler von Westfalen, Kreis Tecklenburg, 1907, Taf. 24

■ **Deutsch: Nackte alte Frau, Holz mit teilweiser Bemalung, um 1500, 17 cm**
Verzeichnisse: 1927 (Nr. 319, Fürst von Hohenzollern-Sigmaringen), 1938 (Städtische Galerie Frankfurt a. M.) | Literatur: Sprinz, Die Bildwerke der Fürstlich Hohenzollernschen Sammlung Sigmaringen, 1925, Nr. 80, S. 24, Taf. 49a/b, Inv. 5359 | Bemerkung: im V22 vermutlich als Holzfiguren geführt, Nr. 363; Hans Wydyz d. Ä. zugeschrieben, 1505 und 1510, vgl. Sprinz

■ **Deutsch: Pietà von Stein, um 1430**
Verzeichnisse: 1922 (Nr. 826, Julius Böhler), 1927 (Nr. 315, ebd.), 1934 (Nr. 141, ebd.), 1938 (ebd.)

■ **Deutsch: St. Heinrich und St. Kunigunde, zwei Steinfiguren aus der Kirche in Pettstadt, Anfang 14. Jh.**
Verzeichnisse: 1938 (Bayerisches Nationalmuseum) | Bemerkung: nach 1927 als Nr. 315a eingetragen und im April 1930 gestrichen, weil in den Besitz des BNM übergegangen, vgl. BayHStA, MK 40837, Bd. 5

■ **Donner, Georg Rafael: Leda mit dem Schwan, Bleigruppe**
Verzeichnisse: 1922 (Nr. 76, Prof. Dr. Ludwig Darmstädter), 1927 (Nr. 327, ebd.), 1934 (Nr. 151, ebd.), 1938 (ebd.) | Literatur: Ausst.-Kat. KFM Verein 1906, Nr. 235 | Bemerkung: V22: Bleigußstatuetten; V38: versehentlich unter Gemälde gelistet

■ **Donner, Georg Rafael: Venus und Amor, Bleigruppe**
Verzeichnisse: 1922 (Nr. 76, Prof. Dr. Ludwig Darmstädter), 1927 (Nr. 326, ebd.), 1934 (Nr. 150, ebd.), 1938 (ebd.) | Literatur: Ausst.-Kat. KFM Verein 1906, Nr. 234 | Bemerkung: V22: Bleigußstatuetten

■ **Dürer (zugeschrieben), Albrecht: Buchstatuette einer nackten Tänzerin, 16. Jh., 30 cm**
Verzeichnisse: 1922 (Nr. 176, Benoit Oppenheim), 1927 (Nr. 320, ebd.), 1934 (Nr. 144, Jakob Goldschmidt), 1938 (ebd.) | Literatur: Helbing/Lepke, Collection Baron Albert Oppenheim, 1914, Nr. 12, Taf. 8/9; Friedländer, Zeichnungen und Stiche Albrecht Dürers von 1494–1500, in: Seemans Zeitschrift für bildende Kunst, Juni 1909, H. 9 | Provenienz: V38: „Ab Dez. 1937 in Gewahrsam der Fa. Mathias Lempertz, Köln, Neumarkt Nr. 3" | Bemerkung: Oppenheim 1914: „wahrscheinlich Albrecht Dürer, 2. Hälfte 1490er Jahre."; darin: „Zu der Frage, ob und wie weit Dürer plastische Arbeiten gemacht hat, ist, abgesehen von den oft besprochenen Argumenten (u. a. Habicht, JBPK, 27. Bd) zu vergleichen: Baaders Beiträge zur Kunstgeschichte Nürnbergs 1860 I. S. 13, wo von einem ‚Schnitzwerk Dürers über der Ratsstubentür' die Rede ist. Diese Notiz vom Jahre 1627, welche ich in der einschlägigen Literatur, soweit sie mir bekannt ist, nicht erwähnt gefunden habe, beweist in dem betreffenden Zusammenhang jedenfalls, wenn nicht mehr, so doch, dass Dürer den damaligen Ratsherren auch für einen Schnitzer galt.", vgl. Kap. III.4.2.a

Egell, Paul: Beweinung Christi, Lindenholzrelief, um 1730, 45 x 28 cm
Verzeichnisse: 1927 (Nr. 328, Fürst von Hohenzollern-Sigmaringen), 1938 (Städtische Galerie Frankfurt a. M.) | Literatur: Sprinz, Die Bildwerke der Fürstlich Hohenzollernschen Sammlung Sigmaringen, 1925, Nr. 124, S. 38, Taf. 66, Inv. 6605

Elsässisch: Johannes, Steinfigur, 76 cm
Verzeichnisse: 1922 (Nr. 821, Dr. Richard Oertel)

Elsässisch: Schmerzensmann, Holz, Ende 15. Jh., 82 cm
Verzeichnisse: 1938 (Georg Hartmann), 1961 | Literatur: Wilm, Alte Kunst lebendig. Bildwerke einer Privatsammlung, 1942, Abb. 139–141 | Bemerkung: Vorschlag zur Eintragung von Wolters am 9.10.1936, vgl. Archiv Städel, Nr. 731; V61: Hagenauer zugeschrieben und „nach 1500" datiert

Elsässisch: Weibliche Steinfigur, Fragment, Straßburg, Sandstein, um 1300
Verzeichnisse: 1938 (Georg Hartmann) | Bemerkung: Vorschlag zur Eintragung von Wolters am 9.10.1936, vgl. Archiv Städel, Nr. 731

Flandrisch: Sechs Apostel, Gelbguß, um 1400
Verzeichnisse: 1938 (Carl von Weinberg) | Provenienz: 1947 Vermerk, dass im Eigentum der Städtischen Galerie Ffm, vgl. HHStaW, Abt. 504, Nr. 776, Bl. 326 | Bemerkung: Vorschlag zur Eintragung von Wolters am 9.10.1936, vgl. Archiv Städel, Nr. 731; Wolters schlug am 13.12.1947 Weiterführung in Verzeichnis vor, um Objekt im Falle von zukünftigen Rückerstattungsansprüchen der Vorbesitzer oder deren Erben zu schützen, vgl. HHStaW, Abt. 504, Nr. 776, Bl. 326; Rückerstattungsakte HHStA Wiesbaden, Abt. 519/A, Nr. Ffm 5758; Streichung am 9.11.1950 durch Hess. KM, vgl. Archiv Städel, Nr. 615

Ghiberti, Lorenzo: Madonna mit dem Kinde, Halbfigur, bemaltes Holzrelief
Verzeichnisse: 1922 (Nr. 254, Geh. Kommerzienrat Dr. Eduard Simon), 1927 (Nr. 329, ebd.), 1938 (ebd.) | Literatur: Ausst.-Kat. KFM Verein 1914, Nr. 204 | Bemerkung: V22: Tongruppe, V27 und V38: Halbfigur, bemaltes Holzrelief, V27: Besitzer durchgestrichen; Streichung im August 1929, vgl. BArch, R32/375a, Bl. 89

Grasser (angeblich), Erasmus: Kleiner St. Georg, Holz, spätgotisch
Verzeichnisse: 1922 (Nr. 347, Früherer Kronprinz Rupprecht von Bayern), 1927 (Nr. 330, ebd.), 1934 (Nr. 152, ebd.), 1938 (ebd.) | Literatur: Abb. in Münchener Jahrbuch der bildenden Kunst, 1907, S. 80

Griechisch: Alexanderkopf, Marmor, 4. Jh. v. Chr.
Verzeichnisse: 1922 (Nr. 509, Graf zu Erbach-Erbach), 1927 (Nr. 331, ebd.), 1938 (ebd.) | Literatur: Schaefer, Kunstdenkmäler im Großherzogtum Hessen, Kreis Erbach, 1891, S. 77, Fig. 43b | Provenienz: 1791 ausgegraben

Griechisch: Apollokopf, Marmor (Amazonenkopf, Kresilas), verwandt dem Belvedereapollo, 5. Jh. v. Chr.
Verzeichnisse: 1922 (Nr. 506, Generalleutnant, Freiherr Maximilian von Heyl), 1927 (Nr. 332, ebd.) | Bemerkung: Streichung im Nachtrag von 1924 vermerkt, vgl. SKD Altregistratur 01/GG 30, Bl. 48

Griechisch: Kopf eines Athleten, Marmorkopf im Kalamisstil, 5. Jh. v. Chr.
Verzeichnisse: 1922 (Nr. 509, Graf zu Erbach-Erbach), 1927 (Nr. 334, ebd.), 1938 (ebd.) | Literatur: Schaefer, Kunstdenkmäler im Großherzogtum Hessen, Kreis Erbach, 1891, S. 76, Fig. 43a | Provenienz: Kreisamt Erbach meldet am 12.9.1938, dass Rüstung nicht mehr im Besitz des Hauses Erbach, vgl. HStAD, G 15 Erbach, Nr. B 72

Griechisch: Zeuskopf mit Buchenkranz, Kreis des Phidias (Replik des Dresdener Zeus), Marmor
Verzeichnisse: 1922 (Nr. 507, Generalleutnant, Freiherr Maximilian von Heyl), 1927 (Nr. 333, ebd.) | Bemerkung: Streichung im Nachtrag von 1924 vermerkt, vgl. SKD Altregistratur 01/GG 30, Bl. 48

Hagenauer, Johann Babtist: Christus, Terrakotta, 18. Jh.
Verzeichnisse: 1922 (Nr. 902, Anna von Przibram-Gladona), 1927 (Nr. 561, ebd.) | Bemerkung: V22 und V27: „angeblich Hagenauer"

Hagenauer, Nikolaus: Bauer mit Hahn und Bauer mit Schwein, ursprünglich im Schrein des Isenheimer Altars, Lindenholz, 65 cm
Verzeichnisse: 1927 (Nr. 335, Julius Böhler), 1934 (Nr. 153, ebd.), 1938 (ebd.), 1961 | Literatur: Feulner, Die deutsche Plastik des 16. Jh., 1926, Taf. 16; Vöge, Nikolaus von Hagenau, Taf. 11/55

Hirder, Sebald: Heilige Maria zu Pferde, Bronzegruppe
Verzeichnisse: 1922 (Nr. 329, Historischer Verein Neuburg a. D.)

Kiening von Isny, Jacob: Drei Solnhofer Platten, a) Fürstenberg-Wappen, b) Engelerscheinung an Joachim, c) Joachim und Anna, 1569
Verzeichnisse: 1922 (Nr. 637, Fürst von Fürstenberg), 1927 (Nr. 336, ebd.), 1934 (Nr. 154, ebd.), 1938 (ebd.)

Kölner Meister 1320/1330: Große thronende Madonna mit dem stehenden Kind
Verzeichnisse: 1938 (Kunsthalle Hamburg) | Provenienz: 1936 KH Hugo Helbing | Bemerkung: Kunsthalle Hamburg teilt Besitzerwechsel am 20.7.1936 mit, daher bereits vorher eingetragen, vgl. AHK, 32-260.4, Bl. 71

Kress, Christoph: Bronze, 1626
Verzeichnisse: 1922 (Nr. 403, Staatsminister Heinrich Fraundorfer), 1927 (Nr. 337, ebd.), 1938 (ebd.)

Lainberger, Schulkreis des, Simon: Holzfiguren zweier Bischöfe, spätgotisch
Verzeichnisse: 1927 (Nr. 338, Dr. Gustav Münzel), 1938 (ebd.) | Literatur: Schmitt, Oberrheinische Plastik im ausgehenden Mittelalter, 1924, mit Abb. | Provenienz: Figuren im Sommer 1941 noch im Besitz von Münzel, durch Noack besichtigt und fotografiert, vgl. Stadtarchiv Freiburg, D.Sm 28/3

Leinberger, Hans: Maria mit dem Kind, Stein, 45 cm
Verzeichnisse: 1922 (Nr. 433, Benoit Oppenheim) | Literatur: Kat. d. Slg. Benoit Oppenheim, Nachtrag 1911, Nr. 123, Taf. 66 | Bemerkung: Streichung im Nachtrag von 1924 vermerkt, vgl. SKD Altregistratur 01/GG 30, Bl. 48; Maße vgl. Kat. 1911

Leyden, Nikolaus Gerhaert von: Weibliche Büste aus Sandstein, sog. Bärbele von Ottenheim, 1462–63
Verzeichnisse: 1938 (Städtische Galerie Frankfurt a. M.) | Literatur: Schmitt, Oberrheinische Plastik im ausgehenden Mittelalter, 1924, Taf. 10 (Abguss); Abb. im Pantheon 8. Jg., 1935, Bd. 16, S. 316 | Provenienz: nach Beschießung von Strassburg 1870 verschwunden; vermutlich vor dem 1. WK in pfälzischen Privatbesitz, Gymnasiallehrer Dr. C. Mehlis, Speyer übergegangen; 1933 an den Kreis Speyer verkauft und dem Historischen Museum der Pfalz Speyer überwiesen; ehem. Besitzerin nahm Übergabe zurück, vgl. BayHStA, MK 40838, Bd. 6; 5.2.1935 durch unbekannten Frankfurter Stifter erworben und der Städt. Galerie Ffm überwiesen; heute im Liebieghaus, Inv. Nr. St.P. 353 | Bemerkung: eine von zwei Büsten, die 1462–63 für die Straßburger Kanzlei geschaffen wurden, BayHStA, MK 40838, Bd. 6; Eintragung am 28.9.1934 als Nr. 400b, vgl. BayHStA, MK 40838, Bd. 6; Vermerk Wolters am 13.12.1947: „Es ist zu überlegen, ob man dieses Stück ev. auf d. Liste lässt, da ev. Rückgabe-Ansprüche von Frankreich geltend gemacht werden könnten, da das Stück sich b. kurz nach 1870 in Strassburger Besitz befand." dazu handschr. Bemerkung durch Wolters „vielleicht besser streichen, um den Hasen nicht aufzuscheuchen. Wenn Frankreich es beansprucht, nutzt die Liste doch nichts!", HHStaW, Abt. 504, Nr. 776, Bl. 323; vgl. Kap. III.3.3

Meister des Giessmannsdorfer Altars: St. Michael, Holz, neue Fassung angeblich entsprechend der ursprünglichen, mit Ergänzungen, schlesisch, Anfang des 16. Jh., 100 cm
Verzeichnisse: 1938 (Orgelbaumeister Carl Berschdorf, Neisse O/S)

Meister des Giessmannsdorfer Altars: St. Sebastian, Lindenholz, vollrund, neue Fassung, angeblich entsprechend der ursprünglichen mit Ergänzungen (Pfeile), schlesisch, Anfang 16. Jh., 100 cm
Verzeichnisse: 1938 (Orgelbaumeister Carl Berschdorf, Neisse O/S)

Meister des Johannes Evangelista: Hl. Petrus und Paulus, Holz, Ende 15. Jh.
Verzeichnisse: 1927 (Nr. 348, Josef Dettlinger), 1938 (Alfons Flasshaar) | Literatur: Schmitt, Oberrheinische Plastik im ausgehenden Mittelalter, 1924, S. 7, Taf. 51/52 (Tafel verweist nicht auf das hier eingetragene Objekt, sondern auf das Hauptwerk des Meisters) | Bemerkung: V27: „Vom Meister des Johannes-Ev. in den Städt. Slg. Freiburg i.Br., Inv.Nr. 11432"; Alfons Flasshaar beantragte am 24.8.1938 Streichung, nachdem diese 1931 bereits genehmigt worden war, vgl. SMB-ZA, I/SKS 15, Bl. 397 f.

Meister von Blaubeuren: Madonna, Holz
Verzeichnisse: 1938 (Georg Hartmann) | Bemerkung: Vorschlag zur Eintragung von Wolters am 9.10.1936, vgl. Archiv Städel, Nr. 731

Meister von Seeon, Stil der: Thronende Maria, um 1420, 96 cm
Verzeichnisse: 1927 (Nr. 366, Dr. Richard Oertel), 1934 (Nr. 165, ebd.), 1938 (ebd.) | Literatur: Demmler/Lepke, Sammlung Dr. Oertel, 1913, Nr. 23, Taf. 8 | Bemerkung: „Oberbayrisch, um 1420. Eine der freien Nachbildungen des Seeoner Gnadenbildes, jetzt im Nationalmuseum in München.", Demmler/Lepke

■ Meister Witz, zugeschrieben: Zwei Holzgruppen (Buchholz), unter Glas auf den beiden Altären hinter der Chorschranke der Klosterkirche
Verzeichnisse: 1922 (Nr. 355, Fürst zu Löwenstein-Wertheim-Rosenberg), 1927 (Nr. 339, ebd.), 1938 (ebd.)

■ Mittelrheinisch: Heilige Anna Selbdritt, Holz, lebensgroß, gefaßt, um 1500
Verzeichnisse: 1922 (Nr. 345, Marcell von Nemes), 1927 (Nr. 342, ebd.), 1938 (Kaiser Friedrich Museum) | Provenienz: (Mai) 1934 Übergang in das Eigentum der Dresdner Bank, vgl. BayHStA, MK 40838, Bd. 6

■ Mittelrheinisch: Maria mit Kind, Holz, fabrige Fassung, 2. Hälfte 14. Jh., 100 cm
Verzeichnisse: 1922 (Nr. 351, Marcell von Nemes), 1927 (Nr. 340, ebd.), 1938 (ebd.)

■ Mittelrheinisch: Maria mit Kind, Holz, lebensgroß, gefaßt, Richtung Backoffen, um 1520
Verzeichnisse: 1922 (Nr. 352, Marcell von Nemes), 1927 (Nr. 343, ebd.), 1938 (Kaiser Friedrich Museum) | Bemerkung: Streichung am 4.5.1931, von Halm befürwortet, weil keine deutsche, sondern Schweizer Arbeit, vgl. BayHStA, MK 40837, Bd. 5; BArch, R32/375b

■ Mittelrheinisch: Sitzmadonna, Stein, Ende 14. Jh.
Verzeichnisse: 1938 (Georg Hartmann) | Bemerkung: Vorschlag zur Eintragung von Wolters am 9.10.1936, vgl. Archiv Städel, Nr. 731

■ Niederbayrisch: Magdalena (43)
Verzeichnisse: 1922 (Nr. 484, Dr. Richard Oertel) | Bemerkung: zwei niederbayerische Magdalenaplastiken, Nr. 96 nach 1450 und Nr. 116A um 1520, vgl. Demmler/Lepke, Sammlung Dr. Oertel, 1913

■ Niederbayrisch: Zwei Holzreliefs a) Märtyrerszene, b) Legende der heiligen Elisabeth in Schloß Leutstetten, um 1520
Verzeichnisse: 1922 (Nr. 359, Früherer König Ludwig III.), 1927 (Nr. 387, ebd.), 1934 (Nr. 175, ebd.), 1938 (ebd.)

■ Niederländisch: Maria mit dem Kinde, Kalkstein, erste Hälfte 15. Jh.
Verzeichnisse: 1922 (Nr. 499, Benoit Oppenheim) | Literatur: Kat. d. Slg. Benoit Oppenheim, Nachtrag 1911, Nr. 128, Taf. 71 | Bemerkung: Zuschreibung und Datierung vgl. Kat. 1911

■ Niederländisch: Zwei Holzfiguren, 16. Jh.
Verzeichnisse: 1927 (Nr. 344, Ehem. Herzog von Sachsen-Meiningen), 1938 (ebd.) | Literatur: „Abb. im Inventar", S. 160 | Provenienz: Juli 1928 KH A. S. Drey, vgl. HStA Weimar, Best. Thüringisches Volksbildungsministerium, Nr. C 986, Bl. 147; vgl. BArch, R32/375a | Bemerkung: Streichung am 12.12.1928, vgl. HStA Weimar, Best. Thüringisches Volksbildungsministerium, Nr. C 986, Bl. 121; BArch, R32/375a; Zuschreibung süddeutsche Arbeiten, aus 1520er Jahren, Schule Hans Leinberger, vgl. ebd.

■ Niederrheinisch: Maria, das Christkind stillend, Eichenholz, um 1500, 105 cm
Verzeichnisse: 1922 (Nr. 498, Benoit Oppenheim) | Literatur: Kat. d. Slg. Benoit Oppenheim, Nachtrag 1911, Nr. 119, Taf. 62 | Bemerkung: Streichung im Nachtrag von 1924 vermerkt, vgl. SKD Altregistratur 01/GG 30, Bl. 48; Zuschreibung und Maße vgl. Kat. 1911

■ Nürnberger Meister: Flötenspieler, Dudelsackbläser, 2. Hälfte 16. Jh.
Verzeichnisse: 1938 (Fritz Andreae)

■ Nürnbergisch: Anbetende Maria (38)
Verzeichnisse: 1922 (Nr. 497, Dr. Richard Oertel) | Bemerkung: Nicht in Demmler/Lepke, Sammlung Dr. Oertel, 1913, verzeichnet

■ Oberbayrisch: Kruzifix, Lindenholz, Rückseite ausgehöhlt, alte Bemalung, 11. Jh., 200 cm
Verzeichnisse: 1938 (Ehem. Slg. Harry Fuld) | Literatur: Schmitt/Swarzenski, Meisterwerke der Bildhauerkunst in Frankfurter Privatbesitz, 1921, Taf. 5/6 | Provenienz: V38: „Besitzer z. Zeit unbekannt" | Bemerkung: Vorschlag zur Eintragung von Wolters am 9.10.1936, vgl. Archiv Städel, Nr. 731

■ Oberbayrisch: Thronende Maria, Zeit und Stil der Seeoner Maria (11), 15. Jh.
Verzeichnisse: 1922 (Nr. 503, Dr. Richard Oertel)

■ Oberbayrisch: Thronende Maria, Zeit und Stil der Seeoner Maria (21), 15. Jh.
Verzeichnisse: 1922 (Nr. 504, Dr. Richard Oertel)

■ Oberrheinisch: Engel mit dem Leichnam Christi, Holzrelief, um 1430
Verzeichnisse: 1927 (Nr. 346, Dr. Gustav Münzel), 1938 (Deutsches Museum) | Literatur: Swarzenski, Insinuationes Divinae pietatis, Festschrift für Adolph Goldschmidt, 1923, S. 73, Abb. Taf. XV, 7

■ **Oberrheinisch: Figur eines hl. Bischofs, Lindenholz, Fassung alt, aber nur z.Tl. ursprünglich, Mitte 14. Jh., 129 cm**
Verzeichnisse: 1927 (Nr. 345, Dr. Gustav Münzel), 1938 (ebd.) | Literatur: „Photo Kratt, Nr. 16950"; Schmitt, Oberrheinische Plastik im ausgehenden Mittelalter, 1924, Taf. 5a | Provenienz: Figur im Sommer 1941 noch im Besitz von Münzel, durch Noack besichtigt und fotografiert, vgl. Stadtarchiv Freiburg, D.Sm 28/3 | Bemerkung: „Die Fassung alt, aber nur zum Teil ursprünglich. Rechte Hand und Krempe des Pedums fehlen", Schmitt, S. 1

■ **Oberrheinisch: Heilige Dorothea, um 1470**
Verzeichnisse: 1927 (Nr. 347, Herzog/Ehem. König Wilhelm II. von Württemberg)

■ **Oberrheinisch: Heiliger Antonius, Reliquienbüste, Holz, den Werken des Hauptmeisters des Isenheimer Altars im Kolmarer Unterlindenmuseum verwandt, um 1500**
Verzeichnisse: 1927 (Nr. 349, Dr. Gustav Münzel), 1934 (Nr. 156, ebd.), 1938 (ebd.) | Literatur: Curjel, Cicerone 1922, Jg. 14; Schmitt, Oberrheinische Plastik im ausgehenden Mittelalter, 1924, Taf. 53a/55 | Provenienz: Figuren im Sommer 1941 noch im Besitz von Münzel, durch Noack besichtigt und fotografiert, vgl. Stadtarchiv Freiburg, D.Sm 28/3

■ **Oberrheinisch: Heiliger Johannes, Stein, um 1450, 93 cm**
Verzeichnisse: 1927 (Nr. 394, Dr. Richard Oertel), 1938 (ebd.) | Literatur: Demmler/Lepke, Sammlung Dr. Oertel, 1913, Nr. 192, Taf. 118

■ **Pacher, Schule, Michael: Madonna mit Kind, um 1500, 182 cm**
Verzeichnisse: 1938 (Julius Böhler) | Bemerkung: Eintragung am 6.2.1935 infolge des Erlasses des RMdI vom 13.12.1934, vgl. Kap. III.3.1., vgl. BayHStA, MK 40838, Bd. 6

■ **Pacher, zugeschrieben, Michael: St. Georg in Rüstung, um 1500, 115 cm**
Verzeichnisse: 1938 (Kunsthandlung A. S. Drey) | Literatur: Graupe, Aus dem Besitz der Firma A. S. Drey, 1936, S. 28, Nr. 119 | Provenienz: 1929 Henri Lehmann, Paris, vgl. BayHStA, MK 40838, Bd. 6; wenn Zuschreibung an Lorenz Luchsberger, dann: 17./18. Juli 1936 Versteigerung der Firma A. S. Drey durch Paul Graupe; Kunsthandlungen Hinrichsen und anschließend Bornheim, München bis 1944/45; Hermann Göring ab 1944/45, vgl. LostArt-ID 220340 | Bemerkung: Eintragung am 6.2.1935 infolge des Erlasses des RMdI vom 13.12.1934, vgl. Kap. III.3.1., vgl. BayHStA, MK 40838, Bd. 6

■ **Riemenschneider, Tilman: Beweinung Christi, Lindenholz, 100 cm**
Verzeichnisse: 1938 (Sammlung Roselius-Haus) | Bemerkung: Vorschlag der Eintragung am 16.1.1935 infolge des Erlasses des RMdI vom 13.12.1934, vgl. Kap. III.3.1., vgl. StA Bremen, 4,49-493/97

■ **Riemenschneider, Tilman: Büste eines Bischofs, 1515–1520**
Verzeichnisse: 1922 (Nr. 687, Benoit Oppenheim) | Literatur: Kat. d. Slg. Benoit Oppenheim, 1907, Nr. 10, Taf. 5; Chapuis, Tilman Riemenschneider, 1999, Nr. 44 | Provenienz: 1901 Benoit Oppenheim, Berlin; um 1927 Münchner Kunstmarkt; um 1934 Henry Goldman, New York; 1944 Samuel H. Kress Collection; 1961 National Gallery of Art Washington D. C. | Bemerkung: Besitzerwechsel A. S. Drey, München, Briennerstr. 12 in „Veränderungen im Verzeichnis der national wertvollen Kunstwerke" vom 17.3.1923, vgl. SMB-ZA, I/NG 847, Bl. 49; Streichung im Nachtrag von 1924 vermerkt, vgl. SKD Altregistratur 01/GG 30, Bl. 48

■ **Riemenschneider, Tilman: Christus im Hause der Maria, Relief vom Münnerstädter Altar, 1490–92, 103 × 104 cm**
Verzeichnisse: 1922 (Nr. 688, Justizrat Gerhart Bollert), 1927 (Nr. 350, ebd.), 1934 (Nr. 157, ebd.), 1938 (ebd.), 1961 | Literatur: Bode, Geschichte der deutschen Plastik, 1885, S. 175; Streit, Tilman Riemenschneider, 1888, S. 18, Taf. 49; Helbing/Lepke, Collection Baron Albert Oppenheim, 1914, Nr. 7, Taf. 4; Chapuis, Tilman Riemenschneider, 1999, Nr. 13; Weniger, Gastmahl im Hause des Simon, in: Eikelmann 2005, S. 140 ff.; Obenaus, Bode und das „Verzeichnis der national wertvollen Kunstwerke" 1922, in: Jahrbuch Preußischer Kulturbesitz, Bd. 47.2011, S. 201–225 | Provenienz: vor 1826 Wilhelm Sattler; 1901 Benoit Oppenheim; spätestens 1922 Gerhart Bollert; das Relief blieb bis nach dem 2. WK Teil des „Verzeichnisses der national wertvollen Kunstwerke"; ab 1947 als Leihgabe im BNM München, bis es 1979 aus dem Erbteil von Werner Bollert erworben wurde, vgl. Weniger 2005, S. 140

Riemenschneider, Tilman: Holzgruppe, aus einer heiligen Sippe
Verzeichnisse: 1922 (Nr. 691, Fürst von Oettingen-Wallerstein), 1927 (Nr. 351, ebd.), 1934 (Nr. 158, ebd.), 1938 (ebd.), 1961 | Literatur: Bier, Tilmann Riemenschneider, Bd. 2, Abb. 88

Riemenschneider, Tilman: Madonna
Verzeichnisse: 1938 (Carl von Weinberg) | Provenienz: Dezember 1938 Städt. Galerie Ffm, vgl. Archiv Städel, Nr. 615; HHStaW, Abt. 504, Nr. 776, Bl. 326; 1949 restituiert und vom Museum für Kunst und Gewerbe Hamburg erworben, vgl. Archiv Städel, Nr. 615 | Bemerkung: Vorschlag zur Eintragung von Wolters am 9.10.1936, vgl. Archiv Städel, Nr. 731; Wolters schlug am 13.12.1947 Weiterführung in Verzeichnis vor, um Objekt im Falle von zukünftigen Rückerstattungsansprüchen der Vorbesitzer oder deren Erben zu schützen, vgl. HHStaW, Abt. 504, Nr. 776, Bl. 326

Riemenschneider, Tilman: Madonna
Verzichnisse: 1938 (Frau Direktor Albert Ullmann) | Provenienz: laut Wolters 1938 bereits als Eigentum des Sohnes in Mailand, vgl. Archiv Städel, Nr. 731 | Bemerkung: Vorschlag zur Eintragung von Wolters am 9.10.1936, vgl. Archiv Städel, Nr. 731

Riemenschneider, Tilman: Männliche Reliquienbüste
Verzeichnisse: 1922 (Nr. 693, Julius Böhler), 1927 (Nr. 352, ebd.), 1938 (ebd.) | Literatur: Abb. im Kat. des BNM, IV, 1896, Nr. 703 | Bemerkung: Eintragung am 6.2.1935 infolge des Erlasses des RMdI vom 13.12.1934, vgl. Kap. III.3.1., vgl. BayHStA, MK 40838, Bd. 6

Riemenschneider, Tilman: Sebastian, Lindenholz, 100 cm
Verzeichnisse: 1938 (Sammlung Roselius-Haus) | Bemerkung: Vorschlag der Eintragung am 16.1.1935 infolge des Erlasses des RMdI vom 13.12.1934, vgl. Kap. III.3.1., vgl. StA Bremen, 4,49-493/97

Riemenschneider, Tilman: St. Paulus und St. Petrus, Büsten
Verzeichnisse: 1922 (Nr. 690, Sanitätsrat Dr. Schefers) | Literatur: Streit, Tilman Riemenschneider, 1888, S. 18, Taf. 19 | Bemerkung: Darmstadt; Streichung am 17.2.1926, nachdem das Pr. KM in Deutschland keinen Käufer finden konnte, vgl. BArch, R32/375a

Riemenschneider, Tilman: Verkündigungsgruppe, Marmor
Verzeichnisse: 1938 (Freiherr Max von Goldschmidt-Rothschild) | Provenienz: zwischen 1934 und 1936 an Mannheimer, Amsterdam verkauft, vgl. Archiv Städel, Nr. 614 und Dutch Restitutions Committee; V38: „Bisher: Frhr. Max Goldschmidt-Rothenschild, Frankfurt a. M., Verkauft: Neuer Besitzer wird noch bekannt gegeben" | Bemerkung: Vorschlag zur Eintragung von Wolters am 9.10.1936, vgl. Archiv Städel, Nr. 731

Riemenschneider, Tilman: Zwei Leuchterengel, um 1510
Verzeichnisse: 1922 (Nr. 692, Ehem. Großherzog Sachsen-Weimar), 1927 (Nr. 353, ebd.), 1934 (Nr. 159, ebd.), 1938 (ebd.) | Literatur: Voß, Bau- und Kunstdenkmäler Thüringens, Großherzogtum Weimar Eisenach, Die Wartburg, 1917, S. 282 mit Abb.; Schuchardt, Die Kunstsammlung der Wartburg, 1998, S. 20 f., mit Abb. | Provenienz: 1873 Großherzogin Sophie von Sachsen-Weimar-Eisenach, vgl. Schuchardt; vor 1938 in den Besitz der Wartburg-Stiftung Eisenach übergegangen, vgl. HStA Weimar, Best. Großherzogliche Schatullverwaltung Weimar, Nr. 453, Bl. 65 | Bemerkung: im thür. Landesverzeichnis vom 27.8.1920, vgl. HStA Weimar, Thüringisches Volksbildungsministerium, Nr. C 984, Bl. 46; Datierung vgl. Schuchardt

Riemenschneider, Werkstatt, Tilman: Erzengel Micheal, Ende 15. Jh., 70 cm
Verzeichnisse: 1938 (Julius Böhler) | Bemerkung: 1934 als süddeutsche Skulptur geführt, vgl. BayHStA, MK 40838, Bd. 6; Eintragung am 6.2.1935 infolge des Erlasses des RMdI vom 13.12.1934, vgl. Kap. III.3.1., vgl. BayHStA, MK 40838, Bd. 6

Riemenschneider, Werkstatt, Tilman: Madonna mit Kind, 74 cm
Verzeichnisse: 1938 (Julius Böhler) | Bemerkung: Relief; Eintragung am 6.2.1935 infolge des Erlasses des RMdI vom 13.12.1934, vgl. Kap. III.3.1.,vgl. BayHStA, MK 40838, Bd. 6

Riemenschneider, Werkstatt, Tilman: Pietà, Holz, um 1510, 98 × 90 cm
Verzeichnisse: 1922 (Nr. 689, Hof Lilach), 1927 (Nr. 354, ebd.), 1934 (Nr. 160, ebd.), 1938 (Kunsthandlung Goldschmidt und Co.) | Literatur: Die Kunstdenkmäler des Großherzogtums Baden, Amtsbezirk Tauberbischofsheim, 1898, S. 54;

Photo Kratt 5445–47; Endres, Poppenhausen. Ein Bauerndorf im Gau, 1987

■ **Robbia, Andrea della: St. Michael**
Verzeichnisse: 1922 (Nr. 697, Friedrich Vieweg und Sohn AG), 1927 (Nr. 356, ebd.)

■ **Robbia, Giovanni della: Madonna, stehend, Hochrelief, glasierter Ton**
Verzeichnisse: 1922 (Nr. 695, Justizrat Gerhart Bollert), 1927 (Nr. 357, ebd.), 1938 (ebd.) | Literatur: Ausst.-Kat. KFM-Verein, 1914, Nr. 210; Bode, Die Werke der Familie della Robbia, Berlin 1914, S. 9/45; Bonnefoit/Krohm, Skulpturen der Gotik und Renaissance, 2000, Nr. 88; Eikelmann, Die Sammlung Bollert, 2005, S. 307, Nr. A16 | Provenienz: 1913 durch Bode aus Florentiner Kunsthandel erworben, vgl. Eikelmann | Bemerkung: neue Zuschreibung nach della Robbia, 19. Jh.(?), vgl. Eikelmann; V22 und V27 Giovanni della Robbia, V38 Lucca della Robbia

■ **Robbia, Luca della: Madonna, Halbfigur, Relief, glasierter Ton**
Verzeichnisse: 1922 (Nr. 696, Geh. Kommerzienrat Dr. Eduard Simon), 1927 (Nr. 359, ebd.), 1938 (ebd.) | Literatur: Ausst.-Kat. KFM-Verein, 1914, Nr. 207 | Bemerkung: V22: Zwei Madonnenreliefs; Streichung im August 1929, vgl. BArch, R32/375a, Bl. 89

■ **Robbia, Luca della: Madonna, sitzend, in ganzer Figur, Relief, glasierter Ton**
Verzeichnisse: 1922 (Nr. 696, Geh. Kommerzienrat Dr. Eduard Simon), 1927 (Nr. 358, ebd.), 1938 (ebd.) | Literatur: Ausst.-Kat. KFM-Verein, 1914, Nr. 208 | Bemerkung: V22: Zwei Madonnenreliefs; Streichung im August 1929, vgl. BArch, R32/375a, Bl. 89; zwei Madonnenreliefs befinden sich seit 1905 in der Berliner Skulpturensammlung, vgl. Das Bode-Museum, 100 Meisterwerke, 2006, S. 100

■ **Robbia, Werkstatt, Andrea della: Büste eine jugendlichen Johannes des Täufers, glasierte Tonbüste**
Verzeichnisse: 1922 (Nr. 121, Prinzessinnen Elsa und Olga von Schaumburg-Lippe), 1927 (Nr. 355, ebd.)

■ **Römisch: 3/4 plastischer Hermeskopf aus Bronze auf einem Rund, 2. Jh.**
Verzeichnisse: 1938 (Slg. Dr. Albert Lévy) | Bemerkung: Hamburgisches Museum für Kunst und Gewerbe schlug am 2.4.1937 Eintragung vor, vgl. StA HH, 314–15 Oberfinanzpräsident, R1937/317, Bl. 33, Kultur- und Schulbehörde Hamburg informierte Besitzer am 19.5.1937 über Eintragung, vgl. ebd. Bl. 48

■ **Römisch: Herakles, Bronzestatuette, 14 cm**
Verzeichnisse: 1922 (Nr. 110, Freiherr von Berlichingen), 1927 (Nr. 360, ebd.), 1934 (Nr. 161, ebd.), 1938 (ebd.) | Literatur: Haug/Sixt, Römische Inschriften und Bildwerke Württembergs, 1914, S. 667 ff. mit Abb. | Provenienz: wohl in den 1860er Jahren ausgegraben und durch den italienischen Kunsthandel und über einen Offizier nach Jagsthausen gelangt, vgl. Haug/Sixt, S. 668

■ **Römisch: Relief von einem Sarkophag mit Reitern und Wagen**
Verzeichnisse: 1938 (Slg. Dr. Albert Lévy) | Bemerkung: Hamburgisches Museum für Kunst und Gewerbe schlug am 2.4.1937 Eintragung vor, vgl. StA HH, 314–15 Oberfinanzpräsident, R1937/317, Bl. 33, Besitzer wird am 19.5.1937 von der Kultur- und Schulbehörde Hamburg über Eintragung informiert, vgl. ebd. Bl. 48

■ **Römisch: Zwei römische Steinsarkophage**
Verzeichnisse: 1938 (Slg. Dr. Albert Lévy) | Bemerkung: Hamburgisches Museum für Kunst und Gewerbe schlug am 2.4.1937 Eintragung vor, vgl. StA HH, 314–15 Oberfinanzpräsident, R1937/317, Bl. 33, Besitzer wird am 19.5.1937 von der Kultur- und Schulbehörde Hamburg über Eintragung informiert, vgl. ebd. Bl. 48; Fotografien in ebd., Bl. 77; Sixt von Staufen zugeschrieben, vgl. Akten von 1957, AHK, 32-260.4, Bl. 24

■ **Rottaler, Stephan: St. Florian, Holz**
Verzeichnisse: 1922 (Nr. 701, Julius Böhler), 1927 (Nr. 361, ebd.), 1934 (Nr. 162, ebd.), 1938 (ebd.) | Literatur: Halm, Stephan Rottaler, 1908, Abb. 47

■ **Sansovino, Jacopo: Maria mit Kind, Venedig, Bronze**
Verzeichnisse: 1938 (Paul Ladenburg)

■ **Sansovino, Jacopo: Merkur und Neptun, zwei Bronzestatuetten**
Verzeichnisse: 1927 (Nr. 363, Graf Fritz von Pourtales) | Bemerkung: Streichung im Juli 1932, Vgl. BArch, R32/375b, Bl. 68

■ **Sansovino, Jacopo: Verkündigung, Maria und Engel**
Verzeichnisse: 1922 (Nr. 728, Oskar Huldschinsky), 1927 (Nr. 362, ebd.), 1938 (ebd.) | Literatur: Ausst.-Kat. KFM-Verein 1906, Nr. 200/201 | Provenienz: 1928 Verkauf an J. und S. Goldschmidt, vgl. Schäffer, Versteigerungsergebnisse, Kunstchronik und Kunstliteratur, H. 4, Juli 1928, S. 50

■ Schadow, Johann Gottfried: Friedrich Wilhelm III. und Königin Luise
Verzeichnisse: 1934 (Nr. 163, Rittergutsbesitzer von Karl August Gerlach) | Bemerkung: Parsow Kr. Köslin

■ Schadow, Johann Gottfried: Marmorgruppe der Prinzessinnen Luise und Friederike
Verzeichnisse: 1922 (Nr. 730, Ehem. Preußisches Königshaus) | Bemerkung: ohne Standortangabe

■ Schlesisch: Gruppe einer himmelfahrenden Maria mit zwei Engeln, Holz, um 1530, 42 × 70 cm
Verzeichnisse: 1938 (Bauer Johann Kornek)

■ Schlesisch: Maria mit der Glorie ohne Kind, Holz, wahrscheinlich Hängefigur, da im Kopf ursprünglich mit eisernem Haken versehen, neue Fassung angeblich nach der ursprünglichen, um 1500
Verzeichnisse: 1938 (Orgelbaumeister Carl Berschdorf, Neisse O/S)

■ Schlesisch: Pietà, Lindenholz mit barocker Übermalung, aus Lubowitz, Kr. Ratibor, 15. Jh.
Verzeichnisse: 1938 (Zeichenlehrer Alfred Reimann)

■ Schlesisch mit slawischen Einschlag: Gekreuzigter Christus, Lindenholz, gehöhlt, anscheinend alte Fassung, stark geschwärzt, aus Ostoberschlesien, vor 1500, 115 cm
Verzeichnisse: 1938 (Pfarrer Alfred Hadelt)

■ Schlesisch-Böhmisch: Maria mit Kind, Lindenholz gehöhlt, neue Fassung angeblich nach den Resten der ursprünglichen, aus Niederschlesien, um 1430, 116 cm
Verzeichnisse: 1938 (Orgelbaumeister Carl Berschdorf, Neisse O/S)

■ Schlesisch-Böhmisch: Pietà, Lindenholz, ohne Fassung, 15. Jh., 90 cm
Verzeichnisse: 1938 (Kreiskommunalarzt Dr. Schikora, Ratibor)

■ Schwäbisch: Christus und Johannes, alte bemalte Holzskulpturen, Anfang des 13. Jh.
Verzeichnisse: 1922 (Nr. 364, Waisenhaus Nazareth) | Literatur: Bericht über Verkauf in: Der Cicerone, 12. Jg., H. 10, 1920, S. 415 | Provenienz: 1920 Verkauf an das KFM Berlin | Bemerkung: Besitzerwechsel KFM Berlin vermerkt in „Veränderungen im Verzeichnis der national wertvollen Kunstwerke" vom 17.3.1923, vgl. SMB-ZA, I/NG 847, Bl. 49; Streichung im Nachtrag von 1924 vermerkt, vgl. SKD Altregistratur 01/GG 30, Bl. 48; Hinweis zu Herkunft und Zeit im Cicerone, 1920

■ Schwäbisch: Heiliger Sebastian, Holz, aus Ertingen, 2. Hälfte des 15. Jh.
Verzeichnisse: 1922 (Nr. 362, Professor Theodor Schnell), 1927 (Nr. 364, ebd.), 1934 (Nr. 164, ebd.), 1938 (ebd.) | Literatur: Baum, Die Bildwerke der Sammlung Schnell in Ravensburg, Der Cicerone, 11. Jg., H. 11, 1919, S. 324–337, Abb. 10 | Provenienz: 1934 nach einer Aussage von Lempertz den SMB veräußert, vgl. HStA Stuttgart, Best. E 130 b, Bü 1541 | Bemerkung: Eintragung am 18.6.1920, vgl. HStA Stuttgart, Best. E 130 b, Bü 1541

■ Schwäbisch: Madonna mit Kind
Verzeichnisse: 1922 (Nr. 501, Dr. Richard Oertel), 1927 (Nr. 390, ebd.), 1938 (ebd.)

■ Schwäbisch: Madonna mit Kind
Verzeichnisse: 1922 (Nr. 500, Dr. Richard Oertel), 1927 (Nr. 390, ebd.), 1934 (Nr. 176, ebd.), 1938 (ebd.)

■ Schwäbisch: Steinbildwerke, 16. Jh.
Verzeichnisse: 1922 (Nr. 820, Magistrat Rottweil), 1927 (Nr. 365, ebd.) | Provenienz: „ehem. Dursch-Sammlung in der Lorenzkapelle"

■ Sixt von Staufen, Meister: Madonna, Holz
Verzeichnisse: 1922 (Nr. 348, Bildhauer Oettlingen)

■ Spanisch: Zwei spanische Büsten, 17. Jh.
Verzeichnisse: 1938 (Lehmann Bernheimer) | Provenienz: 5.12.1911 aus dem italienischen Handel übernommen, vgl. Anlage Exposé Weinmüller, BayHStA, MK 40838, Bd. 6 | Bemerkung: Eintragung am 6.2.1935 infolge des Erlasses des RMdI vom 13.12.1934, vgl. Kap. III.3.1.,vgl. BayHStA, MK 40838, Bd. 6

■ Staufen, Sixt von: Madonna mit Kind, Holz
Verzeichnisse: 1927 (Nr. 367, Josef Dettlinger), 1938 (ebd.) | Literatur: Freiburger Münsterblätter XI., 1915, Abb. S. 21

■ Stoß (zugeschrieben), Veit: Madonnenrelief, Holz
Verzeichnisse: 1922 (Nr. 357, Julius Bohler), 1927 (Nr. 368, ebd.), 1934 (Nr. 166, ebd.), 1938 (ebd.) | Literatur: Münchner Jahrbuch der bild. Kunst, 1907, S. 76, mit Abb.

■ Stoß, Umkreis, Veit: Büste der Madonna mit Kind
Verzeichnisse: 1938 (Johannes Hinrichsen)

■ Stoß, Umkreis, Veit: Tod Mariä, Ende des 15. Jh.
Verzeichnisse: 1938 (Friedrich Thiele)

■ **Strassburger Meister des 15. Jahrhunderts: Mutter Gottes, lebensgroß, Stein, 15. Jh.**
Verzeichnisse: 1934 (Nr. 180, Carl von Weinberg), 1938 (ebd.) | Provenienz: Dezember 1938 Städt. Galerie Ffm, vgl. Archiv Städel, Nr. 615; HHStaW, Abt. 504, Nr. 776, Bl. 326; 1949 restituiert und vom Museum für Kunst und Gewerbe Hamburg erworben, vgl. Archiv Städel, Nr. 615 | Bemerkung: Vorschlag zur Eintragung von Wolters am 9.10.1936, vgl. Archiv Städel, Nr. 731; Wolters schlug am 13.12.1947 Weiterführung in Verzeichnis vor, um Objekt im Falle von zukünftigen Rückerstattungsansprüchen der Vorbesitzer oder deren Erben zu schützen, vgl. HHStaW, Abt. 504, Nr. 776, Bl. 326; Rückerstattungakte HHStA Wiesbaden, Abt. 519/A, Nr. Ffm 5758

■ **Süddeutsch: Gnadenstuhl, Alabasterplastik, um 1450**
Verzeichnisse: 1938 (Georg Hartmann), 1961 | Literatur: Wilm, Alte Kunst lebendig. Bildwerke einer Privatsammlung, 1942, Abb. 119/120 | Bemerkung: Vorschlag zur Eintragung von Wolters am 9.10.1936, vgl. Archiv Städel, Nr. 731; im V61 Hans Multscher zugeschrieben

■ **Süddeutsch: Gruppe von Jesus und Johannes, aus dem ehem. Dominikanerinnenkloster Adelhausen in Freiburg, Mitte des 14. Jh.**
Verzeichnisse: 1934 (Nr. 181, Carl von Weinberg), 1938 (ebd.) | Provenienz: Dezember 1938 Städt. Galerie Ffm, vgl. Archiv Städel, Nr. 615; HHStaW, Abt. 504, Nr. 776, Bl. 326; restituiert und dem Liebieghaus Ffm als Stiftung überlassen | Bemerkung: Vorschlag zur Eintragung von Wolters am 9.10.1936, vgl. Archiv Städel, Nr. 731; Wolters schlug am 13.12.1947 Weiterführung in Verzeichnis vor, um Objekt im Falle von zukünftigen Rückerstattungsansprüchen der Vorbesitzer oder deren Erben zu schützen, vgl. HHStaW, Abt. 504, Nr. 776, Bl. 326

■ **Süddeutsch: Heilige Anna Selbdritt, Lindenholz, angeblich aus Amtenhausen, 57 cm**
Verzeichnisse: 1922 (Nr. 343, Fürst von Fürstenberg), 1927 (Nr. 381, ebd.), 1938 (ebd.) | Literatur: Nr. 1784 der Slg. Fürstenberg | Bemerkung: Aufbewahrungsort Schloß Heiligenberg

■ **Süddeutsch: Heilige Magdalena, Kniestück aus einer Gruppe, Lindenholz, 16. Jh., 65 cm**
Verzeichnisse: 1922 (Nr. 350, Fürst von Fürstenberg), 1927 (Nr. 378, ebd.), 1938 (ebd.) | Literatur: Nr. 600 der Slg. Fürstenberg | Bemerkung: Aufbewahrungsort Schloss Heiligenberg; Angabe Höhe vgl. FFA Donaueschingen, Generalia, Kunst und Wissenschaft, XIV/1

■ **Süddeutsch: Heilige Magdalena, Steinfigur in der Schloßkapelle, um 1370**
Verzeichnisse: 1922 (Nr. 823, Fabrikant Ernst Sachs, Schweinfurt), 1927 (Nr. 369, ebd.), 1938 (ebd.) | Literatur: Mader/Lill, Die Kunstdenkmäler von Bayern, Stadt und Bezirksamt Schweinfurt, 1917, Abb. 161/63

■ **Süddeutsch: Heiliger Georg, Lindenholz, 15. Jh., 65 cm**
Verzeichnisse: 1922 (Nr. 320, Fürst von Fürstenberg), 1927 (Nr. 373, ebd.), 1938 (ebd.) | Bemerkung: Aufenthaltsort Schloß Heiligenberg; Angabe Höhe vgl. FFA Donaueschingen, Generalia, Kunst und Wissenschaft, XIV/1

■ **Süddeutsch: Holztafel mit Empfangsszene, 22 × 23 cm**
Verzeichnisse: 1922 (Nr. 365, Fürst von Fürstenberg), 1927 (Nr. 379, ebd.), 1938 (ebd.) | Literatur: Nr. 150 der Slg. Fürstenberg | Bemerkung: Aufbewahrungsort Schloss Heiligenberg; Angabe Maße vgl. FFA Donaueschingen, Generalia, Kunst und Wissenschaft, XIV/1; zwei Reiter darstellend, die vom Fussvolk begrüßt werden, vgl. FFA Donaueschingen, Kunst und Wissenschaft, G III/1

■ **Süddeutsch: Jakob der Ältere und Thaddäus, Holztafel, um 1510**
Verzeichnisse: 1922 (Nr. 367, Ehem. Großherzog von Baden), 1927 (Nr. 376, ebd.), 1938 (ebd.) | Bemerkung: V38: Schloß Eberstein

■ **Süddeutsch: Johannes der Täufer und Johannes Evangelist, Holztafel, um 1520**
Verzeichnisse: 1922 (Nr. 368, Ehem. Großherzog von Baden), 1927 (Nr. 376, ebd.), 1938 (ebd.)

■ **Süddeutsch: Johannes der Täufer, Holz, Anfang 16. Jh.**
Verzeichnisse: 1927 (Nr. 377, Graf von Bodman)

■ **Süddeutsch: Madonna auf einer Pietà, Holz, Bodenseegegend, um 1350**
Verzeichnisse: 1938 (Georg Hartmann) | Bemerkung: Vorschlag zur Eintragung von Wolters am 9.10.1936, vgl. Archiv Städel, Nr. 731

■ **Süddeutsch: Madonna und vier Heilige, St. Andreas, Ev. St. Johannes, St. Johanns Baptista, St. Stephanus, Lindenholz, aus Neidingen stammend, Nr. 1600–1604, um 1480**
Verzeichnisse: 1922 (Nr. 24, Fürst von Fürstenberg), 1927 (Nr. 372, ebd.), 1934 (Nr. 170, ebd.), 1938 (ebd.) | Literatur: Die Kunstgenkmäler im Herzogtum Baden, Kreis Villingen, 1890, S. 21;

Abb. in Bad. Heimat, 1927, S. 37 ff. | Bemerkung: alles eigene Nummern, Höhe Heilige 132–135 cm, Madonna 145 cm, vgl. FFA Donaueschingen, Generalia, Kunst und Wissenschaft, XIV/1; „fünf mittelmässige, spätgotische Statuetten in 2/3 Lebensgröße", vgl. Kunstdenkmäler

■ **Süddeutsch: Madonna, Steinfigur im Schloßhof, um 1370**
Verzeichnisse: 1922 (Nr. 824, Fabrikant Ernst Sachs, Schweinfurt), 1927 (Nr. 369, ebd.), 1938 (ebd.) | Literatur: Mader/Lill, Die Kunstdenkmäler von Bayern, Stadt und Bezirksamt Schweinfurt, 1917, Abb. 161/63

■ **Süddeutsch: Madonna, Steinfigur mit Konsolen in der Schloßkapelle, um 1370**
Verzeichnisse: 1922 (Nr. 822, Fabrikant Ernst Sachs, Schweinfurt), 1927 (Nr. 369, ebd.), 1934 (Nr. 167, ebd.), 1938 (ebd.) | Literatur: Mader/Lill, Die Kunstdenkmäler von Bayern, Stadt und Bezirksamt Schweinfurt, 1917, Abb. 161/63

■ **Süddeutsch: Sitzende Madonna, Lindenholz, um 1420, 75 cm**
Verzeichnisse: 1922 (Nr. 481, Fürst von Fürstenberg), 1927 (Nr. 370, ebd.), 1934 (Nr. 168, ebd.), 1938 (ebd.) | Literatur: Nr. 1143 der Slg. Fürstenberg | Provenienz: V22: „jetzt in der Kapelle" | Bemerkung: Angabe Höhe vgl. FFA Donaueschingen, Generalia, Kunst und Wissenschaft, XIV/1

■ **Süddeutsch: Spol, Rahmen mit 10 Wachsköpfchen Lippischer und Anhaltischer Herrschaften, um 1768**
Verzeichnisse: 1927 (Nr. 380, Ehem. Fürst zur Lippe), 1934 (Nr. 171, ebd.), 1938 (ebd.)

■ **Süddeutsch: Thronender Christus, Alabasterstatuette, um 1430**
Verzeichnisse: 1922 (Nr. 1, Fürst von Waldburg-Zeil), 1927 (Nr. 371, ebd.), 1934 (Nr. 169, ebd.), 1938 (ebd.) | Literatur: Die Kunst- und Altertumsdenkmale in Württemberg, Bd. 4, Taf. 59

■ **Süddeutsch: Trauernde Maria, Holz, um 1510**
Verzeichnisse: 1922 (Nr. 349, Bürgermeister Henniger), 1927 (Nr. 375, ebd.), 1938 (ebd.) | Literatur: Rott, Die Kunstdenkmäler des Großherzogtums Baden, Amtsbezirk Bretten (Kreis Karlsruhe), 1913, S. 96; Photo Kratt Nr. 10144 | Bemerkung: Kürnbach b. Bretten; V22: „spätgotisch"; in 1920er Jahren „unsachgemäss restauriert und dabei stark überschnitzt worden; für einen Eintrag in das Verzeichnis kommt sie nicht in Frage.", 6.1.1951, StA Freiburg, D 98/1, Nr. 75

■ **Süddeutsch: Weibliche Heilige, Lindenholz, 95 cm**
Verzeichnisse: 1922 (Nr. 320, Fürst von Fürstenberg), 1927 (Nr. 374, ebd.), 1938 (ebd.) | Bemerkung: Aufbewahrungsort Schloss Heiligenberg; Angabe Höhe vgl. FFA Donaueschingen, Generalia, Kunst und Wissenschaft, XIV/1

■ **Thronende Muttergottes, um 1420**
Verzeichnisse: 1938 (Eugen Wolff) | Literatur: „Kat. Nr. 174" | Bemerkung: vermutlich Plastik; Rondorf bei Köln

■ **Tiroler Schule: Krönung Mariä, Holzgruppe, um 1400, 75 × 67 cm**
Verzeichnisse: 1922 (Nr. 354, Dr. Richard Oertel), 1927 (Nr. 382, ebd.), 1934 (Nr. 172, ebd.), 1938 (ebd.) | Literatur: Demmler/Lepke, Sammlung Dr. Oertel, 1913, Nr. 18d, Taf. 20 | Provenienz: aus dem Kloster Georgenberg (Unterinntal), vgl. Demmler/Lepke | Bemerkung: Tiroler oder Schwäbische Schule, zweite Hälfte 14. Jh., vgl. Demmler/Lepke

■ **Ulmer Schule: Marienkrönung, Holzrelief, um 1480–1500**
Verzeichnisse: 1922 (Nr. 358, Graf Douglas), 1927 (Nr. 383, ebd.), 1934 (Nr. 173, ebd.), 1938 (ebd.) | Bemerkung: V27: Himmelfahrt Mariens

■ **Unbekannter Meister: „Friedberger Jungfrau", Steinfigur, lebensgroß, 13. Jh., 171 cm**
Verzeichnisse: 1934 (Nr. 179, Carl von Weinberg), 1938 (ebd.) | Literatur: Schmidt/Swarzenski, Meisterwerke der Bildhauerkunst in Frankfurter Privatbesitz, Bd. 1, 1921, Nr. 13 | Provenienz: Dezember 1938 Städt. Galerie Ffm, vgl. Archiv Städel, Nr. 615; HHStaW, Abt. 504, Nr. 776, Bl. 326; 1949 restituiert, vgl. Archiv Städel, Nr. 615 | Bemerkung: Vorschlag zur Eintragung von Wolters am 9.10.1936, vgl. Archiv Städel, Nr. 731; Wolters schlug am 13.12.1947 Weiterführung im Verzeichnis vor, um Objekt im Falle von zukünftigen Rückerstattungsansprüchen der Vorbesitzer oder deren Erben zu schützen, vgl. HHStaW, Abt. 504, Nr. 776, Bl. 326

■ **Unbekannter Meister: Altarschrein mit 2 Flügeln und Staffelaufsatz auf hoher Predella, Eichenholz, bemalt und vergoldet, mit Darstellungen aus dem Marienleben, der Apostel und Vertreter geistlicher Stände, Anfang 16. Jh.**
Verzeichnisse: 1934 (Nr. 182, Konvent des Damenklosters Isenhagen) | Bemerkung: 1932 eingetragen, vgl. BArch, R32/375, Bl. 235

■ Unbekannter Meister: Altarschrein mit Flügeln und Predella. Eichenholz, bemalt und vergoldet, mit Darstellungen der Gottesmutter, des Marienlebens, der Dreieinigkeit und des Ev. Johannes, 1519
Verzeichnisse: 1934 (Nr. 183, Konvent des Damenklosters Wienhausen) | Bemerkung: 1932 eingetragen, vgl. BArch, R32/375, Bl. 235

■ Unbekannter Meister: Altartafel mit Darstellungen aus dem Marienleben
Verzeichnisse: 1922 (Nr. 505, Fabrikbesitzer Rudolf Oetker)

■ Unbekannter Meister: Buchsmodelle
Verzeichnisse: 1922 (Nr. 356, Prinzessin Friedrich Karl von Hessen), 1927 (Nr. 623, ebd.), 1934 (Nr. 385, ebd.), 1938 (ebd.) | Literatur: Kat. von Bode, S. 20/21

■ Unbekannter Meister: Englischer Gruß, Holztafel
Verzeichnisse: 1922 (Nr. 366, Ehem. Großherzog von Baden), 1927 (Nr. 385, ebd.), 1934 (Nr. 174, ebd.), 1938 (ebd.)

■ Unbekannter Meister: Frühgotisches Vesterbild, frühgotisch
Verzeichnisse: 1938 (Kloster Ebernach) | Bemerkung: im V38 zweimal gelistet, S. 45/47

■ Unbekannter Meister: Fünf spätgotische Holzfiguren, Figuren der Madonna (jetzt in der Kapelle), spätgotisch
Verzeichnisse: 1922 (Nr. 344, Fürst von Fürstenberg)

■ Unbekannter Meister: Grabfigur eines Grafen von Sayn-Wittgenstein, Holz, um 1300
Verzeichnisse: 1922 (Nr. 361, Kunsthandlung A. S. Drey) | Provenienz: 1919 GNM, publiziert im Heft 3 und 4 des Anzeigers von 1919, Taf. 1, vgl. GNM an RMdI, 14.7.1922, GNM Akten, Nr. 279 | Bemerkung: Besitzerwechsel GNM vermerkt in „Veränderungen im Verzeichnis der national wertvollen Kunstwerke" vom 17.3.1923, vgl. SMB-ZA, I/NG 847, Bl. 49

■ Unbekannter Meister: Große spätgotische Madonna
Verzeichnisse: 1922 (Nr. 476, Frieda von Kaulbach), 1927 (Nr. 393, ebd.), 1934 (Nr. 178, ebd.), 1938 (ebd.) | Literatur: Zeitschrift des Münchener Altertumsvereins, 1914, Abb. 21, S. 46 | Bemerkung: rheinisch-französischer Einfluss, jedoch als deutsch bezeichnet, vgl. Zeitschrift des Münchener Altertumsvereins, 1914, S. 46

■ Unbekannter Meister: Große stehende Madonna, Anfang 14. Jh., 174 cm
Verzeichnisse: 1922 (Nr. 477, Benoit Oppenheim) | Literatur: Kat. d. Slg. Benoit Oppenheim, 1907, Nr. 74, Taf. 36 | Bemerkung: Streichung im Nachtrag von 1924 vermerkt, vgl. SKD Altregistratur 01/GG 30, Bl. 48; Loiregegend; Maße vgl. Kat. 1907

■ Unbekannter Meister: Heilige Ursula, große Standfigur
Verzeichnisse: 1938 (Werner Lüps) | Bemerkung: Nikolaus Hagenau zugeschrieben, vgl. Akten von 1957, AHK, 32-260.4, Bl. 24

■ Unbekannter Meister: Heiliger Georg mit dem Drachen, spanisch, 14. Jh., 83 cm
Verzeichnisse: 1922 (Nr. 246, Benoit Oppenheim) | Literatur: Helbing/Lepke, Collection Baron Albert Oppenheim, 1914, Nr. 136 | Provenienz: Besitzerwechsel im Verzeichnisnachtrag von 1924 vermerkt: Max Heilbronner in Berlin W, Mohrenstr. 61 und Firma J. u. S, Goldschmidt & Co. in Berlin Viktoriastr. 35, vgl. SKD Altregistratur 01/GG 30, Bl. 48

■ Unbekannter Meister: Heiliger Nikolaus, Holzstatue aus dem Kloster Bernau stammend, 12. Jh.
Verzeichnisse: 1934 (Nr. 185, Historisches Museum Basel), 1938 (ebd.)

■ Unbekannter Meister: Heiliges Grab, Kasten aus Eichenholz mit gemalten Darstellungen von Heiligen und aus dem Leben Christi; dazu vier Holzschäfte, jetzt Kerzenhalter mit gem. Darstellungen aus der Heilsgeschichte, Mitte 15. Jh.
Verzeichnisse: 1934 (Nr. 184, Konvent des Damenklosters Wienhausen)

■ Unbekannter Meister: Johannes von der Kreuzigungsgruppe in Straßburg (15)
Verzeichnisse: 1922 (Nr. 375, Dr. Richard Oertel)

■ Unbekannter Meister: Johannes der Täufer, Holz, 13. Jh.
Verzeichnisse: 1922 (Nr. 360, Paul Cassirer) | Provenienz: aus Slg. Benoit Oppenheim und Bollert 1923 über Cassirer durch Tausch an GNM, vgl. GNM Akten, Nr. 279 | Bemerkung: Besitzerwechsel GNM in „Veränderungen im Verzeichnis der national wertvollen Kunstwerke" vom 17.3.1923, vgl. SMB-ZA, I/NG 847, Bl. 49, bestätigt im Nachtrag von 1924, SKD Altregistratur 01/GG 30

Unbekannter Meister: Johannes und Maria von einer Kreuzigungsgruppe Straßburg, um 1400
Verzeichnisse: 1922 (Nr. 496, Dr. Richard Oertel), 1927 (Nr. 389, ebd.), 1938 (ebd.) | Literatur: Demmler/Lepke, Sammlung Dr. Oertel, 1913, Nr. 30/31, Taf. 14 | Bemerkung: „elsässisch, vielleicht französisch", Ende 14. Jh., Maria 114 cm, Johannes 112 cm, vgl. Demmler/Lepke

Unbekannter Meister: Kleine Bernsteinfigur
Verzeichnisse: 1938 (Josef Schrader, Köln)

Unbekannter Meister: Madonna auf dem Löwen, Holz, um 1380
Verzeichnisse: 1938 (Baurat Philipp Jakob Manz)

Unbekannter Meister: Madonna mit Kind und zwei Engeln, Lindenholz, etwas überlebensgroß, alte Fassung, z. Tl. übermalt, ca. 1480, 153 × 53 cm
Verzeichnisse: 1938 (Burgermeister Mrosz, Mühlenbach/Oppeln)

Unbekannter Meister: Maria aus der Verkündigung, Steinfigur, 15. Jh.
Verzeichnisse: 1922 (Nr. 825, Otto Henkell)

Unbekannter Meister: Maria von einer Kreuzigungsgruppe in Straßburg (14)
Verzeichnisse: 1922 (Nr. 502, Dr. Richard Oertel)

Unbekannter Meister: Marmorengel vom Florentiner Dom, 14. Jh.
Verzeichnisse: 1938 (Carl von Weinberg) | Literatur: Rathe, Der figurale Schmuck der alten Domfassade in Florenz, 1910, S. 98 ff.; Kauffmann, in: Jahrbuch der Preußischen Kunstslg., Bd. 47, 1926, S. 149 f. | Provenienz: Slg. Richard von Kaufmann, vgl. Swarzenski, Archiv Städel, Nr. 615; Slg. Carl von Weinberg; Dezember 1938 Städt. Galerie Ffm, vgl. ebd.; HHStaW, Abt. 504, Nr. 776, Bl. 326; 1949 restituiert, vgl. Archiv Städel, Nr. 615 | Bemerkung: Vorschlag zur Eintragung von Wolters am 9.10.1936, vgl. Archiv Städel, Nr. 731; Gutachten Swarzenski vgl. ebd.; Wolters schlug am 13.12.1947 Weiterführung in Verzeichnis vor, um Objekt im Falle von zukünftigen Rückerstattungsansprüchen der Vorbesitzer oder deren Erben zu schützen, vgl. HHStaW, Abt. 504, Nr. 776, Bl. 326

Unbekannter Meister: Pietà, Elfenbein, 9 cm
Verzeichnisse: 1922 (Nr. 189, Fürst von Fürstenberg), 1927 (Nr. 391, ebd.), 1938 (ebd.) | Literatur: Nr. 1013 der Slg. Fürstenberg | Bemerkung: Aufbewahrungsort Schloss Heiligenberg; Angabe Höhe vgl. FFA Donaueschingen, Generalia, Kunst und Wissenschaft, XIV/1

Unbekannter Meister: Raub der Sabinerinnen, Elfenbeingruppe, 18. Jh., 12 × 19 cm
Verzeichnisse: 1922 (Nr. 190, Fürst von Fürstenberg), 1927 (Nr. 384, ebd.), 1938 (ebd.) | Bemerkung: Aufbewahrungsort Schloß Heiligenberg

Unbekannter Meister: Romanisches Kruzifix, Holzplastik in der Frauenkirche bei Unterriexingen
Verzeichnisse: 1938 (Graf Leuthrum) | Literatur: Leutrum, Die Gräflich-Leutrumsche Frauenkirche zu Unter-Riexingen, 1891; Paulus, Die Kunst- und Altertumsdenkmale Württembergs, 1889, S. 485 f. | Bemerkung: Eintragung infolge des Erlasses des RMdI vom 13.12.1934, vgl. Kap. III.3.1., HStA Stuttgart, HStA Stuttgart, Best. E 130 b, Bü 1540

Unbekannter Meister: Sieben geschnitzte Holzfiguren: zwei sitzende Jüngerfiguren, zwei weibliche und drei männliche stehende Heilige, 15. Jh.
Verzeichnisse: 1938 (Domgemeinde Bremen) | Provenienz: V38: Leihgabe im Focke-Museum zu Bremen | Bemerkung: Vorschlag der Eintragung am 16.1.1935 infolge des Erlasses des RMdI vom 13.12.1934, vgl. Kap. III.3.1., vgl. StA Bremen, 4,49-493/97

Unbekannter Meister: Tonbüste eines Malteserritters
Verzeichnisse: 1922 (Nr. 122, Prinzessin Friedrich Karl von Hessen) | Bemerkung: Streichung am 26.2.1926, vgl. BArch, R32/375a

Unbekannter Meister: Weibliche Heilige mit Kind, Kalkstein, um 1400, 67 cm
Verzeichnisse: 1922 (Nr. 321, Benoit Oppenheim) | Literatur: Helbing/Lepke, Collection Baron Albert Oppenheim, 1914, Nr. 118 | Provenienz: „Die Figur kommt aus Mimmenhausen am Bodensee und soll früher in dem nebenbei gelegenen Kloster Salem gewesen sein.", vgl. Helbing/Lepke | Bemerkung: südwestliches Deutschland, vgl. Helbing/Lepke

Unbekannter Meister: Zwei Engel und einen Propheten darstellend, Terrakottafiguren, 15. Jh.
Verzeichnisse: 1922 (Nr. 903, Kirchenvorstand der kath. Pfarrkirche, Bingen a. Rhein) | Bemerkung: Streichung im Nachtrag von 1924 vermerkt, vgl. SKD Altregistratur 01/GG 30, Bl. 48

Unterfränkisch-mittelrheinisch: Madonna, um 1400
Verzeichnisse: 1922 (Nr. 479, Kunstmaler Franz Wolter), 1927 (Nr. 341, ebd.), 1934 (Nr. 155, ebd.), 1938 (ebd.) | Literatur: Abb. in Zeitschrift

des Münchener Altertumsvereins, 1914, S. 20 | Bemerkung: V34 und V38: mittelrheinisch

■ Vries, Adriaen de: Adonis und Venus, 1621
Verzeichnisse: 1927 (Nr. 398, Ehem. Fürst zu Schaumburg-Lippe), 1934 (Nr. 188, ebd.), 1938 (Deutsches Museum) | Literatur: Drei Jahre Nationalsozialistischer Museumsarbeit. Ausst.-Kat. Schloßmuseum, 1936, Nr. 45 | Provenienz: 1621 von Graf Ernst von Schaumburg in Auftrag gegeben, vgl. Ausst.-Kat. 1936

■ Vries, Adriaen de: Bronze-Taufstein in der Lutherischen Kirche, 1615
Verzeichnisse: 1927 (Nr. 399, Evang.-Lutherische Kirchgemeinde Bückeburg), 1934 (Nr. 189, ebd.), 1938 (ebd.) | Provenienz: aus der Slg. der Fürstlichen Hofkammer in Bückeburg, vgl. SMB-ZA, I/GG 339

■ Vries, Adriaen de: Figuren und Reliefs vom Grabmal des Fürsten Ernst von Schaumburg-Lippe
Verzeichnisse: 1927 (Nr. 396, Ehem. Fürst zu Schaumburg-Lippe), 1934 (Nr. 186, ebd.), 1938 (ebd.), 1961 | Literatur: Rogasch 2004, S. 32 mit Abb. | Provenienz: V34 und V38: Stadthagen, Mausoleum | Bemerkung: wird Anfang der 1950er noch für nds. Verzeichnis vorgeschlagen, vgl. HStA Hannover, Nds. 401 Acc. 112/83, Nr. 1031, Bl. 45

■ Vries, Adriaen de: Raub der Proserpina, 1621, 180 cm
Verzeichnisse: 1927 (Nr. 397, Ehem. Fürst zu Schaumburg-Lippe), 1934 (Nr. 187, ebd.), 1938 (Deutsches Museum) | Literatur: Drei Jahre Nationalsozialistischer Museumsarbeit. Ausst.-Kat. Schloßmuseum, 1936, Nr. 46 | Provenienz: 1621 von Graf Ernst von Schaumburg in Auftrag gegeben, vgl. Ausst.-Kat. 1936

■ Wenzinger (Zuschreibung), Christian: Heiliger Joseph, Steinfigur, 18. Jh.
Verzeichnisse: 1927 (Nr. 400, Firma Beck und Vollmer), 1938 (ebd.) | Bemerkung: Eintragung vermerkt in „Veränderungen im Verzeichnis der national wertvollen Kunstwerke" vom 17.3.1923, vgl. SMB-ZA, I/NG 847, Bl. 49

■ Yselin, Heinrich: Zwölf Holzbüsten vom Chorgestühl der Klosterkirche Weingarten, Kaiser Friedrich III., Abt Kaspar Schiegg, Baumeister, Geselle und acht Propheten und Evangelisten
Verzeichnisse: 1934 (Nr. 190, Früherer Kronprinz Rupprecht von Bayern)

Zeichnungen und Grafiken

■ Jesusknabe im Tempel, bemalter Holzschnitt, kurz nach 1450, 65 × 89 cm
Verzeichnisse: 1922 (Nr. 339, Fürst von Fürstenberg), 1927 (Nr. 300, ebd.) | Literatur: Schreiber, Einblattdrucke des fünfzehnten Jahrhunderts, 1907, Nr. 18 | Bemerkung: Aufbewahrungsort Fürstlich Fürstenbergische Bibliothek Donaueschingen; Streichung am 6.9.1932, vgl. FFA Donaueschingen, Generalia, Kunst und Wissenschaft, XIV/1

■ Kupferstichsammlung
Verzeichnisse: 1922 (Nr. 418, Sächsische Sekundogenitur) | Provenienz: 1927 Abgabe von 100 Blättern an das Dresdner Kupferstichkabinett, vgl. Bemerkung | Bemerkung: Eintragung mit Erlass der Verordnung im Dezember 1919, SächsHStA, 10736, Nr. 17455, Bl. 206; Streichung vermerkt in „Veränderungen im Verzeichnis der national wertvollen Kunstwerke" vom 17.3.1923, vgl. SMB-ZA, I/NG 847, Bl. 49; ebs. im Nachtrag von 1924, SKD Altregistratur 01/GG 30, Bl. 48; nachdem das Dresdner Kupferstichkabinett 100 wertvolle Blätter aus der Sammlung erhielt, erteilte die Sächsische Landesregierung die Zusage, die Sammlung aus dem Verzeichnis zu streichen, vgl. Rudert 2006/07, S. 108

■ Kupferstichsammlung der Fürstlichen Bibliothek
Verzeichnisse: 1922 (Nr. 417, Vermögensverwaltung des Fürsten Reuß) | Bemerkung: im Verzeichnis des Volksstaates Reuss vom 30.3.1920, HStA Weimar, Thüringisches Volksbildungsministerium, Nr. C 984, Bl. 11; Aufbewahrungsort Oberes Schloß Greiz

■ Pestblatt für die Sebastiansbruderschaft, bemalter Holzschnitt, kurz nach 1450, 133 × 100 cm
Verzeichnisse: 1922 (Nr. 340, Fürst von Fürstenberg), 1927 (Nr. 299, ebd.) | Literatur: Schreiber, Einblattdrucke des fünfzehnten Jahrhunderts, 1907, Nr. 20 | Bemerkung: Aufbewahrungsort Fürstlich Fürstenbergische Bibliothek Donaueschingen; Herkunft Basel und Maße, vgl. Schreiber; Streichung am 6.9.1932, vgl. FFA

Donaueschingen, Generalia, Kunst und Wissenschaft, XIV/1

■ Sammlung von Handzeichnungen
Verzeichnisse: 1922 (Nr. 308, Ehem. Großherzog Sachsen-Weimar) | Bemerkung: im thür. Landesverzeichnis vom 27.8.1920, vgl. HStA Weimar, Thüringisches Volksbildungsministerium, Nr. C 984, Bl. 45; entfällt mit Überarbeitung 1926, weil Verzicht auf Sammlungen, worüber die Staatl. Kunstslg. Weimar ihr Bedauern bekunden, vgl. HStA Weimar, Best. Thüringisches Volksbildungsministerium, Nr. 986, Bl. 75

■ Altdorfer, Albrecht: Die Ehebrecherin, auf braunem Papier
Verzeichnisse: 1922 (Nr. 13, Generalleutnant, Freiherr Maximilian von Heyl), 1927 (Nr. 244, Franz Koenigs), 1938 (ebd.) | Bemerkung: Besitzerwechsel vermerkt in „Veränderungen im Verzeichnis der national wertvollen Kunstwerke" vom 17.3.1923, vgl. SMB-ZA, I/NG 847, Bl. 49; Streichung am 7.10.1927, vgl. BArch, R32/375a; im Nachkriegsexemplar mit „Museum Rotterdam" versehen, vgl. GNM Akten, Nr. 836

■ Baldung, Hans: Zwei sitzende nackte Frauen mit acht nackten Kindern
Verzeichnisse: 1922 (Nr. 28, Fürst von Fürstenberg), 1927 (Nr. 245, ebd.) | Provenienz: V27: „Kupferstichkabinett Donaueschingen" | Bemerkung: V22 „Nr. 7" angegeben; Streichung am 6.9.1932, vgl. FFA Donaueschingen, Generalia, Kunst und Wissenschaft, XIV/1

■ Barbieri, gen. Guercino, Giovanni Francesco: Bärtiger Alter mit Turban, Blatt Nr. 31
Verzeichnisse: 1922 (Nr. 36, Fürst von Fürstenberg), 1927 (Nr. 255, ebd.), 1938 (ebd.) | Bemerkung: V27: „Kupferstichkabinett Donaueschingen"; Streichung am 6.9.1932, vgl. FFA Donaueschingen, Generalia, Kunst und Wissenschaft, XIV/1

■ Basetti, Giuseppe Pietro: Schlachten, Belagerungen und Treffen Napoleons, Federzeichnungen auf Papier, 3 Bde.
Verzeichnisse: 1934 (Nr. 101, Herzog Georg von Leuchtenberg), 1938 (ebd.) | Bemerkung: „Unter den Wiedergaben der Schlachtorte befinden sich viele deutsche Orte und Landschaften, so daß das kostbare Sammelwerk ungeachtet seines außerdeutschen Ursprungs organisch mit der deutschen Heimat verbunden und für die Geschichte der nationalen Kultur von Bedeutung ist." Bay. KM an RMdI, 10.8.1933, BayHStA, MK 40838, Bd. 6; Eintragung am 19.8.1933, vgl. ebd.

■ Beham (Schule), Barthel: Darstellung eines Tanzes, Blatt Nr. 8, 1542
Verzeichnisse: 1922 (Nr. 68, Fürst von Fürstenberg), 1927 (Nr. 246, ebd.) | Bemerkung: V27: „Kupferstichkabinett Donaueschingen"; Streichung am 6.9.1932, vgl. FFA Donaueschingen, Generalia, Kunst und Wissenschaft, XIV/1

■ Bosse, Abraham: Damen beim Essen, Anfang 17. Jh., 245 × 316 cm
Verzeichnisse: 1938 (Schlossmuseum Berlin)

■ Caravaggio: Fragment einer Amazonenschlacht, Blatt Nr. 9
Verzeichnisse: 1922 (Nr. 125, Fürst von Fürstenberg), 1927 (Nr. 247, ebd.) | Provenienz: V27: „Kupferstichkabinett Donaueschingen" | Bemerkung: Streichung am 6.9.1932, vgl. FFA Donaueschingen, Generalia, Kunst und Wissenschaft, XIV/1

■ Cézanne, Paul: Bäume, zwei Zeichnungen, z. T. aquarelliert
Verzeichnisse: 1938 (Nachlass der Frau Geh. Rat Margarete Oppenheim) | Literatur: Böhler, Sammlung Frau Margarete Oppenheim, Aukt.-Kat. 1936, Nr. 1230/1231 (nicht verkauft) | Provenienz: Gräfin Wesdehlen Rottach/Tegernsee, Haus Thoma am 20.7.1936 vermerkt, vgl. BWA, F43, Nr. 347

■ Cézanne, Paul: Kahle Bäume, Zeichnung
Verzeichnisse: 1938 (Nachlass der Frau Geh. Rat Margarete Oppenheim) | Literatur: Böhler, Sammlung Frau Margarete Oppenheim, Aukt.-Kat. 1936, als Aquarell Nr. 1228 | Provenienz: lt. Auktionsbericht 1936 für 6.700 RM verkauft

■ Cranach (Schule), Lukas: Christus und die Samariterin, Blatt Nr. 5, 16. Jh.
Verzeichnisse: 1927 (Nr. 248, Fürst von Fürstenberg) | Bemerkung: V27: „Kupferstichkabinett Donaueschingen"; identisch mit Nr. 57 des V27; Streichung am 6.9.1932, vgl. FFA Donaueschingen, Generalia, Kunst und Wissenschaft, XIV/1

■ Cranach (Schule), Lukas: Christus und Maria
Verzeichnisse: 1927 (Nr. 249, Fürst von Fürstenberg) | Bemerkung: V27: „Kupferstichkabinett Donaueschingen"; identisch mit Nr. 56 des V27; Streichung am 6.9.1932, vgl. FFA Donaueschingen, Generalia, Kunst und Wissenschaft, XIV/1

Dürer, Albrecht: 23 Handzeichnungen
Verzeichnisse: 1922 (Nr. 183, Frau Professor Erwin Blasius), 1927 (Nr. 250, ebd.), 1934 (Nr. 102, ebd.), 1938 (ebd.), 1961 | Literatur: Lippmann, Zeichnungen von Albrecht Dürer, Berlin 1883, Nr. 132–154; Springer, Albrecht Dürer, Berlin 1892; Winkler, Die Zeichnungen Albrecht Dürers, Bd. 1–4, 1936, Nr. 143, 202, 405, 407, 485, 514, 640, 701, 762, 786, 787, 842, 862, Taf. XII (Angaben aus Eintragung 1960), vermutlich auch Nr. 46, 101, 104, 183, 254, 268, 283; Tietze, Verzeichnis der Werke bis zur venezianischen Reise im Jahre 1505, 1928, u. a. S. 112 | Provenienz: September 1936 drei Zeichnung an Berliner Kupferstichkabinett verkauft, Maria mit vielen Tieren (Federzeichnung), weiblicher Akt von rückwärts (Pinselzeichnung 1506), Studie eines steilen Hanges (Pinselzeichnung 1506) | Bemerkung: „Zu der Sammlung gehört u. a. das bedeutende Blatt mit Händen und Büchern, datiert und signiert von 1506", vgl. HStA Hannover, Nds. 401, Acc. 112/83, Nr. 321, Bl. 25; wurde auch 1960 wieder eingetragen, vgl. HStA Hannover, Nds. 401 Acc. 112/83, Nr. 321, Bl. 25 und Nr. 1031, Bl. 210; im V61 noch 13 Handzeichnungen und das nahezu vollständige Holzschnittwerk

Dürer, Albrecht: 54 Handzeichnungen und Aquarelle
Verzeichnisse: 1934 (Nr. 104, Kunstverein Bremen), 1938 (ebd.) | Literatur: Winkler, Die Zeichnungen Albrecht Dürers, Bd. 1–4, 1936; Waldmann, Albrecht Dürers Handzeichnungen, 1920 | Bemerkung: alle Handzeichnungen und Aquarelle sind im V34 und V38 einzeln aufgelistet, jedoch unter einer Nummer geführt, überwiegend Dürer; Redslob an Waldmann, 5.11.1931, es sollen 54 Werke (Handzeichnungen und Aquarelle) von Dürer, die dem Bremer Kunstverein gehören, auf die Liste gesetzt werden, vgl. BArch, R 32/375, Bl. 190; vgl. auch Kunsthalle Bremen, Nr. 118; Vorschlag zur Eintragung bereits im Frühjahr 1930, vgl. AHK, 32-260.4, Bl. 121 f.

Dürer, Albrecht: Drei Zeichnungen
Verzeichnisse: 1922 (Nr. 182, Generalkonsul Gustav Licht)

Dürer, Albrecht: Heilige Katharina
Verzeichnisse: 1922 (Nr. 180, Generalleutnant, Freiherr Maximilian von Heyl) | Bemerkung: Streichung vermerkt in „Veränderungen im Verzeichnis der national wertvollen Kunstwerke" vom 17.3.1923, vgl. SMB-ZA, I/NG 847, Bl. 49; ebs. im Nachtrag von 1924, SKD Altregistratur 01/GG 30, Bl. 48

Dürer, Albrecht: Weiblicher Akt, Blatt Nr. 4, 217 × 127 cm
Verzeichnisse: 1922 (Nr. 181, Fürst von Fürstenberg), 1927 (Nr. 252, ebd.), 1934 (Nr. 103, ebd.), 1938 (ebd.) | Literatur: Winkler, Die Zeichnungen Albrecht Dürers, Bd. 1, 1936, Nr. 159 | Bemerkung: V27: „Kupferstichkabinett Donaueschingen"

Dürer, Albrecht: Zwei Federzeichnungen aus der Folge Tarocci
Verzeichnisse: 1927 (Nr. 251, Franz Koenigs) | Bemerkung: Streichung am 7.10.1927, vgl. BArch, R32/375a

Grünewald, Matthias: Klagende Frauen
Verzeichnisse: 1927 (Nr. 254, Baron Speck von Sternburg), 1934 (Nr. 106, ebd.), 1938 (ebd.)

Grünewald, Matthias: Studie zum Isenheimer Altar, Vorder- und Rückseite
Verzeichnisse: 1922 (Nr. 287, Geheimrat Prof. Dr. Ernst Heinrich Ehlers), 1927 (Nr. 253, ebd.), 1934 (Nr. 105, ebd.), 1938 (ebd.) | Literatur: Hagen, Matthias Grünewald, 1922, S. 101 f.

Grünewald, Matthias: Zeichnung
Verzeichnisse: 1922 (Nr. 288, Generalkonsul Gustav Licht) | Bemerkung: Streichung im Nachtrag von 1924 vermerkt, vgl. SKD Altregistratur 01/GG 30, Bl. 48; aufgrund mangelnder Kontrollmöglichkeit für Graphik über Österreich in die Slg. Reinhart, Winterthur verkauft, vgl. BayHStA, MK 40837, Bd. 5; etwa nur drei Dutzend Zeichnungen von Grünewald überliefert, vgl. Reclam, Renaissance, S. 250

Holbein d. J., Hans: Zwei Frauenbüsten, Handzeichnungen, Blatt Nr. 3
Verzeichnisse: 1922 (Nr. 307, Fürst von Fürstenberg), 1927 (Nr. 256, ebd.) | Bemerkung: V27: „Kupferstichkabinett Donaueschingen"; Streichung am 6.9.1932, vgl. FFA Donaueschingen, Generalia, Kunst und Wissenschaft, XIV/1

Leibl, Wilhelm: Porträt eines jungen Malers, Federzeichnung
Verzeichnisse: 1922 (Nr. 431, Kommerzienrat Dr. Karl Wilhelm Zitzmann)

Leonardo da Vinci: Zwei Zeichnungen: „Leda mit dem Schwan", Skizzenblatt mit drei Studien zum Johannes mit dem Lamm, oben vier Zeilen, Inschrift von Lionardo, 21 × 14 cm
Verzeichnisse: 1938 (Ehem. Großherzog Sachsen-Weimar) | Literatur: Bodmer, Leonardo, des Meisters Gemälde und Zeichnungen in 360 Abbil-

dungen, 1931, S. 329 | Provenienz: „Leda mit dem Schwan" 1921 an den KH Frhr. von Reitzenstein verkauft, vgl. HStA Weimar, Best. Großherzogliche Schatullverwaltung Weimar, Nr. 453, Bl. 57; Skizzenblatt mit 3 Studien im Schloss Weimar, vgl. ebd. | Bemerkung: Eintragung am 21.1.1937, vgl. HStA Weimar, Best. Großherzogliche Schatullverwaltung Weimar, Nr. 453, Bl. 55, ebs. vgl. HStA Weimar, Best. Thüringisches Volksbildungsministerium, Nr. 987, Bl. 130

■ Rembrandt van Rijn: Figürliche und landschaftliche Studien auf der Rückseite signiert mit den Nr. 3, 4, 5, 8, 12
Verzeichnisse: 1922 (Nr. 675, Erben Markus Kappel), 1927 (Nr. 257, ebd.), 1938 (Paul Cassirer) | Bemerkung: V22: als „Zeichnungen" geführt; V38: zweimal gelistet, wohl Tippfehler; Streichung im Nachtrag von 1924 vermerkt, vgl. SKD Altregistratur 01/GG 30, Bl. 48

■ Rembrandt van Rijn: Fünf Zeichnungen: Alte sitzende Frau, Lanschaft mit Bäumen, Darstellung aus dem Alten Testament, Alter stehender Mann, Vision
Verzeichnisse: 1927 (Nr. 259, Paul Cassirer), 1938 (ebd.) | Bemerkung: Eintragung im Nachtrag von 1924 vermerkt, vgl. SKD Altregistratur 01/GG 30, Bl. 48

■ Rembrandt van Rijn: Zwei Selbstporträts, Landschaft, Mutter und Kind, Biblisches Motiv
Verzeichnisse: 1927 (Nr. 258, Dr. jur. Ernst Rathenau und Frau Ettlinger), 1938 (ebd.) | Bemerkung: 1924 eingetragen, vermutlich aber bereits im V22 unter Nr. 675, Erben Kappel als „Zeichnungen" geführt, Streichung im Januar 1932, vgl. BArch, R32/375b, Bl. 36

■ Rottenhammer, Hans: Joseph und Potiphar
Verzeichnisse: 1922 (Nr. 703, Fürst von Fürstenberg) | Bemerkung: unter Handzeichnungen in Akte gelistet, möglicherweise Entwurf zu einem Glasfenster, vgl. FFA Donaueschingen, Kunst und Wissenschaft, EXXXIX/4

■ Rottenhammer, Hans: Kniender Heiliger von Maria mit dem Rosenkranz empfangend
Verzeichnisse: 1922 (Nr. 702, Fürst von Fürstenberg) | Literatur: Nr. 20 der Slg. Fürstenberg | Bemerkung: unter Handzeichnungen in Akte gelistet, möglicherweise Entwurf zu einem Glasfenster, vgl. FFA Donaueschingen, Kunst und Wissenschaft, EXXXIX/4

■ Runge, Philipp Otto: Neun Zeichnungen
Verzeichnisse: siehe Bemerkung | Literatur: C. G. Boerner, Aukt.-Kat. Leipzig, Universitätsstr. 26 I., Nr. 178–186, 195 | Provenienz: Besitzer zum Zeitpunkt der Eintragung Hamburger Künstlerverein | Bemerkung: Eintragung am 5.6.1937, vgl. AHK, 32-260.4, Bl. 60, nicht mehr im V38; Zeichnungen sollten am 19.6.1937 bei der Firma Boerner, Leipzig versteigert werden

■ Stimmer, Tobias: Entwürfe zu Tieren, Blatt Nr. 16
Verzeichnisse: 1922 (Nr. 836, Fürst von Fürstenberg), 1927 (Nr. 260, ebd.) | Bemerkung: V27: „Kupferstichkabinett Donaueschingen"; Streichung am 6.9.1932, vgl. FFA Donaueschingen, Generalia, Kunst und Wissenschaft, XIV/1

■ Stimmer, Tobias: Kopf eines jungen Mannes, Blatt Nr. 14
Verzeichnisse: 1922 (Nr. 834, Fürst von Fürstenberg), 1927 (Nr. 262, ebd.) | Bemerkung: V27: „Kupferstichkabinett Donaueschingen"; Streichung am 6.9.1932, vgl. FFA Donaueschingen, Generalia, Kunst und Wissenschaft, XIV/1

■ Stimmer, Tobias: Sauls Angriff auf David, Blatt Nr. 15
Verzeichnisse: 1922 (Nr. 835, Fürst von Fürstenberg), 1927 (Nr. 261, ebd.) | Bemerkung: V27: „Kupferstichkabinett Donaueschingen"; Streichung am 6.9.1932, vgl. FFA Donaueschingen, Generalia, Kunst und Wissenschaft, XIV/1

■ Stimmer (Schule), Tobias: Samariter, Blatt Nr. 12, 16. Jh.
Verzeichnisse: 1922 (Nr. 833, Fürst von Fürstenberg), 1927 (Nr. 263, ebd.) | Bemerkung: V27: „Kupferstichkabinett Donaueschingen"; Streichung am 6.9.1932, vgl. FFA Donaueschingen, Generalia, Kunst und Wissenschaft, XIV/1

■ Stoltze, Friedrich: „Kaspars lustige Streiche" mit Federzeichnungen von Heinrich Hoffmann
Verzeichnisse: 1938 (Eduard Wertheimber)

■ Tintoretto, Jacopo: Kreuzigung, Blatt Nr. 21
Verzeichnisse: 1922 (Nr. 905, Fürst von Fürstenberg), 1927 (Nr. 264, ebd.) | Bemerkung: V27: „Kupferstichkabinett Donaueschingen"

■ Unbekannter Meister: Christus am Kreuz mit Leidenwerkzeugen, Inkunabeln des Holzschnittes, bemalter Holzschnitt, um 1450
Verzeichnisse: 1922 (Nr. 372, Fürst von Fürstenberg), 1927 (Nr. 297, ebd.) | Literatur: Schreiber, Einblattdrucke des fünfzehnten Jahrhunderts, 1907, Nr. 17 | Bemerkung: Aufbewahrungsort

Fürstlich Fürstenbergische Bibliothek Donaueschingen; V27: unter Handschriften und illustrierte Bücher; Streichung am 6.9.1932, vgl. FFA Donaueschingen, Generalia, Kunst und Wissenschaft, XIV/1

■ **Unbekannter Meister: Christus an der Säule, bemalter Holzschnitt, kurz nach 1450, 55 × 78 cm**
Verzeichnisse: 1922 (Nr. 338, Fürst von Fürstenberg), 1927 (Nr. 298, ebd.) | Literatur: Schreiber, Einblattdrucke des fünfzehnten Jahrhunderts, 1907, Nr. 19 | Bemerkung: Aufbewahrungsort Fürstlich Fürstenbergische Bibliothek Donaueschingen; Streichung am 6.9.1932, vgl. FFA Donaueschingen, Generalia, Kunst und Wissenschaft, XIV/1

■ **Unbekannter Meister: St. Christine, bemaltes Schrotblatt, um 1480**
Verzeichnisse: 1922 (Nr. 751, Fürst von Fürstenberg), 1927 (Nr. 301, ebd.) | Bemerkung: Streichung am 6.9.1932, vgl. FFA Donaueschingen, Generalia, Kunst und Wissenschaft, XIV/1

Glasgemälde

■ **Acht Rundscheiben mit Leben Christi und ein Wappen Werdenberg**
Verzeichnisse: 1927 (Nr. 592, Jacob Rosenbaum) | Bemerkung: südwestdeutsch-schweizerisch

■ **Drei Scheiben, Folge frühgotischer Scheiben mit kirchlichen Darstellungen um 1300**
Verzeichnisse: 1922 (Nr. 261, Ehem. König Wilhelm II. von Württemberg), 1927 (Nr. 593, Herzog Albrecht von Württemberg), 1938 (ebd.) | Bemerkung: Aufbewahrungsort Schloß Friedrichshafen; V38: 14. Jh.

■ **Drei Scheiben der Renaissance im Rittersaal und den übrigen Gemächern des Schlosses in Heiligenberg**
Verzeichnisse: 1922 (Nr. 267, Fürst von Fürstenberg), 1927 (Nr. 584, ebd.), 1938 (ebd.) | Literatur: „Nr. 1–89 des Glasgemäldekatalogs" | Bemerkung: Aufbewahrungsort Schloß Heiligenberg

■ **Drei Scheiben, Wappen und kirchliche Darstellungen von St. Georgen 1534, von Tennebach 1581, von Gengenbach 1622, 1534, 1581, 1622**
Verzeichnisse: 1922 (Nr. 263, Ehem. Großherzog von Baden), 1927 (Nr. 587, ebd.), 1934 (Nr. 349, ebd.), 1938 (ebd.) | Bemerkung: Aufbewahrungsort Schloß Eberstein

■ **Drei Wappenscheiben vom ehemaligen Herzogl. Hofgericht, Schweizer Glasmalerei, 16./17. Jh.**
Verzeichnisse: 1922 (Nr. 273, Magistrat Tübingen), 1927 (Nr. 582, ebd.)

■ **Glasgemälde mit zwei Heiligendarstellungen, Joh. Ortlieb und Jacob von Venningen, etwa 1497**
Verzeichnisse: 1922 (Nr. 265, Ehem. Großherzog von Baden), 1927 (Nr. 585, ebd.), 1934 (Nr. 347, Markgraf Berthold von Baden), 1938 (Ehem. Großherzog von Baden) | Bemerkung: Aufbewahrungsort Schloß Eberstein

■ **Glasgemälde, Prophetenfenster aus Köln um 1465**
Verzeichnisse: 1922 (Nr. 256, Exzellenz Freiherr Wilhelm Heyl zu Herrnsheim) | Bemerkung: Streichung im Nachtrag von 1924 vermerkt, vgl. SKD Altregistratur 01/GG 30, Bl. 48

■ **Glasgemälde aus Amelungsborn**
Verzeichnisse: 1922 (Nr. 258, Ehem. Herzog Ernst August von Braunschweig-Lüneburg)

■ **Glasmalereisammlung im Gotischen Hause zu Wörlitz**
Verzeichnisse: 1922 (Nr. 269, Verwaltungsrat der Kulturstiftung in Dessau) | Literatur: Aman, Die Glasmalereien im Gotischen Haus Wörlitz, 2000 | Bemerkung: insgesamt 214 Glasgemälde und Scheibenfragmente, nur wenige stammen aus Deutschland, Flandern und Frankreich, Großteil aus der Schweiz (vor allem Wappen- und Standesscheiben), vom ausgehenden 15. bis 17. Jahrhundert, vgl. Aman, S. 15

■ **Meister des Hausbuches, Art: Zwei Stifter-Glasscheiben, Anfang 16. Jh.**
Verzeichnisse: 1922 (Nr. 270, Exzellenz Freiherr Wilhelm Heyl zu Herrnsheim) | Literatur: Schmitz, Die Glasgemälde des Kgl. Kunstgewerbemuseums in Berlin, 1. Teil, 1913, S. 114, Abb. 197 | Bemerkung: Aufenthaltsort in der ehem. Dalbergschen Kapelle im Schloß Herrnsheim; Streichung im Nachtrag von 1924 vermerkt, vgl. SKD Altregistratur 01/GG 30, Bl. 48

■ Kölnisch: Glasmalereien, Zwei Heilige, spätromanisch; zwei kölnische Rundscheiben 1533 Anbetung der Könige von Dirk Bellert
Verzeichnisse: 1922 (Nr. 266, Großherzoglicher Privatbesitz Darmstadt)

■ Linck, Bartholomäus: Vier Glasgemälde, Darstellung von Heiligenlegenden, 1622 und 1629
Verzeichnisse: 1922 (Nr. 255, Ehem. Großherzog von Baden), 1927 (Nr. 589, ebd.), 1934 (Nr. 351, Markgraf Berthold von Baden), 1938 (Ehem. Großherzog von Baden) | Bemerkung: Aufbewahrungsort Schloß Eberstein

■ Scheibe mit zwei Mönchen, Anfang 16. Jh.
Verzeichnisse: 1922 (Nr. 262, Freifrau von Liebig), 1927 (Nr. 573, ebd.), 1934 (Nr. 339, ebd.), 1938 (ebd.) | Literatur: Heberle, Die freiherrlich von Zwierlein'schen Sammlungen von gebrannten Glasfenstern, Kunstsachen und Gemälden etc. zu Geisenheim, 1887, Nr. 114 | Bemerkung: V34 und V38: Erben der Freifrau von Liebig

■ Sechs Scheiben, Mitte 14. Jh.
Verzeichnisse: 1922 (Nr. 260, Gräfin von der Gröben), 1927 (Nr. 580, ebd.), 1938 (Graf Albrecht von Kanitz) | Literatur: Katalog der Deutsch-Nationalen Kunst-Ausstellung Düsseldorf 1902, Nr. 796–801 | Bemerkung: Datierung vgl. Ausst.-Kat. Düsseldorf 1902

■ Stehende Madonna auf blauem Grund, Arb. Bartel Bruyn
Verzeichnisse: 1922 (Nr. 259, Prinz Heinrich von Preußen), 1927 (Nr. 579, ebd.), 1934 (Nr. 345, Prinz Waldemar von Preußen), 1938 (Prinz Heinrich von Preußen)

■ Vier Scheiben, Heiligendarstellungen und Wappen aus der Kirche Dühren bei Sinsheim, etwa 1497–1510
Verzeichnisse: 1927 (Nr. 586, Ehem. Großherzog von Baden), 1934 (Nr. 348, Markgraf Berthold von Baden), 1938 (Ehem. Großherzog von Baden) | Literatur: Oechelhäuser, Die Kunstdenkmäler des Großherzogtums Baden, Amtsbezirke Sinsheim, Eppingen und Wiesloch (Kreis Heidelberg), 1909, S. 10 | Bemerkung: Aufbewahrungsort Schloß Eberstein

■ Vierpaßscheibe des Johann Adelmann
Verzeichnisse: 1922 (Nr. 271, Herzog/Ehem. König Wilhelm II. von Württemberg), 1927 (Nr. 594, ebd.), 1938 (Herzog Albrecht von Württemberg)

■ Wappenscheibe der Frau Anna v. Hohenheim, Inschrift: fraw anna von hohenheim, zwei Scheiben mit Heiligen, 1535
Verzeichnisse: 1922 (Nr. 274, Graf von Bodman), 1927 (Nr. 597, ebd.), 1938 (ebd.)

■ Wappenscheibe der Frau Magdalena v. Neydeck (?), Inschrift: fraw magdalena von nydeck, 1525
Verzeichnisse: 1922 (Nr. 274, Graf von Bodman), 1927 (Nr. 596, ebd.), 1938 (ebd.)

■ Wappenscheibe des Grafen Eberhard II. von Württemberg, 15. Jh.
Verzeichnisse: 1927 (Nr. 595, Herzog/Ehem. König Wilhelm II. von Württemberg), 1938 (ebd.)

■ Zehn rechteckige Scheiben aus dem Prämonstratenserkloster Altenberg a. d. Lahn
Verzeichnisse: 1922 (Nr. 268, Graf zu Erbach-Erbach), 1927 (Nr. 590, ebd.), 1934 (Nr. 352, ebd.), 1938 (ebd.) | Literatur: Schaefer, Kunstdenkmäler im Großherzogtum Hessen, Kreis Erbach, 1891, S. 61 f., Fig. 34 | Bemerkung: V22: „neun Rundscheiben mit Passionsbildern mit Wappen Werdenberg und wilden Männern; Wappenscheibe Stift Oehringen mit Petrus und Paulus; Abtscheibe von Allerheiligen von F. Lindmayer 1516; Glasmalereien aus der Dominikanerkirche in Wimpfen"

■ Zwanzig Scheiben aus der Dominikanerkirche in Wimpfen, Ende 13. Jh.
Verzeichnisse: 1922 (Nr. 268, Graf zu Erbach-Erbach), 1927 (Nr. 591, ebd.), 1934 (Nr. 354, ebd.), 1938 (ebd.), 1961 | Literatur: Schaefer, Kunstdenkmäler im Großherzogtum Hessen, Kreis Erbach, 1891, S. 74 f., Fig. 42 | Bemerkung: Ausfuhrgenehmigung von zwei Scheiben am 9.3.1926 abgelehnt, vgl. BArch, R32/375a

■ Zwei Stifterscheiben nach Bartel Bryun: Vater und Mutter mit drei Söhnen, Glasgemäle in Burg Rheinstein bei Bingen
Verzeichnisse: 1922 (Nr. 259, Prinz Heinrich von Preußen), 1927 (Nr. 577, ebd.), 1934 (Nr. 343, Prinz Waldemar von Preußen), 1938 (Prinz Heinrich von Preußen)

■ Deutsch: St. Georg im Stile Lochners, um 1450
Verzeichnisse: 1922 (Nr. 262, Freifrau von Liebig), 1927 (Nr. 576, ebd.), 1934 (Nr. 342, ebd.), 1938 (ebd.) | Literatur: Schmitz, Die Glasgemälde des Kgl. Kunstgewerbemuseums in Berlin, 1. Teil, 1913, S. 38, Abb. 58 | Bemerkung: Schloß Gondorf

■ Kölnisch: Glasgemälde, vier Scheiben mit Verkündigung und Heiligen
Verzeichnisse: 1922 (Nr. 262, Freifrau von Liebig), 1927 (Nr. 575, ebd.), 1934 (Nr. 341, ebd.)

■ Kölnisch: Heilige Margarete und Johannes der Täufer, Graumalerei, um 1430
Verzeichnisse: 1922 (Nr. 259, Prinz Heinrich von Preußen), 1927 (Nr. 578, ebd.), 1934 (Nr. 344, Prinz Waldemar von Preußen), 1938 (Prinz Heinrich von Preußen)

■ Meister Gerlachus: Zwei romanische Scheiben, bez. Gerlachus pictor
Verzeichnisse: 1922 (Nr. 257, Gräfin von der Gröben), 1927 (Nr. 581, ebd.), 1938 (Graf Albrecht von Kanitz)

■ Meister von St. Severin: Sechs Scheiben
Verzeichnisse: 1922 (Nr. 262, Freifrau von Liebig), 1927 (Nr. 574, ebd.), 1934 (Nr. 340, ebd.), 1938 (ebd.) | Literatur: Heberle, Die freiherrlich von Zwierlein'schen Sammlungen von gebrannten Glasfenstern, Kunstsachen und Gemälden etc. zu Geisenheim, 1887, Nr. 115–120 mit Abb.

■ Rheinisch: Zwei gotische Scheiben, Mitte 14. Jh., 187 × 68 cm
Verzeichnisse: 1922 (Nr. 264, Gräfin von der Gröben) | Literatur: Katalog der Deutsch-Nationalen Kunst-Ausstellung Düsseldorf 1902, Nr. 794/95 | Bemerkung: Zuschreibung und Datierung vgl. Ausst.-Kat. Düsseldorf 1902

■ Rheinisch: Zwei romanische Scheiben, 1. Hälfte 13. Jh.
Verzeichnisse: 1927 (Nr. 572, Gräfin von der Gröben), 1934 (Nr. 338, Graf Albrecht von Kanitz), 1938 (ebd.) | Literatur: Katalog der Deutsch-Nationalen Kunst-Ausstellung Düsseldorf 1902, Nr. 792/93; Falke/Frauberger, Deutsche Schmelzarbeiten des Mittelalters und andere Kunstwerke, 1904, Taf. 118 | Bemerkung: V34: „13 mittelalterliche Glasfenster aus dem Nachlass des Freiherrn vom Stein auf Schloss Nassau", jedoch mit alten Nummer 572 verzeichnet, Ausstellung mittelalterlicher Glasmalereien, Fankfurt a. M. 1928; Zuschreibung und Datierung vgl. Ausst.-Kat. Düsseldorf 1902

Kunstgewerbe aus Glas und Kristall

■ Glassammlung des verstorbenen Prof. Dr. Pazaurek im Schloss Altmannshofen
Verzeichnisse: 1938 (Schriftleiter Dr. Gustav Pazaurek)

■ Kristallpokal, silbergefasst, vermutlich Tyroler oder böhmische Arbeit, 1487
Verzeichnisse: 1927 (Nr. 546, Ehem. Großherzog von Baden), 1934 (Nr. 320, Markgraf Berthold von Baden), 1938 (Ehem. Großherzog von Baden), 1961

■ Stangenglas mit der Geschichte der Bathseba in Schmelzarbeit, Schwaben oder Schweiz, um 1540
Verzeichnisse: 1938 (Julius Böhler) | Bemerkung: Eintragung am 11.5.1936, vgl. BayHStA, MK 40838, Bd. 6

■ Stangenglas, Schwaben oder Schweiz, um 1540
Verzeichnisse: 1938 (Museum für Kunst und Gewerbe Hamburg)

■ Adam, Elias: Schmuckflasche von vergoldetem Silber mit Achatplatten an den vier Seiten, sonst mit Edelsteinen geschmückt, als Augsburger Arbeit des Meisters E. A. signiert, des 1745 verstorbenen Elias Adam
Verzeichnisse: 1922 (Nr. 220, Ehem. Fürst zur Lippe), 1927 (Nr. 446, ebd.), 1934 (Nr. 221, ebd.), 1938 (ebd.)

■ Alemannisch: Bronzegefaßte Kristallkugel aus Tannheim
Verzeichnisse: 1922 (Nr. 415, Graf Schaesberg, Tannheim), 1927 (Nr. 543, ebd.), 1938 (ebd.)

■ Böhmisch: Hochzeitspokal, halbmeterhoch Glas geschliffen und geschnitten, 17. Jh.
Verzeichnisse: 1922 (Nr. 52, Vermögensverwaltung des Fürsten Reuß), 1927 (Nr. 545, ebd.), 1934 (Nr. 319, ebd.), 1938 (ebd.) | Bemerkung: im Verzeichnis des Volksstaates Reuss vom 30.3.1920, HStA Weimar, Thüringisches Volksbildungsministerium, Nr. C 984, Bl. 11, Vermerk: „selten"

■ Burgundisch: Kristallpokal, spätgotisch, in Silber und Email gefaßt, 15. Jh.
Verzeichnisse: 1922 (Nr. 42, Prinz von Hohenlohe-Öhringen), 1927 (Nr. 527, ebd.), 1934 (Nr. 305, ebd.), 1938 (ebd.), 1961 | Literatur: Stafski, Der burgundische Prunkbecher des Hohenlohe-Museums, in: Zeitschrift für Kunstwissenschaft, Nr. 3, 1949, S. 71 ff.

■ Deutsch: Glashumpen, emailliert mit Darstellungen der Lebensalter, Zylinderform ohne Fuß, 16. Jh.
Verzeichnisse: 1927 (Nr. 540, Ehem. Fürst zur Lippe), 1934 (Nr. 316, ebd.), 1938 (ebd.)

■ Deutsch: Glashumpen, emailliert, mit Hochzeitstänzer, Musikanten und Ornamenten, Zylinderform ohne Fuß, 16. Jh.
Verzeichnisse: 1927 (Nr. 539, Ehem. Fürst zur Lippe), 1934 (Nr. 315, ebd.), 1938 (ebd.)

■ Niederdeutsch: Églomisé-Teller mit Darstellung Abrahams und Melchisedeks, um 1520
Verzeichnisse: 1922 (Nr. 844, Fürst von Oettingen-Wallerstein), 1927 (Nr. 558, ebd.), 1934 (Nr. 321, ebd.), 1938 (ebd.)

■ Römisch: Wertvolles römisches Glas, eine sogenannte Kugelflasche, Kölner Fund aus der Römerzeit
Verzeichnisse: 1938 (Josef Schrader, Köln) | Bemerkung: V38: unter Plastik gelistet

■ Unbekannter Meister: Glaskanne in gotischer Silberfassung, Mitte 15. Jh.
Verzeichnisse: 1922 (Nr. 378, Fürst Salm-Reifferscheidt), 1927 (Nr. 541, ebd.), 1934 (Nr. 317, ebd.), 1938 (ebd.) | Literatur: Falke/Frauberger, Deutsche Schmelzarbeiten des Mittelalters und andere Kunstwerke, 1904, Taf. 126; Katalog der Deutsch-Nationalen Kunst-Ausstellung Düsseldorf 1902, Nr. 833

Kunstgewerbe aus Keramik

■ Hafnerkrug, unglasiert, 1470
Verzeichnisse: 1922 (Nr. 411, Kunstmaler Franz Wolter)

■ Hamburger Kachelofen
Verzeichnisse: 1927 (Nr. 544, Gesamthaus Braunschweig-Lüneburg), 1938 (ebd.)

■ Reise-Service, dessen Einzelstücke aus vergoldetem Silber, geschnittenem Glas und Meissner Porzellan aus der Böttcherzeit bestehen, um 1720
Verzeichnisse: 1938 (Helene Th. Rümker geb. Heinecken) | Bemerkung: „Mittelweg 83 und Frau Dr. Cordula, Hamburg 5, Holzdamm 48"

■ Bustelli (Manufaktur Nymphenburg), Franz Anton: Dame im Reifrock und ein Kavalier, Porzellanfiguren
Verzeichnisse: 1922 (Nr. 642, Prof. Dr. Ludwig Darmstädter)

■ Bustelli (Manufaktur Nymphenburg), Franz Anton: Dame im Reifrock, Prozellanfigur
Verzeichnisse: 1922 (Nr. 641, Prof. Dr. Ludwig Darmstädter)

■ Chinesisch: Porzellanvasen, birnenförmig, mit hoher Halsbemalung, Bemalung: schwarzer Grund, 2 Kirschblütenbäume, Bambuszweige und neun gelbe Vögel, in weiß, gelb, grün, mangan, 58 cm
Verzeichnisse: 1922 (Nr. 647, Gesandter a. D. Dr. Stübel), 1927 (Nr. 559, Anna Stübel), 1938 (ebd.) | Bemerkung: Besitzerwechsel Anna Auguste Stübel, Dresden, Ferdinandstr. 2 in „Veränderungen im Verzeichnis der national wertvollen Kunstwerke" vom 17.3.1923, vgl. SMB-ZA, I/NG 847, Bl. 49

■ Frytom, Frederick van: Delfter Fayenceplatte mit Landschaft von Frytoms
Verzeichnisse: 1922 (Nr. 202, Friedrich Vieweg und Sohn AG) | Bemerkung: Streichung im Nachtrag von 1924 vermerkt, vgl. SKD Altregistratur 01/GG 30, Bl. 48

■ Fuldaer Manufaktur: Konzertgruppe
Verzeichnisse: 1922 (Nr. 228, Hermine Feist), 1927 (Nr. 550, ebd.), 1934 (Nr. 323, ebd.), 1938 (Schlossmuseum Berlin) | Literatur: Drei Jahre Nationalsozialistischer Museumsarbeit. Ausst.-Kat. Schloßmuseum, 1936 | Bemerkung: V38: zweimal hintereinander gelistet

■ Heinrici (Meißner Manufaktur), Johann Martin: Bildnis August III. auf Meißner Porzellan gemalt, 1754, 24 × 18 cm
Verzeichnisse: 1922 (Nr. 639, Prinzessin Mathilde von Sachsen), 1927 (Nr. 547, ebd.), 1938 (ebd.) | Literatur: Pazaurek, Meißner Porzellanmalerei des 18. Jahrhunderts, 1929, Abb. 67/68; Schmidt/Syndram, Unter eine Krone. Kunst und Kultur der säschisch-polnischen Union, 1997, S. 544/545; Obenaus, „Gutes einzuführen, Geringeres abzustossen" – Ausfuhrverbote für „national wertvolle" Kunstwerke sächsischer Privatsammlungen in der Weimarer Republik, in: Dresdner Kunstblätter, Bd. 4/2014, S. 27–35 | Provenienz: Wiederholung kam 1925 in die Porzellansammlung Dresden; dieses Exemplar wie auch Wiederholung in SKD, Inv. Nr. PE 3608 und PE 3610; frdl. Hinweis von Anette Loesch

■ Heinrici (Meißner Manufaktur), Johann Martin: Bildnis Maria Josepha auf Meißner Porzellan gemalt, 1756, 24 × 19 cm
Verzeichnisse: 1922 (Nr. 640, Prinz Johann Georg von Sachsen), 1927 (Nr. 548, ebd.), 1938 (ebd.) | Provenienz: bis 1945 auf Schloss Moritzburg und dort beschlagnahmt, heute in der Porzellansammlung Dresden, Inv. Nr. PE 3609, frdl. Hinweis von Anette Loesch | Bemerkung: keine Wiederholung bekannt

■ Kändler (Meißner Manufaktur), Johann Joachim: Dame im Reifrock und Kavalier im Schlafrock
Verzeichnisse: 1922 (Nr. 384, Hermine Feist)

■ Kändler (Meißner Manufaktur), Johann Joachim: Die Kußhand, zwei Figuren ohne Sockel
Verzeichnisse: 1922 (Nr. 384, Hermine Feist), 1927 (Nr. 552, ebd.), 1934 (Nr. 324, ebd.), 1938 (Schlossmuseum Berlin) | Literatur: Falke, Deutsche Porzellanfiguren, 1919, Taf. 3; Drei Jahre Nationalsozialistischer Museumsarbeit. Ausst.-Kat. Schloßmuseum, 1936

■ Kändler (Meißner Manufaktur), Johann Joachim: Kreuzigungsgruppe, unbemalt
Verzeichnisse: 1927 (Nr. 554, Frau Emil Weyerbusch), 1934 (Nr. 326, ebd.), 1938 (ebd.) | Bemerkung: Eintragung vermerkt in „Veränderungen im Verzeichnis der national wertvollen Kunstwerke" vom 17.3.1923, vgl. SMB-ZA, I/NG 847, Bl. 49; V34: als Leihgabe im Elberfelder Museum

■ Kändler (Meißner Manufaktur), Johann Joachim: Liebespaar in spanischer Tracht
Verzeichnisse: 1922 (Nr. 386, Hermine Feist), 1927 (Nr. 555, ebd.), 1934 (Nr. 327, ebd.), 1938 (Schlossmuseum Berlin) | Literatur: Falke, Deutsche Porzellanfiguren, 1919, Taf. 5; Drei Jahre Nationalsozialistischer Museumsarbeit. Ausst.-Kat. Schloßmuseum, 1936 | Bemerkung: ein weiteres Exemplar wurde 1924 für die Dresdner Porzellansammlung bei Hermann Ball erworben, vgl. Kat. Porzellansammlung Dresden 2008, S. 213, Inv. Nr. PE 524

■ Kändler (Meißner Manufaktur), Johann Joachim: Pantalon und Kolombine, Gruppe in einer Uhr gefaßt
Verzeichnisse: 1922 (Nr. 384, Hermine Feist), 1927 (Nr. 553, ebd.), 1934 (Nr. 325, ebd.), 1938 (ebd.) | Literatur: Falke, Deutsche Porzellanfiguren, 1919, Taf. 6

■ Kändler (Meißner Manufaktur), Johann Joachim: Porzellangruppe einer Dame im Reifrock und eines Kavaliers mit Ordensband
Verzeichnisse: 1922 (Nr. 385, Prof. Dr. Ludwig Darmstädter)

■ Kändler (Meißner Manufaktur), Johann Joachim: Umarmung, Reifrockgruppe
Verzeichnisse: 1922 (Nr. 386, Hermine Feist), 1927 (Nr. 556, ebd.), 1934 (Nr. 328, ebd.), 1938 (Schlossmuseum Berlin) | Literatur: Falke, Deutsche Porzellanfiguren, 1919, Fig. 1; Drei Jahre Nationalsozialistischer Museumsarbeit. Ausst.-Kat. Schloßmuseum, 1936

■ Lejeune (Ludwigsburger Manufaktur), Pierre Francois: Tänzergruppe
Verzeichnisse: 1922 (Nr. 643, Ehem. Großherzog von Baden), 1927 (Nr. 551, ebd.), 1938 (ebd.)

■ Linck, (Frankentaler Manufaktur), Conrad: Allegorische Gruppe mit Obelisk
Verzeichnisse: 1922 (Nr. 466, Hermine Feist), 1927 (Nr. 549, ebd.), 1934 (Nr. 322, ebd.), 1938 (Schlossmuseum Berlin) | Literatur: Drei Jahre Nationalsozialistischer Museumsarbeit. Ausst.-Kat. Schloßmuseum, 1936 | Bemerkung: Tag für Denkmalpflege regte Streichung am 14.11.1931 an, Pr. KM und RMdI sprach sich dagegen aus

■ Meißner Manufaktur: Porzellan Terrine, der Kändlerzeit mit dem mecklenburgischen und russischen Wappen
Verzeichnisse: 1922 (Nr. 646, Ehem. Großherzog von Friedrich Franz IV. Mecklenburg-Schwerin)

■ Preuning, Paul: Großer Krug, um 1550, 49 cm
Verzeichnisse: 1922 (Nr. 412, Ehem. Großherzog Sachsen-Weimar), 1927 (Nr. 542, ebd.), 1934 (Nr. 318, ebd.), 1938 (ebd.) | Literatur: Voß, Bau- und Kunstdenkmäler Thüringens, Großherzogtum Weimar-Eisenach, Die Wartburg, 1917, S. 340; Schuchardt, Die Kunstsammlung der Wartburg, 1998, S. 34 f., mit Abb. | Bemerkung: im thür. Landesverzeichnis vom 27.8.1920, vgl. HStA Weimar, Thüringisches Volksbildungsministerium, Nr. C 984, Bl. 46; Datierung vgl. Voß 1917; ähnliche Krüge von Preuning besaßen zu der Zeit KGM Berlin und Köln sowie Museum Sigmaringen

■ Schwäbisch: Pietà, Terracotta mit Resten alter Fassung, Rückseite ausgehölt, um 1430, 74 cm
Verzeichnisse: 1938 (Ehem. Slg. Harry Fuld) | Literatur: Schmitt/Swarzenski, Meisterwerke der Bildhauerkunst in Frankfurter Privatbesitz, 1921, Taf. 58, Abb. 58a–c | Provenienz: V38: „Ehem. Slg. Harry Fuld (Besitzer zur Zeit unbekannt" | Bemerkung: Vorschlag zur Eintragung von Wolters am 9.10.1936, vgl. Archiv Städel, Nr. 731

■ Sèvres Manufaktur: Sèvres Porzellan, ein Satz von drei blauen Vasen
Verzeichnisse: 1922 (Nr. 645, Ehem. Preußisches Königshaus) | Bemerkung: ohne Standortangabe

■ Thüringisch: Drei Vasen mit Statuetten, um 1775
Verzeichnisse: 1922 (Nr. 648, Henry Budge), 1927 (Nr. 560, ebd.), 1934 (Nr. 330, ebd.), 1938 (ebd.) | Literatur: Graul/Kurzwelly, Altthüringer Porzellan, 1909, Titeltafel, Abb. 9 | Bemerkung: Porzellanmanufaktur Volkstedt, Datierung vgl. Graul/Kurzwelly 1909; bereits zum Erlass der Verordnung im Dezember 1919 „Auswahl aus der Porzellansammlung" eingetragen, vgl. AHK, 332-260.4, Bl. 174

■ Unbekannter Meister: Wiener Porzellanservice, schwarz mit Gold, 1720–1740
Verzeichnisse: 1922 (Nr. 644, Fürst von Oettingen-Wallerstein), 1927 (Nr. 557, ebd.), 1934 (Nr. 329, ebd.), 1938 (ebd.) | Bemerkung: Streichung beantragt am 24.3.1959 von der Fürstl. Öttingen-Wallerstein'schen Dominialkanzlei, vgl. BayHStA, MK 51497

Kunstgewerbe aus Textilien

■ Aubusson-Tapisserien, Schaukelszene, 490 × 273 cm
Verzeichnisse: 1938 (Kunsthandlung A. S. Drey) | Literatur: Graupe, Aus dem Besitz der Firma A. S. Drey, 1936, S. 75, Nr. 492 | Provenienz: 1919 gemeinsam mit der Firma van Dam, Amsterdam auf der Auktion Paalen, erworben, vgl. BayHStA, MK 40838, Bd. 6 | Bemerkung: Eintragung am 6.2.1935 infolge des Erlasses des RMdI vom 13.12.1934, vgl. Kap. III.3.1., vgl. BayHStA, MK 40838, Bd. 6

■ Bildstickerei aus Hildesheim, 14. Jh., 164 × 165 cm
Verzeichnisse: 1922 (Nr. 832, Fürst von Hohenzollern-Sigmaringen), 1927 (Nr. 699, ebd.), 1938 (Dr. Alexander Spengler) | Literatur: Kunsthistorische Ausstellung Düsseldorf, Ausst.-Kat.1904, S. 222 f., Nr. 731874; Lehner, Verzeichnis der Gemälde, Fürstlich Hohenzollern'sches Museum zu Sigmaringen, 1874, Nr. 1; Falke in: Pantheon, 1928, Bd. I, S. 116 | Bemerkung: Szenen aus dem Alten und Neuen Testament; Streichung 30.3.1931, vgl. BArch, R32/375a

■ Bildteppich aus Kirschkau, 1560
Verzeichnisse: 1927 (Nr. 680, Vermögensverwaltung des Fürsten Reuß), 1938 (ebd.) | Literatur: Abb. im Inventar Schloß Schleitz

■ Bildteppich mit dem sog. Hundegericht
Verzeichnisse: 1922 (Nr. 884, Ehem. Großherzog von Baden), 1927 (Nr. 698, ebd.), 1934 (Nr. 442, Prinz Lennart von Schweden), 1938 (Ehem. Großherzog von Baden) | Provenienz: V38: Schloß Mainau

■ Bildteppich, darstellend Jesus im Hause des Lazarus bez. Audran, 1776
Verzeichnisse: 1922 (Nr. 848, Fürst von Albert I. Thurn und Taxis), 1927 (Nr. 657, ebd.), 1934 (Nr. 406, ebd.), 1938 (ebd.)

■ Bildteppich, gewirkt, mit Marienbildern
Verzeichnisse: 1922 (Nr. 864, Fürst von Hohenzollern-Sigmaringen), 1927 (Nr. 650, ebd.), 1938 (Kunstgewerbemuseum Frankfurt a. M.) | Literatur: Falke, in: Pantheon, 1928, Bd. I, S. 116; Kurth, Die deutschen Bildteppiche des Mittelalters, Bd. 2, 1926, Abb. S. 120 | Bemerkung: Vermutlich

Antependium mit Szenen aus dem Leben der Jungfrau und mit Heiligen, in Wolle gewirkt, Elsaß, 1. Drittel 15. Jh., 200 × 88 cm, vgl. Kat. Sigmaringen 1928, Nr. 1128

■ **Bildteppich, Gobelin „Geburt der Galaté", Auftrag der Kaiserin Maria Theresia für das Welfenhaus**
Verzeichnisse: 1938 (Kunsthandlung A. S. Drey) | Bemerkung: Eintragung am 6.2.1935, (Serie von 3 Stück (Geschichte der Aphrodite, Huldigung, Opferung, Geburt) zum Preis von 20.000 Mk.), infolge des Erlasses des RMdI vom 13.12.1934, vgl. Kap. III.3.1., vgl. BayHStA, MK 40838, Bd. 6

■ **Bildteppich, Große Tapisserie „antikes Gastmahl", gotisch**
Verzeichnisse: 1938 (Antiquariat Paul Graupe)

■ **Bildteppich, Otto Heinrich, Schlacht bei Laufen, Mitte 16. Jh.**
Verzeichnisse: 1922 (Nr. 851, Früherer Kronprinz Rupprecht von Bayern), 1927 (Nr. 659, ebd.), 1934 (Nr. 408, ebd.), 1938 (ebd.) | Literatur: „Abb. in Münchener Jahrbuch d. bildenden Kunst, o. J."

■ **Bildteppiche, auf der Wartburg: a) Teppich mit Tieren in kreisförmiger Unrahmung, b) Teppich mit der Erstürmung der Minneburg, in zwei Stücken, c) Elisabethteppich, d) Teppich mit Tieren unter Bäumen, in zwei Stücken**
Verzeichnisse: 1922 (Nr. 875, Ehem. Großherzog Sachsen-Weimar), 1927 (Nr. 678, ebd.), 1934 (Nr. 424, ebd.), 1938 (E. Kahlert und Sohn) | Literatur: Voß, Bau- und Kunstdenkmäler Thüringens, Großherzogtum Weimar-Eisenach, Die Wartburg, 1917, S. 265–270; Schuchardt, Die Kunstsammlung der Wartburg, 1998, S. 16 f., mit Abb. | Provenienz: Estherteppich 1933 an Kahlert und Sohn abgegeben, vgl. HStA Weimar, Best. Großherzogliche Schatullverwaltung Weimar, Nr. 453, Bl. 86; 1939 Bildteppich mit Erstürmung der Minneburg an GNM Nürnberg, Mitteilung 9.3.1939, vgl. ebd.; bzw. Erwerbungsjahr 1937, vgl. GNM Akten, Nr. 836 | Bemerkung: im thür. Landesverzeichnis vom 27.8.1920, vgl. HStA Weimar, Thüringisches Volksbildungsministerium, Nr. C 984, Bl. 45; V34: Teppich mit der Erstürmung der Minneburg, 2 Stk. bei Kahlert; im Nachkriegsexemplar mit „GNM Nürnberg" versehen, vgl. GNM Akten, Nr. 836

■ **Blättertapisserie**
Verzeichnisse: 1938 (Johannes Hinrichsen)

■ **Christus, großer Knüpfteppich, Terrakotta, angeblich Hagenauer, 18. Jh.**
Verzeichnisse: 1938 (Lehmann Bernheimer)

■ **Die Königin von Saba begrüßt den König Salomon, gotische Tapisserie, 276 × 206 cm**
Verzeichnisse: 1938 (Kunsthandlung A. S. Drey) | Provenienz: 1927 aus dem französischen Kunsthandel erworben, vgl. BayHStA, MK 40838, Bd. 6 | Bemerkung: Eintragung am 6.2.1935 infolge des Erlasses des RMdI vom 13.12.1934, vgl. Kap. III.3.1., vgl. BayHStA, MK 40838, Bd. 6

■ **Die vier Weltteile, GB 3308, Ende 17. Jh., 362 × 432 cm**
Verzeichnisse: 1938 (Lehmann Bernheimer) | Provenienz: 10.8.1927 auf englischer Auktion übernommen, vgl. Anlage Exposé Weinmüller, BayHStA, MK 40838, Bd. 6 | Bemerkung: Eintragung am 6.2.1935 infolge des Erlasses des RMdI vom 13.12.1934, vgl. Kap. III.3.1., vgl. BayHStA, MK 40838, Bd. 6; englische Arbeit, vgl. Anlage Exposé Weinmüller, ebd.

■ **Drei Bildteppiche, a) Anbetung der Könige mit knienden Hirten, b) 1540 Esther von Asverus u. a. biblische Szenen, c) Anbetung des Kindes**
Verzeichnisse: 1938 (Lehmann Bernheimer) | Bemerkung: Eintragung am 21.3.1936, vgl. BayHStA, MK 40838, Bd. 6; a) Niedersachsen, G.B. 5228, 5232 und 3347

■ **Drei Bildteppiche, a) Venus in Wolken, b) Diana in Wolken, c) Bachus in Wolken**
Verzeichnisse: 1938 (Ferdinand Knapp, Berlin)

■ **Drei Gobelins mit der Alexandersage nach Lebrun**
Verzeichnisse: 1922 (Nr. 891, Ehem. Herzog von Sachsen-Meiningen), 1927 (Nr. 663, ebd.), 1938 (ebd.) | Bemerkung: im thür. Landesverzeichnis vom 27.8.1920, vgl. HStA Weimar, Thüringisches Volksbildungsministerium, Nr. C 984, Bl. 44

■ **Drei gotische Gobelins, a) Gethsemane, b) Abschied der Apostel, c) Christus zwischen Maria und Johannes**
Verzeichnisse: 1927 (Nr. 664, Familie von Fürer), 1934 (Nr. 411, ebd.) | Provenienz: Heimendorf bei Röthenbach a. d. Pegnitz; V34: nur noch zwei Gobelins, Abschied der Apostel fällt weg, geht nach Frankfurt (handschr. Notiz V27); V38: Bild 2: J. Rosenbaum in Frankfurt a. M., Rossmarkt 14; ein Teppich ging an das Berliner Schlossmuseum, dort Kriegsverlust, vgl. GNM Akten, Nr. 836 | Bemerkung: Streichungsantrag im Juli 1930 abgelehnt, vgl. BArch, R32/375a

■ Drei Wirkteppiche nach Kartons von Raffael
Verzeichnisse: 1922 (Nr. 896, Ehem. Großherzog von Friedrich Franz IV. Mecklenburg-Schwerin)

■ Erstürmung eines Schiffes, GB 51a, Tapisserie, 355 × 250 cm
Verzeichnisse: 1938 (Lehmann Bernheimer) | Provenienz: 29.9.1922 aus dem deutschen Handel übernommen, vgl. Anlage Exposé Weinmüller, BayHStA, MK 40838, Bd. 6 | Bemerkung: Eintragung am 6.2.1935 infolge des Erlasses des RMdI vom 13.12.1934, vgl. Kap. III.3.1., vgl. BayHStA, MK 40838, Bd. 6; französisch, vgl. Anlage Exposé Weinmüller, ebd.

■ Estherteppich, gewirkt und Teppich mit Sachsenwappen, 1590
Verzeichnisse: 1922 (Nr. 876, Ehem. Großherzog Sachsen-Weimar), 1927 (Nr. 679, ebd.), 1934 (Nr. 424, E. Kahlert und Sohn), 1938 (ebd.) | Literatur: Voß, Bau- und Kunstdenkmäler Thüringens, Großherzogtum Weimar-Eisenach, Die Wartburg, 1917, S. 272–276 | Provenienz: Meldung des Besitzerwechsels an Kahlert und Sohn am 30.12.1933, vgl. HStA Weimar, Best. Großherzogliche Schatullverwaltung Weimar, Nr. 453, Bl. 85 | Bemerkung: „Zwei Bildteppiche mit der Erstürmung der Minneburg"; im thür. Landesverzeichnis vom 27.8.1920, vgl. HStA Weimar, Thüringisches Volksbildungsministerium, Nr. C 984, Bl. 46

■ Folge von sechs Aubusson-Tapisserien, Ludwig XV., auf der Jagd, signiert M R d'Aubusson F. Grelet Jallason
Verzeichnisse: 1938 (Bankhaus Jacquier & Securius) | Bemerkung: vermutlich aus Versteigerung Graupe, Bestand Altkunst, 1935 und Eintragung am 6.12.1934

■ Fünf Gobelins aus der Serie l'histoire de Christ von Retout und Jouvenet: Geburt Christi, Offenbarung der Hirten, Bergpredigt, Taufe am Jordan, Speisung der 5000
Verzeichnisse: 1922 (Nr. 890, Ehem. Großherzog von Baden)

■ Gobelin in einem Zimmer, Schloß und Terrassen Versailles mit Figuren darstellend
Verzeichnisse: 1922 (Nr. 886, Ehem. Fürst zur Lippe), 1927 (Nr. 660, ebd.), 1934 (Nr. 409, ebd.), 1938 (ebd.)

■ Gobelin in einem Zimmer, zwei Teile des Decius-Mus-Zyklus, nach Entwürfen von Rubens
Verzeichnisse: 1927 (Nr. 683, Ehem. Fürst zur Lippe), 1934 (Nr. 427, ebd.), 1938 (ebd.)

■ Gobelin in zwei Zimmern, Szenen aus der Geschichte Alexanders des Großen darstellend, nach Lebrun
Verzeichnisse: 1922 (Nr. 894, Ehem. Fürst zur Lippe), 1927 (Nr. 661, ebd.), 1934 (Nr. 410, ebd.), 1938 (ebd.) | Bemerkung: Tag für Denkmalpflege regte Streichung am 14.11.1931 an, KM sprach sich dagegen aus

■ Gobelin mit dem Brustbild Luthers, niederl. oder deutsch, Mitte des 16. Jh.
Verzeichnisse: 1922 (Nr. 846, Freifrau von Friesen), 1927 (Nr. 656, ebd.), 1934 (Nr. 405, Hermann Ball), 1938 (ebd.) | Literatur: „Textilkunst 1908, S. 63" mit Abb. | Bemerkung: Vorschlag zur Eintragung von Berling am 15.3.1920, vgl. SächsHStA, 10736, Nr. 17455, Bl. 270; Streichung am 19.11.1931 versagt, weil „Dokument einer Epoche", vgl. BArch, R32/375b, Bl. 34; im Nachkriegsexemplar mit „Slg. Thyssen Lugano" versehen, vgl. GNM Akten, Nr. 836

■ Gobelin, 1547 zur silbernen Hochzeit eines Herrn von Melem und einer geb. Brunn von Brunnenfels gefertigt, 1547, 177 × 153 cm
Verzeichnisse: 1922 (Nr. 883, Frau von Zehmen), 1927 (Nr. 670, ebd.), 1938 (ebd.) | Provenienz: Neuensalz bei Plauen; V38: „Jetzt im Historischen Museum in Frankfurt a. M." | Bemerkung: Vorschlag zur Eintragung von Berling am 15.3.1920, vgl. SächsHStA, 10736, Nr. 17455, Bl. 270, darin wahrscheinlich rheinische Arbeit, mit 10 Wappen Frankfurter Patriziergeschlechter

■ Gobelin, Abschied der Apostel, gotisch
Verzeichnisse: 1934 (Nr. 412, Jacob Rosenbaum)

■ Gobelins aus dem Schlosse Neuburg: a) Otto Heinrich, 1535, b) Seine Gemahlin Susanne, 1533, c) Philipp Wilhelm, d) Otto Heinrichs Reise ins heilige Land
Verzeichnisse: 1922 (Nr. 893, Historischer Verein Neuburg a. D.), 1927 (Nr. 665, ebd.), 1934 (Nr. 413, ebd.), 1938 (ebd.) | Literatur: „Abb. in Neuburger Coll. Blatt, N.F. 1898"

■ Gotischer Wappenteppich der Donatoren, Ölgemälde auf Leinwand und auf Holz befestigt, aus sechs gleich hohen, verschiedenen langen Teilen bestehend
Verzeichnisse: 1922 (Nr. 930, Prinz Max von Baden), 1927 (Nr. 684, ebd.), 1934 (Nr. 428, Markgraf Berthold von Baden) | Bemerkung: V34 und V38: „Aufbewahrungsort: Schloßgänge und -stiegen", Schloß Salem

■ Gott Vater, gotische Tapisserie, um 1500, 370 × 575 cm
Verzeichnisse: 1938 (Lehmann Bernheimer) | Provenienz: am 7.5.1929 aus dem deutschen Handel in Frankfurt/Main erworben, vgl. Anlage Exposé Weinmüller, BayHStA, MK 40838, Bd. 6 | Bemerkung: Eintragung am 6.2.1935 infolge des Erlasses des RMdI vom 13.12.1934, vgl. Kap. III.3.1., vgl. BayHStA, MK 40838, Bd. 6; französischen Ursprungs, vgl. Anlage Exposé Weinmüller, ebd.

■ Großer Bildteppich, nach Boucher
Verzeichnisse: 1922 (Nr. 856, Frau von Fritz Friedländer-Fuld), 1927 (Nr. 649, ebd.), 1938 (ebd.)

■ Höfische Szenen, „Jagd im Hintergrund", gotische Tapisserie, 210 × 192 cm
Verzeichnisse: 1938 (Lehmann Bernheimer) | Provenienz: am 28.11.1931 aus den Beständen des Künstlerhauses übernommen, vgl. Anlage Exposé Weinmüller, BayHStA, MK 40838, Bd. 6 | Bemerkung: Eintragung am 6.2.1935 infolge des Erlasses des RMdI vom 13.12.1934, vgl. Kap. III.3.1., vgl. BayHStA, MK 40838, Bd. 6; französischen Ursprungs, vgl. Anlage Exposé Weinmüller, ebd.

■ Jonathan, gotische Tapisserie, um 1500–1520, 290 × 316 cm
Verzeichnisse: 1938 (Lehmann Bernheimer) | Provenienz: am 27.9.1913 aus dem New Yorker Handel gekauft, vgl. Anlage Exposé Weinmüller, BayHStA, MK 40838, Bd. 6 | Bemerkung: Eintragung am 6.2.1935 infolge des Erlasses des RMdI vom 13.12.1934, vgl. Kap. III.3.1., vgl. BayHStA, MK 40838, Bd. 6; französischen Ursprungs, vgl. Anlage Exposé Weinmüller, ebd.

■ Lebensweg des Menschen zwischen Schuld und Reue, gotische Tapisserie, um 1510, 355 × 352 cm
Verzeichnisse: 1938 (Lehmann Bernheimer) | Provenienz: am 4.12.1909 aus dem französischen Kunsthandel in Paris erworben, vgl. Anlage Exposé Weinmüller, BayHStA, MK 40838, Bd. 6 | Bemerkung: Eintragung am 6.2.1935 infolge des Erlasses des RMdI vom 13.12.1934, vgl. Kap. III.3.1., vgl. BayHStA, MK 40838, Bd. 6; französischen Ursprungs, vgl. Anlage Exposé Weinmüller, ebd.

■ Marienteppich aus Pfaffenweiler mit Darstellungen vom Lebensende Mariens, 15. Jh., 240 × 100 cm
Verzeichnisse: 1922 (Nr. 877, Fürst von Fürstenberg), 1927 (Nr. 685, ebd.), 1934 (Nr. 429, ebd.), 1938 (ebd.) | Literatur: Clauß, Freiburger Diözesanarchiv, 1921, Bd. 22, mit Abb.; Kurth, Die deutschen Bildteppiche des Mittelalters, Bd. 2, 1926, S. 34 | Bemerkung: Aufbewahrungsort Schloss Heiligenberg; Angabe Maße vgl. FFA Donaueschingen, Generalia, Kunst und Wissenschaft, XIV/1

■ Mythologische Darstellungen in Park und Landschaften, Serie von vier Stück, GB 3966, 3968, 3939 und ?, Ende 17. Jh.
Verzeichnisse: 1938 (Lehmann Bernheimer) | Provenienz: am 24.3.1928 aus deutschem Privatbesitz übernommen, der Vorgänger durch Erbgang aus England erhalten, vgl. Anlage Exposé Weinmüller, BayHStA, MK 40838, Bd. 6 | Bemerkung: Eintragung am 6.2.1935 infolge des Erlasses des RMdI vom 13.12.1934, vgl. Kap. III.3.1., vgl. BayHStA, MK 40838, Bd. 6; Brüssel. vgl. Anlage Exposé Weinmüller, ebd.

■ Sammlung von acht Bildteppichen
Verzeichnisse: 1934 (Nr. 403, Konvent des Damenklosters Wienhausen) | Bemerkung: a) Prophetenteppich, Fragment um 1300, b) Tristanteppich I, um 1300, c) Tristanteteppich II, beschädigt, etwa 1360, d) Tristanteteppich III, beschädigt, etwa 1360, e) Jagdteppich, etwa 1420, f) Thomasteppich, etwa 1440, f) Speculumteppich, etwa 1420, g) Anna-Elisabethteppich etwa 1480

■ Sammlung von vier Bildteppichen, um 1500
Verzeichnisse: 1934 (Nr. 404, Konvent des Damenklosters Lüne) | Bemerkung: a) Teppich mit 35 Rundbildern d. Domina v. Bodendike, 1500, b) Teppich der Erscheinungen Christi, 1503, c) Auferstehungsteppich, 1504, d) Teppich des Stammbaumes Christi, 1505

■ Schweizer Wandteppich, 1503
Verzeichnisse: 1922 (Nr. 880, Julius Böhler), 1927 (Nr. 669, ebd.), 1934 (Nr. 416, ebd.), 1938 (ebd.)

■ Seidengewebe mit Darstellungen der Geburt Christi, Ende 13. Jh., 37 × 144 cm
Verzeichnisse: 1927 (Nr. 535, Ehem. Großherzog Sachsen-Weimar), 1934 (Nr. 309, ebd.), 1938 (ebd.) | Literatur: Voß, Bau- und Kunstdenkmäler Thüringens, Großherzogtum Weimar-Eisenach, Die Wartburg, 1917, S. 265; Schuchardt, Die Kunstsammlung der Wartburg, 1998, S. 9 f., mit

Abb. | Bemerkung: im V27 unter Bronze, Email, Mittelalterliches Kirchengerät geführt; vermutlich Regensburger Arbeit, letzte Jahrzehnt 13. Jh., Regensburg im 13. Jh. Hauptort der Seidenweberei, vgl. Voß; im thür. Landesverzeichnis vom 27.8.1920, vgl. HStA Weimar, Thüringisches Volksbildungsministerium, Nr. C 984, Bl. 46; Eintragung am 19.5.1924 durch das RMdI bestätigt, vgl. ebd. Bl. 77 ff.

■ Serie des Artemisio um 1600 in Paris, Tapisserie, Inv.-Nr. G.B. 5462, um 1600, 400 × 554 cm
Verzeichnisse: 1938 (Lehmann Bernheimer) | Provenienz: am 6.11.1933 aus der Sammlung Nemes erworben | Bemerkung: Eintragung am 6.2.1935 infolge des Erlasses des RMdI vom 13.12.1934, vgl. Kap. III.3.1., vgl. BayHStA, MK 40838, Bd. 6

■ Sieben Bildteppiche aus der sog. Jason-Medea-Folge von Audran Détroi, 1745 und Cozettes 1762–1767
Verzeichnisse: 1922 (Nr. 888, Ehem. Großherzog von Baden), 1927 (Nr. 695, ebd.), 1934 (Nr. 439, ebd.), 1938 (ebd.) | Provenienz: 1803 aus dem NL Kardinal Rohan, Strassburg | Bemerkung: nach den in Rom entstandenen Gemälden von J. Fr. de Troys 1743–47, fünf Wandteppiche im Atelier Audran, zwei in der Manufaktur Cozette, vgl. StA Freiburg, D98/1, Nr. 75; V22: sog. Mannheimer Gobelins

■ Tapisserien, Serie von drei Stück, Geschichte der Aphrodite: Huldigung (5,30 × 3,55), Opferung (6 × 3,65), Geburt (4,18 × 3,58), Geschenk der Königin Maria-Theresia an den Herzog von Cumberland
Verzeichnisse: 1938 (Reichskanzlei) | Provenienz: zuvor A. S. Drey; V38: „Das 3. Stück „Geburt" befindet sich z. Zt. In Amerika" | Bemerkung: Eintragung am 6.2.1935 infolge des Erlasses des RMdI vom 13.12.1934, vgl. Kap. III.3.1., vgl. BayHStA, MK 40838, Bd. 6

■ Teppich, Gobelin mit Teniers-Darstellung
Verzeichnisse: 1922 (Nr. 885, Herzog von Arenberg)

■ Teppich, Peter III., Echter, und seine Familie, um 1560
Verzeichnisse: 1922 (Nr. 849, Graf Ingelheim), 1927 (Nr. 658, ebd.), 1934 (Nr. 407, ebd.), 1938 (ebd.) | Provenienz: lt. Meldung vom 10.8.1943 an Bay. MdF verkauft, vgl. BayHStA, MK 40839, Bd. 7 und GNM Akten, Nr. 836; im Nachkriegsexemplar mit „Bayer. Staat" versehen, vgl. GNM Akten, Nr. 836 | Bemerkung: Antrag auf Freigabe wird im März 1932 abgelehnt, vgl. BNM, Dokumentation, Dok 1638, Mappe 3

■ Teppich, vier Gobelins, Erdteile, signiert Deportes Neilson, 1778
Verzeichnisse: 1922 (Nr. 889, Ehem. Großherzog von Baden) | Bemerkung: Neilson war von 1749–88 Leiter der Manufacture Royale, vgl. StA Freiburg, D98/1, Nr. 75

■ Teppiche, vier Gobelins, spätes 16. Jh.
Verzeichnisse: 1922 (Nr. 892, Graf Friedrich Karl Giech)

■ Venezianischer Bildteppich
Verzeichnisse: 1922 (Nr. 865, Friedrich Vieweg und Sohn AG), 1927 (Nr. 666, ebd.)

■ Vier Bildteppiche aus der Folge des „Neuen Testaments" von Jean Jouvenet und Jean Restout, 1711
Verzeichnisse: 1927 (Nr. 694, Ehem. Großherzog von Baden), 1934 (Nr. 438, ebd.), 1938 (ebd.) | Provenienz: 1803 erworben aus dem NL Kardinal Rohan, Strassburg | Bemerkung: Datierung und Provenienz vgl. StA Freiburg, D98/1, Nr. 75

■ Vier Teppiche aus dem Tronsaal des Mannheimer Schlosses, signiert: „Audron-Natoire 1741, Entrée de Marc Antoine à Ephèse" und „Détroi-Arome: Les Taureaux des Mars sont domptés par la vertu des Herbes"
Verzeichnisse: 1922 (Nr. 853, Ehem. Großherzog von Baden) | Bemerkung: Fabrikzeichen der Manufacture royale; Datierung auf 1791 vgl. StA Freiburg, D98/1, Nr. 75

■ Vier Webeteppiche mit Alexanderdarstellungen nach Lebrun in Paris, wandgroß, 17. Jh.
Verzeichnisse: 1922 (Nr. 895, Vermögensverwaltung des Fürsten Reuß), 1927 (Nr. 662, ebd.), 1938 (ebd.) | Bemerkung: im Verzeichnis des Volksstaates Reuss vom 30.3.1920, HStA Weimar, Thüringisches Volksbildungsministerium, Nr. C 984, Bl. 11, Vermerk: „von bester Erhaltung"; 1920 Schloss Osterstein Gera

■ Wandteppich aus Schloß Zerbst bei Dessau
Verzeichnisse: 1922 (Nr. 882, Herzog von Anhalt)

■ Wappendarstellung, gotische Motive, Mitte 16. Jh., 280 × 420 cm
Verzeichnisse: 1938 (Lehmann Bernheimer) | Bemerkung: Eintragung am 6.2.1935 infolge des Erlasses des RMdI vom 13.12.1934, vgl. Kap. III.3.1., vgl. BayHStA, MK 40838, Bd. 6

Wappentapisserie, roter Grund mit Blumen, Ende 15. Jh., 295 × 304 cm
Verzeichnisse: 1938 (Lehmann Bernheimer) | Provenienz: 30.3.1922 aus dem deutschen Handel erworben, vgl. Anlage Exposé Weinmüller, BayHStA, MK 40838, Bd. 6 | Bemerkung: Eintragung am 6.2.1935, (Wert ca. 300 000 Mk.), infolge des Erlasses des RMdI vom 13.12.1934, vgl. Kap. III.3.1., vgl. BayHStA, MK 40838, Bd. 6; französisch, mit französischem Wappen und französischen Inschriften, vgl. Anlage Exposé Weinmüller, ebd.

Wappentapisserie, zwei Fabeltiere „Nashorn und Giraffe", Arbeit aus der Touraine, 395 × 325 cm
Verzeichnisse: 1938 (Lehmann Bernheimer) | Provenienz: am 27.3.1928 aus dem deutschen Handel erworben, vgl. Anlage Exposé Weinmüller, BayHStA, MK 40838, Bd. 6 | Bemerkung: Eintragung am 6.2.1935 infolge des Erlasses des RMdI vom 13.12.1934, vgl. Kap. III.3.1., vgl. BayHStA, MK 40838, Bd. 6

Zwölf Bildteppiche, die die Geschichte der Wittelsbacher darstellend in der Residenz zu München
Verzeichnisse: 1938 (Wittelsbacher Ausgleichsfonds) | Provenienz: V38: „Dem Ausgleichsfonds gehören 11 Bildteppiche einer 2. Reihe an, die in den Depoträumen d. Bay. Nationalmuseums lagern"; diese eingetragenen 12 Bildteppiche gehören dem Bay. Staat | Bemerkung: Eintragung am 11.3.1936, vgl. BayHStA, MK 40838, Bd. 6; stellen Geschichte von Herzog Otto von Wittelbach dar

Berliner Manufaktur: Fünf Bildteppiche mit Jagddarstellungen, um 1730
Verzeichnisse: 1938 (Freiherr Udo von Frydag) | Bemerkung: Eintragung am 12.8.1936, auf Vorschlag Müller-Wulckow vom 23.1.1935, vgl. StA Oldenburg, Best. 134, Nr. 4376, Bl. 63 ff.

Boldwyn: Kleine Wappentapisserie, Wappen westfälischer Adelsfamilien, Kannen-Amlunxen etc., um 1600, 110 × 192 cm
Verzeichnisse: 1938 (Bankhaus Jacquier & Securius) | Bemerkung: aus Versteigerung Graupe, 26./26.1935, Nr. 518 und 26./27.4.1935, Nr. 677, Eintragung am 6.12.1934

Bombeck, Seger: Gobelin mit Bildnis Carls V. in marmorierter Rundbogennische, 1545, 175 × 180 cm
Verzeichnisse: 1927 (Nr. 681, Familienverein Haus Wettin, Albertinische Linie e.V.), 1934 (Nr. 425, ebd.), 1938 (ebd.) | Literatur: Schmitz, Bildteppiche. Geschichte der Gobelinwirkerei, 1921, Abb. 73; Thieme-Becker, IV, 1910, S. 260 | Bemerkung: auf Schloß Moritzburg

Bombeck, Seger: Reformationsteppich, Christus bekämpft das Papsttum, auf der rechten Seite Bildnis Luthers, um 1560
Verzeichnisse: 1927 (Nr. 643, Ehem. Herzog von Sachsen-Altenburg), 1934 (Nr. 399, ebd., Margraf XX und Co. Berlin), 1938 (Bankhaus Jacquier & Securius) | Literatur: Schmitz, Bildteppiche. Geschichte der Gobelinwirkerei, 1921, Abb. 74 | Provenienz: V38: Von der Stadt Leipzig in Auftrag gegeben und dem Herzog Sachsen-Altenburg geschenkt, von 1906–1908 in Berlin restauriert; 1935 ein Teppich in Besitz der Staatl. Kunstslg. Weimar, auf Versteigerung Graupe am 25./26.1.1935 erworben, im Schloßmuseum ausgestellt, vgl. HStA Weimar, Thüringisches Volksbildungsministerium C 987, Bl. 204; GSA, Best. KuSa, A 0365 | Bemerkung: fälschlicherweise als zwei Bildteppiche gelistet, vgl. GSA, Best. KuSa, A 0365; aus Versteigerung Graupe, Bestand Altkunst, 25./26.1.1935, Nr. 517, Eintragung am 6.12.1934

Bombeck, Seger: Zwei Bildteppiche
Verzeichnisse: 1922 (Nr. 852, Ehem. Herzog von Sachsen-Altenburg), 1938 (ebd.) | Literatur: Schmitz, Bildteppiche. Geschichte der Gobelinwirkerei, 1921, Abb. 74; Thieme-Becker IV, 1910, S. 260 | Provenienz: von der Stadt Leipzig in Auftrag gegeben; bis Anfang des 19. Jh. im Betstübchen des Herzogs Christian im Schloß Einsenberg als Wandschmuck, 1904 jeweils in vier Teile zerschnitten, vgl. Thieme-Becker | Bemerkung: Eintragung am 7.6.1920 durch den Direktor des Grozherzogl. Museums Weimar, Wilhelm Köhler, veranlasst durch Verkaufsabsichten, vgl. HStA Weimar, Thüringisches Volksbildungsministerium, Nr. C 984, Bl. 32

Borcht, Pierre van der: Brüsseler Bildteppich, aus Gülpenschen Haus in Aachen, Europa oder der römische Karneval, um 1740
Verzeichnisse: 1922 (Nr. 845, Geh. Sanitätsrat Dr. Julius Weiler), 1927 (Nr. 644, ebd.) | Literatur: Schmitz, Bildteppiche. Geschichte der Gobelinwirkerei, 1921, Nr. 133; Schmitz, Bildteppiche, in: Der Cicerone, 12. Jg., H. 4, 1920, S. 157, Abb. 2 | Bemerkung: Streichung am 27.12.1927, vgl. BArch, R32/375a

■ Borcht, Atelier, Jan van der: Zwei Bildteppiche, Kriegs- und Lagerleben darstellend, sog. „Bauernkrieg", um 1680
Verzeichnisse: 1922 (Nr. 887, Ehem. Großherzog von Baden), 1927 (Nr. 693, ebd.), 1934 (Nr. 437, Markgraf Berthold von Baden), 1938 (Ehem. Großherzog von Baden) | Bemerkung: nach Lambert de Hondts Entwürfen; V27, V34 und V38: „Gehören zu der im Karlsruher Schloß verwahrten Serie (nur noch drei Stück)"

■ Boucher, François: Jahreszeiten, eine Folge von Boucherteppichen, Gobelinmanufaktur Paris
Verzeichnisse: 1922 (Nr. 847, Ehem. Preußisches Königshaus), 1938 (ebd.) | Literatur: Schmitz, Bildteppiche. Geschichte der Gobelinwirkerei, 1922 | Bemerkung: ohne Standortangabe

■ Brüsseler Arbeit: Darstellung der Wissenschaften, Schule von Athen, 420 × 525 cm
Verzeichnisse: 1938 (Lehmann Bernheimer) | Provenienz: 5.8.1920 aus gräfl. italienischem Besitz übernommen, vgl. Anlage Exposé Weinmüller, BayHStA, MK 40838, Bd. 6 | Bemerkung: Eintragung am 6.2.1935 infolge des Erlasses des RMdI vom 13.12.1934, vgl. Kap. III.3.1., vgl. BayHStA, MK 40838, Bd. 6

■ Brüsseler Arbeit: Sechs Bildteppiche, sog. „Jagden Kaiser Maximilians", aus dem Brüsseler Atelier nach der Vorlage Barend van Orley, 1560/70
Verzeichnisse: 1927 (Nr. 686, Ehem. Großherzog von Baden), 1934 (Nr. 430, Prinz Lennart von Schweden), 1938 (Ehem. Großherzog von Baden)

■ Brüsseler Arbeit: Szenen aus dem spanischen Erbfolgekrieg, reiche Bordüre mit Kriegsemblemen. Für August den Starken in Brüssel 1708 angefertigt nach Vorlagen von Lambert de Hondt (Folge mit der gleichen Darstellung im Schloss Schleissheim), eine Tapisserie, 1708
Verzeichnisse: 1938 (Bankhaus Jacquier & Securius)

■ Brüsseler Arbeit: Tapisserien, Serie von drei Stück, Reitschule Louis XIV.
Verzeichnisse: 1938 (Kunsthandlung A. S. Drey) | Provenienz: 1918 gemeinsam mit der Firma van Dam, Amsterdam von der Firma H. Ball, Dresden erworben, vgl. BayHStA, MK 40838, Bd. 6; V38: „Letztes Stück befindet sich kommissionsweise in Amerika" | Bemerkung: Eintragung am 6.2.1935 infolge des Erlasses des RMdI vom 13.12.1934, vgl. Kap. III.3.1., vgl. BayHStA, MK 40838, Bd. 6

■ Brüsseler Arbeit: Vier Bildteppiche, die vier sog. „Tenierteppiche Carl Theodors" mit dessen Wappen: Kirmes, Heimkehr, Fischfang, Jagdaufbruch; Brüsseler Webereien ohne Marke nach Gemälden von Teniers, um 1760
Verzeichnisse: 1922 (Nr. 854, Ehem. Großherzog von Baden), 1927 (Nr. 697, ebd.), 1934 (Nr. 441, Markgraf Berthold von Baden), 1938 (Ehem. Großherzog von Baden) | Bemerkung: „nach Marie Netter in der Frankenthaler Fabrik des Karl Theodor gewirkt", StA Freiburg, D98/1, Nr. 75

■ Brüsseler Arbeit: Wappentapisserie, zwei Florettstreifen mit Wappen, 124 × 480 cm
Verzeichnisse: 1938 (Lehmann Bernheimer) | Provenienz: am 8.11.1932 aus dem deutschen Handel erworben, vgl. Anlage Exposé Weinmüller, BayHStA, MK 40838, Bd. 6 | Bemerkung: Eintragung am 6.2.1935 infolge des Erlasses des RMdI vom 13.12.1934, vgl. Kap. III.3.1., vgl. BayHStA, MK 40838, Bd. 6; französische Arbeit, vgl. Anlage Exposé Weinmüller, ebd.

■ Burgundisch: Le price Galio, gotische Tapisserie, um 1500, 422 × 477 cm
Verzeichnisse: 1938 (Lehmann Bernheimer) | Provenienz: am 27.10.1919 aus dem Wiener Kunsthandel erworben, vgl. Anlage Exposé Weinmüller, BayHStA, MK 40838, Bd. 6 | Bemerkung: Eintragung am 6.2.1935 infolge des Erlasses des RMdI vom 13.12.1934, vgl. Kap. III.3.1., vgl. BayHStA, MK 40838, Bd. 6

■ Deutsch: Bildteppich, gewirkt, mit 15 Bildern aus dem Epos Wilhelm von Orleans, um 1400, 80 × 650 cm
Verzeichnisse: 1922 (Nr. 857, Fürst von Hohenzollern-Sigmaringen), 1927 (Nr. 654, ebd.), 1938 (Kunstgewerbemuseum Frankfurt a. M.) | Literatur: Kunsthistorische Ausstellung Düsseldorf, Ausst.-Kat. 1904, S. 224, Nr. 732; Pantehon, 1928, Bd. 1, S. 116, Abb. S. 118/119; Kurth, Die deutschen Bildteppiche des Mittelalters, Bd. 3, 1926, Abb. S. 170; Kurzes Verzeichnis der im Staedelschen Kunstinstitut ausgestellten Sigmaringer Sammlung, 1928, Nr. 1126 | Bemerkung: Datierung vgl. Düsseldorf 1904

■ Deutsch: Bildteppiche, Verkündigung, Anbetung des Christkindes, Kreuzabnahme
Verzeichnisse: 1922 (Nr. 872, Freiherr Heinrich von Tucher), 1927 (Nr. 667, ebd.), 1934 (Nr. 414, ebd.), 1938 (ebd.) | Bemerkung: Datierung Verkündigung 1486, Anbetung um 1490 in der Art Hugo van der Goes und Kreuzabnahme um 1530 in der Art des Barend van Orley, 1948 als

niederländisch bezeichnet; V27: Frhr. Heinrich von Tucher, Erben, München Prinzregentenstr.; V34: Frhr. Heinrich von Tucher, Erben, München Georgenstr. 42; Tucher beantragte Streichung vgl. GNM Akten, Nr. 836

■ Deutsch: Fünf Tapisserie-Kissen, Wappen westfälischer Adelsfamilien, Wolfenbüttel um 1600
Verzeichnisse: 1938 (Bankhaus Jacquier & Securius) | Bemerkung: aus Versteigerung Graupe, Bestand Altkunst, 25./26.1.1935, Nr. 519/520 sowie 26./27.4.1935, Nr. 677–679, Eintragung am 6.12.1934

■ Deutsch: Wandteppich, v. E., 14. Jh.
Verzeichnisse: 1922 (Nr. 879, Julius Böhler), 1927 (Nr. 668, ebd.), 1934 (Nr. 415, ebd.), 1938 (ebd.)

■ Deutsch: Wappen mit Spruch, GB 5141, 210 × 265 cm
Verzeichnisse: 1938 (Lehmann Bernheimer) | Provenienz: am 28.10.1930 aus deutscher Auktion erworben, vgl. Anlage Exposé Weinmüller, BayHStA, MK 40838, Bd. 6 | Bemerkung: Eintragung am 6.2.1935 infolge des Erlasses des RMdI vom 13.12.1934, vgl. Kap. III.3.1., vgl. BayHStA, MK 40838, Bd. 6

■ Deutsch: Zwei Bildteppiche aus dem Walburgisstift in Eichstätt, um 1460 und 1519
Verzeichnisse: 1922 (Nr. 874, Fürst von Oettingen-Wallerstein), 1927 (Nr. 672, ebd.), 1934 (Nr. 418, ebd.), 1938 (ebd.)

■ Elsässisch: Bildteppich, gewirkt, mit der heiligen Sippe
Verzeichnisse: 1922 (Nr. 860, Fürst von Hohenzollern-Sigmaringen), 1927 (Nr. 653, ebd.), 1938 (Kunstgewerbemuseum Frankfurt a. M.) | Literatur: Falke in: Pantheon, 1928, Bd. I, S. 116; Kurth, Die deutschen Bildteppiche des Mittelalters, Bd. 2, 1926, Abb. S. 157

■ Elsässisch: Bildteppich, gewirkt, mit Waldleuten
Verzeichnisse: 1922 (Nr. 867, Fürst von Hohenzollern-Sigmaringen), 1927 (Nr. 651, ebd.), 1938 (Kunstgewerbemuseum Frankfurt a. M.) | Literatur: Schmitz, Bildteppiche. Geschichte der Gobelinwirkerei, 1921, Abb. 15; Falke in: Pantheon 1928, Bd.I, S. 116; evtl. Kurth, Die deutschen Bildteppiche des Mittelalters, Bd. 2, 1926, Abb. S. 57 | Bemerkung: von Kurth als elsässisch nachgewiesen, vgl. auch Falke; vermutlich Kat. Sigmaringen 1928, Nr. 1125, mit Wappen der elsässischen Familie Blümel, 500 × 198 cm; V27: handschr. durchgestrichen und Kunstgewerbemuseum Frankfurt a. M. ergänzt; Streichung am 8.8.1929, BArch, R32/375a

■ Flandrisch: Bildeppich mit der Verkündigung Mariä, Anfang des 16. Jh., 350 × 193 cm
Verzeichnisse: 1922 (Nr. 866, Exzellenz Willibald von Dirksen), 1927 (Nr. 648, ebd.), 1938 (ebd.) | Literatur: Ausst.-Kat. KFM Verein 1906, Nr. 517 | Bemerkung: Streichung am 31.10.1930, weil kein deutsches Erzeugnis, BArch, R32/375a; Zuschreibung, Datierung und Maße vgl. KFM 1906

■ Flandrisch: Darstellung aus der Odysee (Ovid?), 16. Jh., 355 × 250 cm
Verzeichnisse: 1938 (Lehmann Bernheimer) | Bemerkung: Eintragung am 6.2.1935 infolge des Erlasses des RMdI vom 13.12.1934, vgl. Kap. III.3.1., vgl. BayHStA, MK 40838, Bd. 6

■ Flandrisch: Jagd-Serie, drei Stück, Tapisserie, GB 4225–4227, Mitte 16. Jh.
Verzeichnisse: 1938 (Lehmann Bernheimer) | Provenienz: am 4.10.1928 aus deutschem Privatbesitz erworben, vgl. Anlage Exposé Weinmüller, BayHStA, MK 40838, Bd. 6 | Bemerkung: Eintragung am 6.2.1935 infolge des Erlasses des RMdI vom 13.12.1934, vgl. Kap. III.3.1., vgl. BayHStA, MK 40838, Bd. 6

■ Flandrisch: Schlachten-Serie, drei Stück, GB 30, 32 und 35, z.Tl. Mitte 16. Jh.
Verzeichnisse: 1938 (Schlossmuseum Berlin) | Provenienz: Dezember 1935 im Besitz L. Bernheimer, München, vgl. BayHStA, MK 40838, Bd. 6 | Bemerkung: Maße im V38; Eintragung am 6.2.1935 infolge des Erlasses des RMdI vom 13.12.1934, vgl. Kap. III.3.1., vgl. BayHStA, MK 40838, Bd. 6

■ Flandrisch: Sechs Bildteppiche mit Landschaften im Markgräflichen Zimmer, 17. Jh.
Verzeichnisse: 1922 (Nr. 871, Graf Erbach-Fürstenau), 1927 (Nr. 655, ebd.), 1938 (ebd.) | Literatur: Schaefer, Kunstdenkmäler im Großherzogtum Hessen, Kreis Erbach, 1891, S. 115

■ Flandrisch: großer Bildteppich, Tapisserie, Allegorie „Der Garten der Tugend" und Allegorie „Die Burg der Ehre", Anfang 16. Jh.
Verzeichnisse: 1922 (Nr. 859, Herzog von Arenberg)

■ Flandrisch: Vier flandrische Bildteppiche
Verzeichnisse: 1922 (Nr. 869, Dr. Krupp von Bohlen und Hallbach), 1927 (Nr. 646, ebd.), 1934 (Nr. 401, ebd.), 1938 (ebd.) | Literatur: Kumsch,

Wandteppiche im Hause Krupp von Bohlen und Halbach auf dem Hügel a. d. Ruhr, 1913, Taf. 1–4

■ Hoecke, Jan van den: Bildteppich aus der Monatfolge des Brüsseler Tapissiers Jan van den Hoecke, um 1650
Verzeichnisse: 1927 (Nr. 688, Ehem. Großherzog von Baden), 1934 (Nr. 432, Prinz Lennart von Schweden), 1938 (Ehem. Großherzog von Baden)

■ Hoecke, Jan van den: Zwei Bildteppiche aus der Le Brun-Edelinckfolge „Alexander der Große", Manufaktur des Brüsseler Tapissiers J. Fr. van den Hoecke, um 1680
Verzeichnisse: 1927 (Nr. 690, Ehem. Großherzog von Baden), 1934 (Nr. 434, Prinz Lennart von Schweden), 1938 (Ehem. Großherzog von Baden) | Bemerkung: Schloß Mainau

■ Horsell, Jost van: Acht Bildteppiche, Folge mit Darstellungen aus dem Leben des Kaiser Augustus, Anfang 17. Jh.
Verzeichnisse: 1927 (Nr. 682, Ehem. Fürst zu Schaumburg-Lippe), 1934 (Nr. 426, ebd.), 1938 (ebd.) | Provenienz: 1604 Vertrag mit Fürst Ernst zu Schaumburg über Lieferung einer Anzahl von Teppichen mit Darstellung aus der Geschichte des Kaiser Augustus, im Speisesaal im Schloss der Stadt Hagen erhalten, vgl. Thieme-Becker, 17. Bd., 1924, S. 530 | Bemerkung: wird auch Anfang der 1950er noch für nds. Verzeichnis vorgeschlagen, vgl. HStA Hannover, Nds. 401 Acc. 112/83, Nr. 1031, Bl. 46

■ Leyniers, Atelier, Anton: Bildteppich mit Jagddarstellung, Mitte 16. Jh.
Verzeichnisse: 1927 (Nr. 687, Ehem. Großherzog von Baden), 1934 (Nr. 431, Prinz Lennart von Schweden), 1938 (Ehem. Großherzog von Baden)

■ Neilson, Atelier, Jacques: Sieben Bildteppiche, die sog. Kalekutischen Landschaften, nach Modellen von A. F. Desportes, um 1778
Verzeichnisse: 1927 (Nr. 696, Ehem. Großherzog von Baden), 1934 (Nr. 440, Markgraf Berthold von Baden), 1938 (Ehem. Großherzog von Baden)

■ Norddeutsch: Empfang eines Feldherrn, Kleine Tapisserie, Bordüre mit Blumen und Früchten, Hamburg (?), um 1600
Verzeichnisse: 1938 (Bankhaus Jacquier & Securius) | Bemerkung: aus Versteigerung Graupe, Bestand Altkunst, 26./27.4.1935, Eintragung am 6.12.1934

■ Norddeutsch: Geburt der Maria, kleine Tapisserie, Hamburg(?), um 1580, 68 x 70 cm
Verzeichnisse: 1938 (Bankhaus Jacquier & Securius) | Bemerkung: aus Versteigerung der Bestände van Diemen, 26./27.4.1935, Nr. 681, Eintragung am 6.12.1934

■ Nürnbergisch: Bildteppich mit drei Szenen, Marienleben: Verkündigung, Heimsuchung und Christi Geburt, 1460–70
Verzeichnisse: 1922 (Nr. 863, Fürst von Oettingen-Wallerstein), 1927 (Nr. 676, ebd.), 1934 (Nr. 422, ebd.), 1938 (ebd.) | Literatur: Herzog Luitpold in Bayern, Die fränkische Bildwirkerei, 1926, Taf. 22 | Bemerkung: Streichung beantragt von der Fürstl. Öttingen-Wallerstein'schen Dominialkanzlei am 24.3.1959, vgl. BayHStA, MK 51497

■ Nürnbergisch: Marienleben, drei Bildteppiche, um 1420
Verzeichnisse: 1922 (Nr. 870, Fürst von Oettingen-Wallerstein), 1927 (Nr. 675, ebd.), 1934 (Nr. 421, ebd.), 1938 (ebd.), 1961 | Literatur: Herzog Luitpold in Bayern, Die fränkische Bildwirkerei, Taf. 16/17; Kurth, Die deutschen Bildteppiche des Mittelalters, Bd. 3, 1926, Taf. 259–260 | Bemerkung: Streichung beantragt von der Fürstl. Öttingen-Wallerstein'schen Dominialkanzlei am 24.3.1959, vgl. BayHStA, MK 51497

■ Oberbayrisch: Bildteppich mit Ahnen der heiligen Walburga, Eichstätt, um 1500, 150 x 265 cm
Verzeichnisse: 1922 (Nr. 850, Fürst von Oettingen-Wallerstein), 1927 (Nr. 673, ebd.), 1934 (Nr. 419, ebd.), 1938 (ebd.), 1961 | Literatur: Herzog Luitpold in Bayern, Die fränkische Bildwirkerei, 1926, S. 94; Kurth, Die deutschen Bildteppiche des Mittelalters, Bd. 3, 1926, Taf. 320

■ Oberbayrisch: Bildteppich mit Geschichte Josephs in Ägypten, Eichstätt, um 1460–70
Verzeichnisse: 1922 (Nr. 858, Fürst von Oettingen-Wallerstein), 1927 (Nr. 677, ebd.), 1934 (Nr. 423, ebd.), 1938 (ebd.), 1961 | Literatur: Herzog Luitpold in Bayern, Die fränkische Bildwirkerei, 1926, Taf. 23

■ Oberbayrisch: Bildteppich, Heilige Sippe von 1527, Eichstätt
Verzeichnisse: 1922 (Nr. 861, Fürst von Oettingen-Wallerstein), 1927 (Nr. 674, ebd.), 1934 (Nr. 420, ebd.), 1938 (ebd.) | Literatur: Herzog Luitpold in Bayern, Die fränkische Bildwirkerei, 1926, Taf. 65; Kurth, Die deutschen Bildteppiche des Mittelalters, 1926, Taf. 322

■ Oberbayrisch: Zwei Bildteppiche, aus dem Leben der heiligen Walburga, Eichstätt, um 1460 und 1519, 150 × 265 cm
Verzeichnisse: 1922 (Nr. 873, Fürst von Oettingen-Wallerstein), 1927 (Nr. 671, ebd.), 1934 (Nr. 417, ebd.), 1938 (ebd.), 1961 | Literatur: Herzog Luitpold in Bayern, Die fränkische Bildwirkerei, 1926, Taf. 21/64; Kurth, Die deutschen Bildteppiche des Mittelalters, 1926, Taf. 274–276 bzw. Taf. 317/18

■ Orley, Bernaert van: Folge von zehn Bildteppichen
Verzeichnisse: 1922 (Nr. 868, Graf Thiele-Winckler), 1927 (Nr. 647, ebd.), 1934 (Nr. 402, ebd.), 1938 (ebd.) | Literatur: Schmitz, Bildteppiche. Geschichte der Gobelinwirkerei, 1921, Abb. 115 (Jakobs Flucht); Lessing, Vorbilder-Hefte des Kunstgewerbemuseums, 1888–1905

■ Peeman, Gerard: Zwei Bildteppiche aus der sog. Titusfolge, 1660–1670
Verzeichnisse: 1927 (Nr. 689, Ehem. Großherzog von Baden), 1934 (Nr. 433, Prinz Lennart von Schweden), 1938 (Ehem. Großherzog von Baden)

■ Schweizerisch: Bildteppich, gewirkt, mit der Anbetung der Könige
Verzeichnisse: 1922 (Nr. 855, Fürst von Hohenzollern-Sigmaringen), 1927 (Nr. 652, ebd.) | Literatur: Falke, Pantheon, 1928, Bd. I, S. 116 | Bemerkung: im Zuge des Verkaufs der Slg. Sigmaringen stellte Swarzenski fest, dass es sich um ein Stück „von bescheidenem künsterlischen und geldlichen Wert" handelt und deshalb „versehentlich in die Liste der national wertvollen Kunstwerke aufgenommen wurde.", Streichung am 25.4.1929, vgl. Archiv Städel, Nr. 748

■ Schweizerisch: Gewirkter Bildteppich mit wilden Männern, letztes Viertel 15. Jh.
Verzeichnisse: 1922 (Nr. 862, Fürst von Hohenzollern-Sigmaringen), 1927 (Nr. 645, ebd.), 1934 (Nr. 400, Geh. Kommerzienrat Ottmar Strauss), 1938 (ebd.) | Literatur: Schmitz, Bildteppiche. Geschichte der Gobelinwirkerei, 1921, Abb. 32; „Verzeichnis 1874 Nr. 2"; Falke in: Pantheon, 1928, Bd. I, S. 116; Kurth, Die deutschen Bildteppiche des Mittelalters, Bd. 2, 1926, Abb. S. 57 oder 108/109

■ Unbekannter Meister: Tod der hl. Klara, Stickerei, 95 × 200 cm
Verzeichnisse: 1938 (Lehmann Bernheimer) | Provenienz: am 10.12.1928 aus der Schweizer Slg. Iklé, St. Gallen erworben | Bemerkung: Eintragung am 6.2.1935 infolge des Erlasses des RMdI vom 13.12.1934, vgl. Kap. III.3.1., vgl. BayHStA, MK 40838, Bd. 6; deutsche Arbeit, vgl. Anlage Exposé Weinmüller, ebd.

■ Voß, Atelier, Marcus de: Fünf Bildteppiche, Falkenjagd, um 1670–1680
Verzeichnisse: 1922 (Nr. 887, Ehem. Großherzog von Baden), 1927 (Nr. 692, ebd.), 1934 (Nr. 436, Markgraf Berthold von Baden), 1938 (Ehem. Großherzog von Baden)

■ Voß, Atelier, Marcus de: Zwei Bildteppiche, sog. „Spanische Jagd" und „Die Hufschmiede", in der Art nach Teniers, um 1670
Verzeichnisse: 1927 (Nr. 691, Ehem. Großherzog von Baden), 1934 (Nr. 435, Prinz Lennart von Schweden), 1938 (Ehem. Großherzog von Baden)

Kunstgewerbe aus Metall

■ Bacchusgefäß, silber, 1567, 36 cm
Verzeichnisse: 1922 (Nr. 798, Großherzoglicher Privatbesitz Darmstadt), 1927 (Nr. 430, ebd.), 1934 (Nr. 207, ebd.), 1938 (ebd.) | Literatur: Luthmer, Grossherzoglich Hessische Silberkammer, 1884, Taf. 9 | Bemerkung: V22: unter Nr. 798 als Teil der Silberkammer geführt; „Die Stücke 2 bis 5": Streichung im Nachtrag von 1924 vermerkt, vgl. SKD Altregistratur 01/GG 30, Bl. 48; Maße und Hinweis auf Hanauer Wappen, vgl. Luthmer 1884

■ Barocksilber, fünf Deckelterrinen und eine Sauciere, Barock, 18. Jh.
Verzeichnisse: 1922 (Nr. 795, Prinzessin Friedrich Karl von Hessen), 1927 (Nr. 489, ebd.), 1934 (Nr. 225, ebd.), 1938 (ebd.) | Literatur: Kat. von Bode d. Slg. Kaiserin Friedrich, Taf. S. 29

■ Buckelpokal
Verzeichnisse: 1938 (Museum für Kunst und Gewerbe Hamburg)

■ Cappenberger Silberschale, 12. Jh.
Verzeichnisse: 1922 (Nr. 735, Ehem. Großherzog Sachsen-Weimar), 1927 (Nr. 486, ebd.) |

Provenienz: 27.5.1933 an Kahlert abgegeben, vgl. HStA Weimar, Best. Großherzogliche Schatullverwaltung Weimar, Nr. 453, Bl. 48; 1937: „vor einigen Jahren" in den Besitz des Staatl. Schloßmuseums Berlin übergegangen, vgl. HStA Weimar, Best. Thüringisches Volksbildungsministerium, Nr. C 987, Bl. 204 | Bemerkung: im thür. Landesverzeichnis vom 27.8.1920, vgl. HStA Weimar, Thüringisches Volksbildungsministerium, Nr. C 984, Bl. 45

■ Kette aus Gold mit Cabachon- und Filigranverzierungen ostgotischen Stils, gefunden bei Isenbüttel, 7. Jh. n. Chr.
Verzeichnisse: 1927 (Nr. 456, Robert Köber), 1934 (Nr. 231, ebd.), 1938 (ebd.) | Literatur: Jacob-Friesen, Einführung in Niedersachsens Urgeschichte, 1939, S. 271 ff. mit Abb.; Potratz, Schmelzverzierte Schmuckfunde aus Hannover, 1941, S. 130 ff., Taf. 72–76 | Provenienz: Während der Eintragung am 8.1.1962 in Eigentum von Jutta Prochnow, Leihgabe im Museum für Kunst und Gewerbe; Kette wurde vom Land Niedersachsen erworben, im Nds. Landesmuseum | Bemerkung: Merowingerzeit, 7. Jh. n. Chr., HStA Hannover, Nds. 401, Acc. 112/83, Nr. 322, Bl. 107

■ Krone Ludwigs des Heiligen (gest. 1271), Silber vergoldet, mit Edelsteinen und Gemmen, vor 1271
Verzeichnisse: 1922 (Nr. 309, Prinzessin Mathilde von Sachsen), 1927 (Nr. 459, ebd.), 1934 (Nr. 233, ebd.), 1938 (ebd.) | Literatur: Ausst.-Kat. der Kunstgewerbeausstellung Dresden 1906, Taf. 1, Beschreibung ebd. S. 2, Nr. 5 | Bemerkung: Literaturangabe aus dem V27, im Kat. 1906 nicht identifiziert

■ Kusstafel, silber, Agnus dei, 17. Jh., 39 cm
Verzeichnisse: 1922 (Nr. 369, Fürst von Fürstenberg), 1927 (Nr. 460, ebd.), 1934 (Nr. 234, ebd.), 1938 (ebd.) | Bemerkung: V22: vermutlich zu Kussholztafeln mit Nr. 461 (V27) zusammengefasst; Aufbewahrungsort Schloss Heiligenberg; Sakristei und Kapelle; Angabe Höhe vgl. FFA Donaueschingen, Generalia, Kunst und Wissenschaft, XIV/1

■ Ostgotische Adlerfibel, 5. Jh.
Verzeichnisse: siehe Bemerkung | Literatur: Scheltma, Eine neue germanische Adlerspange, in: Germanen-Erbe, Dezemberheft 1937 | Bemerkung: Eintragung am 17.10.1938, Besitzer „Alte deutsche Kunst" Bremen, nachdem sie sich als Fälschung herausstellte, wurde sie am 25.3.1940 wieder gestrichen, vgl. StA Bremen, 3-B.13. Nr. 66.a. Bd.2, Bl. 1; gotische Adlerfibel aus der germanischen Völkerwanderungszeit in Klimovice/Mähren gefunden, Material Gold, vgl. Gerichtsurteil März 1940, GNM Akten, Nr. 59

■ Schmuckkästchen aus vergoldeten Silberplatten mit Lapis Lazuli besetzt, vier runde Karneole als Füße, ein Cherubinköpfchen als Drücker, 16. Jh.
Verzeichnisse: 1922 (Nr. 748, Ehem. Fürst zur Lippe), 1927 (Nr. 492, ebd.), 1934 (Nr. 263, ebd.), 1938 (ebd.)

■ Silber, Geräte der Schloßkapelle, zwei Kelche nebst Patenen, 1 Weinkanne, 1 Oblatendose, 2 Leuchter
Verzeichnisse: 1922 (Nr. 797, Ehem. Herzog Ernst August von Braunschweig-Lüneburg), 1927 (Nr. 490, Gesamthaus Braunschweig-Lüneburg), 1934 (Nr. 226, ebd.), 1938 (ebd.) | Literatur: Meier, Die Bau- und Kunstdenkmäler des Landes Braunschweig, Kreis Blankenburg, 1922, S. 70 ff. | Bemerkung: Wolfenbüttler und Augsburger Beschauzeichen, Kelch von 1682, sonst 18. Jh. oder Barock, vgl. Meier

■ Silberschatz der Halloren, 1671 bis Gegenwart
Verzeichnisse: 1927 (Nr. 491, Salzwirkerbrüderschaft (Hallorengemeinde)), 1934 (Nr. 262, ebd.), 1938 (ebd.) | Literatur: Freydank, Der Silberschatz der Halloren, 1939 | Bemerkung: Eintragung vermerkt in „Veränderungen im Verzeichnis der national wertvollen Kunstwerke" vom 17.3.1923, vgl. SMB-ZA, I/NG 847, Bl. 49; besteht 1939 aus 53 Stücken 49 Becher, eine Kanne, eine Schale und zwei Gürtel, alle aus Silber, davon 17 nichthallische Künstler (23 Stk., mitteldeutsche) und 21 hallische Künstler mit 30 Stück, im Zeitraum 1671 bis Gegenwart, keine ausländischen Stücke, vgl. Freydank, S. 3

■ Silbertafel mit Geißelung Christi, ohne Inventarnummer
Verzeichnisse: 1922 (Nr. 803, Fürst von Fürstenberg), 1927 (Nr. 498, ebd.), 1934 (Nr. 269, ebd.), 1938 (ebd.)

■ Spätgotischer, silbervergoldeter Pokal, spätgotisch
Verzeichnisse: 1938 (Freiherr Ow-Wachendorf) | Bemerkung: Eintragung infolge des Erlasses des RMdI vom 13.12.1934, vgl. Kap. III.3.1., HStA Stuttgart, HStA Stuttgart, Best. E 130 b, Bü 1540

■ Tafelaufsatz, Silber, Rokoko
Verzeichnisse: 1922 (Nr. 794, Freiherr von Ketteler), 1927 (Nr. 499, ebd.), 1934 (Nr. 270, ebd.), 1938 (ebd.)

■ **Vergoldetes Silberkreuz mit Edelsteinen und Niellen, 13./14. Jh.**
Verzeichnisse: 1922 (Nr. 407, Prinzessin Mathilde von Sachsen), 1927 (Nr. 458, ebd.), 1934 (Nr. 232, ebd.), 1938 (ebd.) | Literatur: Ausst.-Kat. Kunstgewerbeausstellung Dresden 1906, S. 2, Nr. 3 | Bemerkung: Literaturangabe aus dem V27, im Kat. 1906 nicht identifiziert

■ **Augsburgisch: Dreiteilige Schale mit Pomona als Träger, ohne Kuppel**
Verzeichnisse: 1922 (Nr. 798, Großherzoglicher Privatbesitz Darmstadt) | Literatur: Luthmer, Grossherzoglich Hessische Silberkammer, 1884, Taf. 19 | Bemerkung: V22: unter Nr. 798 als Teil der Silberkammer geführt

■ **Augsburgisch: Großer Tafelaufsatz mit Krieger als Träger, Bacchusknabe und Merkur oben**
Verzeichnisse: 1922 (Nr. 798, Großherzoglicher Privatbesitz Darmstadt) | Literatur: Luthmer, Grossherzoglich Hessische Silberkammer, 1884, Taf. 2 | Bemerkung: V22: unter Nr. 798 als Teil der Silberkammer geführt

■ **Augsburgisch: Großer Tafelaufsatz mit männlicher Figur und Delphin als Träger, oben Schwan**
Verzeichnisse: 1922 (Nr. 798, Großherzoglicher Privatbesitz Darmstadt) | Literatur: Luthmer, Grossherzoglich Hessische Silberkammer, 1884, Taf. 6 | Bemerkung: V22: unter Nr. 798 als Teil der Silberkammer geführt

■ **Augsburgisch: Großer Tafelaufsatz mit Neptun als Träger, oben Fortuna**
Verzeichnisse: 1922 (Nr. 798, Großherzoglicher Privatbesitz Darmstadt) | Literatur: Luthmer, Grossherzoglich Hessische Silberkammer, 1884, Taf. 12 | Bemerkung: V22: unter Nr. 798 als Teil der Silberkammer geführt

■ **Augsburgisch: Jagdbecher, Silber vergoldet, Mitte des 17. Jh. (1659), 29 cm**
Verzeichnisse: 1922 (Nr. 798, Großherzoglicher Privatbesitz Darmstadt), 1927 (Nr. 437, ebd.), 1934 (Nr. 212, ebd.), 1938 (ebd.) | Literatur: Luthmer, Grossherzoglich Hessische Silberkammer, 1884, Taf. 23 | Bemerkung: V22: unter Nr. 798 als Teil der Silberkammer geführt; Zuschreibung, Datierung und Maße vgl. Luthmer

■ **Augsburgisch: Kugelbecher aus Silber, vergoldet, mit Trikonenfries und Beschauzeichen der Augsburger Linie, Meisterzeichen eine Rokette, der Goldschmiedefamilie Heckel zugehörig, Ende 17. Jh.**
Verzeichnisse: 1922 (Nr. 62, Ehem. Fürst zur Lippe), 1927 (Nr. 439, ebd.), 1934 (Nr. 214, ebd.)

■ **Augsburgisch: Kugelbecher mit Deckel, Silber, vergoldet, mit Reiterfiguren, Türkenkämpfe darstellend, Deckel mit Waffentrophäen, Fuß mit Beschauzeichen Augsburg und dem Meisterzeichen A. G. versehen**
Verzeichnisse: 1922 (Nr. 61, Ehem. Fürst zur Lippe), 1927 (Nr. 440, ebd.), 1934 (Nr. 215, ebd.), 1938 (ebd.)

■ **Augsburgisch: Nautiluspokal mit kurzem Fuße, Fassung aus silbernen Zackenstreifen, Klappe mit reitenden Bacchusfigürchen, ohne Signaturen, 17. Jh.**
Verzeichnisse: 1922 (Nr. 43, Ehem. Fürst zur Lippe), 1927 (Nr. 477, ebd.), 1934 (Nr. 250, ebd.), 1938 (ebd.)

■ **Augsburgisch: Schale mit Deckel, Silber, durchbrochen und getrieben, Rokoko mit emaillierten Schildern, um 1775**
Verzeichnisse: 1922 (Nr. 733, Vermögensverwaltung des Fürsten Reuß), 1927 (Nr. 485, ebd.), 1934 (Nr. 260, ebd.), 1938 (ebd.) | Provenienz: 1920 Schloss Osterstein, Gera | Bemerkung: im Verzeichnis des Volksstaates Reuss vom 30.3.1920, HStA Weimar, Thüringisches Volksbildungsministerium, Nr. C 984, Bl. 11

■ **Augsburgisch: Toilette, große, im reichsten Rocaillestil mit Spiegel aus massivem Silber und dazugehörigem Tafel- und Schreibtischgerät von über 100 Stücken, alles stark vergoldet, 1759–1769**
Verzeichnisse: 1922 (Nr. 914, Ehem. Fürst zur Lippe), 1927 (Nr. 506, ebd.), 1934 (Nr. 277, ebd.), 1938 (ebd.) | Bemerkung: „Augsburger Beschauzeichen von 1759 bis 1769, verschiedene Meisterzeichen, auf den besten Stücken das Zeichen C. D., ein anderes J. C. D. gehört Johann Christian Dreutwett" (in allen vier Verzeichnissen)

■ **Augsburgisch: Wandspiegeltisch und zwei Tischchen, Silbertriebarbeit, Augsburger Zeichen, 1745**
Verzeichnisse: 1922 (Nr. 907, Vermögensverwaltung des Fürsten Reuß), 1927 (Nr. 505, ebd.), 1934 (Nr. 276, ebd.), 1938 (ebd.) | Bemerkung: im Verzeichnis des Volksstaates Reuss, vgl. Landesregierung des Volksstaates Reuß an KM des Freistaates Sachsen-Weimar, 30.3.1920, HStA Weimar, Thüringisches Volksbildungsministerium,

Nr. C 984, Bl. 11, Vermerk: „stilgeschichtlich sehr interessant"; 1920 Schloss Osterstein Gera

■ **Augsburgisch: Ziborienkelch in der Sakristein und Kapelle, 1766, 26 cm**
Verzeichnisse: 1922 (Nr. 387, Fürst von Fürstenberg), 1927 (Nr. 455, ebd.), 1934 (Nr. 230, ebd.), 1938 (ebd.) | Bemerkung: Aufbewahrungsort Schloss Heiligenberg, Sakristei und Kapelle; Angaben Herkunft und Datierung, vgl. FFA Donaueschingen, Kunst und Wissenschaft, G III/1; Angabe Höhe vgl. FFA Donaueschingen, Generalia, Kunst und Wissenschaft, XIV/1

■ **Becker, Engelbrecht: Pokal, Deckelwillkomm, Silber vergoldet mit figürlichen und ornamentalen Darstellungen reich geschmückt, 1579**
Verzeichnisse: 1934 (Nr. 255, Schiffergesellschaft zu Lübeck)

■ **Becker, Engelbrecht: Vier Sargschilder, Silber vergoldet, kreisförmig mit der Darstellung eines Schiffes, 1578**
Verzeichnisse: 1934 (Nr. 258, Schiffergesellschaft zu Lübeck)

■ **Beutmüller, Hans: Großer Deckelpokal, gebuckelt, mit getriebenen Zwischenornamenten und aufgesetzten Margariten. Auf dem Deckel eine Justitia, Nürnberg, vergoldet, um 1600**
Verzeichnisse: 1922 (Nr. 41, Geheimrat Dr. Alfred Pringsheim), 1927 (Nr. 468, ebd.), 1934 (Nr. 242, ebd.), 1938 (ebd.) | Bemerkung: Eintragung am 19.11.1921 durch das Bay. KM beantragt, vgl. BNM, Dokumentation, Dok. 1637, Mappe 4

■ **Biller, Johann: Prunkterrine, auf dem Deckel ein Löwe, der ein Schild mit sächsischen Wappen hält, Silber, vergoldet, 1718**
Verzeichnisse: 1927 (Nr. 504, Familienverein Haus Wettin, Albertinische Linie e.V.), 1934 (Nr. 275, ebd.), 1938 (ebd.) | Literatur: Dresdener Kunstgewerbeausstellung von 1875, Ausst.-Kat., Taf. 44; Kunstgewerbeblatt 1888, S. 47

■ **Biller, Johann: Tafelaufsatz, silbervergoldet, 50.000 g schwer, 24 Gefäße, 1. Hälfte 18. Jh.**
Verzeichnisse: 1927 (Nr. 502, Familienverein Haus Wettin, Albertinische Linie e.V.), 1934 (Nr. 273, ebd.), 1938 (ebd.)

■ **Birmann d. Ä., Jakob: Silbergetriebener Pokal, auf dem Deckel Reiterfigur Bernhard von Weimar, auf Cuppa und im Deckel Wappen B. Durlach, Württemberg und Sachsen-Weimar, 1638**
Verzeichnisse: 1922 (Nr. 48, Ehem. Großherzog von Baden), 1927 (Nr. 471, ebd.), 1934 (Nr. 245, Markgraf Berthold von Baden), 1938 (Ehem. Großherzog von Baden)

■ **Danner, Thomas: Deckelpokal, Silber vergoldet, Mitte des 17. Jh.**
Verzeichnisse: 1934 (Nr. 254, Schiffergesellschaft zu Lübeck) | Literatur: Warncke, Der Silberschatz der Schiffergesellschaft zu Lübeck; Zeitschrift des Vereins für lübeckische Geschichte und Altertumskunde, Bd. 18, 1916, S. 61 ff. mit Taf. 1–5

■ **Deutsch: Gefäß, Onyx, pokalartig, gelbrot, mit Fassung aus emailliertem Golde, Deckel mit Venusfigürchen, 16. Jh.**
Verzeichnisse: 1922 (Nr. 235, Ehem. Fürst zur Lippe), 1927 (Nr. 448, ebd.), 1934 (Nr. 223, ebd.), 1938 (ebd.)

■ **Deutsch: Jaspisschale, dunkelgrün, mit Henkeln aus emailliertem Golde, Fuß auch von Jaspis mit der Schale aus einem Stück geschnitten, ohne Signaturen**
Verzeichnisse: 1922 (Nr. 734, Ehem. Fürst zur Lippe), 1927 (Nr. 487, ebd.), 1934 (Nr. 261, ebd.), 1938 (ebd.)

■ **Deutsch: Rundschild in getriebener Arbeit, Schlachtszene, 16. Jh.**
Verzeichnisse: 1922 (Nr. 740, Graf zu Erbach-Erbach) | Bemerkung: Streichung am 4.2.1926, vgl. BArch, R32/375a

■ **Deutsch: Silbernes Kopfreliquiar, 14. Jh., 22 cm**
Verzeichnisse: 1922 (Nr. 664, von Twickel), 1927 (Nr. 482, ebd.), 1934 (Nr. 257, ebd.), 1938 (ebd.) | Literatur: Ludorff, Die Bau und Kunstdenkmäler Westfalen, Kreis Münster-Land, 1897, Taf. 61

■ **Eisenhoit, Anton: Silbergeräte, Kruzifix, Kelch, Weihwasserkessel mit Sprengwedel, Kußtafel, Rauchfass, Messbucheinbände, 16. Jh.**
Verzeichnisse: 1934 (Nr. 227, Graf Fürstenberg-Herdringen)

■ **Französisch: Zwei silberne Suppenschüsseln, Silber getrieben, Rokoko, 1753**
Verzeichnisse: 1922 (Nr. 802, Vermögensverwaltung des Fürsten Reuß), 1927 (Nr. 496, ebd.), 1934 (Nr. 267, ebd.), 1938 (ebd.) | Provenienz: 1920 Schloss Osterstein Gera | Bemerkung: im Verzeichnis des Volksstaates Reuss vom 30.3.1920, HStA Weimar, Thüringisches Volksbildungsministerium, Nr. C 984, Bl. 11

▪ Hildebrandt, Fr.: Nautilispokal, 1595
Verzeichnisse: 1922 (Nr. 619, Schlüsselfeldersche Stiftung), 1927 (Nr. 474, ebd.), 1934 (Nr. 248, ebd.), 1938 (ebd.)

▪ Jamnitzer, Abraham: Räuchergefäß in Gestalt einer Burg, Silber, sog. Jamnitzerburg, 16. Jh., 33 cm
Verzeichnisse: 1922 (Nr. 793, Ehem. Großherzog von Baden), 1927 (Nr. 500, ebd.), 1934 (Nr. 271, ebd.), 1938 (ebd.), 1961 | Literatur: Rosenberg, Wenzel Jamnitzer, 1920, Taf. 11

▪ Jamnitzer, Christoph: Herkulesschale
Verzeichnisse: 1927 (Nr. 484, Johannes Seiler) | Provenienz: 1927 GNM Nürnberg, vgl. GNM Akten, Nr. 836, vgl. auch BNM, Dokumentation, Dok. 1637, Mappe 11

▪ Jamnitzer, Christoph: Trinkgefäß in Form eines Mohrenkopfes, vergoldetes Silber, zum Teil bemalt
Verzeichnisse: 1927 (Nr. 508, Familienverein Haus Wettin, Albertinische Linie e.V.), 1934 (Nr. 279, ebd.), 1938 (ebd.) | Literatur: Kunstgewerbeblatt 1885, S. 129 mit Abb.; Rosenberg, Goldschmiede-Merkzeichen, 1923, Nr. 3096; Tebbe, Nürnberger Goldschmiedekunst 1541–1868, Bd. 2, 2007, S. 147, Abb. 108

▪ Jamnitzer, Wenzel: Der Kaiserpokal
Verzeichnisse: 1922 (Nr. 374, Ehem. Preußisches Königshaus) | Provenienz: 1925 Privatbesitz des ehem. Königshauses; ohne Standortangabe

▪ Jamnitzer, Wenzel: Tucherpokal, 1564
Verzeichnisse: 1927 (Nr. 470, Freiherr Heinrich von Tucher), 1934 (Nr. 244, ebd.), 1938 (ebd.) | Literatur: Rosenberg, Wenzel Jamnitzer, 1920, Taf. 17 | Bemerkung: V27, V34 und V38: „Familie Freiherr von Tucher, Nürnberg (Simmeldorf i/ Mittelfranken)"

▪ Kellerthaler, Daniel: Taufbecken mit Gießer, Silber, zum Teil vergoldet, 1613/17
Verzeichnisse: 1927 (Nr. 503, Familienverein Haus Wettin, Albertinische Linie e.V.), 1934 (Nr. 274, ebd.), 1938 (ebd.) | Literatur: Sponsel, Führer durch das Grüne Gewölbe, 1915, Taf. 13, S. 208; Ausgabe von 1921, S. 217 mit Abb.

▪ Lencker, Elias: Pokal der Familie Holzschuher
Verzeichnisse: 1922 (Nr. 49, Freifrau von Gebsattel), 1927 (Nr. 478, ebd.), 1934 (Nr. 251, ebd.), 1938 (ebd.) | Literatur: Bösch, Mitteilungen aus dem Germanischen Nationalmuseum, 1894, S. 3 ff. | Provenienz: 1938 für das GNM Nürnberg erworben, vgl. GNM Akten, Nr. 836

▪ Lindenberger, Christoph: Satzbecher, auf dem Grunde der Kuppa das Wappen der Nürnberger Familien Führer und Hübner mit Jahreszahl 1582 in Unterglasmalerei, vergoldet, 2. Hälfte 16. Jh.
Verzeichnisse: 1922 (Nr. 64, Geheimrat Dr. Alfred Pringsheim), 1927 (Nr. 436, ebd.), 1934 (Nr. 211, ebd.), 1938 (ebd.) | Bemerkung: Eintragung am 17.11.1921 durch das Bay. KM beantragt, vgl. BNM, Dokumentation, Dok. 1637, Mappe 4; im Nachkriegsexemplar mit „U.S.A." versehen, vgl. GNM Akten, Nr. 836

▪ Lüneburger Meister: Silberne Kanne, um 1590
Verzeichnisse: 1922 (Nr. 379, Ehem. Großherzog von Friedrich Franz IV. Mecklenburg-Schwerin), 1927 (Nr. 452, ebd.), 1938 (Freistaat Mecklenburg-Schwerin)

▪ Meister C. B.: Zuckerkorb aus vergoldetem Silberflechtwerk mit Beschauzeichen aus dem Haag, 17. Jh. und Paris 1735
Verzeichnisse: 1922 (Nr. 806, Ehem. Fürst zur Lippe), 1927 (Nr. 510, ebd.), 1934 (Nr. 281, ebd.), 1938 (ebd.)

▪ Meister C. S., Augsburg: Großer Silbertopf aus Löwenfüßen, mit der Statuette eines Löwen als Schildhalter, 17. Jh.
Verzeichnisse: 1922 (Nr. 805, Ehem. Fürst zur Lippe), 1927 (Nr. 507, ebd.), 1934 (Nr. 278, ebd.), 1938 (ebd.)

▪ Meister C. S., Nürnberg: Pokal, Deckel mit Reiter in altrömischer Tracht in Silberguß
Verzeichnisse: 1922 (Nr. 50, Ehem. Fürst zur Lippe), 1927 (Nr. 473, ebd.), 1934 (Nr. 247, ebd.), 1938 (ebd.)

▪ Meister C. T. M.: Großer Henkelkrug, von Silber, reich vergoldet mit Tritonen und Nereiden, trägt das Hamburger Beschauzeichen, Ende 17. Jh.
Verzeichnisse: 1922 (Nr. 410, Ehem. Fürst zur Lippe), 1927 (Nr. 462, ebd.), 1934 (Nr. 236, ebd.), 1938 (ebd.)

▪ Meister W. S.: Nautiluspokal mit zwei Bacchantenfiguren aus Elfenbein, Fuß mit Ornamenten von Cherubinen und Früchten, 17. Jh.
Verzeichnisse: 1922 (Nr. 44, Ehem. Fürst zur Lippe), 1927 (Nr. 475, ebd.), 1934 (Nr. 249, ebd.)

▪ Niederländisch: Silberschale aus Breda, 17. Jh.
Verzeichnisse: 1922 (Nr. 732, Prinz von Hohenlohe-Öhringen), 1927 (Nr. 483, ebd.), 1934 (Nr. 259, ebd.), 1938 (ebd.), 1961 | Literatur: Grünewald, Die Breda-Schale, in: Oud-Holland

1951, S. 93–102 | Bemerkung: im V61 sowie heute auf 1590 datiert sowie Elias Marcus und Jeremias Maes zugeschrieben

■ Niederländisch: Zwei Trinkhörner, silbervergoldet, Greifenklauen, Spruchband: Der englische Gruß, 15. Jh.
Verzeichnisse: 1927 (Nr. 509, Ehem. Großherzog von Baden), 1934 (Nr. 280, ebd.), 1938 (ebd.), 1961

■ Nürnberger Meister: Tafelaufsatz in Form eines Schiffes, 1502/03, 79 × 43 cm
Verzeichnisse: 1922 (Nr. 25, Schlüsselfeldersche Stiftung), 1927 (Nr. 501, ebd.), 1934 (Nr. 272, ebd.), 1938 (ebd.) | Literatur: Tebbe, Nürnberger Goldschmiedekunst 1541–1868, Bd. 2, Goldglanz und Silberstrahl, Nürnberg 2007, S. 151, Abb. 116 | Provenienz: Wilhelm von Schüsselfeld d. Ä. gab Schiff in Auftrag (Meister unbekannt), nach Tod 1504 ererbte gleichnamiger Neffe das Werk; heute GNM Nürnberg

■ Nürnberger Schule: Deckelbecher, Beschauzeichen ältesten Typus: melonenförmige Kuppa mit eingravierter Darstellung der hl. drei Könige; auf dem Deckel geflügelter Putto, H.D. 17
Verzeichnisse: 1922 (Nr. 59, Geheimrat Dr. Alfred Pringsheim), 1927 (Nr. 434, ebd.), 1938 (ebd.) | Bemerkung: Eintragung am 3.9.1920 durch das Bay. KM beantragt, vgl. BNM, Dokumentation, Dok. 1637, Mappe 4; identisch mit Nr. 435 im V27, vgl. Müller 1953, BNM, Dokumentation, Dok 199, Mappe 8

■ Nürnberger Schule: Deckelbecher, Beschauzeichen ältesten Typus: melonenförmige Kuppa; auf dem Deckel Marktweib, H.D. 21
Verzeichnisse: 1922 (Nr. 58, Geheimrat Dr. Alfred Pringsheim), 1927 (Nr. 433, ebd.), 1938 (ebd.) | Bemerkung: Eintragung am 3.9.1920 durch das Bay. KM beantragt, vgl. BNM, Dokumentation, Dok. 1637, Mappe 4; identisch mit Nr. 432 im V27, vgl. Müller 1953, BNM, Dokumentation, Dok 199, Mappe 8

■ Nürnberger Schule: Deckelbecher, der untere Teil mit ovalen Buckeln, der obere mit gravierter Darstellung der hl. drei Könige zwischen gotisierenden Putten. Als Bekrönung ein geflügelter Putto, auf einer Birne sitzend, äteste Form des Beschauzeichens, vergoldet, Anfang 16. Jh.
Verzeichnisse: 1922 (Nr. 60, Geheimrat Dr. Alfred Pringsheim), 1927 (Nr. 435, ebd.), 1934 (Nr. 210, ebd.), 1938 (ebd.) | Provenienz: V38: „Jetzt: Schloßmuseum Berlin" | Bemerkung: Eintragung am 19.11.1921 durch das Bay. KM beantragt, vgl. BNM, Dokumentation, Dok. 1637, Mappe 4; identisch mit Nr. 434 im V27, vgl. Müller 1953, BNM, Dokumentation, Dok 199, Mappe 8

■ Nürnberger Schule: Deckelbecher, melonenförmig mit ovalen Buckeln und frei getriebenem, auf gelötetem Kranz von gotisierenden Blumen und Blättern. Als Bekrönung des Deckels Vollfigur eines Marktweibes in der Art des Labenwolf, älteste Form des Beschauzeichens, vergoldet, Anfang 16. Jh
Verzeichnisse: 1922 (Nr. 57, Geheimrat Dr. Alfred Pringsheim), 1927 (Nr. 432, ebd.), 1934 (Nr. 209, ebd.), 1938 (ebd.) | Provenienz: V38: „Jetzt: Schloßmuseum Berlin" | Bemerkung: Eintragung am 19.11.1921 durch das Bay. KM beantragt, vgl. BNM, Dokumentation, Dok. 1637, Mappe 4; identisch mit Nr. 433 im V27, vgl. Müller 1953, BNM, Dokumentation, Dok 199, Mappe 8

■ Nürnbergisch: Sechseckige Schraubenflasche mit Tulpen und Vögeln in Emaillemalerei, gefaßt in vergoldetem Silber, Monogramm zwei Vögel entgegengestellt
Verzeichnisse: 1922 (Nr. 221, Ehem. Fürst zur Lippe), 1927 (Nr. 447, ebd.), 1934 (Nr. 222, ebd.), 1938 (ebd.)

■ Oberrheinisch: Fürstenbergpokal, sogen. Lehensbecher, vergoldet, Inv. Nr. 491, bez. H.G.Z.F., um 1490
Verzeichnisse: 1922 (Nr. 55, Fürst von Fürstenberg), 1927 (Nr. 479, ebd.), 1934 (Nr. 252, ebd.), 1938 (ebd.), 1961 | Literatur: Schroth, Mittelalterliche Goldschmiedekunst am Oberrhein, 1948, Nr. 75, Inv.-Nr. 491; Katalog der Ausstellung „Spätgotik am Oberrhein", Badisches Landesmuseum, 1970, Nr. 239, Abb. 219 | Bemerkung: Abb. in FFA Donaueschingen, Kunst und Wissenschaft, G III/1

■ Petzolt, Hans: Dianabecher, Pokal
Verzeichnisse: 1922 (Nr. 53, Ehem. Preußisches Königshaus) | Provenienz: 1925/26 Privatbesitz des ehem. Königshauses, ohne Angabe Standort

■ Petzolt, Hans: Silberpokal
Verzeichnisse: 1922 (Nr. 47, Graf Eltz), 1927 (Nr. 472, ebd.), 1934 (Nr. 246, ebd.), 1938 (ebd.)

■ Petzolt, Hans: Zwei Nautiluspokale
Verzeichnisse: 1922 (Nr. 42, Herzog/Ehem. König Wilhelm II. von Württemberg), 1927 (Nr. 476, ebd.)

Pissinger, Simon: Henkelhumpen mit drei getriebenen biblischen Darstellungen zwischen Rankenwerk und Blumen, Regensburg, vergoldet, um 1600
Verzeichnisse: 1922 (Nr. 371, Geheimrat Dr. Alfred Pringsheim), 1927 (Nr. 450, ebd.), 1934 (Nr. 228, ebd.), 1938 (ebd.) | Bemerkung: Eintragung am 17.11.1921 durch das Bay. KM beantragt, vgl. BNM, Dokumentation, Dok. 1637, Mappe 4

Sächsisch: Silberdeckelbecher auf drei Kugelfüßen aus dem Kloster Walkenried, Leipziger Arbeit, 17. Jh.
Verzeichnisse: 1927 (Nr. 444, Kloster Walkenried), 1934 (Nr. 219, Ehem. Herzog Ernst August von Braunschweig-Lüneburg), 1938 (ebd.) | Bemerkung: im V27 Sachsen zugeordnet, in Revision 1931 Preußen; V34: Gesamthaus Braunschweig-Lüneburg, Schloß Blankenburg

Sächsisch: Vier goldene Münzbecher mit Deckeln und Goldabschlägen von Talern und Doppeltalern, Geschenk des Kurfürsten Johann Georg I. an seine Söhne anläßlich der Reformationsjubiläen, wohl Dresdner Arbeit, 1617–1630
Verzeichnisse: 1927 (Nr. 443, Familienverein Haus Wettin, Albertinische Linie e.V.), 1934 (Nr. 218, ebd.), 1938 (ebd.) | Literatur: Sponsel, Führer durch das Grüne Gewölbe zu Dresden, 1921, S. 132 f.; Holzhausen, Das Grüne Gewölbe zu Dresden, 1937, S. 65; Kappel/Weinhold, Das Neue Grüne Gewölbe, 2007, S. 132, Inv. Nr. IV 69, IV 70, IV 77, IV 78 | Provenienz: 1924 Abgabe an den Familienverein Wettin infolge des Auseinandersetzungsvertrages, Rücktausch 1926/27, vgl. Rudert 2006/07, S. 108. | Bemerkung: Zuschreibung an Schwedler, Abraham d. J., Dresden, 1635, erstmalig im Katalog 1937; im Auseinandersetzungsvertrag von 1924 mit Wert von 3 Mio Mark angegeben, vgl. Rudert 2006/07, S. 106

Schmidt, Claus: Silberhumpen, vergoldet, Lübischer Silberstempel Meistermarke C. S., zum Andenken an Heinrich Eckoff (gest. 1687)
Verzeichnisse: 1927 (Nr. 451, Hedwig Groth, Rostock), 1938 (St. Annen Museum Lübeck)

Seld, Georg: Dreiteiliger Altar, Silber, 1492
Verzeichnisse: 1934 (Nr. 206, Früherer Kronprinz Rupprecht von Bayern)

Süddeutsch: Silberner Meßkelch mit Patene mit durchsichtigem Email aus Konstanz, 14. Jh.
Verzeichnisse: 1922 (Nr. 388, Fürst von Hohenzollern-Sigmaringen), 1927 (Nr. 455, ebd.), 1938 (Kunstgewerbemuseum Frankfurt a. M.) | Literatur: Bauer, Museum für Kunsthandwerk, 1987, S. 16 f. | Provenienz: 1928 Verkauf der Slg. Sigmaringen, erworben durch Alexander Spengler, der die Patene den Frankfurter Museen stiftete und für den Kelch den Antrag zur Ausfuhr in die Schweiz stellte, Archiv Städel, Nr. 748 | Bemerkung: im Kat. 1987 um 1320/30 datiert; Streichung des Kelches am 22.5.1929, vgl. Archiv Städel, Nr. 748 und vgl. BArch, R32/375a

Tittcke, Abraham: Deckelpokal, sogen. Jamnitzerform, getrieben, mit landschaftlichen Medaillons und Rankenverzierung, Nürnberg, um 1600
Verzeichnisse: 1922 (Nr. 40, Geheimrat Dr. Alfred Pringsheim), 1927 (Nr. 467, ebd.), 1934 (Nr. 241, ebd.), 1938 (ebd.) | Bemerkung: Eintragung am 17.11.1921 durch das Bay. KM beantragt, vgl. BNM, Dokumentation, Dok. 1637, Mappe 4

Ulmer Schule: Nillierter Pokal, 1576
Verzeichnisse: 1922 (Nr. 45, Familie von Praun), 1927 (Nr. 480, ebd.), 1934 (Nr. 253, ebd.), 1938 (ebd.)

Unbekannter Meister: „Schenkenbecher", Silberpokal mit Deckel, 1562, 59 cm
Verzeichnisse: 1922 (Nr. 46, Graf von Bentink-Waldsee-Limpurg), 1927 (Nr. 441, ebd.), 1934 (Nr. 216, ebd.), 1938 (ebd.), 1961 | Literatur: Die Kunstdenkmäler in Württemberg, Jagstkreis, S. 201 mit Abb. | Bemerkung: Goldschmied Christoph Ritter in Nürnberg und Phil. Bonhover in Halle; Datierung vgl. Verzeichnis von 1961

Unbekannter Meister: Becher, Hansel im Keller, silbervergoldet, 17.–18. Jh., 24 cm
Verzeichnisse: 1922 (Nr. 56, Fürst von Fürstenberg), 1927 (Nr. 442, ebd.), 1934 (Nr. 217, ebd.), 1938 (ebd.) | Literatur: Nr. 490 der Slg. Fürstenberg | Bemerkung: Aufbewahrungsort Schloss Heiligenberg; Angabe Höhe vgl. FFA Donaueschingen, Generalia, Kunst und Wissenschaft, XIV/1

Unbekannter Meister: Buckelbecher als Abendmahlskelch benutzt, von Silber getrieben, K. B. bezeichnet, 16. Jh.
Verzeichnisse: 1922 (Nr. 51, Ehem. Fürst zur Lippe), 1927 (Nr. 438, ebd.), 1934 (Nr. 213, ebd.), 1938 (ebd.)

Unbekannter Meister: Doppelpokal des Mainzer Kurfürsten Dietrich von Erbach, Silber, vergoldet und mit Emaille und Jaspis, Mitte 15. Jh., 37 cm
Verzeichnisse: 1922 (Nr. 54, Gräflich Erbach'sche Gesamthaus), 1927 (Nr. 469, ebd.), 1934 (Nr. 243,

ebd.), 1938 (ebd.), 1961 | Literatur: Schaefer, Kunstdenkmäler im Großherzogtum Hessen, Kreis Erbach, 1891, Fig. 51, S. 85 f.; Falke/Frauberger, Deutsche Schmelzarbeiten des Mittelalters und andere Kunstwerke, 1904, Taf. 126, S. 138

Unbekannter Meister: Goldenes, emailliertes Kleinod des Kaisers Rudolf II., 1594
Verzeichnisse: 1922 (Nr. 393, Fürst von Fürstenberg), 1927 (Nr. 457, ebd.), 1938 (ebd.) | Bemerkung: Aufbewahrungsort Donaueschingen; 38 cm Durchmesser, Vorderseite 5 Habsburger Fürsten von Maximilian I. bis Rudolf II, Rückseite 5 Habsbuger von Rudolf I. an, vgl. FFA Donaueschingen, Kunst und Wissenschaft, G III/1

Unbekannter Meister: Kugelbecher aus Silber, vergoldet, mit Tritonenfries und Beschauzeichen der Augsburger Pinie, Meisterzeichen eine Rosette, der Goldschmiedefamilie Heckel zugehörig, Ende 18. Jh.
Verzeichnisse: 1938 (Ehem. Fürst zur Lippe)

Unbekannter Meister: Silberbecher, genannt der „Hasenbecher", um 1545, 44 cm
Verzeichnisse: 1922 (Nr. 65, Graf von Rechberg und Rothenlöwen), 1927 (Nr. 431, ebd.), 1934 (Nr. 208, ebd.), 1938 (ebd.), 1961 | Literatur: Gradmann, Die Kunst- und Altertumsdenkmäler in Württemberg, Oberamt Geislingen, 1914, S. 96/100 mit Abb. | Bemerkung: V61: Sog. Rehbockpokal, Silber vergoldet; Titel „Hasenbecher" aufgrund des sog. Hasengeweihs des Rehbocks; Maße vgl. Gradmann

Unbekannter Meister: Silberkanne der Heiligen Elisabeth, 14. Jh., 35 cm
Verzeichnisse: 1922 (Nr. 380, Fürst Solms-Braunfels), 1927 (Nr. 453, ebd.), 1934 (Nr. 229, ebd.), 1938 (ebd.), 1961 | Literatur: Katalog der Deutsch-Nationalen Kunst-Ausstellung Düsseldorf 1902, Nr. 791; Kohlhausen, Geschichte des deutschen Kunsthandwerks, 1955, Abb. 13 | Bemerkung: Ring und Armreliquiar der Elisabeth nicht gelistet, vgl. Rogasch 2004, S. 35

Unbekannter Meister: Statuette eines gefesselten Türken aus vergoldetem Silber, kniende Figur auf Sockel, reich mit Edelsteinen verziert, auf vier Silberkugeln
Verzeichnisse: 1922 (Nr. 801, Ehem. Fürst zur Lippe), 1927 (Nr. 494, ebd.), 1934 (Nr. 266, ebd.), 1938 (ebd.)

Unbekannter Meister: Trinkgefäß, Diana auf dem Hirsch, Silber, getrieben, um 1600
Verzeichnisse: 1922 (Nr. 236, Vermögensverwaltung des Fürsten Reuß), 1927 (Nr. 449, ebd.), 1934 (Nr. 224, ebd.), 1938 (ebd.) | Provenienz: 1920 Schloss Osterstein, Gera | Bemerkung: Im Verzeichnis des Volksstaates Reuss vom 30.3.1920, HStA Weimar, Thüringisches Volksbildungsministerium, Nr. C 984, Bl. 11, Vermerk: „selten"

Vianen, Paulus: Silbertafel, Relief mit Orpheus, 1609
Verzeichnisse: 1922 (Nr. 804, Fürst von Fürstenberg), 1927 (Nr. 497, ebd.), 1934 (Nr. 268, ebd.), 1938 (ebd.)

Wahlbaum, Matthias: Kusstafel, schwarzes Holz mit Silbermontierung, Mater dolorosa, 48 cm
Verzeichnisse: 1922 (Nr. 369, Fürst von Fürstenberg), 1927 (Nr. 461, ebd.), 1934 (Nr. 235, ebd.), 1938 (ebd.) | Literatur: Rosenberg, Goldschmiede-Merkzeichen, 1923, S. 55 | Bemerkung: Aufbewahrungsort Schloss Heiligenberg, Sakristei und Kapelle; Angabe Höhe vgl. FFA Donaueschingen, Generalia, Kunst und Wissenschaft, XIV/1

Kunstgewerbe aus Holz, Hausrat, Uhren

Chorgestühl der Schloßkapelle in Büdingen, Eichenholz, 1497–1499
Verzeichnisse: 1922 (Nr. 253, Fürst zu Ysenburg und Büdingen), 1927 (Nr. 620, ebd.), 1934 (Nr. 382, ebd.), 1938 (ebd.) | Literatur: Wagner, Kunstdenkmäler im Großherzogtum Hessen, Kreis Büdingen, 1890, S. 64, Taf. 3 | Bemerkung: Meister in Verzeichnissen nicht erfasst; Änderung im Nachtrag von 1924 in Affenburg und Büdingen auf Schloß Büdingen, vgl. SKD Altregistratur 01/GG 30, Bl. 48

Decke, holzgeschnitzt, im Schloß Ortenburg
Verzeichnisse: 1922 (Nr. 353, Graf von Ortenburg), 1927 (Nr. 622, ebd.), 1934 (Nr. 384, ebd.), 1938 (ebd.)

Drei gotische Schränke, 2. Hälfte 15. Jh.
Verzeichnisse: 1922 (Nr. 312, Ehem. Großherzog Sachsen-Weimar), 1927 (Nr. 631, ebd.), 1934 (Nr. 389, ebd.), 1938 (ebd.) | Literatur: Voß, Bau- und Kunstdenkmäler Thüringens, Großherzogtum Weimar-Eisenach, Die Wartburg,

1917, S. 314–316 | Bemerkung: im thür. Landesverzeichnis vom 27.8.1920, vgl. HStA Weimar, Thüringisches Volksbildungsministerium, Nr. C 984, Bl. 46; hier auch gotischer Dürerschrank einbezogen, damit zweimal im V22 gelistet, desweiteren gotischer Schrank aus Norddeutschland, 2. Hälfte 15. Jh. und vermutlich bemalter Sakristeischrank aus Jena, ebd. 2. Hälfte 15. Jh., vgl. Voß

■ **Emmerischer Schrank, um 1500**
Verzeichnisse: 1938 („Alte deutsche Kunst" in Bremen) | Literatur: „Kat. Nr. 53"

■ **Gotische Truhe in Eichenholz**
Verzeichnisse: 1938 (Fabrikant Ferdinand Schmidt)

■ **Gotischer Kirchenschrank in Eichenholz**
Verzeichnisse: 1938 (Dr. Heinrich Schmidt)

■ **Grabhügelfunde aus der Umgegend von Tannheim, (als ungeteiltes Ganzes zu erhalten)**
Verzeichnisse: 1922 (Nr. 285, Graf Schaesberg), 1927 (Nr. 637, ebd.), 1938 (ebd.) | Literatur: Liste in Goessler, Hügelgräber im Illertal bei Tannheim, 1910, S. 69

■ **Hausrat, Einrichtungsgegenstände in ihrem Gesamtbestand nach Maßgabe des beim Ministerium des Kultus und Unterrichts in Karlsruhe vorhandenen, im Frühjahr 1920 aufgestellten Verzeichnisses**
Verzeichnisse: 1922 (Nr. 310, Prinz Max von Baden), 1927 (Nr. 628, ebd.), 1938 (ebd.) | Bemerkung: Kircheneinrichtung, Altäre aus Alabaster, Chorschranken mit Putten; Rott regte Streichung im Dezember 1923 an, Sauer sprach sich dagegen aus, vgl. Universitätsarchiv Freiburg, NL Joseph Sauer, C 67/534

■ **Hausrat, gotischer Dürerschrank, um 1515, 248 × 194 cm**
Verzeichnisse: 1922 (Nr. 311, Ehem. Großherzog Sachsen-Weimar) | Literatur: Voß, Bau- und Kunstdenkmäler Thüringens, Großherzogtum Weimar-Eisenach, Die Wartburg, 1917, S. 294 ff. mit Abb.; Schuchardt, Die Kunstsammlung der Wartburg, 1998, S. 22 f., mit Abb. | Bemerkung: Reliefs nach Kupferstichen Dürers gefertigt, gotische Rankenornamente, vermutlich auch in Nürnberg entstanden, vgl. Voß 1917; Datierung und Maße vgl. Schuchardt; im thür. Landesverzeichnis vom 27.8.1920, vgl. HStA Weimar, Thüringisches Volksbildungsministerium, Nr. C 984, Bl. 46

■ **Hausrat, zwei Schränke, Hadelner, mit Schnitzereien, um 1700**
Verzeichnisse: 1922 (Nr. 316, Erben Mangel), 1927 (Nr. 627, Direktor Jürgen Hinsch), 1938 (ebd.) | Bemerkung: Ellernwurth bei Bremen; Streichung eines Schrankes im Nachtrag von 1924 vermerkt, vgl. SKD Altregistratur 01/GG 30, Bl. 48; Streichung im Zuge der Überarbeitung 1932

■ **Patrizischer Hausrat des Mittelalters und der neuen Zeit**
Verzeichnisse: 1922 (Nr. 309, Magistrat Ulm a. D.)

■ **Renaissance-Himmelbett, 16. Jh.**
Verzeichnisse: 1922 (Nr. 328, Freiherr von Droste-Vischering)

■ **Rokoko-Türeinfassung, die sog. Paradiespforte**
Verzeichnisse: 1922 (Nr. 920, Fürst zu Löwenstein-Wertheim-Rosenberg), 1927 (Nr. 635, ebd.), 1934 (Nr. 393, ebd.), 1938 (ebd.)

■ **Tabernakelaufbau des Hochaltars der Klosterkirche**
Verzeichnisse: 1922 (Nr. 2, Fürst zu Löwenstein-Wertheim-Rosenberg), 1927 (Nr. 624, ebd.), 1938 (ebd.) | Bemerkung: im Nachkriegsexemplar mit „Bronnbach o. d. Tauber" versehen, vgl. GNM Akten, Nr. 836

■ **Tisch für astronomische Instrumente aus dem Schloß in Gießen, früher in Butzbach, Anfang 17. Jh.**
Verzeichnisse: 1922 (Nr. 908, Großherzoglicher Privatbesitz Darmstadt), 1927 (Nr. 632, ebd.), 1934 (Nr. 390, ebd.), 1938 (ebd.) | Bemerkung: V22: „aus dem Schloß in Gießen, jetzt im Schloß Konrad"

■ **Tischchen mit Platte aus Lapis Lazuli von einer Koralle getragen, Profilbild Heinrichs IV. von Frankreich an einer Muschel des Fußgestells**
Verzeichnisse: 1922 (Nr. 909, Ehem. Fürst zur Lippe), 1927 (Nr. 633, ebd.), 1934 (Nr. 391, ebd.), 1938 (ebd.)

■ **Trachten des Stefan von Praun, 1585**
Verzeichnisse: 1927 (Nr. 634, Familie von Praun), 1934 (Nr. 392, ebd.), 1938 (ebd.) | Provenienz: V27: „deponiert im Nationalmuseum"; V34 und V38: „Familie von Praun, Vertr. Justizrat Dr. Walter von Praun in Nürnberg, Königstr. 10, II. Depot Germanisches Nationalmuseum"

■ Wandvertäfelung des Pellerhauses in Nürnberg
Verzeichnisse: 1934 (Nr. 394, Stadt Nürnberg)

■ Wappendarstellung der sog. wilden Männer, Inv. Nr. GB 2064f, um 1600, 255 × 265 cm
Verzeichnisse: 1938 (Lehmann Bernheimer) | Provenienz: am 20.1.1909 aus dem französischen Handel in Paris erworben, vgl. Anlage Exposé Weinmüller, BayHStA, MK 40838, Bd. 6 | Bemerkung: Eintragung am 6.2.1935 infolge des Erlasses des RMdI vom 13.12.1934, vgl. Kap. III.3.1., vgl. BayHStA, MK 40838, Bd. 6; französisch, vgl. Anlage Exposé Weinmüller, ebd.

■ Zwei kleine Renaissance Armlehnsessel (Rubenssessel) mit Tapisseriebezügen, Allianzwappen der Familien Spiegel und Münchhausen um 1600
Verzeichnisse: 1938 (Bankhaus Jacquier & Securius) | Bemerkung: vermutlich aus Versteigerung Graupe, Bestand Altkunst, 25./26.1.1935, Nr. 146, Eintragung am 6.12.1934

■ Zwei Konsolen aus Holz mit eingelegter Stuckmarmorplatte und Intarsien, 2. Hälfte 18. Jh.
Verzeichnisse: 1927 (Nr. 629, Prinz Max von Baden), 1938 (ebd.) | Bemerkung: im Prälatenzimmer auf Schloss Salem

■ Zwei Standuhren aus Holz, weiß und gold getönt, in der Umrahmung des Uhrgehäuses reizende Puttengruppen, im Prälatenzimmer, 2. Hälfte 18. Jh.
Verzeichnisse: 1927 (Nr. 638, Prinz Max von Baden), 1938 (ebd.)

■ Augsburgisch: Altar, Anfang 16. Jh.
Verzeichnisse: 1938 (Gemäldegalerie Berlin)

■ Augsburgisch: Augsburger astronomische Uhr, 16. Jh.
Verzeichnisse: 1927 (Nr. 641, Gesamthaus Braunschweig-Lüneburg), 1934 (Nr. 397, ebd.), 1938 (ebd.)

■ Augsburgisch: Augsburger astronomische Uhr, Ende des 17. Jh.
Verzeichnisse: 1927 (Nr. 642, Gesamthaus Braunschweig-Lüneburg), 1934 (Nr. 398, ebd.), 1938 (ebd.)

■ Augsburgisch: Standuhr aus vergoldetem Silber, Prunkstück, mit Diamanten, Topasen, Karneolen, Amethysten und Rubinen reich geschmückt, den Giebel krönt eine Büste der Diana, Anfang 18. Jh.
Verzeichnisse: 1922 (Nr. 922, Ehem. Fürst zur Lippe), 1927 (Nr. 639, ebd.), 1934 (Nr. 395, ebd.), 1938 (ebd.) | Bemerkung: V22, V34, V38: „Auf einer schönen Barock-Kartusche der Name des Meisters Andreas Lehner, wahrscheinlich Augsburger Arbeit aus dem Anfang des 18. Jahrh."

■ Behaim, Martin (Entwurf): Globus des Martin Behaim, 1492–94
Verzeichnisse: 1927 (Nr. 626, Freiherr Wilhelm von Behaim), 1934 (Nr. 386, ebd.), 1938 (ebd.) | Literatur: 53. Jahresbericht des Germanischen Nationalmuseums, 1906, S. 5; Bott, Focus Behaim-Globus. Germanisches Nationalmuseum, Bd. 2, 1992, S. 745 f., Nr. 3.31; Willers, Die Geschichte des Behaim-Globus, in ebd. Bd. 1, S. 209–216 | Provenienz: seit 1906 als Leihgabe im Germanischen Nationalmuseum; 5.6.1930 an Antiquar Heinrich Eisemann verkauft, BayHStA, MK 40837, Bd. 5, Behaim stellt dennoch 1933 erneut Gesuch zur Streichung, vgl. ebd.; 1937 durch das GNM Nürnberg erworben, vgl. u. a. GNM Akten, Nr. 836 | Bemerkung: Streichung vom RMdI am 19.2.1929, erneut am 7.3.1930 und 8.4.1933 versagt, vgl. BayHStA, MK 40836/40837/40838; Stellungnahme Dörnhöffer, 9.11.1929, „Was die Frage des Behaim-Klobus [sic] betrifft, so kann man allerdings von einem ‚künstlerischen' Wert wohl nicht sprechen. Wohl aber stellt er eine kulturhistorische Reliquie allerersten Ranges dar, so dass meines Erachtens die durch das ‚Verzeichnis' gegebene Handhabe ihn für Deutschland zu erhalten unter allen Umständen festgehalten werden müsste." vgl. BStGS, 11/4, Nr. 246; kein Kunstwerk i. S. der Verordnung von 1919, Zimmermann (GNM) setzt ihn wiederum Buch- und Miniaturmalerei gleich, vgl. Kap. II.4

■ Böhm, Markus: Standuhr aus Silber auf einer reich verzierten Vorderseite drei Zifferblätter auf vergoldetem Teppich, das Ganze ein Werk von vollendeter Technik, auf dem Gehäuse der Name des Meisters Markus Böhm in Augsburg, ohne Jahreszahl
Verzeichnisse: 1922 (Nr. 923, Ehem. Fürst zur Lippe), 1927 (Nr. 493, ebd.), 1934 (Nr. 265, ebd.), 1938 (ebd.)

■ Dir, Johann Georg: Zwei Standuhren auf komodenartigen Unterbau, Pyramidenartiger Aufbau mit Darstellungen (Tod mit Stundenglas, Adam und Eva), weiß und gold, im Prälatensaal, 1764
Verzeichnisse: 1922 (Nr. 924, Prinz Max von Baden), 1927 (Nr. 625, ebd.), 1938 (ebd.) | Literatur: Schneider, Salem, 1984, S. 243, Abb. 52/53 | Bemerkung: V38: Aufbewahrungsort Präsidentenzimmer

■ Enderlein, Caspar: Zinnschüssel nebst Kanne
Verzeichnisse: 1922 (Nr. 953, Staatsminister a. D. Freiherr Alexander von Dusch), 1927 (Nr. 636, ebd.)

■ Huaud, Frères: Emailierte Taschenuhr mit biblischen Szenen und Landschaften, Schutzmantel aus Kristallgläsern in vergoldeter Silberfassung
Verzeichnisse: 1922 (Nr. 925, Ehem. Fürst zur Lippe), 1927 (Nr. 640, ebd.), 1934 (Nr. 396, ebd.), 1938 (ebd.)

■ Klein, Kaspar: Renaissanceschrank, 1677
Verzeichnisse: 1922 (Nr. 313, Graf Oriola), 1927 (Nr. 630, ebd.) | Literatur: Adamy, Kunstdenkmäler im Großherzogtum Hessen, Kr. Friedberg, S. 15 f. | Provenienz: zu einem ungeteilten Nachlass gehörend, der sich spätestens 1929 im Besitz von Marie Sommerhof, Schloss Büdesheim und Josefine v. Buttler, Altstädterschloss Hanau, befand, vgl. HStAD, G 15 Friedberg, Nr. B 65

■ Lendestreich, Valentin: Altarschrein, zwei Flügel in der Kirche in Graba bei Saalfeld
Verzeichnisse: 1938 (Ehem. Herzog von Sachsen-Meiningen) | Literatur: Mundt, Der Wiederaufbau des Grabaer Altars, in: Thüringer Heimatschutz, 4. Jg., F. 4, 1938, S. 49–57 | Provenienz: V38: „Prinz Bernhard von Sachsen-Meiningen in Meiningen. Z. Zt. im Stadtmuseum in Saalfeld (Thür.)", Flügel 1937 zum dazugehörenen Altarschreib im Stadtmuseum Saalfeld aufgestellt | Bemerkung: Eintragung am 30.10.1937, vgl. HStA Weimar, Best. Thüringisches Volksbildungsministerium, Nr. C 987, Bl. 176; Vorgänge in ebd. sowie HStA Weimar, Thüringisches Innenministerium, Nr. A 943

■ Rheinisch: Hausrat, Stollenschrank der spätgotischen Zeit
Verzeichnisse: 1922 (Nr. 315, Friedrich Vieweg und Sohn AG) | Bemerkung: Streichung im Nachtrag von 1924 vermerkt, vgl. SKD Altregistratur 01/GG 30, Bl. 48

■ Rheinisch: Spätgotischer Schrank, sog. Stollenschrank, wahrscheinlich rheinisch, 15. Jh.
Verzeichnisse: 1938 (Slg. Dr. Albert Lévy) | Bemerkung: Hamburgisches Museum für Kunst und Gewerbe schlug am 2.4.1937 Eintragung vor, vgl. StA HH, 314–15 Oberfinanzpräsident, R1937/317, Bl. 33, Eintragung am 19.5.1937, vgl. ebd. Bl. 48; nach Angaben des Besitzers stark ergänzt, vgl. ebd., Bl. 41

■ Roentgen: Großer Schreibtisch mit blauer Platte, reichen Bronzebeschlägen und Ilmenauer Biskuitplaketten, um 1780
Verzeichnisse: 1938 (Bankhaus Jacquier & Securius) | Provenienz: V38: „früher im Besitz des Herzogs von Sachsen-Altenburg" | Bemerkung: Versteigerung Graupe, Bestand Altkunst, 25./26.1.1935, Nr. 175, Eintragung am 6.12.1934

■ Roentgen: Sekretär, Mahagoni, mit reichen Bronzen
Verzeichnisse: 1938 (Bankhaus Jacquier & Securius) | Provenienz: V38: „früher im Besitz des Herzogs von Sachsen-Altenburg" | Bemerkung: Versteigerung Graupe, Bestand Altkunst, 25./26.1.1935, Nr. 176, Eintragung am 6.12.1934

■ Roentgen: Standuhr, Mahagoni mit reichen Bronzen und Spielwerk, Zifferblatt signiert: Roentgen à Neuwied
Verzeichnisse: 1938 (Bankhaus Jacquier & Securius) | Bemerkung: aus Versteigerung Graupe, Bestand Altkunst 1935, Nr. 501, Eintragung am 6.12.1934

■ Roentgen: Toilette und Schreibtisch, Mahagoni mit Bronzebeschlägen
Verzeichnisse: 1938 (Bankhaus Jacquier & Securius) | Bemerkung: aus Versteigerung Graupe, Bestand Altkunst, 1935, Nr. 500, Eintragung am 6.12.1934

■ Spindler: Klappsekretär auf allen Seiten geschweift, mit reichen Blumenintarsien und Bronzen, Potsdam, um 1765
Verzeichnisse: 1938 (Bankhaus Jacquier & Securius) | Bemerkung: aus Versteigerung Graupe, Bestand Altkunst, 1935, Nr. 475, Eintragung am 6.12.1934

■ Syrlin d. Ä., Joerg: Hausrat, spätgotischer Schrank, 1465
Verzeichnisse: 1922 (Nr. 314, Freiherr von Lupin)

■ Unbekannter Meister: Chorgestühl der Klosterkirche
Verzeichnisse: 1922 (Nr. 133, Fürst zu Löwenstein-Wertheim-Rosenberg), 1927 (Nr. 621, ebd.), 1934 (Nr. 383, ebd.), 1938 (ebd.) | Bemerkung: V27, V34, V38: „nicht angegeben, von wo und von wann"

■ Unbekannter Meister: Maserholzbecher, Füße und Verzierung aus Silber, 17. Jh., 35 cm
Verzeichnisse: 1922 (Nr. 63, Fürst von Fürstenberg), 1927 (Nr. 619, ebd.), 1934 (Nr. 381, ebd.), 1938 (ebd.) | Bemerkung: Aufbewahrungsort Schloss Heiligenberg; Angabe Höhe vgl. FFA

Donaueschingen, Generalia, Kunst und Wissenschaft, XIV/1

■ Vernukken, Heinrich: Zwei Kaminverkleidungungen, Stein aus Schloß Horst a. d. Emscher
Verzeichnisse: 1934 (Nr. 387, Fürst von Fürstenberg) | Literatur: Klapheck, Die Meister von Schloß Horst im Broiche, 1917, Abb. 54–72 | Provenienz: V34: Freiherr von Fürstenberg, Schloss Hugenpoet bei Kettwig/Ruhr | Bemerkung: von Heinrich Vernukken aus Calcar unter Mitwirkung seine Sohnes Wilhelm, vgl. Klapheck, S. 90

■ Wecken, Hermann: Goslaer Kunstuhr
Verzeichnisse: 1922 (Nr. 921, Karl Kayser) | Bemerkung: Streichung im Nachtrag von 1924 vermerkt, vgl. SKD Altregistratur 01/GG 30, Bl. 48

Kunstgewerbe aus Bronze, Email, Mittelalterliches Kirchengerät

■ Äbtissinnenstab aus Amtenhausen, Griff aus Silber, 16. Jh., 135 cm
Verzeichnisse: 1922 (Nr. 814, Fürst von Fürstenberg), 1927 (Nr. 515, ebd.), 1938 (ebd.) | Bemerkung: Aufbewahrungsort Schloss Heiligenberg, Sakristei und Kapelle; Angabe Höhe vgl. FFA Donaueschingen, Generalia, Kunst und Wissenschaft, XIV/1

■ Aebtissinenstuhl, Eichenholz, bemalt, um 1300
Verzeichnisse: 1934 (Nr. 285, Konvent des Damenklosters Wienhausen)

■ Antike Bronzefigur, Apollo, grüne Patina, Alexandrien, 1. Jh. v. Chr.
Verzeichnisse: 1938 (Bankhaus Jacquier & Securius) | Bemerkung: vermutlich aus Versteigerung Graupe, 26./27.4.1935, Nr. 595, Eintragung am 6.12.1934

■ Ausstattung der Schloßkapelle, Altar mit Altarwand, Kanzel, Lesepult, Taufstein, Opferstock, Kruzifix aus Elfenbein, Barock
Verzeichnisse: 1927 (Nr. 512, Gesamthaus Braunschweig-Lüneburg), 1938 (ebd.)

■ Bronzebrunnen in Berchtesgaden, Flötnerstil, 1. Hälfte 16. Jh.
Verzeichnisse: 1922 (Nr. 109, Ehem. Bayrisches Königshaus), 1927 (Nr. 514, ebd.), 1934 (Nr. 292, Früherer Kronprinz Rupprecht von Bayern), 1938 (Ehem. Bayrisches Königshaus)

■ Bronze-Kruzifix, der Korpus ruht auf einer neueren Holzunterlage, Nordseite des Salemer Münsters, 1. Hälfte 16. Jh.
Verzeichnisse: 1922 (Nr. 413, Prinz Max von Baden), 1927 (Nr. 524, ebd.), 1934 (Nr. 302, Markgraf Berthold von Baden), 1938 (Prinz Max von Baden) | Literatur: Obser, Zeitschrift für Geschichte des Oberrheins, 1911, S. 605

■ Bronzenes, romanisches Vortragskreuz, 12. Jh., 30 × 19 cm
Verzeichnisse: 1922 (Nr. 405, Fürst von Fürstenberg), 1927 (Nr. 522, ebd.), 1934 (Nr. 300, ebd.), 1938 (ebd.) | Literatur: Nr. 484 der Slg. Fürstenberg | Bemerkung: Aufbewahrungsort Schloss Heiligenberg; Angabe Maße vgl. FFA Donaueschingen, Generalia, Kunst und Wissenschaft, XIV/1

■ Bursa, flache Tasche mit Überfall, roter gemusterter Sammet mit Goldbeschlägen, um 1400
Verzeichnisse: 1934 (Nr. 293, Konvent des Damenklosters Lüne)

■ Chormäntelchen, 2 Stück, aus Stoffen des 13. Jh., das eine in Seide mit eingewirkten Goldarabesken und kufischen Inschriften, das andere in byzantinischem Parpur
Verzeichnisse: 1927 (Nr. 517, Kirchenärar Penig), 1934 (Nr. 294, ebd.), 1938 (ebd.) | Provenienz: V38: „aufbewahrt in Dresden, Altertumsmuseum" | Bemerkung: Eintragung vermerkt in „Veränderungen im Verzeichnis der national wertvollen Kunstwerke" vom 17.3.1923, vgl. SMB-ZA, I/NG 847, Bl. 49

■ Die steinerne Fünte im Schlossgarten zu Willigrad
Verzeichnisse: 1938 (Ehem. Großherzog von Friedrich Franz IV. Mecklenburg-Schwerin) | Provenienz: V38: Wohnsitz Ludwigslust | Bemerkung: romanischer Taufstein

■ Erzstufe, Kristallgrotte mit emaillierten Figürchen und Wappen, 16. Jh.
Verzeichnisse: 1922 (Nr. 198, Familie Freiherr von Scheurl), 1927 (Nr. 519, ebd.), 1934 (Nr. 296, ebd.), 1938 (ebd.)

■ **Fünf große Glas-Humpen mit Emailmalerei**
Verzeichnisse: 1927 (Nr. 513, Gesamthaus Braunschweig-Lüneburg), 1938 (ebd.)

■ **Gotische Monstranz, 1513**
Verzeichnisse: 1922 (Nr. 603, Fürst von Oettingen-Wallerstein), 1927 (Nr. 463, ebd.), 1934 (Nr. 237, ebd.), 1938 (ebd.) | Bemerkung: Zuschreibung an Lucas von Antwerpen, vgl. BayHStA, MK 51497

■ **Gotische Monstranz, Nr. 1390, 93 cm**
Verzeichnisse: 1922 (Nr. 604, Fürst von Fürstenberg), 1927 (Nr. 464, ebd.), 1934 (Nr. 238, ebd.), 1938 (ebd.) | Bemerkung: Aufbewahrungsort Schloss Heiligenberg, Sakristei und Kapelle; Angabe Höhe vgl. FFA Donaueschingen, Generalia, Kunst und Wissenschaft, XIV/1

■ **Kirchlicher Silberschatz, 14. Jh.**
Verzeichnisse: 1922 (Nr. 800, Prinzessin Mathilde von Sachsen) | Bemerkung: Eintragung mit Erlass der Verordnung im Dezember 1919, SächsHStA, 10736, Nr. 17455, Bl. 202; Streichung vermerkt in „Veränderungen im Verzeichnis der national wertvollen Kunstwerke" vom 17.3.1923, vgl. SMB-ZA, I/NG 847, Bl. 49; ebs. im Nachtrag von 1924, SKD Altregistratur 01/GG 30, Bl. 48

■ **Kreuzmonstranz, Silber vergoldet, mit Edelsteinen und Emaille, 13.–15. Jh.**
Verzeichnisse: 1922 (Nr. 606, Prinzessin Mathilde von Sachsen), 1927 (Nr. 466, ebd.), 1934 (Nr. 240, ebd.), 1938 (ebd.) | Literatur: Beschreibung Ausst.-Kat. der Kunstgewerbeausstellung Sachsen 1906, S. 2, Nr. 4 | Bemerkung: Literaturangabe aus dem V27, im Kat. 1906 nicht identifiziert

■ **Kupferschmelzschale von Limoges, um 1250**
Verzeichnisse: 1922 (Nr. 736, Ehem. Großherzog Sachsen-Weimar), 1927 (Nr. 534, ebd.), 1938 (ebd.) | Literatur: Voß, Bau- und Kunstdenkmäler Thüringens, Großherzogtum Weimar-Eisenach, Die Wartburg, 1917, S. 280 f.; Schuchardt, Die Kunstsammlung der Wartburg, 1998, S. 8 f., mit Abb. | Bemerkung: im thür. Landesverzeichnis vom 27.8.1920, vgl. HStA Weimar, Thüringisches Volksbildungsministerium, Nr. C 984, Bl. 46

■ **Kupfervergoldetes Prozessionskreuz auf dem Altar der Kapelle, 65 × 40 cm**
Verzeichnisse: 1922 (Nr. 404, Fürst von Fürstenberg), 1927 (Nr. 521, ebd.), 1934 (Nr. 299, ebd.), 1938 (ebd.) | Literatur: Nr. 2218 der Slg. Fürstenberg | Bemerkung: Aufbewahrungsort Schloss Heiligenberg, Sakristei und Kapelle; Angabe Maße vgl. FFA Donaueschingen, Generalia, Kunst und Wissenschaft, XIV/1

■ **Leuchterfuß, Bronze vergoldet, byzantinisch(?)**
Verzeichnisse: 1922 (Nr. 463, Diakonissenanstalt, Dresden), 1927 (Nr. 526, ebd.), 1934 (Nr. 303, ebd.), 1938 (ebd.) | Literatur: Beschreibende Darstellung der älteren Bau- und Kunstdenkmäler Sachsens, Stadt Dresden, 1900, S. 299 f. | Bemerkung: Vorschlag zur Eintragung von Berlin (Kunstgewerbeschule Dresden) am 15.3.1920, SächsHStA, 10736, Nr. 17455, Bl. 270

■ **Messgwand, zwei Besatzstreifen von einem, in Gold und Farben gewirkt, Ende 15. Jh.**
Verzeichnisse: 1934 (Nr. 304, Konvent des Damenklosters Lüne)

■ **Monstranz, sog. kleine, Nr. 2219, 64 cm**
Verzeichnisse: 1922 (Nr. 605, Fürst von Fürstenberg), 1927 (Nr. 465, ebd.), 1934 (Nr. 239, ebd.), 1938 (ebd.) | Bemerkung: Aufbewahrungsort Schloss Heiligenberg, Sakristei und Kapelle; Angabe Höhe vgl. FFA Donaueschingen, Generalia, Kunst und Wissenschaft, XIV/1

■ **Patene aus Konstanz, 14. Jh.**
Verzeichnisse: 1938 (Kunstgewerbemuseum Frankfurt a. M.) | Bemerkung: im V38 vermutlich doppelt eingetragen; zuvor Slg. Sigmaringen? vgl. Falke, in: Pantheon, 1928, Bd. I, S. 118

■ **Reliquiar mit Kreuzigung, Limoges, 12. Jh.**
Verzeichnisse: 1922 (Nr. 665, Fürst von Oettingen-Wallerstein), 1927 (Nr. 528, ebd.), 1934 (Nr. 306, ebd.), 1938 (ebd.) | Bemerkung: V22 und V27: 11.–12. Jh.; V34 und V38: nur 12. Jh.

■ **Reliquienkasten mit figürlichen Darstellungen, 12. Jh.**
Verzeichnisse: 1927 (Nr. 532, Ehem. Großherzog Sachsen-Weimar), 1934 (Nr. 308, ebd.), 1938 (ebd.) | Literatur: Voss, Bau- und Kunstdenkmäler Thüringens, Amtsbezirk Eisenach, Die Wartburg, 1917, S. 623 | Provenienz: 1920: „im Zimmer des Großherzogs"; 1923 an Alexander von Reitzenstein, Berlin, vgl. HStA Weimar, Best. Großherzogliche Schatullverwaltung Weimar, Nr. 453, Bl. 65 | Bemerkung: im thür. Landesverzeichnis vom 27.8.1920, vgl. HStA Weimar, Thüringisches Volksbildungsministerium, Nr. C 984, Bl. 46; Nachtragung am 19.5.1924 durch das RMdI bestätigt, vgl. ebd. Bl. 77 ff.; Streichung am 12.10.1929, BArch, R32/375a

■ Romanischer Schaftleuchter, um 1100
Verzeichnisse: 1938 (Landesmuseum Bonn) | Literatur: Lempertz, Sammlung Friedrich Camphausen, Aukt.-Kat.1936, Nr. 302, Taf. 26 | Bemerkung: im V38 erneut mit Slg. Friedrich Camphausen, Köln eingetragen

■ Romanischer Standleuchter, um 1100, 31 cm
Verzeichnisse: 1938 (Sammlung Friedrich Camphausen) | Literatur: Lempertz, Sammlung Friedrich Camphausen, Aukt.-Kat.1936, Nr. 302, Taf. 26 | Bemerkung: im V38 erneut mit Slg. Friedrich Camphausen, Köln eingetragen

■ Sechs Altardecken, a) weisses Leinen mit Glanzzwirn bestickt, b) Leinenstickerei weiss in weiss, c) Leinen, Durchbrucharbeit, d) desgl., e) desgl., f) desgl. mit Flechtstich, um bzw. gegen 1300
Verzeichnisse: 1934 (Nr. 314, Konvent des Damenklosters Lüne)

■ Silbernes Reliquiar aus der Benediktinerabtei Abdinghofen, 15. Jh.
Verzeichnisse: 1922 (Nr. 663, Graf Stolberg), 1927 (Nr. 481, ebd.), 1934 (Nr. 256, ebd.), 1938 (ebd.)

■ Vier Antependien, a) dunkelblaues Tuch mit Seidenstickerei, b) weinrotes Tuch mit Seidenstickerei, c) dunkelgrünes Tuch mit Seidenstickerei, d) weinroter gemusteter Sammet mit Reliefstickerei, Ende 15. Jh.
Verzeichnisse: 1934 (Nr. 283, Konvent des Damenklosters Isenhagen) | Bemerkung: 1932 eingetragen, vgl. BArch, R32/375, Bl. 235

■ Wandbehang aus ehem. Messgewändern, violettes Seidengewebe mit Seidenstickerei auf Silberbrokat, um 1500
Verzeichnisse: 1934 (Nr. 311, Konvent des Damenklosters Lüne)

■ Weissstickerei, Altarbehang auf Leinwand aus dem Kloster Altenberg an der Lahn, sog. Hungertuch, 14. Jh., 400 × 130 cm
Verzeichnisse: 1927 (Nr. 536, Ehem. Großherzog Sachsen-Weimar), 1934 (Nr. 312, ebd.), 1938 (ebd.) | Literatur: Voß, Bau- und Kunstdenkmäler Thüringens, Großherzogtum Weimar-Eisenach, Die Wartburg, 1917, S. 276 | Provenienz: 1865 für die Wartburg erworben | Bemerkung: im thür. Landesverzeichnis vom 27.8.1920, vgl. HStA Weimar, Thüringisches Volksbildungsministerium, Nr. C 984, Bl. 46; Eintragung am 19.5.1924 durch das RMdI bestätigt, vgl. ebd. Bl. 77 ff.; im V61 Altarschrein gelistet, 157 × 244 cm, Städel Jahrbuch, Bd. 5, 1926, S. 33 ff.

■ Weisstickerei, Altardecke, graues Leinen mit Seide, um 1300
Verzeichnisse: 1934 (Nr. 313, Konvent des Damenklosters Isenhagen)

■ Werdenberger Vortragskreuz, Kupfer, vergoldet, Nr. 489, 1482, 35 × 39 cm
Verzeichnisse: 1922 (Nr. 406, Fürst von Fürstenberg), 1927 (Nr. 523, ebd.), 1938 (ebd.) | Literatur: Nr. 489 der Slg. Fürstenberg | Bemerkung: Aufbewahrungsort Schloss Heiligenberg, Sakristei und Kapelle; Angabe Maße vgl. FFA Donaueschingen, Generalia, Kunst und Wissenschaft, XIV/1

■ Zwei Altarbehänge (Vorlegel), a) braune Seide auf rotem Leder, bestickt mit Franse, b) Stickerei mit Perlen, Steinen und Silber mit Quastenbesatz, um 1500
Verzeichnisse: 1934 (Nr. 282, Konvent des Damenklosters Lüne) | Bemerkung: Vorlegel [sic!]

■ Zwei Antependien, a) Holztafel mit Temperamalerei auf Goldgrund, 2. Hälfte 14. Jh., b) roter Sammet mit Stickereien von ehem. Messgewändern, Mitte 15. Jh., 14. und 15. Jh.
Verzeichnisse: 1934 (Nr. 284, Konvent des Damenklosters Lüne) | Bemerkung: 1932 eingetragen, vgl. BArch, R32/375, Bl. 235

■ Zwei Reliquienkästen mit Kupferschmelz aus Limoges, um 1200 und Anfang 13. Jh.
Verzeichnisse: 1927 (Nr. 533, Ehem. Großherzog Sachsen-Weimar), 1938 (ebd.) | Literatur: Voss, Bau- und Kunstdenkmäler Thüringens, Amtsbezirk Eisenach, Die Wartburg, 1917, S. 278–280; Schuchardt, Die Kunstsammlung der Wartburg, 1998, S. 8, mit Abb. | Bemerkung: im thür. Landesverzeichnis vom 27.8.1920, vgl. HStA Weimar, Thüringisches Volksbildungsministerium, Nr. C 984, Bl. 46; Eintragung am 19.5.1924 durch das RMdI bestätigt, vgl. ebd. Bl. 77 ff.

■ Claire, Godefroid de: Zwei runde Platten in Kupferschmelz, vergoldet und emailliert, vom Wibaldaltar in Stavelot, um 1150
Verzeichnisse: 1922 (Nr. 4, Fürst von Hohenzollern-Sigmaringen), 1927 (Nr. 525, ebd.), 1938 (Paul Hirsch) | Literatur: Falke, Der Meister des Tragaltars von Stavelot, Pantheon 10, 1932, 279–83; Falke/Frauberger, Deutsche Schmelzarbeiten des Mittelalters und andere Kunstwerke, 1904, Taf. 24; Ausst.-Kat. Sigmaringen Nr. 42/48; Bauer, Museum für Kunsthandwerk, 1987, S. 10 f.; Falke in: Pantheon, 1928, Bd. I, S. 117, Abb. S. 121; Ross, Artists of the Middle Ages, 2003, S. 37 ff. | Provenienz: Versteigerung 1928:

das Medaillon „Fides Baptismus" als Stiftung an das Städel, „Operatio" gelangte in Slg. Hirsch und ging 1978 ans KGM Berlin; Stavelot Tryptichon in der Piermont Morgan Library NY

■ **Deutsch: Aquamanilien, Bronze, Gekrönter Löwe, 15. Jh., 30 cm**
Verzeichnisse: 1922 (Nr. 26, Fürst von Hohenzollern-Sigmaringen), 1927 (Nr. 511, ebd.), 1938 (Kunstgewerbemuseum Frankfurt a. M.) | Literatur: Katalog der Deutsch-Nationalen Kunst-Ausstellung Düsseldorf 1902, Nr. 2822 (?); Kurzes Verzeichnis der im Staedelschen Kunstinstitut ausgestellten Sigmaringer Sammlung, 1928, Nr. 595 oder 604 | Provenienz: Verkauf der Slg. Sigmaringen 1928

■ **Deutsch: Aquamanilien, Bronze, Hund, 15. Jh., 28 cm**
Verzeichnisse: 1922 (Nr. 26, Fürst von Hohenzollern-Sigmaringen), 1927 (Nr. 511, ebd.), 1934 (Nr. 286, Kurt Meyer), 1938 (ebd.) | Literatur: Katalog der Deutsch-Nationalen Kunst-Ausstellung Düsseldorf 1902, Nr. 2821 | Provenienz: 1928 Verkauf der Slg. Sigmaringen

■ **Deutsch: Aquamanilien, Bronze, Löwe, 15. Jh.**
Verzeichnisse: 1922 (Nr. 26, Fürst von Hohenzollern-Sigmaringen), 1927 (Nr. 511, ebd.), 1934 (Nr. 288, Dr. Alexander Spengler), 1938 (ebd.) | Literatur: Katalog der Deutsch-Nationalen Kunst-Ausstellung Düsseldorf 1902, Nr. 2832 (?); Kurzes Verzeichnis der im Staedelschen Kunstinstitut ausgestellten Sigmaringer Sammlung, 1928, Nr. 595 oder 604 | Provenienz: Verkauf der Slg. Sigmaringen 1928

■ **Deutsch: Aquamanilien, Bronze, Löwe, 15. Jh.**
Verzeichnisse: 1922 (Nr. 26, Fürst von Hohenzollern-Sigmaringen), 1927 (Nr. 511, ebd.), 1938 (Kunstgewerbemuseum Frankfurt a. M.) | Literatur: Katalog der Deutsch-Nationalen Kunst-Ausstellung Düsseldorf 1902, Nr. 2831 (?); Kurzes Verzeichnis der im Staedelschen Kunstinstitut ausgestellten Sigmaringer Sammlung, 1928, Nr. 595 oder 604 | Provenienz: Verkauf der Slg. Sigmaringen 1928

■ **Deutsch: Aquamanilien, Bronze, Pferd, 15. Jh.**
Verzeichnisse: 1922 (Nr. 26, Fürst von Hohenzollern-Sigmaringen), 1927 (Nr. 511, ebd.), 1934 (Nr. 289, Robert von Hirsch), 1938 (ebd.) | Literatur: Katalog der Deutsch-Nationalen Kunst-Ausstellung Düsseldorf 1902, Nr. 2833, jedoch Grubenschmelzkasten | Provenienz: Verkauf der Slg. Sigmaringen 1928

■ **Deutsch: Aquamanilien, Bronze, Pferd, 15. Jh.**
Verzeichnisse: 1922 (Nr. 26, Fürst von Hohenzollern-Sigmaringen), 1927 (Nr. 511, ebd.), 1938 (Kunstgewerbemuseum Frankfurt a. M.) | Literatur: Katalog der Deutsch-Nationalen Kunst-Ausstellung Düsseldorf 1902, Nr. 2834 (?) | Provenienz: Verkauf der Slg. Sigmaringen 1928

■ **Jamnitzer, Wenzel: Kanne mit Limousiner Email mit dem Tucher-Wappen, Fassung Wenzel Jamnitzer, vier Schalen des gleichen Services, 1562**
Verzeichnisse: 1934 (Nr. 297, Freiherr Heinrich von Tucher), 1961 | Literatur: Hefner-Alteneck, Kunstschätze aus dem Bayerischen Nationalmuseum, I, 1899, Nr. 5/6

■ **Kaiser, Ernst: Partie am Antersberg**
Verzeichnisse: 1922 (Nr. 376, Schack-Galerie)

■ **Kölnisch: Hausaltärchen, Madonna und Engel, 15. Jh.**
Verzeichnisse: 1938 (Carl von Weinberg) | Bemerkung: Vorschlag zur Eintragung von Wolters am 9.10.1936, vgl. Archiv Städel, Nr. 731; Streichung am 9.11.1950 durch das Hess. KM, vgl. Archiv Städel, Nr. 615

■ **Norddeutsch: Aquamanilien, Bronze, Löwe, 15. Jh., 20 × 22 cm**
Verzeichnisse: 1922 (Nr. 26, Fürst von Hohenzollern-Sigmaringen), 1927 (Nr. 511, ebd.), 1934 (Nr. 287, Präsident Dr. Oskar Mulert), 1938 (ebd.) | Literatur: Katalog der Deutsch-Nationalen Kunst-Ausstellung Düsseldorf 1902, Nr. 2824 (?); Bauer, Museum für Kunsthandwerk, 1987, S. 12 f. | Provenienz: 1928 Verkauf der Slg. Sigmaringen; 1955 im Rahmen der Oskar und Ilse Mulert-Stiftung in den Besitz des Museums für Kunsthandwerk Frankfurt a. M. übergegangen | Bemerkung: auf Mitte 13. Jh. datiert und mit „Norddeutschland(?)" versehen, vgl. Bauer

■ **Norddeutsch: Aquamanilien, Bronze, Pferd mit Reiter, 15. Jh.**
Verzeichnisse: 1922 (Nr. 26, Fürst von Hohenzollern-Sigmaringen), 1927 (Nr. 511, ebd.), 1934 (Nr. 290, Robert von Hirsch), 1938 (ebd.) | Literatur: Katalog der Deutsch-Nationalen Kunst-Ausstellung Düsseldorf 1902, Nr. 2835 (?); Kurzes Verzeichnis der im Staedelschen Kunstinstitut ausgestellten Sigmaringer Sammlung, 1928, Nr. 615 | Provenienz: Verkauf der Slg. Sigmaringen 1928

■ Norddeutsch: Reliquiar, Kupferschmelz mit Kristalldeckel, 12. Jh.
Verzeichnisse: 1922 (Nr. 661, Fürst von Hohenzollern-Sigmaringen), 1927 (Nr. 529, ebd.), 1934 (Nr. 307, Robert von Hirsch), 1938 (ebd.) | Literatur: Falke/Frauberger, Deutsche Schmelzarbeiten des Mittelalters und andere Kunstwerke, 1904, S. 110 mit Abb.

■ Norddeutsch: Tragaltärchen mit Kupferschmelz, 12. Jh., 8 × 16 cm
Verzeichnisse: 1922 (Nr. 916, Fürst von Hohenzollern-Sigmaringen), 1927 (Nr. 537, ebd.), 1934 (Nr. 310, Robert von Hirsch), 1938 (ebd.) | Literatur: Falke/Frauberger, Deutsche Schmelzarbeiten des Mittelalters und andere Kunstwerke, 1904, S. 109 mit Abb.; Falke, in: Pantheon, 1928, Bd. I, S. 117 | Bemerkung: Ausgang des 12. Jh. vgl. Falke 1928

■ Schwäbisch: Ciborium aus Füssen mit Emails, gegen 1400
Verzeichnisse: 1922 (Nr. 136, Fürst von Oettingen-Wallerstein), 1927 (Nr. 518, ebd.), 1934 (Nr. 295, ebd.), 1938 (ebd.), 1961 | Literatur: Schwäb. Kreisausst. 1880, Nr. 1342, Taf. XX, 1

■ Süddeutsch: Reliquiar, Limoges, Kupferschmelz aus Haigerloch, 12. Jh.
Verzeichnisse: 1922 (Nr. 662, Fürst von Hohenzollern-Sigmaringen), 1927 (Nr. 530, ebd.), 1938 (Kunstgewerbemuseum Frankfurt a. M.) | Literatur: Hefner-Alteneck, Die Kunstkammer von Sigmaringen, 1886, Taf. 41/42; Falke, in: Pantheon, 1928, S. 118, Abb. S. 116/117

■ Unbekannter Meister: Kreuzabnahme, Buchdeckel eines Evangeliars, um 1100, 20 × 15 cm
Verzeichnisse: 1922 (Nr. 115, Erben der Sammlung von zur Mühlen), 1927 (Nr. 516, ebd.) | Literatur: Ludorff, Die Bau- und Kunstdenkmäler von Westfalen, Kreis Münster, S. 50, Taf. 36; Katalog der Deutsch-Nationalen Kunst-Ausstellung Düsseldorf 1902, Nr. 2783 | Bemerkung: romanisches Elfenbeinrelief vgl. Ludorff

■ Unbekannter Meister: Kreuzigungsgruppe, Silberner Buchdeckel, getrieben, um 1400, 23 × 15 cm
Verzeichnisse: 1922 (Nr. 116, Kaplan Meiners, Ascheberg), 1927 (Nr. 445, ebd.), 1938 (ebd.) | Literatur: Ludorff, Die Bau- und Kunstdenkmäler von Westfalen, Kreis Lüdinghausen, 1893, Taf. 2

■ Unbekannter Meister: Weihwasserkessel, Bronze, Reichenau, um 1000, 12 cm
Verzeichnisse: 1922 (Nr. 390, Fürst von Hohenzollern-Sigmaringen), 1927 (Nr. 520, ebd.), 1934 (Nr. 298, ebd.), 1938 (ebd.), 1961 | Literatur: Katalog der Deutsch-Nationalen Kunst-Ausstellung Düsseldorf 1902, Nr. 2824; Ausst.-Kat. Sigmaringen Nr. 74 | Provenienz: verblieb in Sigmaringen

■ Westfälisch: Reliquienbehälter, sarkophagartig, mit figürlichen Elfenbeinreliefs und Grubenschmelzplatten mit Ranken in weiß, rot, blau. Umschrift mit den Namen der Apostel, Nr. 62, 2. Hälfte 12. Jh., 13 cm
Verzeichnisse: 1922 (Nr. 666, Geh. Kommerzienrat Richard von Passavant), 1927 (Nr. 531, ebd.), 1938 (ebd.) | Literatur: Goldschmidt, Die Elfenbeinskulpturen aus der Romanischen Zeit, 1923, Nr. 83a–e, Taf. 32 | Bemerkung: Herkunft vgl. Goldschmidt

Kunstgewerbe aus Elfenbein und sonstigen Materialien

■ Buchdeckel, Elfenbein mit Kreuzigung, Mitte 12. Jh., 14 × 8 cm
Verzeichnisse: 1922 (Nr. 191, Fürst von Hohenzollern-Sigmaringen), 1927 (Nr. 569, ebd.), 1938 (Städtische Galerie Frankfurt a. M.) | Literatur: Ausst.-Kat. Sigmaringen, Inv. 388; Goldschmidt, Die Elfenbeinskulpturen aus der Romanischen Zeit, 1923, Nr. 24, Taf. 7 | Bemerkung: V22: mehrere Nummern unter „Frühmittelalterliche Elfenbeinbildwerke geführt“; Herkunft Belgien, vgl. Goldschmidt

■ Trinkhorn, nach 1500, spätgotisch
Verzeichnisse: 1922 (Nr. 917, Graf Friedrich Karl Giech) | Bemerkung: V22: „im Germanischen Museum“

■ Tuba, Kreuzfahrer, Elfenbein, 13. Jh., 7 cm
Verzeichnisse: 1927 (Nr. 538, Fürst von Fürstenberg), 1938 (ebd.) | Bemerkung: Aufbewahrungsort Schloss Heiligenberg; Angabe Höhe vgl. FFA Donaueschingen, Generalia, Kunst und Wissenschaft, XIV/1; „Olifant von unbekannter Herkunft, jedenfalls nicht deutsch, vielleicht orientalisch“, FFA Donaueschingen, Kunst und Wissenschaft, G III/1

■ Augsburgisch: Silbermontierte Elfenbeinkanne, Silendarstellung, Vorlage: Rubensscher Stich, um 1650
Verzeichnisse: 1922 (Nr. 381, Ehem. Großherzog von Baden), 1927 (Nr. 565, ebd.), 1934 (Nr. 336, Markgraf Berthold von Baden), 1938 (Ehem. Großherzog von Baden)

■ Chinesisch: Bronzeglocke, 3. Jh. v. Chr., 46 cm
Verzeichnisse: siehe Bemerkung | Provenienz: Besitzer zum Zeitpunkt der Eintragung nicht genannt | Bemerkung: Eintragung am 25.8.1938, vgl. AHK, 32-260.4, Bl. 44

■ Deutsch: Buchdeckel, Elfenbeinarbeit, David als Hirt und Sieger über Goliath, Frühmittelalter, um 1000
Verzeichnisse: 1922 (Nr. 191, Fürst von Hohenzollern-Sigmaringen), 1927 (Nr. 568, ebd.), 1934 (Nr. 333, Robert von Hirsch), 1938 (ebd.) | Literatur: Sprinz, Die Bildwerke der Fürstlich Hohenzollernschen Sammlung Sigmaringen, 1925, Nr. 2, S. 3, Taf. 2, Inv. 6880; Goldschmidt, Die Elfenbeinskulpturen aus der Zeit der Karolingischen und Sächsischen Kaiser, 1914, Nr. 135 mit Abb. | Bemerkung: V22: mehrere Nummern unter „Frühmittelalterliche Elfenbeinbildwerke geführt"

■ Kölnisch: Brettstein, Elfenbein, um 1200
Verzeichnisse: 1922 (Nr. 191, Fürst von Hohenzollern-Sigmaringen), 1927 (Nr. 571, ebd.), 1934 (Nr. 332, Robert von Hirsch), 1938 (ebd.) | Literatur: Ausst.-Kat. Sigmaringen, Nr. 294; Goldschmidt, Die Elfenbeinskulpturen aus der Zeit der Karolingischen und Sächsischen Kaiser, 1918, Nr. 231 mit Abb.; Sprinz, Die Bildwerke der Fürstlich Hohenzollernschen Sammlung Sigmaringen, 1925, Nr. 5, S. 4, Abb. 2, Inv. 5236 | Bemerkung: V22: mehrer Nummern unter „Frühmittelalterliche Elfenbeinbildwerke geführt"

■ Kölnisch: Phantastische Kämpfe, Schachfigur aus Elfenbein, 2. Hälfte 12. Jh.
Verzeichnisse: 1922 (Nr. 191, Fürst von Hohenzollern-Sigmaringen), 1927 (Nr. 570, ebd.), 1938 (Kunstgewerbemuseum Frankfurt a. M.) | Literatur: Goldschmidt, Die Elfenbeinskulpturen aus der Zeit der Karolingischen und Sächsischen Kaiser, 1918, Bd. 2, Nr. 30; Sprinz, Die Bildwerke der Fürstlich Hohenzollernschen Sammlung Sigmaringen, 1925, Nr. 4, S. 3, Abb. 1a/b, Inv. 5220 | Bemerkung: V22: mehrer Nummern unter „Frühmittelalterliche Elfenbeinbildwerke geführt"

■ Nürnbergisch: Wappen, 1568
Verzeichnisse: 1938 (Lehmann Bernheimer)

■ Pfefferhauser, Jeremias: Elfenbeinflasche, mit Fries von Amoretten, Fassung aus vergoldetem Silber, Deckel und Fuß mit Stuttgarter Beschauzeichnung Meisterzeichen J. P. Jeremias Pfefferhauser, Mitte 17. Jh.
Verzeichnisse: 1922 (Nr. 193, Ehem. Fürst zur Lippe), 1927 (Nr. 563, ebd.), 1934 (Nr. 334, ebd.), 1938 (ebd.)

■ Unbekannter Meister: Elfenbeinbildwerke, Pyxis mit Darstellung eines Bacchanals, 3.–4. Jh.
Verzeichnisse: 1922 (Nr. 195, Ehem. Großherzog von Baden), 1927 (Nr. 566, ebd.), 1934 (Nr. 337, Markgraf Berthold von Baden), 1938 (Ehem. Großherzog von Baden) | Bemerkung: möglicherweise als Weihrauchbehälter oder Hostiendose verwendet; 1848 in Dörflingen gefunden, vgl. StA Freiburg, D 98/1, Nr. 75

■ Unbekannter Meister: Elfenbeinerner Marienschrein, sog. Turris eburnea, 20 Reliefdarstellungen aus dem Marienleben auf den zwei Flügeln, Maria mit Kind, rundplastisch im Turm, französisch oder niederländisch, 15. Jh., 75 cm
Verzeichnisse: 1922 (Nr. 194, Ehem. Großherzog von Baden), 1927 (Nr. 564, ebd.), 1934 (Nr. 335, Markgraf Berthold von Baden), 1938 (Ehem. Großherzog von Baden) | Bemerkung: italienisch oder französisch, vgl. StA Freiburg, D 98/1, Nr. 75

■ Unbekannter Meister: Elfenbeinschnitzerei, Nr. 566
Verzeichnisse: 1922 (Nr. 188, Fürst von Fürstenberg), 1927 (Nr. 567, ebd.), 1938 (ebd.) | Literatur: Nr. 566 der Slg. Fürstenberg | Bemerkung: unter anderem Elfenbeinhorn, 13. Jh., vgl. FFA Donaueschingen, Generalia, Kunst und Wissenschaft, XIV/1

■ Unbekannter Meister: Elfenbeinschnitzereien der romanischen Zeit, Darstellungen von Jagd- und Liebesszenen auf ein Kästchen aufmontiert
Verzeichnisse: 1922 (Nr. 196, Gräfin Anna Jenison-Walworth) | Bemerkung: Schottischer Familienbesitz, Streichung von Sauer am 2.7.1925 beantragt, Universitätsarchiv Freiburg, NL Joseph Sauer, C 67/534

■ Unbekannter Meister: Frühmittelalterliche Elfenbeinbildwerke, 14. Jh.
Verzeichnisse: 1922 (Nr. 192, Fürst von Oettingen-Wallerstein), 1927 (Nr. 562, ebd.), 1934 (Nr. 331, ebd.), 1938 (ebd.) | Bemerkung: a) Salvator, b) Christus in Mandorla mit 4 Evangelistensymbolen, c) Spiegelkapsel, Minneburg, 14. Jh., d) Teil eines Kästchens, Jagddarstellung, 14. Jh., e) Liebespaar, 14. Jh., f) Jungbrunnen, 14. Jh.; Streichung

von Teilen der Bildwerke von der Fürstl. Öttingen-Wallerstein'schen Dominialkanzlei am 24.3.1959 beantragt, vgl. BayHStA, MK 51497

■ Unbekannter Meister: Marmorvasen, ein Paar aus Rosenmarmor mit figürlicher Bronzefassung
Verzeichnisse: 1922 (Nr. 510, Ehem. Preußisches Königshaus) | Bemerkung: ohne Standortangabe

Münzen und Medaillen

■ Einseitige Silbermedaille auf Luther, 1521
Verzeichnisse: 1922 (Nr. 521, Fürst von Fürstenberg), 1927 (Nr. 405, ebd.) | Literatur: Cahn, Bildnismedaillen der deutschen Renaissance in den Fürstlich Fürstenbergischen Sammlungen, 1921, S. 100 | Bemerkung: Streichung am 6.9.1932, vgl. FFA Donaueschingen, Generalia, Kunst und Wissenschaft, XIV/1

■ Fünf-Dukatenstück, Unikum, Albrecht von Wallenstein
Verzeichnisse: 1922 (Nr. 174, Fürst von Fürstenberg), 1927 (Nr. 427, ebd.) | Provenienz: Münzversteigerung bei Firma Cahn Ffm. 14.6.1932, 670 RM, Bad. KM verzichtet auf Vorkaufsrecht, vgl. FFA Donaueschingen, Kunst und Wissenschaft, G III/1 | Bemerkung: Streichung am 6.9.1932, vgl. FFA Donaueschingen, Generalia, Kunst und Wissenschaft, XIV/1

■ Goldabschläge von Bremer Münzen, 18. Jh.
Verzeichnisse: siehe Bemerkung | Literatur: Meuß, Sammlung Dr. jur. Danzinger, Bremen, Aukt.-Kat. 1938, Nr. 330–379 | Provenienz: 7.12.1938 von Ludwig Roselius, Bremen aus der Bremer Sammlung Danzinger erworben, für das Roselius-Haus, in Verwaltung der Seehandel AG | Bemerkung: Eintragung am 7.12.1938, mitgeteilt durch Generalfeldmarschall Göring, vgl. StA Bremen, 3-B.13. Nr. 66.a. Bd. 2, Bl. 14

■ Heimische Bodenfunde, Münzen u. a.
Verzeichnisse: 1938 (Justizrat Dr. Ernst Justus Haeberlin)

■ Medaille in Solnhofer Stein auf Philipp Praunpart, 1532
Verzeichnisse: 1927 (Nr. 423, Kunstmaler Hermann Vogel), 1938 (ebd.)

■ Medaille in Steinschnitt, 1514
Verzeichnisse: 1927 (Nr. 422, Kunstmaler Hermann Vogel), 1934 (Nr. 201, ebd.), 1938 (ebd.) | Literatur: Abb. im Jahrbuch der Preußischen Kunstslg., 1906, S. 9, darin Dürer zugeschrieben

■ Medaille in Steinschnitt auf Hieronymus Guttrath, 1537
Verzeichnisse: 1927 (Nr. 420, Kunstmaler Hermann Vogel), 1938 (ebd.)

■ Medaille in Steinschnitt auf Jörg Praunpart, 1521
Verzeichnisse: 1927 (Nr. 421, Kunstmaler Hermann Vogel), 1938 (ebd.)

■ Medaille Maximilians I. und der Maria von Burgund, Gold
Verzeichnisse: 1922 (Nr. 517, Fürst von Fürstenberg), 1927 (Nr. 404, ebd.) | Bemerkung: Streichung am 6.9.1932, vgl. FFA Donaueschingen, Generalia, Kunst und Wissenschaft, XIV/1

■ Medaille mit Amico Paegius, Rs. Virtitus usw., Silber
Verzeichnisse: 1922 (Nr. 527, Staatsminister Heinrich Fraundorfer)

■ Medaille mit Amicus Paegius, Rs. Schildkröte, Bronze
Verzeichnisse: 1922 (Nr. 528, Staatsminister Heinrich Fraundorfer)

■ Medaille, Abtei Wettingen, Abt Christoph, Silber, 1591
Verzeichnisse: 1922 (Nr. 553, Staatsminister Heinrich Fraundorfer)

■ Medaille, Bartolommeo della Rovere, Bronze
Verzeichnisse: 1922 (Nr. 550, Staatsminister Heinrich Fraundorfer)

■ Medaille, Bishof Wilhelm, Straßburg, Silber, 1526
Verzeichnisse: 1922 (Nr. 552, Staatsminister Heinrich Fraundorfer)

■ Medaille, Brandenburg, Amilia von, Rs. Got Gibt usw., Silber, 1534
Verzeichnisse: 1922 (Nr. 534, Staatsminister Heinrich Fraundorfer)

■ Medaille, Brandenburg, Friedrich d. Ä., 1528
Verzeichnisse: 1922 (Nr. 538, Staatsminister Heinrich Fraundorfer)

■ Medaille, Brandenburg, Friedrich d. Ä. von, Bronze, 1528
Verzeichnisse: 1922 (Nr. 529, Dr. Theodor Wilmersdörfer) | Literatur: „Adolf Menadier Nr. 520" | Provenienz: 1924 Verkauf an Kunsthändler Otto Helbing, München, vgl. BayHStA, MK 40836, Bd. 4

■ Medaille, Brandenburg, Friedrich d. J. von, Silber vergoldet, 1533
Verzeichnisse: 1922 (Nr. 530, Dr. Theodor Wilmersdörfer) | Literatur: „Adolf Menadier Nr. 576" | Provenienz: 1924 Verkauf an Kunsthändler Otto Helbing, München, vgl. BayHStA, MK 40836, Bd. 4

■ Medaille, Brandenburg, Georg und Amilia von, Doppelporträit, Bronze, 1534
Verzeichnisse: 1922 (Nr. 532, Dr. Theodor Wilmersdörfer) | Literatur: „Adolf Menadier Nr. 532" | Provenienz: 1924 Verkauf an Kunsthändler Otto Helbing, München, vgl. BayHStA, MK 40836, Bd. 4

■ Medaille, Brandenburg, Georg und Amilia von, Doppelporträit, Silber, 1534
Verzeichnisse: 1922 (Nr. 531, Staatsminister Heinrich Fraundorfer) | Provenienz: 1924 Verkauf an Kunsthändler Otto Helbing, München, vgl. BayHStA, MK 40836, Bd. 4

■ Medaille, Brandenburg, Susanna, Silber vergoldet, 1522
Verzeichnisse: 1922 (Nr. 533, Dr. Theodor Wilmersdörfer) | Literatur: „Adolf Menadier Nr. 524"

■ Medaille, Bronze, auf Michael Heß
Verzeichnisse: 1927 (Nr. 414, Kunstmaler Hermann Vogel), 1934 (Nr. 196, ebd.), 1938 (ebd.)

■ Medaille, gold, Sebastian von Ortenburg, um 1540
Verzeichnisse: 1922 (Nr. 516, Graf von Ortenburg), 1927 (Nr. 412, ebd.), 1934 (Nr. 194, ebd.), 1938 (ebd.) | Bemerkung: Aufbewahrungsort Schloss Tarnbach, Niederbayern

■ Medaille, goldene, auf Graf Wilhelm von Zimmern, 1584
Verzeichnisse: 1922 (Nr. 518, Fürst von Fürstenberg), 1927 (Nr. 406, ebd.), 1934 (Nr. 192, ebd.), 1938 (ebd.) | Literatur: Cahn, Bildnismedaillen der deutschen Renaissance in den Fürstlich Fürstenbergischen Sammlungen, 1921, S. 104

■ Medaille, große, der fünf Herzöge von Anhalt, 1569
Verzeichnisse: 1922 (Nr. 519, Fürst von Fürstenberg), 1927 (Nr. 407, ebd.), 1934 (Nr. 193, ebd.), 1938 (ebd.) | Literatur: Cahn, Bildnismedaillen der deutschen Renaissance in den Fürstlich Fürstenbergischen Sammlungen, 1921, S. 104 | Bemerkung: Tag für Denkmalpflege regte Streichung am 14.11.1931 an, Baden sprach sich dagegen aus, vgl. BayHStA, MK 40837, Bd. 5

■ Medaille, Lionello d'Este, Rs. Löwe und Armor, Bronze
Verzeichnisse: 1922 (Nr. 536, Staatsminister Heinrich Fraundorfer)

■ Medaille, Lionello d'Este, Rs. Luchs von Nice, Florentina, Bronze
Verzeichnisse: 1922 (Nr. 537, Staatsminister Heinrich Fraundorfer)

■ Medaille, Mathes Heß, Silber
Verzeichnisse: 1927 (Nr. 413, Kunstmaler Hermann Vogel), 1934 (Nr. 195, ebd.), 1938 (ebd.)

■ Medaille, Maximilians I. nach dem Entwurf Dürers, 1521
Verzeichnisse: 1922 (Nr. 520, Fürst von Fürstenberg), 1927 (Nr. 408, ebd.) | Bemerkung: Streichung am 6.9.1932, FFA Donaueschingen, Generalia, Kunst und Wissenschaft, XIV/1

■ Medaille, mit Giovanna Albizzi, Rs. 3 Grazien, Bronze
Verzeichnisse: 1922 (Nr. 526, Staatsminister Heinrich Fraundorfer)

■ Medaille, Nevello Malatesta, Rs. Kreuz und Ritter Bronze
Verzeichnisse: 1922 (Nr. 547, Staatsminister Heinrich Fraundorfer)

■ Medaille, Nicolaus Guerard, Silber, 1540
Verzeichnisse: 1922 (Nr. 540, Staatsminister Heinrich Fraundorfer)

■ Medaille, Ottheinrich von der Pfalz, Rs. Domi Est Quod, Silber, 1528
Verzeichnisse: 1922 (Nr. 548, Staatsminister Heinrich Fraundorfer)

■ Medaille, Ottheinrich von der Pfalz, Rs. Spes im Kahn, Silber, 1531
Verzeichnisse: 1922 (Nr. 549, Staatsminister Heinrich Fraundorfer)

■ Medaille, Raimund Fugger, Gold, 1530
Verzeichnisse: 1922 (Nr. 539, Staatsminister Heinrich Fraundorfer)

■ Medaille, silberne, auf den Nürnberger Christoph Furer Hauptmann, 1526
Verzeichnisse: 1922 (Nr. 522, Fürst von Fürstenberg), 1927 (Nr. 409, ebd.), 1938 (ebd.) | Bemerkung: Streichung am 6.9.1932 durch das RMdI versagt, vgl. FFA Donaueschingen, Generalia, Kunst und Wissenschaft, XIV/1 und BArch, R32/375b

■ Medaille, silbervergoldete, auf Graf Wilhelm von Zimmern, 1569
Verzeichnisse: 1922 (Nr. 525, Fürst von Fürstenberg), 1927 (Nr. 403, ebd.), 1934 (Nr. 191, ebd.), 1938 (ebd.) | Literatur: Cahn, Bildnismedaillen der deutschen Renaissance in den Fürstlich Fürstenbergischen Sammlungen, 1921, S. 103 mit Abb.

■ Medaillon in schwarzem Solnhofer Stein auf Wolfgang Maier
Verzeichnisse: 1927 (Nr. 424, Kunstmaler Hermann Vogel), 1934 (Nr. 202, ebd.), 1938 (ebd.)

■ Münzsammlung
Verzeichnisse: 1938 (Ernst Lejeune) | Provenienz: 1939 wurde die Slg. vom Historischen Museum Frankfurt erworben

■ Münzsammlung (Münzkabinett)
Verzeichnisse: 1927 (Nr. 705, Ehem. Herzog Karl Eduard von Coburg-Gotha), 1938 (ebd.) | Bemerkung: Eintragung am 17.12.1926 durch Bay. KM (Hendschel, bzw. Dornhöffer) angeregt nachdem die Slg. in der Auseinandersetzung zum Privatbesitz des fürstlichen Hauses wurde, vgl. BStGS, 11/4, Nr. 245; V27: unter Slg. gelistet; 12.000 Stück umfassende Slg., drittgrößte in Deutschland, vgl. HStA Weimar, Best. Thüringisches Volksbildungsministerium, Nr. C 987, Bl. 567; Streichung von 18 ungarischen Münzen am 2.5.1931, vgl. HStA Weimar, Best. Thüringisches Volksbildungsministerium, Nr. 986, Bl. 275 und BArch, R32/375b; Streichung der übrigen Slg. am 2.10.1931, vgl. ebd., Bl. 284; erneute Streichung am 25.6.1932, ebs. 13.6.1933, vgl. HStA Weimar, Best. Thüringisches Volksbildungsministerium, Nr. 987, Bl. 84/94, BArch, R32/375b; mit Verfügung vom 21.3.1941 als Slg. gelistet, HStA Weimar, Thüringisches Volksbildungsministerium, Nr. C 987 und C 988, Bl. 4

■ Münzsammlung aus der Karolingerzeit bis um 1300
Verzeichnisse: 1938 (Dr. Schwarzkopf) | Provenienz: V38: „Deutsche Bank und Württemb. Diskontgesellschaft, Filiale Stuttgart, Friedrichstr. 46"; nach 1945 Erwerb durch das Landesmuseum Stuttgart, frdl. Hinweis von Anja Heuss | Bemerkung: Eintragung infolge des Erlasses des RMdI vom 13.12.1934, vgl. Kap. III.3.1., HStA Stuttgart, Best. E 130 b, Bü 1540 (zu dem Zeitpunkt noch im Besitz von Schwarzkopf)

■ Münzsammlung von Dr. Walter Giesecke, Leipzig
Verzeichnisse: 1938 (Dr. Walter Giesecke) | Provenienz: 17.12.1937 an die Reichsbankhauptstelle verkauft, vgl. BayHStA, MK 40838, Bd. 6; V38: „Reichsbank, Berlin SW11, Jägerstr. 34/36" | Bemerkung: Mittelaltermünzen

■ Numismatische Medaillensammlung
Verzeichnisse: 1922 (Nr. 551, Staatsminister Heinrich Fraundorfer)

■ Porträtmedaille in Kehlheimer Stein auf Hans Newkum (Hans NVYKYM)
Verzeichnisse: 1927 (Nr. 418, Kunstmaler Hermann Vogel), 1934 (Nr. 199, ebd.), 1938 (ebd.)

■ Sammlung deutscher Medaillen und Modelle
Verzeichnisse: 1922 (Nr. 515, Erben des Geh. Kommerzienrat Hans Vogel) | Bemerkung: bereits in Verzeichnisentwürfen von 1918; Eintragung mit Erlass der Verordnung im Dezember 1919, SächsHStA, 10736, Nr. 17455, Bl. 203; Besitzerwechsel von 19 Medaillen, Kunstmaler Hermann Vogel, Dresden, in „Veränderungen im Verzeichnis der national wertvollen Kunstwerke" vom 17.3.1923, vgl. SMB-ZA, I/NG 847, Bl. 49; Streichung im Nachtrag von 1924 vermerkt, vgl. SKD Altregistratur 01/GG 30, Bl. 48; deutsche Renaissance-Medaillen und Münzen, vgl. BayHStA, MHIG 1436

■ Sammlung von Medaillen
Verzeichnisse: 1938 (Geheimrat Prof. Dr. Heinrich Helferich) | Bemerkung: V27: „Sammlung von Handschriften", handschr. durchgestrichen und Medaillen ersetzt

■ Sammlung von Münzen
Verzeichnisse: 1938 (Fabrikant Ernst Unger) | Provenienz: V38: „Deutsche Bank und Württemb. Diskontgesellschaft, Filiale Stuttgart, Friedrichstr. 46", bereits vor Januar 1935 dort, vgl. HStA Stuttgart, Best. E 130 b, Bü 1540; vor 1933 Verpfändung der Münzsammlung an die Bank; 1935 Erwerbung durch das heutige Landesmuseum Württemberg von der Bank. (Inv. SU 1 ff.), frdl. Hinweis von Anja Heuss | Bemerkung: 1.970 vorgeschichtliche und frühgermanische Münzen der Völkerwanderungszeit; infolge des Erlasses des

RMdI vom 13.12.1934, vgl. Kap. III.3.1., HStA Stuttgart, Best. E 130 b, Bü 1540

■ **Silberne Medaille auf Hieronymus Holzschuher, 1529**
Verzeichnisse: 1922 (Nr. 524, Fürst von Fürstenberg), 1927 (Nr. 402, ebd.), 1938 (ebd.) | Literatur: Cahn, Bildnismedaillen der deutschen Renaissance in den Fürstlich Fürstenbergischen Sammlungen, 1921, S. 101 mit Abb. | Bemerkung: V38: 1592 datiert; Streichung am 6.9.1932 durch das RMdI versagt, vgl. FFA Donaueschingen, Generalia, Kunst und Wissenschaft, XIV/1 und BArch, R32/375b

■ **Gebel, Mathes: Medaille, Silber auf Georg Cataneus**
Verzeichnisse: 1927 (Nr. 416, Kunstmaler Hermann Vogel), 1938 (ebd.)

■ **Hagenauer, Friedrich: Georg Fugger, Porträt Medaillon, Holz, 1541**
Verzeichnisse: 1922 (Nr. 544, Fürstlich Fuggerscher Besitz Augsburg), 1927 (Nr. 411, ebd.), 1934 (Nr. 204, ebd.), 1938 (ebd.) | Bemerkung: V34: Hans Kels als Künstler

■ **Hagenauer, Friedrich: Medaille, Anna Rechlinger, Silber, 1529**
Verzeichnisse: 1922 (Nr. 545, Staatsminister Heinrich Fraundorfer)

■ **Hagenauer, Friedrich: Medaille, Christoph von Nellenburg, 1534**
Verzeichnisse: 1922 (Nr. 542, Staatsminister Heinrich Fraundorfer)

■ **Hagenauer, Friedrich: Medaille, Raimund Fugger, Bronze, Rs. Liberalitas, 1527**
Verzeichnisse: 1922 (Nr. 541, Staatsminister Heinrich Fraundorfer)

■ **Hagenauer, Friedrich: Medaille, Rs. Respice Finem, Silber**
Verzeichnisse: 1922 (Nr. 543, Staatsminister Heinrich Fraundorfer)

■ **Nürnbergisch: Medaille, Martin Geuder, Silber, 1528**
Verzeichnisse: 1922 (Nr. 535, Staatsminister Heinrich Fraundorfer)

■ **Nürnbergisch: Medaille, silberne, auf Jörg Koetzler, Nürnberg, 1526**
Verzeichnisse: 1922 (Nr. 523, Fürst von Fürstenberg), 1927 (Nr. 401, ebd.), 1938 (ebd.) | Bemerkung: Streichung am 6.9.1932 durch das RMdI versagt, vgl. FFA Donaueschingen, Generalia, Kunst und Wissenschaft, XIV/1 und BArch, R32/375b

■ **Reinhart, Hans: Medaillenklippe des Kaisers Maximilian I., 1502**
Verzeichnisse: 1922 (Nr. 546, Fürst von Fürstenberg), 1927 (Nr. 410, ebd.) | Bemerkung: Streichung am 6.9.1932, vgl. FFA Donaueschingen, Generalia, Kunst und Wissenschaft, XIV/1

■ **Römisch: Römische Münzen**
Verzeichnisse: 1922 (Nr. 616, Justizrat Dr. Ernst Justus Haeberlin), 1927 (Nr. 429, ebd.), 1938 (Frau Caroline von Haeberlin) | Bemerkung: Antrag auf Streichung wird im Juli 1933 abgelehnt

■ **Römisch: Sammlung italienisch-röm. Münzen**
Verzeichnisse: 1922 (Nr. 616, Justizrat Dr. Ernst Justus Haeberlin), 1927 (Nr. 428, ebd.), 1938 (ebd., Frau Caroline von Haeberlin) | Bemerkung: V27 und V38: „detaillierter Katalog bei den Akten des Reichsministeriums"

■ **Schwarz, Hans: Medaille, Bronze auf Martin Tucher**
Verzeichnisse: 1927 (Nr. 415, Kunstmaler Hermann Vogel), 1934 (Nr. 197, ebd.), 1938 (ebd.)

■ **Weiditz, Christoph: Medaille in Holz geschnitten auf Anton Gysel, 1530**
Verzeichnisse: 1922 (Nr. 515, Erben des Geh. Kommerzienrat Hans Vogel), 1927 (Nr. 419, ebd.), 1934 (Nr. 200, ebd.), 1938 (ebd.)

■ **Weiditz, Christoph: Medaillenmodell in Holz geschnitten, auf Lienhart Schlegel**
Verzeichnisse: 1927 (Nr. 417, Kunstmaler Hermann Vogel), 1934 (Nr. 198, ebd.), 1938 (ebd.) | Literatur: „Abb. Auktion Vogel, Taf. 22/188"

■ **Wolf, Tobias: Medaillon in Kehlheimer Stein auf Kurfürst August von Sachsen, 1580**
Verzeichnisse: 1922 (Nr. 515, Erben des Geh. Kommerzienrat Hans Vogel), 1927 (Nr. 425, ebd.), 1934 (Nr. 203, ebd.), 1938 (ebd.)

■ **Wolf, Tobias: Medaillon in Steinschnitt auf Christian I. von Sachsen**
Verzeichnisse: 1922 (Nr. 515, Erben des Geh. Kommerzienrat Hans Vogel), 1927 (Nr. 426, ebd.), 1934 (Nr. 205, ebd.), 1938 (ebd.)

Rüstungen und Schmiedeeisen

■ **Eiserne Hand des Ritters Götz von Berlichingen, um 1504**
Verzeichnisse: 1922 (Nr. 298, Freiherr von Berlichingen), 1927 (Nr. 599, ebd.), 1934 (Nr. 358, ebd.), 1938 (ebd.)

■ **Geschlossener Visierhelm, geätzt und teilweise vergoldet, mit hohem Kamm, auf dem Helmkopf ein gitterartiges Muster**
Verzeichnisse: 1934 (Nr. 362, Graf Hans Veit von Törring), 1938 (ebd.) | Provenienz: 1825 aus dem Münchner Zeughaus entnommen, vgl. BayHStA, MK 40837, Bd. 5 | Bemerkung: Eintragung am 11.2.1932 durch das Bay. Armeemuseum München beantragt, weil als Leihgabe im Museum und Verkauf der Slg. Törring bevorstand; Eintragung am 7.5.1932; vgl. BayHStA, MK 40837, Bd. 5

■ **Geschobener Brustharnisch, geätzt und vergoldet mit vergoldeten Rosetten, um 1580**
Verzeichnisse: 1934 (Nr. 369, Graf Hans Veit von Törring), 1938 (ebd.) | Provenienz: 1825 aus dem Münchner Zeughaus entnommen, vgl. BayHStA, MK 40837, Bd. 5 | Bemerkung: Eintragung am 11.2.1932 durch das Bay. Armeemuseum München beantragt, weil als Leihgabe im Museum und Verkauf der Slg. Törring bevorstand; Eintragung am 7.5.1932; vgl. BayHStA, MK 40837, Bd. 5

■ **Geschützmodell aus Eisen, auf der Lafette ein vergoldeter Schild mit dem Wappen der Markgrafen von Burgau**
Verzeichnisse: 1934 (Nr. 357, Graf Hans Veit von Törring), 1938 (ebd.) | Provenienz: 1825 aus dem Münchner Zeughaus entnommen, vgl. BayHStA, MK 40837, Bd. 5 | Bemerkung: Eintragung am 11.2.1932 durch das Bay. Armeemuseum München beantragt, weil als Leihgabe im Museum und Verkauf der Slg. Törring bevorstand; Eintragung am 7.5.1932; vgl. BayHStA, MK 40837, Bd. 5

■ **Harnisch des Herzoges Johann Wilhelm von Weimar, desgl. Turnierharnisch**
Verzeichnisse: 1938 (Ehem. Herzog von Sachsen-Altenburg)

■ **Harnisch des Herzogs von Bernhard von Weimar**
Verzeichnisse: 1927 (Nr. 606, Ehem. Großherzog Sachsen-Weimar) | Literatur: Diener-Schönberg, Die Waffen der Wartburg, 1912, S. 174 ff. | Provenienz: V27: „Schloßmuseum Weimar"; April 1928 Überweisung nach Schloss Heinrichau/Schlesien, vgl. HStA Weimar, Best. Großherzogliche Schatullverwaltung Weimar, Nr. 453, Bl. 54; 1928 durch KH Kahlert und Sohn erworben | Bemerkung: im thür. Landesverzeichnis vom 27.8.1920, vgl. HStA Weimar, Thüringisches Volksbildungsministerium, Nr. C 984, Bl. 45; Eintragung am 19.5.1924 durch das RMdI bestätigt, vgl. ebd. Bl. 77 ff.; Beantragung der Streichung am 2.5.1928 aufgrund wirt. Probleme in der Landwirtschaft, Köhler erhebt Bedenken, vgl. HStA Weimar, Thüringisches Volksbildungsministerium, Nr. C 986, Bl. 137; Streichung am 9.12.1929, vgl. ebd., Bl. 253 und BArch, R32/375a

■ **Helm, getrieben und vergoldet, Italien, 16. Jh.**
Verzeichnisse: 1922 (Nr. 323, Graf zu Erbach-Erbach), 1927 (Nr. 601, ebd.), 1934 (Nr. 361, ebd.) | Bemerkung: V27: „Abb. bei den Akten in Berlin"

■ **Kalenderschwert, Ende 16. Jh.**
Verzeichnisse: 1927 (Nr. 617, Ehem. Großherzog Sachsen-Weimar), 1934 (Nr. 378, ebd.), 1938 (ebd.) | Literatur: Diener-Schönberg, Die Waffen der Wartburg, 1912, Taf. 60, Nr. 401 | Bemerkung: V22: „Nr. 4456"; Klinge Solinger Arbeit Ende 16. Jh., Gefäß Mitte 17. Jh., vgl. Diener-Schönberg; im thür. Landesverzeichnis vom 27.8.1920, vgl. HStA Weimar, Thüringisches Volksbildungsministerium, Nr. C 984, Bl. 46; Nachtragung am 19.5.1924 durch das RMdI bestätigt, vgl. ebd. Bl. 77 ff.

■ **Ofen im „Archiv", Eisen und Ton, 1536**
Verzeichnisse: 1922 (Nr. 630, Fürst zu Ysenburg und Büdingen), 1927 (Nr. 609, ebd.), 1934 (Nr. 370, ebd.), 1938 (ebd.) | Literatur: Wagner, Kunstdenkmäler im Großherzogtum Hessen, Kreis Büdingen, 1890, S. 71 f., Fig. 35 | Bemerkung: fünfeckige Grundform, gusseiserner Untersatz mit Gestalten aus dem Nähr- und Wehrstand (Bauersmann, Landsknecht und Kunsthandwerker), an den Seiten ysenburgische Wappen mit Jahreszahl 1536, Oberteil als glasierten Tonkacheln mit Darstellungen aus der biblischen Geschichte, vgl. Wagner

■ **Ortenburger Prunksattel in getriebener Arbeit mit Steigbügel, Eisen**
Verzeichnisse: 1922 (Nr. 729, Graf zu Erbach-Erbach), 1927 (Nr. 614, ebd.), 1934 (Nr. 376, ebd.), 1938 (ebd.) | Literatur: Schaefer, Kunstdenkmäler im Großherzogtum Hessen, Kreis Erbach, 1891,

S. 72, Fig. 41 | Provenienz: Geschenk des Grafen von Ortenburg

■ Prachtschloß mit Schlüssel, Eisen getrieben und geätzt, Anfang 16. Jh.
Verzeichnisse: 1922 (Nr. 744, Graf zu Erbach-Erbach), 1927 (Nr. 610, ebd.), 1934 (Nr. 371, ebd.), 1938 (ebd.) | Literatur: Schaefer, Kunstdenkmäler im Großherzogtum Hessen, Kreis Erbach, 1891, Fig. 53, S. 87 | Bemerkung: stilistisch einem nordfrz. oder flandrischen Ursprung naheliegend, vgl. Schaefer

■ Roßharnisch des Herzogs Johann Ernst von Sachsen, getrieben und geätzt, Eisen, bez. K. 1548
Verzeichnisse: 1922 (Nr. 700, Graf zu Erbach-Erbach), 1927 (Nr. 611, ebd.), 1934 (Nr. 372, ebd.) | Literatur: Schaefer, Kunstdenkmäler im Großherzogtum Hessen, Kreis Erbach, 1891, S. 67, Abb. 38 | Provenienz: 1785 Geschenk des Herzogs von Sachsen-Weimar aus der Wartburg Sammlung nach Erbach

■ Rüstung, angeblich vom Herzog Albrecht V. von Bayern, Eisen, geätzt und graviert, bez. 1549
Verzeichnisse: 1922 (Nr. 724, Graf zu Erbach-Erbach), 1927 (Nr. 613, ebd.), 1934 (Nr. 374, Kunsthandlung A. S. Drey), 1938 (Graf zu Erbach-Erbach) | Literatur: Schaefer, Kunstdenkmäler im Großherzogtum Hessen, Kreis Erbach, 1891, S. 69 ff., Fig. 40 | Provenienz: Dezember 1931 Antiquitätenhandlung A. S. Drey, München, vgl. BayHStA, MK 40837, Bd. 5; Kreisamt Erbach meldet am 12.9.1938, dass Rüstung nicht mehr im Besitz des Hauses Erbach, vgl. HStAD, G 15 Erbach, Nr. B 72 | Bemerkung: aus Amberg stammend; Streichung am 17.7.1931 vom RKW versagt, weil Augsburgische oder Nürnberger Plattnerkunst, vgl. BArch, R32/375b

■ Rüstungen, angeblich vom Herzog Johann Ernst von Sachsen, Eisen geätzt und graviert, zum Teil vergoldet
Verzeichnisse: 1922 (Nr. 725, Graf zu Erbach-Erbach), 1927 (Nr. 612, ebd.), 1934 (Nr. 373, ebd.) | Literatur: Schaefer, Kunstdenkmäler im Großherzogtum Hessen, Kreis Erbach, 1891, S. 67, Fig. 38 | Bemerkung: Streichung am 27.5.1927, vgl. BArch, R32/375a

■ Schwert, eisengeschnittener und teilweise vergoldeter Griff von Emanuel Sadeler in München, die goldtauschierte Klinge persisch, um 1610
Verzeichnisse: 1934 (Nr. 379, Graf Hans Veit von Törring), 1938 (ebd.) | Provenienz: 1825 aus dem Münchner Zeughaus entnommen, vgl. BayHStA, MK 40837, Bd. 5; V38: Hans Graf zu Törring-Seefeld, Karolinenplatz 4 | Bemerkung: Eintragung am 11.2.1932 durch das Bay. Armeemuseum München beantragt, weil als Leihgabe im Museum und Verkauf der Slg. Törring bevorstand; Eintragung durch das RMdI am 7.5.1932 erfolgt, vgl. BayHStA, MK 40837, Bd. 5

■ Spätrömischer Helm aus Eisen mit Silberblech überzogen, gefunden in Pferrsee
Verzeichnisse: 1934 (Nr. 360, Evangelisches Waisenhaus Augsburg), 1938 (ebd.) | Literatur: Lindenschmidt, Altertümer unserer heidnischen Vorzeit, Bd. 5, 1911 | Provenienz: Dr. von Rad als „einstiger Besitzer", zu dem Zeitpunkt bereits Leihgabe an das Hist. Museum Augsburg, vgl. BayHStA, MK 40836, Bd. 4; aus dem NL an das ev. Waisenhaus in Augsburg übergegangen; V34 und V38: als Leihgabe im Historischen Museum Augsburg | Bemerkung: Eintragung am 4.5.1927 aufgrund eines beabsichtigten Verkaufs durch das Waisenhaus und dem Erwerbungswunsch durch die Stadt Augsburg, vgl. BayHStA, MK 40836, Bd. 4; der zweite gefundene Helm ist „vor Jahrzehnten" aus dem Frankfurter KH vom GNM erworben wurden, vgl. BayHStA, MK 40836, Bd. 4

■ Tartsche (Turnierschild), aus Schloß Stein bei Bamberg, spätgotisch
Verzeichnisse: 1922 (Nr. 843, Herzog Georg von Leuchtenberg), 1927 (Nr. 618, ebd.), 1934 (Nr. 380, ebd.), 1938 (ebd.) | Bemerkung: V27 und 34: Im Bayerischen Nationalmuseum zu München

■ Turnierharnisch
Verzeichnisse: 1938 (Ehem. Herzog von Sachsen-Altenburg) | Provenienz: V38: „Vermögensverwaltung" | Bemerkung: im Nachkriegsexemplar mit „jetzt GNM" versehen, vgl. GNM Akten, Nr. 836

■ Alemannisch: Spangenhelm aus Gammertingen, 6. Jh.
Verzeichnisse: 1922 (Nr. 322, Fürst von Hohenzollern-Sigmaringen), 1927 (Nr. 600, ebd.), 1934 (Nr. 359, ebd.), 1938 (ebd.), 1961 | Literatur: Gröbbels, Der Reihengräberfund von Gammertingen, 1905, Taf. 1 | Bemerkung: blieb in Sigmaringen, Abb. im Katalog von 1929

■ Augsburgisch: Armzeug, geätzt und teilweise vergoldet, mit gitterartigem Muster, auf der Armkachel ein Spruchband, um 1550
Verzeichnisse: 1934 (Nr. 355, Graf Hans Veit von Törring), 1938 (ebd.) | Provenienz: 1825 aus dem Münchner Zeughaus entnommen, vgl. BayHStA,

MK 40837, Bd. 5 | Bemerkung: Eintragung am 11.2.1932 durch das Bay. Armeemuseum München beantragt, weil als Leihgabe im Museum und Verkauf der Slg. Törring bevorstand; Eintragung am 7.5.1932; vgl. BayHStA, MK 40837, Bd. 5

■ Französisch: Harnisch des Königs Heinrich II. von Frankreich, geätzt und vergoldet, um 1550
Verzeichnisse: 1927 (Nr. 608, Ehem. Großherzog Sachsen-Weimar), 1934 (Nr. 368, ebd.), 1938 (ebd.) | Literatur: Diener-Schönberg, Die Waffen der Wartburg, 1912, Taf. 18/19, Nr. 59 | Bemerkung: V22: „Nr. 4175"; im thür. Landesverzeichnis vom 27.8.1920, vgl. HStA Weimar, Thüringisches Volksbildungsministerium, Nr. C 984, Bl. 46; Eintragung am 19.5.1924 durch das RMdI bestätigt, vgl. ebd. Bl. 77 ff.

■ Frauenpreis, Matthäus: Maximilianharnisch, dem nachmaligen Kurfürsten Johann Friedrich dem Großmütigen zugeschrieben, um 1530
Verzeichnisse: 1927 (Nr. 603, Ehem. Großherzog Sachsen-Weimar), 1934 (Nr. 364, ebd.), 1938 (ebd.) | Literatur: Diener-Schönberg, Die Waffen der Wartburg, 1912, Taf. 8, Nr. 16 | Bemerkung: V22: „Nr. 4168"; im thür. Landesverzeichnis vom 27.8.1920, vgl. HStA Weimar, Thüringisches Volksbildungsministerium, Nr. C 984, Bl. 46; Eintragung am 19.5.1924 durch das RMdI bestätigt, vgl. ebd. Bl. 77 ff.

■ Gattinger, Max: Chorgitter in der Klosterkirche in Amorbach, 1748
Verzeichnisse: 1922 (Nr. 134, Fürst Leiningen), 1927 (Nr. 598, ebd.), 1934 (Nr. 356, ebd.), 1938 (ebd.) | Literatur: Kunstdenkmäler des Königreichs Bayern, Bd. 3, Bez. Amt Miltenberg, Taf. 13/14

■ Italienisch: Zwei lederne Rundschilde, um 1580 und um 1600
Verzeichnisse: 1927 (Nr. 616, Ehem. Großherzog Sachsen-Weimar), 1934 (Nr. 377, ebd.), 1938 (ebd.) | Literatur: Diener-Schönberg, Die Waffen der Wartburg, 1912, Taf. 69/70, Nr. 866/867 | Provenienz: ein Exemplar an Staatl. Zeughaus Berlin, zweites an Deutsches Ledermuseum Offenbach/Main, durch Kahlert und Sohn vermittelt, vgl. HStA Weimar, Best. Großherzogliche Schatullverwaltung Weimar, Nr. 453, Bl. 65 | Bemerkung: V22: „Nr. 1592 und 1598"; im thür. Landesverzeichnis vom 27.8.1920, vgl. HStA Weimar, Thüringisches Volksbildungsministerium, Nr. C 984, Bl. 46; Eintragung am 19.5.1924 durch das RMdI bestätigt, vgl. ebd. Bl. 77 ff.

■ Kölnisch: Harnisch aus blankem Eisen und mit reicher Ätzmalerei, 1571
Verzeichnisse: 1938 (Konsul a. D. Hans S. Leiden)

■ Lochner d. J., Kunz: Harnischgarnitur von Johann Friedrich II., dem Mittleren, von Gotha, um 1550
Verzeichnisse: 1927 (Nr. 607, Ehem. Großherzog Sachsen-Weimar), 1934 (Nr. 367, ebd.), 1938 (ebd.) | Literatur: Diener-Schönberg, Die Waffen der Wartburg, 1912, Taf. 18–22, Nr. 60–62 | Bemerkung: V22: „Nr. 4151, 4164, 4163"; im thür. Landesverzeichnis vom 27.8.1920, vgl. HStA Weimar, Thüringisches Volksbildungsministerium, Nr. C 984, Bl. 46; Eintragung am 19.5.1924 durch das RMdI bestätigt, vgl. ebd. Bl. 77 ff.

■ Lochner d. J., Kunz: Roßharnisch, Herzog Johann Wilhelm von Weimar zugeschrieben, um 1550–1560
Verzeichnisse: 1927 (Nr. 605, Ehem. Großherzog Sachsen-Weimar), 1934 (Nr. 366, ebd.), 1938 (ebd.) | Literatur: Diener-Schönberg, Die Waffen der Wartburg, 1912, Taf. 23–26, Nr. 63 | Bemerkung: V22: „Nr. 4161 und 4158"; im thür. Landesverzeichnis vom 27.8.1920, vgl. HStA Weimar, Thüringisches Volksbildungsministerium, Nr. C 984, Bl. 46; Eintragung am 19.5.1924 durch das RMdI bestätigt, vgl. ebd. Bl. 77 ff.

■ Seißenhofer, Wilhelm: Prunkschild
Verzeichnisse: 1922 (Nr. 739, Fürstlich Fuggerscher Besitz Augsburg), 1927 (Nr. 615, ebd.) | Literatur: Fugger-Museum Augsburg, Ausst.-Kat., 1909, Nr. 1037, mit Abb. | Bemerkung: Antrag auf Streichung durch die Fürstlich Fugger'sche Domanial-Kanzlei Augsburg am 22.5.1930, zusammen mit einem Spanischen Helm (Morion) gleicher Arbeit (Kat. Nr. 1038), aufgrund einer falschen Zuschreibung, italienische Arbeit, vgl. BayHStA, MK 40837, Bd. 5; Streichung am14.6.1930, BArch, R32/375a

■ Speier, Peter von: Trabharnische, um 1550
Verzeichnisse: 1927 (Nr. 602, Ehem. Großherzog Sachsen-Weimar), 1934 (Nr. 363, ebd.), 1938 (ebd.) | Literatur: Diener-Schönberg, Die Waffen der Wartburg, 1912, Taf. 14, Nr. 27/30 | Bemerkung: erster Trabharnisch gefertigt von Peter von Speier, um 1550; zweiter Trabharnisch deutsch, um 1550, vgl. Diener-Schönberg; V22: „Nr. 4219 und 4223"; im thür. Landesverzeichnis vom 27.8.1920, vgl. HStA Weimar, Thüringisches Volksbildungsministerium, Nr. C 984, Bl. 46; Eintragung am 19.5.1924 durch das RMdI bestätigt, vgl. ebd. Bl. 77 ff.

■ Topf, Jakob: Rüstung von Jakob Topf (1530–1587), Hofplattner am Hof zu Insbruck (die Handschuhe befinden sich im Tower in London)
Verzeichnisse: 1938 (Werner von Veltheim)

■ Worms d. J., Wilhelm von: Prunkharnisch des Herzogs Johann Wilhelm von Weimar, um 1560
Verzeichnisse: 1927 (Nr. 604, Ehem. Großherzog Sachsen-Weimar), 1934 (Nr. 365, ebd.), 1938 (ebd.) | Literatur: Diener-Schönberg, Die Waffen der Wartburg, 1912, Taf. 23/34/35, Nr. 76 | Bemerkung: V22: „Nr. 4157"; im thür. Landesverzeichnis vom 27.8.1920, vgl. HStA Weimar, Thüringisches Volksbildungsministerium, Nr. C 984, Bl. 46; Eintragung am 19.5.1924 durch das RMdI bestätigt, vgl. ebd. Bl. 77 ff.

Handschriften

■ Bardowicker Messbuch (Graduale)
Verzeichnisse: 1938 (Ludwig Roselius)

■ Bibelhandschrift, 13. Jh.
Verzeichnisse: 1922 (Nr. 299, Graf von Merveldt)

■ Bilderhandschrift „Geschichte des Herzogs von Braunschweig" in Heidelberg
Verzeichnisse: 1938 (Besitzer unbekannt)

■ Boethius, Handschrift, 10./11. Jh.
Verzeichnisse: 1938 (Antiquariat Karl und Faber) | Literatur: Karl und Faber, Bibliophile Kostbarkeiten der Fürstl. Öttingen-Wallerstein`schen Bibliothek in Maihingen, 1935, Nr. 3, Taf. 4 | Bemerkung: erster Teil vor 993 in Köln von Froumund von Tegernsee geschrieben, vgl. Karl und Faber, darin auch ausführliche Beschreibung und Abb.; Eintragung am 2.5.1935 durch das RMdI auf Vorschlag der Bay. Staatsbib., vgl. BayHStA, MK 40838, Bd. 6

■ Chronik des Konstanzer Konzils von Ulrich von Richental, Papier-Handschrift, 15. Jh.
Verzeichnisse: 1922 (Nr. 301, Graf von Königsegg), 1927 (Nr. 266, ebd.), 1934 (Nr. 108, ebd.) | Literatur: Richard von Buck, Ulrichs von Richental Chronik des Constanzer Concils 1414 bis 1418, Bibliothek des Literarischen Vereins, Bd. 158, 1882 | Provenienz: 1935 über Antiquariat Karl und Faber und Weiß & Co. an New York Public Library vermittelt, vgl. Pressemitteilung Bay. KM, BayHStA, MK 40838, Bd. 6 | Bemerkung: 115 farbige Federzeichnungen und 835 Wappen, vgl. Pressemitteilung ebd.

■ Das Tucherbuch, um 1600
Verzeichnisse: 1922 (Nr. 919, Freiherr Heinrich von Tucher), 1927 (Nr. 288, ebd.), 1934 (Nr. 123, ebd.), 1938 (ebd.) | Provenienz: V27: „Aufbewahrt im Tucherschlößchen Nürnberg, Hirschelgasse"; heute im Stadtarchiv Nürnberg

■ Diurnale, Pergamenthandschrift mit Miniaturen. Vortreffliche Federzeichnungen auf Goldgrund. Die Heiligennamen des Kalendariums (z. B. Gudula) weisen auf Brabant hin, 13. Jh.
Verzeichnisse: 1922 (Nr. 591, Fürst von Fürstenberg), 1927 (Nr. 267, ebd.), 1934 (Nr. 109, ebd.), 1938 (ebd.) | Literatur: Barack, Die Handschriften der fürstlichen Bibliothek zu Donaueschingen, 1865, S. 249, Nr. 316; Die Kunstdenkmäler des Großherzogtums Baden, Kreis Villingen, 1890, S. 23, Nr. 316 | Bemerkung: Aufbewahrungsort Fürstlich Fürstenbergische Bibliothek Donaueschingen

■ Donaueschinger Wappenbuch, die Wappen samt Helmzier sind mit der Feder gezeichnet und meist mit Wasser- oder Deckfarben koloriert, 15. Jh.
Verzeichnisse: 1922 (Nr. 117, Fürst von Fürstenberg), 1927 (Nr. 289, ebd.), 1934 (Nr. 124, ebd.), 1938 (ebd.) | Literatur: Barack, Die Handschriften der fürstlichen Bibliothek zu Donaueschingen, 1865, S. 335/336, Nr. 496 | Bemerkung: Aufbewahrungsort Fürstlich Fürstenbergische Bibliothek Donaueschingen

■ Einzelblatt aus Gregor Moralia in Job liber 23–25. Die Darstellung des schreibenden Gregor ist westdeutsche oder flämische Arbeit vom Ende des 10. Jh.. Sie gehört als Titelblatt in die Trierer Handschrift Nr. 175, Ende des 10. Jh.
Verzeichnisse: 1938 (Victor Goldschmidt) | Provenienz: V38: „... aus der sie in der 1. Hälfte des 19. Jh. abhanden gekommen ist"

■ Gebetbuch, franz. und latein., 16. Jh.
Verzeichnisse: 1922 (Nr. 233, Herzog von Arenberg)

Glossen zum Sachsenspiegel, Pergamenthandschrift, für den Gebrauch in der Grafschaft Oldenburg, um 1350
Verzeichnisse: 1938 (Ehem. Erbgrossherzog Nikolaus Oldenburg) | Bemerkung: Eintragung am 12.8.1936, auf Vorschlag Müller-Wulckow vom 23.1.1935, vgl. StA Oldenburg, Best. 134, Nr. 4376, Bl. 63 ff.; neben einer illustrierten Handschrift noch diese unbebilderte eingetragen, vgl. ebd.

Handschrift der Anna Mumpratin mit Miniaturen, Christus und die minnende Seele, 15. Jh.
Verzeichnisse: 1922 (Nr. 302, Fürst von Fürstenberg), 1927 (Nr. 273, ebd.), 1938 (ebd.) | Literatur: Barack, Die Handschriften der fürstlichen Bibliothek zu Donaueschingen, Tübingen 1865, S. 101, Nr. 106 | Bemerkung: Aufbewahrungsort Fürstlich Fürstenbergische Bibliothek Donaueschingen

Handschriften eines Evangelistars in der Sakristei der Münsterkirche der Insel Reichenau, 16. Jh.
Verzeichnisse: 1938 (Besitzer unbekannt)

Miniaturhandschrift Bruchstücke einer frühreichenauischen Miniaturhandschrift, 9. Jh.
Verzeichnisse: 1922 (Nr. 303, Fürst von Oettingen-Wallerstein), 1927 (Nr. 295, ebd.), 1934 (Nr. 130, ebd.), 1938 (ebd.) | Literatur: Spiker-Beck, Klosterinsel Reichenau. Kultur und Erbe, 2008, S. 75 | Bemerkung: Datierung vgl. Spicker-Beck

Nibelungenhandschrift C, Aventüre von den Nibelungen, 13. Jh.
Verzeichnisse: 1922 (Nr. 629, Fürst von Fürstenberg), 1927 (Nr. 274, ebd.), 1938 (ebd.), 1961 | Literatur: Nr. 63 der Slg. Fürstenberg; Panzer, Das Nibelungenlied, Entstehung und Gestalt, 1955, Nr. 63 | Provenienz: 2001 vom Land Baden-Württemberg erworben | Bemerkung: Aufbewahrungsort Fürstlich Fürstenbergische Bibliothek Donaueschingen

Officium S. Crucis, Pergamenthandschrift mit Miniaturen, deren Charakter an das Brevarium Grimani in Venedig erinnert, 15. Jh.
Verzeichnisse: 1922 (Nr. 598, Fürst von Fürstenberg), 1927 (Nr. 282, ebd.), 1934 (Nr. 117, ebd.), 1938 (ebd.) | Literatur: Barack, Die Handschriften der fürstlichen Bibliothek zu Donaueschingen, Tübingen 1865, Nr. 325; Die Kunstdenkmäler des Großherzogtums Baden, Kreis Villingen, 1890, S. 23, Nr. 325 | Bemerkung: Aufbewahrungsort Fürstlich Fürstenbergische Bibliothek Donaueschingen

Pergamenthandschrift des Titurel von Wolfram von Eschenbach, 1480
Verzeichnisse: 1922 (Nr. 306, Fürst Sayn-Wittgenstein), 1927 (Nr. 287, ebd.), 1934 (Nr. 122, ebd.), 1938 (ebd.)

Psalterium mit Miniaturen, 12. Jh.
Verzeichnisse: 1922 (Nr. 599, Fürst von Fürstenberg), 1927 (Nr. 283, ebd.), 1934 (Nr. 118, ebd.), 1938 (ebd.) | Literatur: Barack, Die Handschriften der fürstlichen Bibliothek zu Donaueschingen, 1865, Nr. 180 | Bemerkung: Aufbewahrungsort Fürstlich Fürstenbergische Bibliothek Donaueschingen

Psalterium von Hirschthal, um 1260
Verzeichnisse: 1938 (Antiquariat Karl und Faber) | Literatur: Karl und Faber, Bibliophile Kostbarkeiten der Fürstl. Öttingen-Wallerstein`schen Bibliothek in Maihingen, 1935, Nr. 16, Taf. 9 | Provenienz: aus der Fürstl. Öttingen-Wallerstein'schen Bibliothek in Maihingen, Versteigerung 1935 | Bemerkung: Eintragung am 2.5.1935 auf Vorschlag der Bay. Staatsbib., vgl. BayHStA, MK 40838, Bd. 6

Sakramentar mit Miniaturen, in seiner ornamentalen Verzierung dem Sintramschen Evangelium longum in St. Gallen verwandt, 9. Jh.
Verzeichnisse: 1922 (Nr. 600, Fürst von Fürstenberg), 1927 (Nr. 285, ebd.), 1934 (Nr. 120, ebd.), 1938 (ebd.), 1961 | Literatur: Barack, Die Handschriften der Fürstlich-Fürstenbergischen Hofbibliothek zu Donaueschingen, 1865, Nr. 191, Die Kunstdenkmäler des Großherzogtums Baden, Kreis Villingen, 1890, S. 21, Nr. 191 | Bemerkung: Aufbewahrungsort Fürstlich Fürstenbergische Bibliothek Donaueschingen

Sammlung von Handschriften und Blockbüchern
Verzeichnisse: siehe Bemerkung | Provenienz: Herzogliche Anstalten für Kunst und Wissenschaft Gotha | Bemerkung: Eintragung am 19.5.1941, vgl. HStA Weimar, Best. Thüringisches Volksbildungsministerium, Nr. C 988, Bl. 7; romanisch und gotisch, überwiegend deutsch

Speculum Virginum, Pergamenthandschrift, 1430
Verzeichnisse: 1922 (Nr. 305, Fürst von Bentheim und Steinfurt), 1927 (Nr. 286, ebd.), 1934 (Nr. 121, ebd.), 1938 (ebd.)

■ **Stamm-Wappenbuch und des Ungeltambts der Reichsstadt Regensburg, 1609–Ende 17. Jh.**
Verzeichnisse: 1927 (Nr. 290, Fürst von Albert I. Thurn und Taxis), 1934 (Nr. 125, ebd.), 1938 (ebd.) | Provenienz: zum Zeitpunkt der Eintragung 1923 Antiquar Heinrich Rosenthal, München, Kanalstr. 31 verzeichnet, vgl. BayHStA, MK 40836, Bd. 4; 1923 in Besitz der Fürstlich Thurn und Taxisschen Bibliothek übergegangen, vgl. ebd. | Bemerkung: Eintragung am 9.7.1923, vgl. BayHStA, MK 40836, Bd. 4; Datierung vgl. ebd.

■ **Weltchronik des Rudolf von Ems**
Verzeichnisse: 1934 (Nr. 448, Antiquariat Karl und Faber), 1938 (ebd.) | Provenienz: bis November 1933 Fürst Eugen zu Oettingen-Wallerstein; 6./7.11.1933 Versteigerung bei Karl und Faber, neuer Besitzer unbekannt, vgl. BayHStA, MK 40838, Bd. 6 | Bemerkung: Eintragung im Dez 1933 eingeleitet, vgl. BayHStA, MK 40838, Bd. 6

■ **Weltchronik des Rudolf von Hohenems, Pergamenthandschrift mit Miniaturen, 14. Jh.**
Verzeichnisse: 1922 (Nr. 590, Fürst von Fürstenberg), 1927 (Nr. 291, ebd.), 1934 (Nr. 126, ebd.), 1938 (ebd.) | Literatur: Die Kunstdenkmäler des Großherzogtums Baden, Kreis Villingen, 1890, S. 21, Nr. 79 | Bemerkung: Aufbewahrungsort Fürstlich Fürstenbergische Bibliothek Donaueschingen

■ **Bayrisch: Fecht- und Ringerbuch, 2. Hälfte 15. Jh.**
Verzeichnisse: 1938 (Antiquariat Karl und Faber) | Literatur: Karl und Faber, Bibliophile Kostbarkeiten der Fürstl. Öttingen-Wallerstein'schen Bibliothek in Maihingen, 1935, Nr. 4, Taf. 6 | Provenienz: aus der Fürstl. Öttingen-Wallerstein'schen Bibliothek in Maihingen, Versteigerung 1935 | Bemerkung: Eintragung am 2.5.1935 auf Vorschlag der Bay. Staatsbib., vgl. BayHStA, MK 40838, Bd. 6; Zuschreibung und Datierung vgl. Karl und Farber 1935; Vorlage für die Ringerregeln und Zeichnungen Dürers, vgl. Gutachten Dörnhöffer in Karl und Faber

■ **Bayrisch: Karolingisches Evangeliar mit bayrischen Miniaturen, karolingisch**
Verzeichnisse: 1922 (Nr. 199, Fürst von Oettingen-Wallerstein), 1927 (Nr. 293, ebd.), 1934 (Nr. 128, ebd.), 1938 (ebd.), 1961 | Literatur: Münchener Jahrbuch der Bild. Kunst, 3. F., Bd. 3/4, 1952/53, S. 122

■ **Deutsch: Buchminiaturen auf Goldgrund**
Verzeichnisse: 1938 (Hans Bäcker)

■ **Deutsch: Deutsches Gebetsbüchlein für den Churfürsten Herzog Johann von Sachsen, Pergamenthandschrift in gepreßtem Leinwandband, neun ausgezeichnete Miniaturen von der Hand bzw. aus der Schule Cranachs, 16. Jh.**
Verzeichnisse: 1922 (Nr. 232, Fürst von Fürstenberg), 1927 (Nr. 270, ebd.), 1934 (Nr. 111, ebd.), 1938 (ebd.) | Literatur: Die Kunstdenkmäler des Großherzogtums Baden, Kreis Villingen, 1890, S. 25, Nr. 355; Johann Georg von Sachsen, Zeitschrift für Bücherfreunde, N. F. 13, 1921, H. 4 | Bemerkung: Aufbewahrungsort Fürstlich Fürstenbergische Bibliothek Donaueschingen; „Die Hs. ist als eines der ersten gemalten Gebetbücher des Protestantismus interessant, namentlich in ihrer Abweichung von den traditionellen Typen und Darstellungsgegenständen der kirchlichen Kunst." Kunstdenkmäler 1890, S. 25, Nr. 355

■ **Dirmstein, Hans: Die sieben weisen Meister und Morolf, zwei Hanschriften**
Verzeichnisse: 1938 (Stadtbibliothek Frankfurt a. M.)

■ **Eschenbach, Wolfram von: Fragment**
Verzeichnisse: siehe Bemerkung | Bemerkung: Eintragung am 19.5.1941, vgl. HStA Weimar, Best. Thüringisches Volksbildungsministerium, Nr. C 988, Bl. 7

■ **Flandrisch: Horae b. virginis Mariae secundum usum ecclesiae Romanae. Lat. Handschrift (172 Vl. 8°). Anfangsbuchstaben in Gold auf farbigem Grund, zwei in schönen Farben ausgeführte Bilder, um 1460–71**
Verzeichnisse: 1938 (H. und O. Nestle)

■ **fränkisch: Psalterium, Mitte 13. Jh., um 1245**
Verzeichnisse: 1938 (Antiquariat Karl und Faber) | Literatur: Karl und Faber, Bibliophile Kostbarkeiten der Fürstl. Öttingen-Wallerstein'schen Bibliothek in Maihingen, 1935, Nr. 15, Taf. 10/11 | Provenienz: aus der Fürstl. Öttingen-Wallerstein'schen Bibliothek in Maihingen, Versteigerung 1935 | Bemerkung: Eintragung am 2.5.1935 auf Vorschlag der Bay. Staatsbib., vgl. BayHStA, MK 40838, Bd. 6; Zuschreibung, Datierung und ausführliche Beschreibung vgl. Karl und Farber 1935

■ **Französisch: Lateinisches Gebetbuch, Pergamenthandschrift mit Miniaturen und Kalendarium. Zahlreiche kleine Miniaturen im französischen Stil, 2. Hälfte 15. Jh.**
Verzeichnisse: 1922 (Nr. 232, Fürst von Fürstenberg), 1927 (Nr. 269, ebd.), 1938 (ebd.) | Literatur: Die Kunstdenkmäler des Großherzogtums Baden,

Kreis Villingen, 1890, S. 25, Nr. 335 | Bemerkung: Aufbewahrungsort Fürstlich Fürstenbergische Bibliothek Donaueschingen

■ Französisch: Lateinisches Gebetbuch, Pergamenthandschrift mit Miniaturen. Keine größeren Darstellungen, aber auf jedem Blatt vortreffliche Initialen usw. der französischen Schule., 13. Jh.
Verzeichnisse: 1922 (Nr. 231, Fürst von Fürstenberg), 1927 (Nr. 268, ebd.), 1934 (Nr. 110, ebd.), 1938 (ebd.) | Literatur: Die Kunstdenkmäler des Großherzogtums Baden, Kreis Villingen, 1890, S. 25, Nr. 334 | Bemerkung: Aufbewahrungsort Fürstlich Fürstenbergische Bibliothek Donaueschingen

■ Französisch: Officium B.M.B, Pergamenthandschrift mit Miniaturen, das Kalendarium weist mit einzelnen Namen auf Burgund oder Lothringen hin, die Miniaturen u. s. w. verraten französische Schule, 15. Jh.
Verzeichnisse: 1927 (Nr. 280, Fürst von Fürstenberg), 1934 (Nr. 115, ebd.), 1938 (ebd.) | Literatur: Die Kunstdenkmäler des Großherzogtums Baden, Kreis Villingen, 1890, S. 24, Nr. 328 | Bemerkung: Aufbewahrungsort Fürstlich Fürstenbergische Bibliothek Donaueschingen

■ Französisch: Officium B.M.V., Pergamenthandschrift mit Miniaturen, Aufschriften französisch, Französische Schule, 15. Jh.
Verzeichnisse: 1922 (Nr. 597, Fürst von Fürstenberg), 1927 (Nr. 275, ebd.), 1938 (ebd.) | Literatur: Die Kunstdenkmäler des Großherzogtums Baden, Kreis Villingen, 1890, S. 24, Nr. 330 | Bemerkung: Aufbewahrungsort Fürstlich Fürstenbergische Bibliothek Donaueschingen;

■ Französisch: Officium B.M.V., Pergamenthandschrift mit Miniaturen, die auf französische Schulen hinweisen, 2. Hälfte 15. Jh.
Verzeichnisse: 1927 (Nr. 281, Fürst von Fürstenberg), 1934 (Nr. 116, ebd.), 1938 (ebd.) | Literatur: Die Kunstdenkmäler des Großherzogtums Baden, Kreis Villingen, 1890, S. 24, Nr. 327 | Bemerkung: Aufbewahrungsort Fürstlich Fürstenbergische Bibliothek Donaueschingen

■ Französisch: Officium B.M.V., Pergamenthandschrift mit Miniaturen, die ziemlich roh und handwerksmäßig ausgeführt sind. Randleisten u.s.w. weisen auf französischen Ursprung hin, 15. Jh.
Verzeichnisse: 1922 (Nr. 594, Fürst von Fürstenberg), 1927 (Nr. 278, ebd.), 1938 (ebd.) | Literatur: Die Kunstdenkmäler des Großherzogtums Baden, Kreis Villingen, 1890, S. 23, Nr. 324 | Bemerkung: Aufbewahrungsort Fürstlich Fürstenbergische Bibliothek Donaueschingen

■ Französisch: Officium B.M.V., Pergamenthandschrift mit Miniaturen, Offenbar in Frankreich gemalt, Gebet in französischer Sprache, 15. Jh.
Verzeichnisse: 1922 (Nr. 593, Fürst von Fürstenberg), 1927 (Nr. 279, ebd.), 1938 (ebd.) | Literatur: Die Kunstdenkmäler des Großherzogtums Baden, Kreis Villingen, 1890, S. 23, Nr. 323 | Bemerkung: Aufbewahrungsort Fürstlich Fürstenbergische Bibliothek Donaueschingen

■ Französisch: Officium B.M.V., Pergamenthandschrift mit Miniaturen. Das Kalendarium sowohl wie der Stil der Initialen, Randleisten usw. weist auf französischen-burgundischen Ursprung, 15. Jh.
Verzeichnisse: 1922 (Nr. 595, Fürst von Fürstenberg), 1927 (Nr. 277, ebd.), 1934 (Nr. 114, ebd.), 1938 (ebd.) | Literatur: Die Kunstdenkmaler des Großherzogtums Baden, Kreis Villingen, 1890, S. 24, Nr. 326 | Bemerkung: Aufbewahrungsort Fürstlich Fürstenbergische Bibliothek Donaueschingen

■ Furtmeyr, Berthold: Zweibändige Handschrift mit Miniaturen Berthold Furthmeyers
Verzeichnisse: 1922 (Nr. 304, Fürst von Oettingen-Wallerstein), 1927 (Nr. 296, ebd.), 1934 (Nr. 131, ebd.), 1938 (ebd.), 1961 | Literatur: Wagner/Unger, Furtmeyr Meisterwerke der Buchmalerei und die Regensburger Kunst in Spätgotik und Renaissance, 2010

■ Hoffmann, Heinrich: „Bastino, der Faulpelz", Originalmanuskript, 1854
Verzeichnisse: 1938 (Eduard Wertheimber)

■ Hoffmann, Heinrich: „Prinz Grünewald und Perlenfein", Originalmanuskript, 1871
Verzeichnisse: 1938 (Eduard Wertheimber)

■ Hoffmann, Heinrich: „Struwelpeter", Erstdruck
Verzeichnisse: 1938 (Eduard Wertheimber)

■ Hoffmann, Heinrich: „Struwelpeter", Originalmanuskript der 2. Ausgabe
Verzeichnisse: 1938 (Eduard Wertheimber)

■ Irisch: Handschrift mit farbigen Initialen der Karolingerzeit
Verzeichnisse: 1922 (Nr. 300, Fürst von Oettingen-Wallerstein), 1927 (Nr. 294, ebd.), 1934 (Nr. 129, ebd.), 1938 (ebd.), 1961 | Literatur: Zimmermann, Vorkarolingische Miniaturen, 1915, S. 279/80, Taf. 260–266

■ Meister des Hausbuches: Mittelalterliches Hausbuch, Handschrift, Papier, um 1480
Verzeichnisse: 1922 (Nr. 558, Fürst von Waldburg-Wolfegg-Waldsee), 1927 (Nr. 271, ebd.), 1934 (Nr. 112, ebd.), 1938 (ebd.), 1961 | Literatur: Bossert/Storck, Das mittelalterliche Hausbuch nach dem Originale im Besitze des Fürsten von Waldburg–Wolfegg–Waldsee im Auftrage des deutschen Vereins für Kunstwissenschaft, 1912 | Provenienz: seit dem 17. Jh. in Besitz Wolfegg; V38: Fürstlich Fürstenbergische Bibliothek Donaueschingen gelistet, vermutlich Druckfehler

■ Niederdeutsch: Sachsenspiegel, Pergamenthandschrift, von dem Rasteder Mönch Hinrich Gloysten für den Gebrauch des Grafen Johann von Oldenburg abgeschrieben, 1336, 33 × 23 cm
Verzeichnisse: 1927 (Nr. 284, Großherzog von Friedrich August Oldenburg), 1934 (Nr. 119, ebd.), 1938 (ebd.) | Literatur: Lübben/Alten, Der Sachsenspiegel nach der Oldenburger Codex picturatus von 1336, 1879; Amira, Die Generalogie der Bilderhandschriften des Sachsenspiegels, 1902; Bau- und Kunstdenkmäler des Herzogtums Oldenburg Bd. 4, 1907, S. 6 ff., Abb. von Fol. 1b, 7b, 18; Scheele, Zur Oldenburger Bilderhandschrift des Sachsenspiegels aus dem Kloster Rastede, 1997 | Bemerkung: Eintragung am 20.5.1923 durch das Landesmuseum Oldenburg angemeldet, vgl. LMO-A Nr. 531, R34 und R39; von Hinrik Gloysten in Kloster Rastede 1336 für den Grafen Johann von Oldenburg geschrieben, 136 Blatt in Folio, vgl. LMO-A Nr. 531, R39; Besitzangabe am 2.11.1931 Ehem. Großherzog Nikolaus von Oldenburg, Rastede, vgl. LMO-A Nr. 450

■ Niederländisch: Onser Vrouwen Gethi-de, niederländische Handschrift (160 Bl. 8°), in den nördlichen Niederlanden entstanden, vier gerahmte Bilder, viele Zierbuchstaben, Ledereinband der Zeit, 2. Hälfte 15. Jh.
Verzeichnisse: 1938 (H . Lindheimer, Frankfurt/Main)

■ Niederrheinisch: Horae de Sancto Spiritu, Pergamenthandschrift mit Miniaturen und Kalendarium. Vorn zwei Wappen mit den zwei Fischen. Niederrheinische Schule mit französischen Anklängen, 15. Jh.
Verzeichnisse: 1922 (Nr. 592, Fürst von Fürstenberg), 1927 (Nr. 272, ebd.), 1934 (Nr. 113, ebd.), 1938 (ebd.) | Literatur: Die Kunstdenkmäler des Großherzogtums Baden, Kreis Villingen, 1890, S. 24 f., Nr. 332; Nr. 63 der Slg. Fürstenberg | Bemerkung: Aufbewahrungsort Fürstlich Fürstenbergische Bibliothek Donaueschingen

■ Niederrheinisch: Officium B.M.V., Pergamenthandschrift mit Miniaturen, mäßige Arbeiten der niederrheinischen Schule mit Anklängen an die französische, 15. Jh.
Verzeichnisse: 1922 (Nr. 596, Fürst von Fürstenberg), 1927 (Nr. 276, ebd.), 1938 (ebd.) | Literatur: Die Kunstdenkmäler des Großherzogtums Baden, Kreis Villingen, 1890, S. 24, Nr. 329 | Bemerkung: Aufbewahrungsort Fürstlich Fürstenbergische Bibliothek Donaueschingen

■ Österreichisch: Missale Benedictinum Salisburgense, lat. Handschrift (179 Bl. 4) mit einer Bilderdarstellung, 2. Hälfte des 12. Jh.
Verzeichnisse: 1938 (Paul Hirsch)

■ Rheinisch: Brevarium, Pergamenthandschrift mit zahlreichen Miniaturen, die rheinischen Stil verraten. Der Einband mit Silberbeschlag, Vorder- und Rückseite in Kupfer getrieben mit Medaillons in den Ecken, ausgehende 13. Jh.
Verzeichnisse: 1922 (Nr. 589, Fürst von Fürstenberg), 1927 (Nr. 265, ebd.), 1934 (Nr. 107, ebd.), 1938 (ebd.), 1961 | Literatur: Die Kunstdenkmäler des Großherzogtums Baden, Kreis Villingen, 1890, S. 21/22, Nr. 309 | Bemerkung: Aufbewahrungsort Fürstlich Fürstenbergische Bibliothek Donaueschingen; im V61 als thüringisch-sächsisch bezeichnet

■ Salzburger Meister: Horae b. virginis Mariae secundum rubricas Saltzeburgenses. Lat. Stundenbuch (111 Vl. 8°) mit fünf Bildern und Zierbuchstaben: brauner Kalblederband mit Beutel zum Anhängenaus einem Stück, ausgehendes 15. Jh.
Verzeichnisse: 1938 (Freiherr Moritz Bethmann)

■ Schwäbisch: Holzschnittwerke, ehem. Dusch-Sammlung in der Lorenzkapelle, 16. Jh.
Verzeichnisse: 1922 (Nr. 341, Magistrat Rottweil), 1927 (Nr. 365, ebd.)

■ Süddeutsch: Der Antichrist, Blockbuch, Mitte 15. Jh.
Verzeichnisse: 1938 (Antiquariat Karl und Faber) | Literatur: Karl und Faber, Bibliophile Kostbarkeiten der Fürstl. Öttingen-Wallerstein'schen Bibliothek in Maihingen, 1935, Nr. 21, Taf. 14/15 | Provenienz: aus der Fürstl. Öttingen-Wallerstein'schen Bibliothek in Maihingen, Versteigerung 1935; 1938 im Besitz Geh. Kommerzienrat Aufhäuser, Inhaber des Bankhauses H. Aufhäuser, München; auf Antrag der Bay. Staatsbib. vom 14.11.1938 beschlagnahmt und zur Verwahrung an das BNM übergeben, vgl. BayHStA, MK 40839, Bd. 7 | Bemerkung: Eintragung am 2.5.1935 auf

Vorschlag der Bay. Staatsbib., vgl. BayHStA, MK 40838, Bd. 6; ausführliche Beschreibung vgl. Karl und Faber

▪ Süddeutsch: Fünf Blatt aus dem Machsor (Gebetbuch) in hebr. Sprache, um 1330
Verzeichnisse: 1938 (Goldschmidtsche Bibliothek B. Mayer) | Bemerkung: V38: „Die Bruchstücke gehören zu dem der Stadtbibliothek Nürnberg gehörenden Machsor (cent. IV 100). Sie enthalten den bedeutendsten Schmuck dieses Buches."

▪ Süddeutsch: Missale Constantinense (Bruchstück), lat. Handschrift (11 Bl. 2°), vermutlich aus Konstanz, reich geschmückt mit elf Bildbuchstaben und Randleisten, um 1500
Verzeichnisse: 1938 (H. und O. Nestle) | Bemerkung: V38: „Das Bruchstück gehört zum 1. Band eines vierteiligen Missaele aus dem Konstanzer Münster"

▪ Thüringisch-fränkisch: Psalterium, Lat. Handschrift (141 Bl. 4°), reich verziert mit Goldbuchstaben, elf ganzseitigen Bildern und Kalenderbildern, neuer Lederband, um 1240–1250
Verzeichnisse: 1938 (H. und O. Nestle)

▪ Waldseemüller, Martin: Waldseemüllersche Erdkarte, 1507
Verzeichnisse: 1922 (Nr. 382, Fürst von Waldburg-Wolfegg-Waldsee), 1927 (Nr. 302, ebd.), 1934 (Nr. 132, ebd.), 1938 (ebd.), 1961 | Literatur: Fischer/Wieser, Die älteste Karte mit dem Namen Amerika aus dem Jahre 1507, hrg. von der K.K. Akademie der Wissenschaften Wien, 1903 | Provenienz: 1902 Wiederentdeckung in der Bibliothek durch Jesuitenpater Joseph Fischer, nachdem sie fast 300 Jahre verschollen war, vgl. Rogasch 2004, S. 248; Library of Congress Washington nach neunjähriger Verhandlung zur Freigabe

▪ Zimmern, Froben Christoph von: Zimmernsche Chronik, Handschrift mit Wappenmalerei, 16. Jh., bis 1566
Verzeichnisse: 1922 (Nr. 135, Fürst von Fürstenberg), 1927 (Nr. 292, ebd.), 1934 (Nr. 127, ebd.), 1938 (ebd.) | Literatur: Barack, Die Handschriften der fürstlichen Bibliothek zu Donaueschingen, 1865, S. 410, Nr. 580 | Bemerkung: Aufbewahrungsort Fürstlich Fürstenbergische Bibliothek Donaueschingen

Sammlungen einschließlich Bibliotheken

▪ 37 Bände der genannten Bibliothek des Kaufmanns Paul Hirsch, die ihres Einbandes wegen als national wertvolle Kunstwerke anzusehen sind, sowie Buntpapiersammlung
Verzeichnisse: 1938 (Paul Hirsch)

▪ Bibliothek des Christoph Scheurl
Verzeichnisse: 1927 (Nr. 703, Familie Freiherr von Scheurl), 1934 (Nr. 446, ebd.), 1938 (ebd.) | Bemerkung: „wahrscheinlich die einzige in Bayern erhaltene Humanistenbibliothek" aus dem 16. Jh., vgl. BayHStA, Best. KM, MK 51497; Streichung 1957, vgl. BayHStA, Best. KM, MK 51497

▪ Bibliothek Jeidels, einzigartige Schrifttumssammlung zur Geschichte der Goldschmiedekunst
Verzeichnisse: 1938 (Bankier Willi Dreyfuß) | Literatur: Walter Schürmeyer, Die Bibliothek J. H. Jeidels, in: Kunstgewerbeblatt, NF 27.1915/1916, S. 106–110 | Provenienz: V38: „Zur Zeit als Leihgabe in der hiesigen Bibliothek für Kunst und Technik" | Bemerkung: Bibliothek des 1902 verstorbenen Frankfurter J. H. Jeidels, Fachbibliothek der Edelschmiedekunst

▪ Das Tucherschlößchen mit Inhalt
Verzeichnisse: 1927 (Nr. 700, Freiherr Heinrich von Tucher), 1934 (Nr. 443, ebd.), 1938 (ebd. cher) | Bemerkung: Unterschutzstellung von Architektur; Streichungsantrag 1948 weil im 2. WK ausgebrannt und wesentliche Stücke im GNM gesichert, vgl. GNM Akten, Nr. 836

▪ Familienarchiv der Familie von Behaim
Verzeichnisse: 1927 (Nr. 701, Freiherr Wilhelm von Behaim), 1934 (Nr. 444, ebd.), 1938 (ebd.) | Bemerkung: Unterschutzstellung eines Archivs; V27 und V34: Familie von Behaim

▪ Fayence-Sammlung
Verzeichnisse: 1938 (Wilhelm Kratz) | Provenienz: 1953 von der Stadt Frankfurt a. M. für das Historische Museum erworben, vgl. ISG Ffm, MA 7.863 | Bemerkung: ehem. Frankfurter Fayence-Fabrik des 17. Jh., vgl. ISG Ffm, MA 7.863

▪ Handschriften und Holzschnitzereien
Verzeichnisse: 1938 (E. Fischer Freiburg i. Br.)

▪ Jagdbibliothek
Verzeichnisse: 1938 (Konkursmasse Heinz Lahusen) | Provenienz: Konkursmasse, Konkurs-

verwalter Dr. Kind, Langenstr. 139/140, Bremen; an Firma Franz Leuwer, Bremen, verkauft, von dort als ganze Slg. an Kammersänger Prof. Carl Clewing, Bln. Charlottenburg, Marchstr. 7, von dort an den Herrn Reichsjägermeister, vgl. StA Bremen, 3-B.13. Nr. 66.a. Bd. 2, Bl. 37 | Bemerkung: Liste der Jagdbibliothek in StA Bremen, 3-B.13. Nr. 66.a. Bd. 2, Bl. 23, 168 Nummern, ges. Wert 20.494 RM, 17.–19. Jh.

■ Musikwissenschaftliche Bibliothek des Kaufmans Paul Hirsch in Frankfurt a. M.
Verzeichnisse: 1938 (Paul Hirsch) | Literatur: V38: „Der Bestand ist zum Teil nachgewiesen in dem umfangreichen zweibändigen ‚Katalog der Musikbibliothek Paul Hirsch, Frankfurt a. M.', ein 3. Band ist im Druck." | Provenienz: laut Wolters 1938 bereits in ihren wichtigsten Teilen als Umzugsgut nach England verbracht worden, vgl. Archiv Städel, Nr. 731; 1945 an die British Library verkauft

■ Rochuskapelle der Familie von Imhoff, 1519–1522
Verzeichnisse: 1927 (Nr. 702, Familie von Imhoff), 1934 (Nr. 445, ebd.), 1938 (ebd.) | Literatur: Stegmann, Die Rochus-Kapelle zu Nürnberg und ihr künstlerischer Schmuck, 1885 | Bemerkung: Unterschutzstellung von Architektur; im 2. WK fast völlig zerstört, Verhandlungen über Übernahme des Inhaltes durch GNM, vgl. GNM Akten, Nr. 836

■ Sammlung an Kunstwerken, kunstgewerblichen Gegenständen und künstlerisch ausgestatteten Handschriften im Herzogl. Museum und in der Herzoglichen Bibliotken in Gotha
Verzeichnisse: 1934 (Nr. 447, Ehem. Herzog Karl Eduard von Coburg-Gotha) | Literatur: Kurze Übersicht über die neugeordnete Kunst- und geschichtlichen Sammlungen des Herzoglichen Museums Gotha, 1935; Burgold/Schenk zu Schweinsberg, Das Herzogliche Museum, 1937 | Bemerkung: Eintragung im Zuge der Überarbeitung des Verzeichnisses 1929 veranlasst, vgl. HStA Weimar, Best. Thüringisches Volksbildungsministerium, Nr. 986, Bl. 239; im V27 als Nr. 706 nachgetragen

■ Sammlung des Geschichts- und Altertumsvereins
Verzeichnisse: 1922 (Nr. 726, Magistrat Schwäbisch Hall)

■ Sammlung frühgermanischer Schmucksachen und Waffen, frühgermanisch
Verzeichnisse: 1922 (Nr. 749, Freiherr Johannes von Diergardt), 1927 (Nr. 488, ebd.), 1934 (Nr. 264, ebd.), 1938 (ebd.) | Literatur: Ausst.-Kat. Früh-Germanische Kunst im KFM, 1915, daraus alle Nummern im V27, V34 und V38 aufgezählt | Bemerkung: Bornheim bei Bonn; Antrag auf Freigabe wird im Mai 1933 abgelehnt

■ Sammlung von Handschriften
Verzeichnisse: 1927 (Nr. 704, Geheimrat Prof. Dr. Heinrich Helferich) | Bemerkung: V38: Sammlung von Münzen aus Slg. Helferich

■ Sammlung von Handzeichnungen der Frankfurter Künstlergesellschaft und die aes-grave-Sammlung, sowie die dort befindlichen heimischen Bodenfunde
Verzeichnisse: 1938 (Justizrat Haeberlin)

■ Sammlungen der Kunstgewerbeschule und des Geschichts- und Altertumsvereins
Verzeichnisse: 1922 (Nr. 727, Magistrat Schwäbisch Gmünd) | Bemerkung: „J. Erhardsche Altertumssammlung. Schwäbisch-Gmünd. 1893 von Kommerzienrat J. Erhard der Stadt geschenkt, von dem Vorstand des Gewerbemuseums verwaltet, jährlich von Seiten der Stadt mit 300 M. unterstützt. Enthält nur Gegenstände, die aus Schwäbisch-Gmünd stammen oder sich darauf beziehen." vgl. Kunsthandbuch für Deutschland

■ Städtische Altertümersammlung
Verzeichnisse: 1922 (Nr. 19, Magistrat Rottweil)

■ Städtische Altertümersammlung
Verzeichnisse: 1922 (Nr. 18, Magistrat Ravensburg)

■ Städtische Altertümersammlung
Verzeichnisse: 1922 (Nr. 16, Magistrat Biberach)

■ Städtische Altertümersammlung
Verzeichnisse: 1922 (Nr. 17, Magistrat Ellwangen)

■ alemannisch: Funde aus der Ausgrabung Oberflacht im Jahr 1888
Verzeichnisse: 1938 (Freiherr Ow-Wachendorf) | Bemerkung: Eintragung infolge des Erlasses des RMdI vom 13.12.1934, vgl. Kap. III.3.1., HStA Stuttgart, Best. E 130 b, Bü 1540

■ Thoma, Hans: Hans Thoma Archiv
Verzeichnisse: 1938 (Sofie Bergmann-Küchler) | Provenienz: Sofie Bergmann-Küchler ist nur Verwalterin bzw. teilweise Eigentümerin, vgl. Archiv Städel, Nr. 731 | Bemerkung: etwa 60 Gemälde, Aquarelle und bemalte Lithografien, vgl. Archiv Städel, Nr. 730; vgl. Bewertung durch Wolters am 27.7.1938 in Archiv Städel, Nr. 731

Sonstiges

■ Modelle alter Segelschiffe, z.Tl. 1724, um 1775
Verzeichnisse: siehe Bemerkung | Literatur: Ausstellung kunstgewerblicher Altertümer Oldenburg, 1905, Kat. Nr. 222–233, Modelle Nr. 222–224, 226 und 229 in Holland gebaut; Köster, Modelle alter Segelschiffe, 1926, Nr. 46/47, 93/94, 107b, 89; Marquardt, Zacharias und Elisabeth 1747–1758. Das russische Linienschiff im Schloss Eutin, in: Das Logbuch 1995/4 | Provenienz: Schloß Eutin im Besitz des Erbgroßherzoges (Stand 1940) | Bemerkung: aus Holland und Russland; nicht im V38, in Korrespondenz des Landesmuseums Oldenburg 1940 als eingetragen erwähnt, Beantragung erfolgte bereits am 15.12.1928 aufgrund eines bevorstehenden Verkaufs der Modelle durch den Großherzog, vgl. LMO-A Nr. 450

■ Staatswagen, der um 1780 in Oberitalien gebaut wurde und ursprünglich dem Fürsten Melzi in Mailand gehörte, um 1780
Verzeichnisse: 1938 (Wagenfabrikant Hugo Scheidt) | Provenienz: V38: „vorher Fürst zur Lippe"

■ Totenschild
Verzeichnisse: 1938 (Johannes Hinrichsen)

QUELLEN- UND LITERATURVERZEICHNIS

Verzeichnis der national wertvollen Kunstwerke – Exemplare in Archiven

1922: BArch R707/74; StA Bremen, 3-B.13. Nr. 66.a. Bd. 1; StA Oldenburg, Best. 134, Nr. 4376; HStA Weimar, Best. Thüringisches Volksbildungsministerium, Nr. C 984; HStA Stuttgart, Best. E 130 b, Bü 1540; LMO-A 450; KH Bremen, Nr. 118; SKD Altregistratur, 01/GG 30; BStGS, 11/4, Nr. 245; SMB-ZA, I/NG 847; AHK 32-260.4; GNM Akten, Nr. 836

1926: (Probedruck zum Verzeichnis 1927) StA Bremen, 3-B.13. Nr. 66.a. Bd. 1; HStA Weimar, Best. Thüringisches Volksbildungsministerium, Nr. C 986, Bl. 49 ff.

1927: StA Oldenburg, Best. 134, Nr. 4376; StA Bremen, 3-B.13. Nr. 66.a. Bd. 1; BayHStA, MK 40836, Bd. 4; HStA Weimar, Best. Thüringisches Volksbildungsministerium, Nr. C 986 und Nr. C 987; HHStAW, Abt. 504, Nr. 2531; Archiv Städel, Nr. 731; SKD Altregistratur, 01/GG 30; BStGS, 11/4, Nr. 246; SMB-ZA, I/NG 847; AHK 32-260.4; GNM Akten, Nr. 836

1934: SMB-ZA, I/NG 847

1938: (einschließlich Nachkriegsdrucke) BArch, R1501/400; BayHStA, MK 51497 und MK 40838; GStA I. HA Rep. 151, Nr. 1060; HStA Hannover, NdS. 401 Acc. 112/83, Nr. 1031; ThHStA Weimar, Thüringisches Volksbildungsministerium C 987; HHStAW, Abt. 504, Nr. 2531; HHStAW, Abt. 818, Nr. 39; HHStaW, Abt. 504, Nr. 776; HStA Stuttgart, E 130 b, Bü 1540; StA Oldenburg, Best. 134, Nr. 4376; StA Bremen, 3-B.13. Nr. 66.a. Bd. 1; BStGS, 11/4, Nr. 246 und Nr. 247; ISG Ffm, Museum für Kunsthandwerk, Nr. 45; LMO-A 450; Archiv Städel, Nr. 731; GNM Akten, Nr. 836 (mit Anmerkungen aus der Nachkriegszeit)

Verzeichnisse des Landes Hessen von 1948 und 1949: HHStAW, Abt. 504, Nr. 2531 sowie HHStaW, Abt. 504, Nr. 776

Verzeichnis des Landes Bayern nach den Richtlinien der Ständigen Konferenz der Kultusminister vom 2.12.1952, HHStAW, Abt. 504, Nr. 2534, Bd. 4

1961: HStA Hannover, Nds. 401 Acc. 112/83, Nr. 321; Städel, Nr. 731; GNM Akten, Nr. 3826

Archivalien nach Ländern

Bund

Bundesarchiv Berlin (BArch)

Bestand R1501 – Reichsministerium des Innern
- R1501/400, Abschrift Liste der national wertvollen Kunstwerke, 1938.

Bestand R2 – Reichsfinanzministerium
- R2/12033, Nationaler Kunstbesitz, 1930–1938.
- R2/12419, Wissenschaftsangelegenheiten, Bd. 2, 1935–1938.
- R2/12947, Denkmalpflege, 1937–1939.
- R2/31098, Verwertung von Kunstgut, 1942–1943.
- R2/58980, Sonstige Ein- und Ausfuhrbeschränkungen, 1934–1944.

Bestand R32 – Reichskunstwart
- R32/115, Ein- und Ausfuhr von Kunstwerken, u. a. zu Ausstellungszwecken, 1920–1921.
- R32/116, Ein- und Ausfuhr von Kunstwerken, u. a. zu Ausstellungszwecken, 1921–1929.
- R32/374, Denkmalspflege und Schutz von Kunstwerken vor Ausfuhr, 1929–1930.
- R32/374a, Denkmalspflege und Schutz von Kunstwerken vor Ausfuhr, 1931–1932.
- R32/375, Neubearbeitung des „Verzeichnisses der national wertvollen Kunstwerke", 1920–1933.
- R32/375a, Behandlung von Anträgen auf Freigabe von im „Verzeichnis der national wertvollen Kunstwerke" aufgeführten Stücken, 1926–1930.
- R32/375b, Behandlung von Anträgen auf Freigabe von im „Verzeichnis der national wertvollen Kunstwerke" aufgeführten Stücken, 1931–1933.
- R32/376, Verhinderung des Verkaufs eines Gemäldes von Vermeer aus dem Herzog-Anton-Ulrich-Museum in Braunschweig, 1930–1932.
- R32/460, Der Welfenschatz, 1930.
- R32/467, Manuskripte von Redslob, 1930–1931.
- R32/480, Denkschrift über die Tätigkeit des Reichskunstwartes, 1923.

Bestand R43 – Reichskanzlei
- R43-I, 818, Museen, Kunstsammlungen und Kunstwerke, 1919–1932.
- R43-I, 819, Museen, Kunstsammlungen und Kunstwerke, 1926–1931.
- R43-II, 1236, Museen, Kunstsammlungen und Kunstwerke, 1935–1939.
- R43-II, 1238a, Volksbildung und kulturelle Bestrebungen, 1933–1944.
- R43-II, 1238c, Reichskulturkammer, 1936–1941.
- R43-II, 1646c, Ankauf von Kunstgegenständen, 1938–1943.

Bestand R4901 – Reicherziehungsministerium
- R4901/12275, Pläne für ein reichseinheitliches Denkmalschutzgesetz, 1936–1937.
- R4901/12768, Korrespondenz des Staatssekretärs Zschintzsch, 1936–1945.
- R4901/13700, Schutz von Schriftgut, 1931–1943.
- R4901/13701, Maßnahmen zur Sicherung und Rückführung von Archivalien aus den besetzten westlichen Gebieten und aus Jugoslawien ins Reich, 1940–1944.

Bestand R55 – Reichsministerium für Volksaufklärung und Propaganda
- R55/21020, Kommission zur „Verwertung der Produkte Entarteter Kunst", 1938–1941.
- R55/21571, Verkauf von Bildern französischer Impressionisten durch die Fides Treuhand-Vereinigung in Zürich zur Sanierung des Unternehmens der Gebrüder Walterspiel in München (Hotel „Vier Jahreszeiten"), 1935.
- R55/24824, Kunstwerke und geschichtlich bedeutsame Gegenstände, die seit 1500 in ausländischen Besitz sind (Kümmel-Bericht), 1940–1941.
- R55/24825, Kunstwerke und geschichtlich bedeutsame Gegenstände, die seit 1500 in ausländischen Besitz sind (Kümmel-Bericht), 1941.

Bestand R 901 Auswärtiges Amt
- R901/54747, Nachrichtendienst Auswärtiges Amt, 1918.
- R901/54750, Nachrichtendienst Auswärtiges Amt, 1918.

- R901/56779, Nachrichtendienst Auswärtiges Amt. Kriegsentschädigung Kunst, 1918/1919.

Diverse Bestände

- Reichsbank R2501/9325, L. Behrens und Söhne, Hamburg, 1937–1940.
- Kanzlei Rosenberg NS 8/242, Amt für Kunstpflege in der DBFU, 1937–1941.
- Reichswirtschaftsministerium R3101/255, Reichskommissar für Aus- und Einfuhrbewilligung. Allgemeines, 1919–1920.
- Inspektion für die Reichshauptstadt Berlin, R4606/629, Heimatschutz, Denkmalschutz.
- Reichsministerium für die kirchlichen Angelegenheiten, R5101/23565, Einziehung von Erzeugnissen entarteter Kunst – Ausfuhr von Kulturgut, 1935–1942.
- Vertretung der Reichsregierung in München, R707/74, Innere Politik Bayerns (A), 1921–1928.
- Treuhand- und Finanzierungsgesellschaften, R907/1414, Fides Treuhand-Vereinigung, Zürich, 1931–1936.

Bundesarchiv Koblenz (BArch Koblenz)

Bestand B 323 – Treuhandverwaltung von Kulturgut

- B323/102, Korrespondenz des Sonderbeauftragten Hans Posse, 1941–1942.
- B323/115, Bd. 1, Schriftwechsel des Beauftragten und des Referenten für den „Sonderauftrag Linz" mit deutschen und österreichischen Museen, 1938–1944.
- B323/116, Bd. 2, Schriftwechsel des Beauftragten und des Referenten für den „Sonderauftrag Linz" mit deutschen und österreichischen Museen, 1938–1943.
- B 323/123, Schriftwechsel der Sonderbeauftragten Posse und Voss mit obersten Reichsbehörden und der RKbK, 1940–1944.
- B323/137, Ankäufe für den „Sonderauftrag Linz" aus dem deutschen und österreichischen Kunsthandel und Privatbesitz, 1940–1945.
- B323/163, Schriftwechsel mit dem Beauftragten für den „Sonderauftrag Linz", Hans Posse, und dem Reichsführer-SS Heinrich Himmler, 1938–1940.
- B323/364, Rückerstattungs- und Wiedergutmachungsverfahren, 1945–1960.
- B323/580, Einzelrestitutionen nach dem Gesetz der Militärregierung MRG59, 1962.

Russisches Staatliches Militärarchiv/Sonderarchiv, Moskau

- Fond 602, NL Paul Westheim, Opis 1, Nr. 39, Ausschnitte aus dem „Völkischen Beobachter", der „Kölnischen Zeitung" u. a. über die Entwicklung der nationalsozialistischen Kultur und Kunst, 1937–1938.
- Fond 720k, Reichsministerium des Innern, Opis 4, Nr. 1–7, Gesetze und Verfügungen der Regierungen des Reichs und Preußens.
- Fond 720k, Reichsministerium des Innern, Opis 7, Gesetze, Korrespondenz mit anderen Ministerien.
- Fond 1329k, Opis 2, Nr. 90–98, u. a. Zeichnungen von in Museen befindlichen Kunstwerken, Zeitungsausschnitte über Fragen der Künste, Sammlungen unbekannter Sammler.
- Fond 1363k, Ministerium für Volksaufklärung und Propaganda, Opis 5, Nr. 38.
- Fond 1363k, Ministerium für Volksaufklärung und Propaganda, Opis 6, Nr. 43, 1942.
- Fond 1399k, NL August L. Mayer, Opis 1, Nr. 1, Korrespondenz mit Museen, 1918–1919.
- Fond 1458k, Reichswirtschaftsministerium, Opis 3, Nr. 56, Schriftwechsel über die Zuweisung von Devisen für den Ankauf von Kunstgegenständen und Antiquitäten im Ausland, Bd. 1, 1943–1944.
- Fond 1511, Opis 3, Nr. 157, Sammlung von Illustrationsmaterial, Fotografien zum Tag der deutschen Kunst und dem Festumzug.
- Fond 1524, Materialien aus dem Puschkin-Museum, Opis 2, Nr. 40, Sammlung Koenigs, 1940–1941.

Deutsches Kunstarchiv Nürnberg (DKA)

- NL Falke, Otto von, I,B-7, Welfenschatz, 1931.
- NL Falke, Otto von, I,C-4, Wilhelm von Bode, 1920.
- NL Falke, Otto von, I,C-40, Alfred Pringsheim, 1913–1914.
- NL Haberstock, Karl, I,B-5, Material zur Namensforschung und Abstammung Albrecht Dürers (Ungarn-Problem, 1932–1938).
- NL Hanfstaengl, Briefe, Dienstliches, 1932–1961.
- NL Schmidt, Robert, I,B-5, Korrespondenz, Abschriften, Protokolle, Notizen etc. zu Deutscher Kunst, Erster Tagung der deutschen Museumsdirektoren, Fall Hansen etc., 1937–1939.

Baden

Staatsarchiv Freiburg (StA Freiburg)

Bestand Bad. Ministerium des Kultus und Unterrichts
- C 25/1, Nr. 35, Gesetz zum Schutz deutschen Kulturgutes gegen Abwanderung ins Ausland, 1949–52.
- C 25/1, Nr. 47, Verkauf und Ausfuhr von Kunstgegenständen ins Ausland; Nachforschungen nach ausländischen Kunstgegenständen und deren Rückgabe, 1948–52.

Bestand Landesamt für Museen, Sammlungen und Ausstellungen
- D 98/1, Nr. 100, Schutz national wertvoller Kulturgüter, 1950.
- D 98/1, Nr. 75, Verzeichnis national wertvoller Kulturgüter, (1919–1934), 1950–1958.

Diverse Bestände
- B 728/1, Nr. 5827, Ausfuhr von Kunstwerken, 1926.

Stadtarchiv Freiburg

Bestand Städtische Museen
- D.Sm, 10/6, Denkmalpflegetag 1925, Schriftwechsel, 1925.
- D.Sm, 11/3, Denkmalpflegetag 1925, Presse, 1925.
- D.Sm, 11/5, Denkmalpflegetag 1925, Protokolle, 1925.
- D.Sm, 11/6, Denkmalpflegetage, 1926–1933.
- D.Sm, 16/10, Westdeutscher Museumsdirektoren-Kongress, 1912–1932.
- D.Sm, 17/2, Internationale Museumsverbandstagung Freiburg, 1935/36.
- D.Sm, 17/3, Deutscher Museumsbund, 1917–1928.
- D.Sm, 28/3, Sammlungsbetrieb: Verkehr mit Ministerien, 1920–1942.
- D.Sm, 28/5, Selbständiger Verkauf von Privatbesitz durch Sammlungen an Private, 1920–1921.

Nachlass Werner Noack
- K1, 69, NL Noack, unsortiert.

Universitätsarchiv Freiburg

Nachlass Josef Sauer
- C 67, 534, Schutz von Denkmälern und Kunstwerken, 1913–1930.

Fürstlich Fürstenbergisches Archiv Donaueschingen (FFA Donaueschingen)

Bestand Institute für Kunst und Wissenschaft
- Kunst und Wissenschaft, EXXXIX/4, Das Fürstliche Kupferstichkabinett, 1919–1931.
- Kunst und Wissenschaft, G III/1, Regierungsmaßnahmen zum Schutz von Kunst- und Altertumsdenkmälern, 1919–1949.

- Kunst und Wissenschaft, G XV/1, Nationale Liste (Gesetz zum Schutz deutschen Kulturgutes gegen Abwanderung), 1938–1970.
- Kunst und Wissenschaft, G XVII/1, Denkmalschutz (Nationale Liste, Denkmalbuch, Steuerliche Fragen), 1951–1973.

Diverse Bestände
- Generalia, Kunst und Wissenschaft, XIV/1, Denkmalschutz, 1919–1950.
- Hofbibliothek, Allgemeines, VI/1, Verkaufssperre für ausgewählte Kulturgüter (Nationale Liste), 1919–1929.

Bayern

Bayerisches Hauptstaatsarchiv München (BayHStA)

Bestand Ministerium für Unterricht und Kultus
- MK 14163, Bd. 1, Kunstangelegenheiten, im Allgemeinen, 1870–1922.
- MK 14236, Allgemeine Katalogisierung der Kunstwerke in den bedeutenden Städten Europas, 1864–1920.
- MK 14274, Kataloge der Pinakotheken und Gemäldegalerien, 1845–1929.
- MK 14468, Ausländischer Denkmalschutz, Ausländische Kunstangelegenheiten, 1908–1923.
- MK 40836-40839, Bd. 4–7, Kunstangelegenheiten in gener. Kunsthandel, Versteigerungen, Aus- und Einfuhr, Schutz von Denkmalen und Kunstwerken, 1923–1944.
- MK 40885, Ausländische Kunstangelegenheiten, 1925–1939.
- MK 41225, Zum Colmarer Rembrandt-Verkauf, 1917–1919.
- MK 51497, Gesetz zum Schutz von Kulturgut gegen Abwanderung und das Verzeichnis national wertvoller Kunstwerke, 1948–1959.

Bestand Ministerium für Handel und Gewerbe
- MHIG 1147, Nationale Symbole, 1933–1945.
- MHIG 1148, Bd. 4, Schutz der nationalen Symbole: Sitzungen der Sachverständigenkommission, 1938–1944.
- MHIG 1156, Bd. 1, Reichskammer der bildenden Künste, 1934–1943.
- MHIG 1436, Drey Julius, Kaufmann in München und Drey Siegfried, Antiquitätenhändler in München, (27.8.1910; 3.8.1918) 22.12.1926.

Diverse Bestände
- M Inn 72411, Tag der deutschen Kunst, 1938–1940.
- M Wi 1507, Bd. 1, Verband des Deutschen Kunst- und Antiquitätenhandels, 1917.
- MF 66818, Gesetz zum Schutz der nationalen Symbole, 1935–1938.

Bayerisches Nationalmuseum (BNM) – Dokumentation

- Dok 199, Beschlagnahmtes Kunstgut aus jüdischem Besitz, 1938–1957.
- Dok 201, Beschlagnahmtes Kunstgut aus jüdischem Besitz, 1938–1955.
- Dok 225, Direktorenkonferenz, 1922–1962.
- Dok 315, Sammlung Bruno Levi.
- Dok 994, Direktoren des BNM, Mappe 5 Buchheit, Mappe 6 Halm.
- Dok 1321, Korrespondenz mit Berliner Institutionen, 1903–1938.
- Dok 1637, Kulturgutschutz gegen Abwanderung, 1909–1929.
- Dok 1638, Kulturgutschutz gegen Abwanderung, 1930–1943.
- Dok 1759, Wissenschaftliche Korrespondenz, 1932.
- Dok 1772, Wissenschaftliche Korrespondenz, 1917.
- Dok 1773, Wissenschaftliche Korrespondenz, 1918.

Bayerische Staatsgemäldesammlungen (BStGS) – Altregistratur

11/4, Nr. 245, National wertvolles Kunstgut, 1919–1945.
11/4, Nr. 246, National wertvolles Kunstgut, 1919–1949.
11/4, Nr. 247, National wertvolles Kunstgut, 1919–1945.
Nr. 2947, Bd. 1–3, Generaldirektor Dörnhöffer, 1916–1934.

Germanisches Nationalmuseum (GNM Akten)

- Nr. 59, Dokumentensammlung Kulturgüter-Schutz, Sammlungen, Prozesse und Diebstähle betreffend, 1930–1942.
- Nr. 279, Verwaltung, 1894–1937.
- Nr. 836, Gesetze, Listen und Korrespondenz betreffend National-wertvolle Kunstwerke; ursprüngliche Beschriftung National wertvolle Kunstwerke 1) Diverses 2) Listen der Entwürfe 3) Allgemeines, 1947–1949.
- Nr. 3826, Unterlagen und Korrespondenz zur Aufnahme von Kunstwerken unter den Schutz der Haager Konvention zum Schutz von Kulturgütern und des Gesetztes zum Schutz deutschen Kulturgutes gegen Abwanderung, 1955–1979.

Bayerisches Wirtschaftsarchiv (BWA)

Nachlass Julius Böhler
- F 43, Nr. 6, Nr. 19, Nr. 45, Nr. 54 (1937), Nr. 56 (1934), Nr. 58 (1934), Nr. 60, Nr. 69 (1936), Nr. 72, Nr. 73 (1936), Nr. 83 (1936), Nr. 346 (1932–1934), Nr. 347 (1936), Nr. 351 (1942/43)

Braunschweig

Staatsarchiv Wolfenbüttel (StA Wolfenbüttel)

Bestand Staatsministerium Kultus
- 12 Neu 13, Nr. 19050, Revision des Verzeichnisses der national wertvollen Kunstwerke. Maßnahmen zur Erhaltung des Welfenschatzes, 1930–1935.
- 12 Neu 13, Nr. 19054, Verordnung über den Schutz von Denkmälern und Kunstwerken, 1920–1932.
- 12 Neu 13, Nr. 19060, Gesetze die Erhaltung und Ausfuhr von Altertümern und Kunstgegenständen europäischer Staaten betreffend (Italien, Montenegro), 1908–1912.
- 12 Neu 13, Nr. 19074, Reichsverfügung über die Veräußerung und Ausfuhr von Kunstwerken der Kirchenstiftungen, 1923.

Bremen

Staatsarchiv Bremen (StA Bremen)

Bestand Bremische Gesandtschaft Berlin
- 4,49-493/97, Schutz national wertvollen Kunstgutes, 1920, 1925, 1935.

Senatsregistratur Bau- und Naturdenkmäler, Kunstwerke
- 3-B.13. Nr. 66.a. Bd. 1, Verkehr mit Gegenständen, die einen besonderen wissenschaftlichen, geschichtlichen oder Kunstwert haben, sowie die Ausfuhr von Kunstgegenständen; auch Verzeichnis der national wertvollen Kunstwerke, 1917–1938.

- 3-B.13. Nr. 66.a. Bd. 2, Verkehr mit Gegenständen, die einen besonderen wissenschaftlichen, geschichtlichen oder Kunstwert haben, sowie die Ausfuhr von Kunstgegenständen; auch Verzeichnis der national wertvollen Kunstwerke, 1938–1958.
- 3-B.13. Nr. 71, Verordnung der Reichsregierung über den Schutz von Denkmalen und Kunstwerken vom 8.5.1920, 1920–1925.
- 3-B.13. Nr. 72, Ausführung der Verordnung vom 8.5.1920 zum Schutz von Denkmalen und Kunstwerken, 1920–1925.

Kunsthalle Bremen (KH Bremen)

- Nr. 118, Verzeichnis der national wertvollen Kunstwerke, 1922–1941.
- Nr. 145, Reichskammer der bildenden Künste.
- Nr. 150, Vorträge, 1931–1950.

Hamburg

Staatsarchiv Hamburg (StA Hamburg)

- 111-1 Senat, 16705, Aufnahme von Werken Adolf von Menzels in das Verzeichnis der national wertvollen Kunstwerke, 1921.
- 314-15 Oberfinanzpräsident, R1937/317, Levy, Dr. Albert, 1937.
- 314-15 Oberfinanzpräsident, R1938/2240, Sicherungsanordnung gegen Frau Elisabeth Behrens, 1938–1948.
- 363-6I Kulturbehörde, A 73, Vermächtnisse, Testamente und Stiftungen für kulturelle Zwecke, 1933–1949.

Archiv Hamburger Kunsthalle (AHK)

- 32-228.6, Slg. 1003, Beziehungen zu Sammlung Ed. L. Behrens, 1924–1962.
- 32-260.4, Schutz des national wertvollen Kunstbesitzes gegen die Ausfuhr (Reichsverordnung vom 11.12.1919), 1927–1996.
- 32-260.7, Slg. 706, Erfassung und Einziehung von Sammlungsstücken im nationalen Interesse, 1937–1964.

Hessen

Hessisches Hauptstaatsarchiv Wiesbaden (HHStA Wiesbaden)

Bestand Hessisches Kultusministerium
- Abt. 504, Nr. 2531-2535, Bd. 1–5, Schutz deutschen Kulturguts gegen Abwanderung aus dem Gebiet der Bundesrepublik Deutschland, (1927, 1938), 1947–1963.
- Abt. 504, Nr. 3679, Erlaß von Ausführungsbestimmungen zur Verordnung der Reichsregierung über die Ausfuhr von Kunstwerken vom 11. Dez. 1919, 1948–1949.
- Abt. 504, Nr. 776, Schutz national wertvoller Kunstwerke, (1938), 1947–1949.

Bestand Landgericht
- Abt. 519/A, Nr. Ffm 5757 und 5758, Rückerstattung Carl von Weinberg – Stadt Ffm.
- Abt. 519/A, Nr. Ffm 994, Wiedergutmachung Carl von Weinberg.
- Abt. Z460, Nr. F 6819, Bürgerlicher Rechtsstreit, Kläger: Nachlass von Weinberg, Beklagte: Deutsches Reich, bis 1956.

- Nr. F 4208, Bürgerlicher Rechtsstreit, Kläger: von Hirsch, Beklagte: Deutsches Reich, Nachlass nach Göring, bis 1954.

Bestand Hessischer Ministerpräsident
- Abt. 502, Nr. 12659a/b, Gesetze und Verordnungen des Länderrats der US-Zone und der Bizonenverwaltung – Wirtschaftsrat, 1946–1949.

Hessisches Staatsarchiv Darmstadt (HStA Darmstadt)

Diverse Bestände
- Kreis- und Landratsämter, Kreisamt Erbach, G 15 Erbach, Nr. B 72, Aufnahme der Kunstwerke im Bezirk der Grafen von Erbach-Erbach und Erbach-Fürstenau in das Verzeichnis der national wertvollen Kunstwerke, 1938.
- Kreis- und Landratsämter, Kreisamt Friedberg, G 15 Friedberg, Nr. B 65, Verzeichnis der national wertvollen Kunstwerke, 1929.
- Hauptregistratur des Justizministeriums, G 21 A, Nr. 2098/1, u. a. Ausfuhr national wertvoller Kunstwerke, 1915–1934.
- G 31 S, Nr. 136/2, Überwachung der Ein- und Ausfuhr, 1922–1928.
- 24 Hesse, Nr. 49/12, Die Ablösung der Zivilliste, 1919–1938.
- 24 Hesse, Nr. 50/24, Landgrafenmuseum, 1919–1930.
- 24 Hesse, Nr. 51/1, Holbeinische Madonna, Akten des Ministeriums der Finanzen, 1934.
- 61 Gunzert, Nr. 452, Zeitungsartikelserie „Die Geschichte der Darmstädter Holbein-Madonna. Die Odyssee eines weltberühmten Gemäldes" von Walter Gunzert, 1971–1972.

Oldenburg

Staatsarchiv Oldenburg (StA Oldenburg)

Bestand Oldenburgisches Ministerium der Kirchen und Schulen
- Best. 134, Nr. 3651, Übernahme des Kunstgewerbemuseums in Oldenburg auf den Staat, Landesmuseum f. Kunst- und Kulturgeschichte, 1908–1949.
- Best. 134, Nr. 4376, Verordnung über die Ausfuhr von Kunstwerken, 1917–1942.

Bestand Oldenburgischer Landtag
- Best. 39, Nr. 15115, Petitionen, Stadtmagistrat Oldenburg und Kunsthändler Wilhelm Onken, Oldenburg im Auftrag vieler Bürger, betr. Verbleib der Großherzoglichen Gemälde-Galerie, 1919.
- Best. 39, Nr. 15221, Vertrag zwischen Großherzog Friedrich August und dem Direktorium des Freistaats Oldenburg, 1919.
- Best. 39, Nr. 15330, Gesetzentwürfe für den Freistaat Oldenburg, 1919–1920.
- Best. 39, Nr. 7291, 33. Landtag, 3. Versammlung: Petitionen und Anträge, 1918–1919.

Diverse Bestände
- 270-47, Nr. 21, Abfindung des Großherzogs von Oldenburg, 1887–1919.

Landesmuseum für Kunst- und Kulturgeschichte Oldenburg (LMO)

Bestand Hausarchiv
- LMO-A, Nr. 450, National wertvolle Kunstwerke, 1922–1976.
- LMO-A, Nr. 530, Ankauf/Verkauf, 1919–1934.
- LMO-A, Nr. 531, Ankauf/Verkauf, 1920–1937.
- LMO-A, Nr. 63, Oldenburgischer Galerieverein, 1910–1934.

Nachlass Müller-Wulckow
- LMO-MW, Nr. 84, Von der Großherzoglichen Gemäldegalerie zum Landesmuseum Oldenburg.

- LMO-MW, Nr. 85, Die Auflösung der Gemäldegalerie (Versteigerung in Amsterdam, 1924).
- LMO-MW, Nr. 86, Korrespondenz zum Rückerwerb von Teilen der Großherzoglichen Gemäldegalerie.

Preußen

Geheimes Staatsarchiv Preußischer Kulturbesitz (GStA PK)

Bestand Staatsministerium
- I. HA Rep. 90 A, Nr. 235, Beschlagnahme des Vermögens des vormaligen königlichen Hauses von Hohenzollern und die Vermögensauseinandersetzung zwischen dem preußischen Staat und dem vormaligen Königshaus, Bd. 3, 1920.
- I. HA Rep. 90 A, Nr. 2402, Kunstsammlungen und Museen des Staates, Bd. 1, 1866–1936.
- I. HA Rep. 90A, Nr. 1791, Museen und Kunstsammlungen von Kommunalverbänden, Vereinen und Privatpersonen, 1855–1937.

Diverse Bestände
- Best. Finanzministerium, I. HA Rep. 151, Nr. 1060, Ausfuhrverbot von Kunstgegenständen und national wertvollen Kunstwerken, 1938–1939.
- Best. Landesamt für Familiengüter, I. HA Rep. 167, Nr. 16, Sicherung der Archive, Kunstgegenstände, Sammlungen usw., 1921–1926.
- Best. Kultusministerium, I. HA Rep. 76, Ve Sekt. 1 Abt. III Nr. 80, Verbot der Veräußerung und Ausfuhr von Kunstgegenständen, 1918–1919.
- Nachlass Becker, VI. HA NL Becker, C. H., 1618, Kunstfragen, 1925.

Hauptstaatsarchiv Hannover (HStA Hannover)

Bestand Niedersächsisches Ministerium für Wissenschaft und Kultur
- Nds. 401 Acc. 112/83, Nr. 1031–1033, Liste der national wertvollen Kunstwerke, 1948–71.
- Nds. 401 Acc. 112/83, Nr. 321–322, Schutz des deutschen Kulturguts – Liste der national wertvollen Kunstwerke, 1959–1971.

Diverse Bestände
- Best. Landesfinanzamt/Oberfinanzpräsident in Hannover. Hann. 210 Acc. 32/95, Nr. 78, Überwachung der Ein- und Ausfuhr, 1922–1925.
- Best. Staatskanzlei, Nds. 50 Acc. 2005/014, Nr. 478, Gesetz zum Schutz von deutschem Kulturgut gegen Abwanderung vom 06.08.1955, 1951–1957.

Zentralarchiv der Staatlichen Museen Berlin (SMB-ZA)

Bestand Deutscher Museumsbund
- III/DMB, 260, 3. Versammlung 1920 in Lübeck, 1919–1920.
- III/DMB, 319, Maßnahmen des Reiches auf dem Gebiet des Kunstschutzes, 1930–35.
- III/DMB, 322, Zeitungs-Ausschnitte für Deutscher Museumsbund, 1917–1920.
- III/DMB, 342, Protokoll der zweiten Tagung am 29. und 30 Mai 1918 in Würzburg und Protokoll der dritten Tagung am 19. und 20. Mai 1920 in Lübeck, 1920.
- III/DMB, 362, Protokoll der Tagung der Mitglieder des Deutschen Museumsbundes (Abt. A), Ulm 1931, 1931.
- III/DMB, 379, Protokoll der Mainzer Tagung 20.8.1933, 1933.
- III/DMB, 387, Protokoll der Berliner Tagung Pfingsten 1934, 1934.

Bestand Gemäldegalerie
- I/GG, 18-21, Einrichtung und Instandhaltung der Gemäldegalerie, 1920–1936.
- I/GG, 138-140, Erwerbung von Gemälden in Deutschland, den Niederlanden und der Schweiz, 1917–1922.

- I/GG, 199, Erwerbung von Gemälden in Russland, Schweden, Dänemark und Polen, 1923–1941.
- I/GG, 307, Erforderte Gutachten über Gemälde, Schätzungen, 1940–1946.
- I/GG, 339, Dresdner Bank, 1935–1941.

Bestand Nationalgalerie
- I/NG, 467, Beratungen der Landeskunstkommission, 1919.
- I/NG, 847, Schutz der national wertvollen Kunstwerke, 1919–1941.
- I/NG, 854, Fremde Kunstsachen, 1915–1925.
- I/NG, 894, Instruktionen, 1936–1939.
- I/NG, 946, Verkauf und Tausch von Kunstwerken, 1933–1938.
- I/NG, Künstlerspezialakte Menzel

Bestand Skulpturensammlung
- I/SKS, 108, Erforderte Gutachten über Gemälde, Schätzungen, 1929–1930.
- I/SKS, 15, Einrichtung und Instandhaltung der Abteilung der Renaissance-Skulpturen und Gipsabgüsse, 1934–1943.
- I/SKS, 53–54, Erwerbungen von Skulpturen und Gipsabgüssen des Mittelalters und der Renaissance, 1919–1921.
- I/SKS, 63–64, Erwerbungen von Skulpturen und Gipsabgüssen des Mittelalters und der Renaissance, 1933–1942.

I/SKS, 71, Glienicker Kunstwerke, 1934–1941.

Nachlass Wilhelm von Bode
- IV/NL Bode, 427, Verkauf der Sammlung Hainauer, Stumpf, Kappel und anderer Privatsammlungen, 1906–1922.
- IV/NL Bode, 429, Vorbereitung der Verordnung über die Ausfuhr von Kunstwerken, 1917–1919.
- IV/NL Bode, 430, Stellungnahme zur geplanten Verordnung über die Ausfuhr von Kunstwerken, 1918.
- IV/NL Bode, 431, Durchführung der Verordnung über die Ausfuhr von Kunstwerken, 1919–1921.
- IV/NL Bode, 432, Zusammenstellung und Veränderung der Liste der national wertvollen Kunstwerke, 1917–1926.
- IV/NL Bode, Korrespondenz mit Theodor Lewald, 1902–1928.
- IV/NL Bode, 1267/6, Korrespondenz mit Paul Clemen, 1918–1923.
- IV/NL Bode, 1434/11, Briefe Demmlers, 1913–1927.
- IV/NL Bode, 1542/5, Korrespondenz mit Drey, A. S., 1915–1917.
- IV/NL Bode, 1728/2, Korrespondenz mit Otto von Falke.
- IV/NL Bode, 1974, Korrespondenz mit Ernst Gall, 1919.
- IV/NL Bode, 2168/1, Bd. 2, Korrespondenz mit Richard Graul, 1897–1926.

IV/NL Bode, 2686, Bd. 2, Korrespondenz mit Oskar Huldschinsky.
- IV/NL Bode, 2855, Korrespondenz mit Franz Kaufmann (Aachen), 1917.
- IV/NL Bode, 2857, Korrespondenz mit Heinrich v. Kaufmann, (Sohn von Richard v. K.), 1917.
- IV/NL Bode, 3295, Korrespondenz mit Theodor Lewald, 1902–1927.
- IV/NL Bode, 4865, Korrespondenz mit Friedrich Schmidt-Ott, 1905–1928.
- IV/NL Bode, 5866, Korrespondenz mit Freiherr v. Wetzler, 1921.

Archiv Städelsches Kunstinstitut und Städtische Galerie Frankfurt a. M. (Archiv Städel)

- Nr. 141, Sigmaringer Sammlung Korrespondenz A–G, 1928.
- Nr. 608, Rückerstattung „arisierter" Kulturgüter, 1943–1952, 1932.
- Nr. 611, „Sicherung und Verwertung von Kulturgut aus jüdischem Besitz für Zwecke des Reiches: Sammlung Rothschild", 1941.
- Nr. 614, Rückerstattung „arisierter" Kulturgüter: Sammlung Goldschmidt-Rothschild, 1945–1961.
- Nr. 615, Rückerstattung „arisierter" Kulturgüter: Sammlung Carl von Weinberg, 1938–1951.
- Nr. 625, Tätigkeit E. Holzingers, Städeldirektor, als Sachverständiger zur Sicherung und Verwertung von Kulturgut aus jüdischem Besitz für Zwecke des Reiches, 1941–1943.
- Nr. 626, Städtische Galerie: Ankäufe, 1936–1949.
- Nr. 657, Restitution erworbener und Rückgabe verwahrter Kulturgüter, 1917–1961.

- Nr. 689, Aufbewahrung und Rückgabe der Sammlung Posen, 1943–1953, 1977–1978.
- Nr. 698, Bericht von Georg Swarzenski über die Tätigkeit des Städelschen Kunstinstituts von 1907–1938.
- Nr. 730, Gutachten und Korrespondenz mit Behörden, 1914–1956.
- Nr. 731, National wertvolle Sammlungen, bis 1947.
- Nr. 748, Korrespondenz zur Sigmaringer Sammlung (H–R), 1928–1936.
- Nr. 752, Sigmaringer Sammlung: Verträge, Korrespondenz, Abrechnung, Verzeichnisse und Notizen, 1927–1929.

Institut für Stadtgeschichte Frankfurt a. M. (ISG Ffm)

- Magistratsakten, MA 7.853, Schutz wissenschaftlicher und künstlerischer Werke, 1930–1954.
- Magistratsakten, MA 7.863, Erwerb und Erhalt von Kunstgegenständen, Kunstschätzen und -Sammlungen, 1930–1955.
- Magistratsakten, S 1.533, Erwerb eines Teils der Sigmaringer Sammlung für die Städtische Galerie und den Mitteldeutschen Kunstgewerbeverein, 1928–1929.
- Museum für Kunsthandwerk, Nr. 45, Abschrift der Liste der national wertvollen Kunstwerke, 1938.

Archiv Museum Folkwang

- D 12, Erwerb von Kunstwerken, 1936.
- D 21, Georg Hirschland, Familie und Unternehmen im „Dritten Reich", 1935–1939, 1945–1950.
- D 22, Protokolle über Sitzungen des Kuratoriums des Folkwangs, 1947–1949.
- E 19, Die unter „entartete Kunst" fallenden Bilder, Aquarelle, Graphiken, Plastiken, 1937–1942, 1957–1958.
- E 23–25, Georg-Hirschland-Gemälde-Sammlung, 1938–1939, 1942, 1945–1957.

Sachsen

Sächsisches Hauptstaatsarchiv Dresden (SächsHStA)

Bestand Ministerium des Innern
- 10736, Nr. 17455, Ausfuhrverbot für Kunstwerke, 1917–1921.

Bestand Ministerium des Kultus und öffentlichen Unterricht
- 11125, Nr. 18813, Denkmalrat, 1875–1936.
- 11125, Nr. 18815, Verschiedenes, 1934–1937.
- 11125, Nr. 19242, Altertümer, Volkskunde, heimatliche Kunst, Kunst- und Naturdenkmäler, Bd. 1, 1922–1938.
- 11125, Nr. 20482, Herrmann Vogels Familienstiftung in Chemnitz, 1918–1920.
- 11125, Nr. N 011, Neue Gemäldegalerie, 1930–1939.
- 11125, Nr. N 024, Porzellansammlung, Sammlung Feist Berlin, 1934–1941.
- 11125, Nr. N 041, Verwaltung und Vermehrung der Königlichen Sammlungen, 1915–1944.
- 11125, Nr. N 043, Direktorenbesprechungen, 1937–1944.

Archiv Staatliche Kunstsammlungen Dresden (SKD Altregistratur)

Bestand Gemäldegalerie
- 01/GG 15, Bd. 9, Verschiedenes, 1913–1923.
- 01/GG 16, Bd. 24, Caspar-David-Friedrich-Ausstellung Mai–August 1940, 1939–1940.

- 01/GG 30, National wertvolle Kunstwerke, 1919–1935.
- 01/GG 4, Bd. 14, Vermehrung, 1917–1920.
- 01/GG 6, Bd. 13, Abgang oder Verleihung von Gemälden, auch Tausch, 1921–1923.
- 01/GG 6, Bd. 14, Abgang oder Verleihung von Gemälden, auch Tausch, 1924.
- 01/GG 6, Bd. 15, Abgang oder Verleihung von Gemälden, auch Tausch, 1925–1926.
- 01/GG 6, Bd. 19, Abgang und Verleihung von Gemälden, 1934–1935.

Thüringen

Thüringisches Hauptstaatsarchiv Weimar (ThHStA Weimar)

Bestand Thüringisches Volksbildungsministerium
- C 925, Verschiedene allgemeine Angelegenheiten, 1921–1923.
- C 984, Schutz und Ausfuhr von national wertvollen Kunstwerken, 1919–1943.
- C 985, Schutz und Ausfuhr von national wertvollen Kunstwerken, 1920–1925.
- C 986, Schutz und Ausfuhr von national wertvollen Kunstwerken, 1925–1931.
- C 987, Schutz und Ausfuhr von national wertvollen Kunstwerken, 1931–1941.
- C 988, Schutz und Ausfuhr von national wertvollen Kunstwerken, 1941–1943.
- C 1348, Museums-Angelegenheiten (staatl. oder nichtstaatl.), Allgemein, 1931–1938.

Diverse Bestände
- Großherzogliche Schatullverwaltung Weimar, Nr. 453, Verzeichnisse der national wertvollen Kunstwerke im Besitz des Großherzoglichen Hauses, deren Eintragung bzw. Streichung im Reichsamt, 1923–1939.
- Thüringisches Ministerium des Innern, A 943–945, Feststellung und Erfassung deutscher Rechtsaltertümer in Thüringen sowie die Erhaltung national wertvoller Kunstgüter in Thüringen, Einzelfälle, 1936–1945.

Goethe- und Schiller-Archiv der Klassik Stiftung Weimar (GSA)

Bestand Kunstsammlungen
- KuSa, A 0243, Sicherstellung von Kunstwerken aus Weimarer Privatbesitz gegen Fliegergefahr, 1943–1945.
- KuSa, A 0265, Schutz von Kulturgut gegen die Abwanderung, Bergung und Sicherstellung von Kulturgut, 1939–1966.
- KuSa, A 0306, Zusammenarbeit mit der Wartburgstiftung, 1921–1951.

Württemberg

Hauptstaatsarchiv Stuttgart (HStA Stuttgart)

Bestand Staatsministerium
- E 130 b, Bü 1539, Schutz von Kunstwerken und Denkmälern, vor allem Überwachung der Ausfuhr und Anlegung entsprechender Verzeichnisse, 1917–Mrz. 1920.
- E 130 b, Bü 1540, Schutz von Kunstwerken und Denkmälern, vor allem Überwachung der Ausfuhr und Anlegung entsprechender Verzeichnisse, Aug. 1920–1939.
- E 130 b, Bü 1541, Einzelne Kunstwerke, 1935/36.
- E 130 b, Bü 67, Vermögensauseinandersetzung zwischen dem württembergischen Staat und dem Haus Württemberg, 1918–1935.
- EA 1/014, Bü 636, Beratungen zur Neufassung des Gesetzes über die Ausfuhr national wertvoller Kunstwerke sowie Tätigkeit einer Kommission der Kunstreferenten, 1947–48.

Primärliteratur

Aus Zeitungen und Zeitschriften

Ambros, Wilhelm: Das Gesetz über die Inlandsveräußerungen und über die Ausfuhr von Kunstwerken, in: Mitteilungen des Staatsdenkmalamtes, Bd. 2/3, H. 1–3, 1920/21, S. 45–47.

Anonym: Lex Pacca, in: Vossische Zeitung, Nr. 135, 14.3.1919.

Anonym: Aktionsergebnisse Sammlung Margarete Oppenheim, in: Pantheon, 9. Jg., Bd. 18 1936, S. 242.

Anonym: Art sales after the war, in: American Art News, 17. Jg., Nr. 8, 30.11.1918.

Anonym: Ausfuhr von Kunstgegenständen. Liste der national wertvollen Kunstwerke in Vorbereitung, in: Die Weltkunst, 21. Jg., Nr. 24, 15.12.1951, Beilage.

Anonym: Ausfuhr von Kunstwerken nach Amerika, in: Der Kunstmarkt, 12. Jg., Nr. 41, 3.9.1915, S. 165–166.

Anonym: Ausfuhr von Kunstwerken und Altertümern, in: Die Denkmalpflege, 20. Jg., Nr. 3, 6.3.1918, S. 23–34.

Anonym: Ausfuhrverbot für Kunstwerke aus Rußland, in: Der Cicerone, 11. Jg., H. 7 1919, S. 197.

Anonym: Ausfuhrverbot für Kunstwerke, in: Vorwärts, Nr. 635, 12.12.1919.

Anonym: Ausfuhrverbot und Schutz der französischen Kunstwerke, in: Der Cicerone, 1. Jg., H. 15, August 1919, S. 492.

Anonym: Ausverkauf, in: Kunst und Künstler, 18. Jg., H. 5 1920, S. 191–195.

Anonym: Autoritäre Führung für alle Gebiete der Kultur. Die Führerrede auf der Kulturtagung, in: Deutsche Allgemeine Zeitung, Nr. 424–425, 11.9.1936, 2. Beiblatt.

Anonym: Chinesische Denkmalpflege nach preußischem Vorbild, in: Die Weltkunst, 9. Jg., Nr. 21, 26.5.1935.

Anonym: Das Abkommen zwischen dem Großherzog und dem Staat, in: Nachrichten für Stadt und Land Oldenburg, 15.5.1919.

Anonym: Das dänische Gesetz zum Schutze der weltlichen Denkmäler, in: Die Denkmalpflege, 20. Jg., Nr. 6, 15.5.1918, S. 47–48.

Anonym: Das französische Ausfuhrverbot von Kunstwerken, in: Kunstchronik und Kunstmarkt, 55. Jg., Nr. 36, 4.6.1920, S. 709.

Anonym: Das neue amerikanische Kunsteinfuhrgesetz, in: Der Cicerone, 1. Jg., H. 16, August 1909, S. 522–523.

Anonym: Das Notgesetz gegen die Abwanderung deutschen Kunstbesitzes ins Ausland, in: Die Denkmalpflege, 21. Jg., Nr. 14, 12.11.1919, S. 106–107.

Anonym: Das Schicksal der Großherzoglichen Galerie, in: Nachrichten für Stadt und Land Oldenburg, Beilage, Nr. 353, 29.12.1921.

Anonym: Das Schicksal der Oldenburger Galerie, in: Kunstchronik und Kunstmarkt, 54. Jg., Nr. 42, 1.8.1919, S. 895–896.

Anonym: Denkmalschutzgesetz in der Tschechoslowakei, in: Die Weltkunst, 11. Jg., Nr. 10, 7.3.1937.

Anonym: Der Colmarer Rembrandt ins Ausland verkauft, in: Kölnische Volkszeitung, Nr. 626, 10.8.1918.

Anonym: Der ehemalige Großherzog von Oldenburg als Bilderschieber, in: Volksstimme, 25.9.1919.

Anonym: Der Friedensvertrag und der Genter Altar, in: Der Cicerone, 11. Jg., H. 10 1919, S. 295–296.

Anonym: Der Kampf gegen die Besteuerung von Kunstwerken, in: Der Kunstmarkt, 13. Jg., Nr. 21, 18.2.1916, S. 88.

Anonym: Der Kunsthandel während des Krieges, in: Der Kunstmarkt, 1914, S. 29.

Anonym: Der Preußische Staat und die Ehemals Königlichen Schlösser, in: Kunstchronik und Kunstmarkt, 55. Jg., Nr. 19, 6.2.1920, S. 390–392.

Anonym: Der Rembrandtverkauf, in: Kunst und Künstler, 16. Jg. 1918, S. 487–489.

Anonym: Der Verkauf der Oldenburger Galerie, in: Der Cicerone, 11. Jg., H. 20 1919, S. 663–664.

Anonym: Der Verkauf der Sammlung James Simon, in: Kunstchronik und Kunstmarkt, 54. Jg., Nr. 20, 28.2.1919, S. 427.

Anonym: Der Verkauf eines Rembrandt an das Ausland durch die Stadt Colmar, in: Kunstchronik, 29. Jg., Nr. 38/39, 19.7.1918, S. 409–411.

Anonym: Der verkaufte Rembrandt, in: Straßburger Post, Nr. 410, 28.7.1918.

Anonym: Deutsche Gemälde in Amerika, in: Die Weltkunst, 10. Jg., Nr. 15, 12.4.1936.
Anonym: Deutsche Kunstwerke am ausländischen Markt, in: Die Weltkunst, 10. Jg., Nr. 6, 9.2.1936.
Anonym: Deutsches Denkmalschutzgesetz, in: Die Weltkunst, 7. Jg., Nr. 47, 19.11.1933.
Anonym: Die Aufhebung des englischen Kunstausfuhrverbots, in: Der Cicerone, 11. Jg., H. 7 1919, S. 189.
Anonym: Die Ausfuhr von Kunstwerken aus Frankreich, in: Der Cicerone, 12. Jg., H. 10 1920, S. 414.
Anonym: Die Ausfuhr von Kunstwerken ins besetzte Gebiet, in: Der Kunstwanderer, 2. Jg., 1. Februarheft 1920, S. 236.
Anonym: Die Betreuung der Heimatmuseen, in: Die Weltkunst, 10. Jg., Nr. 12, 29.3.1936.
Anonym: Die deutsche Ein- und Ausfuhr von Kunstwerken. Eine Eingabe an das Reichswirtschaftsministerium in Berlin, in: Der Kunstwanderer, 1. Jg., 2. Oktoberheft 1919, S. 83–84.
Anonym: Die Entwicklung des Berliner Kunstmarktes. Von ‚Unter den Linden' bis in das Tiergartenviertel, in: Der Kunstwanderer, 10. Jg., 1./2. Märzheft 1928, S. 299.
Anonym: Die finanzielle Auseinandersetzung zwischen Krone und Staat. Das Krongut, in: Schwäbischer Merkur, Nr. 53, 1.2.1919.
Anonym: Die Fürstlich-Hohenzollernschen Sammlungen in Sigmaringen I: Gemälde, in: Pantheon, Bd. 1 1928, S. 59–65.
Anonym: Die große Kulturrede des Führers, in: Völkischer Beobachter, Nr. 251, 8.9.1937, S. 2–6.
Anonym: Die Lage des privaten deutschen Kunstbesitzes, in: Antiquitäten-Zeitung, 29. Jg., Nr. 2, 15.1.1921.
Anonym: Die Ursachen der Verordnung. Die Aufnahme in den Sammlerkreisen, in: Der Kunstwanderer, 1. Jg., 2. Dezemberheft 1919, S. 166–167.
Anonym: Die Versteigerung der Sammlung von Kaufmann, in: Der Cicerone, 10. Jg., H. 1/2, Januar 1918, S. 24–31.
Anonym: Ein Angriff auf die deutschen Kunstschätze, in: Hamburger Fremdenblatt, Nr. 189, 12.4.1919.
Anonym: Ein Ausfuhrverbot für Kunstwerke, in: Deutsche Allgemeine Zeitung, 59. Jg., Nr. 612, 12.12.1919.
Anonym: Ein Kunstausfuhrverbot zum Schutze wertvollen deutschen Besitzes, in: Die Denkmalpflege, 21. Jg., Nr. 16, 24.12.1919, S. 122.
Anonym: Ein neues Kunstgesetz. Teilweise Sperrung des deutschen Kunstbesitzes, in: Der Tag, Nr. 599, 12.12.1919.
Anonym: Ein russisches Ausfuhrverbot für Kunstgegenstände, in: Kunstchronik und Kunstmarkt, 54. Jg., Nr. 6, 22.11.1918, S. 125.
Anonym: Eine Ausfuhrsteuer auf französische Kunstwerke, in: Der Kunstmarkt, 13. Jg., Nr. 22, 25.2.1916, S. 95.
Anonym: Erleichterungen der Kunstausfuhr aus Italien, in: Die Weltkunst, 11. Jg., N. 34/35, 29.8.1937.
Anonym: Frankreichs Kunstraub-Gelüste, in: Die Post, Nr. 89, 14.2.1919.
Anonym: Gegen die Verschleppung deutscher Kunstschätze, in: München-Augsburger Abendzeitung, Nr. 224, 3.5.1918.
Anonym: Göbbels will mit „entarteter Kunst" ein Devisengeschäft machen. Verkauf ins Ausland geplant, in: Pariser Tageszeitung, Nr. 438, 25.6.1937.
Anonym: Grünewald's „klein Crucifix". Ein nationales Kunstdenkmal, in: Kunst der Nation, 2. Jg., Nr. 9, 1.5.1934.
Anonym: High art prices abroad, in: American Art News, 16. Jg., Nr. 16, 26.1.1918.
Anonym: Hitler über die deutsche Kunst. Große Rede des Volkskanzlers über die Kulturziele des Nationalsozialismus, in: Kölnische Zeitung, Nr. 476, Morgenausgabe, 2.9.1933, S. 1–2.
Anonym: How We Strip Europe of her Art Treasures. The Nation, in a Panic, Adopt Measures to Protect Them Against the Merciless American Raiders, in: The New York Times, 19.2.1911.
Anonym: Kauffman Sale in Berlin, in: American Art News, 16. Jg., Nr. 16, 26.1.1918.
Anonym: Krieg und Kunst, in: Kunstchronik, 1916, S. 86.
Anonym: Kundgebung gegen den Raub unserer Kunstschätze, in: Tägliche Rundschau, Nr. 172, 7.4.1919.
Anonym: Kunst in der Schweiz. Deutsche Malerei in Bern, in: Die Weltkunst, 10. Jg., Nr. 11, 15.3.1936.
Anonym: Kunstauktionen in Amerika, in: Der Kunstmarkt, 13. Jg., Nr. 23, 3.3.1916, S. 98.
Anonym: Kunstbesteuerung in Holland, in: Der Kunstmarkt, 13. Jg., Nr. 20, 11.2.1916, S. 82.
Anonym: Kunstdebatten im englischen Oberhaus, in: Kunstchronik, 28. Jg., Nr. 12, 15.12.1916, S. 101–102.
Anonym: Kunsthandel und Neuaufbau, in: Der Cicerone, 11. Jg., H. 4 1919, S. 100–102.

Anonym: Kunststeuern, in: Kunstchronik, 29. Jg., Nr. 33, 31.5.1918, S. 346–347.
Anonym: London Letter. High art prices in Berlin, in: American Art News, 16. Jg., Nr. 16, 26.1.1918.
Anonym: Markus Kappel und sein Vermächtnis, in: Der Cicerone, 12. Jg., H. 9 1920, S. 380.
Anonym: Morgans Sammlungen, in: Der Kunstmarkt, 1914, S. 175.
Anonym: Neuaufstellung des Verzeichnisses national wertvoller Kunstwerke, in: Mitteldeutsche Zeitung, Nr. 13 1925.
Anonym: Noch ein Wort zum Colmarer Bilderstreit, in: Straßburger Post, Nr. 461, 23.8.1918.
Anonym: Nochmal der Colmarer Rembrandt, in: Kunstchronik, 29. Jg., Nr. 40, 30.8.1918, S. 443.
Anonym: Notgesetz gegen Kunst-Abwanderung, in: Frankfurter Zeitung, Nr. 14, 6.1.1920.
Anonym: Österreichisches Staatsgesetz betr. Ausfuhr und Veräußerung von Gegenständen geschichtlicher, künstlerischer oder kultureller Bedeutung, in: Der Cicerone, 11. Jg., H. 3 1919, S. 62.
Anonym: Östreichs Ausverkauf, in: Der Cicerone, 11. Jg., H. 20 1919, S. 663.
Anonym: Robbing Europe of her Works of Art, in: The New York Times, 14.11.1909.
Anonym: Sperrung der Kunsteinfuhr von Deutschland nach Österreich, in: Der Kunstmarkt, 14. Jg., Nr. 18, 26.1.1917, S. 99.
Anonym: The Dürer Exhibition in Nuremberg, in: The Burlington Magazine for connoisseurs, Juli 1928, S. 44 f.
Anonym: Über das Schicksal der Reichskleinodien, in: Der Cicerone, 11. Jg., H. 4 1919, S. 100.
Anonym: Um den Welfenschatz, in: Frankfurter Zeitung, Nr. 614, 19.9.1930.
Anonym: Vom amerikanischen Kunstmarkte, in: Der Kunstmarkt, 14. Jg., Nr. 26, 23.3.1917, S. 148–149.
Anonym: Vom deutschen Kunstmarkt im Kriege, in: Der Kunstmarkt, 12. Jg., Nr. 41, 3.9.1915, S. 166.
Anonym: Was Wilhelm kostet!, in: Der deutsche Vorwärts, Morgenausgabe, 7.11.1920.
Anonym: Wer nicht richtig malt, wird sterilisiert. Also sprach der Diktator des Dritten Reiches, in: Pariser Tageszeitung, Nr. 402, 20.7.1937, S. 2.
B., E. v.: Verkauf eines Porträts von Rembrandt ans Ausland, in: Frankfurter Zeitung, Nr. 205, 26.7.1918.
B.: Der Ausverkauf in der Hamburger Kunsthalle, in: Der Cicerone, 12. Jg., H. 4 1920, S. 164–165.
B.: Der Verkauf der Oldenburger Galerie, in: Der Cicerone, 11. Jg. 1919, S. 814.
B[iermann], G[eorg]: Das Ausfuhrverbot von Kunstwerken, in: Der Cicerone, 12. Jg., H. 1 1920, S. 29–30.
B[usch] v., [Wilhelm]: Die Auflösung der Oldenburger Gemäldegalerie, in: Nachrichten für Stadt und Land Oldenburg, 25.9.1919.
Berglar-Schröter, P.: Das Schicksal der Oldenburger Galerie, in: Münchner Neueste Nachrichten, 73. Jg., Nr. 96, 4.3.1920.
Beyer, Fritz: Verrat an der deutschen Kunst! Der Museumsskandal in Essen, in: Deutsche Kulturwacht, H. 12 1933.
Biermann, Georg: Der Katalog der Sammlung Oskar Huldschinsky, in: Der Cicerone, 20. Jg., H. 7 1928, S. 247–250.
Biermann, Georg: Der Kunstschutz im Kriege, in: Der Cicerone, 12. Jg., H. 3 1920, S. 124–125.
Biermann, Georg: Die deutsche Kunst in der Zukunft, in: Der Cicerone, 10. Jg., H. 15/16 1918, S. 249–255.
Bode, Wilhelm von: Ausstellung von Werken der niederländischen Kunst. Die Gemälde aus Berliner Privatbesitz, in: Jahrbuch der Königlich Preußischen Kunstsammlungen, 11. Bd. 1890, S. 199–241.
Bode, Wilhelm von: Rembrandt als Erzieher von einem Deutschen, in: Preußische Jahrbücher, 65. Bd. 1890, S. 301–314.
Bode, Wilhelm von: Die amerikanische Konkurrenz im Kunsthandel und ihre Gefahr für Europa, in: Kunst und Künstler, 1. Jg., 1902, S. 5–12.
Bode, Wilhelm von: Die amerikanischen Gemäldesammlungen in ihrer neueren Entwicklung, in: Kunst und Künstler, 2. Jg. 1904, S. 387–389.
Bode, Wilhelm von: Eine Verkündigung Botticellis in der Sammlung Huldschinsky zu Berlin, in: Jahrbuch der Königlich Preußischen Kunstsammlungen, 27. Bd., 1906, H. 3 1906, S. 245–248.
Bode, Wilhelm: Die amerikanische Gefahr im Kunsthandel, in: Kunst und Künstler, 5. Jg., H. 1 1906, S. 3–6.
Bode, Wilhelm von: Paris und London unter dem Gestirn der amerikanischen Kaufwut, in: Der Cicerone, 1. Jg., H. 14, Juli 1909, S. 441–443.
Bode, Wilhelm von: Die Berliner Museen und die amerikanische Konkurrenz, in: Der Cicerone, 2. Jg., H. 3, Februar 1910, S. 81–84.
Bode, Wilhelm: Ein englischer Sammler und sein Vermächtnis an die Nation, in: Kunstchronik, 21. Jg. 1910, S. 225–228.

Bode, Wilhelm von: Die hohen Preise im Kunsthandel, ihre Ursachen und Folgen, in: Der Kunsthandel, 9. Jg., H. 3, März 1917, S. 51–53.

Bode, Wilhelm von: Ist die Ausdehnung der Luxuswarensteuer auf Kunstwerke gerechtfertigt?, in: Der Tag, Nr. 84, 12.4.1917.

Bode, Wilhelm von: Ist ein Kunstausfuhrverbot für Deutschland wünschenswert?, in: Kunstchronik, 29. Jg., Nr. 15, 18.1.1918, S. 162.

Bode, Wilhelm von: Zur ‚Inventarisierung des Kunstbesitzes', in: Vossische Zeitung, Nr. 88, Morgenausgabe, 17.2.1918.

Bode, Wilhelm von: Der Kunsthandel und das Kunstauktionswesen in Deutschland während des Krieges, in: Der Kunstwart, 31. Jg., H. 8 1918, S. 33–36.

Bode, Wilhelm: Die Kunstraubgelüste unserer Feinde, in: Kunstchronik und Kunstmarkt, 54. Jg., Nr. 17, 7.2.1919, S. 337–340.

Bode, Wilhelm von: Öffentlichkeit des Kunstsammelns, in: Kunstchronik und Kunstmarkt, 54. Jg., Nr. 28, 25.4.1919, S. 569–571.

Bode, Wilhelm von: Das neue Kunst-Notgesetz, in: Dortmunder Zeitung, 30.12.1919.

Bode, Wilhelm: Die älteren Privatsammlungen in Berlin und die Bildung neuer Sammlungen nach dem Kriege 1870, in: Der Kunstwanderer, 1./2. Septemberheft 1922, S. 7–8 und S. 30–32.

Bode, Wilhelm: Die älteren Privatsammlungen in Berlin und die Bildung neuer Sammlungen nach dem Kriege 1870, in: Der Kunstwanderer, 2. Augustheft 1922, S. 539–540.

Brieger, Lothar: Öffentlichkeit des Kunstsammelns, in: Der Sammler, 1919.

Burchard, Ludwig: Werke alter Kunst aus Berliner Privatbesitz, in: Kunst und Künstler, 13. Jg., H. 11 1915, S. 516–525.

Clemen, Paul: Inventarisation der Belgischen Kunstdenkmäler, in: Kunstchronik, 29. Jg., Nr. 42, 13.9.1918, S. 485–488.

Clemen, Paul: Der österreichische Kunstausverkauf, in: Kunstwart und Kulturwart, 33. Jg., Nr. 6 1919, S. 249–252.

Clemen, Paul: Die Gefährdung des deutschen Kunstbesitzes, in: Tägliche Rundschau, Unterhaltungsbeilage, 39. Jg., Nr. 262, 26.11. und Nr. 263, 27.11.1919.

Clemen, Paul: Die Abwanderung des deutschen Kunstbesitzes und die neue Kunstschutzverordnung, in: Der Cicerone, 12. Jg., H. 5 1920, S.193–205.

D.: Deutsche Kunstwerke in Gefahr?, in: Die Weltkunst, 10. Jg., Nr. 3, 19.1.1936.

Demus, Otto: Der Kampf um die Erhaltung des beweglichen Kunstdenkmälerbesitzes in Österreich, in: Deutsche Kunst und Denkmalpflege, 1938, S. 128–132.

Diez, Ernst: Kunstgeschichte und Weltkrieg, in: Kunstchronik, 1916, S. 81–84.

Donath, Adolph: Die Aussichten des deutschen Kunstmarktes, in: Der Kunstwanderer, 1. Jg., 1. Septemberheft 1919, S. 16.

Donath, Adolph: Der deutsche Kunsthandel und die Valuta, in: Der Kunstwanderer, 2. Jg., 2. Februarheft 1920, S. 243–244.

Donath, Adolph: Bode und die Privatsammler, in: Der Kunstwanderer, 1./2. Dezemberheft 1925, S. 151–152.

Dorner, Alexander: 25 deutsche Kunstwerke, in: Hannoversche Kurier, Nr. 190/91, 25.4.1931.

Dresler, Adolf: Italienische Kunst von 1800 bis zur Gegenwart, in: Völkischer Beobachter, Nr. 302, 29.10.1937, S. 5.

Dube, Wolf-Dieter: Teure Kunst, billiger Ausgleich, in: Der Spiegel, Nr. 5 1985, S. 158–164.

Dvořák, Max: Ausfuhrverbot für alte Kunstwerke, Februar/März 1918, Zeitung unbekannt, in: SMB-ZA, IV/NL Bode, 431.

Eckstein, Hans: Was ist deutsch an der Kunst der Deutschen?, in: Kunst der Nation, 1. Jg., Nr. 3, 1.12.1933, S. 4.

Ehl, Heinrich: Die Sammlung Theodor Behrens in Hamburg. Zur Psychologie des Kunstsammlers, in: Hamburger Fremdenblatt, Nr. 227, Morgenausgabe, 16.8.1924.

Falke, Otto von: Der Welfenschatz, in: Pantheon, Bd. 2 1928, S. 582–587.

Falke, Otto von: Sigmaringer Museum. II: Kunstgewerbe des Mittelalters, in: Pantheon, Bd. 1 1928, S. 115–123.

Falke, Otto von: Sigmaringer Museum. III: Kunstgewerbe der Renaissance, in: Pantheon, Bd. 1 1928, S. 178–186.

Feder, Ernst: Die Abfindung der Hohenzollern, in: Berliner Tageblatt, Nr. 265, 8.6.1922.
Feilchenfeldt, Walter: Van Gogh fakes: the Wacker affair, with an illustrated catalogue of the forgeries, in: Netherlands quarterly for the history of art, Vol. 19, Nr. 4 1989, S. 289–316.
Fischer, Otto: Hans Multscher, in: Pantheon, 12. Jg., H. 11 1939, S. 327–333.
Fr., H.: Der Verkauf des Colmarer Rembrandtbildes nach Schweden, in: Der Cicerone, 10. Jg., H. 15/16 1918, S. 258.
Frey, Dagobert: Die Verstaatlichung und Inventarisierung des Habsburg-Lothringischen Kunstbesitzes, in: Mitteilungen des Staatsdenkmalamtes, Bd. 1, H. 1 1919, S. 1–22.
Friedeberger, H.: Die Sammlung Richard von Kaufmann-Berlin, in: Der Cicerone, 9. Jg., H. 21/22 1917, S. 373–381.
Friedländer, Max J.: Die Kupferstich-Auktion Vincent Mayer, in: Der Kunstwanderer, 1. Jg., 2. Oktoberheft 1919, S. 67–68.
Friedländer, Max J.: Die Sammlung Oskar Huldschinsky, in: Der Cicerone, 20. Jg., H. 1 1928, S. 1–8.
G. W.: Ausfuhrverbot in Österreich, in: Der Cicerone, 11. Jg., H. 7 1919, S. 189.
G., K.: Missstände auf dem Kunstmarkt, in: Der Kunstmarkt, 15. Jg., Nr. 26, 12.4.1918, S. 169–170.
G.: Das Kunstausfuhrverbot, in: Berliner Börsen-Courier, Nr. 385, 16.12.1919.
G.: Die Vente Huldschinsky, in: Der Cicerone, 20. Jg., H. 10 1928, S. 356.
G.: Ein Ausfuhrverbot für Kunstwerke, in: Neue Preußische Zeitung (Kreuz-Zeitung), Nr. 606, 13.12.1919.
G[rautoff]., O[tto].: Der Kunsthandel nach dem Kriege, in: Der Cicerone, 8. Jg., H. 9/10 1916, S. 205.
Gall, Ernst: Die Reichsverordnung über den Schutz von Denkmalen und Kunstwerken vom 8. Mai 1920, in: Kunstchronik und Kunstmarkt, 56. Jg., Nr. 4/5, 22./29.10.1920, S. 63–69.
Gertz, Ulrich: Italien und die deutsche Kunst, in: Die Kunst im Deutschen Reich, 4. Jg. 1940, S. 356–360.
Gilg, Alfred: Der verkaufte Rembrandt, in: Berliner Tageblatt, 1918.
Ginhart, Karl: Das österreichische Ausfuhrverbot, in: Deutsche Kunst und Denkmalpflege, 1936, S. 121–123.
Glaser, Curt: Die Auktion Schmeil bei Paul Cassirer in Berlin, in: Der Kunstmarkt, 14. Jg., Nr. 5, 27.10.1916, S. 21–26.
Glaser, Curt: Die Kunstraubpläne der Entente, in: Berliner Börsen-Courier, Nr. 59, 5.2.1919.
Glaser, Curt: Ein Kunstausfuhrverbot für das Reich, in: Zeitschrift für bildende Künste, 55. Jg., Nr. 12, 19.12.1919, S. 353–354.
Glück, Gustav: Das Ausfuhrverbot und unsere Museen, in: Neues Wiener Tageblatt, 12.3.1918.
Gradmann, E.: Württembergische Museen- und Denkmalpflegefragen, in: Der Cicerone, 11. Jg., H. 13 1919, S. 409–411.
Grautoff, Otto: Die letzten französischen Massnahmen zum Schutz der Kunstdenkmäler, in: Der Cicerone, 10. Jg., H. 19/20 1918, S. 297–304.
Grautoff, Otto: Denkmalschutz und Kunstraubpolitik in Frankreich, in: Der Cicerone, 11. Jg., H. 4 1919, S. 82–91.
Grautoff, Otto: Die Kunstraubpolitik der Franzosen, in: Kunstchronik und Kunstmarkt, 54. Jg., Nr. 30, 9.5.1919, S. 629.
H.: Die Ausfuhr von Kunstwerken aus England, in: Der Cicerone, 12. Jg., H. 6 1920, S. 254–255.
H.: Verkauf der Sigmaringer Sammlung, in: Der Cicerone, 20. Jg., H. 2 1928, S. 84.
Haumann, Konrad: Altdeutsche Teppiche und Bildwirkereien, in: Deutsche Teppich-Zeitung, H. 8, 18.8.1942, S. 7–8.
Haupt, Richard: Schutz weltlicher Baudenkmäler in Preußen und Dänemark, in: Kunstchronik, 28. Jg., Nr. 15, 5.1.1917, S. 141–145.
Heise, K. G.: Museen, Privatsammlungen und neueste Kunst, in: Museumskunde, Bd. 14, H. 4 1919, S. 146–156.
Heydenreich, Ludwig Heinrich: Der XIII. Internationale Kongress für Kunstwissenschaft in Stockholm, in: Zeitschrift für Kunstgeschichte, 2. Bd.1933, S. 410–414.
Hofstede de Groot, Cornelis: Künstlerische Beziehungen zwischen Holland und Deutschland im 17. Jahrhundert, in: Zeitschrift für bildende Künste, 55. Jg., H. 1/2, Oktober/November 1919, S. 3–10.
Horn, Walter: Heimkehr ins Reich. Das Kampfschicksal der sudetendeutschen Kunst, in: Die Kunst im Dritten Reich, 2. Jg., H. 11, November 1938, S. 332–340.
Hübner, Paul G.: Die Abfindung der Hohenzollern, in: Der Cicerone, 12. Jg., H. 5 1920, S. 206–208.

Hupp, H. W.: Düsseldorf. Ausstellung alter Kunst aus rheinisch-westfälischem Privatbesitz, in: Pantheon, Bd. 1 1928, S. 106–107.
Jahn, Johannes: Die Entdeckung der deutschen Kunst, in: Kunst der Nation, 2. Jg., Nr. 2, 15.1.1934.
Josephi, Walter: Der Kunstbesitz der deutschen Fürsten. Teil V. Die Kunstschätze des Großherzogs von Mecklenburg-Schwerin, in: Der Cicerone, 12. Jg., H. 1 1920, S. 27–29.
K., A.: Schutz dem Kunstbesitz im Feindesland, in: Deutsche Kunst und Dekoration, Bd. 35 1914, S. 179–181.
K., W.: Versteigerung der Sammlung von Kaufmann, in: Der Kunstmarkt, 15. Jg., Nr. 11, 14.12.1917, S. 77–84.
K.: Vom Propagandawert der Kunst, in: Der Cicerone, 11. Jg. 1919, S. 92–93.
Kappa: Der Kunstmarkt der Entente in Weltkriege, in: Der Cicerone, 11. Jg., H. 3 1919, S. 63–64.
Kletzl, Otto: Werke deutscher Plastik in Böhmen und Mähren, in: Pantheon, 12. Jg., Bd. 23 1939, S. 128–134.
Knilling, v.: Weltkrieg und deutsche Kulturaufgaben, in: München-Augsburger Abendzeitung, N. 609, 5.11.1916.
Koetschau, Karl: Der Deutsche Museumsbund, in: Museumskunde, Bd. 13, H. 3/4 1917, S. 134–140.
Köhler-Irrgang, Ruth: Kulturgeschichte in Bildteppichen, in: Nationalsozialistische Monatshefte, 8. Jg., H. 84 1937, S. 217–225.
Kroll, Bruno: Der neue deutsche Gobelin, in: Die Kunst im Dritten Reich, 2. Jg., H. 12 1938.
Krüger, Hans Carl: Bode und der Kunsthandel, in: Der Kunstwanderer, 1./2. Dezemberheft 1925, S. 150.
Lanz, Otto: Krieg und Kunst, in: Kunstgewerbeblatt, 26. Jg. 1915, S. 210–212.
Lanz, Otto: Ein bedenklicher Plan. Zu dem Ausfuhrverbot für Kunstwerke, in: Berliner Tageblatt, 47 Jg., Nr. 73, 9.2.1918.
Leitner, W. Dieter: Holbeins „Darmstädter Madonna" als Tauschobjekt für Basel?, in: Basler Nachrichten, Nr. 324, 5.8.1971.
Lichtwark, Alfred: Der Sammler, Zwei Teile, in: Kunst und Künstler, 10. Jg. 1912, S. 229–242 und S. 281–291.
M.: Die Sammlung Huldschisnky, in: Pantheon, Bd. 1 1928, S. 128–131.
Manheim, Ron: The „Germanic" van Gogh: a case study of cultural annexation, in: Netherlands quarterly for the history of art, Vol. 19, Nr. 4 1989, S. 277–388.
Mayer, August L.: Zum Kunstausfuhrgesetz, in: Münchner Neueste Nachrichten, Nr. 70, 17.2.1920.
Mayer, August L.: Die Fürstlich-Hohenzollernschen Sammlungen in Sigmaringen. I. Die Gemälde, in: Pantheon, Bd. 1 1928, S. 59–65.
Meier, Burkhard: Der Denkmalpflegetag in Kassel, 5. bis 8. Oktober 1933, in: Die Denkmalpflege, 7. Jg., Nr. 35 1933, S. 193–209.
Meier-Graefe, Julius: Handel und Händler. Vier Teile, in: Kunst und Künstler, 11. Jg. 1913, S. 27–34, S. 104–109, S. 196–210 und S. 306–312.
Micksch, Karl: Das Wiedererwachen des Gobelin-Verständnisses, in: Die Kunst, 23. Jg., Bd. 42 1920, S. 233–236.
Mösinger, Robert: Um einen wertvollen Kunstbesitz. Frankfurt kauft die Sammlungen des Fürsten von Sigmaringen, in: Badischer Beobachter, Nr. 174, 25.6.1928.
Müller-Wulckow, Walter: Das Landesmuseum für Kunst und Kulturgeschichte in Oldenburg, in: Museumskunde, Bd. 17, H. 3/4 1924, S. 113–130.
Müller-Wulckow, Walter: Die Bedeutung des Landesmuseums für Oldenburg, in: Der Ziehbrunnen. Oldenburger Blätter für Theater, Literatur und bildende Kunst, H. 1, März 1921, S. 25 f.
Münsterberg, Oscar: Zum Kunstausfuhrverbot, in: Der Sammler, 8. Jg., H. 10, 9. März 1918, S. 2.
N. N.: Deutsch-Österreich. Kunstschätze für Lebensmittel, in: Greifenhagener Kreiszeitung, 75. Jg., Nr. 145, 13.12.1919, S. 1.
Napp, Adolf Ernst: Das Leben des Kunstliebenden Grafen Schack, in: Völkischer Beobachter, Nr. 64, 5.3.1939.
Nissen, Momme: Dürer als Führer, in: Der Kunstwart, 17. Jg., H. 15, Mai 1904, S. 93–102.
Oldenbourg, R.: Nationale Kunst, in: Die Kunst, 34. Jg., Bd. 39 1919, S. 66–76.
Osborn, Max: Ein Kunstausfuhr-Verbot. Schutz des wertvollen nationalen Besitzes, in: Vossische Zeitung, Nr. 633, Abendausgabe, 19.12.1919.
Osborn, Max: Kunstraub, in: Vossische Zeitung, Nr. 88, 17.2.1919.

P.-N.: Verkauf des Vermeer van Delft der Sammlung Czernin ins Ausland?, in: Die Weltkunst, 10. Jg., Nr. 18, 23.5.1936.
P.-N.: Zu den Kunstverkäufen der österreichischen Stifte, in: Die Weltkunst, 10. Jg., Nr. 16, 19.4.1936.
Pannwitz, Walther von: Ein neues Kunstgesetz, in: Vossische Zeitung, Nr. 72, Abendausgabe, 8.2.1918.
Pastor, Willy: Das Gesetz gegen die Ausfuhr von Kunstwerken, in: Tägliche Rundschau, 12.12.1919.
Pauli, Gustav: Der Deutsche Museumsbund, in: Kunstchronik, 28. Jg., Nr. 36, 8.6.1917, S. 386–387.
Pauli, Gustav: Der Bilderverkauf aus dem Magazin der Hamburger Kunsthalle, in: Der Kunstwanderer, 2. Jg., 1. Februarheft 1920, S. 221–222.
Pauli, Gustav: Erwerbungen der Hamburger Kunsthalle aus den letzten Jahren, in: Kunst und Künstler, 19. Jg., H. 8 1921, S. 280–289.
Pauli, Gustav: Manet in der Kunsthalle, in: Hamburger Fremdenblatt, 21.7.1924.
Pazaurek, Gustav E.: Was geschieht mit der alten Kaiserkrone? Eine Anregung, in: Vossische Zeitung, Abendausgabe, 5.2.1919.
Pinder, Wilhelm: Was ist deutsch an der Deutschen Kunst? Zu der Schrift von K. K. Eberlein, in: Zeitschrift für Kunstgeschichte, 2. Bd. 1933, S. 405–407.
Polaczek, Ernst: Der verkaufte Rembrandt, in: Straßburger Post, Nr. 414, 30.7.1918.
Posse, Hans: Der Kunstbesitz der deutschen Fürsten. Teil III. Der Kunstbesitz des sächsischen Königshauses, in: Der Cicerone, 11. Jg., H. 7 1919, S. 181–184.
R.: Amsterdamer Auktion für den Oldenburger Großherzog, in: Der Sammler, Nr. 26, 12.6.1921.
R.: Eine Zuschrift aus Oldenburg, in: Der Sammler, 25.6.1921.
Redslob, Edwin: Zum Kunstausfuhrgesetz, in: Münchner Neueste Nachrichten, Nr. 70, 17.2.1920.
Rinnebach, Helmuth: Deutsche Bauernkunst. Zur Sonder-Ausstellung des Volkskunde-Museums in Berlin, in: Die Weltkunst, 9. Jg., Nr. 39/40, 6.10.1935.
Rittich, Werner: Kunst und Volkstum der wiedergewonnen deutschen Gaue. Ausstellung in der Nationalgalerie, in: Die Kunst im Dritten Reich, 3. Jg., H. 6, Juni 1939.
S., M.: Reichsgesetzliches gegen die Kunstausfuhr. Sicherung wichtigen nationalen Kunstbesitzes, in: Die Post, 13.12.1919.
Sallinger, Margaretta: An Annunciation by Gerard David, in: The Metropolitan Museum of Art Bulletin, Bd. 9, Nr. 9, Mai 1951, S. 225–229.
Sanetti, Josef Maria: Gerichtstag über deutsche Kunst, in: Der Christliche Ständestaat, 8.8.1937.
Sanetti, Josef Maria: Futuristen in Berlin, in: Der Christliche Ständestaat, 21.11.1937.
Schäffer, Emil: Kriegsentschädigung in Kunstwerken, in: Kunst und Künstler, 13. Jg., H. 1 1914, S. 35–43.
Schasler, Max: Zur Geschichte der Berliner Privatgalerien, in: Deutsche Kunst-Zeitung, 15. Jg. 1870, S. 115.
Scheffler, Karl: Der Kolmarer Rembrandt, in: Vossische Zeitung, Nr. 418. Morgenausgabe, 17.8.1918.
Scheffler, Karl: Kunstgesetze, in: Kunst und Künstler, 16. Jg., H. 9 1918, S. 331–333.
Scheffler, Karl: Wir und die Franzosen, in: Kunst und Künstler, 19. Jg., H. 4 1921, S. 121–123.
Scheffler, Karl: Die Sammlung Oskar Schmitz in Dresden, in: Kunst und Künstler, 19. Jg., H. 5 1921, S. 178–191.
Schmid, Bernhard: Tagung für Denkmalpflege und Heimatschutz in Eisenach, in: Die Denkmalpflege, 22. Jg., Nr. 13, 3.11.1920, S. 97–101.
Schmidt, Arthur B.: Schutz deutscher Kunstwerke und Altertümer, in: Deutsche Juristenzeitung, Nr. 3/4, 1.2.1918, S. 84–87.
Schmitz, Hermann: Bode und die Museen, in: Der Kunstwanderer, 1./2. Dezemberheft 1925, S. 145–149.
Scholz, Robert: Deutsche Kunst auf kulturellem Vorposten. Zur ersten sudetendeutschen Kunstausstellung in Berlin, in: Die Kunst im Dritten Reich, 2. Jg., H. 1, Januar 1938, S. 24–30.
Schottmüller, Frida: Der Nachlass Adolf von Beckerath. Zur Versteigerung in Lepkes Kunst-Auktions-Haus 23.–26. Mai, in: Der Kunstmarkt, 13. Jg., Nr. 33, 12.5.1916, S. 145–148.
Schramm, Wilhelm von: Van Gogh als niederdeutsches Problem, in: Kunst der Nation, 2. Jg., Nr. 5, 1.3.1934.
Schreiber, Georg: Kulturpolitik, in: Politisches Jahrbuch, 1927/1928, S. 497–521.
Schreiber, Otto-Andreas: Fortsetzung des Expressionismus, in: Kunst der Nation, 2. Jg., Nr. 7, 1.4.1934.
Schücking, Walther: Die Abfindung der Hohenzollern, in: Berliner Tageblatt, Morgenausgabe, 17.11.1920.
Schumann, Paul: Tag für Denkmalpflege, in: Kunstchronik und Kunstmarkt, 54. Jg., Nr. 40, 18.7.1919, S. 847–851.
Schwabacher, Sascha: Sigmaringen. Die Ausstellung im Städelschen Kunstinstitut, in: General-Anzeiger, Nr. 203, 29.8.1928.

Seidlitz, Woldemar von: Die Sicherung des Kunstbesitzes für den Staat, in: Museumskunde, Bd. 15, H. 1/2 1919, S. 82–84.

Seling, H.: Dürfen Kunstwerke nationaler Bedeutung ausgeführt werden? Gesetz ohne durchgreifende Wirkung, in: Die Weltkunst, 52. Jg., Nr. 20, Oktober 1982, S. 29.

Servaes, Franz: Der Krieg und der Kunstmarkt, in: Deutsche Kunst und Dekoration, Bd. 35 1914, S. 343–350.

Sommer, Johannes: Marksteine deutscher Geschichte. Zu Werner Peiners Entwürfen der Bildteppiche für die Marmorgalerie der Neuen Reichskanzlei, in: Die Kunst im Deutschen Reich, 4. Jg. 1940, S. 114–123.

Stahl, Fritz: Ein reichsgesetzliches Kunstausfuhrverbot. Bindung der Kunstwerke höchsten Wertes, in: Berliner Tageblatt, 12.12.1919.

Storck, Karl: Der Verkauf des Colmarer Rembrandt, in: Deutsche Zeitung, Nr. 464, 11.9.1918, S. 2–3.

Swarzenski, Georg: Die geplanten Ausfuhrbestimmungen für Kunstwerke, in: Frankfurter Zeitung, 17.1.1918.

Swarzenski, Georg: Die Sammlung Harry Fuld in Frankfurt, in: Das Kunstblatt, 2. Jg. 1918, S. 78–90.

Swarzenski, Georg: Der Verkauf der Sigmaringer Sammlung, in: Zeitschrift für bildende Künste, 62. Jg., H. 11/12, 9.3.1929, S. 268–277.

Swarzenski, Georg: Sigmaringer Bilanz, in: General-Anzeiger, Nr. 67, 20.3.1929.

T(ietze), H(ans): Die Beschlagnahme des kaiserlichen Kunstbesitzes in Deutschösterreich, in: Kunstchronik und Kunstmarkt, 54. Jg., Nr. 34, 6.6.1919, S. 717.

T(ietze), H(ans): Ein Ausfuhrverbot für Kunstwerke in Deutsch-Österreich, in: Kunstchronik und Kunstmarkt, 54. Jg., Nr. 10, 20.12.1918, S. 204.

Thiébault-Sisson, François: L'Allemagne et la peinture étrangère, in: Le Temps, 55. Jg., Nr. 19743, 27.7.1915, S. 2.

Thyssen, E.: Ein Kunstausfuhrverbot, in: Germania, 13.12.1919.

Tietze, Hans: Der Abtransport von Kunstwerken aus Wien, in: Kunstchronik und Kunstmarkt, 54. Jg., Nr. 20, 28.11.1919, S. 408–415.

Tietze, Hans: Der Schutz des öffentlichen Kunstbesitzes, in: Die bildenden Künste, 2. Jg. 1919, S. 65.

Tietze, Hans: Deutsche Kunst, in: Kunstchronik, 28. Jg., Nr. 15, 5.1.1917, S. 137–141.

Tietze, Hans: Die Kunst im neuen Staat. Ein offener Brief an alle Freunde der Kunst in Deutschösterreich, in: Die bildenden Künste, 2. Jg., 1919, S. 97.

Tietze, Hans: Italiens Ansprüche auf deutschen und österreichischen Kunstbesitz, in: Kunstchronik und Kunstmarkt, 54. Jg., Nr. 17, 7.2.1919, S. 341–346.

Troche, E. G.: Die Ausstellung „Deutsche Bauernkunst" im neuen Museum für deutsche Volkskunde, in: Pantheon, 8. Jg., Bd. 16 1935, S. 413.

Uebe, Rudolf: Der Kunstbesitz der deutschen Fürsten. Teil IV. Kunstschätze der Herzöge von Anhalt, in: Der Cicerone, 11. Jg., H. 7 1919, S. 184–186.

Uhde-Bernays, Hermann: Der Kunstbesitz der deutschen Fürsten. Teil II. Der Kunstbesitz der Wittelsbacher, in: Der Cicerone, 11. Jg., H. 3 1919, S. 40–42.

Valentiner, Wilhelm R.: Amerikanische Privatsammlungen, in: Kunst und Künstler, 18. Jg., H. 8 1920, S. 347–372.

Voll, Karl: Wilhelm Valentiner. Aus der niederländischen Kunst. Mit 60 Abbildungen. Bei Bruno Cassirer Berlin 1916, in: Kunst und Künstler, 15. Jg., H. 3 1917, S. 153.

W., G.: Ausfuhrverbot in Österreich, in: Der Cicerone, 11. Jg., H. 7 1919, S. 189.

W. R. D.: Kunsthandel und Kunstauktionen. Bemerkungen zur ersten van Diemen-Auktion, in: Die Weltkunst, 9. Jg., Nr. 5, 3.2.1935.

Waetzoldt, Wilhelm: Stuppach oder Braunschweig, in: Vossische Zeitung, Nr. 149, 30.6.1931.

Waldmann, Emil: Emil Males Angriff auf die deutsche Kunst, in: Kunst und Künstler, 15. Jg., H. 9 1917, S. 447–448.

Waldmann, Emil: Der Krieg und die Bilderpreise, in: Kunst und Künstler, 15. Jg., H. 8 1917, S. 376–386.

Waldmann, Emil: Ein Ausfuhrgesetz für deutsche Kunst, in: Deutsche Kunst und Dekoration, 45. Jg., Oktober 1919, S. 126–128.

Waldmann, Emil: Leih-Ausstellung von Gemälden alter Meister aus Frankfurter Privatbesitz, in: Kunst und Künstler, 23. Jg. H. 12 1925, S. 482–485.

Waldmann, Emil: Was amerikanische Sammler verschenken, in: Dresdner Neueste Nachrichten, 38. Jg., Nr. 93, 20.4.1930.
Waldmann, Emil: Die Kunstverkäufe der ehemaligen Fürsten, in: Weser-Zeitung, 18.11.1930.
Waldmann, Emil: Ruhe um den Welfenschatz, in: Dresdner Neueste Nachrichten, 39. Jg., Nr. 205, 3.9.1931, S. 2.
Waldmann, Emil: 25 deutsche Kunstwerke, in: Hannoversche Kurier, Nr. 190/91, 25.4.1931.
Waldmann, Emil: Deutsches Schicksal – deutsche Kunst. Eine neue Bilderreihe der Grünen Post, in: Die Grüne Post, Oktober 1935.
Waldmann, Emil: Kauft Amerika Europa auf? Kunstschätze aus zwanzig amerikanischen Museen, in: Deutsche Allgemeine Zeitung, 1.12.1935.
Waldmann, Emil: Ein Schutzgesetz für den deutschen Kunstbesitz, Zeitung unbekannt, in: LMO-MW Nr. 85.
Westheim, Paul: Van Gogh wird annektiert. Ein „Vorläufer des nordischen Aufbruchs", in: Deutsche Stimmen, 3.1.1935.
Westheim, Paul: Roselius schliesst die Boettcherstrasse. Eine Folge der Nürnberger „Kultur"-Rede Hitlers, in: Pariser Tageszeitung, Nr. 107, 26.9.1936.
Westheim, Paul: Auch Rembrandt, auch Grünewald „entartet". Aus den Geheimnissen eines Schulungskurses für Museumsdirektoren, in: Pariser Tageszeitung, Nr. 583, 17.1.1938.
Wilm, Hubert: Die Sigmaringer Sammlung, in: Der Cicerone, 20. Jg., H. 19 1928, S. 634–636.
Wilm, Hubert: National wertvolles Kunstgut, in: Mitteilungen des Verbandes des Deutschen Kunst- und Antiquitätenhandels e.V., H. 2, April 1929.
Wühr, Hans: Das deutsche Antlitz in der Kunst. Albrecht Dürer: Selbstbildnis, in: Die Kunst im Dritten Reich, 3. Jg., H. 8, August 1939, S. 258.
Wühr, Hans: Hans Thoma. Zum 100. Geburtstag des Malers der deutschen Heimat, in: Die Kunst im Dritten Reich, 3. Jg., H. 10, Oktober 1939, S. 318–325.
Zimmermann, Ernst: Die Albrecht-Dürer-Ausstellung in Nürnberg, in: Zeitschrift für bildende Künste, 62. Jg., H. 3, 3. 6.1928, S. 49–54.
Zimmermann, Max Georg: Das Deutschtum in der Kunst des Tirols. Zur gleichnamigen Ausstellung im Beuth-Schinkel-Museum der Technischen Hochschule zu Berlin, in: Kunstchronik und Kunstmarkt, 54. Jg., Nr. 40, 18.7.1919, S. 836–843.

Monografien und Kataloge

Armin (Pseud.): Ist das Reichsland deutsch?, Berlin 1911.
Aubert, Andreas: Caspar David Friedrich. „Gott, Freiheit, Vaterland", aus dem Nachlass des Verfassers, hg. von G. J. Kern, Berlin 1915.
Ausst.-Kat. der Deutsch-Nationalen Kunst-Ausstellung Düsseldorf 1902. Im neuerbauten dauernden Kunstausstellungsgebäude, 1. Mai bis 20. Oktober, Düsseldorf 1902.
Ausst.-Kat. German Art from the fifteenth to the twentieth century. An exhibition of paintings, water colors and drawings held under the auspices of the Oberlaender Trust and the Carl Schurz Memorial Foundation, 1936–1937.
Ausst.-Kat. Lucas Cranch der Ältere und der Jüngere. Ausstellung von Werken aus dem Besitze der Staatlichen Sammlungen, veranstaltet aus Anlaß der Dresdner Museumswoche von der Staatlichen Gemäldegalerie und dem Staatlichen Kupferstichkabinett, Dresden 1937.
Bachmann, Luise George: Meister, Bürger und Rebell. Das Lebensbild Tilman Riemenschneiders, Paderborn 1937.
Barack, Karl August: Die Handschriften der Fürstlich-Fürstenbergischen Hofbibliothek zu Donaueschingen, Tübingen 1865.
Becker, Carl Heinrich: Kulturpolitische Aufgaben des Reiches, Leipzig 1919.
Biegeleben, Freiherr von: Gefährdung des Privatbesitzes an historischen Denkmälern und Kunstsammlungen in Deutschland durch Steuergesetze, Sonderdruck aus dem stenografischen Bericht des Tages für Denkmalpflege und Heimatschutz in Freiburg i. Br. 1925.
Bier, Justus (Hg.): Tilmann Riemenschneider. Ein Gedenkbuch zur vierhundertjährigen Wiederkehr seines Todestages, Augsburg 1931.

Bode, Wilhelm von: Ein Altar in Kehlheimer Stein vom Augsburger Meister Hans Daucher in den Königlichen Museen zu Berlin, in: Jahrbuch der Königlich Preussischen Kunstsammlungen, hg. von den Königlich Preussischen Kunstsammlungen, Bd. 8, Berlin 1887, S. 3–10, Nachtrag S. 169–171.
Bode, Wilhelm von: Die Großherzogliche Gemälde-Galerie zu Oldenburg, Wien 1888.
Bode, Wilhelm von/Hofstede de Groot, Cornelis: Rembrandt. Beschreibendes Verzeichnis seiner Gemälde mit den heliographischen Nachbildungen. Geschichte seines Lebens und seiner Kunst, Paris 1897–1901.
Bode, Wilhelm von: Rembrandt und seine Zeitgenossen. Charakterbilder der grossen Meister der holländischen und vlämischen Malerschule im siebzehnten Jahrhundert, Leipzig 1906.
Bode, Wilhelm von: Die Werke der Familie della Robbia, Berlin 1914.
Bode, Wilhelm von: Adam Elsheimer, der römische Maler deutscher Nation, München 1920.
Bode, Wilhelm von (Hg.): Die Meister der holländischen und vlämischen Malerschulen, Leipzig 1921.
Bode, Wilhelm von: Gemälde und Kunst-Gegenstände aus der ehemaligen Sammlung Marcus Kappel, Berlin 1930.
Bode, Wilhelm von: Mein Leben, hg. von Thomas W. Gaehtgens und Barbara Paul, Berlin 1997.
Bodmer, Heinrich: Feuerbach, Leipzig 1942.
Böhler, Julius: Kunstwerke aus dem Besitz der Staatlichen Museen Berlin, München 1937.
Brieger, Lothar: Das Kunstsammeln. Eine kurze Einführung in seine Theorie und Praxis, München 1918.
Brieger, Lothar: Nationaler Kunstschutz oder Ausverkauf? Die Wertlosigkeit der Kunstschutzliste, Berlin 1928.
Burg, Hermann: Kunstschutz an der Westfront. Kritische Betrachtungen und Erinnerungen, Charlottenburg 1920.
Clemen, Paul (Hg.): Kunstschutz im Kriege. Berichte über den Zustand der Kunstdenkmäler auf den verschiedenen Kriegsschauplätzen und über die deutschen und österreichischen Massnahmen zu ihrer Erhaltung, Rettung, Erforschung, Leipzig 1919.
Clemen, Paul: Die Gefährdung des deutsches Kunstbesitzes und gesetzliche Maßnahmen dagegen, in Dritte gemeinsame Tagung für Denkmalpflege und Heimatschutz, Eisenach 23. und 24. September 1920, Stenographischer Bericht, Eisenach 1920.
Clemen, Paul: Die Deutsche Kunst und die Denkmalpflege. Ein Bekenntnis, Berlin 1933.
Creutz, Max (Hg.): Kunsthandbuch für Deutschland. Verzeichnis der Behörden, Sammlungen, Lehranstalten und Vereine für Kunst, Kunstgewerbe und Altertumskunde, Berlin 1904.
Dehio, Georg: Denkmalpflege und Museen, in: Kunsthistorische Aufsätze, hg. von ebd., München/Berlin 1914, S. 283–293.
Dehio, Georg: Geschichte der deutschen Kunst, Berlin/Leipzig 1923.
Demmler, Theodor: Die Meisterwerke Tilman Riemenschneiders, Berlin 1936.
Deutscher Museumsbund: Die Kunstmuseen und das deutsche Volk, München 1919.
Deutsches Museum: Cranach-Ausstellung: Lucas Cranach d. Ä. und Lucas Cranach d. J., Gemälde, Zeichnungen, Graphik, Berlin 1937.
Diener-Schönberg, Alfons: Die Waffen der Wartburg. Beschreibendes Verzeichnis der Waffen-Sammlung, Berlin 1912.
Doering, Oscar/Voss, Georg (Hg.): Meisterwerke der Kunst aus Sachsen und Thüringen. Gemälde, Skulpturen, Schnitzaltäre, Medaillen, Buchmalereien, Webereien, Stickereien, Edelschmiedekunst, Magdeburg 1905.
Donath, Adolph: Der Berliner Kaufmann als Kunstfreund. Ein Gedenkbuch, hg. vom Verein Berliner Kaufleute und Industrieller aus Anlaß seines fünfzigjährigen Bestehens, Berlin 1929.
Donath, Adolph: Der Kunstsammler. Psychologie des Kunstsammelns, Berlin 1923.
Donath, Adolph: Psychologie des Kunstsammelns, Berlin 1911.
Dresler, Adolf: Deutsche Kunst und entartete „Kunst". Kunstwerk und Zerrbild als Spiegel der Weltanschauung, München 1938.
Dritte gemeinsame Tagung für Denkmalpflege und Heimatschutz, Eisenach 23. und 24. September 1920, Stenographischer Bericht, Eisenach 1920.
Dvořák, Max: Katechismus der Denkmalpflege, Wien 1918.
Eberlein, Kurt Karl: Was ist deutsch in der Deutschen Kunst?, Leipzig 1933.
Eberlein, Kurt Karl: Caspar David Friedrich der Landschaftsmaler. Ein Volksbuch Deutscher Kunst, Bielefeld/Leipzig 1941.

Elster, Karl: Von der Mark zur Reichsmark. Die Geschichte der deutschen Währung in den Jahren 1914 bis 1924, Jena 1928.
Feuerstein, Heinrich: Fürstlich Fürstenbergische Sammlungen zu Donaueschingen. Verzeichnis der Gemälde, Donaueschingen 1921.
Feuerstein, Heinrich: Fürstlich-Fürstenbergische Sammlungen, Donaueschingen. Verzeichnis der Gemälde, Donaueschingen 1934.
Flechsig, Eduard (Hg.): Tafelbilder Lucas Cranachs und seiner Werkstatt. 129 Tafeln in Lichtdruck nebst Text, Leipzig 1900.
Flechsig, Eduard: Albrecht Dürer. Sein Leben und seine künstlerische Entwicklung, Berlin 1928.
Frey, Dagobert: Die Entwicklung nationaler Stile in der mittelalterlichen Kunst, Darmstadt 1938.
Freydank, Hanns: Der Silberschatz der Halloren, Halle (Saale) 1939.
Friedländer, Max J.: Deutsche und niederländische Holzbildwerke in Berliner Privatbesitz, Berlin 1904.
Friedländer, Max J.: Die Sammlung Richard von Kaufmann, Berlin, Bd. 1 Die italienischen Gemälde, Bd. 2 Die niederländischen, französischen und deutschen Gemälde, Berlin/München 1917.
Friedländer, Max J.: Der Kunstkenner, Berlin 1919.
Friedländer, Max J.: Albrecht Dürer, Leipzig 1921.
Friedländer, Max J./Rosenberg, Jacob: Die Gemälde von Lucas Cranach, Berlin 1932.
Fürstlich-Fürstenbergisches Kupferstichkabinett (Hg.): Kupferstiche und Radierungen des 15.–17. Jahrhunderts. Aus den Beständen des Fürstl. Fürstenbergischen Kupferstichkabinettes zu Donaueschingen und der Kupferstichsammlung König Friedrich August II. zu Dresden, Leipzig 1932.
Fürstlich-Hohenzollern'sches Museum Sigmaringen/Städelsches Kunstinstitut (Hg.): Kurzes Verzeichnis der im Staedelschen Kunstinstitut ausgestellten Sigmaringer Sammlung, Frankfurt a. M. 1928.
Gerstenberg, Kurt: Ideen zur Kunstgeographie Europas, Leipzig 1922.
Glück, Gustav: Die Kunst der Renaissance in Deutschland, den Niederlanden, Frankreich etc., Berlin 1928.
Götz, Oswald/Swarzenski, Georg: Ausstellung von Meisterwerken alter Malerei aus Privatbesitz, Sommer 1925, Frankfurt a. M. 1926.
Graupe, Paul: Aus dem Besitz der Firma A. S. Drey, München: Räumungsverkauf am 17. und 18. Juni 1936, Kat. Nr. 151, Berlin 1936.
Grautoff, Otto: Die Gemäldesammlungen Münchens. Ein kunstgeschichtlicher Führer durch die Königliche ältere Pinakothek, das Königliche Maximilianeum, die Sammlung des Freiherrn von Lotzbeck, die Schackgalerie, die Königliche neue Pinakothek, Leipzig 1907.
Habich, Georg: Die deutschen Medailleure des XVI. Jahrhunderts, Halle/Saale 1916.
Haenisch, Konrad: Kulturpolitische Aufgaben. Aus dem Vortrag des Kultusministers Konrad Haenisch, gehalten Montag, den 3. Februar 1919 in der Handelshochschule zu Berlin, Berlin 1919.
Haenisch, Konrad: Neue Bahnen der Kulturpolitik. Aus der Reformpraxis der deutschen Republik, Stuttgart 1921.
Haenisch, Konrad: Sozialdemokratische Kulturpolitik, Berlin 1918.
Hahm, Konrad: Deutsche Volkskunst, Berlin 1928.
Haug, Ferdinand/Gustav Sixt (Hg.): Die römischen Inschriften und Bildwerke Württembergs, Stuttgart 1914.
Hentzen, Alfred/Holst, Noels von: Die großen Deutschen im Bild, Berlin 1936.
Hofmann, Wolfgang: Parlaments-Album des Kladderadatsch. Parlament und Parlamentarier im Spiegel des Humors und der Satire von 1848 bis zur Gegenwart, Berlin 1928.
Höhn, Heinrich: Dürerheft zum Dürer-Jahr 1928, Berlin 1928.
Holtze, Otto: Die Neuordnung der alten Galerie im Oldenburger Landesmuseum, in: Oldenburger Jahrbuch des Oldenburger Landesvereins für Geschichte, Natur- und Heimatkunde, hg. vom Oldenburger Landesverein für Geschichte, Natur- und Heimatkunde, Bd. 31, Oldenburg 1927, S. 291–301.
Jantzen, Hans: Bilderatlas zur Einführung in die Kunstgeschichte, Esslingen 1922.
Johne, Eduard: Die fürstlich Fürstenbergische Hofbibliothek in Donaueschingen, in: Badische Heimat, 1921, S. 56–82.
Kaiser, Fritz: Führer durch die Ausstellung Entartete Kunst, Berlin 1937.
Klapheck, Richard: Die Meister von Schloss Horst im Broiche, Düsseldorf 1915.
Kletzl, Otto: Die deutsche Kunst in Böhmen und Mähren, Berlin 1941.
Kneer, August: Die Denkmalpflege in Deutschland, mit besonderer Berücksichtigung der Rechtsverhältnisse, Mönchengladbach 1915.

Kraus, Franz Xaver (Hg.): Kunstdenkmäler des Großherzogthums Baden, 2. Bd., Kreis Villingen, Freiburg 1890.
Kurth, Willy: Albrecht Dürer, Berlin 1928.
Langbehn, Julius: Rembrandt als Erzieher. Von einem Deutschen, Leipzig 1890.
Langbehn, Julius/Nissen, Momme: Dürer als Führer. Vom Rembrandtdeutschen und seinem Gehilfen, München 1928.
Lehner, F. A.: Fürstliche Hohenzollern'sches Museum in Sigmaringen, Sigmaringen 1874.
Lichtwark, Alfred: Deutsche Königsstädte, Dresden 1898.
Lotz, Wilhelm: Statistik der deutschen Kunst des Mittelalters und des 16. Jh., Bd. 1, Kassel 1862.
Lotzbeck, Carl von: Katalog der Freiherrlich von Lotzbeck'schen Sammlung von Sculpturen und Gemälden in München, München 1891
Lusensky, Eleonore: Die Luxusumsatzsteuer in Deutschland, Jena 1928.
Luthmer, Ferdinand/Schürmann, Adolph: Grossherzoglich Hessische Silberkammer. Mustergültige Werke alter Edelschmiedekunst aus dem sechzehnten bis achtzehnten Jahrhundert, Darmstadt 1884.
Mâle, Émile/Grautoff, Otto: Studien über die deutsche Kunst, Leipzig 1917.
Mann, Thomas: Betrachtungen eines Unpolitischen, Berlin 1918.
Meinecke, Friedrich: Weltbürgertum und Nationalstaat. Studien zur Genesis des deutschen Nationalstaats, München 1908.
Mühsam, Kurt: Die Kunstauktion. Licht- und Schattenseiten des Versteigerungswesens im Kunst- und Antiquitätenhandel für Käufer und Verkäufer, Berlin 1923.
Müller-Wulckow, Walter: Das Landesmuseum für Kunst und Kulturgeschichte im alten Schloß zu Oldenburg 1923. Bericht über die Neuaufstellung, Oldenburg 1924.
Oppenheim, Benoit: Originalbildwerke aus meiner Sammlung, Berlin 1907. Nachtrag von 1911.
Osborn, Max: Der bunte Spiegel. Erinnerungen aus dem Kunst-, Kultur- und Geistesleben der Jahre 1890 bis 1933, New York 1945.
Pauli, Gustav: Das Kunstmuseum der Zukunft, in: Deutscher Museumsbund 1919, S. 3–20.
Pauli, Gustav: Führer durch die Galerie der Kunsthalle zu Hamburg, Bd. 1, Die neueren Meister, Hamburg 1924.
Pick, Behrendt: Die Münzkabinette, in: Deutscher Museumsbund 1919, S. 151–168.
Pinder, Wilhelm: Die Kunst der deutschen Kaiserzeit bis zum Ende der staufischen Klassik, Bd. 1, Leipzig 1935.
Pinder, Wilhelm: Die Kunst der ersten Bürgerzeit bis zur Mitte des 15. Jahrhunderts, Bd. 2, Leipzig 1937.
Pinder, Wilhelm: Die deutsche Kunst der Dürerzeit, Bd. 3, Leipzig 1940.
Pinder, Wilhelm: Holbein der Jüngere und das Ende der altdeutschen Kunst, Bd. 4, Köln 1951.
Posse, Hans: Lucas Cranach d. Ä., Wien 1943.
Redslob, Edwin: Zeitgenössische Kunst in öffentlichen Sammlungen, in: Deutscher Museumsbund 1919, S. 64–75.
Rehm, Hermann: Das Reichsland Elsaß-Lothringen, Leipzig/Dresden 1912.
Résumés des communications présentées au 13. Congrès International d'Histoire de l'Art (International Congress on the History of Art), Stockholm 1933.
Rosenberg, Alfred: Der Mythus des 20. Jahrhunderts. Eine Wertung der seelisch-geistigen Gestaltenkämpfe unserer Zeit, München 1934.
Scheffler, Karl: Die Nationalgalerie zu Berlin. Ein kritischer Führer, Berlin 1912.
Schmitt, Otto/Swarzenski, Georg: Meisterwerke der Bildhauerkunst in Frankfurter Privatbesitz, Frankfurt a. M., 1921.
Schmitt, Otto: Oberrheinische Plastik im ausgehenden Mittelalter, Freiburg i. Br. 1924.
Schmitz, Hermann: Die Gotik im deutschen Kunst- und Geistesleben, Berlin 1921.
Schramm, Albert: Pantheon: Adressbuch der Kunst- und Antiquitäten-Sammler und -Händler, Bibliotheken, Archive, Museen, Kunst-, Altertums- und Geschichtsvereine, Bücherliebhaber, Numismatiker, Esslingen 1926.
Schreiber, W. L.: Holzschnitte des fünfzehnten Jahrhunderts in den Fürstlich Fürstenbergischen Sammlungen zu Donaueschingen, Straßburg 1907.
Seidlitz, Woldemar von: Führer durch die deutsche Jahrhundertausstellung 1906. Gemälde, Zeichnungen, Bildwerke, München 1906.
Servaes, Franz: Rembrandts Tagebücher:1639 bis 1669. Ein imaginäres Porträt, Berlin 1938.

Sitzmann, Karl: Die Lindenhardter Tafelbilder. Ein Frühwerk von Matthias Grünewald, Bayreuth 1926.
Sprinz, Heiner/Lossen, Otto: Die Bildwerke der Fürstlich Hohenzollernschen Sammlung Sigmaringen, Stuttgart/Zürich 1925.
Staatliche Museen Berlin: Drei Jahre nationalsozialistische Museumsarbeit. Erwerbungen 1933–1935, Schloßmuseum, Berlin 1936.
Staatliche Museen Berlin (Hg.): Das Bildnis in der Plastik. Ausstellungsfolge Deutsche Kunst seit Dürer, Nationalgalerie, Berlin 1934.
Staatliche Museen/Nationalgalerie Berlin: Grosse Deutsche in Bildnissen ihrer Zeit, Berlin 1936.
Statens Museum for Kunst: Albrecht Dürer-Udstillingen i Kobenhavn 1929, Kobenhavn 1929.
Statistisches Reichsamt Berlin: Zahlen der Geldentwertung in Deutschland 1914–1923, Berlin 1925.
Stegmann, Hans: Die Rochus-Kapelle zu Nürnberg und ihr künstlerischer Schmuck, München 1885.
Theodor Demmler/Rudolph Lepke, Sammlung Dr. Oertel München, Berlin 1913.
Thode, Henry: Böcklin und Thoma. Acgt Vorträge über neudeutsche Malerei, Heidelberg 1905.
Tietze, Hans/Tietze-Conrat, Erica: Kritisches Verzeichnis der Werke Albrecht Dürers, Bd. 1, Augsburg 1928.
Tumbült, Georg: Das Fürstentum Fürstenberg von seinen Anfängen bis zur Mediatisierung im Jahre 1806, Freiburg 1908.
Tumbült, Georg: Fürstlich Fürstenbergische Sammlungen zu Donaueschingen. Verzeichnis der Gemälde, Stuttgart 1909.
Venutri, Lionel: Cézanne. Bd. 1, Paris 1936.
Vinnen, Carl: Ein Protest deutscher Künstler, Jena 1911.
Voß, Georg: Bau- und Kunstdenkmäler Thüringens, Großherzogtum Weimar-Eisenach. Die Wartburg, Jena 1917.
Waldmann, Emil: Albrecht Dürers Handzeichnungen. Des Dürer-Buches dritter Teil, Leipzig 1920.
Waldmann, Emil: Sammler und ihresgleichen, Berlin 1920.
Waldmann, Emil: Rembrandt, Bielefeld/Leipzig 1933.
Waldmann, Emil: Der Maler Adolph Menzel, Wien 1941.
Waltz, André: Bericht über ein Rembrandt zugeschriebenes Gemälde in Colmarer Museum, Colmar 1900.
Wendland, Winfried: Kunst und Nation. Ziel und Wege der Kunst im Neuen Deutschland, Berlin 1934.
West, Robert: Gotik und Frührenaissance, München 1921.
Wichert, Fritz: Die Bildende Kunst als Mittel zur Selbstgestaltung des Volkes, in: Deutscher Museumsbund 1919, S. 21–44.
Wiegand, Friedrich: Aus dem Leben Caspar David Friedrichs. Geschwisterbriefe, Bamberg/Greifswald 1924.
Wilhelm-Kästner, Kurt/Rohling, Ludwig: Caspar David Friedrich und seine Heimat, Berlin 1940.
Willrich, Wolfgang: Säuberung des Kunsttempels. Eine kunstpolitische Kampfschrift zur Gesundung deutscher Kunst im Geiste nordischer Art., München/Berlin 1937.
Wilm, Hubert: Kunstsammler und Kunstmarkt, München 1930.
Winkler, Friedrich: Die Zeichnungen Albrecht Dürers, Bd. 1–4, Berlin 1936.
Winkler, Friedrich: Dürer. Des Meisters Gemälde, Kupferstiche und Holzschnitte, 4. Bd. der Reihe Klassiker der Kunst in Gesamtausgaben, Berlin/Leipzig 1928.
With, Karl: Chinesische Plastik in der Frankfurter Städelschen Galerie, in: Städel-Jahrbuch, Frankfurt a. M. 1921.
Woermann, Karl: Cranach-Ausstellung, Dresden 1899.
Woermann, Karl: Von deutscher Kunst. Betrachtungen und Folgerungen, Esslingen 1925.
Wölfflin, Heinrich: Die Kunst Albrecht Dürers, 5. Auflage, München 1926.
Wölfflin, Heinrich: Kunstgeschichtliche Grundbegriffe. Das Problem der Stilentwicklung in der neueren Kunst, München 1929.
Wolfradt, Willi: Caspar David Friedrich und die Landschaft der Romantik, Berlin 1924.
Wolter, Franz: Bayerische Plastik des XV. und XVI. Jahrhunderts. Beitrag zur Forschung und Geschichte, in: Festschrift des Münchener Altertums-Vereins zur Erinnerung an das 50jähr. Jubiläum, hg. von Horst Stobbe, München 1914, S. 29–98.
Woltmann, Alfred: Fürstlich-Fürstenbergische Sammlungen zu Donaueschingen. Verzeichnis der Gemälde, Karlsruhe 1870.

Wussow, Alexander von: Die Erhaltung der Denkmäler in den Kulturstaaten der Gegenwart, 2 Bde., Berlin 1885.
Zweite Gemeinsame Tagung für Denkmalpflege und Heimatschutz, Dresden 25. und 26. September 1913, Stenographischer Bericht, Dresden 1913.

Sekundärliteratur

Adriani, Götz (Hg.): Cézanne. Gemälde, Köln 1993.
Ainsworth, Maryan W.: Gerard David. Purity of Vision in an Age of Transition, New York 1998.
Aman, Cornelia (Hg.): Die Glasmalereien im Gotischen Haus Wörlitz. Sicherung und Schutz, Abschlussbericht zum Projekt der Deutschen Bundesstiftung Umwelt, hg. vom Vorstand der Kulturstiftung Dessau/Wörlitz, Leipzig 2000.
Angerer, Martin: Gothic and Renaissance art in Nuremberg 1300–1550, München 1986.
Anton, Michael: Illegaler Kulturgüterverkehr, Berlin/New York 2010.
Anzelewsky, Fedja: Albrecht Dürer. Das malerische Werk, Berlin 1991.
Aretin, Cajetan von: Vom Umgang mit gestürzten Häuptern: Zur Zuordnung der Kunstsammlungen in deutschen Fürstenabfindungen 1918–1924, in: Biskup/Kohlrausch 2008, S. 161–183.
Arnsberg, Paul: Die Geschichte der Frankfurter Juden seit der Französischen Revolution. Bd. 3 Biographisches Lexikon der Juden in den Bereichen: Wissenschaft, Kultur, Bildung, Öffentlichkeitsarbeit in Frankfurt am Main, Darmstadt 1998.
Artinger, Kai: Loyal bis in den Untergang. Professor Dr. Emil Waldmann (1880–1945): Kunsthistoriker, Museumsleiter, Hochschuldozent, in: Heftrig 2008, S. 134–155.
Assmann, Jan/Hölscher, Tonio (Hg.): Kultur und Gedächtnis, Frankfurt a. M. 1988.
Assmann, Jan: Das kulturelle Gedächtnis. Schrift, Erinnerung und politische Identität in frühen Hochkulturen, Berlin 1992.
Assmann, Aleida: Arbeit am nationalen Gedächtnis. Eine kurze Geschichte der deutschen Bildungsidee, Frankfurt a. M. u. a. 1993.
Assmann, Aleida: Erinnerungsräume. Formen und Wandlungen des kulturellen Gedächtnisses, München 1999.
Assmann, Aleida: Der lange Schatten der Vergangenheit. Erinnerungskultur und Geschichtspolitik, München 2006.
Backes, Klaus: Adolf Hitlers Einfluß auf die Kulturpolitik des Dritten Reiches, dargestellt am Beispiel der Bildenden Künste, Heidelberg 1984.
Backes, Klaus: Hitler und die bildenden Künste. Kulturverständnis und Kunstpolitik im Dritten Reich, Köln 1988.
Baensch, Tanja: Private Kunstsammlungen im kulturpolitischen Spannungsfeld von Elsass-Lothringen, in: Wolff-Thomsen/Kuhrau 2011, S. 13–32.
Baer, Ilse: Kaiserlicher Kunstbesitz aus dem holländischen Exil Haus Doorn. Eine Ausstellung der Staatlichen Schlösser und Gärten Berlin, Berlin 1991.
Baerthold, Barbara (Hg.): Für Sachsen erworben. Schätze des Hauses Wettin, Berlin 2000.
Bärnreuther, Andrea/Schuster, Peter-Klaus (Hg.): Zum Lob der Sammler. Die Staatlichen Museen zu Berlin und ihre Sammler, Berlin 2009.
Bärnreuther, Andrea: Zur Bewegung des Begriffs „Kulturerbe" durch die UNESCO, in: Museumskunde, hg. vom Deutschen Museumsbund, Bd. 77, Berlin 2012, S. 69–76.
Barron, Stephanie (Hg.): „Entartete Kunst". Das Schicksal der Avantgarde in Nazi-Deutschland, München 1992.
Bätschmann, Oskar/Griener, Pascal: Hans Holbein d. J.. Die Darmstädter Madonna. Original gegen Fälschung, Frankfurt a. M. 1998.
Baxandall, Michael: Die Kunst der Bildschnitzer. Tilman Riemenschneider, Veit Stoß und ihre Zeitgenossen, München 1985.

Bayer, Waltraud: Die Beute der Oktoberrevolution. Über Zerstörung, Erhaltung und Verkauf privater Kunstsammlungen in der Sowjetunion, 1917–1938, in: Archiv für Kulturgeschichte, 81. Bd., Wien/Köln/Weimar 1999.

Bayer, Waltraud (Hg.): Verkaufte Kultur. Die sowjetischen Kunst- und Antiquitätenexporte, 1919–1938, Frankfurt a. M. 2001.

Bayer, Waltraud: Gerettete Kultur. Private Kunstsammler in der Sowjetunion 1917–1991, Wien 2006.

Becker, Josef: Badische Geschichte vom Großherzogtum bis zur Gegenwart, Stuttgart 1979.

Belting, Hans: Die Deutschen und ihre Kunst. Ein schwieriges Erbe, München 1992.

Belting, Hans: Identität im Zweifel. Ansichten der deutschen Kunst, Köln 1999.

Berding, Helmut (Hg.): Nationales Bewußtsein und kollektive Identität. Studien zur Entwicklung des kollektiven Bewußtseins in der Neuzeit 2, Frankfurt a. M. 1994.

Berding, Helmut (Hg.): Mythos und Nation. Studien zur Entwicklung des kollektiven Bewußtseins in der Neuzeit 3, Frankfurt a. M. 1996.

Berndt, Joachim: Internationaler Kulturgüterschutz. Abwanderungsschutz, Regelungen im innerstaatlichen Recht, im Europa- und Völkerrecht, Köln u. a. 1998.

Bernsdorff, Norbert/Klein-Tebbe, Andreas: Kulturgutschutz in Deutschland: Ein Kommentar, Köln u. a. 1996.

Bertz, Inka (Hg.): Raub und Restitution. Kulturgut aus jüdischem Besitz von 1933 bis heute, Göttingen 2008.

Betthausen, Peter (Hg.): Georg Dehio (1850–1932). 100 Jahre Handbuch der deutschen Kunstdenkmäler, München/Berlin 2000.

Biedermann, Heike: Die Sammlungen Adolf Rothermundt und Oskar Schmitz in Dresden, in: Pophanken/Billeter 2001, S. 209–234.

Biedermann, Heike/Dehmer, Andreas/Wagner, Mathias (Hg.): Von Monet bis Mondrian. Meisterwerke der Moderne aus Dresdner Privatsammlungen der ersten Hälfte des 20. Jahrhunderts, München/Berlin 2006.

Biedermann, Heike: Einzug der Moderne. Die Sammlungen Oskar Schmitz und Adolf Rothermundt, in: Biedermann/Dehmer/Wagner 2006, S. 44–60.

Bilski, Emily: Die Kunst- und Antiquitätenfirma Bernheimer, München 2007.

Biskup, Thomas/Kohlrausch, Martin (Hg.): Das Erbe der Monarchie. Nachwirkungen einer deutschen Institution seit 1918, Frankfurt a. M. 2008.

Blubacher, Thomas: Oscar Huldschinsky (1846–1931) und Ann Sommer (*1910), in: Müller/Tazkow 2009, S. 143–153.

Bollé, Michael/Berlinische Galerie (Hg.): Stationen der Moderne. Die bedeutenden Kunstausstellungen des 20. Jahrhunderts in Deutschland, Berlin 1988.

Bonnefoit, Régine/Krohm, Hartmut (Hg.): Skulpturen der Gotik und Renaissance. Die ehemalige Sammlung des Justizrats Dr. Gerhart Bollert, Berlin 2000.

Bookmann, Andrea: Die verlorenen Teile des ‚Welfenschatzes', Eine Übersicht anhand des Reliquienverzeichnisses von 1482 der Stiftskirche St. Blasius in Braunschweig, Göttingen 1997.

Boomgaard, Jeroen/Scheller, Robert W.: Empfindliches Gleichgewicht. Die Würdigung Rembrandts im Überblick, in: Rembrandt. Der Meister und seine Werkstatt, hg. von den Staatlichen Museen Berlin, München 1991, S. 106–123.

Borgmann, Karsten: Der Kaiser-Friedrich-Museums-Verein und die bürgerliche Kunstförderung im wilhelminischen Kaiserreich, in: 100 Jahre Mäzenatentum. Die Kunstwerke des Kaiser-Friedrich-Museums-Verein Berlin, hg. vom Kaiser-Friedrich-Museums-Verein, Berlin 1997, S. 31–37.

Borgmann, Verena: Die Sammlungs- und Ausstellungspolitik der Kunsthalle Bremen unter Emil Waldmann 1914–1932, Oldenburg 2006.

Börsch-Supan, Helmut: Georg Dehios „Geschichte der deutschen Kunst" als Dokument deutscher Geschichte, in: Betthausen 2000, S. 35–48.

Bott, Gerhard (Hg.): Focus Behaim Globus, Ausst.-Kat., Bd. 1, Nürnberg 1992.

Bott, Gerhard (Hg.): Siehe der Stein schreit aus der Mauer. Geschichte und Kultur der Juden in Bayern, Nürnberg 1988.

Bouresh, Bettine: Die Neuordnung des Rheinischen Landesmuseums in Bonn 1930–1939. Zur nationalsozialistischen Kulturpolitik der Rheinprovinz, Bonn 1996.

Brands, Gunnar: „Zwischen Island und Athen". Griechische Kunst im Spiegel des Nationalsozialismus, in: Brock/Preiß 1990, S. 103–136.
Bredekamp, Horst: Antikensehnsucht und Maschinenglauben. Die Geschichte der Kunstkammer und die Zukunft der Kunstgeschichte, Berlin 2007.
Brenner, Hildegard: Die Kunstpolitik des Nationalsozialismus, Reinbek bei Hamburg 1963.
Breuer, Stefan: Der Neue Nationalismus in Weimar und seine Wurzeln, in: Berding 1996, S. 257–274.
Brinkmann, Bodo (Hg.): Der Bürgermeister, sein Maler und seine Familie. Holbeins Madonna im Städel, Petersberg 2004.
Brock, Bazon/Preiß, Achim (Hg.): Kunst auf Befehl? Dreiunddreißig bis Fünfundvierzig, München 1990.
Brosius, Dieter: Das „angestammte Herrscherhaus". Welfische Traditionspflege nach der preußischen Annexion Hannovers 1866, in: Biskup/Kohlrausch 2008, S. 59–74.
Bruhns, Maike: Kunst in der Krise. Hamburger Kunst im „Dritten Reich", Hamburg 2001.
Bumiller, Casimir (Hg.): Adel im Wandel. 200 Jahre Mediatisierung in Oberschwaben, Ausst.-Kat., Ostfildern 2006.
Buomberger, Thomas: Raubkunst – Kunstraub. Die Schweiz und der Handel mit gestohlenen Kulturgütern zur Zeit des Zweiten Weltkriegs, Zürich 1998.
Burian, Peter: Das Germanische Nationalmuseum und die deutsche Nation, in: Deneke/Kahsnitz 1978, S. 127–262.
Bushart, Magdalena: Der Geist der Gotik und die expressionistische Kunst. Kunstgeschichte und Kunsttheorie 1911–1925, München 1990.
Buttlar, Adrian von: Leo von Klenze. Leben, Werk, Vision, München 1999.
Büttner, Nils/Meier, Esther (Hg.): Grenzüberschreitungen. Deutsch-Niederländischer Kunst- und Künsleraustausch im 17. Jahrhundert, Marburg 2011.
Cabanne, Pierre: Die Geschichte großer Sammler. Von der Liebe zu großen Kunstwerken und der Leidenschaft, sie zu sammeln, Bern u. a. 1963.
Caldoro, Stefano: Nationaler Kulturgüterschutz und Freizügigkeit der Unionsbürger, Berlin 2009.
Calov, Gudrun: Museen und Sammler des 19. Jahrhunderts in Deutschland, in: Museumskunde, hg. vom Deutschen Museumsbund, Bd. 38, Berlin 1969, S. 1–196.
Czech, Hans-Jörg/Doll, Nikola (Hg.): Kunst und Propaganda im Streit der Nationen 1930–1945, Berlin 2007.
Delfs, Hans/Lüttichau, Mario-Andreas (Hg.): Kirchner, Schmidt-Rottluff, Nolde, Nay… Briefe an den Sammler und Mäzen Carl Hagemann 1906–1940, Ostfildern 2004.
Deneke, Bernward/Kahsnitz, Rainer (Hg.): Das Germanische Nationalmuseum Nürnberg 1852–1977. Beiträge zu seiner Geschichte, München/Berlin 1978.
Dewes, Eva/Duhem, Sandra (Hg.): Kulturelles Gedächtnis und interkulturelle Rezeption im europäischen Kontext, Berlin 2008.
Dilly, Heinrich: Deutsche Kunsthistoriker 1933–1945, München/Berlin 1988.
Dittmann, Lorenz (Hg.): Kategorien und Methoden der deutschen Kunstgeschichte 1900–1930, Stuttgart 1985.
Doll, Nikola/Fuhrmeister, Christian/Sprenger, Michael H. (Hg.): Kunstgeschichte im Nationalsozialismus. Beiträge zu Geschichte einer Wissenschaft zwischen 1930 und 1950, Weimar 2005.
Dombrowski, Damian (Hg.): Kunst auf der Suche nach der Nation. Das Problem der Identität in der italienischen Malerei, Skulptur und Architektur vom Risorgimento bis zum Faschismus, Berlin 2013.
Dorrmann, Michael: Eduard Arnhold (1849–1925). Eine biographische Studie zu Unternehmer- und Mäzenatentum im Deutschen Kaiserreich, Berlin 2002.
Dresdner Geschichtsverein e. V. (Hg.): Sammler und Mäzene in Dresden. Dresdner Hefte 49, Dresden 1997.
Dupeux, Cécile: Niclaus Gerhaerts Büsten am Strassburger Kanzleiportal. Geschichte und Rezeption vom 15. bis zum 20. Jahrhundert, in: Niclaus Gerhaert. Der Bildhauer des späten Mittelalters, hg. von Stefan Roller, Petersberg 2011, S. 93–101.
Dussel, Konrad: Der NS-Staat und die „deutsche Kunst", in: Deutschland 1933–1945. Neue Studien zur nationalsozialistischen Herrschaft, Bd. 23, hg. von Karl Dietrich Bracher, Mafred Funke und Hans-Adolf Jacobsen, Düsseldorf 1991, S. 256–272.
Düwell, Kurt: Deutschlands auswärtige Kulturpolitik, 1918–1932, Köln u. a. 1976.

Ecker, Jürgen: Anselm Feuerbach. Leben und Werk, Kritischer Katalog der Gemälde, Ölskizzen und Ölstudien, München 1991.
Eikelmann, Renate (Hg.): Die Sammlung Bollert. Bildwerke aus Gotik und Renaissance, Bayerisches Nationalmuseum, München 2005.
Eisel, Franz: Schöpfer sächsischer Museen. Sammler, Stifter, Gründer. Eine Studie zur sächsischen Museumsgeschichte von den Anfängen bis zum Zweiten Weltkrieg, Chemnitz 2001.
El-Bitar, Julia: Der deutsche und der französische Kulturgüterschutz nach der Umsetzung der Kulturgüterrückgaberichtlinie. Eine materiellrechtliche und kollisionsrechtliche Untersuchung, Frankfurt a. M. 2007.
Eltz, Erwein H./Strohmeyer, Arno (Hg.): Die Fürstenberger. 800 Jahre Herrschaft und Kultur in Mitteleuropa, Schloß Weitra, Niederösterreichische Landesausstellung 1994, Korneuburg 1994.
Enderlein, Angelika: Der Berliner Kunsthandel in der Weimarer Republik und im NS-Staat. Zum Schicksal der Sammlung Graetz, Berlin 2006.
Enderlein, Angelika: Der Berliner Kunstmarkt und sein Einfluss auf die privaten und öffentlichen Sammlungen in der Weimarer Republik, in: Wolff-Thomsen/Kuhrau 2011, S. 176–193.
Engstler, Ludwig: Die Territoriale Bindung von Kulturgütern im Rahmen des Völkerrechtes, Köln 1964.
Eser, Thomas: Hans Daucher. Augsburger Kleinplastik der Renaissance, Augsburg 1996.
Estel, Bernd: Nation und nationale Identität. Versuch einer Rekonstruktion, Wiesbaden 2002.
Faulenbach, Bernd: Ideologie des deutschen Weges. Die deutsche Geschichte in der Historiographie zwischen Kaiserreich und Nationalsozialismus, München 1980.
Feiber, Albert A.: Hermann Göring als Kunstsammler, München 2004.
Feilchenfeldt, Walter: Die Rezeption von van Gogh in Deutschland 1901–1914, Amsterdam 1988.
Feilchenfeldt, Walter: Zur Rezeptionsgeschichte Cézannes in Deutschland, in: Adriani 1993, S. 293–312.
Feliciano, Hector: Das verlorene Museum. Vom Kunstraub der Nazis, Berlin 1998.
Feulner, Karoline: Auseinandersetzung mit der Tradition. Die Rezeption des Werkes von Albrecht Dürer nach 1945 am Beispiel von Joseph Beuys, Sigmar Polke, Anselm Kiefer und Samuel Bak, Hamburg 2013.
Fiedler, Wilfried (Hg.): Internationaler Kulturgüterschutz und deutsche Frage. Völkerrechtliche Probleme der Auslagerung, Zerstreuung und Rückführung deutscher Kulturgüter nach dem Zweiten Weltkrieg, Berlin 1991.
Fischer, Hartwig (Hg.): „Das schönste Museum der Welt". Museum Folkwang bis 1933, Bd. 1 und 2, Göttingen 2010.
Fischer-Defoy, Christine (Hg.): Gute Geschäfte. Kunsthandel in Berlin 1933–1945, Berlin 2011.
Fleckner, Uwe/Schieder, Martin/Zimmermann, Michael F. (Hg.): Jenseits der Grenzen. Französische und deutsche Kunst vom Ancien Régime bis zur Gegenwart, Bd. 1–3, Köln 2000.
Fleckner, Uwe/Gaehtgens, Thomas W. (Hg.): De Grünewald à Menzel. L'image de l'art allemand en France au XIXe siècle, Paris 2003.
Fleckner, Uwe (Hg.): Angriff auf die Avantgarde. Kunst und Kunstpolitik im Nationalsozialismus, Berlin 2007.
Fleckner, Uwe (Hg.): Das verfemte Meisterwerk. Schicksalswege moderner Kunst im „Dritten Reich", Berlin 2009.
Fleckner, Uwe: Karl Ernst Osthaus und die französische Moderne. Über das widersprüchliche Selbstverständnis eines Sammlers, in: Fischer 2010, S. 47–69.
Fleckner, Uwe/Hollein, Max (Hg.): Museum im Widerspruch. Das Städel und der Nationalsozialismus, Berlin 2011.
Fleckner, Uwe: Marketing the defamed. On the contradictory use of provenance in the Third Reich, in: Provenance. An alternate history of art, hg. von Gail Feigenbaum und Inge Jackson Reist, Los Angeles 2012, S. 137–153.
Fletcher, Pamela/Helmreich, Anne (Hg.): The Rise of the Modern Art Market in London: 1850–1939, Manchester 2011.
Forster-Hahn, Françoise: Adolph Menzel: Lesarten zwischen Nationalismus und Modernität, in: Adolph Menzel 1815–1905. Das Labyrinth der Wirklichkeit, hg. von Claude Keisch und Marie Ursula Riemann-Reyher, Köln 1996, S. 521–532.
Francois, Étienne (Hg.): Nation und Emotion. Kritische Studien zur Geschichtswissenschaft, Göttingen 2000.

François, Etienne/Schulze, Hagen (Hg.): Deutsche Erinnerungsorte, München 2001.
Franke, Thilo: Die Nationalität von Kunstwerken, Berlin 2012.
Frey, Manuel: Macht und Moral des Schenkens. Staat und bürgerliche Mäzene vom späten 18. Jahrhundert bis zur Gegenwart, Berlin 1999.
Frey, Manuel: Sammler, Stifter und Mäzene in der Bürgergesellschaft, Dresden 2008.
Fritz, Jutta: Krone und Schleier. Kunst aus mittelalterlichen Frauenklöstern, München 2005.
Frodl-Kraft, Eva (Hg.): Gefährdetes Erbe. Österreichs Denkmalschutz und Denkmalpflege 1918–1945 im Prisma der Zeitgeschichte, Wien u. a. 1997.
Fröhlich, Elke: Die Tagebücher von Joseph Goebbels. Im Auftrag des Instituts für Zeitgeschichte und mit Unterstützung des Staatlichen Archivdienstes Rußlands, München 2006.
Gaehtgens, Thomas W. (Hg.): Kennerschaft. Kolloquium zum 150sten Geburtstag von Wilhelm von Bode, Berlin 1996.
Gaehtgens, Thomas W./Braun, Günter (Hg.): Mäzenatisches Handeln. Studien zur Kultur des Bürgersinns in der Geschichte, Berlin 1998.
Gaehtgens, Thomas W./Paul, Barbara: Wilhelm von Bode. Mein Leben, Kommentarband II, Berlin 1997.
Gaehtgens, Thomas W.: Vom Inhalt zur Form. Deutsche Sammler und französische Moderne, in: Pophanken/Billeter 2001, S. 1–8.
Gaehtgens, Thomas W.: Wilhelm von Bode und seine Sammler, in: Mai/Paret 1993, S. 153–172.
Gebhardt, Volker: Das Deutsche in der deutschen Kunst, Köln 2004.
Gerl, Claudia: Kulturstaat = Staatskunst. Eine Analyse zur (allgemein erwünschten) Instrumentalisierung der Kunst, Frankfurt a. M. u. a. 2000.
Germer, Stefan: Kunst der Nation. Zu einem Versuch, die Avantgarde zu nationalisieren, in: Brock/Preiß 1990, S. 21–40.
Gerster, Ulrich: Kunst im Nationalsozialismus – ein Kanon, in: Georges-Bloch-Jahrbuch des Kunsthistorischen Instituts der Universität Zürich, hg. vom Kunsthistorischen Institut der Universität Zürich, Bd. 7, Zürich 2000, S. 202–213.
Giesen, Bernhard (Hg.): Nationale und kulturelle Identität. Studien zur Entwicklung des kollektiven Bewußtseins in der Neuzeit 1, Frankfurt a. M. 1992.
Girardet, Cella-Margaretha: Jüdische Mäzene für die Preußischen Museen zu Berlin. Eine Studie zum Mäzenatentum im Deutschen Kaiserreich und in der Weimarer Republik, Egelsbach 2000.
Gollwitzer, Heinz: Die Standesherren. Die politische und gesellschaftliche Stellung der Mediatisierten 1815–1918, ein Beitrag zur deutschen Sozialgeschichte, Göttingen 1964.
Götzmann, Jutta (Hg.): Privates und öffentliches Sammeln in Potsdam. 100 Jahre „Kunst ohne König", Berlin 2009.
Grabowski, Jörn/Winter, Petra (Hg.): Zwischen Politik und Kunst. Die Staatlichen Museen zu Berlin in der Zeit des Nationalsozialismus, Köln u. a. 2013.
Graf, Bernhard/Pfeiffer-Poensgen, Isabel (Hg.): Positionen zum Thema: Gibt es ein Patrimonium der Deutschen? Sammelband zum Kolloquium der Staatlichen Museen zu Berlin und der Kulturstiftung der Länder im Bode-Museum und im Alten Museum, Berlin 2008.
Grebe, Anja: „Dürer als Führer". Zur Instrumentalisierung Albrecht Dürers in völkischen Kreisen, in: Völkisch und national. Zur Aktualität alter Denkmuster im 21. Jahrhundert, hg. von Uwe Puschner und Ulrich F. Großmann, Darmstadt 2009, S. 379–399.
Grebe, Anja: Albrecht Dürer. Künstler, Werk und Zeit, Darmstadt 2006.
Grebe, Anja: Dürer. Die Geschichte seines Ruhms, Petersberg 2013.
Grimm, Claus (Hg.): Die Fürstenberg-Sammlungen Donaueschingen. Altdeutsche und schweizerische Malerei des 15. und 16. Jahrhunderts, München 1990.
Großmann, G. Ulrich (Hg.): Mäzene, Schenker, Stifter. Das Germanische Nationalmuseums und seine Sammlungen, Nürnberg 2002.
Grundmann, Günther: Die Darmstädter Madonna. Der Schicksalsweg des berühmten Gemäldes von Hans Holbein d. J., Darmstadt 1959.
Halbertsma, Marlite: The call of the canon: why art history cannot do without, in: Mansfield 2007, S. 16–30.
Halbertsma, Marlite: Wilhelm Pinder und die Deutsche Kunstgeschichte, Worms 1992.
Hand, John Oliver: National Gallery of Art, Master Paintings from the Collection, Washington D. C. 2004.

Hansen, Dorothee: Geschichte des Kunstvereins und der Kunsthalle in Bremen, in: Die Kunsthalle Bremen zu Gast in Bonn. Meisterwerke aus sechs Jahrhunderten, Ausst.-Kat., Bonn 1997, S. 8–31.
Hansen, Dorothee (Hg.): Johann Georg Wolde und Adele Wolde. Ein Bremer Sammlerpaar, Bremen 2003.
Hansen, Klaus P.: Kultur, Kollektiv, Nation. Schriftenreihe der Forschungsstelle Grundlagen Kulturwissenschaft, Passau 2009.
Hansert, Andreas: Georg Hartmann (1870–1954). Biographie eines Frankfurter Schriftgießers, Bibliophilen und Kunstmäzens, Wien 2009.
Hansert, Andreas: Geschichte des Städelschen Museums-Vereins Frankfurt am Main, Frankfurt a. M. 1994.
Häntzschel, Hiltrud: „Hitler bei Betrachtung von Goethes Schädel". Das Goethe-Jahr 1932 in der populären Presse, München 2008.
Hardach, Gerd: Der Erste Weltkrieg. Geschichte der Weltwirtschaft im 20. Jahrhundert, Bd. 2., München 1973.
Hardtwig, Wolfgang: Privatvergnügen oder Staatsaufgabe? Monarchisches Sammeln und Museum 1800–1914, in: Mai/Paret 1993, S. 81–103.
Hardtwig, Wolfgang: Nationalismus und Bürgerkultur in Deutschland. 1500–1914. Ausgewählte Aufsätze, Göttingen 1994.
Hardtwig, Wolfgang: Hochkultur des bürgerlichen Zeitalters, Göttingen 2005.
Haskell, Francis: Die Geschichte und ihre Bilder. Die Kunst und die Deutung der Vergangenheit, München 1995.
Haug, Ute: Provenienzforschung. Die Hamburger Kunsthalle und der Kunsthändler Karl Haberstock in Berlin, in: Anzeiger des Germanischen Nationalmuseums, hg. vom Germanischen Nationalmuseum, Nürnberg 2005, S. 57–76.
Haug, Ute: Deakzession und Provenienzforschung und das „Problem" der Abgrenzung der Provenienzrecherche von der Provenienzforschung, in: Eine Debatte ohne Ende? Raubkunst und Restitution im deutschsprachigen Raum, hg. von Julius H. Schoeps und Anna-Dorothea Ludewig, Berlin 2007, S. 83–100.
Haug, Ute: „sucht ständig zu kaufen" – Karl Haberstock und die deutschen Kunstmuseen, in: Keßler/Trepesch 2008, S. 41–55.
Hauser, Arnold: Soziologie der Kunst, München 1974.
Heerde, Jeroen Bastiaan van: Staat und Kunst. Staatliche Kunstförderung 1895–1918, Wien u. a. 1993.
Heffen, Annegret: Der Reichskunstwart, Kunstpolitik in den Jahren 1920–1933. Zu den Bemühungen um eine offizielle Reichskunstpolitik in der Weimarer Republik, Essen 1986.
Heftrig, Ruth (Hg.): Kunstgeschichte im „Dritten Reich". Theorien, Methoden, Praktiken, Berlin 2008.
Heidenreich, Bernd (Hg.): Kronen, Kriege, Künste. Das Haus Hessen im 19. und 20. Jahrhundert, Frankfurt a. M. 2009.
Heißerer, Dirk: „Die wiedergefundene Pracht". Franz von Lenbach, die Familie Pringsheim und Thomas Mann, Göttingen 2009.
Held, Jutta/Papenbrock, Martin (Hg.): Kunstgeschichte an den Universitäten im Nationalsozialismus, Göttingen 2003.
Hengerer, Mark/Kuhn, Elmar L. (Hg.): Adel im Wandel. Oberschwaben von der frühen Neuzeit bis zur Gegenwart, Ostfildern 2006.
Henkel, Matthias/Schauerte, Thomas: Original kopiert! Der neue Dürer-Saal, Begleitpublikation zur neuen Dauerausstellung im Albrecht-Dürer-Haus, Petersberg 2012.
Henneberg, Jörg Michael: Zur Geschichte des Landesmuseums für Kunst und Kulturgeschichte Oldenburg, in: Mitteilungsblatt der Oldenburgischen Landschaft, Nr. 88, 1995, S. 11–13 und 18–20.
Hentzen, Alfred: Die Berliner National-Galerie im Bildersturm, Berlin 1971.
Herchenröder, Christian: Die Kunstmärkte. Sammelgebiete, Museumspolitik, Auktionsstrategien, Messemärkte, die großen Sammler, Fälschungen, Wert der Expertise, Düsseldorf 1990.
Herchenröder, Christian: Kunstmärkte im Wandel. Vom Jahrzehnt des Umbruchs in die Gegenwart, Düsseldorf 2000.
Hess, Daniel: Meister um das „mittelalterliche Hausbuch". Studien zur Hausbuchmeisterfrage, Mainz 1994.
Heß, Gilbert/Agazzi, Elena (Hg.): Raffael als Paradigma. Rezeption, Imagination und Kult im 19. Jahrhundert, Berlin 2012.
Heuß, Anja: Der Kunsthandel im Deutschen Reich, in: Bertz 2008, S. 75–81.

Heuß, Anja: Der Kunstraub der Nationalsozialisten. Eine Typologie, in: Kritische Berichte. Zeitschrift für Kunst- und Kulturwissenschaft, Jg. 23, H. 2, Marburg 1995, S. 32–43.

Heuß, Anja: Die Reichskulturkammer und die Steuerung des Kunsthandels im Dritten Reich, in: Sediment. Mitteilungen zur Geschichte des Kunsthandels, hg. vom Zentralarchiv des internationalen Kunsthandels, H. 3, Bonn 1998, S. 49–61.

Heuß, Anja: Die Sammlung Max Silberberg in Breslau, in: Pophanken/Billeter 2001, S. 311–326.

Hildebrand, Klaus: Reich, Großmacht, Nation. Betrachtungen zur Geschichte der deutschen Außenpolitik 1871–1945, hg. von der Stiftung Historisches Kolleg, München 1995.

Hingst, Hans/Lipowschek, Anton (Hg.): Europäische Denkmalschutzgesetze in deutscher Übersetzung, Bd. 2, Neumünster 1975.

Hinrichs, Nina: Caspar David Friedrich – ein deutscher Künstler des Nordens. Analyse der Friedrich-Rezeption im 19. Jahrhundert und im Nationalsozialismus, Kiel 2011.

Hinz, Berthold: Die Mobilisierung im deutschen Faschismus, in: Hofmann 1974, S. 56–63.

Hipp, Anette: Schutz von Kulturgütern in Deutschland, Berlin 2000.

Hobsbawm, Eric J.: Nationen und Nationalismus. Mythos und Realität seit 1780, Frankfurt a. M. 1991.

Hoffmeister, Titia: Der Berliner Kunsthändler Paul Cassirer. Seine Verdienste um die Förderung der Künste und um wichtige Erwerbungen der Museen, Phil. Diss., Universität Halle 1991.

Hofmann, Werner (Hg.): Caspar David Friedrich und die deutsche Nachwelt. Aspekte zum Verhältnis von Mensch und Natur in der bürgerlichen Gesellschaft, Frankfurt a. M. 1974.

Hofmann, Werner: Wie deutsch ist die deutsche Kunst? Eine Streitschrift, Leipzig 1999.

Hofstätter, Hans: Die fürstlich Fürstenbergischen Sammlungen in Donaueschingen, München/Zürich 1980.

Hopp, Meike: Kunsthandel im Nationalsozialismus. Adolf Weinmüller in München und Wien/Köln/Weimar 2012.

Huguenin-Bergenat, Yves: Kulturgüter bei Staatensukzession. Die internationalen Verträge Österreichs nach dem Zerfall der österreichisch-ungarischen Monarchie im Spiegel des aktuellen Völkerrechts, Berlin/New York 2010.

Hüneke, Andreas: Widerstehen – entziehen – zerbrechen. Facetten des Umgangs mit Kunst und Künstlern der Moderne im Nationalsozialismus, in: Informationen. Wissenschaftliche Zeitschrift des Studienkreises Deutscher Widerstand 1933–1945, hg. vom Studienkreis zur Erforschung und Vermittlung der Geschichte des Deutschen Widerstandes 1933–1945, Bd. 35, H. 71, Frankfurt a. M. 2010, S. 8–13.

Hüneke, Andreas: Zum privaten Sammeln seit dem späten Kaiserreich bis zum Ende des Zweiten Weltkrieges, in: Görtmann 2009, S. 14–18.

Hutchison, Jane Campbell: Albrecht Dürer. Eine Biographie, Frankfurt a. M./New York 1994.

Jaeger, Andrea: Internationaler Kulturgüterschutz. Rechtslage, Rechtspraxis, Rechtsentwicklung, Köln u. a. 1993.

Jaenecke, Joachim: Erwerbungen der Preußischen Staatsbibliothek aus jüdischem Besitz, 1933–1945, in: Mitteilungen der Staatsbibliothek Berlin (Preußischer Kulturbesitz), N.F. 8, 1999, S. 266–279.

James, Harold: A German Identity, London 1990.

Janda, Annegret/Grabowski, Jörn: Kunst in Deutschland 1905–1937. Die verlorene Sammlung der Nationalgalerie im ehemaligen Kronprinzen-Palais, Berlin 1992.

Janda, Annegret: Die Berliner Nationalgalerie im Kampf um die moderne Kunst seit 1933, in: Barron 1992, S. 107–119.

Jeuthe, Gesa: Kunstwerte im Wandel. Die Preisentwicklung der deutschen Moderne im nationalen und internationalen Kunstmarkt 1925 bis 1955, Berlin 2011.

Joachimidis, Alexis: Die Museumsreformbewegung in Deutschland und die Entstehung des modernen Museums 1880–1940, Dresden 2001.

Jurk, Michael: Kunstsammler zwischen Geschäft und Leidenschaft. Der Bankier Jakob Goldschmidt, in: Ludewig/Schoeps 2012, S. 196–209.

Kahsnitz, Rainer: Der Deutsche Verein für Kunstwissenschaft im Nationalsozialismus. Versuch einer Spurenlese, in: Zeitschrift des Deutschen Vereins für Kunstwissenschaft, Sonderdruck aus Bd. 62, 2008.

Karasek, Erika: Konrad Hahm (1892–1943). Museum zwischen Aufbruch und Verhängnis, in: Jahrbuch für Volkskunde, hg. von Wolfgang Brückner, N.F. 26, Würzburg 2003, S. 121–136.

Kaufhold, Walter: Schloß Sigmaringen und das Fürstliche Haus Hohenzollern, Sigmaringen 1979.

Kaznelson, Sigmund (Hg.): Juden im Deutschen Kulturbereich. Ein Sammelwerk, Berlin 1962.

Keiser, Herbert Wolfgang: Gemäldegalerie Oldenburg, München 1966.

Kemper, Thomas: Schloss Monbijou. Von der königlichen Residenz zum Hohenzollern-Museum, Berlin 2005.
Kempf, Janet (Hg.): Skulpturensammlung im Bode-Museum, München 2006.
Kessemeier, Kristina: „Lassen Sie die Künstler nicht allein!" Bildende Kunst und Mäzenatentum aus der Sicht des preußischen Kultusministeriums in der Weimarer Republik, in: Gaehtgens/Braun 1998, S. 105–124.
Keßler, Horst/Trepesch, Christof (Hg.): Karl Haberstock. Umstrittener Kunsthändler und Mäzen, München/Berlin 2008.
Kier, Hiltrud/Blöcker, Susanne (Hg.): Lust und Verlust. Bd. 1, Kölner Sammler zwischen Trikolore und Preußenadler, Köln 1995.
Kier, Hiltrud/Blöcker, Susanne (Hg.): Lust und Verlust, Bd. 2, Corpus-Band zu Kölner Gemäldesammlungen 1800–1860, Köln 1998.
Kitschen, Friederike/Drost, Julia (Hg.): Deutsche Kunst – Französische Perspektiven. Kommentierter Quellenband zur Rezeption deutscher Kunst in Frankreich 1870–1945, Berlin 2007.
Klee, Ernst: Das Kulturlexikon zum Dritten Reich. Wer war was vor und nach 1945, Frankfurt a. M. 2007.
Klein, Ulrich: Die Fürstenbergischen Münzen und Medaillen, in: Eltz/Strohmeyer 1994, S. 189–195.
Köbler, Gerhard (Hg.): Historisches Lexikon der Deutschen Länder. Die deutschen Territorien vom Mittelalter bis zur Gegenwart. 7. Auflage, München 2007.
Köhler, Ingo: Die „Arisierung" der Privatbanken im Dritten Reich. Verdrängung, Ausschaltung und die Frage der Wiedergutmachung, München 2008.
Kohlrausch, Martin: Der Monarch im Skandal. Die Logik der Massenmedien und die Transformation der wilhelminischen Monarchie, Berlin 2005.
Kohls, Frank: Kulturgüterschutz. Wirkungen von Verstößen gegen Ausfuhrverbote und Möglichkeiten der Rückführung illegal verbrachter Kulturgüter. Eine vergleichende Untersuchung mit den Rechten Dänemarks, Norwegens und Schwedens, Frankfurt a. M. 2001.
Koldehoff, Stefan: Die Bilder sind unter uns. Das Geschäft mit der NS-Raubkunst, Frankfurt a. M. 2009.
Konrad, Bernd: Die Fürstenbergischen Tafelbilder, in: Eltz/Strohmeyer 1994, S. 130–142.
Konrad, Bernd: Die Kunstsammlungen der Adelshäuser. Erwerb – Bestand – Verlust, in: Hengerer/Kuhn 2006, S. 735–750.
Koordinierungsstelle für Kulturgutverluste Magdeburg (Hg.): Entehrt. Ausgeplündert. Arisiert. Entrechtung und Enteignung der Juden, Magdeburg 2005.
Koordinierungsstelle für Kulturgutverluste Magdeburg (Hg.): Sammeln, Stiften, Fördern. Jüdische Mäzene in der deutschen Gesellschaft, Magdeburg 2008.
Kopytoff, Igor: The cultural biography of things: commoditization as process, in: The social life of things: Commodities in cultural perspective, hg. von Arjun Appadurai, Cambridge u. a. 2009, S. 64–91.
Kott, Christina: Die deutsche Kunst- und Museumspolitik im besetzten Nordfrankreich im Ersten Weltkrieg. Zwischen Kunstraub, Kunstschutz, Propaganda und Wissenschaftkritik, in: Kritische Berichte. Zeitschrift für Kunst- und Kulturwissenschaft, Jg. 25, H. 2, Marburg 1997, S. 5–24.
Kott, Christina: Kunstwerke als Faustpfänder im Ersten Weltkrieg, in: Das Geschäft mit der Raubkunst. Fakten, Thesen, Hintergründe, hg. von Matthias Frehner, Zürich 1998, S. 43–50.
Kott, Christina: Préserver l'art de l'ennemi? Le patrimoine artistique en Belgique et en France occupées, 1914–1918, Bruxelles u. a. 2006.
Kott, Christina: Der deutsche „Kunstschutz" im Ersten und Zweiten Weltkrieg. Ein Vergleich, in: Deutsch-französische Kultur- und Wissenschaftsbeziehungen im 20. Jahrhundert Ein institutionengeschichtlicher Ansatz, hg. von Ulrich Pfeil, München 2007, S. 137–153.
Kott, Christina: „Den Schaden in Grenzen halten …". Deutsche Kunsthistoriker und Denkmalpfleger als Kunstverwalter im besetzten Frankreich, 1940–1944, in: Heftrig 2008, S. 362–392.
Krämer, Felix/Hollein, Max (Hg.): Hans Thoma. „Lieblingsmaler des deutschen Volkes", Frankfurt a. M. 2013.
Krapf-Weiler, Almut: Zur Neuorganisation der Wiener Museen 1919–1925 unter der Leitung von Hans Tietze, in: Das Museum. Spiegel und Motor kulturpolitischer Visionen, hg. von Hadwig Kräutler und Gerbert Frodl, Wien 2004, S. 159–178.
Kratz-Kessemeier, Kristina: Kunst für die Republik. Die Kunstpolitik des preußischen Kultusministeriums 1918 bis 1932, Berlin 2007.

Kretschmann, Georg: Das Silber der Wettiner. Eine Schatzsuche zwischen Moskau und New York, Berlin 1995.

Kretschmann, Georg: Der Schatz der Wettiner. Der Sensationsfund in Sachsen, Leipzig 1997.

Krüger Saß, Susen: „Nordische Kunst". Die Bedeutung des Begriffes während des Nationalsozialismus, in: Heftrig 2008, S. 224–244.

Krüger, Matthias: Im Dienst der Nation. Identitätsstiftungen und Identitätsbrüche in Werken der bildenden Kunst, Berlin 2011.

Kubin, Ernst: Raub oder Schutz? Der deutsche militärische Kunstschutz in Italien, Graz/Stuttgart 1994.

Kuhrau, Sven: Der Kunstsammler im Kaiserreich. Kunst und Repräsentation in der Berliner Privatsammelkultur, Kiel 2005.

Kunze, Rolf-Ulrich: Nation und Nationalismus, Darmstadt 2005.

Kurz, Jakob: Kunstraub in Europa 1938–1945, Hamburg 1989.

Landes, Lilian: Das 19. Jahrhundert im Blick der nationalsozialistischen Kunstgeschichtsschreibung, in: Doll/Fuhrmeister/Sprenger 2005, S. 283–305.

Langewiesche, Dieter: Nation, Nationalismus, Nationalstaat in Deutschland und Europa, München 2000.

Langewiesche, Dieter: Reich, Nation, Föderation. Deutschland und Europa, München 2008.

Langewiesche, Dieter: Was heißt ‚Erfindung der Nation?' Nationalgeschichte als Artefakt – oder die Geschichtsdeutung als Machtkampf, in: Historische Zeitschrift, hg. von Andreas Fahrmeir und Lothar Gall, München/Berlin 2003, S. 593–617.

Larsson, Lars Olof: Nationalstil und Nationalismus in der Kunstgeschichte der zwanziger und dreißiger Jahre, in: Dittmann 1985, S. 169–184.

Lässig, Simone: Jüdische Stifter, Spender und Mäzene: Unternehmerisches Denken und bürgerliches Handeln im städtischen Raum, in: Biedermann/Dehmer/Wagner 2006, S. 33–39.

Laube, Gisbert: Der Reichskunstwart. Geschichte einer Kulturbehörde 1919–1933, Frankfurt a. M. 1997.

Laufer, Ulrike: Sammlerfleiß und Stiftungswille. 90 Jahre Folkwang-Museumsverein – 90 Jahre Museum Folkwang, Göttingen 2012.

Lauter, Marlene (Hg.): Tradition und Propaganda. Eine Bestandsaufnahme. Kunst aus der Zeit des Nationalsozialismus in der Städtischen Sammlung Würzburg, Würzburg 2013.

Lenman, Robin: Der deutsche Kunstmarkt 1840–1923. Integration, Veränderung, Wachstum, in: Mai/Paret 1993, S. 135–152.

Lenman, Robin: Die Kunst, die Macht und das Geld. Zur Kulturgeschichte des kaiserlichen Deutschland 1871–1918, Frankfurt a. M. u. a. 1994.

Lenz, Christian (Hg.): Adolf Friedrich Graf von Schack. Kunstsammler, Literat und Reisender, München 1994.

Lenz, Christian: Schacks Sammlung zeitgenössischer Kunst, in: Lenz 1994, S. 13–26.

Limberg, Jörg: Die Sammlung des Bankiers Jakob Goldschmidt (1882–1955), in: Götzmann 2009, S. 77–81.

Lindemann, Bernd Wolfgang: Bode und seine Sammler, in: Bärnreuther/Schuster 2009, S. 142–163.

Lindemann, Bernd Wolfgang: Sebastiano del Piombo, 1485–1547. Raffaels Grazie, Michelangelos Furor, Milano 2008.

Link, Jürgen/Wülfing, Wulf (Hg.): Nationale Mythen und Symbole in der zweiten Hälfte des 19. Jahrhunderts, Stuttgart 1991.

Lipp, Wilfried: Kultur des Bewahrens. Schrägansichten zur Denkmalpflege, Wien/Köln/Weimar 2008.

Locher, Hubert: Kunstgeschichte als historische Theorie der Kunst 1750–1950, München 2001.

Löcher, Kurt (Hg.): Kunst des Sammelns. Das Praunsche Kabinett, Meisterwerke von Dürer bis Carracci, Nürnberg 1994.

Löcher, Kurt: Die Gemälde des 16. Jahrhunderts im Germanischen Nationalmuseum Nürnberg, Stuttgart 1997.

Löhr, Hanns Christian: Das Braune Haus der Kunst. Hitler und der „Sonderauftrag Linz", Visionen, Verbrechen, Verluste, Berlin 2005.

Löhr, Hanns Christian: Der eiserne Sammler. Kunst und Korruption im „Dritten Reich", Berlin 2009.

Luckhardt, Ulrich/Schneede, Uwe M. (Hg.): Private Schätze. Über das Sammeln von Kunst in Hamburg bis 1933, Hamburg 2001.

Luckhardt, Ulrich: Eduard L. Behrens und Theodor E. Behrens. Sammeln moderner Kunst in zwei Generationen, in: Luckhardt/Schneede 2001, S. 35–43.

Luckhardt, Ulrich: Emil Nolde: Hülltoft Hof. Die Geschichte eines Bildes, Hamburg 2002.
Lüddeke, Barbara: Praktische Erfahrungen mit dem Gesamtverzeichnissen national wertvollen Kulturguts und national wertvoller Archive, in: Museumskunde, hg. vom Deutschen Museumsbund, Bd. 67, Nr. 1, Berlin 2002, S. 34–40.
Ludewig, Anna-Dorothea/Schoeps, Julius H. (Hg.): Aufbruch in die Moderne. Sammler, Mäzene und Kunsthändler in Berlin 1880–1933, Köln 2012.
Luh, Jürgen: Eine Erbschaft der Monarchie: Das Hohenzollern-Museum, in: Biskup/Kohlrausch 2008, S. 200–216.
Lührs, Wilhelm (Hg.): Bremische Biografie 1912–1962, Bremen 1969.
Luijten, Ger: Wilhelm von Bode und Holland, in: Gaehtgens 1996, S. 73–85.
Lüttichau von, Mario-Andreas: Bilder-Schicksale, in: Fischer 2010, S. 213–223.
Lynar, Ernst Wilhelm Graf zu: Die Fürstenberg-Sammlungen in Donaueschingen, in: Eltz/Strohmeyer 1994, S. 115–119.
Maaz, Bernhard (Hg.): Kunst-, Welt- und Werkgeschichten. Die Korrespondenz zwischen Hans Posse und Wilhelm von Bode von 1904 bis 1928, Wien/Köln/Weimar 2012.
Maaz, Bernhard: Cranach in der Gemäldegalerie Alte Meister Dresden, Berlin/München 2010.
Maaz, Bernhard: Hans Posse und Wilhelm von Bode: Kollegiale Freundschaft mit pragmatischen Aspekten, in: Maaz 2012, S. 9–27.
Machtan, Lothar: Die Entkrönung der deutschen Bundesfürsten, 2007.
Machtan, Lothar: Die Abdankung. Wie Deutschlands gekrönte Häupter aus der Geschichte fielen, Berlin 2008.
Mai, Ekkehard (Hg.): Kunstverwaltung, Bau- und Denkmal-Politik im Kaiserreich, Berlin 1981.
Mai, Ekkehard/Paret, Peter (Hg.): Sammler, Stifter und Museen. Kunstförderung in Deutschland im 19. und 20. Jahrhundert, Köln 1993.
Malinowski, Stephan: Vom König zum Führer. Sozialer Niedergang und politische Radikalisierung im deutschen Adel zwischen Kaiserreich und NS-Staat, Berlin 2003.
Mansfield, Elizabeth C. (Hg.): Making Art History. A Changing Discipline and its Institutions, New York 2007.
Marx, Barbara/Rehberg, Karl-Siegbert (Hg.): Sammeln als Institution. Von der fürstlichen Wunderkammer zum Mäzenatentum des Staates, München/Berlin 2006.
Maser, Werner: Adolf Hitler. Legende – Mythos – Wirklichkeit, München/Esslingen 1971.
Mathieu, Thomas: Kunstauffassungen und Kulturpolitik im Nationalsozialismus. Studien zu Adolf Hitler, Joseph Goebbels, Alfred Rosenberg, Baldur von Schirach, Heinrich Himmler, Albert Speer, Wilhelm Frick, Saarbrücken 1997.
Matthes, Olaf: James Simon. Mäzen im Wilhelminischen Zeitalter, Berlin 2000.
Matthew, Olaf: Bode – Tschudi – Lichtwark. Zur privaten Sammeltätigkeit in Berlin und Hamburg um 1900, in: Luckhardt/Schneede 2001, S. 15–21.
Mejstrik, Alexander: Welchen Raum braucht Geschichte? Vorstellungen von Räumlichkeit in den Geschichts-, Sozial- und Kulturwissenschaften, in: Die Räume der Geschichte. Österreichische Zeitschrift für Geschichtswissenschaften, hg. von Reinhard Sieder, 17. Jg., Innsbruck 2006, S. 9–64.
Merker, Reinhard: Die bildenden Künste im Nationalsozialismus. Kulturideologie – Kulturpolitik – Kulturproduktion, Köln 1983.
Meyer, Andrea: Ein Sammler „französischer Expressionisten". August von der Heydt, in: Pophanken/Billeter 2001, S. 235–250.
Meyer, Andrea: In guter Gesellschaft. Der Verein der Freunde der Nationalgalerie Berlin von 1929 bis heute, Berlin 1998.
Meyer, Andrea/Holleczek, Andreas: Französische Kunst – Deutsche Perspektiven. Quellen und Kommentare zur Kunstkritik 1870–1945, Berlin 2004.
Mildenberger, Hermann: Rembrandt und Weimar, in: Rembrandts Radierungen. Bestandskatalog. Ehemalige Großherzogliche und Staatliche Sammlungen sowie Goethes Sammlung, hg. von Erik Hinterding, Wien/Köln/Weimar 2011, S. 1–4.
Mongi-Vollmer, Eva: Alltägliches Recht, alltägliches Unrecht. Die Gemäldeerwerbungen des Städel 1933–1945, in: Fleckner/Hollein 2011, S. 147–199.
Mönninghoff, Wolfgang: Enteignung der Juden. Wunder der Wirtschaft, Erbe der Deutschen, Hamburg 2001.

Morby, John/Ludwig, Uwe: Handbuch der deutschen Dynastien, Düsseldorf 2006.
Mosse, George L.: Die Nationalisierung der Massen. Von den Befreiungskriegen bis zum Dritten Reich, Frankfurt a. M. 1993.
Mosse, George L.: Die völkische Revolution. Über die geistigen Wurzeln des Nationalsozialismus, Frankfurt a. M. 1991.
Mühlen, Ilse von zur: Die Kunstsammlung Hermann Görings. Ein Provenienzbericht der Bayerischen Staatsgemäldesammlungen, München 2004.
Mühlen, Ilse von zur: Hermann Göring als Kunstsammler, in: Bertz 2008, S. 141–147.
Müller, Jürgen: „Wie Rembrandt zum Erzieher wurde", in: Marx/Rehberg 2006, S. 231–238.
Müller, Marcus: Geschichte – Kunst – Nation. Die sprachliche Konstituierung einer ‚deutschen' Kunstgeschichte aus diskursanalytischer Sicht, Berlin 2007.
Müller, Melissa/Tatzkow, Monika (Hg.): Verlorene Bilder, verlorene Leben. Jüdische Sammler und was aus ihren Kunstwerken wurde, München 2009.
Müller, Siegfried: Von Sammlern und Sammlungen, in: Sammler und Mäzen. Bestände aus Privatbesitz im Landesmuseum Oldenburg, hg. von Petra Kemmler und Beate Bollmann, Oldenburg 1999, S. 8–20.
Müller, Siegfried: Kollektive Identität im historischen Museum, in: Jahrbuch, hg. vom Landesmuseum für Kunst und Kulturgeschichte, Oldenburg 2002, S. 50–54.
Müller-Wulckow, Walter: Die Bildnisse Fräulein Marias von Jever, in: Oldenburger Jahrbuch, Bd. 60, Teil 1, Oldenburg 1961, S. 39–46.
Mummenhoff, Karl E.: Schloß Nordkirchen 1903–1914, in: Die Arenberger. Geschichte einer europäischen Dynastie Bd. 2, Die Arenberger in Westfalen und im Emsland, hg. von Franz-Josef Heyen, Koblenz 1990, S. 207–226.
Mummenthey, Irmgard: Gesetz zum Schutze deutschen Kulturgutes gegen Abwanderung: Die hamburgischen Eintragungen in der sogenannten „Reichsliste von 1938", in: Kunst und Recht. Journal für Kunstrecht, Urheberrecht und Kulturpolitik, hg. von Ulf Bischof, 14. Jg., Berlin 2012, S. 174–177.
Neu, Peter: Die Arenberger und das Arenberger Land. Bd. 3, Wirtschaft, Alltag und Kultur im 17. und 18. Jahrhundert, Koblenz 1995.
Nicholas, Lynn H.: The rape of Europa. The fate of Europe's treasures in the Third Reich and the Second World War, New York 1994.
Niethammer, Lutz: Kollektive Identität. Heimliche Quellen einer unheimlichen Konjunktur, Hamburg 2000.
Nipperdey, Thomas: Gesellschaft, Kultur und Theorie. Gesammelte Aufsätze zur neueren Geschichte, Göttingen 1976.
Obenaus, Maria: „Gutes einzuführen, Geringeres abzustossen" – Ausfuhrverbote für „national wertvolle" Kunstwerke sächsischer Privatsammlungen in der Weimarer Republik, in: Dresdner Kunstblätter, hg. von den Staatlichen Kunstsammlungen Dresden, Bd. 4, Dresden 2014, S. 27–35.
Obenaus, Maria: „Zerstieben der großherzoglichen Galerie in alle Winde" – Der Verkauf von Kunstwerken aus dem Besitz des ehemaligen Großherzogs von Oldenburg 1919, in: Oldenburger Jahrbuch, Bd. 113, Oldenburg 2013, S. 143–156.
Obenaus, Maria: Julius Langbehn. Musen und Museen (1890), in: Museumsgeschichte. Kommentierte Quellentexte 1750–1950, hg. von Kristina Kratz-Kessemeier, Andrea Meyer und Bénédicte Savoy, Berlin 2010, S. 177–180.
Obenaus, Maria: Wilhelm von Bode und das „Verzeichnis der national wertvollen Kunstwerke" 1922, in: Jahrbuch Preußischer Kulturbesitz, Bd. 47.2011, Berlin 2012, S. 201–225.
Odendahl, Kerstin: Kulturgüterschutz. Entwicklung, Struktur und Dogmatik eines ebenenübergreifenden Normensystems, Tübingen 2005.
Panwitz, Sebastian: „… das Department Kunst untersteht meiner Frau". Margarete Oppenheim und ihre Sammlung, in: Ludewig/Schoeps 2012, S. 120–135.
Papenbrock, Martin: Anmerkungen zur Geschichte und Methodik der wissenschaftsgeschichtlichen Forschung zur Kunstgeschichte im Nationalsozialismus, in: Heftrig 2008, S. 25–38.
Patzelt, Werner J.: Einführung in die Politikwissenschaft. Grundriss des Faches und studienbegleitende Orientierung, Passau 2013.
Paul, Barbara: „Das Kollektionieren ist die edelste aller Leidenschaften!" Wilhelm von Bode und das Verhältnis zwischen Museum, Kunsthandel und Privatsammlertum, in: Kritische Berichte. Zeitschrift für Kunst- und Kulturwissenschaft, Jg. 21, H. 3, Marburg 1993, S. 41–64.

Paul, Barbara: Drei Sammlungen französischer impressionistischer Kunst im kaiserlichen Berlin – Bernstein, Liebermann, Arnhold, in: Zeitschrift des deutschen Vereins für Kunstwissenschaft, Bd. 42, H. 3, Berlin 1988, S. 11–30.
Paul, Barbara: Hugo von Tschudi und die moderne französische Kunst im Deutschen Kaiserreich, Mainz 1993.
Pereña Sáez, Helena: Ernst Buchner. Eine Annäherung, in: Doll/Fuhrmeister/Sprenger 2005, S. 139–160.
Peschken, Goerd/Klünner, Hans-Werner: Das Berliner Schloß, Frankfurt a. M. u. a. 1982.
Petropoulos, Jonathan: Kunstraub und Sammelwahn. Kunst und Politik im Dritten Reich, Berlin 1999.
Petropoulos, Jonathan: The Faustian Bargain. The art world in Nazi Germany, London 2000.
Pevsner, Nikolaus: The Englishness of English Art, London 1956.
Peya, Andrea: Die Ausfuhr von Kulturgütern im nationalen und Gemeinschaftsrecht, Frankfurt a. M. 2002.
Pomian, Krzysztof: Der Ursprung des Museum. Vom Sammeln, Berlin 1988.
Pophanken, Andrea/Billerer, Felix: Die französische Moderne und ihre deutschen Sammler, in: Pophanken/Billeter 2001, S. 11–21.
Pophanken, Andrea/Billeter, Felix (Hg.): Die Moderne und ihre Sammler. Französische Kunst in deutschem Privatbesitz vom Kaiserreich zur Weimarer Republik, Berlin 2001.
Pophanken, Andrea: Die Kopiensammlung des Grafen von Schack, in: Lenz 1994, S. 27–44.
Pophanken, Andrea: Privatsammler der französischen Moderne in München, in: Schuster/Hohenzollern 1996, S. 424–431.
Preiß, Achim: Von der Museumsinsel zur Museumsmetropole. Die Planungen des Dritten Reiches, München 1994.
Prölß-Kammerer, Anja: Die Tapisserie im Nationalsozialismus – Propaganda, Repräsentation und Produktion, Hildesheim u. a. 2000.
Protz, Uta: „National treasures"/„Trésors Nationaux": the control of the export of works of art and the construction of „National Heritage"/„Patrimoine" in France and the United Kingdom, 1884–1959, unveröffentlichte Dissertation, European University Institute Florenz 2009.
Radloff, Jörn: Kulturgüterrecht unter besonderer Berücksichtigung der Außenhandelsbeschränkungen und Mitnahmeverbote von Kunst- und Kulturgut in Privateigentum, Berlin 2013.
Redslob, Edwin: Von Weimar nach Europa. Erlebtes und Durchdachtes, Berlin 1971.
Rehm, Ulrich: Rufmord mit Folgen. Das Leben Botticellis nach Giorgio Vasari und die moderne Kunstgeschichtsschreibung, in: Botticelli. Bildnis – Mythos – Andacht, hg. von Andreas Schumacher, Frankfurt a. M. 2009, S. 131–141.
Reitlinger, Gerard: The Economics of Taste. The Rise and Fall of Picture Prices, London 1961.
Rennhofer, Maria: Kunstzeitschriften der Jahrhundertwende in Deutschland und Österreich. 1895–1914, Wien u. a. 1987.
Rewald, John: The paintings of Paul Cézanne. A catalogue raisonné, New York 1996.
Richter, Reinhard: Nationales Denken im Katholizismus der Weimarer Republik, Münster 2000.
Rieke-Müller, Annelore/Müller, Siegfried: Konzeptionen der Kulturgeschichte um die Mitte des 19. Jahrhunderts. Das Germanischen Nationalmuseums in Nürnberg und die Zeitschrift für deutsche Kulturgeschichte, in: Archiv für Kulturgeschichte 82/2, 2000, S. 345–375.
Ring, Christian: Gustav Pauli und die Hamburger Kunsthalle. Reisebriefe, Bd. 1, Berlin/München 2010.
Ring, Christian: Gustav Pauli und die Hamburger Kunsthalle. Biographie und Sammlungspolitik, Bd. 2, Berlin/München 2010.
Ritschel, Kerstin: Museumssammlungen als Werte in öffentlicher Hand, in: Dresdner Kunstblätter, hg. von den Staatlichen Kunstsammlungen Dresden, Bd. 4, Dresden 2014, S. 37–45.
Rogasch, Wilfried: Schatzhäuser Deutschlands. Kunst in adligem Privatbesitz, München/Berlin 2004.
Rosebrock, Tessa Friedericke: Kurt Martin und das Musée des Beaux-Arts de Strasbourg. Museums- und Ausstellungspolitik am Oberrhein im ‚Dritten Reich' und in der unmittelbaren Nachkriegszeit, Berlin 2012.
Rosebrock, Tessa Friederike: Die Büste der Bärbel von Ottenheim, eine „germanische Nofretete": zur Erwerbung eines spätmittelalterlichen Skulpturfragments in der 1930er Jahren, in: Cahiers alsaciens d'archéologie, d'art et d'histoire Bd. 55 (2012), S. 109–124.
Rosenberg, Alfred: Letzte Aufzeichnungen, Uelzen 1996.
Rosenow, Gerd: 50 Jahre Oldenburgisches Denkmalschutzgesetz, in: Oldenburger Jahrbuch, Bd. 60, Teil 1, Oldenburg 1961, S. 13–19.

Roth, Martin: Heimatmuseum. Zur Geschichte einer deutschen Institution, Berlin 1990.
Röver-Kann, Anne: Albrecht Dürer. Der heilige Johannes aus Tallin zurück! Der heilige Onophrius und andere Eremiten, Bremen 2004.
Röver-Kann, Anne: Dürer Zeit – Schöne Zeit. Die Bremer Sammler Klugkist, Lahmann und Schwarting, in: Dürer-Zeit. Die Geschichte der Dürersammlung in der Kunsthalle Bremen, hg. von Kunstverein Bremen und Anne Röver-Kann, Bremen/München 2012, S. 18–23.
Röver-Kann, Anne: Zu den Werken Albrecht Dürers in der Kunsthalle Bremen oder: Warum gibt es soviel Dürer in Bremen, in: Stamm 2003, S. 10–15.
Rudert, Thomas: Die Staatlichen Sammlungen für Kunst und Wissenschaft Dresden und die Vermögensauseinandersetzung mit dem Haus Wettin 1918–1927, in: Jahrbuch der Staatlichen Kunstsammlungen Dresden, hg. von den Staatlichen Kunstsammlungen Dresden, Bd. 33, Dresden 2006/07, S. 83–113.
Sachs, Hannelore: Sammler und Mäzene. Zur Entwicklung des Kunstsammelns von der Antike bis zur Gegenwart, Leipzig 1971.
Sachsen, Albert zu: Die Albertinischen Wettiner. Geschichte des sächsischen Königshauses, 1763–1932, Gräfelfing 1991.
Saehrendt, Christian: „Die Brücke" zwischen Staatskunst und Verfemung. Expressionistische Kunst als Politikum in der Weimarer Republik, im „Dritten Reich" und im Kalten Krieg, Stuttgart 2005.
Sander, Jochen (Hg.): Dürer. Kunst – Künstler – Kontext, München 2013.
Santorius, Nerina: „Alles urdeutsch"? Hans Thoma und die Debatte um eine nationale Kunst, in: Krämer/Hollein 2013, S. 29–39.
Savoy, Bénédicte (Hg.): Tempel der Kunst. Die Geburt des öffentlichen Museums in Deutschland 1701–1815, Mainz 2006.
Savoy, Bénédicte/Sissis, Philippa (Hg.): Die Berliner Museumsinsel: Impressionen internationaler Besucher (1830–1990), eine Anthologie, Wien/Köln/Weimar 2013.
Savoy, Bénédicte: Kunstraub. Napoleons Konfiszierungen in Deutschland und die europäischen Folgen, Wien u. a. 2011.
Savoy, Bénédicte: Nofretete. Eine deutsch-französische Affäre 1912–1931, Wien u. a. 2011.
Savoy, Bénédicte: Tempel des Ernstes und des fake. Der Raffael-Saal in der Orangerie in Potsdam, ein Kopienmuseum im Zeitalter der technischen Reproduzierbarkeit, in: Heß/Agazzi 2012, S. 201–236.
Schalenberg, Max: Schlösser zu Museen. Umnutzung von Residenzbauten in Berlin und München während der Weimarer Republik, in: Biskup/Kohlrausch 2008, S. 184–199.
Schauerte, Thomas (Hg.): Albrecht Dürer. Der Nutzen ist ein Teil der Schönheit, eine Auswahl kommentierter Texte aus der Festschrift der Internationalen Dürer-Forschung. erschienen im Cicerone, Leipzig, Berlin 1928, München 2014.
Scheck, Thomas: Denkmalpflege und Diktatur. Die Erhaltung von Bau- und Kunstdenkmälern in Schleswig-Holstein und im Deutschen Reich zur Zeit des Nationalsozialismus, Berlin 1995.
Schembs, Hans-Otto: Bibliographie zur Geschichte der Frankfurter Juden 1781–1945, Frankfurt a. M. 1978.
Schick, Karin: The making of Cézanne. Eine amerikanische Rezeption, Tübingen 2002.
Schlicht, Sandra: Krieg und Denkmalpflege. Deutschland und Frankreich im II. Weltkrieg, Schwerin 2007.
Schlie, Ulrich: Die Nation erinnert sich. Die Denkmäler der Deutschen, München 2002.
Schneider, Reinhard: Salem. 850 Jahre Reichsabtei und Schloss, Konstanz 1984.
Scholz, Dieter: Faschistische Bilder in der Nationalgalerie? Italienische Gegenwartskunst in Berlin 1933–1942, in: Grabowski/Winter 2013, S. 151–169.
Schönberger, Angela: Die neue Reichskanzlei von Albert Speer. Zum Zusammenhang von nationalsozialistischer Ideologie und Architektur, Berlin 1981.
Schönpflug, Daniel: Liebe und Politik: Die Heiraten der Hohenzollern und ihre Nachwirkungen, 1858–1935, in: Biskup/Kohlrausch 2008, S. 77–95.
Schorlemer, Sabine von: Internationaler Kulturgüterschutz. Ansätze zur Prävention im Frieden sowie im bewaffneten Konflikt, Berlin 1992.
Schroeder, Veronika: Spanien und die Moderne. Marczell von Nemes, Julius Meier-Graefe, Hugo von Tschudi, in: Schuster/Hohenzollern 1996, S. 419–423.
Schuber, Ernst: Verdeckte Opposition in der Provinz Hannover: Der Kampf der Welfen um die regionale Identität während des Kaiserreichs, in: Blätter für deutsche Landesgeschichte 134, 1998, S. 211–272.
Schuker, Stephen A.: Frankreich und die Weimarer Republik, in: Die Weimarer Republik, hg. von Michael Stürmer, Frankfurt a. M. 1993, S. 93–112.

Schulte, Sabine: Zwischen Geschichte und Gedächtnis. Denkmalpflege in Deutschland und Frankreich, in: Dewes/Duhem 2008, S. 595–630.
Schüren, Ulrich: Der Volksentscheid zur Fürstenenteignung 1926. Die Vermögensauseinandersetzung mit den depossedierten Landesherren als Problem der deutschen Innenpolitik unter besonderer Berücksichtigung der Verhältnisse in Preußen, Düsseldorf 1978.
Schuster, Peter-Klaus/Hohenzollern, Johann Georg Prinz von (Hg.): Manet bis van Gogh. Hugo von Tschudi und der Kampf der Moderne, München/New York 1996.
Schuster, Peter-Klaus: Die Staatlichen Museen zu Berlin und ihre nationale Aufgabe, in: Graf/Pfeiffer-Poensgen 2008, S. 13–24.
Schwarz, Birgit: Geniewahn: Hitler und die Kunst, Wien/Köln/Weimar 2011.
Schwarz, Birgit: Hitlers Museums. Die Fotoalben Gemäldegalerie Linz: Dokumente zum „Führermuseums", Wien/Köln/Weimar 2004.
Schwarz, Karl: Kunstsammler, in: Kaznelson 1962.
Schweikhart, Gunter: Die Kunst der Renaissance. Ausgewählte Schriften, hg. von Ulrich Rehm und Andreas Tönnesmann, Wien/Köln/Weimar 2001.
Schweizer, Stefan: „Unserer Weltanschauung sichtbaren Ausdruck geben". Nationalsozialistische Geschichtsbilder in historischen Festzügen zum „Tag der Deutschen Kunst", Göttingen 2007.
Schweizer, Stefan: Die historischen Festzüge zum Tag der Deutschen Kunst in München. Der Kanon deutscher Kunst in akademischen, populären und propagandistischen Geschichtsimaginationen des Nationalsozialismus, in: Heftrig 2008, S. 260–279.
Secrest, Meryle: Duveen. A Life in Art, Chicago 2005.
Seelig, Lorenz: Die Münchner Sammlung Alfred Pringsheim. Versteigerung, Beschlagnahmung, Restitution, in: Koordinierungsstelle für Kulturgutverluste Magdeburg 2005, S. 265–290.
Selig, Wolfram: „Arisierung" in München. Die Vernichtung jüdischer Existenz 1937–1939, Berlin 2004.
Solomacha, Elena: Verkäufe aus der Eremitage, 1926–1933, in: Bayer 2001, S. 41–62.
Spaulding, Mark: Economic Influences on the Construction on German Identity, in: A User's Guide to German Cultural Studies, hg. von Scott D. Denham, Irene Kacandes und Jonathan Petropoulos, Ann Arbor 1997, S. 287–296.
Speitkamp, Winfried: „Erziehung zur Nation". Reichskunstwart, Kulturpolitik und Identitätsstiftung im Staat von Weimar, in: Berding 1994, S. 541–580.
Speitkamp, Winfried: Das Erbe der Monarchie und die Denkmalpflege in der Weimarer Republik, in: Deutsche Kunst und Denkmalpflege 50, München/Berlin 1992, S. 10–21.
Speitkamp, Winfried: Denkmalpflege und Heimatschutz in Deutschland zwischen Kulturkritik und Nationalsozialismus, in: Archiv für Kulturgeschichte, Bd. 70, 1988, S. 149–193.
Speitkamp, Winfried: Die Verwaltung der Geschichte. Denkmalpflege und Staat in Deutschland, 1871–1933, Göttingen 1996.
Spohr, Stephan: Das deutsche Denkmal und der Nationalgedanke im 19. Jahrhundert, Weimar 2011.
Sprecher, Jörg: Beschränkungen des Handels mit Kulturgut und die Eigentumsgarantie, Berlin 2004.
Stäbler, Wolfgang: Kulturgutverluste, Provenienzforschung, Restitution. Sammlungsgut mit belasteter Herkunft in Museen, Bibliotheken und Archiven, München/Berlin 2007.
Stadtarchiv München: Biographisches Gedenkbuch der Münchner Juden 1933–1945, Bd. 1, München 2003.
Stadtarchiv München: Biographisches Gedenkbuch der Münchner Juden 1933–1945, Bd. 2, München 2007.
Stamm, Rainer (Hg.): Der zweite Aufbruch in der Moderne: Expressionismus – Bauhaus – Neue Sachlichkeit. Walter Müller-Wulckow und das Landesmuseum Oldenburg 1921–1937, Bielefeld u. a. 2011.
Stamm, Rainer (Hg.): Die Gemäldesammlung des Museums im Roselius-Haus, Bremen 2003.
Stamm, Rainer: „Frische Luft in Oldenburg". Walter Müller-Wulckow und das Landesmuseum. Eine Sammlungsgeschichte der Moderne, in: Stamm 2011, S. 9–29.
Stengel, Katharina (Hg.): Die staatliche Enteignung der Juden im Nationalsozialismus, Frankfurt a. M. 2007.
Stern, Fritz: Kulturpessimismus als politische Gefahr, Bern/Stuttgart 1963.
Stieniczka, Norbert: Die Auswirkungen der Revolution von 1918 auf Darmstädter Museen und Sammlungen, in: Kunst in Hessen und am Mittelrhein, hg. vom Hessischen Landesmuseum, Darmstadt 1998, S. 129–138.
Strauch, Georg: Rechtsverhältnisse an Kulturgütern im Internationalen Sachenrecht, Berlin 2007.

Strobl, Andreas: Curt Glaser. Kunsthistoriker – Kunstkritiker – Sammler. Eine deutsch-jüdische Biographie, Wien/Köln/Weimar 2006.
Strohmeyer, Arno: Adelige Überlebensstrategien im 19. Jahrhundert am Beispiel der Bildungspolitik Karl Egons III., in: Eltz/Strohmeyer 1994, S. 90–100.
Stückelberger, Johannes: Rembrandt und die Moderne. Der Dialog mit Rembrandt in der deutschen Kunst um 1900, Basel 1992.
Stürmer, Michael: Gibt es ein Patrimonium der Deutschen?, in: Graf/Pfeiffer-Poensgen 2008, S. 75–76.
Swenson, Astrid: The rise of heritage. Preserving the past in France, Germany and England 1789–1914, Cambridge/New York 2013.
Syndram, Karl Ulrich: Kulturpublizistik und nationales Selbstverständnis. Untersuchungen zur Kunst- und Kulturpolitik in den Rundschauzeitschriften des Deutschen Kaiserreiches (1871–1914), Berlin 1989.
Tafel, Verena: Paul Cassirer als Vermittler Deutscher Impressionistischer Malerei in Berlin. Zum Stand der Forschung, in: Zeitschrift des deutschen Vereins für Kunstwissenschaft, hg. vom Deutschen Verein für Kunstwissenschaft, Bd. 42, H. 3, Berlin 1988.
Tauschek, Markus: Kulturerbe. Eine Einführung, Berlin 2013.
Tebbe, Karin (Hg.): Nürnberger Goldschmiedekunst 1541–1868, Bd. 2, Goldglanz und Silberstrahl, Nürnberg 2007.
Teeuwisse, Nicolaas: Ausgewählte Werke, Berlin 2011.
Thamer, Hans-Ulrich (Hg.): Bürgertum und Kunst in der Neuzeit, Köln 2002.
Thamer, Hans-Ulrich: Vielfalt und Herkunftsgewissheit. Beschleunigter Wandel und kulturelles Erbe, in: Museumskunde, hg. vom Deutschen Museumsbund, Bd. 75, Nr. 2, Berlin 2010, S. 8–12.
Thamer, Hans-Ulrich: Von der Monumentalisierung zur Verdrängung von Geschichte. Nationalsozialistische Denkmalpolitik und die Entnazifizierung von Denkmälern nach 1945, in: Denkmalschutz. Zur Konfliktgeschichte politischer Symbolik, hg. von Winfried Speitkamp, Göttingen 1997, S. 109–136.
Thurn, Hans Peter: Der Kunsthändler. Wandlungen eines Berufs, München 1994.
Tiedemann, Anja: Die „entartete" Moderne und ihr amerikanischer Markt. Karl Buchholz und Curt Valentin als Händler verfemter Kunst, Berlin 2013.
Tisa Francini, Esther/Heuß, Anja/Kreis, Georg: Fluchtgut – Raubgut. Der Transfer von Kulturgütern in und über die Schweiz 1933–1945 und die Frage der Restitution, Zürich 2001.
Tisa Francini, Esther: Ein künstlerisches Vermächtnis. Verfemung und Rettung von Lovis Corinths „Ecce Homo", in: Fleckner 2009, S. 198–225.
Tisa Francini, Esther: Im Spannungsfeld zwischen privater und öffentlicher Institution. Das Städelsche Kunstinstitut und seine Direktoren 1933–1945, in: Fleckner/Hollein 2011, S. 93–145.
Treue, Wilhelm: Kunstraub. Über die Schicksale von Kunstwerken in Krieg, Revolution und Frieden, Düsseldorf 1957.
Turner, Stefan: Die Zuordnung beweglicher Kulturgüter im Völkerrecht, in: Fiedler 1991, S. 21–108.
Uhl, Antje-Katrin: Der Handel mit Kunstwerken im europäischen Binnenmarkt. Freier Warenverkehr versus nationaler Kulturgutschutz, Berlin 1993.
Uhlitz, Otto: Friedrich der Große, Watteau, Wilhelm von Bode und der Hohenzollernvergleich, in: Der Bär von Berlin. Jahrbuch des Vereins für die Geschichte Berlins, hg. vom Verein für die Geschichte Berlins, Bd. 35, Berlin 1986, S. 7–27.
Vodosek, Peter/Komorowski, Manfred (Hg.): Bibliotheken während des Nationalsozialismus, 2. Bde., Wiesbaden 1991.
Waldmann, Emil: Galerien Alter Meister, in: Deutscher Museumsbund 1919, S. 45–63.
Watson, Peter: From Manet to Manhattan. The Rise of the Modern Art Market, New York 1992.
Weber, Carmen Sylvia: Alte Meister in der Sammlung Würth. Der ehemals Fürstlich Fürstenbergische Bilderschatz, Kunsthalle Würth, Schwäbisch Hall, Künzelsau 2004.
Weber, Marc: Unveräußerliches Kulturgut im nationalen und internationalen Rechtsverkehr, Berlin 2002.
Wehler, Hans-Ulrich: Nationalismus und Nation in der deutschen Geschichte, in: Berding 1994, S. 163–175.
Weidner, Amalie: Kulturgüter als res extra commercium im internationalen Sachenrecht, Berlin 2001.
Weiß, Dieter J.: Kronprinz Rupprecht von Bayern (1869–1955), Regensburg 2007.
Welzbacher, Christian (Hg.): Der Reichskunstwart. Kulturpolitik und Staatsinszenierung in der Weimarer Republik 1918–1933, Weimar 2010.
Welzbacher, Christian: Edwin Redslob. Biografie eines unverbesserlichen Idealisten, Berlin 2009.

Weniger, Matthias: Zur Geschichte der Sammlung des Justizrats Dr. Gerhart Bollert, in: Eikelmann 2005, S. 21–57.

Wesenberg, Angelika (Hg.): Wilhelm von Bode als Zeitgenosse der Kunst. Zum 150. Geburtstag, Berlin 1995.

Wiemann, Elsbeth (Hg.): Meisterwerke der Fürstenbergsammlungen Donaueschingen in der Staatsgalerie Stuttgart, Ostfildern-Ruit 2002.

Willers, Johannes: Die Geschichte des Behaim-Globus, in: Focus Behaim Globus, Ausst.-Kat., Bd. 1, hg. von Gerhard Bott, Nürnberg 1992, S. 209–216.

Williams, Scharon A.: The international and national protection of movable cultural property. A comparative study, New York 1978.

Winkler, Heinrich August: Nationalismus, Meisenheim 1978.

Winkler, Heinrich August: Bibliographie zum Nationalismus, Göttingen 1979.

Winkler, Richard: „Händler, die ja nur ihrem Beruf nachgingen". Die Münchner Kunsthandlung Julius Böhler und die Auflösung jüdischer Kunstsammlungen im „Dritten Reich", in: Koordinierungsstelle für Kulturgutverluste Magdeburg 2005, S. 207–246.

Winter, Petra: Hans Posse – „ein nahezu unbeschriebenes Blatt". Protokoll einer Ernennung, in: Maaz 2012, S. 29–48.

Winter, Petra: „Das hören wir nicht weiter an!" Erste Tagung deutscher Museumsdirektoren 1937, in: SPK-Magazin, Berlin 2013.

Winter, Petra: Vom Kläger zum Beklagten? Der Direktor der Gemäldegalerie Ernst Heinrich Zimmermann, in: Grabowski/Winter 2013, S. 271–285.

Wippermann, Katharina: „Eine heitere Luft der Entspannung". Die Ausstellung „Große Deutsche in Bildnissen ihrer Zeit" anlässlich der XI. Olympischen Spiele 1936 in Berlin, in: Grabowski/Winter 2013, S. 171–184.

Wolbert, Klaus: „Deutsche Innerlichkeit". Die Wiederentdeckung im deutschen Imperialismus, in: Hofmann 1974, S. 34–55.

Wolff-Thomsen, Ulrike/Kuhrau, Sven (Hg.): Geschmacksgeschichte(n). Öffentliches und privates Kunstsammeln in Deutschland 1871–1933, Kiel 2011.

Yeide, Nancy H.: Beyond the Dreams of Avarice. The Hermann Goering Collection, Dallas 2009.

Ziegler, Hendrik: Wilhelm von Bode und das Colmarer Museum. Zum Einfluss der deutschen Museologie im Reichsland Elsass-Lothringen, in: Jahrbuch der Berliner Museen, hg. von den Staatlichen Museen Berlin, Berlin 2003, S. 131–156.

Zuschlag, Christoph: „Entartete Kunst". Ausstellungsstrategien im Nazi-Deutschland, Worms am Rhein 1995.

Zykan, Marlene: Zum österreichischen Ausfuhrverbotsgesetz. Geschichte – Problematik – Wirkung, in: Österreichische Zeitschrift für Kunst und Denkmalpflege, hg. vom Österreichischen Bundesdenkmalamt, 38. Jg., H. 1, Wien 1984, S. 1–15.

ABKÜRZUNGSVERZEICHNIS

bad.	badisch
BArch	Bundesarchiv
bay.	bayerisch
BGBl.	Bundesgesetzblatt
BNM	Bayerisches Nationalmuseum
BStGS	Bayerische Staatsgemäldesammlungen
BWA	Bayerisches Wirtschaftsarchiv
DKA	Deutsches Kunstarchiv
DMB	Deutscher Museumsbund
ehem.	ehemalig
F.F.	Fürstlich Fürstenbergisch
Ffm	Frankfurt a. M.
GD	Generaldirektion
GG	Gemäldegalerie
GNM	Germanisches Nationalmuseum
GSA	Goethe- und Schiller-Archiv der Klassik Stiftung Weimar
hess.	hessisch
Hmb.	Hamburg
handschr.	handschriftlich
HStA	Hauptstaatsarchiv
ISG Ffm	Institut für Stadtgeschichte Frankfurt a. M.
KFM	Kaiser-Friedrich-Museum
kgl.	königlich
KH	Kunsthalle
KM	Kultusministerium, in allen Ländern mit spezifischen Ressortbezeichnungen
LMO	Landesmuseum für Kunst- und Kulturgeschichte Oldenburg
MdI	Ministerium des Innern
nds.	niedersächsisch

NG	Nationalgalerie
NL	Nachlass
OB	Oberbürgermeister
pr.	preußisch
REM	Reichsministerium für Wissenschaft, Erziehung und Volksbildung, „Reichserziehungsministerium“
RGBl.	Reichsgesetzblatt
RKW	Reichskunstwart (Edwin Redslob)
RMdF	Reichsfinanzministerium
RMdI	Reichsministerium des Innern
RMdW	Reichswirtschaftsministerium
RMVP	Reichsministerium für Volksaufklärung und Propaganda
sächs.	sächsisch
SKD	Staatliche Kunstsammlungen Dresden
Slg.	Sammlung
SMB	Staatliche Museen zu Berlin
SMB-ZA	Zentralarchiv der Staatlichen Museen zu Berlin
StA	Staatsarchiv
staatl.	staatlich
städt.	städtisch
thür.	thüringisch
V22	*Verzeichnis der national wertvollen Kunstwerke* von 1922
V27	*Verzeichnis der national wertvollen Kunstwerke* von 1927
V34	*Verzeichnis der national wertvollen Kunstwerke* von 1934
V38	*Verzeichnis der national wertvollen Kunstwerke* von 1938
V61	*Gesamtverzeichnis national wertvollen Kulturgutes* von 1961
württ.	württembergisch

BILDNACHWEIS

Abbildung 1: Zeichnung von Johann Bahr, in: Kladderadatsch, 72. Jg., Nr. 50, 14.12.1919.
Abbildung 2: Zeichnung von Ragnvald Blix, in: Simplicissimus, 16. Jg., Nr. 33, 13.11.1911.
Abbildung 3: BArch, R32/480, Bl. 73.
Abbildung 4: Reproduktion aus Henkel/Schauerte 2012, S. 12.
Abbildung 5: Foto Markus Hilbich.
Abbildung 6: Reproduktion aus Biedermann/Dehmer/Wagner 2006, S. 54.
Abbildung 7: Reproduktion aus Wilhelm von Bode (Hg.): Die Sammlung Oscar Huldschinsky, Berlin 1909, S. 3.
Abbildung 8: Museum Boijmans Van Beuningen, Rotterdam, http://www.boijmans.nl/nl/559/de-collectie-koenigs-een-encyclopedische-tekeningenverzameling-van-formaat.
Abbildung 9: Reproduktion aus Wilhelm von Bode: Jan van der Heyden, in: Zeitschrift für bildende Kunst, N.F. 26, H. 8 1915, S. 181-187.
Abbildung 10: BArch, R2/58980, Bl. 8-9.
Abbildung 11: Die Weltkunst, 11. Jg., Nr. 10, 7.3.1937.
Abbildung 12: Die Weltkunst, 10. Jg., Nr. 18, 3.5.1936.

Tafel I: Zeichnung von Erich Schilling, in: Simplicissimus, 26. Jg., Nr. 47, 15.2.1922.
Tafel II: Zeichnung von Joseph Keppler Jr., in: Puck magazine, New York, vol. 69, no. 1790, 21.6.1911.
Tafel III: SMB-ZA, IV/NL Bode, 432.
Tafel IV: SMB-ZA, I/NG 847, Bl. 2 und 34.
Tafel V: SMB-ZA, I/NG 847, Bl. 125 und 126.
Tafel VI: Foto Markus Hilbich.
Tafel VII: Germanisches Nationalmuseum Nürnberg.
Tafel VIII: SMB-ZA, I/NG 847, Bl. 165 und 166.
Tafel IX: BArch, R1501/400.
Tafel X: Liebieghaus Frankfurt a. M.
Tafel XI: Fondation Beyeler, Basel/Christian Baur.
Tafel XII: Museum Folkwang, Essen/ARTOTHEK.

DANKSAGUNG

Das Gelingen dieser perspektiv- und spannungsreichen Forschungsaufgabe baut auf die Unterstützung zahlreicher Menschen. Mein erster und ganz besonderer Dank gilt Prof. Dr. Bénédicte Savoy, auf deren motivierende Förderung, kritischen Rat und wissenschaftliche Vorbildwirkung ich stets vertrauen konnte. Prof. Dr. Uwe Fleckner und Prof. Dr. Gilbert Lupfer danke ich für das entgegengebrachte Interesse und die Begutachtung der vorliegenden Arbeit.

Zu großem Dank bin ich Dr. Petra Winter verpflichtet, die den Anstoß für das untersuchte Thema gab und mir stets mit wertvollen Anregungen sowie Vermittlungen zu Fachkollegen zur Seite stand. Dank ihr und ihren Mitarbeitern Beate Ebelt-Borchert, Carolin Pilgermann und Detlef Botschek habe ich die Arbeit am Zentralarchiv der Staatlichen Museen zu Berlin stets als unbürokratisch und unterstützend erfahren.

Während meiner Forschungsaufenthalte an deutschen Museumsarchiven konnte ich auf die Unterstützung zahlreicher wissenschaftlicher Mitarbeiter zählen. Für den Austausch und das entgegengebrachte Interesse danke ich Dr. Andrea Bambi, Rüdiger Haufe, Dr. Ute Haug, Dr. Anja Heuß, Dr. Meike Hopp, Dr. Kathrin Iselt, Dr. Stephan Klingen, Dr. Hans-Jürgen Lechtreck, Dr. Ilse von zur Mühlen, Irmgard Mummenthey, Dr. Brigitte Reuter, Prof. Dr. Rainer Stamm, Dr. Matthias Weniger, Dr. Richard Winkler, Dr. Andreas Wilts und Vera Wobad.

Wertvolle inhaltliche sowie methodische Rückmeldungen und Anregungen gaben mir die Teilnehmer des Doktorandenkolloquiums von Prof. Dr. Bénédicte Savoy an der TU Berlin. Insbesondere Lynn Rother und Lukas Cladders sei für den kollegialen und konstruktiven Austausch herzlich gedankt. Von Dr. Kristina Kratz-Kessemeier habe ich wertvolle Gedankenanstöße und Anmerkungen zu meinem Manuskript erhalten, für die ich ihr zu Dank verpflichtet bin.

Janina Wackernagel hat die vorliegende Arbeit mit wertvollen Hinweisen und ihrem geduldigen sowie stets kritischen Korrektorat bereichert. Dafür danke ich ihr sehr.

Finanziell ermöglicht wurde die Forschung von der Studienstiftung des deutschen Volkes. Gemeinsam mit der ideellen Förderung, etwa den regelmäßigen Doktorandenforen, ließ die Stiftung mir die Arbeitsbedingungen zu, die man sich als Doktorand

nur wünschen kann. Ein vierwöchiger Forschungsaufenthalt am sogenannten Sonderarchiv in Moskau wurde ermöglicht durch das dortige Deutsche Historische Institut. Dem Leiter Prof. Dr. Nikolaus Katzer sowie den wissenschaftlichen Mitarbeitern Dr. Matthias Uhl und Dr. Andrej Doronin danke ich für die Betreuung und den wissenschaftlichen Austausch.

Die Veröffentlichung der vorliegenden Arbeit wird ermöglicht durch die großzügige Unterstützung der International Music and Art Foundation, Vaduz, für die ich der Stiftung und Walter Feilchenfeldt sehr dankbar bin. Ebenso danke ich dem Verlag Walter de Gruyter, vor allem Verena Bestle, Dr. Katja Richter und Michael Scherf für das Gelingen der Publikation.

Meinen Eltern Uta und Frank Obenaus sowie meinen Großeltern danke ich für das Vertrauen und die bedingungslose Unterstützung während meiner Studien- und Promotionsjahre.

REGISTER

In das Register aufgenommen wurden alle Besitzer inkl. Museen, Vereine und Magistrate, die in den Verzeichnissen gelistet wurden und im Anhang genannt sind. Institutionen werden im folgenden Register jedoch nur mit ihrer Erwähnung im Verzeichnis der Kunstwerke (Anhang) gelistet. Auf die Nennungen im Text wurde verzichtet. Künstlernamen werden mit ihrer Nennung im Text, jedoch nicht im Anhang erfasst, weil diese durch die alphabetische Ordnung nachschlagbar sind.